501 HEBREW VERBS

fully conjugated in all the tenses
in a new easy-to-follow format
alphabetically arranged by root

by

Shmuel Bolozky, Ph.D.

Professor of Hebrew and Chair
Department of Judaic and Near Eastern Studies
University of Massachusetts at Amherst

EDUCATIONAL SERIES, INC.

All inquiries should be addressed to:
Barron's Educational Series, Inc.
250 Wireless Boulevard
Hauppauge, NY 11788

International Standard Book No. 0-8120-9468-9
Library of Congress Catalog Card No. 96-83209

Printed in United States of America
789 8800 98765432

CONTENTS

INTRODUCTION

1. Root and Verb Pattern

In English, the past and past participle forms of most verbs are derived by adding *ed* to the base form; for some special groups of verbs, however, the base undergoes predictable internal changes that are the same for all verbs concerned, as in:

- drive-drove-driven, write-wrote-written, ride-rode-ridden, rise-rose-risen, arise-arose-arisen, strive-strove-striven, smite-smote-smitten, bestride-bestrode-bestridden;
- sing-sang-sung, sink-sank-sunk, swim-swam-swum, drink-drank-drunk, ring-rang-rung, shrink-shrank-shrunk, spring-sprang-sprung, stink-stank-stunk;
- take-took-taken, shake-shook-shaken, forsake-forsook-forsaken.

There are at least 26 such groups, but their distribution is very restricted. The structure of verbs belonging to such a group may be looked at as a *discontinuous* fixed sequence of stem-internal vowels, plus possibly a suffix (e.g., *en*), upon which *variable* consonantal skeleta are applied, after they had been extracted from the base (e.g., *drv*, *(w)rt*, *rd*, etc.). In Hebrew, verbs can be structured only in this fashion. The consonantal skeleton is referred to as the "root," and the discontinuous canonical pattern onto which it is applied to form an actual word is called בִּנְיָן *binyan* (**building**, or **structure**) in the verb system, and מִשְׁקָל *mishqal* (**metrical pattern**) elsewhere. There are, essentially, only five *binyanim* in Hebrew, but if quasi-automatic passives associated with two of them are also counted, the number is seven. Although every *binyan* has its own paradigm for each of the tenses, each *binyan* is named by the 3rd person singular masculine past tense form of a prototypical root. Sometimes קטל *qtl* **slay** is used for this purpose, but designations derived from פעל *p'l* **act, do** are more common. The seven *binyanim* (in whose names *p*, *'*, and *l* stand for the first, second, and third elements of the root, respectively) are thus called: פָּעַל *pa'al* (sometimes referred to as קל **light**), נִפְעַל *nif'al*, פִּיעֵל *pi'el*, פּוּעַל *pu'al*, הִתְפַּעֵל *hitpa'el*, הִפְעִיל *hif'il*, and הוּפְעַל *huf'al*. The 3rd person singular masculine past tense form is also used as a citation form to represent each *binyan* conjugation of a particular root: e.g., the root גרם is cited in *pa'al* as גָּרַם, in *nif'al* as נִגְרַם *nigram*, etc. There are roots whose conjugations are completely regular, referred to as שְׁלֵמִים *shlemim* **whole, intact**, but many involve deviations from the norm, caused by the presence in the root of a guttural (גְּרוֹנִית *gronit*), a glide (*w* or *y*) that has been weakened to a vowel, a syllable-final *n* that assimilates, identical 2nd and 3rd consonants that merge, etc. Those are referred to as גְּזָרוֹת **derived** (singular גִּזְרָה *gizra*). *gizra* may also be used to refer to the *shlemim*, which constitute zero derivation.

2. Choice of Verb Forms Represented in this Book

The 501 verb roots included here were selected by relative frequency of use on the basis of a corpus provided by the Hebrew Language Instruction Unit of Tel Aviv University. (Special thanks are due to Edna Lauden and Liora Weinbach of the Unit, as well as to Professor Ora Rodrigue-Schwarzwald of Bar-Ilan University, for her useful comments on the draft manuscript.) The selection procedure was as follows: the first most frequent 501 verb forms representing separate roots were selected; then additional frequent *binyan* realizations were added under each root, ordered by relative frequency rather than by traditional *binyan* sequence. (Other, infrequent ones, were listed with representative forms only; see below.) Thus, the book contains about 1,700 fully conjugated verbs, grouped in 501 roots. It should be noted that, while the most frequent form in each entry is one of 501 very frequent verbs, it does not necessarily mean that the second *binyan* realization in one root entry is more frequent than the third one of another entry, etc. Actually, the second realization in some roots may on occasion be more frequent than the first one in others, since the initial goal was to compile a list of 501 frequent verb roots rather than individual *binyan* forms, and the corpus was not large enough to provide a measure that would include all realizations within a verbal root and consequently a total frequency count of the relative frequency of each individual form.

3. The Representation of a Verb Root Entry, and the Index

In addition to the conjugated paradigms themselves, directly related gerunds are provided, as well as participial forms that function as adjectives or nouns. Following the conjugations, infrequent *binyan* realizations are listed, with a gloss and one form representing each tense paradigm and the infinitive. When a form is essentially restricted to literary Hebrew, it is marked "lit."; when it is rare (even in the literary register), or obsolete, it is marked by the period at which it was introduced (suggesting that its distribution in Modern Hebrew is very limited): "BH" (Biblical Hebrew), "Mish H" (Mishnaic Hebrew), "Med H" (Medieval Hebrew). Illustrative sentences or short paragraphs follow; the relevant realization of the verb is marked in bold in the Hebrew example as well as in the English translation. Illustration in context is absolutely essential for the understanding of the verb forms and the relationships among them, especially for a Semitic language like Hebrew, in which semantic offshoots from the base may be partly predictable, based on the *binyan* involved (a tendency that appears to be stronger among frequent verbs). The entry concludes with a list of idioms and special expressions containing the relevant verbs or verb-derived forms (which, again, are in bold).

Vowel marks are fully displayed, but the *plene* writing conventions (which under certain conditions allow vowel representation by inserted consonants that can function as vowels) are simultaneously utilized, so that the reader can check a verb form regardless of its appearance in a text. Though unauthentic, this mixed representation was chosen for pedagogical reasons; for consistency, it is maintained even for Biblical variants such as גֻּלְּינוּ (p. 107), represented as גּוּלְּינוּ.

The Hebrew-English index contains the various *binyan* realizations of 501 verb-roots that are fully conjugated, as well as the infrequent forms listed below the conjugations. The traditional citation form is used, i.e. the third person singular masculine in the past tense. The English-Hebrew index refers to frequent forms only.

4. Sample Conjugation-Cluster

Suppose one created a matrix, with roots on one axis and *binyanim* on the other. Many gaps would occur, where roots simply are not realized in a particular *binyan*. If one only counts reasonably frequent realizations, one would be hard-pressed to find roots in which all potentially realized forms are sufficiently common. In fact, in this collection, not even a single root has all seven *binyanim* realized as **frequent** verb forms. So in order to provide a sample of a regular conjugation-cluster, one of the few roots containing six frequent realizations (out of seven) has been chosen, with the seventh, less frequent *binyan* fully conjugated as well, and the frequency-based presentation order changed so as to reflect the traditional *binyan* order. The sample conjugation-cluster follows.

● כנס

כָּנַס/כּוֹנֵס/יִכְנוֹס (יִכְנֹס) gather together; bring in (lit.)

בניין: פָּעַל גזרה: שלמים (אֶפְעוֹל)

	הווה Present			עבר Past	עתיד Future	ציווי Imper.
יחיד	כּוֹנֵס	כָּנוּס	אני	כָּנַסְתִּי	אֶכְנוֹס	
יחידה	כּוֹנֶסֶת	כְּנוּסָה	אתה	כָּנַסְתָּ	תִּכְנוֹס	כְּנוֹס
רבים	כּוֹנְסִים	כְּנוּסִים	את	כָּנַסְתְּ	תִּכְנְסִי	כִּנְסִי
רבות	כּוֹנְסוֹת	כְּנוּסוֹת	הוא	כָּנַס	יִכְנוֹס	
			היא	כָּנְסָה	תִּכְנוֹס	
			אנחנו	כָּנַסְנוּ	נִכְנוֹס	
			אתם/ן	כְּנַסְתֶּם/ן*	תִּכְנְסוּ**	כִּנְסוּ***
			הם/ן	כָּנְסוּ	יִכְנְסוּ**	

* Colloquial: כָּנַסְתֶּם/ן

** less commonly: אתן/הן תִּכְנוֹסְנָה

*** less commonly: (אתן) כְּנוֹסְנָה

שם הפועל .Infin לִכְנוֹס

שם הפעולה Gerund כְּנִיסָה entering; entry; entrance (semantically closer to nif`al below)

בינוני פעיל .Act. Part כּוֹנֵס (נכסים) liquidator of bankrupt property

בינוני סביל .Pass. Part כָּנוּס gathered (inside), collected; reserved (lit.)

מקור מוחלט .Inf. Abs כָּנוֹס

נִכְנַס/יִיכָּנֵס (יִכָּנֵס) enter, go in; get involved (in)

בניין: נִפְעַל גזרה: שלמים

	הווה Present		עבר Past	עתיד Future	ציווי Imperative
יחיד	נִכְנָס	אני	נִכְנַסְתִּי	אֶכָּנֵס	
יחידה	נִכְנֶסֶת	אתה	נִכְנַסְתָּ	תִּיכָּנֵס	הִיכָּנֵס
רבים	נִכְנָסִים	את	נִכְנַסְתְּ	תִּיכָּנְסִי	הִיכָּנְסִי
רבות	נִכְנָסוֹת	הוא	נִכְנַס	יִיכָּנֵס	
		היא	נִכְנְסָה	תִּיכָּנֵס	
		אנחנו	נִכְנַסְנוּ	נִיכָּנֵס	
		אתם/ן	נִכְנַסְתֶּם/ן	תִּיכָּנְסוּ*	הִיכָּנְסוּ**
		הם/ן	נִכְנְסוּ	יִיכָּנְסוּ*	

שם הפועל .Infin לְהִיכָּנֵס

* less commonly: אתן/הן תִּיכָּנַסְנָה/...נֵסְנָה

שם הפעולה Gerund הִיכָּנְסוּת entering

** less commonly: (אתן) הִיכָּנַסְנָה/...נֵסְנָה

מקור מוחלט .Inf. Abs הִיכָּנֵס (הִיכָּנוֹס), נִכְנוֹס

כִּינֵּס/כִּינֶּס/כִּנֵּס (כִּנֵּס) gather, bring together

בניין: פִּיעֵל גזרה: שלמים

	הווה Present		עבר Past	עתיד Future	ציווי Imperative
יחיד	מְכַנֵּס	אני	כִּינַּסְתִּי	אֲכַנֵּס	
יחידה	מְכַנֶּסֶת	אתה	כִּינַּסְתָּ	תְּכַנֵּס	כַּנֵּס
רבים	מְכַנְּסִים	את	כִּינַּסְתְּ	תְּכַנְּסִי	כַּנְּסִי
רבות	מְכַנְּסוֹת	הוא	כִּינֵּס	יְכַנֵּס	
		היא	כִּינְּסָה	תְּכַנֵּס	
		אנחנו	כִּינַּסְנוּ	נְכַנֵּס	
		אתם/ן	כִּינַּסְתֶּם/ן	תְּכַנְּסוּ*	כַּנְּסוּ**
		הם/ן	כִּינְּסוּ	יְכַנְּסוּ*	

* less commonly: אתן/הן תְּכַנֵּסְנָה

** less commonly: (אתן) כַּנֵּסְנָה

שם הפועל .Infin לְכַנֵּס

שם הפעולה Gerund כִּינּוּס convention; gathering

מקור מוחלט .Inf. Abs כַּנֵּס

כּוּנַּס (כֻּנַּס) be gathered/brought together

בניין: פּוּעַל גזרה: שלמים

	הווה Present		עבר Past	עתיד Future
יחיד	מְכוּנָּס	אני	כּוּנַּסְתִּי	אֲכוּנַּס
יחידה	מְכוּנֶּסֶת	אתה	כּוּנַּסְתָּ	תְּכוּנַּס
רבים	מְכוּנָּסִים	את	כּוּנַּסְתְּ	תְּכוּנְּסִי
רבות	מְכוּנָּסוֹת	הוא	כּוּנַּס	יְכוּנַּס
		היא	כּוּנְּסָה	תְּכוּנַּס
		אנחנו	כּוּנַּסְנוּ	נְכוּנַּס
		אתם/ן	כּוּנַּסְתֶּם/ן	תְּכוּנְּסוּ*
		הם/ן	כּוּנְּסוּ	יְכוּנְּסוּ*

* less commonly: אתן/הן תְּכוּנַּסְנָה

בינוני .Pres. Part מְכוּנָּס convened; withdrawn

[מקור מוחלט .Inf. Abs כּוּנּוֹס]

הִתְכַּנֵּס/הִתְכַּנַּס assemble, convene, come together

בניין: הִתְפַּעֵל גזרה: שלמים

	הווה Present		עבר Past	עתיד Future	ציווי Imperative
יחיד	מִתְכַּנֵּס	אני	הִתְכַּנַּסְתִּי	אֶתְכַּנֵּס	
יחידה	מִתְכַּנֶּסֶת	אתה	הִתְכַּנַּסְתָּ	תִּתְכַּנֵּס	הִתְכַּנֵּס
רבים	מִתְכַּנְּסִים	את	הִתְכַּנַּסְתְּ	תִּתְכַּנְּסִי	הִתְכַּנְּסִי
רבות	מִתְכַּנְּסוֹת	הוא	הִתְכַּנֵּס	יִתְכַּנֵּס	
		היא	הִתְכַּנְּסָה	תִּתְכַּנֵּס	
		אנחנו	הִתְכַּנַּסְנוּ	נִתְכַּנֵּס	>>>

	Past עבר	Future עתיד	Imperative ציווי
אתם/ן	הִתְכַּנַּסְתֶּם/ן	תִּתְכַּנְּסוּ*	הִתְכַּנְּסוּ**
הם/ן	הִתְכַּנְּסוּ	יִתְכַּנְּסוּ*	

* less commonly: אתן/הן תִּתְכַּנֵּסְנָה
** less commonly: (אתן) הִתְכַּנֵּסְנָה

שם הפועל .Infin לְהִתְכַּנֵּס
שם הפעולה Gerund הִתְכַּנְּסוּת assembly, coming together
מקור מוחלט .Inf. Abs הִתְכַּנֵּס

הִכְנִיס/הִכְנַס/יַכְנִיס bring in, insert; make a profit

בניין: הִפְעִיל גזרה: שלמים

	Present הווה		Past עבר	Future עתיד	Imperative ציווי
יחיד	מַכְנִיס	אני	הִכְנַסְתִּי	אַכְנִיס	
יחידה	מַכְנִיסָה	אתה	הִכְנַסְתָּ	תַּכְנִיס	הַכְנֵס
רבים	מַכְנִיסִים	את	הִכְנַסְתְּ	תַּכְנִיסִי	הַכְנִיסִי
רבות	מַכְנִיסוֹת	הוא	הִכְנִיס	יַכְנִיס	
		היא	הִכְנִיסָה	תַּכְנִיס	
		אנחנו	הִכְנַסְנוּ	נַכְנִיס	
		אתם/ן	הִכְנַסְתֶּם/ן	תַּכְנִיסוּ*	הַכְנִיסוּ**
		הם/ן	הִכְנִיסוּ	יַכְנִיסוּ*	

* less commonly: אתן/הן תַּכְנֵסְנָה
** less commonly: (אתן) הַכְנֵסְנָה

שם הפועל .Infin לְהַכְנִיס
בינוני .Pres. Part מַכְנִיס bringing profit
שם הפעולה Gerund הַכְנָסָה income; insertion
מקור מוחלט .Inf. Abs הַכְנֵס

הוּכְנַס (הֻכְנַס) be brought in/inserted

בניין: הוּפְעַל גזרה: שלמים

	Present הווה		Past עבר	Future עתיד
יחיד	מוּכְנָס	אני	הוּכְנַסְתִּי	אוּכְנַס
יחידה	מוּכְנֶסֶת	אתה	הוּכְנַסְתָּ	תּוּכְנַס
רבים	מוּכְנָסִים	את	הוּכְנַסְתְּ	תּוּכְנְסִי
רבות	מוּכְנָסוֹת	הוא	הוּכְנַס	יוּכְנַס
		היא	הוּכְנְסָה	תּוּכְנַס
		אנחנו	הוּכְנַסְנוּ	נוּכְנַס
		אתם/ן	הוּכְנַסְתֶּם/ן	תּוּכְנְסוּ*
		הם/ן	הוּכְנְסוּ	יוּכְנְסוּ*

[מקור מוחלט .Inf. Abs הוּכְנֵס]
* less commonly: אתן/הן תּוּכְנַסְנָה

◆ דוגמאות Illustrations

דני לא אוהב לְהִיכָּנֵס הביתה דרך הַכְּנִיסָה הראשית; הוא מעדיף לְהִיכָּנֵס דרך המטבח.

Danny does not like **to enter** the house through the main **entrance**; he prefers **to enter** through the kitchen.

לאחר משא ומתן ארוך, הותרה לבסוף כְּנִיסָתוֹ של קאסטרו לביקור בארה"ב.

Following long negotiations, Castro's **entry** into the United States was finally approved.

אל תַּכְנִיס את הכלב הביתה!

Do not **bring** the dog **into** the house!

בשבוע הבא יתקיים כאן כִּינּוּס של פקידי מס הַכְנָסָה. כל שנה הם מִתְכַּנְּסִים כאן, במלון הזה.

A **convention** of **income** tax officials will take place here next week. Every year they **convene** here, at this hotel.

כִּינַּסְתִּי את כל המשפחה מכל רחבי הארץ כדי לחגוג את יום ההולדת ה-50 של אחותי. זאת היתה מסיבת הפתעה; אפילו בעלה לא הוּכְנַס בסוד העניין.

I **gathered** the whole family together from all over the country in order to celebrate my sister's 50th birthday. It was a surprise; even her husband **was** not **brought in** on the secret.

◆ ביטויים מיוחדים Special expressions

נִכְנַס לתוך דבריו interrupt him

נִכְנַס בבריתו של אברהם אבינו be circumcised

נִכְנַס לתמונה get into the picture

נִכְנַס בעובי הקורה involve onself seriously in trying to solve a problem

נִכְנַס יין - יצא סוד one is likely to reveal secrets when one is drunk

נִכְנְסוּ בברית הנישואין they got married

נִכְנְסָה להריון got pregnant

יִיכָּנֵס בו הרוח to hell with him!

מַכְנִיס אורחים hospitable

מס הַכְנָסָה income tax

הַכְנָסָה נקייה net income

הַכְנָסַת אורחים hospitality

הַכְנָסַת כלה arranging a marriage for a poor bride

הַכְנָסוֹת והוצאות income and expenses

אין כְּנִיסָה no entry, do not enter

4.1 Technical Comments on the Sample

All conjugations are of the regular *shlemim* category. The first element in the heading of each conjugation is the 3rd person singular masculine in the past, following the traditional choice for verb citation; subsequent forms reflect alternant realizations in the conjugation. Thus, the citation form in the פָּעַל *pa'al* conjugation is כָּנַס **he gathered together**; כּוֹנֵס and יִכְנוֹס represent the present and future/imperative stems, respectively.

(יִכְנֹס) is the traditional way of representing יִכְנוֹס (today's *plene* writing). The designation אֶפְעוֹל *'ef'ol* refers to the fact in the future (and imperative) of this verb, the final vowel in the stem is *o*, which is the typical case in *pa'al*. In a smaller group of *pa'al* verbs, the final stem-vowel is *a* (designated אֶפְעַל *'ef'al*). Some *pa'al* verbs are arbitrarily marked for future/imperative stem-vowel *a*, but most *a's* result from the presence of a guttural as 2nd or 3rd root consonant. The infinitive has two forms. One is the Construct one, כְּנוֹס, to which -לְ **to** is prefixed, to form לִכְנוֹס **to gather together**. -בּ **in**, -כּ **as, like** and -מ **from** may be prefixed to the same form as well, yielding כִּכְנוֹס, בִּכְנוֹס, מִכְּנוֹס, but since such structures, which are very infrequent, are essentially the same as the *to+infinitive* structure, they are not listed. The other realization is the Infinitive Absolute, here כָּנוֹס, which in Biblical Hebrew functioned either as an adverbial, or as a gerund, or as a substitute for a finite verb, or even imperatively. Today it is restricted to the literary register (usually to express durative aspect or emphasis), but is nevertheless listed for reference, since it is not necessarily identical to the Construct variant. The infinitive absolute of the passive *binyanim* (הוּכְנֵס, כּוּנוֹס), though possible, is virtually non-existent, and therefore placed between square brackets. The gerund is a derived verbal noun referring to the abstraction of the activity suggested by the verb. Here, however, כְּנִיסָה is rarely used in the sense of **gathering together** expected from the base כָּנַס; the only meanings listed, **entering, entry, entrance**, are related to *nif'al*'s נִכְנַס **enter**. The present participle is noted when the present functions as an adjective or noun; in *pa'al*, there may exist realizations of either an active or a passive participle (in other *binyanim*, only one form exists, which may be either active or passive, depending on the particular *binyan*). In colloquial Israeli Hebrew, a tendency to level the regular past paradigm of *pa'al* and make it uniform results in the normative reduced כְּנַסְתֶּם *knastem* being restructured into כָּנַסְתֶּם *kanastem*. Also, in Modern Hebrew, the separate feminine forms for 2nd and 3rd person plural in the future and the comparable 2nd person imperative forms tend to be replaced by their masculine counterparts. This phenomenon is already observed in Late Biblical Hebrew, and is standard in Mishnaic Hebrew. However, to the extent that these separate BH feminine forms are maintained, the Hebrew Language Academy now sanctions (optional) leveling of the *nif'al* forms with those of the other non-passive paradigms, by allowing *a*~*e* variation: תִּכָּנַסְנָה~תִּכָּנֵסְנָה, הִכָּנַסְנָה~הִכָּנֵסְנָה.

5. Binyan Realization and Meaning

Of special interest are the semantic relations between the *binyanim*. When the total inventory of verbs is considered, little regularity is involved. However, among the more frequent, and thus more salient, verb forms, a significant degree of regularity is preserved, which should somewhat facilitate the learner's ability to begin to guess, given one form, what the meaning of a related one might be. Thus, while *pa'al* forms cover a wide semantic array, related *nif'al* forms are often *reflexive* (the agent, i.e. the "voluntary" performer of the action, and patient, i.e. the "recipient of the action," are identical, in that one does something to oneself), *inchoative/resultative* (becoming something, changing from one state to another), *passive* (the patient replaces the agent, as the subject of the sentence), or *reciprocal/mutual* (when the agent and the patient can change places, and the substitution would not significantly change the meaning of the sentence). Thus, in the case above, נִכְנַס **enter** is inchoative/resultative, since it can be decomposed semantically into "change of state from being outside to being inside," or possibly reflexive, "shift oneself from the state of being outside to being inside." Typically, the change-of-state happens on its own, i.e., involuntarily, as in:

end (intr.) נִגְמַר	become frightened נִבְהַל
become known נוֹדַע	get stuck/glued נִדְבַּק
get established נוֹסַד	be born נוֹלַד
recollect נִזְכַּר	be created נוֹצַר
close (intr.) נִסְגַּר	fail (intr.) נִכְשַׁל
disappear נֶעֱלַם	get insulted נֶעֱלַב
pass away נִפְטַר	get hurt נִפְגַּע
get wounded נִפְצַע	get interrupted נִפְסַק
integrate (intr.) נִקְלַט	open (intr.) נִפְתַּח
break (intr.) נִשְׁבַּר	fall asleep נִרְדַּם

There are few true reflexives in *nif'al*, like נִמְנַע **avoid = prevent oneself (from)**, נִרְשַׁם ל- **register oneself for**, נֶעֱצַר **stop oneself**, but the reader should note that Hebraists often use the term reflexive as a substitute for the change-of-state inchoative/resultative category. Historically, *nif'al* was seldom passive, but with the loss of the quasi-automatic passive of *pa'al*, it gradually filled in the gap, and consequently there exist a significant number of passives in *pa'al*, such as:

be checked נִבְדַּק	be arrested נֶאֱסַר
be built נִבְנָה	be (s)elected נִבְחַר
be caused נִגְרַם	be stolen נִגְנַב
be conquered נִכְבַּשׁ	be rejected נִדְחָה
be studied נִלְמַד	be written נִכְתַּב
be acquired נִרְכַּשׁ	be delivered נִמְסַר
be sent נִשְׁלַח	be murdered נִרְצַח
	be heard נִשְׁמַע

There is also a small group of reciprocals in *nif'al*, like נִלְחַם עם/ב- **fight (someone)** (since either x-fight-y or y-fight-x is possible with little semantic change), נִלְוָה אל/ל- **accompany**, נֶאֱבַק עם **fight/struggle with**.

The same categories are found in *hitpa'el* realizations, except that passive is quite rare, e.g., הִתְבַּקֵּשׁ **be requested**. Change-of-state inchoatives are quite common (note that in *hitpa'el*, the sibilants שׁ, שׂ, ס, ז and צ metathesize with the ת of הִתְפַּעֵל, and the last two also cause it to assimilate into ד and ט, respectively):

get confused הִתְבַּלְבֵּל	grow old הִזְדַּקֵּן
get entangled הִסְתַּבֵּךְ	become clear הִתְבָּרֵר
become crazy הִשְׁתַּגֵּעַ	end (intr.) הִסְתַּיֵּם
change (intr.) הִשְׁתַּנָּה	integrate (intr.) הִשְׁתַּלֵּב
collapse הִתְמוֹטֵט	shrink (intr.) הִתְכַּוֵּץ
atrophy הִתְנַוֵּן	fill up (intr.) הִתְמַלֵּא
burst הִתְפּוֹצֵץ	wake up הִתְעוֹרֵר
spread out הִתְפַּשֵּׁט	burst out הִתְפָּרֵץ
cool down הִתְקָרֵר	develop (intr.) הִתְפַּתֵּחַ
get excited הִתְרַגֵּשׁ	get angry הִתְרַגֵּז
	occur הִתְרַחֵשׁ

as are true reflexives, as in:

comb one's hair הִסְתָּרֵק	slip away (remove oneself) הִסְתַּלֵּק
exert oneself הִתְאַמֵּץ	amuse oneself הִשְׁתַּעֲשֵׁעַ
shave oneself הִתְגַּלֵּחַ	make oneself up הִתְאַפֵּר
prepare (intr.) הִתְכּוֹנֵן	sit down (seat oneself) הִתְיַישֵּׁב
advance (intr.) הִתְקַדֵּם	get dressed הִתְלַבֵּשׁ
wash (intr.) bathe הִתְרַחֵץ	lift oneself up הִתְרוֹמֵם

and there are more reciprocals than in *nif'al*, as in:

get divorced from הִתְגָּרֵשׁ מ-	argue with הִתְוַכֵּחַ עִם
marry (someone) הִתְחַתֵּן עִם	correspond with הִתְכַּתֵּב עִם
whisper to each other הִתְלַחֵשׁ	

It appears, then, that whenever the focus is on the recipient of the action, or the entity undergoing the action/change, forms tend to be realized either in *hitpa'el* or *nif'al*, with general preference for the former, except for passives, which prefer the latter.

When the focus is on the *agent*, the "willing" performer of the action, forms tend to be realized either in *pi'el* or *hif'il*. If the agentive verb is a true causative, there is often preference for *hif'il*:

clarify הִבְהִיר	cause to flee הִבְרִיחַ
limit הִגְבִּיל	intensify (tr.) הִגְבִּיר
enlarge (tr.) הִגְדִּיל	realize (tr.) הִגְשִׁים
worry (tr.) הִדְאִיג	lead הוֹבִיל
inform, make known הוֹדִיעַ	take/bring out הוֹצִיא
bring down הוֹרִיד	insert (=cause to be in) הִכְנִיס
subdue הִכְנִיעַ	move (tr.) הֵנִיעַ
transfer (=cause to pass) הֶעֱבִיר	wake up (tr.) הֵעִיר
stand (tr.) הֶעֱמִיד	employ הֶעֱסִיק
scare (tr.) הִפְחִיד	cause to turn הִפְנָה
surprise הִפְתִּיעַ	make laugh הִצְחִיק
drop (tr.) הִפִּיל	establish הֵקִים
show הֶרְאָה	annoy, make angry הִרְגִּיז
remove, send away הִרְחִיק	leave (tr.) הִשְׁאִיר
complete הִשְׁלִים	make hear הִשְׁמִיעַ

There are causatives in *pi'el* as well, but those are typically restricted to **cause to be/become** (whereas *hif'il* also expresses **cause to do**):

make possible אִפְשֵׁר	renew חִידֵּשׁ	strengthen (tr.) חִיזֵּק
heat חִימֵּם	dry (tr.) יִיבֵּשׁ	establish יִיסֵּד
reduce, make smaller צִמְצֵם	concentrate (tr.) רִיכֵּז	make crazy שִׁיגֵּעַ
bore שִׁיעֲמֵם	improve, make better שִׁיפֵּר	

Pi'el is also the preferred *binyan* for other agentives that are not truly causative:

leaf through דִּפְדֵּף	report דִּיוּוַח	threaten אִיֵּים
calculate חִישֵּׁב	dial חִייֵּג	hug חִיבֵּק
represent יִיצֵּג	give advice יִיעֵץ	take care (of) טִיפֵּל
wipe נִיגֵּב	accompany לִיוָּוה	aim כִּיוּוֵן
kiss נִישֵּׁק	reason נִימֵּק	play נִיגֵּן
smoke עִישֵּׁן	study closely עִיֵּין	provide סִיפֵּק
photograph צִילֵּם	draw, paint צִייֵּר	interpret פֵּירֵשׁ
	translate תִּרְגֵּם	serve שֵׁירֵת

Finally, *pu'al* and *huf'al* are usually the passive counterparts of the transitive *pi'el* and *hif'il*, respectively, as exemplified by the כִּינֵּס-כּוּנַּס and הִכְנִיס-הוּכְנַס pairs above.

These regularities, however, are only tendencies, manifested more strongly in frequent and recent verbs. Sweeping semantic generalizations about the total verb system would be inappropriate.

6. Verb-Related Mishqalim

The reader should also note the fairly regular morphological structure of the nominal and adjectival forms associated with particular *binyanim*:

Gloss	Act. P.	Gloss	Gerund	Gloss	Form	Binyan
previous	קוֹדֵם	priority	קְדִימָה	precede	קָדַם	פָּעַל
guard (N)	שׁוֹמֵר	guarding	שְׁמִירָה	watch, guard	שָׁמַר	
continuous	שׁוֹטֵף	rinsing; flooding	שְׁטִיפָה	rinse; flood	שָׁטַף	
		parting, separation	הִיפָּרְדוּת	depart, separate	נִפְרַד	נִפְעַל
		being checked	הִיבָּדְקוּת	be checked	נִבְדַּק	
		being pulled	הִימָּשְׁכוּת	be pulled; continue	נִמְשַׁךְ	
coefficient	מְקַדֵּם	advancement	קִידּוּם	advance (tr.)	קִידֵּם	פִּיעֵל
preservative	מְשַׁמֵּר	preserving	שִׁימּוּר	preserve	שִׁימֵּר	
commander	מְפַקֵּד	command (N)	פִּיקּוּד	command	פִּיקֵּד	
progressive	מִתְקַדֵּם	progress (N)	הִתְקַדְּמוּת	progress	הִתְקַדֵּם	הִתְפַּעֵל
objector	מִתְנַגֵּד	objection	הִתְנַגְּדוּת	object, resist	הִתְנַגֵּד	
developing	מִתְפַּתֵּחַ	development	הִתְפַּתְּחוּת	develop	הִתְפַּתֵּחַ	
profit-making	מַכְנִיס	income	הַכְנָסָה	bring in	הִכְנִיס	הִפְעִיל
complement	מַשְׁלִים	completion	הַשְׁלָמָה	complete	הִשְׁלִים	
promising	מַבְטִיחַ	promise (N)	הַבְטָחָה	promise	הִבְטִיחַ	

Gloss	Pass. P.	Gloss	Form	Binyan
ancient	קָדוּם	precede	קָדַם	פָּעַל
guarded, reserved	שָׁמוּר	watch, guard	שָׁמַר	
flooded, washed	שָׁטוּף	rinse; flood	שָׁטַף	
separate	נִפְרָד	depart, separate	נִפְרַד	נִפְעַל
subject (in exper.)	נִבְדָּק	be checked	נִבְדַּק	
attracted; continuous	נִמְשָׁךְ	be pulled; continue	נִמְשַׁךְ	
convened; withdrawn	מְכוּנָּס	be gathered	כּוּנַּס	פּוּעַל
that was advanced	מְקוּדָּם	be advanced	קוּדַּם	
preserved	מְשׁוּמָּר	be preserved	שׁוּמַּר	
early	מוּקְדָּם	be moved earlier	הוּקְדַּם	הוּפְעַל
complete, perfect	מוּשְׁלָם	be completed	הוּשְׁלַם	
promised	מוּבְטָח	be promised	הוּבְטַח	

As noted earlier, non-verbal patterns like these (whether directly derived from verbs or not) are known as *mishqalim*. Using a prototypical root like קטל, the patterns above would be represented as:

פָּעַל: קְטִילָה, קוֹטֵל, קָטוּל   נִפְעַל: הִיקָּטְלוּת, נִקְטָל
פִּיעֵל: קִיטוּל, מְקַטֵּל   פּוּעַל: מְקוּטָּל
הִתְפַּעֵל: הִתְקַטְּלוּת, מִתְקַטֵּל   הִפְעִיל: הַקְטָלָה (הֶקְטֵל), מַקְטִיל
הוּפְעַל: מוּקְטָל

While there are only seven patterns in the verb system, the number of *mishqalim* is much larger. The likelihood of a nominal or adjectival pattern actually existing is very hard to predict, but is relatively high when the *mishqal* is directly related to the verb.

LIST OF ABBREVIATIONS AND MARKS

act. part. בינוני פעיל active participle, a verb form usually functioning as a noun (as in *guard*). Here used for *pa'al* only.

a(dj.) שם תואר adjective.

adv. תואר הפועל adverb.

BH עברית מקראית Biblical Hebrew.

coll. שפה מדוברת colloquial, limited to the colloquial register.

ger. שם הפעולה gerund, an abstract noun derived directly from the verb (as in *coming* in *the coming of the Messiah*).

gov. prep. מלת יחס מוצרכת governed preposition, one that a particular verb requires when followed by a noun (as in *look at*).

imper. ציווי imperative.

inf(in). שם הפועל infinitive.

inf. abs. מקור מוחלט infinitive absolute, infinitival variant used as a free form, without added clitics like *to*. Mostly in BH & lit.

intr. פועל עומד intransitive verb, a verb not taking an object.

lit. שפה ספרותית literary, limited to the literary register.

Med H עברית של ימי הביניים Medieval Hebrew (used here only for Med H verbs whose usage in Modern Hebrew is very limited).

Mish H לשון חז"ל Mishnaic Hebrew (used here only for Mish H verbs whose distribution in Modern Hebrew is very limited).

n. שם עצם noun.

obs. צורה מיושנת obsolete.

pass. part. בינוני סביל passive participle, a verb form usually functioning as an adjective (as in *broken*). Here used for *pa'al* only.

prep. מלת יחס preposition.

pres. part. בינוני present participle, a present tense form that can function either as a noun or as an adjective; here used for all *binyanim* other than *pa'al*, which have only one participle (*pa'al* may have both active and passive participles)

sl. סלנג slang usage.

tr. פועל יוצא a transitive verb, a verb taking a direct object.

<<< conjugation continued on next page.

[...] a possible but virtually non-existent form (often inf. abs. of passives); otherwise used for higher-level bracketing.

● אבד

אִיבֵּד/אִיבַּד/אַבֵּד (אִבֵּד) lose (tr.); ruin, cause to lose (lit.)

בניין: פִּיעֵל   גזרה: שלמים

	Present הווה		Past עבר	Future עתיד	Imperative ציווי
יחיד	מְאַבֵּד	אני	אִיבַּדְתִּי	אֲאַבֵּד	
יחידה	מְאַבֶּדֶת	אתה	אִיבַּדְתָּ	תְּאַבֵּד	אַבֵּד
רבים	מְאַבְּדִים	את	אִיבַּדְתְּ	תְּאַבְּדִי	אַבְּדִי
רבות	מְאַבְּדוֹת	הוא	אִיבֵּד	יְאַבֵּד	
		היא	אִיבְּדָה	תְּאַבֵּד	
		אנחנו	אִיבַּדְנוּ	נְאַבֵּד	
		אתם/ן	אִיבַּדְתֶּם/ן	תְּאַבְּדוּ*	אַבְּדוּ**
		הם/ן	אִיבְּדוּ	יְאַבְּדוּ*	

שם הפועל .Infin לְאַבֵּד   * less commonly: אתן/הן תְּאַבֵּדְנָה

שם הפעולה Gerund אִיבּוּד loss; ruin   ** less commonly: (אתן) אַבֵּדְנָה

מקור מוחלט .Inf. Abs אַבֵּד

אָבַד/אוֹבֵד/יֹאבַד be lost; perish

בניין: פָּעַל   גזרה: פ׳ גרונית (א׳ נחה)

	Present הווה			Past עבר	Future עתיד	Imper. ציווי
יחיד	אוֹבֵד	אָבוּד	אני	אָבַדְתִּי	אוֹבַד	
יחידה	אוֹבֶדֶת	אֲבוּדָה	אתה	אָבַדְתָּ	תֹּאבַד	אֱבוֹד
רבים	אוֹבְדִים	אֲבוּדִים	את	אָבַדְתְּ	תֹּאבְדִי	אִבְדִי
רבות	אוֹבְדוֹת	אֲבוּדוֹת	הוא	אָבַד	יֹאבַד	
			היא	אָבְדָה	תֹּאבַד	
			אנחנו	אָבַדְנוּ	נֹאבַד	
			אתם/ן	אֲבַדְתֶּם/ן	תֹּאבְדוּ*	אִבְדוּ**
			הם/ן	אָבְדוּ	יֹאבְדוּ*	

שם הפועל .Infin לֶאֱבוֹד   * less commonly: אתן/הן תֹּאבַדְנָה

בינוני פעיל .Pres. Part אוֹבֵד one who lost his way   ** less commonly: (אתן) אֱבוֹדְנָה

בינוני סביל .Pass. Part אָבוּד lost, damaged, hopeless

מקור מוחלט .Inf. Abs אָבוֹד

מ״י מוצרכת .Gov. Prep אָבַד לְ- (someone) lost (="got lost to someone")

נֶאֱבַד/יֵיאָבֵד (יֵאָבֵד) be lost; perish

בניין: נִפְעַל   גזרה: פ׳ גרונית

	Present הווה		Past עבר	Future עתיד	Imperative ציווי
יחיד	נֶאֱבָד	אני	נֶאֱבַדְתִּי	אֵיאָבֵד	
יחידה	נֶאֱבֶדֶת	אתה	נֶאֱבַדְתָּ	תֵּיאָבֵד	הֵיאָבֵד
רבים	נֶאֱבָדִים	את	נֶאֱבַדְתְּ	תֵּיאָבְדִי	הֵיאָבְדִי >>>

	Present הווה		Past עבר	Future עתיד	Imperative ציווי
רבות	נֶאֱבָדוֹת	הוא	נֶאֱבַד	יֵיאָבֵד	
		היא	נֶאֶבְדָה	תֵּיאָבֵד	
		אנחנו	נֶאֱבַדְנוּ	נֵיאָבֵד	
		אתם/ן	נֶאֱבַדְתֶּם/ן	תֵּיאָבְדוּ*	הֵיאָבְדוּ**
		הם/ן	נֶאֶבְדוּ	יֵיאָבְדוּ*	

* less commonly: אתן/הן תֵּיאָבַדְנָה/...בֵדְנָה

שם הפועל .Infin לְהֵיאָבֵד ** less commonly: (אתן) הֵיאָבַדְנָה/...בֵדְנָה

מקור מוחלט .Inf. Abs נַאֲבוֹד, הֵיאָבֵד (הֵיאָבוֹד)

הִתְאַבֵּד/הִתְאַבַּד commit suicide

בניין: הִתְפַּעֵל גזרה: שלמים

	Present הווה		Past עבר	Future עתיד	Imperative ציווי
יחיד	מִתְאַבֵּד	אני	הִתְאַבַּדְתִּי	אֶתְאַבֵּד	
יחידה	מִתְאַבֶּדֶת	אתה	הִתְאַבַּדְתָּ	תִּתְאַבֵּד	הִתְאַבֵּד
רבים	מִתְאַבְּדִים	את	הִתְאַבַּדְתְּ	תִּתְאַבְּדִי	הִתְאַבְּדִי
רבות	מִתְאַבְּדוֹת	הוא	הִתְאַבֵּד	יִתְאַבֵּד	
		היא	הִתְאַבְּדָה	תִּתְאַבֵּד	
		אנחנו	הִתְאַבַּדְנוּ	נִתְאַבֵּד	
		אתם/ן	הִתְאַבַּדְתֶּם/ן	תִּתְאַבְּדוּ*	הִתְאַבְּדוּ**
		הם/ן	הִתְאַבְּדוּ	יִתְאַבְּדוּ*	

שם הפועל .Infin לְהִתְאַבֵּד * less commonly: אתן/הן תִּתְאַבֵּדְנָה

שם הפעולה Gerund הִתְאַבְּדוּת suicide ** less commonly: (אתן) הִתְאַבֵּדְנָה

בינוני .Pres. Part מִתְאַבֵּד one who commits suicide

מקור מוחלט .Inf. Abs הִתְאַבֵּד

◆ פעלים שאינם שכיחים מאותו שורש Infrequent verbs sharing the same root

הֶאֱבִיד (lit.) destroy (מַאֲבִיד, יַאֲבִיד, לְהַאֲבִיד)

◆ דוגמאות Illustrations

המפתח **אָבַד/נֶאֱבַד**, וחשבנו שנצטרך לפרוץ את מנעול המחסן. אבל בסופו של דבר המפתח **האָבוּד** נמצא.

The key **was lost**, and we thought we would need to break the storeroom lock. But in the end the **lost** key was found.

אִיבַּדְנוּ את המפתח = **אָבַד/נֶאֱבַד** לנו המפתח.

We **lost** the key.

אפרים **אִיבֵּד** את כל כספו בלאס וגאס וניסה **לְהִתְאַבֵּד** בקפיצה מהחלון, אבל ניסיון **הַהִתְאַבְּדוּת** נכשל; הוא הצליח רק לשבור את רגלו.

Ephraim **lost** all of his money in Las Vegas and tried **to commit suicide** by jumping out of the window, but the **suicide** attempt failed; all he managed to do was to break his leg.

"עוד לא אָבְדָה תִקְוָתֵנוּ"

We have not lost hope ("our hope is not lost yet" - from Israeli anthem)

"כן יֹאבְדוּ כל אוֹיְבֶיךָ" (שופ' ה:31)

"So may all your enemies perish" (Jud 5:31)

◆ ביטויים מיוחדים Special expressions

אִיבֵּד את עצמו לָדַעַת = הִתְאַבֵּד commit suicide

הלך לאִיבּוּד be lost, be gone for good

כאשר אָבַדְתִּי אָבָדְתִּי there's nothing I can do about it, I've had it

אָבַד עליו כֶּלַח it's obsolete, outdated

חבל על דְּאָבְדִין a great loss (said of the recently departed; from Aramaic)

אוֹבֵד עֵצוֹת confused

הבן האוֹבֵד the prodigal son

זה מקרה אָבוּד it's a lost case (coll.)

●אבק

נֶאֱבַק/יֵיאָבֵק (יֵאָבֵק) struggle, wrestle, fight

בניין: נִפְעַל גזרה: פ׳ גרונית

	Present הווה		Past עבר	Future עתיד	Imperative ציווי
יחיד	נֶאֱבָק	אני	נֶאֱבַקְתִּי	אֵיאָבֵק	
יחידה	נֶאֱבֶקֶת	אתה	נֶאֱבַקְתָּ	תֵּיאָבֵק	הֵיאָבֵק
רבים	נֶאֱבָקִים	את	נֶאֱבַקְתְּ	תֵּיאָבְקִי	הֵיאָבְקִי
רבות	נֶאֱבָקוֹת	הוא	נֶאֱבַק	יֵיאָבֵק	
		היא	נֶאֶבְקָה	תֵּיאָבֵק	
		אנחנו	נֶאֱבַקְנוּ	נֵיאָבֵק	
		אתם/ן	נֶאֱבַקְתֶּם/ן	תֵּיאָבְקוּ*	הֵיאָבְקוּ**
		הם/ן	נֶאֶבְקוּ	יֵיאָבְקוּ*	

שם הפועל .Infin לְהֵיאָבֵק   * less commonly: אתן/הן תֵּיאָבַקְנָה/...בַקְנָה

שם הפעולה .Ger הֵיאָבְקוּת wrestling   ** less commonly: (אתן) הֵיאָבַקְנָה/...בַקְנָה

מקור מוחלט .Inf. Abs נַאֲבוֹק, הֵיאָבֵק (הֵיאָבוֹק)

מ"י מוצרכת .Gov. Prep נֶאֱבַק על struggle/fight for נֶאֱבַק עם struggle/fight with

הִתְאַבֵּק/הִתְאַבַּק wrestle, grapple

בניין: הִתְפַּעֵל גזרה: שלמים

	Present הווה		Past עבר	Future עתיד	Imperative ציווי
יחיד	מִתְאַבֵּק	אני	הִתְאַבַּקְתִּי	אֶתְאַבֵּק	
יחידה	מִתְאַבֶּקֶת	אתה	הִתְאַבַּקְתָּ	תִּתְאַבֵּק	הִתְאַבֵּק
רבים	מִתְאַבְּקִים	את	הִתְאַבַּקְתְּ	תִּתְאַבְּקִי	הִתְאַבְּקִי
רבות	מִתְאַבְּקוֹת	הוא	הִתְאַבֵּק	יִתְאַבֵּק	<<<

	Past עבר	Future עתיד	Imperative ציווי
היא	הִתְאַבְּקָה	תִּתְאַבֵּק	
אנחנו	הִתְאַבַּקְנוּ	נִתְאַבֵּק	
אתם/ן	הִתְאַבַּקְתֶּם/ן	תִּתְאַבְּקוּ*	הִתְאַבְּקוּ**
הם/ן	הִתְאַבְּקוּ	יִתְאַבְּקוּ*	

שם הפועל .Infin לְהִתְאַבֵּק
שם הפעולה Gerund הִתְאַבְּקוּת wrestling
בינוני .Pres. Part מִתְאַבֵּק wrestler
מקור מוחלט .Inf. Abs הִתְאַבֵּק

* less commonly: אתן/הן תִּתְאַבֵּקְנָה
** less commonly: (אתן) הִתְאַבֵּקְנָה

◆ פעלים שאינם שכיחים מאותו שורש Infrequent verbs sharing the same root

אָבַק (אוֹבֵק, יֶאֱבוֹק, לֶאֱבוֹק) grapple, wrestle (Med H)

A less frequent homonymous root derived from אָבָק 'dust' is not included here.

◆ דוגמאות Illustrations

כשה**מִתְאַבֵּק** הפופולרי הזה עומד **לְהֵיאָבֵק** בזירה עם **מִתְאַבֵּק** מפורסם אחר, הציבור **נֶאֱבָק** על הכרטיסים.

When this popular **wrestler** is about **to fight** in the arena with another famous **wrestler**, the public **fights for** tickets.

● אהב

אָהַב/אוֹהֵב/יֹאהַב love, like, adore

בניין: פָּעַל גזרה: פ' גרונית (א' נחה) + ע' גרונית

	Present הווה			Past עבר	Future עתיד	Imper. ציווי
יחיד	אוֹהֵב	אָהוּב	אני	אָהַבְתִּי	אוֹהַב	
יחידה	אוֹהֶבֶת	אֲהוּבָה	אתה	אָהַבְתָּ	תֹּאהַב	אֱהַב
רבים	אוֹהֲבִים	אֲהוּבִים	את	אָהַבְתְּ	תֹּאהֲבִי	אֶהֱבִי
רבות	אוֹהֲבוֹת	אֲהוּבוֹת	הוא	אָהַב	יֹאהַב	
			היא	אָהֲבָה	תֹּאהַב	
			אנחנו	אָהַבְנוּ	נֹאהַב	
			אתם/ן	אֲהַבְתֶּם/ן	תֹּאהֲבוּ*	אֶהֱבוּ**
			הם/ן	אָהֲבוּ	יֹאהֲבוּ*	

שם הפועל .Infin לֶאֱהוֹב
בינוני פעיל .Pres. Part אוֹהֵב friend
בינוני סביל .Pass. Part אָהוּב beloved; best liked
מקור מוחלט .Inf. Abs אָהוֹב

* less commonly: אתן/הן תֹּאהַבְנָה
** less commonly: (אתן) אֱהַבְנָה

התְאַהֵב/הִתְאַהֵב fall in love

בניין: הִתְפַּעֵל גזרה: ע' גרונית

	Present הווה		Past עבר	Future עתיד	Imperative ציווי
יחיד	מִתְאַהֵב	אני	הִתְאַהַבְתִּי	אֶתְאַהֵב	
יחידה	מִתְאַהֶבֶת	אתה	הִתְאַהַבְתָּ	תִּתְאַהֵב	הִתְאַהֵב
רבים	מִתְאַהֲבִים	את	הִתְאַהַבְתְּ	תִּתְאַהֲבִי	הִתְאַהֲבִי
רבות	מִתְאַהֲבוֹת	הוא	הִתְאַהֵב	יִתְאַהֵב	
		היא	הִתְאַהֲבָה	תִּתְאַהֵב	
		אנחנו	הִתְאַהַבְנוּ	נִתְאַהֵב	
		אתם/ן	הִתְאַהַבְתֶּם/ן	תִּתְאַהֲבוּ*	הִתְאַהֲבוּ**
		הם/ן	הִתְאַהֲבוּ	יִתְאַהֲבוּ*	

* less commonly: אתן/הן תִּתְאַהֵבְנָה

שם הפועל .Infin לְהִתְאַהֵב

** less commonly: (אתן) הִתְאַהֵבְנָה

שם הפעולה Gerund הִתְאַהֲבוּת falling in love

מקור מוחלט .Inf. Abs הִתְאַהֵב

מ"י מוצרכת .Gov. Prep הִתְאַהֵב ב- fall in love with

◆ פעלים שאינם שכיחים מאותו שורש Infrequent verbs sharing the same root

נֶאֱהַב be loved, be liked (נֶאֱהָב, יֵיאָהֵב, לְהֵיאָהֵב)

אִיהֵב (אִהֵב) love passionately; endear (lit.) (מְאַהֵב, יְאַהֵב, לְאַהֵב)

בינוני פועל .Pres. Part מְאַהֵב lover (common form)

אוֹהַב (אֹהַב) become loved; fall in love (lit.) (מְאוֹהָב, יְאוֹהַב)

בינוני סביל .Pass. Part מְאוֹהָב ב- in love with (common form)

הֶאֱהִיב cause to love (lit.) (מַאֲהִיב, יַאֲהִיב, לְהַאֲהִיב)

◆ דוגמאות Illustrations

מיכאל **הִתְאַהֵב** באילנה ממבט ראשון. גם היום, אחרי שלושים שנה, הם **אוֹהֲבִים** מאוד זה את זה. אילנה אומרת שהיא **מְאוֹהֶבֶת** במיכאל, ושהוא יותר טוב **מִמְאַהֵב** צרפתי.

Michael **fell in love with** Ilana at first sight. Even today, thirty years later, they still **love** each other. Ilana says that she's **in love with** Michael, and that he's better than a French **lover**.

אני **אוֹהֵב** רק יַיִן אדום, והַיַּיִן **הָאָהוּב עלי ביותר** הוא קַבֶּרְנֶה סוֹבִינְיוֹן.

I **like** only red wine, and **my most favorite** wine is Cabernet Sauvignon.

●אור

הֵאִיר/הֵאַר/יָאִיר illuminate, throw light on

בניין: הִפְעִיל גזרה: ע״ו

	Present הווה		Past עבר	Future עתיד	Imperative ציווי
יחיד	מֵאִיר	אני	הֵאַרְתִּי	אָאִיר	
יחידה	מְאִירָה	אתה	הֵאַרְתָּ	תָּאִיר	הָאֵר
רבים	מְאִירִים	את	הֵאַרְתְּ	תָּאִירִי	הָאִירִי
רבות	מְאִירוֹת	הוא	הֵאִיר	יָאִיר	
		היא	הֵאִירָה	תָּאִיר	
		אנחנו	הֵאַרְנוּ	נָאִיר	
		אתם/ן	הֵאַרְתֶּם/ן*	תָּאִירוּ**	הָאִירוּ***
		הם/ן	הֵאִירוּ	יָאִירוּ**	

* BH: הַאַרְתֶּם/ן

** less commonly: אתן/הן תָּאֵרְנָה

*** less commonly: (אתן) הָאֵרְנָה

שם הפועל .Infin לְהָאִיר

שם הפעולה Gerund הֶאָרָה illuminating

מקור מוחלט .Inf. Abs הָאֵר

הוּאַר be illuminated

בניין: הוּפְעַל גזרה: ע״י/נחי פ״י + פ׳ גרונית

	Present הווה		Past עבר	Future עתיד
יחיד	מוּאָר	אני	הוּאַרְתִּי	אוּאַר
יחידה	מוּאֶרֶת	אתה	הוּאַרְתָּ	תּוּאַר
רבים	מוּאָרִים	את	הוּאַרְתְּ	תּוּאֲרִי
רבות	מוּאָרוֹת	הוא	הוּאַר	יוּאַר
		היא	הוּאֲרָה	תּוּאַר
		אנחנו	הוּאַרְנוּ	נוּאַר
		אתם/ן	הוּאַרְתֶּם/ן	תּוּאֲרוּ*
		הם/ן	הוּאֲרוּ	יוּאֲרוּ*

[מקור מוחלט .Inf. Abs הוּאֵר]

* less commonly: אתן/הן תּוּאַרְנָה

◆ פעלים שאינם שכיחים מאותו שורש Infrequent verbs sharing the same root

אוֹר there be light; shine (אוֹר, יָאוֹר)

נָאוֹר brighten, become light (נָאוֹר, יֵאוֹר)

◆ דוגמאות Illustrations

הזיקוקים **הֵאִירוּ** את הלילה, ופני השמיים **הוּאֲרוּ** כאילו הייתה השעה שעת צהריים.

The fireworks **lighted up** the night, and the sky **was illuminated** as if it were noontime.

◆ ביטויים מיוחדים Special expressions

אוֹרוּ עיניו his spirit was revived

אוֹרוּ/הֵאִירוּ פניו his face lighted up with joy

פנים מְאִירוֹת a welcoming face

מֵאִיר עיניים very clear

פתח פיך ויָאִירוּ דבריך! speak well and clearly!

●אזן - 1

אִיזֵּן/אִיזַּנְ/אַזֵּן (אִזֵּן) balance (tr.)

בניין: פִּיעֵל גזרה: ל"נ

	Present הווה		Past עבר	Future עתיד	Imperative ציווי
יחיד	מְאַזֵּן	אני	אִיזַּנְתִּי	אֲאַזֵּן	
יחידה	מְאַזֶּנֶת	אתה	אִיזַּנְתָּ	תְּאַזֵּן	אַזֵּן
רבים	מְאַזְּנִים	את	אִיזַּנְתְּ	תְּאַזְּנִי	אַזְּנִי
רבות	מְאַזְּנוֹת	הוא	אִיזֵּן	יְאַזֵּן	
		היא	אִיזְּנָה	תְּאַזֵּן	
		אנחנו	אִיזַּנּוּ	נְאַזֵּן	
		אתם/ן	אִיזַּנְתֶּם/ן	תְּאַזְּנוּ*	אַזְּנוּ**
		הם/ן	אִיזְּנוּ	יְאַזְּנוּ*	

שם הפועל .Infin לְאַזֵּן

שם הפעולה Gerund אִיזּוּן balance (N)

מקור מוחלט .Inf. Abs אַזֵּן

* less commonly: אתן/הן תְּאַזֵּנָּה

** less commonly: (אתן) אַזֵּנָּה

אוּזַּן (אֻזַּן) be balanced

בניין: פּוּעַל גזרה: ל"נ

	Present הווה		Past עבר	Future עתיד
יחיד	מְאוּזָּן	אני	אוּזַּנְתִּי	אֲאוּזַּן
יחידה	מְאוּזֶּנֶת	אתה	אוּזַּנְתָּ	תְּאוּזַּן
רבים	מְאוּזָּנִים	את	אוּזַּנְתְּ	תְּאוּזְּנִי
רבות	מְאוּזָּנוֹת	הוא	אוּזַּן	יְאוּזַּן
		היא	אוּזְּנָה	תְּאוּזַּן
		אנחנו	אוּזַּנּוּ	נְאוּזַּן
		אתם/ן	אוּזַּנְתֶּם/ן	תְּאוּזְּנוּ*
		הם/ן	אוּזְּנוּ	יְאוּזְּנוּ*

בינוני .Pres. Part מְאוּזָּן balanced

[מקור מוחלט .Inf. Abs אוּזּוֹן]

* less commonly: אתן/הן תְּאוּזַּנָּה

הִתְאַזֵּן/הִתְאַזַּנְ become balanced, balance (intr.)

בניין: פִּיעֵל גזרה: ל״נ

	Present הווה		Past עבר	Future עתיד	Imperative ציווי
יחיד	מִתְאַזֵּן	אני	הִתְאַזַּנְתִּי	אֶתְאַזֵּן	
יחידה	מִתְאַזֶּנֶת	אתה	הִתְאַזַּנְתָּ	תִּתְאַזֵּן	הִתְאַזֵּן
רבים	מִתְאַזְּנִים	את	הִתְאַזַּנְתְּ	תִּתְאַזְּנִי	הִתְאַזְּנִי
רבות	מִתְאַזְּנוֹת	הוא	הִתְאַזֵּן	יִתְאַזֵּן	
		היא	הִתְאַזְּנָה	תִּתְאַזֵּן	
		אנחנו	הִתְאַזַּנּוּ	נִתְאַזֵּן	
		אתם/ן	הִתְאַזַּנְתֶּם/ן	תִּתְאַזְּנוּ*	הִתְאַזְּנוּ**
		הם/ן	הִתְאַזְּנוּ	יִתְאַזְּנוּ*	

שם הפועל .Infin לְהִתְאַזֵּן

שם הפעולה Gerund הִתְאַזְּנוּת becoming balanced

מקור מוחלט .Inf. Abs הִתְאַזֵּן

* less commonly: אתן/הן תִּתְאַזֵּנָּה

** less commonly: (אתן) הִתְאַזֵּנָּה

◆ דוגמאות Illustrations

לְאִיזּוּן התקציב יש חשיבות לאומית ראשונה במעלה. הקונגרס רוצה לחייב את הממשלה לשמור על תקציב **מְאוּזָּן**. אם **מַאֲזַן** התשלומים של המדינה לא **יִתְאַזֵּן** עד סוף השנה, הקונגרס ידרוש מן הנשיא **לְאַזֵּן** את התקציב ע״י קיצוצים.

Balancing the budget is a national priority. The Congress wishes to obligate the government to maintain a **balanced** budget. If the government **balance** of payment does not **balance itself** by the end of the year, Congress will demand that the president **balance** the budget by cuts.

● אזן - 2 (מן אוֹזֶן ear)

הֶאֱזִין/הֶאֱזַנְ/יַאֲזִין listen

בניין: הִפְעִיל גזרה: פ׳ גרונית + ל״נ

	Present הווה		Past עבר	Future עתיד	Imperative ציווי
יחיד	מַאֲזִין	אני	הֶאֱזַנְתִּי	אַאֲזִין	
יחידה	מַאֲזִינָה	אתה	הֶאֱזַנְתָּ	תַּאֲזִין	הַאֲזֵן
רבים	מַאֲזִינִים	את	הֶאֱזַנְתְּ	תַּאֲזִינִי	הַאֲזִינִי
רבות	מַאֲזִינוֹת	הוא	הֶאֱזִין	יַאֲזִין	
		היא	הֶאֱזִינָה	תַּאֲזִין	
		אנחנו	הֶאֱזַנּוּ	נַאֲזִין	
		אתם/ן	הֶאֱזַנְתֶּם/ן	תַּאֲזִינוּ*	הַאֲזִינוּ**
		הם/ן	הֶאֱזִינוּ	יַאֲזִינוּ*	

שם הפועל .Infin לְהַאֲזִין

* less commonly: אתן/הן תַּאֲזֵנָּה >>>

שם הפעולה Gerund הַאֲזָנָה listening   ** less commonly: (אתן) הַאֲזֵנָּה
בינוני .Pres. Part מַאֲזִין listener
מקור מוחלט .Inf. Abs הַאֲזֵן
מ"י מוצרכת .Gov. Prep הֶאֱזִין ל- listen to

◆ פעלים שאינם שכיחים מאותו שורש Infrequent verbs sharing the same root
אָזַן (obs.) hear, listen (אוֹזֵן, יֶאֱזַן, לֶאֱזוֹן)
נֶאֱזַן (obs.) was heard (נֶאֱזָן, יֵיאָזֵן, לְהֵיאָזֵן)

◆ דוגמאות Illustrations
התוכנית הזאת פופולרית מאוד. בשבוע שעבר **הֶאֱזִינוּ** לה לפחות מיליון איש. הרבה מן **המַאֲזִינִים** הם אנשים צעירים מתחת לגיל עשרים.
This program is very popular. Last week at least a million people **listened to** it. Many of the **listeners** are young people under twenty.

● אחד

אִיחֵד/אִיחַד/אַחֵד (אִחֵד) unite (tr.)

בניין: פִּיעֵל   גזרה: ע' גרונית

	Present הווה		Past עבר	Future עתיד	Imperative ציווי
יחיד	מְאַחֵד	אני	אִיחַדְתִּי	אֲאַחֵד	
יחידה	מְאַחֶדֶת	אתה	אִיחַדְתָּ	תְּאַחֵד	אַחֵד
רבים	מְאַחֲדִים	את	אִיחַדְתְּ	תְּאַחֲדִי	אַחֲדִי
רבות	מְאַחֲדוֹת	הוא	אִיחֵד	יְאַחֵד	
		היא	אִיחֲדָה	תְּאַחֵד	
		אנחנו	אִיחַדְנוּ	נְאַחֵד	
		אתם/ן	אִיחַדְתֶּם/ן	תְּאַחֲדוּ*	אַחֲדוּ**
		הם/ן	אִיחֲדוּ	יְאַחֲדוּ*	

שם הפועל .Infin לְאַחֵד   * less commonly: אתן/הן תְּאַחֵדְנָה
שם הפעולה Gerund אִיחוּד unification, union   ** less commonly: (אתן) אַחֵדְנָה
מקור מוחלט .Inf. Abs אַחֵד

אוּחַד (אֻחַד) be united

בניין: פּוּעַל   גזרה: ע' גרונית

	Present הווה		Past עבר	Future עתיד
יחיד	מְאוּחָד	אני	אוּחַדְתִּי	אֲאוּחַד
יחידה	מְאוּחֶדֶת	אתה	אוּחַדְתָּ	תְּאוּחַד

<<<

	הווה Present		עבר Past	עתיד Future
רבים	מְאוּחָדִים	את	אוּחַדְתְּ	תְּאוּחֲדִי
רבות	מְאוּחָדוֹת	הוא	אוּחַד	יְאוּחַד
		היא	אוּחֲדָה	תְּאוּחַד
		אנחנו	אוּחַדְנוּ	נְאוּחַד
		אתם/ן	אוּחַדְתֶּם/ן	תְּאוּחֲדוּ*
		הם/ן	אוּחֲדוּ	יְאוּחֲדוּ*

בינוני .Pres. Part מְאוּחָד united * less commonly: אתן/הן תְּאוּחַדְנָה

[מקור מוחלט .Inf. Abs אוּחוֹד]

הִתְאַחֵד/הִתְאַחַד unite (intr.)

בניין: הִתְפַּעֵל גזרה: שלמים

	הווה Present		עבר Past	עתיד Future	ציווי Imperative
יחיד	מִתְאַחֵד	אני	הִתְאַחַדְתִּי	אֶתְאַחֵד	
יחידה	מִתְאַחֶדֶת	אתה	הִתְאַחַדְתָּ	תִּתְאַחֵד	הִתְאַחֵד
רבים	מִתְאַחֲדִים	את	הִתְאַחַדְתְּ	תִּתְאַחֲדִי	הִתְאַחֲדִי
רבות	מִתְאַחֲדוֹת	הוא	הִתְאַחֵד	יִתְאַחֵד	
		היא	הִתְאַחֲדָה	תִּתְאַחֵד	
		אנחנו	הִתְאַחַדְנוּ	נִתְאַחֵד	
		אתם/ן	הִתְאַחַדְתֶּם/ן	תִּתְאַחֲדוּ*	הִתְאַחֲדוּ**
		הם/ן	הִתְאַחֲדוּ	יִתְאַחֲדוּ*	

* less commonly: אתן/הן תִּתְאַחֵדְנָה

שם הפועל .Infin לְהִתְאַחֵד ** less commonly: (אתן) הִתְאַחֵדְנָה

שם הפעולה Gerund הִתְאַחֲדוּת union, organization

מקור מוחלט .Inf. Abs הִתְאַחֵד

◆ פעלים שאינם שכיחים מאותו שורש Infrequent verbs sharing the same root

נֶאֱחַד join together, become one (נֶאֱחָד, יֵיאָחֵד, לְהֵיאָחֵד)

הֶאֱחִיד make uniform, standardize (מַאֲחִיד, יַאֲחִיד, לְהַאֲחִיד)

הוּאֲחַד be made uniform, be standardized (הָאֲחַד) (מוּאֲחָד, יוּאֲחַד)

◆ דוגמאות Illustrations

עוד לא ברור מה יהיו התוצאות של **אִיחוּד** שתי הגרמניות. גרמניה **המְאוּחֶדֶת** **הֶאֱחִידָה** את המטבע ואת הכלכלה בכללה **ואִיחֲדָה** את שני הצבאות, אבל **התְאַחֲדוּתָן** של שתי המדינות יצרה גם בעיות לא מעטות.

The results of the **unification** of the two Germanys are still unclear. The **united** Germany **standardized** its currency and the economy in general and **united** the two armies, but the **merging** of the two states also created a good number of problems.

הִתְאַחֲדוּת התעשיינים גיבשה עמדה **אֲחִידָה** נֶגֶד החלטת הממשלה.

The Industrialists' **Organization** formed a **united** (=uniform) position against the government.

● אחז

אָחַז/אוֹחֵז/יֹאחַז hold, grasp; seize; possess

בניין: פָּעַל גזרה: פ׳ גרונית (א׳ נחה), ע׳ גרונית

Imper. ציווי	Future עתיד	Past עבר		Present הווה		
	*אוֹחַז	אָחַזְתִּי	אני	אָחוּז	אוֹחֵז	יחיד
אֱחוֹז	תֹּאחַז	אָחַזְתָּ	אתה	אֲחוּזָה	אוֹחֶזֶת	יחידה
אֶחֱזִי	תֹּאחֲזִי	אָחַזְתְּ	את	אֲחוּזִים	אוֹחֲזִים	רבים
	יֹאחַז	אָחַז	הוא	אֲחוּזוֹת	אוֹחֲזוֹת	רבות
	תֹּאחַז	אָחֲזָה	היא			
	נֹאחַז	אָחַזְנוּ	אנחנו			
***אֶחֱזוּ	**תֹּאחֲזוּ	אֲחַזְתֶּם/ן	אתם/ן			
	**יֹאחֲזוּ	אָחֲזוּ	הם/ן			

שם הפועל .Infin לֶאֱחוֹז — * in BH: אוֹחֵז, תֹּאחֵז...

בינוני סביל .Pass. Part אָחוּז- possessed (with) — ** less commonly: אתן/הן תֹּאחַזְנָה

שם הפעולה Gerund אֲחִיזָה hold(ing), seizing, grasp — *** less commonly: (אתן) אֱחוֹזְנָה

מקור מוחלט .Inf. Abs אָחוֹז

מ״י מוצרכת .Gov. Prep אָחַז ב- hold (something)

נֶאֱחַז/יֵיאָחֵז (יֵאָחֵז) be held/seized; settle (in a place); grasp, clutch at

בניין: נִפְעַל גזרה: פ׳ גרונית, ע׳ גרונית

Imperative ציווי	Future עתיד	Past עבר		Present הווה	
	אֵיאָחֵז	נֶאֱחַזְתִּי	אני	נֶאֱחָז	יחיד
הֵיאָחֵז	תֵּיאָחֵז	נֶאֱחַזְתָּ	אתה	נֶאֱחֶזֶת	יחידה
הֵיאָחֲזִי	תֵּיאָחֲזִי	נֶאֱחַזְתְּ	את	נֶאֱחָזִים	רבים
	יֵיאָחֵז	נֶאֱחַז	הוא	נֶאֱחָזוֹת	רבות
	תֵּיאָחֵז	נֶאֶחְזָה	היא		
	נֵיאָחֵז	נֶאֱחַזְנוּ	אנחנו		
**הֵיאָחֲזוּ	*תֵּיאָחֲזוּ	נֶאֱחַזְתֶּם/ן	אתם/ן		
	*יֵיאָחֲזוּ	נֶאֶחְזוּ	הם/ן		

שם הפועל .Infin לְהֵיאָחֵז — * less commonly: אתן/הן תֵּיאָחַזְנָה/...חֵזְנָה

מקור מוחלט .Inf. Abs נַאֲחוֹז, הֵיאָחֵז/...חוֹז — ** less commonly: (אתן) הֵיאָחַזְנָה/...חֵזְנָה

מ״י מוצרכת .Gov. Prep נֶאֱחַז ב- grasp/clutch at; settle on (land, etc.)

◆ **פעלים שאינם שכיחים מאותו שורש** Infrequent verbs sharing the same root

אִיחֵז (אִחֵז) join, cover (BH) (מְאַחֵז, יְאַחֵז, לְאַחֵז)

הִתְאַחֵז hold tight; take hold; get an attack of (lit.) (מִתְאַחֵז, יִתְאַחֵז, לְהִתְאַחֵז)

הֶאֱחִיז cause to grasp (Mish H) (מַאֲחִיז, יַאֲחִיז, לְהַאֲחִיז)

הוֹאֳחַז (הָאֳחַז) be tied/joined (lit.) (מוֹאֳחָז, יוֹאֳחַז)

◆ **דוגמאות** Illustrations

הוא **נֶאֱחַז** בי כשכולו רועד, ולא הרפה. **אָחַזְתִּי** בידו וניסיתי להרגיעו.

He **clutched** on to me shaking and would not let go. I **held** his hand, trying to calm him.

זהו הקיבוץ הראשון **שֶׁנֶּאֱחַז** בקרקע בחלק זה של הגליל.

This is the first kibbutz that **settled** on the land in this part of the Galilee.

"תנו לי נקודת **אֲחִיזָה** ואזיז את העולם", אמר ארכימדס.

"Give me a **holding** point and I will move the world," said Archimedes.

◆ **ביטויים מיוחדים** Special expressions

שניים **אוֹחֲזִים** בטלית two people disputing ownership ("both holding one garment")

אָחַז את העיניים create illusion; cheat

אָחַז בקרנות המזבח seek refuge

אָחַז אמצעים take measures

אָחַז את החבל בשני ראשיו/קצותיו try to do two contradictory things at the same time

אָחַז את השור בקרניו hold the bull by the horn

אֲחָזָה בו אש it caught fire

אֲחָזוֹ בולמוס be overcome by an uncontrollable desire for something

אֲחָזוֹ השבץ he had a(n almost) fatal heart attack

אֱחוֹז בזה, וגם מזה אל תנח ידך have both

קנה **אֲחִיזָה** ב- obtain a hold on

נֶאֱחַז בקש hold on to a straw

● אחל

אִיחֵל/אִיחַל/אִחֵל (אִחֵל) wish well, congratulate

בניין: פִּיעֵל גזרה: ע' גרונית

	Present הווה		Past עבר	Future עתיד	Imperative ציווי
יחיד	מְאַחֵל	אני	אִיחַלְתִּי	אֲאַחֵל	
יחידה	מְאַחֶלֶת	אתה	אִיחַלְתָּ	תְּאַחֵל	אַחֵל
רבים	מְאַחֲלִים	את	אִיחַלְתְּ	תְּאַחֲלִי	אַחֲלִי
רבות	מְאַחֲלוֹת	הוא	אִיחֵל	יְאַחֵל	
		היא	אִיחֲלָה	תְּאַחֵל	
		אנחנו	אִיחַלְנוּ	נְאַחֵל	<<<

	Past עבר	Future עתיד	Imperative ציווי
אתם/ן	איחַלְתֶם/ן	תְאַחֲלוּ*	אַחֲלוּ**
הם/ן	איחֲלוּ	יְאַחֲלוּ*	

שם הפועל .Infin לְאַחֵל

שם הפעולה Gerund אִיחוּל(ים) congratulation(s)

מקור מוחלט .Inf. Abs אַחֵל

מ"י מוצרכת .Gov. Prep אִיחֵל הצלחה לְ- wish (someone) success

* less commonly: אתן/הן תְאַחֵלְנָה

** less commonly: (אתן) אַחֵלְנָה

◆ **פעלים שאינם שכיחים מאותו שורש** Infrequent verbs sharing the same root

אוּחַל (אֻחַל) be wished well, be congratulated (מְאוּחָל, יְאוּחַל)

◆ **דוגמאות** Illustrations

אני **מְאַחֵל** לך שתצליח בלימודים = אני **מְאַחֵל** לך הצלחה בלימודיך = **אִיחוּלִים** להצלחה בלימודיך.

I **wish** for you that you succeed in your studies = I **wish** you success in your studies = **Good wishes** for success in your studies.

●אחר

אֵיחֵר (אִיחֵר)/אֵיחַר (אִיחַר)/אַחֵר (אֵחֵר/אֵחַר) be late

בניין: פִּיעֵל גזרה: פ' גרונית + ע' גרונית

	Present הווה		Past עבר	Future עתיד	Imperative ציווי
יחיד	מְאַחֵר	אני	אֵיחַרְתִי*	אֲאַחֵר	
יחידה	מְאַחֶרֶת	אתה	אֵיחַרְתָ	תְאַחֵר	אַחֵר
רבים	מְאַחֲרִים	את	אֵיחַרְתְ	תְאַחֲרִי	אַחֲרִי
רבות	מְאַחֲרוֹת	הוא	אֵיחֵר (אֵיחַר)	יְאַחֵר	
		היא	אֵיחֲרָה	תְאַחֵר	
		אנחנו	אֵיחַרְנוּ	נְאַחֵר	
		אתם/ן	אֵיחַרְתֶם/ן	תְאַחֲרוּ**	אַחֲרוּ***
		הם/ן	אֵיחֲרוּ	יְאַחֲרוּ**	

שם הפועל .Infin לְאַחֵר

בינוני .Pres. Part מְאַחֵר latecomer

שם הפעולה Gerund אִיחוּר being late; delay

מקור מוחלט .Inf. Abs אַחֵר

* also: אִיחַרְתִי, אִיחַרְתָ...

** less commonly: אתן/הן תְאַחֵרְנָה

*** less commonly: (אתן) אַחֵרְנָה

◆ **פעלים שאינם שכיחים מאותו שורש** Infrequent verbs sharing the same root

אָחַר (BH) linger, tarry (אוֹחֵר, יֹאחַר/יֶאֱחַר, לֶאֱחוֹר)

נֶאֱחַר (נֶאֱחָר, יֵיאָחֵר, לְהֵיאָחֵר) be late (Med H)

אוּחַר (אֻחַר) was delayed (Mish H) (מְאוּחָר, יְאוּחַר)

בינוני סביל .Pass. Part מְאוּחָר late (common form)

הִתְאַחֵר be late (מִתְאַחֵר, יִתְאַחֵר, לְהִתְאַחֵר)

הֶאֱחִיר delay (tr.) (Mish H) (מַאֲחִיר, יַאֲחִיר, לְהַאֲחִיר)

הוֹאֲחַר (הָאֳחַר) be delayed (Mish H) (מוֹאֲחָר, יוֹאֲחַר)

◆ דוגמאות Illustrations

הקונצרט החל **בְּאִיחוּר**, כיוון שהמנצח **אִיחֵר**; המנצח **אִיחֵר** מכיוון שהמטוס **הִתְאַחֵר**.

The concert started with a **delay** because the conductor **was late**; the conductor **was late** because the plane **was late**.

השעה **מְאוּחֶרֶת**. כדאי שנזדרז - כתוב על הכרטיס: "**הַמְאַחֵר** לא יתקבל". אם נגיע **מְאוּחָר** מדיי, לא יכניסו אותנו.

The hour is **late**. We'd better hurry; the ticket says: "**Latecomers** will not be admitted." If we arrive there too **late**, they will not let us in.

◆ ביטויים מיוחדים Special expressions

לא יְאוּחַר מִן-, לְכל הַמְאוּחָר ב- ... no later than

● אים

אִיֵּם/אִיַּמְ/אַיֵּם (אִיֵּם) threaten

בניין: פִּיעֵל גזרה: שלמים

	Present הווה		Past עבר	Future עתיד	Imperative ציווי
יחיד	מְאַיֵּם	אני	אִיַּמְתִּי	אֲאַיֵּם	
יחידה	מְאַיֶּמֶת	אתה	אִיַּמְתָּ	תְּאַיֵּם	אַיֵּם
רבים	מְאַיְּמִים	את	אִיַּמְתְּ	תְּאַיְּמִי	אַיְּמִי
רבות	מְאַיְּמוֹת	הוא	אִיֵּם	יְאַיֵּם	
		היא	אִיְּמָה	תְּאַיֵּם	
		אנחנו	אִיַּמְנוּ	נְאַיֵּם	
		אתם/ן	אִיַּמְתֶּם/ן	תְּאַיְּמוּ*	אַיְּמוּ**
		הם/ן	אִיְּמוּ	יְאַיְּמוּ*	

שם הפועל .Infin לְאַיֵּם

בינוני .Pres. Part מְאַיֵּם threatening

שם הפעולה Gerund אִיּוּם threat

מקור מוחלט .Inf. Abs אַיֵּם

מ"י מוצרכת .Gov. Prep אִיֵּם עַל threaten (someone)

* less commonly: אתן/הן תְּאַיֵּמְנָה

** less commonly: (אתן) אַיֵּמְנָה

◆ פעלים שאינם שכיחים מאותו שורש Infrequent verbs sharing the same root

אָיֹם be terrible, be frightening (lit.) (אָיוֹם, יֶאֱיַם, לֶאֱיוֹם)

ש"ת Adj. אָיוֹם terrible, terrifying (common form) תה"פ Adv. (lit.) אֲיוּמּוֹת

אוּיַּם be threatened, be scared (מְאוּיָּם, יְאוּיַּם)

בינוני סביל Pass. Part. מְאוּיָּם threatened

נִתְאַיֵּם become terrible; get scared (lit.) (מִתְאַיֵּם, יִתְאַיֵּם, לְהִתְאַיֵּם)

◆ דוגמאות Illustrations

אלמונים חטפו את בנו הקטן של איל הנפט מלמיליאן. הם **מְאַיְּמִים** שאם לא ייתנו להם חמישים מיליון דולר כופר, הם יעשו לילד משהו **אָיוֹם**. המשטרה מתייחסת **לאִיּוּם** ברצינות.

Unnamed people have kidnappd the son of the oil magnate Malmilian. They **threaten** that unless they are given a fifty million dollar ransom, they'll do something **horrible** to the kid. The police are taking the **threat** seriously.

אל **תְּאַיֵּם עליי**! זה לא עושה עלי שום רושם.

Don't **threaten me**! It makes no impression on me.

אין לו ביטחון עצמי בכלל. כל דבר גורם לו להרגיש **מְאוּיָּם**.

He has no confidence whatsoever. Everything causes him to feel **threatened**.

◆ ביטויים מיוחדים Special exprcssions

אָיוֹם וְנוֹרָא it's terrible!

● אכזב

הִתְאַכְזֵב/הִתְאַכְזַב become disappointed/disillusioned

בניין: הִתְפַּעֵל גזרה: מרובעים

	Present הווה		Past עבר	Future עתיד	Imperative ציווי
יחיד	מִתְאַכְזֵב	אני	הִתְאַכְזַבְתִּי	אֶתְאַכְזֵב	
יחידה	מִתְאַכְזֶבֶת	אתה	הִתְאַכְזַבְתָּ	תִּתְאַכְזֵב	הִתְאַכְזֵב
רבים	מִתְאַכְזְבִים	את	הִתְאַכְזַבְתְּ	תִּתְאַכְזְבִי	הִתְאַכְזְבִי
רבות	מִתְאַכְזְבוֹת	הוא	הִתְאַכְזֵב	יִתְאַכְזֵב	
		היא	הִתְאַכְזְבָה	תִּתְאַכְזֵב	
		אנחנו	הִתְאַכְזַבְנוּ	נִתְאַכְזֵב	
		אתם/ן	הִתְאַכְזַבְתֶּם/ן	תִּתְאַכְזְבוּ*	הִתְאַכְזְבוּ**
		הם/ן	הִתְאַכְזְבוּ	יִתְאַכְזְבוּ*	

* less commonly: אתן/הן תִּתְאַכְזֵבְנָה

שם הפועל .Infin לְהִתְאַכְזֵב ** less commonly: (אתן) הִתְאַכְזֵבְנָה

שם הפעולה Gerund הִתְאַכְזְבוּת becoming disappointed

מקור מוחלט .Inf. Abs הִתְאַכְזֵב

מ"י מוצרכת .Gov. Prep הִתְאַכְזֵב מן be disappointed in/with

אִכְזֵב/אִכְזַב/אַכְזֵב disappoint, disillusion

בניין: פִּיעֵל גזרה: מרובעים

	Present הווה		Past עבר	Future עתיד	Imperative ציווי
יחיד	מְאַכְזֵב	אני	אִכְזַבְתִּי	אֲאַכְזֵב	
יחידה	מְאַכְזֶבֶת	אתה	אִכְזַבְתָּ	תְּאַכְזֵב	אַכְזֵב
רבים	מְאַכְזְבִים	את	אִכְזַבְתְּ	תְּאַכְזְבִי	אַכְזְבִי
רבות	מְאַכְזְבוֹת	הוא	אִכְזֵב	יְאַכְזֵב	
		היא	אִכְזְבָה	תְּאַכְזֵב	
		אנחנו	אִכְזַבְנוּ	נְאַכְזֵב	
		אתם/ן	אִכְזַבְתֶּם/ן	תְּאַכְזְבוּ*	אַכְזְבוּ**
		הם/ן	אִכְזְבוּ	יְאַכְזְבוּ*	

* less commonly: אתן/הן תְּאַכְזֵבְנָה

** less commonly: (אתן) אַכְזֵבְנָה

שם הפועל .Infin לְאַכְזֵב

שם הפעולה Gerund אִכְזוּב disappointing (N)

בינוני .Pres. Part מְאַכְזֵב disappointing (Adj)

מקור מוחלט .Inf. Abs אַכְזֵב

אוּכְזַב (אֻכְזַב) be disappointed/disillusioned

בניין: פּוּעַל גזרה: מרובעים

	Present הווה		Past עבר	Future עתיד
יחיד	מְאוּכְזָב	אני	אוּכְזַבְתִּי	אֲאוּכְזַב
יחידה	מְאוּכְזֶבֶת	אתה	אוּכְזַבְתָּ	תְּאוּכְזַב
רבים	מְאוּכְזָבִים	את	אוּכְזַבְתְּ	תְּאוּכְזְבִי
רבות	מְאוּכְזָבוֹת	הוא	אוּכְזַב	יְאוּכְזַב
		היא	אוּכְזְבָה	תְּאוּכְזַב
		אנחנו	אוּכְזַבְנוּ	נְאוּכְזַב
		אתם/ן	אוּכְזַבְתֶּם/ן	תְּאוּכְזְבוּ*
		הם/ן	אוּכְזְבוּ	יְאוּכְזְבוּ*

* less commonly: אתן/הן תְּאוּכְזַבְנָה

בינוני .Pres. Part מְאוּכְזָב disappointed

[מקור מוחלט .Inf. Abs אוּכְזוֹב]

◆ דוגמאות Illustrations

ההצגה הזאת הייתה **מְאַכְזֶבֶת**: **הִתְאַכְזַבְתִּי** מרמת המשחק, וגם הבימוי **אִכְזֵב** אותי. צופים לא מעטים היו **מְאוּכְזָבִים** כמוני.

The play was **disappointing**: I **was disappointed** with the the level of acting, and the directing **disappointed** me as well. A good number of members from the audience were as **disappointed** as I was.

●אכל

אָכַל/אוֹכֵל/יֹאכַל eat; burn, destroy; consume

בניין: פָּעַל גזרה: פ׳ גרונית (א׳ נחה)

Imper. ציווי	Future עתיד	Past עבר		Present הווה		
	אוֹכַל	אָכַלְתִּי	אני	אָכוּל	אוֹכֵל	יחיד
אֱכוֹל	תֹּאכַל	אָכַלְתָּ	אתה	אֲכוּלָה	אוֹכֶלֶת	יחידה
אִכְלִי	תֹּאכְלִי	אָכַלְתְּ	את	אֲכוּלִים	אוֹכְלִים	רבים
	יֹאכַל	אָכַל	הוא	אֲכוּלוֹת	אוֹכְלוֹת	רבות
	תֹּאכַל	אָכְלָה	היא			
	נֹאכַל	אָכַלְנוּ	אנחנו			
אִכְלוּ**	תֹּאכְלוּ*	אֲכַלְתֶּם/ן	אתם/ן			
	יֹאכְלוּ*	אָכְלוּ	הם/ן			

שם הפועל .Infin לֶאֱכוֹל

* less commonly: אתן/הן תֹּאכַלְנָה

בינוני סביל .Pass. Part אָכוּל- consumed (with)

** less commonly: (אתן) אֱכוֹלְנָה

שם הפעולה Gerund אֲכִילָה eating

מקור מוחלט .Inf. Abs אָכוֹל

נֶאֱכַל/יֵיאָכֵל (יֵאָכֵל) be eaten; be burnt, destroyed

בניין: נִפְעַל גזרה: פ׳ גרונית

Imperative ציווי	Future עתיד	Past עבר		Present הווה	
	אֵיאָכֵל	נֶאֱכַלְתִּי	אני	נֶאֱכָל	יחיד
הֵיאָכֵל	תֵּיאָכֵל	נֶאֱכַלְתָּ	אתה	נֶאֱכֶלֶת	יחידה
הֵיאָכְלִי	תֵּיאָכְלִי	נֶאֱכַלְתְּ	את	נֶאֱכָלִים	רבים
	יֵיאָכֵל	נֶאֱכַל	הוא	נֶאֱכָלוֹת	רבות
	תֵּיאָכֵל	נֶאֶכְלָה	היא		
	נֵיאָכֵל	נֶאֱכַלְנוּ	אנחנו		
הֵיאָכְלוּ**	תֵּיאָכְלוּ*	נֶאֱכַלְתֶּם/ן	אתם/ן		
	יֵיאָכְלוּ*	נֶאֶכְלוּ	הם/ן		

* less commonly: אתן/הן תֵּיאָכַלְנָה

שם הפועל .Infin לְהֵיאָכֵל

** less commonly: (אתן) הֵיאָכַלְנָה

מקור מוחלט .Inf. Abs נַאֲכוֹל, הֵיאָכֵל (הֵיאָכוֹל)

אִיכֵּל/אִיכַּל/אַכֵּל (אכֵּל) burn, consume (lit.); corrode (tr.)

בניין: פִּיעֵל גזרה: שלמים

	הווה Present		עבר Past	עתיד Future	ציווי Imperative
יחיד	מְאַכֵּל	אני	אִיכַּלְתִּי	אֲאַכֵּל	
יחידה	מְאַכֶּלֶת	אתה	אִיכַּלְתָּ	תְּאַכֵּל	אַכֵּל
רבים	מְאַכְּלִים	את	אִיכַּלְתְּ	תְּאַכְּלִי	אַכְּלִי
רבות	מְאַכְּלוֹת	הוא	אִיכֵּל	יְאַכֵּל	
		היא	אִיכְּלָה	תְּאַכֵּל	
		אנחנו	אִיכַּלְנוּ	נְאַכֵּל	
		אתם/ן	אִיכַּלְתֶּם/ן	תְּאַכְּלוּ*	אַכְּלוּ**
		הם/ן	אִיכְּלוּ	יְאַכְּלוּ*	

שם הפועל .Infin לְאַכֵּל — * less commonly: אתן/הן תְּאַכֵּלְנָה

שם הפעולה Gerund אִיכּוּל corroding — ** less commonly: (אתן) אַכֵּלְנָה

מקור מוחלט .Inf. Abs אַכֵּל

הֶאֱכִיל/הֶאֱכַל/יַאֲכִיל feed

בניין: הִפְעִיל גזרה: פ' גרונית

	הווה Present		עבר Past	עתיד Future	ציווי Imperative
יחיד	מַאֲכִיל	אני	הֶאֱכַלְתִּי	אַאֲכִיל	
יחידה	מַאֲכִילָה	אתה	הֶאֱכַלְתָּ	תַּאֲכִיל	הַאֲכֵל
רבים	מַאֲכִילִים	את	הֶאֱכַלְתְּ	תַּאֲכִילִי	הַאֲכִילִי
רבות	מַאֲכִילוֹת	הוא	הֶאֱכִיל	יַאֲכִיל	
		היא	הֶאֱכִילָה	תַּאֲכִיל	
		אנחנו	הֶאֱכַלְנוּ	נַאֲכִיל	
		אתם/ן	הֶאֱכַלְתֶּם/ן	תַּאֲכִילוּ*	הַאֲכִילוּ**
		הם/ן	הֶאֱכִילוּ	יַאֲכִילוּ*	

שם הפועל .Infin לְהַאֲכִיל — * less commonly: אתן/הן תַּאֲכֵלְנָה

שם הפעולה Gerund הַאֲכָלָה feeding — ** less commonly: (אתן) הַאֲכֵלְנָה

מקור מוחלט .Inf. Abs הַאֲכֵל

מ"י מוצרכת .Gov. Prep הֶאֱכִיל (מישהו) ב- feed (someone) with

◆ פעלים שאינם שכיחים מאותו שורש Infrequent verbs sharing the same root

אוּכַּל (אֻכַּל) be burnt, consumed (lit.); be corroded (מְאוּכָּל, יְאוּכַּל)

הִתְאַכֵּל/נִתְאַכֵּל get burnt, wasted, consumed (Mish H) (מִתְאַכֵּל, יִתְאַכֵּל, לְהִתְאַכֵּל)

הוֹאֳכַל (הָאֳכַל) be fed (מוֹאֳכָל, יוֹאֳכַל)

◆ דוגמאות Illustrations

עזריאל לא מאמין בדיאטה. הוא חושב שהרגלי **אֲכִילָה** נכונים שומרים על גוף בריא יותר מאשר דיאטה, ושרצוי **לֶאֱכוֹל** שלוש פעמים ביום. אחרי שבע בערב הוא לא **אוֹכֵל** כלום. את הכלב שלו הוא **מַאֲכִיל** פעם ביום.

Azriel does not believe in dieting. He thinks that proper **eating** habits keep the body healthy better than dieting, and that it is desirable **to eat** three times a day. He does not **eat** at all after 7 p.m. He **feeds** his dog once a day.

העוגה של חניתה **נֶאֶכְלָה** בן רגע; אף אחד מן האורחים לא נגע בעוגה של דבורה. דבורה הייתה **אֲכוּלַת**-קנאה.

Hanita's cake **was eaten** in a jiffy; none of the guests touched Dvora's cake. Dvora was **consumed** with envy.

לא משתמשים פה במלח כדי להמיס את השלג, כי המלח **מְאַכֵּל** את המתכת של המכוניות.

They don't use salt here to melt the snow, because salt **corrodes** car metal.

● אלץ

נֶאֱלַץ/יֵיאָלֵץ (יֵאָלֵץ) be forced/compelled

בניין: נִפְעַל גזרה: פ׳ גרונית

	Present הווה		Past עבר	Future עתיד	Imperative ציווי
יחיד	נֶאֱלָץ	אני	נֶאֱלַצְתִּי	אֵיאָלֵץ	
יחידה	נֶאֱלֶצֶת	אתה	נֶאֱלַצְתָּ	תֵּיאָלֵץ	הֵיאָלֵץ
רבים	נֶאֱלָצִים	את	נֶאֱלַצְתְּ	תֵּיאָלְצִי	הֵיאָלְצִי
רבות	נֶאֱלָצוֹת	הוא	נֶאֱלַץ	יֵיאָלֵץ	
		היא	נֶאֶלְצָה	תֵּיאָלֵץ	
		אנחנו	נֶאֱלַצְנוּ	נֵיאָלֵץ	
		אתם/ן	נֶאֱלַצְתֶּם/ן	תֵּיאָלְצוּ*	הֵיאָלְצוּ**
		הם/ן	נֶאֶלְצוּ	יֵיאָלְצוּ*	

* less commonly: אתן/הן תֵּיאָלַצְנָה/...לֵצְנָה

שם הפועל .Infin לְהֵיאָלֵץ ** less commonly: (אתן) הֵיאָלַצְנָה/...לֵצְנָה

שם הפעולה Gerund הֵיאָלְצוּת being forced/compelled

מקור מוחלט .Inf. Abs נֶאֱלוֹץ, הֵיאָלֵץ (הֵיאָלוֹץ)

מ״י מוצרכת .Gov. Prep נֶאֱלַץ ל- be forced to

אִילֵץ/אִילַצ/אַלֵּץ (אִלֵּץ) compel, force, coerce

בניין: פִּיעֵל גזרה: שלמים

	Present הווה		Past עבר	Future עתיד	Imperative ציווי
יחיד	מְאַלֵּץ	אני	אִילַצְתִּי	אֲאַלֵּץ	
יחידה	מְאַלֶּצֶת	אתה	אִילַצְתָּ	תְּאַלֵּץ	אַלֵּץ
רבים	מְאַלְּצִים	את	אִילַצְתְּ	תְּאַלְּצִי	אַלְּצִי
רבות	מְאַלְּצוֹת	הוא	אִילֵץ	יְאַלֵּץ	
		היא	אִילְצָה	תְּאַלֵּץ	<<<

Imperative ציווי	Future עתיד	Past עבר	
	נְאַלֵּץ	אִילַּצְנוּ	אנחנו
אַלְּצוּ**	תְּאַלְּצוּ*	אִילַּצְתֶּם/ן	אתם/ן
	יְאַלְּצוּ*	אִילְּצוּ	הם/ן

שם הפועל .Infin לְאַלֵּץ
שם הפעולה Gerund אִילּוּץ compulsion; constraint
מקור מוחלט .Inf. Abs אַלֵּץ

* less commonly: אתן/הן תְּאַלֵּצְנָה
** less commonly: (אתן) אַלֵּצְנָה

אוּלַץ (אֻלַּץ) be compelled/forced/coerced

בניין: פּוּעַל גזרה: שלמים

Future עתיד	Past עבר		Present הווה	
אֲאוּלַּץ	אוּלַּצְתִּי	אני	מְאוּלָּץ	יחיד
תְּאוּלַּץ	אוּלַּצְתָּ	אתה	מְאוּלֶּצֶת	יחידה
תְּאוּלְּצִי	אוּלַּצְתְּ	את	מְאוּלָּצִים	רבים
יְאוּלַּץ	אוּלַּץ	הוא	מְאוּלָּצוֹת	רבות
תְּאוּלַּץ	אוּלְּצָה	היא		
נְאוּלַּץ	אוּלַּצְנוּ	אנחנו		
תְּאוּלְּצוּ*	אוּלַּצְתֶּם/ן	אתם/ן		
יְאוּלְּצוּ*	אוּלְּצוּ	הם/ן		

בינוני .Pres. Part מְאוּלָּץ forced, coerced
[מקור מוחלט .Inf. Abs אוּלּוֹץ]

* less commonly: אתן/הן תְּאוּלַּצְנָה

◆ **פעלים שאינם שכיחים מאותו שורש** Infrequent verbs sharing the same root
הֶאֱלִיץ force (Med H) (מַאֲלִיץ, יַאֲלִיץ, לְהַאֲלִיץ)

◆ **דוגמאות** Illustrations

חיים **נֶאֱלַץ** לסגור סופית את החנות. הנסיבות הכלכליות הקשות **אִילְּצוּ** אותו לסגור. גם אפריים סגר את חנותו; הוא **אוּלַּץ** לעשות זאת על ידי הבנק, לאחר פיגור של חצי שנה בתשלומים.

Hayyim **was compelled** to close the store for good. The hard economic conditions **forced** him to close. Ephraim had to close his store too; he **was forced** to do so by the bank, after half a year of deliquent debt.

מה שמרגיז אותי אצלו במיוחד זה החיוך **המְאוּלָּץ**.

What particularly annoys me about him is his **forced** smile.

●אמן

הֶאֱמִין/הֶאֱמַנְ/יַאֲמִין believe; trust

בניין: הִפְעִיל גזרה: פ' גרונית + ל"נ

	Present הווה		Past עבר	Future עתיד	Imperative ציווי
יחיד	מַאֲמִין	אני	הֶאֱמַנְתִּי	אַאֲמִין	
יחידה	מַאֲמִינָה	אתה	הֶאֱמַנְתָּ	תַּאֲמִין	הַאֲמֵן
רבים	מַאֲמִינִים	את	הֶאֱמַנְתְּ	תַּאֲמִינִי	הַאֲמִינִי
רבות	מַאֲמִינוֹת	הוא	הֶאֱמִין	יַאֲמִין	
		היא	הֶאֱמִינָה	תַּאֲמִין	
		אנחנו	הֶאֱמַנּוּ	נַאֲמִין	
		אתם/ן	הֶאֱמַנְתֶּם/ן	תַּאֲמִינוּ*	הַאֲמִינוּ**
		הם/ן	הֶאֱמִינוּ	יַאֲמִינוּ*	

שם הפועל .Infin לְהַאֲמִין — * less commonly: אתן/הן תַּאֲמֵנָּה

בינוני .Pres. Part מַאֲמִין believer — ** less commonly: (אתן) הַאֲמֵנָּה

שם הפעולה Gerund הַאֲמָנָה official confirmation of ambassador etc.

מקור מוחלט .Inf. Abs הַאֲמֵן

מ"י מוצרכת .Gov. Prep הֶאֱמִין לְ- believe (someone/something)

מ"י מוצרכת .Gov. Prep הֶאֱמִין בְּ- believe in (someone/something)

אִימֵּן/אִימַּנְ/אַמֵּן train (tr.), instruct (אִמֵּן)

בניין: פִּיעֵל גזרה: שלמים + ל"נ

	Present הווה		Past עבר	Future עתיד	Imperative ציווי
יחיד	מְאַמֵּן	אני	אִימַּנְתִּי	אֲאַמֵּן	
יחידה	מְאַמֶּנֶת	אתה	אִימַּנְתָּ	תְּאַמֵּן	אַמֵּן
רבים	מְאַמְּנִים	את	אִימַּנְתְּ	תְּאַמְּנִי	אַמְּנִי
רבות	מְאַמְּנוֹת	הוא	אִימֵּן	יְאַמֵּן	
		היא	אִימְּנָה	תְּאַמֵּן	
		אנחנו	אִימַּנּוּ	נְאַמֵּן	
		אתם/ן	אִימַּנְתֶּם/ן	תְּאַמְּנוּ*	אַמְּנוּ**
		הם/ן	אִימְּנוּ	יְאַמְּנוּ*	

שם הפועל .Infin לְאַמֵּן — * less commonly: אתן/הן תְּאַמֵּנָּה

בינוני .Pres. Part מְאַמֵּן trainer, coach — ** less commonly: (אתן) אַמֵּנָּה

שם הפעולה Gerund אִימּוּן

מקור מוחלט .Inf. Abs אַמֵּן

אוּמַן (אֻמַּן) be trained/instructed

בניין: פּוּעַל גזרה: שלמים + ל"נ

	Present הווה		Past עבר	Future עתיד
יחיד	מְאוּמָּן	אני	אוּמַּנְתִּי	אֲאוּמַּן
יחידה	מְאוּמֶּנֶת	אתה	אוּמַּנְתָּ	תְּאוּמַּן
רבים	מְאוּמָּנִים	את	אוּמַּנְתְּ	תְּאוּמְּנִי
רבות	מְאוּמָּנוֹת	הוא	אוּמַּן	יְאוּמַּן
		היא	אוּמְּנָה	תְּאוּמַּן
		אנחנו	אוּמַּנּוּ	נְאוּמַּן
		אתם/ן	אוּמַּנְתֶּם/ן	תְּאוּמְּנוּ*
		הם/ן	אוּמְּנוּ	יְאוּמְּנוּ*

בינוני .Pres. Part מְאוּמָּן trained * less commonly: אתן/הן תְּאוּמַּנָּה

[מקור מוחלט .Inf. Abs אוּמּוֹן]

הִתְאַמֵּן/הִתְאַמַּן train (intr.), practice (intr.)

בניין: הִתְפַּעֵל גזרה: שלמים + ל"נ

	Present הווה		Past עבר	Future עתיד	Imperative ציווי
יחיד	מִתְאַמֵּן	אני	הִתְאַמַּנְתִּי	אֶתְאַמֵּן	
יחידה	מִתְאַמֶּנֶת	אתה	הִתְאַמַּנְתָּ	תִּתְאַמֵּן	הִתְאַמֵּן
רבים	מִתְאַמְּנִים	את	הִתְאַמַּנְתְּ	תִּתְאַמְּנִי	הִתְאַמְּנִי
רבות	מִתְאַמְּנוֹת	הוא	הִתְאַמֵּן	יִתְאַמֵּן	
		היא	הִתְאַמְּנָה	תִּתְאַמֵּן	
		אנחנו	הִתְאַמַּנּוּ	נִתְאַמֵּן	
		אתם/ן	הִתְאַמַּנְתֶּם/ן	תִּתְאַמְּנוּ*	הִתְאַמְּנוּ**
		הם/ן	הִתְאַמְּנוּ	יִתְאַמְּנוּ*	

שם הפועל .Infin לְהִתְאַמֵּן * less commonly: אתן/הן תִּתְאַמֵּנָּה

שם הפעולה .Ger הִתְאַמְּנוּת training oneself ** less commonly: (אתן) הִתְאַמֵּנָּה

מקור מוחלט .Inf. Abs הִתְאַמֵּן

מ"י מוצרכת .Gov. Prep הִתְאַמֵּן ב- train in

◆ פעלים שאינם שכיחים מאותו שורש Infrequent verbs sharing the same root

אָמַן (אוֹמֵן, יֶאֱמוֹן, לֶאֱמוֹן) grow, educate (lit.)

בינוני פעיל .Act. Part אוֹמֵן foster-father אוֹמֶנֶת nursemaid, governess

נֶאֱמַן be verified; be trustworthy; be solid/stable

(נֶאֱמָן, יֵיאָמֵן, לְהֵיאָמֵן) בינוני .Pres. Part נֶאֱמָן faithful, loyal

הוּאֲמַן (הָאֳמַן) be trusted; be made to believe; be confirmed (מוּאֳמָן, יוּאֳמַן)

◆ דוגמאות Illustrations

לא די **לְאַמֵּן** חיילים להילחם: צריך גם לחנך אותם היטב, כדי **שַׁיַאֲמִינוּ** שמלחמתם צודקת.

It isn't enough **to train** soldiers to fight; they also need to be well-educated, so that they **believe** that the war they engage in is just.

גיל **מִתְאַמֵּן** בנגינה בכינור יומם ולילה. הוריו **מַאֲמִינִים** בו; הם חושבים שהוא יהיה כנר גדול.

Gill **practices** playing the violin day and night. His parents **believe** in him. They think that he'll be a great violinist.

קשה **לְהַאֲמִין** מה **מְאַמֵּן** טוב יכול לעשות אפילו עם נבחרת לא כל כך טובה.

It is hard **to believe** what a good **trainer** can do even with a team that isn't so good.

מנחם אומר שהוא די **נֶאֱמָן** לאישתו; הוא בגד בה רק שלוש פעמים.

Menahem says that he is pretty **faithful** to his wife; he was unfaithful to her only three times.

◆ ביטויים מיוחדים Special expressions

לא יֵאָמֵן/יְאוּמַּן כי יסופר it sounds so fantastic, that it is hard to believe it

אַשְׁרֵי הַמַּאֲמִין happy is he who believes (it) [may be used cynically]

● אמץ

אִימֵּץ/אִימַּצ/אַמֵּץ (אִמֵּץ) adopt; strengthen; strain

בניין: פִּיעֵל גזרה: שלמים

	Present הווה		Past עבר	Future עתיד	Imperative ציווי
יחיד	מְאַמֵּץ	אני	אִימַּצְתִּי	אֲאַמֵּץ	
יחידה	מְאַמֶּצֶת	אתה	אִימַּצְתָּ	תְּאַמֵּץ	אַמֵּץ
רבים	מְאַמְּצִים	את	אִימַּצְתְּ	תְּאַמְּצִי	אַמְּצִי
רבות	מְאַמְּצוֹת	הוא	אִימֵּץ	יְאַמֵּץ	
		היא	אִימְּצָה	תְּאַמֵּץ	
		אנחנו	אִימַּצְנוּ	נְאַמֵּץ	
		אתם/ן	אִימַּצְתֶּם/ן	תְּאַמְּצוּ*	אַמְּצוּ**
		הם/ן	אִימְּצוּ	יְאַמְּצוּ*	

שם הפועל .Infin לְאַמֵּץ

בינוני .Pres. Part מְאַמֵּץ adoptive

שם הפעולה Gerund אִימּוּץ adoption; straining

מקור מוחלט .Inf. Abs אַמֵּץ

* less commonly: אתן/הן תְּאַמֵּצְנָה

** less commonly: (אתן) אַמֵּצְנָה

אוּמַּץ (אֻמַּץ) be adopted; be strengthened; be strained

בניין: פּוּעַל גזרה: שלמים

	Present הווה		Past עבר	Future עתיד
יחיד	מְאוּמָּץ	אני	אוּמַּצְתִּי	אֲאוּמַּץ
יחידה	מְאוּמֶּצֶת	אתה	אוּמַּצְתָּ	תְּאוּמַּץ
רבים	מְאוּמָּצִים	את	אוּמַּצְתְּ	תְּאוּמְּצִי
רבות	מְאוּמָּצוֹת	הוא	אוּמַּץ	יְאוּמַּץ
		היא	אוּמְּצָה	תְּאוּמַּץ
		אנחנו	אוּמַּצְנוּ	נְאוּמַּץ
		אתם/ן	אוּמַּצְתֶּם/ן	תְּאוּמְּצוּ*
		הם/ן	אוּמְּצוּ	יְאוּמְּצוּ*

בינוני .Pres. Part מְאוּמָּץ adopted; strenuous * less commonly: אתן/הן תְּאוּמַּצְנָה

[מקור מוחלט .Inf. Abs אוּמּוֹץ]

הִתְאַמֵּץ/הִתְאַמַּץ make an effort, strive; exert oneself

בניין: הִתְפַּעֵל גזרה: שלמים

	Present הווה		Past עבר	Future עתיד	Imperative ציווי
יחיד	מִתְאַמֵּץ	אני	הִתְאַמַּצְתִּי	אֶתְאַמֵּץ	
יחידה	מִתְאַמֶּצֶת	אתה	הִתְאַמַּצְתָּ	תִּתְאַמֵּץ	הִתְאַמֵּץ
רבים	מִתְאַמְּצִים	את	הִתְאַמַּצְתְּ	תִּתְאַמְּצִי	הִתְאַמְּצִי
רבות	מִתְאַמְּצוֹת	הוא	הִתְאַמֵּץ	יִתְאַמֵּץ	
		היא	הִתְאַמְּצָה	תִּתְאַמֵּץ	
		אנחנו	הִתְאַמַּצְנוּ	נִתְאַמֵּץ	
		אתם/ן	הִתְאַמַּצְתֶּם/ן	תִּתְאַמְּצוּ*	הִתְאַמְּצוּ**
		הם/ן	הִתְאַמְּצוּ	יִתְאַמְּצוּ*	

שם הפועל .Infin לְהִתְאַמֵּץ * less commonly: אתן/הן תִּתְאַמֵּצְנָה

שם הפעולה Gerund הִתְאַמְּצוּת striving ** less commonly: (אתן) הִתְאַמֵּצְנָה

מקור מוחלט .Inf. Abs הִתְאַמֵּץ

◆ פעלים שאינם שכיחים מאותו שורש Infrequent verbs sharing the same root

אָמַץ be strong, get stronger; be brave (lit.) (אַמִּיץ, יֶאֱמַץ)

שם תואר .Adj אַמִּיץ brave (common form)

הֶאֱמִיץ become strong(er) (BH) (מַאֲמִיץ, יַאֲמִיץ, לְהַאֲמִיץ)

◆ דוגמאות Illustrations

לאפרים ואישתו לא היו ילדים משלהם. לפני שמונה עשרה שנה הם **אִימְּצוּ** תינוקת חמודה. היום הבת **המְאוּמֶּצֶת** יכולה לחזור לאם הביולוגית שלה, אבל היא מעדיפה להישאר עם ההורים **המְאַמְּצִים**.

Ephraim and his wife had no children of their own. Eighteen years ago they **adopted** a cute baby girl. Today the **adopted** daughter may return to her biological mother, but she prefers to remain with her **adoptive** parents.

לאחר ישיבת עבודה ארוכה **וּמְאוּמֶּצֶת**, החליטה הממשלה **לְאַמֵּץ** את המדיניות הכלכלית שעליה המליץ שר האוצר.

Following a long, **strenuous** session, the government decided to **adopt** the economic policy recommended by the Finance Minister.

מנחם **אִימֵּץ** את כל שריריו **וְהִתְאַמֵּץ** בכל כוחו להרים את האבן, אבל לא הצליח.

Menahem **strained** all his muscles and **strove** with all his might to lift the stone, but failed.

ברגע שהכלב ה"**אַמִּיץ**" שלי רואה חתול, הוא מיד בורח הביתה...

The moment my "**brave**" dog sees a cat, he immediately runs home...

◆ **ביטויים מיוחדים** Special expressions

חֲזַק וֶאֱמַץ be strong! (you can do it!)

אִימֵּץ את ידיו של מישהו encourage someone

אִימֵּץ מישהו אל ליבו hug someone tight(ly)

● אמר

אָמַר/אוֹמֵר/יֹאמַר say, tell; mean; express; praise (lit.)

בניין: **פָּעַל** גזרה: **פ' גרונית (א' נחה)**

	Present הווה			Past עבר	Future עתיד	Imper. ציווי
יחיד	אוֹמֵר	אָמוּר	אני	אָמַרְתִּי	אוֹמַר	
יחידה	אוֹמֶרֶת	אֲמוּרָה	אתה	אָמַרְתָּ	תֹּאמַר	אֱמוֹר
רבים	אוֹמְרִים	אֲמוּרִים	את	אָמַרְתְּ	תֹּאמְרִי	אִמְרִי
רבות	אוֹמְרוֹת	אֲמוּרוֹת	הוא	אָמַר	יֹאמַר	
			היא	אָמְרָה	תֹּאמַר	
			אנחנו	אָמַרְנוּ	נֹאמַר	
			אתם/ן	אֲמַרְתֶּם/ן	תֹּאמְרוּ*	אִמְרוּ**
			הם/ן	אָמְרוּ	יֹאמְרוּ*	

* less commonly: אתן/הן **תֹּאמַרְנָה**

** less commonly: (אתן) **אֱמוֹרְנָה**

שם הפועל .Infin **לוֹמַר/לֵאמוֹר**

בינוני סביל .Pass. Part **אָמוּר (ל-)** said/supposed to

שם הפעולה Gerund **אֲמִירָה** saying; statement

מקור מוחלט .Inf. Abs **אָמוֹר**

מ"י מוצרכת .Gov. Prep **אָמַר ל-** say to

נֶאֱמַר/יֵיאָמֵר (יֵאָמֵר) be said/told

בניין: נִפְעַל גזרה: פ' גרונית

	הווה Present		עבר Past	עתיד Future	ציווי Imperative
יחיד	נֶאֱמָר	אני	נֶאֱמַרְתִּי	אֵיאָמֵר	
יחידה	נֶאֱמֶרֶת	אתה	נֶאֱמַרְתָּ	תֵּיאָמֵר	הֵיאָמֵר
רבים	נֶאֱמָרִים	את	נֶאֱמַרְתְּ	תֵּיאָמְרִי	הֵיאָמְרִי
רבות	נֶאֱמָרוֹת	הוא	נֶאֱמַר	יֵיאָמֵר	
		היא	נֶאֶמְרָה	תֵּיאָמֵר	
		אנחנו	נֶאֱמַרְנוּ	נֵיאָמֵר	
		אתם/ן	נֶאֱמַרְתֶּם/ן	תֵּיאָמְרוּ*	הֵיאָמְרוּ**
		הם/ן	נֶאֶמְרוּ	יֵיאָמְרוּ*	

* less commonly: אתן/הן תֵּיאָמַרְנָה/...מַרְנָה

** less commonly: (אתן) הֵיאָמַרְנָה/...מַרְנָה

שם הפועל .Infin לְהֵיאָמֵר

מקור מוחלט .Inf. Abs נֶאֱמוֹר, הֵיאָמֵר (הֵיאָמוֹר)

הֶאֱמִיר/הֶאֱמַר/יַאֲמִיר rise, increase (prices - intr.)

בניין: הִפְעִיל גזרה: פ' גרונית

	הווה Present		עבר Past	עתיד Future	ציווי Imperative
יחיד	מַאֲמִיר	אני	הֶאֱמַרְתִּי	אַאֲמִיר	
יחידה	מַאֲמִירָה	אתה	הֶאֱמַרְתָּ	תַּאֲמִיר	הַאֲמֵר
רבים	מַאֲמִירִים	את	הֶאֱמַרְתְּ	תַּאֲמִירִי	הַאֲמִירִי
רבות	מַאֲמִירוֹת	הוא	הֶאֱמִיר	יַאֲמִיר	
		היא	הֶאֱמִירָה	תַּאֲמִיר	
		אנחנו	הֶאֱמַרְנוּ	נַאֲמִיר	
		אתם/ן	הֶאֱמַרְתֶּם/ן	תַּאֲמִירוּ*	הַאֲמִירוּ**
		הם/ן	הֶאֱמִירוּ	יַאֲמִירוּ*	

שם הפועל .Infin לְהַאֲמִיר

שם הפעולה Gerund הַאֲמָרָה (rise (in prices

מקור מוחלט .Inf. Abs הַאֲמֵר

* less commonly: אתן/הן תַּאֲמֵרְנָה

** less commonly: (אתן) הַאֲמֵרְנָה

◆ פעלים שאינם שכיחים מאותו שורש Infrequent verbs sharing the same root

הִתְאַמֵּר (.boast (lit (מִתְאַמֵּר, יִתְאַמֵּר, לְהִתְאַמֵּר)

הוּאֲמַר (הָאֳמַר) (be singled out positively (Med H (מוּאֳמָר, יוּאֳמַר)

◆ דוגמאות Illustrations

אָמַרְתִּי לו מה אני חושב עליו, כיוון שנראה לי שהדברים צריכים **לְהֵיאָמֵר**. אחרי שהדברים **נֶאֶמְרוּ**, הוקל לי.

I **told** him what I thought about him, because I felt that it needed **to be said**. When it **had been said**, I felt better.

אָמַרְתִּי כבר את דעתי בעניין; אין לי מה **לוֹמַר** מעבר לזה.
I have already **expressed** my opinion on this matter; I have nothing else **to say**.

לא ציפיתי **לְהַאֲמָרַת** מחירים כזו בדצמבר. על פי התחזיות, המחירים לא היו **אֲמוּרִים לְהַאֲמִיר** בתקופת החגים.
I did not expect such **increase** in prices in December. According to predictions, prices were not **supposed to rise** during the holiday season.

◆ ביטויים מיוחדים Special expressions

זאת אוֹמֶרֶת/כְּלוֹמַר that is

לֵאמֹר as follows/in the following words

נֹאמַר let's say

כָּאָמוּר as noted above

רוצה לוֹמַר what it actually means is

במה דברים אֲמוּרִים what has been said above is correct provided that

ניתנה האמת לְהֵיאָמֵר the truth of the matter is

שֶׁנֶּאֱמַר as written in the scriptures

כמו/כמה שֶׁנֶּאֱמַר as written in the scriptures/done properly, as it should be

אֲמִירָה בעלמא a statement that means nothing

אָמַר בליבו/אל ליבו say to oneself, think, consider

אָמַר נואש despair

● אסף

אָסַף/אוֹסֵף/יֶאֱסוֹף (יֶאֱסֹף) collect, gather, assemble

בניין: פָּעַל   גזרה: פ' גרונית (אֶפְעוֹל)

	הווה Present			עבר Past	עתיד Future	ציווי Imper.
יחיד	אוֹסֵף	אָסוּף	אני	אָסַפְתִּי	אֶאֱסוֹף	
יחידה	אוֹסֶפֶת	אֲסוּפָה	אתה	אָסַפְתָּ	תֶּאֱסוֹף	אֱסוֹף
רבים	אוֹסְפִים	אֲסוּפִים	את	אָסַפְתְּ	תַּאַסְפִי	אִסְפִי
רבות	אוֹסְפוֹת	אֲסוּפוֹת	הוא	אָסַף	יֶאֱסוֹף	
			היא	אָסְפָה	תֶּאֱסוֹף	
			אנחנו	אָסַפְנוּ	נֶאֱסוֹף	
			אתם/ן	אֲסַפְתֶּם/ן	תַּאַסְפוּ*	אִסְפוּ**
			הם/ן	אָסְפוּ	יַאַסְפוּ*	

שם הפועל .Infin לֶאֱסוֹף

בינוני סביל .Pass. Part אָסוּף gathered

מקור מוחלט .Inf. Abs אָסוֹף

שם הפעולה Gerund אֲסִיפָה gathering; death; killing (Mish H)

אֲסֵיפָה gathering, assembly

* less commonly: אתן/הן תֶּאֱסוֹפְנָה

** less commonly: (אתן) אֱסוֹפְנָה

נֶאֱסַף/יֵיאָסֵף (יֵאָסֵף) be gathered

בניין: נִפְעַל גזרה: פ' גרונית

	Present הווה		Past עבר	Future עתיד	Imperative ציווי
יחיד	נֶאֱסָף	אני	נֶאֱסַפְתִּי	אֵיאָסֵף	
יחידה	נֶאֱסֶפֶת	אתה	נֶאֱסַפְתָּ	תֵּיאָסֵף	הֵיאָסֵף
רבים	נֶאֱסָפִים	את	נֶאֱסַפְתְּ	תֵּיאָסְפִי	הֵיאָסְפִי
רבות	נֶאֱסָפוֹת	הוא	נֶאֱסַף	יֵיאָסֵף	
		היא	נֶאֶסְפָה	תֵּיאָסֵף	
		אנחנו	נֶאֱסַפְנוּ	נֵיאָסֵף	
		אתם/ן	נֶאֱסַפְתֶּם/ן	תֵּיאָסְפוּ*	הֵיאָסְפוּ**
		הם/ן	נֶאֶסְפוּ	יֵיאָסְפוּ*	

שם הפועל .Infin לְהֵיאָסֵף   * less commonly: אתן/הן תֵּיאָסַפְנָה/...סֵפְנָה

שם הפעולה .Ger הֵיאָסְפוּת gathering; death   ** less commonly: (אתן) הֵיאָסַפְנָה/...סֵפְנָה

מקור מוחלט .Inf. Abs נֶאֱסוֹף, הֵיאָסֵף (הֵיאָסוֹף)

הִתְאַסֵּף/הִתְאַסַּף assemble (intr.)

בניין: הִתְפַּעֵל גזרה: שלמים

	Present הווה		Past עבר	Future עתיד	Imperative ציווי
יחיד	מִתְאַסֵּף	אני	הִתְאַסַּפְתִּי	אֶתְאַסֵּף	
יחידה	מִתְאַסֶּפֶת	אתה	הִתְאַסַּפְתָּ	תִּתְאַסֵּף	הִתְאַסֵּף
רבים	מִתְאַסְּפִים	את	הִתְאַסַּפְתְּ	תִּתְאַסְּפִי	הִתְאַסְּפִי
רבות	מִתְאַסְּפוֹת	הוא	הִתְאַסֵּף	יִתְאַסֵּף	
		היא	הִתְאַסְּפָה	תִּתְאַסֵּף	
		אנחנו	הִתְאַסַּפְנוּ	נִתְאַסֵּף	
		אתם/ן	הִתְאַסַּפְתֶּם/ן	תִּתְאַסְּפוּ*	הִתְאַסְּפוּ**
		הם/ן	הִתְאַסְּפוּ	יִתְאַסְּפוּ*	

שם הפועל .Infin לְהִתְאַסֵּף   * less commonly: אתן/הן תִּתְאַסֵּפְנָה

שם הפעולה Gerund הִתְאַסְּפוּת assembling   ** less commonly: (אתן) הִתְאַסֵּפְנָה

מקור מוחלט .Inf. Abs הִתְאַסֵּף

◆ פעלים שאינם שכיחים מאותו שורש Infrequent verbs sharing the same root

אִסֵּף gather, collect; bring in (מְאַסֵּף, יְאַסֵּף, לְאַסֵּף)

בינוני .Pres. Part מְאַסֵּף local bus (not direct/express)

אוּסַּף (אֻסַּף) be gathered; assemble (intr.) (lit.) (מְאוּסָּף, יְאוּסַּף)

◆ דוגמאות Illustrations

אָסַפְתִּי שלושה חברים שרצו ללכת איתי ונסענו **לָאֲסֵיפָה**. **הִתְאַסְּפוּ** שם כבר מאה איש.

I **picked up (="gathered")** three friends who wanted to go with me, and we went to the **assembly**. A hundred people had already **gathered** there.

בשנה שעברה **נֶאֶסְפוּ** בעיר שנים עשר טון של פחיות למיחזור.

Last year 12 tons of cans **were collected** in town for recycling.

היא אוהבת ללכת בשיער **אָסוּף**.

She likes to go with her hair **gathered together**.

◆ ביטויים מיוחדים Special expressions

נֶאֱסַף אל אבותיו die

● אסר

אָסַר/אוֹסֵר/יֶאֱסוֹר (יֶאֱסֹר) imprison/shackle; forbid

בניין: פָּעַל גזרה: פ' גרונית א' (אֶפְעוֹל)

Imper. ציווי	Future עתיד	Past עבר		Present הווה		
	אֶאֱסוֹר	אָסַרְתִּי	אני	אָסוּר	אוֹסֵר	יחיד
אֱסוֹר	תֶּאֱסוֹר	אָסַרְתָּ	אתה	אֲסוּרָה	אוֹסֶרֶת	יחידה
אִסְרִי	תַּאַסְרִי	אָסַרְתְּ	את	אֲסוּרִים	אוֹסְרִים	רבים
	יֶאֱסוֹר	אָסַר	הוא	אֲסוּרוֹת	אוֹסְרוֹת	רבות
	תֶּאֱסוֹר	אָסְרָה	היא			
	נֶאֱסוֹר	אָסַרְנוּ	אנחנו			
אִסְרוּ**	תַּאַסְרוּ*	אֲסַרְתֶּם/ן	אתם/ן			
	יַאַסְרוּ*	אָסְרוּ	הם/ן			

שם הפועל .Infin לֶאֱסוֹר * less commonly: אתן/הן תֶּאֱסוֹרְנָה

בינוני סביל .Pass. Part אָסוּר forbidden; chained ** less commonly: (אתן) אֱסוֹרְנָה

שם הפעולה Gerund אֲסִירָה imprisoning; tying (esp. horse to carriage) (Mish H)

מקור מוחלט .Inf. Abs אָסוֹר

מ"י .Gov. Prep אָסַר על forbid (someone/something)

נֶאֱסַר/יֵיאָסֵר (יֵאָסֵר) be jailed/shackled; be forbidden

בניין: נִפְעַל גזרה: פ' גרונית

Imperative ציווי	Future עתיד	Past עבר		Present הווה	
	אֵיאָסֵר	נֶאֱסַרְתִּי	אני	נֶאֱסָר	יחיד
הֵיאָסֵר	תֵּיאָסֵר	נֶאֱסַרְתָּ	אתה	נֶאֱסֶרֶת	יחידה
הֵיאָסְרִי	תֵּיאָסְרִי	נֶאֱסַרְתְּ	את	נֶאֱסָרִים	רבים
	יֵיאָסֵר	נֶאֱסַר	הוא	נֶאֱסָרוֹת	רבות
	תֵּיאָסֵר	נֶאֱסְרָה	היא		
	נֵיאָסֵר	נֶאֱסַרְנוּ	אנחנו		
>> הֵיאָסְרוּ**	תֵּיאָסְרוּ*	נֶאֱסַרְתֶּם/ן	אתם/ן		

	Past עבר	Future עתיד
הם/ן	נֶאֶסְרוּ	יֵיאָסְרוּ*

* less commonly: אתן/הן תֵּיאָסַרְנָה/...סֵרְנָה

שם הפועל .Infin לְהֵיאָסֵר ** less commonly: (אתן) הֵיאָסַרְנָה/...סֵרְנָה

שם הפעולה Gerund הֵיאָסְרוּת being forbidden/jailed

מקור מוחלט .Inf. Abs נֶאֱסוֹר, הֵיאָסֵר (הֵיאָסוֹר)

◆ **פעלים שאינם שכיחים מאותו שורש** Infrequent verbs sharing the same root

אוּסַּר (אֻסַּר) be imprisoned, be tied/shackled (lit.) (מְאוּסָּר, יְאוּסַּר)

נִתְאַסֵּר be imprisoned/shackled (Med H) (מִתְאַסֵּר, יִתְאַסֵּר, לְהִתְאַסֵּר)

◆ **דוגמאות** Illustrations

אָסוּר **לַאֲסִירִים** לעשן בבית הסוהר הזה. מנהל בית הסוהר שוקל גם אם **לֶאֱסוֹר** עליהם לצפות בטלוויזיה.

Prisoners are **forbidden** to smoke in this jail. The warden is also considering whether to **forbid** them to watch TV too.

"הפה **שֶׁאָסַר** הוא הפה שהתיר." (דמאי ו:יא)

"Only he who **forbade** is allowed to permit."

"ויקח מאיתם את שמעון **וַיֶּאֱסוֹר** אותו." (בר' מב:24)

"And he took Simon from among them and **had** him **bound**." (Gen. 42:24)

השופט פסק למשולם שלוש שנות **מַאֲסָר**. על פי המשטרה, משולם **יֵיאָסֵר** בבית הכלא תל-מונד.

The judge sentenced Meshulam to three years **imprisonment**. According to the police, Meshulam **will be imprisoned** in the Tel Mond prison.

[Note: in Israeli Hebrew, the primary meaning of the various realizations of אסר is 'forbid,' which originated in Mish H. The Biblical 'imprison/shackle' is mostly literary today.]

◆ **ביטויים מיוחדים** Special expressions

אָסַר על עצמו ל- ...take a vow upon self not to

אָסַר מלחמה wage war

אִסְרוּ חג the day after a (major) Jewish festival

●אפין

אִפְיֵן/אִפְיַנְ/אַפְיֵן (אִפְיֵן) characterize

בניין: פִּיעֵל גזרה: מרובעים + ל"נ

	Present הווה		Past עבר	Future עתיד	Imperative ציווי
יחיד	מְאַפְיֵן	אני	אִפְיַנְתִּי	אֲאַפְיֵן	
יחידה	מְאַפְיֶנֶת	אתה	אִפְיַנְתָּ	תְּאַפְיֵן	אַפְיֵן
רבים	מְאַפְיְנִים	את	אִפְיַנְתְּ	תְּאַפְיְנִי	אַפְיְנִי
רבות	מְאַפְיְנוֹת	הוא	אִפְיֵן	יְאַפְיֵן	
		היא	אִפְיְנָה	תְּאַפְיֵן	
		אנחנו	אִפְיַנּוּ	נְאַפְיֵן	
		אתם/ן	אִפְיַנְתֶּם/ן	תְּאַפְיְנוּ*	אַפְיְנוּ**
		הם/ן	אִפְיְנוּ	יְאַפְיְנוּ*	

שם הפועל .Infin לְאַפְיֵן * less commonly: אתן/הן תְּאַפְיֵנָּה

בינוני .Pres. Part מְאַפְיֵן characteristic ** less commonly: (אתן) אַפְיֵנָּה

שם הפעולה Gerund אִפְיוּן characterizing/zation

מקור מוחלט .Inf. Abs אַפְיֵן

אוּפְיַן (אֻפְיַן) be characterized

בניין: פּוּעַל גזרה: מרובעים + ל"נ

	Present הווה		Past עבר	Future עתיד
יחיד	מְאוּפְיָן	אני	אוּפְיַנְתִּי	אֲאוּפְיַן
יחידה	מְאוּפְיֶנֶת	אתה	אוּפְיַנְתָּ	תְּאוּפְיַן
רבים	מְאוּפְיָנִים	את	אוּפְיַנְתְּ	תְּאוּפְיְנִי
רבות	מְאוּפְיָנוֹת	הוא	אוּפְיַן	יְאוּפְיַן
		היא	אוּפְיְנָה	תְּאוּפְיַן
		אנחנו	אוּפְיַנּוּ	נְאוּפְיַן
		אתם/ן	אוּפְיַנְתֶּם/ן	תְּאוּפְיְנוּ*
		הם/ן	אוּפְיְנוּ	יְאוּפְיְנוּ*

בינוני .Pres. Part מְאוּפְיָן characterized * less commonly: אתן/הן תְּאוּפְיַנָּה

[מקור מוחלט .Inf. Abs אוּפְיוֹן]

◆ פעלים שאינם שכיחים מאותו שורש Infrequent verbs sharing the same root

הִתְאַפְיֵן be(come) characterized (מִתְאַפְיֵן, יִתְאַפְיֵן, לְהִתְאַפְיֵן)

◆ דוגמאות Illustrations

פרופסור: מהם **הַמְאַפְיְנִים** העיקריים של היצירה הזאת? מה **מְאַפְיֵן** אותה?

סטודנט: היא ארוכה, קשה ומשעממת.

Professor: What are the main **characteristics** of this (literary) work? What **characterizes** it?
Student: It is long, difficult, and boring.

● אפר

אִיפֵּר/אִיפַּר/אַפֵּר (אִפֵּר) make-up (tr.)

בניין: פִּיעֵל   גזרה: שלמים

Imperative ציווי	Future עתיד	Past עבר		Present הווה	
	אֲאַפֵּר	אִיפַּרְתִּי	אני	מְאַפֵּר	יחיד
אַפֵּר	תְּאַפֵּר	אִיפַּרְתָּ	אתה	מְאַפֶּרֶת	יחידה
אַפְּרִי	תְּאַפְּרִי	אִיפַּרְתְּ	את	מְאַפְּרִים	רבים
	יְאַפֵּר	אִיפֵּר	הוא	מְאַפְּרוֹת	רבות
	תְּאַפֵּר	אִיפְּרָה	היא		
	נְאַפֵּר	אִיפַּרְנוּ	אנחנו		
**אַפְּרוּ	*תְּאַפְּרוּ	אִיפַּרְתֶּם/ן	אתם/ן		
	*יְאַפְּרוּ	אִיפְּרוּ	הם/ן		

* less commonly: אתן/הן תְּאַפֵּרְנָה
** less commonly: (אתן) אַפֵּרְנָה

שם הפועל .Infin לְאַפֵּר
שם הפעולה Gerund אִיפּוּר make up (N)
בינוני .Pres. Part מְאַפֵּר makeup person
מקור מוחלט .Inf. Abs אַפֵּר

אוּפַּר (אֻפַּר) be made up (actors etc.)

בניין: פּוּעַל   גזרה: שלמים

Future עתיד	Past עבר		Present הווה	
אֲאוּפַּר	אוּפַּרְתִּי	אני	מְאוּפָּר	יחיד
תְּאוּפַּר	אוּפַּרְתָּ	אתה	מְאוּפֶּרֶת	יחידה
תְּאוּפְּרִי	אוּפַּרְתְּ	את	מְאוּפָּרִים	רבים
יְאוּפַּר	אוּפַּר	הוא	מְאוּפָּרוֹת	רבות
תְּאוּפַּר	אוּפְּרָה	היא		
נְאוּפַּר	אוּפַּרְנוּ	אנחנו		
*תְּאוּפְּרוּ	אוּפַּרְתֶּם/ן	אתם/ן		
*יְאוּפְּרוּ	אוּפְּרוּ	הם/ן		

* less commonly: אתן/הן תְּאוּפַּרְנָה

בינוני .Pres. Part מְאוּפָּר made-up
[מקור מוחלט .Inf. Abs אוּפּוֹר]

הִתְאַפֵּר/הִתְאַפַּר make up (intr.)

בניין: הִתְפַּעֵל גזרה: שלמים

	Present הווה		Past עבר	Future עתיד	Imperative ציווי
יחיד	מִתְאַפֵּר	אני	הִתְאַפַּרְתִּי	אֶתְאַפֵּר	
יחידה	מִתְאַפֶּרֶת	אתה	הִתְאַפַּרְתָּ	תִּתְאַפֵּר	הִתְאַפֵּר
רבים	מִתְאַפְּרִים	את	הִתְאַפַּרְתְּ	תִּתְאַפְּרִי	הִתְאַפְּרִי
רבות	מִתְאַפְּרוֹת	הוא	הִתְאַפֵּר	יִתְאַפֵּר	
		היא	הִתְאַפְּרָה	תִּתְאַפֵּר	
		אנחנו	הִתְאַפַּרְנוּ	נִתְאַפֵּר	
		אתם/ן	הִתְאַפַּרְתֶּם/ן	תִּתְאַפְּרוּ*	הִתְאַפְּרוּ**
		הם/ן	הִתְאַפְּרוּ	יִתְאַפְּרוּ*	

* less commonly: אתן/הן תִּתְאַפֵּרְנָה

שם הפועל .Infin לְהִתְאַפֵּר ** less commonly: (אתן) הִתְאַפֵּרְנָה

שם הפעולה Gerund הִתְאַפְּרוּת making up (actor etc.)

מקור מוחלט .Inf. Abs הִתְאַפֵּר

A less frequent homonymous root meaning 'be ash(en)/gray' is not included here.

◆ דוגמאות Illustrations

בזמן האחרון שחקני "הבימה" **מְאוּפָּרִים** מצוין. יש להם **מְאַפֶּרֶת** חדשה שיודעת **לְאַפֵּר** כל שחקן באופן המתאים לו ביותר באופן אישי.

Lately the "Habimah" actors have been **made up** very well. They have a new **(fem.) makeup person** who knows how **to make-up** each actor in a manner that is best suited to him/her personally.

● אפשר

אִפְשֵׁר/אִפְשַׁר/אַפְשֵׁר make possible

בניין: פִּיעֵל גזרה: מרובעים

	Present הווה		Past עבר	Future עתיד	Imperative ציווי
יחיד	מְאַפְשֵׁר	אני	אִפְשַׁרְתִּי	אֲאַפְשֵׁר	
יחידה	מְאַפְשֶׁרֶת	אתה	אִפְשַׁרְתָּ	תְּאַפְשֵׁר	אַפְשֵׁר
רבים	מְאַפְשְׁרִים	את	אִפְשַׁרְתְּ	תְּאַפְשְׁרִי	אַפְשְׁרִי
רבות	מְאַפְשְׁרוֹת	הוא	אִפְשֵׁר	יְאַפְשֵׁר	
		היא	אִפְשְׁרָה	תְּאַפְשֵׁר	
		אנחנו	אִפְשַׁרְנוּ	נְאַפְשֵׁר	
		אתם/ן	אִפְשַׁרְתֶּם/ן	תְּאַפְשְׁרוּ*	אַפְשְׁרוּ**
		הם/ן	אִפְשְׁרוּ	יְאַפְשְׁרוּ*	<<<

שם הפועל .Infin לְאַפְשֵׁר   * less commonly: אתן/הן תְּאַפְשֵׁרְנָה
מקור מוחלט .Inf. Abs אַפְשֵׁר   ** less commonly: (אתן) אַפְשֵׁרְנָה
מ"י מוצרכת .Gov. Prep אִיפְשֵׁר ל- make it possible for (someone)

אוּפְשַׁר (אֻפְשַׁר) be made possible

בניין: פּוּעַל   גזרה: מרובעים

	Present הווה		Past עבר	Future עתיד
יחיד	מְאוּפְשָׁר	אני	אוּפְשַׁרְתִּי	אֲאוּפְשַׁר
יחידה	מְאוּפְשֶׁרֶת	אתה	אוּפְשַׁרְתָּ	תְּאוּפְשַׁר
רבים	מְאוּפְשָׁרִים	את	אוּפְשַׁרְתְּ	תְּאוּפְשְׁרִי
רבות	מְאוּפְשָׁרוֹת	הוא	אוּפְשַׁר	יְאוּפְשַׁר
		היא	אוּפְשְׁרָה	תְּאוּפְשַׁר
		אנחנו	אוּפְשַׁרְנוּ	נְאוּפְשַׁר
		אתם/ן	אוּפְשַׁרְתֶּם/ן	תְּאוּפְשְׁרוּ*
		הם/ן	אוּפְשְׁרוּ	יְאוּפְשְׁרוּ*

[מקור מוחלט .Inf. Abs אוּפְשׁוֹר]   * less commonly: אתן/הן תְּאוּפְשַׁרְנָה

הִתְאַפְשֵׁר (נִתְאַפְשֵׁר)/הִתְאַפְשַׁר become possible

בניין: הִתְפַּעֵל   גזרה: מרובעים

	Present הווה		Past עבר	Future עתיד	Imperative ציווי
יחיד	מִתְאַפְשֵׁר	אני	הִתְאַפְשַׁרְתִּי	אֶתְאַפְשֵׁר	
יחידה	מִתְאַפְשֶׁרֶת	אתה	הִתְאַפְשַׁרְתָּ	תִּתְאַפְשֵׁר	הִתְאַפְשֵׁר
רבים	מִתְאַפְשְׁרִים	את	הִתְאַפְשַׁרְתְּ	תִּתְאַפְשְׁרִי	הִתְאַפְשְׁרִי
רבות	מִתְאַפְשְׁרוֹת	הוא	הִתְאַפְשֵׁר	יִתְאַפְשֵׁר	
		היא	הִתְאַפְשְׁרָה	תִּתְאַפְשֵׁר	
		אנחנו	הִתְאַפְשַׁרְנוּ	נִתְאַפְשֵׁר	
		אתם/ן	הִתְאַפְשַׁרְתֶּם/ן	תִּתְאַפְשְׁרוּ*	הִתְאַפְשְׁרוּ**
		הם/ן	הִתְאַפְשְׁרוּ	יִתְאַפְשְׁרוּ*	

* less commonly: אתן/הן תִּתְאַפְשֵׁרְנָה
שם הפועל .Infin לְהִתְאַפְשֵׁר   ** less commonly: (אתן) הִתְאַפְשֵׁרְנָה
שם הפעולה Gerund הִתְאַפְשְׁרוּת becoming possible
מקור מוחלט .Inf. Abs הִתְאַפְשֵׁר

◆ דוגמאות Illustrations

משרד הפנים לא **אִפְשֵׁר** לו לנסוע ללונדון, כיוון שהדרכון שלו לא היה בתוקף. **הִתְאַפְשֵׁר** לו לנסוע רק שלושה שבועות לאחר מכן, כשהדרכון החדש שלו היה מוכן.

The Interior Ministry would not **let** him travel to London, since his passport was not valid. It **became possible** for him to travel only three weeks later, when the new passport was ready.

● ארגן

אִרְגֵּן/אִרְגַּנ/אַרְגֵּן organize

בניין: פִּיעֵל גזרה: מרובעים + ל"נ

Imperative ציווי	Future עתיד	Past עבר		Present הווה	
	אֲאַרְגֵּן	אִרְגַּנְתִּי	אני	מְאַרְגֵּן	יחיד
אַרְגֵּן	תְּאַרְגֵּן	אִרְגַּנְתָּ	אתה	מְאַרְגֶּנֶת	יחידה
אַרְגְּנִי	תְּאַרְגְּנִי	אִרְגַּנְתְּ	את	מְאַרְגְּנִים	רבים
	יְאַרְגֵּן	אִרְגֵּן	הוא	מְאַרְגְּנוֹת	רבות
	תְּאַרְגֵּן	אִרְגְּנָה	היא		
	נְאַרְגֵּן	אִרְגַּנּוּ	אנחנו		
אַרְגְּנוּ**	תְּאַרְגְּנוּ*	אִרְגַּנְתֶּם/ן	אתם/ן		
	יְאַרְגְּנוּ*	אִרְגְּנוּ	הם/ן		

* less commonly: אתן/הן תְּאַרְגֵּנָּה

שם הפועל .Infin לְאַרְגֵּן ** less commonly: (אתן) אַרְגֵּנָּה

שם הפעולה Gerund אִרְגּוּן organizing; organization

בינוני .Pres. Part מְאַרְגֵּן organizer

מקור מוחלט .Inf. Abs אַרְגֵּן

אוּרְגַּן (אֻרְגַּן) be organized

בניין: פּוּעַל גזרה: מרובעים + ל"נ

Future עתיד	Past עבר		Present הווה	
אֲאוּרְגַּן	אוּרְגַּנְתִּי	אני	מְאוּרְגָּן	יחיד
תְּאוּרְגַּן	אוּרְגַּנְתָּ	אתה	מְאוּרְגֶּנֶת	יחידה
תְּאוּרְגְּנִי	אוּרְגַּנְתְּ	את	מְאוּרְגָּנִים	רבים
יְאוּרְגַּן	אוּרְגַּן	הוא	מְאוּרְגָּנוֹת	רבות
תְּאוּרְגַּן	אוּרְגְּנָה	היא		
נְאוּרְגַּן	אוּרְגַּנּוּ	אנחנו		
תְּאוּרְגְּנוּ*	אוּרְגַּנְתֶּם/ן	אתם/ן		
יְאוּרְגְּנוּ*	אוּרְגְּנוּ	הם/ן		

בינוני .Pres. Part מְאוּרְגָּן organized * less commonly: אתן/הן תְּאוּרְגַּנָּה

[מקור מוחלט .Inf. Abs אוּרְגּוֹן]

הִתְאַרְגֵּן/הִתְאַרְגַּן get organized

בניין: הִתְפַּעֵל   גזרה: מרובעים + ל"נ

Imperative ציווי	Future עתיד	Past עבר		Present הווה	
	אֶתְאַרְגֵּן	הִתְאַרְגַּנְתִּי	אני	מִתְאַרְגֵּן	יחיד
הִתְאַרְגֵּן	תִּתְאַרְגֵּן	הִתְאַרְגַּנְתָּ	אתה	מִתְאַרְגֶּנֶת	יחידה
הִתְאַרְגְּנִי	תִּתְאַרְגְּנִי	הִתְאַרְגַּנְתְּ	את	מִתְאַרְגְּנִים	רבים
	יִתְאַרְגֵּן	הִתְאַרְגֵּן	הוא	מִתְאַרְגְּנוֹת	רבות
	תִּתְאַרְגֵּן	הִתְאַרְגְּנָה	היא		
	נִתְאַרְגֵּן	הִתְאַרְגַּנּוּ	אנחנו		
הִתְאַרְגְּנוּ**	תִּתְאַרְגְּנוּ*	הִתְאַרְגַּנְתֶּם/ן	אתם/ן		
	יִתְאַרְגְּנוּ*	הִתְאַרְגְּנוּ	הם/ן		

* less commonly: אתן/הן תִּתְאַרְגֵּנָּה

שם הפועל .Infin לְהִתְאַרְגֵּן   ** less commonly: (אתן) הִתְאַרְגֵּנָּה

שם הפעולה Gerund הִתְאַרְגְּנוּת getting organized

מקור מוחלט .Inf. Abs הִתְאַרְגֵּן

◆ דוגמאות Illustrations

יחיאל **אִרְגֵּן** במזוודתו את חומרי ההסברה שקיבל מן **הארגון**, ונסע לאטלנטה. תפקידו: **לְאַרְגֵּן** את פועלי הטקסטיל בעיר. הוא מקווה שהפועלים **יְאוּרְגְּנוּ** תוך חודשיים-שלושה.

Yehiel **organized** all the membership drive materials he received from the **organization** in his suitcase, and went to Atlanta. His job: to **organize** all the textile workers in the city. He hopes that the workers **will be organized** in two or three months.

הוועידה שלנו היא ועידה **מְאוּרְגֶּנֶת** היטב. הוועדה **הַמְאַרְגֶּנֶת מִתְאַרְגֶּנֶת** לקראתה לפחות עשרה חודשים מראש. **אִרְגּוּן** ועידה כזאת הוא לא דבר פשוט.

Our conference is a well **organized** one. The **organizing** committee **gets organized** in preparation for it at least ten months in advance. **Organizing** a conference like this is no simple matter.

כל צבא זקוק **לְהִתְאַרְגְּנוּת** מחדש כל מספר שנים.

Every army requires **getting** re**organized** every few years.

● אשם

נֶאֱשַׁם/יֵיאָשֵׁם (יֵאָשֵׁם) be accused/indicted

בניין: נִפְעַל   גזרה: פ' גרונית

Imperative ציווי	Future עתיד	Past עבר		Present הווה	
	אֵיאָשֵׁם	נֶאֱשַׁמְתִּי	אני	נֶאֱשָׁם	יחיד
>>> הֵיאָשֵׁם	תֵּיאָשֵׁם	נֶאֱשַׁמְתָּ	אתה	נֶאֱשֶׁמֶת	יחידה

	Present הווה		Past עבר	Future עתיד	Imperative ציווי
רבים	נֶאֱשָׁמִים	את	נֶאֱשַׁמְתְּ	תֵּיאָשְׁמִי	הֵיאָשְׁמִי
רבות	נֶאֱשָׁמוֹת	הוא	נֶאֱשַׁם	יֵיאָשֵׁם	
		היא	נֶאֶשְׁמָה	תֵּיאָשֵׁם	
		אנחנו	נֶאֱשַׁמְנוּ	נֵיאָשֵׁם	
		אתם/ן	נֶאֱשַׁמְתֶּם/ן	תֵּיאָשְׁמוּ*	הֵיאָשְׁמוּ**
		הם/ן	נֶאֶשְׁמוּ	יֵיאָשְׁמוּ*	

* less commonly: אתן/הן תֵּיאָשַׁמְנָה/...שֵׁמְנָה

שם הפועל .Infin לְהֵיאָשֵׁם ** less commonly: (אתן) הֵיאָשַׁמְנָה/...שֵׁמְנָה

בינוני .Pres. Part נֶאֱשָׁם the accused/defendant

מקור מוחלט .Inf. Abs נֶאֱשׁוֹם, הֵיאָשֵׁם (הֵיאָשׁוֹם)

מ״י מוצרכת .Gov. Prep נֶאֱשַׁם ב- be accused of

הֶאֱשִׁים/הֶאֱשַׁמ/יַאֲשִׁים accuse, indict, blame

בניין: הִפְעִיל גזרה: פ׳ גרונית

	Present הווה		Past עבר	Future עתיד	Imperative ציווי
יחיד	מַאֲשִׁים	אני	הֶאֱשַׁמְתִּי	אַאֲשִׁים	
יחידה	מַאֲשִׁימָה	אתה	הֶאֱשַׁמְתָּ	תַּאֲשִׁים	הַאֲשֵׁם
רבים	מַאֲשִׁימִים	את	הֶאֱשַׁמְתְּ	תַּאֲשִׁימִי	הַאֲשִׁימִי
רבות	מַאֲשִׁימוֹת	הוא	הֶאֱשִׁים	יַאֲשִׁים	
		היא	הֶאֱשִׁימָה	תַּאֲשִׁים	
		אנחנו	הֶאֱשַׁמְנוּ	נַאֲשִׁים	
		אתם/ן	הֶאֱשַׁמְתֶּם/ן	תַּאֲשִׁימוּ*	הַאֲשִׁימוּ**
		הם/ן	הֶאֱשִׁימוּ	יַאֲשִׁימוּ*	

* less commonly: אתן/הן תַּאֲשֵׁמְנָה

שם הפועל .Infin לְהַאֲשִׁים ** less commonly: (אתן) הַאֲשֵׁמְנָה

שם הפעולה .Ger הַאֲשָׁמָה accusation; charge, indictment

מקור מוחלט .Inf. Abs הַאֲשֵׁם

מ״י מוצרכת .Gov. Prep הֶאֱשִׁים ב- accuse of

הוּאֲשַׁם (הָאֳשַׁם) be accused/indicted/blamed

בניין: הוּפְעַל גזרה: פ׳ גרונית

	Present הווה		Past עבר	Future עתיד
יחיד	מוּאֲשָׁם	אני	הוּאֲשַׁמְתִּי	אוּאֲשַׁם
יחידה	מוּאֲשֶׁמֶת	אתה	הוּאֲשַׁמְתָּ	תּוּאֲשַׁם
רבים	מוּאֲשָׁמִים	את	הוּאֲשַׁמְתְּ	תּוּאַשְׁמִי
רבות	מוּאֲשָׁמוֹת	הוא	הוּאֲשַׁם	יוּאֲשַׁם
		היא	הוּאַשְׁמָה	תּוּאֲשַׁם
		אנחנו	הוּאֲשַׁמְנוּ	נוּאֲשַׁם
		אתם/ן	הוּאֲשַׁמְתֶּם/ן	תּוּאַשְׁמוּ*
		הם/ן	הוּאַשְׁמוּ	יוּאַשְׁמוּ*

<<<

[מקור מוחלט Inf. Abs. הוּאֳשֵׁם] * less commonly: אתן/הן תוּאֳשַׁמְנָה

מ״י מוצרכת Gov. Prep. הוּאֳשַׁם ב- be accused of

◆ פעלים שאינם שכיחים מאותו שורש Infrequent verbs sharing the same root

אָשַׁם be found guilty; commit an offense (lit.) (אָשַׁם, יֶאְשַׁם, לֶאְשׁוֹם)

בינוני Pres. Part. אָשֵׁם guilty (common form)

אִישֵּׁם (אִשֵּׁם) blame, find guilty (Med H) (מְאַשֵּׁם, יְאַשֵּׁם, לְאַשֵּׁם)

שם הפעולה Gerund (כתב) אִישּׁוּם indictment (common form)

◆ דוגמאות Illustrations

עזריאל **מוּאֳשָׁם** במספר עבירות על חוקי מס הכנסה. כתב **האִישּׁוּם** יוגש מחר. אם השופט יחליט בסופו של דבר שהוא **אָשֵׁם**, הוא יקבל עד חמש שנים, אם לשפוט על פי מה שקיבלו **נֶאֱשָׁמִים** אחרים לפניו מאותו שופט.

Azriel **is indicted** for a number of violations of the IRS code. The **indictment** will be presented tomorrow. If the judge ultimately decides that he is **guilty**, he might get up to five years, judging by what other **defendants** before him got from the same judge.

תפסיק **לְהַאֲשִׁים** את עצמך במה שקרה.

Stop **blaming** yourself for what happened.

◆ ביטויים מיוחדים Special expressions

ספסל **הנֶאֱשָׁמִים** the dock

הושיבו אותו על ספסל **הנֶאֱשָׁמִים** they put him in the dock, put him on trial

אני **מַאֲשִׁים**! j'accuse!

● אשר

אִישֵּׁר/אִישַּׁרְ/אַשֵּׁר confirm; approve; acknowledge (אִשֵּׁר)

בניין: פִּיעֵל גזרה: שלמים

	Present הווה		Past עבר	Future עתיד	Imperative ציווי
יחיד	מְאַשֵּׁר	אני	אִישַּׁרְתִּי	אֲאַשֵּׁר	
יחידה	מְאַשֶּׁרֶת	אתה	אִישַּׁרְתָּ	תְּאַשֵּׁר	אַשֵּׁר
רבים	מְאַשְּׁרִים	את	אִישַּׁרְתְּ	תְּאַשְּׁרִי	אַשְּׁרִי
רבות	מְאַשְּׁרוֹת	הוא	אִישֵּׁר	יְאַשֵּׁר	
		היא	אִישְּׁרָה	תְּאַשֵּׁר	
		אנחנו	אִישַּׁרְנוּ	נְאַשֵּׁר	
		אתם/ן	אִישַּׁרְתֶּם/ן	תְּאַשְּׁרוּ*	אַשְּׁרוּ**
		הם/ן	אִישְּׁרוּ	יְאַשְּׁרוּ*	<<<

* less commonly: אתן/הן תְּאַשֵּׁרְנָה

שם הפועל .Infin לְאַשֵּׁר ** less commonly: (אתן) אַשֵּׁרְנָה

שם הפעולה Gerund אִישּׁוּר confirmation; certificate

מקור מוחלט .Inf. Abs אַשֵּׁר

אוּשַּׁר (אֻשַּׁר) be confirmed/acknowledged; become happy (lit.)

בניין: פּוּעַל גזרה: שלמים

	הווה Present		עבר Past	עתיד Future
יחיד	מְאוּשָּׁר	אני	אוּשַּׁרְתִּי	אֲאוּשַּׁר
יחידה	מְאוּשֶּׁרֶת	אתה	אוּשַּׁרְתָּ	תְּאוּשַּׁר
רבים	מְאוּשָּׁרִים	את	אוּשַּׁרְתְּ	תְּאוּשְּׁרִי
רבות	מְאוּשָּׁרוֹת	הוא	אוּשַּׁר	יְאוּשַּׁר
		היא	אוּשְּׁרָה	תְּאוּשַּׁר
		אנחנו	אוּשַּׁרְנוּ	נְאוּשַּׁר
		אתם/ן	אוּשַּׁרְתֶּם/ן	תְּאוּשְּׁרוּ*
		הם/ן	אוּשְּׁרוּ	יְאוּשְּׁרוּ*

בינוני .Pres. Part מְאוּשָּׁר happy * less commonly: אתן/הן תְּאוּשַּׁרְנָה

[מקור מוחלט .Inf. Abs אוּשּׁוֹר]

◆ פעלים שאינם שכיחים מאותו שורש Infrequent verbs sharing the same root

הִתְאַשֵּׁר be confirmed; strengthen (intr.) (Mish H); become happy (Med H) (מִתְאַשֵּׁר, יִתְאַשֵּׁר, לְהִתְאַשֵּׁר)

הֶאֱשִׁיר make happy (lit.) (מַאֲשִׁיר, יַאֲשִׁיר, לְהַאֲשִׁיר)

◆ דוגמאות Illustrations

הקונגרס **אִישֵּׁר** את ההסכם עם סין, ועתה ממתינים **לאִישּׁוּרוֹ** על-ידי הנשיא. כשההסכם **יְאוּשַּׁר** סופית, יש לצפות להשתפרות יחסי המסחר בין שתי המדינות.

Congress **confirmed** the agreement with China, and now one waits for its **confirmation** by the President. When the agreement **is** fully **confirmed**, one may expect improvement in the commercial relations between the two nations.

אני לא כל כך **מְאוּשָּׁר** מכך שבתי רוכבת על אופנוע.

I am not so **happy** with the fact that my daughter rides a motorcycle.

● באר

בֵּיאֵר/בֵּיאַר/בֵּאֵר expound, explain, elucidate; annotate (בֵּאֵר)

בניין: פִּיעֵל   גזרה: ע' גרונית

	Present הווה		Past עבר	Future עתיד	Imperative ציווי
יחיד	מְבָאֵר	אני	בֵּיאַרְתִּי	אֲבָאֵר	
יחידה	מְבָאֶרֶת	אתה	בֵּיאַרְתָּ	תְּבָאֵר	בָּאֵר
רבים	מְבָאֲרִים	את	בֵּיאַרְתְּ	תְּבָאֲרִי	בָּאֲרִי
רבות	מְבָאֲרוֹת	הוא	בֵּיאֵר	יְבָאֵר	
		היא	בֵּיאֲרָה	תְּבָאֵר	
		אנחנו	בֵּיאַרְנוּ	נְבָאֵר	
		אתם/ן	בֵּיאַרְתֶּם/ן	תְּבָאֲרוּ*	בָּאֲרוּ**
		הם/ן	בֵּיאֲרוּ	יְבָאֲרוּ*	

שם הפועל .Infin לְבָאֵר

* less commonly: אתן/הן תְּבָאֵרְנָה

שם הפעולה .Ger בֵּיאוּר explanation, elucidation

** less commonly: (אתן) בָּאֵרְנָה

בינוני פעיל .Act. Part מְבָאֵר explanatory; commentator

מקור מוחלט .Inf. Abs בָּאֵר

בּוֹאַר (בֹּאַר) be expounded/explained/elucidated/annotated

בניין: פּוּעַל   גזרה: ע' גרונית

	Present הווה		Past עבר	Future עתיד
יחיד	מְבוֹאָר	אני	בּוֹאַרְתִּי	אֲבוֹאַר
יחידה	מְבוֹאֶרֶת	אתה	בּוֹאַרְתָּ	תְּבוֹאַר
רבים	מְבוֹאָרִים	את	בּוֹאַרְתְּ	תְּבוֹאֲרִי
רבות	מְבוֹאָרוֹת	הוא	בּוֹאַר	יְבוֹאַר
		היא	בּוֹאֲרָה	תְּבוֹאַר
		אנחנו	בּוֹאַרְנוּ	נְבוֹאַר
		אתם/ן	בּוֹאַרְתֶּם/ן	תְּבוֹאֲרוּ*
		הם/ן	בּוֹאֲרוּ	יְבוֹאֲרוּ*

* less commonly: אתן/הן תְּבוֹאַרְנָה

בינוני .Pres. Part מְבוֹאָר expounded, explained

[מקור מוחלט .Inf. Abs בּוֹאוֹר]

◆ פעלים שאינם שכיחים מאותו שורש Infrequent verbs sharing the same root

הִתְבָּאֵר become clear once explained (Med H) (מִתְבָּאֵר, יִתְבָּאֵר, לְהִתְבָּאֵר)

נִבְאַר be expounded (Med H) (נִבְאָר, יִיבָּאֵר, לְהִיבָּאֵר)

◆ דוגמאות Illustrations

המקרא **המְבוֹאָר** של קאסוטו לא **בּוֹאַר** על ידו, בעצם, אלא על ידי הרטום. קאסוטו **בֵּיאֵר** רק את "בראשית" ועוד משהו, והלך לעולמו.

The **expounded** Bible by Cassuto was not **expounded** by him, really, but by Hartom. Cassuto only **expounded** Genesis and a bit more, and passed away.

●בדק

בָּדַק/בּוֹדֵק/יִבְדּוֹק (יִבְדֹּק) inspect, check, examine

בניין: פָּעַל גזרה: שלמים (אֶפְעוֹל)

Imper. ציווי	Future עתיד	Past עבר		Present הווה		
	אֶבְדּוֹק	בָּדַקְתִּי	אני	בָּדוּק	בּוֹדֵק	יחיד
בְּדוֹק	תִּבְדּוֹק	בָּדַקְתָּ	אתה	בְּדוּקָה	בּוֹדֶקֶת	יחידה
בִּדְקִי	תִּבְדְּקִי	בָּדַקְתְּ	את	בְּדוּקִים	בּוֹדְקִים	רבים
	יִבְדּוֹק	בָּדַק	הוא	בְּדוּקוֹת	בּוֹדְקוֹת	רבות
	תִּבְדּוֹק	בָּדְקָה	היא			
	נִבְדּוֹק	בָּדַקְנוּ	אנחנו			
***בִּדְקוּ	**תִּבְדְּקוּ	*בְּדַקְתֶּם/ן	אתם/ן			
	**יִבְדְּקוּ	בָּדְקוּ	הם/ן			

* Colloquial: בָּדַקְתֶּם/ן

** less commonly: אתן/הן תִּבְדּוֹקְנָה

*** less commonly: (אתן) בְּדוֹקְנָה

שם הפועל .Infin לִבְדּוֹק

בינוני סביל .Pass. Part בָּדוּק tested, proven

שם הפעולה Gerund בְּדִיקָה inspecting; inspection

מקור מוחלט .Inf. Abs בָּדוֹק

נִבְדַּק/יִיבָּדֵק (יִבָּדֵק) be inspected/examined

בניין: נִפְעַל גזרה: שלמים

Imperative ציווי	Future עתיד	Past עבר		Present הווה	
	אֶבָּדֵק	נִבְדַּקְתִּי	אני	נִבְדָּק	יחיד
הִיבָּדֵק	תִּיבָּדֵק	נִבְדַּקְתָּ	אתה	נִבְדֶּקֶת	יחידה
הִיבָּדְקִי	תִּיבָּדְקִי	נִבְדַּקְתְּ	את	נִבְדָּקִים	רבים
	יִיבָּדֵק	נִבְדַּק	הוא	נִבְדָּקוֹת	רבות
	תִּיבָּדֵק	נִבְדְּקָה	היא		
	נִיבָּדֵק	נִבְדַּקְנוּ	אנחנו		
**הִיבָּדְקוּ	*תִּיבָּדְקוּ	נִבְדַּקְתֶּם/ן	אתם/ן		
	*יִיבָּדְקוּ	נִבְדְּקוּ	הם/ן		

שם הפועל .Infin לְהִיבָּדֵק

* less commonly: אתן/הן תִּיבָּדַקְנָה/...דֵקְנָה

שם הפעולה .Ger הִיבָּדְקוּת being inspected

** less commonly: (אתן) הִיבָּדַקְנָה/...דֵקְנָה

בינוני .Pres. Part נִבְדָּק subject (in experiment)

מקור מוחלט .Inf. Abs נִבְדּוֹק, הִיבָּדֵק (הִיבָּדוֹק)

◆ פעלים שאינם שכיחים מאותו שורש Infrequent verbs sharing the same root

בִּידֵּק (בִּדֵּק) censor (lit.) (מְבַדֵּק, יְבַדֵּק, לְבַדֵּק)

בּוּדַּק (בֻּדַּק) be censored (lit.) (מְבוּדָּק, יְבוּדַּק)

הוּבְדַּק (הֻבְדַּק) be examined (Med H) (מוּבְדָּק, יוּבְדַּק)

◆ דוגמאות Illustrations

בעיתונים טובים **בּוֹדְקִים** את מהימנותן של כל הידיעות שאינן מתקבלות ממקור מוסמך. כל ידיעה **נִבְדֶּקֶת** כמה וכמה פעמים. **בְּדִיקָה** יסודית היא תרופה **בְּדוּקָה** נגד תביעות על הוצאת דיבה.

In good newspapers they **check** the validity of all news items that are not received from an authorized source. Every news item **is checked** a number of times. Thorough **check up** is a **proven** medicine against libel suits.

בניסוי האחרון שערכתי השתתפו 500 **נִבְדָּקִים**.

500 **subjects** participated in the last experiment I conducted.

◆ ביטויים מיוחדים Special expressions

check the credentials, history etc. of someone **בָּדַק** את ציציותיו/בציציותיו של מישהו

ritual slaughterer and kosher (meat) inspector שוחט **וּבוֹדֵק**

●בהל

become frightened/startled; rush; be flustered (יִבָּהֵל) נִבְהַל/יִיבָּהֵל

בניין: נִפְעַל גזרה: ע׳ גרוניות

Imperative ציווי	Future עתיד	Past עבר		Present הווה	
	אֶבָּהֵל	נִבְהַלְתִּי	אני	נִבְהָל	יחיד
הִיבָּהֵל	תִּיבָּהֵל	נִבְהַלְתָּ	אתה	נִבְהֶלֶת	יחידה
הִיבָּהֲלִי	תִּיבָּהֲלִי	נִבְהַלְתְּ	את	נִבְהָלִים	רבים
	יִיבָּהֵל	נִבְהַל	הוא	נִבְהָלוֹת	רבות
	תִּיבָּהֵל	נִבְהֲלָה	היא		
	נִיבָּהֵל	נִבְהַלְנוּ	אנחנו		
**הִיבָּהֲלוּ	*תִּיבָּהֲלוּ	נִבְהַלְתֶּם/ן	אתם/ן		
	*יִיבָּהֲלוּ	נִבְהֲלוּ	הם/ן		

* less commonly: אתן/הן תִּיבָּהַלְנָה/...הֵלְנָה

** less commonly: (אתן) הִיבָּהַלְנָה/...הֵלְנָה

שם הפועל .Infin לְהִיבָּהֵל

שם הפעולה Gerund הִיבָּהֲלוּת getting scared

מקור מוחלט .Inf. Abs נִבְהוֹל

frighten, startle; rush (tr.), hurry; summon urgently הִבְהִיל/הִבְהַל/יַבְהִיל

בניין: הִפְעִיל גזרה: שלמים

Imperative ציווי	Future עתיד	Past עבר		Present הווה	
	אַבְהִיל	הִבְהַלְתִּי	אני	מַבְהִיל	יחיד
הַבְהֵל	תַּבְהִיל	הִבְהַלְתָּ	אתה	מַבְהִילָה	יחידה
הַבְהִילִי	תַּבְהִילִי	הִבְהַלְתְּ	את	מַבְהִילִים	רבים
	יַבְהִיל	הִבְהִיל	הוא	מַבְהִילוֹת	רבות
	תַּבְהִיל	הִבְהִילָה	היא		
	נַבְהִיל	הִבְהַלְנוּ	אנחנו		
הַבְהִילוּ**	תַּבְהִילוּ*	הִבְהַלְתֶּם/ן	אתם/ן		
	יַבְהִילוּ*	הִבְהִילוּ	הם/ן		

שם הפועל .Infin לְהַבְהִיל   * less commonly: אתן/הן תַּבְהֵלְנָה

שם הפעולה Gerund הַבְהָלָה scaring   ** less commonly: (אתן) הַבְהֵלְנָה

בינוני .Pres. Part מַבְהִיל scary

מקור מוחלט .Inf. Abs הַבְהֵל

◆ פעלים שאינם שכיחים מאותו שורש Infrequent verbs sharing the same root

בָּהַל (.be scared, alarmed (lit (בּוֹהֵל, יִבְהַל, לִבְהוֹל)

בינוני .Pres. Part בָּהוּל rushed, urgent; anxious (common form)

בִּיהֵל (בְּהֵל) (.scare, rush (tr.) (lit (מְבַהֵל, יְבַהֵל, לְבַהֵל)

בּוֹהַל (בֹּהַל) (.be rushed; be threatened/scared (lit (מְבוֹהָל, יְבוֹהַל)

בינוני .Pres. Part מְבוֹהָל frightened (common form)

הוּבְהַל (הֻבְהַל) be rushed in (מוּבְהָל, יוּבְהַל)

נִתְבַּהֵל (.get frightened (lit (מִתְבַּהֵל, יִתְבַּהֵל, לְהִתְבַּהֵל)

◆ דוגמאות Illustrations

יש אנשים שניו יורק **מַבְהִילָה** אותם; הם **נִבְהָלִים** למראה בניינים גדולים ואין ספור מכוניות.

New York **frightens** some people; they **get scared** at the sight of large buildings and innumerable vehicles.

ראיתי ילד **מְבוֹהָל** מסתובב בבניין, מחפש את אימו. לאחר חיפוש **בָּהוּל** מצאנו את האם, שהייתה לא פחות **מְבוֹהֶלֶת** מן הילד...

I saw a **frightened** child roaming around in the building, looking for his mother. After a **rushed** search we found the mother, who was just as **scared** as the child was...

◆ ביטויים מיוחדים Special expressions

אדם **בָּהוּל** על ממונו people are anxious about their money

●בהר

הִבְהִיר/הִבְהַר/יַבְהִיר clarify, elucidate

בניין: הִפְעִיל גזרה: שלמים

	Present הווה		Past עבר	Future עתיד	Imperative ציווי
יחיד	מַבְהִיר	אני	הִבְהַרְתִּי	אַבְהִיר	
יחידה	מַבְהִירָה	אתה	הִבְהַרְתָּ	תַּבְהִיר	הַבְהֵר
רבים	מַבְהִירִים	את	הִבְהַרְתְּ	תַּבְהִירִי	הַבְהִירִי
רבות	מַבְהִירוֹת	הוא	הִבְהִיר	יַבְהִיר	
		היא	הִבְהִירָה	תַּבְהִיר	
		אנחנו	הִבְהַרְנוּ	נַבְהִיר	
		אתם/ן	הִבְהַרְתֶּם/ן	תַּבְהִירוּ*	הַבְהִירוּ**
		הם/ן	הִבְהִירוּ	יַבְהִירוּ*	

* less commonly: אתן/הן תַּבְהֵרְנָה

** less commonly: (אתן) הַבְהֵרְנָה

שם הפועל Infin. לְהַבְהִיר

שם הפעולה Gerund הַבְהָרָה clarifying, clarification

מקור מוחלט Inf. Abs. הַבְהֵר

הוּבְהַר (הֻבְהַר) be clarified

בניין: הוּפְעַל גזרה: ע׳ גרונית

	Present הווה		Past עבר	Future עתיד
יחיד	מוּבְהָר	אני	הוּבְהַרְתִּי	אוּבְהַר
יחידה	מוּבְהֶרֶת	אתה	הוּבְהַרְתָּ	תּוּבְהַר
רבים	מוּבְהָרִים	את	הוּבְהַרְתְּ	תּוּבְהֲרִי
רבות	מוּבְהָרוֹת	הוא	הוּבְהַר	יוּבְהַר
		היא	הוּבְהֲרָה	תּוּבְהַר
		אנחנו	הוּבְהַרְנוּ	נוּבְהַר
		אתם/ן	הוּבְהַרְתֶּם/ן	תּוּבְהֲרוּ*
		הם/ן	הוּבְהֲרוּ	יוּבְהֲרוּ*

* less commonly: אתן/הן תּוּבְהַרְנָה

הִתְבַּהֵר/הִתְבַּהַר become clear

בניין: הִתְפַּעֵל גזרה: ע׳ גרונית

	Present הווה		Past עבר	Future עתיד	Imperative ציווי
יחיד	מִתְבַּהֵר	אני	הִתְבַּהַרְתִּי	אֶתְבַּהֵר	
יחידה	מִתְבַּהֶרֶת	אתה	הִתְבַּהַרְתָּ	תִּתְבַּהֵר	הִתְבַּהֵר
רבים	מִתְבַּהֲרִים	את	הִתְבַּהַרְתְּ	תִּתְבַּהֲרִי	הִתְבַּהֲרִי
רבות	מִתְבַּהֲרוֹת	הוא	הִתְבַּהֵר	יִתְבַּהֵר	
		היא	הִתְבַּהֲרָה	תִּתְבַּהֵר	
		אנחנו	הִתְבַּהַרְנוּ	נִתְבַּהֵר	<<<

	Past עבר	Future עתיד	Imperative ציווי
אתם/ן	הִתְבַּהַרְתֶּם/ן	תִּתְבַּהֲרוּ*	הִתְבַּהֲרוּ**
הם/ן	הִתְבַּהֲרוּ	יִתְבַּהֲרוּ*	

* less commonly: אתן/הן תִּתְבַּהֵרְנָה

שם הפועל .Infin לְהִתְבַּהֵר ** less commonly: (אתן) הִתְבַּהֵרְנָה

שם הפעולה Gerund הִתְבַּהֲרוּת becoming/getting clear

מקור מוחלט .Inf. Abs הִתְבַּהֵר

◆ פעלים שאינם שכיחים מאותו שורש Infrequent verbs sharing the same root

נִבְהַר become clear (lit.) (in Med H become dark, clouded) (נִבְהַר, יִיבָּהֵר, לְהִיבָּהֵר)

בִּיהֵר form spots (usually white), cloud, darken (Med H) (בִּהֵר) (מְבַהֵר, יְבַהֵר, לְבַהֵר)

בּוֹהַר be illuminated (lit.) (בֹּהַר) (מְבוֹהָר, יְבוֹהַר)

◆ דוגמאות Illustrations

רק אחרי שחיים **הִבְהִיר** לי את משמעות הפסוק, **הִתְבַּהֲרָה** לי התמונה כולה, וסוף סוף הבנתי את הפרק.

Only after Hayyim **clarified** the meaning of the verse for me **did** the whole picture **become clear** to me, and I finally understood the chapter.

כבר בביקורי הראשון בלשכת התעסוקה, **הוּבְהַר** לי שאין לי כל סיכוי למצוא עבודה במקצוע.

Already on my first visit to the employment office, it **was clarified** to me that there is no chance I can find work in my profession.

לפני שאני מחליט אם לקבל את ההצעה, ברצוני לבקש מספר **הַבְהָרוֹת**.

Before I decide on whether I should accept the offer, I request a number of **clarifications**.

●בוא

בָּא/בּוֹא come; arrive; return; turn

בניין: פָּעַל גזרה: ע"ו + ל"א

	Present הווה		Past עבר	Future עתיד	Imperative ציווי
יחיד	בָּא	אני	בָּאתִי	אָבוֹא	
יחידה	בָּאָה	אתה	בָּאתָ	תָּבוֹא	בּוֹא
רבים	בָּאִים	את	בָּאתְ	תָּבוֹאִי	בּוֹאִי
רבות	בָּאוֹת	הוא	בָּא	יָבוֹא	
		היא	בָּאָה	תָּבוֹא	
		אנחנו	בָּאנוּ	נָבוֹא	
		אתם/ן	בָּאתֶם/ן	תָּבוֹאוּ*	בּוֹאוּ**
		הם/ן	בָּאוּ	יָבוֹאוּ*	>>>

שם הפועל .Infin לָבוֹא * less commonly: אתן/הן תָּבֹאנָה
שם הפעולה .Ger בִּיאָה coming; coming to a woman ** less commonly: (אתן) בֹּאנָה
מקור מוחלט .Inf. Abs בּוֹא

הֵבִיא/הֵבֵא/יָבִיא bring; present; cause, bring about

בניין: הִפְעִיל גזרה: ע"ו + ל"א

	Present הווה		Past עבר	Future עתיד	Imperative ציווי
יחיד	מֵבִיא	אני	הֵבֵאתִי	אָבִיא	
יחידה	מְבִיאָה	אתה	הֵבֵאתָ	תָּבִיא	הָבֵא
רבים	מְבִיאִים	את	הֵבֵאתְ	תָּבִיאִי	הָבִיאִי
רבות	מְבִיאוֹת	הוא	הֵבִיא	יָבִיא	
		היא	הֵבִיאָה	תָּבִיא	
		אנחנו	הֵבֵאנוּ	נָבִיא	
		אתם/ן	הֲבֵאתֶם/ן*	תָּבִיאוּ**	הָבִיאוּ***
		הם/ן	הֵבִיאוּ	יָבִיאוּ**	

שם הפועל .Infin לְהָבִיא * BH: הֲבֵאתֶם/ן ** less commonly: אתן/הן תָּבֵאנָה
שם הפעולה Gerund הֲבָאָה bringing *** less commonly: (אתן) הָבֵאנָה
מקור מוחלט .Inf. Abs הָבֵא

הוּבָא be brought/given (example)/placed

בניין: הוּפְעַל גזרה: ע"ו + ל"א

	Present הווה		Past עבר	Future עתיד
יחיד	מוּבָא	אני	הוּבֵאתִי	אוּבָא
יחידה	מוּבֵאת	אתה	הוּבֵאתָ	תּוּבָא
רבים	מוּבָאִים	את	הוּבֵאתְ	תּוּבְאִי
רבות	מוּבָאוֹת	הוא	הוּבָא	יוּבָא
		היא	הוּבְאָה	תּוּבָא
		אנחנו	הוּבֵאנוּ	נוּבָא
		אתם/ן	הוּבֵאתֶם/ן	תּוּבְאוּ*
		הם/ן	הוּבְאוּ	יוּבְאוּ*

[מקור מוחלט .Inf. Abs הוּבֵא] * less commonly: אתן/הן תּוּבֶאנָה

◆ דוגמאות Illustrations

למה אתה לא רוצה **לָבוֹא** למסיבה? כל החֶבְרֶ'ה **יָבוֹאוּ**, **וְיָבִיאוּ** אתם הרבה יין ומצב רוח.

Why don't you want **to come** to the party? The whole gang **will be coming**, **bringing** with them lots of wine and lots of good mood.

הנאשם **הוּבָא** לבית המשפט בידיים כבולות.

The defendant **was brought** to court handcuffed.

שימוש בסמים **מֵבִיא** לעתים קרובות לידי פשע.

Drug use often **brings about** crime.

◆ ביטויים מיוחדים Special expressions

בָּא אל אישה come to a woman = have sexual intercourse
בָּא בברית make an agreement
בָּא בדברים negotiate
(זה) בָּא בחשבון This is something I might consider
(זה) לא בָּא בחשבון This is something I will not even consider; out of the question
הֵביא בחשבון consider as an option
בָּא בימים old
בָּא במבוכה become embarrassed
בָּא יומו his deserved punishment has come
בָּא לידו fell into his hands
בָּא לידי/לכלל reach a situation such that
בָּא עד פת לחם come to suffer hunger

בָּא על החתום signing herewith
בָּא על ענשו get one's punishment
בָּא על שכרו receive one's deserved compensation
בָּאוּ מים עד נפש It is impossible to take it any more!
יָבוֹא! come in!
תָּבוֹא עליו הברכה! May he be blessed!
הַבָּא the next (week, etc.)
לְהַבָּא from now on
העולם הַבָּא the after world
ברוך הַבָּא! = בּוֹאֲךָ לשלום! welcome!
הֵבִיא לבית הדפוס prepare for publication
הֵבִיא ראייה מן introduce evidence from

● בוש

הִתְבַּיֵּשׁ/הִתְבַּיַּשׁ (הִתְבַּיֵּשׁ) be ashamed/embarrased

בניין: הִתְפַּעֵל גזרה: שלמים

	Present הווה		Past עבר	Future עתיד	Imperative ציווי
יחיד	מִתְבַּיֵּשׁ	אני	הִתְבַּיַּשְׁתִּי	אֶתְבַּיֵּשׁ	
יחידה	מִתְבַּיֶּשֶׁת	אתה	הִתְבַּיַּשְׁתָּ	תִּתְבַּיֵּשׁ	הִתְבַּיֵּשׁ
רבים	מִתְבַּיְּשִׁים	את	הִתְבַּיַּשְׁתְּ	תִּתְבַּיְּשִׁי	הִתְבַּיְּשִׁי
רבות	מִתְבַּיְּשׁוֹת	הוא	הִתְבַּיֵּשׁ	יִתְבַּיֵּשׁ	
		היא	הִתְבַּיְּשָׁה	תִּתְבַּיֵּשׁ	
		אנחנו	הִתְבַּיַּשְׁנוּ	נִתְבַּיֵּשׁ	
		אתם/ן	הִתְבַּיַּשְׁתֶּם/ן	תִּתְבַּיְּשׁוּ*	הִתְבַּיְּשׁוּ**
		הם/ן	הִתְבַּיְּשׁוּ	יִתְבַּיְּשׁוּ*	

* less commonly: אתן/הן תִּתְבַּיֵּשְׁנָה

** less commonly: (אתן) הִתְבַּיֵּשְׁנָה

שם הפועל .Infin לְהִתְבַּיֵּשׁ

שם הפעולה Gerund הִתְבַּיְּשׁוּת being embarrassed

מקור מוחלט .Inf. Abs הִתְבַּיֵּשׁ

<<<

מ"י מוצרכת .Gov. Prep הִתְבַּיֵּשׁ ב- be ashamed of

בִּיֵּשׁ/בִּיַּשׁ/בַּיֵּשׁ (בִּיֵּשׁ) shame, put to shame; embarrass

בניין: פִּיעֵל גזרה: שלמים

	Present הווה		Past עבר	Future עתיד	Imperative ציווי
יחיד	מְבַיֵּישׁ	אני	בִּיַּשְׁתִּי	אֲבַיֵּישׁ	
יחידה	מְבַיֶּישֶׁת	אתה	בִּיַּשְׁתָּ	תְּבַיֵּישׁ	בַּיֵּישׁ
רבים	מְבַיְּישִׁים	את	בִּיַּשְׁתְּ	תְּבַיְּישִׁי	בַּיְּישִׁי
רבות	מְבַיְּישׁוֹת	הוא	בִּיֵּשׁ	יְבַיֵּישׁ	
		היא	בִּיְּשָׁה	תְּבַיֵּישׁ	
		אנחנו	בִּיַּשְׁנוּ	נְבַיֵּישׁ	
		אתם/ן	בִּיַּשְׁתֶּם/ן	תְּבַיְּישׁוּ*	בַּיְּישׁוּ**
		הם/ן	בִּיְּשׁוּ	יְבַיְּישׁוּ*	

שם הפועל .Infin לְבַיֵּישׁ

* less commonly: אתן/הן תְּבַיֵּישְׁנָה

שם הפעולה Gerund בִּיּוּשׁ shaming

** less commonly: (אתן) בַּיֵּישְׁנָה

מקור מוחלט .Inf. Abs בַּיֵּישׁ

בּוּיַּשׁ (בֻּיַּשׁ) be shamed, be put to shame

בניין: פּוּעַל גזרה: שלמים

	Present הווה		Past עבר	Future עתיד
יחיד	מְבוּיָּשׁ	אני	בּוּיַּשְׁתִּי	אֲבוּיַּשׁ
יחידה	מְבוּיֶּשֶׁת	אתה	בּוּיַּשְׁתָּ	תְּבוּיַּשׁ
רבים	מְבוּיָּשִׁים	את	בּוּיַּשְׁתְּ	תְּבוּיְּשִׁי
רבות	מְבוּיָּשׁוֹת	הוא	בּוּיַּשׁ	יְבוּיַּשׁ
		היא	בּוּיְּשָׁה	תְּבוּיַּשׁ
		אנחנו	בּוּיַּשְׁנוּ	נְבוּיַּשׁ
		אתם/ן	בּוּיַּשְׁתֶּם/ן	תְּבוּיְּשׁוּ*
		הם/ן	בּוּיְּשׁוּ	יְבוּיְּשׁוּ*

* less commonly: אתן/הן תְּבוּיַּשְׁנָה

בינוני .Pres. Part מְבוּיָּשׁ shamed, ashamed

◆ פעלים שאינם שכיחים מאותו שורש Infrequent verbs sharing the same root

בּוֹשׁ be ashamed; be disappointed (בּוֹשׁ, יֵבוֹשׁ, לֵבוֹשׁ)

בּוֹשֵׁשׁ tarry, be late (מְבוֹשֵׁשׁ, יְבוֹשֵׁשׁ, לְבוֹשֵׁשׁ)

הִתְבּוֹשֵׁשׁ be ashamed (מִתְבּוֹשֵׁשׁ, יִתְבּוֹשֵׁשׁ, לְהִתְבּוֹשֵׁשׁ)

הֵבִישׁ/הוֹבִישׁ shame, bring shame (upon), act shamefully (מֵבִישׁ/מוֹבִישׁ, יָבִישׁ/יוֹבִישׁ, לְהָבִישׁ/לְהוֹבִישׁ) בינוני פעיל .Act. Part מֵבִישׁ shameful, disgraceful

◆ דוגמאות Illustrations

ראיתי מחזה **מֵבִישׁ** ליד הבית הלבן: הסתובבו שם מחוסרי עבודה ומחוסרי בית,

ואיש לא הִתְבַּיֵּשׁ במה שראה - לא הציבור ולא נציגיו. הרגשתי מְבוּיָּשׁ מכך שדברים כאלה קורים בארץ כה עשירה.

I saw a **shameful** sight next to the White House: homeless and unemployed people were roaming around, and nobody **was ashamed** of what they saw, neither the public nor its representatives. I felt **ashamed** that such things can occur in such a rich country.

רמת ההרצאה הייתה ממש מְבִישָׁה, אבל החלטתי לא לשאול שום שאלה לאחר שנסתיימה, כדי שלא לְבַיֵּשׁ את המרצה.

The level of the lecture was truly **disgraceful**, but I decided not to ask any question when it was over, so as not **to embarrass** the speaker.

◆ **ביטויים מיוחדים** Special expressions

בּוֹשׁ והיכלם! shame on you!

חיכה עד בּוֹשׁ wait very long

● בזבז

בִּזְבֵּז/בִּזְבַּז/בַּזְבֵּז waste, squander

בניין: פִּיעֵל גזרה: מרובעים

	Present הווה		Past עבר	Future עתיד	Imperative ציווי
יחיד	מְבַזְבֵּז	אני	בִּזְבַּזְתִּי	אֲבַזְבֵּז	
יחידה	מְבַזְבֶּזֶת	אתה	בִּזְבַּזְתָּ	תְּבַזְבֵּז	בַּזְבֵּז
רבים	מְבַזְבְּזִים	את	בִּזְבַּזְתְּ	תְּבַזְבְּזִי	בַּזְבְּזִי
רבות	מְבַזְבְּזוֹת	הוא	בִּזְבֵּז	יְבַזְבֵּז	
		היא	בִּזְבְּזָה	תְּבַזְבֵּז	
		אנחנו	בִּזְבַּזְנוּ	נְבַזְבֵּז	
		אתם/ן	בִּזְבַּזְתֶּם/ן	*תְּבַזְבְּזוּ	**בַּזְבְּזוּ
		הם/ן	בִּזְבְּזוּ	*יְבַזְבְּזוּ	

שם הפועל .Infin לְבַזְבֵּז — * less commonly: אתן/הן תְּבַזְבֵּזְנָה

שם הפעולה Gerund בִּזְבּוּז wasting, waste — ** less commonly: (אתן) בַּזְבֵּזְנָה

מקור מוחלט .Inf. Abs בַּזְבֵּז

בּוּזְבַּז (בֻּזְבַּז) be wasted/squandered

בניין: פּוּעַל גזרה: מרובעים

	Present הווה		Past עבר	Future עתיד
יחיד	מְבוּזְבָּז	אני	בּוּזְבַּזְתִּי	אֲבוּזְבַּז
יחידה	מְבוּזְבֶּזֶת	אתה	בּוּזְבַּזְתָּ	תְּבוּזְבַּז
רבים	מְבוּזְבָּזִים	את	בּוּזְבַּזְתְּ	תְּבוּזְבְּזִי
רבות	מְבוּזְבָּזוֹת	הוא	בּוּזְבַּז	יְבוּזְבַּז >>>

	Past עבר	Future עתיד
היא	בּוּזְבְּזָה	תְּבוּזְבַּז
אנחנו	בּוּזְבַּזְנוּ	נְבוּזְבַּז
אתם/ן	בּוּזְבַּזְתֶּם/ן	תְּבוּזְבְּזוּ*
הם/ן	בּוּזְבְּזוּ	יְבוּזְבְּזוּ*

[מקור מוחלט .Inf. Abs בּוּזְבּוֹז]

* less commonly: אתן/הן תְּבוּזְבַּזְנָה

get spent, wasted הִתְבַּזְבֵּז/הִתְבַּזְבַּז

בניין: הִתְפַּעֵל גזרה: מרובעים

	Present הווה		Past עבר	Future עתיד	Imperative ציווי
יחיד	מִתְבַּזְבֵּז	אני	הִתְבַּזְבַּזְתִּי	אֶתְבַּזְבֵּז	
יחידה	מִתְבַּזְבֶּזֶת	אתה	הִתְבַּזְבַּזְתָּ	תִּתְבַּזְבֵּז	הִתְבַּזְבֵּז
רבים	מִתְבַּזְבְּזִים	את	הִתְבַּזְבַּזְתְּ	תִּתְבַּזְבְּזִי	הִתְבַּזְבְּזִי
רבות	מִתְבַּזְבְּזוֹת	הוא	הִתְבַּזְבֵּז	יִתְבַּזְבֵּז	
		היא	הִתְבַּזְבְּזָה	תִּתְבַּזְבֵּז	
		אנחנו	הִתְבַּזְבַּזְנוּ	נִתְבַּזְבֵּז	
		אתם/ן	הִתְבַּזְבַּזְתֶּם/ן	תִּתְבַּזְבְּזוּ*	הִתְבַּזְבְּזוּ**
		הם/ן	הִתְבַּזְבְּזוּ	יִתְבַּזְבְּזוּ*	

* less commonly: אתן/הן תִּתְבַּזְבֵּזְנָה

** less commonly: (אתן) הִתְבַּזְבֵּזְנָה

שם הפועל .Infin לְהִתְבַּזְבֵּז

שם הפעולה Gerund הִתְבַּזְבְּזוּת getting wasted

מקור מוחלט .Inf. Abs הִתְבַּזְבֵּז

◆ דוגמאות Illustrations

מאיר ועדינה **בִּזְבְּזוּ** את כל הירושה של הוריהם תוך שנתיים. רוב הכסף **בּוּזְבַּז** על השקעות לא בטוחות.

Meir and Adina **wasted** all of their parents' inheritance within two years. Most of the money **was wasted** on risky investments.

אני מקבל משכורת ביום שישי; בדרך כלל עד יום רביעי כל הכסף **מִתְבַּזְבֵּז**.

I get my salary on Friday; normally, all the money **gets spent** by Wednesday.

עזריאל אדם מוכשר, אבל לדעתי הוא **מִתְבַּזְבֵּז** כאן.

Azriel is a talented person, but in my opinion he **"gets wasted"** here (i.e. his talents could be used in a better place).

● בחן

בָּחַן/בּוֹחֵן/יִבְחַן examine, test

בניין: פָּעַל גזרה: ע׳ גרונית + ל״נ

	Present הווה			Past עבר	Future עתיד	Imper. ציווי
יחיד	בּוֹחֵן	בָּחוּן	אני	בָּחַנְתִּי	אֶבְחַן	
יחידה	בּוֹחֶנֶת	בְּחוּנָה	אתה	בָּחַנְתָּ	תִּבְחַן	בְּחַן
רבים	בּוֹחֲנִים	בְּחוּנִים	את	בָּחַנְתְּ	תִּבְחֲנִי	בַּחֲנִי
רבות	בּוֹחֲנוֹת	בְּחוּנוֹת	הוא	בָּחַן	יִבְחַן	
			היא	בָּחֲנָה	תִּבְחַן	
			אנחנו	בָּחַנּוּ	נִבְחַן	
			אתם/ן	בְּחַנְתֶּם/ן*	תִּבְחֲנוּ**	בַּחֲנוּ***
			הם/ן	בָּחֲנוּ	יִבְחֲנוּ**	

* Colloquial: בָּחַנְתֶּם/ן

שם הפועל .Infin לִבְחוֹן

** less commonly: אתן/הן תִּבְחַנָּה

בינוני פעיל .Act. Part בּוֹחֵן tester

*** less commonly: (אתן) בְּחַנָּה

בינוני סביל .Pass. Part בָּחוּן tested (lit.)

שם הפעולה Gerund בְּחִינָה examining; examination

מקור מוחלט .Inf. Abs בָּחוֹן

נִבְחַן/יִיבָּחֵן (יִבָּחֵן) be examined/tested

בניין: נִפְעַל גזרה: ע׳ גרונית + ל״נ

	Present הווה		Past עבר	Future עתיד	Imperative ציווי
יחיד	נִבְחָן	אני	נִבְחַנְתִּי	אֶבָּחֵן	
יחידה	נִבְחֶנֶת	אתה	נִבְחַנְתָּ	תִּיבָּחֵן	הִיבָּחֵן
רבים	נִבְחָנִים	את	נִבְחַנְתְּ	תִּיבָּחֲנִי	הִיבָּחֲנִי
רבות	נִבְחָנוֹת	הוא	נִבְחַן	יִיבָּחֵן	
		היא	נִבְחֲנָה	תִּיבָּחֵן	
		אנחנו	נִבְחַנּוּ	נִיבָּחֵן	
		אתם/ן	נִבְחַנְתֶּם/ן	תִּיבָּחֲנוּ*	הִיבָּחֲנוּ**
		הם/ן	נִבְחֲנוּ	יִיבָּחֲנוּ*	

* less commonly: אתן/הן תִּיבָּחַנָּה/...חֵנָּה

שם הפועל .Infin לְהִיבָּחֵן

** less commonly: (אתן) הִיבָּחַנָּה/...חֵנָּה

שם הפעולה Gerund הִיבָּחֲנוּת being examined

מקור מוחלט .Inf. Abs נִבְחוֹן

הִבְחִין/הִבְחַנְ/יַבְחִין distinguish, discern, notice

בניין: הִפְעִיל גזרה: שלמים + ל"נ

	Present הווה		Past עבר	Future עתיד	Imperative ציווי
יחיד	מַבְחִין	אני	הִבְחַנְתִּי	אַבְחִין	
יחידה	מַבְחִינָה	אתה	הִבְחַנְתָּ	תַּבְחִין	הַבְחֵן
רבים	מַבְחִינִים	את	הִבְחַנְתְּ	תַּבְחִינִי	הַבְחִינִי
רבות	מַבְחִינוֹת	הוא	הִבְחִין	יַבְחִין	
		היא	הִבְחִינָה	תַּבְחִין	
		אנחנו	הִבְחַנּוּ	נַבְחִין	
		אתם/ן	הִבְחַנְתֶּם/ן	תַּבְחִינוּ*	הַבְחִינוּ**
		הם/ן	הִבְחִינוּ	יַבְחִינוּ*	

* less commonly: אתן/הן תַּבְחֵנָּה

** less commonly: (אתן) הַבְחֵנָּה

שם הפועל .Infin לְהַבְחִין

שם הפעולה Gerund הַבְחָנָה distinguishing; distinction

מקור מוחלט .Inf. Abs הַבְחֵן

מ"י מוצרכת .Gov. Prep הִבְחִין ב- notice (something/someone)

הִבְחִין בין... ל(בין)... distinguish between... and...

הוּבְחַן (הֻבְחַן) be distiguished/discerned/noticed

בניין: הוּפְעַל גזרה: ע' גרונית + ל"נ

	Present הווה		Past עבר	Future עתיד
יחיד	מוּבְחָן	אני	הוּבְחַנְתִּי	אוּבְחַן
יחידה	מוּבְחֶנֶת	אתה	הוּבְחַנְתָּ	תּוּבְחַן
רבים	מוּבְחָנִים	את	הוּבְחַנְתְּ	תּוּבְחֲנִי
רבות	מוּבְחָנוֹת	הוא	הוּבְחַן	יוּבְחַן
		היא	הוּבְחֲנָה	תּוּבְחַן
		אנחנו	הוּבְחַנּוּ	נוּבְחַן
		אתם/ן	הוּבְחַנְתֶּם/ן	תּוּבְחֲנוּ*
		הם/ן	הוּבְחֲנוּ	יוּבְחֲנוּ*

* less commonly: אתן/הן תּוּבְחַנָּה

◆ פעלים שאינם שכיחים מאותו שורש Infrequent verbs sharing the same root

בּוֹחַן (בֹּחַן) be examined (Med H) (מְבוֹחָן, יְבוֹחַן)

◆ דוגמאות Illustrations

באוניברסיטה שלנו אנו **בּוֹחֲנִים** את הסטודנטים לעברית לא רק בכתב אלא גם בעל-פה. כל סטודנט **נִבְחָן** אישית פעמיים בסמסטר. **הַבְּחִינָה** מאפשרת לנו **לְהַבְחִין** מי זקוק לתרגול נוסף בהבעה בעל-פה.

At our university we **examine** the students of Hebrew not only in writing but also orally. Each student **is examined** individually twice a semester. The **exam** enables us **to note** who needs additional oral training.

אחת ההגדרות ל"דמדומים" במקורות היא "השעה שבה קשה לְהַבְחִין בין זאב לכלב".

One definition for "twilight" in the sources is "the hour in which it is hard **to distinguish** between a wolf and a dog."

ביטויים מיוחדים Special expressions

בּוֹחֵן כליות ולב He who knows man's deepest secrets (i.e. God)

● בחר

בָּחַר/בּוֹחֵר/יִבְחַר choose, select; prefer; vote (for)

בניין: פָּעַל גזרה: ע' גרונית (אֶפְעַל)

Imper. ציווי	Future עתיד	Past עבר		Present הווה		
	אֶבְחַר	בָּחַרְתִּי	אני	בָּחוּר	בּוֹחֵר	יחיד
בְּחַר	תִּבְחַר	בָּחַרְתָּ	אתה	בְּחוּרָה/בַּחוּרָה	בּוֹחֶרֶת	יחידה
בַּחֲרִי	תִּבְחֲרִי	בָּחַרְתְּ	את	בְּחוּרִים/בַּחוּרִים	בּוֹחֲרִים	רבים
	יִבְחַר	בָּחַר	הוא	בְּחוּרוֹת/בַּחוּרוֹת	בּוֹחֲרוֹת	רבות
	תִּבְחַר	בָּחֲרָה	היא			
	נִבְחַר	בָּחַרְנוּ	אנחנו			
בַּחֲרוּ***	תִּבְחֲרוּ**	בְּחַרְתֶּם/ן*	אתם/ן			
	יִבְחֲרוּ**	בָּחֲרוּ	הם/ן			

שם הפועל .Infin לִבְחוֹר

* Colloquial: בָּחַרְתֶּם/ן

בינוני פעיל .Act. Part בּוֹחֵר voter

** less commonly: אתן/הן תִּבְחַרְנָה

בינוני סביל .Pass. Part בָּחוּר selected, excellent; young man (N) בַּחוּרָה young woman

*** less commonly: (אתן) בְּחַרְנָה

שם הפעולה Gerund בְּחִירָה selecting; selection

מקור מוחלט .Inf. Abs בָּחוֹר

מ"י מוצרכת .Gov. Prep בָּחַר ב- select (someone/something)

נִבְחַר/יִיבָּחֵר (יִבָּחֵר) be chosen/elected

בניין: נִפְעַל גזרה: ע' גרונית

Imperative ציווי	Future עתיד	Past עבר		Present הווה	
	אֶבָּחֵר	נִבְחַרְתִּי	אני	נִבְחָר	יחיד
הִיבָּחֵר	תִּיבָּחֵר	נִבְחַרְתָּ	אתה	נִבְחֶרֶת	יחידה
הִיבָּחֲרִי	תִּיבָּחֲרִי	נִבְחַרְתְּ	את	נִבְחָרִים	רבים
	יִיבָּחֵר	נִבְחַר	הוא	נִבְחָרוֹת	רבות
<<<	תִּיבָּחֵר	נִבְחֲרָה	היא		

	Past עבר	Future עתיד	Imperative ציווי
אנחנו	נִבְחַרְנוּ	נִיבָּחֵר	
אתם/ן	נִבְחַרְתֶּם/ן	תִּיבָּחֲרוּ*	הִיבָּחֲרוּ**
הם/ן	נִבְחֲרוּ	יִיבָּחֲרוּ*	

* less commonly: אתן/הן תִּיבָּחַרְנָה/...חֵרְנָה

** less commonly: (אתן) הִיבָּחַרְנָה/...חֵרְנָה

שם הפועל .Infin לְהִיבָּחֵר

בינוני סביל .Pass. Part נִבְחָר an elected person

שם הפעולה Gerund הִיבָּחֲרוּת being chosen/elected

מקור מוחלט .Inf. Abs נִבְחוֹר

◆ פעלים שאינם שכיחים מאותו שורש Infrequent verbs sharing the same root

בּוּחַר (בֻּחַר) be chosen (Med H) (מְבוּחָר, יְבוּחַר)

נִתְבַּחֵר be chosen (Mish H) (מִתְבַּחֵר, יִתְבַּחֵר, לְהִתְבַּחֵר)

הוּבְחַר (הֻבְחַר) be chosen (Mish H) (מוּבְחָר, יוּבְחַר)

בינוני סביל .Pass. Part מוּבְחָר selected, choice (adj.) (common form)

◆ דוגמאות Illustrations

לקח לאביבה שעה **לִבְחוֹר** שמלה למסיבה. השמלה **שֶׁנִּבְחֲרָה** לבסוף הייתה זו שחשבה עליה מן הרגע הראשון.

It took Aviva an hour **to select** a dress for the party. The dress finally **selected** was the one she considered initially.

אחוז קטן מן **הַבּוֹחֲרִים** השתתפו **בַּבְּחִירוֹת** האחרונות.

A small percentage of the **electorate** (=voters) participated in the last **elections**.

הרבה **בַּחוּרִים** מבקשים את ידה של רותי. חושבים שהיא **תִּבְחַר** בבועז, ושזאת תהיה **הַבְּחִירָה** הטובה ביותר.

Many **young men** are asking for Ruthie's hand in marriage. It is thought that she **will** finally **select** Boaz, and that this will be the best **choice**.

חיים מקפיד על איכות מזונו. הוא קונה רק פירות וירקות **מוּבְחָרִים**.

Hayim is very selective when it comes to the quality of his food. He buys only **select** fruit and vegetables.

● בטא

בִּיטֵא/בִּטֵּא (בִּטֵּא) express; pronounce

בניין: פִּיעֵל גזרה: נחי ל"א

	Present הווה		Past עבר	Future עתיד	Imperative ציווי
יחיד	מְבַטֵּא	אני	בִּיטֵּאתִי	אֲבַטֵּא	
יחידה	מְבַטֵּאת	אתה	בִּיטֵּאתָ	תְּבַטֵּא	בַּטֵּא <<<

	Present הווה		Past עבר	Future עתיד	Imperative ציווי
רבים	מְבַטְאִים	את	בִּיטֵאת	תְּבַטְאִי	בַּטְאִי
רבות	מְבַטְאוֹת	הוא	בִּיטֵא	יְבַטֵא	
		היא	בִּיטְאָה	תְּבַטֵא	
		אנחנו	בִּיטֵאנוּ	נְבַטֵא	
		אתם/ן	בִּיטֵאתֶם/ן	תְּבַטְאוּ*	בַּטְאוּ**
		הם/ן	בִּיטְאוּ	יְבַטְאוּ*	

* less commonly: אתן/הן תְּבַטֶאנָה

** less commonly: (אתן) בַּטֶאנָה

שם הפועל .Infin לְבַטֵא

שם הפעולה Gerund בִּיטוּי expressing; expression; pronunciation

מקור מוחלט .Inf. Abs בַּטֵא

בּוּטָא (בֻּטָא) be expressed, be pronounced

בניין: פּוּעַל גזרה: ל״א

	Present הווה		Past עבר	Future עתיד
יחיד	מְבוּטָא	אני	בּוּטֵאתִי	אֲבוּטָא
יחידה	מְבוּטֵאת	אתה	בּוּטֵאתָ	תְּבוּטָא
רבים	מְבוּטָאִים	את	בּוּטֵאת	תְּבוּטְאִי
רבות	מְבוּטָאוֹת	הוא	בּוּטָא	יְבוּטָא
		היא	בּוּטְאָה	תְּבוּטָא
		אנחנו	בּוּטֵאנוּ	נְבוּטָא
		אתם/ן	בּוּטֵאתֶם/ן	תְּבוּטְאוּ*
		הם/ן	בּוּטְאוּ	יְבוּטְאוּ*

[מקור מוחלט .Inf. Abs בּוּטֹא]

* less commonly: אתן/הן תְּבוּטֶאנָה

הִתְבַּטֵא express oneself

בניין: הִתְפַּעֵל גזרה: ל״א

	Present הווה		Past עבר	Future עתיד	Imperative ציווי
יחיד	מִתְבַּטֵא	אני	הִתְבַּטֵאתִי	אֶתְבַּטֵא	
יחידה	מִתְבַּטֵאת	אתה	הִתְבַּטֵאתָ	תִּתְבַּטֵא	הִתְבַּטֵא
רבים	מִתְבַּטְאִים	את	הִתְבַּטֵאת	תִּתְבַּטְאִי	הִתְבַּטְאִי
רבות	מִתְבַּטְאוֹת	הוא	הִתְבַּטֵא	יִתְבַּטֵא	
		היא	הִתְבַּטְאָה	תִּתְבַּטֵא	
		אנחנו	הִתְבַּטֵאנוּ	נִתְבַּטֵא	
		אתם/ן	הִתְבַּטֵאתֶם/ן	תִּתְבַּטְאוּ*	הִתְבַּטְאוּ**
		הם/ן	הִתְבַּטְאוּ	יִתְבַּטְאוּ*	

* less commonly: אתן/הן תִּתְבַּטֶאנָה

** less commonly: (אתן) הִתְבַּטֶאנָה

שם הפועל .Infin לְהִתְבַּטֵא

שם הפעולה Gerund הִתְבַּטְאוּת expressing oneself

מקור מוחלט .Inf. Abs הִתְבַּטֵא

◆ פעלים שאינם שכיחים מאותו שורש Infrequent verbs sharing the same root

בָּטָא express, pronounce (Mish H) (בּוֹטֵא, יִבְטָא, לִבְטוֹא)

נִבְטָא be pronounced (lit.) (נִבְטָא, יִבָּטֵא, לְהִיבָּטֵא)

◆ דוגמאות Illustrations

יש למאיר כושר **בִּיטּוּי** מצוין בעברית, והוא **מִתְבַּטֵּא** היטב בכל נושא ויודע **לְבַטֵּא** את מחשבותיו בבהירות ובפשטות. באנגלית, מצד שני, יש לו בעיות של **בִּיטּוּי**, בעיקר עם r ועם th, ועם **בִּיטּוּיִים** אידיומאטיים.

Meir has excellent **expression** capability in Hebrew, and he **expresses himself** well in any subject and can **express** his thoughts clearly and simply. In English, on the other hand, he has problems with **pronunciation**, particularly with *r* and *th*, and with idiomatic **expressions**.

בדיבורם של מורים רבים, כל הגה **מְבוּטָּא** בנפרד. לפעמים זה מאוד לא טבעי.

In the speech of many teachers, every speech sound **is pronounced** separately. It can sometimes be quite unnatural.

● בטח

הִבְטִיחַ/הִבְטַח/יַבְטִיחַ promise, assure; secure

בניין: הִפְעִיל גזרה: ל׳ גרונית

Imperative ציווי	Future עתיד	Past עבר		Present הווה	
	אַבְטִיחַ	הִבְטַחְתִּי	אני	מַבְטִיחַ	יחיד
הַבְטַח/...טֵחַ	תַּבְטִיחַ	הִבְטַחְתָּ	אתה	מַבְטִיחָה	יחידה
הַבְטִיחִי	תַּבְטִיחִי	הִבְטַחְתְּ/...חַת	את	מַבְטִיחִים	רבים
	יַבְטִיחַ	הִבְטִיחַ	הוא	מַבְטִיחוֹת	רבות
	תַּבְטִיחַ	הִבְטִיחָה	היא		
	נַבְטִיחַ	הִבְטַחְנוּ	אנחנו		
הַבְטִיחוּ**	תַּבְטִיחוּ*	הִבְטַחְתֶּם/ן	אתם/ן		
	יַבְטִיחוּ*	הִבְטִיחוּ	הם/ן		

* less commonly: אתן/הן תַּבְטַחְנָה

** less commonly: (אתן) הַבְטַחְנָה

שם הפועל .Infin לְהַבְטִיחַ

שם הפעולה Gerund הַבְטָחָה promise, assurance; security

מקור מוחלט .Inf. Abs הַבְטֵחַ

מ״י מוצרכת .Gov. Prep הִבְטִיחַ ל- promise (someone)

הוּבְטַח be promised/assured (הֻבְטַח)

בניין: הוּפְעַל גזרה: שלמים ל׳ גרונית

	Present הווה		Past עבר	Future עתיד
יחיד	מוּבְטָח	אני	הוּבְטַחְתִּי	אוּבְטַח
יחידה	מוּבְטַחַת	אתה	הוּבְטַחְתָּ	תּוּבְטַח
רבים	מוּבְטָחִים	את	הוּבְטַחְתְּ/...חַת	תּוּבְטְחִי
רבות	מוּבְטָחוֹת	הוא	הוּבְטַח	יוּבְטַח
		היא	הוּבְטְחָה	תּוּבְטַח
		אנחנו	הוּבְטַחְנוּ	נוּבְטַח
		אתם/ן	הוּבְטַחְתֶּם/ן	תּוּבְטְחוּ*
		הם/ן	הוּבְטְחוּ	יוּבְטְחוּ*

* less commonly: אתן/הן תּוּבְטַחְנָה

בינוני .Pres. Part מוּבְטָח promised, assured

[מקור מוחלט .Inf. Abs הוּבְטֵחַ]

בָּטַח/בּוֹטֵחַ/יִבְטַח trust, rely

בניין: פָּעַל גזרה: ל׳ גרונית (אֶפְעַל)

	Present הווה			Past עבר	Future עתיד	Imper. ציווי
יחיד	בּוֹטֵחַ	בָּטוּחַ	אני	בָּטַחְתִּי	אֶבְטַח	
יחידה	בּוֹטַחַת	בְּטוּחָה	אתה	בָּטַחְתָּ	תִּבְטַח	בְּטַח
רבים	בּוֹטְחִים	בְּטוּחִים	את	בָּטַחְתְּ/...חַת	תִּבְטְחִי	בִּטְחִי
רבות	בּוֹטְחוֹת	בְּטוּחוֹת	הוא	בָּטַח	יִבְטַח	
			היא	בָּטְחָה	תִּבְטַח	
			אנחנו	בָּטַחְנוּ	נִבְטַח	
			אתם/ן	בְּטַחְתֶּם/ן*	תִּבְטְחוּ**	בִּטְחוּ***
			הם/ן	בָּטְחוּ	יִבְטְחוּ**	

* Colloquial: בָּטַחְתֶּם/ן

** less commonly: אתן/הן תִּבְטַחְנָה

*** less commonly: (אתן) בְּטַחְנָה

שם הפועל .Infin לִבְטוֹחַ

מקור מוחלט .Inf. Abs בָּטוֹחַ

בינוני .Pres. Part בָּטוּחַ sure, certain; safe

מ״י מוצרכת .Gov. Prep בָּטַח ב- trust in, rely on

בִּיטַח/בִּטַח/בַּטֵּחַ insure (בִּטַּח)

בניין: פִּיעֵל גזרה: ל׳ גרונית

	Present הווה		Past עבר	Future עתיד	Imperative ציווי
יחיד	מְבַטֵּחַ	אני	בִּיטַחְתִּי	אֲבַטַּח/...טֵּחַ	
יחידה	מְבַטַּחַת	אתה	בִּיטַחְתָּ	תְּבַטַּח/...טֵּחַ	בַּטַּח (בַּטֵּחַ)
רבים	מְבַטְּחִים	את	בִּיטַחְתְּ/...חַת	תְּבַטְּחִי	בַּטְּחִי
רבות	מְבַטְּחוֹת	הוא	בִּיטַח*	יְבַטַּח/...טֵּחַ	
		היא	בִּיטְּחָה	תְּבַטַּח/...טֵּחַ	>>>

		Past עבר	Future עתיד	Imperative ציווי
	אנחנו	בִּיטַחְנוּ	נְבַטַח/...טֵחַ	
	אתם/ן	בִּיטַחְתֶּם/ן	תְּבַטְחוּ**	בַּטְחוּ***
	הם/ן	בִּיטְחוּ	יְבַטְחוּ**	

שם הפועל .Infin לְבַטֵּחַ * Colloquial: בִּיטַחַ

שם הפעולה Gerund בִּיטּוּחַ insurance ** less commonly: אתן/הן תְּבַטַחְנָה

מקור מוחלט .Inf. Abs בַּטֵּחַ *** less commonly: (אתן) בַּטַחְנָה

בּוּטַח (בֻּטַח) be insured

בניין: פּוּעַל גזרה: ל׳ גרונית

	Present הווה		Past עבר	Future עתיד
יחיד	מְבוּטָח	אני	בּוּטַחְתִּי	אֲבוּטַח
יחידה	מְבוּטַחַת	אתה	בּוּטַחְתָּ	תְּבוּטַח
רבים	מְבוּטָחִים	את	בּוּטַחְתְּ/..חַת	תְּבוּטְחִי
רבות	מְבוּטָחוֹת	הוא	בּוּטַח	יְבוּטַח
		היא	בּוּטְחָה	תְּבוּטַח
		אנחנו	בּוּטַחְנוּ	נְבוּטַח
		אתם/ן	בּוּטַחְתֶּם/ן	תְּבוּטְחוּ*
		הם/ן	בּוּטְחוּ	יְבוּטְחוּ*

בינוני .Pres. Part מְבוּטָח insured * less commonly: אתן/הן תְּבוּטַחְנָה

[מקור מוחלט .Inf. Abs בּוּטֹחַ]

◆ פעלים שאינם שכיחים מאותו שורש Infrequent verbs sharing the same root

נִבְטַח (lit.) rely (נִבְטָח, יִיבָּטַח/...טֵחַ, לְהִיבָּטֵחַ)

הִתְבַּטַּח (lit.) become more secure (מִתְבַּטֵּחַ, יִתְבַּטַּח/...טֵחַ, לְהִתְבַּטֵּחַ)

◆ דוגמאות Illustrations

עזריאל סוכן **בִּיטּוּחַ** ידוע, אבל אני לא **בּוֹטֵחַ** בו, ולכן אינני **מְבַטֵּחַ** דרכו את רכושי. הבית והמכוניות **מְבוּטָחִים** באמצעות סוכן אחר; כך אני מרגיש יותר **בָּטוּחַ**.

Azriel is a well-known **insurance** agent, but I do not **trust** him, and therefore do not **insure** my property through him. The house and the cars **are insured** through another agent; I feel **safer** this way.

הוּבְטַח לי שההלוואה תאושר; מנהל הבנק **הִבְטִיחַ** לי זאת בעצמו. השאלה היא אם אפשר לסמוך על **הַבְטָחָתוֹ**.

I **was promised** that the loan will be approved; the bank manager **promised** me so himself. The question is whether **his promise** can be relied upon.

משה לא זכה להיכנס לארץ **המוּבְטַחַת**.

Moses did not have the priviledge of entering the **promised** land.

◆ ביטויים מיוחדים Special expressions

הִבְטִיחַ הרים וגבעות (**הִבְטִיחַ** ש״י עולמות) promise very much (or too much)

בָּטוּחַני, מוּבְטָחְני/מוּבְטָחַני ש- I am sure, I am confident/convinced (that)

לבי סמוך ו**בָטוּחַ** there is no doubt in my mind

מה שֶׁ**בָּטוּחַ** - **בָּטוּחַ**! A bird in the hand is worth two in the bush (col.)

בִּיטוּחַ לאומי social security

בִּיטוּחַ סוציאלי social insurance (state or company insurance on health, disability etc.)

חברת-**בִּיטוּחַ** insurance company

דמי-**בִּיטוּחַ** insurance premium

● בטל

בִּיטֵל/בִּיטַל/בַּטֵל (בִּטֵל) cancel; void; repeal; negate; make idle

בניין: פִּיעֵל   גזרה: שלמים

	Present הווה		Past עבר	Future עתיד	Imperative ציווי
יחיד	מְבַטֵל	אני	בִּיטַלְתִּי	אֲבַטֵל	
יחידה	מְבַטֶלֶת	אתה	בִּיטַלְתָּ	תְּבַטֵל	בַּטֵל
רבים	מְבַטְלִים	את	בִּיטַלְתְּ	תְּבַטְלִי	בַּטְלִי
רבות	מְבַטְלוֹת	הוא	בִּיטֵל	יְבַטֵל	
		היא	בִּיטְלָה	תְּבַטֵל	
		אנחנו	בִּיטַלְנוּ	נְבַטֵל	
		אתם/ן	בִּיטַלְתֶּם/ן	תְּבַטְלוּ*	בַּטְלוּ**
		הם/ן	בִּיטְלוּ	יְבַטְלוּ*	

* less commonly: אתן/הן תְּבַטֵלְנָה

** less commonly: (אתן) בַּטֵלְנָה

שם הפועל .Infin לְבַטֵל

שם הפעולה Gerund בִּיטוּל cancelling; cancellation; annulment; disrespect

מקור מוחלט .Inf. Abs בַּטֵל

בּוּטַל (בֻּטַל) be cancelled

בניין: פּוּעַל   גזרה: שלמים

	Present הווה		Past עבר	Future עתיד
יחיד	מְבוּטָל	אני	בּוּטַלְתִּי	אֲבוּטַל
יחידה	מְבוּטֶלֶת	אתה	בּוּטַלְתָּ	תְּבוּטַל
רבים	מְבוּטָלִים	את	בּוּטַלְתְּ	תְּבוּטְלִי
רבות	מְבוּטָלוֹת	הוא	בּוּטַל	יְבוּטַל
		היא	בּוּטְלָה	תְּבוּטַל
		אנחנו	בּוּטַלְנוּ	נְבוּטַל
		אתם/ן	בּוּטַלְתֶּם/ן	תְּבוּטְלוּ*

<<<

		Past עבר	Future עתיד
	הם/ן	בּוּטְלוּ	יְבוּטְלוּ*

* less commonly: אתן/הן תְּבוּטַלְנָה

בינוני Pres. Part. מְבוּטָל cancelled; insignificant

[מקור מוחלט Inf. Abs. בּוּטֹל]

הִתְבַּטֵּל/הִתְבַּטַּל be cancelled; loaf; belittle oneself

בניין: הִתְפַּעֵל גזרה: שלמים

	Present הווה		Past עבר	Future עתיד	Imperative ציווי
יחיד	מִתְבַּטֵּל	אני	הִתְבַּטַּלְתִּי	אֶתְבַּטֵּל	
יחידה	מִתְבַּטֶּלֶת	אתה	הִתְבַּטַּלְתָּ	תִּתְבַּטֵּל	הִתְבַּטֵּל
רבים	מִתְבַּטְּלִים	את	הִתְבַּטַּלְתְּ	תִּתְבַּטְּלִי	הִתְבַּטְּלִי
רבות	מִתְבַּטְּלוֹת	הוא	הִתְבַּטֵּל	יִתְבַּטֵּל	
		היא	הִתְבַּטְּלָה	תִּתְבַּטֵּל	
		אנחנו	הִתְבַּטַּלְנוּ	נִתְבַּטֵּל	
		אתם/ן	הִתְבַּטַּלְתֶּם/ן	תִּתְבַּטְּלוּ*	הִתְבַּטְּלוּ**
		הם/ן	הִתְבַּטְּלוּ	יִתְבַּטְּלוּ*	

* less commonly: אתן/הן תִּתְבַּטֵּלְנָה

** less commonly: (אתן) הִתְבַּטֵּלְנָה

שם הפועל Infin. לְהִתְבַּטֵּל

שם הפעולה Gerund הִתְבַּטְּלוּת being cancelled; loafing; self-belittling

מקור מוחלט Inf. Abs. הִתְבַּטֵּל

◆ פעלים שאינם שכיחים מאותו שורש Infrequent verbs sharing the same root

בָּטַל (בָּטֵל/בּוֹטֵל, יִבְטַל, לִבְטוֹל) cease; not work (Mish H)

נִבְטַל (נִבְטָל, יִיבָּטֵל, לְהִיבָּטֵל) not work (Mish H); be abolished (Med H)

הִבְטִיל (מַבְטִיל, יַבְטִיל, לְהַבְטִיל) cause work to cease, unemploy (Mish H); cancel (lit.)

הוּבְטַל (הֻבְטַל) (מוּבְטָל, יוּבְטַל) was made unemployed

בינוני סביל Pass. Part. מוּבְטָל unemployed

◆ דוגמאות Illustrations

בשל סופת השלג המרצה לא הצליח להגיע, והמארגנים נאלצו **לְבַטֵּל** את ההרצאה. הם הודיעו על **הַבִּיטּוּל** בתחנת הרדיו המקומית, אבל מספר אנשים לא שמעו שההרצאה **בּוּטְּלָה**, והגיעו לאולם. אני לא הלכתי, כי ידעתי שהרצאות בדרך כלל **מִתְבַּטְּלוֹת** במזג אוויר כזה.

Because of the snowstorm, the lecturer was unable to come, and the organizers had to **cancel** the lecture. They announced the **cancellation** on the local radio station, but some people did not hear that the lecture **had been cancelled**, and came to the hall. I did not go because I knew that lectures usually **get cancelled** in such weather.

נדב **מִתְבַּטֵּל** רוב היום ולא לומד כלום. הוא מתייחס **בְּבִיטּוּל** לכל השיעורים שהוא שומע באוניברסיטה, וטוען שלא כדאי להתאמץ: ממילא הוא יהיה **מוּבְטָל** בתום הלימודים, כי רק מספר **מְבוּטָּל** של סטודנטים עם קשרים מקבלים עבודה.

Nadav **is loafing** most of the day and studies nothing. He refers with **disrespect** to all the classes he attends at the university, and claims that it is not worth the effort: in any case he'll be **unemployed** when he graduates, since only an **insignificant** number of students with contacts get jobs.

●בין

understand, comprehend הֵבִין/הֵבַנְ/יָבִין

בניין: הִפְעִיל גזרה: ע"ו + ל"נ

	Present הווה		Past עבר	Future עתיד	Imperative ציווי
יחיד	מֵבִין	אני	הֵבַנְתִּי	אָבִין	
יחידה	מְבִינָה	אתה	הֵבַנְתָּ	תָּבִין	הָבֵן
רבים	מְבִינִים	את	הֵבַנְתְּ	תָּבִינִי	הָבִינִי
רבות	מְבִינוֹת	הוא	הֵבִין	יָבִין	
		היא	הֵבִינָה	תָּבִין	
		אנחנו	הֵבַנּוּ	נָבִין	
		אתם/ן	*הֲבַנְתֶּם/ן	**תָּבִינוּ	***הָבִינוּ
		הם/ן	הֵבִינוּ	**יָבִינוּ	

* BH: הֲבַנְתֶּם/ן ** less commonly: אתן/הן תָּבֵנָּה

*** less commonly: (אתן) הָבֵנָּה

שם הפועל .Infin לְהָבִין

בינוני .Pres. Part מֵבִין expert, knowledgeable person, connoisseur

שם הפעולה Gerund הֲבָנָה understanding

מקור מוחלט .Inf. Abs הָבֵן

מ"י מוצרכת .Gov. Prep הֵבִין ב- be an expert on

be understood/comprehended הוּבַן

בניין: הוּפְעַל גזרה: ע"ו + ל"נ

	Present הווה		Past עבר	Future עתיד
יחיד	מוּבָן	אני	הוּבַנְתִּי	אוּבַן
יחידה	מוּבֶנֶת	אתה	הוּבַנְתָּ	תּוּבַן
רבים	מוּבָנִים	את	הוּבַנְתְּ	תּוּבְנִי
רבות	מוּבָנוֹת	הוא	הוּבַן	יוּבַן
		היא	הוּבְנָה	תּוּבַן
		אנחנו	הוּבַנּוּ	נוּבַן
		אתם/ן	הוּבַנְתֶּם/ן	*תּוּבְנוּ
		הם/ן	הוּבְנוּ	*יוּבְנוּ

* less commonly: אתן/הן תּוּבַנָּה

בינוני .Pres. Part מוּבָן clear, understood

[מקור מוחלט .Inf. Abs הוּבַן]

התבונן/התבוננ stare; observe

בניין: הִתְפַּעֵל גזרה: ע"ו + ל"נ

	Present הווה		Past עבר	Future עתיד	Imperative ציווי
יחיד	מִתְבּוֹנֵן	אני	הִתְבּוֹנַנְתִּי	אֶתְבּוֹנֵן	
יחידה	מִתְבּוֹנֶנֶת	אתה	הִתְבּוֹנַנְתָּ	תִּתְבּוֹנֵן	הִתְבּוֹנֵן
רבים	מִתְבּוֹנְנִים	את	הִתְבּוֹנַנְתְּ	תִּתְבּוֹנְנִי	הִתְבּוֹנְנִי
רבות	מִתְבּוֹנְנוֹת	הוא	הִתְבּוֹנֵן	יִתְבּוֹנֵן	
		היא	הִתְבּוֹנְנָה	תִּתְבּוֹנֵן	
		אנחנו	הִתְבּוֹנַנּוּ	נִתְבּוֹנֵן	
		אתם/ן	הִתְבּוֹנַנְתֶּם/ן	תִּתְבּוֹנְנוּ*	הִתְבּוֹנְנוּ**
		הם/ן	הִתְבּוֹנְנוּ	יִתְבּוֹנְנוּ*	

* less commonly: אתן/הן תִּתְבּוֹנֵנָּה

** less commonly: (אתן) הִתְבּוֹנֵנָּה

שם הפועל .Infin לְהִתְבּוֹנֵן

שם הפעולה Gerund הִתְבּוֹנְנוּת staring, observing

מקור מוחלט .Inf. Abs הִתְבּוֹנֵן

מ"י מוצרכת .Gov. Prep הִתְבּוֹנֵן בְּ- observe/stare at

◆ פעלים שאינם שכיחים מאותו שורש Infrequent verbs sharing the same root

בָּן understand, consider; study (בָּן, יָבִין, לָבִין) שם הפעולה .Ger בִּינָה understanding

נָבוֹן be(come) wise (נָבוֹן, יִבּוֹן, לְהִיבּוֹן) בינוני .Pres. Part נָבוֹן wise, clever

בּוֹנֵן notice, consider, study (lit.) (מְבוֹנֵן, יְבוֹנֵן, לְבוֹנֵן)

◆ דוגמאות Illustrations

מדען **נָבוֹן** מבסס את מחקרו על **הִתְבּוֹנְנוּת** שיטתית. כדי **לְהָבִין** תופעות, עליו **לְהִתְבּוֹנֵן** היטב ובאופן מקיף, ואם יש צורך, לאורך זמן.

A **wise** scientist bases his research on methodical **observation**. In order to **understand** phenomena, he should **observe** thoroughly and comprehensively, and if necessary, longtitudinally over time.

לא **מוּבָן** לי מדוע יש לו קושי רב כל כך **בַּהֲבָנַת** המשוואה הזאת; היא נראית לי פשוטה מאוד.

It is un**clear** to me why he has such difficulty in **understanding** this equation; it appears to me to be quite simple.

◆ ביטויים מיוחדים Special expressions

כַּמּוּבָן, מוּבָן שֶׁ- of course, naturally

מוּבָן מאליו obviously, it is self evident

נְבוֹן דבר a person with practical sense (lit.)

הֲבָנָה הדדית mutual understanding

קשה **הֲבָנָה** one who is slow at grasping things

מה **מֵבִין** חמור במרק פירות? It is too sophisticated for him (liter.: what does a donkey know about fruit salad?)

●בכה

בָּכָה/בּוֹכֶה/יִבְכֶּה cry, weep

בניין: פָּעַל גזרה: ל"ה

	Present הווה		Past עבר	Future עתיד	Imperative ציווי
יחיד	בּוֹכֶה	אני	בָּכִיתִי	אֶבְכֶּה	
יחידה	בּוֹכָה	אתה	בָּכִיתָ	תִּבְכֶּה	בְּכֵה
רבים	בּוֹכִים	את	בָּכִית	תִּבְכִּי	בְּכִי
רבות	בּוֹכוֹת	הוא	בָּכָה	יִבְכֶּה	
		היא	בָּכְתָה	תִּבְכֶּה	
		אנחנו	בָּכִינוּ	נִבְכֶּה	
		אתם/ן	בְּכִיתֶם/ן*	תִּבְכּוּ**	בְּכוּ***
		הם/ן	בָּכוּ	יִבְכּוּ**	

שם הפועל .Infin לִבְכּוֹת

שם הפעולה Gerund בְּכִיָּה crying

מקור מוחלט .Inf. Abs בָּכֹה

* Colloquial: בָּכִיתֶם

** less commonly: אתן/הן תִּבְכֶּינָה

*** less commonly: (אתן) בְּכֶינָה

בִּיכָּה/בַּכֶּה (בִּכָּה) lament, mourn; cause to cry

בניין: פִּיעֵל גזרה: ל"ה

	Present הווה		Past עבר	Future עתיד	Imperative ציווי
יחיד	מְבַכֶּה	אני	בִּיכִּיתִי	אֲבַכֶּה	
יחידה	מְבַכָּה	אתה	בִּיכִּיתָ	תְּבַכֶּה	בַּכֵּה
רבים	מְבַכִּים	את	בִּיכִּית	תְּבַכִּי	בַּכִּי
רבות	מְבַכּוֹת	הוא	בִּיכָּה	יְבַכֶּה	
		היא	בִּיכְּתָה	תְּבַכֶּה	
		אנחנו	בִּיכִּינוּ	נְבַכֶּה	
		אתם/ן	בִּיכִּיתֶם/ן	תְּבַכּוּ*	בַּכּוּ**
		הם/ן	בִּיכּוּ	יְבַכּוּ*	

שם הפועל .Infin לְבַכּוֹת

מקור מוחלט .Inf. Abs בַּכֵּה

* less commonly: אתן/הן תְּבַכֶּינָה

** less commonly: (אתן) בַּכֶּינָה

◆ פעלים שאינם שכיחים מאותו שורש Infrequent verbs sharing the same root

נִבְכָּה (נִבְכֶּה, יִיבָּכֶה, לְהִיבָּכוֹת) be lamented; burst into tears (lit.)

בּוּכָּה (בֻּכָּה) (מְבוּכֶּה, יְבוּכֶּה) be lamented

הִתְבַּכָּה (מִתְבַּכֶּה, יִתְבַּכֶּה, לְהִתְבַּכּוֹת) cry out (till exhausted) (lit.)

הִבְכָּה (מַבְכֶּה, יַבְכֶּה, לְהַבְכּוֹת) cause to cry (lit.)

הוּבְכָּה (הֻבְכָּה) (מוּבְכֶּה, יוּבְכֶּה) be caused to cry (lit.)

◆ דוגמאות Illustrations

יחזקאל **בִּכָּה** את אישתו המתה שנים רבות. בשנה הראשונה הוא היה **בּוֹכֶה** כל לילה.

Yehezkel **mourned** the death of his wife for many years. In the first year he would **cry** every night.

◆ ביטויים מיוחדים Special expressions

בְּכִיָּה לדורות something to be deeply regretted for generations to come

---

●בלבל

בִּלְבֵּל/בִּלְבַּל/בַּלְבֵּל confuse, bewilder; mix (up)

בניין: פִּיעֵל גזרה: מרובעים

	Present הווה		Past עבר	Future עתיד	Imperative ציווי
יחיד	מְבַלְבֵּל	אני	בִּלְבַּלְתִּי	אֲבַלְבֵּל	
יחידה	מְבַלְבֶּלֶת	אתה	בִּלְבַּלְתָּ	תְּבַלְבֵּל	בַּלְבֵּל
רבים	מְבַלְבְּלִים	את	בִּלְבַּלְתְּ	תְּבַלְבְּלִי	בַּלְבְּלִי
רבות	מְבַלְבְּלוֹת	הוא	בִּלְבֵּל	יְבַלְבֵּל	
		היא	בִּלְבְּלָה	תְּבַלְבֵּל	
		אנחנו	בִּלְבַּלְנוּ	נְבַלְבֵּל	
		אתם/ן	בִּלְבַּלְתֶּם/ן	תְּבַלְבְּלוּ*	בַּלְבְּלוּ**
		הם/ן	בִּלְבְּלוּ	יְבַלְבְּלוּ*	

שם הפועל .Infin לְבַלְבֵּל * less commonly: אתן/הן תְּבַלְבֵּלְנָה

שם הפעולה Gerund בִּלְבּוּל confusion; mixup ** less commonly: (אתן) בַּלְבֵּלְנָה

בינוני .Pres. Part מְבַלְבֵּל confusing

מקור מוחלט .Inf. Abs בַּלְבֵּל

בּוּלְבַּל (בֻּלְבַּל) be confused, mixed (up)

בניין: פּוּעַל גזרה: מרובעים

	Present הווה		Past עבר	Future עתיד
יחיד	מְבוּלְבָּל	אני	בּוּלְבַּלְתִּי	אֲבוּלְבַּל
יחידה	מְבוּלְבֶּלֶת	אתה	בּוּלְבַּלְתָּ	תְּבוּלְבַּל
רבים	מְבוּלְבָּלִים	את	בּוּלְבַּלְתְּ	תְּבוּלְבְּלִי
רבות	מְבוּלְבָּלוֹת	הוא	בּוּלְבַּל	יְבוּלְבַּל
		היא	בּוּלְבְּלָה	תְּבוּלְבַּל
		אנחנו	בּוּלְבַּלְנוּ	נְבוּלְבַּל
		אתם/ן	בּוּלְבַּלְתֶּם/ן	תְּבוּלְבְּלוּ*

<<<

	Past עבר	Future עתיד
הם/ן	בּוּלְבְּלוּ	יְבוּלְבְּלוּ*

בינוני .Pres. Part מְבוּלְבָּל confused * less commonly: אתן/הן תְּבוּלְבֵּלְנָה

מקור מוחלט .Inf. Abs בּוּלְבּוֹל

get confused, mixed (up) הִתְבַּלְבֵּל/הִתְבַּלְבַּל

בניין: הִתְפַּעֵל גזרה: מרובעים

	Present הווה		Past עבר	Future עתיד	Imperative ציווי
יחיד	מִתְבַּלְבֵּל	אני	הִתְבַּלְבַּלְתִּי	אֶתְבַּלְבֵּל	
יחידה	מִתְבַּלְבֶּלֶת	אתה	הִתְבַּלְבַּלְתָּ	תִּתְבַּלְבֵּל	הִתְבַּלְבֵּל
רבים	מִתְבַּלְבְּלִים	את	הִתְבַּלְבַּלְתְּ	תִּתְבַּלְבְּלִי	הִתְבַּלְבְּלִי
רבות	מִתְבַּלְבְּלוֹת	הוא	הִתְבַּלְבֵּל	יִתְבַּלְבֵּל	
		היא	הִתְבַּלְבְּלָה	תִּתְבַּלְבֵּל	
		אנחנו	הִתְבַּלְבַּלְנוּ	נִתְבַּלְבֵּל	
		אתם/ן	הִתְבַּלְבַּלְתֶּם/ן	תִּתְבַּלְבְּלוּ*	הִתְבַּלְבְּלוּ**
		הם/ן	הִתְבַּלְבְּלוּ	יִתְבַּלְבְּלוּ*	

* less commonly: אתן/הן תִּתְבַּלְבֵּלְנָה

שם הפועל .Infin לְהִתְבַּלְבֵּל ** less commonly: (אתן) הִתְבַּלְבֵּלְנָה

שם הפעולה Gerund הִתְבַּלְבְּלוּת getting confused

מקור מוחלט .Inf. Abs הִתְבַּלְבֵּל

◆ דוגמאות Illustrations

לא קרה לנהג שום דבר, אבל הוא היה קצת **מְבוּלְבָּל**: הוא זכר פחות או יותר מה קרה בזמן התאונה, אבל **בִּלְבֵּל** את סדר האירועים. בזמן החקירה הוא טען שהוא **הִתְבַּלְבֵּל** ונכנס בטעות בכיוון ההפוך לרחוב חד-סטרי.

Nothing happened to the driver, but he was a bit **confused**: he remembered more or less what happened during the accident, but **confused** the order of events. During the inquiry he claimed that he **got confused** and mistakenly entered a one-way street against the traffic.

שניהם כל כך דומים, שאנשים **מְבַלְבְּלִים** בינהם לעתים קרובות. **הַבִּלְבּוּל** הזה מפתיע, כי אין בינהם שום קירבת משפחה.

The two of them look so much alike, that people often **confuse** them for each other. This **confusion** is surprising, because they are not related at all.

◆ ביטויים מיוחדים Special expressions

בִּלְבֵּל (למישהו) את המוח confuse or disturb someone (usually repeatedly) (=scramble one's brain)

בִּלְבֵּל את היוצרות mess up the logical order of things

● בלה

בִּילָּה/בִּלָּה (בִּלָּה) spend, wear out; spend/have-a-good time; outlive

בניין: פִּיעֵל גזרה: ל״ה

	Present הווה		Past עבר	Future עתיד	Imperative ציווי
יחיד	מְבַלֶּה	אני	בִּילִּיתִי	אֲבַלֶּה	
יחידה	מְבַלָּה	אתה	בִּילִּיתָ	תְּבַלֶּה	בַּלֵּה
רבים	מְבַלִּים	את	בִּילִּית	תְּבַלִּי	בַּלִּי
רבות	מְבַלּוֹת	הוא	בִּילָּה	יְבַלֶּה	
		היא	בִּילְּתָה	תְּבַלֶּה	
		אנחנו	בִּילִּינוּ	נְבַלֶּה	
		אתם/ן	בִּילִּיתֶם/ן	תְּבַלּוּ*	בַּלּוּ**
		הם/ן	בִּילּוּ	יְבַלּוּ*	

שם הפועל .Infin לְבַלּוֹת

שם הפעולה Gerund בִּילּוּי pastime, recreation

מקור מוחלט .Inf. Abs בַּלֵּה

* less commonly: אתן/הן תְּבַלֶּינָה

** less commonly: (אתן) בַּלֶּינָה

הִתְבַּלָּה become worn out

בניין: הִתְפַּעֵל גזרה: ל״ה

	Present הווה		Past עבר	Future עתיד	Imperative ציווי
יחיד	מִתְבַּלֶּה	אני	הִתְבַּלֵּיתִי	אֶתְבַּלֶּה	
יחידה	מִתְבַּלָּה	אתה	הִתְבַּלֵּיתָ	תִּתְבַּלֶּה	הִתְבַּלֵּה
רבים	מִתְבַּלִּים	את	הִתְבַּלֵּית	תִּתְבַּלִּי	הִתְבַּלִּי
רבות	מִתְבַּלּוֹת	הוא	הִתְבַּלָּה	יִתְבַּלֶּה	
		היא	הִתְבַּלְּתָה	תִּתְבַּלֶּה	
		אנחנו	הִתְבַּלֵּינוּ*	נִתְבַּלֶּה	
		אתם/ן	הִתְבַּלֵּיתֶם/ן	תִּתְבַּלּוּ**	הִתְבַּלּוּ***
		הם/ן	הִתְבַּלּוּ	יִתְבַּלּוּ**	

* BH: הִתְבַּלִּינוּ

** less commonly: אתן/הן תִּתְבַּלֶּינָה

*** less commonly: (אתן) הִתְבַּלֶּינָה

שם הפועל .Infin לְהִתְבַּלּוֹת

שם הפעולה Gerund הִתְבַּלּוּת becoming worn out

מקור מוחלט .Inf. Abs הִתְבַּלֵּה

◆ פעלים שאינם שכיחים מאותו שורש Infrequent verbs sharing the same root

בָּלָה (בָּלֶה, יִבְלֶה, לִבְלוֹת) wither; wear out (int.)

בינוני סביל .Pass. Part בָּלוּי worn out — שם תואר .Adj בָּלֶה withered

נִבְלָה (נִבְלֶה, יִיבָּלֶה, לְהִיבָּלוֹת) become worn out (Mish H)

◆ דוגמאות Illustrations

סטודנטים באוניברסיטאות מסוימות **מְבַלִּים** את רוב זמנם במסיבות.

Students at some universities **spend** most of their time at parties.

בִּילִינוּ נהדר בחופשה (בלשון הדיבור).

We **had a** wonderfully **good time** on vacation (colloquial).

נעלי התעמלות של שחקני כדורסל **מִתְבַּלּוֹת** מהר מרוב שימוש.

Basketball players' sneakers **wear out** fast owing to considerable use.

◆ ביטויים מיוחדים Special expressions

בַּלֵּה בטוב/בנעימים have a good time!

מְבַלֵּה עולם loafer, useless person

● בלט

בָּלַט/בּוֹלֵט/יִבְלוֹט (יִבְלֹט) project, protrude, stand out

בניין: פָּעַל גזרה: שלמים (אֶפְעוֹל)

	Present הווה		Past עבר	Future עתיד	Imper. ציווי
יחיד	בּוֹלֵט בָּלוּט	אני	בָּלַטְתִּי	אֶבְלוֹט	
יחידה	בּוֹלֶטֶת בְּלוּטָה	אתה	בָּלַטְתָּ	תִּבְלוֹט	בְּלוֹט
רבים	בּוֹלְטִים בְּלוּטִים	את	בָּלַטְתְּ	תִּבְלְטִי	בִּלְטִי
רבות	בּוֹלְטוֹת בְּלוּטוֹת	הוא	בָּלַט	יִבְלוֹט	
		היא	בָּלְטָה	תִּבְלוֹט	
		אנחנו	בָּלַטְנוּ	נִבְלוֹט	
		אתם/ן	בְּלַטְתֶּם/ן*	תִּבְלְטוּ**	בִּלְטוּ***
		הם/ן	בָּלְטוּ	יִבְלְטוּ**	

* Colloquial: בָּלַטְתֶּם/ן

** less commonly: אתן/הן תִּבְלוֹטְנָה

*** less commonly: (אתן) בְּלוֹטְנָה

שם הפועל .Infin לִבְלוֹט

בינוני פעיל .Act. Part בּוֹלֵט protruding, prominent

בינוני סביל .Pass. Part בָּלוּט prominent (lit.)

שם הפעולה Gerund בְּלִיטָה protrusion, bulge

מקור מוחלט .Inf. Abs בָּלוֹט

הִתְבַּלֵּט/הִתְבַּלַּטְ be conspicuous, stand out, excel; show off

בניין: הִתְפַּעֵל גזרה: שלמים

	הווה Present		עבר Past	עתיד Future	ציווי Imperative
יחיד	מִתְבַּלֵּט	אני	הִתְבַּלַּטְתִּי	אֶתְבַּלֵּט	
יחידה	מִתְבַּלֶּטֶת	אתה	הִתְבַּלַּטְתָּ	תִּתְבַּלֵּט	הִתְבַּלֵּט
רבים	מִתְבַּלְּטִים	את	הִתְבַּלַּטְתְּ	תִּתְבַּלְּטִי	הִתְבַּלְּטִי
רבות	מִתְבַּלְּטוֹת	הוא	הִתְבַּלֵּט	יִתְבַּלֵּט	
		היא	הִתְבַּלְּטָה	תִּתְבַּלֵּט	
		אנחנו	הִתְבַּלַּטְנוּ	נִתְבַּלֵּט	
		אתם/ן	הִתְבַּלַּטְתֶּם/ן	תִּתְבַּלְּטוּ*	הִתְבַּלְּטוּ**
		הם/ן	הִתְבַּלְּטוּ	יִתְבַּלְּטוּ*	

* less commonly: אתן/הן תִּתְבַּלֵּטְנָה

** less commonly: (אתן) הִתְבַּלֵּטְנָה

שם הפועל .Infin לְהִתְבַּלֵּט

שם הפעולה Gerund הִתְבַּלְּטוּת being conspicuous, showing off

מקור מוחלט .Inf. Abs הִתְבַּלֵּט

הִבְלִיט/הִבְלַטְ/יַבְלִיט emphasize; make conspicuous

בניין: הִפְעִיל גזרה: שלמים

	הווה Present		עבר Past	עתיד Future	ציווי Imperative
יחיד	מַבְלִיט	אני	הִבְלַטְתִּי	אַבְלִיט	
יחידה	מַבְלִיטָה	אתה	הִבְלַטְתָּ	תַּבְלִיט	הַבְלֵט
רבים	מַבְלִיטִים	את	הִבְלַטְתְּ	תַּבְלִיטִי	הַבְלִיטִי
רבות	מַבְלִיטוֹת	הוא	הִבְלִיט	יַבְלִיט	
		היא	הִבְלִיטָה	תַּבְלִיט	
		אנחנו	הִבְלַטְנוּ	נַבְלִיט	
		אתם/ן	הִבְלַטְתֶּם/ן	תַּבְלִיטוּ*	הַבְלִיטוּ**
		הם/ן	הִבְלִיטוּ	יַבְלִיטוּ*	

* less commonly: אתן/הן תַּבְלֵטְנָה

** less commonly: (אתן) הַבְלֵטְנָה

שם הפועל .Infin לְהַבְלִיט

שם הפעולה Gerund הַבְלָטָה emphasis, prominence הֶבְלֵט emphasis

מקור מוחלט .Inf. Abs הַבְלֵט

הוּבְלַט (הֻבְלַט) be emphasized; be made conspicuous

בניין: הוּפְעַל גזרה: שלמים

	הווה Present		עבר Past	עתיד Future
יחיד	מוּבְלָט	אני	הוּבְלַטְתִּי	אוּבְלַט
יחידה	מוּבְלֶטֶת	אתה	הוּבְלַטְתָּ	תּוּבְלַט
רבים	מוּבְלָטִים	את	הוּבְלַטְתְּ	תּוּבְלְטִי
רבות	מוּבְלָטוֹת	הוא	הוּבְלַט	יוּבְלַט
		היא	הוּבְלְטָה	תּוּבְלַט >>>

	עבר Past	עתיד Future
אנחנו	הוּבְלַטְנוּ	נוּבְלַט
אתם/ן	הוּבְלַטְתֶּם/ן	תּוּבְלְטוּ*
הם/ן	הוּבְלְטוּ	יוּבְלְטוּ*

בינוני .Pres. Part מוּבְלָט emphasized * less commonly: אתן/הן תּוּבְלַטְנָה

[מקור מוחלט .Inf. Abs הוּבְלֵט]

◆ פעלים שאינם שכיחים מאותו שורש Infrequent verbs sharing the same root

נִבְלַט (נִבְלָט, יִיבָּלֵט, לְהִיבָּלֵט) become prominent (lit.)

בּוּלַט (בֻּלַּט) be made prominent (Med H) (מְבוּלָּט, יְבוּלַּט)

◆ דוגמאות Illustrations

מגדל שלום בּוֹלֵט מאוד בנוף תל-אביב.

The Shalom Tower **stands out** in the Tel Aviv landscape.

חיים מִתְבַּלֵּט בין בני כיתתו בכישרונו למתמטיקה.

Hayim **stands out** among his classmates in his gift for math.

בחיבור זה בכוונתי לְהַבְלִיט את כל התכונות החיוביות של גיבור הרומן.

My intention in this essay is to **emphasize** the positive traits of the novel's protagonist.

כשתקרא את המסמך, שים לב בעיקר למשפטים המוּבְלָטִים.

When you read the document, pay particular attention to the **emphasized** sentences.

●בלם

בָּלַם/בּוֹלֵם/יִבְלוֹם (יִבְלֹם) stop, brake, curb

בניין: פָּעַל   גזרה: שלמים (אֶפְעוֹל)

ציווי .Imper	עתיד Future	עבר Past		הווה Present	
	אֶבְלוֹם	בָּלַמְתִּי	אני	בּוֹלֵם בָּלוּם	יחיד
בְּלוֹם	תִּבְלוֹם	בָּלַמְתָּ	אתה	בּוֹלֶמֶת בְּלוּמָה	יחידה
בִּלְמִי	תִּבְלְמִי	בָּלַמְתְּ	את	בּוֹלְמִים בְּלוּמִים	רבים
	יִבְלוֹם	בָּלַם	הוא	בּוֹלְמוֹת בְּלוּמוֹת	רבות
	תִּבְלוֹם	בָּלְמָה	היא		
	נִבְלוֹם	בָּלַמְנוּ	אנחנו		
בִּלְמוּ***	תִּבְלְמוּ**	בְּלַמְתֶּם/ן*	אתם/ן		
	יִבְלְמוּ**	בָּלְמוּ	הם/ן		

* Colloquial: בָּלַמְתֶּם/ן

** less commonly: אתן/הן תִּבְלוֹמְנָה

*** less commonly: (אתן) בְּלוֹמְנָה

שם הפועל .Infin לִבְלוֹם

שם הפעולה Gerund בְּלִימָה stopping, braking; nothingness

>>>

בינוני סביל .Pass. Part בָּלוּם sealed; braked
מקור מוחלט .Inf. Abs בָּלוֹם

נִבְלַם/יִיבָּלֵם (יִבָּלֵם) be curbed/braked

בניין: נִפְעַל גזרה: שלמים

	Present הווה		Past עבר	Future עתיד	Imperative ציווי
יחיד	נִבְלָם	אני	נִבְלַמְתִּי	אֶבָּלֵם	
יחידה	נִבְלֶמֶת	אתה	נִבְלַמְתָּ	תִּיבָּלֵם	הִיבָּלֵם
רבים	נִבְלָמִים	את	נִבְלַמְתְּ	תִּיבָּלְמִי	הִיבָּלְמִי
רבות	נִבְלָמוֹת	הוא	נִבְלַם	יִיבָּלֵם	
		היא	נִבְלְמָה	תִּיבָּלֵם	
		אנחנו	נִבְלַמְנוּ	נִיבָּלֵם	
		אתם/ן	נִבְלַמְתֶּם/ן	תִּיבָּלְמוּ*	הִיבָּלְמוּ**
		הם/ן	נִבְלְמוּ	יִיבָּלְמוּ*	

* less commonly: אתן/הן תִּיבָּלַמְנָה/...לֵמְנָה
** less commonly: (אתן) הִיבָּלַמְנָה/...לֵמְנָה

שם הפועל .Infin לְהִיבָּלֵם
שם הפעולה Gerund הִיבָּלְמוּת being curbed
מקור מוחלט .Inf. Abs נִבְלוֹם, הִיבָּלֵם (הִיבָּלוֹם)

◆ פעלים שאינם שכיחים מאותו שורש Infrequent verbs sharing the same root

בִּילֵם (בִּלֵּם) stop, seal (Med H) (מְבַלֵּם, יְבַלֵּם, לְבַלֵּם)
בּוּלַּם (בֻּלַּם) be stopped/delayed (Mish H) (מְבוּלָּם, יְבוּלַּם)
הִתְבַּלֵּם (נִתְבַּלֵּם) be closed/blocked (Med H) (מִתְבַּלֵּם, יִתְבַּלֵּם, לְהִתְבַּלֵּם)
הִבְלִים block, restrict (Mish H) (מַבְלִים, יַבְלִים, לְהַבְלִים)

◆ דוגמאות Illustrations

בתחילה נראה היה שהצבא הגרמני אינו ניתן **לִבְלִימָה**, אבל הצבא הרוסי הצליח לבסוף **לִבְלוֹם** את התקדמותו של היטלר בסטאלינגרד. לאחר שהגרמנים **נִבְלְמוּ** בסטאלינגרד, חל מפנה מכריע במלחמה.

In the beginning it seemed that the German Army was **unstoppable**, but finally the Russian Army managed to **curb** Hitler's advance in Stalingrad. When the Germans were **stopped** in Stalingrad, a crucial turn occurred in the war.

אפריים **בָּלַם** את המכונית, אבל לא הצליח לעצור בזמן; החתול נדרס.

Ephraim **braked** the car, but did not manage to stop on time; the cat was run over.

◆ ביטויים מיוחדים Special expressions

בְּלוֹם את פיך! !shut up
תלוי על **בְּלִימָה** hanging on a thread
אוצר **בָּלוּם** a hidden treasure

●בלע

בָּלַע/בּוֹלֵעַ/יִבְלַע swallow, absorb

בניין: פָּעַל   גזרה: ל׳ גרונית (אֶפְעַל)

	Present הווה			Past עבר	Future עתיד	Imper. ציווי
יחיד	בּוֹלֵעַ	בָּלוּעַ	אני	בָּלַעְתִּי	אֶבְלַע	
יחידה	בּוֹלַעַת	בְּלוּעָה	אתה	בָּלַעְתָּ	תִּבְלַע	בְּלַע
רבים	בּוֹלְעִים	בְּלוּעִים	את	בָּלַעְתְּ/...עַת	תִּבְלְעִי	בִּלְעִי
רבות	בּוֹלְעוֹת	בְּלוּעוֹת	הוא	בָּלַע	יִבְלַע	
			היא	בָּלְעָה	תִּבְלַע	
			אנחנו	בָּלַעְנוּ	נִבְלַע	
			אתם/ן	בְּלַעְתֶּם/ן*	תִּבְלְעוּ**	בִּלְעוּ***
			הם/ן	בָּלְעוּ	יִבְלְעוּ**	

* Colloquial: בָּלַעְתֶּם/ן

** less commonly: אתן/הן תִּבְלַעְנָה

*** less commonly: (אתן) בְּלַעְנָה

שם הפועל .Infin לִבְלוֹעַ

שם הפעולה Gerund בְּלִיעָה swallowing, absorbing; greed, gluttony

בינוני סביל .Pass. Part בָּלוּעַ swallowed; concealed

מקור מוחלט .Inf. Abs בָּלוֹעַ

נִבְלַע/יִיבָּלַע/יִיבָּלֵעַ (יִבָּלַע) be swallowed/absorbed; be assimilated (sound)

בניין: נִפְעַל   גזרה: ל׳ גרונית

	Present הווה		Past עבר	Future עתיד	Imperative ציווי
יחיד	נִבְלָע	אני	נִבְלַעְתִּי	אֶבָּלַע/...לֵעַ	
יחידה	נִבְלַעַת	אתה	נִבְלַעְתָּ	תִּיבָּלַע/...לֵעַ	הִיבָּלַע/...לֵעַ
רבים	נִבְלָעִים	את	נִבְלַעְתְּ/...עַת	תִּיבָּלְעִי	הִיבָּלְעִי
רבות	נִבְלָעוֹת	הוא	נִבְלַע	יִיבָּלַע/...לֵעַ	
		היא	נִבְלְעָה	תִּיבָּלַע/...לֵעַ	
		אנחנו	נִבְלַעְנוּ	נִיבָּלַע/...לֵעַ	
		אתם/ן	נִבְלַעְתֶּם/ן	תִּיבָּלְעוּ*	הִיבָּלְעוּ**
		הם/ן	נִבְלְעוּ	יִיבָּלְעוּ*	

* less commonly: אתן/הן תִּיבָּלַעְנָה

** less commonly: (אתן) הִיבָּלַעְנָה

שם הפועל .Infin לְהִיבָּלַע/...לֵעַ

שם הפעולה Gerund הִיבָּלְעוּת being swallowed

בינוני .Pres. Part נִבְלָע absorbed, assimilated

מקור מוחלט .Inf. Abs נִבְלוֹעַ, הִיבָּלֵעַ

הִבְלִיעַ/הִבְלַע/יַבְלִיעַ swallow; cause to swallow; insinuate, insert unnoticed

בניין: הִפְעִיל גזרה: ל׳ גרונית

	Present הווה		Past עבר	Future עתיד	Imperative ציווי
יחיד	מַבְלִיעַ	אני	הִבְלַעְתִּי	אַבְלִיעַ	
יחידה	מַבְלִיעָה	אתה	הִבְלַעְתָּ	תַּבְלִיעַ	הַבְלַע
רבים	מַבְלִיעִים	את	הִבְלַעְתְּ/...עַת	תַּבְלִיעִי	הַבְלִיעִי
רבות	מַבְלִיעוֹת	הוא	הִבְלִיעַ	יַבְלִיעַ	
		היא	הִבְלִיעָה	תַּבְלִיעַ	
		אנחנו	הִבְלַעְנוּ	נַבְלִיעַ	
		אתם/ן	הִבְלַעְתֶּם/ן	תַּבְלִיעוּ*	הַבְלִיעוּ**
		הם/ן	הִבְלִיעוּ	יַבְלִיעוּ*	

* less commonly: אתן/הן תַּבְלַעְנָה

** less commonly: (אתן) הַבְלַעְנָה

שם הפועל .Infin לְהַבְלִיעַ

שם הפעולה Gerund הַבְלָעָה insinuation, inclusion (unnoticed)

מקור מוחלט .Inf. Abs הַבְלֵעַ

הוּבְלַע (הֻבְלַע) be swallowed up; merge; be elided/assimilated

בניין: הוּפְעַל גזרה: ל׳ גרונית

	Present הווה		Past עבר	Future עתיד
יחיד	מוּבְלָע	אני	הוּבְלַעְתִּי	אוּבְלַע
יחידה	מוּבְלַעַת	אתה	הוּבְלַעְתָּ	תּוּבְלַע
רבים	מוּבְלָעִים	את	הוּבְלַעְתְּ/...עַת	תּוּבְלְעִי
רבות	מוּבְלָעוֹת	הוא	הוּבְלַע	יוּבְלַע
		היא	הוּבְלְעָה	תּוּבְלַע
		אנחנו	הוּבְלַעְנוּ	נוּבְלַע
		אתם/ן	הוּבְלַעְתֶּם/ן	תּוּבְלְעוּ*
		הם/ן	הוּבְלְעוּ	יוּבְלְעוּ*

* less commonly: אתן/הן תּוּבְלַעְנָה

בינוני .Pres. Part מוּבְלָע elided, slurred over; inserted

מוּבְלַעַת (land) enclosure

[מקור מוחלט .Inf. Abs הוּבְלֵעַ]

◆ פעלים שאינם שכיחים מאותו שורש Infrequent verbs sharing the same root

בִּילַע (בִּלַּע) destroy (lit.) (מְבַלֵּעַ, יְבַלַּע, לְבַלֵּעַ)

בּוּלַע (בֻּלַּע) be harmed (lit.) (מְבוּלָּע, יְבוּלַּע)

הִתְבַּלַּע get confused; sink (lit.) (מִתְבַּלֵּעַ, יִתְבַּלַּע/...לֵעַ, לְהִתְבַּלֵּעַ/...לַּע)

◆ דוגמאות Illustrations

קשה היה לי לאכול את הבשר הזה, אבל כדי לא לבייש את המארחת, בָּלַעְתִּי

איכשהו מספר נתחים ממנו. זה לא היה קל: מזון שאינו טעים לאוכל אינו **נִבְלָע** בקלות...

I found it hard to eat this meat, but to avoid embarrassing the hostess, I somehow **swallowed** a few chunks of it. It was not easy: food that the eater does not find tasty **is** not easily **swallowed**.

אלי מדבר מהר מדיי **וּמַבְלִיעַ** מלים שלמות. קשה להבין דיבור **מוּבְלָע** כזה.

Eli talks too fast and **slurs over** whole words. It is hard to understand such **elided** speech.

◆ ביטויים מיוחדים Special expressions

כבוֹלְעוֹ כך פולטו in one ear and out the other ("he ejects it the way he swallowed it")

בָּלַע גלולה (מרה) swallow the (bitter) pill

בָּלַע מטאטא shut up (sl.)

בָּלַע מקל walk too straight (sl.)

אות **נִבְלַעַת** a completely assimilated consonant

פן **יְבוּלַּע** לו lest he be harmed

הִבְלִיעַ בדבריו insinuate in his words

● בנה

בָּנָה/בּוֹנֶה/יִבְנֶה build

בניין: פָּעַל גזרה: ל"ה

	Present הווה			Past עבר	Future עתיד	Imper. ציווי
יחיד	בּוֹנֶה	בָּנוּי	אני	בָּנִיתִי	אֶבְנֶה	
יחידה	בּוֹנָה	בְּנוּיָה	אתה	בָּנִיתָ	תִּבְנֶה	בְּנֵה
רבים	בּוֹנִים	בְּנוּיִים	את	בָּנִית	תִּבְנִי	בְּנִי
רבות	בּוֹנוֹת	בְּנוּיוֹת	הוא	בָּנָה	יִבְנֶה	
			היא	בָּנְתָה	תִּבְנֶה	
			אנחנו	בָּנִינוּ	נִבְנֶה	
			אתם/ן	בְּנִיתֶם/ן*	תִּבְנוּ**	בְּנוּ***
			הם/ן	בָּנוּ	יִבְנוּ**	

* Colloquial: בָּנִיתֶם/ן

** less commonly: אתן/הן תִּבְנֶינָה

*** less commonly: (אתן) בְּנֶינָה

שם הפועל .Infin לִבְנוֹת

שם הפעולה Gerund בְּנִיָּה building

בינוני פעיל .Act. Part בּוֹנֶה builder; beaver

בינוני סביל .Pass. Part בָּנוּי built

מקור מוחלט .Inf. Abs בָּנֹה

נִבְנָה/יִיבָּנֶה (יִבָּנֶה) be built

בניין: נִפְעַל   גזרה: ל"ה

Imperative ציווי	Future עתיד	Past עבר		Present הווה	
	אֶבָּנֶה	נִבְנֵיתִי	אני	נִבְנֶה	יחיד
הִיבָּנֵה	תִּיבָּנֶה	נִבְנֵיתָ	אתה	נִבְנֵית	יחידה
הִיבָּנִי	תִּיבָּנִי	נִבְנֵית	את	נִבְנִים	רבים
	יִיבָּנֶה	נִבְנָה	הוא	נִבְנוֹת	רבות
	תִּיבָּנֶה	נִבְנְתָה	היא		
	נִיבָּנֶה	נִבְנֵינוּ*	אנחנו		
הִיבָּנוּ***	תִּיבָּנוּ**	נִבְנֵיתֶם/ן	אתם/ן		
	יִיבָּנוּ**	נִבְנוּ	הם/ן		

שם הפועל .Infin לְהִיבָּנוֹת   * BH: נִבְנִינוּ

שם הפעולה Gerund הִיבָּנוּת   ** less commonly: אתן/הן תִּיבָּנֶינָה

מקור מוחלט .Inf. Abs נִבְנֹה, הִיבָּנֵה   *** less commonly: (אתן) הִיבָּנֶינָה

◆ פעלים שאינם שכיחים מאותו שורש Infrequent verbs sharing the same root

בִּינָּה (בִּנָּה) build up; fix; reconstruct (מְבַנֶּה, יְבַנֶּה, לְבַנּוֹת) בִּינּוּי rebuilding

בּוּנָּה (בֻּנָּה) be fixed/reconstructed (lit.) (מְבוּנֶּה, יְבוּנֶּה)

הִתְבַּנָּה (נִתְבַּנָּה) be build (Mish H) (מִתְבַּנֶּה, יִתְבַּנֶּה, לְהִתְבַּנּוֹת)

◆ דוגמאות Illustrations

בניין האופרה החדש **נִבְנָה** בסיוע העיריה וכספי תרומות. **הִבָּנִיָּה** נמשכה זמן רב. בסופו של דבר נתברר שהאדריכל **שֶׁבָּנָה** אותה הבין מעט מאוד באקוסטיקה.

The new opera house **was built** with help from the city and contributed funds. The **building** took a long time. In the end it became clear that the architect who **had built** it understood little about acoustics.

אסור לנסוע מהר בשטח **בָּנוּי**.

It is forbidden to travel fast in a **built up** area.

◆ ביטויים מיוחדים Special expressions

בָּנָה מגדלים באוויר make totally unrealistic plans; construct an unmotivated theory (=build castles in the air)

בְּנִיַּת/בניין-אב building of a prototype; a base from which conclusions are drawn

●בסס

הִתְבַּסֵּס/הִתְבַּסַּס be based; become established (also economically)

בניין: הִתְפַּעֵל גזרה: שלמים

	Present הווה		Past עבר	Future עתיד	Imperative ציווי
יחיד	מִתְבַּסֵּס	אני	הִתְבַּסַּסְתִּי	אֶתְבַּסֵּס	
יחידה	מִתְבַּסֶּסֶת	אתה	הִתְבַּסַּסְתָּ	תִּתְבַּסֵּס	הִתְבַּסֵּס
רבים	מִתְבַּסְּסִים	את	הִתְבַּסַּסְתְּ	תִּתְבַּסְּסִי	הִתְבַּסְּסִי
רבות	מִתְבַּסְּסוֹת	הוא	הִתְבַּסֵּס	יִתְבַּסֵּס	
		היא	הִתְבַּסְּסָה	תִּתְבַּסֵּס	
		אנחנו	הִתְבַּסַּסְנוּ	נִתְבַּסֵּס	
		אתם/ן	הִתְבַּסַּסְתֶּם/ן	תִּתְבַּסְּסוּ*	הִתְבַּסְּסוּ**
		הם/ן	הִתְבַּסְּסוּ	יִתְבַּסְּסוּ*	

* less commonly: אתן/הן תִּתְבַּסֵּסְנָה

** less commonly: (אתן) הִתְבַּסֵּסְנָה

שם הפועל Infin. לְהִתְבַּסֵּס

שם הפעולה Gerund הִתְבַּסְּסוּת becoming established

מקור מוחלט Inf. Abs. הִתְבַּסֵּס

מ״י מוצרכת Gov. Prep. הִתְבַּסֵּס עַל be based on

בִּיסֵּס/בִּיסַּס/בִּסֵּס (בִּסֵּס) base, found, establish

בניין: פִּיעֵל גזרה: שלמים

	Present הווה		Past עבר	Future עתיד	Imperative ציווי
יחיד	מְבַסֵּס	אני	בִּיסַּסְתִּי	אֲבַסֵּס	
יחידה	מְבַסֶּסֶת	אתה	בִּיסַּסְתָּ	תְּבַסֵּס	בַּסֵּס
רבים	מְבַסְּסִים	את	בִּיסַּסְתְּ	תְּבַסְּסִי	בַּסְּסִי
רבות	מְבַסְּסוֹת	הוא	בִּיסֵּס	יְבַסֵּס	
		היא	בִּסְּסָה	תְּבַסֵּס	
		אנחנו	בִּיסַּסְנוּ	נְבַסֵּס	
		אתם/ן	בִּיסַּסְתֶּם/ן	תְּבַסְּסוּ*	בַּסְּסוּ**
		הם/ן	בִּיסְּסוּ	יְבַסְּסוּ*	

* less commonly: אתן/הן תְּבַסֵּסְנָה

** less commonly: (אתן) בַּסֵּסְנָה

שם הפועל Infin. לְבַסֵּס

שם הפעולה Gerund בִּיסּוּס basing, establishing; basis

מקור מוחלט Inf. Abs. בַּסֵּס

בּוּסַּס (בֻּסַּס) be based/founded/established (also economically)

בניין: פּוּעַל גזרה: שלמים

	Present הווה		Past עבר	Future עתיד
יחיד	מְבוּסָּס	אני	בּוּסַּסְתִּי	אֲבוּסַּס
יחידה	מְבוּסֶּסֶת	אתה	בּוּסַּסְתָּ	תְּבוּסַּס >>>

Future עתיד	Past עבר		Present הווה	
תְּבוּסְסִי	בּוּסַסְתְּ	את	מְבוּסָסִים	רבים
יְבוּסַס	בּוּסַס	הוא	מְבוּסָסוֹת	רבות
תְּבוּסַס	בּוּסְסָה	היא		
נְבוּסַס	בּוּסַסְנוּ	אנחנו		
תְּבוּסְסוּ*	בּוּסַסְתֶּם/ן	אתם/ן		
יְבוּסְסוּ*	בּוּסְסוּ	הם/ן		

* less commonly: אתן/הן תְּבוּסַסְנָה

בינוני Pres. Part. **מְבוּסָס** established, well-based

[מקור מוחלט Inf. Abs. **בּוּסוֹס**]

◆ **דוגמאות** Illustrations

הממשלה דנה בישיבתה השבועית במצב הבטחוני בגזרת הצפון. ניתוחו של ראש הממשלה **הִתְבַּסֵּס** על מידע **מְבוּסָס** שקיבל ממקורות ביון מהימנים. מספר שרים טענו כי אין בידי הממשלה מידע מספיק כדי **לְבַסֵּס** עליו החלטה מבצעית מיידית.

The government discussed the security situation in the northern sector at its weekly meeting. The prime minister's analysis **was based** on **well-based** information he had received from reliable intelligence sources. A number of ministers argued that the government does not possess sufficient information on which **to base** an immediate operational decision.

◆ **ביטויים מיוחדים** Special expressions

מצבו **מְבוּסָס** he is well-established economically

●בצע

בִּיצַּע/בַּצַּע/בַּצֵּעַ (בִּצַּע) perform, execute; accomplish

בניין: פִּיעֵל גזרה: ל' גרונית

Imperative ציווי	Future עתיד	Past עבר		Present הווה	
	אֲבַצַּע/...צֵעַ	בִּיצַּעְתִּי	אני	מְבַצֵּעַ	יחיד
בַּצַּע (בַּצֵּעַ)	תְּבַצַּע/...צֵעַ	בִּיצַּעְתָּ	אתה	מְבַצַּעַת	יחידה
בַּצְּעִי	תְּבַצְּעִי	בִּיצַּעְתְּ/...עַת	את	מְבַצְּעִים	רבים
	יְבַצַּע/...צֵעַ	בִּיצַּע*	הוא	מְבַצְּעוֹת	רבות
	תְּבַצַּע/...צֵעַ	בִּיצְּעָה	היא		
	נְבַצַּע/...צֵעַ	בִּיצַּעְנוּ	אנחנו		
בַּצְּעוּ***	תְּבַצְּעוּ**	בִּיצַּעְתֶּם/ן	אתם/ן		
<<<	יְבַצְּעוּ**	בִּיצְּעוּ	הם/ן		

* Colloquial: בִּיצַע

** less commonly: אתן/הן תְּבַצַּעְנָה

שם הפועל .Infin לְבַצֵּעַ — *** less commonly: (אתן) בַּצַּעְנָה

שם הפעולה Gerund בִּיצוּעַ performing; performance

בינוני .Pres. Part מְבַצֵּעַ performer

מקור מוחלט .Inf. Abs בַּצֵּעַ

בּוּצַע (בֻּצַּע) be performed

בניין: פּוּעַל גזרה: ל׳ גרונית

	Present הווה		Past עבר	Future עתיד
יחיד	מְבוּצָּע	אני	בּוּצַּעְתִּי	אֲבוּצַּע
יחידה	מְבוּצַּעַת	אתה	בּוּצַּעְתָּ	תְּבוּצַּע
רבים	מְבוּצָּעִים	את	בּוּצַּעְתְּ/...עַת	תְּבוּצְּעִי
רבות	מְבוּצָּעוֹת	הוא	בּוּצַּע	יְבוּצַּע
		היא	בּוּצְּעָה	תְּבוּצַּע
		אנחנו	בּוּצַּעְנוּ	נְבוּצַּע
		אתם/ן	בּוּצַּעְתֶּם/ן	תְּבוּצְּעוּ*
		הם/ן	בּוּצְּעוּ	יְבוּצְּעוּ*

[מקור מוחלט .Inf. Abs בּוּצֹּעַ] — * less commonly: אתן/הן תְּבוּצַּעְנָה

הִתְבַּצֵּעַ (יִתְבַּצַּע) get performed

בניין: הִתְפַּעֵל גזרה: ל׳ גרונית

	Present הווה		Past עבר	Future עתיד	Imperative ציווי
יחיד	מִתְבַּצֵּעַ	אני	הִתְבַּצַּעְתִּי	אֶתְבַּצַּע/...צֵּעַ	
יחידה	מִתְבַּצַּעַת	אתה	הִתְבַּצַּעְתָּ	תִּתְבַּצַּע/...צֵּעַ	הִתְבַּצַּע/...צֵּעַ
רבים	מִתְבַּצְּעִים	את	הִתְבַּצַּעְתְּ/...עַת	תִּתְבַּצְּעִי	הִתְבַּצְּעִי
רבות	מִתְבַּצְּעוֹת	הוא	הִתְבַּצַּע*	יִתְבַּצַּע/...צֵּעַ	
		היא	הִתְבַּצְּעָה	תִּתְבַּצַּע/...צֵּעַ	
		אנחנו	הִתְבַּצַּעְנוּ	נִתְבַּצַּע/...צֵּעַ	
		אתם/ן	הִתְבַּצַּעְתֶּם/ן	תִּתְבַּצְּעוּ**	הִתְבַּצְּעוּ***
		הם/ן	הִתְבַּצְּעוּ	יִתְבַּצְּעוּ**	

* Colloquial: הִתְבַּצַּע

** less commonly: אתן/הן תִּתְבַּצַּעְנָה

שם הפועל .Infin לְהִתְבַּצֵּעַ — *** less commonly: (אתן) הִתְבַּצַּעְנָה

שם הפעולה Gerund הִתְבַּצְּעוּת getting performed

מקור מוחלט .Inf. Abs הִתְבַּצֵּעַ

◆ פעלים שאינם שכיחים מאותו שורש Infrequent verbs sharing the same root

בָּצַע slice, split (בּוֹצֵעַ, יִבְצַע, לִבְצוֹעַ)

נִבְצַע be sliced (נִבְצָע, יִיבָּצַע, לְהִיבָּצַע)

◆ דוגמאות Illustrations

המהנדס התחייב **לְבַצֵּעַ** את תוכניתו של האדריכל ללא כל סטיות, ואמנם העבודה **הִתְבַּצְּעָה** בדיוק ובמהימנות.

The engineer undertook to **execute** the architect's plan without any deviation, and indeed the work **was performed** precisely and faithfully.

לאחר חיפושים נרחבים הצליחה המשטרה ללכוד את **מְבַצְּעֵי** הפיגוע. ראש הממשלה שיבח את שר המשטרה על אופן **בִּיצּוּעַ** הפעולה.

After a wide search, the police managed to capture the **performers of** the terrorist attack. The prime minister commended the police minister for the manner of the **performance** of the operation.

◆ ביטויים מיוחדים Special expressions

בר-**בִּיצּוּעַ** doable, achievable

בִּיצּוּעִים performance (of car, etc.)

● בקר

בִּיקֵּר/בִּיקַּר/בַּקֵּר (בִּקֵּר) visit; criticize, critique, inspect

בניין: פִּיעֵל גזרה: שלמים

	Present הווה		Past עבר	Future עתיד	Imperative ציווי
יחיד	מְבַקֵּר	אני	בִּיקַּרְתִּי	אֲבַקֵּר	
יחידה	מְבַקֶּרֶת	אתה	בִּיקַּרְתָּ	תְּבַקֵּר	בַּקֵּר
רבים	מְבַקְּרִים	את	בִּיקַּרְתְּ	תְּבַקְּרִי	בַּקְּרִי
רבות	מְבַקְּרוֹת	הוא	בִּיקֵּר	יְבַקֵּר	
		היא	בִּיקְּרָה	תְּבַקֵּר	
		אנחנו	בִּיקַּרְנוּ	נְבַקֵּר	
		אתם/ן	בִּיקַּרְתֶּם/ן	תְּבַקְּרוּ*	בַּקְּרוּ**
		הם/ן	בִּיקְּרוּ	יְבַקְּרוּ*	

* less commonly: אתן/הן תְּבַקֵּרְנָה

** less commonly: (אתן) בַּקֵּרְנָה

שם הפועל .Infin לְבַקֵּר

שם הפעולה Gerund בִּיקּוּר visit

בינוני .Pres. Part מְבַקֵּר visitor; inspector; critic

מקור מוחלט .Inf. Abs בַּקֵּר

בּוּקַּר (בֻּקַּר) be examined/criticized/critiqued/controlled

בניין: פּוּעַל גזרה: שלמים

	Present הווה		Past עבר	Future עתיד
יחיד	מְבוּקָּר	אני	בּוּקַּרְתִּי	אֲבוּקַּר
יחידה	מְבוּקֶּרֶת	אתה	בּוּקַּרְתָּ	תְּבוּקַּר >>>

	הווה Present		עבר Past	עתיד Future
רבים	מְבוּקָרִים	את	בּוּקַרְתְּ	תְּבוּקְרִי
רבות	מְבוּקָרוֹת	הוא	בּוּקַר	יְבוּקַר
		היא	בּוּקְרָה	תְּבוּקַר
		אנחנו	בּוּקַרְנוּ	נְבוּקַר
		אתם/ן	בּוּקַרְתֶּם/ן	תְּבוּקְרוּ*
		הם/ן	בּוּקְרוּ	יְבוּקְרוּ*

בינוני .Pres. Part מְבוּקָר controlled * less commonly: אתן/הן תְּבוּקַרְנָה

[מקור מוחלט .Inf. Abs בּוּקוֹר]

◆ **פעלים שאינם שכיחים מאותו שורש** Infrequent verbs sharing the same root

נִתְבַּקֵּר be examined; be visited (Mish H) (מִתְבַּקֵּר, יִתְבַּקֵּר, לְהִתְבַּקֵּר)

◆ **דוגמאות** Illustrations

מאז שמרים התחילה ללמוד באוניברסיטה, היא **בִּיקְּרָה** את הוריה רק שלוש פעמים; **הבִּיקּוּר** האחרון היה בחג-המולד.

Since Miriam started college, she **has visited** her parents only three times; the last **visit** was on Christmas.

הסרט הזה פופולארי מאוד, אבל **המְבַקְּרִים** קוטלים אותו באמצעי התקשורת.

This movie is very popular, but the **critics** shoot it down in the media.

מכיוון שכמעט איחרתי, קפצתי לרכבת ורק אחר כך קניתי כרטיס **מהמְבַקֵּר**.

Since I was almost late, I jumped on the train and only then did I buy a ticket from the **ticket inspector**.

מְבַקֶּרֶת המדינה ציינה בדוח השנתי שלה, שכספי ציבור עדיין מבוזבזים באופן בלתי-**מְבוּקָר** בכל משרדי הממשלה.

The state **comptroller/auditor** stated in her yearly report that public funds are still wasted in an un-**controlled** fashion in all government offices.

● בקש

בִּיקֵשׁ/בִּיקַשׁ/בָּקֵשׁ (בִּקֵּשׁ) ask, request; seek; desire

בניין: פִּיעֵל גזרה: שלמים

	הווה Present		עבר Past	עתיד Future	ציווי Imperative
יחיד	מְבַקֵּשׁ	אני	בִּיקַּשְׁתִּי	אֲבַקֵּשׁ	
יחידה	מְבַקֶּשֶׁת	אתה	בִּיקַּשְׁתָּ	תְּבַקֵּשׁ	בַּקֵּשׁ
רבים	מְבַקְּשִׁים	את	בִּיקַּשְׁתְּ	תְּבַקְּשִׁי	בַּקְּשִׁי
רבות	מְבַקְּשׁוֹת	הוא	בִּיקֵּשׁ	יְבַקֵּשׁ	
		היא	בִּיקְּשָׁה	תְּבַקֵּשׁ	<<<

		Past עבר	Future עתיד	Imperative ציווי
	אנחנו	בִּיקַּשְׁנוּ	נְבַקֵּשׁ	
	אתם/ן	בִּיקַּשְׁתֶּם/ן	תְּבַקְשׁוּ*	בַּקְּשׁוּ**
	הם/ן	בִּיקְּשׁוּ	יְבַקְשׁוּ*	

שם הפועל .Infin לְבַקֵּשׁ   * less commonly: אתן/הן תְּבַקֵּשְׁנָה

שם הפעולה Gerund בִּיקּוּשׁ demand   ** less commonly: (אתן) בַּקֵּשְׁנָה

בינוני .Pres. Part מְבַקֵּשׁ applicant

מקור מוחלט .Inf. Abs בַּקֵּשׁ

מ״י מוצרכת .Gov. Prep בִּיקֵּשׁ מ- requested from (someone)

הִתְבַּקֵּשׁ (נִתְבַּקֵּשׁ)/הִתְבַּקַּשׁ be asked/requested/summoned

בניין: הִתְפַּעֵל   גזרה: שלמים

	Present הווה		Past עבר	Future עתיד	Imperative ציווי
יחיד	מִתְבַּקֵּשׁ	אני	הִתְבַּקַּשְׁתִּי	אֶתְבַּקֵּשׁ	
יחידה	מִתְבַּקֶּשֶׁת	אתה	הִתְבַּקַּשְׁתָּ	תִּתְבַּקֵּשׁ	הִתְבַּקֵּשׁ
רבים	מִתְבַּקְּשִׁים	את	הִתְבַּקַּשְׁתְּ	תִּתְבַּקְּשִׁי	הִתְבַּקְּשִׁי
רבות	מִתְבַּקְּשׁוֹת	הוא	הִתְבַּקֵּשׁ	יִתְבַּקֵּשׁ	
		היא	הִתְבַּקְּשָׁה	תִּתְבַּקֵּשׁ	
		אנחנו	הִתְבַּקַּשְׁנוּ	נִתְבַּקֵּשׁ	
		אתם/ן	הִתְבַּקַּשְׁתֶּם/ן	תִּתְבַּקְּשׁוּ*	הִתְבַּקְּשׁוּ**
		הם/ן	הִתְבַּקְּשׁוּ	יִתְבַּקְּשׁוּ*	

* less commonly: אתן/הן תִּתְבַּקֵּשְׁנָה

שם הפועל .Infin לְהִתְבַּקֵּשׁ   ** less commonly: (אתן) הִתְבַּקֵּשְׁנָה

שם הפעולה Gerund הִתְבַּקְּשׁוּת being asked/requested

מקור מוחלט .Inf. Abs הִתְבַּקֵּשׁ

◆ פעלים שאינם שכיחים מאותו שורש Infrequent verbs sharing the same root

בּוּקַּשׁ (בֻּקַּשׁ) be sought (מְבוּקָּשׁ, יְבוּקַּשׁ)

בינוני .Pres. Part מְבוּקָּשׁ wanted; required; sought after (common form)

◆ דוגמאות Illustrations

ההנהלה **מְבַקֶּשֶׁת מן** הדיירים לא לדרוך על הדשא.

The management **requests of** the tenants not to step on the lawn.

מנשה אלול **מְבוּקָּשׁ** על-ידי המשטרה. כל מי שבידו מידע כלשהו עליו **מִתְבַּקֵּשׁ** לסור לתחנת המשטרה הקרובה.

Menashe Eloul is **wanted** by the police. Whoever has any information on his whereabouts **is requested** to come to the nearest police station.

הפֶּלֶאפון הוא מצרך **מְבוּקָּשׁ** מאוד היום בישראל, ומכיוון שה**בִּיקּוּשׁ** לו גדול, מחירו עדיין גבוה.

Cellular phones are a commodity **in great demand** in Israel today, and since the **demand** for it is considerable, its price is still high.

◆ ביטויים מיוחדים Special expressions

מילא את מְבוּקָשׁוֹ fulfill one's request

בִּיקֵשׁ את ידה asked for her hand in marriage

בִּיקֵשׁ את דמו של מישהו מידו של מישהו seek revenge for the death of one from someone

בִּיקֵשׁ את נפשו של wish to kill (someone)

בִּיקֵשׁ על נפשו plead for one's life

בִּיקֵשׁ את עלבונו seek compensation - or punishment - for insult caused

בִּיקֵשׁ מידו demand from one

בִּיקֵשׁ את פניו wish to be close to someone, to show someone respect

בִּיקֵשׁ את טובתו של do something for (someone) for his (own) good

בִּיקֵשׁ את רעתו של try to cause damage to (someone)

בִּיקֵשׁ רחמים על plea for mercy for (someone)

בִּיקֵשׁ תואנה look for an excuse

נִתְבַּקֵּשׁ לישיבה של מעלה pass away

●ברא

בָּרָא/בּוֹרֵא/יִבְרָא create

בניין: פָּעַל גזרה: ל"א

	Present הווה			Past עבר	Future עתיד	Imper. ציווי
יחיד	בּוֹרֵא	בָּרוּא	אני	בָּרָאתִי	אֶבְרָא	
יחידה	בּוֹרֵאת	בְּרוּאָה	אתה	בָּרָאתָ	תִּבְרָא	בְּרָא
רבים	בּוֹרְאִים	בְּרוּאִים	את	בָּרָאת	תִּבְרְאִי	בִּרְאִי
רבות	בּוֹרְאוֹת	בְּרוּאוֹת	הוא	בָּרָא	יִבְרָא	
			היא	בָּרְאָה	תִּבְרָא	
			אנחנו	בָּרָאנוּ	נִבְרָא	
			אתם/ן	בְּרָאתֶם/ן*	תִּבְרְאוּ**	בִּרְאוּ***
			הם/ן	בָּרְאוּ	יִבְרְאוּ**	

* Colloquial: בָּרָאתֶם/ן

** less commonly: אתן/הן תִּבְרֶאנָה

*** less commonly: (אתן) בְּרֶאנָה

שם הפועל .Infin לִבְרוֹא

בינוני פעיל .Act. Part (הַ)בּוֹרֵא God (the Creator)

בינוני סביל .Pass. Part בָּרוּא creature

שם הפעולה Gerund בְּרִיאָה creation; the world

מקור מוחלט .Inf. Abs בָּרוֹא

נִבְרָא/יִיבָּרֵא (יִבָּרֵא) be created

בניין: נִפְעַל גזרה: ל"א

	Present הווה		Past עבר	Future עתיד	Imperative ציווי
יחיד	נִבְרָא	אני	נִבְרֵאתִי	אֶבָּרֵא	
יחידה	נִבְרֵאת	אתה	נִבְרֵאתָ	תִּיבָּרֵא	הִיבָּרֵא
רבים	נִבְרָאִים	את	נִבְרֵאת	תִּיבָּרְאִי	הִיבָּרְאִי
רבות	נִבְרָאוֹת	הוא	נִבְרָא	יִיבָּרֵא	
		היא	נִבְרְאָה	תִּיבָּרֵא	
		אנחנו	נִבְרֵאנוּ	נִיבָּרֵא	
		אתם/ן	נִבְרֵאתֶם/ן	תִּיבָּרְאוּ*	הִיבָּרְאוּ**
		הם/ן	נִבְרְאוּ	יִיבָּרְאוּ*	

שם הפועל .Infin לְהִיבָּרֵא

שם הפעולה .Ger הִיבָּרְאוּת being created

מקור מוחלט .Inf. Abs נִבְרוֹא, הִיבָּרֵא

* less commonly: אתן/הן תִּיבָּרֶאנָה

** less commonly: (אתן) הִיבָּרֶאנָה

◆ דוגמאות Illustrations

הַבּוֹרֵא בָּרָא את העולם בשישה ימים; ביום השישי הוא סיים את מלאכת **הַבְּרִיאָה**. לאחר **שֶׁנִּבְרָא** העולם הוא הלך לנוח קצת.

The **Creator created** the world in six days; on the sixth day he concluded the work of **creation**. After the world **had been created**, he went to rest a bit.

◆ ביטויים מיוחדים Special expressions

בָּרָא יש מאין create something out of nothing

בּוֹרֵא ... (פרי הגפן, וכו') the **creator** of... (e.g. the fruit of the vine) - religious blessings formulae

בְּרוּאֵי עולם earthly creatures

שנה ... **לִבְרִיאַת** העולם year ... since the creation of the world (according to the Jewish tradition)

● ברח

בָּרַח/בּוֹרֵחַ/יִבְרַח escape, flee

בניין: פָּעַל גזרה: ל' גרונית (אֶפְעַל)

	Present הווה		Past עבר	Future עתיד	Imperative ציווי
יחיד	בּוֹרֵחַ	אני	בָּרַחְתִּי	אֶבְרַח	
יחידה	בּוֹרַחַת	אתה	בָּרַחְתָּ	תִּבְרַח	בְּרַח
רבים	בּוֹרְחִים	את	בָּרַחְתְּ/...חַת	תִּבְרְחִי	בִּרְחִי
רבות	בּוֹרְחוֹת	הוא	בָּרַח	יִבְרַח	
		היא	בָּרְחָה	תִּבְרַח	<<<

	Past עבר	Future עתיד	Imperative ציווי
אנחנו	בָּרַחְנוּ	נִבְרַח	
אתם/ן	בְּרַחְתֶּם/ן*	תִּבְרְחוּ**	בִּרְחוּ***
הם/ן	בָּרְחוּ	יִבְרְחוּ**	

* Colloquial: בָּרַחְתֶּם/ן

** less commonly: אתן/הן תִּבְרַחְנָה

*** less commonly: (אתן) בְּרַחְנָה

שם הפועל Infin. לִבְרוֹחַ

שם הפעולה Gerund בְּרִיחָה escaping; escape

מקור מוחלט Inf. Abs. בָּרוֹחַ

מ"י מוצרכת Gov. Prep. בָּרַח מ- escape from

הִבְרִיחַ/הִבְרַח/יַבְרִיחַ cause to flee; smuggle

בניין: הִפְעִיל גזרה: ל' גרונית

	Present הווה		Past עבר	Future עתיד	Imperative ציווי
יחיד	מַבְרִיחַ	אני	הִבְרַחְתִּי	אַבְרִיחַ	
יחידה	מַבְרִיחָה	אתה	הִבְרַחְתָּ	תַּבְרִיחַ	הַבְרַח (הַבְרֵחַ)
רבים	מַבְרִיחִים	את	הִבְרַחְתְּ/...חַת	תַּבְרִיחִי	הַבְרִיחִי
רבות	מַבְרִיחוֹת	הוא	הִבְרִיחַ	יַבְרִיחַ	
		היא	הִבְרִיחָה	תַּבְרִיחַ	
		אנחנו	הִבְרַחְנוּ	נַבְרִיחַ	
		אתם/ן	הִבְרַחְתֶּם/ן	תַּבְרִיחוּ*	הַבְרִיחוּ**
		הם/ן	הִבְרִיחוּ	יַבְרִיחוּ*	

* less commonly: אתן/הן תַּבְרַחְנָה

** less commonly: (אתן) הַבְרַחְנָה

שם הפועל Infin. לְהַבְרִיחַ

שם הפעולה Gerund הַבְרָחָה causing to flee; smuggling

בינוני Pres. Part. מַבְרִיחַ smuggler

מקור מוחלט Inf. Abs. הַבְרֵחַ

הוּבְרַח (הֻבְרַח) be caused to flee; be smuggled

בניין: הוּפְעַל גזרה: שלמים ל' גרונית

	Present הווה		Past עבר	Future עתיד
יחיד	מוּבְרָח	אני	הוּבְרַחְתִּי	אוּבְרַח
יחידה	מוּבְרַחַת	אתה	הוּבְרַחְתָּ	תּוּבְרַח
רבים	מוּבְרָחִים	את	הוּבְרַחְתְּ/...חַת	תּוּבְרְחִי
רבות	מוּבְרָחוֹת	הוא	הוּבְרַח	יוּבְרַח
		היא	הוּבְרְחָה	תּוּבְרַח
		אנחנו	הוּבְרַחְנוּ	נוּבְרַח
		אתם/ן	הוּבְרַחְתֶּם/ן	תּוּבְרְחוּ*
		הם/ן	הוּבְרְחוּ	יוּבְרְחוּ*

* less commonly: אתן/הן תּוּבְרַחְנָה

בינוני Pres. Part. מוּבְרָח smuggled

[מקור מוחלט Inf. Abs. הוּבְרֵחַ]

◆ **פעלים שאינם שכיחים מאותו שורש** Infrequent verbs sharing the same root

הִתְבָּרֵחַ (מִתְבָּרֵחַ, יִתְבָּרַח, לְהִתְבָּרֵחַ) be chased away (Mish H)

A less frequent homonymous root meaning 'lock' is not included in this collection.

◆ **דוגמאות** Illustrations

מנשה **בָּרַח** מבית החולים; הוא אומר שהאוכל הגרוע **הִבְרִיחַ** אותו משם.

Menashe **escaped** from the hospital; he says that the bad food **caused** him **to flee** from there.

המשטרה תפסה סחורה **מוּבְרַחַת**, **שמַבְרִיחִים** הצליחו **לְהַבְרִיחַ** ממקסיקו.

The police captured **smuggled** goods that **smugglers** have managed to **smuggle** from Mexico.

◆ **ביטויים מיוחדים** Special expressions

עשה "וַיִּבְרַח" run away ASAP (jokingly)

הִבְרִיחַ את הגבול cross the border illegally and clandestinely

---

● ברך

בֵּירֵךְ/בֵּירַךְ/בָּרֵךְ (בֵּרֵךְ) bless; greet; congratulate

בניין: **פִּיעֵל**   גזרה: **ע' גרונית**

	Present הווה		Past עבר	Future עתיד	Imperative ציווי
יחיד	מְבָרֵךְ	אני	בֵּירַכְתִּי	אֲבָרֵךְ	
יחידה	מְבָרֶכֶת	אתה	בֵּירַכְתָּ	תְּבָרֵךְ	בָּרֵךְ
רבים	מְבָרְכִים	את	בֵּירַכְתְּ	תְּבָרְכִי	בָּרְכִי
רבות	מְבָרְכוֹת	הוא	בֵּירֵךְ (בֵּירַךְ)	יְבָרֵךְ	
		היא	בֵּירְכָה	תְּבָרֵךְ	
		אנחנו	בֵּירַכְנוּ	נְבָרֵךְ	
		אתם/ן	בֵּירַכְתֶּם/ן	תְּבָרְכוּ*	בָּרְכוּ**
		הם/ן	בֵּירְכוּ	יְבָרְכוּ*	

שם הפועל .Infin לְבָרֵךְ   * less commonly: אתן/הן תְּבָרֵכְנָה

מקור מוחלט .Inf. Abs בָּרֵךְ   ** less commonly: (אתן) בָּרֵכְנָה

be blessed/greeted (בֹּרַךְ) בּוֹרַךְ

בניין: פּוּעַל גזרה: ע׳ גרונית

Future עתיד	Past עבר		Present הווה	
אֲבוֹרַךְ	בּוֹרַכְתִּי	אני	מְבוֹרָךְ	יחיד
תְּבוֹרַךְ	בּוֹרַכְתָּ	אתה	מְבוֹרֶכֶת	יחידה
תְּבוֹרְכִי	בּוֹרַכְתְּ	את	מְבוֹרָכִים	רבים
יְבוֹרַךְ	בּוֹרַךְ	הוא	מְבוֹרָכוֹת	רבות
תְּבוֹרַךְ	בּוֹרְכָה	היא		
נְבוֹרַךְ	בּוֹרַכְנוּ	אנחנו		
תְּבוֹרְכוּ*	בּוֹרַכְתֶּם/ן	אתם/ן		
יְבוֹרְכוּ*	בּוֹרְכוּ	הם/ן		

* less commonly: אתן/הן תְּבוֹרַכְנָה

בינוני .Pres. Part מְבוֹרָךְ blessed

[מקור מוחלט .Inf. Abs בּוֹרוֹךְ]

be blessed (with); congratulate oneself הִתְבָּרֵךְ/הִתְבָּרַךְ

בניין: הִתְפַּעֵל גזרה: ע׳ גרונית

Imperative ציווי	Future עתיד	Past עבר		Present הווה	
	אֶתְבָּרֵךְ	הִתְבָּרַכְתִּי	אני	מִתְבָּרֵךְ	יחיד
הִתְבָּרֵךְ	תִּתְבָּרֵךְ	הִתְבָּרַכְתָּ	אתה	מִתְבָּרֶכֶת	יחידה
הִתְבָּרְכִי	תִּתְבָּרְכִי	הִתְבָּרַכְתְּ	את	מִתְבָּרְכִים	רבים
	יִתְבָּרֵךְ	הִתְבָּרֵךְ	הוא	מִתְבָּרְכוֹת	רבות
	תִּתְבָּרֵךְ	הִתְבָּרְכָה	היא		
	נִתְבָּרֵךְ	הִתְבָּרַכְנוּ	אנחנו		
הִתְבָּרְכוּ**	תִּתְבָּרְכוּ*	הִתְבָּרַכְתֶּם/ן	אתם/ן		
	יִתְבָּרְכוּ*	הִתְבָּרְכוּ	הם/ן		

* less commonly: אתן/הן תִּתְבָּרֵכְנָה

** less commonly: (אתן) הִתְבָּרֵכְנָה

שם הפועל .Infin לְהִתְבָּרֵךְ

שם הפעולה Gerund הִתְבָּרְכוּת being blessed; self-congratulation

מ״י מוצרכת .Gov. Prep הִתְבָּרֵךְ ב- be blessed with

מקור מוחלט .Inf. Abs הִתְבָּרֵךְ

◆ פעלים שאינם שכיחים מאותו שורש Infrequent verbs sharing the same root

[בָּרַךְ] בינוני סביל .Pass. Part בָּרוּךְ blessed, praised (only form; no evidencc of a direct verb base)

נִבְרַךְ be blessed, congratulate oneself (BH, lit.-rare) (נִבְרַךְ, יִיבָּרֵךְ, לְהִיבָּרֵךְ)

A less frequent homonymous root meaning 'kneel' is not included in this collection.

◆ דוגמאות Illustrations

נשיא המדינה בֵּירַךְ (לשלום) את באי הטקס, וראש הממשלה בֵּירַךְ את חתן השמחה על קבלת פרס ישראל לספרות.

The president **greeted** the attendees at the ceremony, and the prime minister **congratulated** the guest of honor on his being awarded the Israel Prize for Literature.

יעקב בֵּירַךְ את כל בניו, בְּרָכָה מיוחדת לכל בן.

Jacob **blessed** all of his sons, a special **blessing** for each son.

הִתְבָּרַכְתִּי בכך שיש לי ילדים כל כך מוכשרים.

I **congratulated myself** for having (or, I am **blessed with**) such talented children.

מאיר מְבוֹרָךְ במשפחה מרובת ילדים. כשהוא ואישתו סוף סוף משכיבים את כולם לישון, שניהם אומרים ביחד: "בָּרוּךְ השם!"

Meir **is blessed** with a "multi-children" family. When he and his wife finally put them all to sleep, they say in unison: "Thank God!" (=God be **blessed**!)

◆ ביטויים מיוחדים Special expressions

בֵּירַךְ על המוּגְמָר conclude successfully

בָּרוּךְ הבא! welcome!

בָּרוּךְ הנמצא/היושב response to "welcome"

בָּרוּךְ השם! thank God! (=blessed be the Name)

בָּרוּךְ דיין אמת! blessed be the Judge of Truth (said on hearing of death)

בָּרוּךְ שפטרנו thank God it's over! good riddance!

בָּרוּךְ שפטרני מעונשו של זה thank God for ridding me of his punishment (said by father on his son's Bar Mitzvah)

בָּרוּךְ רופא חולים blessing for a recovered patient

בָּרוּךְ כפיים one who is very good with his hands

בָּרוּךְ כישרון very talented (=blessed with talent)

● ברר

בֵּירֵר/בֵּירַר/בָּרֵר (בֵּרֵר) clarify, find out

בניין: פִּיעֵל גזרה: ע' גרונית

	Present הווה		Past עבר	Future עתיד	Imperative ציווי
יחיד	מְבָרֵר	אני	בֵּירַרְתִּי	אֲבָרֵר	
יחידה	מְבָרֶרֶת	אתה	בֵּירַרְתָּ	תְּבָרֵר	בָּרֵר
רבים	מְבָרְרִים	את	בֵּירַרְתְּ	תְּבָרְרִי	בָּרְרִי
רבות	מְבָרְרוֹת	הוא	בֵּירֵר (בֵּירַר)	יְבָרֵר	
		היא	בֵּירְרָה	תְּבָרֵר	
		אנחנו	בֵּירַרְנוּ	נְבָרֵר	
		אתם/ן	בֵּירַרְתֶּם/ן	תְּבָרְרוּ*	בָּרְרוּ** >>>

	Past עבר	Future עתיד
הם/ן	בֵּירְרוּ	יְבָרְרוּ*

* less commonly: אתן/הן תְּבָרֵרְנָה
** less commonly: (אתן) בָּרֵרְנָה

שם הפועל .Infin לְבָרֵר
שם הפעולה Gerund בֵּירוּר inquiry; clarification
מקור מוחלט .Inf. Abs בָּרֵר

בּוֹרַר be clarified (בֹּרַר)

בניין: פּוּעַל גזרה: ע׳ גרונית

	Present הווה		Past עבר	Future עתיד
יחיד	מְבוֹרָר	אני	בּוֹרַרְתִּי	אֲבוֹרַר
יחידה	מְבוֹרֶרֶת	אתה	בּוֹרַרְתָּ	תְּבוֹרַר
רבים	מְבוֹרָרִים	את	בּוֹרַרְתְּ	תְּבוֹרְרִי
רבות	מְבוֹרָרוֹת	הוא	בּוֹרַר	יְבוֹרַר
		היא	בּוֹרְרָה	תְּבוֹרַר
		אנחנו	בּוֹרַרְנוּ	נְבוֹרַר
		אתם/ן	בּוֹרַרְתֶּם/ן	תְּבוֹרְרוּ*
		הם/ן	בּוֹרְרוּ	יְבוֹרְרוּ*

[מקור מוחלט .Inf. Abs בּוֹרוֹר] * less commonly: אתן/הן תְּבוֹרַרְנָה

הִתְבָּרֵר/הִתְבָּרַר be(come) clarified

בניין: הִתְפַּעֵל גזרה: ע׳ גרונית

	Present הווה		Past עבר	Future עתיד	Imperative ציווי
יחיד	מִתְבָּרֵר	אני	הִתְבָּרַרְתִּי	אֶתְבָּרֵר	
יחידה	מִתְבָּרֶרֶת	אתה	הִתְבָּרַרְתָּ	תִּתְבָּרֵר	הִתְבָּרֵר
רבים	מִתְבָּרְרִים	את	הִתְבָּרַרְתְּ	תִּתְבָּרְרִי	הִתְבָּרְרִי
רבות	מִתְבָּרְרוֹת	הוא	הִתְבָּרֵר	יִתְבָּרֵר	
		היא	הִתְבָּרְרָה	תִּתְבָּרֵר	
		אנחנו	הִתְבָּרַרְנוּ	נִתְבָּרֵר	
		אתם/ן	הִתְבָּרַרְתֶּם/ן	תִּתְבָּרְרוּ*	הִתְבָּרְרוּ**
		הם/ן	הִתְבָּרְרוּ	יִתְבָּרְרוּ*	

שם הפועל .Infin לְהִתְבָּרֵר * less commonly: אתן/הן תִּתְבָּרֵרְנָה
שם הפעולה .Ger הִתְבָּרְרוּת becoming clear ** less commonly: (אתן) הִתְבָּרֵרְנָה
מקור מוחלט .Inf. Abs הִתְבָּרֵר
מ״י מוצרכת .Gov. Prep הִתְבָּרֵר ל- become clear to

בָּרַר/בּוֹרֵר/יִבְרוֹר select, pick, sort (יִבְרֹר)

בניין: פָּעַל גזרה: שלמים (אֶפְעוֹל)

	Present הווה			Past עבר	Future עתיד	Imper. ציווי
יחיד	בּוֹרֵר	בָּרוּר	אני	בָּרַרְתִּי	אֶבְרוֹר	
יחידה	בּוֹרֶרֶת	בְּרוּרָה	אתה	בָּרַרְתָּ	תִּבְרוֹר	בְּרוֹר >>>

Imper. ציווי	Future עתיד	Past עבר		Present הווה	
בְּרְרִי	תִּבְרְרִי	בָּרַרְתְּ	את	בּוֹרְרִים בְּרוּרִים	רבים
	יִבְרוֹר	בָּרַר	הוא	בּוֹרְרוֹת בְּרוּרוֹת	רבות
	תִּבְרוֹר	בָּרְרָה	היא		
	נִבְרוֹר	בָּרַרְנוּ	אנחנו		
בִּרְרוּ***	תִּבְרְרוּ**	בְּרַרְתֶּם/ן*	אתם/ן		
	יִבְרְרוּ**	בָּרְרוּ	הם/ן		

* Colloquial: בָּרַרְתֶּם/ן

** less commonly: אתן/הן תִּבְרוֹרְנָה

*** less commonly: (אתן) בְּרוֹרְנָה

שם הפועל .Infin לִבְרוֹר

בינוני פעיל .Act. Part בּוֹרֵר sorter; arbitrator

בינוני סביל .Pass. Part בָּרוּר clear, evident

שם הפעולה Gerund בְּרֵירָה choice, alternative

מקור מוחלט .Inf. Abs בָּרוֹר

◆ פעלים שאינם שכיחים מאותו שורש Infrequent verbs sharing the same root

נִבְרַר (נִבַר) be selected/separated/purified (Med H) (נִבְרָר/נָבָר, יִיבָּרֵר/יִיבַּר, לְהִיבָּרֵר/לְהִיבַּר)

הִבְרִיר distill, purify (Med H); clarify (lit.) (מַבְרִיר, יַבְרִיר, לְהַבְרִיר)

הֵבֵר clean, purify; polish (lit.) (מֵבֵר, יָבֵר, לְהָבֵר)

הוּבְרַר (הֻבְרַר) be clarified (מוּבְרָר, יוּבְרַר)

◆ דוגמאות Illustrations

הבּוֹרֵר ניסה לְבָרֵר מדוע שני הצדדים לא מצליחים להגיע לעמק השווה. לאחר כמה שעות הִתְבָּרֵר לו ששורש הבעיה הוא השתתפות המעסיק בקרן הפנסיה.

The **arbitrator** tried to **find out** why the two sides cannot reach an agreement. After a few hours it **became clear** to him that the root of the problem is the employer's contribution to the pension plan.

אין בְּרֵירָה - צריך לשלוח את חשבון החשמל לבֵירוּר; בָּרוּר שיש בעיה, ואני מקווה שהעניין יְבוֹרַר בהקדם.

There is no **choice** - the electric bill needs to be sent out for **clarification**; it is **clear** that there's a problem, and I hope that the matter **will be clarified** ASAP.

◆ ביטויים מיוחדים Special expressions

לְבָרֵר וּלְלַבֵּן investigate fully, clarify to the essence

הִתְבָּרֵר דינו be put to trial

● בשל

בִּישֵּׁל/בִּישַּׁל/בַּשֵּׁל (בִּשֵּׁל) cook, boil, stew

בניין: פִּיעֵל גזרה: שלמים

	הווה Present		עבר Past	עתיד Future	ציווי Imperative
יחיד	מְבַשֵּׁל	אני	בִּישַּׁלְתִּי	אֲבַשֵּׁל	
יחידה	מְבַשֶּׁלֶת	אתה	בִּישַּׁלְתָּ	תְּבַשֵּׁל	בַּשֵּׁל
רבים	מְבַשְּׁלִים	את	בִּישַּׁלְתְּ	תְּבַשְּׁלִי	בַּשְּׁלִי
רבות	מְבַשְּׁלוֹת	הוא	בִּישֵּׁל	יְבַשֵּׁל	
		היא	בִּישְּׁלָה	תְּבַשֵּׁל	
		אנחנו	בִּישַּׁלְנוּ	נְבַשֵּׁל	
		אתם/ן	בִּישַּׁלְתֶּם/ן	תְּבַשְּׁלוּ*	בַּשְּׁלוּ**
		הם/ן	בִּישְּׁלוּ	יְבַשְּׁלוּ*	

* less commonly: אתן/הן תְּבַשֵּׁלְנָה

** less commonly: (אתן) בַּשֵּׁלְנָה

שם הפועל .Infin לְבַשֵּׁל

שם הפעולה Gerund בִּישּׁוּל cooking

מקור מוחלט .Inf. Abs בַּשֵּׁל

בּוּשַּׁל (בֻּשַּׁל) be cooked/boiled/stewed

בניין: פּוּעַל גזרה: שלמים

	הווה Present		עבר Past	עתיד Future
יחיד	מְבוּשָּׁל	אני	בּוּשַּׁלְתִּי	אֲבוּשַּׁל
יחידה	מְבוּשֶּׁלֶת	אתה	בּוּשַּׁלְתָּ	תְּבוּשַּׁל
רבים	מְבוּשָּׁלִים	את	בּוּשַּׁלְתְּ	תְּבוּשְּׁלִי
רבות	מְבוּשָּׁלוֹת	הוא	בּוּשַּׁל	יְבוּשַּׁל
		היא	בּוּשְּׁלָה	תְּבוּשַּׁל
		אנחנו	בּוּשַּׁלְנוּ	נְבוּשַּׁל
		אתם/ן	בּוּשַּׁלְתֶּם/ן	תְּבוּשְּׁלוּ*
		הם/ן	בּוּשְּׁלוּ	יְבוּשְּׁלוּ*

* less commonly: אתן/הן תְּבוּשַּׁלְנָה

בינוני .Pres. Part מְבוּשָּׁל cooked

[מקור מוחלט .Inf. Abs בּוּשֹּׁל]

הִתְבַּשֵּׁל/הִתְבַּשַּׁל cook/boil/stew (intr.)

בניין: הִתְפַּעֵל גזרה: שלמים

	הווה Present		עבר Past	עתיד Future	ציווי Imperative
יחיד	מִתְבַּשֵּׁל	אני	הִתְבַּשַּׁלְתִּי	אֶתְבַּשֵּׁל	
יחידה	מִתְבַּשֶּׁלֶת	אתה	הִתְבַּשַּׁלְתָּ	תִּתְבַּשֵּׁל	הִתְבַּשֵּׁל
רבים	מִתְבַּשְּׁלִים	את	הִתְבַּשַּׁלְתְּ	תִּתְבַּשְּׁלִי	הִתְבַּשְּׁלִי
רבות	מִתְבַּשְּׁלוֹת	הוא	הִתְבַּשֵּׁל	יִתְבַּשֵּׁל	
		היא	הִתְבַּשְּׁלָה	תִּתְבַּשֵּׁל	
		אנחנו	הִתְבַּשַּׁלְנוּ	נִתְבַּשֵּׁל	>>>

Imperative ציווי	Future עתיד	Past עבר	
**הִתְבַּשְּׁלוּ	*תִּתְבַּשְּׁלוּ	הִתְבַּשַּׁלְתֶּם/ן	אתם/ן
	*יִתְבַּשְּׁלוּ	הִתְבַּשְּׁלוּ	הם/ן

שם הפועל .Infin לְהִתְבַּשֵּׁל   * less commonly: אתן/הן תִּתְבַּשֵּׁלְנָה

שם הפעולה .Ger הִתְבַּשְּׁלוּת being cooked   ** less commonly: (אתן) הִתְבַּשֵּׁלְנָה

מקור מוחלט .Inf. Abs הִתְבַּשֵּׁל

בָּשַׁל/בָּשֵׁל/יִבְשַׁל ripen (intr.); be ready

בניין: פָּעַל   גזרה: שלמים (אֶפְעַל)

Imperative ציווי	Future עתיד	Past עבר		Present הווה	
	אֶבְשַׁל	בָּשַׁלְתִּי	אני	בָּשֵׁל	יחיד
בְּשַׁל	תִּבְשַׁל	בָּשַׁלְתָּ	אתה	בְּשֵׁלָה	יחידה
בִּשְׁלִי	תִּבְשְׁלִי	בָּשַׁלְתְּ	את	בְּשֵׁלִים	רבים
	יִבְשַׁל	בָּשַׁל	הוא	בְּשֵׁלוֹת	רבות
	תִּבְשַׁל	בָּשְׁלָה	היא		
	נִבְשַׁל	בָּשַׁלְנוּ	אנחנו		
***בִּשְׁלוּ	**תִּבְשְׁלוּ	*בְּשַׁלְתֶּם/ן	אתם/ן		
	**יִבְשְׁלוּ	בָּשְׁלוּ	הם/ן		

שם הפועל .Infin לִבְשׁוֹל   * Colloquial: בָּשַׁלְתֶּם/ן

בינוני פעיל .Act. Part בָּשֵׁל ripe   ** less commonly: אתן/הן תִּבְשַׁלְנָה

שם הפעולה Gerund בְּשִׁילָה ripening   *** less commonly: (אתן) בְּשַׁלְנָה

מקור מוחלט .Inf. Abs בָּשׁוֹל

הִבְשִׁיל/הִבְשַׁלְ/יַבְשִׁיל ripen (intr.); ripen (tr.)

בניין: הִפְעִיל   גזרה: שלמים

Imperative ציווי	Future עתיד	Past עבר		Present הווה	
	אַבְשִׁיל	הִבְשַׁלְתִּי	אני	מַבְשִׁיל	יחיד
הַבְשֵׁל	תַּבְשִׁיל	הִבְשַׁלְתָּ	אתה	מַבְשִׁילָה	יחידה
הַבְשִׁילִי	תַּבְשִׁילִי	הִבְשַׁלְתְּ	את	מַבְשִׁילִים	רבים
	יַבְשִׁיל	הִבְשִׁיל	הוא	מַבְשִׁילוֹת	רבות
	תַּבְשִׁיל	הִבְשִׁילָה	היא		
	נַבְשִׁיל	הִבְשַׁלְנוּ	אנחנו		
**הַבְשִׁילוּ	*תַּבְשִׁילוּ	הִבְשַׁלְתֶּם/ן	אתם/ן		
	*יַבְשִׁילוּ	הִבְשִׁילוּ	הם/ן		

שם הפועל .Infin לְהַבְשִׁיל   * less commonly: אתן/הן תַּבְשֵׁלְנָה

שם הפעולה Gerund הַבְשָׁלָה ripening   ** less commonly: (אתן) הַבְשֵׁלְנָה

מקור מוחלט .Inf. Abs הַבְשֵׁל

◆ דוגמאות Illustrations

עליזה מְבַשֶּׁלֶת מצוין: היא גמרה בית-ספר לְבִישּׁוּל.

Aliza **cooks** excellently: she graduated from a **cooking** school.

המרק הזה צריך לְהִתְבַּשֵּׁל לפחות שלוש שעות.

This soup needs **to cook** for at least three hours.

נחמה עוד לא מספיק בְּשֵׁלָה כדי ללכת ללמוד באוניברסיטה. כדאי לה לחכות עוד מספר שנים.

Nehama is not **ready** yet to go to study at the university. It would be a good idea for her to wait a few years.

ילדים בדרך כלל לא אוהבים פירות בְּשֵׁלִים מדיי; לכן הם קוטפים אותם מן העץ עוד לפני שהִבְשִׁילוּ.

Children usually do not like over**ripe** fruit; therefore they pick them from the tree even before they **have ripened**.

◆ ביטויים מיוחדים Special expressions

בִּישֵּׁל דייסה make a mess of things; complicate things unnecessarily (sl.)

הִתְבַּשֵּׁל במיץ של עצמו stew in one's own juice (sl.)

בקדרה שבִּישֵּׁל, בה נִתְבַּשֵּׁל bring upon oneself the bad one wishes to do to others

---

●גבל

הִגְבִּיל/הִגְבַּל/יַגְבִּיל restrict, limit; delimit; define

בניין: הִפְעִיל גזרה: שלמים

	Present הווה		Past עבר	Future עתיד	Imperative ציווי
יחיד	מַגְבִּיל	אני	הִגְבַּלְתִּי	אַגְבִּיל	
יחידה	מַגְבִּילָה	אתה	הִגְבַּלְתָּ	תַּגְבִּיל	הַגְבֵּל
רבים	מַגְבִּילִים	את	הִגְבַּלְתְּ	תַּגְבִּילִי	הַגְבִּילִי
רבות	מַגְבִּילוֹת	הוא	הִגְבִּיל	יַגְבִּיל	
		היא	הִגְבִּילָה	תַּגְבִּיל	
		אנחנו	הִגְבַּלְנוּ	נַגְבִּיל	
		אתם/ן	הִגְבַּלְתֶּם/ן	תַּגְבִּילוּ*	הַגְבִּילוּ**
		הם/ן	הִגְבִּילוּ	יַגְבִּילוּ*	

* less commonly: אתן/הן תַּגְבֵּלְנָה

** less commonly: (אתן) הַגְבֵּלְנָה

שם הפועל .Infin לְהַגְבִּיל

שם הפעולה Gerund הַגְבָּלָה restriction, (de)limitation

בינוני .Pres. Part מַגְבִּיל restricting, restrictive

מקור מוחלט .Inf. Abs הַגְבֵּל

הוּגְבַּל (הֻגְבַּל) be restricted/limited

בניין: הוּפְעַל גזרה: שלמים

	Present הווה		Past עבר	Future עתיד
יחיד	מוּגְבָּל	אני	הוּגְבַּלְתִּי	אוּגְבַּל
יחידה	מוּגְבֶּלֶת	אתה	הוּגְבַּלְתָּ	תוּגְבַּל
רבים	מוּגְבָּלִים	את	הוּגְבַּלְתְּ	תוּגְבְּלִי
רבות	מוּגְבָּלוֹת	הוא	הוּגְבַּל	יוּגְבַּל
		היא	הוּגְבְּלָה	תוּגְבַּל
		אנחנו	הוּגְבַּלְנוּ	נוּגְבַּל
		אתם/ן	הוּגְבַּלְתֶּם/ן	תוּגְבְּלוּ*
		הם/ן	הוּגְבְּלוּ	יוּגְבְּלוּ*

* less commonly: אתן/הן תּוּגְבַּלְנָה

בינוני Pres. Part. מוּגְבָּל restricted, handicapped, limited

שם הפעולה Gerund מוּגְבָּלוּת being restricted, being handicapped

[מקור מוחלט Inf. Abs. הוּגְבֵּל]

◆ פעלים שאינם שכיחים מאותו שורש Infrequent verbs sharing the same root

גָּבַל draw boundary/border on (commoner than other forms below) (גּוֹבֵל, יִגְבּוֹל, לִגְבּוֹל)

נִגְבַּל be delimited, be separated (Med H) (נִגְבָּל, יִיגָּבֵל, לְהִיגָּבֵל)

הִתְגַּבֵּל be delimited, be defined (lit.) (מִתְגַּבֵּל, יִתְגַּבֵּל, לְהִתְגַּבֵּל)

◆ דוגמאות Illustrations

ממשלת סין **מַגְבִּילָה** את מספר הילדים שזוג רשאי ללדת. **הַהַגְבָּלָה** נועדה למתן את קצב גידול האוכלוסיה. ההנחה היא, שאם מספר הילדים לא **יוּגְבַּל**, התפוצצות האוכלוסין תסתיים באסון.

The Chinese government **limits** the number of children a couple is allowed to bear. The **limitation** is intended to moderate the population growth rate. The assumption is, that if the number of children is not **restricted**, the population explosion will end in a disaster.

●גבר

הִתְגַּבֵּר/הִתְגַּבַּר prevail over, overcome; become strong(er), increase (intr.)

בניין: הִתְפַּעֵל גזרה: שלמים

	Present הווה		Past עבר	Future עתיד	Imperative ציווי
יחיד	מִתְגַּבֵּר	אני	הִתְגַּבַּרְתִּי	אֶתְגַּבֵּר	
יחידה	מִתְגַּבֶּרֶת	אתה	הִתְגַּבַּרְתָּ	תִּתְגַּבֵּר	הִתְגַּבֵּר >>>

Imperative ציווי	Future עתיד	Past עבר		Present הווה	
הִתְגַּבְּרִי	תִּתְגַּבְּרִי	הִתְגַּבַּרְתְּ	את	מִתְגַּבְּרִים	רבים
	יִתְגַּבֵּר	הִתְגַּבֵּר	הוא	מִתְגַּבְּרוֹת	רבות
	תִּתְגַּבֵּר	הִתְגַּבְּרָה	היא		
	נִתְגַּבֵּר	הִתְגַּבַּרְנוּ	אנחנו		
הִתְגַּבְּרוּ**	תִּתְגַּבְּרוּ*	הִתְגַּבַּרְתֶּם/ן	אתם/ן		
	יִתְגַּבְּרוּ*	הִתְגַּבְּרוּ	הם/ן		

* less commonly: אתן/הן תִּתְגַּבֵּרְנָה

שם הפועל Infin. לְהִתְגַּבֵּר ** less commonly: (אתן) הִתְגַּבֵּרְנָה

שם הפעולה Gerund הִתְגַּבְּרוּת prevailing, overcoming

מקור מוחלט Inf. Abs. הִתְגַּבֵּר

מ"י מוצרכת Gov. Prep. הִתְגַּבֵּר עַל overcome, prevail over

הִגְבִּיר/הִגְבַּרְ/יַגְבִּיר strengthen, reinforce, increase (tr.)

בניין: הִפְעִיל גזרה: שלמים

Imperative ציווי	Future עתיד	Past עבר		Present הווה	
	אַגְבִּיר	הִגְבַּרְתִּי	אני	מַגְבִּיר	יחיד
הַגְבֵּר	תַּגְבִּיר	הִגְבַּרְתָּ	אתה	מַגְבִּירָה	יחידה
הַגְבִּירִי	תַּגְבִּירִי	הִגְבַּרְתְּ	את	מַגְבִּירִים	רבים
	יַגְבִּיר	הִגְבִּיר	הוא	מַגְבִּירוֹת	רבות
	תַּגְבִּיר	הִגְבִּירָה	היא		
	נַגְבִּיר	הִגְבַּרְנוּ	אנחנו		
הַגְבִּירוּ**	תַּגְבִּירוּ*	הִגְבַּרְתֶּם/ן	אתם/ן		
	יַגְבִּירוּ*	הִגְבִּירוּ	הם/ן		

* less commonly: אתן/הן תַּגְבֵּרְנָה

שם הפועל Infin. לְהַגְבִּיר ** less commonly: (אתן) הַגְבֵּרְנָה

שם הפעולה Gerund הַגְבָּרָה strengthening, amplification

בינוני Pres. Part. מַגְבִּיר increasing, strengthening

מקור מוחלט Inf. Abs. הַגְבֵּר

הוּגְבַּר (הֻגְבַּר) be strengthened/reinforced/increased

בניין: הוּפְעַל גזרה: שלמים

Future עתיד	Past עבר		Present הווה	
אוּגְבַּר	הוּגְבַּרְתִּי	אני	מוּגְבָּר	יחיד
תוּגְבַּר	הוּגְבַּרְתָּ	אתה	מוּגְבֶּרֶת	יחידה
תוּגְבְּרִי	הוּגְבַּרְתְּ	את	מוּגְבָּרִים	רבים
יוּגְבַּר	הוּגְבַּר	הוא	מוּגְבָּרוֹת	רבות
תוּגְבַּר	הוּגְבְּרָה	היא		
נוּגְבַּר	הוּגְבַּרְנוּ	אנחנו		
תוּגְבְּרוּ*	הוּגְבַּרְתֶּם/ן	אתם/ן		
יוּגְבְּרוּ*	הוּגְבְּרוּ	הם/ן		

<<<

* less commonly: אתן/הן תּוּגְבַּרְנָה

בינוני Pres. Part. מוּגְבָּר strengthened, fortified

[מקור מוחלט Inf. Abs. הוּגְבֵּר]

גָּבַר/גּוֹבֵר/יִגְבּוֹר (יִגְבַּר) be strong; increase, grow stronger

בניין: פָּעַל גזרה: שלמים (אֶפְעַל)

	Present הווה		Past עבר	Future עתיד	Imperative ציווי
יחיד	גּוֹבֵר	אני	גָּבַרְתִּי	אֶגְבַּר	
יחידה	גּוֹבֶרֶת	אתה	גָּבַרְתָּ	תִּגְבַּר	גְּבַר
רבים	גּוֹבְרִים	את	גָּבַרְתְּ	תִּגְבְּרִי	גִּבְרִי
רבות	גּוֹבְרוֹת	הוא	גָּבַר	יִגְבַּר	
		היא	גָּבְרָה	תִּגְבַּר	
		אנחנו	גָּבַרְנוּ	נִגְבַּר	
		אתם/ן	גְּבַרְתֶּם/ן*	תִּגְבְּרוּ**	גִּבְרוּ***
		הם/ן	גָּבְרוּ	יִגְבְּרוּ**	

שם הפועל Infin. לִגְבּוֹר

* Colloquial: גָּבַרְתֶּם/ן

בינוני פעיל Act. Part. גּוֹבֵר increasing

** less commonly: אתן/הן תִּגְבַּרְנָה

מקור מוחלט Inf. Abs. גָּבוֹר

*** less commonly: (אתן) גְּבַרְנָה

מ"י מוצרכת Gov. Prep. גָּבַר על defeat, prevail over

◆ פעלים שאינם שכיחים מאותו שורש Infrequent verbs sharing the same root

גִּיבֵּר (גִּבֵּר) strengthen, reinforce (lit.) (מְגַבֵּר, יְגַבֵּר, לְגַבֵּר)

גּוּבַּר (גֻּבַּר) be strengthened/reinforced (Mish H) (מְגוּבָּר, יְגוּבַּר)

◆ דוגמאות Illustrations

הסוכנות היהודית **הִגְבִּירָה** את מאמציה בנושא הקליטה לאור גל העלייה **הַמִּתְגַּבֵּר**. המאמץ **הַמּוּגְבָּר** כבר נתן את אותותיו, ואחוז המובטלים בקרב העולים החדשים הולך ומצטמצם בהדרגה. רבים מן העולים מדווחים כי **הִתְגַּבְּרוּ** על קשיי הקליטה הראשונים.

The Jewish Agency **has increased** its efforts in the absorption area in view of the **increasing** immigration wave. The **increased** effort is already being felt, and the number of unemployed among the new immigrants is gradually decreasing. Many of the new immigrants report that they **have overcome** the initial absorption difficulties.

אלוף ארה"ב **גָּבַר** על אלוף רוסיה באליפות השחמט האחרונה.

The U.S. champion **defeated** the Russian champion in the last chess championship.

◆ ביטויים מיוחדים Special expressions

הִתְגַּבֵּר עליו יצרו desire overwhelmed him

הִתְגַּבֵּר כארי be quick and ready to act (like a lion)

כמעיין **הַמִּתְגַּבֵּר** like a perennial spring (referring to a creative or fluent scholar)

מַגְבִּיר-קול megaphone

●גדל

גָּדַל/גָּדֵל/יִגְדַּל grow (intr.); expand

בניין: פָּעַל   גזרה: שלמים (אֶפְעַל) (קב' גָּדֵל)

	Present הווה		Past עבר	Future עתיד	Imperative ציווי
יחיד	גָּדֵל	אני	גָּדַלְתִּי	אֶגְדַּל	
יחידה	גְּדֵלָה	אתה	גָּדַלְתָּ	תִּגְדַּל	גְּדַל
רבים	גְּדֵלִים	את	גָּדַלְתְּ	תִּגְדְּלִי	גִּדְלִי
רבות	גְּדֵלוֹת	הוא	גָּדַל	יִגְדַּל	
		היא	גָּדְלָה	תִּגְדַּל	
		אנחנו	גָּדַלְנוּ	נִגְדַּל	
		אתם/ן	גְּדַלְתֶּם/ן*	תִּגְדְּלוּ**	גִּדְלוּ***
		הם/ן	גָּדְלוּ	יִגְדְּלוּ**	

שם הפועל .Infin לִגְדּוֹל

שם הפעולה Gerund גְּדִילָה growing

מקור מוחלט .Inf. Abs גָּדוֹל

* Colloquial: גָּדַלְתֶּם/ן

** less commonly: אתן/הן תִּגְדַּלְנָה

*** less commonly: (אתן) גְּדַלְנָה

גִּידֵל/גִּידַּל/גַּדֵּל (גִּדֵּל) grow (tr.), cultivate; rear, raise

בניין: פִּיעֵל   גזרה: שלמים

	Present הווה		Past עבר	Future עתיד	Imperative ציווי
יחיד	מְגַדֵּל	אני	גִּידַּלְתִּי	אֲגַדֵּל	
יחידה	מְגַדֶּלֶת	אתה	גִּידַּלְתָּ	תְּגַדֵּל	גַּדֵּל
רבים	מְגַדְּלִים	את	גִּידַּלְתְּ	תְּגַדְּלִי	גַּדְּלִי
רבות	מְגַדְּלוֹת	הוא	גִּידֵּל	יְגַדֵּל	
		היא	גִּידְּלָה	תְּגַדֵּל	
		אנחנו	גִּידַּלְנוּ	נְגַדֵּל	
		אתם/ן	גִּידַּלְתֶּם/ן	תְּגַדְּלוּ*	גַּדְּלוּ**
		הם/ן	גִּידְּלוּ	יְגַדְּלוּ*	

* less commonly: אתן/הן תְּגַדֵּלְנָה

** less commonly: (אתן) גַּדֵּלְנָה

שם הפועל .Infin לְגַדֵּל

שם הפעולה Gerund גִּידּוּל growing; rearing; growth, tumor; crop

מקור מוחלט .Inf. Abs גַּדֵּל

גּוּדַּל (גֻּדַּל) be grown/raised/reared

בניין: פּוּעַל גזרה: שלמים

	הווה Present		עבר Past	עתיד Future
יחיד	מְגוּדָּל	אני	גּוּדַּלְתִּי	אֲגוּדַּל
יחידה	מְגוּדֶּלֶת	אתה	גּוּדַּלְתָּ	תְּגוּדַּל
רבים	מְגוּדָּלִים	את	גּוּדַּלְתְּ	תְּגוּדְּלִי
רבות	מְגוּדָּלוֹת	הוא	גּוּדַּל	יְגוּדַּל
		היא	גּוּדְּלָה	תְּגוּדַּל
		אנחנו	גּוּדַּלְנוּ	נְגוּדַּל
		אתם/ן	גּוּדַּלְתֶּם/ן	תְּגוּדְּלוּ
		הם/ן	גּוּדְּלוּ	יְגוּדְּלוּ*

* less commonly: אתן/הן תְּגוּדַּלְנָה

בינוני Pres. Part. מְגוּדָּל large, sizeable

[מקור מוחלט Inf. Abs. גּוּדּוֹל]

הִגְדִּיל/הִגְדַּל/יַגְדִּיל enlarge (tr.), increase (tr.)

בניין: הִפְעִיל גזרה: שלמים

	הווה Present		עבר Past	עתיד Future	ציווי Imperative
יחיד	מַגְדִּיל	אני	הִגְדַּלְתִּי	אַגְדִּיל	
יחידה	מַגְדִּילָה	אתה	הִגְדַּלְתָּ	תַּגְדִּיל	הַגְדֵּל
רבים	מַגְדִּילִים	את	הִגְדַּלְתְּ	תַּגְדִּילִי	הַגְדִּילִי
רבות	מַגְדִּילוֹת	הוא	הִגְדִּיל	יַגְדִּיל	
		היא	הִגְדִּילָה	תַּגְדִּיל	
		אנחנו	הִגְדַּלְנוּ	נַגְדִּיל	
		אתם/ן	הִגְדַּלְתֶּם/ן	תַּגְדִּילוּ*	הַגְדִּילוּ**
		הם/ן	הִגְדִּילוּ	יַגְדִּילוּ*	

* less commonly: אתן/הן תַּגְדֵּלְנָה

** less commonly: (אתן) הַגְדֵּלְנָה

שם הפועל Infin. לְהַגְדִּיל

שם הפעולה Gerund הַגְדָּלָה enlarging; enlargement

הֶגְדֵּל enlargement, exaggeration (Med H)

מקור מוחלט Inf. Abs. הַגְדֵּל

הוּגְדַּל (הֻגְדַּל) be enlarged/increased

בניין: הוּפְעַל גזרה: שלמים

	הווה Present		עבר Past	עתיד Future
יחיד	מוּגְדָּל	אני	הוּגְדַּלְתִּי	אוּגְדַּל
יחידה	מוּגְדֶּלֶת	אתה	הוּגְדַּלְתָּ	תוּגְדַּל
רבים	מוּגְדָּלִים	את	הוּגְדַּלְתְּ	תוּגְדְּלִי
רבות	מוּגְדָּלוֹת	הוא	הוּגְדַּל	יוּגְדַּל
		היא	הוּגְדְּלָה	תוּגְדַּל
		אנחנו	הוּגְדַּלְנוּ	נוּגְדַּל >>>

	Present הווה		Past עבר	Future עתיד
		אתם/ן	הוּגְדַּלְתֶּם/ן	תּוּגְדְּלוּ*
		הם/ן	הוּגְדְּלוּ	יוּגְדְּלוּ*

בינוני Pres. Part. מוּגְדָּל enlarged   * less commonly: אתן/הן תּוּגְדַּלְנָה

[מקור מוחלט Inf. Abs. הוּגְדֵּל]

◆ פעלים שאינם שכיחים מאותו שורש Infrequent verbs sharing the same root

נִגְדַּל (Mish H) enlarge (intr.), grow (intr.) (נִגְדָּל, יִיגָּדֵל, לְהִיגָּדֵל)

הִתְגַּדֵּל (r)become large ;boast, praise oneself (מִתְגַּדֵּל, יִתְגַּדֵּל, לְהִתְגַּדֵּל)

◆ דוגמאות Illustrations

מכיון שאישתו נפטרה בגיל צעיר, יחיאל **גִּידֵּל** את ילדיו לבדו. הילדים **גָּדְלוּ**, וכשנעשו מבוגרים יותר, יחיאל **הִגְדִּיל** את השטח המעובד במשק, והם עזרו לו **לְגַדֵּל** חיטה **וגִידּוּלִים** חקלאיים אחרים.

Since his wife passed away at an early age, Yehiel **raised** his children all by himself. The children **grew up**, and when they were older, he **enlarged** the cultivated area in the farm, and they helped him **raise** wheat and other agricultural **crops**.

בנימין לא כל כך צעיר; הוא רק נראה כמו תינוק **מְגוּדָּל**.

Binyamin is not so young; he only looks like a **large** baby.

הממשלה הודיעה על **הַגְדָּלַת** הניכוי האישי ממס הכנסה. הניכוי **המוּגְדָּל** יעזור למשפחות מרובות ילדים.

The government announced an **increase** in the personal income tax deduction. The **increased** deduction will help families with (many) children.

◆ ביטויים מיוחדים Special expressions

גָּדַל חינו בעיני ... ...be liked by

גָּדַל פֶּרַע grow up in an uncontrolled manner (esp. hair, beard, etc.)

הִגְדִּיל לעשות do great things

●גדר

הִגְדִּיר/הִגְדַּר/יַגְדִּיר define, classify

בניין: הִפְעִיל   גזרה: שלמים

	Present הווה		Past עבר	Future עתיד	Imperative ציווי
יחיד	מַגְדִּיר	אני	הִגְדַּרְתִּי	אַגְדִּיר	
יחידה	מַגְדִּירָה	אתה	הִגְדַּרְתָּ	תַּגְדִּיר	הַגְדֵּר
רבים	מַגְדִּירִים	את	הִגְדַּרְתְּ	תַּגְדִּירִי	הַגְדִּירִי
רבות	מַגְדִּירוֹת	הוא	הִגְדִּיר	יַגְדִּיר	>>>

	עבר Past	עתיד Future	ציווי Imperative
היא	הִגְדִּירָה	תַּגְדִּיר	
אנחנו	הִגְדַּרְנוּ	נַגְדִּיר	
אתם/ן	הִגְדַּרְתֶּם/ן	תַּגְדִּירוּ*	הַגְדִּירוּ**
הם/ן	הִגְדִּירוּ	יַגְדִּירוּ*	

* less commonly: אתן/הן תַּגְדֵּרְנָה

** less commonly: (אתן) הַגְדֵּרְנָה

שם הפועל .Infin לְהַגְדִּיר

שם הפעולה Gerund הַגְדָּרָה defining; definition

הֶגְדֵּר defined as consecrated (Mish H)

בינוני .Pres. Part מַגְדִּיר definer; key

מקור מוחלט .Inf. Abs הַגְדֵּר

הוּגְדַּר (הֻגְדַּר) be defined/classified

בניין: הוּפְעַל גזרה: שלמים

	הווה Present		עבר Past	עתיד Future
יחיד	מוּגְדָּר	אני	הוּגְדַּרְתִּי	אוּגְדַּר
יחידה	מוּגְדֶּרֶת	אתה	הוּגְדַּרְתָּ	תוּגְדַּר
רבים	מוּגְדָּרִים	את	הוּגְדַּרְתְּ	תוּגְדְּרִי
רבות	מוּגְדָּרוֹת	הוא	הוּגְדַּר	יוּגְדַּר
		היא	הוּגְדְּרָה	תוּגְדַּר
		אנחנו	הוּגְדַּרְנוּ	נוּגְדַּר
		אתם/ן	הוּגְדַּרְתֶּם/ן	תוּגְדְּרוּ*
		הם/ן	הוּגְדְּרוּ	יוּגְדְּרוּ*

* less commonly: אתן/הן תוּגְדַּרְנָה

בינוני .Pres. Part מוּגְדָּר defined; definite/specific

[מקור מוחלט .Inf. Abs הוּגְדֵּר]

גִּידֵּר/גִּידַּר/גִּדֵּר (גִּדֵּר) fence, fence in; wall up

בניין: פִּיעֵל גזרה: שלמים

	הווה Present		עבר Past	עתיד Future	ציווי Imperative
יחיד	מְגַדֵּר	אני	גִּידַּרְתִּי	אֲגַדֵּר	
יחידה	מְגַדֶּרֶת	אתה	גִּידַּרְתָּ	תְּגַדֵּר	גַּדֵּר
רבים	מְגַדְּרִים	את	גִּידַּרְתְּ	תְּגַדְּרִי	גַּדְּרִי
רבות	מְגַדְּרוֹת	הוא	גִּידֵּר	יְגַדֵּר	
		היא	גִּידְּרָה	תְּגַדֵּר	
		אנחנו	גִּידַּרְנוּ	נְגַדֵּר	
		אתם/ן	גִּידַּרְתֶּם/ן	תְּגַדְּרוּ*	גַּדְּרוּ**
		הם/ן	גִּידְּרוּ	יְגַדְּרוּ*	

שם הפועל .Infin לְגַדֵּר

* less commonly: אתן/הן תְּגַדֵּרְנָה

שם הפעולה Gerund גִּידּוּר fencing (in)

** less commonly: (אתן) גַּדֵּרְנָה

מקור מוחלט .Inf. Abs גַּדֵּר

גוּדַּר (גֻּדַּר) be fenced in

בניין: פּוּעַל גזרה: שלמים

	Present הווה		Past עבר	Future עתיד
יחיד	מְגוּדָּר	אני	גוּדַּרְתִּי	אֲגוּדַּר
יחידה	מְגוּדֶּרֶת	אתה	גוּדַּרְתָּ	תְּגוּדַּר
רבים	מְגוּדָּרִים	את	גוּדַּרְתְּ	תְּגוּדְּרִי
רבות	מְגוּדָּרוֹת	הוא	גוּדַּר	יְגוּדַּר
		היא	גוּדְּרָה	תְּגוּדַּר
		אנחנו	גוּדַּרְנוּ	נְגוּדַּר
		אתם/ן	גוּדַּרְתֶּם/ן	תְּגוּדְּרוּ*
		הם/ן	גוּדְּרוּ	יְגוּדְּרוּ*

בינוני .Pres. Part מְגוּדָּר fenced in

* less commonly: אתן/הן תְּגוּדַּרְנָה

[מקור מוחלט .Inf. Abs גּוּדּוֹר]

הִתְגַּדֵּר/הִתְגַּדַּר distinguish oneself; be conceited

בניין: הִתְפַּעֵל גזרה: שלמים

	Present הווה		Past עבר	Future עתיד	Imperative ציווי
יחיד	מִתְגַּדֵּר	אני	הִתְגַּדַּרְתִּי	אֶתְגַּדֵּר	
יחידה	מִתְגַּדֶּרֶת	אתה	הִתְגַּדַּרְתָּ	תִּתְגַּדֵּר	הִתְגַּדֵּר
רבים	מִתְגַּדְּרִים	את	הִתְגַּדַּרְתְּ	תִּתְגַּדְּרִי	הִתְגַּדְּרִי
רבות	מִתְגַּדְּרוֹת	הוא	הִתְגַּדֵּר	יִתְגַּדֵּר	
		היא	הִתְגַּדְּרָה	תִּתְגַּדֵּר	
		אנחנו	הִתְגַּדַּרְנוּ	נִתְגַּדֵּר	
		אתם/ן	הִתְגַּדַּרְתֶּם/ן	תִּתְגַּדְּרוּ*	הִתְגַּדְּרוּ**
		הם/ן	הִתְגַּדְּרוּ	יִתְגַּדְּרוּ*	

* less commonly: אתן/הן תִּתְגַּדֵּרְנָה

** less commonly: (אתן) הִתְגַּדֵּרְנָה

שם הפועל .Infin לְהִתְגַּדֵּר

שם הפעולה Gerund הִתְגַּדְּרוּת distinguishing oneself

מקור מוחלט .Inf. Abs הִתְגַּדֵּר

מ״י מוצרכת .Gov. Prep הִתְגַּדֵּר ב- excel in; be different in

◆ פעלים שאינם שכיחים מאותו שורש Infrequent verbs sharing the same root

גָּדַר enclose; block; restrain (גּוֹדֵר, יִגְדּוֹר, לִגְדּוֹר)

נִגְדַּר be fenced; refrain; be defined (Mis H) (נִגְדָּר, יִיגָּדֵר, לְהִיגָּדֵר)

◆ דוגמאות Illustrations

האיזור הזה **מְגוּדָּר**. הצבא **גִּידֵּר** אותו מטעמי ביטחון.

This area is **fenced in**. The army **fenced it in** for security reasons.

ראשית כל, יש **לְהַגְדִּיר** את הבעיה. לאחר שהבעיה **הוּגְדְּרָה**, ניתן להציע פתרונות **מוּגְדָּרִים**.

First of all, we need **to define** the problem. Once the problem **has been defined**, we may offer some **specific** solutions.

במצב של חוסר עבודה, מומלץ לכל סטודנט שיחפש תחום מיוחד **לְהִתְגַּדֵּר** בו, כדי שיהיה לו יתרון על פני מחפשי עבודה אחרים.

In conditions of unemployment, it is recommended that every student look for an area **to excel** in, so that s/he has an advantage over other job seekers.

מהי **הַגְדָּרָה** של מצוקה? האם מדובר רק בהכנסה ובצפיפות אוכלוסין, או שזה גם עניין מנטלי?

What is the **definition** of distress? Is it just a matter of income and population density, or is it also a mental state?

◆ **ביטויים מיוחדים** Special expressions

גָּדַר פרצה close a loophole; heal a breach

מצא עניין **לְהִתְגַּדֵּר** בו find a subject to excel in

●גהץ

גִּיהֵץ/גִּיהַצְ/גַּהֵץ (גִּהֵץ) iron, press

בניין: פִּיעֵל גזרה: ע׳ גרונית

Imperative ציווי	Future עתיד	Past עבר		Present הווה	
	אֲגַהֵץ	גִּיהַצְתִּי	אני	מְגַהֵץ	יחיד
גַּהֵץ	תְּגַהֵץ	גִּיהַצְתָּ	אתה	מְגַהֶצֶת	יחידה
גַּהֲצִי	תְּגַהֲצִי	גִּיהַצְתְּ	את	מְגַהֲצִים	רבים
	יְגַהֵץ	גִּיהֵץ	הוא	מְגַהֲצוֹת	רבות
	תְּגַהֵץ	גִּיהֲצָה	היא		
	נְגַהֵץ	גִּיהַצְנוּ	אנחנו		
גַּהֲצוּ**	תְּגַהֲצוּ*	גִּיהַצְתֶּם/ן	אתם/ן		
	יְגַהֲצוּ*	גִּיהֲצוּ	הם/ן		

שם הפועל .Infin לְגַהֵץ

שם הפעולה Gerund גִּיהוּץ ironing

מקור מוחלט .Inf. Abs גַּהֵץ

* less commonly: אתן/הן תְּגַהֵצְנָה

** less commonly: (אתן) גַּהֵצְנָה

גּוֹהַץ (גֹּהַץ) be ironed/pressed

בניין: פּוּעַל גזרה: ע׳ גרונית

Future עתיד	Past עבר		Present הווה	
אֲגוֹהַץ	גּוֹהַצְתִּי	אני	מְגוֹהָץ	יחיד
תְּגוֹהַץ	גּוֹהַצְתָּ	אתה	מְגוֹהֶצֶת	יחידה
תְּגוֹהֲצִי >>>	גּוֹהַצְתְּ	את	מְגוֹהָצִים	רבים

Future עתיד	Past עבר		Present הווה	
יְגוֹהַץ	גוֹהַץ	הוא	מְגוֹהָצוֹת	רבות
תְּגוֹהַץ	גוֹהֲצָה	היא		
נְגוֹהַץ	גוֹהַצְנוּ	אנחנו		
תְּגוֹהֲצוּ*	גוֹהַצְתֶּם/ן	אתם/ן		
יְגוֹהֲצוּ*	גוֹהֲצוּ	הם/ן		

* less commonly: אתן/הן תְּגוֹהֵצְנָה

בינוני .Pres. Part מְגוֹהָץ ironed; dressed formally

[מקור מוחלט .Inf. Abs גּוֹהֵץ]

◆ פעלים שאינם שכיחים מאותו שורש Infrequent verbs sharing the same root

גָּהַץ press, straighten (Med H) (גוֹהֵץ, יִגְהַץ, לִגְהוֹץ)

נִגְהַץ be pressed, straightened (Med H) (נִגְהָץ, יִיגָּהֵץ, לְהִיגָּהֵץ)

הִתְגַּהֵץ be pressed, straightened (Mish H) (מִתְגַּהֵץ, יִתְגַּהֵץ, לְהִתְגַּהֵץ)

הִגְהִיץ press, clean (Mish H) (מַגְהִיץ, יַגְהִיץ, לְהַגְהִיץ)

◆ דוגמאות Illustrations

אביגדור מְגַהֵץ את חולצותיו מספר פעמים בשבוע, כי הצבא דורש מחייליו שמדיהם יהיו מְגוֹהָצִים.

Avigdor **presses** his shirts a few times a week, since the army requires that soldiers' uniforms be **pressed**.

◆ ביטויים מיוחדים Special expressions

קרש **גִּיהוּץ** ironing board

הֵגִיב/הֵגַב/יָגִיב react

בניין: הִפְעִיל גזרה: נחי ע"ו

Imperative ציווי	Future עתיד	Past עבר		Present הווה	
	אָגִיב	הֵגַבְתִּי	אני	מֵגִיב	יחיד
הָגֵב	תָּגִיב	הֵגַבְתָּ	אתה	מְגִיבָה	יחידה
הָגִיבִי	תָּגִיבִי	הֵגַבְתְּ	את	מְגִיבִים	רבים
	יָגִיב	הֵגִיב	הוא	מְגִיבוֹת	רבות
	תָּגִיב	הֵגִיבָה	היא		
	נָגִיב	הֵגַבְנוּ	אנחנו		
<< ***הָגִיבוּ	**תָּגִיבוּ	*הֵגַבְתֶּם/ן	אתם/ן		

	Future עתיד	Past עבר	
	יָגִיבוּ**	הֵגִיבוּ	הם/ן

שם הפועל .Infin לְהָגִיב   * BH: הֲגַבְתֶּם/ן

שם הפעולה Gerund הֲגָבָה response, reaction   ** less commonly: אתן/הן תָּגֵבְנָה

מקור מוחלט .Inf. Abs הָגֵב   *** less commonly: (אתן) הָגֵבְנָה

מ״י מוצרכת .Gov. Prep הֵגִיב עַל react to

◆ **דוגמאות** Illustrations

ממשלות מתחבטות תמיד בשאלה, האם **לְהָגִיב** על פעולת טירור לאחר היקרותה, או להתרכז בפעולות מנע.

Governments always debate the question of whether to **react** to a terrorist act after its occurrence, or concentrate on preemptive strikes.

● גור

גָּר/גַּר/יָגוּר live, reside

בניין: פָּעַל   גזרה: ע״ו

Imperative ציווי	Future עתיד	Past עבר		Present הווה	
	אָגוּר	גַּרְתִּי	אני	גָּר	יחיד
גּוּר	תָּגוּר	גַּרְתָּ	אתה	גָּרָה	יחידה
גּוּרִי	תָּגוּרִי	גַּרְתְּ	את	גָּרִים	רבים
	יָגוּר	גָּר	הוא	גָּרוֹת	רבות
	תָּגוּר	גָּרָה	היא		
	נָגוּר	גַּרְנוּ	אנחנו		
גּוּרוּ**	תָּגוּרוּ*	גַּרְתֶּם/ן	אתם/ן		
	יָגוּרוּ*	גָּרוּ	הם/ן		

שם הפועל .Infin לָגוּר   * less commonly: אתן/הן תָּגוֹרְנָה

מקור מוחלט .Inf. Abs גּוֹר   ** less commonly: (אתן) גּוֹרְנָה

מ״י מוצרכת .Gov. Prep גָּר בְּ- live at

הִתְגּוֹרֵר/הִתְגּוֹרַר reside

בניין: הִתְפַּעֵל   גזרה: ע״ו

Imperative ציווי	Future עתיד	Past עבר		Present הווה	
	אֶתְגּוֹרֵר	הִתְגּוֹרַרְתִּי	אני	מִתְגּוֹרֵר	יחיד
הִתְגּוֹרֵר	תִּתְגּוֹרֵר	הִתְגּוֹרַרְתָּ	אתה	מִתְגּוֹרֶרֶת	יחידה
הִתְגּוֹרְרִי	תִּתְגּוֹרְרִי	הִתְגּוֹרַרְתְּ	את	מִתְגּוֹרְרִים	רבים
	יִתְגּוֹרֵר	הִתְגּוֹרֵר	הוא	מִתְגּוֹרְרוֹת	רבות
<<<	תִּתְגּוֹרֵר	הִתְגּוֹרְרָה	היא		

Imperative ציווי	Future עתיד	Past עבר		Present הווה
	נִתְגּוֹרֵר	הִתְגּוֹרַרְנוּ	אנחנו	
הִתְגּוֹרְרוּ**	תִּתְגּוֹרְרוּ*	הִתְגּוֹרַרְתֶּם/ן	אתם/ן	
	יִתְגּוֹרְרוּ*	הִתְגּוֹרְרוּ	הם/ן	

שם הפועל .Infin לְהִתְגּוֹרֵר   * less commonly: אתן/הן תִּתְגּוֹרֵרְנָה

שם הפעולה Gerund הִתְגּוֹרְרוּת residing   ** less commonly: (אתן) הִתְגּוֹרֵרְנָה

מקור מוחלט .Inf. Abs הִתְגּוֹרֵר

מ״י מוצרכת .Gov. Prep הִתְגּוֹרֵר ב- live at

◆ דוגמאות Illustrations

אפרים וחנה גָּרִים בחולון כבר חמישים שנה. הם **מִתְגּוֹרְרִים** ב״שיכון חדש״, שכבר אינו חדש כל כך...

Ephraim and Hannah **have been living** in Holon for fifty years now. They **reside** in the "New Project," which is no longer that new...

◆ ביטויים מיוחדים Special expressions

וְגָר זְאֵב עִם כֶּבֶשׂ The wolf shall dwell with the lamb (Isa. 11:6)

●גזר

גָּזַר/גּוֹזֵר/יִגְזוֹר (יִגְזֹר) cut; decree; decide, resolve; derive (gramm.); infer; differentiate (math)

בניין: פָּעַל   גזרה: שלמים (אֶפְעוֹל)

Imper. ציווי	Future עתיד	Past עבר		Present הווה		
	אֶגְזוֹר	גָּזַרְתִּי	אני	גָּזוּר	גּוֹזֵר	יחיד
גְּזוֹר	תִּגְזוֹר	גָּזַרְתָּ	אתה	גְּזוּרָה	גּוֹזֶרֶת	יחידה
גִּזְרִי	תִּגְזְרִי	גָּזַרְתְּ	את	גְּזוּרִים	גּוֹזְרִים	רבים
	יִגְזוֹר	גָּזַר	הוא	גְּזוּרוֹת	גּוֹזְרוֹת	רבות
	תִּגְזוֹר	גָּזְרָה	היא			
	נִגְזוֹר	גָּזַרְנוּ	אנחנו			
גִּזְרוּ***	תִּגְזְרוּ**	גְּזַרְתֶּם/ן*	אתם/ן			
	יִגְזְרוּ**	גָּזְרוּ	הם/ן			

* Colloquial: גָּזַרְתֶּם/ן

** less commonly: אתן/הן תִּגְזוֹרְנָה

שם הפועל .Infin לִגְזוֹר   *** less commonly: (אתן) גְּזוֹרְנָה

שם הפעולה Gerund גְּזִירָה cutting; tailoring; differentiation (math)

מקור מוחלט .Inf. Abs גָּזוֹר

be cut; be decreed; be destroyed; be derived (ling.) נִגְזַר/יִיגָּזֵר (יִגָּזֵר)

בניין: נִפְעַל גזרה: שלמים

Imperative ציווי	Future עתיד	Past עבר		Present הווה	
	אֶגָּזֵר	נִגְזַרְתִּי	אני	נִגְזָר	יחיד
הִיגָּזֵר	תִּיגָּזֵר	נִגְזַרְתָּ	אתה	נִגְזֶרֶת	יחידה
הִיגָּזְרִי	תִּיגָּזְרִי	נִגְזַרְתְּ	את	נִגְזָרִים	רבים
	יִיגָּזֵר	נִגְזַר	הוא	נִגְזָרוֹת	רבות
	תִּיגָּזֵר	נִגְזְרָה	היא		
	נִיגָּזֵר	נִגְזַרְנוּ	אנחנו		
הִיגָּזְרוּ**	תִּיגָּזְרוּ*	נִגְזַרְתֶּם/ן	אתם/ן		
	יִיגָּזְרוּ*	נִגְזְרוּ	הם/ן		

* less commonly: אתן/הן תִּיגָּזַרְנָה

שם הפועל .Infin לְהִיגָּזֵר ** less commonly: (אתן) הִיגָּזַרְנָה

בינוני .Pres. Part נִגְזָר cut; decreed; derived (ling.)

נִגְזֶרֶת derivative; differential coefficient

מקור מוחלט .Inf. Abs נִגְזוֹר, הִיגָּזֵר (הִיגָּזוֹר)

◆ פעלים שאינם שכיחים מאותו שורש Infrequent verbs sharing the same root

גִּיזֵּר (גִּזֵּר) cut (Med H); cut out (lit.) (מְגַזֵּר, יְגַזֵּר, לְגַזֵּר)

גּוּזַּר (גֻּזַּר) be cut out (lit.) (מְגוּזָּר, יְגוּזַּר)

הִתְגַּזֵּר get cut (to pieces) (Mish H) (מִתְגַּזֵּר, יִתְגַּזֵּר, לְהִתְגַּזֵּר)

◆ דוגמאות Illustrations

חנה שחקנית. היא **גּוֹזֶרֶת** את מאמרי הביקורת עליה מן העיתונות ומדביקה את הקטעים **הַגְּזוּרִים** באלבום מיוחד.

Hannah is an actress. She **cuts** the review articles on her from the newspapers and sticks the **cut** clips in a special album.

הפועל הזה **נִגְזָר** משם עצם. **גּוֹזְרִים** היום לא מעט פעלים משמות.

This verb **is derived** from a noun. They **derive** a number of verbs from nouns today.

◆ ביטויים מיוחדים Special expressions

גָּזַר אומר come to a decision

גָּזַר את דינו sentence/judge him

גָּזַר עליו כליה sentence one to destruction

גּוֹזֵרַנִי/גּוֹזֶרְנִי עליך I command you

●גיס

הִתְגַּיֵּס/הִתְגַּיַּס (הִתְגַּיֵּס) be mobilized/drafted; mobilize oneself

בניין: הִתְפַּעֵל גזרה: שלמים

	Present הווה		Past עבר	Future עתיד	Imperative ציווי
יחיד	מִתְגַּיֵּס	אני	הִתְגַּיַּסְתִּי	אֶתְגַּיֵּס	
יחידה	מִתְגַּיֶּסֶת	אתה	הִתְגַּיַּסְתָּ	תִּתְגַּיֵּס	הִתְגַּיֵּס
רבים	מִתְגַּיְּסִים	את	הִתְגַּיַּסְתְּ	תִּתְגַּיְּסִי	הִתְגַּיְּסִי
רבות	מִתְגַּיְּסוֹת	הוא	הִתְגַּיֵּס	יִתְגַּיֵּס	
		היא	הִתְגַּיְּסָה	תִּתְגַּיֵּס	
		אנחנו	הִתְגַּיַּסְנוּ	נִתְגַּיֵּס	
		אתם/ן	הִתְגַּיַּסְתֶּם/ן	תִּתְגַּיְּסוּ*	הִתְגַּיְּסוּ**
		הם/ן	הִתְגַּיְּסוּ	יִתְגַּיְּסוּ*	

שם הפועל .Infin לְהִתְגַּיֵּס * less commonly: אתן/הן תִּתְגַּיֵּסְנָה

שם הפעולה .Ger הִתְגַּיְּסוּת being mobilized ** less commonly: (אתן) הִתְגַּיֵּסְנָה

בינוני .Pres. Part מִתְגַּיֵּס draftee

מקור מוחלט .Inf. Abs הִתְגַּיֵּס

מ"י מוצרכת .Gov. Prep הִתְגַּיֵּס ל- mobilize oneself/be mobilized to

גִּיֵּס/גִּיַּס/גַּיֵּס (גִּיֵּס) mobilize/draft, call up

בניין: פִּיעֵל גזרה: שלמים

	Present הווה		Past עבר	Future עתיד	Imperative ציווי
יחיד	מְגַיֵּס	אני	גִּיַּסְתִּי	אֲגַיֵּס	
יחידה	מְגַיֶּסֶת	אתה	גִּיַּסְתָּ	תְּגַיֵּס	גַּיֵּס
רבים	מְגַיְּסִים	את	גִּיַּסְתְּ	תְּגַיְּסִי	גַּיְּסִי
רבות	מְגַיְּסוֹת	הוא	גִּיֵּס	יְגַיֵּס	
		היא	גִּיְּסָה	תְּגַיֵּס	
		אנחנו	גִּיַּסְנוּ	נְגַיֵּס	
		אתם/ן	גִּיַּסְתֶּם/ן	תְּגַיְּסוּ*	גַּיְּסוּ**
		הם/ן	גִּיְּסוּ	יְגַיְּסוּ*	

שם הפועל .Infin לְגַיֵּס * less commonly: אתן/הן תְּגַיֵּסְנָה

שם הפעולה .Ger גִּיּוּס mobilization, draft ** less commonly: (אתן) גַּיֵּסְנָה

מקור מוחלט .Inf. Abs גַּיֵּס

גּוּיַּס (גֻּיַּס) be mobilized/drafted/called up

בניין: פּוּעַל גזרה: שלמים

	Present הווה		Past עבר	Future עתיד
יחיד	מְגוּיָּס	אני	גּוּיַּסְתִּי	אֲגוּיַּס
יחידה	מְגוּיֶּסֶת	אתה	גּוּיַּסְתָּ	תְּגוּיַּס
רבים	מְגוּיָּסִים	את	גּוּיַּסְתְּ	תְּגוּיְּסִי <<<

Future עתיד	Past עבר		Present הווה	
יְגוּיַּס	גּוּיַּס	הוא	מְגוּיָּסוֹת	רבות
תְּגוּיַּס	גּוּיְּסָה	היא		
נְגוּיַּס	גּוּיַּסְנוּ	אנחנו		
תְּגוּיְּסוּ*	גּוּיַּסְתֶּם/ן	אתם/ן		
יְגוּיְּסוּ*	גּוּיְּסוּ	הם/ן		

* less commonly: אתן/הן תְּגוּיַּסְנָה

בינוני Pres. Part. מְגוּיָּס mobilized, drafted

[מקור מוחלט Inf. Abs. גּוּיֹּס]

◆ דוגמאות Illustrations

בזמן מלחמת וייטנאם כל הצעירים היו חייבים להירשם כמועמדים ל**גִּיּוּס**. אך הממשלה לא **גִּייְּסָה** את כולם: מי שהייתה לו סיבה לגיטימית לא **גוּיַּס**, וחלק מאלה שהיו צריכים **לְהִתְגַּיֵּיס** נמלטו אל מחוץ לגבולות ארה"ב.

During the Vietnam war all young men had to register as candidates for the **draft**. But the government **did** not **mobilize** all of them: whoever had a legitimate reason **was** not **drafted**, and some of those who were supposed **to be drafted** escaped outside of U.S. borders.

מתנדבים רבים **הִתְגַּיְּיסוּ** למערכת הבחירות של מועמד המפלגה העצמאית, בתקווה **לְגַיֵּיס** די קולות שיטו את כף המאזניים בין שתי המפלגות הגדולות.

Numerous volunteers **mobilized themselves** to [help with] the independent candidate's election campaign, hoping **to mobilize** sufficient votes so as to tip the balance between the two large parties.

◆ ביטויים מיוחדים Special expressions

לְגַיֵּיס אמצעים to mobilize resources

גִּיּוּס כללי general mobilization/draft

גִּיּוּס מתנדבים call up of volunteers

●גלה

גִּילָּה/גַּלֶּה (גִּלָּה) discover, reveal, uncover; disclose, betray

בניין: פִּיעֵל גזרה: ל"ה

Imperative ציווי	Future עתיד	Past עבר		Present הווה	
	אֲגַלֶּה	גִּילִּיתִי	אני	מְגַלֶּה	יחיד
גַּלֵּה	תְּגַלֶּה	גִּילִּיתָ	אתה	מְגַלָּה	יחידה
גַּלִּי	תְּגַלִּי	גִּילִּית	את	מְגַלִּים	רבים
>>>	יְגַלֶּה	גִּילָּה	הוא	מְגַלּוֹת	רבות

	עבר Past	עתיד Future	ציווי Imperative
היא	גִּילְּתָה	תְּגַלֶּה	
אנחנו	גִּילִּינוּ	נְגַלֶּה	
אתם/ן	גִּילִּיתֶם/ן	תְּגַלּוּ*	גַּלּוּ**
הם/ן	גִּילּוּ	יְגַלּוּ*	

* less commonly: אתן/הן תְּגַלֶּינָה

שם הפועל .Infin לְגַלּוֹת ** less commonly: (אתן) גַּלֶּינָה

שם הפעולה Gerund גִּילּוּי dis/uncovering; discovery

בינוני .Pres. Part מְגַלֶּה discoverer

מקור מוחלט .Inf. Abs גַּלֵּה

גּוּלָּה/גוּלֶּה (גֻּלָּה) be discovered/disclosed/uncovered

בניין: פּוּעַל גזרה: ל"ה

	הווה Present		עבר Past	עתיד Future
יחיד	מְגוּלֶּה	אני	גּוּלֵּיתִי	אֲגוּלֶּה
יחידה	מְגוּלָּה	אתה	גּוּלֵּיתָ	תְּגוּלֶּה
רבים	מְגוּלִּים	את	גּוּלֵּית	תְּגוּלִּי
רבות	מְגוּלּוֹת	הוא	גּוּלָּה	יְגוּלֶּה
		היא	גּוּלְּתָה	תְּגוּלֶּה
		אנחנו	גּוּלֵּינוּ*	נְגוּלֶּה
		אתם/ן	גּוּלֵּיתֶם/ן	תְּגוּלּוּ**
		הם/ן	גּוּלּוּ	יְגוּלּוּ**

* BH: גּוּלִּינוּ

בינוני .Pres. Part מְגוּלֶּה uncovered, exposed ** less commonly: אתן/הן תְּגוּלֶּינָה

[מקור מוחלט .Inf. Abs גּוּלֹּה]

הִתְגַּלָּה be revealed, uncovered; reveal oneself

בניין: הִתְפַּעֵל גזרה: ל"ה

	הווה Present		עבר Past	עתיד Future	ציווי Imperative
יחיד	מִתְגַּלֶּה	אני	הִתְגַּלֵּיתִי	אֶתְגַּלֶּה	
יחידה	מִתְגַּלָּה	אתה	הִתְגַּלֵּיתָ	תִּתְגַּלֶּה	הִתְגַּלֵּה
רבים	מִתְגַּלִּים	את	הִתְגַּלֵּית	תִּתְגַּלִּי	הִתְגַּלִּי
רבות	מִתְגַּלּוֹת	הוא	הִתְגַּלָּה	יִתְגַּלֶּה	
		היא	הִתְגַּלְּתָה	תִּתְגַּלֶּה	
		אנחנו	הִתְגַּלֵּינוּ*	נִתְגַּלֶּה	
		אתם/ן	הִתְגַּלֵּיתֶם/ן	תִּתְגַּלּוּ**	הִתְגַּלּוּ***
		הם/ן	הִתְגַּלּוּ	יִתְגַּלּוּ**	

* BH: הִתְגַּלִּינוּ

שם הפועל .Infin לְהִתְגַּלּוֹת ** less commonly: אתן/הן תִּתְגַּלֶּינָה

שם הפעולה .Ger הִתְגַּלּוּת revelation; exposure *** less commonly: (אתן) הִתְגַּלֶּינָה

מקור מוחלט .Inf. Abs הִתְגַּלֵּה

נִגְלָה/יִיגָּלֶה (יִגָּלֶה) be revealed, be disclosed

בניין: נִפְעַל גזרה: ל"ה

	Present הווה		Past עבר	Future עתיד	Imperative ציווי
יחיד	נִגְלֶה	אני	נִגְלֵיתִי	אֶגָּלֶה	
יחידה	נִגְלֵית	אתה	נִגְלֵיתָ	תִּיגָּלֶה	הִיגָּלֵה
רבים	נִגְלִים	את	נִגְלֵית	תִּיגָּלִי	הִיגָּלִי
רבות	נִגְלוֹת	הוא	נִגְלָה	יִיגָּלֶה	
		היא	נִגְלְתָה	תִּיגָּלֶה	
		אנחנו	נִגְלֵינוּ*	נִיגָּלֶה	
		אתם/ן	נִגְלֵיתֶם/ן	תִּיגָּלוּ**	הִיגָּלוּ***
		הם/ן	נִגְלוּ	יִיגָּלוּ**	

* BH: נִגְלִינוּ

** less commonly: אתן/הן תִּיגָּלֶינָה

*** less commonly: (אתן) הִיגָּלֶינָה

שם הפועל .Infin לְהִיגָּלוֹת

שם הפעולה Gerund הִיגָּלוּת being revealed

בינוני .Pres. Part נִגְלֶה apparent; clear; revealed

מקור מוחלט .Inf. Abs נִגְלֹה, הִיגָּלֵה

◆ פעלים שאינם שכיחים מאותו שורש Infrequent verbs sharing the same root

גָּלָה (lit.) expose, inform; appear (גּוֹלֶה, יִגְלֶה, לִגְלוֹת)

בינוני סביל .Pass. Part גָּלוּי open, revealed (common form)

Note: the homonymous, less frequent root גלה 'be on exile' is not included in this collection.

◆ דוגמאות Illustrations

מי **שֶׁיְגַלֶּה** תרופה לסרטן או לאיידס יזכה לתהילת עולמים. אלה יהיו **הַגִּילּוּיִים** החשובים בדורנו.

Whoever **discovers** a cure for cancer or for AIDS will achieve eternal fame. These will be the most important **discoveries** of our generation.

סוד הידוע ליותר מאדם אחד תמיד סופו **לְהִתְגַּלּוֹת**. מרבית בני האדם אינם יכולים לעמוד בפיתוי **לְגַלּוֹת** סוד.

A secret that is known to more than one person is bound to **be discovered**. Most people cannot resist the temptation **to reveal** a secret.

לדעת מרבית המבקרים, בכתיבתו של עגנון עולה המכוסה על **הַמְגוּלֶּה**.

According to most critics, what is hidden in Agnon's writing exceeds whatever is **disclosed**.

הרבה אנשים טוענים שאלוהים **נִגְלָה** אליהם בחלום; חלק מהם אנשי דת, וחלק סתם משוגעים.

Many people claim that God **was revealed** to them in a dream. Some of them are men of religion, others just crazy.

◆ ביטויים מיוחדים Special expressions

גִּילָה את קלפיו show one's real intentions

גִּילָה את ליבו disclose one's secrets

גִּילָה את דעתו express one's opinion (in public)

גִּילָה את עיניו ל(עובדה ש-) open someone's eyes to (the fact that)

גִּילָה טפח וכיסה טפחיים disclose far less than what one hides

גִּילָה פנים בתורה שלא כהלכה misinterpret what the Torah says

גָּלָה את אוזנו disclose a secret to him (lit.)

בגלוי/גְּלוּיוֹת open, publicly; frankly

מכתב גָּלוּי open letter

גָּלוּי וידוע ש- it is a well-known fact that

תורת הנִגְלֶה Halachic and Aggadic literature, distinguished from the Kabbalah

---

●גלח

הִתְגַּלֵּחַ/הִתְגַּלַּח/יִתְגַּלַּח shave (oneself)

בניין: הִתְפַּעֵל גזרה: ל' גרונית

	Present הווה		Past עבר	Future עתיד	Imperative ציווי
יחיד	מִתְגַּלֵּחַ	אני	הִתְגַּלַּחְתִּי	אֶתְגַּלַּח/...לֵחַ	
יחידה	מִתְגַּלַּחַת	אתה	הִתְגַּלַּחְתָּ	תִּתְגַּלַּח/...לֵחַ	הִתְגַּלַּח/...לֵחַ
רבים	מִתְגַּלְּחִים	את	הִתְגַּלַּחְתְּ/...חַת	תִּתְגַּלְּחִי	הִתְגַּלְּחִי
רבות	מִתְגַּלְּחוֹת	הוא	הִתְגַּלַּח*	יִתְגַּלַּח/...לֵחַ	
		היא	הִתְגַּלְּחָה	תִּתְגַּלַּח/...לֵחַ	
		אנחנו	הִתְגַּלַּחְנוּ	נִתְגַּלַּח/...לֵחַ	
		אתם/ן	הִתְגַּלַּחְתֶּם/ן	תִּתְגַּלְּחוּ**	הִתְגַּלְּחוּ***
		הם/ן	הִתְגַּלְּחוּ	יִתְגַּלְּחוּ**	

שם הפועל .Infin לְהִתְגַּלֵּחַ

שם הפעולה .Ger הִתְגַּלְּחוּת getting shaved

מקור מוחלט .Inf. Abs הִתְגַּלֵּחַ

* Colloquial: הִתְגַּלֵּחַ

** less commonly: אתן/הן תִּתְגַּלַּחְנָה

*** less commonly: (אתן) הִתְגַּלַּחְנָה

גִּילַּח/גִּלַּח (גִּלֵּחַ) shave (tr.)

בניין: פִּיעֵל גזרה: ל' גרונית

	Present הווה		Past עבר	Future עתיד	Imperative ציווי
יחיד	מְגַלֵּחַ	אני	גִּילַּחְתִּי	אֲגַלַּח/...לֵחַ	
יחידה	מְגַלַּחַת	אתה	גִּילַּחְתָּ	תְּגַלַּח/...לֵחַ	גַּלַּח/...לֵחַ
רבים	מְגַלְּחִים	את	גִּילַּחְתְּ/...חַת	תְּגַלְּחִי	גַּלְּחִי
רבות	מְגַלְּחוֹת	הוא	גִּילַּח*	יְגַלַּח/...לֵחַ	
		היא	גִּילְּחָה	תְּגַלַּח/...לֵחַ	>>>

Imperative ציווי	Future עתיד	Past עבר	
	נְגַלַּח/...לֵחַ	גִּילַּחְנוּ	אנחנו
גַּלְּחוּ***	תְּגַלְּחוּ**	גִּילַּחְתֶּם/ן	אתם/ן
	יְגַלְּחוּ**	גִּילְּחוּ	הם/ן

שם הפועל .Infin לְגַלֵּחַ — * Colloquial: גַּלֵּחַ

שם הפעולה Gerund גִּילּוּחַ shaving — ** less commonly: אתן/הן תְּגַלַּחְנָה

מקור מוחלט .Inf. Abs גַּלֵּחַ — *** less commonly: (אתן) גַּלַּחְנָה

גּוּלַּח (גֻּלַּח) be shaved

בניין: פּוּעַל — גזרה: ל׳ גרונית

Future עתיד	Past עבר		Present הווה	
אֲגוּלַּח	גּוּלַּחְתִּי	אני	מְגוּלָּח	יחיד
תְּגוּלַּח	גּוּלַּחְתָּ	אתה	מְגוּלַּחַת	יחידה
תְּגוּלְּחִי	גּוּלַּחְתְּ/...חַת	את	מְגוּלָּחִים	רבים
יְגוּלַּח	גּוּלַּח	הוא	מְגוּלָּחוֹת	רבות
תְּגוּלַּח	גּוּלְּחָה	היא		
נְגוּלַּח	גּוּלַּחְנוּ	אנחנו		
תְּגוּלְּחוּ*	גּוּלַּחְתֶּם/ן	אתם/ן		
יְגוּלְּחוּ*	גּוּלְּחוּ	הם/ן		

בינוני .Pres. Part מְגוּלָּח shaved — * less commonly: אתן/הן תְּגוּלַּחְנָה

[מקור מוחלט .Inf. Abs גּוּלּוֹחַ]

◆ דוגמאות Illustrations

דני **מִתְגַּלֵּחַ** כל בוקר, ופעם בשנה הוא **מְגַלֵּחַ** את זקנו. מוזר לראות אותו כשזקנו **מְגוּלָּח**.

Danny **shaves** every morning, and once a year he **shaves** his beard. It is strange to see him with his beard **shaven**.

● גמר

גָּמַר/גּוֹמֵר/יִגְמוֹר (יִגְמֹר) finish, complete, end, conclude

בניין: פָּעַל — גזרה: שלמים (אֶפְעוֹל)

Imper. ציווי	Future עתיד	Past עבר		Present הווה	
	אֶגְמוֹר	גָּמַרְתִּי	אני	גּוֹמֵר גָּמוּר	יחיד
גְּמוֹר	תִּגְמוֹר	גָּמַרְתָּ	אתה	גּוֹמֶרֶת גְּמוּרָה	יחידה
גִּמְרִי	תִּגְמְרִי	גָּמַרְתְּ	את	גּוֹמְרִים גְּמוּרִים	רבים
	יִגְמוֹר	גָּמַר	הוא	גּוֹמְרוֹת גְּמוּרוֹת	רבות
>>>	תִּגְמוֹר	גָּמְרָה	היא		

		Past עבר	Future עתיד	Imper. ציווי
אנחנו		גָּמַרְנוּ	נִגְמוֹר	
אתם/ן		גְּמַרְתֶּם/ן*	תִּגְמְרוּ**	גִּמְרוּ***
הם/ן		גָּמְרוּ	יִגְמְרוּ**	

* Colloquial: גָּמַרְתֶּם/ן

** less commonly: אתן/הן תִּגְמוֹרְנָה

*** less commonly: (אתן) גְּמוֹרְנָה

שם הפועל .Infin לִגְמוֹר

שם הפעולה Gerund גְּמִירָה finishing, completion

בינוני סביל .Pass. Part גָּמוּר finished, complete; perfect, absolute; definite, decided

מקור מוחלט .Inf. Abs גָּמוֹר

נִגְמַר/יִיגָּמֵר (יִגָּמֵר) be finished; be decided

בניין: נִפְעַל גזרה: שלמים

	Present הווה		Past עבר	Future עתיד	Imperative ציווי
יחיד	נִגְמָר	אני	נִגְמַרְתִּי	אֶגָּמֵר	
יחידה	נִגְמֶרֶת	אתה	נִגְמַרְתָּ	תִּיגָּמֵר	הִיגָּמֵר
רבים	נִגְמָרִים	את	נִגְמַרְתְּ	תִּיגָּמְרִי	הִיגָּמְרִי
רבות	נִגְמָרוֹת	הוא	נִגְמַר	יִיגָּמֵר	
		היא	נִגְמְרָה	תִּיגָּמֵר	
		אנחנו	נִגְמַרְנוּ	נִיגָּמֵר	
		אתם/ן	נִגְמַרְתֶּם/ן	תִּיגָּמְרוּ*	הִיגָּמְרוּ**
		הם/ן	נִגְמְרוּ	יִיגָּמְרוּ*	

* less commonly: אתן/הן תִּיגָּמַרְנָה/...מֵרְנָה

** less commonly: (אתן) הִיגָּמַרְנָה/...מֵרְנָה

שם הפועל .Infin לְהִיגָּמֵר

מקור מוחלט .Inf. Abs נִגְמוֹר, הִיגָּמֵר (הִיגָּמוֹר)

◆ פעלים שאינם שכיחים מאותו שורש Infrequent verbs sharing the same root

גִּימֵר (גִּמֵּר) use up, exhaust; ripen (Mish H); destroy (lit.) (מְגַמֵּר, יְגַמֵּר, לְגַמֵּר)

גִּימּוּר completion, finish (N)

הִתְגַּמֵּר end, finish (intr.) (lit.) (מִתְגַּמֵּר, יִתְגַּמֵּר, לְהִתְגַּמֵּר)

הוּגְמַר be completed/destroyed (Med H); be decided (Mish H) (מוּגְמָר, יוּגְמַר)

◆ דוגמאות Illustrations

עבודתו של שומר הלילה מתחילה, כשמרבית האנשים **גוֹמְרִים** לעבוד, **ונִגְמֶרֶת**, כשמרבית האנשים קמים משנתם.

The work of the night watchman begins when most people **finish** working, and **ends** when most people get up.

אתה מכיר את הסימפוניה הבלתי-**גְמוּרָה** של שוברט?

Are you familiar with Schubert's un**finished** symphony?

◆ ביטויים מיוחדים Special expressions

גָּמַר אוֹמֶר decide, resolve

גָּמַר בדעתו/בלבו/בנפשו come to a decision

גָּמַר עליו את ההלל laud someone

נמנו וגָמְרוּ they finally decided

וגוֹמֵר (בקיצור: וגו׳) and so on

בירך על המוּגמָר see the successful completion of a project one started

● גנב

גָּנַב/גּוֹנֵב/יִגְנוֹב (יִגְנֹב) steal

בניין: פָּעַל גזרה: שלמים (אֶפְעוֹל)

	הווה Present			עבר Past	עתיד Future	ציווי .Imper
יחיד	גּוֹנֵב	גָּנוּב	אני	גָּנַבְתִּי	אֶגְנוֹב	
יחידה	גּוֹנֶבֶת	גְּנוּבָה	אתה	גָּנַבְתָּ	תִּגְנוֹב	גְּנוֹב
רבים	גּוֹנְבִים	גְּנוּבִים	את	גָּנַבְתְּ	תִּגְנְבִי	גִּנְבִי
רבות	גּוֹנְבוֹת	גְּנוּבוֹת	הוא	גָּנַב	יִגְנוֹב	
			היא	גָּנְבָה	תִּגְנוֹב	
			אנחנו	גָּנַבְנוּ	נִגְנוֹב	
			אתם/ן	גְּנַבְתֶּם/ן*	תִּגְנְבוּ**	גִּנְבוּ***
			הם/ן	גָּנְבוּ	יִגְנְבוּ**	

שם הפועל .Infin לִגְנוֹב

שם הפעולה Gerund גְּנֵיבָה stealing; theft

בינוני סביל .Pass. Part גָּנוּב stolen

מקור מוחלט .Inf. Abs גָּנוֹב

* Colloquial: גָּנַבְתֶּם/ן

** less commonly: אתן/הן תִּגְנוֹבְנָה

*** less commonly: (אתן) גְּנוֹבְנָה

נִגְנַב/יִיגָּנֵב (יִגָּנֵב) be stolen

בניין: נִפְעַל גזרה: שלמים

	הווה Present		עבר Past	עתיד Future	ציווי Imperative
יחיד	נִגְנָב	אני	נִגְנַבְתִּי	אֶגָּנֵב	
יחידה	נִגְנֶבֶת	אתה	נִגְנַבְתָּ	תִּיגָּנֵב	הִיגָּנֵב
רבים	נִגְנָבִים	את	נִגְנַבְתְּ	תִּיגָּנְבִי	הִיגָּנְבִי
רבות	נִגְנָבוֹת	הוא	נִגְנַב	יִיגָּנֵב	
		היא	נִגְנְבָה	תִּיגָּנֵב	
		אנחנו	נִגְנַבְנוּ	נִיגָּנֵב	
		אתם/ן	נִגְנַבְתֶּם/ן	תִּיגָּנְבוּ*	הִיגָּנְבוּ**
		הם/ן	נִגְנְבוּ	יִיגָּנְבוּ*	

* less commonly: אתן/הן תִּיגָּנַבְנָה/...נֵבְנָה

** less commonly: (אתן) הִיגָּנַבְנָה/...נֵבְנָה

שם הפועל .Infin לְהִיגָּנֵב

מקור מוחלט .Inf. Abs נִגְנוֹב, הִיגָּנֵב (הִיגָּנוֹב)

הִתְגַּנֵּב/הִתְגַּנֵּב sneak (in, out, or away)

בניין: הִתְפַּעֵל גזרה: שלמים

	Present הווה		Past עבר	Future עתיד	Imperative ציווי
יחיד	מִתְגַּנֵּב	אני	הִתְגַּנַּבְתִּי	אֶתְגַּנֵּב	
יחידה	מִתְגַּנֶּבֶת	אתה	הִתְגַּנַּבְתָּ	תִּתְגַּנֵּב	הִתְגַּנֵּב
רבים	מִתְגַּנְּבִים	את	הִתְגַּנַּבְתְּ	תִּתְגַּנְּבִי	הִתְגַּנְּבִי
רבות	מִתְגַּנְּבוֹת	הוא	הִתְגַּנֵּב	יִתְגַּנֵּב	
		היא	הִתְגַּנְּבָה	תִּתְגַּנֵּב	
		אנחנו	הִתְגַּנַּבְנוּ	נִתְגַּנֵּב	
		אתם/ן	הִתְגַּנַּבְתֶּם/ן	תִּתְגַּנְּבוּ*	הִתְגַּנְּבוּ**
		הם/ן	הִתְגַּנְּבוּ	יִתְגַּנְּבוּ*	

* less commonly: אתן/הן תִּתְגַּנֵּבְנָה

** less commonly: (אתן) הִתְגַּנֵּבְנָה

שם הפועל .Infin לְהִתְגַּנֵּב

שם הפעולה Gerund הִתְגַּנְּבוּת sneaking (in, out...)

מקור מוחלט .Inf. Abs הִתְגַּנֵּב

תה"פ .Adv בְּהִתְגַּנֵּב stealthily

הִגְנִיב/הִגְנַב/יַגְנִיב smuggle in, insert stealthily

בניין: הִפְעִיל גזרה: שלמים

	Present הווה		Past עבר	Future עתיד	Imperative ציווי
יחיד	מַגְנִיב	אני	הִגְנַבְתִּי	אַגְנִיב	
יחידה	מַגְנִיבָה	אתה	הִגְנַבְתָּ	תַּגְנִיב	הַגְנֵב
רבים	מַגְנִיבִים	את	הִגְנַבְתְּ	תַּגְנִיבִי	הַגְנִיבִי
רבוח	מַגְנִיבוֹת	הוא	הִגְנִיב	יַגְנִיב	
		היא	הִגְנִיבָה	תַּגְנִיב	
		אנחנו	הִגְנַבְנוּ	נַגְנִיב	
		אתם/ן	הִגְנַבְתֶּם/ן	תַּגְנִיבוּ*	הַגְנִיבוּ**
		הם/ן	הִגְנִיבוּ	יַגְנִיבוּ*	

שם הפועל .Infin לְהַגְנִיב

* less commonly: אתן/הן תַּגְנֵבְנָה

שם הפעולה Gerund הַגְנָבָה smuggling in

** less commonly: (אתן) הַגְנֵבְנָה

מקור מוחלט .Inf. Abs הַגְנֵב

הוּגְנַב (הֻגְנַב) be smuggled in/inserted stealthily

בניין: הוּפְעַל גזרה: שלמים

	Present הווה		Past עבר	Future עתיד
יחיד	מוּגְנָב	אני	הוּגְנַבְתִּי	אוּגְנַב
יחידה	מוּגְנֶבֶת	אתה	הוּגְנַבְתָּ	תּוּגְנַב
רבים	מוּגְנָבִים	את	הוּגְנַבְתְּ	תּוּגְנְבִי
רבות	מוּגְנָבוֹת	הוא	הוּגְנַב	יוּגְנַב
		היא	הוּגְנְבָה	תּוּגְנַב
		אנחנו	הוּגְנַבְנוּ	נוּגְנַב
		אתם/ן	הוּגְנַבְתֶּם/ן	תּוּגְנְבוּ*
		הם/ן	הוּגְנְבוּ	יוּגְנְבוּ*

[מקור מוחלט .Inf. Abs הוּגְנֵב] * less commonly: אתן/הן תּוּגְנַבְנָה

◆ פעלים שאינם שכיחים מאותו שורש Infrequent verbs sharing the same root

גִּינֵּב (גִּנֵּב) steal repeatedly (lit.); sneak in/out (Mish H) (מְגַנֵּב, יְגַנֵּב, לְגַנֵּב)

גּוּנַּב (גֻּנַּב) be stolen/taken stealthily (lit.) (מְגוּנָּב, יְגוּנַּב)

◆ דוגמאות Illustrations

עונשו של **גַּנָּב** שנתפס לא תמיד משקף את ערך **הַגְּנֵיבָה**: לעתים מי **שֶׁגָּנַב** מיליון יושב בכלא פחות ממי **שֶׁגָּנַב** מאה.

The punishment of a **thief** that is caught does not always reflect the value of the **theft**: sometimes one who **stole** a million serves less time in jail than he who **stole** a hundred.

שמעון **הִתְגַּנֵּב** למוזיאון מספר שניות לפני הסגירה, חיכה עד שהעובדים יסתלקו, **וְגָנַב** ציור של רמברנדט. שווי הציור **שֶׁנִּגְנַב** כמיליון דולאר. המשטרה עורכת בדיקות נרחבות אצל סוחרי רכוש **גָּנוּב**.

Shimon **sneaked** into the museum a few seconds before closing, waited till the workers were gone, and stole a painting by Rembrandt. The value of the painting that **was stolen** is about one million dollars. The police are conducting widespread searches at (establishments of) fences of **stolen** property.

הנוסע הסמוי **הוּגְנַב** לתוך הספינה בחשכת הלילה; המלח **שֶׁהִגְנִיב** אותו פנימה קיבל שלושה בקבוקי ויסקי משובח.

The stowaway **was smuggled** into the ship in the dark of night; the sailor who **sneaked** him **in** received three bottles of excellent whiskey.

◆ ביטויים מיוחדים Special expressions

גָּנַב (את) דעתו/לבבו cheat/outsmart him

גָּנַב את הגבול cross the border clandestinely and illegally

גָּנַב את ההצגה "steal" the show

גּוּנַּב אליו דבר find out a secret; find out something (but not everything)

מַגְנִיב great, wonderful (sl.)

● גנה

גִּינָּה/גִּנָּה (גִּנָּה) condemn, denounce

בניין: פִּיעֵל גזרה: ל"ה

	Present הווה		Past עבר	Future עתיד	Imperative ציווי
יחיד	מְגַנֶּה	אני	גִּינִּיתִי	אֲגַנֶּה	
יחידה	מְגַנָּה	אתה	גִּינִּיתָ	תְּגַנֶּה	גַּנֵּה
רבים	מְגַנִּים	את	גִּינִּית	תְּגַנִּי	גַּנִּי
רבות	מְגַנּוֹת	הוא	גִּינָּה	יְגַנֶּה	
		היא	גִּינְּתָה	תְּגַנֶּה	
		אנחנו	גִּינִּינוּ	נְגַנֶּה	
		אתם/ן	גִּינִּיתֶם/ן	תְּגַנּוּ*	גַּנּוּ**
		הם/ן	גִּינּוּ	יְגַנּוּ*	

* less commonly: אתן/הן תְּגַנֶּינָה

** less commonly: (אתן) גַּנֶּינָה

שם הפועל .Infin לְגַנּוֹת

שם הפעולה Gerund גִּינּוּי condemning; condemnation

מקור מוחלט .Inf. Abs גַּנֵּה

גּוּנָּה/גוּנֶּה (גֻּנָּה) be condemned

בניין: פּוּעַל גזרה: ל"ה

	Present הווה		Past עבר	Future עתיד
יחיד	מְגוּנֶּה	אני	גּוּנֵּיתִי	אֲגוּנֶּה
יחידה	מְגוּנָּה	אתה	גּוּנֵּיתָ	תְּגוּנֶּה
רבים	מְגוּנִּים	את	גּוּנֵּית	תְּגוּנִּי
רבות	מְגוּנּוֹת	הוא	גּוּנָּה	יְגוּנֶּה
		היא	גּוּנְּתָה	תְּגוּנֶּה
		אנחנו	גּוּנֵּינוּ*	נְגוּנֶּה
		אתם/ן	גּוּנֵּיתֶם/ן	תְּגוּנּוּ**
		הם/ן	גּוּנּוּ	יְגוּנּוּ**

* BH: גּוּנֵּינוּ ** less commonly: אתן/הן תְּגוּנֶּינָה

בינוני .Pres. Part מְגוּנֶּה disgraceful, indecent

[מקור מוחלט .Inf. Abs גּוּנֹּה]

◆ פעלים שאינם שכיחים מאותו שורש Infrequent verbs sharing the same root

הִתְגַּנָּה be despised (mish H) (מִתְגַּנֶּה, יִתְגַּנֶּה, לְהִתְגַּנּוֹת)

◆ דוגמאות Illustrations

פעולת הטירור האחרונה **גּוּנְּתָה** בחריפות על ידי האו"מ. מועצת הביטחון הצהירה שהיא **מְגַנָּה** כל פעולת טירור באשר היא. מרבית ממשלות העולם תמכו **בְּגִינּוּי**.

The latest terror act was sharply **denounced** by the UN. The Security Council announced that it **denounces** any act of terror, whatever it may be. Most world governments supported the **denunciation**.

◆ ביטויים מיוחדים Special expressions

ההכרח לא יְגוּנֶּה what is done under compulsion incurs no blame

מעשה מְגוּנֶּה indecent (sexual) act

●גנן

הֵגֵן/הֵגַנְ/יָגֵן defend, protect

בניין: הִפְעִיל גזרה: כפולים + ל״נ

	Present הווה		Past עבר	Future עתיד	Imperative ציווי
יחיד	מֵגֵן	אני	הֵגַנְתִּי	אָגֵן	
יחידה	מְגִינָּה	אתה	הֵגַנְתָּ	תָּגֵן	הָגֵן
רבים	מְגִינִּים	את	הֵגַנְתְּ	תָּגֵנִּי	הָגֵנִּי
רבות	מְגִינּוֹת	הוא	הֵגֵן	יָגֵן	
		היא	הֵגֵנָּה	תָּגֵן	
		אנחנו	הֵגַנּוּ	נָגֵן	
		אתם/ן	הֵגַנְתֶּם/ן*	תָּגֵנּוּ**	הָגֵנּוּ***
		הם/ן	הֵגֵנּוּ	יָגֵנּוּ**	

שם הפועל .Infin לְהָגֵן   * BH: הֲגַנְתֶּם/ן

בינוני .Pres. Part מֵגֵן defender   ** less commonly: אתן/הן תָּגֵנָּה

שם הפעולה Gerund הֲגַנָּה defense   *** less commonly: הָגֵנָּה

מ״י מוצרכת .Gov. Prep הֵגֵן על protect (someone)

מקור מוחלט .Inf. Abs הָגֵן

הוּגַן be protected

בניין: הוּפְעַל גזרה: כפולים + ל״נ

	Present הווה		Past עבר	Future עתיד
יחיד	מוּגָן	אני	הוּגַנְתִּי	אוּגַן
יחידה	מוּגַנָּה	אתה	הוּגַנְתָּ	תוּגַן
רבים	מוּגַנִּים	את	הוּגַנְתְּ	תוּגַנִּי
רבות	מוּגַנּוֹת	הוא	הוּגַן	יוּגַן
		היא	הוּגַנָּה*	תוּגַן
		אנחנו	הוּגַנּוּ	נוּגַן
		אתם/ן	הוּגַנְתֶּם/ן	תוּגַנּוּ**
		הם/ן	הוּגַנּוּ	יוּגַנּוּ**

<<<

בינוני .Pres. Part מוּגָן protected — * Colloquial: הוּגְנָה
מקור מוחלט .Inf. Abs הוּגֵן — ** less commonly: אתן/הן תּוּגַנָּה

הִתְגּוֹנֵן/הִתְגּוֹנַן defend oneself

בניין: הִתְפַּעֵל גזרה: כפולים + ל"נ

	Present הווה		Past עבר	Future עתיד	Imperative ציווי
יחיד	מִתְגּוֹנֵן	אני	הִתְגּוֹנַנְתִּי	אֶתְגּוֹנֵן	
יחידה	מִתְגּוֹנֶנֶת	אתה	הִתְגּוֹנַנְתָּ	תִּתְגּוֹנֵן	הִתְגּוֹנֵן
רבים	מִתְגּוֹנְנִים	את	הִתְגּוֹנַנְתְּ	תִּתְגּוֹנְנִי	הִתְגּוֹנְנִי
רבות	מִתְגּוֹנְנוֹת	הוא	הִתְגּוֹנֵן	יִתְגּוֹנֵן	
		היא	הִתְגּוֹנְנָה	תִּתְגּוֹנֵן	
		אנחנו	הִתְגּוֹנַנּוּ	נִתְגּוֹנֵן	
		אתם/ן	הִתְגּוֹנַנְתֶּם/ן	תִּתְגּוֹנְנוּ*	הִתְגּוֹנְנוּ**
		הם/ן	הִתְגּוֹנְנוּ	יִתְגּוֹנְנוּ*	

* less commonly: אתן/הן תִּתְגּוֹנֵנָּה

שם הפועל .Infin לְהִתְגּוֹנֵן — ** less commonly: (אתן) הִתְגּוֹנֵנָּה

שם הפעולה Gerund הִתְגּוֹנְנוּת defending oneself

מקור מוחלט .Inf. Abs הִתְגּוֹנֵן

מ"י מוצרכת .Gov. Prep הִתְגּוֹנֵן מִפְּנֵי defend oneself from

◆ פעלים שאינם שכיחים מאותו שורש Infrequent verbs sharing the same root

גָּנַן cover, protect (גּוֹנֵן, יָגוֹן, לָגוֹן)

גּוֹנֵן protect, give shelter (מְגוֹנֵן, יְגוֹנֵן, לְגוֹנֵן)

גּוֹנַן be protected/given shelter (מְגוֹנָן, יְגוֹנַן)

◆ דוגמאות Illustrations

תפקיד **הַהֲגַנָּה** במשפט הוא **לְהָגֵן** על הנאשם; התביעה מייצגת את רצונו של הציבור **לְהִתְגּוֹנֵן** מפני פגיעתו של הפשע.

The role of the **defense** in a trial is to **protect** the accused; the prosecution represents the public's wish to **protect itself** from the incidence of crime.

העיריה הכריזה על בניין הספריה הישן כמבנה היסטורי **מוּגָן**.

The city declared the old library building a **protected** historical building.

◆ ביטויים מיוחדים Special expressions

זכותו **יָגֵן** (=**תָּגֵן**) עלינו may his virtue protect us (said on mentioning a dead sage)

הֲגַנָּה עצמית self-defense

ה"**הֲגַנָּה**" the Hagannah (Jewish organization for self defense in pre-Israel Palestine)

●געגע

הִתְגַּעְגֵּעַ/הִתְגַּעְגַּע yearn (for), long (for), miss

בניין: הִתְפַּעֵל גזרה: מרובעים + גרוניות

	Present הווה		Past עבר	Future עתיד	Imperative ציווי
יחיד	מִתְגַּעְגֵּעַ	אני	הִתְגַּעְגַּעְתִּי	אֶתְגַּעְגֵּעַ	
יחידה	מִתְגַּעְגַּעַת	אתה	הִתְגַּעְגַּעְתָּ	תִּתְגַּעְגֵּעַ	הִתְגַּעְגֵּעַ
רבים	מִתְגַּעְגְּעִים	את	הִתְגַּעְגַּעְתְּ	תִּתְגַּעְגְּעִי	הִתְגַּעְגְּעִי
רבות	מִתְגַּעְגְּעוֹת	הוא	הִתְגַּעְגֵּעַ	יִתְגַּעְגֵּעַ	
		היא	הִתְגַּעְגְּעָה	תִּתְגַּעְגֵּעַ	
		אנחנו	הִתְגַּעְגַּעְנוּ	נִתְגַּעְגֵּעַ	
		אתם/ן	הִתְגַּעְגַּעְתֶּם/ן	תִּתְגַּעְגְּעוּ*	הִתְגַּעְגְּעוּ**
		הם/ן	הִתְגַּעְגְּעוּ	יִתְגַּעְגְּעוּ*	

שם הפועל .Infin לְהִתְגַּעְגֵּעַ * less commonly: אתן/הן תִּתְגַּעְגַּעְנָה

שם הפעולה Gerund הִתְגַּעְגְּעוּת yearning ** less commonly: (אתן) הִתְגַּעְגַּעְנָה

מקור מוחלט .Inf. Abs הִתְגַּעְגֵּעַ

מ"י מוצרכת .Gov. Prep הִתְגַּעְגֵּעַ ל- yearn for

◆ **פעלים שאינם שכיחים מאותו שורש** Infrequent verbs sharing the same root

גִּעְגַּע (גִּעְגֵּעַ) yearn (for) (Med H); quack (מְגַעְגֵּעַ, יְגַעְגֵּעַ, לְגַעְגֵּעַ)

◆ **דוגמאות** Illustrations

אברהם **מִתְגַּעְגֵּעַ** לימים שלפני הטלוויזיה, כשהיו תוכניות טובות ברדיו.

Avraham **misses** the days before TV, when there were good programs on the radio.

●גרם

גָּרַם/גּוֹרֵם/יִגְרוֹם (יִגְרֹם) cause, bring about

בניין: פָּעַל גזרה: שלמים (אֶפְעוֹל)

	Present הווה		Past עבר	Future עתיד	Imperative ציווי
יחיד	גּוֹרֵם	אני	גָּרַמְתִּי	אֶגְרוֹם	
יחידה	גּוֹרֶמֶת	אתה	גָּרַמְתָּ	תִּגְרוֹם	גְּרוֹם
רבים	גּוֹרְמִים	את	גָּרַמְתְּ	תִּגְרְמִי	גִּרְמִי
רבות	גּוֹרְמוֹת	הוא	גָּרַם	יִגְרוֹם	
		היא	גָּרְמָה	תִּגְרוֹם	
		אנחנו	גָּרַמְנוּ	נִגְרוֹם	
		אתם/ן	גְּרַמְתֶּם/ן*	תִּגְרְמוּ**	גִּרְמוּ*** >>

	Past עבר	Future עתיד
הם/ן	גָּרְמוּ	יִגְרְמוּ**

* Colloquial: גָּרַמְתֶּם/ן
** less commonly: אתן/הן תִּגְרוֹמְנָה
*** less commonly: (אתן) גְּרוֹמְנָה

שם הפועל .Infin לִגְרוֹם
שם הפעולה Gerund גְּרִימָה causing, causation
בינוני פעיל .Act. Part גּוֹרֵם factor
מקור מוחלט .Inf. Abs גָּרוֹם
מ"י מוצרכת .Gov. Prep גּוֹרֵם ל- cause (something)

נִגְרַם/יִיגָּרֵם (יִגָּרֵם) be caused/brought about

בניין: נִפְעַל גזרה: שלמים

	Present הווה		Past עבר	Future עתיד	Imperative ציווי
יחיד	נִגְרָם	אני	נִגְרַמְתִּי	אֶגָּרֵם	
יחידה	נִגְרֶמֶת	אתה	נִגְרַמְתָּ	תִּיגָּרֵם	הִיגָּרֵם
רבים	נִגְרָמִים	את	נִגְרַמְתְּ	תִּיגָּרְמִי	הִיגָּרְמִי
רבות	נִגְרָמוֹת	הוא	נִגְרַם	יִיגָּרֵם	
		היא	נִגְרְמָה	תִּיגָּרֵם	
		אנחנו	נִגְרַמְנוּ	נִיגָּרֵם	
		אתם/ן	נִגְרַמְתֶּם/ן	תִּיגָּרְמוּ*	הִיגָּרְמוּ**
		הם/ן	נִגְרְמוּ	יִיגָּרְמוּ*	

שם הפועל .Infin לְהִיגָּרֵם * less commonly: אתן/הן תִּיגָּרַמְנָה/...רֵמְנָה
שם הפעולה gerund הִיגָּרְמוּת being caused ** less commonly: (אתן) הִיגָּרַמְנָה/...רֵמְנָה
מקור מוחלט .Inf. Abs נִגְרוֹם, הִיגָּרֵם (הִיגָּרוֹם)

◆ פעלים שאינם שכיחים מאותו שורש Infrequent verbs sharing the same root

הִגְרִים (מַגְרִים, יַגְרִים, לְהַגְרִים) cause, bring about (Mish H)
הוּגְרַם (הֻגְרַם) be caused/brought about (Med H) (מוּגְרָם, יוּגְרַם)

◆ דוגמאות Illustrations

לא קל לקבוע מה **גָּרַם** לשינויים המדהימים בברית המועצות: האם התפרקות המשטר **נִגְרְמָה** בעיקר על-ידי התפכחות מן הקומוניזם, או שהיו **גּוֹרְמִים** נוספים לדבר.

It is not easy to determine what **caused** the astonishing develoments in the Soviet Union: was the dissolution of the regime **caused** mainly by disenchantment with communism, or were there other contributing factors.

◆ ביטויים מיוחדים Special expressions

מצווה שהזמן **גְּרָמָהּ** a commandment that is determined by the time of day or season

●גרש

גֵּירֵשׁ/גֵּירַשׁ/גָּרֵשׁ expel, drive away; divorce (גֵּרֵשׁ)

בניין: פִּיעֵל גזרה: ע׳ גרונית

	Present הווה		Past עבר	Future עתיד	Imperative ציווי
יחיד	מְגָרֵשׁ	אני	גֵּירַשְׁתִּי	אֲגָרֵשׁ	
יחידה	מְגָרֶשֶׁת	אתה	גֵּירַשְׁתָּ	תְּגָרֵשׁ	גָּרֵשׁ
רבים	מְגָרְשִׁים	את	גֵּירַשְׁתְּ	תְּגָרְשִׁי	גָּרְשִׁי
רבות	מְגָרְשׁוֹת	הוא	גֵּירֵשׁ (גֵּירַשׁ)	יְגָרֵשׁ	
		היא	גֵּירְשָׁה	תְּגָרֵשׁ	
		אנחנו	גֵּירַשְׁנוּ	נְגָרֵשׁ	
		אתם/ן	גֵּירַשְׁתֶּם/ן	תְּגָרְשׁוּ*	גָּרְשׁוּ**
		הם/ן	גֵּירְשׁוּ	יְגָרְשׁוּ*	

שם הפועל .Infin לְגָרֵשׁ

שם הפעולה Gerund גֵּירוּשׁ expulsion

גֵּירוּשִׁים divorce

מקור מוחלט .Inf. Abs גָּרֵשׁ

* less commonly: אתן/הן תְּגָרֵשְׁנָה

** less commonly: (אתן) גָּרֵשְׁנָה

גּוֹרַשׁ (גֹּרַשׁ) be expelled/driven away/divorced

בניין: פּוּעַל גזרה: ע׳ גרונית

	Present הווה		Past עבר	Future עתיד
יחיד	מְגוֹרָשׁ	אני	גּוֹרַשְׁתִּי	אֲגוֹרַשׁ
יחידה	מְגוֹרֶשֶׁת	אתה	גּוֹרַשְׁתָּ	תְּגוֹרַשׁ
רבים	מְגוֹרָשִׁים	את	גּוֹרַשְׁתְּ	תְּגוֹרְשִׁי
רבות	מְגוֹרָשׁוֹת	הוא	גּוֹרַשׁ	יְגוֹרַשׁ
		היא	גּוֹרְשָׁה	תְּגוֹרַשׁ
		אנחנו	גּוֹרַשְׁנוּ	נְגוֹרַשׁ
		אתם/ן	גּוֹרַשְׁתֶּם/ן	תְּגוֹרְשׁוּ*
		הם/ן	גּוֹרְשׁוּ	יְגוֹרְשׁוּ*

* less commonly: אתן/הן תְּגוֹרַשְׁנָה

בינוני .Pres. Part מְגוֹרָשׁ expelled person

[מקור מוחלט .Inf. Abs גּוֹרוֹשׁ]

הִתְגָּרֵשׁ/הִתְגָּרַשׁ be/get divorced

בניין: הִתְפַּעֵל גזרה: ע׳ גרונית

	Present הווה		Past עבר	Future עתיד	Imperative ציווי
יחיד	מִתְגָּרֵשׁ	אני	הִתְגָּרַשְׁתִּי	אֶתְגָּרֵשׁ	
יחידה	מִתְגָּרֶשֶׁת	אתה	הִתְגָּרַשְׁתָּ	תִּתְגָּרֵשׁ	הִתְגָּרֵשׁ
רבים	מִתְגָּרְשִׁים	את	הִתְגָּרַשְׁתְּ	תִּתְגָּרְשִׁי	הִתְגָּרְשִׁי >>>

	Present הווה		Past עבר	Future עתיד	Imperative ציווי
רבות	מִתְגָּרְשׁוֹת	הוא	הִתְגָּרֵשׁ	יִתְגָּרֵשׁ	
		היא	הִתְגָּרְשָׁה	תִּתְגָּרֵשׁ	
		אנחנו	הִתְגָּרַשְׁנוּ	נִתְגָּרֵשׁ	
		אתם/ן	הִתְגָּרַשְׁתֶּם/ן	תִּתְגָּרְשׁוּ*	הִתְגָּרְשׁוּ**
		הם/ן	הִתְגָּרְשׁוּ	יִתְגָּרְשׁוּ*	

שם הפועל .Infin לְהִתְגָּרֵשׁ   * less commonly: אתן/הן תִּתְגָּרֵשְׁנָה

שם הפעולה .Ger הִתְגָּרְשׁוּת getting divorced   ** less commonly: (אתן) הִתְגָּרֵשְׁנָה

מקור מוחלט .Inf. Abs הִתְגָּרֵשׁ

מ"י מוצרכת .Gov. Prep הִתְגָּרֵשׁ מ- be/get divorced from

◆ פעלים שאינם שכיחים מאותו שורש Infrequent verbs sharing the same root

גָּרַשׁ (send away; produce, eject, bring out (lit.) (גּוֹרֵשׁ, יִגְרוֹשׁ, לִגְרוֹשׁ)

בינוני סביל .Pass. Part גָּרוּשׁ, גְּרוּשָׁה divorced, a divorced person (common form)

נִגְרַשׁ (be driven away; storm, be tossed (lit.) (נִגְרָשׁ, יִיגָּרֵשׁ, לְהִיגָּרֵשׁ)

הִגְרִישׁ (drive away (Med H); produce, eject (lit.) (מַגְרִישׁ, יַגְרִישׁ, לְהַגְרִישׁ)

◆ דוגמאות Illustrations

יחזקאל רב עם חנה אישתו פעמים כה רבות, שבסופו של דבר היא **גֵּירְשָׁה** אותו מן הבית. למחרת הוא צילצל אליה ואמר לה שהוא רוצה **לְהִתְגָּרֵשׁ**. חנה הסכימה, והם החלו מייד בהליכי **גֵּירוּשִׁים**.

Yehezkel quarreled with his wife Hannah so many times, that she finally **drove** him **out** of the house. The next day he called and told her he wanted a **divorce**. Hannah agreed, and they immediately started **divorce proceedings**.

היהודים **גּוֹרְשׁוּ** מספרד ב-1492. חוקרים רבים מאמינים כי בטווח הארוך, **גֵּירוּשׁ** היהודים פגע בספרד לאין ערוך יותר מאשר בקורבנות **הַגֵּירוּשׁ**.

The Jews **were expelled** from Spain in 1492. Many researchers believe that in the long run, the **expulsion** of the Jews hurt Spain immeasurably more than it affected the victims of the **expulsion**.

על פי הדת היהודית, כוהן אינו יכול לשאת **גְּרוּשָׁה**.

According to the Jewish religion, a priest (today, a descendant of a priestly family) cannot marry a **divorcee**.

◆ ביטויים מיוחדים Special expressions

גֵּירוּשׁ ספרד the expulsion of the Jews from Spain (1492)

●גשם

realize (tr.), materialize (tr.); achieve הִגְשִׁים/הִגְשַׁמְ/יַגְשִׁים

בניין: הִפְעִיל גזרה: שלמים

	Present הווה		Past עבר	Future עתיד	Imperative ציווי
יחיד	מַגְשִׁים	אני	הִגְשַׁמְתִּי	אַגְשִׁים	
יחידה	מַגְשִׁימָה	אתה	הִגְשַׁמְתָּ	תַּגְשִׁים	הַגְשֵׁם
רבים	מַגְשִׁימִים	את	הִגְשַׁמְתְּ	תַּגְשִׁימִי	הַגְשִׁימִי
רבות	מַגְשִׁימוֹת	הוא	הִגְשִׁים	יַגְשִׁים	
		היא	הִגְשִׁימָה	תַּגְשִׁים	
		אנחנו	הִגְשַׁמְנוּ	נַגְשִׁים	
		אתם/ן	הִגְשַׁמְתֶּם/ן	תַּגְשִׁימוּ*	הַגְשִׁימוּ**
		הם/ן	הִגְשִׁימוּ	יַגְשִׁימוּ*	

* less commonly: אתן/הן תַּגְשֵׁמְנָה

** less commonly: (אתן) הַגְשֵׁמְנָה

שם הפועל .Infin לְהַגְשִׁים

שם הפעולה Gerund הַגְשָׁמָה realizing, materializing

בינוני .Pres. Part מַגְשִׁים realizer, embodier

מקור מוחלט .Inf. Abs הַגְשֵׁם

be realized/achieved (הֻגְשַׁם) הוּגְשַׁם

בניין: הוּפְעַל גזרה: שלמים

	Present הווה		Past עבר	Future עתיד
יחיד	מוּגְשָׁם	אני	הוּגְשַׁמְתִּי	אוּגְשַׁם
יחידה	מוּגְשֶׁמֶת	אתה	הוּגְשַׁמְתָּ	תּוּגְשַׁם
רבים	מוּגְשָׁמִים	את	הוּגְשַׁמְתְּ	תּוּגְשְׁמִי
רבות	מוּגְשָׁמוֹת	הוא	הוּגְשַׁם	יוּגְשַׁם
		היא	הוּגְשְׁמָה	תּוּגְשַׁם
		אנחנו	הוּגְשַׁמְנוּ	נוּגְשַׁם
		אתם/ן	הוּגְשַׁמְתֶּם/ן	תּוּגְשְׁמוּ*
		הם/ן	הוּגְשְׁמוּ	יוּגְשְׁמוּ*

[מקור מוחלט .Inf. Abs הוּגְשֵׁם]

* less commonly: אתן/הן תּוּגְשַׁמְנָה

be realized; materialize הִתְגַּשֵּׁם (נִתְגַּשֵּׁם)/הִתְגַּשַּׁמְ

בניין: הִתְפַּעֵל גזרה: שלמים

	Present הווה		Past עבר	Future עתיד	Imperative ציווי
יחיד	מִתְגַּשֵּׁם	אני	הִתְגַּשַּׁמְתִּי	אֶתְגַּשֵּׁם	
יחידה	מִתְגַּשֶּׁמֶת	אתה	הִתְגַּשַּׁמְתָּ	תִּתְגַּשֵּׁם	הִתְגַּשֵּׁם
רבים	מִתְגַּשְּׁמִים	את	הִתְגַּשַּׁמְתְּ	תִּתְגַּשְּׁמִי	הִתְגַּשְּׁמִי
רבות	מִתְגַּשְּׁמוֹת	הוא	הִתְגַּשֵּׁם	יִתְגַּשֵּׁם	
		היא	הִתְגַּשְּׁמָה	תִּתְגַּשֵּׁם	>>>

	Past עבר	Future עתיד	Imperative ציווי
אנחנו	הִתְגַּשַּׁמְנוּ	נִתְגַּשֵּׁם	
אתם/ן	הִתְגַּשַּׁמְתֶּם/ן	תִּתְגַּשְּׁמוּ*	הִתְגַּשְּׁמוּ**
הם/ן	הִתְגַּשְּׁמוּ	יִתְגַּשְּׁמוּ*	

* less commonly: אתן/הן תִּתְגַּשֵּׁמְנָה

** less commonly: (אתן) הִתְגַּשֵּׁמְנָה

שם הפועל .Infin לְהִתְגַּשֵּׁם

שם הפעולה Gerund הִתְגַּשְּׁמוּת realization, materialization

מקור מוחלט .Inf. Abs הִתְגַּשֵּׁם

◆ פעלים שאינם שכיחים מאותו שורש Infrequent verbs sharing the same root

נִגְשַׁם (נִגְשָׁם, יִיגָּשֵׁם, לְהִיגָּשֵׁם) be assigned material qualities; be realized (Med H)

גִּישֵׁם (גִּשֵּׁם) (מְגַשֵּׁם, יְגַשֵּׁם, לְגַשֵּׁם) execute, realize (Med H)

גּוּשַּׁם (גֻּשַּׁם) be realized/executed; become coarse, clumsy (lit.)

◆ דוגמאות Illustrations

כשקמה מדינת ישראל ב-1948, ראו בכך כולם **הִתְגַּשְּׁמוּת** שלמה של החלום הציוני; המטרה העיקרית אליה שאפה התנועה הציונית **הוּגְשְׁמָה**. אלא שמיד נתברר שזהו רק הצעד הראשון, ושכדי **לְהַגְשִׁים הַגְשָׁמָה** שלמה של הציונות יש לעבוד קשה על העלייה לארץ עצמה ועל קליטתה.

When the State of Israel was established in 1948, everybody saw in it complete **realization** of the Zionist dream; the primary aim to which the Zionist movement had aspired **was realized**. Very soon, however, it became clear that this is only the first step, and that in order **to** fully **realize** Zionism (literally: **realize** its full **realization**), one needs to work hard on actual immigration to Israel and on its absorption.

●דאג

דָּאַג/דּוֹאֵג/יִדְאַג worry, be anxious; take care

בניין: פָּעַל גזרה: ע׳ גרונית (אֶפְעַל)

	Present הווה			Past עבר	Future עתיד	Imper. ציווי
יחיד	דּוֹאֵג	דָּאוּג	אני	דָּאַגְתִּי	אֶדְאַג	
יחידה	דּוֹאֶגֶת	דְּאוּגָה	אתה	דָּאַגְתָּ	תִּדְאַג	דְּאַג
רבים	דּוֹאֲגִים	דְּאוּגִים	את	דָּאַגְתְּ	תִּדְאֲגִי	דַּאֲגִי
רבות	דּוֹאֲגוֹת	דְּאוּגוֹת	הוא	דָּאַג	יִדְאַג	
			היא	דָּאֲגָה	תִּדְאַג	
			אנחנו	דָּאַגְנוּ	נִדְאַג	
			אתם/ן	דְּאַגְתֶּם/ן*	תִּדְאֲגוּ**	דַּאֲגוּ***
			הם/ן	דָּאֲגוּ	יִדְאֲגוּ**	<<<

שם הפועל .Infin לִדְאוֹג
בינ' סביל .Pass. Part דָּאוּג worried
שם הפעולה Gerund דְּאָגָה worry (N)
מקור מוחלט .Inf. Abs דָּאוֹג
מ"י מוצרכת .Gov. Prep דָּאַג ל- take care of
מ"י מוצרכת .Gov. Prep דָּאַג מִן be afraid of

* Colloquial: דְּאַגְתֶּם/ן
** less commonly: אתן/הן תִּדְאַגְנָה
*** less commonly: (אתן) דְּאַגְנָה

הִדְאִיג/הִדְאַג/יַדְאִיג worry (tr.), alarm, distress

בניין: הִפְעִיל גזרה: שלמים

	Present הווה		Past עבר	Future עתיד	Imperative ציווי
יחיד	מַדְאִיג	אני	הִדְאַגְתִּי	אַדְאִיג	
יחידה	מַדְאִיגָה	אתה	הִדְאַגְתָּ	תַּדְאִיג	הַדְאֵג
רבים	מַדְאִיגִים	את	הִדְאַגְתְּ	תַּדְאִיגִי	הַדְאִיגִי
רבות	מַדְאִיגוֹת	הוא	הִדְאִיג	יַדְאִיג	
		היא	הִדְאִיגָה	תַּדְאִיג	
		אנחנו	הִדְאַגְנוּ	נַדְאִיג	
		אתם/ן	הִדְאַגְתֶּם/ן	תַּדְאִיגוּ*	הַדְאִיגוּ**
		הם/ן	הִדְאִיגוּ	יַדְאִיגוּ*	

שם הפועל .Infin לְהַדְאִיג
בינוני .Pres. Part מַדְאִיג worrisome
מקור מוחלט .Inf. Abs הַדְאֵג

* less commonly: אתן/הן תַּדְאֵגְנָה
** less commonly: (אתן) הַדְאֵגְנָה

הוּדְאַג (הֻדְאַג) be worried/alarmed, distressed

בניין: הוּפְעַל גזרה: ע' גרונית

	Present הווה		Past עבר	Future עתיד
יחיד	מוּדְאָג	אני	הוּדְאַגְתִּי	אוּדְאַג
יחידה	מוּדְאֶגֶת	אתה	הוּדְאַגְתָּ	תּוּדְאַג
רבים	מוּדְאָגִים	את	הוּדְאַגְתְּ	תּוּדְאֲגִי
רבות	מוּדְאָגוֹת	הוא	הוּדְאַג	יוּדְאַג
		היא	הוּדְאֲגָה	תּוּדְאַג
		אנחנו	הוּדְאַגְנוּ	נוּדְאַג
		אתם/ן	הוּדְאַגְתֶּם/ן	תּוּדְאֲגוּ*
		הם/ן	הוּדְאֲגוּ	יוּדְאֲגוּ*

בינוני .Pres. Part מוּדְאָג worried

* less commonly: אתן/הן תּוּדְאַגְנָה

◆ פעלים שאינם שכיחים מאותו שורש Infrequent verbs sharing the same root
נִדְאַג become worried, get very upset (Med H) (נִדְאָג, יִידָּאֵג, לְהִידָּאֵג)
נִתְדָּאֵג become worried/afraid (Med H) (מִתְדָּאֵג, יִתְדָּאֵג, לְהִתְדָּאֵג)

◆ דוגמאות Illustrations

מקובל לחשוב, שאימא יהודיה **מוּדְאֶגֶת** תמיד, ושבעיקר היא **דוֹאֶגֶת** כשמדובר בילדיה.

It is customary to think that a Jewish mother is always **worried,** and that mostly she **worries** concerning her children.

אל **תִּדְאַג**! חנה כבר **תִּדְאַג** לכל הסידורים.

Don't **worry**! Hannah **will take care of** all the arrangements.

זו אוניברסיטה טובה עם אירגון מצוין. הם **דוֹאֲגִים** לכל הבוגרים שלהם ומשיגים להם עבודה.

This is a good university with excellent organization. They **take care of** all their graduates and get them jobs.

◆ ביטויים מיוחדים Special expressions

דְּאָגָה בלב איש, ישיחנה When worried about something, one should talk about it

---

● דבק

הִדְבִּיק/הִדְבַּק/יַדְבִּיק stick, glue; infect; overtake (lit.)

בניין: הִפְעִיל גזרה: שלמים

	Present הווה		Past עבר	Future עתיד	Imperative ציווי
יחיד	מַדְבִּיק	אני	הִדְבַּקְתִּי	אַדְבִּיק	
יחידה	מַדְבִּיקָה	אתה	הִדְבַּקְתָּ	תַּדְבִּיק	הַדְבֵּק
רבים	מַדְבִּיקִים	את	הִדְבַּקְתְּ	תַּדְבִּיקִי	הַדְבִּיקִי
רבות	מַדְבִּיקוֹת	הוא	הִדְבִּיק	יַדְבִּיק	
		היא	הִדְבִּיקָה	תַּדְבִּיק	
		אנחנו	הִדְבַּקְנוּ	נַדְבִּיק	
		אתם/ן	הִדְבַּקְתֶּם/ן	תַּדְבִּיקוּ*	הַדְבִּיקוּ**
		הם/ן	הִדְבִּיקוּ	יַדְבִּיקוּ*	

* less commonly: אתן/הן תַּדְבֵּקְנָה

** less commonly: (אתן) הַדְבֵּקְנָה

שם הפועל .Infin לְהַדְבִּיק

שם הפעולה Gerund הַדְבָּקָה sticking; infecting

בינוני .Pres. Part מַדְבִּיק contagious

מקור מוחלט .Inf. Abs הַדְבֵּק

הוּדְבַּק (הֻדְבַּק) be glued; be infected; be overtaken (lit.)

בניין: הוּפְעַל גזרה: שלמים

	Present הווה		Past עבר	Future עתיד
יחיד	מוּדְבָּק	אני	הוּדְבַּקְתִּי	אוּדְבַּק
יחידה	מוּדְבֶּקֶת	אתה	הוּדְבַּקְתָּ	תּוּדְבַּק
רבים	מוּדְבָּקִים	את	הוּדְבַּקְתְּ	תּוּדְבְּקִי
רבות	מוּדְבָּקוֹת	הוא	הוּדְבַּק	יוּדְבַּק
		היא	הוּדְבְּקָה	תּוּדְבַּק
		אנחנו	הוּדְבַּקְנוּ	נוּדְבַּק
		אתם/ן	הוּדְבַּקְתֶּם/ן	תּוּדְבְּקוּ*
		הם/ן	הוּדְבְּקוּ	יוּדְבְּקוּ*

* less commonly: אתן/הן תּוּדְבַּקְנָה

בינוני .Pres. Part מוּדְבָּק glued; infected

[מקור מוחלט .Inf. Abs הוּדְבֵּק]

נִדְבַּק/יִידָּבֵק (יִדָּבֵק) be stuck/affixed; be infected

בניין: נִפְעַל גזרה: שלמים

	Present הווה		Past עבר	Future עתיד	Imperative ציווי
יחיד	נִדְבָּק	אני	נִדְבַּקְתִּי	אֶדָּבֵק	
יחידה	נִדְבֶּקֶת	אתה	נִדְבַּקְתָּ	תִּידָּבֵק	הִידָּבֵק
רבים	נִדְבָּקִים	את	נִדְבַּקְתְּ	תִּידָּבְקִי	הִידָּבְקִי
רבות	נִדְבָּקוֹת	הוא	נִדְבַּק	יִידָּבֵק	
		היא	נִדְבְּקָה	תִּידָּבֵק	
		אנחנו	נִדְבַּקְנוּ	נִידָּבֵק	
		אתם/ן	נִדְבַּקְתֶּם/ן	תִּידָּבְקוּ*	הִידָּבְקוּ**
		הם/ן	נִדְבְּקוּ	יִידָּבְקוּ*	

* less commonly: אתן/הן תִּידָּבַקְנָה/...בֶקְנָה

** less commonly: (אתן) הִידָּבַקְנָה/...בֶקְנָה

שם הפועל .Infin לְהִידָּבֵק

שם הפעולה Gerund הִידָּבְקוּת getting stuck/infected

מקור מוחלט .Inf. Abs נִדְבּוֹק, הִידָּבֵק (הִידָּבוֹק)

מ״י מוצרכת .Gov. Prep נִדְבַּק ב- be infected with

◆ פעלים שאינם שכיחים מאותו שורש Infrequent verbs sharing the same root

דָּבַק stick (intr.), adhere (דּוֹבֵק, יִדְבַּק, לִדְבּוֹק) דָּבוּק glued

דִּיבֵּק (דִּבֵּק) glue, join, draw together (Mish H) (מְדַבֵּק, יְדַבֵּק, לְדַבֵּק)

דּוּבַּק (דֻּבַּק) be glued/joined (Mish H) (מְדוּבָּק, יְדוּבַּק)

הִדַּבֵּק/הִתְדַּבֵּק be joined together (Mish H) (מִדַּבֵּק, יִדַּבֵּק, לְהִדַּבֵּק)

◆ דוגמאות Illustrations

היום יש כבר בדואר בולים שאין צורך לְהַדְבִּיק על ידי הרטבה בלשון; הם נִדְבָּקִים מעצמם.

There are stamps at the post office today that one does not need to **stick** by wetting with the tongue. They **get glued** on their own.

הפחד הגדול ביותר של הנוער בימינו הוא לְהִידָּבֵק באיידס.

The greatest fear of youth today is of **being infected** with AIDS.

◆ ביטויים מיוחדים Special expressions

דָּבַק בידו דבר take something one is not supposed to take

דָּבְקָה לשונו לחיכו be unable to speak

דָּבְקָה נפשו ב- desire something very much

מחלה מְדַבֶּקֶת contagious disease

● דבר

דִּיבֵּר/דִּיבֶּר/דַּבֵּר (דִּבֵּר) speak

בניין: פִּיעֵל גזרה: שלמים

	Present הווה		Past עבר	Future עתיד	Imperative ציווי
יחיד	מְדַבֵּר	אני	דִּיבַּרְתִּי	אֲדַבֵּר	
יחידה	מְדַבֶּרֶת	אתה	דִּיבַּרְתָּ	תְּדַבֵּר	דַּבֵּר
רבים	מְדַבְּרִים	את	דִּיבַּרְתְּ	תְּדַבְּרִי	דַּבְּרִי
רבות	מְדַבְּרוֹת	הוא	דִּיבֵּר	יְדַבֵּר	
		היא	דִּיבְּרָה	תְּדַבֵּר	
		אנחנו	דִּיבַּרְנוּ	נְדַבֵּר	
		אתם/ן	דִּיבַּרְתֶּם/ן	תְּדַבְּרוּ*	דַּבְּרוּ**
		הם/ן	דִּיבְּרוּ	יְדַבְּרוּ*	

שם הפועל .Infin לְדַבֵּר

* less commonly: אתן/הן תְּדַבֵּרְנָה

שם הפעולה .Ger דִּיבּוּר speech, utterance

** less commonly: (אתן) דַּבֵּרְנָה

בינוני .Pres. Part מְדַבֵּר speaker; 1st pers. sing.

מקור מוחלט .Inf. Abs דַּבֵּר

דּוּבַּר (דֻּבַּר) be spoken/said; be agreed (verbally)

בניין: פּוּעַל גזרה: שלמים

	Present הווה		Past עבר	Future עתיד	
יחיד	מְדוּבָּר	אני	דּוּבַּרְתִּי	אֲדוּבַּר	
יחידה	מְדוּבֶּרֶת	אתה	דּוּבַּרְתָּ	תְּדוּבַּר	
רבים	מְדוּבָּרִים	את	דּוּבַּרְתְּ	תְּדוּבְּרִי	
רבות	מְדוּבָּרוֹת	הוא	דּוּבַּר	יְדוּבַּר	<<<

	Past עבר	Future עתיד
היא	דּוּבְּרָה	תְּדוּבַּר
אנחנו	דּוּבַּרְנוּ	נְדוּבַּר
אתם/ן	דּוּבַּרְתֶּם/ן	תְּדוּבְּרוּ*
הם/ן	דּוּבְּרוּ	יְדוּבְּרוּ*

בינוני Pres. Part. מְדוּבָּר spoken; agreed * less commonly: אתן/הן תְּדוּבַּרְנָה

[מקור מוחלט Inf. Abs. דּוּבּוֹר]

נִדְבַּר/יִידָּבֵר (יִדָּבֵר) reach agreement; agree beforehand; talk

בניין: נִפְעַל גזרה: שלמים

	Present הווה		Past עבר	Future עתיד	Imperative ציווי
יחיד	נִדְבָּר	אני	נִדְבַּרְתִּי	אֶדָּבֵר	
יחידה	נִדְבֶּרֶת	אתה	נִדְבַּרְתָּ	תִּידָּבֵר	הִידָּבֵר
רבים	נִדְבָּרִים	את	נִדְבַּרְתְּ	תִּידָּבְרִי	הִידָּבְרִי
רבות	נִדְבָּרוֹת	הוא	נִדְבַּר	יִידָּבֵר	
		היא	נִדְבְּרָה	תִּידָּבֵר	
		אנחנו	נִדְבַּרְנוּ	נִידָּבֵר	
		אתם/ן	נִדְבַּרְתֶּם/ן	תִּידָּבְרוּ*	הִידָּבְרוּ**
		הם/ן	נִדְבְּרוּ	יִידָּבְרוּ*	

* less commonly: אתן/הן תִּידָּבַרְנָה/...בֵרְנָה

שם הפועל Infin. לְהִידָּבֵר ** less commonly: (אתן) הִידָּבַרְנָה/...בֵרְנָה

שם הפעולה Gerund הִידָּבְרוּת rapprochement; communication

מקור מוחלט Inf. Abs. נִדְבּוֹר, הִידָּבֵר (הִידָּבוֹר)

◆ פעלים שאינם שכיחים מאותו שורש Infrequent verbs sharing the same root

דָּבַר speak, say (used mainly in present tense) (דּוֹבֵר, יִדְבַּר, לִדְבּוֹר)

דּוֹבֵר spokesman דָּבוּר spoken, uttered

הִידַּבֵּר speak; make arrangement (verbally) (מִידַּבֵּר, יִידַּבֵּר, לְהִידַּבֵּר)

A homonymous root meaning 'destroy, extreminate' is not included here.

◆ דוגמאות Illustrations

[בטלפון] אפשר **לְדַבֵּר** עם חיים? **נִדְבַּרְנוּ** להיפגש בארבע; השעה חמש, והוא עדיין לא הופיע!

[on the telephone] May I **speak** with Hayyim? We have **agreed** to meet at four; it is five now, and he still has not shown up!

שר החוץ **דִּיבֵּר** עם נציגי סוריה שלושה ימים רצופים. ביום השלישי הודיע **דּוֹבֵר** משרד החוץ כי קיימת עתה תחושה בשני הצדדים שניתן להגיע לידי **הִידָּבְרוּת**.

The foreign minister **talked** to the Syrian representatives for three consecutive days. On the third day the Foreign Ministry **spokesman** announced that there is now a feeling on both sides that **rapprochement** is possible.

הם מְדַבְּרִים כבר חצי שעה, ועדיין אינני מבין על מה מְדוּבָּר!
They **have** already **been talking** for half an hour, and I still do not understand what the conversation is about [what **is talked about**].

◆ **ביטויים מיוחדים** Special expressions

דּוֹבֵר אמת/מישרים/שלום/תמים an honest, truthful person
דּוֹבֵר כזב/שקר a liar
דִּיבֵּר אל ליבו consider; to touch someone emotionally
דִּיבֵּר על ליבו (של מישהו) persuade; console (lit.)
דִּיבֵּר עליו speak about him
דִּיבֵּר איתו משפטים strongly argue/disagree with someone (lit.)
דִּיבֵּר בו speak of him
דִּיבֵּר בו נכבדות make one a good offer, or a good match
דִּיבֵּר בגנותו disparage/criticize him
דִּיבֵּר בשבחו praise/commend him
דִּיבֵּר סרה speak ill (of someone)
דִּיבֵּר אל הכותל/קיר "speak to the wall"
דַּבֵּר אל העצים ואל האבנים! = same, only in the imperative
כַּמְדוּבָּר as agreed; as spoken
דָּבָר דָּבוּר על אופניו something expressed clearly and methodically

---

●דוג

דָּג/דַּג/יָדוּג fish

בניין: פָּעַל גזרה: ע"ו

	Present הווה		Past עבר	Future עתיד	Imperative ציווי
יחיד	דָּג	אני	דַּגְתִּי	אָדוּג	
יחידה	דָּגָה	אתה	דַּגְתָּ	תָּדוּג	דּוּג
רבים	דָּגִים	את	דַּגְתְּ	תָּדוּגִי	דּוּגִי
רבות	דָּגוֹת	הוא	דָּג	יָדוּג	
		היא	דָּגָה	תָּדוּג	
		אנחנו	דַּגְנוּ	נָדוּג	
		אתם/ן	דַּגְתֶּם/ן	תָּדוּגוּ*	דּוּגוּ**
		הם/ן	דָּגוּ	יָדוּגוּ*	

שם הפועל .Infin לָדוּג
מקור מוחלט .Inf. Abs דּוֹג
* less commonly: אתן/הן תָּדוֹגְנָה
** less commonly: (אתן) דּוֹגְנָה

◆ **דוגמאות** Illustrations

לאביגדור אין סבלנות **לָדוּג** כמו כולם עם חכה; הוא **דָּג** עם רימוני יד...
Avigdor does not have the patience **to fish** with a fishing pole like everybody else; he **fishes** with hand grenades...

◆ ביטויים מיוחדים Special expressions

דָּג במים עכורים fish in troubled (murky) waters

●דוח

דִּיוּוַח/דִּוּוַח/דִּוֵּחַ (דִּוֵּחַ) report

בניין: פִּיעֵל גזרה: ל׳ גרונית

	Present הווה		Past עבר	Future עתיד	Imperative ציווי
יחיד	מְדַוּוֵחַ	אני	דִּיוּוַחְתִּי	אֲדַוּוַח/...ווֵּחַ	
יחידה	מְדַוּוַחַת	אתה	דִּיוּוַחְתָּ	תְּדַוּוַח/...ווֵּחַ	דַּוּוַח/דַּוּוֵחַ
רבים	מְדַוּוְחִים	את	דִּיוּוַחְתְּ/...חַת	תְּדַוּוְחִי	דַּוּוְחִי
רבות	מְדַוּוְחוֹת	הוא	דִּיוּוַח*	יְדַוּוַח/...ווֵּחַ	
		היא	דִּיוּוְחָה	תְּדַוּוַח/...ווֵּחַ	
		אנחנו	דִּיוּוַחְנוּ	נְדַוּוַח/...ווֵּחַ	
		אתם/ן	דִּיוּוַחְתֶּם/ן	תְּדַוּוְחוּ**	דַּוּוְחוּ***
		הם/ן	דִּיוּוְחוּ	יְדַוּוְחוּ**	

שם הפועל .Infin לְדַוּוֵחַ

שם הפעולה Gerund דִּיוּוּחַ reporting

מקור מוחלט .Inf. Abs דַּוּוֵחַ

* Colloquial: דִּיוּוֵחַ

** less commonly: אתן/הן תְּדַוּוַחְנָה

*** less commonly: (אתן) דַּוּוַחְנָה

דּוּוַּח (דֻּוַּח) be reported

בניין: פּוּעַל גזרה: ל׳ גרונית

	Present הווה		Past עבר	Future עתיד
יחיד	מְדוּוָּח	אני	דּוּוַּחְתִּי	אֲדוּוַּח
יחידה	מְדוּוַּחַת	אתה	דּוּוַּחְתָּ	תְּדוּוַּח
רבים	מְדוּוָּחִים	את	דּוּוַּחְתְּ	תְּדוּוְּחִי
רבות	מְדוּוָּחוֹת	הוא	דּוּוַּח	יְדוּוַּח
		היא	דּוּוְּחָה	תְּדוּוַּח
		אנחנו	דּוּוַּחְנוּ	נְדוּוַּח
		אתם/ן	דּוּוַּחְתֶּם/ן	תְּדוּוְּחוּ*
		הם/ן	דּוּוְּחוּ	יְדוּוְּחוּ*

[מקור מוחלט .Inf. Abs דּוֹּחַ]

* less commonly: אתן/הן תְּדוּוַּחְנָה

◆ דוגמאות Illustrations

שר הביטחון דִּיוּוַח לממשלה בישיבתה השבועית על המצב בגבולות: בצפון, בדרום ובמזרח. דִּיוּוּחוֹ היה מבוסס על מה שדּוּוַּח לו קודם לכן על-ידי אלופי הפיקוד השונים והרמטכ״ל.

The defense minister **reported** to the government in its weekly meeting on the situation at the borders: in the north, south, and east. His **reporting** was based on what **had been reported** to him earlier by the chiefs of the different commands and by the commander-in-chief.

●דון

consider, discuss; judge, sentence דָּן/דַּנְ/יָדוּן

בניין: פָּעַל גזרה: ע"ו + ל"נ

Imperative ציווי	Future עתיד	Past עבר		Present הווה	
	אָדוּן	דַּנְתִּי	אני	דָּן	יחיד
דּוּן	תָּדוּן	דַּנְתָּ	אתה	דָּנָה	יחידה
דּוּנִי	תָּדוּנִי	דַּנְתְּ	את	דָּנִים	רבים
	יָדוּן	דָּן	הוא	דָּנוֹת	רבות
	תָּדוּן	דָּנָה	היא		
	נָדוּן	דַּנּוּ	אנחנו		
דּוּנוּ**	תָּדוּנוּ*	דַּנְתֶּם/ן	אתם/ן		
	יָדוּנוּ*	דָּנוּ	הם/ן		

שם הפועל .Infin לָדוּן * less commonly: אתן/הן תָּדוּנֶּה

מקור מוחלט .Inf. Abs דּוֹן ** less commonly: (אתן) דּוֹנָּה

מ"י מוצרכת .Gov. Prep דָּן ב- discuss (something)

be sentenced; be discussed/considered נִידּוֹן (נָדוֹן)/נָדוֹנוּ/יִדּוֹן [נִדּוֹן]

בניין: נִפְעַל גזרה: ע"ו + ל"נ

Imperative ציווי	Future עתיד	Past עבר		Present הווה	
	אֶדּוֹן	נְדוֹנוֹתִי	אני	נִידּוֹן/נָדוֹן	יחיד
הִידּוֹן	תִּידּוֹן	נְדוֹנוֹתָ	אתה	נִידּוֹנָה/נְדוֹנָה	יחידה
הִידּוֹנִי	תִּידּוֹנִי	נְדוֹנוֹת	את	נִידּוֹנִים/נְדוֹנִים	רבים
	יִידּוֹן	נִידּוֹן/נָדוֹן	הוא	נִידּוֹנוֹת/נְדוֹנוֹת	רבות
	תִּידּוֹן	נִידּוֹנָה/נָדוֹנָה	היא		
	נִידּוֹן	נְדוֹנוֹנוּ	אנחנו		
הִידּוֹנוּ**	תִּידּוֹנוּ*	נְדוֹנוֹתֶם/ן	אתם/ן		
	יִידּוֹנוּ*	נִידּוֹנוּ/נָדוֹנוּ	הם/ן		

* less commonly: אתן/הן תִּידּוֹנָּה

שם הפועל .Infin לְהִידּוֹן ** less commonly: (אתן) הִידּוֹנָּה

בינוני .Pres. Part נִידּוֹן/נָדוֹן (the matter) under discussion

מקור מוחלט .Inf. Abs נָדוֹן, הִידּוֹן

הִתְדַּיֵּן/הִידַּיֵּן/הִתְדַּיֵּן (הִתְדַּיֵּן) litigate

בניין: הִתְפַּעֵל   גזרה: שלמים + ל"נ (+ פ"ת)

	Present הווה		Past עבר	Future עתיד	Imperative ציווי
יחיד	מִתְדַּיֵּן	אני	הִתְדַּיַּנְתִּי	אֶתְדַּיֵּן	
יחידה	מִתְדַּיֶּנֶת	אתה	הִתְדַּיַּנְתָּ	תִּתְדַּיֵּן	הִתְדַּיֵּן
רבים	מִתְדַּיְּנִים	את	הִתְדַּיַּנְתְּ	תִּתְדַּיְּנִי	הִתְדַּיְּנִי
רבות	מִתְדַּיְּנוֹת	הוא	הִתְדַּיֵּן	יִתְדַּיֵּן	
		היא	הִתְדַּיְּנָה	תִּתְדַּיֵּן	
		אנחנו	הִתְדַּיַּנּוּ	נִתְדַּיֵּן	
		אתם/ן	הִתְדַּיַּנְתֶּם/ן	תִּתְדַּיְּנוּ*	הִתְדַּיְּנוּ**
		הם/ן	הִתְדַּיְּנוּ	יִתְדַּיְּנוּ*	

שם הפועל .Infin לְהִתְדַּיֵּן
שם הפעולה Gerund הִתְדַּיְּנוּת litigating
מקור מוחלט .Inf. Abs הִתְדַּיֵּן

* less commonly: אתן/הן תִּתְדַּיֵּנָּה
** less commonly: (אתן) הִתְדַּיֵּנָּה

◆ פעלים שאינם שכיחים מאותו שורש Infrequent verbs sharing the same root

דִּיֵּן (דִּיֵּן) contend, discuss (Mish H) (מְדַיֵּן, יְדַיֵּן, לְדַיֵּן)

◆ דוגמאות Illustrations

הוועד הפועל של ההסתדרות **דָּן** הלילה בתוכנית הכלכלית החדשה של הממשלה. **נִידּוֹנוּ** הדרישה להקפאת השכר ומדיניות המחירים המוצעת. עדיין לא ברור מה בכוונת ההסתדרות לעשות **בַּנִּידּוֹן**.

The Executive Committee of the Workers Union **discussed** the government's new economic program tonight. The demand to place a freeze on wages and the proposed pricing policy **were discussed**. It is still unclear what the Workers Union intends to do regarding the **matter under discussion**.

שני הצדדים **הִתְדַּיְּנוּ** בערכאות שלוש שנים, ורק לאחרונה הגיעו לידי הסכם.

The two sides **litigated** for three years, and only recently reached a settlement.

◆ ביטויים מיוחדים Special expressions

הַנִּידּוֹן the matter under discussion

בַּנִּידּוֹן concerning, regarding

בַּנִּידּוֹן דִּידַן regarding the matter we are now discussing

אל **תָּדוּן** את חברך עד שתגיע למקומו Don't judge others before you have been in their shoes

●דחה

דָּחָה/דוֹחֶה/יִדְחֶה push away, repel; postpone; reject

בניין: פָּעַל גזרה: ל"ה + ע' גרונית

	Present הווה			Past עבר	Future עתיד	Imper. ציווי
יחיד	דוֹחֶה	דָּחוּי	אני	דָּחִיתִי	אֶדְחֶה	
יחידה	דוֹחָה	דְּחוּיָה	אתה	דָּחִיתָ	תִּדְחֶה	דְּחֵה
רבים	דוֹחִים	דְּחוּיִים	את	דָּחִית	תִּדְחִי	דְּחִי
רבות	דוֹחוֹת	דְּחוּיוֹת	הוא	דָּחָה	יִדְחֶה	
			היא	דָּחֲתָה	תִּדְחֶה	
			אנחנו	דָּחִינוּ	נִדְחֶה	
			אתם/ן	דְּחִיתֶם/ן*	תִּדְחוּ**	דְּחוּ***
			הם/ן	דָּחוּ	יִדְחוּ**	

* Colloquial: דָּחִיתֶם/ן

** less commonly: אתן/הן תִּדְחֶינָה

*** less commonly: (אתן) דְּחֶינָה

שם הפועל .Infin לִדְחוֹת

שם הפעולה Gerund דְּחִיָּה postponement; rejection

בינוני פעיל .Act. Part דוֹחֶה repulsive

בינוני סביל .Pass. Part דָּחוּי postponed; rejected

מקור מוחלט .Inf. Abs דָּחֹה

נִדְחָה/יִידָּחֶה (יִדָּחֶה) be postponed/rejected

בניין: נִפְעַל גזרה: ל"ה + ע' גרונית

	Present הווה		Past עבר	Future עתיד	Imperative ציווי
יחיד	נִדְחֶה	אני	נִדְחֵיתִי	אֶדָּחֶה	
יחידה	נִדְחֵית	אתה	נִדְחֵיתָ	תִּידָּחֶה	הִידָּחֵה
רבים	נִדְחִים	את	נִדְחֵית	תִּידָּחִי	הִידָּחִי
רבות	נִדְחוֹת	הוא	נִדְחָה	יִידָּחֶה	
		היא	נִדְחֲתָה	תִּידָּחֶה	
		אנחנו	נִדְחֵינוּ*	נִידָּחֶה	
		אתם/ן	נִדְחֵיתֶם/ן	תִּידָּחוּ**	הִידָּחוּ***
		הם/ן	נִדְחוּ	יִידָּחוּ**	

שם הפועל .Infin לְהִידָּחוֹת   * BH: נִדְחִינוּ   ** less commonly: אתן/הן תִּידָּחֶינָה

מקור מוחלט .Inf. Abs נִדְחֹה, הִידָּחֵה   *** less commonly: (אתן) הִידָּחֶינָה

◆ פעלים שאינם שכיחים מאותו שורש Infrequent verbs sharing the same root

דוֹחָה (דֹּחָה) be pushed, rejected (lit.) (מְדוֹחֶה, יְדוֹחֶה)

הִדַּחָה (הִתְדַּחָה) be rejected, be shaken (lit.) (מִדַּחֶה, יִדַּחֶה, לְהִדַּחוֹת)

הִדְחָה push; reject; shift from the conscious to the subconscious (lit.) (מַדְחֶה, יַדְחֶה, לְהַדְחוֹת)

הוּדְחָה (הֻדְחָה) be pushed back (lit.) (מוּדְחֶה, יוּדְחֶה)

◆ דוגמאות Illustrations

משה ביקש מן היו"ר **לִדְחוֹת** את הישיבה למחרת, כדי שיהיה לו יותר זמן להתכונן, אבל בקשתו **נִדְחֲתָה**. היו"ר טען שאינו רואה כל צורך **בִּדְחִיָּה**. משה כעס מאוד על כך שהישיבה לא **נִדְחֲתָה**, והכריז על התפטרותו מן הוועדה.

Moshe requested that the chairperson **postpone** the meeting to the next day, so that he has more time to prepare, but his request was **denied**. The chair argued that he saw no need for **postponement**. Moshe was very annoyed that the meeting **was** not **postponed**, and announced his resignation from the committee.

◆ ביטויים מיוחדים Special expressions

דָּחָה בקש reject with a lame excuse; give an unsatisfactory answer

דָּחָה בשתי ידיו reject very forcefully

דָּחָה בלך ושוב avoid responding (repeatedly)

שמאל **דוֹחָה** וימין מקרבת negate and favor at the same time

פיקוח נפש **דוֹחֶה** שבת one is allowed to break the laws of the Sabbath in order to save life

---

● דחף

דָּחַף/דוֹחֵף/יִדְחַף push, shove, thrust

בניין: פָּעַל גזרה: ע' גרונית (אֶפְעַל)

Imper. ציווי	Future עתיד	Past עבר		Present הווה		
	אֶדְחַף	דָּחַפְתִּי	אני	דָּחוּף	דוֹחֵף	יחיד
דְּחַף	תִּדְחַף	דָּחַפְתָּ	אתה	דְּחוּפָה	דוֹחֶפֶת	יחידה
דַּחֲפִי	תִּדְחֲפִי	דָּחַפְתְּ	את	דְּחוּפִים	דוֹחֲפִים	רבים
	יִדְחַף	דָּחַף	הוא	דְּחוּפוֹת	דוֹחֲפוֹת	רבות
	תִּדְחַף	דָּחֲפָה	היא			
	נִדְחַף	דָּחַפְנוּ	אנחנו			
***דַּחֲפוּ	**תִּדְחֲפוּ	*/דְּחַפְתֶּם/ן	אתם/ן			
	**יִדְחֲפוּ	דָּחֲפוּ	הם/ן			

שם הפועל .Infin לִדְחוֹף

בינוני סביל .Pass. Part דָּחוּף urgent

שם הפעולה .Ger דְּחִיפָה pushing; a push

מקור מוחלט .Inf. Abs דָּחוֹף

* Colloquial: דָּחַפְתֶּם/ן

** less commonly: אתן/הן תִּדְחַפְנָה

*** less commonly: (אתן) דְּחַפְנָה

נִדְחַף/יִידָּחֵף (יִדָּחֵף) be pushed; enter hurriedly, as if pushed (lit.); thrust oneself (col.)

בניין: **נִפְעַל** גזרה: **ע' גרונית**

	Present הווה		Past עבר	Future עתיד	Imperative ציווי
יחיד	נִדְחָף	אני	נִדְחַפְתִּי	אֶדָּחֵף	
יחידה	נִדְחֶפֶת	אתה	נִדְחַפְתָּ	תִּידָּחֵף	הִידָּחֵף
רבים	נִדְחָפִים	את	נִדְחַפְתְּ	תִּידָּחֲפִי	הִידָּחֲפִי
רבות	נִדְחָפוֹת	הוא	נִדְחַף	יִידָּחֵף	
		היא	נִדְחֲפָה	תִּידָּחֵף	
		אנחנו	נִדְחַפְנוּ	נִידָּחֵף	
		אתם/ן	נִדְחַפְתֶּם/ן	תִּידָּחֲפוּ*	הִידָּחֲפוּ**
		הם/ן	נִדְחֲפוּ	יִידָּחֲפוּ*	

* less commonly: אתן/הן תִּידָּחַפְנָה/...חֵפְנָה

שם הפועל .Infin לְהִידָּחֵף ** less commonly: (אתן) הִידָּחַפְנָה/...חֵפְנָה

שם הפעולה .Ger הִידָּחֲפוּת being pushed; thrusting oneself (coll.)

מקור מוחלט .Inf. Abs נִדְחוֹף

◆ **פעלים שאינם שכיחים מאותו שורש** Infrequent verbs sharing the same root

דִּיחֵף (דִּחֵף) push hard/repeatedly (lit.) (מְדַחֵף, יְדַחֵף, לְדַחֵף)

הִדְחִיף push, reject (Med H) (מַדְחִיף, יַדְחִיף, לְהַדְחִיף)

הוּדְחַף (הֻדְחַף) be pushed/rejected (Med H) (מוּדְחָף, יוּדְחַף)

◆ **דוגמאות** Illustrations

אתה יכול לעזור לי **לִדְחוֹף** את המכונית? **דְּחִיפָה** קטנה והיא נדלקת. אני ממהר כי יש לי פגישה **דְּחוּפָה**.

Can you help me **push** the car? A small **push** and it starts. I'm in a hurry since I have an **urgent** appointment.

יש תור. למה אתה **נִדְחָף** לראש התור?

There's a line here. Why are you **pushing yourself** to the head of the line?

●דלק

הִדְלִיק/הִדְלַק/יַדְלִיק light, put on light, set fire (to)

בניין: **הִפְעִיל** גזרה: **שלמים**

	Present הווה		Past עבר	Future עתיד	Imperative ציווי
יחיד	מַדְלִיק	אני	הִדְלַקְתִּי	אַדְלִיק	
יחידה	מַדְלִיקָה	אתה	הִדְלַקְתָּ	תַּדְלִיק	הַדְלֵק >>>

Imperative ציווי	Future עתיד	Past עבר		Present הווה	
הַדְלִיקִי	תַּדְלִיקִי	הִדְלַקְתְּ	את	מַדְלִיקִים	רבים
	יַדְלִיק	הִדְלִיק	הוא	מַדְלִיקוֹת	רבות
	תַּדְלִיק	הִדְלִיקָה	היא		
	נַדְלִיק	הִדְלַקְנוּ	אנחנו		
הַדְלִיקוּ**	תַּדְלִיקוּ*	הִדְלַקְתֶּם/ן	אתם/ן		
	יַדְלִיקוּ*	הִדְלִיקוּ	הם/ן		

שם הפועל .Infin לְהַדְלִיק — * less commonly: אתן/הן תַּדְלֵקְנָה

שם הפעולה Gerund הַדְלָקָה lighting — ** less commonly: (אתן) הַדְלֵקְנָה

בינוני .Pres. Part מַדְלִיק great, admirable (sl.)

מקור מוחלט .Inf. Abs הַדְלֵק

הוּדְלַק (הֻדְלַק) be lit, be set (fire)

בניין: הוּפְעַל גזרה: שלמים

Future עתיד	Past עבר		Present הווה	
אוּדְלַק	הוּדְלַקְתִּי	אני	מוּדְלָק	יחיד
תּוּדְלַק	הוּדְלַקְתָּ	אתה	מוּדְלֶקֶת	יחידה
תּוּדְלְקִי	הוּדְלַקְתְּ	את	מוּדְלָקִים	רבים
יוּדְלַק	הוּדְלַק	הוא	מוּדְלָקוֹת	רבות
תּוּדְלַק	הוּדְלְקָה	היא		
נוּדְלַק	הוּדְלַקְנוּ	אנחנו		
תּוּדְלְקוּ*	הוּדְלַקְתֶּם/ן	אתם/ן		
יוּדְלְקוּ*	הוּדְלְקוּ	הם/ן		

* less commonly: אתן/הן תּוּדְלַקְנָה

בינוני .Pres. Part מוּדְלָק inflamed (coll.)

[מקור מוחלט .Inf. Abs הוּדְלֵק]

דָּלַק/דּוֹלֵק/יִדְלוֹק (יִדְלֹק) burn

בניין: פָּעַל גזרה: שלמים (אֶפְעוֹל)

Imper. ציווי	Future עתיד	Past עבר		Present הווה	
	אֶדְלוֹק	דָּלַקְתִּי	אני	דּוֹלֵק דָּלוּק	יחיד
דְּלוֹק	תִּדְלוֹק	דָּלַקְתָּ	אתה	דּוֹלֶקֶת דְּלוּקָה	יחידה
דִּלְקִי	תִּדְלְקִי	דָּלַקְתְּ	את	דּוֹלְקִים דְּלוּקִים	רבים
	יִדְלוֹק	דָּלַק	הוא	דּוֹלְקוֹת דְּלוּקוֹת	רבות
	תִּדְלוֹק	דָּלְקָה	היא		
	נִדְלוֹק	דָּלַקְנוּ	אנחנו		
דִּלְקוּ***	תִּדְלְקוּ**	דְּלַקְתֶּם/ן*	אתם/ן		
	יִדְלְקוּ**	דָּלְקוּ	הם/ן		

שם הפועל .Infin לִדְלוֹק — * Colloquial: דָּלַקְתֶּם/ן

שם הפעולה Gerund דְּלִיקָה burning — ** less commonly: אתן/הן תִּדְלוֹקְנָה

בינוני סביל .Pass. Part דָּלוּק lit — *** less commonly: (אתן) דְּלוֹקְנָה >>

דָּלוּק (על) crazy (about) (sl.)

מקור מוחלט .Inf. Abs דָּלוֹק

נִדְלַק/יִידָּלֵק (יִדָּלֵק) be lit, be turned on (light)

בניין: נִפְעַל גזרה: שלמים

	Present הווה		Past עבר	Future עתיד	Imperative ציווי
יחיד	נִדְלָק	אני	נִדְלַקְתִּי	אֶדָּלֵק	
יחידה	נִדְלֶקֶת	אתה	נִדְלַקְתָּ	תִּידָּלֵק	הִידָּלֵק
רבים	נִדְלָקִים	את	נִדְלַקְתְּ	תִּידָּלְקִי	הִידָּלְקִי
רבות	נִדְלָקוֹת	הוא	נִדְלַק	יִידָּלֵק	
		היא	נִדְלְקָה	תִּידָּלֵק	
		אנחנו	נִדְלַקְנוּ	נִידָּלֵק	
		אתם/ן	נִדְלַקְתֶּם/ן	תִּידָּלְקוּ*	הִידָּלְקוּ**
		הם/ן	נִדְלְקוּ	יִידָּלְקוּ*	

* less commonly: אתן/הן תִּידָּלַקְנָה/...לֵקְנָה

שם הפועל .Infin לְהִידָּלֵק ** less commonly: (אתן) הִידָּלַקְנָה/...לֵקְנָה

שם הפעולה Gerund הִידָּלְקוּת getting lit/turned on

מקור מוחלט .Inf. Abs נִדְלוֹק, הִידָּלֵק (הִידָּלוֹק)

מ״י מוצרכת .Gov. Prep נִדְלַק על become crazy about (sl.)

A less frequent homonymous root meaning 'pursue' is not included in this collection.

♦ דוגמאות Illustrations

בגלל הסופה נותק זרם החשמל בשכונה. **הִדְלַקְתִּי** נר וניסיתי להמשיך לעבוד לאורו, אבל הנר היה קצר **וְדָלַק** רק כרבע שעה. לאחר כשעה **נִדְלְקוּ** שוב האורות.

Because of the storm the electricity supply to the neighborhood was cut. I **lit** a candle and tried to work by its light, but the candle was short and **burned** only for about a quarter of an hour. After an hour the lights **came on** again.

המשטרה הודיעה כי האש **הוּדְלְקָה** בזדון, ופתחה בחיפושים אחרי המצית.

The police announced that the fire **was** purposely **set**, and started a search for the arsonist.

● דמה

דָּמָה/דוֹמֶה/יִדְמֶה be like, resemble

בניין: פָּעַל גזרה: ל"ה

	Present הווה			Past עבר	Future עתיד	Imper. ציווי
יחיד	דוֹמֶה	דָּמוּי	אני	דָּמִיתִי	אֶדְמֶה	
יחידה	דוֹמָה	דְּמוּיָה	אתה	דָּמִיתָ	תִּדְמֶה	דְּמֵה
רבים	דוֹמִים	דְּמוּיִים	את	דָּמִית	תִּדְמִי	דְּמִי
רבות	דוֹמוֹת	דְּמוּיוֹת	הוא	דָּמָה	יִדְמֶה	
			היא	דָּמְתָה	תִּדְמֶה	
			אנחנו	דָּמִינוּ	נִדְמֶה	
			אתם/ן	דְּמִיתֶם/ן*	תִּדְמוּ**	דְּמוּ***
			הם/ן	דָּמוּ	יִדְמוּ**	

* Colloquial: דָּמִיתֶם/ן

** less commonly: אתן/הן תִּדְמֶינָה

*** less commonly: (אתן) דְּמֶינָה

שם הפועל .Infin לִדְמוֹת

בינוני פעיל .Act. Part דּוֹמֶה (a)like, resembling

בינוני סביל .Pass. Part דָּמוּי resembling, shaped like

מקור מוחלט .Inf. Abs דָּמֹה

מ"י מוצרכת .Gov. Prep דָּמָה ל- resemble (something/someone)

נִדְמָה/יִידָּמֶה (יִדָּמֶה) seem; resemble

בניין: נִפְעַל גזרה: ל"ה + ע' גרונית

	Present הווה		Past עבר	Future עתיד	Imperative ציווי
יחיד	נִדְמֶה	אני	נִדְמֵיתִי	אֶדָּמֶה	
יחידה	נִדְמֵית	אתה	נִדְמֵיתָ	תִּידָּמֶה	הִידָּמֵה
רבים	נִדְמִים	את	נִדְמֵית	תִּידָּמִי	הִידָּמִי
רבות	נִדְמוֹת	הוא	נִדְמָה	יִידָּמֶה	
		היא	נִדְמְתָה	תִּידָּמֶה	
		אנחנו	נִדְמֵינוּ*	נִידָּמֶה	
		אתם/ן	נִדְמֵיתֶם/ן	תִּידָּמוּ**	הִידָּמוּ***
		הם/ן	נִדְמוּ	יִידָּמוּ**	

* BH: נִדְמִינוּ

** less commonly: אתן/הן תִּידָּמֶינָה

*** less commonly: (אתן) הִידָּמֶינָה

שם הפועל .Infin לְהִידָּמוֹת

בינוני .Pres. Part נִדְמֶה appears, seems

מקור מוחלט .Inf. Abs נִדְמֹה, הִידָּמֵה

מ"י מוצרכת .Gov. Prep נִדְמָה ל- seem to

דִּימָּה/דִּמָּה (דִּמָּה) compare/liken to; imagine

בניין: פִּיעֵל גזרה: ל"ה

	Present הווה		Past עבר	Future עתיד	Imperative ציווי
יחיד	מְדַמֶּה	אני	דִּימִּיתִי	אֲדַמֶּה	
יחידה	מְדַמָּה	אתה	דִּימִּיתָ	תְּדַמֶּה	דַּמֵּה
רבים	מְדַמִּים	את	דִּימִּית	תְּדַמִּי	דַּמִּי
רבות	מְדַמּוֹת	הוא	דִּימָּה	יְדַמֶּה	
		היא	דִּימְּתָה	תְּדַמֶּה	
		אנחנו	דִּימִּינוּ	נְדַמֶּה	
		אתם/ן	דִּימִּיתֶם/ן	תְּדַמּוּ*	דַּמּוּ**
		הם/ן	דִּימּוּ	יְדַמּוּ*	

* less commonly: אתן/הן תְּדַמֶּינָה

שם הפועל .Infin לְדַמּוֹת ** less commonly: (אתן) דַּמֶּינָה

שם הפעולה Gerund דִּימּוּי comparison; simile; notion

מקור מוחלט .Inf. Abs דַּמֵּה

מ"י מוצרכת .Gov. Prep דִּימָּה ל- liken to

דּוּמָּה/דוּמֶּה (דֻּמָּה) be compared; be imagined

בניין: פּוּעַל גזרה: ל"ה

	Present הווה		Past עבר	Future עתיד
יחיד	מְדוּמֶּה	אני	דוּמֵּיתִי	אֲדוּמֶּה
יחידה	מְדוּמָּה	אתה	דוּמֵּיתָ	תְּדוּמֶּה
רבים	מְדוּמִּים	את	דוּמֵּית	תְּדוּמִּי
ררות	מְדוּמּוֹת	הוא	דוּמָּה	יְדוּמֶּה
		היא	דוּמְּתָה	תְּדוּמֶּה
		אנחנו	דוּמֵּינוּ*	נְדוּמֶּה
		אתם/ן	דוּמֵּיתֶם/ן	תְּדוּמּוּ**
		הם/ן	דוּמּוּ	יְדוּמּוּ**

* BH: דוּמִּינוּ

בינ' .Pres. Part מְדוּמֶּה imaginary; seeming ** less commonly: אתן/הן תְּדוּמֶּינָה

[מקור מוחלט .Inf. Abs דּוּמֹּה]

מ"י מוצרכת .Gov. Prep דּוּמָּה ל- be likened to

◆ **פעלים שאינם שכיחים מאותו שורש** Infrequent verbs sharing the same root

הִ(תְ)דַּמָּה liken/compare oneself; look, appear; be identical; assimilate [(מִ(תְ)דַּמֶּה, יִ(תְ)דַּמֶּה, לְהִ(תְ)דַּמּוֹת]

◆ **דוגמאות** Illustrations

נִדְמֶה לי שכבר ראיתי אותו פעם, וכבר אז חשבתי שהוא **דּוֹמֶה** לרונלד רייגן.

It seems to me that I have already seen him once, and already thought then that he **resembles** Ronald Reagan.

כשאברהם משתעמם הוא **מְדַמֶּה** לעצמו שהוא מרחף באוויר. המצבים **המְדוּמִּים** האלה משפרים את מצב רוחו.

When Avraham gets bored he **imagines** to himself that he is floating in the air. These **imaginary** situations improve his mood.

◆ **ביטויים מיוחדים** Special expressions

דּוֹמֶה ש- it seems that

דּוֹמֶה אני, דּוֹמַנִי it seems to me

נִדְמֶה לי ש- it seems to me that

דַּמֵּה בנפשך just imagine!

חולה **מְדוּמֶּה** hypochondriac

שבר **מְדוּמֶּה** improper fraction

כִּמְדוּמֶּה לי/כִּמְדוּמַּנִי it seems to me, apparently

●דפדף

דִּפְדֵּף/דִּפְדַּפ/דַּפְדֵּף turn over pages

בניין: פִּיעֵל גזרה: מרובעים

Imperative ציווי	Future עתיד	Past עבר		Present הווה	
	אֲדַפְדֵּף	דִּפְדַּפְתִּי	אני	מְדַפְדֵּף	יחיד
דַּפְדֵּף	תְּדַפְדֵּף	דִּפְדַּפְתָּ	אתה	מְדַפְדֶּפֶת	יחידה
דַּפְדְּפִי	תְּדַפְדְּפִי	דִּפְדַּפְתְּ	את	מְדַפְדְּפִים	רבים
	יְדַפְדֵּף	דִּפְדֵּף	הוא	מְדַפְדְּפוֹת	רבות
	תְּדַפְדֵּף	דִּפְדְּפָה	היא		
	נְדַפְדֵּף	דִּפְדַּפְנוּ	אנחנו		
דַּפְדְּפוּ**	תְּדַפְדְּפוּ*	דִּפְדַּפְתֶּם/ן	אתם/ן		
	יְדַפְדְּפוּ*	דִּפְדְּפוּ	הם/ן		

* less commonly: אתן/הן תְּדַפְדֵּפְנָה

** less commonly: (אתן) דַּפְדֵּפְנָה

שם הפועל .Infin לְדַפְדֵּף

שם הפעולה Gerund דִּפְדּוּף turning over of pages

מקור מוחלט .Inf. Abs דַּפְדֵּף

מ״י מוצרכת .Gov. Prep דִּפְדֵּף ב(ספר) turn over pages of (book)

◆ **פעלים שאינם שכיחים מאותו שורש** Infrequent verbs sharing the same root

נִדַּפְדֵּף be turned over; be recollected (lit.) (מִדַּפְדֵּף, יִדַּפְדֵּף, לְהִדַּפְדֵּף)

◆ דוגמאות Illustrations

מיכאל דִּפְדֵּף מספר דקות בספר, אך לא מצא בו עניין.

Michael **turned over the pages** of the book but it did not interest him.

●דפק

דָּפַק/דוֹפֵק/יִדְפּוֹק (יִדְפֹּק) knock, beat; mess up/"fix"/"do" (sl.); have sexual intercourse (sl.); go/work well (sl.)

בניין: פָּעַל   גזרה: שלמים (אֶפְעוֹל)

Imper. ציווי	Future עתיד	Past עבר		Present הווה	
	אֶדְפּוֹק****	דָּפַקְתִּי	אני	דוֹפֵק דָּפוּק	יחיד
דְּפוֹק	תִּדְפּוֹק	דָּפַקְתָּ	אתה	דוֹפֶקֶת דְּפוּקָה	יחידה
דִּפְקִי	תִּדְפְּקִי	דָּפַקְתְּ	את	דוֹפְקִים דְּפוּקִים	רבים
	יִדְפּוֹק	דָּפַק	הוא	דוֹפְקוֹת דְּפוּקוֹת	רבות
	תִּדְפּוֹק	דָּפְקָה	היא		
	נִדְפּוֹק	דָּפַקְנוּ	אנחנו		
דִּפְקוּ***	תִּדְפְּקוּ**	דְּפַקְתֶּם/ן*	אתם/ן		
	יִדְפְּקוּ**	דָּפְקוּ	הם/ן		

* Colloquial: דָּפַקְתֶּם/ן

** less commonly: אתן/הן תִּדְפּוֹקְנָה

*** less commonly: (אתן) דְּפוֹקְנָה

**** colloquial: לִדְפּוֹק, אֶדְפּוֹק...

שם הפועל .Infin לִדְפּוֹק****

בינוני פעיל .Act. Part דוֹפֵק go/work well (sl.)

בינוני סביל .Pass. Part דָּפוּק messed up (sl.)

שם הפעולה Gerund דְּפִיקָה a knock; a mess up (sl.); sexual intercourse (sl.)

מקור מוחלט .Inf. Abs דָּפוֹק

מ"י מוצרכת .Gov. Prep דָּפַק על/ב- knock on

נִדְפַּק/יִידָּפֵק (יִדָּפֵק) be knocked/beaten; get messed up (sl.); be had sexually (sl.)

בניין: נִפְעַל   גזרה: שלמים

Imperative ציווי	Future עתיד	Past עבר		Present הווה	
	אֶדָּפֵק	נִדְפַּקְתִּי***	אני	נִדְפָּק**	יחיד
הִידָּפֵק	תִּידָּפֵק	נִדְפַּקְתָּ	אתה	נִדְפֶּקֶת	יחידה
הִידָּפְקִי	תִּידָּפְקִי	נִדְפַּקְתְּ	את	נִדְפָּקִים	רבים
	יִידָּפֵק	נִדְפַּק	הוא	נִדְפָּקוֹת	רבות
>>>	תִּידָּפֵק	נִדְפְּקָה	היא		

Imperative ציווי	Future עתיד	Past עבר	
	נִידָּפֵק	נִדְפַּקְנוּ	אנחנו
הִידָּפְקוּ**	תִּידָּפְקוּ*	נִדְפַּקְתֶּם/ן	אתם/ן
	יִידָּפְקוּ*	נִדְפְּקוּ	הם/ן

* less commonly: אתן/הן תִּידָּפַקְנָה

** less commonly: (אתן) הִידָּפַקְנָה

*** colloquial: נִדְפָּק... נִדְפַּקְתִּי...

שם הפועל .Infin לְהִידָּפֵק

שם הפעולה Gerund הִידָּפְקוּת being knocked/messed up

מקור מוחלט .Inf. Abs נִדְפּוֹק, הִידָּפֵק (הִידָּפוֹק)

◆ פעלים שאינם שכיחים מאותו שורש Infrequent verbs sharing the same root

הִתְדַּפֵּק/הִידַּפֵּק (על) knock many times (on) (מִתְדַּפֵּק, יִתְדַּפֵּק, לְהִתְדַּפֵּק)

הִדְפִּיק beat; fuse by beating; cause to beat (Med H) (מַדְפִּיק, יַדְפִּיק, לְהַדְפִּיק)

◆ דוגמאות Illustrations

דָּפַקְתִּי בדלת/על הדלת, אבל לא הייתה תשובה. איזו **דְּפִיקָה** - היא לא בבית! הייתי צריך לטלפן קודם. תמיד אני **נִדְפָּק** בגלל שטויות כאלה. משהו כנראה **דָּפוּק** אצלי בראש!

I **knocked** on the door, but there was no answer. What a **mess up** - she's not home! I should have phoned earlier. I always **get messed up** because of such nonsense. Something must be **messed up** in my head! (sl.)

אל תדאג; הכל **דּוֹפֵק** מצוין.

Don't worry; everything **is going/proceeding** very well (sl.)

● דקר

דָּקַר/דּוֹקֵר/יִדְקוֹר (יִדְקֹר) prick, stab

בניין: פָּעַל גזרה: שלמים (אֶפְעוֹל)

Present הווה		
דּוֹקֵר	דָּקוּר	יחיד
דּוֹקֶרֶת	דְּקוּרָה	יחידה
דּוֹקְרִים	דְּקוּרִים	רבים
דּוֹקְרוֹת	דְּקוּרוֹת	רבות

Imper. ציווי	Future עתיד	Past עבר	
	אֶדְקוֹר	דָּקַרְתִּי	אני
דְּקוֹר	תִּדְקוֹר	דָּקַרְתָּ	אתה
דִּקְרִי	תִּדְקְרִי	דָּקַרְתְּ	את
	יִדְקוֹר	דָּקַר	הוא
	תִּדְקוֹר	דָּקְרָה	היא
	נִדְקוֹר	דָּקַרְנוּ	אנחנו
דִּקְרוּ***	תִּדְקְרוּ**	דְּקַרְתֶּם/ן*	אתם/ן
	יִדְקְרוּ**	דָּקְרוּ	הם/ן

שם הפועל .Infin לִדְקוֹר

* Colloquial: דָּקַרְתֶּם/ן <<<

שם הפעולה Gerund דְּקִירָה a prick, a stab

בינוני פעיל Act. Part. דּוֹקֵר prickly

בינוני סביל Pass. Part. דָּקוּר stabbed

מקור מוחלט Inf. Abs. דָּקוֹר

** less commonly: אתן/הן תִּדְקוֹרְנָה

*** less commonly: (אתן) דְּקוֹרְנָה

נִדְקַר/יִידָּקֵר (יִדָּקֵר) be pricked/pierced/stabbed

בניין: נִפְעַל גזרה: שלמים

	Present הווה		Past עבר	Future עתיד	Imperative ציווי
יחיד	נִדְקָר	אני	נִדְקַרְתִּי	אֶדָּקֵר	
יחידה	נִדְקֶרֶת	אתה	נִדְקַרְתָּ	תִּידָּקֵר	הִידָּקֵר
רבים	נִדְקָרִים	את	נִדְקַרְתְּ	תִּידָּקְרִי	הִידָּקְרִי
רבות	נִדְקָרוֹת	הוא	נִדְקַר	יִידָּקֵר	
		היא	נִדְקְרָה	תִּידָּקֵר	
		אנחנו	נִדְקַרְנוּ	נִידָּקֵר	
		אתם/ן	נִדְקַרְתֶּם/ן	תִּידָּקְרוּ*	הִידָּקְרוּ**
		הם/ן	נִדְקְרוּ	יִידָּקְרוּ*	

שם הפועל Infin. לְהִידָּקֵר

שם הפעולה Ger. הִידָּקְרוּת being stabbed

מקור מוחלט Inf. Abs. נִדְקוֹר, הִידָּקֵר (הִידָּקוֹר)

* less commonly: אתן/הן תִּידָּקַרְנָה/...קֵרְנָה

** less commonly: (אתן) הִידָּקַרְנָה/...קֵרְנָה

◆ פעלים שאינם שכיחים מאותו שורש Infrequent verbs sharing the same root

דִּיקֵּר (דִּקֵּר) stab (Med H) (מְדַקֵּר, יְדַקֵּר, לְדַקֵּר)

דּוּקַּר (דֻּקַּר) be stabbed (lit.) (מְדוּקָּר, יְדוּקַּר)

הִדְקִיר stab (Med H) (מַדְקִיר, יַדְקִיר, לְהַדְקִיר)

◆ דוגמאות Illustrations

המשטרה מודיעה כי שלושה חברי כנופיה **נִדְקְרוּ** אתמול בלילה בתיגרה. **הַדּוֹקְרִים**, חברי כנופיה מתחרה, מסתתרים אי שם בשכונה.

The police announced that three gang members **were stabbed** last night in a fight. The **stabbers**, members of a rival gang, are hiding somewhere in the neighborhood.

חנה לא אוהבת לתת לסבא שלה נשיקה, כי הזקן שלו **דוֹקֵר**.

Hanna does not like to kiss her grandfather, because his beard is **prickly**.

● דרך

דָּרַךְ/דּוֹרֵךְ/יִדְרוֹךְ (יִדְרֹךְ) step, tread; press (grapes, etc.); cock (rifle); draw (bow)

בניין: פָּעַל גזרה: שלמים (אֶפְעוֹל)

	הווה Present			עבר Past	עתיד Future	ציווי Imper.
יחיד	דּוֹרֵךְ	דָּרוּךְ	אני	דָּרַכְתִּי	אֶדְרוֹךְ	
יחידה	דּוֹרֶכֶת	דְּרוּכָה	אתה	דָּרַכְתָּ	תִּדְרוֹךְ	דְּרוֹךְ
רבים	דּוֹרְכִים	דְּרוּכִים	את	דָּרַכְתְּ	תִּדְרְכִי	דִּרְכִי
רבות	דּוֹרְכוֹת	דְּרוּכוֹת	הוא	דָּרַךְ	יִדְרוֹךְ	
			היא	דָּרְכָה	תִּדְרוֹךְ	
			אנחנו	דָּרַכְנוּ	נִדְרוֹךְ	
			אתם/ן	דְּרַכְתֶּם/ן*	תִּדְרְכוּ**	דִּרְכוּ***
			הם/ן	דָּרְכוּ	יִדְרְכוּ**	

* Colloquial: דָּרַכְתֶּם/ן

** less commonly: אתן/הן תִּדְרוֹכְנָה

*** less commonly: (אתן) דְּרוֹכְנָה

שם הפועל Infin. לִדְרוֹךְ

שם הפעולה Gerund דְּרִיכָה stepping; pressing; cocking

בינוני סביל Pass. Part. דָּרוּךְ cocked (rifle), drawn (bow); tense, ready, on the alert

מקור מוחלט Inf. Abs. דָּרוֹךְ

מ"י מוצרכת Gov. Prep. דָּרַךְ עַל step on

נִדְרַךְ/יִידָּרֵךְ (יִדָּרֵךְ) be trodden/trampled; be cocked/drawn tight

בניין: נִפְעַל גזרה: שלמים

	הווה Present		עבר Past	עתיד Future	ציווי Imperative
יחיד	נִדְרָךְ	אני	נִדְרַכְתִּי	אֶדָּרֵךְ	
יחידה	נִדְרֶכֶת	אתה	נִדְרַכְתָּ	תִּידָּרֵךְ	הִידָּרֵךְ
רבים	נִדְרָכִים	את	נִדְרַכְתְּ	תִּידָּרְכִי	הִידָּרְכִי
רבות	נִדְרָכוֹת	הוא	נִדְרַךְ	יִידָּרֵךְ	
		היא	נִדְרְכָה	תִּידָּרֵךְ	
		אנחנו	נִדְרַכְנוּ	נִידָּרֵךְ	
		אתם/ן	נִדְרַכְתֶּם/ן	תִּידָּרְכוּ*	הִידָּרְכוּ**
		הם/ן	נִדְרְכוּ	יִידָּרְכוּ*	

* less commonly: אתן/הן תִּידָּרַכְנָה/...רֵכְנָה

** less commonly: (אתן) הִידָּרַכְנָה/...רֵכְנָה

שם הפועל Infin. לְהִידָּרֵךְ

שם הפעולה Gerund הִידָּרְכוּת being trodden/cocked...

מקור מוחלט Inf. Abs. נִדְרוֹךְ, הִידָּרֵךְ (הִידָּרוֹךְ)

הִדְרִיךְ/הִדְרַכְ/יַדְרִיךְ guide; instruct

בניין: הִפְעִיל גזרה: שלמים

	הווה Present		עבר Past	עתיד Future	ציווי Imperative
יחיד	מַדְרִיךְ	אני	הִדְרַכְתִּי	אַדְרִיךְ	
יחידה	מַדְרִיכָה	אתה	הִדְרַכְתָּ	תַּדְרִיךְ	הַדְרֵךְ
רבים	מַדְרִיכִים	את	הִדְרַכְתְּ	תַּדְרִיכִי	הַדְרִיכִי
רבות	מַדְרִיכוֹת	הוא	הִדְרִיךְ	יַדְרִיךְ	
		היא	הִדְרִיכָה	תַּדְרִיךְ	
		אנחנו	הִדְרַכְנוּ	נַדְרִיךְ	
		אתם/ן	הִדְרַכְתֶּם/ן	תַּדְרִיכוּ*	הַדְרִיכוּ**
		הם/ן	הִדְרִיכוּ	יַדְרִיכוּ*	

* less commonly: אתן/הן תַּדְרֵכְנָה

** less commonly: (אתן) הַדְרֵכְנָה

שם הפועל .Infin לְהַדְרִיךְ

שם הפעולה Gerund הַדְרָכָה guidance, instruction

בינוני .Pres. Part מַדְרִיךְ guide, instructor

מקור מוחלט .Inf. Abs הַדְרֵךְ

הוּדְרַךְ (הֻדְרַךְ) be guided/instructed

בניין: הוּפְעַל גזרה: שלמים

	הווה Present		עבר Past	עתיד Future
יחיד	מוּדְרָךְ	אני	הוּדְרַכְתִּי	אוּדְרַךְ
יחידה	מוּדְרֶכֶת	אתה	הוּדְרַכְתָּ	תוּדְרַךְ
רבים	מוּדְרָכִים	את	הוּדְרַכְתְּ	תוּדְרְכִי
רבות	מוּדְרָכוֹת	הוא	הוּדְרַךְ	יוּדְרַךְ
		היא	הוּדְרְכָה	תוּדְרַךְ
		אנחנו	הוּדְרַכְנוּ	נוּדְרַךְ
		אתם/ן	הוּדְרַכְתֶּם/ן	תוּדְרְכוּ*
		הם/ן	הוּדְרְכוּ	יוּדְרְכוּ*

* less commonly: אתן/הן תוּדְרַכְנָה

בינוני .Pres. Part מוּדְרָךְ guided

[מקור מוחלט .Inf. Abs הוּדְרֵךְ]

◆ פעלים שאינם שכיחים מאותו שורש Infrequent verbs sharing the same root

דּוֹרַךְ (דֹּרַךְ) be drawn (bow), be tensed (lit.) (מְדוֹרָךְ, יְדוֹרַךְ)

הִתְדָּרֵךְ walk along the way (Med H) (מִתְדָּרֵךְ, יִתְדָּרֵךְ, לְהִתְדָּרֵךְ)

◆ דוגמאות Illustrations

הַמַּדְרִיךְ ביקש מן הילדים שלא יִדְרְכוּ על הדשא.

The **instructor** asked the children not **to step** on the lawn.

הַמַּדְרִיךְ שהם שולחים עם התוכנה אינו מפורט דיו. רוכשים רבים זקוקים לְהַדְרָכָה ישירה על ידי מומחה שֶׁיַּדְרִיךְ אותם בשלבי ההפעלה הראשונים. מעין

סיור מוּדְרָךְ.

The **guide** they send with the program is not sufficiently detailed. Many purchasers need direct **guidance** by an expert who **will guide** them at the initial operating stages. A kind of **guided** tour.

חשבתי ששמעתי נקישה של רובה שנִדְרַךְ, אבל מסתבר שבסך הכל חיים דָּרַךְ על קליפה של פיסטוק חלבי...

I thought I heard a click of a rifle **being cocked**, but it turned out that all it was was Hayyim **stepping** on a pistachio nut shell...

◆ ביטויים מיוחדים Special expressions

דָּרַךְ עוז fill up with courage; march boldly

דָּרַךְ כוכב a new star is born

דָּרַךְ על היבלת של מישהו hurt one on a sensitive point, at one's "Achilles' heel" (col.)

דָּרַךְ במקום tread in the same place (without making progress)

הִדְרִיךְ את מנוחתו give him no rest

●דרס

דָּרַס/דוֹרֵס/יִדְרוֹס (יִדְרֹס) run over, trample; devour prey

בניין: פָּעַל גזרה: שלמים (אֶפְעוֹל)

	Present הווה		Past עבר	Future עתיד	Imper. ציווי
יחיד	דּוֹרֵס דָּרוּס	אני	דָּרַסְתִּי	אֶדְרוֹס	
יחידה	דּוֹרֶסֶת דְּרוּסָה	אתה	דָּרַסְתָּ	תִּדְרוֹס	דְּרוֹס
רבים	דּוֹרְסִים דְּרוּסִים	את	דָּרַסְתְּ	תִּדְרְסִי	דִּרְסִי
רבות	דּוֹרְסוֹת דְּרוּסוֹת	הוא	דָּרַס	יִדְרוֹס	
		היא	דָּרְסָה	תִּדְרוֹס	
		אנחנו	דָּרַסְנוּ	נִדְרוֹס	
		אתם/ן	דְּרַסְתֶּם/ן*	תִּדְרְסוּ**	דִּרְסוּ***
		הם/ן	דָּרְסוּ	יִדְרְסוּ**	

* Colloquial: דָּרַסְתֶּם/ן

** less commonly: אתן/הן תִּדְרוֹסְנָה

*** less commonly: (אתן) דְּרוֹסְנָה

שם הפועל Infin. לִדְרוֹס

שם הפעולה Gerund דְּרִיסָה running over; trampling

בינוני פעיל Act. Part. דּוֹרֵס predatory

בינוני סביל Pass. Part. דָּרוּס run over, trampled

מקור מוחלט Inf. Abs. דָּרוֹס

נִדְרַס/יִידָּרֵס (יִדָּרֵס) be run over/trampled

בניין: נִפְעַל גזרה: שלמים

	Present הווה		Past עבר	Future עתיד	Imperative ציווי
יחיד	נִדְרָס	אני	נִדְרַסְתִּי	אֶדָּרֵס	
יחידה	נִדְרֶסֶת	אתה	נִדְרַסְתָּ	תִּידָּרֵס	הִידָּרֵס
רבים	נִדְרָסִים	את	נִדְרַסְתְּ	תִּידָּרְסִי	הִידָּרְסִי
רבות	נִדְרָסוֹת	הוא	נִדְרַס	יִידָּרֵס	
		היא	נִדְרְסָה	תִּידָּרֵס	
		אנחנו	נִדְרַסְנוּ	נִידָּרֵס	
		אתם/ן	נִדְרַסְתֶּם/ן	תִּידָּרְסוּ*	הִידָּרְסוּ**
		הם/ן	נִדְרְסוּ	יִידָּרְסוּ*	

* less commonly: אתן/הן תִּידָּרַסְנָה/...רֵסְנָה

שם הפועל .Infin לְהִידָּרֵס ** less commonly: (אתן) הִידָּרַסְנָה/...רֵסְנָה

מקור מוחלט .Inf. Abs נִדְרוֹס, הִידָּרֵס (הִידָּרוֹס)

◆ פעלים שאינם שכיחים מאותו שורש Infrequent verbs sharing the same root

דֵּירֵס/דֵּירַס (דֵּרֵס) press hard (lit.) (מְדָרֵס, יְדָרֵס, לְדָרֵס)

◆ דוגמאות Illustrations

הולך רגל נִדְרַס אתמול בצומת השרון. הנהג שֶׁדָּרַס אותו ניסה להימלט, אך המשטרה הצליחה לעצרו.

A pedestrain **was run over** yesterday at Ha-Sharon Junction. The driver who **ran** him **over** tried to flee, but the police managed to catch him.

◆ ביטויים מיוחדים Special expressions

אסקופה **הנִדְרֶסֶת** one who is trampled on by everybody (like a doorstep)

עוף **דוֹרֵס** a bird of prey

● דרשׁ

דָּרַשׁ/דוֹרֵשׁ/יִדְרוֹשׁ (יִדְרֹשׁ) demand; inquire, seek; interpret, explain

בניין: פָּעַל גזרה: שלמים (אֶפְעוֹל)

	Present הווה			Past עבר	Future עתיד	Imper. ציווי
יחיד	דוֹרֵשׁ	דָּרוּשׁ	אני	דָּרַשְׁתִּי	אֶדְרוֹשׁ	
יחידה	דוֹרֶשֶׁת	דְּרוּשָׁה	אתה	דָּרַשְׁתָּ	תִּדְרוֹשׁ	דְּרוֹשׁ
רבים	דוֹרְשִׁים	דְּרוּשִׁים	את	דָּרַשְׁתְּ	תִּדְרְשִׁי	דִּרְשִׁי
רבות	דוֹרְשׁוֹת	דְּרוּשׁוֹת	הוא	דָּרַשׁ	יִדְרוֹשׁ	<<<

		Past עבר	Future עתיד	Imper. ציווי
היא		דָּרְשָׁה	תִּדְרוֹשׁ	
אנחנו		דָּרַשְׁנוּ	נִדְרוֹשׁ	
אתם/ן		דְּרַשְׁתֶּם/ן*	תִּדְרְשׁוּ**	דִּרְשׁוּ***
הם/ן		דָּרְשׁוּ	יִדְרְשׁוּ**	

* Colloquial: דָּרַשְׁתֶּם/ן

** less commonly: אתן/הן תִּדְרוֹשְׁנָה

*** less commonly: (אתן) דְּרוֹשְׁנָה

שם הפועל Infin. לִדְרוֹשׁ

שם הפעולה Gerund דְּרִישָׁה demand; requirement

בינוני פעיל Act. Part. דּוֹרֵשׁ preacher, expounder (lit.)

בינוני סביל Pass. Part. דָּרוּשׁ required, wanted

מקור מוחלט Inf. Abs. דָּרוֹשׁ

מ"י מוצרכת Gov. Prep. דָּרַשׁ מִן require of

נִדְרַשׁ/יִידָּרֵשׁ (יִדָּרֵשׁ) be required/requested; be interpreted

בניין: נִפְעַל גזרה: שלמים

	Present הווה		Past עבר	Future עתיד	Imperative ציווי
יחיד	נִדְרָשׁ	אני	נִדְרַשְׁתִּי	אֶדָּרֵשׁ	
יחידה	נִדְרֶשֶׁת	אתה	נִדְרַשְׁתָּ	תִּידָּרֵשׁ	הִידָּרֵשׁ
רבים	נִדְרָשִׁים	את	נִדְרַשְׁתְּ	תִּידָּרְשִׁי	הִידָּרְשִׁי
רבות	נִדְרָשׁוֹת	הוא	נִדְרַשׁ	יִידָּרֵשׁ	
		היא	נִדְרְשָׁה	תִּידָּרֵשׁ	
		אנחנו	נִדְרַשְׁנוּ	נִידָּרֵשׁ	
		אתם/ן	נִדְרַשְׁתֶּם/ן	תִּידָּרְשׁוּ*	הִידָּרְשׁוּ**
		הם/ן	נִדְרְשׁוּ	יִידָּרְשׁוּ*	

* less commonly: אתן/הן תִּידָּרַשְׁנָה/...רֵשְׁנָה

** less commonly: (אתן) הִידָּרַשְׁנָה/...רֵשְׁנָה

שם הפועל Infin. לְהִידָּרֵשׁ

מקור מוחלט Inf. Abs. נִדְרוֹשׁ, הִידָּרֵשׁ (הִידָּרוֹשׁ)

◆ פעלים שאינם שכיחים מֵאותו שורש Infrequent verbs sharing the same root

דּוֹרַשׁ (דּוֹרַשׁ) be required/interpreted (Med H) (מְדוֹרָשׁ, יְדוֹרַשׁ)

הִתְדָּרֵשׁ be interpreted (Mish H) (מִתְדָּרֵשׁ, יִתְדָּרֵשׁ, לְהִתְדָּרֵשׁ)

◆ דוגמאות Illustrations

אין להם הרבה **דְּרִישׁוֹת** באוניברסיטה הזאת. כל מה **שֶׁנִּדְרָשׁ** הוא נוכחות בשיעורים ובחינות בסוף הסמסטר. מרצים מעטים **דּוֹרְשִׁים** יותר מזה.

They do not have many **demands** at this university. All that is **required** is attendance in classes and exams at the end of the semester. Few professors **require** more than that.

דְּרוּשִׁים חמישים עובדים למפעל חדש בנגב.

Fifty workers **are needed** for a new plant in the Negev.

◆ ביטויים מיוחדים Special expressions

דָּרַשׁ את דמו take revenge on him (for murder)

דָּרַשׁ טוב לו, דָּרַשׁ (ל)שלומו be/do good to him

דָּרַשׁ בשלומו give him regards

דָּרַשׁ רעתו try to cause him damage

דָּרַשׁ בגנותו speak ill of him

אין לו דוֹרֵשׁ nobody's interested in it

נאה דוֹרֵשׁ ונאה מקיים practice what one says, keep one's promise

אומר דוֹרְשֵׁנִי requires further study, to understand beyond the obvious

---

●היה

הָיָה/הוֹוֶה/יִהְיֶה be, exist; belong; come to pass

בניין: פָּעַל גזרה: ל"ה

	(הווה Present)		עבר Past	עתיד Future	ציווי Imperative
יחיד	הוֹוֶה	אני	הָיִיתִי	אֶהְיֶה	
יחידה	הוֹוָה	אתה	הָיִיתָ	תִּהְיֶה	הֱיֵה
רבים	הוֹוִים	את	הָיִית	תִּהְיִי	הֲיִי
רבות	הוֹווֹת	הוא	הָיָה	יִהְיֶה	
		היא	הָיְתָה	תִּהְיֶה	
		אנחנו	הָיִינוּ	נִהְיֶה	
		אתם/ן	הֱיִיתֶם/ן*	תִּהְיוּ**	הֱיוּ***
		הם/ן	הָיוּ	יִהְיוּ**	

* Colloquial: הָיִיתֶם/ן

** less commonly: אתן/הן תִּהְיֶינָה

*** less commonly: (אתן) הֱיֶינָה

שם הפועל .Infin לִהְיוֹת

שם הפעולה Gerund הֱוָיָה being, existence

בינוני פעיל .Act. Part הוֹוֶה present tense

מקור מוחלט .Inf. Abs הָיֹה

נִהְיָה become, turn into

בניין: נִפְעַל גזרה: ל"ה (ללא עתיד וציווי no future or imperative)

	הווה Present		עבר Past
יחיד	נִהְיֶה	אני	נִהְיֵיתִי
יחידה	נִהְיֵית	אתה	נִהְיֵיתָ
רבים	נִהְיִים	את	נִהְיֵית
רבות	נִהְיוֹת	הוא	נִהְיָה
		היא	נִהְיְתָה >>>

	Past עבר
אנחנו	נִהְיֵינוּ*
אתם/ן	נִהְיֵיתֶם/ן
הם/ן	נִהְיוּ
* BH:	נִהְיֵינוּ

◆ **פעלים שאינם שכיחים מאותו שורש** Infrequent verbs sharing the same root

הִיָּה bring into existence, produce (Mish H) (מְהַיֶּה, יְהַיֶּה, לְהַיּוֹת)

◆ **דוגמאות** Illustrations

כשחיים הָיָה צעיר, הוא הָיָה כמעט כל יום בקולנוע - אפילו כשלא הָיְתָה לו עבודה ולא הָיָה לו כסף. מאז שהוא נִהְיָה עורך-דין, הוא עובד יומם ולילה ולא רואה סרטים בכלל.

When Hayyim **was** young, he **was** at movie theater almost every day, even when he **had** no job and **had** no money. Since he **became** a lawyer, he has been working day and night and does not see any movies.

◆ **ביטויים מיוחדים** Special expressions

הָיָה עליו ל- had to

הָיָה בדעתו ל- he intended to

הָיֹה הָיָה once upon a time there was

וְהָיָה Biblical verb form referring to the future; suppose (that...)

וַיְהִי Biblical verb form common at the beginning of a narrative sequence

וַיְהִי היום formulaic beginning of a narrative, meaning 'once,' or 'one day'

יְהִי מה come what may, whatever happens

יְהִי רצון ש- would it be that

הֱיוֹת שֶׁ- since...

הֲוֵי אומר that means/suggests

יִהְיֶה מה שֶׁיִּהְיֶה at all events, regardless of what happens

הָיָה הוֹוֶה וְיִהְיֶה attributes of God, referring to his being eternal

לא הָיָה ולא נברא/לא הָיוּ דברים מעולם (=להד"ם) nothing of the kind! it never happened

---

● הלך

הָלַךְ/הוֹלֵךְ/יֵלֵךְ go (on foot), walk; depart; plan/about to

בניין: פָּעַל גזרה: חסרי פ"י

	Present הווה		Past עבר	Future עתיד	Imperative ציווי
יחיד	הוֹלֵךְ	אני	הָלַכְתִּי	אֵלֵךְ	
יחידה	הוֹלֶכֶת	אתה	הָלַכְתָּ	תֵּלֵךְ	לֵךְ
רבים	הוֹלְכִים	את	הָלַכְתְּ	תֵּלְכִי	לְכִי
רבות	הוֹלְכוֹת	הוא	הָלַךְ	יֵלֵךְ	<<<

Imperative ציווי	Future עתיד	Past עבר	
	תֵּלֵךְ	הָלְכָה	היא
	נֵלֵךְ	הָלַכְנוּ	אנחנו
לְכוּ***	תֵּלְכוּ**	הֲלַכְתֶּם/ן*	אתם/ן
	יֵלְכוּ**	הָלְכוּ	הם/ן

שם הפועל Infin. לָלֶכֶת
שם הפעולה Gerund הֲלִיכָה walking
מקור מוחלט Inf. Abs. הָלוֹךְ

* Colloquial: הָלַכְתֶּם/ן
** less commonly: אתן/הן תֵּלַכְנָה
*** less commonly: (אתן) לֵכְנָה

הוֹלִיךְ/הוֹלַכְ/יוֹלִיךְ lead, conduct; transport

בניין: הִפְעִיל   גזרה: נחי פ"י

Imperative ציווי	Future עתיד	Past עבר		Present הווה	
	אוֹלִיךְ	הוֹלַכְתִּי	אני	מוֹלִיךְ	יחיד
הוֹלֵךְ	תּוֹלִיךְ	הוֹלַכְתָּ	אתה	מוֹלִיכָה	יחידה
הוֹלִיכִי	תּוֹלִיכִי	הוֹלַכְתְּ	את	מוֹלִיכִים	רבים
	יוֹלִיךְ	הוֹלִיךְ	הוא	מוֹלִיכוֹת	רבות
	תּוֹלִיךְ	הוֹלִיכָה	היא		
	נוֹלִיךְ	הוֹלַכְנוּ	אנחנו		
הוֹלִיכוּ**	תּוֹלִיכוּ*	הוֹלַכְתֶּם/ן	אתם/ן		
	יוֹלִיכוּ*	הוֹלִיכוּ	הם/ן		

* less commonly: אתן/הן תּוֹלֵכְנָה
** less commonly: (אתן) הוֹלֵכְנָה

שם הפועל Infin. לְהוֹלִיךְ
בינוני פעיל Pres. Part. מוֹלִיךְ conductor (elec.)
שם הפעולה Gerund הוֹלָכָה conducting, transporting
מקור מוחלט Inf. Abs. הוֹלֵךְ

◆ פעלים שאינם שכיחים מאותו שורש Infrequent verbs sharing the same root

נֶהֱלַךְ go slowly, reluctantly (lit.) (נֶהֱלָךְ, יֵיהָלֵךְ, לְהֵיהָלֵךְ)
הִילֵּךְ walk about, keep walking; cause to walk; impose, inspire (מְהַלֵּךְ, יְהַלֵּךְ, לְהַלֵּךְ)
הִתְהַלֵּךְ move about; behave, treat (מִתְהַלֵּךְ, יִתְהַלֵּךְ, לְהִתְהַלֵּךְ)
הוּלַךְ be led/conducted/transported (מוּלָךְ, יוּלַךְ)

◆ דוגמאות Illustrations

העקבות בשלג **הוֹלִיכוּ** לבקתה מבודדת בראש ההר. על פי העקבות **הָלְכוּ** יחד בשביל שלושה אנשים, וזו היתה **הֲלִיכָה** מהירה מאוד.

The tracks in the snow **led** to an isolated shack at the top of the mountain. According to the tracks, three people **were walking** together on the path, and it was a very quick **walk**.

אנחנו **הוֹלְכִים** לקנות מכונית חדשה. המכונית הישנה שלנו **הוֹלֶכֶת** להתפרק.

We **are going** (or we **intend/plan**) to buy a new car. Our old car is **about** to fall apart (coll.).

◆ ביטויים מיוחדים Special expressions

הָלוֹךְ ושוב/וחזור back and forth, in both directions
הָלַךְ בדרכו של מישהו follow in someone's footsteps
הָלַךְ לעולמו/בדרך כל הארץ pass away, go in the way of all flesh
הָלַךְ לאבדון perish
הָלַךְ לאיבוד be lost
הָלַךְ לטמיון be gone/wasted/lost
הָלַךְ למות be dying

הָלַךְ לו it went well for him (coll.)
הָלַךְ איתה he dated her (coll.)
הָלַךְ וגבר increased, grew stronger
הָלַךְ ופחת diminished, grew smaller
הָלַךְ אחרי הרוב follow the majority
הָלַךְ רכיל gossip, slander
הָלַךְ שולל be misled, be led astray
לֵךְ לעזאזל go to hell
הִילֵךְ עליו אימים scared him
הוֹלִיךְ שולל mislead, lead astray

● הנה

נֶהֱנָה/יֵיהָנֶה enjoy, benefit from

בניין: נִפְעַל   גזרה: ל"ה + פ' גרונית

	Present הווה		Past עבר	Future עתיד	Imperative ציווי
יחיד	נֶהֱנֶה	אני	נֶהֱנֵיתִי	אֵהָנֶה	
יחידה	נֶהֱנֵית	אתה	נֶהֱנֵיתָ	תֵּיהָנֶה	הֵיהָנֵה
רבים	נֶהֱנִים	את	נֶהֱנֵית	תֵּיהָנִי	הֵיהָנִי
רבות	נֶהֱנוֹת	הוא	נֶהֱנָה	יֵיהָנֶה	
		היא	נֶהֶנְתָה	תֵּיהָנֶה	
		אנחנו	נֶהֱנֵינוּ*	נֵיהָנֶה	
		אתם/ן	נֶהֱנֵיתֶם/ן	תֵּיהָנוּ**	הֵיהָנוּ***
		הם/ן	נֶהֱנוּ	יֵיהָנוּ**	

שם הפועל .Infin לְהֵיהָנוֹת
בינוני .Pres. Part נֶהֱנֶה beneficiary
מקור מוחלט .Inf. Abs נֶהֱנֹה, הֵיהָנֵה
מ"י מוצרכת .Gov. Prep נֶהֱנָה מן enjoy/benefit from

* BH: נֶהֱנֵינוּ
** less commonly: אתן/הן תֵּיהָנֶינָה
*** less commonly: (אתן) הֵיהָנֶינָה

◆ פעלים שאינם שכיחים מאותו שורש Infrequent verbs sharing the same root

הִינָּה give pleasure/benefit (מְהַנֶּה, יְהַנֶּה, לְהַנּוֹת)
בינוני .Pres. Part מְהַנֶּה enjoyable (fairly common form)
הִתְהַנָּה enjoy, benefit (Mish H) (מִתְהַנֶּה, יִתְהַנֶּה, לְהִתְהַנּוֹת)
הֶהֱנָה give pleasure/benefit (Mish H) (מַהֲנֶה, יַהֲנֶה, לְהַהֲנוֹת)

◆ דוגמאות Illustrations

נֶהֱנֵיתִי מאוד מן האופרה; כבר מזמן לא שמעתי אופרה **מְהַנָּה** כזאת.

I **enjoyed** this opera very much; I have not heard such an **enjoyable** opera for a long time.

◆ ביטויים מיוחדים Special expressions

זה **נֶהֱנֶה** וזה לא חסר everybody benefits

ברכות **הַנֶּהֱנִין** blessings said over enjoyment (of food, scents, etc.)

●הסס

הִיסֵּס/הִיסַּס/הַסֵּס (הִסֵּס) hesitate, waver

בניין: פִּיעֵל גזרה: שלמים

	Present הווה		Past עבר	Future עתיד	Imperative ציווי
יחיד	מְהַסֵּס	אני	הִיסַּסְתִּי	אֲהַסֵּס	
יחידה	מְהַסֶּסֶת	אתה	הִיסַּסְתָּ	תְּהַסֵּס	הַסֵּס
רבים	מְהַסְּסִים	את	הִיסַּסְתְּ	תְּהַסְּסִי	הַסְּסִי
רבות	מְהַסְּסוֹת	הוא	הִיסֵּס	יְהַסֵּס	
		היא	הִיסְּסָה	תְּהַסֵּס	
		אנחנו	הִיסַּסְנוּ	נְהַסֵּס	
		אתם/ן	הִיסַּסְתֶּם/ן	תְּהַסְּסוּ*	הַסְּסוּ**
		הם/ן	הִיסְּסוּ	יְהַסְּסוּ*	

שם הפועל .Infin לְהַסֵּס

שם הפעולה Gerund הִיסּוּס hesitation

בינוני פעיל .Pres. Part מְהַסֵּס hesitating, hesitant

מקור מוחלט .Inf. Abs הַסֵּס

* less commonly: אתן/הן תְּהַסֵּסְנָה

** less commonly: (אתן) הַסֵּסְנָה

◆ פעלים שאינם שכיחים מאותו שורש Infrequent verbs sharing the same root

[הוּסַּס] exists only as a derived participial adjective: מְהוּסָּס hesitant, unsure

הִתְהַסֵּס (נִתְהַסֵּס) fill up with hesitation (מִתְהַסֵּס, יִתְהַסֵּס, לְהִתְהַסֵּס)

◆ דוגמאות Illustrations

הרבה חושבים שהנשיא **מְהַסֵּס** יותר מדי, ושה**הִיסּוּסִים** הללו עלולים לעלות לו בקולות רבים בבחירות הבאות.

Many think that the president **hesitates** too much, and that these **hesitations** are liable to cost him numerous votes in the next elections.

◆ ביטויים מיוחדים Special expressions

ללא הִיסּוּס without hesitation

● הפך

הָפַךְ/הוֹפֵךְ/יַהֲפוֹךְ (יַהֲפֹךְ) turn over, invert, reverse; change (tr. and intr.); remove, destroy

בניין: פָּעַל   גזרה: פ׳ גרונית ה׳ ח׳ ע׳ (אֶפְעוֹל)

	Present הווה			Past עבר	Future עתיד	Imper. ציווי
יחיד	הוֹפֵךְ	הָפוּךְ	אני	הָפַכְתִּי	אֶהֱפוֹךְ	
יחידה	הוֹפֶכֶת	הֲפוּכָה	אתה	הָפַכְתָּ	תַּהֲפוֹךְ	הֲפוֹךְ
רבים	הוֹפְכִים	הֲפוּכִים	את	הָפַכְתְּ	תַּהַפְכִי	הִפְכִי
רבות	הוֹפְכוֹת	הֲפוּכוֹת	הוא	הָפַךְ	יַהֲפוֹךְ	
			היא	הָפְכָה	תַּהֲפוֹךְ	
			אנחנו	הָפַכְנוּ	נַהֲפוֹךְ	
			אתם/ן	הֲפַכְתֶּם/ן	תַּהַפְכוּ*	הִפְכוּ**
			הם/ן	הָפְכוּ	יַהַפְכוּ*	

* less commonly: אתן/הן תַּהֲפוֹכְנָה

** less commonly: (אתן) הֲפוֹכְנָה

שם הפועל .Infin לַהֲפוֹךְ

בינוני סביל .Pass. Part הָפוּךְ overturned; inverted

שם הפעולה Gerund הֲפִיכָה inversion; overthrow, coup

מקור מוחלט .Inf. Abs הָפוֹךְ

מ״י מוצרכת .Gov. Prep הָפַךְ ל- change/turn into

מ״י מוצרכת .Gov. Prep הָפַךְ ב- discuss/contemplate something at great length

נֶהְפַּךְ/יֵיהָפֵךְ (יֵהָפֵךְ) be inverted; be changed

בניין: נִפְעַל   גזרה: פ׳ גרונית

	Present הווה		Past עבר	Future עתיד	Imperative ציווי
יחיד	נֶהְפָּךְ*	אני	נֶהְפַּכְתִּי*	אֵיהָפֵךְ	
יחידה	נֶהְפֶּכֶת	אתה	נֶהְפַּכְתָּ	תֵּיהָפֵךְ	הֵיהָפֵךְ
רבים	נֶהְפָּכִים	את	נֶהְפַּכְתְּ	תֵּיהָפְכִי	הֵיהָפְכִי
רבות	נֶהְפָּכוֹת	הוא	נֶהְפַּךְ	יֵיהָפֵךְ	
		היא	נֶהְפְּכָה	תֵּיהָפֵךְ	
		אנחנו	נֶהְפַּכְנוּ	נֵיהָפֵךְ	
		אתם/ן	נֶהְפַּכְתֶּם/ן	תֵּיהָפְכוּ**	הֵיהָפְכוּ***
		הם/ן	נֶהְפְּכוּ	יֵיהָפְכוּ**	

* colloquial: נֶהֱפַּךְ..., נֶהֱפַּכְתִּי... <<<

** less commonly: אתן/הן תֵּיהָפַכְנָה/...פֵכְנָה

שם הפועל .Infin לְהֵיהָפֵךְ *** less commonly: (אתן) הֵיהָפַכְנָה/...פֵכְנָה

שם הפעולה Gerund הֵיהָפְכוּת changing/turning (into)

מקור מוחלט .Inf. Abs נֶהְפּוֹךְ, הֵיהָפֵךְ (הֵיהָפוֹךְ)

מקור מוחלט .Inf. Abs נַהֲפוֹךְ

מ״י מוצרכת .Gov. Prep נֶהְפַּךְ/נֶהֱפַּךְ ל- change/turn into

be turned upside down; be inverted; turn over הִתְהַפֵּךְ/הִתְהַפַּכ

בניין: הִתְפַּעֵל גזרה: שלמים

	Present הווה		Past עבר	Future עתיד	Imperative ציווי
יחיד	מִתְהַפֵּךְ	אני	הִתְהַפַּכְתִּי	אֶתְהַפֵּךְ	
יחידה	מִתְהַפֶּכֶת	אתה	הִתְהַפַּכְתָּ	תִּתְהַפֵּךְ	הִתְהַפֵּךְ
רבים	מִתְהַפְּכִים	את	הִתְהַפַּכְתְּ	תִּתְהַפְּכִי	הִתְהַפְּכִי
רבות	מִתְהַפְּכוֹת	הוא	הִתְהַפֵּךְ	יִתְהַפֵּךְ	
		היא	הִתְהַפְּכָה	תִּתְהַפֵּךְ	
		אנחנו	הִתְהַפַּכְנוּ	נִתְהַפֵּךְ	
		אתם/ן	הִתְהַפַּכְתֶּם/ן	תִּתְהַפְּכוּ*	הִתְהַפְּכוּ**
		הם/ן	הִתְהַפְּכוּ	יִתְהַפְּכוּ*	

* less commonly: אתן/הן תִּתְהַפֵּכְנָה

שם הפועל .Infin לְהִתְהַפֵּךְ ** less commonly: (אתן) הִתְהַפֵּכְנָה

שם הפעולה .Ger הִתְהַפְּכוּת inversion; transformation

מקור מוחלט .Inf. Abs הִתְהַפֵּךְ

♦ פעלים שאינם שכיחים מאותו שורש Infrequent verbs sharing the same root

הִיפֵּךְ (הִפֵּךְ) turn over; mix; change (מְהַפֵּךְ, יְהַפֵּךְ, לְהַפֵּךְ)

שם הפעולה Gerund הִיפּוּךְ reverse, inversion

הוּפַּךְ (הֻפַּךְ) be transformed/reversed (מְהוּפָּךְ, יְהוּפַּךְ)

בינוני סביל .Pass. Part מְהוּפָּךְ inverted, upside down, reversed

הֶהְפִּיךְ (Med H) turn over (tr.) (מַהְפִּיךְ, יַהְפִּיךְ, לְהַהְפִּיךְ)

הוּהְפַּךְ (הָהְפַּךְ) (lit.) turn over (intr.) (מוּהְפָּךְ, יוּהְפַּךְ)

♦ דוגמאות Illustrations

אחרי התאונה הוא **הָפַךְ/נֶהְפַּךְ** (**נֶהֱפַּךְ**) לאדם אחר, כאילו משהו **הִתְהַפֵּךְ** אצלו.

After the accident he **changed** into a different man, as if something **turned upside down** in him.

בעבר ארצות הברית הלוותה כספים לארצות אירופה. עם השנים **הִתְהַפְּכוּ** היוצרות, והיום המצב **הָפוּךְ**: ארצות הברית לוֹוָה כספים מאירופה.

In the past the U.S. lent money to the European countries. With the years things got **reversed**, and today the situation is **inverted**: the U.S. borrows money from Europe.

◆ **ביטויים מיוחדים** Special expressions

הֲפֹךְ ו**הֲפֹךְ** ב- study it inside out

הָפַךְ את היוצרות have it all mixed up; reverse the situation

הָפַךְ את העולם, **הָפַךְ** עולמות try very hard; make a big fuss

הָפַךְ בדבר turn it over and over in one's mind

הָפַךְ את הקערה על פיה turn the tables; turn things upside down

הָפַךְ עורף run away; turn one's back and leave; ignore

הֲפוֹךְ! Please Turn Over!

נַהֲפוֹךְ הוא on the contrary

נֶהֱפַךְ עליו הגלגל his luck changed to the worse

נֶהֱפַךְ לו לרועץ become a great hindrance to him

פירמידה **הֲפוּכָה** inverted pyramid

דבר ו**הִיפּוּכוֹ** a contradiction

הִיפּוּכוֹ של דבר on the contrary

וי"ו **הַהִיפּוּךְ** Waw conversive, or consecutive (in Hebrew grammar)

● הרג

הָרַג/הוֹרֵג/יַהֲרוֹג (יַהֲרֹג) kill, slay

בניין: **פָּעַל** גזרה: **פ' גרונית ה' ח' ע' (אֶפְעוֹל)**

Imp. ציווי	Fut. עתיד	Past עבר		Pres. הווה		
	אֶהֱרוֹג	הָרַגְתִּי	אני	הָרוּג	הוֹרֵג	יחיד
הֲרוֹג	תַּהֲרוֹג	הָרַגְתָּ	אתה	הֲרוּגָה	הוֹרֶגֶת	יחידה
הִרְגִי	תַּהַרְגִי	הָרַגְתְּ	את	הֲרוּגִים	הוֹרְגִים	רבים
	יַהֲרוֹג	הָרַג	הוא	הֲרוּגוֹת	הוֹרְגוֹת	רבות
	תַּהֲרוֹג	הָרְגָה	היא			
	נַהֲרוֹג	הָרַגְנוּ	אנחנו			
**הִרְגוּ	*תַּהַרְגוּ	הֲרַגְתֶּם/ן	אתם/ן			
	*יַהַרְגוּ	הָרְגוּ	הם/ן			

* less commonly: אתן/הן תַּהֲרוֹגְנָה

** less commonly: (אתן) הֲרוֹגְנָה

שם הפועל .Infin לַהֲרוֹג

בינוני סביל .Pass. Part הָרוּג killed, slain, dead

שם הפעולה Gerund הֲרִיגָה homocide

מקור מוחלט .Inf. Abs הָרוֹג

נֶהֱרַג/יֵיהָרֵג (יֵהָרֵג) be killed/slain

בניין: **נִפְעַל** גזרה: **פ' גרונית**

Imperative ציווי	Future עתיד	Past עבר		Present הווה	
	אֵיהָרֵג	נֶהֱרַגְתִּי	אני	נֶהֱרָג	יחיד
הֵיהָרֵג <<<	תֵּיהָרֵג	נֶהֱרַגְתָּ	אתה	נֶהֱרֶגֶת	יחידה

	הווה Present		עבר Past	עתיד Future	ציווי Imperative
רבים	נֶהֱרָגִים	את	נֶהֱרַגְתְּ	תֵּיהָרְגִי	הֵיהָרְגִי
רבות	נֶהֱרָגוֹת	הוא	נֶהֱרַג	יֵיהָרֵג	
		היא	נֶהֶרְגָה	תֵּיהָרֵג	
		אנחנו	נֶהֱרַגְנוּ	נֵיהָרֵג	
		אתם/ן	נֶהֱרַגְתֶּם/ן	תֵּיהָרְגוּ*	הֵיהָרְגוּ**
		הם/ן	נֶהֶרְגוּ	יֵיהָרְגוּ*	

שם הפועל .Infin לְהֵיהָרֵג * less commonly: אתן/הן תֵּיהָרַגְנָה/...רֵגְנָה

שם הפעולה Gerund הֵיהָרְגוּת being killed ** less commonly: (אתן) הֵיהָרַגְנָה/...רֵגְנָה

מקור מוחלט .Inf. Abs נַהֲרוֹג, הֵיהָרֵג (הֵיהָרוֹג)

◆ **פעלים שאינם שכיחים מאותו שורש** Infrequent verbs sharing the same root

הוֹרַג (הֻרַג) be killed (lit.) (מְהוֹרָג, יְהוֹרַג)

◆ **דוגמאות** Illustrations

בישראל, תאונות דרכים **הוֹרְגוֹת** יותר בני אדם מאשר המלחמות. כל יום מדווח על **הֲרוּגִים** בכבישים. רק אתמול **נֶהֶרְגוּ** חמישה אנשים בתאונות מיותרות לחלוטין.

In Israel, accidents **kill** more human beings than the wars. Every day there are reports of **dead** on the roads. Only yesterday five people **were killed** in completely unnecessary accidents.

◆ **ביטויים מיוחדים** Special expressions

הָרַג את עצמו work very hard (coll.)

הָרַג את הזמן "kill" time (coll.)

הוֹרְגֵנִי נא **הָרוֹג** no way! over my dead body! (lit.)

(אם) בא **לְהָרָגְךָ** - השכם **לְהָרְגוֹ** if one comes to kill you, kill him first

הוציא **לְהוֹרֵג** execute

הוּצָא לְהוֹרֵג be executed

יֵיהָרֵג ועל יעבור should never do it, whatever the circumstances

נֶהֱרַג על פחות משווה פרוטה would do anything so as to avoid losing a penny, i.e. is a great miser

---

●הרס

הָרַס/הוֹרֵס/יַהֲרוֹס (יַהֲרֹס) destroy, ruin, demolish; dare (arch.)

בניין: פָּעַל גזרה: פ׳ גרונית ה׳ ח׳ ע׳ (אֶפְעוֹל)

	הווה Present			עבר Past	עתיד Future	ציווי Imper.
יחיד	הוֹרֵס	הָרוּס	אני	הָרַסְתִּי	אֶהֱרוֹס	
יחידה	הוֹרֶסֶת	הֲרוּסָה	אתה	הָרַסְתָּ	תַּהֲרוֹס	הֲרוֹס >>

	Present הווה		Past עבר	Future עתיד	Imper. ציווי
רבים	הוֹרְסִים הֲרוּסִים	את	הָרַסְתְּ	תַּהַרְסִי	הִרְסִי
רבות	הוֹרְסוֹת הֲרוּסוֹת	הוא	הָרַס	יַהֲרוֹס	
		היא	הָרְסָה	תַּהֲרוֹס	
		אנחנו	הָרַסְנוּ	נַהֲרוֹס	
		אתם/ן	הֲרַסְתֶּם/ן	תַּהַרְסוּ*	הִרְסוּ**
		הם/ן	הָרְסוּ	יַהַרְסוּ*	

* less commonly: אתן/הן תַּהֲרוֹסְנָה

שם הפועל .Infin לַהֲרוֹס ** less commonly: (אתן) הֲרוֹסְנָה

בינוני סביל .Pass. Part הָרוּס destroyed, ruined

שם הפעולה Gerund הֲרִיסָה destroying, demolishing

מקור מוחלט .Inf. Abs הָרוֹס

נֶהֱרַס/ייהָרֵס (יֵהָרֵס) be destroyed/ruined/demolished

בניין: נִפְעַל גזרה: פ׳ גרונית

	Present הווה		Past עבר	Future עתיד	Imperative ציווי
יחיד	נֶהֱרָס	אני	נֶהֱרַסְתִּי	אֵיהָרֵס	
יחידה	נֶהֱרֶסֶת	אתה	נֶהֱרַסְתָּ	תֵּיהָרֵס	הֵיהָרֵס
רבים	נֶהֱרָסִים	את	נֶהֱרַסְתְּ	תֵּיהָרְסִי	הֵיהָרְסִי
רבות	נֶהֱרָסוֹת	הוא	נֶהֱרַס	יֵיהָרֵס	
		היא	נֶהֶרְסָה	תֵּיהָרֵס	
		אנחנו	נֶהֱרַסְנוּ	נֵיהָרֵס	
		אתם/ן	נֶהֱרַסְתֶּם/ן	תֵּיהָרְסוּ*	הֵיהָרְסוּ**
		הם/ן	נֶהֶרְסוּ	יֵיהָרְסוּ*	

שם הפועל .Infin לְהֵיהָרֵס * less commonly: אתן/הן תֵּיהָרַסְנָה/...רֵסְנָה

שם הפעולה .Ger הֵיהָרְסוּת being destroyed ** less commonly: (אתן) הֵיהָרַסְנָה/...רֵסְנָה

מקור מוחלט .Inf. Abs נַהֲרוֹס, הֵיהָרֵס (הֵיהָרוֹס)

◆ פעלים שאינם שכיחים מאותו שורש Infrequent verbs sharing the same root

הֵירֵס (הֵרֵס) destroy; fight (Mish H) (מְהָרֵס, יְהָרֵס, מְהָרֵס)

הוֹרַס (הֹרַס) be destroyed (lit.) (מְהוֹרָס, יְהוֹרַס)

◆ דוגמאות Illustrations

מבנים רבים **נֶהֶרְסוּ** בזמן רעידת האדמה. מבנים אחרים ניזוקו קשה, ולאחר קבלת צו **הֲרִיסָה**, **הָרְסוּ** אותם צוותים מיוחדים של העירייה.

Numerous houses **were destroyed** during the earthquake. Other buildings were badly damaged, and having received a **demolition** order, special DPW teams **demolished** them.

●ותר

וִיתֵּר/וִיתַּר/וַתֵּר waive (rights), forego; give in/up, concede (וִתֵּר)

בניין: פִּיעֵל גזרה: שלמים

Imperative ציווי	Future עתיד	Past עבר		Present הווה	
	אֲוַתֵּר	וִיתַּרְתִּי	אני	מְוַתֵּר	יחיד
וַתֵּר	תְּוַתֵּר	וִיתַּרְתָּ	אתה	מְוַתֶּרֶת	יחידה
וַתְּרִי	תְּוַתְּרִי	וִיתַּרְתְּ	את	מְוַתְּרִים	רבים
	יְוַתֵּר	וִיתֵּר	הוא	מְוַתְּרוֹת	רבות
	תְּוַתֵּר	וִיתְּרָה	היא		
	נְוַתֵּר	וִיתַּרְנוּ	אנחנו		
וַתְּרוּ**	תְּוַתְּרוּ*	וִיתַּרְתֶּם/ן	אתם/ן		
	יְוַתְּרוּ*	וִיתְּרוּ	הם/ן		

* less commonly: אתן/הן תְּוַתֵּרְנָה

** less commonly: (אתן) וַתֵּרְנָה

שם הפועל .Infin לְוַתֵּר

שם הפעולה Gerund וִיתּוּר foregoing; concession

מקור מוחלט .Inf. Abs וַתֵּר

מ״י מוצרכת .Gov. Prep וִיתֵּר על give up (something)

◆ פעלים שאינם שכיחים מאותו שורש Infrequent verbs sharing the same root

וּוּתַּר (וֻתַּר) remain; be given up (מְוּוּתָּר, יְוּוּתַּר)

נִתְוַתֵּר (נִתְוַתֵּר) remain, become redundant (מִתְוַתֵּר, יִתְוַתֵּר, לְהִתְוַתֵּר)

◆ דוגמאות Illustrations

שלמה לא אוכל הרבה, אבל לעולם לא יְוַתֵּר על קינוח...

Shlomo does not eat much, but he **would** never **give up** dessert...

●זהה

זִיהָה/זַהֶה identify (זִהָה)

בניין: פִּיעֵל גזרה: ל״ה + ע׳ גרונית

Imperative ציווי	Future עתיד	Past עבר		Present הווה	
	אֲזַהֶה	זִיהִיתִי	אני	מְזַהֶה	יחיד
זַהֵה	תְּזַהֶה	זִיהִיתָ	אתה	מְזַהָה	יחידה
זַהִי	תְּזַהִי	זִיהִית	את	מְזַהִים	רבים
	יְזַהֶה	זִיהָה	הוא	מְזַהוֹת	רבות
	תְּזַהֶה <<<	זִיהֲתָה	היא		

		Past עבר	Future עתיד	Imperative ציווי
	אנחנו	זִיהִינוּ	נְזַהֶה	
	אתם/ן	זִיהִיתֶם/ן	תְּזַהוּ*	זַהוּ**
	הם/ן	זִיהוּ	יְזַהוּ*	

* less commonly: אתן/הן תְּזַהֶינָה

** less commonly: (אתן) זַהֶינָה

שם הפועל .Infin לְזַהוֹת

שם הפעולה Gerund זִיהוּי identification, identifying

בינוני פעיל .Act. Part מְזַהֶה identifying

מקור מוחלט .Inf. Abs זַהֵה

זוּהָה/זוּהֶה (זֻהָה) be identified

בניין: פּוּעַל גזרה: ל"ה + ע' גרונית

	Present הווה		Past עבר	Future עתיד
יחיד	מְזוּהֶה	אני	זוּהֵיתִי	אֲזוּהֶה
יחידה	מְזוּהָה	אתה	זוּהֵיתָ	תְּזוּהֶה
רבים	מְזוּהִים	את	זוּהֵית	תְּזוּהִי
רבות	מְזוּהוֹת	הוא	זוּהָה	יְזוּהֶה
		היא	זוּהֲתָה	תְּזוּהֶה
		אנחנו	זוּהֵינוּ*	נְזוּהֶה
		אתם/ן	זוּהֵיתֶם/ן	תְּזוּהוּ**
		הם/ן	זוּהוּ	יְזוּהוּ**

בינוני .Pres. Part מְזוּהֶה identified

[מקור מוחלט .Inf. Abs זוּהֹה]

* BH: זוּהִינוּ

** less commonly: אתן/הן תְּזוּהֶינָה

הִזְדַּהָה be identified; identify oneself (with person, idea etc.)

בניין: הִתְפַּעֵל גזרה: ל"ה + ע' גרונית + פ' שורקת

	Present הווה		Past עבר	Future עתיד	Imperative ציווי
יחיד	מִזְדַּהֶה	אני	הִזְדַּהֵיתִי	אֶזְדַּהֶה	
יחידה	מִזְדַּהָה	אתה	הִזְדַּהֵיתָ	תִּזְדַּהֶה	הִזְדַּהֵה
רבים	מִזְדַּהִים	את	הִזְדַּהֵית	תִּזְדַּהִי	הִזְדַּהִי
רבות	מִזְדַּהוֹת	הוא	הִזְדַּהָה	יִזְדַּהֶה	
		היא	הִזְדַּהֲתָה	תִּזְדַּהֶה	
		אנחנו	הִזְדַּהֵינוּ*	נִזְדַּהֶה	
		אתם/ן	הִזְדַּהֵיתֶם/ן	תִּזְדַּהוּ**	הִזְדַּהוּ***
		הם/ן	הִזְדַּהוּ	יִזְדַּהוּ**	

* BH: הִזְדַּהִינוּ

** less commonly: אתן/הן תִּזְדַּהֶינָה

*** less commonly: (אתן) הִזְדַּהֶינָה

שם הפועל .Infin לְהִזְדַּהוֹת

שם הפעולה .Ger הִזְדַּהוּת identification; identification of oneself (with idea, person, etc.)

מקור מוחלט .Inf. Abs הִזְדַּהֵה

מ"י מוצרכת .Gov. Prep הִזְדַּהָה עִם identify with

◆ דוגמאות Illustrations

השוטר עצר את רוכב האופנוע וביקש ממנו **לְהִזְדַּהוֹת**. כיוון שלא היה לרוכב מסמך **מְזַהֶה** כלשהו, התקשר השוטר במכשיר הרדיו שלו למפקדה וביקש עזרה **בְּזִיהוּי**. לאחר ששמו וכתובתו של האיש **זוּהוּ** כנכונים, הניח לו השוטר להמשיך בדרכו.

The policeman stopped the motorcycle rider and asked him **to identify himself**. Since the rider had no **identifying** paper of any sort, the policeman called headquarters and asked for help in **identification**. When the man's name and address **were identified** as correct, the policeman let him go on his way.

אומרים עליו שהוא **מִזְדַּהֶה** עם ארגון טרור מסוים, אבל אין כל הוכחות לכך.

They say about him that he **identifies** with a certain terrorist organization, but there is no proof of that.

● זהר

נִזְהַר/יִיזָּהֵר (יִזָּהֵר) be careful, take care, beware

בניין: נִפְעַל   גזרה: ע' גרונית

	Present הווה		Past עבר	Future עתיד	Imperative ציווי
יחיד	נִזְהָר	אני	נִזְהַרְתִּי	אֶזָּהֵר	
יחידה	נִזְהֶרֶת	אתה	נִזְהַרְתָּ	תִּיזָּהֵר	הִיזָּהֵר
רבים	נִזְהָרִים	את	נִזְהַרְתְּ	תִּיזָּהֲרִי	הִיזָּהֲרִי
רבות	נִזְהָרוֹת	הוא	נִזְהַר	יִיזָּהֵר	
		היא	נִזְהֲרָה	תִּיזָּהֵר	
		אנחנו	נִזְהַרְנוּ	נִיזָּהֵר	
		אתם/ן	נִזְהַרְתֶּם/ן	תִּיזָּהֲרוּ*	הִיזָּהֲרוּ**
		הם/ן	נִזְהֲרוּ	יִיזָּהֲרוּ*	

שם הפועל .Infin לְהִיזָּהֵר

* less commonly: אתן/הן תִּיזָּהַרְנָה/...הֵרְנָה

שם הפעולה Gerund הִיזָּהֲרוּת taking care

** less commonly: (אתן) הִיזָּהַרְנָה/...הֵרְנָה

מקור מוחלט .Inf. Abs נִזְהוֹר

מ"י מוצרכת .Gov. Prep נִזְהַר מִן beware of

מ"י מוצרכת .Gov. Prep נִזְהַר בְּ- watch for (lit.)

הִזְהִיר/הִזְהַר/יַזְהִיר warn

בניין: הִפְעִיל   גזרה: שלמים

	Present הווה		Past עבר	Future עתיד	Imperative ציווי
יחיד	מַזְהִיר	אני	הִזְהַרְתִּי	אַזְהִיר	
יחידה	מַזְהִירָה	אתה	הִזְהַרְתָּ	תַּזְהִיר	הַזְהֵר
רבים	מַזְהִירִים	את	הִזְהַרְתְּ	תַּזְהִירִי	הַזְהִירִי >>>

Imperative ציווי	Future עתיד	Past עבר		Present הווה	
	יַזְהִיר	הִזְהִיר	הוא	מַזְהִירוֹת	רבות
	תַּזְהִיר	הִזְהִירָה	היא		
	נַזְהִיר	הִזְהַרְנוּ	אנחנו		
הַזְהִירוּ**	תַּזְהִירוּ*	הִזְהַרְתֶּם/ן	אתם/ן		
	יַזְהִירוּ*	הִזְהִירוּ	הם/ן		

שם הפועל Infin. לְהַזְהִיר — * less commonly: אתן/הן תַּזְהֵרְנָה
שם הפעולה Ger. הַזְהָרָה warning — ** less commonly: (אתן) הַזְהֵרְנָה
מקור מוחלט Inf. Abs. הַזְהֵר
מ"י מוצרכת Gov. Prep. מַזְהִיר מפני warn against

הוּזְהַר (הֻזְהַר) be warned

בניין: הוּפְעַל גזרה: ע' גרונית

Future עתיד	Past עבר		Present הווה	
אוּזְהַר	הוּזְהַרְתִּי	אני	מוּזְהָר	יחיד
תוּזְהַר	הוּזְהַרְתָּ	אתה	מוּזְהֶרֶת	יחידה
תוּזְהֲרִי	הוּזְהַרְתְּ	את	מוּזְהָרִים	רבים
יוּזְהַר	הוּזְהַר	הוא	מוּזְהָרוֹת	רבות
תוּזְהַר	הוּזְהֲרָה	היא		
נוּזְהַר	הוּזְהַרְנוּ	אנחנו		
תוּזְהֲרוּ*	הוּזְהַרְתֶּם/ן	אתם/ן		
יוּזְהֲרוּ*	הוּזְהֲרוּ	הם/ן		

בינוני Pres. Part. מוּזְהָר warned — * less commonly: אתן/הן תוּזְהַרְנָה
[מקור מוחלט Inf. Abs. הוּזְהֵר]

A homonymous root meaning 'shine, glitter' is not sufficiently frequent for inclusion in this volume.

◆ פעלים שאינם שכיחים מאותו שורש Infrequent verbs sharing the same root

זִיהֵר (זִהֵר) order (Med H) (מְזַהֵר, יְזַהֵר, לְזַהֵר)

◆ דוגמאות Illustrations

על הבניין ראינו שלט הַזְהָרָה: "מבנה זה עומד בפני הריסה. המשטרה מַזְהִירָה את הציבור שלא לנסות להיכנס לתוכו. ראה הוּזְהַרְתָּ!"

We saw a **warning** sign on the building: "This building is condemned. The police **warn** the public not to attempt to enter it. You **have been warned**!"

תִּיזָּהֵר ממנו; כשהוא מתעצבן הוא עלול להיות מסוכן.

Watch out for him; when he loses his cool, he is liable to be dangerous.

◆ ביטויים מיוחדים Special expressions

נִזְהַר בכבודו של take care so as to be respectful to

נִזְהַר בדבריו be careful with one's words
אין עונשין אלא אם כן מַזְהִירִין no punishment without a prior warning

---

●זוז

זָז/זַזְ/יָזוּז move (intr.), move away

בניין: פָּעַל גזרה: ע"ו

	Present הווה		Past עבר	Future עתיד	Imperative ציווי
יחיד	זָז	אני	זַזְתִּי	אָזוּז	
יחידה	זָזָה	אתה	זַזְתָּ	תָּזוּז	זוּז
רבים	זָזִים	את	זַזְתְּ	תָּזוּזִי	זוּזִי
רבות	זָזוֹת	הוא	זָז	יָזוּז	
		היא	זָזָה	תָּזוּז	
		אנחנו	זַזְנוּ	נָזוּז	
		אתם/ן	זַזְתֶּם/ן	תָּזוּזוּ*	זוּזוּ**
		הם/ן	זָזוּ	יָזוּזוּ*	

שם הפועל .Infin לָזוּז * less commonly: אתן/הן תָּזוֹזְנָה
מקור מוחלט .Inf. Abs זוֹז ** less commonly: (אתן) זוֹזְנָה

הֵזִיז/הֵזַזְ/יָזִיז move, shift

בניין: הִפְעִיל גזרה: ע"ו

	Present הווה		Past עבר	Future עתיד	Imperative ציווי
יחיד	מֵזִיז	אני	הֵזַזְתִּי	אָזִיז	
יחידה	מְזִיזָה	אתה	הֵזַזְתָּ	תָּזִיז	הָזֵז
רבים	מְזִיזִים	את	הֵזַזְתְּ	תָּזִיזִי	הָזִיזִי
רבות	מְזִיזוֹת	הוא	הֵזִיז	יָזִיז	
		היא	הֵזִיזָה	תָּזִיז	
		אנחנו	הֵזַזְנוּ	נָזִיז	
		אתם/ן	הֵזַזְתֶּם/ן*	תָּזִיזוּ**	הָזִיזוּ***
		הם/ן	הֵזִיזוּ	יָזִיזוּ**	

* BH: הֲזִזְתֶּם/ן ** less commonly: אתן/הן תָּזֵזְנָה
שם הפועל .Infin לְהָזִיז *** less commonly: (אתן) הָזֵזְנָה
שם הפעולה Gerund הֲזָזָה moving, shifting, removal
מקור מוחלט .Inf. Abs הָזֵז

be moved/shifted הוּזַז

בניין: הוּפְעַל גזרה: ע"ו

	Present הווה		Past עבר	Future עתיד
יחיד	מוּזָז	אני	הוּזַזְתִּי	אוּזַז
יחידה	מוּזֶזֶת	אתה	הוּזַזְתָּ	תּוּזַז
רבים	מוּזָזִים	את	הוּזַזְתְּ	תּוּזְזִי
רבות	מוּזָזוֹת	הוא	הוּזַז	יוּזַז
		היא	הוּזְזָה	תּוּזַז
		אנחנו	הוּזַזְנוּ	נוּזַז
		אתם/ן	הוּזַזְתֶּם/ן	תּוּזְזוּ*
		הם/ן	הוּזְזוּ	יוּזְזוּ*

[מקור מוחלט .Inf. Abs הוּזֵז] * less commonly: אתן/הן תּוּזַזְנָה

◆ פעלים שאינם שכיחים מאותו שורש Infrequent verbs sharing the same root

נָזוֹז move oneself, recoil (Med H) (נָזוֹז, יִזּוֹז, לְהִיזּוֹז)

◆ דוגמאות Illustrations

חיים ניסה **לְהָזִיז** את הארון ממקומו, אבל הרהיט הכבד לא **זָז** כהוא זה. כנראה שמעולם לא **הוּזַז** קודם לכן.

Hayyim tried **to move** the cupboard from its place, but the heavy piece of furniture **did** not **move** an inch. It apparently **had** never **been moved** before.

◆ ביטויים מיוחדים Special expressions

לא **זָזָה** ידו מתוך ידו של he never left his side

●זחל

crawl, creep זָחַל/זוֹחֵל/יִזְחַל

בניין: פָּעַל גזרה: ע' גרונית (אֶפְעַל)

	Present הווה		Past עבר	Future עתיד	Imperative ציווי
יחיד	זוֹחֵל	אני	זָחַלְתִּי	אֶזְחַל	
יחידה	זוֹחֶלֶת	אתה	זָחַלְתָּ	תִּזְחַל	זְחַל
רבים	זוֹחֲלִים	את	זָחַלְתְּ	תִּזְחֲלִי	זַחֲלִי
רבות	זוֹחֲלוֹת	הוא	זָחַל	יִזְחַל	
		היא	זָחֲלָה	תִּזְחַל	
		אנחנו	זָחַלְנוּ	נִזְחַל	
		אתם/ן	זְחַלְתֶּם/ן*	תִּזְחֲלוּ**	זַחֲלוּ*** >>

	Past עבר	Future עתיד
הם/ן	זָחֲלוּ	יִזְחֲלוּ**

שם הפועל .Infin לִזְחוֹל   * Colloquial: זְחַלְתֶּם/ן
בינוני פעיל .Act. Part זוֹחֵל reptile   ** less commonly: אתן/הן תִּזְחַלְנָה
שם הפעולה .Ger זְחִילָה crawling, creeping   *** less commonly: (אתן) זְחַלְנָה
מקור מוחלט .Inf. Abs זָחוֹל

◆ פעלים שאינם שכיחים מאותו שורש Infrequent verbs sharing the same root
נִזְחַל flow slowly (Med H); go very slow (sl.) (נִזְחָל, יִיזָּחֵל, לְהִיזָּחֵל)
הִזְחִיל pour liquid; have someone crawl; move with effort (מַזְחִיל, יַזְחִיל, לְהַזְחִיל)
הוּזְחַל (הֻזְחַל) be made to crawl (מוּזְחָל, יוּזְחַל)
הִזְדַּחֵל go/crawl very slowly (מִזְדַּחֵל, יִזְדַּחֵל, לְהִזְדַּחֵל)

◆ דוגמאות Illustrations
החובש זָחַל אל הפצוע והגיש לו עזרה ראשונה.
The medic **crawled** to the wounded (soldier) and gave him first aid.
לְזוֹחֲלִים יש דם קר, והם זקוקים להרבה אור שמש כדי לצבור אנרגיה.
Reptiles have cold blood, and they require a lot of sunshine to accumulate energy.

●זכה

win (prize etc.), gain, acquire; be acquitted (of crime); זָכָה/זוֹכֶה/יִזְכֶּה
be priviledged

בניין: פָּעַל   גזרה: ל"ה

	Present הווה			Past עבר	Future עתיד	Imper. ציווי
יחיד	זוֹכֶה	זָכוּי	אני	זָכִיתִי	אֶזְכֶּה	
יחידה	זוֹכָה	זְכוּיָה	אתה	זָכִיתָ	תִּזְכֶּה	זְכֵה
רבים	זוֹכִים	זְכוּיִים	את	זָכִית	תִּזְכִּי	זְכִי
רבות	זוֹכוֹת	זְכוּיוֹת	הוא	זָכָה	יִזְכֶּה	
			היא	זָכְתָה	תִּזְכֶּה	
			אנחנו	זָכִינוּ	נִזְכֶּה	
			אתם/ן	זְכִיתֶם/ן*	תִּזְכּוּ**	זְכוּ***
			הם/ן	זָכוּ	יִזְכּוּ**	

* Colloquial: זָכִיתֶם

שם הפועל .Infin לִזְכּוֹת   ** less commonly: אתן/הן תִּזְכֶּינָה
בינוני פעיל .Act. Part זוֹכֶה winner   *** less commonly: (אתן) זְכֶינָה
בינוני סביל .Pass. Part זָכוּי deserving (lit.)   <<<

שם הפעולה Gerund זְכִיָּה winning (in lottery), gaining; right, priviledge
מקור מוחלט .Inf. Abs זָכֹה
מ"י מוצרכת .Gov. Prep זָכָה בְּ- win, gain (something); be acquitted of (charge)

זִיכָּה/זִכָּה (זכה) acquit (of crime); credit (with money); purify (soul); grant concession

בניין: פִּיעֵל גזרה: ל"ה

	Present הווה		Past עבר	Future עתיד	Imperative ציווי
יחיד	מְזַכֶּה	אני	זִיכִּיתִי	אֲזַכֶּה	
יחידה	מְזַכָּה	אתה	זִיכִּיתָ	תְּזַכֶּה	זַכֵּה
רבים	מְזַכִּים	את	זִיכִּית	תְּזַכִּי	זַכִּי
רבות	מְזַכּוֹת	הוא	זִיכָּה	יְזַכֶּה	
		היא	זִיכְּתָה	תְּזַכֶּה	
		אנחנו	זִיכִּינוּ	נְזַכֶּה	
		אתם/ן	זִיכִּיתֶם/ן	תְּזַכּוּ*	זַכּוּ**
		הם/ן	זִיכּוּ	יְזַכּוּ*	

שם הפועל .Infin לְזַכּוֹת   * less commonly: אתן/הן תְּזַכֶּינָה
שם הפעולה .Ger זִיכּוּי acquittal; crediting   ** less commonly: (אתן) זַכֶּינָה
מקור מוחלט .Inf. Abs זַכֵּה

זוּכָּה/זֻכָּה (זכה) be acquitted (of crime); be credited (with money)

בניין: פּוּעַל גזרה: ל"ה

	Present הווה		Past עבר	Future עתיד
יחיד	מְזוּכֶּה	אני	זוּכֵּיתִי	אֲזוּכֶּה
יחידה	מְזוּכָּה	אתה	זוּכֵּיתָ	תְּזוּכֶּה
רבים	מְזוּכִּים	את	זוּכֵּית	תְּזוּכִּי
רבות	מְזוּכּוֹת	הוא	זוּכָּה	יְזוּכֶּה
		היא	זוּכְּתָה	תְּזוּכֶּה
		אנחנו	זוּכֵּינוּ*	נְזוּכֶּה
		אתם/ן	זוּכֵּיתֶם/ן	תְּזוּכּוּ**
		הם/ן	זוּכּוּ	יְזוּכּוּ**

בינוני .Pres. Part מְזוּכֶּה acquitted; credited   * BH: זוּכִּינוּ
מקור מוחלט .Inf. Abs זוּכֹּה   ** less commonly: אתן/הן תְּזוּכֶּינָה
מ"י מוצרכת .Gov. Prep זוּכָּה מִ- be acquitted of
מ"י מוצ' .Gov. Prep זוּכָּה בְּ- be credited with (acc.)

◆ פעלים שאינם שכיחים מאותו שורש Infrequent verbs sharing the same root
הִזְדַּכָּה be acquitted (מִזְדַּכֶּה, יִזְדַּכֶּה, לְהִזְדַּכּוֹת)

◆ דוגמאות Illustrations

בבחירות שנערכו בשבוע שעבר **זָכָה** נציג האופוזיציה במספר הקולות הרב ביותר. ראש הממשלה האשים את **הזוֹכֶה** בקניית קולות והעמידו לדין, אך בית-המשפט **זִיכָּה** אותו מכל אשמה. לאחר **שזוּכָּה** הצהיר ראש האופוזיציה כי הוא מקווה **לִזְכּוֹת** לראות את ראש הממשלה בכלא לכשיתחלף השלטון.

In the elections held last week, the opposition representative **won** the largest number of votes. The prime minister accused the **winner** of buying votes and put him on trial, but the court **acquitted** him of any wrongdoing. When he **had been acquitted**, the head of the opposition declared that he hopes **to have the privilege** of seeing the prime minister in jail when the administration changes hands.

מנהל הבנק הודה בטעות, **וזִיכָּה** את חשבוני ב-200 ש"ח.

The bank manager admitted the error, and **credited** my account with 200 NIS (New Israeli Sheqels).

◆ ביטויים מיוחדים Special expressions

זָכָה בהגרלה win the lottery/draw/raffle

זָכָה במציאה get a bargain

זָכָה מן ההפקר acquire without effort

כל הקודם, **זָכָה** first come, first serve

תִּזְכֶּה לשנים רבות many happy returns (birthday greeting)

במה **זָכִיתָ** לכך? how did you win the right to it?

זִיכָּה בדין acquit

זִיכָּה חשבון credit an account

זוּכָּה בדין be acquitted

זוּכָּה בסכום של be credited with a sum of

● זכר

זָכַר/זוֹכֵר/יִזְכּוֹר (יִזְכֹּר) remember

בניין: פָּעַל גזרה: שלמים (אֶפְעוֹל)

Imper. ציווי	Future עתיד	Past עבר		Present הווה		
	אֶזְכּוֹר	זָכַרְתִּי	אני	זָכוּר	זוֹכֵר	יחיד
זְכוֹר	תִּזְכּוֹר	זָכַרְתָּ	אתה	זְכוּרָה	זוֹכֶרֶת	יחידה
זִכְרִי	תִּזְכְּרִי	זָכַרְתְּ	את	זְכוּרִים	זוֹכְרִים	רבים
	יִזְכּוֹר	זָכַר	הוא	זְכוּרוֹת	זוֹכְרוֹת	רבות
	תִּזְכּוֹר	זָכְרָה	היא			
	נִזְכּוֹר	זָכַרְנוּ	אנחנו			
זִכְרוּ***	תִּזְכְּרוּ**	זְכַרְתֶּם/ן*	אתם/ן			
	יִזְכְּרוּ**	זָכְרוּ	הם/ן			

* Colloquial: זָכַרְתֶּם/ן

** less commonly: אתן/הן תִּזְכּוֹרְנָה <<

שם הפועל Infin. לִזְכּוֹר *** less commonly: (אתן) זְכוֹרְנָה

בינוני סביל Pass. Part. זָכוּר remembered

שם הפעולה Gerund זְכִירָה remembering, memory

מקור מוחלט Inf. Abs. זָכוֹר

נִזְכַּר/יִיזָּכֵר (יִזָּכֵר) recall, be reminded; be mentioned

בניין: נִפְעַל גזרה: שלמים

	Present הווה		Past עבר	Future עתיד	Imperative ציווי
יחיד	נִזְכָּר	אני	נִזְכַּרְתִּי	אֶזָּכֵר	
יחידה	נִזְכֶּרֶת	אתה	נִזְכַּרְתָּ	תִּיזָּכֵר	הִיזָּכֵר
רבים	נִזְכָּרִים	את	נִזְכַּרְתְּ	תִּיזָּכְרִי	הִיזָּכְרִי
רבות	נִזְכָּרוֹת	הוא	נִזְכַּר	יִיזָּכֵר	
		היא	נִזְכְּרָה	תִּיזָּכֵר	
		אנחנו	נִזְכַּרְנוּ	נִיזָּכֵר	
		אתם/ן	נִזְכַּרְתֶּם/ן	תִּיזָּכְרוּ*	הִיזָּכְרוּ**
		הם/ן	נִזְכְּרוּ	יִיזָּכְרוּ*	

שם הפועל Infin. לְהִיזָּכֵר * less commonly: אתן/הן תִּיזָּכַרְנָה/...כֵרְנָה

שם הפעולה Gerund הִיזָּכְרוּת recalling ** less commonly: (אתן) הִיזָּכַרְנָה/...כֵרְנָה

מקור מוחלט Inf. Abs. נִזְכּוֹר, הִיזָּכֵר (הִיזָּכוֹר)

מ״י מוצרכת Gov. Prep. נִזְכַּר בְּ- recall/be reminded of (something)

הִזְכִּיר/הִזְכַּר/יַזְכִּיר remind; mention

בניין: הִפְעִיל גזרה: שלמים

	Present הווה		Past עבר	Future עתיד	Imperative ציווי
יחיד	מַזְכִּיר	אני	הִזְכַּרְתִּי	אַזְכִּיר	
יחידה	מַזְכִּירָה	אתה	הִזְכַּרְתָּ	תַּזְכִּיר	הַזְכֵּר
רבים	מַזְכִּירִים	את	הִזְכַּרְתְּ	תַּזְכִּירִי	הַזְכִּירִי
רבות	מַזְכִּירוֹת	הוא	הִזְכִּיר	יַזְכִּיר	
		היא	הִזְכִּירָה	תַּזְכִּיר	
		אנחנו	הִזְכַּרְנוּ	נַזְכִּיר	
		אתם/ן	הִזְכַּרְתֶּם/ן	תַּזְכִּירוּ*	הַזְכִּירוּ**
		הם/ן	הִזְכִּירוּ	יַזְכִּירוּ*	

שם הפועל Infin. לְהַזְכִּיר * less commonly: אתן/הן תַּזְכֵּרְנָה

בינוני Pres. Part. מַזְכִּיר secretary ** less commonly: (אתן) הַזְכֵּרְנָה

שם הפעולה Gerund הַזְכָּרָה mention; reminder; memorial service

מקור מוחלט Inf. Abs. הַזְכֵּר

מ״י מוצרכת Gov. Prep. מַזְכִּיר לְ- remind (someone)

הוּזְכַּר be mentioned (הֻזְכַּר)

בניין: הוּפְעַל גזרה: שלמים

	Present הווה		Past עבר	Future עתיד
יחיד	מוּזְכָּר	אני	הוּזְכַּרְתִּי	אוּזְכַּר
יחידה	מוּזְכֶּרֶת	אתה	הוּזְכַּרְתָּ	תּוּזְכַּר
רבים	מוּזְכָּרִים	את	הוּזְכַּרְתְּ	תּוּזְכְּרִי
רבות	מוּזְכָּרוֹת	הוא	הוּזְכַּר	יוּזְכַּר
		היא	הוּזְכְּרָה	תּוּזְכַּר
		אנחנו	הוּזְכַּרְנוּ	נוּזְכַּר
		אתם/ן	הוּזְכַּרְתֶּם/ן	תּוּזְכְּרוּ*
		הם/ן	הוּזְכְּרוּ	יוּזְכְּרוּ*

בינוני Pres. Part. מוּזְכָּר mentioned * less commonly: אתן/הן תּוּזְכַּרְנָה

[מקור מוחלט Inf. Abs. הוּזְכֵּר]

◆ פעלים שאינם שכיחים מאותו שורש Infrequent verbs sharing the same root

הִזְדַּכֵּר be mentioned/recalled (Med H) (מִזְדַּכֵּר, יִזְדַּכֵּר, לְהִזְדַּכֵּר)

◆ דוגמאות Illustrations

אני **זוֹכֵר** את פניו, אבל איני מצליח **לְהִיזָּכֵר** מתי ואיפה פגשתי אותו.

I **remember** his face, but I am unable **to recall** when and where I met him.

המַזְכִּירָה של אפרים **הִזְכִּירָה** לו שיש לו ישיבה בעשר, ושה**הַזְכָּרָה** ליום השנה לפטירתו של יחיאל תתקיים בשעה שתיים אחה"צ.

Ephraim's **secretary reminded** him that he has a meeting at ten, and that the **memorial service** for Yehiel on the anniversary of his death will take place at 2 p.m.

שמו של עזריאל לא **הוּזְכַּר** בישיבה, אבל כולם ידעו במי מדובר.

Azriel's name **was** not **mentioned** at the meeting, but everybody knew who the subject of the conversation was.

◆ ביטויים מיוחדים Special expressions

זָכוּר לטוב of blessed memory

יִזְכּוֹר memorial service prayer; memorial eulogy

הַנִּזְכָּר למעלה the above-mentioned

זה **מַזְכִּיר** לי ש... it reminds me that...

את חטאי אני **מַזְכִּיר** I acknowledge my fault/error

●זלזל

זִלְזֵל/זִלְזַל/זִלְזֵל despise, scorn, disdain; underestimate (coll.)

בניין: פִּיעֵל גזרה: מרובעים

	Present הווה		Past עבר	Future עתיד	Imperative ציווי
יחיד	מְזַלְזֵל	אני	זִלְזַלְתִּי	אֲזַלְזֵל	
יחידה	מְזַלְזֶלֶת	אתה	זִלְזַלְתָּ	תְּזַלְזֵל	זַלְזֵל
רבים	מְזַלְזְלִים	את	זִלְזַלְתְּ	תְּזַלְזְלִי	זַלְזְלִי
רבות	מְזַלְזְלוֹת	הוא	זִלְזֵל	יְזַלְזֵל	
		היא	זִלְזְלָה	תְּזַלְזֵל	
		אנחנו	זִלְזַלְנוּ	נְזַלְזֵל	
		אתם/ן	זִלְזַלְתֶּם/ן	תְּזַלְזְלוּ*	זַלְזְלוּ**
		הם/ן	זִלְזְלוּ	יְזַלְזְלוּ*	

* less commonly: אתן/הן תְּזַלְזֵלְנָה

שם הפועל .Infin לְזַלְזֵל ** less commonly: (אתן) זַלְזֵלְנָה

שם הפעולה Gerund זִלְזוּל disrespect, scorn, contempt

מקור מוחלט .Inf. Abs זַלְזֵל

מ"י מוצרכת .Gov. Prep זִלְזֵל ב- scorn (someone/something)

◆ פעלים שאינם שכיחים מאותו שורש Infrequent verbs sharing the same root

זוּלְזַל be despised, be held cheap (מְזוּלְזָל, יזוּלְזַל)

הִזְדַּלְזֵל become laughing-stock; make oneself cheap (מִזְדַּלְזֵל, יִזְדַּלְזֵל, לְהִזְדַּלְזֵל)

◆ דוגמאות Illustrations

אל **תְּזַלְזֵל** בו; כל מי שנוהג בו היום **בְּזִלְזוּל** יכה על חטא בעתיד.

Do not **underestimate** him; all of those who treat him with **contempt** today will shamefully acknowledge their error in the future.

◆ ביטויים מיוחדים Special expressions

זִלְזֵל בכבודו treat him with disrespect

חרפות **וְזִלְזוּלִים** scorn and derision

●זמן

הִזְמִין/הִזְמַנ/יַזְמִין invite; order (goods, food, etc.)

בניין: הִפְעִיל גזרה: שלמים + ל"נ

	Present הווה		Past עבר	Future עתיד	Imperative ציווי
יחיד	מַזְמִין	אני	הִזְמַנְתִּי	אַזְמִין	
יחידה	מַזְמִינָה	אתה	הִזְמַנְתָּ	תַּזְמִין	הַזְמֵן
רבים	מַזְמִינִים	את	הִזְמַנְתְּ	תַּזְמִינִי	הַזְמִינִי
רבות	מַזְמִינוֹת	הוא	הִזְמִין	יַזְמִין	
		היא	הִזְמִינָה	תַּזְמִין	
		אנחנו	הִזְמַנּוּ	נַזְמִין	
		אתם/ן	הִזְמַנְתֶּם/ן	תַּזְמִינוּ*	הַזְמִינוּ**
		הם/ן	הִזְמִינוּ	יַזְמִינוּ*	

שם הפועל .Infin לְהַזְמִין   less commonly: * אתן/הן תַּזְמֵנָּה

שם הפעולה .Ger הַזְמָנָה invitation; order   less commonly: ** (אתן) הַזְמֵנָּה

מקור מוחלט .Inf. Abs הַזְמֵן

הוּזְמַן (הֻזְמַן) be invited; be ordered

בניין: הוּפְעַל גזרה: שלמים + ל"נ

	Present הווה		Past עבר	Future עתיד
יחיד	מוּזְמָן	אני	הוּזְמַנְתִּי	אוּזְמַן
יחידה	מוּזְמֶנֶת	אתה	הוּזְמַנְתָּ	תּוּזְמַן
רבים	מוּזְמָנִים	את	הוּזְמַנְתְּ	תּוּזְמְנִי
רבות	מוּזְמָנוֹת	הוא	הוּזְמַן	יוּזְמַן
		היא	הוּזְמְנָה	תּוּזְמַן
		אנחנו	הוּזְמַנּוּ	נוּזְמַן
		אתם/ן	הוּזְמַנְתֶּם/ן	תּוּזְמְנוּ*
		הם/ן	הוּזְמְנוּ	יוּזְמְנוּ*

בינוני .Pres. Part מוּזְמָן invitee   less commonly: * אתן/הן תּוּזְמַנָּה

[מקור מוחלט .Inf. Abs הוּזְמֵן]

זִימֵּן/זִימַּנ/זַמֵּן (זִמֵּן) fix, appoint; invite, cause to meet

בניין: פִּיעֵל גזרה: שלמים + ל"נ

	Present הווה		Past עבר	Future עתיד	Imperative ציווי
יחיד	מְזַמֵּן	אני	זִימַּנְתִּי	אֲזַמֵּן	
יחידה	מְזַמֶּנֶת	אתה	זִימַּנְתָּ	תְּזַמֵּן	זַמֵּן
רבים	מְזַמְּנִים	את	זִימַּנְתְּ	תְּזַמְּנִי	זַמְּנִי
רבות	מְזַמְּנוֹת	הוא	זִימֵּן	יְזַמֵּן	
		היא	זִימְּנָה	תְּזַמֵּן	
		אנחנו	זִימַּנּוּ	נְזַמֵּן	<<<

Imperative ציווי	Future עתיד	Past עבר	
זַמְּנוּ**	תְּזַמְּנוּ*	זִימַּנְתֶּם/ן	אתם/ן
	יְזַמְּנוּ*	זִימְּנוּ	הם/ן

שם הפועל .Infin לְזַמֵּן   * less commonly: אתן/הן תְּזַמֵּנָּה

שם הפעולה Gerund זִימּוּן inviting   ** less commonly: (אתן) זַמֵּנָּה

מקור מוחלט .Inf. Abs זַמֵּן

זוּמַּן (זֻמַּן) be prepared/fixed/appointed/invited

בניין: פּוּעַל   גזרה: שלמים + ל״נ

	Present הווה		Past עבר	Future עתיד
יחיד	מְזוּמָּן	אני	זוּמַּנְתִּי	אֲזוּמַּן
יחידה	מְזוּמֶּנֶת	אתה	זוּמַּנְתָּ	תְּזוּמַּן
רבים	מְזוּמָּנִים	את	זוּמַּנְתְּ	תְּזוּמְּנִי
רבות	מְזוּמָּנוֹת	הוא	זוּמַּן	יְזוּמַּן
		היא	זוּמְּנָה	תְּזוּמַּן
		אנחנו	זוּמַּנּוּ	נְזוּמַּן
		אתם/ן	זוּמַּנְתֶּם/ן	תְּזוּמְּנוּ*
		הם/ן	זוּמְּנוּ	יְזוּמְּנוּ*

* less commonly: אתן/הן תְּזוּמַּנָּה

בינוני .Pres. Part מְזוּמָּן (מְזוּמָּנִים) ready; cash

[מקור מוחלט .Inf. Abs זוּמּוֹן]

הִזְדַּמֵּן/הִזְדַּמַּן chance, happen

בניין: הִתְפַּעֵל   גזרה: שלמים + פ׳ שורקת + ל״נ

	Present הווה		Past עבר	Future עתיד	Imperative ציווי
יחיד	מִזְדַּמֵּן	אני	הִזְדַּמַּנְתִּי	אֶזְדַּמֵּן	
יחידה	מִזְדַּמֶּנֶת	אתה	הִזְדַּמַּנְתָּ	תִּזְדַּמֵּן	הִזְדַּמֵּן
רבים	מִזְדַּמְּנִים	את	הִזְדַּמַּנְתְּ	תִּזְדַּמְּנִי	הִזְדַּמְּנִי
רבות	מִזְדַּמְּנוֹת	הוא	הִזְדַּמֵּן	יִזְדַּמֵּן	
		היא	הִזְדַּמְּנָה	תִּזְדַּמֵּן	
		אנחנו	הִזְדַּמַּנּוּ	נִזְדַּמֵּן	
		אתם/ן	הִזְדַּמַּנְתֶּם/ן	תִּזְדַּמְּנוּ*	הִזְדַּמְּנוּ**
		הם/ן	הִזְדַּמְּנוּ	יִזְדַּמְּנוּ*	

שם הפועל .Infin לְהִזְדַּמֵּן   * less commonly: אתן/הן תִּזְדַּמֵּנָּה

שם הפעולה Gerund הִזְדַּמְּנוּת opportunity   ** less commonly: (אתן) הִזְדַּמֵּנָּה

מקור מוחלט .Inf. Abs הִזְדַּמֵּן

◆ דוגמאות Illustrations

הִזְמַנְתִּי רהיטים חדשים אצל ״ארבעה נגרים״ בתל-אביב, אבל למחרת היום הסתבר שקיימת **הִזְדַּמְּנוּת** לקנות מחברים של חברים רהיטים משומשים במצב

מצוין, בדיוק אלה שאני זקוק להם. התקשרתי ל"ארבעה נגרים" וביטלתי את ההַזְמָנָה; על פי החוזה איתם ניתן לעשות זאת אם הרהיטים **הוּזְמְנוּ** ב-24 השעות האחרונות. ניגשתי לבנק, כי לא היו לי מספיק **מְזוּמָּנִים**, ותוך שעה הרהיטים היו בבית. **הִזְמַנְתִּי** מספר חברים הביתה לערב, לחנוך את הרכישה החדשה...

I **ordered** new furniture from "Four Carpenters" in Tel Aviv, but on the next day I found out that there's an **opportunity** to buy used furniture in excellent condition from friends-of-friends - precisely the ones I need. So I called "Four Carpenters" and cancelled the **order**; according to the contract with them, it can be done if the furniture **was ordered** in the last 24 hours. I went to the bank, since I did not have enough **cash**, and within an hour the furniture was home. I **invited** a few friends for the evening, to "break in" the new acquisition...

◆ ביטויים מיוחדים Special expressions

בִּמְזוּמָּן/בִּמְזוּמָּנִים in cash

לעתים **מְזוּמָּנוֹת** regularly (in coll. also often)

מוכן **וּמְזוּמָּן** ready and willing

הִזְדַּמְּנוּת בלתי חוזרת a one-time opportunity

● זקן

הִזְדַּקֵּן/הִזְדַּקַּן grow old, age (commoner in col.)

בניין: הִתְפַּעֵל גזרה: שלמים + פ' שורקת + ל"נ

	Present הווה		Past עבר	Future עתיד	Imperative ציווי
יחיד	מִזְדַּקֵּן	אני	הִזְדַּקַּנְתִּי	אֶזְדַּקֵּן	
יחידה	מִזְדַּקֶּנֶת	אתה	הִזְדַּקַּנְתָּ	תִּזְדַּקֵּן	הִזְדַּקֵּן
רבים	מִזְדַּקְּנִים	את	הִזְדַּקַּנְתְּ	תִּזְדַּקְּנִי	הִזְדַּקְּנִי
רבות	מִזְדַּקְּנוֹת	הוא	הִזְדַּקֵּן	יִזְדַּקֵּן	
		היא	הִזְדַּקְּנָה	תִּזְדַּקֵּן	
		אנחנו	הִזְדַּקַּנּוּ	נִזְדַּקֵּן	
		אתם/ן	הִזְדַּקַּנְתֶּם/ן	תִּזְדַּקְּנוּ*	הִזְדַּקְּנוּ**
		הם/ן	הִזְדַּקְּנוּ	יִזְדַּקְּנוּ*	

שם הפועל .Infin לְהִזְדַּקֵּן

שם הפעולה .Ger הִזְדַּקְּנוּת growing old

מקור מוחלט .Inf. Abs הִזְדַּקֵּן

* less commonly: אתן/הן תִּזְדַּקֵּנָּה

** less commonly: (אתן) הִזְדַּקֵּנָּה

הִזְקִין/הִזְקַנְ/יַזְקִין be(come) old; render old

בניין: הִפְעִיל גזרה: שלמים + ל״נ

Imperative ציווי	Future עתיד	Past עבר		Present הווה	
	אַזְקִין	הִזְקַנְתִּי	אני	מַזְקִין	יחיד
הַזְקֵן	תַּזְקִין	הִזְקַנְתָּ	אתה	מַזְקִינָה	יחידה
הַזְקִינִי	תַּזְקִינִי	הִזְקַנְתְּ	את	מַזְקִינִים	רבים
	יַזְקִין	הִזְקִין	הוא	מַזְקִינוֹת	רבות
	תַּזְקִין	הִזְקִינָה	היא		
	נַזְקִין	הִזְקַנּוּ	אנחנו		
הַזְקִינוּ**	תַּזְקִינוּ*	הִזְקַנְתֶּם/ן	אתם/ן		
	יַזְקִינוּ*	הִזְקִינוּ	הם/ן		

שם הפועל .Infin לְהַזְקִין

* less commonly: אתן/הן תַּזְקֵנָּה

מקור מוחלט .Inf. Abs הַזְקֵן

** less commonly: (אתן) הַזְקֵנָּה

זָקַן/זָקֵן/יִזְקַן grow old, age

בניין: פָּעַל גזרה: שלמים + מיוחדת + ל״נ

Imperative ציווי	Future עתיד	Past עבר		Present הווה	
	אֶזְקַן	זָקַנְתִּי	אני	זָקֵן	יחיד
זְקַן	תִּזְקַן	זָקַנְתָּ	אתה	זְקֵנָה	יחידה
זִקְנִי	תִּזְקְנִי	זָקַנְתְּ	את	זְקֵנִים	רבים
	יִזְקַן	זָקַן (זָקֵן)	הוא	זְקֵנוֹת	רבות
	תִּזְקַן	זָקְנָה	היא		
	נִזְקַן	זָקַנּוּ	אנחנו		
זִקְנוּ***	תִּזְקְנוּ**	זְקַנְתֶּם/ן*	אתם/ן		
	יִזְקְנוּ**	זָקְנוּ	הם/ן		

שם הפועל .Infin לִזְקוֹן

* Colloquial: זָקַנְתֶּם/ן

בינוני פעיל .Act. Part זָקֵן old; old man

** less commonly: אתן/הן תִּזְקַנָּה

מקור מוחלט .Inf. Abs זָקוֹן

*** less commonly: (אתן) זְקַנָּה

◆ פעלים שאינם שכיחים מאותו שורש Infrequent verbs sharing the same root

הוּזְקַן (הֻזְקַן) become old (מוּזְקָן, יוּזְקַן)

◆ דוגמאות Illustrations

ראובן הִזְדַּקֵּן מאוד במשך השנים שלא ראיתי אותו. דומה שנטל הצרות שפקדו אותו הִזְקִין אותו בטרם עת.

Reuven has **aged** considerably during the years that I did not see him. It seems that the burden of troubles that befell him has **rendered** him **old** before his time.

●זקף

הִזְדַּקֵּף/הִזְדַּקְּפ straighten up

בניין: הִתְפַּעֵל גזרה: שלמים + פ' שורקת

	Present הווה		Past עבר	Future עתיד	Imperative ציווי
יחיד	מִזְדַּקֵּף	אני	הִזְדַּקַּפְתִּי	אֶזְדַּקֵּף	
יחידה	מִזְדַּקֶּפֶת	אתה	הִזְדַּקַּפְתָּ	תִּזְדַּקֵּף	הִזְדַּקֵּף
רבים	מִזְדַּקְּפִים	את	הִזְדַּקַּפְתְּ	תִּזְדַּקְּפִי	הִזְדַּקְּפִי
רבות	מִזְדַּקְּפוֹת	הוא	הִזְדַּקֵּף	יִזְדַּקֵּף	
		היא	הִזְדַּקְּפָה	תִּזְדַּקֵּף	
		אנחנו	הִזְדַּקַּפְנוּ	נִזְדַּקֵּף	
		אתם/ן	הִזְדַּקַּפְתֶּם/ן	תִּזְדַּקְּפוּ*	הִזְדַּקְּפוּ**
		הם/ן	הִזְדַּקְּפוּ	יִזְדַּקְּפוּ*	

שם הפועל .Infin לְהִזְדַּקֵּף

שם הפעולה .Ger הִזְדַּקְּפוּת straightening up

מקור מוחלט .Inf. Abs הִזְדַּקֵּף

* less commonly: אתן/הן תִּזְדַּקֵּפְנָה

** less commonly: (אתן) הִזְדַּקֵּפְנָה

זָקַף/זוֹקֵף/יִזְקוֹף (יִזְקֹף) straighten up, raise; stand erect; register in (account), give credit (for)

בניין: פָּעַל גזרה: שלמים

	Present הווה			Past עבר	Future עתיד	Imper. ציווי
יחיד	זוֹקֵף	זָקוּף	אני	זָקַפְתִּי	אֶזְקוֹף	
יחידה	זוֹקֶפֶת	זְקוּפָה	אתה	זָקַפְתָּ	תִּזְקוֹף	זְקוֹף
רבים	זוֹקְפִים	זְקוּפִים	את	זָקַפְתְּ	תִּזְקְפִי	זִקְפִי
רבות	זוֹקְפוֹת	זְקוּפוֹת	הוא	זָקַף	יִזְקוֹף	
			היא	זָקְפָה	תִּזְקוֹף	
			אנחנו	זָקַפְנוּ	נִזְקוֹף	
			אתם/ן	זְקַפְתֶּם/ן*	תִּזְקְפוּ**	זִקְפוּ***
			הם/ן	זָקְפוּ	יִזְקְפוּ**	

שם הפועל .Infin לִזְקוֹף

בינוני סביל .Pass. Part זָקוּף erect, upright

מקור מוחלט .Inf. Abs זָקוֹף

* Colloquial: זָקַפְתֶּם/ן

** less commonly: אתן/הן תִּזְקוֹפְנָה

*** less commonly: (אתן) זְקוֹפְנָה

◆ פעלים שאינם שכיחים מאותו שורש Infrequent verbs sharing the same root

נִזְקַף straighten up; be added to account (נִזְקָף, יִיזָּקֵף, לְהִיזָּקֵף)

זִיקֵּף (זִקֵּף) straighten (מְזַקֵּף, יְזַקֵּף, לְזַקֵּף)

זוּקַּף (זֻקַּף) be straight (Med H) (מְזוּקָּף, יְזוּקַּף)

הִזְקִיף straighten; become straight (מַזְקִיף, יַזְקִיף, לְהַזְקִיף)

הוּזְקַף (הֻזְקַף) be straightened (Med H) (מוּזְקָף, יוּזְקַף)

◆ **דוגמאות** Illustrations

רק כשהוא **הִזְדַּקֵּף**, **וְזָקַף** את גבו, ראיתי כמה גבוה הוא.

Only when he **straightened up**, and **raised** his back, did I see how tall he was.

הפקדתי את ההמחאה בבנק, והפקיד **זָקַף** את הסכום לזכותי בחשבוני.

I deposited the check in the bank, and the teller **credited** the sum to my account.

◆ **ביטויים מיוחדים** Special expressions

זָקַף לזכותו give him credit (for)

זָקַף על חשבונו register in his account

בקומה **זְקוּפָה** upright, with his head held high

● זקק

הִזְדַּקֵּק/הִזְדַּקַּק need, be in need (of)

בניין: הִתְפַּעֵל גזרה: שלמים + פ׳ שורקת

	Present הווה		Past עבר	Future עתיד	Imperative ציווי
יחיד	מִזְדַּקֵּק	אני	הִזְדַּקַּקְתִּי	אֶזְדַּקֵּק	
יחידה	מִזְדַּקֶּקֶת	אתה	הִזְדַּקַּקְתָּ	תִּזְדַּקֵּק	הִזְדַּקֵּק
רבים	מִזְדַּקְּקִים	את	הִזְדַּקַּקְתְּ	תִּזְדַּקְּקִי	הִזְדַּקְּקִי
רבות	מִזְדַּקְּקוֹת	הוא	הִזְדַּקֵּק	יִזְדַּקֵּק	
		היא	הִזְדַּקְּקָה	תִּזְדַּקֵּק	
		אנחנו	הִזְדַּקַּקְנוּ	נִזְדַּקֵּק	
		אתם/ן	הִזְדַּקַּקְתֶּם/ן	תִּזְדַּקְּקוּ*	הִזְדַּקְּקוּ**
		הם/ן	הִזְדַּקְּקוּ	יִזְדַּקְּקוּ*	

שם הפועל .Infin לְהִזְדַּקֵּק

שם הפעולה .Ger הִזְדַּקְּקוּת being in need

מקור מוחלט .Inf. Abs הִזְדַּקֵּק

מ״י מוצרכת .Gov. Prep הִזְדַּקֵּק ל- be in need of

* less commonly: אתן/הן תִּזְדַּקֵּקְנָה

** less commonly: (אתן) הִזְדַּקֵּקְנָה

נִזְקַק/יִיזָּקֵק (יִזָּקֵק) be in need (of)

בניין: נִפְעַל גזרה: שלמים

	Present הווה		Past עבר	Future עתיד	Imperative ציווי
יחיד	נִזְקָק	אני	נִזְקַקְתִּי	אֶזָּקֵק	
יחידה	נִזְקֶקֶת	אתה	נִזְקַקְתָּ	תִּיזָּקֵק	הִיזָּקֵק
רבים	נִזְקָקִים	את	נִזְקַקְתְּ	תִּיזָּקְקִי	הִיזָּקְקִי
רבות	נִזְקָקוֹת	הוא	נִזְקַק	יִיזָּקֵק	
		היא	נִזְקְקָה	תִּיזָּקֵק	<<<

	Past עבר	Future עתיד	Imperative ציווי
אנחנו	נִזְקַקְנוּ	נִיזָּקֵק	
אתם/ן	נִזְקַקְתֶּם/ן	תִּיזָּקְקוּ*	הִיזָּקְקוּ**
הם/ן	נִזְקְקוּ	יִיזָּקְקוּ*	

שם הפועל .Infin לְהִיזָּקֵק — * less commonly: אתן/הן תִּיזָּקַקְנָה/...קֵקְנָה

שם הפעולה .Ger הִיזָּקְקוּת being in need — ** less commonly: (אתן) הִיזָּקַקְנָה/...קֵקְנָה

בינוני .Pres. Part נִזְקָק a needy person

מקור מוחלט .Inf. Abs נִזְקוֹק, הִיזָּקֵק (הִיזָּקוֹק)

מ״י מוצרכת .Gov. Prep נִזְקַק לְ- be in need of

◆ פעלים שאינם שכיחים מאותו שורש Infrequent verbs sharing the same root

זָקַק (זוֹקֵק, יִזְקוֹק, לִזְקוֹק) oblige, compel (Mish H)

בינוני סביל .Pass. Part זָקוּק (לְ-) needing, in need (of) (common form)

הִזְקִיק (מַזְקִיק, יַזְקִיק, לְהַזְקִיק) oblige, compel (Mish H)

הוּזְקַק (הֻזְקַק) (מוּזְקָק, יוּזְקַק) be obliged/compelled (Mish H)

A less frequent homonymous root meaning 'purify' is not included here.

◆ דוגמאות Illustrations

אני זָקוּק לעוד שלושה גלונים של צבע כדי לסיים את צביעת הבית. אם אֶזָּדַקֵּק לצבע נוסף, אודיע לך מייד.

I **need** another three gallons of paint in order to finish painting the house. If I **am in need** of additional paint, I'll let you know immediately.

● זרז

זֵירֵז/זֵירַז/זֵרַז (זֵרֵז) hurry (tr.), hustle (tr.), urge on

בניין: פִּיעֵל גזרה: ע׳ גרונית

	Present הווה		Past עבר	Future עתיד	Imperative ציווי
יחיד	מְזָרֵז	אני	זֵירַזְתִּי	אֲזָרֵז	
יחידה	מְזָרֶזֶת	אתה	זֵירַזְתָּ	תְּזָרֵז	זָרֵז
רבים	מְזָרְזִים	את	זֵירַזְתְּ	תְּזָרְזִי	זָרְזִי
רבות	מְזָרְזוֹת	הוא	זֵירֵז	יְזָרֵז	
		היא	זֵירְזָה	תְּזָרֵז	
		אנחנו	זֵירַזְנוּ	נְזָרֵז	
		אתם/ן	זֵירַזְתֶּם/ן	תְּזָרְזוּ*	זָרְזוּ**
		הם/ן	זֵירְזוּ	יְזָרְזוּ*	<<<

שם הפועל .Infin לְזָרֵז * less commonly: אתן/הן תְּזָרֵזְנָה
שם הפעולה Gerund זֵירוּז urging, hurrying ** less commonly: (אתן) זָרֵזְנָה
בינוני .Pres. Part מְזָרֵז catalyst, catalytic; urging, hustling
מקור מוחלט .Inf. Abs זָרֵז

זוֹרַז (זֹרַז) be hurried/hustled/urged on

בניין: פּוּעַל גזרה: ע' גרונית

	Present הווה		Past עבר	Future עתיד
יחיד	מְזוֹרָז	אני	זוֹרַזְתִּי	אֲזוֹרַז
יחידה	מְזוֹרֶזֶת	אתה	זוֹרַזְתָּ	תְּזוֹרַז
רבים	מְזוֹרָזִים	את	זוֹרַזְתְּ	תְּזוֹרְזִי
רבות	מְזוֹרָזוֹת	הוא	זוֹרַז	יְזוֹרַז
		היא	זוֹרְזָה	תְּזוֹרַז
		אנחנו	זוֹרַזְנוּ	נְזוֹרַז
		אתם/ן	זוֹרַזְתֶּם/ן	תְּזוֹרְזוּ*
		הם/ן	זוֹרְזוּ	יְזוֹרְזוּ*

בינוני .Pres. Part מְזוֹרָז brisk, accelerated * less commonly: אתן/הן תְּזוֹרַזְנָה
[מקור מוחלט .Inf. Abs זוֹרוֹז]

הִזְדָּרֵז/הִזְדָּרַז hurry up, be brisk

בניין: הִתְפַּעֵל גזרה: פ' שורקת + ע' גרונית

	Present הווה		Past עבר	Future עתיד	Imperative ציווי
יחיד	מִזְדָּרֵז	אני	הִזְדָּרַזְתִּי	אֶזְדָּרֵז	
יחידה	מִזְדָּרֶזֶת	אתה	הִזְדָּרַזְתָּ	תִּזְדָּרֵז	הִזְדָּרֵז
רבים	מִזְדָּרְזִים	את	הִזְדָּרַזְתְּ	תִּזְדָּרְזִי	הִזְדָּרְזִי
רבות	מִזְדָּרְזוֹת	הוא	הִזְדָּרֵז	יִזְדָּרֵז	
		היא	הִזְדָּרְזָה	תִּזְדָּרֵז	
		אנחנו	הִזְדָּרַזְנוּ	נִזְדָּרֵז	
		אתם/ן	הִזְדָּרַזְתֶּם/ן	תִּזְדָּרְזוּ*	הִזְדָּרְזוּ**
		הם/ן	הִזְדָּרְזוּ	יִזְדָּרְזוּ*	

שם הפועל .Infin לְהִזְדָּרֵז * less commonly: אתן/הן תִּזְדָּרֵזְנָה
שם הפעולה .Ger הִזְדָּרְזוּת briskness, hustle ** less commonly: (אתן) הִזְדָּרֵזְנָה
מקור מוחלט .Inf. Abs הִזְדָּרֵז

◆ פעלים שאינם שכיחים מאותו שורש Infrequent verbs sharing the same root

הִזְרִיז accelerate; become brisk/alert (lit.) (מַזְרִיז, יַזְרִיז, לְהַזְרִיז)

◆ דוגמאות Illustrations

צריך לְזָרֵז אותו לסיים את הבחינה. השעתיים המוקצות כבר חלפו, ואם הוא לא יִזְדָּרֵז, המרצה עלול לעזוב בלי לקבל את הבחינה. תאמר לו שיכתוב בקצב מְזוֹרָז.

We need **to urge** him to finish the exam. The two alloted hours have elapsed, and if he does not **hurry up**, the lecturer may leave without accepting the exam. Tell him to write in **accelerated** speed.

●זרק

זָרַק/זוֹרֵק/יִזְרוֹק (יִזְרֹק) throw, toss, cast, fling

בניין: פָּעַל גזרה: שלמים (אֶפְעוֹל)

Imper. ציווי	Future עתיד	Past עבר		Present הווה		
	אֶזְרוֹק	זָרַקְתִּי	אני	זָרוּק	זוֹרֵק	יחיד
זְרוֹק	תִּזְרוֹק	זָרַקְתָּ	אתה	זְרוּקָה	זוֹרֶקֶת	יחידה
זִרְקִי	תִּזְרְקִי	זָרַקְתְּ	את	זְרוּקִים	זוֹרְקִים	רבים
	יִזְרוֹק	זָרַק	הוא	זְרוּקוֹת	זוֹרְקוֹת	רבות
	תִּזְרוֹק	זָרְקָה	היא			
	נִזְרוֹק	זָרַקְנוּ	אנחנו			
זִרְקוּ***	תִּזְרְקוּ**	זְרַקְתֶּם/ן*	אתם/ן			
	יִזְרְקוּ**	זָרְקוּ	הם/ן			

* Colloquial: זָרַקְתֶּם/ן

** less commonly: אתן/הן תִּזְרוֹקְנָה

*** less commonly: (אתן) זְרוֹקְנָה

שם הפועל .Infin לִזְרוֹק

בינוני סביל .Pass. Part זָרוּק thrown away; neglected (sl.)

שם הפעולה Gerund זְרִיקָה throwing; injection (med.)

מקור מוחלט .Inf. Abs זָרוֹק

מ"י מוצרכת .Gov. Prep זָרַק עַל throw at

נִזְרַק/יִיזָּרֵק (יִזָּרֵק) be thrown/flung/cast

בניין: נִפְעַל גזרה: שלמים

Imperative ציווי	Future עתיד	Past עבר		Present הווה	
	אֶזָּרֵק	נִזְרַקְתִּי	אני	נִזְרָק	יחיד
הִיזָּרֵק	תִּיזָּרֵק	נִזְרַקְתָּ	אתה	נִזְרֶקֶת	יחידה
הִיזָּרְקִי	תִּיזָּרְקִי	נִזְרַקְתְּ	את	נִזְרָקִים	רבים
	יִיזָּרֵק	נִזְרַק	הוא	נִזְרָקוֹת	רבות
	תִּיזָּרֵק	נִזְרְקָה	היא		
	נִיזָּרֵק	נִזְרַקְנוּ	אנחנו		
הִיזָּרְקוּ**	תִּיזָּרְקוּ*	נִזְרַקְתֶּם/ן	אתם/ן		
	יִיזָּרְקוּ*	נִזְרְקוּ	הם/ן		

* less commonly: אתן/הן תִּיזָּרַקְנָה/...רֵקְנָה

** less commonly: (אתן) הִיזָּרַקְנָה/...רֵקְנָה <<<

שם הפועל .Infin לְהִיזָּרֵק

שם הפעולה Gerund הִיזָּרְקוּת being thrown; projection

מקור מוחלט .Inf. Abs נִזְרוֹק, הִיזָּרֵק (הִיזָּרוֹק)

הִזְרִיק/הִזְרַק/יַזְרִיק inject

בניין: הִפְעִיל גזרה: שלמים

	הווה Present		עבר Past	עתיד Future	ציווי Imperative
יחיד	מַזְרִיק	אני	הִזְרַקְתִּי	אַזְרִיק	
יחידה	מַזְרִיקָה	אתה	הִזְרַקְתָּ	תַּזְרִיק	הַזְרֵק
רבים	מַזְרִיקִים	את	הִזְרַקְתְּ	תַּזְרִיקִי	הַזְרִיקִי
רבות	מַזְרִיקוֹת	הוא	הִזְרִיק	יַזְרִיק	
		היא	הִזְרִיקָה	תַּזְרִיק	
		אנחנו	הִזְרַקְנוּ	נַזְרִיק	
		אתם/ן	הִזְרַקְתֶּם/ן	תַּזְרִיקוּ*	הַזְרִיקוּ**
		הם/ן	הִזְרִיקוּ	יַזְרִיקוּ*	

שם הפועל .Infin לְהַזְרִיק

שם הפעולה .Ger הַזְרָקָה injecting

מקור מוחלט .Inf. Abs הַזְרֵק

* less commonly: אתן/הן תַּזְרֵקְנָה

** less commonly: (אתן) הַזְרֵקְנָה

הוּזְרַק be injected

בניין: הוּפְעַל גזרה: שלמים

	הווה Present		עבר Past	עתיד Future
יחיד	מוּזְרָק	אני	הוּזְרַקְתִּי	אוּזְרַק
יחידה	מוּזְרֶקֶת	אתה	הוּזְרַקְתָּ	תּוּזְרַק
רבים	מוּזְרָקִים	את	הוּזְרַקְתְּ	תּוּזְרְקִי
רבות	מוּזְרָקוֹת	הוא	הוּזְרַק	יוּזְרַק
		היא	הוּזְרְקָה	תּוּזְרַק
		אנחנו	הוּזְרַקְנוּ	נוּזְרַק
		אתם/ן	הוּזְרַקְתֶּם/ן	תּוּזְרְקוּ*
		הם/ן	הוּזְרְקוּ	יוּזְרְקוּ*

[מקור מוחלט .Inf. Abs הוּזְרֵק]

* less commonly: אתן/הן תּוּזְרַקְנָה

◆ פעלים שאינם שכיחים מאותו שורש Infrequent verbs sharing the same root

זֵירֵק (זֵרֵק) throw away (Mish H) (מְזָרֵק, יְזָרֵק, לְזָרֵק)

זוֹרַק (זֹרַק) be thrown (מְזוֹרָק, יְזוֹרַק)

נִזְדָּרֵק be ejected/thrown away (מִזְדָּרֵק, יִזְדָּרֵק, לְהִזְדָּרֵק)

◆ דוגמאות Illustrations

ראיתי אתמול כיצד אדם **נִזְרָק** ממסעדה לאחר שאכל ולא שילם. **זָרְקוּ** אותו לרחוב כמו טיל.

Yesterday I saw how a person **is thrown** out of a restaurant after he had eaten and did not pay. They **threw** him into the street like a projectile.

מכיוון שהרופא חשש מזיהום, הוא **הִזְרִיק** לפצוע **זְרִיקָה** נגד טטנוס.

Since the doctor worried about infection, he **injected** the wounded person with a tetanus **shot**.

◆ ביטויים מיוחדים Special expressions

זָרַק בו מרה instill fear in

זָרְקָה בו שיבה he began to turn gray

זָרַק חול/אבק בעיני הבריות present oneself as looking better than one actually is; act hypocritically

תוכו אכל, קליפתו **זָרַק** take the good, throw away the bad

נִזְרַק מפיו דבר he had a slip of the tongue

●חבב

חִיבֵּב/חִיבַּב/חַבֵּב (חִבֵּב) like, be fond of, love; lead/cause to like

בניין: פִּיעֵל גזרה: שלמים

	Present הווה		Past עבר	Future עתיד	Imperative ציווי
יחיד	מְחַבֵּב	אני	חִיבַּבְתִּי	אֲחַבֵּב	
יחידה	מְחַבֶּבֶת	אתה	חִיבַּבְתָּ	תְּחַבֵּב	חַבֵּב
רבים	מְחַבְּבִים	את	חִיבַּבְתְּ	תְּחַבְּבִי	חַבְּבִי
רבות	מְחַבְּבוֹת	הוא	חִיבֵּב	יְחַבֵּב	
		היא	חִיבְּבָה	תְּחַבֵּב	
		אנחנו	חִיבַּבְנוּ	נְחַבֵּב	
		אתם/ן	חִיבַּבְתֶּם/ן	תְּחַבְּבוּ*	חַבְּבוּ**
		הם/ן	חִיבְּבוּ	יְחַבְּבוּ*	

שם הפועל .Infin לְחַבֵּב

* less commonly: אתן/הן תְּחַבֵּבְנָה

שם הפעולה Gerund חִיבּוּב liking, fondness

** less commonly: (אתן) חַבֵּבְנָה

מקור מוחלט .Inf. Abs חַבֵּב

מ״י מוצרכת .Gov. Prep חִיבֵּב את על make (one) be liked by (someone)

הִתְחַבֵּב/הִתְחַבַּב be liked, be found likable; like one another (pl.)

בניין: הִתְפַּעֵל גזרה: שלמים

	Present הווה		Past עבר	Future עתיד	Imperative ציווי
יחיד	מִתְחַבֵּב	אני	הִתְחַבַּבְתִּי	אֶתְחַבֵּב	
יחידה	מִתְחַבֶּבֶת	אתה	הִתְחַבַּבְתָּ	תִּתְחַבֵּב	הִתְחַבֵּב
רבים	מִתְחַבְּבִים	את	הִתְחַבַּבְתְּ	תִּתְחַבְּבִי	הִתְחַבְּבִי
רבות	מִתְחַבְּבוֹת	הוא	הִתְחַבֵּב	יִתְחַבֵּב	<<<

	Past עבר	Future עתיד	Imperative ציווי
היא	הִתְחַבְּבָה	תִּתְחַבֵּב	
אנחנו	הִתְחַבַּבְנוּ	נִתְחַבֵּב	
אתם/ן	הִתְחַבַּבְתֶּם/ן	תִּתְחַבְּבוּ*	הִתְחַבְּבוּ**
הם/ן	הִתְחַבְּבוּ	יִתְחַבְּבוּ*	

* less commonly: אתן/הן תִּתְחַבֵּבְנָה

** less commonly: (אתן) הִתְחַבֵּבְנָה

שם הפועל .Infin לְהִתְחַבֵּב

שם הפעולה Gerund הִתְחַבְּבוּת becoming liked; likability

מקור מוחלט .Inf. Abs הִתְחַבֵּב

מ"י מוצרכת .Gov. Prep הִתְחַבֵּב עַל be found likable by

◆ **פעלים שאינם שכיחים מאותו שורש** Infrequent verbs sharing the same root

חָבַב like, be fond of, love (חוֹבֵב, יַחְבּוֹב, לַחֲבוֹב)

בינוני פעיל .Act. Part חוֹבֵב amateur; hobbyist (common form)

חוֹבֵב like (Med H) (מְחוֹבֵב, יְחוֹבֵב, לְחוֹבֵב)

חוּבַּב be liked (מְחוּבָּב, יְחוּבַּב)

◆ **דוגמאות** Illustrations

אני **מְחַבֵּב** מאוד את חנן. הוא **הִתְחַבֵּב** עליי מייד עם פגישתנו הראשונה. פתיחותו וחוש ההומור שלו **מְחַבְּבִים** אותו על הרבה אנשים.

I **like** Hannan very much. I **found** him **likeable** already on our first meeting. His openness and his sense of humor **cause** many people **to like** him.

יחיאל טייס **חוֹבֵב**, אבל ביצועיו כשל טייס מקצועי.

Yehiel is an **amateur** pilot, but his performance is like that of a professional pilot.

◆ **ביטויים מיוחדים** Special expressions

"**חוֹבְבֵי** ציון" "Lovers of Zion" (an Eastern European Zionist movement)

חִיבּוּב מצווה piety (=love of fulfilling commandments)

הִתְחַבְּבוּ זה על זה got to like each other

●חבק

חִיבֵּק/חִיבַּק/חַבֵּק (חִבֵּק) hug, embrace; encircle, surround

בניין: פִּיעֵל גזרה: שלמים

	Present הווה		Past עבר	Future עתיד	Imperative ציווי
יחיד	מְחַבֵּק	אני	חִיבַּקְתִּי	אֲחַבֵּק	
יחידה	מְחַבֶּקֶת	אתה	חִיבַּקְתָּ	תְּחַבֵּק	חַבֵּק <<<

Imperative ציווי	Future עתיד	Past עבר		Present הווה	
חַבְּקִי	תְּחַבְּקִי	חִיבַּקְתְּ	את	מְחַבְּקִים	רבים
	יְחַבֵּק	חִיבֵּק	הוא	מְחַבְּקוֹת	רבות
	תְּחַבֵּק	חִיבְּקָה	היא		
	נְחַבֵּק	חִיבַּקְנוּ	אנחנו		
חַבְּקוּ**	תְּחַבְּקוּ*	חִיבַּקְתֶּם/ן	אתם/ן		
	יְחַבְּקוּ*	חִיבְּקוּ	הם/ן		

שם הפועל .Infin לְחַבֵּק   * less commonly: אתן/הן תְּחַבֵּקְנָה

שם הפעולה Gerund חִיבּוּק a hug, hugging   ** less commonly: (אתן) חַבֵּקְנָה

מקור מוחלט .Inf. Abs חַבֵּק

חוּבַּק (חֻבַּק) be hugged/embraced

בניין: פּוּעַל   גזרה: שלמים

Future עתיד	Past עבר		Present הווה	
אֲחוּבַּק	חוּבַּקְתִּי	אני	מְחוּבָּק	יחיד
תְּחוּבַּק	חוּבַּקְתָּ	אתה	מְחוּבֶּקֶת	יחידה
תְּחוּבְּקִי	חוּבַּקְתְּ	את	מְחוּבָּקִים	רבים
יְחוּבַּק	חוּבַּק	הוא	מְחוּבָּקוֹת	רבות
תְּחוּבַּק	חוּבְּקָה	היא		
נְחוּבַּק	חוּבַּקְנוּ	אנחנו		
תְּחוּבְּקוּ*	חוּבַּקְתֶּם/ן	אתם/ן		
יְחוּבְּקוּ*	חוּבְּקוּ	הם/ן		

בינוני .Pres. Part מְחוּבָּק hugged, embraced   * less commonly: אתן/הן תְּחוּבַּקְנָה

[מקור מוחלט .Inf. Abs חוּבּוֹק]

הִתְחַבֵּק/הִתְחַבַּק embrace (intr.), hug each other, cuddle

בניין: הִתְפַּעֵל   גזרה: שלמים

Imperative ציווי	Future עתיד	Past עבר		Present הווה	
	אֶתְחַבֵּק	הִתְחַבַּקְתִּי	אני	מִתְחַבֵּק	יחיד
הִתְחַבֵּק	תִּתְחַבֵּק	הִתְחַבַּקְתָּ	אתה	מִתְחַבֶּקֶת	יחידה
הִתְחַבְּקִי	תִּתְחַבְּקִי	הִתְחַבַּקְתְּ	את	מִתְחַבְּקִים	רבים
	יִתְחַבֵּק	הִתְחַבֵּק	הוא	מִתְחַבְּקוֹת	רבות
	תִּתְחַבֵּק	הִתְחַבְּקָה	היא		
	נִתְחַבֵּק	הִתְחַבַּקְנוּ	אנחנו		
הִתְחַבְּקוּ**	תִּתְחַבְּקוּ*	הִתְחַבַּקְתֶּם/ן	אתם/ן		
	יִתְחַבְּקוּ*	הִתְחַבְּקוּ	הם/ן		

* less commonly: אתן/הן תִּתְחַבֵּקְנָה

שם הפועל .Infin לְהִתְחַבֵּק   ** less commonly: (אתן) הִתְחַבֵּקְנָה

שם הפעולה Gerund הִתְחַבְּקוּת embracing, cuddling

מקור מוחלט .Inf. Abs הִתְחַבֵּק

מ״י מוצרכת .Gov. Prep הִתְחַבֵּק עם hug/embrace (someone)

◆ פעלים שאינם שכיחים מאותו שורש Infrequent verbs sharing the same root

חָבַק hug, embrace; encircle, surround (חוֹבֵק, יַחֲבוֹק, לַחֲבוֹק)

בינוני סביל Pass. Part. חָבוּק hugged; closely attached

◆ דוגמאות Illustrations

יש תרבויות בהן אנשים בדרך כלל מִתְחַבְּקִים כאשר הם נפגשים, וזוגות מטיילים כשהם מְחוּבָּקִים; בתרבויות אחרות לא נהוג לַחֲבֹק ידידים או להראות סימני חיבה לבני זוג בפרהסיה.

There are cultures in which people generally **hug each other** when they meet, and couples stroll about **embraced**; in other cultures it is not the practice **to hug** friends or to show affection to spouses/partners in public.

◆ ביטויים מיוחדים Special expressions

חָבַק ידיים be idle — חוֹבֵק עולם all-encompassing

חָבַק בן/בת have a new son/daughter

●חבר

חִיבֵּר/חִיבַּר/חַבֵּר join, connect; add (arith.); compose (music); write (חִבֵּר) (book etc.)

בניין: פִּיעֵל גזרה: שלמים

	Present הווה		Past עבר	Future עתיד	Imperative ציווי
יחיד	מְחַבֵּר	אני	חִיבַּרְתִּי	אֲחַבֵּר	
יחידה	מְחַבֶּרֶת	אתה	חִיבַּרְתָּ	תְּחַבֵּר	חַבֵּר
רבים	מְחַבְּרִים	את	חִיבַּרְתְּ	תְּחַבְּרִי	חַבְּרִי
רבות	מְחַבְּרוֹת	הוא	חִיבֵּר	יְחַבֵּר	
		היא	חִיבְּרָה	תְּחַבֵּר	
		אנחנו	חִיבַּרְנוּ	נְחַבֵּר	
		אתם/ן	חִיבַּרְתֶּם/ן	תְּחַבְּרוּ*	חַבְּרוּ**
		הם/ן	חִיבְּרוּ	יְחַבְּרוּ*	

* less commonly: אתן/הן תְּחַבֵּרְנָה

** less commonly: (אתן) חַבֵּרְנָה

שם הפועל .Infin לְחַבֵּר

שם הפעולה Gerund חִיבּוּר joining; joint; composition

בינוני .Pres. Part מְחַבֵּר author, writer, composer

מקור מוחלט .Inf. Abs חַבֵּר

חוּבַּר be connected/joined/composed (חֻבַּר)

בניין: פּוּעל גזרה: שלמים

	Present הווה		Past עבר	Future עתיד
יחיד	מְחוּבָּר	אני	חוּבַּרְתִּי	אֲחוּבַּר
יחידה	מְחוּבֶּרֶת	אתה	חוּבַּרְתָּ	תְּחוּבַּר
רבים	מְחוּבָּרִים	את	חוּבַּרְתְּ	תְּחוּבְּרִי
רבות	מְחוּבָּרוֹת	הוא	חוּבַּר	יְחוּבַּר
		היא	חוּבְּרָה	תְּחוּבַּר
		אנחנו	חוּבַּרְנוּ	נְחוּבַּר
		אתם/ן	חוּבַּרְתֶּם/ן	תְּחוּבְּרוּ*
		הם/ן	חוּבְּרוּ	יְחוּבְּרוּ*

* less commonly: אתן/הן תְּחוּבַּרְנָה
בינוני Pres. Part. מְחוּבָּר joined, composed

[מקור מוחלט Inf. Abs. חוּבּוֹר]

הִתְחַבֵּר/הִתְחַבַּר be connected, join together; form alliance; be written

בניין: הִתְפַּעֵל גזרה: שלמים

	Present הווה		Past עבר	Future עתיד	Imperative ציווי
יחיד	מִתְחַבֵּר	אני	הִתְחַבַּרְתִּי	אֶתְחַבֵּר	
יחידה	מִתְחַבֶּרֶת	אתה	הִתְחַבַּרְתָּ	תִּתְחַבֵּר	הִתְחַבֵּר
רבים	מִתְחַבְּרִים	את	הִתְחַבַּרְתְּ	תִּתְחַבְּרִי	הִתְחַבְּרִי
רבות	מִתְחַבְּרוֹת	הוא	הִתְחַבֵּר	יִתְחַבֵּר	
		היא	הִתְחַבְּרָה	תִּתְחַבֵּר	
		אנחנו	הִתְחַבַּרְנוּ	נִתְחַבֵּר	
		אתם/ן	הִתְחַבַּרְתֶּם/ן	תִּתְחַבְּרוּ*	הִתְחַבְּרוּ**
		הם/ן	הִתְחַבְּרוּ	יִתְחַבְּרוּ*	

* less commonly: אתן/הן תִּתְחַבֵּרְנָה

** less commonly: (אתן) הִתְחַבֵּרְנָה

שם הפועל Infin. לְהִתְחַבֵּר

שם הפעולה Gerund הִתְחַבְּרוּת association, alliance

מקור מוחלט Inf. Abs. הִתְחַבֵּר

מ״י מוצרכת Gov. Prep. הִתְחַבֵּר ל- join (someone/something)

◆ פעלים שאינם שכיחים מאותו שורש Infrequent verbs sharing the same root

חָבַר join together, unite (חוֹבֵר, יַחֲבוֹר, לַחֲבוֹר)

בינוני סביל Pass. Part. חָבוּר joined, attached

חֲבוּרָה company, society; band, gang, group (common form)

נֶחְבַּר be joined/united (Mish H) (נֶחְבָּר, יֵיחָבֵר, לְהֵיחָבֵר)

הֶחְבִּיר string together (words), associate (ideas) (מַחְבִּיר, יַחְבִּיר, לְהַחְבִּיר)

◆ דוגמאות Illustrations

חברת החשמל כבר חִיבְּרָה את רוב הבתים בשכונה החדשה לרשת החשמל. הבית

האחרון יְחוּבַּר תוך יום או יומיים.

The electric company **has** already **connected** most of the houses to the electrical network. The last house **will be connected** in a day or two.

שלושה ענקים מתחום הבידור הִתְחַבְּרוּ לחברה אחת שתשתלט כנראה לגמרי על כמה תחומי בידור מרכזיים.

Three giants from the entertainment industry **have joined together** into one company that will apparently gain control over a number of essential areas in the entertainment business.

מי המְחַבֵּר של המאמר הזה? צריך להחזיר אותו לבית הספר התיכון, שילמד איך בכלל ניגשים לכתיבת חִיבּוּר.

Who is the **author** of this article? He needs to get back to high school, to begin to learn the basics of **composition** writing.

◆ ביטויים מיוחדים Special expressions

הארי שבחֲבוּרָה the leader, or strongest member, of the group

וי"ו החִיבּוּר the Hebrew 'and' clitic

מילת חִיבּוּר conjunction

חִיבּוּר חופשי an essay on a topic of the writer's choice

●חגג

חָגַג/חוֹגֵג/יַחֲגוֹג (יָחֹג) celebrate, observe (holiday)

בניין: פָּעַל גזרה: פ' גרונית (אֶפְעוֹל)

	Present הווה		Past עבר	Future עתיד	Imperative ציווי
יחיד	חוֹגֵג	אני	חָגַגְתִּי	אֶחְגּוֹג	
יחידה	חוֹגֶגֶת	אתה	חָגַגְתָּ	תַּחְגּוֹג	חֲגוֹג
רבים	חוֹגְגִים	את	חָגַגְתְּ	תַּחְגְּגִי	חִגְגִי
רבות	חוֹגְגוֹת	הוא	חָגַג	יַחְגּוֹג	
		היא	חָגְגָה	תַּחְגּוֹג	
		אנחנו	חָגַגְנוּ	נַחְגּוֹג	
		אתם/ן	חֲגַגְתֶּם/ן	תַּחְגְּגוּ*	חִגְגוּ**
		הם/ן	חָגְגוּ	יַחְגְּגוּ*	

שם הפועל .Infin לַחְגּוֹג

* less commonly: אתן/הן תַּחְגּוֹגְנָה

בינוני פעיל .Act. Part חוֹגֵג celebrant

** less commonly: (אתן) חֲגוֹגְנָה

שם הפעולה Gerund חֲגִיגָה celebration

מקור מוחלט .Inf. Abs חָגוֹג

נֶחֱגַג/יֵיחָגֵג (יֵחָגֵג) be celebrated

בניין: נִפְעַל גזרה: פ׳ גרונית

	Present הווה		Past עבר	Future עתיד	Imperative ציווי
יחיד	נֶחֱגָג	אני	נֶחֱגַגְתִּי	אֵיחָגֵג	
יחידה	נֶחֱגֶגֶת	אתה	נֶחֱגַגְתָּ	תֵּיחָגֵג	הֵיחָגֵג
רבים	נֶחֱגָגִים	את	נֶחֱגַגְתְּ	תֵּיחָגְגִי	הֵיחָגְגִי
רבות	נֶחֱגָגוֹת	הוא	נֶחֱגַג	יֵיחָגֵג	
		היא	נֶחֶגְגָה	תֵּיחָגֵג	
		אנחנו	נֶחֱגַגְנוּ	נֵיחָגֵג	
		אתם/ן	נֶחֱגַגְתֶּם/ן	תֵּיחָגְגוּ*	הֵיחָגְגוּ**
		הם/ן	נֶחֶגְגוּ	יֵיחָגְגוּ*	

שם הפועל .Infin לְהֵיחָגֵג * less commonly: אתן/הן תֵּיחָגַגְנָה/...גֵגְנָה

מקור מוחלט .Inf. Abs נָחוֹג ** less commonly: (אתן) הֵיחָגַגְנָה/...גֵגְנָה

◆ פעלים שאינם שכיחים מאותו שורש Infrequent verbs sharing the same root

נָחוֹג be celebrated/observed (נָחֹג, יֵיחוֹג, לְהֵיחוֹג)

חוֹגֵג celebrate (מְחוֹגֵג, יְחוֹגֵג, לְחוֹגֵג)

הִתְחוֹגֵג be celebrated (מִתְחוֹגֵג, יִתְחוֹגֵג, לְהִתְחוֹגֵג)

הוּחַג be celebrated (מוּחָג, יוּחַג)

◆ דוגמאות Illustrations

במדינות רבות, יום העצמאות **נֶחֱגָג** בהפעלה מסיבית של זיקוקי די-נור, וה**חוֹגְגִים** **חוֹגְגִים** אותו בחוצות.

In many countries, independence day **is celebrated** with massive fireworks display, and the **celebrants celebrate** it outside.

●חדר

חָדַר/חוֹדֵר/יַחְדּוֹר (יַחְדֹּר) penetrate

בניין: פָּעַל גזרה: פ׳ גרונית (אֶפְעוֹל)

	Present הווה			Past עבר	Future עתיד	Imper. ציווי
יחיד	חוֹדֵר	חָדוּר	אני	חָדַרְתִּי	אֶחְדּוֹר	
יחידה	חוֹדֶרֶת	חֲדוּרָה	אתה	חָדַרְתָּ	תַּחְדּוֹר	חֲדוֹר
רבים	חוֹדְרִים	חֲדוּרִים	את	חָדַרְתְּ	תַּחְדְּרִי	חִדְרִי
רבות	חוֹדְרוֹת	חֲדוּרוֹת	הוא	חָדַר	יַחְדּוֹר	
			היא	חָדְרָה	תַּחְדּוֹר	
			אנחנו	חָדַרְנוּ	נַחְדּוֹר	>>>

		Past עבר	Future עתיד	Imper. ציווי
	אתם/ן	חֲדַרְתֶּם/ן	תַּחְדְּרוּ*	חִדְרוּ**
	הם/ן	חָדְרוּ	יַחְדְּרוּ*	

* less commonly: אתן/הן תַּחְדּוֹרְנָה
** less commonly: (אתן) חֲדוֹרְנָה

שם הפועל .Infin לַחְדּוֹר
בינוני פעיל .Act. Part חוֹדֵר penetrating
בינוני סביל .Pass. Part חָדוּר ב- permeated/imbued with
שם הפעולה Gerund חֲדִירָה penetration
מקור מוחלט .Inf. Abs חָדוֹר
מ"י מוצרכת .Gov. Prep חָדַר ל- penetrate into

הֶחְדִּיר/הֶחְדַּר/יַחְדִּיר introduce, instill, insert, cause to penetrate

בניין: הִפְעִיל גזרה: פ' גרונית

	Present הווה		Past עבר	Future עתיד	Imperative ציווי
יחיד	מַחְדִּיר	אני	הֶחְדַּרְתִּי	אַחְדִּיר	
יחידה	מַחְדִּירָה	אתה	הֶחְדַּרְתָּ	תַּחְדִּיר	הַחְדֵּר
רבים	מַחְדִּירִים	את	הֶחְדַּרְתְּ	תַּחְדִּירִי	הַחְדִּירִי
רבות	מַחְדִּירוֹת	הוא	הֶחְדִּיר	יַחְדִּיר	
		היא	הֶחְדִּירָה	תַּחְדִּיר	
		אנחנו	הֶחְדַּרְנוּ	נַחְדִּיר	
		אתם/ן	הֶחְדַּרְתֶּם/ן	תַּחְדִּירוּ*	הַחְדִּירוּ**
		הם/ן	הֶחְדִּירוּ	יַחְדִּירוּ*	

* less commonly: אתן/הן תַּחְדֵּרְנָה
** less commonly: (אתן) הַחְדֵּרְנָה

שם הפועל .Infin לְהַחְדִּיר
שם הפעולה Gerund הַחְדָּרָה introduction, insertion, instillment
מקור מוחלט .Inf. Abs הַחְדֵּר
מ"י מוצרכת .Gov. Prep הֶחְדִּיר ל- cause to penetrate into

הוּחְדַּר (הָחְדַּר) be introduced/instilled/inserted/made to penetrate

בניין: הוּפְעַל גזרה: שלמים

	Present הווה		Past עבר	Future עתיד
יחיד	מוּחְדָּר	אני	הוּחְדַּרְתִּי	אוּחְדַּר
יחידה	מוּחְדֶּרֶת	אתה	הוּחְדַּרְתָּ	תּוּחְדַּר
רבים	מוּחְדָּרִים	את	הוּחְדַּרְתְּ	תּוּחְדְּרִי
רבות	מוּחְדָּרוֹת	הוא	הוּחְדַּר	יוּחְדַּר
		היא	הוּחְדְּרָה	תּוּחְדַּר
		אנחנו	הוּחְדַּרְנוּ	נוּחְדַּר
		אתם/ן	הוּחְדַּרְתֶּם/ן	תּוּחְדְּרוּ*
		הם/ן	הוּחְדְּרוּ	יוּחְדְּרוּ*

[מקור מוחלט .Inf. Abs הוּחְדֵּר]

* less commonly: אתן/הן תּוּחְדַּרְנָה

◆ פעלים שאינם שכיחים מאותו שורש Infrequent verbs sharing the same root
הִתְחַדֵּר penetrate (מִתְחַדֵּר, יִתְחַדֵּר, לְהִתְחַדֵּר)

◆ דוגמאות Illustrations
מים חָדְרוּ למרתף בזמן שירד גשם.
Water **penetrated** into the basement when it rained.
עמנואל מורה מעולה. הוא יודע כיצד **לְהַחְדִּיר** לתלמידיו לא רק תוכן אלא גם ערכים.
Emmanuel is an excellent teacher. He knows how to **instill** in his students not only content, but values as well.
יש מרגלים **המוּחְדָּרִים** לארץ היעד שלהם, אך מופעלים רק לאחר שנים רבות. הם מכונים "חפרפרות".
Some spies **are made to penetrate** their target countries, but are activated only after many years. Those are called "moles."

●חוב

חִיֵּב/חִיַּבְ/חַיֵּב (חִיֵּב) oblige, force; debit/charge; convict; approve of

בניין: פִּיעֵל גזרה: שלמים

	Present הווה		Past עבר	Future עתיד	Imperative ציווי
יחיד	מְחַיֵּב	אני	חִיַּבְתִּי	אֲחַיֵּב	
יחידה	מְחַיֶּבֶת	אתה	חִיַּבְתָּ	תְּחַיֵּב	חַיֵּב
רבים	מְחַיְּבִים	את	חִיַּבְתְּ	תְּחַיְּבִי	חַיְּבִי
רבות	מְחַיְּבוֹת	הוא	חִיֵּב	יְחַיֵּב	
		היא	חִיְּבָה	תְּחַיֵּב	
		אנחנו	חִיַּבְנוּ	נְחַיֵּב	
		אתם/ן	חִיַּבְתֶּם/ן	תְּחַיְּבוּ*	חַיְּבוּ**
		הם/ן	חִיְּבוּ	יְחַיְּבוּ*	

שם הפועל .Infin לְחַיֵּב   * less commonly: אתן/הן תְּחַיֵּבְנָה

בינוני .Pres. Part מְחַיֵּב positive; obliging   ** less commonly: (אתן) חַיֵּבְנָה

שם הפעולה .Ger חִיּוּב affirmation, being in favor of; obliging, obligation; conviction

מקור מוחלט .Inf. Abs חַיֵּב

חוּיַּב (חֻיַּב) be obliged/bound; be debited/charged; be convicted

בניין: פּוּעַל גזרה: שלמים

	Present הווה		Past עבר	Future עתיד
יחיד	מְחוּיָּב	אני	חוּיַּבְתִּי	אֲחוּיַּב
יחידה	מְחוּיֶּבֶת	אתה	חוּיַּבְתָּ	תְּחוּיַּב >>>

	Present הווה		Past עבר	Future עתיד
רבים	מְחוּיָּבִים	את	חוּיַּבְתְּ	תְּחוּיְּבִי
רבות	מְחוּיָּבוֹת	הוא	חוּיַּב	יְחוּיַּב
		היא	חוּיְּבָה	תְּחוּיַּב
		אנחנו	חוּיַּבְנוּ	נְחוּיַּב
		אתם/ן	חוּיַּבְתֶּם/ן	תְּחוּיְּבוּ*
		הם/ן	חוּיְּבוּ	יְחוּיְּבוּ*

בינוני .Pres. Part מְחוּיָּב obliged, bound   * less commonly: אתן/הן תְּחוּיַּבְנָה

[מקור מוחלט .Inf. Abs חוּיּוּב]

הִתְחַיֵּב/הִתְחַיַּב (הִתְחַיֵּב) undertake (obligation), commit oneself; follow (conclusion)

בניין: הִתְפַּעֵל   גזרה: שלמים

	Present הווה		Past עבר	Future עתיד	Imperative ציווי
יחיד	מִתְחַיֵּב	אני	הִתְחַיַּבְתִּי	אֶתְחַיֵּב	
יחידה	מִתְחַיֶּבֶת	אתה	הִתְחַיַּבְתָּ	תִּתְחַיֵּב	הִתְחַיֵּב
רבים	מִתְחַיְּבִים	את	הִתְחַיַּבְתְּ	תִּתְחַיְּבִי	הִתְחַיְּבִי
רבות	מִתְחַיְּבוֹת	הוא	הִתְחַיֵּב	יִתְחַיֵּב	
		היא	הִתְחַיְּבָה	תִּתְחַיֵּב	
		אנחנו	הִתְחַיַּבְנוּ	נִתְחַיֵּב	
		אתם/ן	הִתְחַיַּבְתֶּם/ן	תִּתְחַיְּבוּ*	הִתְחַיְּבוּ**
		הם/ן	הִתְחַיְּבוּ	יִתְחַיְּבוּ*	

* less commonly: אתן/הן תִּתְחַיֵּבְנָה

שם הפועל .Infin לְהִתְחַיֵּב   ** less commonly: (אתן) הִתְחַיֵּבְנָה

שם הפעולה Gerund הִתְחַיְּבוּת obligation, liability

מקור מוחלט .Inf. Abs הִתְחַיֵּב

◆ פעלים שאינם שכיחים מאותו שורש Infrequent verbs sharing the same root

חָב owe; impose obligation on (חָב, יָחוּב, לָחוּב)

הֶחִיב shift responsibility to repayment of debt to (מֵחִיב, יָחִיב, לְהָחִיב)

הוּחַב be made responsible for repayment of someone's debt (מוּחָב, יוּחַב)

◆ דוגמאות Illustrations

מנשה אמר שאינו יכול **לְהִתְחַיֵּב** לסיים את כתיבת הדוח עד סוף החודש, כיוון שיש לו גם **הִתְחַיְּבוּיוֹת** אחרות.

Menashe said that he cannot **commit himself** to finish the writing of the report by the end of the month, since he also has other **obligations**.

לאחר פיגור של שלושה חודשים בתשלומים, הודיע מנהל הבנק לגלעד כי הוא **יְחוּיַּב** בריבית פיגורים גבוהה, וכי אם יחול פיגור נוסף, **יְחַיֵּב** אותו הבנק למכור את הנכס.

Following a three month delay in payments, the bank manager notified Gilead that he **will be charged** high late-payment interest, and that in case of further delay, the bank will **force** him to sell the property.

הקרן הודיעה למבקש שהיא מוכנה להיענות **בְּחִיּוּב** לבקשתו, אבל קיצוצים בתקציבה **מְחַיְּבִים** אותה לדחות את המימון לשנת הכספים הבאה.

The foundation informed the applicant that it is willing to respond **positively** to his application, but cuts in its budget **require** that it postpone funding to the following year.

◆ ביטויים מיוחדים Special expressions

השכל **מְחַיֵּב** לעשות כך common sense requires that it should be done (this way)

חִיֵּב אותו בדין find him guilty

השיב **בְּחִיּוּב** answer in the affirmative

מְחוּיָּב המציאות inevitable

הִתְחַיֵּב בנפשו risk one's life

הִתְחַיֵּב להחזיר הלוואה undertake to repay a loan

ללא **הִתְחַיְּבוּת** מראש without prior commitment

●חול

חָל/חַל/יָחוּל apply (law, intr.), fall on (event), occur; dance (lit.)

בניין: פָּעַל גזרה: ע"ו

	Present הווה		Past עבר	Future עתיד	Imperative ציווי
יחיד	חָל	אני	חַלְתִּי	אָחוּל	
יחידה	חָלָה	אתה	חַלְתָּ	תָּחוּל	חוּל
רבים	חָלִים	את	חַלְתְּ	תָּחוּלִי	חוּלִי
רבות	חָלוֹת	הוא	חָל	יָחוּל	
		היא	חָלָה	תָּחוּל	
		אנחנו	חַלְנוּ	נָחוּל	
		אתם/ן	חַלְתֶּם/ן	תָּחוּלוּ*	חוּלוּ**
		הם/ן	חָלוּ	יָחוּלוּ*	

שם הפועל .Infin לָחוּל

מקור מוחלט .Inf. Abs חוֹל

מ"י מוצרכת .Gov. Prep חָל ב- apply on (day)

חָל על apply to (someone, something)

* less commonly: אתן/הן תָּחוּלֶנָה

** less commonly: (אתן) חוּלְנָה

הֵחִיל/הֵחַל/יָחִיל enforce (a law)

בניין: הִפְעִיל גזרה: ע״ו

	Present הווה		Past עבר	Future עתיד	Imperative ציווי
יחיד	מֵחִיל	אני	הֵחַלְתִּי	אָחִיל	
יחידה	מְחִילָה	אתה	הֵחַלְתָּ	תָּחִיל	הָחֵל
רבים	מְחִילִים	את	הֵחַלְתְּ	תָּחִילִי	הָחִילִי
רבות	מְחִילוֹת	הוא	הֵחִיל	יָחִיל	
		היא	הֵחִילָה	תָּחִיל	
		אנחנו	הֵחַלְנוּ	נָחִיל	
		אתם/ן	הֵחַלְתֶּם/ן*	תָּחִילוּ**	הָחִילוּ***
		הם/ן	הֵחִילוּ	יָחִילוּ**	

שם הפועל .Infin לְהָחִיל   * BH: הֲחִלֹּתֶם/ן

שם הפעולה Gerund הֲחָלָה enforcement   ** less commonly: אתן/הן תָּחֵלְנָה

מקור מוחלט .Inf. Abs הָחֵל   *** less commonly: (אתן) הָחֵלְנָה

הוּחַל be enforced (a law)

בניין: הוּפְעַל גזרה: ע״ו + פ׳ גרונית

	Present הווה		Past עבר	Future עתיד
יחיד	מוּחָל	אני	הוּחַלְתִּי	אוּחַל
יחידה	מוּחֶלֶת	אתה	הוּחַלְתָּ	תּוּחַל
רבים	מוּחָלִים	את	הוּחַלְתְּ	תּוּחֲלִי
רבות	מוּחָלוֹת	הוא	הוּחַל	יוּחַל
		היא	הוּחֲלָה	תּוּחַל
		אנחנו	הוּחַלְנוּ	נוּחַל
		אתם/ן	הוּחַלְתֶּם/ן	תּוּחֲלוּ*
		הם/ן	הוּחֲלוּ	יוּחֲלוּ*

בינוני .Pres. Part מוּחָל enforced (a law)   * less commonly: אתן/הן תּוּחַלְנָה

חוֹלֵל/חוֹלַל generate, perform; dance (lit.)

בניין: פִּיעֵל גזרה: ע״ו

	Present הווה		Past עבר	Future עתיד	Imperative ציווי
יחיד	מְחוֹלֵל	אני	חוֹלַלְתִּי	אֲחוֹלֵל	
יחידה	מְחוֹלֶלֶת	אתה	חוֹלַלְתָּ	תְּחוֹלֵל	חוֹלֵל
רבים	מְחוֹלְלִים	את	חוֹלַלְתְּ	תְּחוֹלְלִי	חוֹלְלִי
רבות	מְחוֹלְלוֹת	הוא	חוֹלֵל	יְחוֹלֵל	
		היא	חוֹלְלָה	תְּחוֹלֵל	
		אנחנו	חוֹלַלְנוּ	נְחוֹלֵל	
		אתם/ן	חוֹלַלְתֶּם/ן	תְּחוֹלְלוּ*	חוֹלְלוּ**
		הם/ן	חוֹלְלוּ	יְחוֹלְלוּ*	

שם הפועל .Infin לְחוֹלֵל   * less commonly: אתן/הן תְּחוֹלֵלְנָה >>>

בינוני .Pres. Part מְחוֹלֵל generator; dancer ** less commonly: (אתן) חוֹלֵלְנָה
מקור מוחלט .Inf. Abs חוֹלֵל

הִתְחוֹלֵל/הִתְחוֹלַל be generated, be brewing (storm etc.)

בניין: הִתְפַּעֵל גזרה: ע"ו + כפולים

	Present הווה		Past עבר	Future עתיד	Imperative ציווי
יחיד	מִתְחוֹלֵל	אני	הִתְחוֹלַלְתִּי	אֶתְחוֹלֵל	
יחידה	מִתְחוֹלֶלֶת	אתה	הִתְחוֹלַלְתָּ	תִּתְחוֹלֵל	הִתְחוֹלֵל
רבים	מִתְחוֹלְלִים	את	הִתְחוֹלַלְתְּ	תִּתְחוֹלְלִי	הִתְחוֹלְלִי
רבות	מִתְחוֹלְלוֹת	הוא	הִתְחוֹלֵל	יִתְחוֹלֵל	
		היא	הִתְחוֹלְלָה	תִּתְחוֹלֵל	
		אנחנו	הִתְחוֹלַלְנוּ	נִתְחוֹלֵל	
		אתם/ן	הִתְחוֹלַלְתֶּם/ן	תִּתְחוֹלְלוּ*	הִתְחוֹלְלוּ**
		הם/ן	הִתְחוֹלְלוּ	יִתְחוֹלְלוּ*	

* less commonly: אתן/הן תִּתְחוֹלֵלְנָה
שם הפועל .Infin לְהִתְחוֹלֵל ** less commonly: (אתן) הִתְחוֹלֵלְנָה
שם הפעולה Gerund הִתְחוֹלְלוּת being generated
מקור מוחלט .Inf. Abs הִתְחוֹלֵל

◆ דוגמאות Illustrations

ארגון האו"ם אינו מצליח **לְהָחִיל** את החלטות מועצת הביטחון בבוסניה, בה **מִתְחוֹלֶלֶת** כבר שנים מלחמה נוראה. הרבה תמורות **חָלוּ** במהלך הקרבות, והסיכוי לפיתרון הקונפליקט הולך ומתמעט.

The UN organization is unable **to enforce** the resolutions of the Security Council in Bosnia, in which a terrible war **has been brewing** for years now. Many changes (developments) **have occurred** during the fighting, and prospects for resolution of the conflict are constantly diminishing.

התקנות הללו אינן **חָלוֹת** עליו; הוא צעיר מדיי.

These regulations do not **apply** to him; he is too young.

◆ ביטויים מיוחדים Special expressions

חָל ביום ... fall on (some day)   **חוֹלֵל** נפלאות perform wonders

●חוש

חָשׁ/חַשׁ/יָחוּשׁ feel, sense

בניין: פָּעַל גזרה: ע"ו

Imperative ציווי	Future עתיד	Past עבר		Present הווה	
	אָחוּשׁ	חַשְׁתִּי	אני	חָשׁ	יחיד
חוּשׁ	תָּחוּשׁ	חַשְׁתָּ	אתה	חָשָׁה	יחידה
חוּשִׁי	תָּחוּשִׁי	חַשְׁתְּ	את	חָשִׁים	רבים
	יָחוּשׁ	חָשׁ	הוא	חָשׁוֹת	רבות
	תָּחוּשׁ	חָשָׁה	היא		
	נָחוּשׁ	חַשְׁנוּ	אנחנו		
חוּשׁוּ**	תָּחוּשׁוּ*	חַשְׁתֶּם/ן	אתם/ן		
	יָחוּשׁוּ*	חָשׁוּ	הם/ן		

שם הפועל .Infin לָחוּשׁ * less commonly: אתן/הן תָּחוּשְׁנָה

מקור מוחלט .Inf. Abs חוֹשׁ ** less commonly: (אתן) חוּשְׁנָה

מ"י מוצרכת .Gov. Prep חָשׁ ב- sense (something); feel pain in

◆ פעלים שאינם שכיחים מאותו שורש Infrequent verbs sharing the same root

הוּחַשׁ be felt by the senses (מוּחָשׁ, יוּחַשׁ) בינ' סביל .Pass. Part מוּחָשׁ perceptible

A less frequent homonymous root meaning 'rush, hurry' is not included here.

◆ דוגמאות Illustrations

חַשְׁתִּי שמשהו עומד לקרות.

I **sensed** that something was about to happen.

◆ ביטויים מיוחדים Special expressions

חָשׁ בראשו have a headache

●חזק

הֶחֱזִיק/הֶחֱזַק/יַחֲזִיק hold, seize

בניין: הִפְעִיל גזרה: פ' גרונית

Imperative ציווי	Future עתיד	Past עבר		Present הווה	
	אַחֲזִיק	הֶחֱזַקְתִּי	אני	מַחֲזִיק	יחיד
הַחֲזֵק	תַּחֲזִיק	הֶחֱזַקְתָּ	אתה	מַחֲזִיקָה	יחידה
>>> הַחֲזִיקִי	תַּחֲזִיקִי	הֶחֱזַקְתְּ	את	מַחֲזִיקִים	רבים

	Present הווה		Past עבר	Future עתיד	Imperative ציווי
רבות	מַחֲזִיקוֹת	הוא	הֶחֱזִיק	יַחֲזִיק	
		היא	הֶחֱזִיקָה	תַּחֲזִיק	
		אנחנו	הֶחֱזַקְנוּ	נַחֲזִיק	
		אתם/ן	הֶחֱזַקְתֶּם/ן	תַּחֲזִיקוּ*	הַחֲזִיקוּ**
		הם/ן	הֶחֱזִיקוּ	יַחֲזִיקוּ*	

* less commonly: אתן/הן תַּחֲזֵקְנָה

שם הפועל Infin. לְהַחֲזִיק ** less commonly: (אתן) הַחֲזֵקְנָה

שם הפעולה Ger. הַחְזָקָה possession; maintenance

מ״י מוצרכת Gov. Prep. הֶחֱזִיק ב- hold (something)

מקור מוחלט Inf. Abs. הַחֲזֵק

הוּחְזַק (הֻחְזַק) be held/seized

בניין: הוּפְעַל גזרה: שלמים

	Present הווה		Past עבר	Future עתיד
יחיד	מוּחְזָק	אני	הוּחְזַקְתִּי	אוּחְזַק
יחידה	מוּחְזֶקֶת	אתה	הוּחְזַקְתָּ	תּוּחְזַק
רבים	מוּחְזָקִים	את	הוּחְזַקְתְּ	תּוּחְזְקִי
רבות	מוּחְזָקוֹת	הוא	הוּחְזַק	יוּחְזַק
		היא	הוּחְזְקָה	תּוּחְזַק
		אנחנו	הוּחְזַקְנוּ	נוּחְזַק
		אתם/ן	הוּחְזַקְתֶּם/ן	תּוּחְזְקוּ*
		הם/ן	הוּחְזְקוּ	יוּחְזְקוּ*

בינוני Pres. Part. מוּחְזָק held, occupied * less commonly: אתן/הן תּוּחְזַקְנָה

[מקור מוחלט Inf. Abs. הוּחְזֵק]

חִיזֵּק/חִיזַּק/חִזֵּק (חִזֵּק) strengthen, fortify

בניין: פִּיעֵל גזרה: שלמים

	Present הווה		Past עבר	Future עתיד	Imperative ציווי
יחיד	מְחַזֵּק	אני	חִיזַּקְתִּי	אֲחַזֵּק	
יחידה	מְחַזֶּקֶת	אתה	חִיזַּקְתָּ	תְּחַזֵּק	חַזֵּק
רבים	מְחַזְּקִים	את	חִיזַּקְתְּ	תְּחַזְּקִי	חַזְּקִי
רבות	מְחַזְּקוֹת	הוא	חִיזֵּק	יְחַזֵּק	
		היא	חִיזְּקָה	תְּחַזֵּק	
		אנחנו	חִיזַּקְנוּ	נְחַזֵּק	
		אתם/ן	חִיזַּקְתֶּם/ן	תְּחַזְּקוּ*	חַזְּקוּ**
		הם/ן	חִיזְּקוּ	יְחַזְּקוּ*	

שם הפועל Infin. לְחַזֵּק * less commonly: אתן/הן תְּחַזֵּקְנָה

שם הפעולה Gerund חִיזּוּק strengthening ** less commonly: (אתן) חַזֵּקְנָה

מקור מוחלט Inf. Abs. חַזֵּק

חוּזַּק (חֻזַּק) be strengthened/fortified

בניין: פּוּעַל גזרה: שלמים

	Present הווה		Past עבר	Future עתיד
יחיד	מְחוּזָּק	אני	חוּזַּקְתִּי	אֲחוּזַּק
יחידה	מְחוּזֶּקֶת	אתה	חוּזַּקְתָּ	תְּחוּזַּק
רבים	מְחוּזָּקִים	את	חוּזַּקְתְּ	תְּחוּזְּקִי
רבות	מְחוּזָּקוֹת	הוא	חוּזַּק	יְחוּזַּק
		היא	חוּזְּקָה	תְּחוּזַּק
		אנחנו	חוּזַּקְנוּ	נְחוּזַּק
		אתם/ן	חוּזַּקְתֶּם/ן	תְּחוּזְּקוּ*
		הם/ן	חוּזְּקוּ	יְחוּזְּקוּ*

בינוני .Pres. Part מְחוּזָּק strengthened

* less commonly: אתן/הן תְּחוּזַּקְנָה

[מקור מוחלט .Inf. Abs חוּזּוֹק]

הִתְחַזֵּק/הִתְחַזַּק become stronger, gather strength, take courage

בניין: הִתְפַּעֵל גזרה: שלמים

	Present הווה		Past עבר	Future עתיד	Imperative ציווי
יחיד	מִתְחַזֵּק	אני	הִתְחַזַּקְתִּי	אֶתְחַזֵּק	
יחידה	מִתְחַזֶּקֶת	אתה	הִתְחַזַּקְתָּ	תִּתְחַזֵּק	הִתְחַזֵּק
רבים	מִתְחַזְּקִים	את	הִתְחַזַּקְתְּ	תִּתְחַזְּקִי	הִתְחַזְּקִי
רבות	מִתְחַזְּקוֹת	הוא	הִתְחַזֵּק	יִתְחַזֵּק	
		היא	הִתְחַזְּקָה	תִּתְחַזֵּק	
		אנחנו	הִתְחַזַּקְנוּ	נִתְחַזֵּק	
		אתם/ן	הִתְחַזַּקְתֶּם/ן	תִּתְחַזְּקוּ*	הִתְחַזְּקוּ**
		הם/ן	הִתְחַזְּקוּ	יִתְחַזְּקוּ*	

* less commonly: אתן/הן תִּתְחַזֵּקְנָה

שם הפועל .Infin לְהִתְחַזֵּק

** less commonly: (אתן) הִתְחַזֵּקְנָה

שם הפעולה Gerund הִתְחַזְּקוּת becoming stronger

מקור מוחלט .Inf. Abs הִתְחַזֵּק

◆ פעלים שאינם שכיחים מאותו שורש Infrequent verbs sharing the same root

חָזַק be(come) strong (חָזֵק, יֶחֱזַק, לַחֲזוֹק)

◆ דוגמאות Illustrations

צריך **לְחַזֵּק** את המעקה; אם מישהו **יַחֲזִיק** בו ויפול מן המדרגות, תהיינה לנו צרות צרורות. דאג בבקשה לכך שעד סוף השבוע הוא **יְחוּזַּק** כראוי.

We need to strengthen the banister; if someone **holds** on to it and falls, we'll be in a lot of trouble. Please see to it that it **is** properly **strengthened** by the end of this week.

זרם המים מן הנהר הולך **ומִתְחַזֵּק**. איני יודע כמה זמן הסכר **יַחֲזִיק** מעמד.

The river current keeps **getting stronger**. I have no idea how long the dam **will hold** out.

התסיסה בשטחים **המוּחזָקים** **מִתְחַזֶּקֶת**. קשה לדעת כמה זמן ניתן עוד יהיה **לְהַחֲזִיק** בהם.

The unrest in the **occupied** territories **is getting stronger**. It is hard to say how long it may be possible **to hold** on to them.

◆ **ביטויים מיוחדים** Special expressions

חָזַק ליבו his heart was hard, he insisted on refusing

חָזְקוּ עליו דברי ... accept (someone's) authority and do whatever s/he says

חָזְקָה ידו על impose authority on (someone)

חָזְקוּ ידיו recover, overcome

חֲזַק וֶאֱמַץ!/תֶּחֱזַקְנָה ידיך! be strong and brave! (a statement of encouragement)

חִיזֵּק מותניו gather up one's strength; struggle

חִיזֵּק פניו behave impudently

חִיזֵּק ידיים encourage

חִיזֵּק את ליבו של ... harden someone's heart

הִתְחַזֵּק בדעתו be firm, unwilling to change opinion

הֶחֱזִיק לו טובה be grateful to him

הֶחֱזִיק את ידו support, encourage him

הֶחֱזִיק טובה לעצמו know his own value; claim credit for oneself

הֶחֱזִיק מעמד hold out

● חזר

חָזַר/חוֹזֵר/יַחֲזוֹר (יַחֲזֹר) return; repeat; rehearse; retract

בניין: פָּעַל גזרה: פ' גרונית (אֶפְעוֹל)

	Present הווה		Past עבר	Future עתיד	Imperative ציווי
יחיד	חוֹזֵר	אני	חָזַרְתִּי	אֶחֱזוֹר	
יחידה	חוֹזֶרֶת	אתה	חָזַרְתָּ	תַּחֲזוֹר	חֲזוֹר
רבים	חוֹזְרִים	את	חָזַרְתְּ	תַּחַזְרִי	חִזְרִי
רבות	חוֹזְרוֹת	הוא	חָזַר	יַחֲזוֹר	
		היא	חָזְרָה	תַּחֲזוֹר	
		אנחנו	חָזַרְנוּ	נַחֲזוֹר	
		אתם/ן	חֲזַרְתֶּם/ן	תַּחַזְרוּ*	חִזְרוּ**
		הם/ן	חָזְרוּ	יַחַזְרוּ*	

שם הפועל .Infin לַחֲזוֹר

* less commonly: אתן/הן תַּחֲזוֹרְנָה

שם הפעולה Gerund חֲזִירָה/חֲזָרָה returning

** less commonly: (אתן) חֲזוֹרְנָה

בינוני פעיל .Act. Part חוֹזֵר repeated; returning person; (a) circular

מקור מוחלט .Inf. Abs חָזוֹר

מ"י מוצרכת .Gov. Prep חָזַר על repeat (something)

הֶחֱזִיר/הֶחֱזַר/יַחֲזִיר return (tr.), restore; reflect (light); turn (tr.)

בניין: הִפְעִיל　　גזרה: פ׳ גרונית

	Present הווה		Past עבר	Future עתיד	Imperative ציווי
יחיד	מַחֲזִיר	אני	הֶחֱזַרְתִּי	אַחֲזִיר	
יחידה	מַחֲזִירָה	אתה	הֶחֱזַרְתָּ	תַּחֲזִיר	הַחֲזֵר
רבים	מַחֲזִירִים	את	הֶחֱזַרְתְּ	תַּחֲזִירִי	הַחֲזִירִי
רבות	מַחֲזִירוֹת	הוא	הֶחֱזִיר	יַחֲזִיר	
		היא	הֶחֱזִירָה	תַּחֲזִיר	
		אנחנו	הֶחֱזַרְנוּ	נַחֲזִיר	
		אתם/ן	הֶחֱזַרְתֶּם/ן	תַּחֲזִירוּ*	הַחֲזִירוּ**
		הם/ן	הֶחֱזִירוּ	יַחֲזִירוּ*	

* less commonly: אתן/הן תַּחֲזֵרְנָה

** less commonly: (אתן) הַחֲזֵרְנָה

שם הפועל .Infin לְהַחֲזִיר

שם הפעולה .Ger הַחְזָרָה giving back; reflection (of light)

הֶחְזֵר return (thing returned)

מקור מוחלט .Inf. Abs הַחֲזֵר

מ״י מוצרכת .Gov. Prep הֶחֱזִיר ל- return (something) to (somebody)

הוּחְזַר (הָחְזַר) be returned/restored; be reflected (light)

בניין: הוּפְעַל　　גזרה: שלמים

	Present הווה		Past עבר	Future עתיד
יחיד	מוּחְזָר	אני	הוּחְזַרְתִּי	אוּחְזַר
יחידה	מוּחְזֶרֶת	אתה	הוּחְזַרְתָּ	תּוּחְזַר
רבים	מוּחְזָרִים	את	הוּחְזַרְתְּ	תּוּחְזְרִי
רבות	מוּחְזָרוֹת	הוא	הוּחְזַר	יוּחְזַר
		היא	הוּחְזְרָה	תּוּחְזַר
		אנחנו	הוּחְזַרְנוּ	נוּחְזַר
		אתם/ן	הוּחְזַרְתֶּם/ן	תּוּחְזְרוּ*
		הם/ן	הוּחְזְרוּ	יוּחְזְרוּ*

* less commonly: אתן/הן תּוּחְזַרְנָה

בינוני .Pres. Part מוּחְזָר returned, sent back; reflected (light)

[מקור מוחלט .Inf. Abs הוּחְזֵר]

חִיזֵּר/חִיזַּר/חַזֵּר (חִזֵּר) woo, court

בניין: פִּיעֵל　　גזרה: שלמים

	Present הווה		Past עבר	Future עתיד	Imperative ציווי
יחיד	מְחַזֵּר	אני	חִיזַּרְתִּי	אֲחַזֵּר	
יחידה	מְחַזֶּרֶת	אתה	חִיזַּרְתָּ	תְּחַזֵּר	חַזֵּר
רבים	מְחַזְּרִים	את	חִיזַּרְתְּ	תְּחַזְּרִי	חַזְּרִי
רבות	מְחַזְּרוֹת	הוא	חִיזֵּר	יְחַזֵּר	<<<

Imperative ציווי	Future עתיד	Past עבר	
	תְּחַזֵּר	חִיזְּרָה	היא
	נְחַזֵּר	חִיזַּרְנוּ	אנחנו
חַזְּרוּ**	תְּחַזְּרוּ*	חִיזַּרְתֶּם/ן	אתם/ן
	יְחַזְּרוּ*	חִיזְּרוּ	הם/ן

שם הפועל .Infin לְחַזֵּר   * less commonly: אתן/הן תְּחַזֵּרְנָה

שם הפעולה Gerund חִיזּוּר courtship   ** less commonly: (אתן) חַזֵּרְנָה

בינוני .Pres. Part מְחַזֵּר suitor

מקור מוחלט .Inf. Abs חַזֵּר

מ"י מוצרכת .Gov. Prep חִיזֵּר אחרי court (someone)

◆ פעלים שאינם שכיחים מאותו שורש Infrequent verbs sharing the same root

נֶחֱזַר be brought back, returned/repeated (נֶחֱזָר, יֵיחָזֵר, לְהֵיחָזֵר)

הִתְחַזֵּר return (intr.) (Mish H) (מִתְחַזֵּר, יִתְחַזֵּר, לְהִתְחַזֵּר)

◆ דוגמאות Illustrations

מיכאל **חוֹזֵר** מחר; אני צריך **לְהַחֲזִיר** לו את המחשב ששאלתי ממנו.

Michael **is coming back** tomorrow; I need **to return** the computer I borrowed from him.

המְחַזֵּר של רינה **חָזַר** בו וביטל את האירוסים; רינה לא **הֶחֱזִירָה** לו את הטבעת, ובצדק.

Rina's **suitor retracted** and cancelled the engagement; Rina did not **return** the ring - justifiably so.

אני מחכה **לְהֶחְזֵר** ממס הכנסה. כל שנה **מוּחְזָרִים** לי אלף או אלפיים דולר בצורה כזו.

I am expecting a **return** from Internal Revenue. Every year a thousand dollars or two **are returned** to me this way.

◆ ביטויים מיוחדים Special expressions

חָזַר בו retract

חָזַר בתשובה be penitent

חָזַר לסורו return to one's bad ways

חָזַר על עקביו return the same way one came

חוֹזֵר חלילה and so on repeatedly

חָזְרוּ הדברים ליושנם things returned to the way they were before

חָזַר על הפתחים go door to door (usually beggar)

גלגל **חוֹזֵר** (הוא) בעולם the wheel of fortune turns

טעות לעולם **חוֹזֶרֶת** mistakes and omissions may always be corrected

הון **חוֹזֵר** working capital

הֶחֱזִיר לו שלום responded to his greeting

הֶחֱזִיר למוטב lead one back to the right way

הֶחֱזִיר עטרה ליושנה renew past glory

●חיג

חִייֵג/חִייַג/חַייֵג (חִיֵג) dial

בניין: פִּיעֵל גזרה: שלמים

	Present הווה		Past עבר	Future עתיד	Imperative ציווי
יחיד	מְחַייֵג	אני	חִייַגְתִּי	אֲחַייֵג	
יחידה	מְחַייֶגֶת	אתה	חִייַגְתָּ	תְּחַייֵג	חַייֵג
רבים	מְחַייְגִים	את	חִייַגְתְּ	תְּחַייְגִי	חַייְגִי
רבות	מְחַייְגוֹת	הוא	חִייֵג	יְחַייֵג	
		היא	חִייְגָה	תְּחַייֵג	
		אנחנו	חִייַגְנוּ	נְחַייֵג	
		אתם/ן	חִייַגְתֶּם/ן	תְּחַייְגוּ*	חַייְגוּ**
		הם/ן	חִייְגוּ	יְחַייְגוּ*	

שם הפועל .Infin לְחַייֵג

שם הפעולה Gerund חִיּוּג dialing

בינוני .Pres. Part מְחַייֵג dialer

מקור מוחלט .Inf. Abs חַייֵג

* less commonly: אתן/הן תְּחַייֵגְנָה

** less commonly: (אתן) חַייֵגְנָה

חוּיַג (חֻיַּג) be dialed

בניין: פּוּעַל גזרה: שלמים

	Present הווה		Past עבר	Future עתיד
יחיד	מְחוּיָג	אני	חוּיַגְתִּי	אֲחוּיַג
יחידה	מְחוּיֶגֶת	אתה	חוּיַגְתָּ	תְּחוּיַג
רבים	מְחוּיָגִים	את	חוּיַגְתְּ	תְּחוּיְגִי
רבות	מְחוּיָגוֹת	הוא	חוּיַג	יְחוּיַג
		היא	חוּיְגָה	תְּחוּיַג
		אנחנו	חוּיַגְנוּ	נְחוּיַג
		אתם/ן	חוּיַגְתֶּם/ן	תְּחוּיְגוּ*
		הם/ן	חוּיְגוּ	יְחוּיְגוּ*

בינוני .Pres. Part מְחוּיָג dialed

* less commonly: אתן/הן תְּחוּיַגְנָה

◆ דוגמאות Illustrations

"נודניק" הוא מכשיר ה**מְחַייֵג** מספרי טלפון ברציפות עד שהקו מתפנה. המספר **מְחוּיָג** מֵחָדָש בהפסקות זמן קצובות, על פי קביעת המשתמש.

"Nudnik" is a device that automatically re**dials** telephone numbers until the line is free. The number **is** re**dialed** in fixed time intervals, as predetermined by the user.

●חיה

live, be alive; exist, subsist; recover, survive חָיָה (חַי)/חַי/יִחְיֶה

בניין: פָּעַל גזרה: ל"ה (מיוחדת)

Imperative ציווי	Future עתיד	Past עבר		Present הווה	
	אֶחְיֶה	חָיִיתִי	אני	חַי	יחיד
חֲיֵה	תִּחְיֶה	חָיִיתָ	אתה	חַיָּה	יחידה
חֲיִי	תִּחְיִי	חָיִית	את	חַיִּים	רבים
	יִחְיֶה	חָיָה (חַי)	הוא	חַיּוֹת	רבות
	תִּחְיֶה	חָיְתָה	היא		
	נִחְיֶה	חָיִינוּ	אנחנו		
חֲיוּ**	תִּחְיוּ*	חֲיִיתֶם/ן	אתם/ן		
	יִחְיוּ*	חָיוּ	הם/ן		

שם הפועל .Infin לִחְיוֹת — * less commonly: אתן/הן תִּחְיֶינָה

בינוני פעיל .Act. Part חַי alive — ** less commonly: (אתן) חֲיֶינָה

מקור מוחלט .Inf. Abs חָיֹה

keep alive, revive, refresh חִייָּה/חִיָּה (חִיָּה)

בניין: פִּיעֵל גזרה: ל"ה

Imperative ציווי	Future עתיד	Past עבר		Present הווה	
	אֲחַיֶּה	חִיִּיתִי	אני	מְחַיֶּה	יחיד
חַיֵּה	תְּחַיֶּה	חִיִּיתָ	אתה	מְחַיָּה	יחידה
חַיִּי	תְּחַיִּי	חִיִּית	את	מְחַיִּים	רבים
	יְחַיֶּה	חִיָּה	הוא	מְחַיּוֹת	רבות
	תְּחַיֶּה	חִיְּתָה	היא		
	נְחַיֶּה	חִיִּינוּ	אנחנו		
חַיּוּ**	תְּחַיּוּ*	חִיִּיתֶם/ן	אתם/ן		
	יְחַיּוּ*	חִיּוּ	הם/ן		

שם הפועל .Infin לְחַיּוֹת — * less commonly: אתן/הן תְּחַיֶּינָה

בינוני .Pres. Part מְחַיֶּה refreshing; reviver — ** less commonly: (אתן) חַיֶּינָה

מקור מוחלט .Inf. Abs חַיּוֹת

revive, restore to life, keep alive הֶחֱיָה

בניין: הִפְעִיל גזרה: ל"ה

Imperative ציווי	Future עתיד	Past עבר		Present הווה	
	אַחֲיֶה	הֶחֱיֵיתִי	אני	all present	יחיד
הַחֲיֵה	תַּחֲיֶה	הֶחֱיֵיתָ	אתה	tense forms	יחידה
הַחֲיִי	תַּחֲיִי	הֶחֱיֵית	את	merge with	רבים
	יַחֲיֶה	הֶחֱיָה	הוא	pi`el forms	רבות
>>>	תַּחֲיֶה	הֶחֶיְתָה/הֶחֱיְתָה	היא		

Imperative ציווי	Future עתיד	Past עבר		Present הווה
	נַחֲיֶה	הֶחֱיֵינוּ*	אנחנו	
הַחֲיוּ***	תַּחֲיוּ**	הֶחֱיֵיתֶם/ן	אתם/ן	
	יַחֲיוּ**	הֶחֱיוּ	הם/ן	

* BH: הֶחֱיִינוּ

שם הפועל .Infin לְהַחֲיוֹת — ** less commonly: אתן/הן תַּחֲיֶינָה

שם הפעולה Gerund הַחֲיָאָה revival, reviving — *** less commonly: (אתן) הַחֲיֶינָה

מקור מוחלט .Inf. Abs הַחֲיֵה

הוּחְיָה/הוּחֲיָה be revived/kept alive (הָחְיָה/הָחֳיָה)

בניין: הוּפְעַל   גזרה: ל"ה

Future עתיד	Past עבר		Present הווה	
אוּחְיֶה	הוּחְיֵיתִי	אני	מוּחְיֶה	יחיד
תּוּחְיֶה	הוּחְיֵיתָ	אתה	מוּחְיָה	יחידה
תּוּחְיִי	הוּחְיֵית	את	מוּחְיִים	רבים
יוּחְיֶה	הוּחְיָה	הוא	מוּחְיוֹת	רבות
תּוּחְיֶה	הוּחְיְתָה	היא		
נוּחְיֶה	הוּחְיֵינוּ*	אנחנו		
תּוּחְיוּ**	הוּחְיֵיתֶם/ן	אתם/ן		
יוּחְיוּ**	הוּחְיוּ	הם/ן		

בינוני .Pres. Part מוּחְיֶה revived — * BH: הוּחְיִינוּ

מקור מוחלט .Inf. Abs הוּחְיֵה — ** less commonly: אתן/הן תּוּחְיֶינָה

◆ פעלים שאינם שכיחים מאותו שורש Infrequent verbs sharing the same root

חוּיָּה be revived (מְחוּיֶּה, יְחוּיֶּה)

הִתְחַיָּה come back to life; adapt to life; be absorbed; recover (מִתְחַיֶּה, יִתְחַיֶּה, לְהִתְחַיּוֹת)

◆ דוגמאות Illustrations

אליעזר בן יהודה **חַי** בין השנים 1858-1922. מקובל לראות בו את **מְחַיֵּה** השפה העברית המדוברת. השפה הכתובה המשיכה להתקיים ברציפות, אך השפה המדוברת **הוּחְיְתָה** רק לפני כ-100 שנים.

Eliezer Ben-Yehuda **lived** between 1858-1922. He is generally regarded as the **reviver** of spoken Hebrew. The written language has always existed without interruption, but the spoken language **was revived** only about 100 years ago.

◆ ביטויים מיוחדים Special expressions

חַי על live/subsist on — **חַי** ה' I swear by God!

...שֶׁיִּחְיֶה ...may he live — **!...יְחִי** long live...!

כה **אֶחְיֶה/חַי** נפשי/**חַי** ראשי by my life! — כה **לֶחָי!** many happy returns!

חַי וקיים human being; eternal; "alive and kicking" (coll.)
צעק חַי וקיים complain bitterly; talk to a brick wall
בשר חַי raw meat; raw/exposed flesh
ירקות/פירות חַיִּים fresh or raw vegetables or fruit
מים חַיִּים fresh water
כעת חַיָּה this time next year
לשון חַיָּה a living language
הרוח החַיָּה במסיבה the life of the party
אלמנה חַיָּה abandoned wife
דוגמה חַיָּה a real-life example
הרוח החַיָּה the driving force
מְחַיָּה נפשות reviving, refreshing
הֶחֱיָה את לבו/נפשו revived him, encouraged him
שֶׁהֶחֱיָנוּ a prayer of thanks

●חיך

חִייֵּךְ/חִייַּכ/חַייֵּךְ (חִיֵּךְ) smile, chuckle

בניין: פִּיעֵל גזרה: שלמים

Imperative ציווי	Future עתיד	Past עבר		Present הווה	
	אֲחַייֵּךְ	חִייַּכְתִּי	אני	מְחַייֵּךְ	יחיד
חַייֵּךְ	תְּחַייֵּךְ	חִייַּכְתָּ	אתה	מְחַייֶּכֶת	יחידה
חַייְּכִי	תְּחַייְּכִי	חִייַּכְתְּ	את	מְחַייְּכִים	רבים
	יְחַייֵּךְ	חִייֵּךְ	הוא	מְחַייְּכוֹת	רבות
	תְּחַייֵּךְ	חִייְּכָה	היא		
	נְחַייֵּךְ	חִייַּכְנוּ	אנחנו		
חַייְּכוּ**	תְּחַייְּכוּ*	חִייַּכְתֶּם/ן	אתם/ן		
	יְחַייְּכוּ*	חִייְּכוּ	הם/ן		

שם הפועל .Infin לְחַייֵּךְ
שם הפעולה Gerund חִיּוּךְ smile, chuckle
בינוני .Pres. Part מְחַייֵּךְ smiling
מקור מוחלט .Inf. Abs חַייֵּךְ

* less commonly: אתן/הן תְּחַייֵּכְנָה
** less commonly: (אתן) חַייֵּכְנָה

◆ פעלים שאינם שכיחים מאותו שורש Infrequent verbs sharing the same root

הִתְחַייֵּךְ smile, chuckle, be happy (מִתְחַייֵּךְ, יִתְחַייֵּךְ, לְהִתְחַייֵּךְ)

◆ דוגמאות Illustrations

חייה של אהובה עם דניאל אינם קלים, אבל היא נשארת איתו בגלל מזגו הנוח: הוא תמיד מְחַייֵּךְ, וחִיּוּכוֹ הטוב משפר את מצב רוחה.

Ahuva's life with Daniel is not easy, but she is staying with him because of his pleasant disposition: he always **smiles**, and his good **smile** improves her mood.

●חכה

חִיכָּה/חַכֶּה (חִכָּה) wait, await; expect

בניין: פִּיעֵל גזרה: ל"ה

	Present הווה		Past עבר	Future עתיד	Imperative ציווי
יחיד	מְחַכֶּה	אני	חִיכִּיתִי	אֲחַכֶּה	
יחידה	מְחַכָּה	אתה	חִיכִּיתָ	תְּחַכֶּה	חַכֵּה
רבים	מְחַכִּים	את	חִיכִּית	תְּחַכִּי	חַכִּי
רבות	מְחַכּוֹת	הוא	חִיכָּה	יְחַכֶּה	
		היא	חִיכְּתָה	תְּחַכֶּה	
		אנחנו	חִיכִּינוּ	נְחַכֶּה	
		אתם/ן	חִיכִּיתֶם/ן	תְּחַכּוּ*	חַכּוּ**
		הם/ן	חִיכּוּ	יְחַכּוּ*	

שם הפועל .Infin לְחַכּוֹת — * less commonly: אתן/הן תְּחַכֶּינָה

שם הפעולה .Ger חִיכּוּי waiting, wait (lit.) — ** less commonly: (אתן) חַכֶּינָה

מקור מוחלט .Inf. Abs חַכֵּה

מ"י מוצרכת .Gov. Prep חִיכָּה ל- wait for

◆ **פעלים שאינם שכיחים מאותו שורש** Infrequent verbs sharing the same root

חָכָה (lit.) hope, expect (חוֹכֶה, לַחְכּוֹת)

חוּכָּה (חֻכָּה) be expected/hoped for (Med H) (מְחוּכֶּה, יְחוּכֶּה)

◆ **דוגמאות** Illustrations

חִיכִּיתִי למשה שעה שלמה במסעדה, אך הוא לא הופיע.

I **waited** for Moshe for a full hour at the restaurant, but he never showed up.

●חלה

חָלָה/חוֹלֶה/יֶחֱלֶה fall sick, be sick

בניין: פָּעַל גזרה: ל"ה + פ' גרונית

	Present הווה		Past עבר	Future עתיד	Imperative ציווי
יחיד	חוֹלֶה	אני	חָלִיתִי	אֶחֱלֶה	
יחידה	חוֹלָה	אתה	חָלִיתָ	תֶּחֱלֶה	חֲלֵה
רבים	חוֹלִים	את	חָלִית	תֶּחֱלִי	חֲלִי
רבות	חוֹלוֹת	הוא	חָלָה	יֶחֱלֶה	<<<

ציווי Imperative	עתיד Future	עבר Past	
	תֶּחֱלֶה	חָלְתָה	היא
	נֶחֱלֶה	חָלִינוּ	אנחנו
חֲלוּ**	תֶּחֱלוּ*	חֲלִיתֶם/ן	אתם/ן
	יֶחֱלוּ*	חָלוּ	הם/ן

שם הפועל .Infin לַחֲלוֹת

* less commonly: אתן/הן תֶּחֱלֶינָה

בינוני .Pres. Part חוֹלֶה sick; patient

** less commonly: (אתן) חֲלֶינָה

מקור מוחלט .Inf. Abs חָלֹה

הִתְחַלָּה pretend to be sick; make oneself sick

בניין: הִתְפַּעֵל גזרה: ל"ה

ציווי Imperative	עתיד Future	עבר Past		הווה Present	
	אֶתְחַלֶּה	הִתְחַלֵּיתִי	אני	מִתְחַלֶּה	יחיד
הִתְחַלֵּה	תִּתְחַלֶּה	הִתְחַלֵּיתָ	אתה	מִתְחַלָּה	יחידה
הִתְחַלִּי	תִּתְחַלִּי	הִתְחַלֵּית	את	מִתְחַלִּים	רבים
	יִתְחַלֶּה	הִתְחַלָּה	הוא	מִתְחַלּוֹת	רבות
	תִּתְחַלֶּה	הִתְחַלְּתָה	היא		
	נִתְחַלֶּה	הִתְחַלֵּינוּ*	אנחנו		
הִתְחַלּוּ***	תִּתְחַלּוּ**	הִתְחַלֵּיתֶם/ן	אתם/ן		
	יִתְחַלּוּ**	הִתְחַלּוּ	הם/ן		

* BH: הִתְחַלִּינוּ

** less commonly: אתן/הן תִּתְחַלֶּינָה

*** less commonly: (אתן) הִתְחַלֶּינָה

שם הפועל .Infin לְהִתְחַלּוֹת

שם הפעולה Gerund הִתְחַלּוּת pretending to be sick

מקור מוחלט .Inf. Abs הִתְחַלֵּה

◆ פעלים שאינם שכיחים מאותו שורש Infrequent verbs sharing the same root

נֶחֱלָה become ill, undergo pain (נֶחֱלֶה, יֵיחָלֶה, לְהֵיחָלוֹת)

חִילָּה (חִלָּה) make ill; plead (מְחַלֶּה, יְחַלֶּה, לְחַלּוֹת)

חוּלָּה (חֻלָּה) be made ill (מְחוּלֶּה, יְחוּלֶּה)

הֶחֱלָה make ill, cause pain (מַחֲלֶה, יַחֲלֶה, לְהַחֲלוֹת)

הוּחֲלָה (הָחֳלָה) be made ill (מוּחֲלֶה, יוּחֲלֶה)

◆ דוגמאות Illustrations

לא, אני חושב שהפעם הוא לא **מִתְחַלָּה** - הפעם הוא **חוֹלֶה** ממש.

No, I do not think that he **is pretending to be sick** this time; this time he is really **sick**.

●חלט

הֶחְלִיט/הֶחְלַט/יַחְלִיט decide, resolve; determine; declare impure (Mish Hebrew)

בניין: הִפְעִיל גזרה: פ׳ גרונית

	Present הווה		Past עבר	Future עתיד	Imperative ציווי
יחיד	מַחְלִיט	אני	הֶחְלַטְתִּי	אַחְלִיט	
יחידה	מַחְלִיטָה	אתה	הֶחְלַטְתָּ	תַּחְלִיט	הַחְלֵט
רבים	מַחְלִיטִים	את	הֶחְלַטְתְּ	תַּחְלִיטִי	הַחְלִיטִי
רבות	מַחְלִיטוֹת	הוא	הֶחְלִיט	יַחְלִיט	
		היא	הֶחְלִיטָה	תַּחְלִיט	
		אנחנו	הֶחְלַטְנוּ	נַחְלִיט	
		אתם/ן	הֶחְלַטְתֶּם/ן	תַּחְלִיטוּ*	הַחְלִיטוּ**
		הם/ן	הֶחְלִיטוּ	יַחְלִיטוּ*	

שם הפועל .Infin לְהַחְלִיט * less commonly: אתן/הן תַּחְלֵטְנָה

שם הפעולה .Ger הַחְלָטָה decision ** less commonly: (אתן) הַחְלֵטְנָה

הֶחְלֵט final decision

מקור מוחלט .Inf. Abs הַחְלֵט

תואר הפועל .Adv בְּהֶחְלֵט absolutely, certainly

הוּחְלַט (הָחְלַט) be decided/determined

בניין: הוּפְעַל גזרה: שלמים

	Present הווה		Past עבר	Future עתיד
יחיד	מוּחְלָט	אני	הוּחְלַטְתִּי	אוּחְלַט
יחידה	מוּחְלֶטֶת	אתה	הוּחְלַטְתָּ	תּוּחְלַט
רבים	מוּחְלָטִים	את	הוּחְלַטְתְּ	תּוּחְלְטִי
רבות	מוּחְלָטוֹת	הוא	הוּחְלַט	יוּחְלַט
		היא	הוּחְלְטָה	תּוּחְלַט
		אנחנו	הוּחְלַטְנוּ	נוּחְלַט
		אתם/ן	הוּחְלַטְתֶּם/ן	תּוּחְלְטוּ*
		הם/ן	הוּחְלְטוּ	יוּחְלְטוּ*

בינוני .Pres. Part מוּחְלָט absolute, complete * less commonly: אתן/הן תּוּחְלַטְנָה

[מקור מוחלט .Inf. Abs הוּחְלֵט]

תואר הפועל .Adv מוּחְלָטוֹת determinedly

◆ פעלים שאינם שכיחים מאותו שורש Infrequent verbs sharing the same root

חָלַט (חוֹלֵט, יַחְלוֹט, לַחְלוֹט) decide, determine (lit.); declare impure (Mish H)

נֶחְלַט (נֶחְלָט, יֵיחָלֵט, לְהֵיחָלֵט) be decided/determined (Med H); be declared impure (Mish H)

A less frequent homonymous root meaning 'brew, pour boiling water' is not included in this collection.

◆ דוגמאות Illustrations

בישיבת הממשלה האחרונה **הוּחְלַט** על ביטול **מוּחְלָט** של כל הסובסידיות למזון. הציבור הגיב בזעם על **הַהַחְלָטָה**, וההסתדרות הכללית של העובדים **הֶחְלִיטָה** לקיים סידרה של שביתות.

On the last meeting of the government, it **was decided** (that there should be) **complete** cancellation of all food subsidies. The public reacted to the **decision** with anger, and the general workers' union **decided** to hold a series of strikes.

◆ ביטויים מיוחדים Special expressions

הַחְלָטָה פזיזה hasty decision

●חלם

חָלַם/חוֹלֵם/יַחֲלוֹם (יַחֲלֹם) dream

בניין: פָּעַל גזרה: פ' גרונית (אֶפְעוֹל)

	Present הווה		Past עבר	Future עתיד	Imperative ציווי
יחיד	חוֹלֵם	אני	חָלַמְתִּי	אֶחֱלוֹם	
יחידה	חוֹלֶמֶת	אתה	חָלַמְתָּ	תַּחֲלוֹם	חֲלוֹם
רבים	חוֹלְמִים	את	חָלַמְתְּ	תַּחַלְמִי	חִלְמִי
רבות	חוֹלְמוֹת	הוא	חָלַם	יַחֲלוֹם	
		היא	חָלְמָה	תַּחֲלוֹם	
		אנחנו	חָלַמְנוּ	נַחֲלוֹם	
		אתם/ן	חֲלַמְתֶּם/ן	תַּחַלְמוּ*	חִלְמוּ**
		הם/ן	חָלְמוּ	יַחַלְמוּ*	

שם הפועל .Infin לַחֲלוֹם

בינוני פעיל .Act. Part חוֹלֵם dreamer

מקור מוחלט .Inf. Abs חָלוֹם

* less commonly: אתן/הן תַּחֲלוֹמְנָה

** less commonly: (אתן) חֲלוֹמְנָה

◆ פעלים שאינם שכיחים מאותו שורש Infrequent verbs sharing the same root

נֶחֱלַם be dreamed about, be seen in a dream (נֶחֱלָם, יֵיחָלֵם, לְהֵיחָלֵם)

הִתְחַלֵּם appear in a dream (lit.) (מִתְחַלֵּם, יִתְחַלֵּם, לְהִתְחַלֵּם)

הֶחֱלִים cause to dream (Med H); dream (מַחֲלִים, יַחֲלִים, לְהַחֲלִים)

הֶחֱלִים 'recover' is a fairly common realization of a homonymous root not included here.

◆ דוגמאות Illustrations

כולנו **חוֹלְמִים**, אבל לא כולנו זוכרים את מה **שֶׁחָלַמְנוּ** כשאנו מקיצים מן השינה.

We all **dream**, but not all of us remember what **we dreamed** when we wake up.

◆ ביטויים מיוחדים Special expressions

חָלַם בהקיץ daydream

●חלף

הִתְחַלֵּף/הִתְחַלַּפְ be exchanged, be changed; change places

בניין: הִתְפַּעֵל גזרה: שלמים

Imperative ציווי	Future עתיד	Past עבר		Present הווה	
	אֶתְחַלֵּף	הִתְחַלַּפְתִּי	אני	מִתְחַלֵּף	יחיד
הִתְחַלֵּף	תִּתְחַלֵּף	הִתְחַלַּפְתָּ	אתה	מִתְחַלֶּפֶת	יחידה
הִתְחַלְּפִי	תִּתְחַלְּפִי	הִתְחַלַּפְתְּ	את	מִתְחַלְּפִים	רבים
	יִתְחַלֵּף	הִתְחַלֵּף	הוא	מִתְחַלְּפוֹת	רבות
	תִּתְחַלֵּף	הִתְחַלְּפָה	היא		
	נִתְחַלֵּף	הִתְחַלַּפְנוּ	אנחנו		
הִתְחַלְּפוּ**	תִּתְחַלְּפוּ*	הִתְחַלַּפְתֶּם/ן	אתם/ן		
	יִתְחַלְּפוּ*	הִתְחַלְּפוּ	הם/ן		

* less commonly: אתן/הן תִּתְחַלֵּפְנָה

** less commonly: (אתן) הִתְחַלֵּפְנָה

שם הפועל .Infin לְהִתְחַלֵּף

שם הפעולה Gerund הִתְחַלְּפוּת being (ex)changed

מקור מוחלט .Inf. Abs הִתְחַלֵּף

מ״י מוצרכת .Gov. Prep הִתְחַלֵּף עם take someone's place

הֶחֱלִיף/הֶחֱלַפְ/יַחֲלִיף change, exchange; replace

בניין: הִפְעִיל גזרה: פ' גרונית

Imperative ציווי	Future עתיד	Past עבר		Present הווה	
	אַחֲלִיף	הֶחֱלַפְתִּי	אני	מַחֲלִיף	יחיד
הַחֲלֵף	תַּחֲלִיף	הֶחֱלַפְתָּ	אתה	מַחֲלִיפָה	יחידה
הַחֲלִיפִי	תַּחֲלִיפִי	הֶחֱלַפְתְּ	את	מַחֲלִיפִים	רבים
	יַחֲלִיף	הֶחֱלִיף	הוא	מַחֲלִיפוֹת	רבות
	תַּחֲלִיף	הֶחֱלִיפָה	היא		
	נַחֲלִיף	הֶחֱלַפְנוּ	אנחנו		
הַחֲלִיפוּ**	תַּחֲלִיפוּ*	הֶחֱלַפְתֶּם/ן	אתם/ן		
<<<	יַחֲלִיפוּ*	הֶחֱלִיפוּ	הם/ן		

* less commonly: אתן/הן תַּחֲלֵפְנָה

** less commonly: (אתן) הַחֲלֵפְנָה

שם הפועל Infin. לְהַחֲלִיף

שם הפעולה Gerund הַחֲלָפָה exchange, substitution

מקור מוחלט Inf. Abs. הַחֲלֵף

מ״י מוצרכת Gov. Prep. הֶחֱלִיף ב- replace with

הוּחְלַף (הָחְלַף) be changed/exchanged; be replaced

בניין: הוּפְעַל גזרה: שלמים

	הווה Present		עבר Past	עתיד Future
יחיד	מוּחְלָף	אני	הוּחְלַפְתִּי	אוּחְלַף
יחידה	מוּחְלֶפֶת	אתה	הוּחְלַפְתָּ	תוּחְלַף
רבים	מוּחְלָפִים	את	הוּחְלַפְתְּ	תוּחְלְפִי
רבות	מוּחְלָפוֹת	הוא	הוּחְלַף	יוּחְלַף
		היא	הוּחְלְפָה	תוּחְלַף
		אנחנו	הוּחְלַפְנוּ	נוּחְלַף
		אתם/ן	הוּחְלַפְתֶּם/ן	תוּחְלְפוּ*
		הם/ן	הוּחְלְפוּ	יוּחְלְפוּ*

* less commonly: אתן/הן תוּחְלַפְנָה

בינוני Pres. Part. מוּחְלָף exchanged, replaced

[מקור מוחלט Inf. Abs. הוּחְלֵף]

חָלַף/חוֹלֵף/יַחֲלוֹף (יַחֲלֹף) pass away/by/through

בניין: פָּעַל גזרה: פ׳ גרונית (אֶפְעוֹל)

	הווה Present			עבר Past	עתיד Future	ציווי Imper.
יחיד	חוֹלֵף	חָלוּף	אני	חָלַפְתִּי	אֶחֱלוֹף*	
יחידה	חוֹלֶפֶת	חֲלוּפָה	אתה	חָלַפְתָּ	תַּחֲלוֹף	חֲלוֹף
רבים	חוֹלְפִים	חֲלוּפִים	את	חָלַפְתְּ	תַּחַלְפִי	חִלְפִי
רבות	חוֹלְפוֹת	חֲלוּפוֹת	הוא	חָלַף	יַחֲלוֹף	
			היא	חָלְפָה	תַּחֲלוֹף	
			אנחנו	חָלַפְנוּ	נַחֲלוֹף	
			אתם/ן	חֲלַפְתֶּם/ן	תַּחַלְפוּ**	חִלְפוּ***
			הם/ן	חָלְפוּ	יַחַלְפוּ**	

* or: אֶחְלוֹף, תַּחְלוֹף, תַּחְלְפִי...

** less commonly: אתן/הן תַּחֲלוֹפְנָה

*** less commonly: (אתן) חֲלוֹפְנָה

שם הפועל Infin. לַחֲלוֹף

בינ׳ פעיל Act. Part. חוֹלֵף passing, transitory

בינוני סביל Pass. Part. חָלוּף alternative (Adj; lit.)

חֲלוּפָה alternative (N; lit.)

שם הפעולה Gerund חֲלִיפָה replacement; suit of clothing

מקור מוחלט Inf. Abs. חָלוֹף

תואר הפועל Adv. לַחֲלוּפִין/לְחִילוּפִין alternately, in alternation

◆ פעלים שאינם שכיחים מאותו שורש Infrequent verbs sharing the same root

נֶחֱלַף be replaced; grow sprouts (Mish H) (נֶחֱלָף, יֵיחָלֵף, לְהֵיחָלֵף)

חִילֵּף (חִלֵּף) change, replace, renew (מְחַלֵּף, יְחַלֵּף, לְחַלֵּף)

חִילּוּף replacement, exchange

חוּלַּף (חֻלַּף) be changed/replaced (Med H) (מְחוּלָּף, יְחוּלַּף)

◆ דוגמאות Illustrations

השחקנית הזאת מַחֲלִיפָה בעלים כל שנה-שנתיים. ריצ'רד אומר שהוא לא היה רוצה לְהִתְחַלֵּף עם אף אחד מבעליה לשעבר, שכל אחד מהם מרגיש בוודאי כמו סחורה מוּחְלֶפֶת.

This actress **replaces** husbands every year or two. Richard says that he wouldn't have liked **to change places** with any one of her ex-husbands, each of whom must be feeling like **exchanged** merchandise.

אפרים אינו משתתף באירועים של משרד החוץ, מכיוון שאינו מרגיש בנוח בַחֲלִיפָה...

Ephraim does not participate in State Department events, because he feels uncomfortable in a **suit**...

◆ ביטויים מיוחדים Special expressions

הֶחֱלִיף את היוצרות have things mixed up

הֶחֱלִיף כוח gain new strength

הֶחֱלִיף פרה בחמור make a bad bargain

הֶחֱלִיף דעות/רשמים exchange ideas/impressions

הֶחֱלִיף מכתבים correspond

חלקי **חִילּוּף** replacement parts

חִילּוּף חומרים metabolism

חִילּוּפֵי גברֵי personnel changes

חִילּוּפֵי משמרות changing of the guard

חִילּוּפֵי נוסח textual variations

זרם **חִילּוּפִין** alternating (electrical) current

●חלץ

חִילֵּץ/חִילַּצְ/חַלֵּץ (חִלֵּץ) deliver, rescue; pull out, extract

בניין: פִּיעֵל גזרה: שלמים

	Present הווה		Past עבר	Future עתיד	Imperative ציווי
יחיד	מְחַלֵּץ	אני	חִילַּצְתִּי	אֲחַלֵּץ	
יחידה	מְחַלֶּצֶת	אתה	חִילַּצְתָּ	תְּחַלֵּץ	חַלֵּץ
רבים	מְחַלְּצִים	את	חִילַּצְתְּ	תְּחַלְּצִי	חַלְּצִי
רבות	מְחַלְּצוֹת	הוא	חִילֵּץ	יְחַלֵּץ	
		היא	חִילְּצָה	תְּחַלֵּץ	<<<

Imperative ציווי	Future עתיד	Past עבר			
	נְחַלֵּץ	חִילַּצְנוּ	אנחנו		
חַלְּצוּ**	תְּחַלְּצוּ*	חִילַּצְתֶּם/ן	אתם/ן		
	יְחַלְּצוּ*	חִילְּצוּ	הם/ן		

שם הפועל .Infin לְחַלֵּץ — * less commonly: אתן/הן תְּחַלֵּצְנָה

שם הפעולה .Ger חִילּוּץ rescue; pulling out — ** less commonly: (אתן) חַלֵּצְנָה

מקור מוחלט .Inf. Abs חַלֵּץ

חוּלַּץ (חֻלַּץ) be rescued/extracted

בניין: פּוּעַל גזרה: שלמים

Future עתיד	Past עבר		Present הווה	
אֲחוּלַּץ	חוּלַּצְתִּי	אני	מְחוּלָּץ	יחיד
תְּחוּלַּץ	חוּלַּצְתָּ	אתה	מְחוּלֶּצֶת	יחידה
תְּחוּלְּצִי	חוּלַּצְתְּ	את	מְחוּלָּצִים	רבים
יְחוּלַּץ	חוּלַּץ	הוא	מְחוּלָּצוֹת	רבות
תְּחוּלַּץ	חוּלְּצָה	היא		
נְחוּלַּץ	חוּלַּצְנוּ	אנחנו		
תְּחוּלְּצוּ*	חוּלַּצְתֶּם/ן	אתם/ן		
יְחוּלְּצוּ*	חוּלְּצוּ	הם/ן		

* less commonly: אתן/הן תְּחוּלַּצְנָה

בינוני .Pres. Part מְחוּלָּץ rescued, extracted

[מקור מוחלט .Inf. Abs חוּלּוֹץ]

נֶחֱלַץ/יֵיחָלֵץ (יֵחָלֵץ) escape, be rescued; be taken off (shoe); be ready for action; be released from obligation of levirate marriage; offer help

בניין: נִפְעַל גזרה: פ' גרונית

Imperative ציווי	Future עתיד	Past עבר		Present הווה	
	אֵיחָלֵץ	נֶחֱלַצְתִּי	אני	נֶחֱלָץ	יחיד
הֵיחָלֵץ	תֵּיחָלֵץ	נֶחֱלַצְתָּ	אתה	נֶחֱלֶצֶת	יחידה
הֵיחָלְצִי	תֵּיחָלְצִי	נֶחֱלַצְתְּ	את	נֶחֱלָצִים	רבים
	יֵיחָלֵץ	נֶחֱלַץ	הוא	נֶחֱלָצוֹת	רבות
	תֵּיחָלֵץ	נֶחֶלְצָה	היא		
	נֵיחָלֵץ	נֶחֱלַצְנוּ	אנחנו		
הֵיחָלְצוּ**	תֵּיחָלְצוּ*	נֶחֱלַצְתֶּם/ן	אתם/ן		
	יֵיחָלְצוּ*	נֶחֶלְצוּ	הם/ן		

* less commonly: אתן/הן תֵּיחָלַצְנָה/...לֶצְנָה

שם הפועל .Infin לְהֵיחָלֵץ — ** less commonly: (אתן) הֵיחָלַצְנָה/...לֶצְנָה

שם הפעולה Gerund הֵיחָלְצוּת escape, deliverance; pioneering (action or spirit)

מקור מוחלט .Inf. Abs נַחֲלוֹץ, הֵיחָלֵץ (הֵיחָלוֹץ)

חָלַץ/חוֹלֵץ/יַחֲלוֹץ (יַחֲלֹץ) remove; loosen; take off (shoe); release from obligation of levirate marriage; extract; rescue

בניין: פָּעַל גזרה: פ׳ גרונית (אֶפְעוֹל)

	Present הווה			Past עבר	Future עתיד	Imper. ציווי
יחיד	חוֹלֵץ	חָלוּץ	אני	חָלַצְתִּי	אֶחֱלוֹץ	
יחידה	חוֹלֶצֶת	חֲלוּצָה	אתה	חָלַצְתָּ	תַּחֲלוֹץ	חֲלוֹץ
רבים	חוֹלְצִים	חֲלוּצִים	את	חָלַצְתְּ	תַּחַלְצִי	חִלְצִי
רבות	חוֹלְצוֹת	חֲלוּצוֹת	הוא	חָלַץ	יַחֲלוֹץ	
			היא	חָלְצָה	תַּחֲלוֹץ	
			אנחנו	חָלַצְנוּ	נַחֲלוֹץ	
			אתם/ן	חֲלַצְתֶּם/ן	תַּחַלְצוּ*	חִלְצוּ**
			הם/ן	חָלְצוּ	יַחַלְצוּ*	

שם הפועל .Infin לַחֲלוֹץ

* less commonly: אתן/הן תַּחֲלוֹצְנָה

בינוני פעיל .Act. Part חוֹלֵץ corkscrew

** less commonly: (אתן) חֲלוֹצְנָה

בינוני סביל .Pass. Part חָלוּץ pioneer; forward (soccer)

שם הפעולה .Ger חֲלִיצָה removing; releasing from obligation of levirate marriage

מקור מוחלט .Inf. Abs חָלוֹץ

◆ פעלים שאינם שכיחים מאותו שורש Infrequent verbs sharing the same root

הִתְחַלֵּץ be extracted (Med H); hurry, be ready for action (מִתְחַלֵּץ, יִתְחַלֵּץ, לְהִתְחַלֵּץ)

הֶחֱלִיץ strengthen, prompt (מַחֲלִיץ, יַחֲלִיץ, לְהַחֲלִיץ)

◆ דוגמאות Illustrations

יחידה מיוחדת של מכבי אש **חִילְּצָה** את מרבית נפגעי הפיצוץ. תוך שלוש שעות **חוּלְּצוּ** עשרים וחמישה איש. גם אזרחים רבים מן הסביבה **נֶחֶלְצוּ** לעזרת הנפגעים.

A special firefighters unit **rescued** most of the bombing victims. Within three hours twenty five people **were rescued**. Many civilians from the neighborhood also **offered to help** the casualties.

הֶחָלוּץ העייף **חָלַץ** את נעליו וישב לאכול.

The weary **pioneer took off** his shoes and sat down to eat.

◆ ביטויים מיוחדים Special expressions

חִילֵּץ את העצמות exercise

●חלק

חִילֵּק/חִילַּק/חִלֵּק (חִלֵּק) divide; share, distribute; separate; scatter

בניין: פִּיעֵל גזרה: שלמים

	הווה Present		עבר Past	עתיד Future	ציווי Imperative
יחיד	מְחַלֵּק	אני	חִילַּקְתִּי	אֲחַלֵּק	
יחידה	מְחַלֶּקֶת	אתה	חִילַּקְתָּ	תְּחַלֵּק	חַלֵּק
רבים	מְחַלְּקִים	את	חִילַּקְתְּ	תְּחַלְּקִי	חַלְּקִי
רבות	מְחַלְּקוֹת	הוא	חִילֵּק	יְחַלֵּק	
		היא	חִילְּקָה	תְּחַלֵּק	
		אנחנו	חִילַּקְנוּ	נְחַלֵּק	
		אתם/ן	חִילַּקְתֶּם/ן	תְּחַלְּקוּ*	חַלְּקוּ**
		הם/ן	חִילְּקוּ	יְחַלְּקוּ*	

* less commonly: אתן/הן תְּחַלֵּקְנָה

** less commonly: (אתן) חַלֵּקְנָה

שם הפועל .Infin לְחַלֵּק

שם הפעולה Gerund חִילּוּק division (arith.); sharing; difference, hairsplitting

בינוני .Pres. Part מְחַלֵּק denominator (arith.), sharer, allocator

מקור מוחלט .Inf. Abs חַלֵּק

חוּלַּק (חֻלַּק) be divided/shared/separated/scattered

בניין: פּוּעַל גזרה: שלמים

	הווה Present		עבר Past	עתיד Future
יחיד	מְחוּלָּק	אני	חוּלַּקְתִּי	אֲחוּלַּק
יחידה	מְחוּלֶּקֶת	אתה	חוּלַּקְתָּ	תְּחוּלַּק
רבים	מְחוּלָּקִים	את	חוּלַּקְתְּ	תְּחוּלְּקִי
רבות	מְחוּלָּקוֹת	הוא	חוּלַּק	יְחוּלַּק
		היא	חוּלְּקָה	תְּחוּלַּק
		אנחנו	חוּלַּקְנוּ	נְחוּלַּק
		אתם/ן	חוּלַּקְתֶּם/ן	תְּחוּלְּקוּ*
		הם/ן	חוּלְּקוּ	יְחוּלְּקוּ*

* less commonly: אתן/הן תְּחוּלַּקְנָה

בינוני .Pres. Part מְחוּלָּק divided; dividend (arith.)

[מקור מוחלט .Inf. Abs חוּלּוֹק]

הִתְחַלֵּק/הִתְחַלַּק be divided/distributed/allocated; be divisible (number)

בניין: הִתְפַּעֵל גזרה: שלמים

	הווה Present		עבר Past	עתיד Future	ציווי Imperative
יחיד	מִתְחַלֵּק	אני	הִתְחַלַּקְתִּי	אֶתְחַלֵּק	
יחידה	מִתְחַלֶּקֶת	אתה	הִתְחַלַּקְתָּ	תִּתְחַלֵּק	הִתְחַלֵּק
רבים	מִתְחַלְּקִים	את	הִתְחַלַּקְתְּ	תִּתְחַלְּקִי	הִתְחַלְּקִי >>>

Imperative ציווי	Future עתיד	Past עבר		Present הווה	
	יִתְחַלֵּק	הִתְחַלֵּק	הוא	מִתְחַלְּקוֹת	רבות
	תִּתְחַלֵּק	הִתְחַלְּקָה	היא		
	נִתְחַלֵּק	הִתְחַלַּקְנוּ	אנחנו		
הִתְחַלְּקוּ**	תִּתְחַלְּקוּ*	הִתְחַלַּקְתֶּם/ן	אתם/ן		
	יִתְחַלְּקוּ*	הִתְחַלְּקוּ	הם/ן		

* less commonly: אתן/הן תִּתְחַלֵּקְנָה

** less commonly: (אתן) הִתְחַלֵּקְנָה

שם הפועל .Infin לְהִתְחַלֵּק

שם הפעולה Gerund הִתְחַלְּקוּת sharing, division, divisibility (number)

מקור מוחלט .Inf. Abs הִתְחַלֵּק

נֶחֱלַק/יֵיחָלֵק (יֵחָלֵק) be divided up; differ in opinion

בניין: נִפְעַל גזרה: פ' גרונית

Imperative ציווי	Future עתיד	Past עבר		Present הווה	
	אֵיחָלֵק	נֶחֱלַקְתִּי*	אני	נֶחֱלָק*	יחיד
הֵיחָלֵק	תֵּיחָלֵק	נֶחֱלַקְתָּ	אתה	נֶחֱלֶקֶת	יחידה
הֵיחָלְקִי	תֵּיחָלְקִי	נֶחֱלַקְתְּ	את	נֶחֱלָקִים	רבים
	יֵיחָלֵק	נֶחֱלַק	הוא	נֶחֱלָקוֹת	רבות
	תֵּיחָלֵק	נֶחֶלְקָה	היא		
	נֵיחָלֵק	נֶחֱלַקְנוּ	אנחנו		
הֵיחָלְקוּ***	תֵּיחָלְקוּ**	נֶחֱלַקְתֶּם/ן	אתם/ן		
	יֵיחָלְקוּ**	נֶחֶלְקוּ	הם/ן		

* or: נֶחְלָק..., נֶחְלַקְתִּי...נֶחְלְקָה...נֶחְלְקוּ

** less commonly: אתן/הן תֵּיחָלַקְנָה/...לֵקְנָה

*** less commonly: (אתן) הֵיחָלַקְנָה/...לֵקְנָה

שם הפועל .Infin לְהֵיחָלֵק

שם הפעולה Gerund הֵיחָלְקוּת partition (land), division (of land or of opinion)

מקור מוחלט .Inf. Abs נַחֲלוֹק, הֵיחָלֵק (הֵיחָלוֹק)

◆ פעלים שאינם שכיחים מאותו שורש Infrequent verbs sharing the same root

חָלַק divide, allot; give/receive share; disagree; give (respect) (חוֹלֵק, יַחֲלוֹק, לַחֲלוֹק)

A fairly frequent homonymous root meaning 'smooth/slippery' is not included here.

◆ דוגמאות Illustrations

בצוואה **חִילְּקָה** האם את רכושה לשלושה חלקים שווים, שליש לכל אחד משלושת ילדיה. נכסי דלא-ניידי יימכרו, ותמורתם **תְּחוּלַּק** גם היא באופן שווה.

In her will, the mother **divided** her property into three equal parts, a third to each one of her three children. Real estate property will be sold, and the proceeds **will** also **be divided** equally.

מבחינה אקלימית, ישראל **מִתְחַלֶּקֶת** למספר אזורי אקלים ברורים, אבל המומחים **נֶחֱלָקִים** בקביעתם אודות גבולותיהם המדויקים.

Climate-wise, Israel **is divided** into a number of climatic regions, but the experts **differ in their opinion** regarding their precise borders.

◆ ביטויים מיוחדים Special expressions

חָלַק לו כבוד show him respect

חָלַק לו את הכבוד האחרון show him respect by attending his funeral

חָלַק עליו disagree with him

●חמם

חִימֵּם/חִימַּמְ/חַמֵּם (חִמֵּם) heat, warm

בניין: פִּיעֵל גזרה: שלמים

Imperative ציווי	Future עתיד	Past עבר		Present הווה	
	אֲחַמֵּם	חִימַּמְתִּי	אני	מְחַמֵּם	יחיד
חַמֵּם	תְּחַמֵּם	חִימַּמְתָּ	אתה	מְחַמֶּמֶת	יחידה
חַמְּמִי	תְּחַמְּמִי	חִימַּמְתְּ	את	מְחַמְּמִים	רבים
	יְחַמֵּם	חִימֵּם	הוא	מְחַמְּמוֹת	רבות
	תְּחַמֵּם	חִימְּמָה	היא		
	נְחַמֵּם	חִימַּמְנוּ	אנחנו		
חַמְּמוּ**	תְּחַמְּמוּ*	חִימַּמְתֶּם/ן	אתם/ן		
	יְחַמְּמוּ*	חִימְּמוּ	הם/ן		

שם הפועל .Infin לְחַמֵּם

שם הפעולה .Ger חִימּוּם heating, warming

מקור מוחלט .Inf. Abs חַמֵּם

* less commonly: אתן/הן תְּחַמֵּמְנָה

** less commonly: (אתן) חַמֵּמְנָה

חוּמַּם (חֻמַּם) be heated/warmed

בניין: פּוּעַל גזרה: שלמים

Future עתיד	Past עבר		Present הווה	
אֲחוּמַּם	חוּמַּמְתִּי	אני	מְחוּמָּם	יחיד
תְּחוּמַּם	חוּמַּמְתָּ	אתה	מְחוּמֶּמֶת	יחידה
תְּחוּמְּמִי	חוּמַּמְתְּ	את	מְחוּמָּמִים	רבים
יְחוּמַּם	חוּמַּם	הוא	מְחוּמָּמוֹת	רבות
תְּחוּמַּם	חוּמְּמָה	היא		
נְחוּמַּם	חוּמַּמְנוּ	אנחנו		
תְּחוּמְּמוּ*	חוּמַּמְתֶּם/ן	אתם/ן		
יְחוּמְּמוּ*	חוּמְּמוּ	הם/ן		

בינוני .Pres. Part מְחוּמָּם heated, warmed

* less commonly: אתן/הן תְּחוּמַּמְנָה >>

[מקור מוחלט .Inf. Abs חוּמוֹם]

התְחַמֵּם/הִתְחַמֵּמ get warm; get heated (with emotions)

בניין: הִתְפַּעֵל גזרה: שלמים

	Present הווה		Past עבר	Future עתיד	Imperative ציווי
יחיד	מִתְחַמֵּם	אני	הִתְחַמַּמְתִּי	אֶתְחַמֵּם	
יחידה	מִתְחַמֶּמֶת	אתה	הִתְחַמַּמְתָּ	תִּתְחַמֵּם	הִתְחַמֵּם
רבים	מִתְחַמְּמִים	את	הִתְחַמַּמְתְּ	תִּתְחַמְּמִי	הִתְחַמְּמִי
רבות	מִתְחַמְּמוֹת	הוא	הִתְחַמֵּם	יִתְחַמֵּם	
		היא	הִתְחַמְּמָה	תִּתְחַמֵּם	
		אנחנו	הִתְחַמַּמְנוּ	נִתְחַמֵּם	
		אתם/ן	הִתְחַמַּמְתֶּם/ן	תִּתְחַמְּמוּ*	הִתְחַמְּמוּ**
		הם/ן	הִתְחַמְּמוּ	יִתְחַמְּמוּ*	

* less commonly: אתן/הן תִּתְחַמֵּמְנָה

שם הפועל .Infin לְהִתְחַמֵּם

** less commonly: (אתן) הִתְחַמֵּמְנָה

שם הפעולה Gerund הִתְחַמְּמוּת getting warm/heated

מקור מוחלט .Inf. Abs הִתְחַמֵּם

◆ פעלים שאינם שכיחים מאותו שורש Infrequent verbs sharing the same root

חַם/חָמַם get hot/warm (חַם, יָחוֹם, לָחוֹם)

בינוני .Pres. Part חַם hot/warm (common form)

נֵיחַם/נֶחֱמַם get hotter; become desirous (נֵיחָם, יֵיחַם, לְהֵיחַם)

הֵחֵם heat, warm up (מֵחֵם, יָחֵם, לְהָחֵם)

הוּחַם be heated (מוּחָם, יוּחַם)

◆ דוגמאות Illustrations

חנה אומרת שכשקר, חשוב ביותר **לְחַמֵּם** את הרגליים. כשהרגליים **חַמּוֹת**, יש הרגשה שהגוף כולו **מִתְחַמֵּם**.

Hanna says that when it's cold, it is most important to **warm up** one's feet. When the feet are **warm**, it feels like the whole body **is becoming warm**.

תרנגול ההודו הקפוא **חוּמַּם** כבר שעה, אך עדיין אינו מופשר.

The frozen turkey **has been warmed** for an hour already, but still has not thawed.

◆ ביטויים מיוחדים Special expressions

בעל מזג **חַם**/**חַם**-מזג hot-tempered

לב **חַם** warm heart

נשק **חַם** firearms

חַמִּין food prepared on Friday and kept warm for Saturday; stew; hot water, tea

הִתְחַמֵּם הלב be very moved/excited

הִתְחַמֵּם כנגד אורו של מישהו learn from/be influenced by someone

●חנך

חִינֵּךְ/חִינַּכ/חַנֵּךְ (חִנֵּךְ) educate, bring up, train

בניין: פִּיעֵל גזרה: שלמים

	הווה Present		עבר Past	עתיד Future	ציווי Imperative
יחיד	מְחַנֵּךְ	אני	חִינַּכְתִּי	אֲחַנֵּךְ	
יחידה	מְחַנֶּכֶת	אתה	חִינַּכְתָּ	תְּחַנֵּךְ	חַנֵּךְ
רבים	מְחַנְּכִים	את	חִינַּכְתְּ	תְּחַנְּכִי	חַנְּכִי
רבות	מְחַנְּכוֹת	הוא	חִינֵּךְ	יְחַנֵּךְ	
		היא	חִינְּכָה	תְּחַנֵּךְ	
		אנחנו	חִינַּכְנוּ	נְחַנֵּךְ	
		אתם/ן	חִינַּכְתֶּם/ן	תְּחַנְּכוּ*	חַנְּכוּ**
		הם/ן	חִינְּכוּ	יְחַנְּכוּ*	

שם הפועל .Infin לְחַנֵּךְ — * less commonly: אתן/הן תְּחַנֵּכְנָה

בינוני .Pres. Part מְחַנֵּךְ educator — ** less commonly: (אתן) חַנֵּכְנָה

שם הפעולה Gerund חִינּוּךְ education, training

מקור מוחלט .Inf. Abs חַנֵּךְ

חוּנַּךְ (חֻנַּךְ) be educated/brought up/trained

בניין: פּוּעַל גזרה: שלמים

	הווה Present		עבר Past	עתיד Future
יחיד	מְחוּנָּךְ	אני	חוּנַּכְתִּי	אֲחוּנַּךְ
יחידה	מְחוּנֶּכֶת	אתה	חוּנַּכְתָּ	תְּחוּנַּךְ
רבים	מְחוּנָּכִים	את	חוּנַּכְתְּ	תְּחוּנְּכִי
רבות	מְחוּנָּכוֹת	הוא	חוּנַּךְ	יְחוּנַּךְ
		היא	חוּנְּכָה	תְּחוּנַּךְ
		אנחנו	חוּנַּכְנוּ	נְחוּנַּךְ
		אתם/ן	חוּנַּכְתֶּם/ן	תְּחוּנְּכוּ*
		הם/ן	חוּנְּכוּ	יְחוּנְּכוּ*

בינוני .Pres. Part מְחוּנָּךְ educated — * less commonly: אתן/הן תְּחוּנַּכְנָה

[מקור מוחלט .Inf. Abs חוּנּוֹךְ]

הִתְחַנֵּךְ/הִתְחַנַּכ be educated

בניין: הִתְפַּעֵל גזרה: שלמים

	הווה Present		עבר Past	עתיד Future	ציווי Imperative
יחיד	מִתְחַנֵּךְ	אני	הִתְחַנַּכְתִּי	אֶתְחַנֵּךְ	
יחידה	מִתְחַנֶּכֶת	אתה	הִתְחַנַּכְתָּ	תִּתְחַנֵּךְ	הִתְחַנֵּךְ
רבים	מִתְחַנְּכִים	את	הִתְחַנַּכְתְּ	תִּתְחַנְּכִי	הִתְחַנְּכִי
רבות	מִתְחַנְּכוֹת	הוא	הִתְחַנֵּךְ	יִתְחַנֵּךְ	>>>

	עבר Past	עתיד Future	ציווי Imperative
היא	הִתְחַנְּכָה	תִּתְחַנֵּךְ	
אנחנו	הִתְחַנַּכְנוּ	נִתְחַנֵּךְ	
אתם/ן	הִתְחַנַּכְתֶּם/ן	תִּתְחַנְּכוּ*	הִתְחַנְּכוּ**
הם/ן	הִתְחַנְּכוּ	יִתְחַנְּכוּ*	

שם הפועל .Infin לְהִתְחַנֵּךְ — * less commonly: אתן/הן תִּתְחַנֵּכְנָה

שם הפעולה .Ger הִתְחַנְּכוּת being educated — ** less commonly: (אתן) הִתְחַנֵּכְנָה

מקור מוחלט .Inf. Abs הִתְחַנֵּךְ

חָנַךְ/חוֹנֵךְ/יַחֲנוֹךְ (יַחְנֹךְ) inaugurate, consecrate; train, rear (lit.)

בניין: פָּעַל גזרה: פ' גרונית (אֶפְעוֹל)

	הווה Present			עבר Past	עתיד Future	ציווי .Imper
יחיד	חוֹנֵךְ	חָנוּךְ	אני	חָנַכְתִּי	אֶחֱנוֹךְ	
יחידה	חוֹנֶכֶת	חֲנוּכָה	אתה	חָנַכְתָּ	תַּחֲנוֹךְ	חֲנוֹךְ
רבים	חוֹנְכִים	חֲנוּכִים	את	חָנַכְתְּ	תַּחַנְכִי	חִנְכִי
רבות	חוֹנְכוֹת	חֲנוּכוֹת	הוא	חָנַךְ	יַחֲנוֹךְ	
			היא	חָנְכָה	תַּחֲנוֹךְ	
			אנחנו	חָנַכְנוּ	נַחֲנוֹךְ	
			אתם/ן	חֲנַכְתֶּם/ן	תַּחַנְכוּ*	חִנְכוּ**
			הם/ן	חָנְכוּ	יַחַנְכוּ*	

שם הפועל .Infin לַחֲנוֹךְ — * less commonly: אתן/הן תַּחֲנוֹכְנָה

בינוני פעיל .Act. Part חוֹנֵךְ trainer — ** less commonly: (אתן) חֲנוֹכְנָה

בינוני סביל .Pass. Part חָנוּךְ trained (Med H)

מקור מוחלט .Inf. Abs חָנוֹךְ

נֶחֱנַךְ/יֵיחָנֵךְ (יֵחָנֵךְ) be inaugurated

בניין: נִפְעַל גזרה: פ' גרונית

	הווה Present		עבר Past	עתיד Future	ציווי Imperative
יחיד	נֶחֱנָךְ	אני	נֶחֱנַכְתִּי	אֵיחָנֵךְ	
יחידה	נֶחֱנֶכֶת	אתה	נֶחֱנַכְתָּ	תֵּיחָנֵךְ	הֵיחָנֵךְ
רבים	נֶחֱנָכִים	את	נֶחֱנַכְתְּ	תֵּיחָנְכִי	הֵיחָנְכִי
רבות	נֶחֱנָכוֹת	הוא	נֶחֱנַךְ	יֵיחָנֵךְ	
		היא	נֶחֶנְכָה	תֵּיחָנֵךְ	
		אנחנו	נֶחֱנַכְנוּ	נֵיחָנֵךְ	
		אתם/ן	נֶחֱנַכְתֶּם/ן	תֵּיחָנְכוּ*	הֵיחָנְכוּ**
		הם/ן	נֶחֶנְכוּ	יֵיחָנְכוּ*	

שם הפועל .Infin לְהֵיחָנֵךְ — * less commonly: אתן/הן תֵּיחָנַכְנָה/...נֵכְנָה

שם הפעולה .Ger הֵיחָנְכוּת being inaugurated — ** less commonly: (אתן) הֵיחָנַכְנָה/...נֵכְנָה

מקור מוחלט .Inf. Abs נַחֲנוֹךְ, הֵיחָנֵךְ (הֵיחָנוֹךְ)

◆ דוגמאות Illustrations

אחד הנושאים הפופולריים בויכוחים בארץ הוא **חִינּוּךְ** ילדים. כל אחד חושב שהוא **חוּנַּךְ** טוב יותר מאשר הדור של היום, ושהוא יודע כיצד **לְחַנֵּךְ** ילדים יותר טוב מכל המורים ומנהלי בתי-הספר גם יחד.

One of the popular topics of discussion in Israel is children's **education**. Everybody thinks that he **was** better **educated** than today's generation, and that he knows how **to educate** children better than all the teachers and principals put together.

שר הבריאות **חָנַךְ** ביום שני את בית החולים החדש. זהו בית החולים השלישי **שֶנֶּחֱנַךְ** השנה.

The health minister **inaugurated** the new hospital on Monday. This is the third hospital **inaugurated** this year.

◆ ביטויים מיוחדים Special expressions

חֲנוֹךְ לנער על פי דרכו rear a child in the way he should go

משרד **הַחִינּוּךְ** והתרבות Ministry of Education and Culture

---

● חסך

חָסַךְ/חוֹסֵךְ/יַחְסוֹךְ (יַחְסֹךְ) save (money); withold, spare, hold back

בניין: פָּעַל גזרה: פ' גרונית (אֶפְעוֹל)

	Present הווה			Past עבר	Future עתיד	Imper. ציווי
יחיד	חוֹסֵךְ	חָסוּךְ	אני	חָסַכְתִּי	אֶחְסוֹךְ	
יחידה	חוֹסֶכֶת	חֲסוּכָה	אתה	חָסַכְתָּ	תַּחְסוֹךְ	חֲסוֹךְ
רבים	חוֹסְכִים	חֲסוּכִים	את	חָסַכְתְּ	תַּחְסְכִי	חִסְכִי
רבות	חוֹסְכוֹת	חֲסוּכוֹת	הוא	חָסַךְ	יַחְסוֹךְ	
			היא	חָסְכָה	תַּחְסוֹךְ	
			אנחנו	חָסַכְנוּ	נַחְסוֹךְ	
			אתם/ן	חֲסַכְתֶּם/ן	תַּחְסְכוּ*	חִסְכוּ**
			הם/ן	חָסְכוּ	יַחְסְכוּ*	

* less commonly: אתן/הן תַּחְסוֹכְנָה

** less commonly: (אתן) חֲסוֹכְנָה

שם הפועל .Infin לַחְסוֹךְ

בינוני פעיל .Act. Part חוֹסֵךְ one who saves

בינוני סביל .Pass. Part חָסוּךְ saved; lacking (in)

מקור מוחלט .Inf. Abs חָסוֹךְ

נֶחְסַךְ/יֵיחָסֵךְ (יֵחָסֵךְ) be saved/witheld/spared/held back

בניין: נִפְעַל גזרה: פ' גרונית

	Present הווה		Past עבר	Future עתיד	Imperative ציווי
יחיד	נֶחְסָךְ	אני	נֶחְסַכְתִּי	אֵיחָסֵךְ	
יחידה	נֶחְסֶכֶת	אתה	נֶחְסַכְתָּ	תֵּיחָסֵךְ	הֵיחָסֵךְ
רבים	נֶחְסָכִים	את	נֶחְסַכְתְּ	תֵּיחָסְכִי	הֵיחָסְכִי
רבות	נֶחְסָכוֹת	הוא	נֶחְסַךְ	יֵיחָסֵךְ	
		היא	נֶחְסְכָה	תֵּיחָסֵךְ	
		אנחנו	נֶחְסַכְנוּ	נֵיחָסֵךְ	
		אתם/ן	נֶחְסַכְתֶּם/ן	תֵּיחָסְכוּ*	הֵיחָסְכוּ**
		הם/ן	נֶחְסְכוּ	יֵיחָסְכוּ*	

שם הפועל .Infin לְהֵיחָסֵךְ * less commonly: אתן/הן תֵּיחָסַכְנָה/...סֶכְנָה

שם הפעולה Gerund הֵיחָסְכוּת being saved ** less commonly: (אתן) הֵיחָסַכְנָה/...סֶכְנָה

מקור מוחלט .Inf. Abs נַחְסוֹךְ, הֵיחָסֵךְ (הֵיחָסוֹךְ)

◆ פעלים שאינם שכיחים מאותו שורש Infrequent verbs sharing the same root

חִיסֵּךְ (חִסֵּךְ) economize; spare (Mish H) (מְחַסֵּךְ, יְחַסֵּךְ, לְחַסֵּךְ)

הִתְחַסֵּךְ be saved by economizing (מִתְחַסֵּךְ, יִתְחַסֵּךְ, לְהִתְחַסֵּךְ)

◆ דוגמאות Illustrations

אם **יֵיחָסְכוּ** לנו ההוצאות הקשורות במכונית על ידי כך שנלך ברגל, נוכל סוף סוף **לַחֲסוֹךְ** קצת לרכישת דירה.

If we **are spared** car-related expenses by walking, we'll finally be able **to save** a bit towards purchasing an apartment.

◆ ביטויים מיוחדים Special expressions

חֲסוּךְ-בנים childless   **חֲסוּךְ**-מרפא incurable

● חסר

חָסַר/חָסֵר/יַחְסוֹר (יַחְסֹר) diminish; be absent/missing; lack, be without

בניין: פָּעַל גזרה: פ' גרונית (אֶפְעַל)

	Present הווה			Past עבר	Future עתיד	Imper. ציווי
יחיד	חָסֵר	חָסוּר	אני	חָסַרְתִּי	אֶחְסַר	
יחידה	חֲסֵרָה	חֲסוּרָה	אתה	חָסַרְתָּ	תֶּחְסַר	חֲסַר
רבים	חֲסֵרִים	חֲסוּרִים	את	חָסַרְתְּ	תֶּחְסְרִי	חִסְרִי
רבות	חֲסֵרוֹת	חֲסוּרוֹת	הוא	חָסַר	יֶחְסַר	>>>

Imper. ציווי	Future עתיד	Past עבר	
	תֶּחְסַר	חָסְרָה	היא
	נֶחְסַר	חָסַרְנוּ	אנחנו
חִסְרוּ**	תֶּחְסְרוּ*	חֲסַרְתֶּם/ן	אתם/ן
	יֶחְסְרוּ*	חָסְרוּ	הם/ן

שם הפועל .Infin לַחְסוֹר   * less commonly: אתן/הן תֶּחְסַרְנָה

בינוני פעיל .Act. Part חָסֵר lacking, short of   ** less commonly: (אתן) חֲסַרְנָה

בינוני סָביל .Pass. Part חָסוּר lacking (Mish H)

מקור מוחלט .Inf. Abs חָסוֹר

מ״י מוצרכת .Gov. Prep חָסֵר ל... משהו ...is lacking or missing something

הֶחְסִיר/הֶחְסַר/יַחְסִיר subtract, deduct; be short of; omit; miss

בניין: הִפְעִיל   גזרה: פ׳ גרונית

Imperative ציווי	Future עתיד	Past עבר		Present הווה	
	אַחְסִיר	הֶחְסַרְתִּי	אני	מַחְסִיר	יחיד
הַחְסֵר	תַּחְסִיר	הֶחְסַרְתָּ	אתה	מַחְסִירָה	יחידה
הַחְסִירִי	תַּחְסִירִי	הֶחְסַרְתְּ	את	מַחְסִירִים	רבים
	יַחְסִיר	הֶחְסִיר	הוא	מַחְסִירוֹת	רבות
	תַּחְסִיר	הֶחְסִירָה	היא		
	נַחְסִיר	הֶחְסַרְנוּ	אנחנו		
הַחְסִירוּ**	תַּחְסִירוּ*	הֶחְסַרְתֶּם/ן	אתם/ן		
	יַחְסִירוּ*	הֶחְסִירוּ	הם/ן		

* less commonly: אתן/הן תַּחְסֵרְנָה

שם הפועל .Infin לְהַחְסִיר   ** less commonly: (אתן) הַחְסֵרְנָה

שם הפעולה Gerund הַחְסָרָה subtraction, deduction

מקור מוחלט .Inf. Abs הַחְסֵר

הוּחְסַר (הָחְסַר) be subtracted, be deducted; be missed

בניין: הוּפְעַל   גזרה: שלמים

Future עתיד	Past עבר		Present הווה	
אוּחְסַר	הוּחְסַרְתִּי	אני	מוּחְסָר	יחיד
תוּחְסַר	הוּחְסַרְתָּ	אתה	מוּחְסֶרֶת	יחידה
תוּחְסְרִי	הוּחְסַרְתְּ	את	מוּחְסָרִים	רבים
יוּחְסַר	הוּחְסַר	הוא	מוּחְסָרוֹת	רבות
תוּחְסַר	הוּחְסְרָה	היא		
נוּחְסַר	הוּחְסַרְנוּ	אנחנו		
תוּחְסְרוּ*	הוּחְסַרְתֶּם/ן	אתם/ן		
יוּחְסְרוּ*	הוּחְסְרוּ	הם/ן		

[מקור מוחלט .Inf. Abs הוּחְסֵר]   * less commonly: אתן/הן תוּחְסַרְנָה

subtract; deprive, leave with less; miss; damage (חִסֵּר) חִיסֵּר/חִיסַּר/חַסֵּר

בניין: פִּיעֵל גזרה: שלמים

	Present הווה		Past עבר	Future עתיד	Imperative ציווי
יחיד	מְחַסֵּר	אני	חִיסַּרְתִּי	אֲחַסֵּר	
יחידה	מְחַסֶּרֶת	אתה	חִיסַּרְתָּ	תְּחַסֵּר	חַסֵּר
רבים	מְחַסְּרִים	את	חִיסַּרְתְּ	תְּחַסְּרִי	חַסְּרִי
רבות	מְחַסְּרוֹת	הוא	חִיסֵּר	יְחַסֵּר	
		היא	חִיסְּרָה	תְּחַסֵּר	
		אנחנו	חִיסַּרְנוּ	נְחַסֵּר	
		אתם/ן	חִיסַּרְתֶּם/ן	תְּחַסְּרוּ*	חַסְּרוּ**
		הם/ן	חִיסְּרוּ	יְחַסְּרוּ*	

* less commonly: אתן/הן תְּחַסֵּרְנָה

שם הפועל .Infin לְחַסֵּר ** less commonly: (אתן) חַסֵּרְנָה

שם הפעולה Gerund חִיסּוּר subtraction; reduction; lack

מקור מוחלט .Inf. Abs חַסֵּר

be subtracted; be deprived of, lack (חֻסַּר) חוּסַּר

בניין: פּוּעַל גזרה: שלמים

	Present הווה		Past עבר	Future עתיד
יחיד	מְחוּסָּר	אני	חוּסַּרְתִּי	אֲחוּסַּר
יחידה	מְחוּסֶּרֶת	אתה	חוּסַּרְתָּ	תְּחוּסַּר
רבים	מְחוּסָּרִים	את	חוּסַּרְתְּ	תְּחוּסְּרִי
רבות	מְחוּסָּרוֹת	הוא	חוּסַּר	יְחוּסַּר
		היא	חוּסְּרָה	תְּחוּסַּר
		אנחנו	חוּסַּרְנוּ	נְחוּסַּר
		אתם/ן	חוּסַּרְתֶּם/ן	תְּחוּסְּרוּ*
		הם/ן	חוּסְּרוּ	יְחוּסְּרוּ*

בינ' .Pres. Part מְחוּסָּר- lacking (something) * less commonly: אתן/הן תְּחוּסַּרְנָה

[מקור מוחלט .Inf. Abs חוּסּוֹר]

◆ פעלים שאינם שכיחים מאותו שורש Infrequent verbs sharing the same root

נֶחְסַר be missing/reduced/diminished (נֶחְסָר, יֵיחָסֵר, לְהֵיחָסֵר)

הִתְחַסֵּר get reduced, become smaller (מִתְחַסֵּר, יִתְחַסֵּר, לְהִתְחַסֵּר)

◆ דוגמאות Illustrations

בבתי הספר בארצות הברית **חַסֵרִים** לא מעט תלמידים בימים שחלים בהם חגים יהודיים מסוימים.

In American schools, a significant number of students are **missing** on certain Jewish holidays.

ירון חשב שיוכל לסיים את לימודיו בבית הספר התיכון שנה לפני חבריו, אבל

הסתבר שחֲסֵרִים לו מספר שיעורים. כמו כן, מכיוון שהֶחְסִיר מספר שעות בחינוך גופני, חִיסֵּר לו המורה לספורט יותר נקודות מכפי שציפה.

Yaron thought that he would be able to finish his high school studies a year before his peers, but found out that he **lacks** a few courses. Furthermore, since he **missed** a number of hours of physical education, the sports teacher **subtracted** more credits than he had expected.

לאפרים יש תואר במתמטיקה; לצערו, אין הוא משתמש בו יותר מאשר בפעולות חיבור וחִיסּוּר... יחסית, מצבו טוב, כי הרבה מתמטיקאים אחרים פשוט מְחוּסְּרֵי עבודה.

Ephraim has a degree in math; unfortunately, he barely uses it beyond (the operations of) adding and **subtracting**... Relatively, his situation is not bad - many other mathematicians are simply **un**employed ("**missing** employment").

◆ ביטויים מיוחדים Special expressions

(רק זה) חָסֵר לי! that's all I need! (usually ironic)

חֲסַר-אונים/ישע/כוח powerless, impotent

חֲסַר-דעה brainless

חֲסַר-כול completely destitute

חֲסַר-לב cruel, heartless

חֲסַר-לחם needy, destitute ("breadless")

חֲסַר-שחר baseless

חֲסַר-תקדים without precedent

כתיב חָסֵר "defective" spelling (without certain vowel letters)

זה נהנה, וזה לא חָסֵר there are things you can do to benefit others without hurting yourself; eveybody benefits

דעה קנית, מה חָסַרְתָּ? דעה חָסַרְתָּ, מה קנית? If you have gained knowledge, you lack nothing; if you lack knowledge, you have nothing

אל יֶחְסַר המזג! don't spare the liquor!

●חפר

חָפַר/חוֹפֵר/יַחְפּוֹר dig; explore in secret (יַחְפֹּר)

בניין: פָּעַל גזרה: פ' גרונית (אֶפְעוֹל)

Imp. ציווי	Fut. עתיד	Past עבר		Pres. הווה	
	אֶחְפּוֹר	חָפַרְתִּי	אני	חוֹפֵר חָפוּר	יחיד
חֲפוֹר	תַּחְפּוֹר	חָפַרְתָּ	אתה	חוֹפֶרֶת חֲפוּרָה	יחידה
חִפְרִי	תַּחְפְּרִי	חָפַרְתְּ	את	חוֹפְרִים חֲפוּרִים	רבים
	יַחְפּוֹר	חָפַר	הוא	חוֹפְרוֹת חֲפוּרוֹת	רבות
	תַּחְפּוֹר	חָפְרָה	היא		
	נַחְפּוֹר	חָפַרְנוּ	אנחנו		
חִפְרוּ**	תַּחְפְּרוּ*	חֲפַרְתֶּם/ן	אתם/ן		
	יַחְפְּרוּ*	חָפְרוּ	הם/ן		

* less commonly: אתן/הן תַּחְפּוֹרְנָה

** less commonly: (אתן) חֲפוֹרְנָה <<<

שם הפועל .Infin לַחְפּוֹר

בינוני פעיל .Act. Part חוֹפֵר digger, excavator

בינוני סביל .Pass. Part חָפוּר dug, excavated

שם הפעולה Gerund חֲפִירָה digging; ditch, trench; excavation

מקור מוחלט .Inf. Abs חָפוֹר

נֶחְפַּר/יֵיחָפֵר (יֵחָפֵר) be dug/excavated

בניין: נִפְעַל גזרה: פ' גרונית

	Present הווה		Past עבר	Future עתיד	Imperative ציווי
יחיד	נֶחְפָּר	אני	נֶחְפַּרְתִּי	אֵיחָפֵר	
יחידה	נֶחְפֶּרֶת	אתה	נֶחְפַּרְתָּ	תֵּיחָפֵר	הֵיחָפֵר
רבים	נֶחְפָּרִים	את	נֶחְפַּרְתְּ	תֵּיחָפְרִי	הֵיחָפְרִי
רבות	נֶחְפָּרוֹת	הוא	נֶחְפַּר	יֵיחָפֵר	
		היא	נֶחְפְּרָה	תֵּיחָפֵר	
		אנחנו	נֶחְפַּרְנוּ	נֵיחָפֵר	
		אתם/ן	נֶחְפַּרְתֶּם/ן	תֵּיחָפְרוּ*	הֵיחָפְרוּ**
		הם/ן	נֶחְפְּרוּ	יֵיחָפְרוּ*	

* less commonly: אתן/הן תֵּיחָפַרְנָה/...פֵרְנָה

** less commonly: (אתן) הֵיחָפַרְנָה/...פֵרְנָה

שם הפועל .Infin לְהֵיחָפֵר

מקור מוחלט .Inf. Abs נֶחְפּוֹר, הֵיחָפֵר (הֵיחָפוֹר)

הִתְחַפֵּר/הִתְחַפַּר dig oneself in, entrench oneself

בניין: הִתְפַּעֵל גזרה: שלמים

	Present הווה		Past עבר	Future עתיד	Imperative ציווי
יחיד	מִתְחַפֵּר	אני	הִתְחַפַּרְתִּי	אֶתְחַפֵּר	
יחידה	מִתְחַפֶּרֶת	אתה	הִתְחַפַּרְתָּ	תִּתְחַפֵּר	הִתְחַפֵּר
רבים	מִתְחַפְּרִים	את	הִתְחַפַּרְתְּ	תִּתְחַפְּרִי	הִתְחַפְּרִי
רבות	מִתְחַפְּרוֹת	הוא	הִתְחַפֵּר	יִתְחַפֵּר	
		היא	הִתְחַפְּרָה	תִּתְחַפֵּר	
		אנחנו	הִתְחַפַּרְנוּ	נִתְחַפֵּר	
		אתם/ן	הִתְחַפַּרְתֶּם/ן	תִּתְחַפְּרוּ*	הִתְחַפְּרוּ**
		הם/ן	הִתְחַפְּרוּ	יִתְחַפְּרוּ*	

* less commonly: אתן/הן תִּתְחַפֵּרְנָה

** less commonly: (אתן) הִתְחַפֵּרְנָה

שם הפועל .Infin לְהִתְחַפֵּר

שם הפעולה .Ger הִתְחַפְּרוּת digging oneself in

מקור מוחלט .Inf. Abs הִתְחַפֵּר

◆ פעלים שאינם שכיחים מאותו שורש Infrequent verbs sharing the same root

חִיפֵּר (חִפֵּר) dig a lot, repeatedly (lit.) (מְחַפֵּר, יְחַפֵּר, לְחַפֵּר)

◆ דוגמאות Illustrations

המפקד הורה לחייליו **לַחְפּוֹר** שוחות **ולְהִתְחַפֵּר** בהן כדי לקדם את ההסתערות הבאה של האויב. עד לשעת הצהריים **נֶחְפְּרוּ** כל השוחות לשביעות רצונו.

The commander instructed his soldiers **to dig** deep trenches **to entrench themselves** in, in preparation for the enemy's next assault. By noon all the trenches **had been dug** to his satisfaction.

● חפשׂ

חִיפֵּשׂ/חִיפַּשׂ/חַפֵּשׂ (חִפֵּשׂ) look for, search for, seek

בניין: פִּיעֵל גזרה: שלמים

	Present הווה		Past עבר	Future עתיד	Imperative ציווי
יחיד	מְחַפֵּשׂ	אני	חִיפַּשְׂתִּי	אֲחַפֵּשׂ	
יחידה	מְחַפֶּשֶׂת	אתה	חִיפַּשְׂתָּ	תְּחַפֵּשׂ	חַפֵּשׂ
רבים	מְחַפְּשִׂים	את	חִיפַּשְׂתְּ	תְּחַפְּשִׂי	חַפְּשִׂי
רבות	מְחַפְּשׂוֹת	הוא	חִיפֵּשׂ	יְחַפֵּשׂ	
		היא	חִיפְּשָׂה	תְּחַפֵּשׂ	
		אנחנו	חִיפַּשְׂנוּ	נְחַפֵּשׂ	
		אתם/ן	חִיפַּשְׂתֶּם/ן	תְּחַפְּשׂוּ*	חַפְּשׂוּ**
		הם/ן	חִיפְּשׂוּ	יְחַפְּשׂוּ*	

שם הפועל .Infin לְחַפֵּשׂ * less commonly: אתן/הן תְּחַפֵּשְׂנָה

שם הפעולה Gerund חִיפּוּשׂ search ** less commonly: (אתן) חַפֵּשְׂנָה

מקור מוחלט .Inf. Abs חַפֵּשׂ

חוּפַּשׂ (חֻפַּשׂ) be sought; be disguised/dressed up

בניין: פּוּעַל גזרה: שלמים

	Present הווה		Past עבר	Future עתיד
יחיד	מְחוּפָּשׂ	אני	חוּפַּשְׂתִּי	אֲחוּפַּשׂ
יחידה	מְחוּפֶּשֶׂת	אתה	חוּפַּשְׂתָּ	תְּחוּפַּשׂ
רבים	מְחוּפָּשִׂים	את	חוּפַּשְׂתְּ	תְּחוּפְּשִׂי
רבות	מְחוּפָּשׂוֹת	הוא	חוּפַּשׂ	יְחוּפַּשׂ
		היא	חוּפְּשָׂה	תְּחוּפַּשׂ
		אנחנו	חוּפַּשְׂנוּ	נְחוּפַּשׂ
		אתם/ן	חוּפַּשְׂתֶּם/ן	תְּחוּפְּשׂוּ*
		הם/ן	חוּפְּשׂוּ	יְחוּפְּשׂוּ*

בינוני .Pres. Part מְחוּפָּשׂ sought; disguised * less commonly: אתן/הן תְּחוּפַּשְׂנָה

[מקור מוחלט .Inf. Abs חוּפּוֹשׂ]

disguise oneself, dress up הִתְחַפֵּשׂ/הִתְחַפַּשׂ

בניין: הִתְפַּעֵל גזרה: שלמים

	Present הווה		Past עבר	Future עתיד	Imperative ציווי
יחיד	מִתְחַפֵּשׂ	אני	הִתְחַפַּשְׂתִּי	אֶתְחַפֵּשׂ	
יחידה	מִתְחַפֶּשֶׂת	אתה	הִתְחַפַּשְׂתָּ	תִּתְחַפֵּשׂ	הִתְחַפֵּשׂ
רבים	מִתְחַפְּשִׂים	את	הִתְחַפַּשְׂתְּ	תִּתְחַפְּשִׂי	הִתְחַפְּשִׂי
רבות	מִתְחַפְּשׂוֹת	הוא	הִתְחַפֵּשׂ	יִתְחַפֵּשׂ	
		היא	הִתְחַפְּשָׂה	תִּתְחַפֵּשׂ	
		אנחנו	הִתְחַפַּשְׂנוּ	נִתְחַפֵּשׂ	
		אתם/ן	הִתְחַפַּשְׂתֶּם/ן	תִּתְחַפְּשׂוּ*	הִתְחַפְּשׂוּ**
		הם/ן	הִתְחַפְּשׂוּ	יִתְחַפְּשׂוּ*	

* less commonly: אתן/הן תִּתְחַפֵּשְׂנָה

שם הפועל .Infin לְהִתְחַפֵּשׂ ** less commonly: (אתן) הִתְחַפֵּשְׂנָה

שם הפעולה Gerund הִתְחַפְּשׂוּת disguise; dressing up

מקור מוחלט .Inf. Abs הִתְחַפֵּשׂ

◆ פעלים שאינם שכיחים מאותו שורש Infrequent verbs sharing the same root

חָפַשׂ look for, seek (חוֹפֵשׂ, יַחְפּוֹשׂ, לַחְפּוֹשׂ)

נֶחְפַּשׂ be examined (נֶחְפָּשׂ, יֵיחָפֵשׂ, לְהֵיחָפֵשׂ)

הֶחְפִּישׂ make a disguise/costume (מַחְפִּישׂ, יַחְפִּישׂ, לְהַחְפִּישׂ)

◆ דוגמאות Illustrations

המשטרה **חִיפְּשָׂה** את "הפורץ הנוצץ" בין אורחי הנשף, אך ללא הצלחה. כנראה הוא **הִתְחַפֵּשׂ** כמנהגו, וכשהוא **מְחוּפָּשׂ**, אין כל אפשרות לזהותו.

The police **looked for** "the Illustrious Burglar" among the guests at the ball, but without success. Apparently, he **had disguised himself**, and when **disguised**, there is no way to identify him.

◆ ביטויים מיוחדים Special expressions

חִיפֵּשׂ בנרות look carefully everywhere

חִיפֵּשׂ מחט בערימת שחת look for a needle in a haystack

חַפֵּשׂ את האישה *cherchez la femme*

צו **חִיפּוּשׂ** search warrant

●חקה

חִיקָּה/חִקָּה (חִקָּה) imitate

בניין: פִּיעֵל גזרה: ל"ה

	Present הווה		Past עבר	Future עתיד	Imperative ציווי
יחיד	מְחַקֶּה	אני	חִיקִּיתִי	אֲחַקֶּה	
יחידה	מְחַקָּה	אתה	חִיקִּיתָ	תְּחַקֶּה	חַקֵּה
רבים	מְחַקִּים	את	חִיקִּית	תְּחַקִּי	חַקִּי
רבות	מְחַקּוֹת	הוא	חִיקָּה	יְחַקֶּה	
		היא	חִיקְּתָה	תְּחַקֶּה	
		אנחנו	חִיקִּינוּ	נְחַקֶּה	
		אתם/ן	חִיקִּיתֶם/ן	תְּחַקּוּ*	חַקּוּ**
		הם/ן	חִיקּוּ	יְחַקּוּ*	

שם הפועל .Infin לְחַקּוֹת

שם הפעולה Gerund חִיקּוּי imitation

מקור מוחלט .Inf. Abs חַקֵּה

* less commonly: אתן/הן תְּחַקֶּינָה

** less commonly: (אתן) חַקֶּינָה

חוּקָּה/חוּקֶּה (חֻקָּה) be imitated

בניין: פּוּעַל גזרה: ל"ה

	Present הווה		Past עבר	Future עתיד
יחיד	מְחוּקֶּה	אני	חוּקֵּיתִי	אֲחוּקֶּה
יחידה	מְחוּקָּה	אתה	חוּקֵּיתָ	תְּחוּקֶּה
רבים	מְחוּקִּים	את	חוּקֵּית	תְּחוּקִּי
רבות	מְחוּקּוֹת	הוא	חוּקָּה	יְחוּקֶּה
		היא	חוּקְּתָה	תְּחוּקֶּה
		אנחנו	חוּקֵּינוּ*	נְחוּקֶּה
		אתם/ן	חוּקֵּיתֶם/ן	תְּחוּקּוּ**
		הם/ן	חוּקּוּ	יְחוּקּוּ**

בינוני .Pres. Part מְחוּקֶּה imitated

[מקור מוחלט .Inf. Abs חוּקֹּה]

* BH: חוּקֵּינוּ

** less commonly: אתן/הן תְּחוּקֶּינָה

הִתְחַקָּה search/examine thoroughly

בניין: הִתְפַּעֵל גזרה: ל"ה

	Present הווה		Past עבר	Future עתיד	Imperative ציווי
יחיד	מִתְחַקֶּה	אני	הִתְחַקֵּיתִי	אֶתְחַקֶּה	
יחידה	מִתְחַקָּה	אתה	הִתְחַקֵּיתָ	תִּתְחַקֶּה	הִתְחַקֵּה
רבים	מִתְחַקִּים	את	הִתְחַקֵּית	תִּתְחַקִּי	הִתְחַקִּי
רבות	מִתְחַקּוֹת	הוא	הִתְחַקָּה	יִתְחַקֶּה	
		היא	הִתְחַקְּתָה	תִּתְחַקֶּה	
		אנחנו	הִתְחַקֵּינוּ*	נִתְחַקֶּה	<<<

	Past עבר	Future עתיד	Imperative ציווי
אתם/ן	הִתְחַקִּיתֶם/ן	תִּתְחַקּוּ**	הִתְחַקּוּ***
הם/ן	הִתְחַקּוּ	יִתְחַקּוּ**	

* BH: הִתְחַקֵּינוּ ** less commonly: אתן/הן תִּתְחַקֶּינָה

שם הפועל .Infin לְהִתְחַקּוֹת *** less commonly: (אתן) הִתְחַקֶּינָה

שם הפעולה Gerund הִתְחַקּוּת thorough investigation

מקור מוחלט .Inf. Abs הִתְחַקֵּה

מ״י מוצרכת .Gov. Prep הִתְחַקָּה אחרי check on/follow (someone)

◆ דוגמאות Illustrations

טוביה צפיר **מְחַקֶּה** היטב את כל הדמויות הציבוריות בישראל. הוא עושה זאת בחביבות, כך ש**המְחוּקִים** בדרך כלל אינם נעלבים מן **החִיקּוּי**.

Tuvia Tsafir **imitates** all public figures in Israel very well. He does it in a pleasant manner, so that most of the people **imitated** are not insulted by the **imitation**.

הרבה זרים מגיעים לארה״ב כתיירים ונשארים לצמיתות. קשה מאוד לרשות ההגירה **לְהִתְחַקּוֹת** אחריהם בארץ כה גדולה.

Numerous aliens arrive at the U.S. and stay for good. It is very difficult for the INS **to check on/follow** them in such a big country.

● חקר

חָקַר/חוֹקֵר/יַחְקוֹר (יַחְקֹר) investigate, examine, interrogate, research; explore (land), spy out

בניין: פָּעַל גזרה: פ׳ גרונית (אֶפְעוֹל)

Imp. ציווי	Fut. עתיד	Past עבר		Pres. הווה	
	אֶחְקוֹר	חָקַרְתִּי	אני	חוֹקֵר חָקוּר	יחיד
חֲקוֹר	תַּחְקוֹר	חָקַרְתָּ	אתה	חוֹקֶרֶת חֲקוּרָה	יחידה
חִקְרִי	תַּחְקְרִי	חָקַרְתְּ	את	חוֹקְרִים חֲקוּרִים	רבים
	יַחְקוֹר	חָקַר	הוא	חוֹקְרוֹת חֲקוּרוֹת	רבות
	תַּחְקוֹר	חָקְרָה	היא		
	נַחְקוֹר	חָקַרְנוּ	אנחנו		
חִקְרוּ**	תַּחְקְרוּ*	חֲקַרְתֶּם/ן	אתם/ן		
	יַחְקְרוּ*	חָקְרוּ	הם/ן		

שם הפועל .Infin לַחְקוֹר * less commonly: אתן/הן תַּחְקוֹרְנָה

שם הפעולה Gerund חֲקִירָה investigation ** less commonly: (אתן) חֲקוֹרְנָה

בינוני פעיל .Act. Part חוֹקֵר investigator

בינוני סביל .Pass. Part חָקוּר investigated (Adj)

מקור מוחלט .Inf. Abs חָקוֹר

נֶחְקַר/יֵיחָקֵר (יֵחָקֵר) be investigated/researched/interrogated

בניין: נִפְעַל גזרה: פ׳ גרונית

Imperative ציווי	Future עתיד	Past עבר		Present הווה	
	אֵיחָקֵר	נֶחְקַרְתִּי	אני	נֶחְקָר	יחיד
הֵיחָקֵר	תֵּיחָקֵר	נֶחְקַרְתָּ	אתה	נֶחְקֶרֶת	יחידה
הֵיחָקְרִי	תֵּיחָקְרִי	נֶחְקַרְתְּ	את	נֶחְקָרִים	רבים
	יֵיחָקֵר	נֶחְקַר	הוא	נֶחְקָרוֹת	רבות
	תֵּיחָקֵר	נֶחְקְרָה	היא		
	נֵיחָקֵר	נֶחְקַרְנוּ	אנחנו		
הֵיחָקְרוּ**	תֵּיחָקְרוּ*	נֶחְקַרְתֶּם/ן	אתם/ן		
	יֵיחָקְרוּ*	נֶחְקְרוּ	הם/ן		

* less commonly: אתן/הן תֵּיחָקַרְנָה/...קַרְנָה

שם הפועל .Infin לְהֵיחָקֵר ** less commonly: (אתן) הֵיחָקַרְנָה/...קַרְנָה

מקור מוחלט .Inf. Abs נֶחְקוֹר, הֵיחָקֵר (הֵיחָקוֹר)

◆ פעלים שאינם שכיחים מאותו שורש Infrequent verbs sharing the same root

חִיקֵר (חִקֵּר) investigate thoroughly, repeatedly (lit.) (מְחַקֵּר, יְחַקֵּר, לְחַקֵּר)

הִתְחַקֵּר be investigated (Med H); philosophize (מִתְחַקֵּר, יִתְחַקֵּר, לְהִתְחַקֵּר)

הֶחְקִיר investigate well (med H) (מַחְקִיר, יַחְקִיר, לְהַחְקִיר)

הוּחְקַר (הָחְקַר) be investigated thoroughly (Med H) (מוּחְקָר, יוּחְקַר)

◆ דוגמאות Illustrations

החשוד **נֶחְקַר** שעות ארוכות בידי המשטרה. **חָקְרוּ** אותו טובי **החוֹקְרִים**, אבל **הַחֲקִירָה** לא העלתה דבר.

The suspect **was interrogated** by the police for a long time. The best **investigators interrogated** him, but the **investigation** led nowhere.

●חרט - 1

נֶחֱרַט/יֵיחָרֵט (יֵחָרֵט) be engraved; be turned on a lathe

בניין: נִפְעַל גזרה: פ׳ גרונית

Imperative ציווי	Future עתיד	Past עבר		Present הווה	
	אֵיחָרֵט	נֶחֱרַטְתִּי	אני	נֶחֱרָט	יחיד
הֵיחָרֵט	תֵּיחָרֵט	נֶחֱרַטְתָּ	אתה	נֶחֱרֶטֶת	יחידה
הֵיחָרְטִי	תֵּיחָרְטִי	נֶחֱרַטְתְּ	את	נֶחֱרָטִים	רבים
	יֵיחָרֵט	נֶחֱרַט	הוא	נֶחֱרָטוֹת	רבות
<<<	תֵּיחָרֵט	נֶחֶרְטָה	היא		

	Past עבר	Future עתיד	Imperative ציווי
אנחנו	נֶחֱרַטְנוּ	נֵיחָרֵט	
אתם/ן	נֶחֱרַטְתֶּם/ן	תֵּיחָרְטוּ*	הֵיחָרְטוּ**
הם/ן	נֶחֶרְטוּ	יֵיחָרְטוּ*	

* less commonly: אתן/הן תֵּיחָרַטְנָה/...רֵטְנָה

שם הפועל .Infin לְהֵיחָרֵט ** less commonly: (אתן) הֵיחָרַטְנָה/...רֵטְנָה

שם הפעולה Gerund הֵיחָרְטוּת being engraved; being turned on a lathe

מקור מוחלט .Inf. Abs נֶחֱרוֹט, הֵיחָרֵט (הֵיחָרוֹט)

חָרַט/חוֹרֵט/יַחֲרוֹט (יַחֲרֹט) engrave; turn (on a lathe)

בניין: פָּעַל גזרה: פ׳ גרונית (אֶפְעוֹל)

	Present הווה			Past עבר	Future עתיד	Imper. ציווי
יחיד	חוֹרֵט	חָרוּט	אני	חָרַטְתִּי	אֶחֱרוֹט	
יחידה	חוֹרֶטֶת	חֲרוּטָה	אתה	חָרַטְתָּ	תַּחֲרוֹט	חֲרוֹט
רבים	חוֹרְטִים	חֲרוּטִים	את	חָרַטְתְּ	תַּחַרְטִי	חִרְטִי
רבות	חוֹרְטוֹת	חֲרוּטוֹת	הוא	חָרַט	יַחֲרוֹט	
			היא	חָרְטָה	תַּחֲרוֹט	
			אנחנו	חָרַטְנוּ	נַחֲרוֹט	
			אתם/ן	חֲרַטְתֶּם/ן	תַּחַרְטוּ*	חִרְטוּ**
			הם/ן	חָרְטוּ	יַחַרְטוּ*	

* less commonly: אתן/הן תַּחֲרוֹטְנָה

שם הפועל .Infin לַחֲרוֹט ** less commonly: (אתן) חֲרוֹטְנָה

בינוני סביל .Pass. Part חָרוּט carved, engraved, etched

שם הפעולה Gerund חֲרִיטָה engraving; turning (on lathe)

מקור מוחלט .Inf. Abs חָרוֹט

◆ פעלים שאינם שכיחים מאותו שורש Infrequent verbs sharing the same root

חֵירֵט (חֵרֵט) engrave, inscribe (lit.) (מְחָרֵט, יְחָרֵט, לְחָרֵט)

חוֹרַט (חֹרַט) be engraved/inscribed (lit.) (מְחוֹרָט, יְחוֹרַט)

הִתְחָרֵט be engraved/inscribed (Med H) (מִתְחָרֵט, יִתְחָרֵט, לְהִתְחָרֵט)

הֶחֱרִיט engrave, inscribe (Med H) (מַחֲרִיט, יַחֲרִיט, לְהַחֲרִיט)

הוֹחֳרַט (הָחֳרַט) be engraved/inscribed (Med H) (מוֹחֳרָט, יוֹחֳרַט)

◆ דוגמאות Illustrations

רגלי העץ של השולחן **נֶחֱרָטוֹת** במחרטה; לאחר מכן **חוֹרֵט** עליהן האומן פיתוחים שונים.

The wooden legs of the table **are turned** on a lathe; afterwards the craftsman **engraves** them with different patterns.

●חרט - 2

הִתְחָרֵט/הִתְחָרַטְ regret, be sorry

בניין: הִתְפַּעֵל גזרה: ע' גרונית

	Present הווה		Past עבר	Future עתיד	Imperative ציווי
יחיד	מִתְחָרֵט	אני	הִתְחָרַטְתִּי	אֶתְחָרֵט	
יחידה	מִתְחָרֶטֶת	אתה	הִתְחָרַטְתָּ	תִּתְחָרֵט	הִתְחָרֵט
רבים	מִתְחָרְטִים	את	הִתְחָרַטְתְּ	תִּתְחָרְטִי	הִתְחָרְטִי
רבות	מִתְחָרְטוֹת	הוא	הִתְחָרֵט	יִתְחָרֵט	
		היא	הִתְחָרְטָה	תִּתְחָרֵט	
		אנחנו	הִתְחָרַטְנוּ	נִתְחָרֵט	
		אתם/ן	הִתְחָרַטְתֶּם/ן	תִּתְחָרְטוּ*	הִתְחָרְטוּ**
		הם/ן	הִתְחָרְטוּ	יִתְחָרְטוּ*	

שם הפועל .Infin לְהִתְחָרֵט — * less commonly: אתן/הן תִּתְחָרֵטְנָה

שם הפעולה Gerund הִתְחָרְטוּת regretting — ** less commonly: (אתן) הִתְחָרֵטְנָה

מקור מוחלט .Inf. Abs הִתְחָרֵט

מ"י מוצרכת .Gov. Prep הִתְחָרֵט על regret (something)

◆ דוגמאות Illustrations

בסופו של דבר **הִתְחָרַטְתִּי** על כך שלא השתתפתי בוועידה.

In the end I **regretted** not having attended the conference.

●חרף

הֶחֱרִיף/הֶחֱרַפְ/יַחֲרִיף worsen (intr.); make worse

בניין: הִפְעִיל גזרה: פ' גרונית

	Present הווה		Past עבר	Future עתיד	Imperative ציווי
יחיד	מַחֲרִיף	אני	הֶחֱרַפְתִּי	אַחֲרִיף	
יחידה	מַחֲרִיפָה	אתה	הֶחֱרַפְתָּ	תַּחֲרִיף	הַחֲרֵף
רבים	מַחֲרִיפִים	את	הֶחֱרַפְתְּ	תַּחֲרִיפִי	הַחֲרִיפִי
רבות	מַחֲרִיפוֹת	הוא	הֶחֱרִיף	יַחֲרִיף	
		היא	הֶחֱרִיפָה	תַּחֲרִיף	
		אנחנו	הֶחֱרַפְנוּ	נַחֲרִיף	
		אתם/ן	הֶחֱרַפְתֶּם/ן	תַּחֲרִיפוּ*	הַחֲרִיפוּ**
		הם/ן	הֶחֱרִיפוּ	יַחֲרִיפוּ*	

* less commonly: אתן/הן תַּחֲרֵפְנָה >>>

שם הפועל .Infin לְהַחֲרִיף ** less commonly: (אתן) הַחֲרֵפְנָה
שם הפעולה Gerund הַחְרָפָה worsening, exacerbation
מקור מוחלט .Inf. Abs הַחֲרֵף

חֵירֵף/חֵירַפְ/חָרֵף (חֵרֵף) curse, abuse, revile

בניין: פִּיעֵל גזרה: ע׳ גרונית

	Present הווה		Past עבר	Future עתיד	Imperative ציווי
יחיד	מְחָרֵף	אני	חֵירַפְתִּי	אֲחָרֵף	
יחידה	מְחָרֶפֶת	אתה	חֵירַפְתָּ	תְּחָרֵף	חָרֵף
רבים	מְחָרְפִים	את	חֵירַפְתְּ	תְּחָרְפִי	חָרְפִי
רבות	מְחָרְפוֹת	הוא	חֵירֵף (חֵירַף)	יְחָרֵף	
		היא	חֵירְפָה	תְּחָרֵף	
		אנחנו	חֵירַפְנוּ	נְחָרֵף	
		אתם/ן	חֵירַפְתֶּם/ן	תְּחָרְפוּ*	חָרְפוּ**
		הם/ן	חֵירְפוּ	יְחָרְפוּ*	

שם הפועל .Infin לְחָרֵף * less commonly: אתן/הן תְּחָרֵפְנָה
שם הפעולה Gerund חֵירוּף abuse, curse ** less commonly: (אתן) חָרֵפְנָה
מקור מוחלט .Inf. Abs חָרֵף

◆ פעלים שאינם שכיחים מאותו שורש Infrequent verbs sharing the same root

חָרַף curse, humiliate (lit.) (חוֹרֵף, יַחֲרוֹף, לַחֲרוֹף)
הִתְחָרֵף be cursed (Med H); curse each other (lit.) (מִתְחָרֵף, יִתְחָרֵף, לְהִתְחָרֵף)
הוּחְרַף (הָחְרַף) become worse, be made worse (coll. only) (מוּחְרָף, יוּחְרַף)

◆ דוגמאות Illustrations

היחסים ביניהם הלכו ו**הֶחֱרִיפוּ** מיום ליום. **הַחְרָפַת** היחסים הגיעה לשיאה לאחר שמשולם עמד ברחוב ו**חֵירֵף** וגידף קבל עם ועדה את אביו של עזריאל.

The relations between them progressively **deteriorated** from day to day. The **worsening of** relations reached its peak when Meshulam stood in the street and **cursed** and insulted Azriel's father in public.

◆ ביטויים מיוחדים Special expressions

היחסים **הֶחֱרִיפוּ** relations deteriorated

חֵירֵף וגידף curse and insult

חֵירֵף נפשו למות defy death

נלחם **בְּחֵירוּף** נפש fight desparately

● חשב

חָשַׁב/חוֹשֵׁב/יַחְשׁוֹב think, consider; intend; esteem (יַחְשֹׁב)

בניין: פָּעַל גזרה: פ׳ גרונית (אֶפְעוֹל)

Imper. ציוּוי	Future עתיד	Past עבר		Present הווה	
	אֶחְשׁוֹב	חָשַׁבְתִּי	אני	חוֹשֵׁב חָשׁוּב	יחיד
חֲשׁוֹב	תַּחְשׁוֹב	חָשַׁבְתָּ	אתה	חוֹשֶׁבֶת חֲשׁוּבָה	יחידה
חִשְׁבִי	תַּחְשְׁבִי	חָשַׁבְתְּ	את	חוֹשְׁבִים חֲשׁוּבִים	רבים
	יַחְשׁוֹב	חָשַׁב	הוא	חוֹשְׁבוֹת חֲשׁוּבוֹת	רבות
	תַּחְשׁוֹב	חָשְׁבָה	היא		
	נַחְשׁוֹב	חָשַׁבְנוּ	אנחנו		
חִשְׁבוּ**	תַּחְשְׁבוּ*	חֲשַׁבְתֶּם/ן	אתם/ן		
	יַחְשְׁבוּ*	חָשְׁבוּ	הם/ן		

* less commonly: אתן/הן תַּחְשׁוֹבְנָה

** less commonly: (אתן) חֲשׁוֹבְנָה

שם הפועל .Infin לַחְשׁוֹב

שם הפעולה Gerund חֲשִׁיבָה thinking

בינוני פעיל .Act. Part חוֹשֵׁב thinking (Adj.)

בינוני סביל .Pass. Part חָשׁוּב important

מקור מוחלט .Inf. Abs חָשׁוֹב

נֶחְשַׁב/יֵיחָשֵׁב (יֵחָשֵׁב) be considered/regarded as; be taken into account; be esteemed

בניין: נִפְעַל גזרה: פ׳ גרונית

Imperative ציוּוי	Future עתיד	Past עבר		Present הווה	
	אֵיחָשֵׁב	נֶחְשַׁבְתִּי	אני	נֶחְשָׁב	יחיד
הֵיחָשֵׁב	תֵּיחָשֵׁב	נֶחְשַׁבְתָּ	אתה	נֶחְשֶׁבֶת	יחידה
הֵיחָשְׁבִי	תֵּיחָשְׁבִי	נֶחְשַׁבְתְּ	את	נֶחְשָׁבִים	רבים
	יֵיחָשֵׁב	נֶחְשַׁב	הוא	נֶחְשָׁבוֹת	רבות
	תֵּיחָשֵׁב	נֶחְשְׁבָה	היא		
	נֵיחָשֵׁב	נֶחְשַׁבְנוּ	אנחנו		
הֵיחָשְׁבוּ**	תֵּיחָשְׁבוּ*	נֶחְשַׁבְתֶּם/ן	אתם/ן		
	יֵיחָשְׁבוּ*	נֶחְשְׁבוּ	הם/ן		

* less commonly: אתן/הן תֵּיחָשַׁבְנָה/...שֵׁבְנָה

** less commonly: (אתן) הֵיחָשַׁבְנָה/...שֵׁבְנָה

שם הפועל .Infin לְהֵיחָשֵׁב

מקור מוחלט .Inf. Abs נַחְשׁוֹב, הֵיחָשֵׁב (הֵיחָשׁוֹב)

מ״י מוצרכת .Gov. Prep נֶחְשַׁב ל- be regarded as

calculate; think over; esteem (lit.); be about to (lit.) חִישֵּׁב/חִישַּׁבְ/חַשֵּׁב (חִשֵּׁב)

בניין: פִּיעֵל גזרה: שלמים

Imperative ציווי	Future עתיד	Past עבר		Present הווה	
	אֲחַשֵּׁב	חִישַּׁבְתִּי	אני	מְחַשֵּׁב	יחיד
חַשֵּׁב	תְּחַשֵּׁב	חִישַּׁבְתָּ	אתה	מְחַשֶּׁבֶת	יחידה
חַשְּׁבִי	תְּחַשְּׁבִי	חִישַּׁבְתְּ	את	מְחַשְּׁבִים	רבים
	יְחַשֵּׁב	חִישֵּׁב	הוא	מְחַשְּׁבוֹת	רבות
	תְּחַשֵּׁב	חִישְּׁבָה	היא		
	נְחַשֵּׁב	חִישַּׁבְנוּ	אנחנו		
חַשְּׁבוּ**	תְּחַשְּׁבוּ*	חִישַּׁבְתֶּם/ן	אתם/ן		
	יְחַשְּׁבוּ*	חִישְּׁבוּ	הם/ן		

* less commonly: אתן/הן תְּחַשֵּׁבְנָה

** less commonly: (אתן) חַשֵּׁבְנָה

שם הפועל .Infin לְחַשֵּׁב

שם הפעולה Gerund חִישּׁוּב calculation; reckoning

מקור מוחלט .Inf. Abs חַשֵּׁב

be calculated חוּשַּׁב (חֻשַּׁב)

בניין: פּוּעַל גזרה: שלמים

Future עתיד	Past עבר		Present הווה	
אֲחוּשַּׁב	חוּשַּׁבְתִּי	אני	מְחוּשָּׁב	יחיד
תְּחוּשַּׁב	חוּשַּׁבְתָּ	אתה	מְחוּשֶּׁבֶת	יחידה
תְּחוּשְּׁבִי	חוּשַּׁבְתְּ	את	מְחוּשָּׁבִים	רבים
יְחוּשַּׁב	חוּשַּׁב	הוא	מְחוּשָּׁבוֹת	רבות
תְּחוּשַּׁב	חוּשְּׁבָה	היא		
נְחוּשַּׁב	חוּשַּׁבְנוּ	אנחנו		
תְּחוּשְּׁבוּ*	חוּשַּׁבְתֶּם/ן	אתם/ן		
יְחוּשְּׁבוּ*	חוּשְּׁבוּ	הם/ן		

בינוני .Pres. Part מְחוּשָּׁב calculated

* less commonly: אתן/הן תְּחוּשַּׁבְנָה

[מקור מוחלט .Inf. Abs חוּשּׁוֹב]

consider, take into consideration; be considerate הִתְחַשֵּׁב/הִתְחַשַּׁבְ

בניין: הִתְפַּעֵל גזרה: שלמים

Imperative ציווי	Future עתיד	Past עבר		Present הווה	
	אֶתְחַשֵּׁב	הִתְחַשַּׁבְתִּי	אני	מִתְחַשֵּׁב	יחיד
הִתְחַשֵּׁב	תִּתְחַשֵּׁב	הִתְחַשַּׁבְתָּ	אתה	מִתְחַשֶּׁבֶת	יחידה
הִתְחַשְּׁבִי	תִּתְחַשְּׁבִי	הִתְחַשַּׁבְתְּ	את	מִתְחַשְּׁבִים	רבים
	יִתְחַשֵּׁב	הִתְחַשֵּׁב	הוא	מִתְחַשְּׁבוֹת	רבות
	תִּתְחַשֵּׁב	הִתְחַשְּׁבָה	היא		
<<<	נִתְחַשֵּׁב	הִתְחַשַּׁבְנוּ	אנחנו		

		Past עבר	Future עתיד	Imperative ציווי
	אתם/ן	הִתְחַשַּׁבְתֶּם/ן	תִּתְחַשְּׁבוּ*	הִתְחַשְּׁבוּ**
	הם/ן	הִתְחַשְּׁבוּ	יִתְחַשְּׁבוּ*	

* less commonly: אתן/הן תִּתְחַשֵּׁבְנָה
** less commonly: (אתן) הִתְחַשֵּׁבְנָה

שם הפועל .Infin לְהִתְחַשֵּׁב
שם הפעולה Gerund הִתְחַשְּׁבוּת consideration, taking into consideration
מקור מוחלט .Inf. Abs הִתְחַשֵּׁב
מ״י מוצרכת .Gov. Prep הִתְחַשֵּׁב ב- consider (something); be considerate of

הֶחְשִׁיב/הֶחְשַׁב/יַחְשִׁיב esteem, ascribe importance to

בניין: הִפְעִיל גזרה: פ׳ גרונית

	Present הווה		Past עבר	Future עתיד	Imperative ציווי
יחיד	מַחְשִׁיב	אני	הֶחְשַׁבְתִּי	אַחְשִׁיב	
יחידה	מַחְשִׁיבָה	אתה	הֶחְשַׁבְתָּ	תַּחְשִׁיב	הַחְשֵׁב
רבים	מַחְשִׁיבִים	את	הֶחְשַׁבְתְּ	תַּחְשִׁיבִי	הַחְשִׁיבִי
רבות	מַחְשִׁיבוֹת	הוא	הֶחְשִׁיב	יַחְשִׁיב	
		היא	הֶחְשִׁיבָה	תַּחְשִׁיב	
		אנחנו	הֶחְשַׁבְנוּ	נַחְשִׁיב	
		אתם/ן	הֶחְשַׁבְתֶּם/ן	תַּחְשִׁיבוּ*	הַחְשִׁיבוּ**
		הם/ן	הֶחְשִׁיבוּ	יַחְשִׁיבוּ*	

* less commonly: אתן/הן תַּחְשֵׁבְנָה
** less commonly: (אתן) הַחְשֵׁבְנָה

שם הפועל .Infin לְהַחְשִׁיב
שם הפעולה Gerund הַחְשָׁבָה according importance
מקור מוחלט .Inf. Abs הַחְשֵׁב

◆ פעלים שאינם שכיחים מאותו שורש Infrequent verbs sharing the same root
הוּחְשַׁב (הֻחְשַׁב) be regarded (Mish H); be esteemed (Med H) (מוּחְשָׁב, יוּחְשַׁב)

◆ דוגמאות Illustrations

חיים **נֶחְשָׁב** למומחה **הֶחָשׁוּב** ביותר בארץ בכלכלה. שר האוצר **מַחְשִׁיב** מאוד את דעתו, וכמעט תמיד **מִתְחַשֵּׁב** בהמלצותיו; אמצעי התקשורת בודקים תמיד מה הוא **חוֹשֵׁב** על כל צעד כלכלי שנוקטת הממשלה.

Hayyim **is considered** the most **important** expert in Israel on economics. The finance minister **accords** great **importance** to his opinion, and almost always **takes** his recommendations **into account**; the media always check what he **thinks** of any economic step taken by the government.

חִישַּׁבְנוּ את ההכנסות וההוצאות החודשיות שלנו. בתום **הַחִישּׁוּב** הגענו למסקנה שנוכל לרכוש דירה תוך חמש שנים אם הוצאותינו **יְחוּשְּׁבוּ** בקפידה.

We **calculated** our monthly income and expenses. At the end of the **calculation**, we concluded that we would be able to buy an apartment in five years if our expenses **are** carefully **calculated**.

◆ ביטויים מיוחדים Special expressions

צא וחֲשׁוֹב do consider this yourself

אני חוֹשֵׁב אותו למומחה I consider him an expert

עני חָשׁוּב כמת a poor man is as good as dead

מכונת חִישׁוּב calculator

●חשד

חָשַׁד/חוֹשֵׁד/יַחְשׁוֹד (יַחְשֹׁד) suspect

בניין: פָּעַל גזרה: פ׳ גרונית (אֶפְעוֹל)

	Present הווה		עבר Past	עתיד Future	ציווי .Imper
יחיד	חוֹשֵׁד חָשׁוּד	אני	חָשַׁדְתִּי	אֶחְשׁוֹד	
יחידה	חוֹשֶׁדֶת חֲשׁוּדָה	אתה	חָשַׁדְתָּ	תַּחְשׁוֹד	חֲשׁוֹד
רבים	חוֹשְׁדִים חֲשׁוּדִים	את	חָשַׁדְתְּ	תַּחְשְׁדִי	חִשְׁדִי
רבות	חוֹשְׁדוֹת חֲשׁוּדוֹת	הוא	חָשַׁד	יַחְשׁוֹד	
		היא	חָשְׁדָה	תַּחְשׁוֹד	
		אנחנו	חָשַׁדְנוּ	נַחְשׁוֹד	
		אתם/ן	חֲשַׁדְתֶּם/ן	תַּחְשְׁדוּ*	חִשְׁדוּ**
		הם/ן	חָשְׁדוּ	יַחְשְׁדוּ*	

* less commonly: אתן/הן תַּחְשׁוֹדְנָה

שם הפועל .Infin לַחְשׁוֹד ** less commonly: (אתן) חֲשׁוֹדְנָה

בינוני סביל .Pass. Part חָשׁוּד suspect; suspected

מקור מוחלט .Inf. Abs חָשׁוֹד

נֶחְשַׁד/יֵיחָשֵׁד (יֵחָשֵׁד) be suspected

בניין: נִפְעַל גזרה: פ׳ גרונית

	Present הווה		עבר Past	עתיד Future	ציווי Imperative
יחיד	נֶחְשָׁד	אני	נֶחְשַׁדְתִּי	אֵיחָשֵׁד	
יחידה	נֶחְשֶׁדֶת	אתה	נֶחְשַׁדְתָּ	תֵּיחָשֵׁד	הֵיחָשֵׁד
רבים	נֶחְשָׁדִים	את	נֶחְשַׁדְתְּ	תֵּיחָשְׁדִי	הֵיחָשְׁדִי
רבות	נֶחְשָׁדוֹת	הוא	נֶחְשַׁד	יֵיחָשֵׁד	
		היא	נֶחְשְׁדָה	תֵּיחָשֵׁד	
		אנחנו	נֶחְשַׁדְנוּ	נֵיחָשֵׁד	
		אתם/ן	נֶחְשַׁדְתֶּם/ן	תֵּיחָשְׁדוּ*	הֵיחָשְׁדוּ**
		הם/ן	נֶחְשְׁדוּ	יֵיחָשְׁדוּ*	

* less commonly: אתן/הן תֵּיחָשַׁדְנָה/...שֵׁדְנָה

שם הפועל .Infin לְהֵיחָשֵׁד ** less commonly: (אתן) הֵיחָשַׁדְנָה/...שֵׁדְנָה

מקור מוחלט .Inf. Abs נַחְשׁוֹד, הֵיחָשֵׁד (הֵיחָשׁוֹד) <<<

מ"י מוצרכת .Gov. Prep נֶחְשַׁד ב- be suspected of

הֶחְשִׁיד/הֶחְשַׁד/יַחְשִׁיד throw suspicion on

בניין: הִפְעִיל גזרה: פ' גרונית

	Present הווה		Past עבר	Future עתיד	Imperative ציווי
יחיד	מַחְשִׁיד	אני	הֶחְשַׁדְתִּי	אַחְשִׁיד	
יחידה	מַחְשִׁידָה	אתה	הֶחְשַׁדְתָּ	תַּחְשִׁיד	הַחְשֵׁד
רבים	מַחְשִׁידִים	את	הֶחְשַׁדְתְּ	תַּחְשִׁידִי	הַחְשִׁידִי
רבות	מַחְשִׁידוֹת	הוא	הֶחְשִׁיד	יַחְשִׁיד	
		היא	הֶחְשִׁידָה	תַּחְשִׁיד	
		אנחנו	הֶחְשַׁדְנוּ	נַחְשִׁיד	
		אתם/ן	הֶחְשַׁדְתֶּם/ן	תַּחְשִׁידוּ*	הַחְשִׁידוּ**
		הם/ן	הֶחְשִׁידוּ	יַחְשִׁידוּ*	

* less commonly: אתן/הן תַּחְשֵׁדְנָה

** less commonly: (אתן) הַחְשֵׁדְנָה

שם הפועל .Infin לְהַחְשִׁיד

בינוני .Pres. Part מַחְשִׁיד that throws suspicion, suspicious

שם הפעולה .Ger הַחְשָׁדָה throwing suspicion (on)

מקור מוחלט .Inf. Abs הַחְשֵׁד

◆ פעלים שאינם שכיחים מאותו שורש Infrequent verbs sharing the same root

חִישֵׁד (חִשֵּׁד) voice suspicion of (Mish H) (מְחַשֵּׁד, יְחַשֵּׁד, לְחַשֵּׁד)

הִתְחַשֵּׁד (be)come suspicious (Mish H) (מִתְחַשֵּׁד, יִתְחַשֵּׁד, לְהִתְחַשֵּׁד)

הוּחְשַׁד (הֻחְשַׁד) be made a suspect, be suspected (מוּחְשָׁד, יוּחְשַׁד)

◆ דוגמאות Illustrations

לטענת המשטרה, **הָחָשׁוּד** נתפס בנסיבות **מַחְשִׁידוֹת**; הוא **נֶחְשָׁד** בניסיון לפרוץ לבית מגורים, והמשטרה **חוֹשֶׁדֶת** שהוא אחראי לפריצות דומות שדווחו לאחרונה באותו איזור.

According to the police, the **suspect** was caught in **suspicious** circumstances; he **is suspected** of attempted burglary, and the police **suspect** that he is responsible for similar burglaries that have been reported lately in the same area.

◆ ביטויים מיוחדים Special expressions

חוֹשֵׁד בכשרים having a suspicious mind, suspect the innocent

כבדהו **וְחָשְׁדֵהוּ** treat him with respect and with suspicion at the same time

●חשׂף

חָשַׂף/חוֹשֵׂף/יַחְשׂוֹף (יַחְשֹׂף) expose, bare, uncover

בניין: פָּעַל גזרה: פ׳ גרונית (אֶפְעוֹל)

	Present הווה		Past עבר	Future עתיד	Imper. ציווי
יחיד	חוֹשֵׂף חָשׂוּף	אני	חָשַׂפְתִּי	אֶחְשׂוֹף	
יחידה	חוֹשֶׂפֶת חֲשׂוּפָה	אתה	חָשַׂפְתָּ	תַּחְשׂוֹף	חֲשׂוֹף
רבים	חוֹשְׂפִים חֲשׂוּפִים	את	חָשַׂפְתְּ	תַּחְשְׂפִי	חִשְׂפִי
רבות	חוֹשְׂפוֹת חֲשׂוּפוֹת	הוא	חָשַׂף	יַחְשׂוֹף	
		היא	חָשְׂפָה	תַּחְשׂוֹף	
		אנחנו	חָשַׂפְנוּ	נַחְשׂוֹף	
		אתם/ן	חֲשַׂפְתֶּם/ן	תַּחְשְׂפוּ*	חִשְׂפוּ**
		הם/ן	חָשְׂפוּ	יַחְשְׂפוּ*	

שם הפועל .Infin לַחְשׂוֹף
* less commonly: אתן/הן תַּחְשׂוֹפְנָה

בינוני סביל .Pass. Part חָשׂוּף exposed
** less commonly: (אתן) חֲשׂוֹפְנָה

שם הפעולה Gerund חֲשִׂיפָה exposing, exposure, uncovering

מקור מוחלט .Inf. Abs חָשׂוֹף

נֶחְשַׂף/יֵיחָשֵׂף (יֵחָשֵׂף) be exposed/bared/uncovered

בניין: נִפְעַל גזרה: פ׳ גרונית

	Present הווה		Past עבר	Future עתיד	Imperative ציווי
יחיד	נֶחְשָׂף	אני	נֶחְשַׂפְתִּי	אֵיחָשֵׂף	
יחידה	נֶחְשֶׂפֶת	אתה	נֶחְשַׂפְתָּ	תֵּיחָשֵׂף	הֵיחָשֵׂף
רבים	נֶחְשָׂפִים	את	נֶחְשַׂפְתְּ	תֵּיחָשְׂפִי	הֵיחָשְׂפִי
רבות	נֶחְשָׂפוֹת	הוא	נֶחְשַׂף	יֵיחָשֵׂף	
		היא	נֶחְשְׂפָה	תֵּיחָשֵׂף	
		אנחנו	נֶחְשַׂפְנוּ	נֵיחָשֵׂף	
		אתם/ן	נֶחְשַׂפְתֶּם/ן	תֵּיחָשְׂפוּ*	הֵיחָשְׂפוּ**
		הם/ן	נֶחְשְׂפוּ	יֵיחָשְׂפוּ*	

שם הפועל .Infin לְהֵיחָשֵׂף
* less commonly: אתן/הן תֵּיחָשַׂפְנָה/...שֵׂפְנָה

שם הפעולה .Ger הֵיחָשְׂפוּת being exposed
** less commonly: (אתן) הֵיחָשַׂפְנָה/...שֵׂפְנָה

מקור מוחלט .Inf. Abs נַחְשׂוֹף, הֵיחָשֵׂף (הֵיחָשׂוֹף)

◆ פעלים שאינם שכיחים מאותו שורש Infrequent verbs sharing the same root

חִישֵׂף (חִשֵּׂף) expose (Med H) (מְחַשֵּׂף, יְחַשֵּׂף, לְחַשֵּׂף)

הִתְחַשֵּׂף (be)come exposed (lit.) (מִתְחַשֵּׂף, יִתְחַשֵּׂף, לְהִתְחַשֵּׂף)

הֶחְשִׂיף expose, uncover (Med H) (מַחְשִׂיף, יַחְשִׂיף, לְהַחְשִׂיף)

◆ דוגמאות Illustrations

פחות אנשים מסתובבים היום בשמש בגוף **חָשׂוּף**; חוששים **לַחְשׂוֹף** את העור לקרינה מסרטנת.

Less people go around today with their bodies **exposed** to the sun; they are worried about **exposing** their skin to carcinogenic radiation.

רשת גדולה של סוחרי סמים **נֶחְשְׂפָה** לאחרונה על-ידי משטרת לוס-אנג'לס.

A large network of drug dealers **has** recently **been exposed** by the Los Angeles police.

●חתך

חָתַךְ/חוֹתֵךְ/יַחְתּוֹךְ (יַחְתֹּךְ) cut

בניין: פָּעַל גזרה: פ' גרונית (אֶפְעוֹל)

	Present הווה		Past עבר	Future עתיד	Imper. ציווי
יחיד	חוֹתֵךְ חָתוּךְ	אני	חָתַכְתִּי	אֶחְתּוֹךְ	
יחידה	חוֹתֶכֶת חֲתוּכָה	אתה	חָתַכְתָּ	תַּחְתּוֹךְ	חֲתוֹךְ
רבים	חוֹתְכִים חֲתוּכִים	את	חָתַכְתְּ	תַּחְתְּכִי	חִתְכִי
רבות	חוֹתְכוֹת חֲתוּכוֹת	הוא	חָתַךְ	יַחְתּוֹךְ	
		היא	חָתְכָה	תַּחְתּוֹךְ	
		אנחנו	חָתַכְנוּ	נַחְתּוֹךְ	
		אתם/ן	חֲתַכְתֶּם/ן	תַּחְתְּכוּ*	חִתְכוּ**
		הם/ן	חָתְכוּ	יַחְתְּכוּ*	

שם הפועל .Infin לַחְתּוֹךְ

בינוני פעיל .Act. Part חוֹתֵךְ (.cutting (Adj

בינוני סביל .Pass. Part חָתוּךְ cut up

שם הפעולה Gerund חֲתִיכָה (.cutting (N); attractive girl (sl

מקור מוחלט .Inf. Abs חָתוֹךְ

* less commonly: אתן/הן תַּחְתּוֹכְנָה

** less commonly: (אתן) חֲתוֹכְנָה

נֶחְתַּךְ/יֵיחָתֵךְ (יֵחָתֵךְ) be cut

בניין: נִפְעַל גזרה: פ' גרונית

	Present הווה		Past עבר	Future עתיד	Imperative ציווי
יחיד	נֶחְתָּךְ	אני	נֶחְתַּכְתִּי	אֵיחָתֵךְ	
יחידה	נֶחְתֶּכֶת	אתה	נֶחְתַּכְתָּ	תֵּיחָתֵךְ	הֵיחָתֵךְ
רבים	נֶחְתָּכִים	את	נֶחְתַּכְתְּ	תֵּיחָתְכִי	הֵיחָתְכִי
רבות	נֶחְתָּכוֹת	הוא	נֶחְתַּךְ	יֵיחָתֵךְ	
		היא	נֶחְתְּכָה	תֵּיחָתֵךְ	
		אנחנו	נֶחְתַּכְנוּ	נֵיחָתֵךְ	
		אתם/ן	נֶחְתַּכְתֶּם/ן	תֵּיחָתְכוּ*	הֵיחָתְכוּ**
		הם/ן	נֶחְתְּכוּ	יֵיחָתְכוּ*	<<<

שם הפועל .Infin לְהֵיחָתֵךְ * less commonly: אתן/הן תֵּיחָתֵכְנָה/...תֵּכְנָה
שם הפעולה Gerund הֵיחָתְכוּת being cut ** less commonly: (אתן) הֵיחָתֵכְנָה/...תֵּכְנָה
מקור מוחלט .Inf. Abs נֶחְתּוֹךְ, הֵיחָתֵךְ (הֵיחָתוֹךְ)

◆ פעלים שאינם שכיחים מאותו שורש Infrequent verbs sharing the same root

חִיתֵּךְ (חִתֵּךְ) cut up, carve (meat); articulate (מְחַתֵּךְ, יְחַתֵּךְ, לְחַתֵּךְ)
שם הפעולה Gerund חִיתּוּךְ cutting up; intersection (geometry); articulation (phonetics)
חוּתַּךְ (חֻתַּךְ) be cut up (מְחוּתָּךְ, יְחוּתַּךְ)
הִתְחַתֵּךְ be cut/shaped/articulated; dress up/become attractive (sl.) (מִתְחַתֵּךְ, יִתְחַתֵּךְ, לְהִתְחַתֵּךְ)

◆ דוגמאות Illustrations

אפריים **נֶחְתַּךְ** הבוקר בזמן הגילוח. התער **חָתַךְ** עמוק למדי בסנטרו.
Ephraim **got cut** this morning while shaving. The razor **cut** rather deeply into his chin.
על פי **חִיתּוּךְ** הדיבור שלו, הוא כנראה מבוסטון.
His **articulation** suggests that he is probably from Boston.

◆ ביטויים מיוחדים Special expressions

חָתַךְ את הדין pass judgment
ראיה **חוֹתֶכֶת** conclusive evidence
שיניים **חוֹתְכוֹת** incisors
נֶחְתַּךְ גורלו his fate was determined
חִיתּוּךְ הדיבור articulation

●חתם

חָתַם/חוֹתֵם/יַחְתּוֹם (יַחְתֹּם) sign; seal; subscribe (to magazine, concert); complete; block

בניין: פָּעַל גזרה: פ' גרונית (אֶפְעוֹל)

	Present הווה		Past עבר	Future עתיד	Imper. ציווי
יחיד	חוֹתֵם חָתוּם	אני	חָתַמְתִּי	אֶחְתּוֹם	
יחידה	חוֹתֶמֶת חֲתוּמָה	אתה	חָתַמְתָּ	תַּחְתּוֹם	חֲתוֹם
רבים	חוֹתְמִים חֲתוּמִים	את	חָתַמְתְּ	תַּחְתְּמִי	חִתְמִי
רבות	חוֹתְמוֹת חֲתוּמוֹת	הוא	חָתַם	יַחְתּוֹם	
		היא	חָתְמָה	תַּחְתּוֹם	
		אנחנו	חָתַמְנוּ	נַחְתּוֹם	
		אתם/ן	חֲתַמְתֶּם/ן	תַּחְתְּמוּ*	חִתְמוּ**
		הם/ן	חָתְמוּ	יַחְתְּמוּ*	<<<

שם הפועל .Infin לַחְתּוֹם * less commonly: אתן/הן תַּחְתּוֹמְנָה
בינוני סביל .Pass. Part חָתוּם signed; sealed ** less commonly: (אתן) חֲתוֹמְנָה
שם הפעולה Gerund חֲתִימָה signing, signature; sealing
מקור מוחלט .Inf. Abs חָתוֹם

נֶחְתַּם/יֵיחָתֵם (יֵחָתֵם) be signed/sealed/completed/blocked

בניין: נִפְעַל גזרה: פ׳ גרונית

Imperative ציווי	Future עתיד	Past עבר		Present הווה	
	אֵיחָתֵם	נֶחְתַּמְתִּי	אני	נֶחְתָּם	יחיד
הֵיחָתֵם	תֵּיחָתֵם	נֶחְתַּמְתָּ	אתה	נֶחְתֶּמֶת	יחידה
הֵיחָתְמִי	תֵּיחָתְמִי	נֶחְתַּמְתְּ	את	נֶחְתָּמִים	רבים
	יֵיחָתֵם	נֶחְתַּם	הוא	נֶחְתָּמוֹת	רבות
	תֵּיחָתֵם	נֶחְתְּמָה	היא		
	נֵיחָתֵם	נֶחְתַּמְנוּ	אנחנו		
הֵיחָתְמוּ**	תֵּיחָתְמוּ*	נֶחְתַּמְתֶּם/ן	אתם/ן		
	יֵיחָתְמוּ*	נֶחְתְּמוּ	הם/ן		

שם הפועל .Infin לְהֵיחָתֵם * less commonly: אתן/הן תֵּיחָתַמְנָה/...תֵמְנָה
שם הפעולה Gerund הֵיחָתְמוּת being signed ** less commonly: (אתן) הֵיחָתַמְנָה/...תֵמְנָה
מקור מוחלט .Inf. Abs נֶחְתּוֹם, הֵיחָתֵם (הֵיחָתוֹם)

הֶחְתִּים/הֶחְתַּמ/יַחְתִּים have someone sign; cause to subscribe

בניין: הִפְעִיל גזרה: פ׳ גרונית

Imperative ציווי	Future עתיד	Past עבר		Present הווה	
	אַחְתִּים	הֶחְתַּמְתִּי	אני	מַחְתִּים	יחיד
הַחְתֵּם	תַּחְתִּים	הֶחְתַּמְתָּ	אתה	מַחְתִּימָה	יחידה
הַחְתִּימִי	תַּחְתִּימִי	הֶחְתַּמְתְּ	את	מַחְתִּימִים	רבים
	יַחְתִּים	הֶחְתִּים	הוא	מַחְתִּימוֹת	רבות
	תַּחְתִּים	הֶחְתִּימָה	היא		
	נַחְתִּים	הֶחְתַּמְנוּ	אנחנו		
הַחְתִּימוּ**	תַּחְתִּימוּ*	הֶחְתַּמְתֶּם/ן	אתם/ן		
	יַחְתִּימוּ*	הֶחְתִּימוּ	הם/ן		

* less commonly: אתן/הן תַּחְתֵּמְנָה
שם הפועל .Infin לְהַחְתִּים ** less commonly: (אתן) הַחְתֵּמְנָה
שם הפעולה Gerund הַחְתָּמָה having one sign/subscribe
מקור מוחלט .Inf. Abs הַחְתֵּם
מ״י מוצרכת .Gov. Prep הֶחְתִּים את על have (one) sign (something)

הוּחְתַּם (הָחְתַּם) be made to sign/subscribe to something

בניין: הוּפְעַל גזרה: שלמים

	Present הווה		Past עבר	Future עתיד
יחיד	מוּחְתָּם	אני	הוּחְתַּמְתִּי	אוּחְתַּם
יחידה	מוּחְתֶּמֶת	אתה	הוּחְתַּמְתָּ	תּוּחְתַּם
רבים	מוּחְתָּמִים	את	הוּחְתַּמְתְּ	תּוּחְתְּמִי
רבות	מוּחְתָּמוֹת	הוא	הוּחְתַּם	יוּחְתַּם
		היא	הוּחְתְּמָה	תּוּחְתַּם
		אנחנו	הוּחְתַּמְנוּ	נוּחְתַּם
		אתם/ן	הוּחְתַּמְתֶּם/ן	תּוּחְתְּמוּ*
		הם/ן	הוּחְתְּמוּ	יוּחְתְּמוּ*

[מקור מוחלט Inf. Abs. הוּחְתֵּם] * less commonly: אתן/הן תּוּחְתַּמְנָה

◆ פעלים שאינם שכיחים מאותו שורש Infrequent verbs sharing the same root

חִיתֵּם (חִתֵּם) seal (מְחַתֵּם, יְחַתֵּם, לְחַתֵּם)

חוּתַּם (חֻתַּם) be signed (Mish H) (מְחוּתָּם, יְחוּתַּם)

הִתְחַתֵּם be signed, ratified (Mish H) (מִתְחַתֵּם, יִתְחַתֵּם, לְהִתְחַתֵּם)

◆ דוגמאות Illustrations

שני הצדדים **חָתְמוּ** סוף סוף על החוזה, אבל לאחר זמן מה נתברר שבשל טעות, שניים מן הדפים לא **נֶחְתְּמוּ**. עורכי הדין **הֶחְתִּימוּ** את לקוחותיהם גם על דפים אלה, והכול בא על מקומו בשלום.

The two sides finally **signed** a contract, but after a while it was discovered that because of an error, two of the pages **were** not **signed**. The lawyers **had** their clients **sign** these pages as well, and everything turned out all right.

◆ ביטויים מיוחדים Special expressions

הֶחָתוּם מטה, הח"מ the undersigned

ובזה באנו על **הֶחָתוּם** we hereby confirm this with our signature

חֲתִימַת זקן a wisp of beard

(גמר כתיבה ו)**חֲתִימָה** טובה/לשנה טובה תיכתבו **וְתֵיחָתֵמוּ** Happy New Year! (a traditional new year's greeting)

●חתן

הִתְחַתֵּן/הִתְחַתַּנ get married

בניין: הִתְפַּעֵל גזרה: שלמים + ל"נ

	הווה Present		עבר Past	עתיד Future	ציווי Imperative
יחיד	מִתְחַתֵּן	אני	הִתְחַתַּנְתִּי	אֶתְחַתֵּן	
יחידה	מִתְחַתֶּנֶת	אתה	הִתְחַתַּנְתָּ	תִּתְחַתֵּן	הִתְחַתֵּן
רבים	מִתְחַתְּנִים	את	הִתְחַתַּנְתְּ	תִּתְחַתְּנִי	הִתְחַתְּנִי
רבות	מִתְחַתְּנוֹת	הוא	הִתְחַתֵּן	יִתְחַתֵּן	
		היא	הִתְחַתְּנָה	תִּתְחַתֵּן	
		אנחנו	הִתְחַתַּנּוּ	נִתְחַתֵּן	
		אתם/ן	הִתְחַתַּנְתֶּם/ן	תִּתְחַתְּנוּ*	הִתְחַתְּנוּ**
		הם/ן	הִתְחַתְּנוּ	יִתְחַתְּנוּ*	

שם הפועל .Infin לְהִתְחַתֵּן * less commonly: אתן/הן תִּתְחַתֵּנָּה

שם הפעולה .Ger הִתְחַתְּנוּת getting married ** less commonly: (אתן) הִתְחַתֵּנָּה

מקור מוחלט .Inf. Abs הִתְחַתֵּן

מ"י מוצרכת .Gov. Prep הִתְחַתֵּן עם get married to

חִיתֵּן/חִיתַּנ/חַתֵּן (חִתֵּן) marry off; link (families) by marriage

בניין: פִּיעֵל גזרה: שלמים + ל"נ

	הווה Present		עבר Past	עתיד Future	ציווי Imperative
יחיד	מְחַתֵּן	אני	חִיתַּנְתִּי	אֲחַתֵּן	
יחידה	מְחַתֶּנֶת	אתה	חִיתַּנְתָּ	תְּחַתֵּן	חַתֵּן
רבים	מְחַתְּנִים	את	חִיתַּנְתְּ	תְּחַתְּנִי	חַתְּנִי
רבות	מְחַתְּנוֹת	הוא	חִיתֵּן	יְחַתֵּן	
		היא	חִיתְּנָה	תְּחַתֵּן	
		אנחנו	חִיתַּנּוּ	נְחַתֵּן	
		אתם/ן	חִיתַּנְתֶּם/ן	תְּחַתְּנוּ*	חַתְּנוּ**
		הם/ן	חִיתְּנוּ	יְחַתְּנוּ*	

שם הפועל .Infin לְחַתֵּן * less commonly: אתן/הן תְּחַתֵּנָּה

שם הפעולה Gerund חִיתּוּן marrying off ** less commonly: (אתן) חַתֵּנָּה

מקור מוחלט .Inf. Abs חַתֵּן

חוּתַּן (חֻתַּן) be married off, be linked by marriage

בניין: פּוּעַל גזרה: שלמים + ל"נ

	הווה Present		עבר Past	עתיד Future
יחיד	מְחוּתָּן	אני	חוּתַּנְתִּי	אֲחוּתַּן
יחידה	מְחוּתֶּנֶת	אתה	חוּתַּנְתָּ	תְּחוּתַּן
רבים	מְחוּתָּנִים	את	חוּתַּנְתְּ	תְּחוּתְּנִי
רבות	מְחוּתָּנוֹת	הוא	חוּתַּן	יְחוּתַּן

<<<

	Past עבר	Future עתיד
היא	חוּתְּנָה	תְּחוּתַּן
אנחנו	חוּתַּנּוּ	נְחוּתַּן
אתם/ן	חוּתַּנְתֶּם/ן	תְּחוּתְּנוּ*
הם/ן	חוּתְּנוּ	יְחוּתְּנוּ*

* less commonly: אתן/הן תְּחוּתַּנָּה

בינוני .Pres. Part מְחוּתָּן linked by marriage; in-law

[מקור מוחלט .Inf. Abs חוּתּוֹן]

◆ **דוגמאות** Illustrations

משה **חִיתֵּן** את בתו השלישית בשנה שעברה. רק כעת, לאחר שכל בנותיו **הִתְחַתְּנוּ** עם בחורים מתאימים, והוא מרוצה מכל **המְחוּתָּנִים**, מרגיש משה שהוא יכול לנשום לרווחה.

Moshe **married off** his third daughter last year. Only now that all his daughters **got married** and he is satisfied with all of his **in-laws**, does Moshe feel that he can relax.

● טאטא

טִאטֵא/טַאטֵא sweep (with broom)

בניין: פִּיעֵל גזרה: מרובעים

	Present הווה		Past עבר	Future עתיד	Imperative ציווי
יחיד	מְטַאטֵא	אני	טִאטֵאתִי	אֲטַאטֵא	
יחידה	מְטַאטֵאת	אתה	טִאטֵאתָ	תְּטַאטֵא	טַאטֵא
רבים	מְטַאטְאִים	את	טִאטֵאת	תְּטַאטְאִי	טַאטְאִי
רבות	מְטַאטְאוֹת	הוא	טִאטֵא	יְטַאטֵא	
		היא	טִאטְאָה	תְּטַאטֵא	
		אנחנו	טִאטֵאנוּ	נְטַאטֵא	
		אתם/ן	טִאטֵאתֶם/ן	תְּטַאטְאוּ*	טַאטְאוּ**
		הם/ן	טִאטְאוּ	יְטַאטְאוּ*	

שם הפועל .Infin לְטַאטֵא

* less commonly: אתן/הן תְּטַאטֵאנָה

שם הפעולה Gerund טִאטוּא sweeping

** less commonly: (אתן) טַאטֵאנָה

בינוני .Pres. Part מְטַאטֵא sweeper, cleaner

מקור מוחלט .Inf. Abs טַאטֵא

טוּאטָא (טֵאטֵא) be swept

בניין: פּוּעַל גזרה: מרובעים

	הווה Present		עבר Past	עתיד Future
יחיד	מְטוּאטָא	אני	טוּאטֵאתִי	אֲטוּאטָא
יחידה	מְטוּאטֵאת	אתה	טוּאטֵאתָ	תְּטוּאטָא
רבים	מְטוּאטָאִים	את	טוּאטֵאת	תְּטוּאטְאִי
רבות	מְטוּאטָאוֹת	הוא	טוּאטָא	יְטוּאטָא
		היא	טוּאטְאָה	תְּטוּאטָא
		אנחנו	טוּאטֵאנוּ	נְטוּאטָא
		אתם/ן	טוּאטֵאתֶם/ן	תְּטוּאטְאוּ*
		הם/ן	טוּאטְאוּ	יְטוּאטְאוּ*

בינוני .Pres. Part מְטוּאטָא swept   * less commonly: אתן/הן תְּטוּאטֶאנָה

[מקור מוחלט .Inf. Abs טוּאטוֹא]

◆ **פעלים שאינם שכיחים מאותו שורש** Infrequent verbs sharing the same root

הִטַּאטֵא be/get swept (מִטַּאטֵא, יִטַּאטֵא, לְהִטַּאטֵא)

◆ **דוגמאות** Illustrations

אין צורך **לְטַאטֵא** את הרצפה היום; היא **טוּאטְאָה** כבר ארבע פעמים השבוע.

There is no need **to sweep** the floor today; it **has** already **been swept** four times this week.

● טבע

טָבַע/טוֹבֵעַ/יִטְבַּע drown (intr.), sink (intr., thing)

Another meaning of this root, 'imprint, shape, coin,' may be considered related

בניין: פָּעַל גזרה: ל' גרונית (אֶפְעַל)

	הווה Present		עבר Past	עתיד Future	ציווי Imper.
יחיד	טוֹבֵעַ טָבוּעַ	אני	טָבַעְתִּי	אֶטְבַּע	
יחידה	טוֹבַעַת טְבוּעָה	אתה	טָבַעְתָּ	תִּטְבַּע	טְבַע
רבים	טוֹבְעִים טְבוּעִים	את	טָבַעַתְּ/...עַת	תִּטְבְּעִי	טִבְעִי
רבות	טוֹבְעוֹת טְבוּעוֹת	הוא	טָבַע	יִטְבַּע	
		היא	טָבְעָה	תִּטְבַּע	
		אנחנו	טָבַעְנוּ	נִטְבַּע	
		אתם/ן	טְבַעְתֶּם/ן*	תִּטְבְּעוּ**	טִבְעוּ***
		הם/ן	טָבְעוּ	יִטְבְּעוּ**	

* Colloquial: טָבַעְתֶּם/ן <<<

** less commonly: אתן/הן תִּטְבַּעְנָה

שם הפועל .Infin לִטְבּוֹעַ *** less commonly: (אתן) טְבַעְנָה

בינוני סביל .Pass. Part טָבוּעַ drowned, sunk; imprinted

שם הפעולה Gerund טְבִיעָה drowning, sinking; imprinting

מקור מוחלט .Inf. Abs טָבוֹעַ

הִטְבִּיעַ/הִטְבַּע/יַטְבִּיעַ sink (thing, tr.), drown (tr.); imprint

בניין: הִפְעִיל גזרה: ל׳ גרונית

	Present הווה		Past עבר	Future עתיד	Imperative ציווי
יחיד	מַטְבִּיעַ	אני	הִטְבַּעְתִּי	אַטְבִּיעַ	
יחידה	מַטְבִּיעָה	אתה	הִטְבַּעְתָּ	תַּטְבִּיעַ	הַטְבַּע
רבים	מַטְבִּיעִים	את	הִטְבַּעְתְּ/...עַת	תַּטְבִּיעִי	הַטְבִּיעִי
רבות	מַטְבִּיעוֹת	הוא	הִטְבִּיעַ	יַטְבִּיעַ	
		היא	הִטְבִּיעָה	תַּטְבִּיעַ	
		אנחנו	הִטְבַּעְנוּ	נַטְבִּיעַ	
		אתם/ן	הִטְבַּעְתֶּם/ן	תַּטְבִּיעוּ*	הַטְבִּיעוּ**
		הם/ן	הִטְבִּיעוּ	יַטְבִּיעוּ*	

* less commonly: אתן/הן תַּטְבַּעְנָה

שם הפועל .Infin לְהַטְבִּיעַ ** less commonly: (אתן) הַטְבַּעְנָה

שם הפעולה Gerund הַטְבָּעָה sinking (of ships); imprinting, coining

מקור מוחלט .Inf. Abs הַטְבֵּעַ

הוּטְבַּע (הָטְבַּע) be sunk/drowned; be imprinted

בניין: הוּפְעַל גזרה: ל׳ גרונית

	Present הווה		Past עבר	Future עתיד
יחיד	מוּטְבָּע	אני	הוּטְבַּעְתִּי	אוּטְבַּע
יחידה	מוּטְבַּעַת	אתה	הוּטְבַּעְתָּ	תוּטְבַּע
רבים	מוּטְבָּעִים	את	הוּטְבַּעְתְּ/...עַת	תוּטְבְּעִי
רבות	מוּטְבָּעוֹת	הוא	הוּטְבַּע	יוּטְבַּע
		היא	הוּטְבְּעָה	תוּטְבַּע
		אנחנו	הוּטְבַּעְנוּ	נוּטְבַּע
		אתם/ן	הוּטְבַּעְתֶּם/ן	תוּטְבְּעוּ*
		הם/ן	הוּטְבְּעוּ	יוּטְבְּעוּ*

[מקור מוחלט .Inf. Abs הוּטְבֵּעַ] * less commonly: אתן/הן תוּטְבַּעְנָה

◆ פעלים שאינם שכיחים מאותו שורש Infrequent verbs sharing the same root

נִטְבַּע drown; be coined/stamped (נִטְבָּע, יִיטָּבַע, לְהִיטָּבֵעַ)

טִיבַּע (טִבַּע) sink (tr.), drown (tr.) (מְטַבֵּעַ, יְטַבֵּעַ, לְטַבֵּעַ)

טוּבַּע (טֻבַּע) be sunk/drowned (מְטוּבָּע, יְטוּבַּע)

◆ דוגמאות Illustrations

סוזן סמית **הִטְבִּיעָה** את שני ילדיה הפעוטים על-ידי קשירתם לחגורות בטיחות במכוניתה **והִטְבָּעָתָהּ** באגם. המקרה הטרגי **הִטְבִּיעַ** חותם עמוק על האומה כולה.

Susan Smith **drowned** her two baby children by tying them to the safety belts in her car and **sinking** it in the lake. The tragic incident **left** a deep **imprint** on the whole nation.

◆ ביטויים מיוחדים Special expressions

הִטְבִּיעַ חותמו על left his imprint/mark on

●טגן

טִיגֵּן/טִיגֵּן/טַגֵּן (טִגֵּן) fry (tr.)

בניין: פִּיעֵל גזרה: שלמים + ל"נ

	הווה Present		עבר Past	עתיד Future	ציווי Imperative
יחיד	מְטַגֵּן	אני	טִיגַּנְתִּי	אֲטַגֵּן	
יחידה	מְטַגֶּנֶת	אתה	טִיגַּנְתָּ	תְּטַגֵּן	טַגֵּן
רבים	מְטַגְּנִים	את	טִיגַּנְתְּ	תְּטַגְּנִי	טַגְּנִי
רבות	מְטַגְּנוֹת	הוא	טִיגֵּן	יְטַגֵּן	
		היא	טִיגְּנָה	תְּטַגֵּן	
		אנחנו	טִיגַּנּוּ	נְטַגֵּן	
		אתם/ן	טִיגַּנְתֶּם/ן	תְּטַגְּנוּ*	טַגְּנוּ**
		הם/ן	טִיגְּנוּ	יְטַגְּנוּ*	

שם הפועל .Infin לְטַגֵּן

שם הפעולה Gerund טִיגּוּן frying

מקור מוחלט .Inf. Abs טַגֵּן

* less commonly: אתן/הן תְּטַגֵּנָּה

** less commonly: (אתן) טַגֵּנָּה

טוּגַּן (טֻגַּן) be fried

בניין: פּוּעַל גזרה: שלמים + ל"נ

	הווה Present		עבר Past	עתיד Future
יחיד	מְטוּגָּן	אני	טוּגַּנְתִּי	אֲטוּגַּן
יחידה	מְטוּגֶּנֶת	אתה	טוּגַּנְתָּ	תְּטוּגַּן
רבים	מְטוּגָּנִים	את	טוּגַּנְתְּ	תְּטוּגְּנִי
רבות	מְטוּגָּנוֹת	הוא	טוּגַּן	יְטוּגַּן
		היא	טוּגְּנָה	תְּטוּגַּן
		אנחנו	טוּגַּנּוּ	נְטוּגַּן
		אתם/ן	טוּגַּנְתֶּם/ן	תְּטוּגְּנוּ*
		הם/ן	טוּגְּנוּ	יְטוּגְּנוּ*

<<<

בינוני .Pres. Part מְטוּגָן fried
[מקור מוחלט .Inf. Abs טוּגוֹן]
* less commonly: אתן/הן תְּטוּגַנָּה

◆ **פעלים שאינם שכיחים מאותו שורש** Infrequent verbs sharing the same root

הִטַּגֵּן get/be fried (מִטַּגֵּן, יִטַּגֵּן, לְהִטַּגֵּן)

◆ **דוגמאות** Illustrations

חדווה לא **מְטַגֶּנֶת** יותר דבר, כי היא ובעלה סובלים מצרבת, המוחרפת על-ידי מזון **מְטוּגָן**.

Hedva does not **fry** anything any more, because both she and her husband suffer from heartburn, which is exacerbated by **fried** food.

●טוס

טָס/טַסְ/יָטוּס fly (intr.)

בניין: פָּעַל גזרה: ע"ו

	Present הווה		Past עבר	Future עתיד	Imperative ציווי
יחיד	טָס	אני	טַסְתִּי	אָטוּס	
יחידה	טָסָה	אתה	טַסְתָּ	תָּטוּס	טוּס
רבים	טָסִים	את	טַסְתְּ	תָּטוּסִי	טוּסִי
רבות	טָסוֹת	הוא	טָס	יָטוּס	
		היא	טָסָה	תָּטוּס	
		אנחנו	טַסְנוּ	נָטוּס	
		אתם/ן	טַסְתֶּם/ן	תָּטוּסוּ*	טוּסוּ**
		הם/ן	טָסוּ	יָטוּסוּ*	

שם הפועל .Infin לָטוּס
שם הפעולה Gerund טִיסָה flying; flight
מקור מוחלט .Inf. Abs טוֹס

* less commonly: אתן/הן תָּטוֹסְנָה
** less commonly: (אתן) טוֹסְנָה

הֵטִיס/הֵטַסְ/יָטִיס fly (tr.); send by plane

בניין: הִפְעִיל גזרה: ע"ו

	Present הווה		Past עבר	Future עתיד	Imperative ציווי
יחיד	מֵטִיס	אני	הֵטַסְתִּי	אָטִיס	
יחידה	מְטִיסָה	אתה	הֵטַסְתָּ	תָּטִיס	הָטֵס
רבים	מְטִיסִים	את	הֵטַסְתְּ	תָּטִיסִי	הָטִיסִי
רבות	מְטִיסוֹת	הוא	הֵטִיס	יָטִיס	
		היא	הֵטִיסָה	תָּטִיס	>>>

	Past עבר	Future עתיד	Imperative ציווי
אנחנו	הֵטַסְנוּ	נָטִיס	
אתם/ן	הֵטַסְתֶּם/ן*	תָּטִיסוּ**	הָטִיסוּ***
הם/ן	הֵטִיסוּ	יָטִיסוּ**	

* normative: הֲטַסְתֶּם/ן

** less commonly: אתן/הן תָּטֵסְנָה

*** less commonly: (אתן) הָטֵסְנָה

שם הפועל .Infin לְהָטִיס

שם הפעולה Gerund הֲטָסָה flying (tr.), sending by plane

מקור מוחלט .Inf. Abs הָטֵס

הוּטַס be flown, be sent by plane

בניין: הוּפְעַל   גזרה: ע"ו

	Present הווה		Past עבר	Future עתיד
יחיד	מוּטָס	אני	הוּטַסְתִּי	אוּטַס
יחידה	מוּטֶסֶת	אתה	הוּטַסְתָּ	תּוּטַס
רבים	מוּטָסִים	את	הוּטַסְתְּ	תּוּטְסִי
רבות	מוּטָסוֹת	הוא	הוּטַס	יוּטַס
		היא	הוּטְסָה	תּוּטַס
		אנחנו	הוּטַסְנוּ	נוּטַס
		אתם/ן	הוּטַסְתֶּם/ן	תּוּטְסוּ*
		הם/ן	הוּטְסוּ	יוּטְסוּ*

* less commonly: אתן/הן תּוּטַסְנָה

בינוני .Pres. Part מוּטָס airborne

[מקור מוחלט .Inf. Abs הוּטֵס]

◆ דוגמאות Illustrations

לעימנואל יש רישיון טִיסָה. הוא טָס במטוסים קלים כמו "פייפר", אך אין לו רישיון לְהָטִיס מטוסים גדולים יותר.

Emmanuel has a **flying** license. He **flies** in light planes such as Piper, but has no license **to fly** larger planes.

בכל צבא יש חשיבות מיוחדת ליחידות **מוּטָסוֹת**.

Airborne units are an important component of any army.

●טיל

טִיֵּל/טִיַּל/טַיֵּל (טִיֵּל) go for a walk/on a trip/on an excursion

בניין: פִּיעֵל גזרה: שלמים

	Present הווה		Past עבר	Future עתיד	Imperative ציווי
יחיד	מְטַיֵּל	אני	טִיַּלְתִּי	אֲטַיֵּל	
יחידה	מְטַיֶּלֶת	אתה	טִיַּלְתָּ	תְּטַיֵּל	טַיֵּל
רבים	מְטַיְּלִים	את	טִיַּלְתְּ	תְּטַיְּלִי	טַיְּלִי
רבות	מְטַיְּלוֹת	הוא	טִיֵּל	יְטַיֵּל	
		היא	טִיְּלָה	תְּטַיֵּל	
		אנחנו	טִיַּלְנוּ	נְטַיֵּל	
		אתם/ן	טִיַּלְתֶּם/ן	תְּטַיְּלוּ*	טַיְּלוּ**
		הם/ן	טִיְּלוּ	יְטַיְּלוּ*	

שם הפועל .Infin לְטַיֵּל   * less commonly: אתן/הן תְּטַיֵּלְנָה

שם הפעולה .Ger טִיּוּל walk, trip, excursion   ** less commonly: (אתן) טַיֵּלְנָה

בינוני .Pres. Part מְטַיֵּל one taking a walk/trip

מקור מוחלט .Inf. Abs טַיֵּל

◆ **פעלים שאינם שכיחים מאותו שורש** Infrequent verbs sharing the same root

הִטַּיֵּל participate in a trip/excursion (מִטַּיֵּל, יִטַּיֵּל, לְהִטַּיֵּל)

◆ **דוגמאות** Illustrations

בסוכות טִיַּלְנוּ בגליל. לא ירדנו לדרום, שהיה מוצף בהמוני מְטַיְּלִים.

During Sukkoth **we took a trip** in the Galilee. We did not go down to the South, which was teeming with **people taking trips**.

●טעה

טָעָה/טוֹעֶה/יִטְעֶה make a mistake, err; stray

בניין: פָּעַל גזרה: ל"ה + ע' גרונית

	Present הווה		Past עבר	Future עתיד	Imperative ציווי
יחיד	טוֹעֶה	אני	טָעִיתִי	אֶטְעֶה	
יחידה	טוֹעָה	אתה	טָעִיתָ	תִּטְעֶה	טְעֵה
רבים	טוֹעִים	את	טָעִית	תִּטְעִי	טְעִי
רבות	טוֹעוֹת	הוא	טָעָה	יִטְעֶה	
		היא	טָעֲתָה	תִּטְעֶה	
		אנחנו	טָעִינוּ	נִטְעֶה	<<<

Imperative ציווי	Future עתיד	Past עבר	
טְעוּ***	תִּטְעוּ**	טְעִיתֶם/ן*	אתם/ן
	יִטְעוּ**	טָעוּ	הם/ן

שם הפועל .Infin לִטְעוֹת — * Colloquial: טָעִיתֶם/ן
שם הפעולה Gerund טְעִיָּה erring — ** less commonly: אתן/הן תִּטְעֶינָה
מקור מוחלט .Inf. Abs טָעֹה — *** less commonly: (אתן) טְעֶינָה

הִטְעָה/מַטְעֶה mislead, lead astray; deceive

בניין: הִפְעִיל גזרה: ל"ה + ע' גרונית

Imperative ציווי	Future עתיד	Past עבר		Present הווה	
	אַטְעֶה	הִטְעֵיתִי	אני	מַטְעֶה	יחיד
הַטְעֵה	תַּטְעֶה	הִטְעֵיתָ	אתה	מַטְעָה	יחידה
הַטְעִי	תַּטְעִי	הִטְעֵית	את	מַטְעִים	רבים
	יַטְעֶה	הִטְעָה	הוא	מַטְעוֹת	רבות
	תַּטְעֶה	הִטְעֲתָה	היא		
	נַטְעֶה	הִטְעֵינוּ*	אנחנו		
הַטְעוּ***	תַּטְעוּ**	הִטְעֵיתֶם/ן	אתם/ן		
	יַטְעוּ**	הִטְעוּ	הם/ן		

שם הפועל .Infin לְהַטְעוֹת — * BH: הִטְעֵינוּ — ** less commonly: אתן/הן תַּטְעֶינָה
בינוני .Pres. Part מַטְעֶה misleading (Adj.) — *** less commonly: (אתן) הַטְעֶינָה
שם הפעולה Gerund הַטְעָיָה deception; misleading (N)
מקור מוחלט .Inf. Abs הַטְעֵה

הוּטְעָה (הָטְעָה) be misled/led astray; be deceived

בניין: הוּפְעַל גזרה: ל"ה + ע' גרונית

Future עתיד	Past עבר		Present הווה	
אוּטְעֶה	הוּטְעֵיתִי	אני	מוּטְעֶה	יחיד
תּוּטְעֶה	הוּטְעֵיתָ	אתה	מוּטְעָה	יחידה
תּוּטְעִי	הוּטְעֵית	את	מוּטְעִים	רבים
יוּטְעֶה	הוּטְעָה	הוא	מוּטְעוֹת	רבות
תּוּטְעֶה	הוּטְעֲתָה	היא		
נוּטְעֶה	הוּטְעֵינוּ*	אנחנו		
תּוּטְעוּ**	הוּטְעֵיתֶם/ן	אתם/ן		
יוּטְעוּ**	הוּטְעוּ	הם/ן		

בינוני .Pres. Part מוּטְעֶה mistaken, misled — * BH: הוּטְעֵינוּ
[מקור מוחלט .Inf. Abs הוּטְעֵה] — ** less commonly: אתן/הן תּוּטְעֶינָה

◆ דוגמאות Illustrations

נשיא הרפובליקה הודה כי **טָעָה** בהערכת כוחם של המורדים. לדבריו, **הִטְעוּ** אותו מפקדי הצבא במידע **המוּטְעֶה** **והמַטְעֶה** שסיפקו לו.

The president of the republic admitted that he **made a mistake** in evaluating the strength of the rebels. He claims that the army chiefs **misled** him with the **mistaken** and **misleading** information they provided him.

●טעם

taste (tr.) טָעַם/טוֹעֵם/יִטְעַם

בניין: פָּעַל   גזרה: ע' גרונית (אֶפְעַל)

Imperative ציווי	Future עתיד	Past עבר		Present הווה	
	אֶטְעַם	טָעַמְתִּי	אני	טוֹעֵם	יחיד
טְעַם	תִּטְעַם	טָעַמְתָּ	אתה	טוֹעֶמֶת	יחידה
טַעֲמִי	תִּטְעֲמִי	טָעַמְתְּ	את	טוֹעֲמִים	רבים
	יִטְעַם	טָעַם	הוא	טוֹעֲמוֹת	רבות
	תִּטְעַם	טָעֲמָה	היא		
	נִטְעַם	טָעַמְנוּ	אנחנו		
טַעֲמוּ***	תִּטְעֲמוּ**	טְעַמְתֶּם/ן*	אתם/ן		
	יִטְעֲמוּ**	טָעֲמוּ	הם/ן		

שם הפועל Infin. לִטְעוֹם

שם הפעולה Gerund טְעִימָה tasting

מקור מוחלט Inf. Abs. טָעוֹם

* Colloquial: טָעַמְתֶּם/ן

** less commonly: אתן/הן תִּטְעַמְנָה

*** less commonly: (אתן) טְעַמְנָה

stress, accent; give to someone to taste; make tasty הִטְעִים/הִטְעַמ/יַטְעִים

בניין: הִפְעִיל   גזרה: שלמים

Imperative ציווי	Future עתיד	Past עבר		Present הווה	
	אַטְעִים	הִטְעַמְתִּי	אני	מַטְעִים	יחיד
הַטְעֵם	תַּטְעִים	הִטְעַמְתָּ	אתה	מַטְעִימָה	יחידה
הַטְעִימִי	תַּטְעִימִי	הִטְעַמְתְּ	את	מַטְעִימִים	רבים
	יַטְעִים	הִטְעִים	הוא	מַטְעִימוֹת	רבות
	תַּטְעִים	הִטְעִימָה	היא		
	נַטְעִים	הִטְעַמְנוּ	אנחנו		
הַטְעִימוּ**	תַּטְעִימוּ*	הִטְעַמְתֶּם/ן	אתם/ן		
	יַטְעִימוּ*	הִטְעִימוּ	הם/ן		

* less commonly: אתן/הן תַּטְעֵמְנָה

** less commonly: (אתן) הַטְעֵמְנָה

שם הפועל Infin. לְהַטְעִים

שם הפעולה Ger. הַטְעָמָה accent; giving to taste

מקור מוחלט Inf. Abs. הַטְעֵם

הוּטְעַם (הָטְעַם) be accented; be given to taste

בניין: הוּפְעַל גזרה: ע' גרונית

	Present הווה		Past עבר	Future עתיד
יחיד	מוּטְעָם	אני	הוּטְעַמְתִּי	אוּטְעַם
יחידה	מוּטְעֶמֶת	אתה	הוּטְעַמְתָּ	תּוּטְעַם
רבים	מוּטְעָמִים	את	הוּטְעַמְתְּ	תּוּטְעֲמִי
רבות	מוּטְעָמוֹת	הוא	הוּטְעַם	יוּטְעַם
		היא	הוּטְעֲמָה	תּוּטְעַם
		אנחנו	הוּטְעַמְנוּ	נוּטְעַם
		אתם/ן	הוּטְעַמְתֶּם/ן	תּוּטְעֲמוּ*
		הם/ן	הוּטְעֲמוּ	יוּטְעֲמוּ*

אתן/הן תּוּטְעַמְנָה :less commonly * stressed, accented מוּטְעָם Pres. Part. בינוני

◆ פעלים שאינם שכיחים מאותו שורש Infrequent verbs sharing the same root

נִטְעַם be tasted; be accented (Med H) (נִטְעַם, יִיטָּעֵם, לְהִיטָּעֵם)

טִיעֵם (טִעֵם) taste (Mish H) (מְטַעֵם, יְטַעֵם, לְטַעֵם)

◆ דוגמאות Illustrations

טָעַמְתִּי את המרק, אך לא יכולתי לאכלו; הוא היה מלוח מדיי.

I **tasted** the soup, but could not eat it; it was too salty.

המורה חזר **והִטְעִים**, כי בסגוליים יש **לְהַטְעִים** את ההברה שלפני האחרונה, בניגוד למרבית שמות העצם האחרים, שבהם **מוּטְעֶמֶת** ההברה האחרונה.

The teacher **stressed** again and again, that in the "segolates," one needs **to stress/accent** the penultimate syllable, unlike most other nouns, in which the final syllable **is stressed/accented**.

◆ ביטויים מיוחדים Special expressions

לא **טָעַם** טעם ... (למשל חטא) has never ... in his life (e.g., sinned)

חזר/שב **וְהִטְעִים** stress again and again

● טען - 1

טָעַן/טוֹעֵן/יִטְעַן load (vehicle, gun), charge (battery)

בניין: פָּעַל גזרה: ע' גרונית (אֶפְעַל) + ל"נ

	Present הווה			Past עבר	Future עתיד	Imper. ציווי
יחיד	טוֹעֵן	טָעוּן	אני	טָעַנְתִּי	אֶטְעַן	
יחידה	טוֹעֶנֶת	טְעוּנָה	אתה	טָעַנְתָּ	תִּטְעַן	טְעַן >>

	הווה Present		עבר Past	עתיד Future	ציווי Imper.
רבים	טוֹעֲנִים טְעוּנִים	את	טָעַנְתְּ	תִּטְעֲנִי	טַעֲנִי
רבות	טוֹעֲנוֹת טְעוּנוֹת	הוא	טָעַן	יִטְעַן	
		היא	טָעֲנָה	תִּטְעַן	
		אנחנו	טָעַנּוּ	נִטְעַן	
		אתם/ן	טְעַנְתֶּם/ן*	תִּטְעֲנוּ**	טַעֲנוּ***
		הם/ן	טָעֲנוּ	יִטְעֲנוּ**	

שם הפועל .Infin לִטְעוֹן — * Colloquial: טְעַנְתֶּם/ן

שם הפעולה .Ger טְעִינָה loading, charging — ** less commonly: אתן/הן תִּטְעַנָּה

בינוני סביל .Pass. Part טָעוּן loaded, charged — *** less commonly: (אתן) טְעַנָּה

מקור מוחלט .Inf. Abs טָעוֹן

נִטְעַן/יִיטָּעֵן (יִטָּעֵן) be loaded/charged

בניין: נִפְעַל גזרה: ע' גרונית + ל"נ

	הווה Present		עבר Past	עתיד Future	ציווי Imperative
יחיד	נִטְעָן	אני	נִטְעַנְתִּי	אֶטָּעֵן	
יחידה	נִטְעֶנֶת	אתה	נִטְעַנְתָּ	תִּיטָּעֵן	הִיטָּעֵן
רבים	נִטְעָנִים	את	נִטְעַנְתְּ	תִּיטָּעֲנִי	הִיטָּעֲנִי
רבות	נִטְעָנוֹת	הוא	נִטְעַן	יִיטָּעֵן	
		היא	נִטְעֲנָה	תִּיטָּעֵן	
		אנחנו	נִטְעַנּוּ	נִיטָּעֵן	
		אתם/ן	נִטְעַנְתֶּם/ן	תִּיטָּעֲנוּ*	הִיטָּעֲנוּ**
		הם/ן	נִטְעֲנוּ	יִיטָּעֲנוּ*	

* less commonly: אתן/הן תִּיטָּעַנָּה/...עֶנָּה

שם הפועל .Infin לְהִיטָּעֵן — ** less commonly: (אתן) הִיטָּעַנָּה/...עֶנָּה

שם הפעולה Gerund הִיטָּעֲנוּת being loaded/charged

מקור מוחלט .Inf. Abs נִטְעוֹן

הִטְעִין/הִטְעַנְ/יַטְעִין load, charge

בניין: הִפְעִיל גזרה: שלמים + ל"נ

	הווה Present		עבר Past	עתיד Future	ציווי Imperative
יחיד	מַטְעִין	אני	הִטְעַנְתִּי	אַטְעִין	
יחידה	מַטְעִינָה	אתה	הִטְעַנְתָּ	תַּטְעִין	הַטְעֵן
רבים	מַטְעִינִים	את	הִטְעַנְתְּ	תַּטְעִינִי	הַטְעִינִי
רבות	מַטְעִינוֹת	הוא	הִטְעִין	יַטְעִין	
		היא	הִטְעִינָה	תַּטְעִין	
		אנחנו	הִטְעַנּוּ	נַטְעִין	
		אתם/ן	הִטְעַנְתֶּם/ן	תַּטְעִינוּ*	הַטְעִינוּ**
		הם/ן	הִטְעִינוּ	יַטְעִינוּ*	

שם הפועל .Infin לְהַטְעִין — * less commonly: אתן/הן תַּטְעֵנָּה

שם הפעולה .Ger הַטְעָנָה loading, charging — ** less commonly: (אתן) הַטְעֵנָּה >>>

מקור מוחלט .Inf. Abs הַטְעֵן

הוּטְעַן (הֻטְעַן) be loaded/charged

בניין: הוּפְעַל גזרה: ע' גרונית + ל"נ

	Present הווה		Past עבר	Future עתיד
יחיד	מוּטְעָן	אני	הוּטְעַנְתִּי	אוּטְעַן
יחידה	מוּטְעֶנֶת	אתה	הוּטְעַנְתָּ	תּוּטְעַן
רבים	מוּטְעָנִים	את	הוּטְעַנְתְּ	תּוּטְעֲנִי
רבות	מוּטְעָנוֹת	הוא	הוּטְעַן	יוּטְעַן
		היא	הוּטְעֲנָה	תּוּטְעַן
		אנחנו	הוּטְעַנּוּ	נוּטְעַן
		אתם/ן	הוּטְעַנְתֶּם/ן	תּוּטְעֲנוּ*
		הם/ן	הוּטְעֲנוּ	יוּטְעֲנוּ*

* less commonly: אתן/הן **תּוּטְעַנָּה**

◆ פעלים שאינם שכיחים מאותו שורש Infrequent verbs sharing the same root

טִיעֵן (טִעֵן) load (Mish H) (מְטַעֵן, יְטַעֵן, לְטַעֵן)

טוֹעַן (טֹעַן) be loaded (מְטוֹעָן, יְטוֹעַן)

הִיטַּעֵן (הִטַּעֵן) get loaded (מִיטַּעֵן, יִיטַּעֵן, לְהִיטַּעֵן)

◆ דוגמאות Illustrations

אני ועוד שלושה חיילים **הִטְעַנּוּ** את המשאית בתיבות תחמושת, **טָעַנּוּ** את הרובים האישיים, ועלינו מאחור כשרובינו **טְעוּנִים** ודרוכים, כדי להגן על המטען.

I and another three soldiers **loaded** the truck with ammunition crates, **loaded** our personal rifles, and climbed up in the back with rifles **loaded** and cocked, in order to protect the shipment.

◆ ביטויים מיוחדים Special expressions

רובה **מִיטַּעֵן** self-loading (or automatically loading) rifle

---

●טען - 2

טָעַן/טוֹעֵן/יִטְעַן sue, plead (a case); argue, maintain, state, claim

בניין: פָּעַל גזרה: ע' גרונית (אֶפְעַל) + ל"נ

	Present הווה		Past עבר	Future עתיד	Imperative ציווי
יחיד	טוֹעֵן	אני	טָעַנְתִּי	אֶטְעַן	
יחידה	טוֹעֶנֶת	אתה	טָעַנְתָּ	תִּטְעַן	טְעַן <<<

Imperative ציווי	Future עתיד	Past עבר		Present הווה	
טַעֲנִי	תִּטְעֲנִי	טָעַנְתְּ	את	טוֹעֲנִים	רבים
	יִטְעַן	טָעַן	הוא	טוֹעֲנוֹת	רבות
	תִּטְעַן	טָעֲנָה	היא		
	נִטְעַן	טָעַנּוּ	אנחנו		
טַעֲנוּ***	תִּטְעֲנוּ**	טְעַנְתֶּם/ן*	אתם/ן		
	יִטְעֲנוּ**	טָעֲנוּ	הם/ן		

* Colloquial: טָעַנְתֶּם/ן

** less commonly: אתן/הן תִּטְעַנָּה

שם הפועל .Infin לִטְעוֹן   *** less commonly: (אתן) טְעַנָּה

שם הפעולה Gerund טַעֲנָה claim (N), argument, suit, plea

מקור מוחלט .Inf. Abs טָעוֹן

◆ פעלים שאינם שכיחים מאותו שורש Infrequent verbs sharing the same root

נִטְעַן be charged/sued; be argued (נִטְעַן, יִיטָעֵן, לְהִיטָעֵן)

◆ דוגמאות Illustrations

הנאשם **טָעַן** בבית המשפט, שבזמן של**טַעֲנַת** התובע פרץ בו כביכול לחנות, הוא ישב בבאר בקצה אחר של העיר.

The defendant **claimed** at court that at the time in which, according to the prosecutor's **claim**, he supposedly broke into the store, he was sitting at a bar in a far away section of town.

● טפח

טִיפַּח/טִפַּח/טַפֵּחַ (טִפַּח) foster, tend, nurture

בניין: פִּיעֵל   גזרה: ל׳ גרונית

Imperative ציווי	Future עתיד	Past עבר		Present הווה	
	אֲטַפַּח/...פֵּחַ	טִיפַּחְתִּי	אני	מְטַפֵּחַ	יחיד
טַפַּח (טַפֵּחַ)	תְּטַפַּח/...פֵּחַ	טִיפַּחְתָּ	אתה	מְטַפַּחַת	יחידה
טַפְּחִי	תְּטַפְּחִי	טִיפַּחְתְּ/...חַת	את	מְטַפְּחִים	רבים
	יְטַפַּח/...פֵּחַ	טִיפַּח*	הוא	מְטַפְּחוֹת	רבות
	תְּטַפַּח/...פֵּחַ	טִיפְּחָה	היא		
	נְטַפַּח/...פֵּחַ	טִיפַּחְנוּ	אנחנו		
טַפְּחוּ***	תְּטַפְּחוּ**	טִיפַּחְתֶּם/ן	אתם/ן		
	יְטַפְּחוּ**	טִיפְּחוּ	הם/ן		

שם הפועל .Infin לְטַפֵּחַ   * .Coll: טִיפֵּחַ   ** less commonly: אתן/הן תְּטַפַּחְנָה

שם הפעולה .Ger טִיפּוּחַ fostering, nurturing   *** less commonly: (אתן) טַפַּחְנָה >>>

מקור מוחלט .Inf. Abs טַפֵּחַ

טוּפַּח (טֻפַּח) be fostered, nurtured

בניין: פּוּעַל   גזרה: ל' גרונית

	Present הווה		Past עבר	Future עתיד
יחיד	מְטוּפָּח	אני	טוּפַּחְתִּי	אֲטוּפַּח
יחידה	מְטוּפַּחַת	אתה	טוּפַּחְתָּ	תְּטוּפַּח
רבים	מְטוּפָּחִים	את	טוּפַּחְתְּ/...חַת	תְּטוּפְּחִי
רבות	מְטוּפָּחוֹת	הוא	טוּפַּח	יְטוּפַּח
		היא	טוּפְּחָה	תְּטוּפַּח
		אנחנו	טוּפַּחְנוּ	נְטוּפַּח
		אתם/ן	טוּפַּחְתֶּם/ן	תְּטוּפְּחוּ*
		הם/ן	טוּפְּחוּ	יְטוּפְּחוּ*

בינוני .Pres. Part מְטוּפָּח fostered, nurtured * less commonly: אתן/הן תְּטוּפַּחְנָה

[מקור מוחלט .Inf. Abs טוּפּוֹחַ]

◆ דוגמאות Illustrations

משה **מְטַפֵּחַ** כבר שנים רבות את הרעיון של מסע מסביב לעולם. הרעיון **טוּפַּח** תוך כדי שיחות ארוכות עם אשתו וילדיו.

Moshe **has been fostering** for years the idea of a trip around the world. The idea **was fostered** during long conversations with his wife and children.

◆ ביטויים מיוחדים Special expressions

עולל **טִיפּוּחָיו** his brainchild

טעוני **טִיפּוּחַ** children requiring supplemental education

---

● טפל

טִיפֵּל/טִיפַּל/טַפֵּל (טִפֵּל) look after, care for, take care of, treat (med.)

בניין: פִּיעֵל   גזרה: שלמים

	Present הווה		Past עבר	Future עתיד	Imperative ציווי
יחיד	מְטַפֵּל	אני	טִיפַּלְתִּי	אֲטַפֵּל	
יחידה	מְטַפֶּלֶת	אתה	טִיפַּלְתָּ	תְּטַפֵּל	טַפֵּל
רבים	מְטַפְּלִים	את	טִיפַּלְתְּ	תְּטַפְּלִי	טַפְּלִי
רבות	מְטַפְּלוֹת	הוא	טִיפֵּל	יְטַפֵּל	
		היא	טִיפְּלָה	תְּטַפֵּל	
		אנחנו	טִיפַּלְנוּ	נְטַפֵּל	>>>

		עבר Past	עתיד Future	ציווי Imperative
	אתם/ן	טִיפַּלְתֶּם/ן	תְּטַפְּלוּ*	טַפְּלוּ**
	הם/ן	טִיפְּלוּ	יְטַפְּלוּ*	

* less commonly: אתן/הן תְּטַפֵּלְנָה

** less commonly: (אתן) טַפֵּלְנָה

שם הפועל .Infin לְטַפֵּל

שם הפעולה Gerund טִיפּוּל care, nursing, treatment

מקור מוחלט .Inf. Abs טַפֵּל

מ״י מוצרכת .Gov. Prep טִיפֵּל ב- take care of

טוּפַּל (טֻפַּל) be cared for/treated

בניין: פּוּעַל גזרה: שלמים

	הווה Present		עבר Past	עתיד Future
יחיד	מְטוּפָּל	אני	טוּפַּלְתִּי	אֲטוּפַּל
יחידה	מְטוּפֶּלֶת	אתה	טוּפַּלְתָּ	תְּטוּפַּל
רבים	מְטוּפָּלִים	את	טוּפַּלְתְּ	תְּטוּפְּלִי
רבות	מְטוּפָּלוֹת	הוא	טוּפַּל	יְטוּפַּל
		היא	טוּפְּלָה	תְּטוּפַּל
		אנחנו	טוּפַּלְנוּ	נְטוּפַּל
		אתם/ן	טוּפַּלְתֶּם/ן	תְּטוּפְּלוּ*
		הם/ן	טוּפְּלוּ	יְטוּפְּלוּ*

* less commonly: אתן/הן תְּטוּפַּלְנָה

בינוני .Pres. Part מְטוּפָּל burdened; taken care of

[מקור מוחלט .Inf. Abs טוּפּוֹל]

נִטְפַּל/יִיטָּפֵל (יִטָּפֵל) cling to; pester

בניין: נִפְעַל גזרה: שלמים

	הווה Present		עבר Past	עתיד Future	ציווי Imperative
יחיד	נִטְפָּל	אני	נִטְפַּלְתִּי	אֶטָּפֵל*	
יחידה	נִטְפֶּלֶת	אתה	נִטְפַּלְתָּ	תִּיטָּפֵל*	הִיטָּפֵל*
רבים	נִטְפָּלִים	את	נִטְפַּלְתְּ	תִּיטָּפְלִי*	הִיטָּפְלִי*
רבות	נִטְפָּלוֹת	הוא	נִטְפַּל	יִיטָּפֵל*	
		היא	נִטְפְּלָה	תִּיטָּפֵל*	
		אנחנו	נִטְפַּלְנוּ	נִיטָּפֵל*	
		אתם/ן	נִטְפַּלְתֶּם/ן	**תִּיטָּפְלוּ*	***הִיטָּפְלוּ*
		הם/ן	נִטְפְּלוּ	**יִיטָּפְלוּ*	

* hitpa`el forms replace nif`al ones in the coll.: אֶטַּפֵּל, תִּיטַּפֵּל..., הִיטַּפֵּל, לְהִיטַּפֵּל

** less commonly: אתן/הן תִּיטָּפַלְנָה.../פֵּלְנָה*

*** less commonly: (אתן) הִיטָּפַלְנָה.../פֵּלְנָה*

שם הפועל .Infin לְהִיטָּפֵל*

שם הפעולה Gerund הִיטָּפְלוּת/הִיטַּפְּלוּת* clinging to, pestering

מקור מוחלט .Inf. Abs נִטְפּוֹל, הִיטָּפֵל (הִיטָּפוֹל)

מ״י מוצרכת .Gov. Prep נִטְפַּל ל- cling to/pester

פעלים שאינם שכיחים מאותו שורש Infrequent verbs sharing the same root
טָפַל (טוֹפֵל, יִטְפּוֹל, לִטְפּוֹל) stick, attach, join; smear
הִיטַפֵּל (הִטַפֵּל) join, cling to, pester (מִיטַפֵּל, יִיטַפֵּל, לְהִיטַפֵּל)
הִטְפִּיל (מַטְפִּיל, יַטְפִּיל, לְהַטְפִּיל) join, attach, stick
הוּטְפַּל (הֻטְפַּל) be joined/attached/stuck (מוּטְפָּל, יוּטְפַּל)

◆ **דוגמאות** Illustrations

נעמי **טִיפְּלָה** בדויד כשהיה חולה. דויד היה אסיר תודה לה על **הטִיפּוּל** המסור, ומאז הוא **נִטְפַּל** אליה יומם ולילה ולא עוזב אותה לנפשה...
Naomi **took care** of David when he was sick. David was grateful for the dedicated **treatment**, and since then **has been clinging** to her and does not leave her alone...

כשפקיד במשרד ממשלתי אומר לך לא לדאוג, ושהבעיה **תְּטוּפַּל**, אז עליך להתחיל לדאוג באמת...
When a clerk in a government office tells you not to worry, and that the problem **will be taken care of**, this is when you should really begin to worry...

◆ **ביטויים מיוחדים** Special expressions
מְטוּפָּל במשפחה גדולה burdened with a large family
טָפַל עליו שקר smear him with a lie

●טפס

טִיפֵּס/טִיפַּס/טַפֵּס (טַפֵּס) climb

בניין: **פִּיעֵל** גזרה: **שלמים**

	Present הווה		Past עבר	Future עתיד	Imperative ציווי
יחיד	מְטַפֵּס	אני	טִיפַּסְתִּי	אֲטַפֵּס	
יחידה	מְטַפֶּסֶת	אתה	טִיפַּסְתָּ	תְּטַפֵּס	טַפֵּס
רבים	מְטַפְּסִים	את	טִיפַּסְתְּ	תְּטַפְּסִי	טַפְּסִי
רבות	מְטַפְּסוֹת	הוא	טִיפֵּס	יְטַפֵּס	
		היא	טִיפְּסָה	תְּטַפֵּס	
		אנחנו	טִיפַּסְנוּ	נְטַפֵּס	
		אתם/ן	טִיפַּסְתֶּם/ן	תְּטַפְּסוּ*	טַפְּסוּ**
		הם/ן	טִיפְּסוּ	יְטַפְּסוּ*	

שם הפועל .Infin לְטַפֵּס
שם הפעולה Gerund טִיפּוּס climbing
בינוני .Pres. Part מְטַפֵּס climber; vine
מקור מוחלט .Inf. Abs טַפֵּס

* less commonly: אתן/הן תְּטַפֵּסְנָה
** less commonly: (אתן) טַפֵּסְנָה

<<<

מ"י מוצרכת .Gov. Prep טִיפֵּס עַל climb (on)

◆ דוגמאות Illustrations

גדעון מְטַפֵּס על החרמון פעמיים או שלוש בשנה, עם שניים-שלושה מְטַפְּסִים אחרים.

Gideon **climbs** the Hermon mountain twice or three times a year, with two or three other **climbers**.

◆ ביטויים מיוחדים Special expressions

(צמח) מְטַפֵּס creeper (plant); ivy

● טרד

הִטְרִיד/הִטְרַד/יַטְרִיד bother, disturb; pester

בניין: הִפְעִיל גזרה: שלמים

	Present הווה		Past עבר	Future עתיד	Imperative ציווי
יחיד	מַטְרִיד	אני	הִטְרַדְתִּי	אַטְרִיד	
יחידה	מַטְרִידָה	אתה	הִטְרַדְתָּ	תַּטְרִיד	הַטְרֵד
רבים	מַטְרִידִים	את	הִטְרַדְתְּ	תַּטְרִידִי	הַטְרִידִי
רבות	מַטְרִידוֹת	הוא	הִטְרִיד	יַטְרִיד	
		היא	הִטְרִידָה	תַּטְרִיד	
		אנחנו	הִטְרַדְנוּ	נַטְרִיד	
		אתם/ן	הִטְרַדְתֶּם/ן	תַּטְרִידוּ*	הַטְרִידוּ**
		הם/ן	הִטְרִידוּ	יַטְרִידוּ*	

* less commonly: אתן/הן תַּטְרֵדְנָה

שם הפועל .Infin לְהַטְרִיד ** less commonly: (אתן) הַטְרֵדְנָה

שם הפעולה Gerund הַטְרָדָה bothering, harrassment

בינוני .Pres. Part מַטְרִיד bothering, bothersome

מקור מוחלט .Inf. Abs הַטְרֵד

הוּטְרַד (הָטְרַד) be bothered/troubled

בניין: הוּפְעַל גזרה: שלמים

	Present הווה		Past עבר	Future עתיד
יחיד	מוּטְרָד	אני	הוּטְרַדְתִּי	אוּטְרַד
יחידה	מוּטְרֶדֶת	אתה	הוּטְרַדְתָּ	תּוּטְרַד
רבים	מוּטְרָדִים	את	הוּטְרַדְתְּ	תּוּטְרְדִי
רבות	מוּטְרָדוֹת	הוא	הוּטְרַד	יוּטְרַד

<<<

	Past עבר	Future עתיד
היא	הוּטְרְדָה	תּוּטְרַד
אנחנו	הוּטְרַדְנוּ	נוּטְרַד
אתם/ן	הוּטְרַדְתֶּם/ן	תּוּטְרְדוּ*
הם/ן	הוּטְרְדוּ	יוּטְרְדוּ*

בינוני .Pres. Part מוּטְרָד bothered, worried * less commonly: אתן/הן תּוּטְרַדְנָה

[מקור מוחלט .Inf. Abs הוּטְרֵד]

◆ פעלים שאינם שכיחים מאותו שורש Infrequent verbs sharing the same root

טָרַד drive away; push; disturb, bother constantly (טוֹרֵד, יִטְרוֹד, לִטְרוֹד)

בינוני פעיל .Act. Part טוֹרֵד constantly bothering

בינוני סביל .Pass. Part טָרוּד preoccupied, very busy

נִטְרַד be driven away; be confused; be very busy (נִטְרָד, יִיטָּרֵד, לְהִיטָּרֵד)

טֵירֵד (טֵרֵד) drive away, confuse, complicate (Med H) (מְטָרֵד, יְטָרֵד, לְטָרֵד)

טוֹרַד (טֹרַד) be confused (Med H) (מְטוֹרָד, יְטוֹרַד)

◆ דוגמאות Illustrations

אני **טָרוּד** מאוד השבוע, ו**מוּטְרָד** מאוד מן המחשבה שלא אספיק לגמור את הפרויקט. ביקשתי מן המזכירה לדאוג שלא **יַטְרִידוּ** אותי בטלפון, ושתעביר לי רק שיחות דחופות.

I am very **busy** this week, and am **worried** at the thought that I may not be able to finish the project. I asked the secretary to see to it that (people) do not **bother** me on the phone, and that she transfer to me only urgent calls.

●יבל

הוֹבִיל/הוֹבַל/יוֹבִיל lead, guide, conduct; transport

בניין: הִפְעִיל   גזרה: נחי פ"י

	Present הווה		Past עבר	Future עתיד	Imperative ציווי
יחיד	מוֹבִיל	אני	הוֹבַלְתִּי	אוֹבִיל	
יחידה	מוֹבִילָה	אתה	הוֹבַלְתָּ	תּוֹבִיל	הוֹבֵל
רבים	מוֹבִילִים	את	הוֹבַלְתְּ	תּוֹבִילִי	הוֹבִילִי
רבות	מוֹבִילוֹת	הוא	הוֹבִיל	יוֹבִיל	
		היא	הוֹבִילָה	תּוֹבִיל	
		אנחנו	הוֹבַלְנוּ	נוֹבִיל	
		אתם/ן	הוֹבַלְתֶּם/ן	תּוֹבִילוּ*	הוֹבִילוּ**
		הם/ן	הוֹבִילוּ	יוֹבִילוּ*	

שם הפועל .Infin לְהוֹבִיל * less commonly: אתן/הן תּוֹבֵלְנָה <<<

בינוני .Pres. Part מוֹבִיל transporter ** less commonly: הוֹבֵלְנָה
שם הפעולה Gerund הוֹבָלָה transportation, moving (N)
מקור מוחלט .Inf. Abs הוֹבֵל

הוּבַל be led/guided; be transported

בניין: הוּפְעַל גזרה: נחי פ"י

	Present הווה		Past עבר	Future עתיד
יחיד	מוּבָל	אני	הוּבַלְתִּי	אוּבַל
יחידה	מוּבֶלֶת	אתה	הוּבַלְתָּ	תּוּבַל
רבים	מוּבָלִים	את	הוּבַלְתְּ	תּוּבְלִי
רבות	מוּבָלוֹת	הוא	הוּבַל	יוּבַל
		היא	הוּבְלָה	תּוּבַל
		אנחנו	הוּבַלְנוּ	נוּבַל
		אתם/ן	הוּבַלְתֶּם/ן	תּוּבְלוּ*
		הם/ן	הוּבְלוּ	יוּבְלוּ*

בינוני .Pres. Part מוּבָל led, transported * less commonly: אתן/הן תּוּבַלְנָה
[מקור מוחלט .Inf. Abs הוּבֵל]

◆ דוגמאות Illustrations

הרהיטים והספרים **הוּבְלוּ** על-ידי חברת **ההוֹבָלָה** לכתובת החדשה; את שאר החפצים **הוֹבַלְתִּי** בעצמי עם גרר.

The furniture and the books **were transported** by the **moving** company to the new address; the rest of the stuff I **transported** myself with a U-Haul.

● יבשׁ

יִיבֵּשׁ/יִיבַּשׁ/יִיַבֵּשׁ (יִבֵּשׁ) dry (up) (tr.), drain (swamps)

בניין: פִּיעֵל גזרה: שלמים

	Present הווה		Past עבר	Future עתיד	Imperative ציווי
יחיד	מְיַיבֵּשׁ	אני	יִיבַּשְׁתִּי	אֲיַיבֵּשׁ	
יחידה	מְיַיבֶּשֶׁת	אתה	יִיבַּשְׁתָּ	תְּיַיבֵּשׁ	יַבֵּשׁ
רבים	מְיַיבְּשִׁים	את	יִיבַּשְׁתְּ	תְּיַיבְּשִׁי	יַבְּשִׁי
רבות	מְיַיבְּשׁוֹת	הוא	יִיבֵּשׁ	יְיַבֵּשׁ	
		היא	יִיבְּשָׁה	תְּיַיבֵּשׁ	
		אנחנו	יִיבַּשְׁנוּ	נְיַיבֵּשׁ	
		אתם/ן	יִיבַּשְׁתֶּם/ן	תְּיַיבְּשׁוּ*	יַבְּשׁוּ**
		הם/ן	יִיבְּשׁוּ	יְיַבְּשׁוּ* >>>	

שם הפועל .Infin לְיַיבֵּשׁ * less commonly: אתן/הן תְּיַיבֵּשְׁנָה

שם הפעולה Gerund יִיבּוּשׁ drying (up) ** less commonly: (אתן) יַבֵּשְׁנָה

מקור מוחלט .Inf. Abs יַבֵּשׁ

יוּבַּשׁ (יֻבַּשׁ) be dried (up), be drained

בניין: פּוּעַל גזרה: שלמים

Future עתיד	Past עבר		Present הווה	
אֲיוּבַּשׁ	יוּבַּשְׁתִּי	אני	מְיוּבָּשׁ	יחיד
תְּיוּבַּשׁ	יוּבַּשְׁתָּ	אתה	מְיוּבֶּשֶׁת	יחידה
תְּיוּבְּשִׁי	יוּבַּשְׁתְּ	את	מְיוּבָּשִׁים	רבים
יְיוּבַּשׁ	יוּבַּשׁ	הוא	מְיוּבָּשׁוֹת	רבות
תְּיוּבַּשׁ	יוּבְּשָׁה	היא		
נְיוּבַּשׁ	יוּבַּשְׁנוּ	אנחנו		
תְּיוּבְּשׁוּ*	יוּבַּשְׁתֶּם/ן	אתם/ן		
יְיוּבְּשׁוּ*	יוּבְּשׁוּ	הם/ן		

* less commonly: אתן/הן תְּיוּבַּשְׁנָה

בינוני .Pres. Part מְיוּבָּשׁ dried up, dehydrated

[מקור מוחלט .Inf. Abs יוּבּוֹשׁ]

הִתְיַיבֵּשׁ/הִתְיַבֵּשׁ (הִתְיַבֵּשׁ) (become) dry, dry up

בניין: הִתְפַּעֵל גזרה: שלמים

Imperative ציווי	Future עתיד	Past עבר		Present הווה	
	אֶתְיַיבֵּשׁ	הִתְיַיבַּשְׁתִּי	אני	מִתְיַיבֵּשׁ	יחיד
הִתְיַיבֵּשׁ	תִּתְיַיבֵּשׁ	הִתְיַיבַּשְׁתָּ	אתה	מִתְיַיבֶּשֶׁת	יחידה
הִתְיַיבְּשִׁי	תִּתְיַיבְּשִׁי	הִתְיַיבַּשְׁתְּ	את	מִתְיַיבְּשִׁים	רבים
	יִתְיַיבֵּשׁ	הִתְיַיבֵּשׁ	הוא	מִתְיַיבְּשׁוֹת	רבות
	תִּתְיַיבֵּשׁ	הִתְיַיבְּשָׁה	היא		
	נִתְיַיבֵּשׁ	הִתְיַיבַּשְׁנוּ	אנחנו		
הִתְיַיבְּשׁוּ**	תִּתְיַיבְּשׁוּ*	הִתְיַיבַּשְׁתֶּם/ן	אתם/ן		
	יִתְיַיבְּשׁוּ*	הִתְיַיבְּשׁוּ	הם/ן		

* less commonly: אתן/הן תִּתְיַיבֵּשְׁנָה

שם הפועל .Infin לְהִתְיַיבֵּשׁ ** less commonly: (אתן) הִתְיַיבֵּשְׁנָה

שם הפעולה Gerund הִתְיַיבְּשׁוּת drying, drying up

מקור מוחלט .Inf. Abs הִתְיַיבֵּשׁ

◆ פעלים שאינם שכיחים מאותו שורש Infrequent verbs sharing the same root

יָבֵשׁ be dry, be dried up, wither (יָבֵשׁ, יִיבַשׁ, לִיבוֹשׁ)

בינוני .Pres. Part יָבֵשׁ dry (common form)

הוֹבִישׁ dry up (tr.), lay waste (מוֹבִישׁ, יוֹבִישׁ, לְהוֹבִישׁ)

◆ דוגמאות Illustrations

בישראל, אנשים רבים עדיין תולים כביסה לְיִבּוּשׁ בחוץ, ומכיוון שזו ארץ חמה, הכביסה מִתְיַיבֶּשֶׁת מהר. אבל יש הטוענים שבגדים הַמְיוּבָּשִׁים בִּמְיַיבֵּשׁ יוצאים רכים ונעימים יותר ללבישה.

In Israel, many people still hang out the laundry **to dry (= for drying)** outside, and since this is a hot country, the laundry **dries up** fast. But some claim that clothes **dried** in a **dryer** come out softer and more pleasant to wear.

◆ ביטויים מיוחדים Special expressions

יָבֵשׁ כחרס dry as a bone

אקלים **יָבֵשׁ** dry climate

יין **יָבֵשׁ** dry (non-sweet) wine

מידת **הַיָּבֵשׁ** dry measure

ניקוי **יָבֵשׁ** dry cleaning

עובדות **יְבֵשׁוֹת** hard (=dry) facts

יָבְשָׁה ידו his hand became paralyzed

מְיַיבֵּשׁ/מכונת **יִיבּוּשׁ** dryer

● ידה

admit, acknowledge; confess; thank הוֹדָה/יוֹדֶה

בניין: הִפְעִיל גזרה: נחי פ"י + ל"ה

	Present הווה		Past עבר	Future עתיד	Imperative ציווי
יחיד	מוֹדֶה	אני	הוֹדֵיתִי	אוֹדֶה	
יחידה	מוֹדָה	אתה	הוֹדֵיתָ	תּוֹדֶה	הוֹדֵה
רבים	מוֹדִים	את	הוֹדֵית	תּוֹדִי	הוֹדִי
רבות	מוֹדוֹת	הוא	הוֹדָה	יוֹדֶה	
		היא	הוֹדְתָה	תּוֹדֶה	
		אנחנו	הוֹדֵינוּ*	נוֹדֶה	
		אתם/ן	הוֹדֵיתֶם/ן	תּוֹדוּ**	הוֹדוּ***
		הם/ן	הוֹדוּ	יוֹדוּ**	

* BH: הוֹדִינוּ ** less commonly: אתן/הן תּוֹדֶינָה

*** less commonly: (אתן) הוֹדֶינָה

שם הפועל .Infin לְהוֹדוֹת

בינוני .Pres. Part מוֹדֶה thankful; admitting

שם הפעולה Gerund הוֹדָיָה thanksgiving

שם הפעולה Gerund הוֹדָאָה admission (of guilt)

מקור מוחלט .Inf. Abs הוֹדֵה

מ"י מוצרכת .Gov. Prep הוֹדָה ל- thank (someone)

מ"י מוצרכת .Gov. Prep הוֹדָה ב- confess to

הִתְוַודָּה (הִתְוַדָּה) confess

בניין: הִתְפַּעֵל   גזרה: ל"ה

Imperative ציווי	Future עתיד		Past עבר		Present הווה	
	אֶתְוַודֶּה	אני	הִתְוַודֵּיתִי		מִתְוַודֶּה	יחיד
הִתְוַודֵּה	תִּתְוַודֶּה	אתה	הִתְוַודֵּיתָ		מִתְוַודָּה	יחידה
הִתְוַודִּי	תִּתְוַודִּי	את	הִתְוַודֵּית		מִתְוַודִּים	רבים
	יִתְוַודֶּה	הוא	הִתְוַודָּה		מִתְוַודּוֹת	רבות
	תִּתְוַודֶּה	היא	הִתְוַודְּתָה			
	נִתְוַודֶּה	אנחנו	הִתְוַודֵּינוּ*			
הִתְוַודּוּ***	תִּתְוַודּוּ**	אתם/ן	הִתְוַודֵּיתֶם/ן			
	יִתְוַודּוּ**	הם/ן	הִתְוַודּוּ			

שם הפועל Infin. לְהִתְוַודּוֹת   * BH: הִתְוַודֵּינוּ

שם הפעולה Gerund הִתְוַודּוּת confessing   ** less commonly: אתן/הן תִּתְוַודֶּינָה

מקור מוחלט Inf. Abs. הִתְוַודֶּה   *** less commonly: (אתן) הִתְוַודֶּינָה

◆ פעלים שאינם שכיחים מאותו שורש Infrequent verbs sharing the same root

וִידָּה (וִדָּה) hear confession (of someone); confess (Med H) (מְוַודֶּה, יְוַודֶּה, לְוַודּוֹת)

שם הפעולה Gerund וִידּוּי confession (common form)

ווּדָּה (וֻדָּה) be received for confession (מְווּדֶּה, יְווּדֶּה)

◆ דוגמאות Illustrations

אֲבִיגְדוֹר הוֹדָה לכל הבאים להיפרד ממנו עם סיימו את תפקידו. הוא הִתְוַודָּה
שהיו רגעים בהם קילל את כל הָעוֹלָם, וְהוֹדָה (בכך) שלעִתּים היתה לו תחושת
כִּשָּׁלוֹן, אבל בסופו של חשבון אינו מתחרט על שנטל על עצמו את התפקיד. הוא
הזמין את כולם לבקרו בביתו בחג ההוֹדָיָה.

Avigdor **thanked** all those who came to say goodbye upon his concluding his tour of duty.
He **confessed** that there were moments when he was cursing the whole world, and
admitted that occasionally he had a sense of failure, but in the final analysis he did not
regret having taken on the job. He invited everyone to visit him at his home on
Thanksgiving.

◆ ביטויים מיוחדים Special expressions

אני מוֹדֶה וּמִתְוַודֶּה I frankly admit   הוֹדוֹת לְ- thanks to

אוֹדֶה ולא אבוש I freely admit

● ידע

know; know how to; be aware of; have sexual intercourse יָדַע/יוֹדֵעַ/יֵדַע

בניין: פָּעַל גזרה: חסרי פ"י + ל' גרונית

	Present הווה		Past עבר	Future עתיד	Imper. ציווי
יחיד	יוֹדֵעַ יָדוּעַ	אני	יָדַעְתִּי	אֵדַע	
יחידה	יוֹדַעַת יְדוּעָה	אתה	יָדַעְתָּ	תֵּדַע	דַּע
רבים	יוֹדְעִים יְדוּעִים	את	יָדַעְתְּ/...עַת	תֵּדְעִי	דְּעִי
רבות	יוֹדְעוֹת יְדוּעוֹת	הוא	יָדַע	יֵדַע	
		היא	יָדְעָה	תֵּדַע	
		אנחנו	יָדַעְנוּ	נֵדַע	
		אתם/ן	יְדַעְתֶּם/ן*	תֵּדְעוּ**	דְּעוּ***
		הם/ן	יָדְעוּ	יֵדְעוּ**	

* Colloquial: יָדַעְתֶּם/ן

** less commonly: אתן/הן תֵּדַעְנָה

*** less commonly: (אתן) דַּעְנָה

שם הפועל .Infin לָדַעַת

בינוני .Pres. Part יָדוּעַ well-known, famous; certain

שם הפעולה Gerund יְדִיעָה knowledge; (item of) information, piece of news

מקור מוחלט .Inf. Abs יָדוֹעַ

become known; get to know; reveal oneself נוֹדַע/יִיוָּדַע/יִיוָּדֵעַ (יִוָּדַע)

בניין: נִפְעַל גזרה: נחי פ"י + ל' גרונית

	Present הווה		Past עבר	Future עתיד	Imperative ציווי
יחיד	נוֹדָע	אני	נוֹדַעְתִּי	אִיוָּדַע/...דֵעַ	
יחידה	נוֹדַעַת	אתה	נוֹדַעְתָּ	תִּיוָּדַע/...דֵעַ	הִיוָּדַע/...דֵעַ
רבים	נוֹדָעִים	את	נוֹדַעְתְּ/...עַת	תִּיוָּדְעִי	הִיוָּדְעִי
רבות	נוֹדָעוֹת	הוא	נוֹדַע	יִיוָּדַע/...דֵעַ	
		היא	נוֹדְעָה	תִּיוָּדַע/...דֵעַ	
		אנחנו	נוֹדַעְנוּ	נִיוָּדַע/...דֵעַ	
		אתם/ן	נוֹדַעְתֶּם/ן	תִּיוָּדְעוּ*	הִיוָּדְעוּ**
		הם/ן	נוֹדְעוּ	יִיוָּדְעוּ*	

שם הפועל .Infin לְהִיוָּדַע/...דֵעַ

* less commonly: אתן/הן תִּיוָּדַעְנָה

בינוני .Pres. Part נוֹדָע well-known, famous

** less commonly: (אתן) הִיוָּדַעְנָה

שם הפעולה Gerund הִיוָּדְעוּת becoming known; getting to know

מ"י מוצרכת .Gov. Prep נוֹדַע ל- become known to

הוֹדִיעַ/הוֹדַע/יוֹדִיעַ inform, announce, make known

בניין: הִפְעִיל גזרה: נחי פ"י + ל' גרונית

	Present הווה		Past עבר	Future עתיד	Imperative ציווי
יחיד	מוֹדִיעַ	אני	הוֹדַעְתִּי	אוֹדִיעַ	
יחידה	מוֹדִיעָה	אתה	הוֹדַעְתָּ	תּוֹדִיעַ	הוֹדַע
רבים	מוֹדִיעִים	את	הוֹדַעְתְּ/...עַת	תּוֹדִיעִי	הוֹדִיעִי
רבות	מוֹדִיעוֹת	הוא	הוֹדִיעַ	יוֹדִיעַ	
		היא	הוֹדִיעָה	תּוֹדִיעַ	
		אנחנו	הוֹדַעְנוּ	נוֹדִיעַ	
		אתם/ן	הוֹדַעְתֶּם/ן	תּוֹדִיעוּ*	הוֹדִיעוּ**
		הם/ן	הוֹדִיעוּ	יוֹדִיעוּ*	

שם הפועל .Infin לְהוֹדִיעַ * less commonly: אתן/הן תּוֹדַעְנָה

שם הפעולה Gerund הוֹדָעָה announcement ** less commonly: הוֹדַעְנָה

בינוני .Pres. Part מוֹדִיעַ informer

מקור מוחלט .Inf. Abs הוֹדֵעַ

מ"י מוצרכת .Gov. Prep הוֹדִיעַ לְ- inform (someone)

יִידַּע/יְיַדַּע/יְיַדֵּעַ (יִדַּע) inform; make definite (gramm.)

בניין: פִּיעֵל גזרה: ל' גרונית

	Present הווה		Past עבר	Future עתיד	Imperative ציווי
יחיד	מְיַידֵּעַ	אני	יִידַּעְתִּי	אֲיַידַּע/...דֵּעַ	
יחידה	מְיַידַּעַת	אתה	יִידַּעְתָּ	תְּיַידַּע/...דֵּעַ	יַדַּע (יַדֵּעַ)
רבים	מְיַידְּעִים	את	יִידַּעְתְּ/...עַת	תְּיַידְּעִי	יַדְּעִי
רבות	מְיַידְּעוֹת	הוא	יִידַּע*	יְיַדַּע/...דֵּעַ	
		היא	יִידְּעָה	תְּיַידַּע/...דֵּעַ	
		אנחנו	יִידַּעְנוּ	נְיַידַּע/...דֵּעַ	
		אתם/ן	יִידַּעְתֶּם/ן	תְּיַידְּעוּ**	יַדְּעוּ***
		הם/ן	יִידְּעוּ	יְיַדְּעוּ**	

* .Coll: יִידֵּעַ ** less commonly: אתן/הן תְּיַידַּעְנָה

שם הפועל .Infin לְיַידֵּעַ *** less commonly: (אתן) יַדַּעְנָה

שם הפעולה Gerund יִידּוּעַ making definite (gramm.)

יוּדַּע (יֻדַּע) be informed; be made definite (gramm.)

בניין: פּוּעַל גזרה: ל' גרונית

	Present הווה		Past עבר	Future עתיד
יחיד	מְיוּדָּע	אני	יוּדַּעְתִּי	אֲיוּדַּע
יחידה	מְיוּדַּעַת	אתה	יוּדַּעְתָּ	תְּיוּדַּע
רבים	מְיוּדָּעִים	את	יוּדַּעְתְּ/...עַת	תְּיוּדְּעִי
רבות	מְיוּדָּעוֹת	הוא	יוּדַּע	יְיוּדַּע
		היא	יוּדְּעָה	תְּיוּדַּע >>>

	Past עבר	Future עתיד
אנחנו	יוּדַעְנוּ	נְיוּדַע
אתם/ן	יוּדַעְתֶּם/ן	תְּיוּדְעוּ*
הם/ן	יוּדְעוּ	יְיוּדְעוּ*

* less commonly: אתן/הן תְּיוּדַעְנָה

בינוני Pres. Part. מְיוּדָע made definite (gramm.); acquaintance

הִתְוַדַּע/יִתְוַדַּע (הִתְוַדַּע) reveal/present oneself; become known; become acquainted with

בניין: הִתְפַּעֵל גזרה: ל' גרונית

	Present הווה		Past עבר	Future עתיד	Imperative ציווי
יחיד	מִתְוַדֵּעַ	אני	הִתְוַדַּעְתִּי	אֶתְוַדַּע/...דֵּעַ	
יחידה	מִתְוַדַּעַת	אתה	הִתְוַדַּעְתָּ	תִּתְוַדַּע/...דֵּעַ	הִתְוַדַּע/...דֵּעַ
רבים	מִתְוַדְּעִים	את	הִתְוַדַּעְתְּ/...עַת	תִּתְוַדְּעִי	הִתְוַדְּעִי
רבות	מִתְוַדְּעוֹת	הוא	הִתְוַדַּע*	יִתְוַדַּע/...דֵּעַ	
		היא	הִתְוַדְּעָה	תִּתְוַדַּע/...דֵּעַ	
		אנחנו	הִתְוַדַּעְנוּ	נִתְוַדַּע/...דֵּעַ	
		אתם/ן	הִתְוַדַּעְתֶּם/ן	תִּתְוַדְּעוּ**	הִתְוַדְּעוּ***
		הם/ן	הִתְוַדְּעוּ	יִתְוַדְּעוּ**	

* Col.: הִתְוַדֵּעַ ** less commonly: אתן/הן תִּתְוַדַּעְנָה

*** less commonly: (אתן) הִתְוַדַּעְנָה

שם הפועל .Infin לְהִתְוַדֵּעַ

שם הפעולה .Ger הִתְוַדְּעוּת getting acquainted

מקור מוחלט .Inf. Abs הִתְוַדֵּעַ

מ"י מוצרכת .Gov. Prep הִתְוַדַּע אל/ל- become acquainted with

◆ פעלים שאינם שכיחים מאותו שורש Infrequent verbs sharing the same root

הוּדַע be known, publicized (מוּדָע, יוּדַע)

בינוני .Pres. Part מוּדָע (ל-) conscious, aware (of) (common form)

◆ דוגמאות Illustrations

דובר ראש הממשלה **הוֹדִיעַ** כי אין כל שחר **לִידִיעָה** שהופיעה בעיתוני הערב כי שר האוצר מתפטר. לא **יָדוּעַ** לראש הממשלה על כל כוונה כזו, ושר האוצר עצמו אינו **יוֹדֵעַ** מי אחראי להפצת השמועה, שעליה **נוֹדַע** לו לראשונה מן העיתונות.

The government spokesperson **announced** that there is no basis whatsoever to the **news item** that appeared in the evening newspapers that the finance minister is resigning. The prime minister **is** not **aware** of any such intention, and the finance minister himself does not **know** who is responsible for spreading this rumor, of which he **was** first **informed** by the press.

הרמטכ"ל ושר המשטרה **יִדְּעוּ** את הממשלה אודות הצעדים הננקטים במלחמה בטרור. שניהם הודו כי הם **מוּדָעִים** לקשיים, ושעליהם **לְהִתְוַדֵּעַ** היטב לנסיבות החדשות שיצרה האוטונומיה בשטחים.

The chief of staff and the police minister **informed** the government regarding the steps taken in the fight against terrorism. Both confessed that they **are aware** of the difficulties, and that they still need **to familiarize themselves** further with the new circumstances created in the territories by the autonomy.

◆ **ביטויים מיוחדים** Special expressions

יָדַע את have sexual intercourse with

לא **יָדַע** את נפשו was excited or embarrassed

לא **יָדַע** בין ימינו לשמאלו knew nothing (=did not know his left from his right)

יוֹדֵעַ פרק ב- is quite knowledgeable about

השד **יוֹדֵעַ** who knows? (coll.)

ביוֹדְעִים knowingly

ביוֹדְעִים ובלא **יוֹדְעִים** knowingly as well as unknowingly

יוֹדֵעַ ספר educated, literate person

גלוי **וְיָדוּעַ** ש- it is well-known that...

יָדוּעַ לי ש- I am aware that...

יָדוּעַ חולי sick, frail

להווי **יָדוּעַ** לך ש- you should know that...

ה"א **הַיְדִיעָה** the definite article

יְדִיעַת הארץ geography, the geography of Israel

לִידִיעָתְךָ for your information

נוֹדַע לי ש- I am informed that..., it has become known to me that...

ה"א **הַיִּדּוּעַ** the definite article

המוּדָע the conscious

הבלתי-**מוּדָע** (התת-**מוּדָע**) the subconscious

●יחס

הִתְיַיחֵס/הִתְיַחֵס (הִתְיַחֵס) treat; be related (to); belong (to a family)

בניין: הִתְפַּעֵל גזרה: ע' גרונית

	Present הווה		Past עבר	Future עתיד	Imperative ציווי
יחיד	מִתְיַיחֵס	אני	הִתְיַיחַסְתִּי	אֶתְיַיחֵס	
יחידה	מִתְיַיחֶסֶת	אתה	הִתְיַיחַסְתָּ	תִּתְיַיחֵס	הִתְיַיחֵס
רבים	מִתְיַיחֲסִים	את	הִתְיַיחַסְתְּ	תִּתְיַיחֲסִי	הִתְיַיחֲסִי
רבות	מִתְיַיחֲסוֹת	הוא	הִתְיַיחֵס	יִתְיַיחֵס	
		היא	הִתְיַיחֲסָה	תִּתְיַיחֵס	
		אנחנו	הִתְיַיחַסְנוּ	נִתְיַיחֵס	
		אתם/ן	הִתְיַיחַסְתֶּם/ן	תִּתְיַיחֲסוּ*	הִתְיַיחֲסוּ**
		הם/ן	הִתְיַיחֲסוּ	יִתְיַיחֲסוּ*	

* less commonly: אתן/הן תִּתְיַיחֵסְנָה

** less commonly: (אתן) הִתְיַיחֵסְנָה

שם הפועל .Infin לְהִתְיַיחֵס

שם הפעולה Gerund הִתְיַיחֲסוּת treating; being related

מקור מוחלט .Inf. Abs הִתְיַיחֵס

מ"י מוצרכת .Gov. Prep הִתְיַיחֵס ל- treat; be related to; belong to (family)

יִחֵס/ייחס/ייַחֵס ascribe, relate; trace descent (of) (יִחֵס)

בניין: פִּיעֵל גזרה: ע׳ גרונית

	Present הווה		Past עבר	Future עתיד	Imperative ציווי
יחיד	מְייַחֵס	אני	ייחַסְתִּי	אֲייַחֵס	
יחידה	מְייַחֶסֶת	אתה	ייחַסְתָּ	תְּייַחֵס	יַחֵס
רבים	מְייַחֲסִים	את	ייחַסְתְּ	תְּייַחֲסִי	יַחֲסִי
רבות	מְייַחֲסוֹת	הוא	ייחֵס	יְיַחֵס	
		היא	ייחֲסָה	תְּייַחֵס	
		אנחנו	ייחַסְנוּ	נְייַחֵס	
		אתם/ן	ייחַסְתֶּם/ן	תְּייַחֲסוּ*	יַחֲסוּ**
		הם/ן	ייחֲסוּ	יְיַחֲסוּ*	

* less commonly: אתן/הן תְּייַחֵסְנָה

** less commonly: (אתן) יַחֵסְנָה

שם הפועל .Infin לְייַחֵס

שם הפעולה Gerund ייִחוּס lineage, pedigree; ascribing

מקור מוחלט .Inf. Abs יַחֵס

מ״י מוצרכת .Gov. Prep ייִחֵס ל- attribute to

יוּחַס be ascribed/related/traced (descent) (יֻחַס)

בניין: פּוּעַל גזרה: ע׳ גרונית

	Present הווה		Past עבר	Future עתיד
יחיד	מְיוּחָס	אני	יוּחַסְתִּי	אֲיוּחַס
יחידה	מְיוּחֶסֶת	אתה	יוּחַסְתָּ	תְּיוּחַס
רבים	מְיוּחָסִים	את	יוּחַסְתְּ	תְּיוּחֲסִי
רבות	מְיוּחָסוֹת	הוא	יוּחַס	יְיוּחַס
		היא	יוּחֲסָה	תְּיוּחַס
		אנחנו	יוּחַסְנוּ	נְיוּחַס
		אתם/ן	יוּחַסְתֶּם/ן	תְּיוּחֲסוּ*
		הם/ן	יוּחֲסוּ	יְיוּחֲסוּ*

* less commonly: אתן/הן תְּיוּחַסְנָה

בינוני .Pres. Part מְיוּחָס noble; of good family; attributee (to)

[מקור מוחלט .Inf. Abs יוּחוֹס]

◆ דוגמאות Illustrations

נגיד בנק ישראל לא **הִתְייַחֵס** בנאומו למצב הפוליטי; הוא **ייִחֵס** את ההתפתחויות האחרונות בכלכלה לגורמים חברתיים בלבד.

The Commissioner of the Israel Bank did not **treat** the political situation in his speech; he **ascribed** the latest economic developments exclusively to social factors.

אפרים בא ממשפחה **מְיוּחֶסֶת**. **מְייַחֲסִים** את מוצאה למשפחת מונטיפיורי הידועה. זהו **ייִחוּס** מרשים.

Ephraim comes from a **noble** family. They **attribute** its descent to the well-known Montefiore family. It is an impressive **lineage**.

◆ ביטויים מיוחדים Special expressions

יִחֵס חשיבות ל- attribute/attach importance to

יכח●

נוֹכַח/יִיוּוָכַח/יִיוּוָכֵחַ (יִוָּכַח) realize, find out

בניין: נִפְעַל גזרה: נחי פ״י + ל׳ גרונית

	הווה Present		עבר Past	עתיד Future	ציווי Imperative
יחיד	נוֹכָח	אני	נוֹכַחְתִּי	אִיוּוָכַח/...כֵחַ	
יחידה	נוֹכַחַת	אתה	נוֹכַחְתָּ	תִּיוּוָכַח/...כֵחַ	הִיוּוָכַח/...כֵחַ
רבים	נוֹכָחִים	את	נוֹכַחְתְּ/...חַת	תִּיוּוָכְחִי	הִיוּוָכְחִי
רבות	נוֹכָחוֹת	הוא	נוֹכַח	יִיוּוָכַח/...כֵחַ	
		היא	נוֹכְחָה	תִּיוּוָכַח/...כֵחַ	
		אנחנו	נוֹכַחְנוּ	נִיוּוָכַח/...כֵחַ	
		אתם/ן	נוֹכַחְתֶּם/ן	תִּיוּוָכְחוּ*	הִיוּוָכְחוּ**
		הם/ן	נוֹכְחוּ	יִיוּוָכְחוּ*	

* less commonly: אתן/הן תִּיוּוָכַחְנָה

שם הפועל .Infin לְהִיוּוָכַח/...כֵחַ ** less commonly: (אתן) הִיוּוָכַחְנָה

שם הפעולה Gerund הִיוּוָכְחוּת realizing, finding out

הוֹכִיחַ/הוֹכַח prove; scold; judge

בניין: הִפְעִיל גזרה: נחי פ״י + ל׳ גרונית

	הווה Present		עבר Past	עתיד Future	ציווי Imperative
יחיד	מוֹכִיחַ	אני	הוֹכַחְתִּי	אוֹכִיחַ	
יחידה	מוֹכִיחָה	אתה	הוֹכַחְתָּ	תּוֹכִיחַ	הוֹכַח
רבים	מוֹכִיחִים	את	הוֹכַחְתְּ/...חַת	תּוֹכִיחִי	הוֹכִיחִי
רבות	מוֹכִיחוֹת	הוא	הוֹכִיחַ	יוֹכִיחַ	
		היא	הוֹכִיחָה	תּוֹכִיחַ	
		אנחנו	הוֹכַחְנוּ	נוֹכִיחַ	
		אתם/ן	הוֹכַחְתֶּם/ן	תּוֹכִיחוּ*	הוֹכִיחוּ**
		הם/ן	הוֹכִיחוּ	יוֹכִיחוּ*	

שם הפועל .Infin לְהוֹכִיחַ * less commonly: אתן/הן תּוֹכַחְנָה

שם הפעולה Gerund הוֹכָחָה proof; reproach ** less commonly: (אתן) הוֹכַחְנָה

בינוני .Pres. Part מוֹכִיחַ reprover, admonisher

מקור מוחלט .Inf. Abs הוֹכֵחַ

הוּכַח be proven/scolded/judged

בניין: הוּפְעַל   גזרה: נחי פ"י + ל' גרונית

	Present הווה		Past עבר	Future עתיד
יחיד	מוּכָח	אני	הוּכַחְתִּי	אוּכַח
יחידה	מוּכַחַת	אתה	הוּכַחְתָּ	תּוּכַח
רבים	מוּכָחִים	את	הוּכַחְתְּ/...חַת	תּוּכְחִי
רבות	מוּכָחוֹת	הוא	הוּכַח	יוּכַח
		היא	הוּכְחָה	תּוּכַח
		אנחנו	הוּכַחְנוּ	נוּכַח
		אתם/ן	הוּכַחְתֶּם/ן	תּוּכְחוּ*
		הם/ן	הוּכְחוּ	יוּכְחוּ*

בינוני Pres. Part. מוּכָח proven; admonished * less commonly: אתן/הן תּוּכַחְנָה

[מקור מוחלט Inf. Abs. הוּכֵחַ]

הִתְווַכַּח/יִתְוַכֵּחַ (הִתְוַכַּח) argue, debate

בניין: הִתְפַּעֵל   גזרה: ל' גרונית

	Present הווה		Past עבר	Future עתיד	Imperative ציווי
יחיד	מִתְווַכֵּחַ	אני	הִתְווַכַּחְתִּי	אֶתְווַכַּח/...כֵּחַ	
יחידה	מִתְווַכַּחַת	אתה	הִתְווַכַּחְתָּ	תִּתְווַכַּח/...כֵּחַ	הִתְווַכַּח/...כֵּחַ
רבים	מִתְווַכְּחִים	את	הִתְווַכַּחְתְּ/...חַת	תִּתְווַכְּחִי	הִתְווַכְּחִי
רבות	מִתְווַכְּחוֹת	הוא	הִתְווַכַּח*	יִתְווַכַּח/...כֵּחַ	
		היא	הִתְווַכְּחָה	תִּתְווַכַּח/...כֵּחַ	
		אנחנו	הִתְווַכַּחְנוּ	נִתְווַכַּח/...כֵּחַ	
		אתם/ן	הִתְווַכַּחְתֶּם/ן	תִּתְווַכְּחוּ**	הִתְווַכְּחוּ***
		הם/ן	הִתְווַכְּחוּ	יִתְווַכְּחוּ**	

שם הפועל Infin. לְהִתְווַכֵּחַ * Colloquial: הִתְווַכֵּחַ

שם הפעולה Gerund הִתְווַכְּחוּת arguing ** less commonly: אתן/הן תִּתְווַכַּחְנָה

מקור מוחלט Inf. Abs. הִתְווַכֵּחַ *** less commonly: (אתן) הִתְווַכַּחְנָה

מ"י מוצרכת Gov. Prep. הִתְווַכֵּחַ עִם argue with

♦ פעלים שאינם שכיחים מאותו שורש Infrequent verbs sharing the same root

וִיכַּח (וִכַּח) argue, dispute (Mish H) (מְווּכָּח, יְווַכֵּחַ, לְווַכֵּחַ)

שם הפעולה Gerund וִיכּוּחַ argument, discussion, dispute (N) (common form)

♦ דוגמאות Illustrations

אחרי כמה **וִיכּוּחִים** עם יצחק **נוֹכַחְתִּי** שאין כל טעם **לְהִתְווַכֵּחַ** איתו. הוא מרגיש תמיד צורך **לְהוֹכִיחַ** שהוא יותר חכם מבן שיחו, ואינו מוכן לקבל עובדות **כהוֹכָחָה**.

After a few **discussions** with Yithak I **realized** that there is no point **arguing** with him. He always feels the need **to prove** that he knows more than his interlocutor, and is never willing to accept facts as **proof**.

לאחר כמה לילות של עבודה, דניאל **הוֹכִיחַ** את המשפט המתמטי. המשפט אמנם **הוּכַח** כבר לפני אלפיים שנה, אבל הפרופסור שיבח את דניאל על כך שהגיע **להוֹכָחָה** בכוחות עצמו.

After a few nights' work, Daniel **proved** the theorem. The theorem **had** already **been proven** two thousand years ago, but the professor commended Daniel for arriving at the **proof** on his own.

◆ ביטויים מיוחדים Special expressions

נוֹכַח לדעת find out

שוחרר מחוסר **הוֹכָחוֹת** be released for lack of evidence

●יכל

יָכוֹל (יָכֹל) can, be able; may, be permitted; prevail over (lit.)

בניין: **פָּעַל** גזרה: **מיוחדת**

	Present הווה		Past עבר	Future עתיד
יחיד	יָכוֹל	אני	יָכוֹלְתִּי	אוּכַל
יחידה	יְכוֹלָה	אתה	יָכוֹלְתָּ	תוּכַל
רבים	יְכוֹלִים	את	יָכוֹלְתְּ	תוּכְלִי
רבות	יְכוֹלוֹת	הוא	יָכוֹל	יוּכַל
		היא	יָכְלָה	תוּכַל
		אנחנו	יָכוֹלְנוּ	נוּכַל
		אתם/ן	יְכוֹלְתֶּם/ן* (יְכָלְתֶּם/ן)	תוּכְלוּ**
		הם/ן	יָכְלוּ	יוּכְלוּ**

בינוני Pres. Part. **יָכוֹל** be able (to)

* Colloquial: יָכוֹלְתֶּם/ן

** less commonly: אתן/הן תוּכַלְנָה

◆ דוגמאות Illustrations

לא **יָכוֹלְתִּי** להגיע לפגישה הקודמת, אבל בשבוע הבא **אוּכַל** לבוא.

I **could** not make it to the last meeting, but next week I **will be able** to come.

◆ ביטויים מיוחדים Special expressions

יָכוֹל לו he got the better of him

יָכוֹל להיות ש- it maybe that...

כביָכוֹל so-called, as it were

כל **יָכוֹל** omnipotent; jack-of-all-trades

● ילד

נוֹלַד/יִיוָּלֵד (יִוָּלֵד) be born, be created

בניין: נִפְעַל גזרה: נחי פ"י

	Present הווה		Past עבר	Future עתיד	Imperative ציווי
יחיד	נוֹלָד	אני	נוֹלַדְתִּי	אִיוָּלֵד	
יחידה	נוֹלֶדֶת	אתה	נוֹלַדְתָּ	תִּיוָּלֵד	הִיוָּלֵד
רבים	נוֹלָדִים	את	נוֹלַדְתְּ	תִּיוָּלְדִי	הִיוָּלְדִי
רבות	נוֹלָדוֹת	הוא	נוֹלַד	יִיוָּלֵד	
		היא	נוֹלְדָה	תִּיוָּלֵד	
		אנחנו	נוֹלַדְנוּ	נִיוָּלֵד	
		אתם/ן	נוֹלַדְתֶּם/ן	תִּיוָּלְדוּ*	הִיוָּלְדוּ**
		הם/ן	נוֹלְדוּ	יִיוָּלְדוּ*	

* less commonly: אתן/הן תִּיוָּלַדְנָה/...לַדְנָה

** less commonly: (אתן) הִיוָּלַדְנָה/...לַדְנָה

שם הפועל .Infin לְהִיוָּלֵד

שם הפעולה Gerund הִיוָּלְדוּת being born/created

בינוני .Pres. Part נוֹלָד born; outcome, future

מ"י מוצרכת .Gov. Prep נוֹלַד ל- be born to

יָלַד/יוֹלֵד/יֵלֵד give birth, bear

בניין: פָּעַל גזרה: חסרי פ"י

	Present הווה			Past עבר	Future עתיד	Imper. ציווי
יחיד	יוֹלֵד	יָלוּד	אני	יָלַדְתִּי	אֵלֵד	
יחידה	יוֹלֶדֶת	יְלוּדָה	אתה	יָלַדְתָּ	תֵּלֵד	לֵד
רבים	יוֹלְדִים	יְלוּדִים	את	יָלַדְתְּ	תֵּלְדִי	לְדִי
רבות	יוֹלְדוֹת	יְלוּדוֹת	הוא	יָלַד	יֵלֵד	
			היא	יָלְדָה	תֵּלֵד	
			אנחנו	יָלַדְנוּ	נֵלֵד	
			אתם/ן	יְלִדְתֶּם/ן*	תֵּלְדוּ**	לְדוּ****
			הם/ן	יָלְדוּ	יֵלְדוּ**	

* Colloquial: יָלַדְתֶּם/ן

** less commonly: אתן/הן תֵּלַדְנָה***

*** Colloquial: תֵּלֵדְנָה

**** less commonly: (אתן) לֵדְנָה

שם הפועל .Infin לָלֶדֶת

שם הפעולה Gerund לֵידָה birth

בינוני פעיל .Act. Part יוֹלֶדֶת woman giving birth

בינוני סביל .Pass. Part יָלוּד child, baby (lit.)

מקור מוחלט .Inf. Abs יָלוֹד

הוֹלִיד/הוֹלַדְ/יוֹלִיד beget (father), procreate; cause; give birth

בניין: הִפְעִיל גזרה: נחי פ"י

	Present הווה		Past עבר	Future עתיד	Imperative ציווי
יחיד	מוֹלִיד	אני	הוֹלַדְתִּי	אוֹלִיד	
יחידה	מוֹלִידָה	אתה	הוֹלַדְתָּ	תּוֹלִיד	הוֹלֵד
רבים	מוֹלִידִים	את	הוֹלַדְתְּ	תּוֹלִידִי	הוֹלִידִי
רבות	מוֹלִידוֹת	הוא	הוֹלִיד	יוֹלִיד	
		היא	הוֹלִידָה	תּוֹלִיד	
		אנחנו	הוֹלַדְנוּ	נוֹלִיד	
		אתם/ן	הוֹלַדְתֶּם/ן	תּוֹלִידוּ*	הוֹלִידוּ**
		הם/ן	הוֹלִידוּ	יוֹלִידוּ*	

שם הפועל .Infin לְהוֹלִיד   * less commonly: אתן/הן תּוֹלֵדְנָה

בינוני .Pres. Part מוֹלִיד procreator, sire   ** less commonly: (אתן) הוֹלֵדְנָה

שם הפעולה Gerund הוֹלָדָה procreating, siring

מקור מוחלט .Inf. Abs הוֹלֵד

יִילֵד/יִילַדְ/יְיַלֵּד (יִלֵּד) assist in childbirth, act as midwife

בניין: פִּיעֵל גזרה: שלמים

	Present הווה		Past עבר	Future עתיד	Imperative ציווי
יחיד	מְיַילֵּד	אני	יִילַּדְתִּי	אֲיַילֵּד	
יחידה	מְיַילֶּדֶת	אתה	יִילַּדְתָּ	תְּיַילֵּד	יַלֵּד
רבים	מְיַילְּדִים	את	יִילַּדְתְּ	תְּיַילְּדִי	יַלְּדִי
רבות	מְיַילְּדוֹת	הוא	יִילֵּד	יְיַילֵּד	
		היא	יִילְּדָה	תְּיַילֵּד	
		אנחנו	יִילַּדְנוּ	נְיַילֵּד	
		אתם/ן	יִילַּדְתֶּם/ן	תְּיַילְּדוּ*	יַלְּדוּ**
		הם/ן	יִילְּדוּ	יְיַילְּדוּ*	

שם הפועל .Infin לְיַילֵּד   * less commonly: אתן/הן תְּיַילֵּדְנָה

שם הפעולה Gerund יִילּוּד midwifery   ** less commonly: (אתן) יַלֵּדְנָה

בינוני .Pres. Part מְיַילֵּד accoucheur

בינוני .Pres. Part מְיַילֶּדֶת midwife

מקור מוחלט .Inf. Abs יַלֵּד

◆ פעלים שאינם שכיחים מאותו שורש Infrequent verbs sharing the same root

יוּלַּד (יֻלַּד) be born, be created (מְיוּלָּד, יְיוּלַּד)

הִתְיַילֵּד behave like a child; be related by lineage; be created (מִתְיַילֵּד, יִתְיַילֵּד, לְהִתְיַילֵּד)

הוּלַד be born (מוּלָד, יוּלַד)   בינוני .Pres. Part מוּלָד innate, inborn

◆ דוגמאות Illustrations

גבריאל נוֹלַד ב-1942. אימו יָלְדָה אותו במרתף שבו התחבאה מפני הגרמנים. היא יָלְדָה אותו לבד, ללא רופא וללא מְיַילֶּדֶת.

Gabriel **was born** in 1942. His mother **gave birth** to him in a cellar, in which she was hiding from the Germans. She **gave birth** alone, without a doctor or a **midwife**.

דויד פרזיט אמיתי: לא עובד, לא לומד - רק אוכל, ישן **ומוֹלִיד** ילדים.

David is a real parasite: neither works, nor studies - only eats, sleeps, and **begets** children.

◆ ביטויים מיוחדים Special expressions

מה **יֵּילֵד** יום what tomorrow will bring

ביצה שלא **נוֹלְדָה** only a possibility, not relevant yet (=an egg that has not yet been laid)

רואה את **הנוֹלָד** foresees the future

יְלוּד אישה mortal (born of a woman)

אדם לעמל **יוּלָּד** man's fate is to live a life of labor

יום הוּלֶּדֶת birthday

● יסד

נוֹסַד/יִיוּוָסֵד (יִוָּסֵד) be founded, be established

בניין: נִפְעַל גזרה: נחי פ"י

	Present הווה		Past עבר	Future עתיד	Imperative ציווי
יחיד	נוֹסָד	אני	נוֹסַדְתִּי	אִיוּוָסֵד	
יחידה	נוֹסֶדֶת	אתה	נוֹסַדְתָּ	תִּיוּוָסֵד	הִיוּוָסֵד
רבים	נוֹסָדִים	את	נוֹסַדְתְּ	תִּיוּוָסְדִי	הִיוּוָסְדִי
רבות	נוֹסָדוֹת	הוא	נוֹסַד	יִיוּוָסֵד	
		היא	נוֹסְדָה	תִּיוּוָסֵד	
		אנחנו	נוֹסַדְנוּ	נִיוּוָסֵד	
		אתם/ן	נוֹסַדְתֶּם/ן	תִּיוּוָסְדוּ*	הִיוּוָסְדוּ**
		הם/ן	נוֹסְדוּ	יִיוּוָסְדוּ*	

שם הפועל .Infin לְהִיוּוָסֵד

שם הפעולה .Ger הִיוּוָסְדוּת being founded

* less commonly: אתן/הן תִּיוּוָסַדְנָה

** less commonly: (אתן) הִיוּוָסַדְנָה

יִיסֵּד/יִיסַּדְ/יְיַסֵּד (יִסֵּד) found, establish

בניין: פִּיעֵל גזרה: שלמים

	Present הווה		Past עבר	Future עתיד	Imperative ציווי
יחיד	מְיַיסֵּד	אני	יִיסַּדְתִּי	אֲיַיסֵּד	
יחידה	מְיַיסֶּדֶת	אתה	יִיסַּדְתָּ	תְּיַיסֵּד	יַסֵּד
רבים	מְיַיסְּדִים	את	יִיסַּדְתְּ	תְּיַיסְּדִי	יַסְּדִי <<<

	Present הווה		Past עבר	Future עתיד	Imperative ציווי
רבות	מְייַסְּדוֹת	הוא	ייסֵּד	יְיַסֵּד	
		היא	ייסְּדָה	תְּייַסֵּד	
		אנחנו	ייסַּדְנוּ	נְייַסֵּד	
		אתם/ן	ייסַּדְתֶּם/ן	תְּייַסְּדוּ*	יַסְּדוּ**
		הם/ן	ייסְּדוּ	יְיַסְּדוּ*	

שם הפועל .Infin לְייַסֵּד   * less commonly: אתן/הן תְּייַסֵּדְנָה

בינוני .Pres. Part מְייַסֵּד founder   ** less commonly: (אתן) יַסֵּדְנָה

שם הפעולה Gerund ייסוּד founding

מקור מוחלט .Inf. Abs יַסֵּד

יוּסַּד (יֻסַּד) be established/founded

בניין: פּוּעַל   גזרה: שלמים

	Present הווה		Past עבר	Future עתיד
יחיד	מְיוּסָּד	אני	יוּסַּדְתִּי	אֲיוּסַּד
יחידה	מְיוּסֶּדֶת	אתה	יוּסַּדְתָּ	תְּיוּסַּד
רבים	מְיוּסָּדִים	את	יוּסַּדְתְּ	תְּיוּסְּדִי
רבות	מְיוּסָּדוֹת	הוא	יוּסַּד	יְיוּסַּד
		היא	יוּסְּדָה	תְּיוּסַּד
		אנחנו	יוּסַּדְנוּ	נְיוּסַּד
		אתם/ן	יוּסַּדְתֶּם/ן	תְּיוּסְּדוּ*
		הם/ן	יוּסְּדוּ	יְיוּסְּדוּ*

[מקור מוחלט .Inf. Abs יוּסּוֹד]   * less commonly: אתן/הן תְּיוּסַּדְנָה

◆ **פעלים שאינם שכיחים מאותו שורש** Infrequent verbs sharing the same root

יָסַד found, establish (יוֹסֵד, יִיסַד, לִיסוֹד)

הִתְייַסֵּד (הִתְיַסֵּד) be established (מִתְייַסֵּד, יִתְייַסֵּד, לְהִתְייַסֵּד)

הוּסַד be established; be arranged (Med H) (מוּסָד, יוּסַד)

◆ **דוגמאות** Illustrations

האוניברסיטה הזאת **נוֹסְדָה** לפני יותר ממאה וחמישים שנה. היא **יוּסְּדָה** על-ידי כמרים, שמטרתם המקורית הייתה **לְייַסֵּד** מכון להוראת דת ועוד כמה מקצועות.

This university **was established** more than 150 years ago. It **was founded** by priests, whose original intention was **to establish** an institute for the study of religion and a few other subjects.

● יסף

הוֹסִיף/הוֹסַף/יוֹסִיף add, increase; repeat

בניין: הִפְעִיל גזרה: נחי פ"י

	Present הווה		Past עבר	Future עתיד	Imperative ציווי
יחיד	מוֹסִיף	אני	הוֹסַפְתִּי	אוֹסִיף	
יחידה	מוֹסִיפָה	אתה	הוֹסַפְתָּ	תּוֹסִיף	הוֹסֵף
רבים	מוֹסִיפִים	את	הוֹסַפְתְּ	תּוֹסִיפִי	הוֹסִיפִי
רבות	מוֹסִיפוֹת	הוא	הוֹסִיף	יוֹסִיף	
		היא	הוֹסִיפָה	תּוֹסִיף	
		אנחנו	הוֹסַפְנוּ	נוֹסִיף	
		אתם/ן	הוֹסַפְתֶּם/ן	תּוֹסִיפוּ*	הוֹסִיפוּ**
		הם/ן	הוֹסִיפוּ	יוֹסִיפוּ*	

שם הפועל .Infin לְהוֹסִיף   * less commonly: אתן/הן תּוֹסֵפְנָה

שם הפעולה .Ger הוֹסָפָה adding, increasing   ** less commonly: (אתן) הוֹסֵפְנָה

בינוני .Pres. Part מוֹסִיף adding, supplementing

מקור מוחלט .Inf. Abs הוֹסֵף

הוּסַף be added

בניין: הוּפְעַל גזרה: נחי פ"י

	Present הווה		Past עבר	Future עתיד
יחיד	מוּסָף	אני	הוּסַפְתִּי	אוּסַף
יחידה	מוּסֶפֶת	אתה	הוּסַפְתָּ	תּוּסַף
רבים	מוּסָפִים	את	הוּסַפְתְּ	תּוּסְפִי
רבות	מוּסָפוֹת	הוא	הוּסַף	יוּסַף
		היא	הוּסְפָה	תּוּסַף
		אנחנו	הוּסַפְנוּ	נוּסַף
		אתם/ן	הוּסַפְתֶּם/ן	תּוּסְפוּ*
		הם/ן	הוּסְפוּ	יוּסְפוּ*

* less commonly: אתן/הן תּוּסַפְנָה

בינוני .Pres. Part מוּסָף supplementary; supplement; additional prayers for holidays

[מקור מוחלט .Inf. Abs הוּסֵף]

נוֹסַף/יִיוָּסֵף (יִוָּסֵף) be added

בניין: נִפְעַל גזרה: נחי פ"י

	Present הווה		Past עבר	Future עתיד	Imperative ציווי
יחיד	נוֹסָף	אני	נוֹסַפְתִּי	אִיוָּסֵף	
יחידה	נוֹסֶפֶת	אתה	נוֹסַפְתָּ	תִּיוָּסֵף	הִיוָּסֵף
רבים	נוֹסָפִים	את	נוֹסַפְתְּ	תִּיוָּסְפִי	הִיוָּסְפִי
רבות	נוֹסָפוֹת	הוא	נוֹסַף	יִיוָּסֵף	<<<

	Past עבר	Future עתיד	Imperative ציווי
היא	נוֹסְפָה	תִּיוָּסֵף	
אנחנו	נוֹסַפְנוּ	נִיוָּסֵף	
אתם/ן	נוֹסַפְתֶּם/ן	תִּיוָּסְפוּ*	הִיוָּסְפוּ**
הם/ן	נוֹסְפוּ	יִיוָּסְפוּ*	

* less commonly: אתן/הן תִּיוָּסַפְנָה

** less commonly: (אתן) הִיוָּסַפְנָה

שם הפועל .Infin לְהִיוָּסֵף

שם הפעולה Gerund הִיוָּסְפוּת being added

בינוני .Pres. Part נוֹסָף additional, extra

מ"י מוצרכת .Gov. Prep נוֹסַף עַל/לְ- be added to

הִתּוֹסֵף (הִתְוַסֵּף)/הִתּוֹסַף (הִתְוַסַּף) (הִתְוַסֵּף) increase (intr.), get added

בניין: הִתְפַּעֵל גזרה: ע"ו/שלמים

	Present הווה		Past עבר
יחיד	מִיתּוֹסֵף (מִתְוַסֵּף***)	אני	הִיתּוֹסַפְתִּי (הִתְוַסַּפְתִּי)
יחידה	מִיתּוֹסֶפֶת (מִתְוַסֶּפֶת)	אתה	הִיתּוֹסַפְתָּ (הִתְוַסַּפְתָּ)
רבים	מִיתּוֹסְפִים (מִתְוַסְּפִים)	את	הִיתּוֹסַפְתְּ (הִתְוַסַּפְתְּ)
רבות	מִיתּוֹסְפוֹת (מִתְוַסְּפוֹת)	הוא	הִיתּוֹסֵף (הִתְוַסֵּף)
		היא	הִיתּוֹסְפָה (הִתְוַסְּפָה)
		אנחנו	הִיתּוֹסַפְנוּ (הִתְוַסַּפְנוּ)
		אתם/ן	הִיתּוֹסַפְתֶּם/ן (הִתְוַסַּפְתֶּם/ן)
		הם/ן	הִיתּוֹסְפוּ (הִתְוַסְּפוּ)

	Future עתיד	Imperative ציווי
אני	אֶתּוֹסֵף (אֶתְוַסֵּף)	
אתה	תִּיתּוֹסֵף (תִּתְוַסֵּף)	הִיתּוֹסֵף (הִתְוַסֵּף)
את	תִּיתּוֹסְפִי (תִּתְוַסְּפִי)	הִיתּוֹסְפִי (הִתְוַסְּפִי)
הוא	יִיתּוֹסֵף (יִתְוַסֵּף)	
היא	תִּיתּוֹסֵף (תִּתְוַסֵּף)	
אנחנו	נִיתּוֹסֵף (נִתְוַסֵּף)	
אתם/ן	*תִּיתּוֹסְפוּ (תִּתְוַסְּפוּ)	**הִיתּוֹסְפוּ (הִתְוַסְּפוּ)
הם/ן	*יִיתּוֹסְפוּ (יִתְוַסְּפוּ)	

* less commonly: אתן/הן תִּיתּוֹסֵפְנָה (תִּתְוַסֵּפְנָה)

** less commonly: (אתן) הִיתּוֹסֵפְנָה (הִתְוַסֵּפְנָה)

*** The regular forms are the colloquial variants in brackets

שם הפועל .Infin לְהִיתּוֹסֵף (לְהִתְוַסֵּף)

שם הפעולה .Ger הִיתּוֹסְפוּת (הִתְוַסְּפוּת) increasing; getting added

מקור מוחלט .Inf. Abs הִיתּוֹסֵף

◆ פעלים שאינם שכיחים מאותו שורש Infrequent verbs sharing the same root

יָסַף continue, go on; increase, add to (lit.) (יוֹסֵף, יוֹסִיף)

יִיסֵּף revalue (increase value of currency) (מְיַיסֵּף, יְיַסֵּף, לְיַיסֵּף)

יוּסַּף be revalued (מְיוּסָּף, יְיוּסַּף)

◆ דוגמאות Illustrations

בישראל **מוֹסִיפִים** לכל חשבון מס ערך **מוּסָף** (מע"מ). מע"מ הוא הערך ש**נוֹסָף** לכל מוצר או שירות בכל שלב של הייצור או השיווק.

In Israel one **adds** value-**added**-tax to each bill (VAT). VAT is the value that **is added** to each product or service at any stage of production or marketing.

ריבית ניכרת **הִתְוַסְּפָה** לחשבון מאז הפקדנו בו את הקרן. בחשבון מסוג זה **נוֹסֶפֶת** ריבית מדי יום ביומו.

Considerable interest **has gotten added** to the account since we deposited the principal in it. In deposits of this kind the interest **is added** daily.

◆ ביטויים מיוחדים Special expressions

(ב)**נוֹסָף** על in addition to, on top of

כל **המוֹסִיף** גורע If you overdo it, you'll end up messing it up

הוֹסִיף נופך משלו embellish a given story etc. with one's own perspective

יוֹסִיף דעת, **יוֹסִיף** מכאוב the greater one's knowledge, the greater is one's pain

הוֹסִיף שמן למדורה add oil to the fire

● יעל

הוֹעִיל/הוֹעַל/יוֹעִיל be useful; avail

בניין: הִפְעִיל גזרה: נחי פ"י

	Present הווה		Past עבר	Future עתיד	Imperative ציווי
יחיד	מוֹעִיל	אני	הוֹעַלְתִּי	אוֹעִיל	
יחידה	מוֹעִילָה	אתה	הוֹעַלְתָּ	תּוֹעִיל	הוֹעֵל
רבים	מוֹעִילִים	את	הוֹעַלְתְּ	תּוֹעִילִי	הוֹעִילִי
רבות	מוֹעִילוֹת	הוא	הוֹעִיל	יוֹעִיל	
		היא	הוֹעִילָה	תּוֹעִיל	
		אנחנו	הוֹעַלְנוּ	נוֹעִיל	
		אתם/ן	הוֹעַלְתֶּם/ן	תּוֹעִילוּ*	הוֹעִילוּ**
		הם/ן	הוֹעִילוּ	יוֹעִילוּ*	

שם הפועל .Infin לְהוֹעִיל

בינוני .Pres. Part מוֹעִיל useful

מקור מוחלט .Inf. Abs הוֹעֵל

* less commonly: אתן/הן תּוֹעֵלְנָה

** less commonly: (אתן) הוֹעֵלְנָה

יִיעֵל/יִיעַל/יֵיעֵל (יִעֵל) make (more) efficient

בניין: פִּיעֵל גזרה: ע׳ גרונית

	Present הווה		Past עבר	Future עתיד	Imperative ציווי
יחיד	מְיַיעֵל	אני	יִיעַלְתִּי	אֲיַיעֵל	
יחידה	מְיַיעֶלֶת	אתה	יִיעַלְתָּ	תְּיַיעֵל	יַיעֵל
רבים	מְיַיעֲלִים	את	יִיעַלְתְּ	תְּיַיעֲלִי	יַיעֲלִי
רבות	מְיַיעֲלוֹת	הוא	יִיעֵל	יְיַיעֵל	
		היא	יִיעֲלָה	תְּיַיעֵל	
		אנחנו	יִיעַלְנוּ	נְיַיעֵל	
		אתם/ן	יִיעַלְתֶּם/ן	תְּיַיעֲלוּ*	יַיעֲלוּ**
		הם/ן	יִיעֲלוּ	יְיַיעֲלוּ*	

שם הפועל .Infin לְיַיעֵל * less commonly: אתן/הן תְּיַיעֵלְנָה

שם הפעולה Gerund יִיעוּל efficiency ** less commonly: (אתן) יַיעֵלְנָה

מקור מוחלט .Inf. Abs יַיעֵל

יוּעַל (יֻעַל) be made (more) efficient

בניין: פּוּעַל גזרה: ע׳ גרונית

	Present הווה		Past עבר	Future עתיד
יחיד	מְיוּעָל	אני	יוּעַלְתִּי	אֲיוּעַל
יחידה	מְיוּעֶלֶת	אתה	יוּעַלְתָּ	תְּיוּעַל
רבים	מְיוּעָלִים	את	יוּעַלְתְּ	תְּיוּעֲלִי
רבות	מְיוּעָלוֹת	הוא	יוּעַל	יְיוּעַל
		היא	יוּעֲלָה	תְּיוּעַל
		אנחנו	יוּעַלְנוּ	נְיוּעַל
		אתם/ן	יוּעַלְתֶּם/ן	תְּיוּעֲלוּ*
		הם/ן	יוּעֲלוּ	יְיוּעֲלוּ*

[מקור מוחלט .Inf. Abs יוֹעוֹל] * less commonly: אתן/הן תְּיוּעַלְנָה

הִתְיַיעֵל/הִתְיַיעַל (הִתְיַעֵל) become (more) efficient

בניין: הִתְפַּעֵל גזרה: ע׳ גרונית

	Present הווה		Past עבר	Future עתיד	Imperative ציווי
יחיד	מִתְיַיעֵל	אני	הִתְיַיעַלְתִּי	אֶתְיַיעֵל	
יחידה	מִתְיַיעֶלֶת	אתה	הִתְיַיעַלְתָּ	תִּתְיַיעֵל	הִתְיַיעֵל
רבים	מִתְיַיעֲלִים	את	הִתְיַיעַלְתְּ	תִּתְיַיעֲלִי	הִתְיַיעֲלִי
רבות	מִתְיַיעֲלוֹת	הוא	הִתְיַיעֵל	יִתְיַיעֵל	
		היא	הִתְיַיעֲלָה	תִּתְיַיעֵל	
		אנחנו	הִתְיַיעַלְנוּ	נִתְיַיעֵל	
		אתם/ן	הִתְיַיעַלְתֶּם/ן	תִּתְיַיעֲלוּ*	הִתְיַיעֲלוּ**
		הם/ן	הִתְיַיעֲלוּ	יִתְיַיעֲלוּ*	

* less commonly: אתן/הן תִּתְיַיעֵלְנָה >>

שם הפועל .Infin לְהִתְיַיעֵל ** less commonly: (אתן) הִתְיַיעֵלְנָה
שם הפעולה .Ger הִתְיַיעֲלוּת getting more efficient

◆ דוגמאות Illustrations

הביאו מומחה לייעול, שהבטיח לְיַיעֵל את המפעל תוך שלושה חודשים. ואמנם, תוך חודשיים-שלושה הודו כולם כי המפעל הִתְיַיעֵל באורח משמעותי. שכירת המומחה הוכחה כצעד מוֹעִיל בדרך להבראת החברה.

They brought in an **efficiency** expert, who promised **to make** the plant **more efficient** within three months. And indeed, in two to three months everyone admitted that the plant **had become** significantly **more efficient**. The hiring of the expert was proven to have been a **useful** step in the company's restructuring.

◆ ביטויים מיוחדים Special expressions

ללא הוֹעִיל to no avail, to no effect

מה הוֹעִילוּ חכמים בתקנתם? What's the point of all this trouble if this is the result we're getting?

אם לא יוֹעִיל, לא יזיק Even if it doubtful that it'll work, it's worth trying (col.)

● יעץ

יִיעֵץ/יִיעֲצ/יְיַעֵץ (יִעֵץ) advise, counsel

בניין: פִּיעֵל גזרה: ע' גרונית

	Present הווה		Past עבר	Future עתיד	Imperative ציווי
יחיד	מְיַיעֵץ	אני	יִיעַצְתִּי	אֲיַיעֵץ	
יחידה	מְיַיעֶצֶת	אתה	יִיעַצְתָּ	תְּיַיעֵץ	יַעֵץ
רבים	מְיַיעֲצִים	את	יִיעַצְתְּ	תְּיַיעֲצִי	יַעֲצִי
רבות	מְיַיעֲצוֹת	הוא	יִיעֵץ	יְיַעֵץ	
		היא	יִיעֲצָה	תְּיַיעֵץ	
		אנחנו	יִיעַצְנוּ	נְיַיעֵץ	
		אתם/ן	יִיעַצְתֶּם/ן	תְּיַיעֲצוּ*	יַעֲצוּ**
		הם/ן	יִיעֲצוּ	יְיַעֲצוּ*	

* less commonly: אתן/הן תְּיַיעֵצְנָה

שם הפועל .Infin לְיַיעֵץ ** less commonly: (אתן) יַעֵצְנָה
שם הפעולה Gerund יִיעוּץ counselling, consulting
מקור מוחלט .Inf. Abs יַעֵץ
מ"י מוצרכת .Gov. Prep יִיעֵץ ל- advise (somebody)

הִתְיַיעֵץ/הִתְיַיעַץ (הִתְיַעֵץ) consult (with)

בניין: הִתְפַּעֵל   גזרה: ע' גרונית

	Present הווה		Past עבר	Future עתיד	Imperative ציווי
יחיד	מִתְיַיעֵץ	אני	הִתְיַיעַצְתִּי	אֶתְיַיעֵץ	
יחידה	מִתְיַיעֶצֶת	אתה	הִתְיַיעַצְתָּ	תִּתְיַיעֵץ	הִתְיַיעֵץ
רבים	מִתְיַיעֲצִים	את	הִתְיַיעַצְתְּ	תִּתְיַיעֲצִי	הִתְיַיעֲצִי
רבות	מִתְיַיעֲצוֹת	הוא	הִתְיַיעֵץ	יִתְיַיעֵץ	
		היא	הִתְיַיעֲצָה	תִּתְיַיעֵץ	
		אנחנו	הִתְיַיעַצְנוּ	נִתְיַיעֵץ	
		אתם/ן	הִתְיַיעַצְתֶּם/ן	תִּתְיַיעֲצוּ*	הִתְיַיעֲצוּ**
		הם/ן	הִתְיַיעֲצוּ	יִתְיַיעֲצוּ*	

* less commonly: אתן/הן תִּתְיַיעֵצְנָה

** less commonly: (אתן) הִתְיַיעֵצְנָה

שם הפועל .Infin לְהִתְיַיעֵץ

שם הפעולה Gerund הִתְיַיעֲצוּת consultation, taking counsel

מקור מוחלט .Inf. Abs הִתְיַיעֵץ

מ"י מוצרכת .Gov. Prep הִתְיַיעֵץ ב-/עם consult with

יָעַץ/יוֹעֵץ/יִיעַץ advise, counsel

בניין: פָּעַל   גזרה: פ"י/ע"ו + ע' גרונית

	Present הווה			Past עבר	Future עתיד	Imper. ציווי
יחיד	יוֹעֵץ	יָעוּץ	אני	יָעַצְתִּי	אִיעַץ/אָעוּץ****	
יחידה	יוֹעֶצֶת	יְעוּצָה	אתה	יָעַצְתָּ	תִּיעַץ/תָּעוּץ	יְעַץ/עוּץ
רבים	יוֹעֲצִים	יְעוּצִים	את	יָעַצְתְּ	תִּיעֲצִי/תָּעוּצִי	יַעֲצִי/עוּצִי
רבות	יוֹעֲצוֹת	יְעוּצוֹת	הוא	יָעַץ	יִיעַץ/יָעוּץ	
			היא	יָעֲצָה	תִּיעַץ/תָּעוּץ	
			אנחנו	יָעַצְנוּ	נִיעַץ/נָעוּץ	
			אתם/ן	יְעַצְתֶּם/ן*	תִּיעֲצוּ/תָּעוּצוּ**	יַעֲצוּ/עוּצוּ***
			הם/ן	יָעֲצוּ	יִיעֲצוּ/יָעוּצוּ**	

* Colloquial: יָעַצְתֶּם/ן

** less commonly: תִּיעַצְנָה/תָּעוֹצְנָה

*** less commonly: (אתן) יְעַצְנָה/עוֹצְנָה

**** in BH: אָעוּץ, תָּעוּץ... עוּץ, לָעוּץ

שם הפועל .Infin לִיעוֹץ/לָעוּץ

בינוני פעיל .Act. Part יוֹעֵץ counsellor, adviser

בינ' סביל .Pass. Part יָעוּץ given as advice (lit.)

מקור מוחלט .Inf. Abs יָעוֹץ/עוֹץ

מ"י מוצרכת .Gov. Prep יָעַץ ל- advise (somebody)

נוֹעַץ/יִיוָּעֵץ (יִוָּעֵץ) take advice, be advised

בניין: נִפְעַל   גזרה: נחי פ"י + ע' גרונית

	Present הווה		Past עבר	Future עתיד	Imperative ציווי
יחיד	נוֹעָץ	אני	נוֹעַצְתִּי	אִיוָּעֵץ	
יחידה	נוֹעֶצֶת	אתה	נוֹעַצְתָּ	תִּיוָּעֵץ	הִיוָּעֵץ >>>

	Present הווה		Past עבר	Future עתיד	Imperative ציווי
רבים	נוֹעָצִים	את	נוֹעַצְתְּ	תִּיוָּעֲצִי	הִיוָּעֲצִי
רבות	נוֹעָצוֹת	הוא	נוֹעַץ	יִיוָּעֵץ	
		היא	נוֹעֲצָה	תִּיוָּעֵץ	
		אנחנו	נוֹעַצְנוּ	נִיוָּעֵץ	
		אתם/ן	נוֹעַצְתֶּם/ן	תִּיוָּעֲצוּ*	הִיוָּעֲצוּ**
		הם/ן	נוֹעֲצוּ	יִיוָּעֲצוּ*	

* less commonly: אתן/הן תִּיוָּעַצְנָה/...עֵצְנָה

שם הפועל .Infin לְהִיוָּעֵץ ** less commonly: (אתן) הִיוָּעַצְנָה/...עֵצְנָה

שם הפעולה Gerund הִיוָּעֲצוּת consultation, taking counsel

מ"י מוצרכת .Gov. Prep נוֹעַץ ב- take advice from

◆ דוגמאות Illustrations

רופא המשפחה לא ידע מה **לְיַיֵּעַץ** לה לעשות, והלך **לְהִתְיַיֵּעֵץ** עם הרופא המקצועי במשרד הסמוך. שניהם **נוֹעֲצוּ** בספרים המתאימים, ובסופו של דבר **יָעֲצוּ** לה לפנות למומחה בבית החולים הכללי של מסצ'וסטס בבוסטון.

The family doctor did not know what **to advise** her to do, and went **to consult** with the specialist physician in the next office. They both **consulted** the appropriate books, and in the end **advised** her to go to an expert at the Massachusetts General Hospital in Boston.

מיכאל עוסק **בְּיִיעוּץ** הנדסי לחברות המפיקות חומרי כימיים. משלמים לו **כְּיוֹעֵץ** מבחוץ, לא כעובד של החברה.

Michael provides engineering **consulting** to companies producing chemicals. He is paid as an outside **consultant**, not as a company employee.

● יפע

הוֹפִיעַ/הוֹפַע/יוֹפִיעַ appear, show up (col.); come out (book etc.)

בניין: הִפְעִיל גזרה: נחי פ"י + ל' גרונית

	Present הווה		Past עבר	Future עתיד	Imperative ציווי
יחיד	מוֹפִיעַ	אני	הוֹפַעְתִּי	אוֹפִיעַ	
יחידה	מוֹפִיעָה	אתה	הוֹפַעְתָּ	תּוֹפִיעַ	הוֹפַע
רבים	מוֹפִיעִים	את	הוֹפַעְתְּ/...עַת	תּוֹפִיעִי	הוֹפִיעִי
רבות	מוֹפִיעוֹת	הוא	הוֹפִיעַ	יוֹפִיעַ	
		היא	הוֹפִיעָה	תּוֹפִיעַ	
		אנחנו	הוֹפַעְנוּ	נוֹפִיעַ	
		אתם/ן	הוֹפַעְתֶּם/ן	תּוֹפִיעוּ*	הוֹפִיעוּ**
		הם/ן	הוֹפִיעוּ	יוֹפִיעוּ*	

שם הפועל .Infin לְהוֹפִיעַ * less commonly: אתן/הן תּוֹפַעְנָה >>>

שם הפעולה .Ger הוֹפָעָה appearance; show ** less commonly: (אתן) הוֹפַעְנָה
מקור מוחלט .Inf. Abs הוֹפֵעַ

◆ דוגמאות Illustrations

חיים **הוֹפִיעַ** בוקר אחד במשרד והודיע לי שיש לו שני כרטיסים **להוֹפָעָה** של ברברה סטרייסנד. אמרתי לו שאני לא יכול ללכת, כי הוזמנתי למסיבה לרגל **הוֹפָעַת** ספר חדש של אחד מעמיתיי.

Hayyim **appeared** one morning at the office and informed me that he had two tickets for a Barbra Streisand **show**. I told him that I could not go, since I was invited to a party on the occasion of the **coming out** of a new book by one of my colleagues.

● יצא

יָצָא/יוֹצֵא/יֵצֵא come/go out, emerge; leave

בניין: פָּעַל גזרה: חסרי פ"י + ל"א

	Present הווה		Past עבר	Future עתיד	Imperative ציווי
יחיד	יוֹצֵא	אני	יָצָאתִי	אֵצֵא	
יחידה	יוֹצֵאת	אתה	יָצָאתָ	תֵּצֵא	צֵא
רבים	יוֹצְאִים	את	יָצָאת	תֵּצְאִי	צְאִי
רבות	יוֹצְאוֹת	הוא	יָצָא	יֵצֵא	
		היא	יָצְאָה	תֵּצֵא	
		אנחנו	יָצָאנוּ	נֵצֵא	
		אתם/ן	יְצָאתֶם/ן*	תֵּצְאוּ**	צְאוּ***
		הם/ן	יָצְאוּ	יֵצְאוּ**	

* Colloquial: יָצָאתֶם/ן

** less commonly: אתן/הן תֵּצֶאנָה

שם הפועל .Infin לָצֵאת *** less commonly: (אתן) צֶאנָה

שם הפעולה Gerund יְצִיאָה coming out, emergence; leaving; exit (from theater etc.)

מקור מוחלט .Inf. Abs יָצוֹא

מ"י מוצרכת .Gov. Prep יָצָא מ- come out of, leave/depart from

הוֹצִיא/הוֹצֵא/יוֹצִיא take/bring out, remove; withdraw, extract; spend (money), expend

בניין: הִפְעִיל גזרה: נחי פ"י + ל"א

	Present הווה		Past עבר	Future עתיד	Imperative ציווי
יחיד	מוֹצִיא	אני	הוֹצֵאתִי	אוֹצִיא	
יחידה	מוֹצִיאָה	אתה	הוֹצֵאתָ	תּוֹצִיא	הוֹצֵא
רבים	מוֹצִיאִים	את	הוֹצֵאת	תּוֹצִיאִי	הוֹצִיאִי
רבות	מוֹצִיאוֹת	הוא	הוֹצִיא	יוֹצִיא	>>>

Imperative ציווי	Future עתיד	Past עבר		Present הווה
	תּוֹצִיא	הוֹצִיאָה	היא	
	נוֹצִיא	הוֹצֵאנוּ	אנחנו	
הוֹצִיאוּ**	תּוֹצִיאוּ*	הוֹצֵאתֶם/ן	אתם/ן	
	יוֹצִיאוּ*	הוֹצִיאוּ	הם/ן	

* less commonly: אתן/הן תּוֹצֶאנָה

שם הפועל .Infin לְהוֹצִיא — ** less commonly: (אתן) הוֹצֶאנָה

שם הפעולה Gerund הוֹצָאָה taking out; expense; publication; publishing house

מקור מוחלט .Inf. Abs הוֹצֵא

הוּצָא be taken out/extracted/expended

בניין: הוּפְעַל — גזרה: פ"י + ל"א

Future עתיד	Past עבר		Present הווה	
אוּצָא	הוּצֵאתִי	אני	מוּצָא	יחיד
תּוּצָא	הוּצֵאתָ	אתה	מוּצֵאת	יחידה
תּוּצְאִי	הוּצֵאת	את	מוּצָאִים	רבים
יוּצָא	הוּצָא	הוא	מוּצָאוֹת	רבות
תּוּצָא	הוּצְאָה	היא		
נוּצָא	הוּצֵאנוּ	אנחנו		
תּוּצְאוּ*	הוּצֵאתֶם/ן	אתם/ן		
יוּצְאוּ*	הוּצְאוּ	הם/ן		

* less commonly: אתן/הן תּוּצֶאנָה — [מקור מוחלט .Inf. Abs הוּצֵא]

מ"י מוצרכת .Gov. Prep הוּצָא מ- be taken out of

יִיצֵּא/יִיצֵא (יִצֵּא) export

בניין: פִּיעֵל — גזרה: ל"א

Imperative ציווי	Future עתיד	Past עבר		Present הווה	
	אֲיַיצֵּא	יִיצֵאתִי	אני	מְיַיצֵּא	יחיד
יַצֵּא	תְּיַיצֵּא	יִיצֵאתָ	אתה	מְיַיצֵּאת	יחידה
יַצְּאִי	תְּיַיצְּאִי	יִיצֵאת	את	מְיַיצְּאִים	רבים
	יְיַצֵּא	יִיצֵּא	הוא	מְיַיצְּאוֹת	רבות
	תְּיַיצֵּא	יִיצְּאָה	היא		
	נְיַיצֵּא	יִיצֵאנוּ	אנחנו		
יַצְּאוּ**	תְּיַיצְּאוּ*	יִיצֵאתֶם/ן	אתם/ן		
	יְיַצְּאוּ*	יִיצְּאוּ	הם/ן		

שם הפועל .Infin לְיַיצֵּא — * less commonly: אתן/הן תְּיַיצֶּאנָה

שם הפעולה Gerund יִיצּוּא export (N) — ** less commonly: (אתן) יַצֶּאנָה

◆ פעלים שאינם שכיחים מאותו שורש Infrequent verbs sharing the same root

יוּצָּא (יֻצָּא) be exported (מְיוּצָּא, יְיוּצָּא) בינוני סביל .Pass. Part מְיוּצָּא exported

◆ דוגמאות Illustrations

כשחיים **יָצָא** מביתו בבוקר השעה היתה כבר מאוחרת. הוא **הוֹצִיא** את מכוניתו מן הסככה, ולפתע הבחין שיש לו תקר באחד הצמיגים.

When Hayyim **came out** of his house in the morning, it was rather late. He **took out** his car from under the car port, and suddenly noticed that he had a flat tire.

עזריאל עוסק **בְּיִצּוּא** יהלומים לארה"ב. הוא **מְיַיְצֵּא** רק יהלומים גדולים מעל לשני קרט.

Azriel deals with **export** of diamonds to the U.S.A. He **exports** only diamonds that are larger than two carats.

הספר הזה **הוּצָא** לאור על ידי **הוֹצָאַת** "כתר".

This book **was published** by the Keter **Publishing House**.

◆ ביטויים מיוחדים Special expressions

יוֹצֵא דופן unusual

יוֹצֵא מן הכלל exception(al)

יוֹצֵא צבא liable for military service

כְּיוֹצֵא בו similarly, likewise

פועל **יוֹצֵא** transitive verb; upshot, outcome

יָצָא לאוויר העולם be born (=come out into the air of the world)

יָצָא בדימוס retire

יָצָא מאפו he was sick of it

יָצָא לבו אחריו he missed him very much

יָצָא בשן ועין lose heavily (=be left with an arm and a tooth)

יָצָא הפסדו בשכרו his gain outweighed his loss

יָצָא שכרו בהפסדו his loss outweighed his gain

יָצָא וידיו על ראשו/ואוזניו מקוטפות suffer a defeat

יָצָא ידי חובתו fulfill one's formal obligation

יָצָא לאור be published

יָצָא לו שם/**יָצְאוּ** לו מוניטין make a name for oneself; have a reputation

יָצָא לפועל be executed, be put into effect

יָצָא לתרבות רעה go the bad way

יָצָא מגדרו/מכליו lose one's temper

יָצָא מדעתו go mad

יָצָא נקי מנכסיו lost everything he had (=became "clean" of all his possessions)

לא **יָצָא** לי (ל...) I didn't manage (to)

יָצְאָה נפשו he yearned for

יָצְאָה נשמתו he passed away (=his soul departed)

צֵא וחשוב/**צֵא** ולמד/**צֵא** וראה note well

הוֹצִיא להורג execute

הוֹצִיא דיבה/לעז על, **הוֹצִיא** שם רע slander, libel, defame

לְהוֹצִיא את... with the exception of...

הוֹצִיא לאור publish

הוֹצִיא לפועל execute, put into effect

הוֹצִיא שורש find the root (math)

הוֹצִיא אותו ידי חובתו release him from his obligation

ברכת "**הַמּוֹצִיא**" the benediction over bread

●יצג

ייצֵּג/ייִצַּג/יְיַצֵּג (יִצֵּג) represent

בניין: פִּיעֵל גזרה: שלמים

	Present הווה		Past עבר	Future עתיד	Imperative ציווי
יחיד	מְייַצֵּג	אני	ייצַּגְתִּי	אֲייַצֵּג	
יחידה	מְייַצֶּגֶת	אתה	ייצַּגְתָּ	תְּייַצֵּג	יַצֵּג
רבים	מְייַצְּגִים	את	ייצַּגְתְּ	תְּייַצְּגִי	יַצְּגִי
רבות	מְייַצְּגוֹת	הוא	ייצֵּג	יְייַצֵּג	
		היא	ייצְּגָה	תְּייַצֵּג	
		אנחנו	ייצַּגְנוּ	נְייַצֵּג	
		אתם/ן	ייצַּגְתֶּם/ן	תְּייַצְּגוּ*	יַצְּגוּ**
		הם/ן	ייצְּגוּ	יְייַצְּגוּ*	

שם הפועל .Infin לְייַצֵּג

שם הפעולה .Ger ייצוּג representation

בינוני .Pres. Part מְייַצֵּג (.representative (Adj

מקור מוחלט .Inf. Abs יַצֵּג

* less commonly: אתן/הן תְּייַצֵּגְנָה

** less commonly: (אתן) יַצֵּגְנָה

יוּצַּג (יֻצַּג) be represented

בניין: פּוּעַל גזרה: שלמים

	Present הווה		Past עבר	Future עתיד
יחיד	מְיוּצָּג	אני	יוּצַּגְתִּי	אֲיוּצַּג
יחידה	מְיוּצֶּגֶת	אתה	יוּצַּגְתָּ	תְּיוּצַּג
רבים	מְיוּצָּגִים	את	יוּצַּגְתְּ	תְּיוּצְּגִי
רבות	מְיוּצָּגוֹת	הוא	יוּצַּג	יְיוּצַּג
		היא	יוּצְּגָה	תְּיוּצַּג
		אנחנו	יוּצַּגְנוּ	נְיוּצַּג
		אתם/ן	יוּצַּגְתֶּם/ן	תְּיוּצְּגוּ*
		הם/ן	יוּצְּגוּ	יְיוּצְּגוּ*

בינוני .Pres. Part מְיוּצָּג represented

[מקור מוחלט .Inf. Abs יוּצּוֹג]

* less commonly: אתן/הן תְּיוּצַּגְנָה

הִצִּיג/הִצַּג/יַצִּיג present, put on (play), show, introduce, demonstrate

בניין: הִפְעִיל גזרה: חסרי פי״צ

	Present הווה		Past עבר	Future עתיד	Imperative ציווי
יחיד	מַצִּיג	אני	הִצַּגְתִּי	אַצִּיג	
יחידה	מַצִּיגָה	אתה	הִצַּגְתָּ	תַּצִּיג	הַצֵּג
רבים	מַצִּיגִים	את	הִצַּגְתְּ	תַּצִּיגִי	הַצִּיגִי
רבות	מַצִּיגוֹת	הוא	הִצִּיג	יַצִּיג	
		היא	הִצִּיגָה	תַּצִּיג	>>>

		Past עבר	Future עתיד	Imperative ציווי
	אנחנו	הִצַּגְנוּ	נַצִּיג	
	אתם/ן	הִצַּגְתֶּם/ן	תַּצִּיגוּ*	הַצִּיגוּ**
	הם/ן	הִצִּיגוּ	יַצִּיגוּ*	

* less commonly: אתן/הן תַּצֵּגְנָה

שם הפועל .Infin לְהַצִּיג ** less commonly: (אתן) הַצֵּגְנָה

שם הפעולה Gerund הַצָּגָה play (theater), show, presentation; setting up; presenting

הֶיצֵּג exposition (musical)

מקור מוחלט .Inf. Abs הַצֵּג

הוּצַּג (הֻצַּג) be presented/put on/shown/introduced/demonstrated

בניין: הוּפְעַל גזרה: חסרי פ"צ

	Present הווה		Past עבר	Future עתיד
יחיד	מוּצָּג	אני	הוּצַּגְתִּי	אוּצַּג
יחידה	מוּצֶּגֶת	אתה	הוּצַּגְתָּ	תוּצַּג
רבים	מוּצָּגִים	את	הוּצַּגְתְּ	תוּצְּגִי
רבות	מוּצָּגוֹת	הוא	הוּצַּג	יוּצַּג
		היא	הוּצְּגָה	תוּצַּג
		אנחנו	הוּצַּגְנוּ	נוּצַּג
		אתם/ן	הוּצַּגְתֶּם/ן	תוּצְּגוּ*
		הם/ן	הוּצְּגוּ	יוּצְּגוּ*

בינוני .Pres. Part מוּצָּג exhibit (N) * less commonly: אתן/הן תוּצַּגְנָה

[מקור מוחלט .Inf. Abs הוּצֵּג]

◆ פעלים שאינם שכיחים מאותו שורש Infrequent verbs sharing the same root

הִתְייַצֵּג (הִתְיַצֵּג) present oneself, show up (lit.) (מִתְייַצֵּג, יִתְייַצֵּג, לְהִתְייַצֵּג)

נִיצַּג (נִצַּג) stand, be presented (נִיצָּג)

◆ דוגמאות Illustrations

בתשובה לטענות שהועלו כלפיו, הצהיר הנואם כי הממשלה הנוכחית אינה **מְייַצֶּגֶת** את דעותיו, וכי הוא מתנגד בחריפות למדיניות **הַמְיוּצֶּגֶת** על ידי מנהיגיה. הוא **הִצִּיג** בפני הקהל את השקפת עולמו, כפי **שֶׁהוּצְּגָה** לאחרונה על ידו במאמר מקיף בכתב עת פוליטי חשוב.

In response to arguments raised before him, the speaker declared that the present government does not **represent** his views, and that he strongly disagrees with the policy **represented** by its leaders. He **presented** to the audience his world view, as **presented** by himself recently in a comprehensive article in an important political journal.

איני מקבל את תוצאות המשאל הזה, כיוון שהמדגם שעליו הוא מסתמך אינו מְייַצֵּג: **מְיוּצָּגוֹת** בו שלוש הערים הגדולות בלבד, ולכן אין הוא **מַצִּיג** תמונה נכונה של המצב.

I do not accept the results of this survey, since the sample on which it is based is not **representative**: only the three major cities **are represented** in it, and thus it does not **present** an accurate picture of the situation.

◆ ביטויים מיוחדים Special expressions

הִצִּיג אותו ככלי ריק left him with nothing, impoverished him

הִצִּיג לו רגל put obstacles in his way

● יצע

הִצִּיעַ/הִצַּע/יַצִּיעַ suggest; make (a bed)

בניין: הִפְעִיל גזרה: חסרי פי"צ + ל' גרונית

	Present הווה		Past עבר	Future עתיד	Imperative ציווי
יחיד	מַצִּיעַ	אני	הִצַּעְתִּי	אַצִּיעַ	
יחידה	מַצִּיעָה	אתה	הִצַּעְתָּ	תַּצִּיעַ	הַצַּע
רבים	מַצִּיעִים	את	הִצַּעְתְּ/...עַת	תַּצִּיעִי	הַצִּיעִי
רבות	מַצִּיעוֹת	הוא	הִצִּיעַ	יַצִּיעַ	
		היא	הִצִּיעָה	תַּצִּיעַ	
		אנחנו	הִצַּעְנוּ	נַצִּיעַ	
		אתם/ן	הִצַּעְתֶּם/ן	תַּצִּיעוּ*	הַצִּיעוּ**
		הם/ן	הִצִּיעוּ	יַצִּיעוּ*	

שם הפועל .Infin לְהַצִּיעַ * less commonly: אתן/הן תַּצַּעְנָה

שם הפעולה .Ger הַצָּעָה suggestion, proposal ** less commonly: (אתן) הַצַּעְנָה

הֶיצֵּעַ (הֶצֵּעַ) (N) supply (econ.)

מקור מוחלט .Inf. Abs הַצֵּעַ

הוּצַּע (הֻצַּע) be suggested; be made (a bed)

בניין: הוּפְעַל גזרה: חסרי פי"צ + ל' גרונית

	Present הווה		Past עבר	Future עתיד
יחיד	מוּצָּע	אני	הוּצַּעְתִּי	אוּצַּע
יחידה	מוּצַּעַת	אתה	הוּצַּעְתָּ	תּוּצַּע
רבים	מוּצָּעִים	את	הוּצַּעְתְּ/...עַת	תּוּצְּעִי
רבות	מוּצָּעוֹת	הוא	הוּצַּע	יוּצַּע
		היא	הוּצְּעָה	תּוּצַּע
		אנחנו	הוּצַּעְנוּ	נוּצַּע
		אתם/ן	הוּצַּעְתֶּם/ן	תּוּצְּעוּ*
		הם/ן	הוּצְּעוּ	יוּצְּעוּ*

בינוני .Pres. Part מוּצָּע suggested, offered * less commonly: אתן/הן תּוּצַּעְנָה <<<

מקור מוחלט .Inf. Abs הוּצֵעַ

◆ פעלים שאינם שכיחים מאותו שורש Infrequent verbs sharing the same root

יָצַע (Med H) prepare/make bed (יוֹצֵעַ, יִיצַע, לִיצֹעַ)

◆ דוגמאות Illustrations

הוּצְעָה לו עבודה מצוינת באנגליה. הִצִּיעוּ לו משכורת גבוהה ודיור חינם. קשה לסרב להַצָּעָה כזאת.

He **was offered** an excellent position in England. **They offered** him a high salary and free housing. It is hard to refuse such an **offer**.

הִצַּעְתִּי לו את המיטה באופן שיהיה לו נוח לישון.

I **made** the bed for him in a manner that will make it comfortable for him to sleep.

◆ ביטויים מיוחדים Special expressions

הַצָּעָה שקשה לסרב לה an offer that is hard to refuse (resist)

הֶיצֵּעַ וביקוש supply and demand

● יצר

יָצַר/יוֹצֵר/יִיצוֹר (יִצֹר) create, produce, form; devise

בניין: פָּעַל   גזרה: חסרי פי"צ (אֶפְעוֹל)

	Present הווה			Past עבר	Future עתיד	Imper. ציווי
יחיד	יוֹצֵר	יָצוּר	אני	יָצַרְתִּי	אֶצּוֹר	
יחידה	יוֹצֶרֶת	יְצוּרָה	אתה	יָצַרְתָּ	תִּיצּוֹר	יְצוֹר
רבים	יוֹצְרִים	יְצוּרִים	את	יָצַרְתְּ	תִּיצְּרִי	יִצְרִי
רבות	יוֹצְרוֹת	יְצוּרוֹת	הוא	יָצַר	יִיצּוֹר	
			היא	יָצְרָה	תִּיצּוֹר	
			אנחנו	יָצַרְנוּ	נִיצּוֹר	
			אתם/ן	יְצַרְתֶּם/ן*	תִּיצְּרוּ**	יִצְרוּ***
			הם/ן	יָצְרוּ	יִיצְּרוּ**	

* Colloquial: יָצַרְתֶּם/ן

** less commonly: אתן/הן תִּיצּוֹרְנָה

*** less commonly: (אתן) יְצוֹרְנָה

שם הפועל .Infin לִיצּוֹר

שם הפעולה .Ger יְצִירָה creation, formation; (piece of) work, work of art; pottery

בינוני פעיל .Act. Part יוֹצֵר creator; potter; hymn

בינוני סביל .Pass. Part יָצוּר (Med H) created

מקור מוחלט .Inf. Abs יָצוֹר

נוֹצַר/יִיוָּצֵר (יִוָּצֵר) be created/produced, occur

בניין: נִפְעַל גזרה: נחי פ"י

	Present הווה		Past עבר	Future עתיד	Imperative ציווי
יחיד	נוֹצָר	אני	נוֹצַרְתִּי	אִיוָּצֵר	
יחידה	נוֹצֶרֶת	אתה	נוֹצַרְתָּ	תִּיוָּצֵר	הִיוָּצֵר
רבים	נוֹצָרִים	את	נוֹצַרְתְּ	תִּיוָּצְרִי	הִיוָּצְרִי
רבות	נוֹצָרוֹת	הוא	נוֹצַר	יִיוָּצֵר	
		היא	נוֹצְרָה	תִּיוָּצֵר	
		אנחנו	נוֹצַרְנוּ	נִיוָּצֵר	
		אתם/ן	נוֹצַרְתֶּם/ן	תִּיוָּצְרוּ*	הִיוָּצְרוּ**
		הם/ן	נוֹצְרוּ	יִיוָּצְרוּ*	

שם הפועל .Infin לְהִיוָּצֵר   * less commonly: אתן/הן תִּיוָּצַרְנָה/...צֵרְנָה

שם הפעולה Gerund הִיוָּצְרוּת forming (N)   ** less commonly: (אתן) הִיוָּצַרְנָה/...צֵרְנָה

יִיצֵּר/יְיַצֵּר (יִצֵּר) produce, manufacture

בניין: פִּיעֵל גזרה: שלמים

	Present הווה		Past עבר	Future עתיד	Imperative ציווי
יחיד	מְיַיצֵּר	אני	יִיצַּרְתִּי	אֲיַיצֵּר	
יחידה	מְיַיצֶּרֶת	אתה	יִיצַּרְתָּ	תְּיַיצֵּר	יַצֵּר
רבים	מְיַיצְּרִים	את	יִיצַּרְתְּ	תְּיַיצְּרִי	יַצְּרִי
רבות	מְיַיצְּרוֹת	הוא	יִיצֵּר	יְיַיצֵּר	
		היא	יִיצְּרָה	תְּיַיצֵּר	
		אנחנו	יִיצַּרְנוּ	נְיַיצֵּר	
		אתם/ן	יִיצַּרְתֶּם/ן	תְּיַיצְּרוּ*	יַצְּרוּ**
		הם/ן	יִיצְּרוּ	יְיַיצְּרוּ*	

* less commonly: אתן/הן תְּיַיצֵּרְנָה

שם הפועל .Infin לְיַיצֵּר   ** less commonly: (אתן) יַצֵּרְנָה

שם הפעולה Gerund יִיצּוּר production, manufacturing

מקור מוחלט .Inf. Abs יַצֵּר

יוּצַּר (יֻצַּר) be produced/manufactured

בניין: פּוּעַל גזרה: שלמים

	Present הווה		Past עבר	Future עתיד	
יחיד	מְיוּצָּר	אני	יוּצַּרְתִּי	אֲיוּצַּר	
יחידה	מְיוּצֶּרֶת	אתה	יוּצַּרְתָּ	תְּיוּצַּר	
רבים	מְיוּצָּרִים	את	יוּצַּרְתְּ	תְּיוּצְּרִי	
רבות	מְיוּצָּרוֹת	הוא	יוּצַּר	יְיוּצַּר	
		היא	יוּצְּרָה	תְּיוּצַּר	
		אנחנו	יוּצַּרְנוּ	נְיוּצַּר	
		אתם/ן	יוּצַּרְתֶּם/ן	תְּיוּצְּרוּ*	<<<

	Future עתיד	Past עבר	
	יְיוּצְרוּ*	יוּצְרוּ	הם/ן

[מקור מוחלט Inf. Abs. יוּצוֹר] * less commonly: אתן/הן תְּיוּצַרְנָה

◆ **פעלים שאינם שכיחים מאותו שורש** Infrequent verbs sharing the same root

נִתְיַיצֵּר (נִתְיַצֵּר) be formed (Med H) (מִתְיַיצֵּר, יִתְיַיצֵּר, לְהִתְיַיצֵּר)

הוּצַר be manufactured (מוּצָר, יוּצַר) בינ' Pres. Part. מוּצָר product (common form)

◆ **דוגמאות** Illustrations

המכשיר הזה מְיוּצָר בקוריאה הדרומית. הקוריאנים מְיַיצְּרִים מכשירים אלקטרוניים באיכות טובה ובמחיר סביר.

This appliance **is manufactured** in South Korea. The Koreans **produce** electronic appliances of good quality for a reasonable price.

הנפילה החדה בשוק המניות נוֹצְרָה עקב שמועות על התמוטטות הפסו המקסיקאי. השמועות יָצְרוּ אווירת בהלה שהובילה למכירה מבוהלת של מניות בינלאומיות.

The collapse of the stock market **occurred** as a result of rumors that the Mexican peso was collapsing. The rumors **created** an atmosphere of panic that led to frantic sellout of international stocks.

● ירד

יָרַד/יוֹרֵד/יֵרֵד go/come down; decline; emigrate (from Israel)

בניין: פָּעַל גזרה: חסרי פ"י

Imper. ציווי	Future עתיד	Past עבר		Present הווה		
	אֵרֵד	יָרַדְתִּי	אני	יָרוּד	יוֹרֵד	יחיד
רֵד	תֵּרֵד	יָרַדְתָּ	אתה	יְרוּדָה	יוֹרֶדֶת	יחידה
רְדִי	תֵּרְדִי	יָרַדְתְּ	את	יְרוּדִים	יוֹרְדִים	רבים
	יֵרֵד	יָרַד	הוא	יְרוּדוֹת	יוֹרְדוֹת	רבות
	תֵּרֵד	יָרְדָה	היא			
	נֵרֵד	יָרַדְנוּ	אנחנו			
רְדוּ****	תֵּרְדוּ**	יְרַדְתֶּם/ן*	אתם/ן			
	יֵרְדוּ**	יָרְדוּ	הם/ן			

* Colloquial: יָרַדְתֶּם/ן ** less commonly: אתן/הן תֵּרַדְנָה***

*** Colloquial: תֵּרֶדְנָה

שם הפועל .Infin לָרֶדֶת **** less commonly: (אתן) רֵדְנָה

שם הפעולה Gerund יְרִידָה going/coming down, descent; decline; emigration (from Israel)

בינוני פעיל .Act. Part יוֹרֵד emigrant (from Israel) <<<

בינוני סביל .Pass. Part יָרוּד run-down, poor, shabby

מקור מוחלט .Inf. Abs יָרוֹד

מ"י מוצרכת .Gov. Prep יָרַד מ- come down from, get off (bus etc.)

הוֹרִיד/הוֹרַד/יוֹרִיד bring down; remove

בניין: הִפְעִיל גזרה: נחי פ"י

	Present הווה		Past עבר	Future עתיד	Imperative ציווי
יחיד	מוֹרִיד	אני	הוֹרַדְתִּי	אוֹרִיד	
יחידה	מוֹרִידָה	אתה	הוֹרַדְתָּ	תּוֹרִיד	הוֹרֵד
רבים	מוֹרִידִים	את	הוֹרַדְתְּ	תּוֹרִידִי	הוֹרִידִי
רבות	מוֹרִידוֹת	הוא	הוֹרִיד	יוֹרִיד	
		היא	הוֹרִידָה	תּוֹרִיד	
		אנחנו	הוֹרַדְנוּ	נוֹרִיד	
		אתם/ן	הוֹרַדְתֶּם/ן	תּוֹרִידוּ*	הוֹרִידוּ**
		הם/ן	הוֹרִידוּ	יוֹרִידוּ*	

* less commonly: אתן/הן תּוֹרֵדְנָה

שם הפועל .Infin לְהוֹרִיד ** less commonly: (אתן) הוֹרֵדְנָה

שם הפעולה Gerund הוֹרָדָה taking down, lowering; reduction, diminution

מקור מוחלט .Inf. Abs הוֹרֵד

הוּרַד be brought down/lowered/removed

בניין: הוּפְעַל גזרה: חסרי פ"י

	Present הווה		Past עבר	Future עתיד
יחיד	מוּרָד	אני	הוּרַדְתִּי	אוּרַד
יחידה	מוּרֶדֶת	אתה	הוּרַדְתָּ	תּוּרַד
רבים	מוּרָדִים	את	הוּרַדְתְּ	תּוּרְדִי
רבות	מוּרָדוֹת	הוא	הוּרַד	יוּרַד
		היא	הוּרְדָה	תּוּרַד
		אנחנו	הוּרַדְנוּ	נוּרַד
		אתם/ן	הוּרַדְתֶּם/ן	תּוּרְדוּ*
		הם/ן	הוּרְדוּ	יוּרְדוּ*

[מקור מוחלט .Inf. Abs הוּרֵד] * less commonly: אתן/הן תּוּרַדְנָה

מ"י מוצרכת .Gov. Prep הוּרַד מ- be removed from

◆ דוגמאות Illustrations

אביבה **יָרְדָה** מן הרכבת, והנוסע שישב לידה עזר לה **לְהוֹרִיד** את המזוודות.

Aviva **got off** the train, and the passenger who had been sitting next to her helped her **bring down** the suitcases.

מכיוון שמחירי הדלק **הוּרְדוּ**, **יָרְדוּ** גם מחירי כרטיסי הטיסה.

Since fuel prices **were lowered**, prices of flight tickets **went down** as well.

מספר היוֹרְדִים לארה״ב יָרַד משמעותית בשנים האחרונות. הַיְרִידָה בִּירִידָה לארה״ב מיוחסת לִירִידָה בפעילות הכלכלית שם ולעליית שיעור האבטלה.
The number of **emigrants** from Israel to the U.S.A **has decreased** significantly in recent years. The **decrease** in **emigration** to the U.S.A is attributed to the economic **decline** there and to the increased unemployment.

◆ ביטויים מיוחדים Special expressions

יָרַד מגדולתו go down in status
יָרַד גשם it rained
יָרַד לסוף דעתו really understand him
יָרַד לעומקו של דבר study in depth so as to truly understand
יָרַד לחייו persecute him
יָרַד פלאים deteriorate greatly
יָרַד למחתרת go underground (politically)
יָרַד מנכסיו become impoverished
יָרַד היום the day drew to a close
יָרַד שאולה die
יָרַד במשקל lose weight
יָרַד לטמיון be lost completely
הוֹרִיד את המחיר lower the price
הוֹרִיד דמעות shed tears
הוֹרִיד ראש מבושה hang one's head down in shame
מעלין בקודש ולא מוֹרִידִין you do not demote a highly regarded person; you can only promote
לא מעלה ולא מוֹרִיד it does not really make any difference one way or another
הוֹרָדָה בדרגה demotion

● ירה

fire, shoot; cast (lit.) יָרָה/יוֹרֶה/יִירֶה
בניין: פָּעַל   גזרה: ל״ה + פ״י

	Present הווה		
יחיד	יוֹרֶה	יָרוּי	
יחידה	יוֹרָה	יְרוּיָה	
רבים	יוֹרִים	יְרוּיִים	
רבות	יוֹרוֹת	יְרוּיוֹת	

	Past עבר	Future עתיד	Imper. ציווי
אני	יָרִיתִי	אִירֶה	
אתה	יָרִיתָ	תִּירֶה	יְרֵה
את	יָרִית	תִּירִי	יְרִי
הוא	יָרָה	יִירֶה	
היא	יָרְתָה	תִּירֶה	
אנחנו	יָרִינוּ	נִירֶה	
אתם/ן	יְרִיתֶם/ן*	תִּירוּ**	יְרוּ***
הם/ן	יָרוּ	יִירוּ**	

* Colloquial: יָרִיתֶם/ן
** less commonly: אתן/הן תִּירֶינָה
*** less commonly: (אתן) יְרֶינָה

שם הפועל .Infin לִירוֹת
שם הפעולה Gerund יְרִיָּה firing, shooting; shot

<<<

בינוני פעיל Act. Part. יוֹרֶה one who shoots; first rain of the season (in Israel)
בינוני סביל Pass. Part. יָרוּי shot (Adj.)
מקור מוחלט Inf. Abs. יָרֹה

נוֹרָה/יִיָּרֶה be fired (gun), be shot (person)

בניין: נִפְעַל גזרה: ל"ה + נחי פ"י

	Present הווה		Past עבר	Future עתיד	Imperative ציווי
יחיד	נוֹרֶה	אני	נוֹרֵיתִי	אִיָּרֶה	
יחידה	נוֹרֵית	אתה	נוֹרֵיתָ	תִּיָּרֶה	הִיָּרֵה
רבים	נוֹרִים	את	נוֹרֵית	תִּיָּרִי	הִיָּרִי
רבות	נוֹרוֹת	הוא	נוֹרָה	יִיָּרֶה	
		היא	נוֹרְתָה	תִּיָּרֶה	
		אנחנו	נוֹרֵינוּ*	נִיָּרֶה	
		אתם/ן	נוֹרֵיתֶם/ן	תִּיָּרוּ**	הִיָּרוּ***
		הם/ן	נוֹרוּ	יִיָּרוּ**	

שם הפועל .Infin לְהִיָּרוֹת

* BH: נוֹרִינוּ
** less commonly: אתן/הן תִּיָּרֶינָה
*** less commonly: (אתן) הִיָּרֶינָה

[The following may or may not be related to the same root]

הוֹרָה/יוֹרֶה teach, instruct; show; determine

בניין: הִפְעִיל גזרה: ל"ה + נחי פ"י

	Present הווה		Past עבר	Future עתיד	Imperative ציווי
יחיד	מוֹרֶה	אני	הוֹרֵיתִי	אוֹרֶה	
יחידה	מוֹרָה	אתה	הוֹרֵיתָ	תּוֹרֶה	הוֹרֵה
רבים	מוֹרִים	את	הוֹרֵית	תּוֹרִי	הוֹרִי
רבות	מוֹרוֹת	הוא	הוֹרָה	יוֹרֶה	
		היא	הוֹרְתָה	תּוֹרֶה	
		אנחנו	הוֹרֵינוּ*	נוֹרֶה	
		אתם/ן	הוֹרֵיתֶם/ן	תּוֹרוּ**	הוֹרוּ***
		הם/ן	הוֹרוּ	יוֹרוּ**	

שם הפועל .Infin לְהוֹרוֹת   * BH: הוֹרִינוּ   ** less commonly: אתן/הן תּוֹרֶינָה
בינוני .Pres. Part מוֹרֶה teacher, instructor   *** less commonly: (אתן) הוֹרֶינָה
שם הפעולה Gerund הוֹרָאָה teaching, instruction
מקור מוחלט .Inf. Abs הוֹרֵה

◆ פעלים שאינם שכיחים מאותו שורש Infrequent verbs sharing the same root
הוֹרָה shoot (מוֹרֶה, יוֹרֶה, לְהוֹרוֹת)
יוֹרָה be fired/shot (מְיוֹרֶה, יְיוֹרֶה)

◆ **דוגמאות** Illustrations

המשטרה מוסרת כי כשתים עשרה **יְרִיּוֹת נוֹרוּ** לכיוון מכוניתו של השר. **היוֹרֶה**, **שֶׁיָּרָה** לעבר השר מרובה סער, נתפס לאחר **שֶׁנּוֹרָה** ונפצע בידי שומרי ראשו של השר. המשטרה **הוֹרְתָה** לכתבי התקשורת לא להתקרב למקום לפני שתושלם החקירה הראשונית.

The police report that about twelve **shots were fired** in the direction of the minister's car. The **gunman**, who **was shooting** at the minister with an assault rifle, was caught after he **had been shot** and wounded by the minister's bodyguards. The police **instructed** the media reporters not to get close before the initial investigation is completed.

המוֹרֶה הזה אדם נחמד, אבל אין לו מושג איך **להוֹרוֹת**. לא ברור לי איך הוא קיבל תעודת **הוֹרָאָה**.

This **teacher** is a nice person, but he has no idea how **to teach**. I have no idea how he could have been awarded a **teaching** certificate.

◆ **ביטויים מיוחדים** Special expressions

יָרָה אבן פינה lay a foundation stone — מכונת-**יְרִיָּה** machine-gun

עזרי **הוֹרָאָה** teaching aids

● ישב

יָשַׁב/יוֹשֵׁב/יֵשֵׁב sit, sit down; reside, dwell

בניין: פָּעַל — גזרה: חסרי פ"י

	Present הווה			Past עבר	Future עתיד	Imper. ציווי
יחיד	יוֹשֵׁב	יָשׁוּב	אני	יָשַׁבְתִּי	אֵשֵׁב	
יחידה	יוֹשֶׁבֶת	יְשׁוּבָה	אתה	יָשַׁבְתָּ	תֵּשֵׁב	שֵׁב
רבים	יוֹשְׁבִים	יְשׁוּבִים	את	יָשַׁבְתְּ	תֵּשְׁבִי	שְׁבִי
רבות	יוֹשְׁבוֹת	יְשׁוּבוֹת	הוא	יָשַׁב	יֵשֵׁב	
			היא	יָשְׁבָה	תֵּשֵׁב	
			אנחנו	יָשַׁבְנוּ	נֵשֵׁב	
			אתם/ן	יְשַׁבְתֶּם/ן*	תֵּשְׁבוּ**	שְׁבוּ****
			הם/ן	יָשְׁבוּ	יֵשְׁבוּ**	

* Colloquial: יָשַׁבְתֶּם/ן

** less commonly: אתן/הן תֵּשַׁבְנָה***

*** Colloquial: תֵּשֶׁבְנָה

**** less commonly: (אתן) שֵׁבְנָה

שם הפועל .Infin לָשֶׁבֶת

בינוני פעיל .Act. Part יוֹשֵׁב inhabitant

בינוני סביל .Pass. Part יָשׁוּב seated, settled

שם הפעולה Gerund יְשִׁיבָה sitting; dwelling; meeting, session; a Jewish religious academy

מקור מוחלט .Inf. Abs יָשׁוֹב

מ"י מוצרכת .Gov. Prep יָשַׁב עַל sit on

הִתְיַישֵּׁב/הִתְיַישֵּׁב (הִתְיַשֵּׁב) settle, colonize; be settled; sit down

בניין: הִתְפַּעֵל גזרה: שלמים

	Present הווה		Past עבר	Future עתיד	Imperative ציווי
יחיד	מִתְיַישֵּׁב	אני	הִתְיַישַּׁבְתִּי	אֶתְיַישֵּׁב	
יחידה	מִתְיַישֶּׁבֶת	אתה	הִתְיַישַּׁבְתָּ	תִּתְיַישֵּׁב	הִתְיַישֵּׁב
רבים	מִתְיַישְּׁבִים	את	הִתְיַישַּׁבְתְּ	תִּתְיַישְּׁבִי	הִתְיַישְּׁבִי
רבות	מִתְיַישְּׁבוֹת	הוא	הִתְיַישֵּׁב	יִתְיַישֵּׁב	
		היא	הִתְיַישְּׁבָה	תִּתְיַישֵּׁב	
		אנחנו	הִתְיַישַּׁבְנוּ	נִתְיַישֵּׁב	
		אתם/ן	הִתְיַישַּׁבְתֶּם/ן	תִּתְיַישְּׁבוּ*	הִתְיַישְּׁבוּ**
		הם/ן	הִתְיַישְּׁבוּ	יִתְיַישְּׁבוּ*	

שם הפועל .Infin לְהִתְיַישֵּׁב — * less commonly: אתן/הן תִּתְיַישֵּׁבְנָה

בינוני .Pres. Part מִתְיַישֵּׁב settler — ** less commonly: (אתן) הִתְיַישֵּׁבְנָה

שם הפעולה Gerund הִתְיַישְּׁבוּת settlement, colony

מקור מוחלט .Inf. Abs הִתְיַישֵּׁב

מ״י מוצרכת .Gov. Prep הִתְיַישֵּׁב ב- settle at (some place)

יִישֵּׁב/יִישַּׁב/יִישֵּׁב (יִשֵּׁב) settle (land, dispute, difficulty); set (mind) at ease; set; solve (problem)

בניין: פִּיעֵל גזרה: שלמים

	Present הווה		Past עבר	Future עתיד	Imperative ציווי
יחיד	מְיַישֵּׁב	אני	יִישַּׁבְתִּי	אֲיַישֵּׁב	
יחידה	מְיַישֶּׁבֶת	אתה	יִישַּׁבְתָּ	תְּיַישֵּׁב	יַשֵּׁב
רבים	מְיַישְּׁבִים	את	יִישַּׁבְתְּ	תְּיַישְּׁבִי	יַשְּׁבִי
רבות	מְיַישְּׁבוֹת	הוא	יִישֵּׁב	יְיַשֵּׁב	
		היא	יִישְּׁבָה	תְּיַישֵּׁב	
		אנחנו	יִישַּׁבְנוּ	נְיַישֵּׁב	
		אתם/ן	יִישַּׁבְתֶּם/ן	תְּיַישְּׁבוּ*	יַשְּׁבוּ**
		הם/ן	יִישְּׁבוּ	יְיַשְּׁבוּ*	

* less commonly: אתן/הן תְּיַישֵּׁבְנָה

שם הפועל .Infin לְיַישֵּׁב — ** less commonly: (אתן) יַשֵּׁבְנָה

שם הפעולה .Ger יִישּׁוּב settlement; settled area; settling; civilization; composure

מקור מוחלט .Inf. Abs יַשֵּׁב

יוּשַּׁב (יֻשַּׁב) be settled/set at ease (mind)/set

בניין: פּוּעַל גזרה: שלמים

	Present הווה		Past עבר	Future עתיד
יחיד	מְיוּשָּׁב	אני	יוּשַּׁבְתִּי	אֲיוּשַּׁב
יחידה	מְיוּשֶּׁבֶת	אתה	יוּשַּׁבְתָּ	תְּיוּשַּׁב
רבים	מְיוּשָּׁבִים	את	יוּשַּׁבְתְּ	תְּיוּשְּׁבִי >>>

Future עתיד	Past עבר		Present הווה	
יְיוּשַׁב	יוּשַׁב	הוא	מְיוּשָׁבוֹת	רבות
תְּיוּשַׁב	יוּשְׁבָה	היא		
נְיוּשַׁב	יוּשַׁבְנוּ	אנחנו		
תְּיוּשְׁבוּ*	יוּשַׁבְתֶּם/ן	אתם/ן		
יְיוּשְׁבוּ*	יוּשְׁבוּ	הם/ן		

* less commonly: אתן/הן תְּיוּשַׁבְנָה

בינוני .Pres. Part מְיוּשָׁב composed; one who carefully considers matters

[מקור מוחלט .Inf. Abs יוּשֹׁב]

הוֹשִׁיב/הוֹשַׁב/יוֹשִׁיב seat, set; settle (tr.)

בניין: הִפְעִיל גזרה: נחי פ״י

Imperative ציווי	Future עתיד	Past עבר		Present הווה	
	אוֹשִׁיב	הוֹשַׁבְתִּי	אני	מוֹשִׁיב	יחיד
הוֹשֵׁב	תּוֹשִׁיב	הוֹשַׁבְתָּ	אתה	מוֹשִׁיבָה	יחידה
הוֹשִׁיבִי	תּוֹשִׁיבִי	הוֹשַׁבְתְּ	את	מוֹשִׁיבִים	רבים
	יוֹשִׁיב	הוֹשִׁיב	הוא	מוֹשִׁיבוֹת	רבות
	תּוֹשִׁיב	הוֹשִׁיבָה	היא		
	נוֹשִׁיב	הוֹשַׁבְנוּ	אנחנו		
הוֹשִׁיבוּ**	תּוֹשִׁיבוּ*	הוֹשַׁבְתֶּם/ן	אתם/ן		
	יוֹשִׁיבוּ*	הוֹשִׁיבוּ	הם/ן		

שם הפועל .Infin לְהוֹשִׁיב — * less commonly: אתן/הן תּוֹשֵׁבְנָה

שם הפעולה Gerund הוֹשָׁבָה seating; setting — ** less commonly: (אתן) הוֹשֵׁבְנָה

מקור מוחלט .Inf. Abs הוֹשֵׁב

הוּשַׁב be seated/set

בניין: הוּפְעַל גזרה: פ״י

Future עתיד	Past עבר		Present הווה	
אוּשַׁב	הוּשַׁבְתִּי	אני	מוּשָׁב	יחיד
תּוּשַׁב	הוּשַׁבְתָּ	אתה	מוּשֶׁבֶת	יחידה
תּוּשְׁבִי	הוּשַׁבְתְּ	את	מוּשָׁבִים	רבים
יוּשַׁב	הוּשַׁב	הוא	מוּשָׁבוֹת	רבות
תּוּשַׁב	הוּשְׁבָה	היא		
נוּשַׁב	הוּשַׁבְנוּ	אנחנו		
תּוּשְׁבוּ*	הוּשַׁבְתֶּם/ן	אתם/ן		
יוּשְׁבוּ*	הוּשְׁבוּ	הם/ן		

[מקור מוחלט .Inf. Abs הוּשֵׁב] — * less commonly: אתן/הן תּוּשַׁבְנָה

◆ **פעלים שאינם שכיחים מאותו שורש** Infrequent verbs sharing the same root

נוֹשַׁב be populated/settled (נוֹשַׁב, יִוָּשֵׁב, לְהִוָּשֵׁב)

◆ דוגמאות Illustrations

כשהגיעו האורחים לארוחת הערב, **הוֹשַׁבְתִּי** את ראובן ליד שמעון. חשבתי שאם **יֵשְׁבוּ** זה ליד זה, הם יוכלו לדבר **וּלְיַישֵּׁב** את אי-ההבנה בינהם. רבקה **הִתְיַישְּׁבָה** ליד לאה; זה שילוב טוב: רבקה רצינית, **מְיוּשֶּׁבֶת**, לאה מבריקה וחדת לשון.

When the dinner guests arrived, I **seated** Reuven next to Shim'on. I thought that if they **sat** side by side, they'll be able to talk and **settle** the misunderstanding between them. Rivka **sat down** next lo Leah; that's a good combination: Rivka is serious, **carefully considers her opinions**, Leah is bright and sharp-tongued.

הַמִּתְיַישְּׁבִים הראשונים הקימו מושבות כמו פתח תקווה וראשון לציון; צורות אחרות של **יִישּׁוּב**, כמו הקיבוצים, קמו לאחר מכן. עולים אחרים **הִתְיַישְּׁבוּ** בערים כמו ירושלים ויפו, חלקם **בִּישִׁיבוֹת**. ערב מלחמת העולם הראשונה מנה **הַיִּישּׁוּב** העברי כ-65,000 נפש בלבד.

The first **settlers** built settlements like Petah Tikva and Rishon Letsiyon; other forms of **settlement**, such as the kibbutz, were set up only later. Other immigrants **settled** in cities like Jerusalem and Jaffa - some of them in **Yeshivas**. On the eve of World War I, the Jewish **population** of Palestine amounted to only 65,000.

◆ ביטויים מיוחדים Special expressions

יָשַׁב בטל sit idle, loaf

יָשַׁב בדין sit in judgment

יָשַׁב תחת גפנו ותחת תאנתו live in peace and harmony

יָשַׁב בִּישִׁיבָה attend a Yeshiva (religious academy); attend session

יָשַׁב על המדוכה work hard at trying to solve a problem

יָשַׁב ראש chair (a meeting)

יוֹשֵׁב ראש (יו"ר) chairperson

יָשַׁב בתענית fast

יָשַׁב שבעה mourn seven days after a funeral; mourn

יָשַׁב על גחלים/קוצים be restless (=sit on coals/thorns) (coll.)

שֵׁב ואל תעשה wait and see; do nothing in the meantime

יוֹשֵׁב בית one who likes to stay at home

יוֹשֵׁב קרנות loafer

בחור **יְשִׁיבָה** a Yeshiva student

יְשִׁיבָה של מעלה divine assembly (i.e. heaven)

נתבקש **בִּישִׁיבָה** של מעלה pass away, "called to heaven" (spoken of the death of a worthy person)

הסכסוך **נִתְיַישֵּׁב** the dispute was settled

הִתְיַישֵּׁב בדבר consider the matter over

יִישֵּׁב את הסכסוך settle the dispute

אדם מן **הַיִּישּׁוּב** a cultured person

בְּיִישּׁוּב דעת calmly

הַיִּישּׁוּב the Jewish population of Palestine (before Israel)

מְיוּשָּׁב בדעתו composed, collected, serene

● ישן

יָשֵׁן/יָשַׁן/יִישַׁן sleep

בניין: פָּעַל גזרה: נחי פ"י + ל"נ

Imperative ציווי	Future עתיד	Past עבר		Present הווה	
	אִישַׁן	יָשַׁנְתִּי	אני	יָשֵׁן	יחיד
יְשַׁן	תִּישַׁן	יָשַׁנְתָּ	אתה	יְשֵׁנָה	יחידה
יִשְׁנִי	תִּישְׁנִי	יָשַׁנְתְּ	את	יְשֵׁנִים	רבים
	יִישַׁן	יָשֵׁן/יָשַׁן	הוא	יְשֵׁנוֹת	רבות
	תִּישַׁן	יָשְׁנָה	היא		
	נִישַׁן	יָשַׁנּוּ	אנחנו		
יִשְׁנוּ***	תִּישְׁנוּ**	יְשַׁנְתֶּם/ן*	אתם/ן		
	יִישְׁנוּ**	יָשְׁנוּ	הם/ן		

שם הפועל .Infin לִישׁוֹן

שם הפעולה Gerund שֵׁינָה (sleep (N

בינוני .Pres. Part יָשֵׁן asleep

מקור מוחלט .Inf. Abs יָשׁוֹן

* Colloquial: יָשַׁנְתֶּם/ן

** less commonly: אתן/הן תִּישַׁנָּה

*** less commonly: (אתן) יְשַׁנָּה

◆ פעלים שאינם שכיחים מאותו שורש Infrequent verbs sharing the same root

יִישֵׁן (יִשֵּׁן) put to sleep (מְיַישֵּׁן, יְיַשֵּׁן, לְיַישֵּׁן)

יוּשַׁן (יֻשַּׁן) be put to sleep (מְיוּשָּׁן, יְיוּשַּׁן)

Note: מְיוּשָּׁן 'old fashioned' is related to a homonymous, different root - 'be old'

הִתְיַישֵּׁן (הִתְיַשֵּׁן) fall asleep (Med H) (מִתְיַישֵּׁן, יִתְיַישֵּׁן, לְהִתְיַישֵּׁן)

Note: הִתְיַישֵּׁן 'become old fashioned' is related to a homonymous, different root - 'be old'

◆ דוגמאות Illustrations

אני לוקח גלולות **שֵׁינָה** בערב, כי קשה לי **לִישׁוֹן**.

I take **sleeping** pills in the evening, because I find it hard **to sleep**.

◆ ביטויים מיוחדים Special expressions

יְשֵׁנֵי עפר the dead

● כאב

כָּאַב/כּוֹאֵב/יִכְאַב hurt, be painful; feel pain

בניין: פָּעַל גזרה: ע' גרונית (אֶפְעַל)

	Pres. הווה		Past עבר	Fut. עתיד	Imp. ציווי
יחיד	כּוֹאֵב כָּאוּב	אני	כָּאַבְתִּי	אֶכְאַב	
יחידה	כּוֹאֶבֶת כְּאוּבָה	אתה	כָּאַבְתָּ	תִּכְאַב	כְּאַב
רבים	כּוֹאֲבִים כְּאוּבִים	את	כָּאַבְתְּ	תִּכְאֲבִי	כַּאֲבִי
רבות	כּוֹאֲבוֹת כְּאוּבוֹת	הוא	כָּאַב	יִכְאַב	
		היא	כָּאֲבָה	תִּכְאַב	
		אנחנו	כָּאַבְנוּ	נִכְאַב	
		אתם/ן	כְּאַבְתֶּם/ן*	תִּכְאֲבוּ**	כַּאֲבוּ***
		הם/ן	כָּאֲבוּ	יִכְאֲבוּ**	

שם הפועל .Infin לִכְאוֹב

בינ' פעיל .Act. Part כּוֹאֵב suffering, in pain

בינ' סביל .Pass. Part כָּאוּב painful

מקור מוחלט .Inf. Abs כָּאוֹב

* Colloquial: כָּאַבְתֶּם/ן

** less commonly: אתן/הן תִּכְאַבְנָה

*** less commonly: (אתן) כְּאַבְנָה

הִכְאִיב/הִכְאַבְ/יַכְאִיב hurt (tr.), cause pain

בניין: הִפְעִיל גזרה: שלמים

	Present הווה		Past עבר	Future עתיד	Imperative ציווי
יחיד	מַכְאִיב	אני	הִכְאַבְתִּי	אַכְאִיב	
יחידה	מַכְאִיבָה	אתה	הִכְאַבְתָּ	תַּכְאִיב	הַכְאֵב
רבים	מַכְאִיבִים	את	הִכְאַבְתְּ	תַּכְאִיבִי	הַכְאִיבִי
רבות	מַכְאִיבוֹת	הוא	הִכְאִיב	יַכְאִיב	
		היא	הִכְאִיבָה	תַּכְאִיב	
		אנחנו	הִכְאַבְנוּ	נַכְאִיב	
		אתם/ן	הִכְאַבְתֶּם/ן	תַּכְאִיבוּ*	הַכְאִיבוּ**
		הם/ן	הִכְאִיבוּ	יַכְאִיבוּ*	

שם הפועל .Infin לְהַכְאִיב

בינוני .Pres. Part מַכְאִיב painful

שם הפעולה gerund הַכְאָבָה hurting, causing pain

מקור מוחלט .Inf. Abs הַכְאֵב

* less commonly: אתן/הן תַּכְאֵבְנָה

** less commonly: (אתן) הַכְאֵבְנָה

◆ פעלים שאינם שכיחים מאותו שורש Infrequent verbs sharing the same root

נִכְאַב hurt (intr.), suffer (Med H) (נִכְאָב, יִיכָּאֵב, לְהִיכָּאֵב)

הוּכְאַב be caused pain (Med H) (מוּכְאָב, יוּכְאַב)

הִתְכָּאֵב feel pain (Med H); cause pain (lit.) (מִתְכָּאֵב, יִתְכָּאֵב, לְהִתְכָּאֵב)

◆ דוגמאות Illustrations

יש לי רופא שיניים מעולה: כמעט שאינו **מַכְאִיב** לי בעת הטיפול, ואם משהו בכל זאת **כּוֹאֵב**, הוא מפסיק מיד ומרדים הרדמה מקומית.

I have an excellent dentist: he hardly ever **causes** me **pain** during the treatment, and if something still **hurts**, he stops immediately and administers local anesthesia.

◆ ביטויים מיוחדים Special expressions

כָּאַב את כאבו share his pain/sorrow　　**נושא כָּאוּב** a painful subject

---

●כבד

כִּיבֵּד/כִּיבַּדְ/כַּבֵּד (כִּבֵּד) honor, treat with respect; entertain guests (by offering food)

בניין: פִּיעֵל　　גזרה: שלמים

	Present הווה		Past עבר	Future עתיד	Imperative ציווי
יחיד	מְכַבֵּד	אני	כִּיבַּדְתִּי	אֲכַבֵּד	
יחידה	מְכַבֶּדֶת	אתה	כִּיבַּדְתָּ	תְּכַבֵּד	כַּבֵּד
רבים	מְכַבְּדִים	את	כִּיבַּדְתְּ	תְּכַבְּדִי	כַּבְּדִי
רבות	מְכַבְּדוֹת	הוא	כִּיבֵּד	יְכַבֵּד	
		היא	כִּיבְּדָה	תְּכַבֵּד	
		אנחנו	כִּיבַּדְנוּ	נְכַבֵּד	
		אתם/ן	כִּיבַּדְתֶּם/ן	תְּכַבְּדוּ*	כַּבְּדוּ**
		הם/ן	כִּיבְּדוּ	יְכַבְּדוּ*	

* less commonly: אתן/הן תְּכַבֵּדְנָה

** less commonly: (אתן) כַּבֵּדְנָה

שם הפועל .Infin לְכַבֵּד

שם הפעולה Gerund כִּיבּוּד honoring, respecting; respect; refreshment (offered to guests)

מקור מוחלט .Inf. Abs כַּבֵּד

מ"י מוצרכת .Gov. Prep כִּיבֵּד ב- treat with, show respect by

כּוּבַּד (כֻּבַּד) be respected/treated with respect; be served refreshments

בניין: פּוּעַל　　גזרה: שלמים

	Present הווה		Past עבר	Future עתיד
יחיד	מְכוּבָּד	אני	כּוּבַּדְתִּי	אֲכוּבַּד
יחידה	מְכוּבֶּדֶת	אתה	כּוּבַּדְתָּ	תְּכוּבַּד
רבים	מְכוּבָּדִים	את	כּוּבַּדְתְּ	תְּכוּבְּדִי
רבות	מְכוּבָּדוֹת	הוא	כּוּבַּד	יְכוּבַּד <<<

Future עתיד	Past עבר	
תְּכוּבַּד	כּוּבְּדָה	היא
נְכוּבַּד	כּוּבַּדְנוּ	אנחנו
תְּכוּבְּדוּ*	כּוּבַּדְתֶּם/ן	אתם/ן
יְכוּבְּדוּ*	כּוּבְּדוּ	הם/ן

בינוני Pres. Part. מְכוּבָּד respected * less commonly: אתן/הן תְּכוּבַּדְנָה

[מקור מוחלט Inf. Abs. כּוּבּוֹד]

הִתְכַּבֵּד/הִתְכַּבַּד be honored; 'have the honor' (in invitation); be entertained (by offer of food)

בניין: הִתְפַּעֵל גזרה: שלמים

Imperative ציווי	Future עתיד	Past עבר		Present הווה	
	אֶתְכַּבֵּד	הִתְכַּבַּדְתִּי	אני	מִתְכַּבֵּד	יחיד
הִתְכַּבֵּד	תִּתְכַּבֵּד	הִתְכַּבַּדְתָּ	אתה	מִתְכַּבֶּדֶת	יחידה
הִתְכַּבְּדִי	תִּתְכַּבְּדִי	הִתְכַּבַּדְתְּ	את	מִתְכַּבְּדִים	רבים
	יִתְכַּבֵּד	הִתְכַּבֵּד	הוא	מִתְכַּבְּדוֹת	רבות
	תִּתְכַּבֵּד	הִתְכַּבְּדָה	היא		
	נִתְכַּבֵּד	הִתְכַּבַּדְנוּ	אנחנו		
הִתְכַּבְּדוּ**	תִּתְכַּבְּדוּ*	הִתְכַּבַּדְתֶּם/ן	אתם/ן		
	יִתְכַּבְּדוּ*	הִתְכַּבְּדוּ	הם/ן		

* less commonly: אתן/הן תִּתְכַּבֵּדְנָה

שם הפועל Infin. לְהִתְכַּבֵּד ** less commonly: (אתן) הִתְכַּבֵּדְנָה

שם הפעולה Gerund הִתְכַּבְּדוּת having the honor

מקור מוחלט Inf. Abs. הִתְכַּבֵּד

הִכְבִּיד/הִכְבַּד/יַכְבִּיד make heavier, increase burden; inconvenience

בניין: הִפְעִיל גזרה: שלמים

Imperative ציווי	Future עתיד	Past עבר		Present הווה	
	אַכְבִּיד	הִכְבַּדְתִּי	אני	מַכְבִּיד	יחיד
הַכְבֵּד	תַּכְבִּיד	הִכְבַּדְתָּ	אתה	מַכְבִּידָה	יחידה
הַכְבִּידִי	תַּכְבִּידִי	הִכְבַּדְתְּ	את	מַכְבִּידִים	רבים
	יַכְבִּיד	הִכְבִּיד	הוא	מַכְבִּידוֹת	רבות
	תַּכְבִּיד	הִכְבִּידָה	היא		
	נַכְבִּיד	הִכְבַּדְנוּ	אנחנו		
הַכְבִּידוּ**	תַּכְבִּידוּ*	הִכְבַּדְתֶּם/ן	אתם/ן		
	יַכְבִּידוּ*	הִכְבִּידוּ	הם/ן		

* less commonly: אתן/הן תַּכְבֵּדְנָה

שם הפועל Infin. לְהַכְבִּיד ** less commonly: (אתן) הַכְבֵּדְנָה

שם הפעולה Gerund הַכְבָּדָה burden (N), inconvenience

בינוני Pres. Part. מַכְבִּיד burdensome, inconvenient

מקור מוחלט Inf. Abs. הַכְבֵּד

<<<

מ"י מוצרכת Gov. Prep. הִכְבִּיד עַל (someone) inconvenience

◆ פעלים שאינם שכיחים מאותו שורש Infrequent verbs sharing the same root

כָּבֵד be heavy, hard (כָּבֵד, יִכְבַּד, לִכְבּוֹד)

בינוני Pres. Part. כָּבֵד (common form) heavy

נִכְבַּד be respected, esteemed (נִכְבָּד, יִיכָּבֵד, לְהִיכָּבֵד)

בינוני Pres. Part. נִכְבָּד (common form) respected

הוּכְבַּד (הֻכְבַּד) become heavier; be heavy, hard (מוּכְבָּד, יוּכְבַּד)

◆ דוגמאות Illustrations

מיכה הוא אחד האנשים המְכוּבָּדים ביותר בשטח. מְכַבְּדִים אותו גם בארץ וגם בחו"ל (=בחוץ לארץ).

Micha is one of the most **respected** people in the field. They **respect** him in Israel as well as abroad.

אנו מודים לנשיא על כך שכִּיבֵּד אותנו בנוכחותו.

We thank the president for **having honored** us with his presence.

תודה על ההזמנה ללון אצלכם, אבל נלך בכל זאת למלון. אנחנו לא רוצים לְהַכְבִּיד עליכם.

Thank you for the invitation to stay overnight at your place, but we'll still go to a hotel. We do not wish **to inconvenience** you.

◆ ביטויים מיוחדים Special expressions

כַּבְּדֵהוּ וחשדהו treat him with respect and with suspicion at the same time

הִכְבִּיד את לבו hardened his heart

הִכְבִּיד את עולו increased the oppression

אנו מִתְכַּבְּדִים להזמינכם ל- we are honored to invite you to

הדבר כָּבֵד עליו it is hard for him

ראשו כָּבֵד עליו his head hurts

בלב כָּבֵד with a heavy heart

הבניינים הכְּבֵדים the 'heavy' conjugations (pi`el, pu`al, hitpa`el)

כְּבַד-אוזן hard of hearing

כְּבַד-פה/לשון stammering

כְּבַד-תנועה slow-moving

מים כְּבֵדִים heavy water

מן הקל אל הכָּבֵד gradually, from the simple to the difficult

נשק כָּבֵד heavy arms

משקל כָּבֵד heavyweight (weight of boxer exceeding 80 kilograms)

כְּבֵדוֹת heavily

אדון נִכְבָּד (א"נ) Dear Sir

נִכְבָּדַיי Gentlemen; My Dear Sirs

דוברו בו נִכְבָּדוֹת he was praised; he was offered a good match/position

●כבה

כִּיבָּה/כִּבָּה extinguish, put out (fire), turn off (light) (כִּבָּה)

בניין: פִּיעֵל גזרה: ל"ה

Imperative ציווי	Future עתיד	Past עבר		Present הווה	
	אֲכַבֶּה	כִּיבִּיתִי	אני	מְכַבֶּה	יחיד
כַּבֵּה	תְּכַבֶּה	כִּיבִּיתָ	אתה	מְכַבָּה	יחידה
כַּבִּי	תְּכַבִּי	כִּיבִּית	את	מְכַבִּים	רבים
	יְכַבֶּה	כִּיבָּה	הוא	מְכַבּוֹת	רבות
	תְּכַבֶּה	כִּיבְּתָה	היא		
	נְכַבֶּה	כִּיבִּינוּ	אנחנו		
כַּבּוּ**	תְּכַבּוּ*	כִּיבִּיתֶם/ן	אתם/ן		
	יְכַבּוּ*	כִּיבּוּ	הם/ן		

* less commonly: אתן/הן תְּכַבֶּינָה

שם הפועל .Infin לְכַבּוֹת ** less commonly: (אתן) כַּבֶּינָה

שם הפעולה Gerund כִּיבּוּי extinguishing, turning off

מקור מוחלט .Inf. Abs כַּבֵּה

כּוּבָּה/כּוּבֶּה be extinguished/turned off (כֻּבָּה)

בניין: פּוּעַל גזרה: ל"ה

Future עתיד	Past עבר		Present הווה	
אֲכוּבֶּה	כּוּבֵּיתִי	אני	מְכוּבֶּה	יחיד
תְּכוּבֶּה	כּוּבֵּיתָ	אתה	מְכוּבָּה	יחידה
תְּכוּבִּי	כּוּבֵּית	את	מְכוּבִּים	רבים
יְכוּבֶּה	כּוּבָּה	הוא	מְכוּבּוֹת	רבות
תְּכוּבֶּה	כּוּבְּתָה	היא		
נְכוּבֶּה	כּוּבֵּינוּ*	אנחנו		
תְּכוּבּוּ**	כּוּבֵּיתֶם/ן	אתם/ן		
יְכוּבּוּ**	כּוּבּוּ	הם/ן		

בינוני .Pres. Part מְכוּבֶּה extinguished * BH: כּוּבִּינוּ

[מקור מוחלט .Inf. Abs כּוּבֹּה] ** less commonly: אתן/הן תְּכוּבֶּינָה

כָּבָה/כָּבֶה/יִכְבֶּה go out (fire, light), be extinguished

בניין: פָּעַל גזרה: ל"ה

Imper. ציווי	Future עתיד	Past עבר		Present הווה		
	אֶכְבֶּה	כָּבִיתִי	אני	כָּבוּי	כָּבֶה	יחיד
כְּבֵה	תִּכְבֶּה	כָּבִיתָ	אתה	כְּבוּיָה	כָּבָה	יחידה
כְּבִי	תִּכְבִּי	כָּבִית	את	כְּבוּיִים	כָּבִים	רבים
	יִכְבֶּה	כָּבָה	הוא	כְּבוּיוֹת	כָּבוֹת	רבות
>>>	תִּכְבֶּה	כָּבְתָה	היא			

	Past עבר	Future עתיד	Imper. ציווי
אנחנו	כָּבִינוּ	נִכְבֶּה	
אתם/ן	כְּבִיתֶם/ן*	תִּכְבּוּ**	כְּבוּ***
הם/ן	כָּבוּ	יִכְבּוּ**	

* Colloquial: כָּבִיתֶם/ן
** less commonly: אתן/הן תִּכְבֶּינָה
*** less commonly: (אתן) כְּבֶינָה

שם הפועל Infin. לִכְבּוֹת
בינוני סביל Pass. Part. כָּבוּי extinguished
שם הפעולה Gerund כְּבִיָּה going out; extinction
מקור מוחלט Inf. Abs. כָּבֹה

נִכְבָּה/יִיכָּבֶה (יִכָּבֶה) go out (fire, light), be extinguished

בניין: נִפְעַל גזרה: ל"ה

	Present הווה		Past עבר	Future עתיד	Imperative ציווי
יחיד	נִכְבֶּה	אני	נִכְבֵּיתִי	אֶכָּבֶה	
יחידה	נִכְבֵּית	אתה	נִכְבֵּיתָ	תִּיכָּבֶה	הִיכָּבֵה
רבים	נִכְבִּים	את	נִכְבֵּית	תִּיכָּבִי	הִיכָּבִי
רבות	נִכְבּוֹת	הוא	נִכְבָּה	יִיכָּבֶה	
		היא	נִכְבְּתָה	תִּיכָּבֶה	
		אנחנו	נִכְבֵּינוּ*	נִיכָּבֶה	
		אתם/ן	נִכְבֵּיתֶם/ן	תִּיכָּבוּ**	הִיכָּבוּ***
		הם/ן	נִכְבּוּ	יִיכָּבוּ**	

שם הפועל Infin. לְהִיכָּבוֹת
שם הפעולה Gerund הִיכָּבוּת going out (fire)
מקור מוחלט Inf. Abs. נִכְבֹּה, הִיכָּבֵה

* BH: נִכְבֵּינוּ
** less commonly: אתן/הן תִּיכָּבֶינָה
*** less commonly: (אתן) הִיכָּבֶינָה

◆ פעלים שאינם שכיחים מאותו שורש Infrequent verbs sharing the same root

הִתְכַּבָּה get extinguished (Mish H) (מִתְכַּבֶּה, יִתְכַּבֶּה, לְהִתְכַּבּוֹת)

◆ דוגמאות Illustrations

חשבתי שחיים **כִּיבָּה** את האורות, אבל מסתבר שהאורות **כָּבוּ/נִכְבּוּ** מעצמם, עקב הפסקת חשמל.

I thought that Hayyim had **turned off** the lights, but it turns out that the lights **went out** by themselves, due to power outage.

יחידה של **מְכַבֵּי** אש הגיעה למקום תוך רבע שעה, והדליקה **כּוּבְּתָה** תוך כמה דקות.

A **fire fighters** unit arrived at the scene within a quarter of an hour, and the fire **was put out** in a matter of minutes.

◆ ביטויים מיוחדים Special expressions

כָּבָה נרו die

כָּבוּ עיניו his eyesight was severely restricted

עיניים כְּבוּיוֹת/מבט כָּבוּי tired, resigned, desperate look

מְכַבֵּי אש fire fighters

כִּיבּוּי שרפות 'extinguishing fires,' dealing with emergencies as they arise rather than by plan (coll.)

● כבס

כִּיבֵּס/כִּיבַּסְ/כַּבֵּס (כִּבֵּס) wash (clothes), launder

בניין: פִּיעֵל גזרה: שלמים

	הווה Present		עבר Past	עתיד Future	ציווי Imperative
יחיד	מְכַבֵּס	אני	כִּיבַּסְתִּי	אֲכַבֵּס	
יחידה	מְכַבֶּסֶת	אתה	כִּיבַּסְתָּ	תְּכַבֵּס	כַּבֵּס
רבים	מְכַבְּסִים	את	כִּיבַּסְתְּ	תְּכַבְּסִי	כַּבְּסִי
רבות	מְכַבְּסוֹת	הוא	כִּיבֵּס	יְכַבֵּס	
		היא	כִּיבְּסָה	תְּכַבֵּס	
		אנחנו	כִּיבַּסְנוּ	נְכַבֵּס	
		אתם/ן	כִּיבַּסְתֶּם/ן	תְּכַבְּסוּ*	כַּבְּסוּ**
		הם/ן	כִּיבְּסוּ	יְכַבְּסוּ*	

שם הפועל .Infin לְכַבֵּס * less commonly: אתן/הן תְּכַבֵּסְנָה

שם הפעולה .Ger כִּיבּוּס washing, laundering ** less commonly: (אתן) כַּבֵּסְנָה

מקור מוחלט .Inf. Abs כַּבֵּס

כּוּבַּס (כֻּבַּס) be washed (clothes), be laundered

בניין: פּוּעַל גזרה: שלמים

	הווה Present		עבר Past	עתיד Future
יחיד	מְכוּבָּס	אני	כּוּבַּסְתִּי	אֲכוּבַּס
יחידה	מְכוּבֶּסֶת	אתה	כּוּבַּסְתָּ	תְּכוּבַּס
רבים	מְכוּבָּסִים	את	כּוּבַּסְתְּ	תְּכוּבְּסִי
רבות	מְכוּבָּסוֹת	הוא	כּוּבַּס	יְכוּבַּס
		היא	כּוּבְּסָה	תְּכוּבַּס
		אנחנו	כּוּבַּסְנוּ	נְכוּבַּס
		אתם/ן	כּוּבַּסְתֶּם/ן	תְּכוּבְּסוּ*
		הם/ן	כּוּבְּסוּ	יְכוּבְּסוּ*

בינוני .Pres. Part מְכוּבָּס laundered * less commonly: אתן/הן תְּכוּבַּסְנָה

[מקור מוחלט .Inf. Abs כּוּבּוֹס]

הִתְכַּבֵּס/הִתְכַּבַּס be laundered

בניין: הִתְפַּעֵל גזרה: שלמים

	Present הווה		Past עבר	Future עתיד	Imperative ציווי
יחיד	מִתְכַּבֵּס	אני	הִתְכַּבַּסְתִּי	אֶתְכַּבֵּס	
יחידה	מִתְכַּבֶּסֶת	אתה	הִתְכַּבַּסְתָּ	תִּתְכַּבֵּס	הִתְכַּבֵּס
רבים	מִתְכַּבְּסִים	את	הִתְכַּבַּסְתְּ	תִּתְכַּבְּסִי	הִתְכַּבְּסִי
רבות	מִתְכַּבְּסוֹת	הוא	הִתְכַּבֵּס	יִתְכַּבֵּס	
		היא	הִתְכַּבְּסָה	תִּתְכַּבֵּס	
		אנחנו	הִתְכַּבַּסְנוּ	נִתְכַּבֵּס	
		אתם/ן	הִתְכַּבַּסְתֶּם/ן	תִּתְכַּבְּסוּ*	הִתְכַּבְּסוּ**
		הם/ן	הִתְכַּבְּסוּ	יִתְכַּבְּסוּ*	

* less commonly: אתן/הן תִּתְכַּבֵּסְנָה

שם הפועל .Infin לְהִתְכַּבֵּס

** less commonly: (אתן) הִתְכַּבֵּסְנָה

שם הפעולה Gerund הִתְכַּבְּסוּת getting laundered

מקור מוחלט .Inf. Abs הִתְכַּבֵּס

◆ פעלים שאינם שכיחים מאותו שורש Infrequent verbs sharing the same root

כָּבַס wash (clothes), launder (כּוֹבֵס, יִכְבּוֹס, לִכְבּוֹס)

בינוני פעיל .Act. Part כּוֹבֵס laundryman

שם הפעולה Gerund כְּבִיסָה laundering, laundry (common form)

הוּכְבַּס be laundered (lit.-rare) (הֻכְבַּס)

◆ דוגמאות Illustrations

אנחנו עושים **כְּבִיסָה** פעמיים בשבוע: ביום שני אנחנו **מְכַבְּסִים** את הלבנים, וביום חמישי את השאר. יש לנו מכונת **כְּבִיסָה** מצוינת. את הבגדים **שכּוּבְּסוּ** אנו מייבשים במכונת ייבוש.

We do the **laundry** twice a week: on Monday we **wash** the linen/whites, and the rest on Thursday. We have an excellent **washing** machine. We dry the clothes that **have been washed** in a dryer.

◆ ביטויים מיוחדים Special expressions

מכונת כְּבִיסָה washer, washing machine

● כבש

כָּבַשׁ/כּוֹבֵשׁ/יִכְבּוֹשׁ (יִכְבֹּשׁ) conquer; pickle/preserve; surface (road); press/pack down

בניין: פָּעַל   גזרה: שלמים (אֶפְעוֹל)

	הווה Pres.		עבר Past	עתיד Fut.	ציווי Imp.
יחיד	כּוֹבֵשׁ כָּבוּשׁ	אני	כָּבַשְׁתִּי	אֶכְבּוֹשׁ	
יחידה	כּוֹבֶשֶׁת כְּבוּשָׁה	אתה	כָּבַשְׁתָּ	תִּכְבּוֹשׁ	כְּבוֹשׁ
רבים	כּוֹבְשִׁים כְּבוּשִׁים	את	כָּבַשְׁתְּ	תִּכְבְּשִׁי	כִּבְשִׁי
רבות	כּוֹבְשׁוֹת כְּבוּשׁוֹת	הוא	כָּבַשׁ	יִכְבּוֹשׁ	
		היא	כָּבְשָׁה	תִּכְבּוֹשׁ	
		אנחנו	כָּבַשְׁנוּ	נִכְבּוֹשׁ	
		אתם/ן	כְּבַשְׁתֶּם/ן*	תִּכְבְּשׁוּ**	כִּבְשׁוּ***
		הם/ן	כָּבְשׁוּ	יִכְבְּשׁוּ**	

* Colloquial: כָּבַשְׁתֶּם/ן

** less commonly: אתן/הן תִּכְבּוֹשְׁנָה

*** less commonly: (אתן) כְּבוֹשְׁנָה

שם הפועל .Infin לִכְבּוֹשׁ

שם הפעולה Gerund כְּבִישָׁה pressing down, etc.

בינוני פעיל .Act. Part כּוֹבֵשׁ conqueror

בינוני סביל .Pass. Part כָּבוּשׁ conquered; pickled; pressed down; paved

מקור מוחלט .Inf. Abs כָּבוֹשׁ

נִכְבַּשׁ/יִיכָּבֵשׁ (יִכָּבֵשׁ) be conquered/pressed flat/pickled/preserved

בניין: נִפְעַל   גזרה: שלמים

	הווה Present		עבר Past	עתיד Future	ציווי Imperative
יחיד	נִכְבָּשׁ	אני	נִכְבַּשְׁתִּי	אֶכָּבֵשׁ	
יחידה	נִכְבֶּשֶׁת	אתה	נִכְבַּשְׁתָּ	תִּיכָּבֵשׁ	הִיכָּבֵשׁ
רבים	נִכְבָּשִׁים	את	נִכְבַּשְׁתְּ	תִּיכָּבְשִׁי	הִיכָּבְשִׁי
רבות	נִכְבָּשׁוֹת	הוא	נִכְבַּשׁ	יִיכָּבֵשׁ	
		היא	נִכְבְּשָׁה	תִּיכָּבֵשׁ	
		אנחנו	נִכְבַּשְׁנוּ	נִיכָּבֵשׁ	
		אתם/ן	נִכְבַּשְׁתֶּם/ן	תִּיכָּבְשׁוּ*	הִיכָּבְשׁוּ**
		הם/ן	נִכְבְּשׁוּ	יִיכָּבְשׁוּ*	

* less commonly: אתן/הן תִּיכָּבַשְׁנָה/...בֵשְׁנָה

** less commonly: (אתן) הִיכָּבַשְׁנָה/...בֵשְׁנָה

שם הפועל .Infin לְהִיכָּבֵשׁ

מקור מוחלט .Inf. Abs נִכְבּוֹשׁ, הִיכָּבֵשׁ (הִיכָּבוֹשׁ)

◆ **פעלים שאינם שכיחים מאותו שורש** Infrequent verbs sharing the same root

כִּיבֵּשׁ (כִּבֵּשׁ) conquer; press/pack; preserve; pave (מְכַבֵּשׁ, יְכַבֵּשׁ, לְכַבֵּשׁ)

שם הפעולה Gerund כִּיבּוּשׁ conquest (common form)

כּוּבַּשׁ (כֻּבַּשׁ) be conquered/pressed/preserved/paved (מְכוּבָּשׁ, יְכוּבַּשׁ)
הִתְכַּבֵּשׁ be conquered/pressed (מִתְכַּבֵּשׁ, יִתְכַּבֵּשׁ, לְהִתְכַּבֵּשׁ)
הִכְבִּישׁ press down (מַכְבִּישׁ, יַכְבִּישׁ, לְהַכְבִּישׁ)

◆ דוגמאות Illustrations

גרמניה **כָּבְשָׁה** חלק גדול מיבשת אירופה במלחמת העולם השניה. מרבית המדינות **נִכְבְּשׁוּ** כבר בשלבים הראשונים של המלחמה. בחלק מן השטחים **הַכְּבוּשִׁים** פעלו תנועות התנגדות מאורגנות היטב.

Germany **conquered** a large part of the European continent in World War II. Most of the countries **were** already **conquered** in the first phases of the war. Well-organized resistance movements were operating in some of the **conquered** areas.

אמי מומחית בהכנת ירקות **כְּבוּשִׁים**.

My mother is an expert in preparing **pickled** vegetables.

◆ ביטויים מיוחדים Special expressions

כָּבַשׁ את כעסו control one's temper

כָּבַשׁ פניו/את עיניו בקרקע lower one's head in shame

כָּבַשׁ את יצרו control his desire

איזהו גיבור - **הַכּוֹבֵשׁ** את יצרו a true hero is one who controls his desire

כִּיבּוּשׁ העבודה the struggle for the right of Jews to work (term used by pre-Israel pioneers)

דברי **כִּיבּוּשִׁין** remonstration; preaching morals

● כון - 1

prepare (tr.), provide הֵכִין/הֵכַן/יָכִין

בניין: הִפְעִיל גזרה: ע"ו + ל"נ

	Present הווה		Past עבר	Future עתיד	Imperative ציווי
יחיד	מֵכִין	אני	הֲכַנְתִּי	אָכִין	
יחידה	מְכִינָה	אתה	הֲכַנְתָּ	תָּכִין	הָכֵן
רבים	מְכִינִים	את	הֲכַנְתְּ	תָּכִינִי	הָכִינִי
רבות	מְכִינוֹת	הוא	הֵכִין	יָכִין	
		היא	הֵכִינָה	תָּכִין	
		אנחנו	הֲכַנּוּ	נָכִין	
		אתם/ן	הֲכַנְתֶּם/ן*	תָּכִינוּ**	הָכִינוּ***
		הם/ן	הֵכִינוּ	יָכִינוּ**	

שם הפועל .Infin לְהָכִין

שם הפעולה Gerund הֲכָנָה preparation

מקור מוחלט .Inf. Abs הָכֵן

* BH: הֲכֵנְתֶּם/ן

** less commonly: אתן/הן תָּכֵנָּה

*** less commonly: (אתן) הָכֵנָּה >>>

תואר הפועל .Adv הָכֵן at the ready, on the alert

be prepared/furnished הוּכַן

בניין: הוּפְעַל גזרה: ע"ו + ל"נ

	Present הווה		Past עבר	Future עתיד
יחיד	מוּכָן	אני	הוּכַנְתִּי	אוּכַן
יחידה	מוּכָנָה	אתה	הוּכַנְתָּ	תּוּכַן
רבים	מוּכָנִים	את	הוּכַנְתְּ	תּוּכְנִי
רבות	מוּכָנוֹת	הוא	הוּכַן	יוּכַן
		היא	הוּכְנָה	תּוּכַן
		אנחנו	הוּכַנּוּ	נוּכַן
		אתם/ן	הוּכַנְתֶּם/ן	תּוּכְנוּ*
		הם/ן	הוּכְנוּ	יוּכְנוּ*

בינוני .Pres. Part מוּכָן ready, prepared * less commonly: אתן/הן תּוּכַנָּה

[מקור מוחלט .Inf. Abs הוּכֵן]

prepare oneself, get ready הִתְכּוֹנֵן/הִתְכּוֹנַן

בניין: הִתְפַּעֵל גזרה: ע"ו + ל"נ

	Present הווה		Past עבר	Future עתיד	Imperative ציווי
יחיד	מִתְכּוֹנֵן	אני	הִתְכּוֹנַנְתִּי	אֶתְכּוֹנֵן	
יחידה	מִתְכּוֹנֶנֶת	אתה	הִתְכּוֹנַנְתָּ	תִּתְכּוֹנֵן	הִתְכּוֹנֵן
רבים	מִתְכּוֹנְנִים	את	הִתְכּוֹנַנְתְּ	תִּתְכּוֹנְנִי	הִתְכּוֹנְנִי
רבות	מִתְכּוֹנְנוֹת	הוא	הִתְכּוֹנֵן	יִתְכּוֹנֵן	
		היא	הִתְכּוֹנְנָה	תִּתְכּוֹנֵן	
		אנחנו	הִתְכּוֹנַנּוּ	נִתְכּוֹנֵן	
		אתם/ן	הִתְכּוֹנַנְתֶּם/ן	תִּתְכּוֹנְנוּ*	הִתְכּוֹנְנוּ**
		הם/ן	הִתְכּוֹנְנוּ	יִתְכּוֹנְנוּ*	

שם הפועל .Infin לְהִתְכּוֹנֵן * less commonly: אתן/הן תִּתְכּוֹנֵנָּה

שם הפעולה Gerund הִתְכּוֹנְנוּת getting ready ** less commonly: (אתן) הִתְכּוֹנֵנָּה

מקור מוחלט .Inf. Abs הִתְכּוֹנֵן

מ"י מוצרכת .Gov. Prep הִתְכּוֹנֵן לְ- prepare for

◆ פעלים שאינם שכיחים מאותו שורש Infrequent verbs sharing the same root

נָכוֹן be clear, true; be strong/supported; be ready (נָכוֹן, יִכּוֹן, לְהִיכּוֹן)

נָכוֹן true, correct (common form)

כּוֹנֵן establish; prepare, calibrate (מְכוֹנֵן, יְכוֹנֵן, לְכוֹנֵן)

כּוֹנַן be established; be prepared/calibrated (מְכוֹנָן, יְכוֹנַן)

◆ דוגמאות Illustrations

חיים **מִתְכּוֹנֵן** לטיול ארוך בהודו. הוא **מֵכִין** בגדים קלים שמתאימים לחום, וקנה פילטר מיוחד למים, למקרה שלא יוכל לקנות משקאות **מוּכָנִים** בבקבוקים. הוא רוצה להיות **מוּכָן** למקרה שכל מה ששמע על הודו הוא **נָכוֹן**.

Hayyim **is getting ready** for a long trip to India. He **is preparing** light clothes that are appropriate for the heat, and has bought a special water filter, in case he is unable to buy **prepared** beverages in bottles. He wishes to be **prepared** in case everything he has heard about India is **correct**.

◆ ביטויים מיוחדים Special expressions

הָכִין שיעורים do one's homework

מצב **הָכֵן** state of readiness, alert (N)

מוּכָן ומזומן ready and willing

חי מן **המוּכָן** living on what is readily available, without having to work for it

הִתְכּוֹנֵן לבחינה prepare for an exam

אסיפה **מְכוֹנֶנֶת** founding/legislative assembly

אמת **ונָכוֹן** precisely correct

אל-**נָכוֹן/נָכוֹן** כנכון היום certainly, without a doubt

נְכוֹנָה correctly, truthfully (lit.)

●כון - 2

הִתְכַּוֵּן/הִתְכַּוַּנְ (הִתְכַּוֵּן) mean, intend

בניין: הִתְפַּעֵל גזרה: שלמים + ל"נ

	Present הווה		Past עבר	Future עתיד	Imperative ציווי
יחיד	מִתְכַּוֵּן	אני	הִתְכַּוַּנְתִּי	אֶתְכַּוֵּן	
יחידה	מִתְכַּוֶּנֶת	אתה	הִתְכַּוַּנְתָּ	תִּתְכַּוֵּן	הִתְכַּוֵּן
רבים	מִתְכַּוְּנִים	את	הִתְכַּוַּנְתְּ	תִּתְכַּוְּנִי	הִתְכַּוְּנִי
רבות	מִתְכַּוְּנוֹת	הוא	הִתְכַּוֵּן	יִתְכַּוֵּן	
		היא	הִתְכַּוְּנָה	תִּתְכַּוֵּן	
		אנחנו	הִתְכַּוַּנּוּ	נִתְכַּוֵּן	
		אתם/ן	הִתְכַּוַּנְתֶּם/ן	תִּתְכַּוְּנוּ*	הִתְכַּוְּנוּ**
		הם/ן	הִתְכַּוְּנוּ	יִתְכַּוְּנוּ*	

* less commonly: אתן/הן תִּתְכַּוֵּנָּה

** less commonly: (אתן) הִתְכַּוֵּנָּה

שם הפועל .Infin לְהִתְכַּוֵּן

שם הפעולה Gerund הִתְכַּוְּנוּת intention, intending; meaning; directing

מקור מוחלט .Inf. Abs הִתְכַּוֵּן

תואר הפועל .Adv (שלא) בְּמִתְכַּוֵּן (un)intentionally

כִּיוֵּן/כִּיוַּנְ/כַּוֵּן (כִּוֵּן) direct, aim; adjust, calibrate; intend, mean

בניין: פִּיעֵל   גזרה: שלמים + ל״נ

	Present הווה		Past עבר	Future עתיד	Imperative ציווי
יחיד	מְכַוֵּן	אני	כִּיוַּנְתִּי	אֲכַוֵּן	
יחידה	מְכַוֶּנֶת	אתה	כִּיוַּנְתָּ	תְּכַוֵּן	כַּוֵּן
רבים	מְכַוְּנִים	את	כִּיוַּנְתְּ	תְּכַוְּנִי	כַּוְּנִי
רבות	מְכַוְּנוֹת	הוא	כִּיוֵּן	יְכַוֵּן	
		היא	כִּיוְּנָה	תְּכַוֵּן	
		אנחנו	כִּיוַּנּוּ	נְכַוֵּן	
		אתם/ן	כִּיוַּנְתֶּם/ן	תְּכַוְּנוּ*	כַּוְּנוּ**
		הם/ן	כִּיוְּנוּ	יְכַוְּנוּ*	

שם הפועל .Infin לְכַוֵּן   * less commonly: אתן/הן תְּכַוֵּנָּה

שם הפעולה Gerund כִּיווּן direction   ** less commonly: (אתן) כַּוֵּנָּה

מקור מוחלט .Inf. Abs כַּוֵּן

כּוּוַּן (כֻּנַּן) be aimed/directed; be adjusted/calibrated; be intended

בניין: פּוּעַל   גזרה: שלמים + ל״נ

	Present הווה		Past עבר	Future עתיד
יחיד	מְכוּוָּן	אני	כּוּוַּנְתִּי	אֲכוּוַּן
יחידה	מְכוּוֶּנֶת	אתה	כּוּוַּנְתָּ	תְּכוּוַּן
רבים	מְכוּוָּנִים	את	כּוּוַּנְתְּ	תְּכוּוְּנִי
רבות	מְכוּוָּנוֹת	הוא	כּוּוַּן	יְכוּוַּן
		היא	כּוּוְּנָה	תְּכוּוַּן
		אנחנו	כּוּוַּנּוּ	נְכוּוַּן
		אתם/ן	כּוּוַּנְתֶּם/ן	תְּכוּוְּנוּ*
		הם/ן	כּוּוְּנוּ	יְכוּוְּנוּ*

בינוני .Pres. Part מְכוּוָּן intended, aimed, calibrated   * less commonly: אתן/הן תְּכוּוַּנָּה

[מקור מוחלט .Inf. Abs כּוּוֹן]

תואר הפועל .Adv בִּמְכוּוָּן intentionally

◆ פעלים שאינם שכיחים מאותו שורש Infrequent verbs sharing the same root

הִכְוִין adjust, tune (מַכְוִין, יַכְוִין, לְהַכְוִין)

שם הפעולה Gerund הַכְוָנָה (N) directing, advising

הוּכְוַן be tuned/adjusted (מוּכְוָן, יוּכְוַן)

◆ דוגמאות Illustrations

הנאשם גמגם ואמר לשופט שהוא כלל לא **הִתְכַּוֵּן** לפגוע במטייל. הוא חשב שזה צבי, **כִּיוֵּן** את רובהו וירה. מזל שברגע האחרון המטייל החליט ללכת **בְּכִיווּן** אחר, ושהרובה בכלל לא היה **מְכוּוָּן**...

The defendant stammered and said that he never **intended** to hit the hiker. He thought it was a deer, **aimed** his rifle and fired. Fortunately the hiker had decided at the last moment to walk in a different **direction**, and the rifle was not **calibrated** anyway...

התובע טען שהנאשם קיים במשך שנים מדיניות של אפליה **מְכוּוֶנֶת** נגד עובדי מיעוטים במפעלו.

The prosecutor claimed that for years the defendant maintained an **intentionally** discriminatory (=**intentional** discrimination) policy against minorities in his firm.

◆ **ביטויים מיוחדים** Special expressions

כִּיוֵּן לדעתו to have the same in mind

כִּיוֵּן את השעה find the appropriate (most suitable) time; adjust the clock

---

● כוץ

הִתְכַּווֵּץ/הִתְכַּווַּצְ (הִתְכַּוֵּץ) shrink (intr.), contract (intr.)

בניין: הִתְפַּעֵל   גזרה: שלמים

	Present הווה		Past עבר	Future עתיד	Imperative ציווי
יחיד	מִתְכַּווֵּץ	אני	הִתְכַּווַּצְתִּי	אֶתְכַּווֵּץ	
יחידה	מִתְכַּווֶּצֶת	אתה	הִתְכַּווַּצְתָּ	תִּתְכַּווֵּץ	הִתְכַּווֵּץ
רבים	מִתְכַּווְּצִים	את	הִתְכַּווַּצְתְּ	תִּתְכַּווְּצִי	הִתְכַּווְּצִי
רבות	מִתְכַּווְּצוֹת	הוא	הִתְכַּווֵּץ	יִתְכַּווֵּץ	
		היא	הִתְכַּווְּצָה	תִּתְכַּווֵּץ	
		אנחנו	הִתְכַּווַּצְנוּ	נִתְכַּווֵּץ	
		אתם/ן	הִתְכַּווַּצְתֶּם/ן	תִּתְכַּווְּצוּ*	הִתְכַּווְּצוּ**
		הם/ן	הִתְכַּווְּצוּ	יִתְכַּווְּצוּ*	

* less commonly: אתן/הן תִּתְכַּווֵּצְנָה

** less commonly: (אתן) הִתְכַּווֵּצְנָה

שם הפועל .Infin לְהִתְכַּווֵּץ

שם הפעולה Gerund הִתְכַּווְּצוּת shrinkage, contraction

מקור מוחלט .Inf. Abs הִתְכַּווֵּץ

כִּיווֵּץ/כִּיווַּצְ/כַּווֵּץ (כִּוֵּץ) shrink (tr.), contract (tr.)

בניין: פִּיעֵל   גזרה: שלמים

	Present הווה		Past עבר	Future עתיד	Imperative ציווי
יחיד	מְכַווֵּץ	אני	כִּיווַּצְתִּי	אֲכַווֵּץ	
יחידה	מְכַווֶּצֶת	אתה	כִּיווַּצְתָּ	תְּכַווֵּץ	כַּווֵּץ
רבים	מְכַווְּצִים	את	כִּיווַּצְתְּ	תְּכַווְּצִי	כַּווְּצִי
רבות	מְכַווְּצוֹת	הוא	כִּיווֵּץ	יְכַווֵּץ	
		היא	כִּיווְּצָה	תְּכַווֵּץ	<<<

Imperative ציווי	Future עתיד	Past עבר	
	נְכַוֵּץ	כִּיוַּצְנוּ	אנחנו
כַּוְּצוּ**	תְּכַוְּצוּ*	כִּיוַּצְתֶּם/ן	אתם/ן
	יְכַוְּצוּ*	כִּיוְּצוּ	הם/ן

* less commonly: אתן/הן תְּכַוֵּצְנָה

שם הפועל .Infin לְכַוֵּץ   ** less commonly: (אתן) כַּוֵּצְנָה

שם הפעולה Gerund כִּיוּוּץ shrinking (something)

מקור מוחלט .Inf. Abs כַּוֵּץ

כּוּוַּץ (כֻּוַּץ) be shrunk/contracted

בניין: פּוּעַל   גזרה: שלמים

	Present הווה		Past עבר	Future עתיד
יחיד	מְכוּוָּץ	אני	כּוּוַּצְתִּי	אֲכוּוַּץ
יחידה	מְכוּוֶּצֶת	אתה	כּוּוַּצְתָּ	תְּכוּוַּץ
רבים	מְכוּוָּצִים	את	כּוּוַּצְתְּ	תְּכוּוְּצִי
רבות	מְכוּוָּצוֹת	הוא	כּוּוַּץ	יְכוּוַּץ
		היא	כּוּוְּצָה	תְּכוּוַּץ
		אנחנו	כּוּוַּצְנוּ	נְכוּוַּץ
		אתם/ן	כּוּוַּצְתֶּם/ן	תְּכוּוְּצוּ*
		הם/ן	כּוּוְּצוּ	יְכוּוְּצוּ*

בינוני .Pres. Part מְכוּוָּץ shrunk   * less commonly: אתן/הן תְּכוּוַּצְנָה

◆ פעלים שאינם שכיחים מאותו שורש Infrequent verbs sharing the same root

כָּוַץ (כָּוַץ) shrink (intr.), contract (intr.) (Mish H) (כָּוֵץ, יִכְוֹץ, לִכְווֹץ)

נִכְוַץ (נִכְוַץ) become shrunk, contracted (Med H) (נִכְוָץ, יִיכָּוֵץ, לְהִיכָּוֵץ)

הִכְוִיץ (הִכְוִיץ) shrink (tr.) (lit.) (מַכְוִיץ, יַכְוִיץ, לְהַכְוִיץ)

◆ דוגמאות Illustrations

החברה טוענת כי המכנסיים שהיא מייצרת אינם **מִתְכַּוְּצִים** בכביסה, כיוון שהם **מְכוּוָּצִים** מראש בתהליך הייצור. אפילו מים חמים וייבוש במכונת ייבוש לא **יְכַוְּצוּ** אותם.

The company claims that the pants it manufactures do not **shrink** in the laundry, since they are **shrunk** to start with in the manufacturing process. Even hot water and drying in a dryer **will** not **shrink** them.

◆ ביטויים מיוחדים Special expressions

נִתְכַּוֵּץ לבו his heart ached (fig.)

●כלל

כָּלַל/כּוֹלֵל/יִכְלוֹל (יִכְלֹל) include, comprise; generalize

בניין: פָּעַל גזרה: שלמים (אֶפְעוֹל)

	Present הווה			Past עבר	Future עתיד	Imper. ציווי
יחיד	כּוֹלֵל	כָּלוּל	אני	כָּלַלְתִּי	אֶכְלוֹל	
יחידה	כּוֹלֶלֶת	כְּלוּלָה	אתה	כָּלַלְתָּ	תִּכְלוֹל	כְּלוֹל
רבים	כּוֹלְלִים	כְּלוּלִים	את	כָּלַלְתְּ	תִּכְלְלִי	כִּלְלִי
רבות	כּוֹלְלוֹת	כְּלוּלוֹת	הוא	כָּלַל	יִכְלוֹל	
			היא	כָּלְלָה	תִּכְלוֹל	
			אנחנו	כָּלַלְנוּ	נִכְלוֹל	
			אתם/ן	כְּלַלְתֶּם/ן*	תִּכְלְלוּ**	כִּלְלוּ***
			הם/ן	כָּלְלוּ	יִכְלְלוּ**	

שם הפועל .Infin לִכְלוֹל

שם הפעולה Gerund כְּלִילָה including

בינוני פעיל .Act. Part כּוֹלֵל comprehensive

בינוני סביל .Pass. Part כָּלוּל included

מקור מוחלט .Inf. Abs כָּלוֹל

מ״י מוצרכת .Gov. Prep כָּלַל בּ- include in

* Colloquial: כָּלַלְתֶּם/ן

** less commonly: אתן/הן תִּכְלוֹלְנָה

*** less commonly: (אתן) כְּלוֹלְנָה

נִכְלַל/יִיכָּלֵל (יִכָּלֵל) be included; be generalized/spoken of in general

בניין: נִפְעַל גזרה: שלמים

	Present הווה		Past עבר	Future עתיד	Imperative ציווי
יחיד	נִכְלָל	אני	נִכְלַלְתִּי	אֶכָּלֵל	
יחידה	נִכְלֶלֶת	אתה	נִכְלַלְתָּ	תִּיכָּלֵל	הִיכָּלֵל
רבים	נִכְלָלִים	את	נִכְלַלְתְּ	תִּיכָּלְלִי	הִיכָּלְלִי
רבות	נִכְלָלוֹת	הוא	נִכְלַל	יִיכָּלֵל	
		היא	נִכְלְלָה	תִּיכָּלֵל	
		אנחנו	נִכְלַלְנוּ	נִיכָּלֵל	
		אתם/ן	נִכְלַלְתֶּם/ן	תִּיכָּלְלוּ*	הִיכָּלְלוּ**
		הם/ן	נִכְלְלוּ	יִיכָּלְלוּ*	

שם הפועל .Infin לְהִיכָּלֵל

שם הפעולה .Ger הִיכָּלְלוּת being included

מקור מוחלט .Inf. Abs נִכְלוֹל, הִיכָּלֵל (הִיכָּלוֹל)

מ״י מוצרכת .Gov. Prep נִכְלַל בּ- be included in

* less commonly: אתן/הן תִּיכָּלַלְנָה/...לֵלְנָה

** less commonly: (אתן) הִיכָּלַלְנָה/...לֵלְנָה

הִכְלִיל/הִכְלַל/יַכְלִיל generalize; include

בניין: הִפְעִיל גזרה: שלמים

	Present הווה		Past עבר	Future עתיד	Imperative ציווי
יחיד	מַכְלִיל	אני	הִכְלַלְתִּי	אַכְלִיל	
יחידה	מַכְלִילָה	אתה	הִכְלַלְתָּ	תַּכְלִיל	הַכְלֵל
רבים	מַכְלִילִים	את	הִכְלַלְתְּ	תַּכְלִילִי	הַכְלִילִי
רבות	מַכְלִילוֹת	הוא	הִכְלִיל	יַכְלִיל	
		היא	הִכְלִילָה	תַּכְלִיל	
		אנחנו	הִכְלַלְנוּ	נַכְלִיל	
		אתם/ן	הִכְלַלְתֶּם/ן	תַּכְלִילוּ*	הַכְלִילוּ**
		הם/ן	הִכְלִילוּ	יַכְלִילוּ*	

שם הפועל .Infin לְהַכְלִיל   * less commonly: אתן/הן תַּכְלֵלְנָה

שם הפעולה Gerund הַכְלָלָה generalization   ** less commonly: (אתן) הַכְלֵלְנָה

מקור מוחלט .Inf. Abs הַכְלֵל

הוּכְלַל (הֻכְלַל) be included; be generalized

בניין: הוּפְעַל גזרה: שלמים

	Present הווה		Past עבר	Future עתיד
יחיד	מוּכְלָל	אני	הוּכְלַלְתִּי	אוּכְלַל
יחידה	מוּכְלֶלֶת	אתה	הוּכְלַלְתָּ	תּוּכְלַל
רבים	מוּכְלָלִים	את	הוּכְלַלְתְּ	תּוּכְלְלִי
רבות	מוּכְלָלוֹת	הוא	הוּכְלַל	יוּכְלַל
		היא	הוּכְלְלָה	תּוּכְלַל
		אנחנו	הוּכְלַלְנוּ	נוּכְלַל
		אתם/ן	הוּכְלַלְתֶּם/ן	תּוּכְלְלוּ*
		הם/ן	הוּכְלְלוּ	יוּכְלְלוּ*

* less commonly: אתן/הן תּוּכְלַלְנָה

בינוני .Pres. Part מוּכְלָל included; generalized

[מקור מוחלט .Inf. Abs הוּכְלֵל]

◆ פעלים שאינם שכיחים מאותו שורש Infrequent verbs sharing the same root

כִּילֵל (כִּלֵּל) include; improve (lit.) (מְכַלֵּל, יְכַלֵּל, לְכַלֵּל)

כּוּלַּל (כֻּלַּל) be included; be completed (Mish H) (מְכוּלָּל, יְכוּלַּל)

הִתְכַּלֵּל be included/summarized; be improved (lit.) (מִתְכַּלֵּל, יִתְכַּלֵּל, לְהִתְכַּלֵּל)

◆ דוגמאות Illustrations

המע"מ כבר **כָּלוּל/נִכְלָל** במחיר, אבל עדיין לא **כָּלַלְתִּי** את מחיר ההובלה.

VAT **is** already **included** in the price, but I still **have** not **included** the delivery charge.

במיוחד בימים אלה, כשהרגישות להבדלים בין בני אדם גבוהה מאוד, יש להיזהר מאוד **בְּהַכְלָלוֹת**. מי **שֶׁמַּכְלִיל** עלול לפגוע בזולת גם אם לא התכוון לכך.

Particularly these days, when sensitivity to the differences among people is very high, one has to be very careful in making **generalizations**. One who **generalizes** is liable to hurt others even when one did not intend to do so.

◆ Special expressions ביטויים מיוחדים

be included in the list נִכְלַל/הוּכְלַל ברשימה

enter, go in; get involved (in) נִכְנַס/יִיכָּנֵס (יִכָּנֵס)

בניין: נִפְעַל גזרה: שלמים

Imperative ציווי	Future עתיד	Past עבר		Present הווה	
	אֶכָּנֵס	נִכְנַסְתִּי	אני	נִכְנָס	יחיד
הִיכָּנֵס	תִּיכָּנֵס	נִכְנַסְתָּ	אתה	נִכְנֶסֶת	יחידה
הִיכָּנְסִי	תִּיכָּנְסִי	נִכְנַסְתְּ	את	נִכְנָסִים	רבים
	יִיכָּנֵס	נִכְנַס	הוא	נִכְנָסוֹת	רבות
	תִּיכָּנֵס	נִכְנְסָה	היא		
	נִיכָּנֵס	נִכְנַסְנוּ	אנחנו		
הִיכָּנְסוּ**	תִּיכָּנְסוּ*	נִכְנַסְתֶּם/ן	אתם/ן		
	יִיכָּנְסוּ*	נִכְנְסוּ	הם/ן		

שם הפועל .Infin לְהִיכָּנֵס * less commonly: אתן/הן תִּיכָּנַסְנָה/...נֵסְנָה

שם הפעולה gerund הִיכָּנְסוּת entering (N) ** less commonly: (אתן) הִיכָּנַסְנָה/...נֵסְנָה

מקור מוחלט .Inf. Abs הִיכָּנֵס (הִיכָּנוֹס), נִכְנוֹס

bring in, insert; make a profit הִכְנִיס/הִכְנַס/יַכְנִיס

בניין: הִפְעִיל גזרה: שלמים

Imperative ציווי	Future עתיד	Past עבר		Present הווה	
	אַכְנִיס	הִכְנַסְתִּי	אני	מַכְנִיס	יחיד
הַכְנֵס	תַּכְנִיס	הִכְנַסְתָּ	אתה	מַכְנִיסָה	יחידה
הַכְנִיסִי	תַּכְנִיסִי	הִכְנַסְתְּ	את	מַכְנִיסִים	רבים
	יַכְנִיס	הִכְנִיס	הוא	מַכְנִיסוֹת	רבות
	תַּכְנִיס	הִכְנִיסָה	היא		
	נַכְנִיס	הִכְנַסְנוּ	אנחנו		
הַכְנִיסוּ**	תַּכְנִיסוּ*	הִכְנַסְתֶּם/ן	אתם/ן		
	יַכְנִיסוּ*	הִכְנִיסוּ	הם/ן		

* less commonly: אתן/הן תַּכְנֵסְנָה

שם הפועל .Infin לְהַכְנִיס ** less commonly: (אתן) הַכְנֵסְנָה

בינוני פעיל .Act. Part מַכְנִיס bringing profit

<<<

שם הפעולה Gerund הַכְנָסָה income; insertion

מקור מוחלט Inf. Abs. הַכְנֵס

הוּכְנַס (הֻכְנַס) be brought in/inserted

בניין: הוּפְעַל גזרה: שלמים

	הווה Present		עבר Past	עתיד Future
יחיד	מוּכְנָס	אני	הוּכְנַסְתִּי	אוּכְנַס
יחידה	מוּכְנֶסֶת	אתה	הוּכְנַסְתָּ	תּוּכְנַס
רבים	מוּכְנָסִים	את	הוּכְנַסְתְּ	תּוּכְנְסִי
רבות	מוּכְנָסוֹת	הוא	הוּכְנַס	יוּכְנַס
		היא	הוּכְנְסָה	תּוּכְנַס
		אנחנו	הוּכְנַסְנוּ	נוּכְנַס
		אתם/ן	הוּכְנַסְתֶּם/ן	תּוּכְנְסוּ*
		הם/ן	הוּכְנְסוּ	יוּכְנְסוּ*

[מקור מוחלט Inf. Abs. הוּכְנֵס]

* less commonly: אתן/הן תּוּכְנַסְנָה

כִּינֵּס/כִּינַּס/כַּנֵּס (כִּנֵּס) gather, bring together

בניין: פִּיעֵל גזרה: שלמים

	הווה Present		עבר Past	עתיד Future	ציווי Imperative
יחיד	מְכַנֵּס	אני	כִּינַּסְתִּי	אֲכַנֵּס	
יחידה	מְכַנֶּסֶת	אתה	כִּינַּסְתָּ	תְּכַנֵּס	כַּנֵּס
רבים	מְכַנְּסִים	את	כִּינַּסְתְּ	תְּכַנְּסִי	כַּנְּסִי
רבות	מְכַנְּסוֹת	הוא	כִּינֵּס	יְכַנֵּס	
		היא	כִּינְּסָה	תְּכַנֵּס	
		אנחנו	כִּינַּסְנוּ	נְכַנֵּס	
		אתם/ן	כִּינַּסְתֶּם/ן	תְּכַנְּסוּ*	כַּנְּסוּ**
		הם/ן	כִּינְּסוּ	יְכַנְּסוּ*	

* less commonly: אתן/הן תְּכַנֵּסְנָה

שם הפועל Infin. לְכַנֵּס

** less commonly: (אתן) כַּנֵּסְנָה

שם הפעולה Gerund כִּינּוּס convention; gathering

מקור מוחלט Inf. Abs. כַּנֵּס

כּוּנַּס (כֻּנַּס) be gathered/brought together

בניין: פּוּעַל גזרה: שלמים

	הווה Present		עבר Past	עתיד Future
יחיד	מְכוּנָּס	אני	כּוּנַּסְתִּי	אֲכוּנַּס
יחידה	מְכוּנֶּסֶת	אתה	כּוּנַּסְתָּ	תְּכוּנַּס
רבים	מְכוּנָּסִים	את	כּוּנַּסְתְּ	תְּכוּנְּסִי
רבות	מְכוּנָּסוֹת	הוא	כּוּנַּס	יְכוּנַּס
		היא	כּוּנְּסָה	תְּכוּנַּס >>>

	עבר Past	עתיד Future
אנחנו	כּוּנַסְנוּ	נְכוּנַס
אתם/ן	כּוּנַסְתֶּם/ן	תְּכוּנְסוּ*
הם/ן	כּוּנְסוּ	יְכוּנְסוּ*

* less commonly: אתן/הן תְּכוּנַסְנָה

בינוני .Pres. Part מְכוּנָס convened; withdrawn

[מקור מוחלט .Inf. Abs כּוּנוֹס]

הִתְכַּנֵּס/הִתְכַּנַּס assemble, convene, come together

בניין: הִתְפַּעֵל גזרה: שלמים

	הווה Present		עבר Past	עתיד Future	ציווי Imperative
יחיד	מִתְכַּנֵּס	אני	הִתְכַּנַּסְתִּי	אֶתְכַּנֵּס	
יחידה	מִתְכַּנֶּסֶת	אתה	הִתְכַּנַּסְתָּ	תִּתְכַּנֵּס	הִתְכַּנֵּס
רבים	מִתְכַּנְּסִים	את	הִתְכַּנַּסְתְּ	תִּתְכַּנְּסִי	הִתְכַּנְּסִי
רבות	מִתְכַּנְּסוֹת	הוא	הִתְכַּנֵּס	יִתְכַּנֵּס	
		היא	הִתְכַּנְּסָה	תִּתְכַּנֵּס	
		אנחנו	הִתְכַּנַּסְנוּ	נִתְכַּנֵּס	
		אתם/ן	הִתְכַּנַּסְתֶּם/ן	תִּתְכַּנְּסוּ*	הִתְכַּנְּסוּ**
		הם/ן	הִתְכַּנְּסוּ	יִתְכַּנְּסוּ*	

* less commonly: אתן/הן תִּתְכַּנֵּסְנָה

** less commonly: (אתן) הִתְכַּנֵּסְנָה

שם הפועל .Infin לְהִתְכַּנֵּס

שם הפעולה Gerund הִתְכַּנְּסוּת assembly, coming together

מקור מוחלט .Inf. Abs הִתְכַּנֵּס

◆ פעלים שאינם שכיחים מאותו שורש Infrequent verbs sharing the same root

כָּנַס gather together; bring in (כּוֹנֵס, יִכְנוֹס, לִכְנוֹס)

בינוני פעיל .Act. Part כּוֹנֵס (נכסים) liquidator of bankrupt property

בינוני סביל .Pass. Part כָּנוּס gathered (inside), collected; reserved (lit.) (כְּנוּסָה, כְּנוּסִים, כְּנוּסוֹת)

שם הפעולה Gerund כְּנִיסָה entering; entry; entrance (common form)

◆ דוגמאות Illustrations

דני לא אוהב לְהִיכָּנֵס הביתה דרך הַכְּנִיסָה הראשית; הוא מעדיף לְהִיכָּנֵס דרך המטבח.

Danny does not like **to enter** the house through the main **entrance**; he prefers **to enter** through the kitchen.

לאחר משא ומתן ארוך, הותרה לבסוף כְּנִיסָתוֹ של קאסטרו לביקור בארה"ב.

Following long negotiations, Castro's **entry** into the U.S.A. was finally approved.

אל תַּכְנִיס את הכלב הבייתה!

Do not **bring** the dog **into** the house!

בשבוע הבא יתקיים כאן **כִּינּוּס** של פקידי מס **הַכְנָסָה**. כל שנה הם **מִתְכַּנְּסִים** כאן, במלון הזה.
A **convention** of **income** tax officials will take place here next week. Every year they **convene** here, at this hotel.

כִּינַּסְתִּי את כל המשפחה מכל רחבי הארץ כדי לחגוג את יום ההולדת ה-50 של אחותי. זאת היתה מסיבת הפתעה; אפילו בעלה לא **הוּכְנַס** בסוד העניין.
I **gathered** the whole family **together** from all over the country in order to celebrate my sister's 50th birthday. It was a surprise; even her husband **was** not **brought in** on the secret.

◆ **ביטויים מיוחדים** Special expressions

נִכְנַס לתוך דבריו interrupt him

נִכְנַס בבריתו של אברהם אבינו be circumcised

נִכְנַס לתמונה get into the picture

נִכְנַס בעובי הקורה involve oneself seriously in trying to solve a problem

נִכְנַס יין - יצא סוד one is likely to reveal secrets when one is drunk

נִכְנְסוּ בברית הנישואין they got married

נִכְנְסָה להריון got pregnant

יִיכָּנֵס בו הרוח! to hell with him!

מַכְנִיס אורחים hospitable

מס **הַכְנָסָה** income tax

הַכְנָסָה נקייה net income

הַכְנָסַת אורחים hospitality

הַכְנָסַת כלה arranging a marriage for a poor bride

הַכְנָסוֹת והוצאות income and expenses

אין **כְּנִיסָה** no entry, do not enter

● כנע

נִכְנַע/יִיכָּנַע/יִיכָּנֵע (יִכָּנַע) yield, surrender

בניין: **נִפְעַל** גזרה: ל' גרונית

	Present הווה		Past עבר	Future עתיד	Imperative ציווי
יחיד	נִכְנָע	אני	נִכְנַעְתִּי	אֶכָּנַע/...נֵע	
יחידה	נִכְנַעַת	אתה	נִכְנַעְתָּ	תִּיכָּנַע/...נֵע	הִיכָּנַע/...נֵע
רבים	נִכְנָעִים	את	נִכְנַעְתְּ/...עַת	תִּיכָּנְעִי	הִיכָּנְעִי
רבות	נִכְנָעוֹת	הוא	נִכְנַע	יִיכָּנַע/...נֵע	
		היא	נִכְנְעָה	תִּיכָּנַע/...נֵע	
		אנחנו	נִכְנַעְנוּ	נִיכָּנַע/...נֵע	
		אתם/ן	נִכְנַעְתֶּם/ן	תִּיכָּנְעוּ*	הִיכָּנְעוּ**
		הם/ן	נִכְנְעוּ	יִיכָּנְעוּ*	

שם הפועל .Infin **לְהִיכָּנַע/...נֵע**

שם הפעולה gerund **הִיכָּנְעוּת** surrendering

מקור מוחלט .Inf. Abs **נִכְנוֹעַ**

* less commonly: אתן/הן תִּיכָּנַעְנָה

** less commonly: (אתן) הִיכָּנַעְנָה

<<<

מ"י מוצרכת Gov. Prep. נִכְנַע ל- surrender to

הִכְנִיעַ/הִכְנַע/יַכְנִיעַ subdue, put down, humble

בניין: הִפְעִיל גזרה: ל' גרונית

	Present הווה		Past עבר	Future עתיד	Imperative ציווי
יחיד	מַכְנִיעַ	אני	הִכְנַעְתִּי	אַכְנִיעַ	
יחידה	מַכְנִיעָה	אתה	הִכְנַעְתָּ	תַּכְנִיעַ	הַכְנַע
רבים	מַכְנִיעִים	את	הִכְנַעְתְּ/...עַת	תַּכְנִיעִי	הַכְנִיעִי
רבות	מַכְנִיעוֹת	הוא	הִכְנִיעַ	יַכְנִיעַ	
		היא	הִכְנִיעָה	תַּכְנִיעַ	
		אנחנו	הִכְנַעְנוּ	נַכְנִיעַ	
		אתם/ן	הִכְנַעְתֶּם/ן	תַּכְנִיעוּ*	הַכְנִיעוּ**
		הם/ן	הִכְנִיעוּ	יַכְנִיעוּ*	

שם הפועל .Infin לְהַכְנִיעַ * less commonly: אתן/הן תַּכְנַעְנָה

שם הפעולה Gerund הַכְנָעָה subduing (N) ** less commonly: (אתן) הַכְנַעְנָה

מקור מוחלט .Inf. Abs הַכְנֵעַ

הוּכְנַע (הָכְנַע) be subdued/put down/humbled

בניין: הוּפְעַל גזרה: ל' גרונית

	Present הווה		Past עבר	Future עתיד
יחיד	מוּכְנָע	אני	הוּכְנַעְתִּי	אוּכְנַע
יחידה	מוּכְנַעַת	אתה	הוּכְנַעְתָּ	תּוּכְנַע
רבים	מוּכְנָעִים	את	הוּכְנַעְתְּ/...עַת	תּוּכְנְעִי
רבות	מוּכְנָעוֹת	הוא	הוּכְנַע	יוּכְנַע
		היא	הוּכְנְעָה	תּוּכְנַע
		אנחנו	הוּכְנַעְנוּ	נוּכְנַע
		אתם/ן	הוּכְנַעְתֶּם/ן	תּוּכְנְעוּ*
		הם/ן	הוּכְנְעוּ	יוּכְנְעוּ*

[מקור מוחלט .Inf. Abs הוּכְנֵעַ] * less commonly: אתן/הן תּוּכְנַעְנָה

◆ פעלים שאינם שכיחים מאותו שורש Infrequent verbs sharing the same root

[כָּנַע] שם הפעולה Gerund כְּנִיעָה surrender (N) (only existing form)

הִתְכַּנֵּעַ surrender (Med H) (מִתְכַּנֵּעַ, יִתְכַּנֵּעַ, לְהִתְכַּנֵּעַ)

◆ דוגמאות Illustrations

היפנים **הוּכְנְעוּ** רק באוגוסט 1945, שלושה חודשים לאחר **כְּנִיעַת** הצבא הגרמני. היה צורך בשתי פצצות אטום כדי **לְהַכְנִיעַ** אותם. זו הפעם הראשונה בהיסטוריה שבה **נִכְנְעוּ** היפנים לגורם זר כלשהו.

The Japanese **were subdued** only in August 1945, three months after the **surrender** of the German army. Two atomic bombs were required in order **to subdue** them. This is the first time in history in which the Japanese **surrendered** to any foreign power.

כִּסָּה/כִּסָּה (כִּסָּה) cover, conceal; cover (check)

בניין: פִּיעֵל גזרה: ל״ה

Imperative ציווי	Future עתיד	Past עבר		Present הווה	
	אֲכַסֶּה	כִּיסִּיתִי	אני	מְכַסֶּה	יחיד
כַּסֵּה	תְּכַסֶּה	כִּיסִּיתָ	אתה	מְכַסָּה	יחידה
כַּסִּי	תְּכַסִּי	כִּיסִּית	את	מְכַסִּים	רבים
	יְכַסֶּה	כִּיסָּה	הוא	מְכַסּוֹת	רבות
	תְּכַסֶּה	כִּיסְּתָה	היא		
	נְכַסֶּה	כִּיסִּינוּ	אנחנו		
כַּסּוּ**	תְּכַסּוּ*	כִּיסִּיתֶם/ן	אתם/ן		
	יְכַסּוּ*	כִּיסּוּ	הם/ן		

* less commonly: אתן/הן תְּכַסֶּינָה

** less commonly: (אתן) כַּסֶּינָה

שם הפועל .Infin לְכַסּוֹת

שם הפעולה Gerund כִּיסּוּי cover (N), covering, coverage

מקור מוחלט .Inf. Abs כַּסֵּה

מ״י מוצרכת .Gov. Prep כִּיסָּה ב- cover with

כּוּסָּה/כוּסָּה (כֻּסָּה) be covered/concealed

בניין: פּוּעַל גזרה: ל״ה

Future עתיד	Past עבר		Present הווה	
אֲכוּסֶּה	כּוּסֵּיתִי	אני	מְכוּסֶּה	יחיד
תְּכוּסֶּה	כּוּסֵּיתָ	אתה	מְכוּסָּה	יחידה
תְּכוּסִּי	כּוּסֵּית	את	מְכוּסִּים	רבים
יְכוּסֶּה	כּוּסָּה	הוא	מְכוּסּוֹת	רבות
תְּכוּסֶּה	כּוּסְּתָה	היא		
נְכוּסֶּה	כּוּסֵּינוּ*	אנחנו		
תְּכוּסּוּ**	כּוּסֵּיתֶם/ן	אתם/ן		
יְכוּסּוּ**	כּוּסּוּ	הם/ן		

בינוני .Pres. Part מְכוּסֶּה covered

* BH: כּוּסִּינוּ

[מקור מוחלט .Inf. Abs כּוּסֹּה]

** less commonly: אתן/הן תְּכוּסֶּינָה

מ״י מוצרכת .Gov. Prep כּוּסָּה ב- be covered with

cover oneself; be covered הִתְכַּסָּה

בניין: הִתְפַּעֵל גזרה: ל"ה

	Present הווה		Past עבר	Future עתיד	Imperative ציווי
יחיד	מִתְכַּסֶּה	אני	הִתְכַּסֵּיתִי	אֶתְכַּסֶּה	
יחידה	מִתְכַּסָּה	אתה	הִתְכַּסֵּיתָ	תִּתְכַּסֶּה	הִתְכַּסֵּה
רבים	מִתְכַּסִּים	את	הִתְכַּסֵּית	תִּתְכַּסִּי	הִתְכַּסִּי
רבות	מִתְכַּסּוֹת	הוא	הִתְכַּסָּה	יִתְכַּסֶּה	
		היא	הִתְכַּסְּתָה	תִּתְכַּסֶּה	
		אנחנו	הִתְכַּסֵּינוּ*	נִתְכַּסֶּה	
		אתם/ן	הִתְכַּסֵּיתֶם/ן	תִּתְכַּסּוּ**	הִתְכַּסּוּ***
		הם/ן	הִתְכַּסּוּ	יִתְכַּסּוּ**	

שם הפועל .Infin לְהִתְכַּסּוֹת * BH: הִתְכַּסִּינוּ

שם הפעולה .Ger הִתְכַּסּוּת covering oneself ** less commonly: אתן/הן תִּתְכַּסֶּינָה

מקור מוחלט .Inf. Abs הִתְכַּסֵּה *** less commonly: (אתן) הִתְכַּסֶּינָה

מ"י מוצרכת .Gov. Prep הִתְכַּסָּה ב- cover oneself with

◆ פעלים שאינם שכיחים מאותו שורש Infrequent verbs sharing the same root

כָּסָה (lit.) cover, conceal (כּוֹסֶה, יִכְסֶה, לִכְסוֹת)

נִכְסָה (lit.) be covered (נִכְסֶה, יִיכָּסֶה, לְהִיכָּסוֹת)

◆ דוגמאות Illustrations

עודד הוא הכתב המשפטי של העיתון. תפקידו **לְכַסּוֹת** את המשפטים שלציבור יש בהם עניין. מרבית הקוראים חושבים שה**כִּיסּוּי** שלו מעולה.

Oded is the paper's legal correspondent. His job is **to cover** trials that are of interest to the public. Most readers think that his **coverage** is excellent.

הִתְכַּסֵּיתִי בשמיכה, אבל עדיין היה לי קר, כי השמיכה הייתה קצרה, וכפות רגליי לא היו **מְכוּסּוֹת**.

I **covered myself** with a blanket, but I was still cold, because the blanket was short, and my feet **were** not **covered**.

◆ ביטויים מיוחדים Special expressions

כִּיסָּה את ההוצאות cover the expenses

כִּיסָּה ממנו conceal from him

כִּיסָּה עליו (.coll) cover up for him

כִּיסְּתָה אותו בושה be covered with shame

● כעס

כָּעַס/כּוֹעֵס/יִכְעַס be angry, lose one's temper

בניין: פָּעַל גזרה: ע׳ גרונית (אֶפְעַל)

	הווה Present			עבר Past	עתיד Future	ציווי Imper.
יחיד	כּוֹעֵס	כָּעוּס	אני	כָּעַסְתִּי	אֶכְעַס	
יחידה	כּוֹעֶסֶת	כְּעוּסָה	אתה	כָּעַסְתָּ	תִּכְעַס	כְּעַס
רבים	כּוֹעֲסִים	כְּעוּסִים	את	כָּעַסְתְּ	תִּכְעֲסִי	כַּעֲסִי
רבות	כּוֹעֲסוֹת	כְּעוּסוֹת	הוא	כָּעַס	יִכְעַס	
			היא	כָּעֲסָה	תִּכְעַס	
			אנחנו	כָּעַסְנוּ	נִכְעַס	
			אתם/ן	כְּעַסְתֶּם/ן*	תִּכְעֲסוּ**	כַּעֲסוּ***
			הם/ן	כָּעֲסוּ	יִכְעֲסוּ**	

שם הפועל .Infin לִכְעוֹס

בינוני פעיל .Pres. Part כּוֹעֵס angry

בינוני סביל .Pass. Part כָּעוּס angry, irate

מקור מוחלט .Inf. Abs כָּעוֹס

* Colloquial: כָּעַסְתֶּם/ן

** less commonly: אתן/הן תִּכְעַסְנָה

*** less commonly: (אתן) כְּעַסְנָה

הִכְעִיס/הִכְעַס/יַכְעִיס anger (tr.), enrage

בניין: הִפְעִיל גזרה: שלמים

	הווה Present		עבר Past	עתיד Future	ציווי Imperative
יחיד	מַכְעִיס	אני	הִכְעַסְתִּי	אַכְעִיס	
יחידה	מַכְעִיסָה	אתה	הִכְעַסְתָּ	תַּכְעִיס	הַכְעֵס
רבים	מַכְעִיסִים	את	הִכְעַסְתְּ	תַּכְעִיסִי	הַכְעִיסִי
רבות	מַכְעִיסוֹת	הוא	הִכְעִיס	יַכְעִיס	
		היא	הִכְעִיסָה	תַּכְעִיס	
		אנחנו	הִכְעַסְנוּ	נַכְעִיס	
		אתם/ן	הִכְעַסְתֶּם/ן	תַּכְעִיסוּ*	הַכְעִיסוּ**
		הם/ן	הִכְעִיסוּ	יַכְעִיסוּ*	

שם הפועל .Infin לְהַכְעִיס

בינוני .Pres. Part מַכְעִיס annoying (Adj.)

שם הפעולה gerund הַכְעָסָה annoying, making angry

מקור מוחלט .Inf. Abs הַכְעֵס

תואר הפועל .Adv לְהַכְעִיס so as to spite

* less commonly: אתן/הן תַּכְעֵסְנָה

** less commonly: (אתן) הַכְעֵסְנָה

◆ פעלים שאינם שכיחים מאותו שורש Infrequent verbs sharing the same root

כִּיעֵס (כִּעֵס) anger (lit.) (מְכַעֵס, יְכַעֵס, לְכַעֵס)

הוּכְעַס (הֻכְעַס) be angered/annoyed (מוּכְעָס, יוּכְעַס)

הִתְכַּעֵס get angry (lit.) (מִתְכַּעֵס, יִתְכַּעֵס, לְהִתְכַּעֵס)

◆ דוגמאות Illustrations

עליזה כּוֹעֶסֶת, כי התנהגותו של אפרים מַכְעִיסָה אותה.

Aliza **is angry** because Ephraim's behavior **annoys** her.

◆ ביטויים מיוחדים Special expressions

הַכּוֹעֵס, חוכמתו מסתלקת ממנו when one loses one's temper, one loses one's judgment

מומר לְהַכְעִיס apostate out of spite

● כפף

הִתְכּוֹפֵף/הִתְכּוֹפַף bend (over, down), stoop

בניין: הִתְפַּעֵל גזרה: כפולים

Imperative ציווי	Future עתיד	Past עבר		Present הווה	
	אֶתְכּוֹפֵף	הִתְכּוֹפַפְתִּי	אני	מִתְכּוֹפֵף	יחיד
הִתְכּוֹפֵף	תִּתְכּוֹפֵף	הִתְכּוֹפַפְתָּ	אתה	מִתְכּוֹפֶפֶת	יחידה
הִתְכּוֹפְפִי	תִּתְכּוֹפְפִי	הִתְכּוֹפַפְתְּ	את	מִתְכּוֹפְפִים	רבים
	יִתְכּוֹפֵף	הִתְכּוֹפֵף	הוא	מִתְכּוֹפְפוֹת	רבות
	תִּתְכּוֹפֵף	הִתְכּוֹפְפָה	היא		
	נִתְכּוֹפֵף	הִתְכּוֹפַפְנוּ	אנחנו		
הִתְכּוֹפְפוּ**	תִּתְכּוֹפְפוּ*	הִתְכּוֹפַפְתֶּם/ן	אתם/ן		
	יִתְכּוֹפְפוּ*	הִתְכּוֹפְפוּ	הם/ן		

* less commonly: אתן/הן תִּתְכּוֹפֵפְנָה

** less commonly: (אתן) הִתְכּוֹפֵפְנָה

שם הפועל .Infin לְהִתְכּוֹפֵף

שם הפעולה Gerund הִתְכּוֹפְפוּת bending, stooping (N)

מקור מוחלט .Inf. Abs הִתְכּוֹפֵף

כּוֹפֵף/כּוֹפַף bend (tr.); force, compel

בניין: פִּיעֵל גזרה: כפולים

Imperative ציווי	Future עתיד	Past עבר		Present הווה	
	אֲכוֹפֵף	כּוֹפַפְתִּי	אני	מְכוֹפֵף	יחיד
כּוֹפֵף	תְּכוֹפֵף	כּוֹפַפְתָּ	אתה	מְכוֹפֶפֶת	יחידה
כּוֹפְפִי	תְּכוֹפְפִי	כּוֹפַפְתְּ	את	מְכוֹפְפִים	רבים
	יְכוֹפֵף	כּוֹפֵף	הוא	מְכוֹפְפוֹת	רבות
	תְּכוֹפֵף	כּוֹפְפָה	היא		
	נְכוֹפֵף	כּוֹפַפְנוּ	אנחנו		
>>> כּוֹפְפוּ**	תְּכוֹפְפוּ	כּוֹפַפְתֶּם/ן	אתם/ן		

	Past עבר	Future עתיד
הם/ן	כּוֹפְפוּ	יְכוֹפְפוּ*

שם הפועל .Infin לְכוֹפֵף   * less commonly: אתן/הן תְּכוֹפֵפְנָה

שם הפעולה .Ger כִּיפוּף bending (something)   ** less commonly: (אתן) כּוֹפֵפְנָה

מקור מוחלט .Inf. Abs כּוֹפֵף

◆ פעלים שאינם שכיחים מאותו שורש Infrequent verbs sharing the same root

כָּפַף (כַּף) bend (tr.); force, compel [כּוֹפֵף (כַּף), יִכְפּוֹף (יָכוֹף), לִכְפּוֹף (לָכוֹף)]

בינוני סביל .Pass. Part כָּפוּף bent (common form)

מ"י מוצרכת .Gov. Prep כָּפוּף ל- subordinate to

נִכְפַּף (נִיכַּף) be bent [נִכְפָּף (נָכָף), יִיכָּפֵף (יִיכַּף), לְהִיכָּפֵף (לְהִיכֵּף)]

כּוֹפַף be bent (מְכוֹפָף, יְכוֹפַף)

הִכְפִּיף (הֵכֵף) cause to bend, impose rule/discipline, subordinate (fairly common in formal Hebrew) [מַכְפִּיף (מֵכֵף), יַכְפִּיף (יָכֵף), לְהַכְפִּיף (לְהָכֵף)]

הוּכְפַּף (הֻכְפַּף) be bent (מוּכְפָּף, יוּכְפַּף)

◆ דוגמאות Illustrations

אורי גלר טוען שהוא מסוגל **לְכוֹפֵף** מזלגות בכוח טלקינטי. כשהוא מדגים זאת, נראה שהמזלג אומנם **מִתְכּוֹפֵף** מעצמו, אבל יש האומרים שהוא מחליש את המתכת על ידי **כִּיפוּף** המזלג בתנועה בלתי-נראית בשעה שהוא מחזיק בו קודם לכן.

Uri Geller claims that he can **bend** forks by telekinetic powers. When he demonstrates it, it appears that the fork indeed **bends down** on its own, but some say that he weakens the metal by imperceptibly **bending** the fork while holding it earlier.

בסולם הניהול במפעל, עזריאל **כָּפוּף** למנהל השיווק. עבודתו קשה; בכל שעה שעוברים על פני משרדו, רואים אותו **כָּפוּף** על גבי ערימה עצומה של ניירת.

In the firm management hierarchy, Azriel **is subordinate** to the director of marketing. It's a hard job; whenever one passes by the office, one sees him **bent** over a huge pile of paperwork.

◆ ביטויים מיוחדים Special expressions

בראש **כָּפוּף** with a bowed head, subdued/depressed

● כרז

הִכְרִיז/הִכְרַז/יַכְרִיז proclaim, declare, announce

בניין: הִפְעִיל   גזרה: שלמים

	הווה Present		עבר Past	עתיד Future	ציווי Imperative
יחיד	מַכְרִיז	אני	הִכְרַזְתִּי	אַכְרִיז	
יחידה	מַכְרִיזָה	אתה	הִכְרַזְתָּ	תַּכְרִיז	הַכְרֵז
רבים	מַכְרִיזִים	את	הִכְרַזְתְּ	תַּכְרִיזִי	הַכְרִיזִי
רבות	מַכְרִיזוֹת	הוא	הִכְרִיז	יַכְרִיז	
		היא	הִכְרִיזָה	תַּכְרִיז	
		אנחנו	הִכְרַזְנוּ	נַכְרִיז	
		אתם/ן	הִכְרַזְתֶּם/ן	תַּכְרִיזוּ*	הַכְרִיזוּ**
		הם/ן	הִכְרִיזוּ	יַכְרִיזוּ*	

* less commonly: אתן/הן תַּכְרֵזְנָה

** less commonly: (אתן) הַכְרֵזְנָה

שם הפועל Infin. לְהַכְרִיז

שם הפעולה Gerund הַכְרָזָה proclamation, declaration

בינוני Pres. Part. מַכְרִיז announcer; auctioneer

מקור מוחלט Inf. Abs. הַכְרֵז

הוּכְרַז (הֻכְרַז) be proclaimed/declared/announced

בניין: הוּפְעַל   גזרה: שלמים

	הווה Present		עבר Past	עתיד Future
יחיד	מוּכְרָז	אני	הוּכְרַזְתִּי	אוּכְרַז
יחידה	מוּכְרֶזֶת	אתה	הוּכְרַזְתָּ	תוּכְרַז
רבים	מוּכְרָזִים	את	הוּכְרַזְתְּ	תוּכְרְזִי
רבות	מוּכְרָזוֹת	הוא	הוּכְרַז	יוּכְרַז
		היא	הוּכְרְזָה	תוּכְרַז
		אנחנו	הוּכְרַזְנוּ	נוּכְרַז
		אתם/ן	הוּכְרַזְתֶּם/ן	תוּכְרְזוּ*
		הם/ן	הוּכְרְזוּ	יוּכְרְזוּ*

* less commonly: אתן/הן תוּכְרַזְנָה

בינוני Pres. Part. מוּכְרָז announced, proclaimed

[מקור מוחלט Inf. Abs. הוּכְרֵז]

◆ פעלים שאינם שכיחים מאותו שורש Infrequent verbs sharing the same root

כָּרַז (כּוֹרֵז, יִכְרוֹז, לִכְרוֹז) announce, proclaim (Mish H)

נִכְרַז (נִכְרָז, יִיכָּרֵז, לְהִיכָּרֵז) be announced/proclaimed (Med H)

◆ דוגמאות Illustrations

מנהיג המורדים הִכְרִיז על עצמאות האיזור מן השלטון המרכזי. הַהַכְרָזָה שודרה ברדיו ובטלוויזיה. בעת ובעונה אחת הוּכְרַז מארמון הנשיאות על גיוס כללי של חיילי המילואים.

The rebel leader **declared** the independence of the region from the central government. The **announcement** was broadcast on radio and television. At the same time, general mobilization of the reserves **was announced** from the presidential palace.

◆ ביטויים מיוחדים Special expressions

מכירה בַּהַכְרָזָה (=מכירה פומבית) auction sale

הַכְרָזַת עצמאות declaration of independence

●כשל

נִכְשַׁל/ייכָּשֵׁל (יִכָּשֵׁל) fail (intr.); stumble, slip

בניין: נִפְעַל גזרה: שלמים

	Present הווה		Past עבר	Future עתיד	Imperative ציווי
יחיד	נִכְשָׁל	אני	נִכְשַׁלְתִּי	אֶכָּשֵׁל	
יחידה	נִכְשֶׁלֶת	אתה	נִכְשַׁלְתָּ	תִּיכָּשֵׁל	הִיכָּשֵׁל
רבים	נִכְשָׁלִים	את	נִכְשַׁלְתְּ	תִּיכָּשְׁלִי	הִיכָּשְׁלִי
רבות	נִכְשָׁלוֹת	הוא	נִכְשַׁל	ייכָּשֵׁל	
		היא	נִכְשְׁלָה	תִּיכָּשֵׁל	
		אנחנו	נִכְשַׁלְנוּ	נִיכָּשֵׁל	
		אתם/ן	נִכְשַׁלְתֶּם/ן	תִּיכָּשְׁלוּ*	הִיכָּשְׁלוּ**
		הם/ן	נִכְשְׁלוּ	ייכָּשְׁלוּ*	

* less commonly: אתן/הן תִּיכָּשַׁלְנָה/...שֵׁלְנָה

** less commonly: (אתן) הִיכָּשַׁלְנָה/...שֵׁלְנָה

שם הפועל .Infin לְהִיכָּשֵׁל

שם הפעולה Gerund הִיכָּשְׁלוּת failing, stumbling (N)

מקור מוחלט .Inf. Abs נִכְשׁוֹל, הִיכָּשֵׁל (הִיכָּשׁוֹל)

מ"י מוצרכת .Gov. Prep נִכְשַׁל ב- fail in

הִכְשִׁיל/הִכְשַׁל/יַכְשִׁיל fail (tr.); lead astray; cause to stumble; obstruct

בניין: הִפְעִיל גזרה: שלמים

	Present הווה		Past עבר	Future עתיד	Imperative ציווי
יחיד	מַכְשִׁיל	אני	הִכְשַׁלְתִּי	אַכְשִׁיל	
יחידה	מַכְשִׁילָה	אתה	הִכְשַׁלְתָּ	תַּכְשִׁיל	הַכְשֵׁל
רבים	מַכְשִׁילִים	את	הִכְשַׁלְתְּ	תַּכְשִׁילִי	הַכְשִׁילִי >>>

	Present הווה		Past עבר	Future עתיד	Imperative ציווי
רבות	מַכְשִׁילוֹת	הוא	הִכְשִׁיל	יַכְשִׁיל	
		היא	הִכְשִׁילָה	תַּכְשִׁיל	
		אנחנו	הִכְשַׁלְנוּ	נַכְשִׁיל	
		אתם/ן	הִכְשַׁלְתֶּם/ן	תַּכְשִׁילוּ*	הַכְשִׁילוּ**
		הם/ן	הִכְשִׁילוּ	יַכְשִׁילוּ*	

* less commonly: אתן/הן תַּכְשֵׁלְנָה

** less commonly: (אתן) הַכְשֵׁלְנָה

שם הפועל .Infin לְהַכְשִׁיל

שם הפעולה .Ger הַכְשָׁלָה causing to fail/stumble

בינוני .Pres. Part מַכְשִׁיל causing to fail (Adj.)

מקור מוחלט .Inf. Abs הַכְשֵׁל

הוּכְשַׁל (הָכְשַׁל) be failed/led astray; be made to stumble

בניין: הוּפְעַל גזרה: שלמים

	Present הווה		Past עבר	Future עתיד
יחיד	מוּכְשָׁל	אני	הוּכְשַׁלְתִּי	אוּכְשַׁל
יחידה	מוּכְשֶׁלֶת	אתה	הוּכְשַׁלְתָּ	תּוּכְשַׁל
רבים	מוּכְשָׁלִים	את	הוּכְשַׁלְתְּ	תּוּכְשְׁלִי
רבות	מוּכְשָׁלוֹת	הוא	הוּכְשַׁל	יוּכְשַׁל
		היא	הוּכְשְׁלָה	תּוּכְשַׁל
		אנחנו	הוּכְשַׁלְנוּ	נוּכְשַׁל
		אתם/ן	הוּכְשַׁלְתֶּם/ן	תּוּכְשְׁלוּ*
		הם/ן	הוּכְשְׁלוּ	יוּכְשְׁלוּ*

[מקור מוחלט .Inf. Abs הוּכְשֵׁל]

* less commonly: אתן/הן תּוּכְשַׁלְנָה

◆ פעלים שאינם שכיחים מאותו שורש Infrequent verbs sharing the same root

כָּשַׁל (כּוֹשֵׁל, יִכְשַׁל, לִכְשׁוֹל) stumble; fail, be feeble; go astray (morally), lapse, fall

בינוני .Pres. Part כּוֹשֵׁל feeble, failing; backward; a failure (person), bungler (fairly common form)

◆ דוגמאות Illustrations

משולם **נִכְשַׁל** כבר שלוש פעמים במבחן הנהיגה. הוא טוען **שהוּכְשַׁל** בכוונה על ידי הבוחנים, **המַכְשִׁילִים** אותו בגלל מקוריותו בנהיגה...

Meshulam **has** already **failed** (in) the driving test three times. He claims that he **was** intentionally **failed** by the testers, who **fail** him because of his originality in driving...

האופוזיציה מאשימה את הממשלה בהנהגת מדיניות כלכלית **כּוֹשֶׁלֶת**.

The opposition accuses the government of conducting a **failing/bungling** economic policy.

◆ ביטויים מיוחדים Special expressions

נִכְשַׁל בלשונו said what he should not have said and did not mean to say

כָּשַׁל כוח הסבל he could suffer no longer

● כשר

הִכְשִׁיר/הִכְשַׁר/יַכְשִׁיר train, prepare; declare/make kosher

בניין: הִפְעִיל   גזרה: שלמים

	Present הווה		Past עבר	Future עתיד	Imperative ציווי
יחיד	מַכְשִׁיר	אני	הִכְשַׁרְתִּי	אַכְשִׁיר	
יחידה	מַכְשִׁירָה	אתה	הִכְשַׁרְתָּ	תַּכְשִׁיר	הַכְשֵׁר
רבים	מַכְשִׁירִים	את	הִכְשַׁרְתְּ	תַּכְשִׁירִי	הַכְשִׁירִי
רבות	מַכְשִׁירוֹת	הוא	הִכְשִׁיר	יַכְשִׁיר	
		היא	הִכְשִׁירָה	תַּכְשִׁיר	
		אנחנו	הִכְשַׁרְנוּ	נַכְשִׁיר	
		אתם/ן	הִכְשַׁרְתֶּם/ן	תַּכְשִׁירוּ*	הַכְשִׁירוּ**
		הם/ן	הִכְשִׁירוּ	יַכְשִׁירוּ*	

שם הפועל .Infin לְהַכְשִׁיר   * less commonly: אתן/הן תַּכְשֵׁרְנָה

שם הפעולה .Ger הַכְשָׁרָה training; koshering   ** less commonly: (אתן) הַכְשֵׁרְנָה

בינוני .Pres. Part מַכְשִׁיר instrument, tool

מקור מוחלט .Inf. Abs הַכְשֵׁר

הוּכְשַׁר (הֻכְשַׁר) be trained/prepared; be koshered

בניין: הוּפְעַל   גזרה: שלמים

	Present הווה		Past עבר	Future עתיד
יחיד	מוּכְשָׁר	אני	הוּכְשַׁרְתִּי	אוּכְשַׁר
יחידה	מוּכְשֶׁרֶת	אתה	הוּכְשַׁרְתָּ	תּוּכְשַׁר
רבים	מוּכְשָׁרִים	את	הוּכְשַׁרְתְּ	תּוּכְשְׁרִי
רבות	מוּכְשָׁרוֹת	הוא	הוּכְשַׁר	יוּכְשַׁר
		היא	הוּכְשְׁרָה	תּוּכְשַׁר
		אנחנו	הוּכְשַׁרְנוּ	נוּכְשַׁר
		אתם/ן	הוּכְשַׁרְתֶּם/ן	תּוּכְשְׁרוּ*
		הם/ן	הוּכְשְׁרוּ	יוּכְשְׁרוּ*

* less commonly: אתן/הן תּוּכְשַׁרְנָה

בינוני .Pres. Part מוּכְשָׁר talented; made kosher; adapted, fitted

[מקור מוחלט .Inf. Abs הוּכְשֵׁר]

◆ פעלים שאינם שכיחים מאותו שורש Infrequent verbs sharing the same root

כָּשַׁר work out well, fit, be appropriate (כָּשֵׁר, יִכְשַׁר, לִכְשׁוֹר)

בינוני Pres. Part כָּשֵׁר fit, proper, legitimate; kosher (common form)

נִכְשַׁר be proper/worthy (Med H) (נִכְשָׁר, יִיכָּשֵׁר, לְהִיכָּשֵׁר)

כִּישֵׁר (כִּשֵּׁר) make fit, make kosher (מְכַשֵּׁר, יְכַשֵּׁר, לְכַשֵּׁר)

כּוּשַּׁר (כֻּשַּׁר) be made fit, be made kosher (מְכוּשָּׁר, יְכוּשַּׁר)

הִתְכַּשֵּׁר train oneself; work dilligently (Mish H) (מִתְכַּשֵּׁר, יִתְכַּשֵּׁר, לְהִתְכַּשֵּׁר)

◆ דוגמאות Illustrations

לאחר שמקום עבודתו נסגר, עבר אברהם **הַכְשָׁרָה** במקצוע אחר. המדריכים שלו הבחינו מייד שהוא **מוּכְשָׁר** מאוד, ושניתן יהיה **לְהַכְשִׁיר** אותו במחצית הזמן שמוקצה לכך בדרך כלל.

When his place of work closed down, Abraham underwent **training** in a different profession. His trainers noticed immediately that he is very **talented**, and that it will be possible to **train** him in half the time normally alloted to it.

דתיים רבים אינם מסתפקים בכך שמסעדה מגדירה את עצמה כמסעדה **כְּשֵׁרָה**; חשוב להם לדעת על ידי מי היא **הוּכְשְׁרָה**, ומיהו המשגיח בה באופן סדיר על **הַכַּשְׁרוּת**.

Many observant Jews are not satisfied by a restaurant defining itself as **kosher**; it is important for them to know by whom it was **rendered kosher**, and who regularly supervises its **being kosher**.

◆ ביטויים מיוחדים Special expressions

כָּשֵׁר בעיניו/בפניו it seemed to him good/appropriate

בשר **כָּשֵׁר** kosher meat

מטבח **כָּשֵׁר** kosher kitchen

כָּשֵׁר לשירות fit for service

כָּשֵׁר וישר fit and proper

● כתב

כָּתַב/כּוֹתֵב/יִכְתּוֹב write

בניין: פָּעַל גזרה: שלמים (אֶפְעוֹל)

Imper. ציווי	Future עתיד	Past עבר		Present הווה	
	אֶכְתּוֹב	כָּתַבְתִּי	אני	כּוֹתֵב כָּתוּב	יחיד
כְּתוֹב	תִּכְתּוֹב	כָּתַבְתָּ	אתה	כּוֹתֶבֶת כְּתוּבָה	יחידה
כִּתְבִי	תִּכְתְּבִי	כָּתַבְתְּ	את	כּוֹתְבִים כְּתוּבִים	רבים
	יִכְתּוֹב	כָּתַב	הוא	כּוֹתְבוֹת כְּתוּבוֹת	רבות
	>>> תִּכְתּוֹב	כָּתְבָה	היא		

	Past עבר	Future עתיד	Imper. ציווי
אנחנו	כָּתַבְנוּ	נִכְתּוֹב	
אתם/ן	כְּתַבְתֶּם/ן*	תִּכְתְּבוּ**	כִּתְבוּ***
הם/ן	כָּתְבוּ	יִכְתְּבוּ**	

שם הפועל .Infin לִכְתּוֹב

שם הפועל Gerund כְּתִיבָה writing

בינוני סביל .Pass. Part כָּתוּב written

מקור מוחלט .Inf. Abs כָּתוֹב

* Colloquial: כָּתַבְתֶּם/ן

** less commonly: אתן/הן תִּכְתּוֹבְנָה

*** less commonly: (אתן) כְּתוֹבְנָה

נִכְתַּב/יִיכָּתֵב (יִכָּתֵב) be written

בניין: נִפְעַל גזרה: שלמים

	Present הווה		Past עבר	Future עתיד	Imperative ציווי
יחיד	נִכְתָּב	אני	נִכְתַּבְתִּי	אֶכָּתֵב	
יחידה	נִכְתֶּבֶת	אתה	נִכְתַּבְתָּ	תִּיכָּתֵב	הִיכָּתֵב
רבים	נִכְתָּבִים	את	נִכְתַּבְתְּ	תִּיכָּתְבִי	הִיכָּתְבִי
רבות	נִכְתָּבוֹת	הוא	נִכְתַּב	יִיכָּתֵב	
		היא	נִכְתְּבָה	תִּיכָּתֵב	
		אנחנו	נִכְתַּבְנוּ	נִיכָּתֵב	
		אתם/ן	נִכְתַּבְתֶּם/ן	תִּיכָּתְבוּ*	הִיכָּתְבוּ**
		הם/ן	נִכְתְּבוּ	יִיכָּתְבוּ*	

שם הפועל .Infin לְהִיכָּתֵב

שם הפועל Gerund הִיכָּתְבוּת being written

מקור מוחלט .Inf. Abs נִכְתּוֹב, הִיכָּתֵב (הִיכָּתוֹב)

* less commonly: אתן/הן תִּיכָּתַבְנָה/...תֵּבְנָה

** less commonly: (אתן) הִיכָּתַבְנָה/...תֵּבְנָה

הִתְכַּתֵּב/הִתְכַּתַּב correspond

בניין: הִתְפַּעֵל גזרה: שלמים

	Present הווה		Past עבר	Future עתיד	Imperative ציווי
יחיד	מִתְכַּתֵּב	אני	הִתְכַּתַּבְתִּי	אֶתְכַּתֵּב	
יחידה	מִתְכַּתֶּבֶת	אתה	הִתְכַּתַּבְתָּ	תִּתְכַּתֵּב	הִתְכַּתֵּב
רבים	מִתְכַּתְּבִים	את	הִתְכַּתַּבְתְּ	תִּתְכַּתְּבִי	הִתְכַּתְּבִי
רבות	מִתְכַּתְּבוֹת	הוא	הִתְכַּתֵּב	יִתְכַּתֵּב	
		היא	הִתְכַּתְּבָה	תִּתְכַּתֵּב	
		אנחנו	הִתְכַּתַּבְנוּ	נִתְכַּתֵּב	
		אתם/ן	הִתְכַּתַּבְתֶּם/ן	תִּתְכַּתְּבוּ*	הִתְכַּתְּבוּ**
		הם/ן	הִתְכַּתְּבוּ	יִתְכַּתְּבוּ*	

שם הפועל .Infin לְהִתְכַּתֵּב

שם הפועל .Ger הִתְכַּתְּבוּת correspondence

מקור מוחלט .Inf. Abs הִתְכַּתֵּב

מ״י מוצרכת .Gov. Prep הִתְכַּתֵּב עם correspond with

* less commonly: אתן/הן תִּתְכַּתֵּבְנָה

** less commonly: (אתן) הִתְכַּתֵּבְנָה

הִכְתִּיב/הִכְתַּב/יַכְתִּיב dictate

בניין: הִפְעִיל גזרה: שלמים

	Present הווה		Past עבר	Future עתיד	Imperative ציווי
יחיד	מַכְתִּיב	אני	הִכְתַּבְתִּי	אַכְתִּיב	
יחידה	מַכְתִּיבָה	אתה	הִכְתַּבְתָּ	תַּכְתִּיב	הַכְתֵּב
רבים	מַכְתִּיבִים	את	הִכְתַּבְתְּ	תַּכְתִּיבִי	הַכְתִּיבִי
רבות	מַכְתִּיבוֹת	הוא	הִכְתִּיב	יַכְתִּיב	
		היא	הִכְתִּיבָה	תַּכְתִּיב	
		אנחנו	הִכְתַּבְנוּ	נַכְתִּיב	
		אתם/ן	הִכְתַּבְתֶּם/ן	תַּכְתִּיבוּ*	הַכְתִּיבוּ**
		הם/ן	הִכְתִּיבוּ	יַכְתִּיבוּ*	

שם הפועל .Infin לְהַכְתִּיב * less commonly: אתן/הן תַּכְתֵּבְנָה

שם הפעולה gerund הַכְתָּבָה dictation ** less commonly: (אתן) הַכְתֵּבְנָה

מקור מוחלט .Inf. Abs הַכְתֵּב

הוּכְתַּב (הֻכְתַּב) be dictated

בניין: הוּפְעַל גזרה: שלמים

	Present הווה		Past עבר	Future עתיד
יחיד	מוּכְתָּב	אני	הוּכְתַּבְתִּי	אוּכְתַּב
יחידה	מוּכְתֶּבֶת	אתה	הוּכְתַּבְתָּ	תּוּכְתַּב
רבים	מוּכְתָּבִים	את	הוּכְתַּבְתְּ	תּוּכְתְּבִי
רבות	מוּכְתָּבוֹת	הוא	הוּכְתַּב	יוּכְתַּב
		היא	הוּכְתְּבָה	תּוּכְתַּב
		אנחנו	הוּכְתַּבְנוּ	נוּכְתַּב
		אתם/ן	הוּכְתַּבְתֶּם/ן	תּוּכְתְּבוּ*
		הם/ן	הוּכְתְּבוּ	יוּכְתְּבוּ*

בינוני .Pres. Part מוּכְתָּב dictated * less commonly: אתן/הן תּוּכְתַּבְנָה

[מקור מוחלט .Inf. Abs הוּכְתֵּב]

◆ פעלים שאינם שכיחים מאותו שורש Infrequent verbs sharing the same root

כִּיתֵּב (כִּתֵּב) engrave; write a lot (lit.) (מְכַתֵּב, יְכַתֵּב, לְכַתֵּב)

[כּוּתַּב (כֻּתַּב)] בינוני .Pres. Part מְכוּתָּב addressee (only form used in this paradigm)

◆ דוגמאות Illustrations

אביבה חיה כעת בניו יורק; הוריה גרים בתל-אביב. הם משוחחים מדי פעם בטלפון, אבל אביבה מעדיפה **לְהִתְכַּתֵּב** איתם, כיוון שהיא יודעת שנוח להם יותר לקרוא משהו **כָּתוּב**. היא **כּוֹתֶבֶת** להם כמעט כל שבוע.

Aviva is now living in New York; her parents live in Tel Aviv. They talk on the phone occasionally, but Aviva prefers **to correspond** with them, since she knows they feel more comfortable reading something **written**. She **writes** to them almost every week.

הנשיא הצהיר שלא ייתן לקונגרס **לְהַכְתִּיב** לו איך לנהל את מדיניות החוץ של ארה"ב.

The president declared that he would not let Congress **dictate** to him how to run the foreign policy of the U.S.

הסנטור הזה אינו **כּוֹתֵב** את נאומיו בעצמו. הם **נִכְתָּבִים** על ידי צוות יחצ"נים.

This senator does not **write** his speeches by himself. They **are written** by a team of PR people.

◆ **ביטויים מיוחדים** Special expressions

כָּתַב את רכושו ל- bequeath one's property to

תורה, נביאים, כְּתוּבִים the Hebrew Bible (the Pentateuch, the Prophets, the Writings)

שולחן כְּתִיבָה desk

לשנה טובה תִּיכָּתֵבוּ ותיחתמו a traditional new year's greeting

הִכְתִּיב תנאים dictate terms

● לבש

לָבַשׁ/לוֹבֵשׁ/יִלְבַּשׁ put on a piece of clothing; wear

בניין: פָּעַל גזרה: שלמים (אֶפְעַל)

	Present הווה		Past עבר	Future עתיד	Imper. ציווי
יחיד	לוֹבֵשׁ לָבוּשׁ	אני	לָבַשְׁתִּי	אֶלְבַּשׁ	
יחידה	לוֹבֶשֶׁת לְבוּשָׁה	אתה	לָבַשְׁתָּ	תִּלְבַּשׁ	לְבַשׁ
רבים	לוֹבְשִׁים לְבוּשִׁים	את	לָבַשְׁתְּ	תִּלְבְּשִׁי	לִבְשִׁי
רבות	לוֹבְשׁוֹת לְבוּשׁוֹת	הוא	לָבַשׁ	יִלְבַּשׁ	
		היא	לָבְשָׁה	תִּלְבַּשׁ	
		אנחנו	לָבַשְׁנוּ	נִלְבַּשׁ	
		אתם/ן	לְבַשְׁתֶּם/ן*	תִּלְבְּשׁוּ**	לִבְשׁוּ***
		הם/ן	לָבְשׁוּ	יִלְבְּשׁוּ**	

* Colloquial: לָבַשְׁתֶּם/ן

** less commonly: אתן/הן תִּלְבַּשְׁנָה

*** less commonly: (אתן) לְבַשְׁנָה

שם הפועל .Infin לִלְבּוֹשׁ

בינוני סביל .Pass. Part לָבוּשׁ dressed

שם הפעולה Gerund לְבִישָׁה wearing (N); putting on clothing

מקור מוחלט .Inf. Abs לָבוֹשׁ

הִתְלַבֵּשׁ/הִתְלַבֵּשׁ get dressed

בניין: הִתְפַּעֵל גזרה: שלמים

	Present הווה		Past עבר	Future עתיד	Imperative ציווי
יחיד	מִתְלַבֵּשׁ	אני	הִתְלַבַּשְׁתִּי	אֶתְלַבֵּשׁ	
יחידה	מִתְלַבֶּשֶׁת	אתה	הִתְלַבַּשְׁתָּ	תִּתְלַבֵּשׁ	הִתְלַבֵּשׁ
רבים	מִתְלַבְּשִׁים	את	הִתְלַבַּשְׁתְּ	תִּתְלַבְּשִׁי	הִתְלַבְּשִׁי
רבות	מִתְלַבְּשׁוֹת	הוא	הִתְלַבֵּשׁ	יִתְלַבֵּשׁ	
		היא	הִתְלַבְּשָׁה	תִּתְלַבֵּשׁ	
		אנחנו	הִתְלַבַּשְׁנוּ	נִתְלַבֵּשׁ	
		אתם/ן	הִתְלַבַּשְׁתֶּם/ן	תִּתְלַבְּשׁוּ*	הִתְלַבְּשׁוּ**
		הם/ן	הִתְלַבְּשׁוּ	יִתְלַבְּשׁוּ*	

שם הפועל .Infin לְהִתְלַבֵּשׁ * less commonly: אתן/הן תִּתְלַבֵּשְׁנָה

שם הפעולה .Ger הִתְלַבְּשׁוּת getting dressed ** less commonly: (אתן) הִתְלַבֵּשְׁנָה

מקור מוחלט .Inf. Abs הִתְלַבֵּשׁ

מ"י מוצרכת .Gov. Prep הִתְלַבֵּשׁ על devote all of one's attention to; never let go of; fit (something) perfectly (all sl.)

הִלְבִּישׁ/הִלְבַּשׁ/יַלְבִּישׁ dress, clothe

בניין: הִפְעִיל גזרה: שלמים

	Present הווה		Past עבר	Future עתיד	Imperative ציווי
יחיד	מַלְבִּישׁ	אני	הִלְבַּשְׁתִּי	אַלְבִּישׁ	
יחידה	מַלְבִּישָׁה	אתה	הִלְבַּשְׁתָּ	תַּלְבִּישׁ	הַלְבֵּשׁ
רבים	מַלְבִּישִׁים	את	הִלְבַּשְׁתְּ	תַּלְבִּישִׁי	הַלְבִּישִׁי
רבות	מַלְבִּישׁוֹת	הוא	הִלְבִּישׁ	יַלְבִּישׁ	
		היא	הִלְבִּישָׁה	תַּלְבִּישׁ	
		אנחנו	הִלְבַּשְׁנוּ	נַלְבִּישׁ	
		אתם/ן	הִלְבַּשְׁתֶּם/ן	תַּלְבִּישׁוּ*	הַלְבִּישׁוּ**
		הם/ן	הִלְבִּישׁוּ	יַלְבִּישׁוּ*	

* less commonly: אתן/הן תַּלְבֵּשְׁנָה

שם הפועל .Infin לְהַלְבִּישׁ ** less commonly: (אתן) הַלְבֵּשְׁנָה

שם הפעולה Gerund הַלְבָּשָׁה dressing (N); clothing, clothes

מקור מוחלט .Inf. Abs הַלְבֵּשׁ

הוּלְבַּשׁ (הֻלְבַּשׁ) be dressed/clothed

בניין: הוּפְעַל גזרה: שלמים

	Present הווה		Past עבר	Future עתיד
יחיד	מוּלְבָּשׁ	אני	הוּלְבַּשְׁתִּי	אוּלְבַּשׁ
יחידה	מוּלְבֶּשֶׁת	אתה	הוּלְבַּשְׁתָּ	תּוּלְבַּשׁ
רבים	מוּלְבָּשִׁים	את	הוּלְבַּשְׁתְּ	תּוּלְבְּשִׁי
רבות	מוּלְבָּשׁוֹת	הוא	הוּלְבַּשׁ	יוּלְבַּשׁ
		היא	הוּלְבְּשָׁה	תּוּלְבַּשׁ >>>

	Past עבר	Future עתיד
אנחנו	הוּלְבַּשְׁנוּ	נוּלְבַּשׁ
אתם/ן	הוּלְבַּשְׁתֶּם/ן	תּוּלְבְּשׁוּ*
הם/ן	הוּלְבְּשׁוּ	יוּלְבְּשׁוּ*

בינוני .Pres. Part מוּלְבָּשׁ dressed — * less commonly: אתן/הן תּוּלְבַּשְׁנָה

[מקור מוחלט .Inf. Abs הוּלְבֵּשׁ]

נִלְבַּשׁ/יִילָּבֵשׁ (יִלָּבֵשׁ) be worn, be put on

בניין: נִפְעַל גזרה: שלמים

	Present הווה		Past עבר	Future עתיד	Imperative ציווי
יחיד	נִלְבָּשׁ	אני	נִלְבַּשְׁתִּי	אֶלָּבֵשׁ	
יחידה	נִלְבֶּשֶׁת	אתה	נִלְבַּשְׁתָּ	תִּילָּבֵשׁ	הִילָּבֵשׁ
רבים	נִלְבָּשִׁים	את	נִלְבַּשְׁתְּ	תִּילָּבְשִׁי	הִילָּבְשִׁי
רבות	נִלְבָּשׁוֹת	הוא	נִלְבַּשׁ	יִילָּבֵשׁ	
		היא	נִלְבְּשָׁה	תִּילָּבֵשׁ	
		אנחנו	נִלְבַּשְׁנוּ	נִילָּבֵשׁ	
		אתם/ן	נִלְבַּשְׁתֶּם/ן	תִּילָּבְשׁוּ*	הִילָּבְשׁוּ**
		הם/ן	נִלְבְּשׁוּ	יִילָּבְשׁוּ*	

* less commonly: אתן/הן תִּילָּבַשְׁנָה/...בֵשְׁנָה

שם הפועל .Infin לְהִילָּבֵשׁ — ** less commonly: (אתן) הִילָּבַשְׁנָה/...בֵשְׁנָה

מקור מוחלט .Inf. Abs נִלְבּוֹשׁ, הִילָּבֵשׁ (הִילָּבוֹשׁ)

◆ פעלים שאינם שכיחים מאותו שורש Infrequent verbs sharing the same root

לִיבֵּשׁ (לִבֵּשׁ) cover (Med H) (מְלַבֵּשׁ, יְלַבֵּשׁ, לְלַבֵּשׁ)

[לוּבַּשׁ (לֻבַּשׁ)] מְלוּבָּשׁ dressed (essentially, only Pres. Part., common form)

◆ דוגמאות Illustrations

הרקדניות האלה חייבות לדעת **לְהִתְלַבֵּשׁ** מהר מאוד, כי לכל ריקוד הן **לוֹבְשׁוֹת** שמלה אחרת. לעתים עובדים מיוחדים **מַלְבִּישִׁים** אותן בחדרי **הַהַלְבָּשָׁה**.

These dancers need to know how **to get dressed** very fast, because they **wear** a different dress for each dance. Sometimes special workers **dress** them in the **dressing** rooms.

מאירה מתלוננת שאין לה מה **לִלְבּוֹשׁ**, אף על פי שהיא תמיד **לְבוּשָׁה/מְלוּבֶּשֶׁת** היטב, ולמרות שאף שמלה שלה אינה **נִלְבֶּשֶׁת** יותר מפעמיים או שלוש (פעמים).

Meira complains that she has nothing **to wear**, although she always looks well-**dressed**, and no dress of hers **is worn** more than two or three times.

◆ ביטויים מיוחדים Special expressions

פושט צורה ו**לוֹבֵשׁ** צורה its form keeps changing

●לוה - 1

לָוָה/לוֹוֶה/יִלְוֶה (לָוָה) borrow (money)

בניין: פָּעַל   גזרה: ל"ה

	הווה Present		עבר Past	עתיד Future	ציווי Imperative
יחיד	לוֹוֶה	אני	לָוִיתִי	אֶלְוֶה	
יחידה	לוֹוָה	אתה	לָוִיתָ	תִּלְוֶה	לְוֵה
רבים	לוֹוִים	את	לָוִית	תִּלְוִי	לְוִי
רבות	לוֹוֹת	הוא	לָוָה	יִלְוֶה	
		היא	לָוְתָה	תִּלְוֶה	
		אנחנו	לָוִינוּ	נִלְוֶה	
		אתם/ן	לְוִיתֶם/ן*	תִּלְווּ**	לְווּ***
		הם/ן	לָווּ	יִלְווּ**	

שם הפועל .Infin לִלְווֹת — * Colloquial: לָוִיתֶם/ן

בינוני .Pres. Part לוֹוֶה borrower — ** less commonly: אתן/הן תִּלְוֶינָה

מקור מוחלט .Inf. Abs לָווֹה — *** less commonly: (אתן) לְוֶינָה

הִלְוָה/מַלְוֶה (הִלְוָה) lend (money), loan (tr.)

בניין: הִפְעִיל   גזרה: ל"ה

	הווה Present		עבר Past	עתיד Future	ציווי Imperative
יחיד	מַלְוֶה	אני	הִלְוֵיתִי	אַלְוֶה	
יחידה	מַלְוָה	אתה	הִלְוֵיתָ	תַּלְוֶה	הַלְוֵה
רבים	מַלְוִים	את	הִלְוֵית	תַּלְוִי	הַלְוִי
רבות	מַלְווֹת	הוא	הִלְוָה	יַלְוֶה	
		היא	הִלְוְתָה	תַּלְוֶה	
		אנחנו	הִלְוֵינוּ*	נַלְוֶה	
		אתם/ן	הִלְוֵיתֶם/ן	תַּלְווּ**	הַלְווּ***
		הם/ן	הִלְווּ	יַלְווּ**	

שם הפועל .Infin לְהַלְווֹת — * BH: הִלְוִינוּ

בינוני .Pres. Part מַלְוֶה moneylender — ** less commonly: אתן/הן תַּלְוֶינָה

שם הפעולה .Ger הַלְוָאָה loan — *** less commonly: (אתן) הַלְוֶינָה

מקור מוחלט .Inf. Abs הַלְוֵה

הוּלְוָה (הֻלְוָה) be lent (money)

בניין: הִפְעִיל   גזרה: ל"ה

	הווה Present		עבר Past	עתיד Future
יחיד	מוּלְוֶה	אני	הוּלְוֵיתִי	אוּלְוֶה
יחידה	מוּלְוָה	אתה	הוּלְוֵיתָ	תּוּלְוֶה
רבים	מוּלְוִים	את	הוּלְוֵית	תּוּלְוִי
רבות	מוּלְווֹת	הוא	הוּלְוָה	יוּלְוֶה >>>

Future עתיד	Past עבר	
תּוּלְוֶה	הוּלְוְותָה	היא
נוּלְוֶה	הוּלְוֵינוּ*	אנחנו
תּוּלְווּ**	הוּלְוֵיתֶם/ן	אתם/ן
יוּלְווּ**	הוּלְווּ	הם/ן

[מקור מוחלט Inf. Abs. הוּלְוֵה]   * BH: הוּלְוֵינוּ   ** less common: אתן/הן תּוּלְוֶינָה

◆ **פעלים שאינם שכיחים מאותו שורש** Infrequent verbs sharing the same root

נִלְוָה (נִלְוָה) be borrowed, be loaned (נִלְוֶה, יִילָּוֶה, לְהִילָּווֹת)

◆ **דוגמאות** Illustrations

אנשים רבים נקלעים לצרות כאשר הם **לוֹוִים** מעבר ליכולתם לפרוע. זו גם אשמתם של הבנקים, שלעתים קרובות **מַלְוִים** ללקוחותיהם ללא ערבויות מספיקות. היום, גם נכסי דלא ניידי אינם ערבות בטוחה **להַלְוָאָה**.

Many people get into trouble when they **borrow** more than they can pay back. It is also the fault of the banks, which often **lend** to their customers without sufficient security. Today, even real estate is not a safe guarantee/surety for a **loan**.

אומרים שזו תקופה טובה לרכוש בית או דירה: המשכנתאות **מוּלְווֹת** בריבית סבירה, ו**הלוֹוֶה** יכול להתמקח מעמדת כוח עם הקונה ועם הבנק.

They say that this is a good time to buy a house or an apartment: mortgages **are lent** with reasonable interest rates, and the **borrower** may negotiate from a position of power with the seller and with the bank.

◆ **ביטויים מיוחדים** Special expressions

מַלְוֶה בריבית usurer

●לוה - 2

לִיוָּה/לִוָּה (לִוָּה) accompany, escort

בניין: פִּיעֵל   גזרה: ל"ה

Imperative ציווי	Future עתיד	Past עבר		Present הווה	
	אֲלַוֶּה	לִיוִּיתִי	אני	מְלַוֶּה	יחיד
לַוֵּה	תְּלַוֶּה	לִיוִּיתָ	אתה	מְלַוָּה	יחידה
לַוִּי	תְּלַוִּי	לִיוִּית	את	מְלַוִּים	רבים
	יְלַוֶּה	לִיוָּה	הוא	מְלַוּוֹת	רבות
	תְּלַוֶּה	לִיוְּתָה	היא		
	נְלַוֶּה	לִיוִּינוּ	אנחנו		
>>> לַוּוּ**	תְּלַוּוּ*	לִיוִּיתֶם/ן	אתם/ן		

		עבר Past	עתיד Future
	הם/ן	לִיווּ	יְלַווּ*

* less commonly: אתן/הן תְּלַוֶּינָה

שם הפועל .Infin לְלַווֹת ** less commonly: (אתן) לַוֶּינָה

שם הפעולה Gerund לִיוּוּי escort; accompaniment

בינוני .Pres. Part מְלַוֶּה escort; accompanist

מקור מוחלט .Inf. Abs לַוֵּה

לוּוָה/לוּוָּה (לֻוָּה) be accompanied/escorted

בניין: פּוּעַל גזרה: ל"ה

	הווה Present		עבר Past	עתיד Future
יחיד	מְלוּוֶּה	אני	לוּוֵּיתִי	אֲלוּוֶּה
יחידה	מְלוּוָּה	אתה	לוּוֵּיתָ	תְּלוּוֶּה
רבים	מְלוּוִּים	את	לוּוֵּית	תְּלוּוִּי
רבות	מְלוּוֹת	הוא	לוּוָּה	יְלוּוֶּה
		היא	לוּוְּתָה	תְּלוּוֶּה
		אנחנו	לוּוֵּינוּ***	נְלוּוֶּה
		אתם/ן	לוּוֵּיתֶם/ן	*תְּלוּווּ**
		הם/ן	*לוּווּ	*יְלוּווּ**

* Three consecutive ו's are not allowed in *plene* writing, but they cannot be avoided here.

בינ' .Pres. Part מְלוּוֶּה accompanied/escorted ** less commonly: אתן/הן תְּלוּוֶּינָה

[מקור מוחלט .Inf. Abs לוּוֹה] *** BH: לוּוִּינוּ

מ"י מוצרכת .Gov. Prep לוּוָּה ב- be accompanied with

הִתְלַוָּה (הִתְלַוָּה) join, accompany

בניין: הִתְפַּעֵל גזרה: ל"ה

	הווה Present		עבר Past	עתיד Future	ציווי Imperative
יחיד	מִתְלַוֶּה	אני	הִתְלַוֵּיתִי	אֶתְלַוֶּה	
יחידה	מִתְלַוָּה	אתה	הִתְלַוֵּיתָ	תִּתְלַוֶּה	הִתְלַוֵּה
רבים	מִתְלַוִּים	את	הִתְלַוֵּית	תִּתְלַוִּי	הִתְלַוִּי
רבות	מִתְלַוּוֹת	הוא	הִתְלַוָּה	יִתְלַוֶּה	
		היא	הִתְלַוְּתָה	תִּתְלַוֶּה	
		אנחנו	הִתְלַוֵּינוּ*	נִתְלַוֶּה	
		אתם/ן	הִתְלַוֵּיתֶם/ן	תִּתְלַווּ**	הִתְלַווּ***
		הם/ן	הִתְלַווּ	יִתְלַווּ**	

* BH: הִתְלַוִּינוּ ** less commonly: אתן/הן תִּתְלַוֶּינָה

שם הפועל .Infin לְהִתְלַוּוֹת *** less commonly: (אתן) הִתְלַוֶּינָה

שם הפעולה Gerund הִתְלַוּוּת joining, accompanying

מקור מוחלט .Inf. Abs הִתְלַוֵּה

מ"י מוצרכת .Gov. Prep הִתְלַוָּה אל/ל- accompany (someone)

נִלְוָה/יִילָּוֶה (יִלָּוֶה) accompany

בניין: נִפְעַל גזרה: ל"ה

	Present הווה		Past עבר	Future עתיד	Imperative ציווי
יחיד	נִלְוֶה	אני	נִלְוֵיתִי	אֶלָּוֶה	
יחידה	נִלְוֵית	אתה	נִלְוֵיתָ	תִּילָּוֶה	הִילָּוֵה
רבים	נִלְוִים	את	נִלְוֵית	תִּילָּוִי	הִילָּוִי
רבות	נִלְווֹת	הוא	נִלְוָה	יִילָּוֶה	
		היא	נִלְוְתָה	תִּילָּוֶה	
		אנחנו	נִלְוֵינוּ*	נִילָּוֶה	
		אתם/ן	נִלְוֵיתֶם/ן	תִּילָּווּ**	הִילָּווּ***
		הם/ן	נִלְווּ	יִילָּווּ**	

* BH: נִלְוִינוּ ** less commonly: אתן/הן תִּילָּוֶינָה

*** less commonly: (אתן) הִילָּוֶינָה

שם הפועל .Infin לְהִילָּווֹת

בינוני .Pres. Part נִלְוֶה accompanying; dependent

מקור מוחלט .Inf. Abs נִלְווֹה, הִלָּוֵה

מ"י מוצרכת .Gov. Prep נִלְוָה אל/ל- accompany

◆ פעלים שאינם שכיחים מאותו שורש Infrequent verbs sharing the same root

הִלְוָה (הִלְוָה) accompany (Mish H) (מַלְוֶה, יַלְוֶה, לְהַלְווֹת)

◆ דוגמאות Illustrations

גיל מנגן בגיטרה. בדרך כלל הוא **מְלַוֶּה** זמרים או זמרות הזקוקים **לְלִוּוּי**. אתמול הוא **לִוָּה** את פנינה, ולאחר הקונצרט **לִוָּה** אותה הביתה.

Gil plays the guitar. Generally he **accompanies** singers who need **accompaniment**. Yesterday he **accompanied** Pnina, and after the concert **accompanied** her to her home.

עימנואל שלח בחזרה את הטופס הממולא, אבל אחר כך הסתבר שעליו למלא גם את כל הנספחים **הַנִּלְוִים**.

Emmanuel returned the filled-in form, but then it turned out that he also needs to fill in all the **accompanying** appendices.

החזאי מנבא מזג אוויר סוער, **מְלֻוֶּה** בסופות רעמים.

The weatherman predicts stormy weather, **accompanied** by thunderstorms.

◆ ביטויים מיוחדים Special expressions

מְלַוֵּה מלכה end of Sabbath songs

סעודת **מְלַוֵּה** מלכה end of Sabbath meal

●לון - 1

לָן/לַנְ/יָלוּן stay overnight, lodge; remain

בניין: פָּעַל גזרה: ע"ו + ל"נ

	Present הווה		Past עבר	Future עתיד	Imperative ציווי
יחיד	לָן	אני	לַנְתִּי	אָלוּן	
יחידה	לָנָה	אתה	לַנְתָּ	תָּלוּן	לוּן
רבים	לָנִים	את	לַנְתְּ	תָּלוּנִי	לוּנִי
רבות	לָנוֹת	הוא	לָן	יָלוּן	
		היא	לָנָה	תָּלוּן	
		אנחנו	לַנּוּ	נָלוּן	
		אתם/ן	לַנְתֶּם/ן	תָּלוּנוּ*	לוּנוּ**
		הם/ן	לָנוּ	יָלוּנוּ*	

* less commonly: אתן/הן תָּלוֹנָּה

** less commonly: (אתן) לוֹנָּה

שם הפועל .Infin לָלוּן

שם הפעולה Gerund לִינָה staying overnight; accommodation

מקור מוחלט .Inf. Abs לוֹן

הֵלִין/הֵלַנְ/יָלִין put up for the night; leave overnight

בניין: הִפְעִיל גזרה: ע"ו + ל"נ

	Present הווה		Past עבר	Future עתיד	Imperative ציווי
יחיד	מֵלִין	אני	הֵלַנְתִּי	אָלִין	
יחידה	מְלִינָה	אתה	הֵלַנְתָּ	תָּלִין	הָלֵן
רבים	מְלִינִים	את	הֵלַנְתְּ	תָּלִינִי	הָלִינִי
רבות	מְלִינוֹת	הוא	הֵלִין	יָלִין	
		היא	הֵלִינָה	תָּלִין	
		אנחנו	הֵלַנּוּ	נָלִין	
		אתם/ן	הֵלַנְתֶּם/ן*	תָּלִינוּ**	הָלִינוּ***
		הם/ן	הֵלִינוּ	יָלִינוּ**	

* BH: הֲלַנְתֶּם/ן

** less commonly: אתן/הן תָּלֵנָּה

*** less commonly: (אתן) הָלֵנָּה

שם הפועל .Infin לְהָלִין

שם הפעולה Gerund הֲלָנָה providing night's lodging; leaving till morning

מקור מוחלט .Inf. Abs הָלֵן

◆ פעלים שאינם שכיחים מאותו שורש Infrequent verbs sharing the same root

לוֹנֵן (lit.) stay, live, reside (מְלוֹנֵן, יְלוֹנֵן, לְלוֹנֵן)

הִתְלוֹנֵן (lit.) reside, stay (מִתְלוֹנֵן, יִתְלוֹנֵן, לְהִתְלוֹנֵן)

◆ דוגמאות Illustrations

הרבה ידידים באים לבקר אותנו בקיץ ונשארים **לָלוּן**. ביתנו גדול, ויש בו די מקום **לְהָלִין** את כולם.

Many friends come to visit us in the summer and **stay overnight**. Our house is large, with sufficient space **to put** all of them **up for the night**.

◆ ביטויים מיוחדים Special expressions

לָן באוהלה של תורה devote all one's time to studying the Jewish law (=reside in the tent of the Torah)

מים **שלָנוּ** water that has stayed cool overnight, to prevent possible leavening

הֲלָנַת שכר delay in paying wages

●לון - 2

הִתְלוֹנֵן/הִתְלוֹנַן complain

בניין: הִתְפַּעֵל גזרה: ע"ו + ל"נ

	Present הווה		Past עבר	Future עתיד	Imperative ציווי
יחיד	מִתְלוֹנֵן	אני	הִתְלוֹנַנְתִּי	אֶתְלוֹנֵן	
יחידה	מִתְלוֹנֶנֶת	אתה	הִתְלוֹנַנְתָּ	תִּתְלוֹנֵן	הִתְלוֹנֵן
רבים	מִתְלוֹנְנִים	את	הִתְלוֹנַנְתְּ	תִּתְלוֹנְנִי	הִתְלוֹנְנִי
רבות	מִתְלוֹנְנוֹת	הוא	הִתְלוֹנֵן	יִתְלוֹנֵן	
		היא	הִתְלוֹנְנָה	תִּתְלוֹנֵן	
		אנחנו	הִתְלוֹנַנּוּ	נִתְלוֹנֵן	
		אתם/ן	הִתְלוֹנַנְתֶּם/ן	תִּתְלוֹנְנוּ*	הִתְלוֹנְנוּ**
		הם/ן	הִתְלוֹנְנוּ	יִתְלוֹנְנוּ*	

שם הפועל .Infin לְהִתְלוֹנֵן

* less commonly: אתן/הן תִּתְלוֹנֵנָּה

שם הפעולה Gerund הִתְלוֹנְנוּת complaining

** less commonly: (אתן) הִתְלוֹנֵנָּה

מקור מוחלט .Inf. Abs הִתְלוֹנֵן

מ"י מוצרכת .Gov. Prep הִתְלוֹנֵן על complain about

◆ פעלים שאינם שכיחים מאותו שורש Infrequent verbs sharing the same root

נִילוֹן (נָלוֹן) complain, be upset (lit.) (נִילוֹן, יִילוֹן, לְהִילוֹן)

הִלִּין (הֵלִין) complain (lit.) [מֵלִין (מֵלִין), יָלִין (יָלִין), לְהַלִּין (לְהָלִין)]

◆ דוגמאות Illustrations

עליזה **מִתְלוֹנֶנֶת** על כך שבעלה לא עושה כלום בבית - אפילו לא שוטף את הכלים.

Aliza **complains** about the fact that her husband does nothing at home - he does not even do the dishes.

●לחם

נִלְחַם/יִילָּחֵם (יִלָּחֵם) fight

בניין: נִפְעַל גזרה: ע' גרונית

Imperative ציווי	Future עתיד	Past עבר		Present הווה	
	אֶלָּחֵם	נִלְחַמְתִּי	אני	נִלְחָם	יחיד
הִילָּחֵם	תִּילָּחֵם	נִלְחַמְתָּ	אתה	נִלְחֶמֶת	יחידה
הִילָּחֲמִי	תִּילָּחֲמִי	נִלְחַמְתְּ	את	נִלְחָמִים	רבים
	יִילָּחֵם	נִלְחַם	הוא	נִלְחָמוֹת	רבות
	תִּילָּחֵם	נִלְחֲמָה	היא		
	נִילָּחֵם	נִלְחַמְנוּ	אנחנו		
הִילָּחֲמוּ**	תִּילָּחֲמוּ*	נִלְחַמְתֶּם/ן	אתם/ן		
	יִילָּחֲמוּ*	נִלְחֲמוּ	הם/ן		

* less commonly: אתן/הן תִּילָּחַמְנָה/...חֵמְנָה

** less commonly: (אתן) הִילָּחַמְנָה/...חֵמְנָה

שם הפועל .Infin לְהִילָּחֵם

מקור מוחלט .Inf. Abs נִלְחוֹם

מ"י מוצרכת .Gov. Prep נִלְחַם עִם/בְּ- fight with/against

מ"י מוצרכת .Gov. Prep נִלְחַם לְ- fight for

לָחַם/לוֹחֵם/יִלְחַם fight (more literary than *nif'al* above)

בניין: פָּעַל גזרה: ע' גרונית

Imperative ציווי	Future עתיד	Past עבר		Present הווה	
	אֶלְחַם	לָחַמְתִּי	אני	לוֹחֵם	יחיד
לְחַם	תִּלְחַם	לָחַמְתָּ	אתה	לוֹחֶמֶת	יחידה
לַחֲמִי	תִּלְחֲמִי	לָחַמְתְּ	את	לוֹחֲמִים	רבים
	יִלְחַם	לָחַם	הוא	לוֹחֲמוֹת	רבות
	תִּלְחַם	לָחֲמָה	היא		
	נִלְחַם	לָחַמְנוּ	אנחנו		
לַחֲמוּ***	תִּלְחֲמוּ**	לְחַמְתֶּם/ן*	אתם/ן		
	יִלְחֲמוּ**	לָחֲמוּ	הם/ן		

* Colloquial: לָחַמְתֶּם/ן

** less commonly: אתן/הן תִּלְחַמְנָה

*** less commonly: (אתן) לְחַמְנָה

שם הפועל .Infin לִלְחוֹם

בינוני פעיל .Act. Part לוֹחֵם fighter (N)

שם הפעולה Gerund לְחִימָה fighting (N)

מקור מוחלט .Inf. Abs לָחוֹם

מ"י מוצרכת .Gov. Prep לוֹחֵם בְּ- fight against

<<<

מ"י מוצרכת .Gov. Prep לוֹחֵם ל- fight for

◆ פעלים שאינם שכיחים מאותו שורש Infrequent verbs sharing the same root

הִתְלַחֵם fight each other (Mish H) (מִתְלַחֵם, יִתְלַחֵם, לְהִתְלַחֵם)

◆ דוגמאות Illustrations

הַלְחִימָה בבלקנים נמשכת. **לוֹחֲמִים** מכל הצדדים **נִלְחָמִים** זה בזה שנים על שנים, האוכלוסיה האזרחית נטבחת או מגורשת, והעולם מסביב "**לוֹחֵם** לזכויות האדם" בבלקנים באמצעות דיבורים...

The **fighting** in the Balkans continues. **Fighters** from all sides **have been fighting** each other for years, the civilian population is either slaughtered or displaced, and the world around "**fights** for human rights" in the Balkans by talking...

● לחץ

לָחַץ/לוֹחֵץ/יִלְחַץ press, exert pressure; oppress

בניין: פָּעַל גזרה: ע' גרונית

Imper. ציווי	Future עתיד	Past עבר		Present הווה	
	אֶלְחַץ	לָחַצְתִּי	אני	לוֹחֵץ לָחוּץ	יחיד
לְחַץ	תִּלְחַץ	לָחַצְתָּ	אתה	לוֹחֶצֶת לְחוּצָה	יחידה
לַחֲצִי	תִּלְחֲצִי	לָחַצְתְּ	את	לוֹחֲצִים לְחוּצִים	רבים
	יִלְחַץ	לָחַץ	הוא	לוֹחֲצוֹת לְחוּצוֹת	רבות
	תִּלְחַץ	לָחֲצָה	היא		
	נִלְחַץ	לָחַצְנוּ	אנחנו		
לַחֲצוּ***	תִּלְחֲצוּ**	לְחַצְתֶּם/ן*	אתם/ן		
	יִלְחֲצוּ**	לָחֲצוּ	הם/ן		

* Colloquial: לָחַצְתֶּם/ן

** less commonly: אתן/הן תִּלְחַצְנָה

*** less commonly: (אתן) לְחַצְנָה

שם הפועל .Infin לִלְחוֹץ

בינוני סביל .Pass. Part לָחוּץ pressed, compressed, under pressure

שם הפעולה Gerund לְחִיצָה pressing, urging

מקור מוחלט .Inf. Abs לָחוֹץ

מ"י מוצרכת .Gov. Prep לָחַץ על put pressure on

נִלְחַץ/יִילָּחֵץ (יִלָּחֵץ) be pressed/squeezed/oppressed

בניין: נִפְעַל גזרה: ע' גרונית

Imperative ציווי	Future עתיד	Past עבר		Present הווה	
	אֶלָּחֵץ	נִלְחַצְתִּי	אני	נִלְחָץ	יחיד
הִילָּחֵץ	תִּילָּחֵץ	נִלְחַצְתָּ	אתה	נִלְחֶצֶת	יחידה
הִילָּחֲצִי	תִּילָּחֲצִי	נִלְחַצְתְּ	את	נִלְחָצִים	רבים
	יִילָּחֵץ	נִלְחַץ	הוא	נִלְחָצוֹת	רבות
	תִּילָּחֵץ	נִלְחֲצָה	היא		
	נִילָּחֵץ	נִלְחַצְנוּ	אנחנו		
הִילָּחֲצוּ**	תִּילָּחֲצוּ*	נִלְחַצְתֶּם/ן	אתם/ן		
	יִילָּחֲצוּ*	נִלְחֲצוּ	הם/ן		

שם הפועל .Infin לְהִילָּחֵץ * less commonly: אתן/הן תִּילָּחַצְנָה/...חֵצְנָה

שם הפעולה .Ger הִילָּחֲצוּת being pressed ** less commonly: (אתן) הִילָּחַצְנָה/...חֵצְנָה

מקור מוחלט .Inf. Abs נִלְחוֹץ

הִלְחִיץ/הִלְחַץ/יַלְחִיץ press; cause to feel pressured (coll.)

בניין: הִפְעִיל גזרה: שלמים

Imperative ציווי	Future עתיד	Past עבר		Present הווה	
	אַלְחִיץ	הִלְחַצְתִּי	אני	מַלְחִיץ	יחיד
הַלְחֵץ	תַּלְחִיץ	הִלְחַצְתָּ	אתה	מַלְחִיצָה	יחידה
הַלְחִיצִי	תַּלְחִיצִי	הִלְחַצְתְּ	את	מַלְחִיצִים	רבים
	יַלְחִיץ	הִלְחִיץ	הוא	מַלְחִיצוֹת	רבות
	תַּלְחִיץ	הִלְחִיצָה	היא		
	נַלְחִיץ	הִלְחַצְנוּ	אנחנו		
הַלְחִיצוּ**	תַּלְחִיצוּ*	הִלְחַצְתֶּם/ן	אתם/ן		
	יַלְחִיצוּ*	הִלְחִיצוּ	הם/ן		

שם הפועל .Infin לְהַלְחִיץ * less commonly: אתן/הן תַּלְחֵצְנָה

שם הפעולה .Ger הַלְחָצָה causing pressure ** less commonly: (אתן) הַלְחֵצְנָה

◆ פעלים שאינם שכיחים מאותו שורש Infrequent verbs sharing the same root

הוּלְחַץ (הֻלְחַץ) be pressed/caused to feel pressure (מוּלְחָץ, יוּלְחַץ)

לוּחַץ (לֻחַץ) be compelled (Med H) (מְלוּחָץ, יְלוּחַץ)

הִתְלַחֵץ be pressed; press oneself (lit.) (מִתְלַחֵץ, יִתְלַחֵץ, לְהִתְלַחֵץ)

◆ דוגמאות Illustrations

חיים מרגיש **לָחוּץ**; הבוס **לוֹחֵץ** עליו לסיים את הפרויקט תוך שבועיים.

Hayyim feels **under pressure**; the boss **presses** him to finish the job within two weeks.

אל **תַּלְחִיץ** אותי; קשה לי לתפקד כשאני **נִלְחָץ** בצורה כזו.

Don't **make** me **feel pressured**; it is hard for me to function when I **am pressured** like that.

● לחשׁ

לָחַשׁ/לוֹחֵשׁ/יִלְחַשׁ whisper; utter a charm; prompt (on stage)

בניין: פָּעַל גזרה: ע׳ גרונית

	Pres. הווה		Past עבר	Fut. עתיד	Imp. ציווי
יחיד	לוֹחֵשׁ לָחוּשׁ	אני	לָחַשְׁתִּי	אֶלְחַשׁ	
יחידה	לוֹחֶשֶׁת לְחוּשָׁה	אתה	לָחַשְׁתָּ	תִּלְחַשׁ	לְחַשׁ
רבים	לוֹחֲשִׁים לְחוּשִׁים	את	לָחַשְׁתְּ	תִּלְחֲשִׁי	לַחֲשִׁי
רבות	לוֹחֲשׁוֹת לְחוּשׁוֹת	הוא	לָחַשׁ	יִלְחַשׁ	
		היא	לָחֲשָׁה	תִּלְחַשׁ	
		אנחנו	לָחַשְׁנוּ	נִלְחַשׁ	
		אתם/ן	לְחַשְׁתֶּם/ן*	תִּלְחֲשׁוּ**	לַחֲשׁוּ***
		הם/ן	לָחֲשׁוּ	יִלְחֲשׁוּ**	

* Colloquial: לָחַשְׁתֶּם/ן

** less commonly: אתן/הן תִּלְחַשְׁנָה

*** less commonly: (אתן) לְחַשְׁנָה

שם הפועל .Infin לִלְחוֹשׁ

בינוני סביל .Pass. Part לָחוּשׁ whispered, hushed (lit.)

שם הפעולה Gerund לְחִישָׁה whispering, a whisper

מקור מוחלט .Inf. Abs לָחוֹשׁ

מ״י מוצרכת .Gov. Prep לָחַשׁ עַל utter a charm on

הִתְלַחֵשׁ/הִתְלַחַשׁ whisper to each other

בניין: הִתְפַּעֵל גזרה: ע׳ גרונית

	Present הווה		Past עבר	Future עתיד	Imperative ציווי
יחיד	מִתְלַחֵשׁ	אני	הִתְלַחַשְׁתִּי	אֶתְלַחֵשׁ	
יחידה	מִתְלַחֶשֶׁת	אתה	הִתְלַחַשְׁתָּ	תִּתְלַחֵשׁ	הִתְלַחֵשׁ
רבים	מִתְלַחֲשִׁים	את	הִתְלַחַשְׁתְּ	תִּתְלַחֲשִׁי	הִתְלַחֲשִׁי
רבות	מִתְלַחֲשׁוֹת	הוא	הִתְלַחֵשׁ	יִתְלַחֵשׁ	
		היא	הִתְלַחֲשָׁה	תִּתְלַחֵשׁ	
		אנחנו	הִתְלַחַשְׁנוּ	נִתְלַחֵשׁ	
		אתם/ן	הִתְלַחַשְׁתֶּם/ן	תִּתְלַחֲשׁוּ*	הִתְלַחֲשׁוּ**
		הם/ן	הִתְלַחֲשׁוּ	יִתְלַחֲשׁוּ*	

* less commonly: אתן/הן תִּתְלַחֵשְׁנָה

** less commonly: (אתן) הִתְלַחֵשְׁנָה

שם הפועל .Infin לְהִתְלַחֵשׁ

שם הפעולה Gerund הִתְלַחֲשׁוּת whispering together

מקור מוחלט .Inf. Abs הִתְלַחֵשׁ

◆ **פעלים שאינם שכיחים מאותו שורש** Infrequent verbs sharing the same root

נִלְחַשׁ be said in a whisper; receive a whisper (נִלְחָשׁ, יִילָּחֵשׁ, לְהִילָּחֵשׁ)

לִיחֵשׁ (לְחֵשׁ) whisper; whistle lightly; utter charm (lit.) (מְלַחֵשׁ, יְלַחֵשׁ, לְלַחֵשׁ)

לוּחַשׁ (לְחַשׁ) be said in a whisper (lit.) (מְלוּחָשׁ, יְלוּחַשׁ)

הִלְחִישׁ (הַלְחִישׁ) whisper (lit.) (מַלְחִישׁ, יַלְחִישׁ, לְהַלְחִישׁ)

הוּלְחַשׁ (הֻלְחַשׁ) be whispered (lit.) (מוּלְחָשׁ, יוּלְחַשׁ)

◆ **דוגמאות** Illustrations

ראיתי את חביבה ונירה **מִתְלַחֲשׁוֹת** בפינה. אינני יודע מה נירה **לָחֲשָׁה** לחביבה לקראת תום השיחה, אבל פניה של חביבה חוורו לפתע כסיד.

I saw Haviva and Nira **whisper to each other** in the corner. I do not know what Nira **whispered** to Haviva towards the end of the conversation, but Haviva's face all of a sudden became chalk-white.

◆ **ביטויים מיוחדים** Special expressions

גחלת **לוֹחֶשֶׁת** a glowing ember

● לכד

לָכַד/לוֹכֵד/יִלְכּוֹד (יִלְכֹּד) capture

בניין: **פָּעַל** גזרה: **שלמים (אֶפְעוֹל)**

	Present הווה		Past עבר	Future עתיד	Imper. ציווי
יחיד	לוֹכֵד לָכוּד	אני	לָכַדְתִּי	אֶלְכּוֹד	
יחידה	לוֹכֶדֶת לְכוּדָה	אתה	לָכַדְתָּ	תִּלְכּוֹד	לְכוֹד
רבים	לוֹכְדִים לְכוּדִים	את	לָכַדְתְּ	תִּלְכְּדִי	לִכְדִי
רבות	לוֹכְדוֹת לְכוּדוֹת	הוא	לָכַד	יִלְכּוֹד	
		היא	לָכְדָה	תִּלְכּוֹד	
		אנחנו	לָכַדְנוּ	נִלְכּוֹד	
		אתם/ן	לְכַדְתֶּם/ן*	תִּלְכְּדוּ**	לִכְדוּ***
		הם/ן	לָכְדוּ	יִלְכְּדוּ**	

שם הפועל .Infin לִלְכּוֹד

שם הפעולה .Ger capture, seizure לְכִידָה

בינוני סביל .Pass. Part captured לָכוּד

מקור מוחלט .Inf. Abs לָכוֹד

* Colloquial: לָכַדְתֶּם/ן

** less commonly: אתן/הן תִּלְכּוֹדְנָה

*** less commonly: (אתן) לְכוֹדְנָה

נִלְכַּד/יִילָּכֵד (יִלָּכֵד) be captured

בניין: נִפְעַל גזרה: שלמים

Imperative ציווי	Future עתיד	Past עבר		Present הווה	
	אֶלָּכֵד	נִלְכַּדְתִּי	אני	נִלְכָּד	יחיד
הִילָּכֵד	תִּילָּכֵד	נִלְכַּדְתָּ	אתה	נִלְכֶּדֶת	יחידה
הִילָּכְדִי	תִּילָּכְדִי	נִלְכַּדְתְּ	את	נִלְכָּדִים	רבים
	יִילָּכֵד	נִלְכַּד	הוא	נִלְכָּדוֹת	רבות
	תִּילָּכֵד	נִלְכְּדָה	היא		
	נִילָּכֵד	נִלְכַּדְנוּ	אנחנו		
הִילָּכְדוּ**	תִּילָּכְדוּ*	נִלְכַּדְתֶּם/ן	אתם/ן		
	יִילָּכְדוּ*	נִלְכְּדוּ	הם/ן		

* less commonly: אתן/הן תִּילָּכַדְנָה/...כֵדְנָה

** less commonly: (אתן) הִילָּכַדְנָה/...כֵדְנָה

שם הפועל .Infin לְהִילָּכֵד

מקור מוחלט .Inf. Abs נִלְכּוֹד, הִילָּכֵד (הִילָּכוֹד)

לִיכֵּד/לִיכַּד/לִכֵּד (לִכֵּד) unite (tr.), combine (tr.)

בניין: פִּיעֵל גזרה: שלמים

Imperative ציווי	Future עתיד	Past עבר		Present הווה	
	אֲלַכֵּד	לִיכַּדְתִּי	אני	מְלַכֵּד	יחיד
לַכֵּד	תְּלַכֵּד	לִיכַּדְתָּ	אתה	מְלַכֶּדֶת	יחידה
לַכְּדִי	תְּלַכְּדִי	לִיכַּדְתְּ	את	מְלַכְּדִים	רבים
	יְלַכֵּד	לִיכֵּד	הוא	מְלַכְּדוֹת	רבות
	תְּלַכֵּד	לִיכְּדָה	היא		
	נְלַכֵּד	לִיכַּדְנוּ	אנחנו		
לַכְּדוּ**	תְּלַכְּדוּ*	לִיכַּדְתֶּם/ן	אתם/ן		
	יְלַכְּדוּ*	לִיכְּדוּ	הם/ן		

* less commonly: אתן/הן תְּלַכֵּדְנָה

** less commonly: (אתן) לַכֵּדְנָה

שם הפועל .Infin לְלַכֵּד

שם הפעולה Gerund לִיכּוּד uniting, combining; unification, amalgamation

מקור מוחלט .Inf. Abs לַכֵּד

לוּכַּד (לֻכַּד) be united/combined

בניין: פּוּעַל גזרה: שלמים

Future עתיד	Past עבר		Present הווה	
אֲלוּכַּד	לוּכַּדְתִּי	אני	מְלוּכָּד	יחיד
תְּלוּכַּד	לוּכַּדְתָּ	אתה	מְלוּכֶּדֶת	יחידה
תְּלוּכְּדִי	לוּכַּדְתְּ	את	מְלוּכָּדִים	רבים
יְלוּכַּד	לוּכַּד	הוא	מְלוּכָּדוֹת	רבות
תְּלוּכַּד	לוּכְּדָה	היא		
נְלוּכַּד >>>	לוּכַּדְנוּ	אנחנו		

Future עתיד	Past עבר	
תְּלוּכְּדוּ*	לוּכַּדְתֶּם/ן	אתם/ן
יְלוּכְּדוּ*	לוּכְּדוּ	הם/ן

בינוני .Pres. Part מְלוּכָּד united, combined

* less commonly: אתן/הן תְּלוּכַּדְנָה

[מקור מוחלט .Inf. Abs לוּכּוֹד]

הִתְלַכֵּד/הִתְלַכַּד unite (intr.), merge (intr.) into one; coalesce

בניין: הִתְפַּעֵל גזרה: שלמים

Imperative ציווי	Future עתיד	Past עבר		Present הווה	
	אֶתְלַכֵּד	הִתְלַכַּדְתִּי	אני	מִתְלַכֵּד	יחיד
הִתְלַכֵּד	תִּתְלַכֵּד	הִתְלַכַּדְתָּ	אתה	מִתְלַכֶּדֶת	יחידה
הִתְלַכְּדִי	תִּתְלַכְּדִי	הִתְלַכַּדְתְּ	את	מִתְלַכְּדִים	רבים
	יִתְלַכֵּד	הִתְלַכֵּד	הוא	מִתְלַכְּדוֹת	רבות
	תִּתְלַכֵּד	הִתְלַכְּדָה	היא		
	נִתְלַכֵּד	הִתְלַכַּדְנוּ	אנחנו		
הִתְלַכְּדוּ**	תִּתְלַכְּדוּ*	הִתְלַכַּדְתֶּם/ן	אתם/ן		
	יִתְלַכְּדוּ*	הִתְלַכְּדוּ	הם/ן		

* less commonly: אתן/הן תִּתְלַכֵּדְנָה

** less commonly: (אתן) הִתְלַכֵּדְנָה

שם הפועל .Infin לְהִתְלַכֵּד

שם הפעולה Gerund הִתְלַכְּדוּת uniting, merging

מקור מוחלט .Inf. Abs הִתְלַכֵּד

◆ דוגמאות Illustrations

לאחר מרדף ארוך, הצליחה המשטרה **לִלְכּוֹד** את החשוד. הוא **נִלְכַּד** בכביש החוף, ליד מחלף חדרה.

After a long chase, the police managed **to capture** the suspect. He **was captured** on the Coastal Road, close to the Hadera Interchange.

כשלמפלגת השלטון יש בעיות פנימיות חמורות, מנסים מנהיגיה בדרך כלל **לְלַכֵּד** את העם לנוכח איום חיצוני, בין אם הוא אמיתי או מדומה. כאשר העם כולו **מִתְלַכֵּד** כלפי חוץ, נדחקות בעיות הפנים לקרן זווית. כשהעם **מְלוּכָּד** ניתן גם להגיע להחלטות מהר יותר.

When the ruling party has serious domestic problems, its leaders usually try **to unite** the people in the face of an external threat, be it real or imaginary. When the whole nation **unites** vis-à-vis the rest of the world, internal problems are pushed aside. When the nation **is united**, it is also possible to make faster decisions.

מפלגת **הַלִּיכּוּד** נקראת כך משום שנתהוותה באמצעות **לִיכּוּד** מפלגות ימינה מן המרכז.

The **Likkud** (=unification, merger) party is called that because it was formed by an **amalgamation** of parties to the right of the center.

●לכלך

לִכְלֵךְ/לִכְלַכ/לַכְלֵךְ dirty, soil; soil someone's reputation (sl.)

בניין: פִּיעֵל גזרה: מרובעים

	Present הווה		Past עבר	Future עתיד	Imperative ציווי
יחיד	מְלַכְלֵךְ	אני	לִכְלַכְתִּי	אֲלַכְלֵךְ	
יחידה	מְלַכְלֶכֶת	אתה	לִכְלַכְתָּ	תְּלַכְלֵךְ	לַכְלֵךְ
רבים	מְלַכְלְכִים	את	לִכְלַכְתְּ	תְּלַכְלְכִי	לַכְלְכִי
רבות	מְלַכְלְכוֹת	הוא	לִכְלֵךְ	יְלַכְלֵךְ	
		היא	לִכְלְכָה	תְּלַכְלֵךְ	
		אנחנו	לִכְלַכְנוּ	נְלַכְלֵךְ	
		אתם/ן	לִכְלַכְתֶּם/ן	תְּלַכְלְכוּ*	לַכְלְכוּ**
		הם/ן	לִכְלְכוּ	יְלַכְלְכוּ*	

* less commonly: אתן/הן תְּלַכְלֵכְנָה

** less commonly: (אתן) לַכְלֵכְנָה

שם הפועל .Infin לְלַכְלֵךְ

שם הפעולה Gerund לִכְלוּךְ dirtying; dirt, filth

מקור מוחלט .Inf. Abs לַכְלֵךְ

לוּכְלַךְ (לֻכְלַךְ) be dirtied/soiled

בניין: פּוּעַל גזרה: מרובעים

	Present הווה		Past עבר	Future עתיד
יחיד	מְלוּכְלָךְ	אני	לוּכְלַכְתִּי	אֲלוּכְלַךְ
יחידה	מְלוּכְלֶכֶת	אתה	לוּכְלַכְתָּ	תְּלוּכְלַךְ
רבים	מְלוּכְלָכִים	את	לוּכְלַכְתְּ	תְּלוּכְלְכִי
רבות	מְלוּכְלָכוֹת	הוא	לוּכְלַךְ	יְלוּכְלַךְ
		היא	לוּכְלְכָה	תְּלוּכְלַךְ
		אנחנו	לוּכְלַכְנוּ	נְלוּכְלַךְ
		אתם/ן	לוּכְלַכְתֶּם/ן	תְּלוּכְלְכוּ*
		הם/ן	לוּכְלְכוּ	יְלוּכְלְכוּ*

* less commonly: אתן/הן תְּלוּכְלַכְנָה

בינוני .Pres. Part מְלוּכְלָךְ dirty

[מקור מוחלט .Inf. Abs לוּכְלוֹךְ]

הִתְלַכְלֵךְ/הִתְלַכְלַכ get dirty

בניין: הִתְפַּעֵל גזרה: מרובעים

	Present הווה		Past עבר	Future עתיד	Imperative ציווי
יחיד	מִתְלַכְלֵךְ	אני	הִתְלַכְלַכְתִּי	אֶתְלַכְלֵךְ	
יחידה	מִתְלַכְלֶכֶת	אתה	הִתְלַכְלַכְתָּ	תִּתְלַכְלֵךְ	הִתְלַכְלֵךְ
רבים	מִתְלַכְלְכִים	את	הִתְלַכְלַכְתְּ	תִּתְלַכְלְכִי	הִתְלַכְלְכִי
רבות	מִתְלַכְלְכוֹת	הוא	הִתְלַכְלֵךְ	יִתְלַכְלֵךְ	
		היא	הִתְלַכְלְכָה	תִּתְלַכְלֵךְ	<<<

	Past עבר	Future עתיד	Imperative ציווי
אנחנו	הִתְלַכְלַכְנוּ	נִתְלַכְלֵךְ	
אתם/ן	הִתְלַכְלַכְתֶּם/ן	תִּתְלַכְלְכוּ*	הִתְלַכְלְכוּ**
הם/ן	הִתְלַכְלְכוּ	יִתְלַכְלְכוּ*	

שם הפועל .Infin לְהִתְלַכְלֵךְ * less commonly: אתן/הן תִּתְלַכְלֵכְנָה
שם הפעולה .Ger הִתְלַכְלְכוּת getting dirty ** less commonly: (אתן) הִתְלַכְלֵכְנָה
מקור מוחלט .Inf. Abs הִתְלַכְלֵךְ

◆ דוגמאות Illustrations

נחום שלומיאל גדול. ביום אחד הוא **מְלַכְלֵךְ** חולצה כאילו לבש אותה שבוע שלם: החולצה **מִתְלַכְלֶכֶת** כל פעם שהוא יושב לאכול. לפעמים החולצה כה **מְלוּכְלֶכֶת** כבר באמצע היום, שאישתו דורשת בתקיפות שיחליף אותה מיד.

Nahum is very clumsy. In one day he **soils** a shirt as if he wore it for a whole week: the shirt **gets dirty** every time he sits down to eat. Occasionally the shirt is so **dirty** by midday, that his wife demands that he change it immediately.

◆ ביטויים מיוחדים Special expressions

לְכַלֵךְ את ידיו participate in a matter that is not completely honest

---

●למד

לָמַד/לוֹמֵד/יִלְמַד learn, study

בניין: פָּעַל גזרה: שלמים (אֶפְעַל)

	Present הווה		Past עבר	Future עתיד	Imper. ציווי
יחיד	לוֹמֵד לָמוּד	אני	לָמַדְתִּי	אֶלְמַד	
יחידה	לוֹמֶדֶת לְמוּדָה	אתה	לָמַדְתָּ	תִּלְמַד	לְמַד
רבים	לוֹמְדִים לְמוּדִים	את	לָמַדְתְּ	תִּלְמְדִי	לִמְדִי
רבות	לוֹמְדוֹת לְמוּדוֹת	הוא	לָמַד	יִלְמַד	
		היא	לָמְדָה	תִּלְמַד	
		אנחנו	לָמַדְנוּ	נִלְמַד	
		אתם/ן	לְמַדְתֶּם/ן*	תִּלְמְדוּ**	לִמְדוּ***
		הם/ן	לָמְדוּ	יִלְמְדוּ**	

* Colloquial: לָמַדְתֶּם/ן

שם הפועל .Infin לִלְמוֹד ** less commonly: אתן/הן תִּלְמַדְנָה
שם הפעולה Gerund לְמִידָה learning *** less commonly: (אתן) לְמַדְנָה
בינוני סביל .Pass. Part לָמוּד accustomed; trained
מקור מוחלט .Inf. Abs לָמוֹד

נִלְמַד/יִילָּמֵד (יִלָּמֵד) be learned/studied

בניין: נִפְעַל גזרה: שלמים

	Present הווה		Past עבר	Future עתיד	Imperative ציווי
יחיד	נִלְמָד	אני	נִלְמַדְתִּי	אֶלָּמֵד	
יחידה	נִלְמֶדֶת	אתה	נִלְמַדְתָּ	תִּילָּמֵד	הִילָּמֵד
רבים	נִלְמָדִים	את	נִלְמַדְתְּ	תִּילָּמְדִי	הִילָּמְדִי
רבות	נִלְמָדוֹת	הוא	נִלְמַד	יִילָּמֵד	
		היא	נִלְמְדָה	תִּילָּמֵד	
		אנחנו	נִלְמַדְנוּ	נִילָּמֵד	
		אתם/ן	נִלְמַדְתֶּם/ן	תִּילָּמְדוּ*	הִילָּמְדוּ**
		הם/ן	נִלְמְדוּ	יִילָּמְדוּ*	

* less commonly: אתן/הן תִּילָּמַדְנָה/...מֵדְנָה

שם הפועל .Infin לְהִילָּמֵד ** less commonly: (אתן) הִילָּמַדְנָה/...מֵדְנָה

מקור מוחלט .Inf. Abs נִלְמוֹד, הִילָּמֵד (הִילָּמוֹד)

לִימֵד/לִימַּד/לַמֵּד (לִמֵּד) teach, instruct, train

בניין: פִּיעֵל גזרה: שלמים

	Present הווה		Past עבר	Future עתיד	Imperative ציווי
יחיד	מְלַמֵּד	אני	לִימַּדְתִּי	אֲלַמֵּד	
יחידה	מְלַמֶּדֶת	אתה	לִימַּדְתָּ	תְּלַמֵּד	לַמֵּד
רבים	מְלַמְּדִים	את	לִימַּדְתְּ	תְּלַמְּדִי	לַמְּדִי
רבות	מְלַמְּדוֹת	הוא	לִימֵּד	יְלַמֵּד	
		היא	לִימְּדָה	תְּלַמֵּד	
		אנחנו	לִימַּדְנוּ	נְלַמֵּד	
		אתם/ן	לִימַּדְתֶּם/ן	תְּלַמְּדוּ*	לַמְּדוּ**
		הם/ן	לִימְּדוּ	יְלַמְּדוּ*	

* less commonly: אתן/הן תְּלַמֵּדְנָה

שם הפועל .Infin לְלַמֵּד ** less commonly: (אתן) לַמֵּדְנָה

שם הפעולה Gerund לִימּוּד teaching; study, learning

בינוני .Pres. Part מְלַמֵּד religious school teacher

מקור מוחלט .Inf. Abs לַמֵּד

◆ פעלים שאינם שכיחים מאותו שורש Infrequent verbs sharing the same root

לוּמַּד (לֻמַּד) be taught, trained (מְלוּמָּד, יְלוּמַּד)

בינוני .Pres. Part מְלוּמָּד scholarly, learned; a scholar (common form)

הִתְלַמֵּד self-teach; practice; be taught (מִתְלַמֵּד, יִתְלַמֵּד, לְהִתְלַמֵּד)

בינוני .Pres. Part מִתְלַמֵּד a self-taught person; apprentice (common form)

◆ **דוגמאות** Illustrations

ניסיתי **לְלַמֵּד** אותו עברית, אבל לא הצלחתי. הוא לא **לוֹמֵד** שפות בקלות. לא כל אחד נולד עם כישרון **לְלִימּוּד/לְלְמִידַת** שפה.

I tried **to teach** him Hebrew, but I was not successful. He does not **learn** languages easily. Not everyone is born with the talent for language **learning**.

אחרי כל מלחמה, חושבים שאולי זה הסוף למלחמות - אולי הפעם **יִילָּמֵד** הלקח. אבל ההיסטוריה תמיד חוזרת על עצמה.

After every war, one thinks that perhaps this is the end of wars - perhaps this time the lesson **will be learned**. But history always repeats itself.

מעולם לא פגשתי אדם **מְלוּמָּד** כמו ישעיהו. גדולי **הַמְלוּמָּדִים** יכולים **לִלְמוֹד** ממנו.

I have never met a person as **learned** as Yesha'ayahu. The greatest of **scholars** can **learn** from him.

◆ **ביטויים מיוחדים** Special expressions

לוֹמֵד דבר מתוך דבר one who knows how to deduce logically

לִימֵּד זכות על plead in favor of, defend

לִימֵּד חובה על plead against, prosecute

מְלַמֵּד ש- which teaches us that

מכל **מְלַמְּדַיי** השכלתי I have benefited from all my teachers

סיים את חוק **לִימּוּדָיו** complete his schooling

מצוות אנשים **מְלוּמָּדָה** a routine habit, an automatic reaction (not resulting from thinking), by rote

---

● לעג

לָעַג/לוֹעֵג/יִלְעַג mock, ridicule

בניין: פָּעַל גזרה: ע' גרונית

	Present הווה		Past עבר	Future עתיד	Imperative ציווי
יחיד	לוֹעֵג	אני	לָעַגְתִּי	אֶלְעַג	
יחידה	לוֹעֶגֶת	אתה	לָעַגְתָּ	תִּלְעַג	לְעַג
רבים	לוֹעֲגִים	את	לָעַגְתְּ	תִּלְעֲגִי	לַעֲגִי
רבות	לוֹעֲגוֹת	הוא	לָעַג	יִלְעַג	
		היא	לָעֲגָה	תִּלְעַג	
		אנחנו	לָעַגְנוּ	נִלְעַג	
		אתם/ן	לְעַגְתֶּם/ן*	תִּלְעֲגוּ**	לַעֲגוּ***
		הם/ן	לָעֲגוּ	יִלְעֲגוּ**	

שם הפועל .Infin לִלְעוֹג

מקור מוחלט .Inf. Abs לָעוֹג

* Colloquial: לָעַגְתֶּם/ן

** less commonly: אתן/הן תִּלְעַגְנָה <<<

מ"י מוצרכת Gov. Prep. לָעַג ל- mock at   *** less commonly: (אתן) לְעַגְנָה

◆ פעלים שאינם שכיחים מאותו שורש Infrequent verbs sharing the same root

נִלְעַג be mocked (נִלְעָג, יִילָּעֵג, לְהִילָּעֵג)

בינוני Pres. Part. נִלְעָג laughable, ridiculous

הִלְעִיג mock, ridicule (מַלְעִיג, יַלְעִיג, לְהַלְעִיג)

הוּלְעַג (הֻלְעַג) be mocked (Med H) (מוּלְעָג, יוּלְעַג)

לִיעֵג (לִעֵג) mock (Med H) (מְלַעֵג, יְלַעֵג, לְלַעֵג)

לוּעַג (לֻעַג) be mocked (lit.) (מְלוּעָג, יְלוּעַג)

הִתְלַעֵג be mocked (Med H); mock (lit.) (מִתְלַעֵג, יִתְלַעֵג, לְהִתְלַעֵג)

◆ דוגמאות Illustrations

ילדים יכולים להיות אכזריים מאוד, במיוחד כאשר הם **לוֹעֲגִים** לילד נכה.
Children can be very cruel - particularly when they **ridicule** a disabled child.

◆ ביטויים מיוחדים Special expressions

לָעַג לרש revel at someone's misfortune   **לַעַג** לרש mocking at the poor (ironic exp.)

● לקח

לָקַח/לוֹקֵחַ/יִקַּח take; buy (lit.)

בניין: פָּעַל   גזרה: פ"נ + ל' גרונית

	Pres. הווה			Past עבר	Fut. עתיד	Imp. ציווי
יחיד	לוֹקֵחַ	לָקוּחַ	אני	לָקַחְתִּי	אֶקַּח	
יחידה	לוֹקַחַת	לְקוּחָה	אתה	לָקַחְתָּ	תִּקַּח	קַח
רבים	לוֹקְחִים	לְקוּחִים	את	לָקַחְתְּ/...חַת	תִּקְחִי	קְחִי
רבות	לוֹקְחוֹת	לְקוּחוֹת	הוא	לָקַח	יִקַּח	
			היא	לָקְחָה	תִּקַּח	
			אנחנו	לָקַחְנוּ	נִקַּח	
			אתם/ן	לְקַחְתֶּם/ן*	תִּקְחוּ**	קְחוּ***
			הם/ן	לָקְחוּ	יִקְחוּ**	

שם הפועל Infin. לָקַחַת   * Colloquial: לָקַחְתֶּם/ן

שם הפעולה Ger. לְקִיחָה taking   ** less commonly: אתן/הן תִּקַּחְנָה

מקור מוחלט Inf. Abs. לָקוֹחַ   *** less commonly: (אתן) קַחְנָה

נִלְקַח/יִילָקַח/יִילָקֵחַ (יִלָקַח) be taken

בניין: נִפְעַל גזרה: שלמים + ל׳ גרונית

	הווה Present		עבר Past	עתיד Future	ציווי Imperative
יחיד	נִלְקָח	אני	נִלְקַחְתִּי	אֶלָקַח/...קֵחַ	
יחידה	נִלְקַחַת	אתה	נִלְקַחְתָּ/...חַת	תִּילָקַח/...קֵחַ	הִילָקַח/...קֵחַ
רבים	נִלְקָחִים	את	נִלְקַחְתְּ	תִּילָקְחִי	הִילָקְחִי
רבות	נִלְקָחוֹת	הוא	נִלְקַח	יִילָקַח/...קֵחַ	
		היא	נִלְקְחָה	תִּילָקַח/...קֵחַ	
		אנחנו	נִלְקַחְנוּ	נִילָקַח/...קֵחַ	
		אתם/ן	נִלְקַחְתֶּם/ן	תִּילָקְחוּ*	הִילָקְחוּ**
		הם/ן	נִלְקְחוּ	יִילָקְחוּ*	

שם הפועל .Infin לְהִילָקַח/...קֵחַ   * less commonly: אתן/הן תִּילָקַחְנָה

מקור מוחלט .Inf. Abs נִלְקוֹחַ   ** less commonly: (אתן) הִילָקַחְנָה

הִתְלַקַּח/יִתְלַקֵּחַ catch fire; flare up (quarrel)

בניין: הִתְפַּעֵל גזרה: שלמים + ל׳ גרונית

	הווה Present		עבר Past	עתיד Future	ציווי Imperative
יחיד	מִתְלַקֵּחַ	אני	הִתְלַקַּחְתִּי	אֶתְלַקַּח/...קֵחַ	
יחידה	מִתְלַקַּחַת	אתה	הִתְלַקַּחְתָּ	תִּתְלַקַּח/...קֵחַ	הִתְלַקֵּחַ/...קַּח
רבים	מִתְלַקְּחִים	את	הִתְלַקַּחְתְּ/...חַת	תִּתְלַקְּחִי	הִתְלַקְּחִי
רבות	מִתְלַקְּחוֹת	הוא	הִתְלַקַּח*	יִתְלַקַּח/...קֵחַ	
		היא	הִתְלַקְּחָה	תִּתְלַקַּח/...קֵחַ	
		אנחנו	הִתְלַקַּחְנוּ	נִתְלַקַּח/...קֵחַ	
		אתם/ן	הִתְלַקַּחְתֶּם/ן	תִּתְלַקְּחוּ**	הִתְלַקְּחוּ***
		הם/ן	הִתְלַקְּחוּ	יִתְלַקְּחוּ**	

שם הפועל .Infin לְהִתְלַקֵּחַ   * Colloquial: הִתְלַקֵּחַ

שם הפעולה Gerund הִתְלַקְּחוּת flare up (N)   ** less commonly: אתן/הן תִּתְלַקַּחְנָה

מקור מוחלט .Inf. Abs הִתְלַקֵּחַ   *** less commonly: (אתן) הִתְלַקַּחְנָה

◆ פעלים שאינם שכיחים מאותו שורש Infrequent verbs sharing the same root

(Future following huf`al: לוּקַח (לֻקַּח) be taken (מְלוּקָּח; העתיד לפי בניין הוּפְעַל: יוּקַח

◆ דוגמאות Illustrations

האש **הִתְלַקְּחָה** והתפשטה במהירות הבזק. מיכאל **לָקַח** מה שמצא בטווח יד, ונמלט מן המשרד. כל מה שלא **נִלְקַח** באותן שניות עלה בלהבות.

The fire **flared up** and spread with lightning speed. Michael **took** whatever he found within arms' reach, and fled out of the office. Whatever **was** not **taken** in those seconds went up in flames.

״**הַלָּקוֹחַ** תמיד צודק״.

"The **customer** is always right."

◆ ביטויים מיוחדים Special expressions

take part in לָקַח חלק ב- | client לָקוֹחַ

take a wife, marry (lit.) לָקַח אישה | a quarrel flared up הִתְלַקְחָה מריבה

taken from (in sense of lifted, borrowed, quoted, cited) לָקוּחַ מן

●מדד

מָדַד/מוֹדֵד/יִמְדּוֹד (יִמְדֹּד) measure, survey

בניין: פָּעַל גזרה: שלמים (אֶפְעוֹל)

	הווה Present		עבר Past	עתיד Future	ציווי Imper.
יחיד	מוֹדֵד מָדוּד	אני	מָדַדְתִּי	אֶמְדּוֹד	
יחידה	מוֹדֶדֶת מְדוּדָה	אתה	מָדַדְתָּ	תִּמְדּוֹד	מְדוֹד
רבים	מוֹדְדִים מְדוּדִים	את	מָדַדְתְּ	תִּמְדְּדִי	מִדְדִי
רבות	מוֹדְדוֹת מְדוּדוֹת	הוא	מָדַד	יִמְדּוֹד	
		היא	מָדְדָה	תִּמְדּוֹד	
		אנחנו	מָדַדְנוּ	נִמְדּוֹד	
		אתם/ן	מְדַדְתֶּם/ן*	תִּמְדְּדוּ**	מִדְדוּ***
		הם/ן	מָדְדוּ	יִמְדְּדוּ**	

שם הפועל .Infin לִמְדּוֹד

שם הפעולה .Ger מְדִידָה measuring

בינוני פעיל .Act. Par מוֹדֵד surveyor

בינוני סביל .Pass. Part מָדוּד measured

מקור מוחלט .Inf. Abs מָדוֹד

* Colloquial: מָדַדְתֶּם/ן

** less commonly: אתן/הן תִּמְדּוֹדְנָה

*** less commonly: (אתן) מְדוֹדְנָה

נִמְדַּד/יִימָּדֵד (יִמָּדֵד) be measured/surveyed

בניין: נִפְעַל גזרה: שלמים

	הווה Present		עבר Past	עתיד Future	ציווי Imperative
יחיד	נִמְדָּד	אני	נִמְדַּדְתִּי	אֶמָּדֵד	
יחידה	נִמְדֶּדֶת	אתה	נִמְדַּדְתָּ	תִּימָּדֵד	הִימָּדֵד
רבים	נִמְדָּדִים	את	נִמְדַּדְתְּ	תִּימָּדְדִי	הִימָּדְדִי
רבות	נִמְדָּדוֹת	הוא	נִמְדַּד	יִימָּדֵד	
		היא	נִמְדְּדָה	תִּימָּדֵד	
		אנחנו	נִמְדַּדְנוּ	נִימָּדֵד	
		אתם/ן	נִמְדַּדְתֶּם/ן	תִּימָּדְדוּ*	הִימָּדְדוּ**
		הם/ן	נִמְדְּדוּ	יִימָּדְדוּ*	

* less commonly: אתן/הן תִּימָּדַדְנָה/...דֵדְנָה<<<

שם הפועל .Infin לְהִימַּדֵד **less commonly: (אתן) הִימַּדַדְנָה/...דֵדְנָה

מקור מוחלט .Inf. Abs נִמְדוֹד, הִימַּדֵד (הִימָּדוֹד)

הִתְמוֹדֵד/הִתְמוֹדַד cope, compete with, measure oneself against; stretch oneself out (lit.)

בניין: הִתְפַּעֵל גזרה: כפולים

	Present הווה		Past עבר	Future עתיד	Imperative ציווי
יחיד	מִתְמוֹדֵד	אני	הִתְמוֹדַדְתִּי	אֶתְמוֹדֵד	
יחידה	מִתְמוֹדֶדֶת	אתה	הִתְמוֹדַדְתָּ	תִּתְמוֹדֵד	הִתְמוֹדֵד
רבים	מִתְמוֹדְדִים	את	הִתְמוֹדַדְתְּ	תִּתְמוֹדְדִי	הִתְמוֹדְדִי
רבות	מִתְמוֹדְדוֹת	הוא	הִתְמוֹדֵד	יִתְמוֹדֵד	
		היא	הִתְמוֹדְדָה	תִּתְמוֹדֵד	
		אנחנו	הִתְמוֹדַדְנוּ	נִתְמוֹדֵד	
		אתם/ן	הִתְמוֹדַדְתֶּם/ן	תִּתְמוֹדְדוּ*	הִתְמוֹדְדוּ**
		הם/ן	הִתְמוֹדְדוּ	יִתְמוֹדְדוּ*	

* less commonly: אתן/הן תִּתְמוֹדֵדְנָה

שם הפועל .Infin לְהִתְמוֹדֵד **less commonly: (אתן) הִתְמוֹדֵדְנָה

שם הפעולה Gerund הִתְמוֹדְדוּת competing, rivalry; stretching oneself out

מקור מוחלט .Inf. Abs הִתְמוֹדֵד

מ"י מוצרכת .Gov. Prep הִתְמוֹדֵד עם cope with הִתְמוֹדֵד עם על compete with on

◆ פעלים שאינם שכיחים מאותו שורש Infrequent verbs sharing the same root

מִידֵּד/מוֹדֵד (מִדֵּד) measure (lit.) (מְמַדֵּד/מְמוֹדֵד, יְמַדֵּד/יְמוֹדֵד, לְמַדֵּד/לְמוֹדֵד)

מוּדַּד (מֻדַּד) be measured (Med H) (מְמוּדָּד, יְמוּדַּד)

הוּמְדַּד (הֻמְדַּד) be measured (Med H) (מוּמְדָּד, יוּמְדַּד)

◆ דוגמאות Illustrations

יצחק **הִתְמוֹדֵד** עם שמעון על ראשות המפלגה. הפופולריות של כל אחד מהם **נִמְדְּדָה** במספר סקרים, אבל יש הטוענים שסקרים כאלה אינם **מוֹדְדִים** דעת קהל באופן מהימן.

Yitzhak **competed** with Shimon for the leadership of the party. The popularity of each one of them **was measured** by a number of surveys, but some claim that such surveys do not **measure** public opinion in a reliable manner.

◆ ביטויים מיוחדים Special expressions

במידה שאדם **מוֹדֵד**, **מוֹדְדִים** לו one should expect to be treated the same way one treats others

שקול **וּמָדוּד** well-considered

● מהר

מִיהֵר/מִיהַר/מַהֵר (מַהֵר) hurry, rush; be fast (clock)

בניין: פִּיעֵל גזרה: ע' גרונית

	Present הווה		Past עבר	Future עתיד	Imperative ציווי
יחיד	מְמַהֵר	אני	מִיהַרְתִּי	אֲמַהֵר	
יחידה	מְמַהֶרֶת	אתה	מִיהַרְתָּ	תְּמַהֵר	מַהֵר
רבים	מְמַהֲרִים	את	מִיהַרְתְּ	תְּמַהֲרִי	מַהֲרִי
רבות	מְמַהֲרוֹת	הוא	מִיהֵר (מִיהַר)	יְמַהֵר	
		היא	מִיהֲרָה	תְּמַהֵר	
		אנחנו	מִיהַרְנוּ	נְמַהֵר	
		אתם/ן	מִיהַרְתֶּם/ן	תְּמַהֲרוּ*	מַהֲרוּ**
		הם/ן	מִיהֲרוּ	יְמַהֲרוּ*	

שם הפועל .Infin לְמַהֵר   * less commonly: אתן/הן תְּמַהֵרְנָה

שם הפעולה Gerund מִיהוּר hurry, haste   ** less commonly: (אתן) מַהֵרְנָה

מקור מוחלט .Inf. Abs מַהֵר

◆ פעלים שאינם שכיחים מאותו שורש Infrequent verbs sharing the same root

נִמְהַר be hasty (נִמְהָר no future or infinitive)

בינוני .Pres. Part נִמְהָר rash

הִתְמַהֵר get faster (Med H) (מִתְמַהֵר, יִתְמַהֵר, לְהִתְמַהֵר)

הִמְהִיר cause to hurry/rush (lit.)

◆ דוגמאות Illustrations

מצטער, אני **מְמַהֵר** מאוד; אין לי זמן לדבר עכשיו.

I am sorry, I am **in a** great **hurry**; I have no time to talk now.

◆ ביטויים מיוחדים Special expressions

יום מר **ונִמְהָר** a fateful day (=bitter and sudden)

●מוט

התְמוֹטֵט/הִתְמוֹטֵט break down, collapse

בניין: הִתְפַּעֵל גזרה: ע"ו

	Present הווה		Past עבר	Future עתיד	Imperative ציווי
יחיד	מִתְמוֹטֵט	אני	הִתְמוֹטַטְתִּי	אֶתְמוֹטֵט	
יחידה	מִתְמוֹטֶטֶת	אתה	הִתְמוֹטַטְתָּ	תִּתְמוֹטֵט	הִתְמוֹטֵט
רבים	מִתְמוֹטְטִים	את	הִתְמוֹטַטְתְּ	תִּתְמוֹטְטִי	הִתְמוֹטְטִי
רבות	מִתְמוֹטְטוֹת	הוא	הִתְמוֹטֵט	יִתְמוֹטֵט	
		היא	הִתְמוֹטְטָה	תִּתְמוֹטֵט	
		אנחנו	הִתְמוֹטַטְנוּ	נִתְמוֹטֵט	
		אתם/ן	הִתְמוֹטַטְתֶּם/ן	תִּתְמוֹטְטוּ*	הִתְמוֹטְטוּ**
		הם/ן	הִתְמוֹטְטוּ	יִתְמוֹטְטוּ*	

שם הפועל .Infin לְהִתְמוֹטֵט * less commonly: אתן/הן תִּתְמוֹטֵטְנָה

שם הפעולה .Ger הִתְמוֹטְטוּת collapse (N) ** less commonly: (אתן) הִתְמוֹטֵטְנָה

מקור מוחלט .Inf. Abs הִתְמוֹטֵט

מוֹטֵט/מוֹטַט knock over, cause to collapse

בניין: פִּיעֵל גזרה: ע"ו

	Present הווה		Past עבר	Future עתיד	Imperative ציווי
יחיד	מְמוֹטֵט	אני	מוֹטַטְתִּי	אֲמוֹטֵט	
יחידה	מְמוֹטֶטֶת	אתה	מוֹטַטְתָּ	תְּמוֹטֵט	מוֹטֵט
רבים	מְמוֹטְטִים	את	מוֹטַטְתְּ	תְּמוֹטְטִי	מוֹטְטִי
רבות	מְמוֹטְטוֹת	הוא	מוֹטֵט	יְמוֹטֵט	
		היא	מוֹטְטָה	תְּמוֹטֵט	
		אנחנו	מוֹטַטְנוּ	נְמוֹטֵט	
		אתם/ן	מוֹטַטְתֶּם/ן	תְּמוֹטְטוּ*	מוֹטְטוּ**
		הם/ן	מוֹטְטוּ	יְמוֹטְטוּ*	

שם הפועל .Infin לְמוֹטֵט * less commonly: אתן/הן תְּמוֹטֵטְנָה

שם הפעולה Gerund מִיטוּט knocking over ** less commonly: (אתן) מוֹטֵטְנָה

מקור מוחלט .Inf. Abs מוֹטֵט

◆ פעלים שאינם שכיחים מאותו שורש Infrequent verbs sharing the same root

מָט (מָט, יָמוּט, לָמוּט) shake, move (lit.)

נָמוֹט (נָמוֹט, יִימוֹט, לְהִימוֹט) fall, collapse (lit.)

מוֹטַט (מְמוֹטָט, יְמוֹטַט) be shaken/ruined

הֵמִיט (מֵמִיט, יָמִיט, לְהָמִיט) fell, bring down

הוּמַט (מוּמָט, יוּמַט) be brought down

◆ דוגמאות Illustrations

בעזרת עדות חותכת וחד-משמעית הצליח פרופ׳ ראובני **לְמוֹטֵט** את כל טיעוניו של פרופ׳ שמעוני. התיאוריה כולה **הִתְמוֹטְטָה** כבניין קלפים.

With clear, unambiguous evidence, Prof. Reuveni managed to **knock down** all of Prof. Shim'oni's arguments. The whole theory **collapsed** like a house of cards.

◆ ביטויים מיוחדים Special expressions

הֵמִית אסון/שואה על bring about a disaster upon

●מות

מֵת/מַת/יָמוּת die

בניין: פָּעַל גזרה: ע״ו + ל״ת

	Present הווה		Past עבר	Future עתיד	Imperative ציווי
יחיד	מֵת	אני	מַתִּי	אָמוּת	
יחידה	מֵתָה	אתה	מַתָּ	תָּמוּת	מוּת
רבים	מֵתִים	את	מַתְּ	תָּמוּתִי	מוּתִי
רבות	מֵתוֹת	הוא	מֵת	יָמוּת	
		היא	מֵתָה	תָּמוּת	
		אנחנו	מַתְנוּ	נָמוּת	
		אתם/ן	מַתֶּם/ן	תָּמוּתוּ*	מוּתוּ**
		הם/ן	מֵתוּ	יָמוּתוּ*	

שם הפועל .Infin לָמוּת — * less commonly: אתן/הן תָּמוֹתְנָה

שם הפעולה Gerund מִיתָה dying; death — ** less commonly: (אתן) מוֹתְנָה

בינוני .Pres. Part מֵת dead; corpse; dead thing

מקור מוחלט .Inf. Abs מוֹת

הֵמִית/הֵמַת/יָמִית put to death, kill, cause to die

בניין: הִפְעִיל גזרה: ע״ו + ל״ת

	Present הווה		Past עבר	Future עתיד	Imperative ציווי
יחיד	מֵמִית	אני	הֵמַתִּי	אָמִית	
יחידה	מְמִיתָה	אתה	הֵמַתָּ	תָּמִית	הָמֵת
רבים	מְמִיתִים	את	הֵמַתְּ	תָּמִיתִי	הָמִיתִי
רבות	מְמִיתוֹת	הוא	הֵמִית	יָמִית	
		היא	הֵמִיתָה	תָּמִית	
		אנחנו	הֵמַתְנוּ	נָמִית	
		אתם/ן	הֵמַתֶּם/ן*	תָּמִיתוּ**	הָמִיתוּ*** >>

		עבר Past	עתיד Future
	הם/ן	הֵמִיתוּ	יָמִיתוּ**

* BH: הֲמַתֶּם/ן

** less commonly: אתן/הן תָּמֵתְנָה

שם הפועל .Infin לְהָמִית

*** less commonly: (אתן) הָמֵתְנָה

שם הפעולה Gerund הֲמָתָה putting to death, killing

מקור מוחלט .Inf. Abs הָמֵת

הוּמַת be put to death/killed

בניין: הוּפְעַל גזרה: ע"ו + ל"ת

	הווה Present		עבר Past	עתיד Future
יחיד	מוּמָת	אני	הוּמַתִּי	אוּמַת
יחידה	מוּמֶתֶת	אתה	הוּמַתָּ	תּוּמַת
רבים	מוּמָתִים	את	הוּמַתְּ	תּוּמְתִי
רבות	מוּמָתוֹת	הוא	הוּמַת	יוּמַת
		היא	הוּמְתָה	תּוּמַת
		אנחנו	הוּמַתְנוּ	נוּמַת
		אתם/ן	הוּמַתֶּם/ן	תּוּמְתוּ*
		הם/ן	הוּמְתוּ	יוּמְתוּ*

[מקור מוחלט .Inf. Abs הוּמֵת]

* less commonly: אתן/הן תּוּמַתְנָה

◆ **פעלים שאינם שכיחים מאותו שורש** Infrequent verbs sharing the same root

מוֹתֵת give a death blow, complete the killing (מְמוֹתֵת, יְמוֹתֵת, לְמוֹתֵת)

מוֹתַת be killed (מְמוֹתָת, יְמוֹתַת)

◆ **דוגמאות** Illustrations

המגיפה הזאת כבר **הֵמִיתָה** מאות אלפי אנשים, ואין יודע כמה עוד **יָמוּתוּ** לפני שתימָצא לה תרופה.

This plague has already **caused** hundreds of thousands of people **to die**, and nobody knows how many more **will die** before a cure for it is discovered.

אף פושע אחד לא **הוּמַת** בתקופת כהונתו של המושל הקודם, שלא האמין בעונש מוות.

Not a single criminal **was** ever **put to death** during the term of the previous governor, who did not believe in capital punishment.

◆ **ביטויים מיוחדים** Special expressions

מֵת בלא עִתּוֹ/בטרם זמנו/בלא ימיו/בדמי ימיו die prematurely, before one's time

מֵת לבו בקרבו become scared, be flabbergasted

מֵת ל- (.coll) be very eager to

מֵת על/אחרי be in love with

תָּמוֹת נפשי עם פלישתים! suicide call of avenge

הֵמִית עצמו על sacrifice his life for

עני חשוב כַּמֵּת poverty is as bad as death

אין בשר הַמֵּת מרגיש באיזמל the dead (or dead flesh) feel(s) no pain

מֵתֵי מדבר those who died in the wilderness, without having reached the promised land

תחיית הַמֵּתִים the resurrection of the dead

מִיתָה משונה unnatural death

מִיתַת נשיקה painless death

מִיתַת בית-דין capital punishment

ארבע מִיתוֹת בית-דין four forms of capital punishment (stoning, burning, beheading, throttling)

אחרי מוֹת קדושים אמור one should not speak ill of the dead

ה' מֵמִית ומחיה the Lord kills and the Lord gives life

● מכר

מָכַר/מוֹכֵר/יִמְכּוֹר (יִמְכֹּר) sell

בניין: פָּעַל גזרה: שלמים (אֶפְעוֹל)

	Present הווה			Past עבר	Future עתיד	Imper. ציווי
יחיד	מוֹכֵר	מָכוּר	אני	מָכַרְתִּי	אֶמְכּוֹר	
יחידה	מוֹכֶרֶת	מְכוּרָה	אתה	מָכַרְתָּ	תִּמְכּוֹר	מְכוֹר
רבים	מוֹכְרִים	מְכוּרִים	את	מָכַרְתְּ	תִּמְכְּרִי	מִכְרִי
רבות	מוֹכְרוֹת	מְכוּרוֹת	הוא	מָכַר	יִמְכּוֹר	
			היא	מָכְרָה	תִּמְכּוֹר	
			אנחנו	מָכַרְנוּ	נִמְכּוֹר	
			אתם/ן	מְכַרְתֶּם/ן*	תִּמְכְּרוּ**	מִכְרוּ***
			הם/ן	מָכְרוּ	יִמְכְּרוּ**	

שם הפועל .Infin לִמְכּוֹר

שם הפעולה Gerund מְכִירָה selling; sale

בינוני סביל .Pass. Part מוֹכֵר seller

בינוני סביל .Pass. Part מָכוּר sold; addicted

מקור מוחלט .Inf. Abs מָכוֹר

* Colloquial: מָכַרְתֶּם/ן

** less commonly: אתן/הן תִּמְכּוֹרְנָה

*** less commonly: (אתן) מְכוֹרְנָה

נִמְכַּר/יִימָּכֵר (יִמָּכֵר) be sold

בניין: נִפְעַל גזרה: שלמים

	Present הווה		Past עבר	Future עתיד	Imperative ציווי
יחיד	נִמְכָּר	אני	נִמְכַּרְתִּי	אֶמָּכֵר	
יחידה	נִמְכֶּרֶת	אתה	נִמְכַּרְתָּ	תִּימָּכֵר	הִימָּכֵר
רבים	נִמְכָּרִים	את	נִמְכַּרְתְּ	תִּימָּכְרִי	הִימָּכְרִי
רבות	נִמְכָּרוֹת	הוא	נִמְכַּר	יִימָּכֵר	>>>

Imperative ציווי	Future עתיד	Past עבר	
	תִּימָּכֵר	נִמְכְּרָה	היא
	נִימָּכֵר	נִמְכַּרְנוּ	אנחנו
הִימָּכְרוּ**	תִּימָּכְרוּ*	נִמְכַּרְתֶּם/ן	אתם/ן
	יִימָּכְרוּ*	נִמְכְּרוּ	הם/ן

שם הפועל .Infin לְהִימָּכֵר   * less commonly: אתן/הן תִּימָּכַרְנָה/...כֵרְנָה

שם הפעולה Gerund הִימָּכְרוּת being sold   ** less commonly: (אתן) הִימָּכַרְנָה/...כֵרְנָה

מקור מוחלט .Inf. Abs נִמְכּוֹר, הִימָּכֵר (הִימָּכוֹר)

הִתְמַכֵּר/הִתְמַכֵּר devote onself; become addicted

בניין: הִתְפַּעֵל   גזרה: שלמים

Imperative ציווי	Future עתיד	Past עבר		Present הווה	
	אֶתְמַכֵּר	הִתְמַכַּרְתִּי	אני	מִתְמַכֵּר	יחיד
הִתְמַכֵּר	תִּתְמַכֵּר	הִתְמַכַּרְתָּ	אתה	מִתְמַכֶּרֶת	יחידה
הִתְמַכְּרִי	תִּתְמַכְּרִי	הִתְמַכַּרְתְּ	את	מִתְמַכְּרִים	רבים
	יִתְמַכֵּר	הִתְמַכֵּר	הוא	מִתְמַכְּרוֹת	רבות
	תִּתְמַכֵּר	הִתְמַכְּרָה	היא		
	נִתְמַכֵּר	הִתְמַכַּרְנוּ	אנחנו		
הִתְמַכְּרוּ**	תִּתְמַכְּרוּ*	הִתְמַכַּרְתֶּם/ן	אתם/ן		
	יִתְמַכְּרוּ*	הִתְמַכְּרוּ	הם/ן		

שם הפועל .Infin לְהִתְמַכֵּר   * less commonly: אתן/הן תִּתְמַכֵּרְנָה

בינוני .Pres. Part מִתְמַכֵּר addict(ed)   ** less commonly: (אתן) הִתְמַכֵּרְנָה

שם הפעולה Gerund הִתְמַכְּרוּת devotion; addiction

מקור מוחלט .Inf. Abs הִתְמַכֵּר

מ"י מוצרכת .Gov. Prep הִתְמַכֵּר ל- be devoted to; become addicted to

◆ דוגמאות Illustrations

מרבית הסמים **הנִמְכָּרִים** בארה"ב מגיעים אליה ממרכז אמריקה ומדרומה. הספקים **מוֹכְרִים** אותם לסוחרים גדולים, ואלה **מוֹכְרִים** בקמעונאות לסוחרים קטנים יותר. האחרונים **מוֹכְרִים** אותם במחירים אסטרונומיים **למִתְמַכְּרִים** לסמים ברחוב.

Most of the drugs that **are sold** in the U.S.A come from Central and South America. The suppliers **sell** them to wholesale dealers, and those **sell** them in retail to smaller dealers. The latter **sell** them at astronomical prices to the drug **addicts** in the street.

מלא ●

מִילֵּא/מִלֵּא (מִלֵּא) fill; fulfill (promise)

בניין: פִּיעֵל גזרה: נחי ל״א

	Present הווה		Past עבר	Future עתיד	Imperative ציווי
יחיד	מְמַלֵּא	אני	מִילֵּאתִי	אֲמַלֵּא	
יחידה	מְמַלֵּאת	אתה	מִילֵּאתָ	תְּמַלֵּא	מַלֵּא
רבים	מְמַלְּאִים	את	מִילֵּאת	תְּמַלְּאִי	מַלְּאִי
רבות	מְמַלְּאוֹת	הוא	מִילֵּא	יְמַלֵּא	
		היא	מִילְּאָה	תְּמַלֵּא	
		אנחנו	מִילֵּאנוּ	נְמַלֵּא	
		אתם/ן	מִילֵּאתֶם/ן	תְּמַלְּאוּ*	מַלְּאוּ**
		הם/ן	מִילְּאוּ	יְמַלְּאוּ*	

שם הפועל .Infin לְמַלֵּא   * less commonly: אתן/הן תְּמַלֶּאנָה

שם הפעולה Gerund מִילּוּא filling (abs. N)   ** less commonly: (אתן) מַלֶּאנָה

שם הפעולה Gerund מִילּוּי packing, stuffing, filling (N)

מקור מוחלט .Inf. Abs מַלֵּא

מ״י מוצרכת .Gov. Prep מִילֵּא ב- fill with

מוּלָּא (מֻלָּא) be filled/fulfilled

בניין: פּוּעַל גזרה: ל״א

	Present הווה		Past עבר	Future עתיד
יחיד	מְמוּלָּא	אני	מוּלֵּאתִי	אֲמוּלָּא
יחידה	מְמוּלֵּאת	אתה	מוּלֵּאתָ	תְּמוּלָּא
רבים	מְמוּלָּאִים	את	מוּלֵּאת	תְּמוּלְּאִי
רבות	מְמוּלָּאוֹת	הוא	מוּלָּא	יְמוּלָּא
		היא	מוּלְּאָה	תְּמוּלָּא
		אנחנו	מוּלֵּאנוּ	נְמוּלָּא
		אתם/ן	מוּלֵּאתֶם/ן	תְּמוּלְּאוּ*
		הם/ן	מוּלְּאוּ	יְמוּלְּאוּ*

בינוני .Pres. Part מְמוּלָּא stuffed   * less commonly: אתן/הן תְּמוּלֶּאנָה

[מקור מוחלט .Inf. Abs מוּלּוֹא]

מ״י מוצרכת .Gov. Prep מוּלָּא ב- be filled with

הִתְמַלֵּא become full, fill up; be fulfilled

בניין: הִתְפַּעֵל גזרה: ל״א

	Present הווה		Past עבר	Future עתיד	Imperative ציווי
יחיד	מִתְמַלֵּא	אני	הִתְמַלֵּאתִי	אֶתְמַלֵּא	
יחידה	מִתְמַלֵּאת	אתה	הִתְמַלֵּאתָ	תִּתְמַלֵּא	הִתְמַלֵּא
רבים	מִתְמַלְּאִים	את	הִתְמַלֵּאת	תִּתְמַלְּאִי	הִתְמַלְּאִי >>>

	Present הווה		Past עבר	Future עתיד	Imperative ציווי
רבות	מִתְמַלְּאוֹת	הוא	הִתְמַלֵּא	יִתְמַלֵּא	
		היא	הִתְמַלְּאָה	תִּתְמַלֵּא	
		אנחנו	הִתְמַלֵּאנוּ	נִתְמַלֵּא	
		אתם/ן	הִתְמַלֵּאתֶם/ן	תִּתְמַלְּאוּ*	הִתְמַלְּאוּ**
		הם/ן	הִתְמַלְּאוּ	יִתְמַלְּאוּ*	

* less commonly: אתן/הן תִּתְמַלֶּאנָה

שם הפועל .Infin לְהִתְמַלֵּא ** less commonly: (אתן) הִתְמַלֶּאנָה

שם הפעולה .Ger הִתְמַלְּאוּת filling up; fulfillment

מקור מוחלט .Inf. Abs הִתְמַלֵּא

מ״י מוצרכת .Gov. Prep הִתְמַלֵּא ב- fill up with

מָלֵא/יִמְלָא be full

בניין: פָּעַל גזרה: נחי ל״א

	Present הווה		Past עבר	Future עתיד	Imperative ציווי
יחיד	מָלֵא	אני	מָלֵאתִי	אֶמְלָא	
יחידה	מְלֵאָה	אתה	מָלֵאתָ	תִּמְלָא	מְלָא
רבים	מְלֵאִים	את	מָלֵאת	תִּמְלְאִי	מִלְאִי
רבות	מְלֵאוֹת	הוא	מָלֵא	יִמְלָא	
		היא	מָלְאָה	תִּמְלָא	
		אנחנו	מָלֵאנוּ	נִמְלָא	
		אתם/ן	מְלֵאתֶם/ן*	תִּמְלְאוּ**	מִלְאוּ***
		הם/ן	מָלְאוּ	יִמְלְאוּ**	

שם הפועל .Infin לִמְלוֹא/לִמְלֹאת * Colloquial: מָלֵאתֶם/ן

שם הפעולה Gerund מְלִיאָה plenum ** less commonly: אתן/הן תִּמְלֶאנָה

בינוני .Pres. Part מָלֵא full *** less commonly: (אתן) מְלֶאנָה

מקור מוחלט .Inf. Abs מָלוֹא

◆ פעלים שאינם שכיחים מאותו שורש Infrequent verbs sharing the same root

נִמְלָא become full; be full of (נִמְלָא, יִימָּלֵא, לְהִימָּלֵא)

◆ דוגמאות Illustrations

אימא **מִילְאָה** את הבטחתה והכינה לנו פילפלים **מְמוּלָּאִים** לארוחת הערב.

Mother **fulfilled** her promise and prepared for us **stuffed** peppers for dinner.

מִילֵּאתִי את המגירה בבגדים עד **שֶׁהִתְמַלְּאָה** עד אפס מקום.

I **filled** the drawer with clothes until it **filled up** to capacity.

◆ ביטויים מיוחדים Special expressions

מִילֵּא את מקומו take his place, substitute for him

מִילֵּא את רצונו fulfill his wish

מִילֵּא את חובתו fulfill his obligation

מִילּוּאִים reserve duty/soldiers

הִתְמַלֵּא כעס fill up with anger
הִתְמַלֵּא רחמים fill up with pity
הִתְמַלְּאָה הסאה it went too far
מָלְאוּ לו ... שנים he was x years old
אל **מָלֵא** רחמים Jewish memorial service prayer (God Full of Mercy)
בכסף **מָלֵא** for the full price
בפה **מָלֵא** expressly, with no reservation
כתיב **מָלֵא** plene writing
מָלֵא וגדוש full to the brim
מָלֵא כרימון full of knowledge
משרה **מְלֵאָה** a full-time job

● מלט

נִמְלַט/יִימָּלֵט (יִמָּלֵט) escape, run away

בניין: נִפְעַל גזרה: שלמים

	Present הווה		Past עבר	Future עתיד	Imperative ציווי
יחיד	נִמְלָט	אני	נִמְלַטְתִּי	אִמָּלֵט	
יחידה	נִמְלֶטֶת	אתה	נִמְלַטְתָּ	תִּימָּלֵט	הִימָּלֵט
רבים	נִמְלָטִים	את	נִמְלַטְתְּ	תִּימָּלְטִי	הִימָּלְטִי
רבות	נִמְלָטוֹת	הוא	נִמְלַט	יִימָּלֵט	
		היא	נִמְלְטָה	תִּימָּלֵט	
		אנחנו	נִמְלַטְנוּ	נִימָּלֵט	
		אתם/ן	נִמְלַטְתֶּם/ן	תִּימָּלְטוּ*	הִימָּלְטוּ**
		הם/ן	נִמְלְטוּ	יִימָּלְטוּ*	

שם הפועל .Infin לְהִימָּלֵט * less commonly: אתן/הן תִּימָּלַטְנָה/...לֵטְנָה
שם הפעולה Gerund הִימָּלְטוּת escaping (N) ** less commonly: (אתן) הִימָּלַטְנָה/...לֵטְנָה
מקור מוחלט .Inf. Abs נִמְלוֹט, הִימָּלֵט (הִימָּלוֹט)

הִמְלִיט/הִמְלַט/יַמְלִיט rescue; give birth to (animals only)

בניין: הִפְעִיל גזרה: שלמים

	Present הווה		Past עבר	Future עתיד	Imperative ציווי
יחיד	מַמְלִיט	אני	הִמְלַטְתִּי	אַמְלִיט	
יחידה	מַמְלִיטָה	אתה	הִמְלַטְתָּ	תַּמְלִיט	הַמְלֵט
רבים	מַמְלִיטִים	את	הִמְלַטְתְּ	תַּמְלִיטִי	הַמְלִיטִי
רבות	מַמְלִיטוֹת	הוא	הִמְלִיט	יַמְלִיט	
		היא	הִמְלִיטָה	תַּמְלִיט	
		אנחנו	הִמְלַטְנוּ	נַמְלִיט	
		אתם/ן	הִמְלַטְתֶּם/ן	תַּמְלִיטוּ*	הַמְלִיטוּ**
		הם/ן	הִמְלִיטוּ	יַמְלִיטוּ*	

* less commonly: אתן/הן תַּמְלֵטְנָה >>>

שם הפועל .Infin לְהַמְלִיט   ** less commonly: (אתן) הַמְלֵטְנָה
שם הפעולה Gerund הַמְלָטָה giving birth (animal); saving
מקור מוחלט .Inf. Abs הַמְלֵט

◆ פעלים שאינם שכיחים מאותו שורש Infrequent verbs sharing the same root
מִילֵט (מִלֵּט) save, rescue; lay (egg); smuggle, extract (מְמַלֵּט, יְמַלֵּט, לְמַלֵּט)
הִתְמַלֵּט escape; slip out (מִתְמַלֵּט, יִתְמַלֵּט, לְהִתְמַלֵּט)
הוּמְלַט (הֻמְלַט) be born (animal); be rescued, escape (מוּמְלָט, יוּמְלַט)

◆ דוגמאות Illustrations
כשראה שהפרה עומדת **לְהַמְלִיט**, אפריים **נִמְלַט** מן הרפת. הוא הרגיש שהוא אינו מסוגל לחזות **בהַמְלָטָה**.
When he saw that the cow was about **to give birth**, he **fled** from the cowshed. He felt that he was not up to witnessing the (calf's) **birth**.

◆ ביטויים מיוחדים Special expressions
מִילֵט את נפשו escaped with his life

● מלץ

הִמְלִיץ/הִמְלַץ/יַמְלִיץ recommend, speak well (of)

בניין: הִפְעִיל   גזרה: שלמים

	Present הווה		Past עבר	Future עתיד	Imperative ציווי
יחיד	מַמְלִיץ	אני	הִמְלַצְתִּי	אַמְלִיץ	
יחידה	מַמְלִיצָה	אתה	הִמְלַצְתָּ	תַּמְלִיץ	הַמְלֵץ
רבים	מַמְלִיצִים	את	הִמְלַצְתְּ	תַּמְלִיצִי	הַמְלִיצִי
רבות	מַמְלִיצוֹת	הוא	הִמְלִיץ	יַמְלִיץ	
		היא	הִמְלִיצָה	תַּמְלִיץ	
		אנחנו	הִמְלַצְנוּ	נַמְלִיץ	
		אתם/ן	הִמְלַצְתֶּם/ן	תַּמְלִיצוּ*	הַמְלִיצוּ**
		הם/ן	הִמְלִיצוּ	יַמְלִיצוּ*	

שם הפועל .Infin לְהַמְלִיץ   * less commonly: אתן/הן תַּמְלֵצְנָה
שם הפעולה .Ger הַמְלָצָה recommendation   ** less commonly: (אתן) הַמְלֵצְנָה
בינוני .Act. Part מַמְלִיץ reference (person)
מקור מוחלט .Inf. Abs הַמְלֵץ
מ״י מוצרכת .Gov. Prep הִמְלִיץ על recommend (someone)

הוּמְלַץ (הֻמְלַץ) be recommended

בניין: הוּפְעַל גזרה: שלמים

	Present הווה		Past עבר	Future עתיד
יחיד	מוּמְלָץ	אני	הוּמְלַצְתִּי	אוּמְלַץ
יחידה	מוּמְלֶצֶת	אתה	הוּמְלַצְתָּ	תּוּמְלַץ
רבים	מוּמְלָצִים	את	הוּמְלַצְתְּ	תּוּמְלְצִי
רבות	מוּמְלָצוֹת	הוא	הוּמְלַץ	יוּמְלַץ
		היא	הוּמְלְצָה	תּוּמְלַץ
		אנחנו	הוּמְלַצְנוּ	נוּמְלַץ
		אתם/ן	הוּמְלַצְתֶּם/ן	תּוּמְלְצוּ*
		הם/ן	הוּמְלְצוּ	יוּמְלְצוּ*

בינוני .Pres. Part מוּמְלָץ recommended * less commonly: אתן/הן תּוּמְלַצְנָה

[מקור מוחלט .Inf. Abs הוּמְלֵץ]

◆ פעלים שאינם שכיחים מאותו שורש Infrequent verbs sharing the same root

נִמְלַץ be pleasant/tasty; belong at a high language register (נִמְלָץ, יִימָּלֵץ, לְהִימָּלֵץ)

נִמְלָץ belonging at a high language register (Adj.)

◆ דוגמאות Illustrations

הם תמיד מבקשים מד"ר גלבוע **לְהַמְלִיץ** עליהם, כי הם יודעים שהוא בדרך כלל כותב **הַמְלָצוֹת** טובות.

They always ask Dr. Gilboa **to recommend** them, because they know that he generally writes good **recommendations**.

איזה יין **מוּמְלָץ** עם דגים? בדרך כלל **מַמְלִיצִים** על יין לבן, אבל שמעתי שיש "כופרים בעיקר" שטוענים לאו דווקא...

Which wine **is recommended** with fish? Generally they **recommend** white wine, but I've heard that there are "heretics" who say that it is not necessarily so...

● מנה

מִינָּה/מִנָּה (מִנָּה) appoint, nominate, designate

בניין: פִּיעֵל גזרה: ל"ה

	Present הווה		Past עבר	Future עתיד	Imperative ציווי
יחיד	מְמַנֶּה	אני	מִינִּיתִי	אֲמַנֶּה	
יחידה	מְמַנָּה	אתה	מִינִּיתָ	תְּמַנֶּה	מַנֵּה
רבים	מְמַנִּים	את	מִינִּית	תְּמַנִּי	מַנִּי
רבות	מְמַנּוֹת	הוא	מִינָּה	יְמַנֶּה	
		היא	מִינְּתָה	תְּמַנֶּה	<<<

		Present הווה		Past עבר	Future עתיד	Imperative ציווי
			אנחנו	מִינִינוּ	נְמַנֶּה	
			אתם/ן	מִינִיתֶם/ן	תְּמַנּוּ*	מַנּוּ**
			הם/ן	מִינּוּ	יְמַנּוּ*	

* less commonly: אתן/הן תְּמַנֶּינָה

** less commonly: (אתן) מַנֶּינָה

שם הפועל .Infin לְמַנּוֹת

שם הפעולה Gerund מִינּוּי appointment, nomination

מקור מוחלט .Inf. Abs מַנֵּה

be appointed/nominated/designated מוּנָּה/מוּנֶּה (מֻנָּה)

בניין: פּוּעַל גזרה: ל"ה

	Present הווה		Past עבר	Future עתיד
יחיד	מְמוּנֶּה	אני	מוּנֵּיתִי	אֲמוּנֶּה
יחידה	מְמוּנָּה	אתה	מוּנֵּיתָ	תְּמוּנֶּה
רבים	מְמוּנִּים	את	מוּנֵּית	תְּמוּנִּי
רבות	מְמוּנּוֹת	הוא	מוּנָּה	יְמוּנֶּה
		היא	מוּנְּתָה	תְּמוּנֶּה
		אנחנו	מוּנֵּינוּ*	נְמוּנֶּה
		אתם/ן	מוּנֵּיתֶם/ן	תְּמוּנּוּ**
		הם/ן	מוּנּוּ	יְמוּנּוּ**

* BH: מוּנֵּינוּ

בינוני .Pres. Part מְמוּנֶּה appointee, nominee

** less commonly: אתן/הן תְּמוּנֶּינָה

[מקור מוחלט .Inf. Abs מוּנֹּה]

be appointed/nominated/assigned הִתְמַנָּה

בניין: הִתְפַּעֵל גזרה: ל"ה

	Present הווה		Past עבר	Future עתיד	Imperative ציווי
יחיד	מִתְמַנֶּה	אני	הִתְמַנֵּיתִי	אֶתְמַנֶּה	
יחידה	מִתְמַנָּה	אתה	הִתְמַנֵּיתָ	תִּתְמַנֶּה	הִתְמַנֵּה
רבים	מִתְמַנִּים	את	הִתְמַנֵּית	תִּתְמַנִּי	הִתְמַנִּי
רבות	מִתְמַנּוֹת	הוא	הִתְמַנָּה	יִתְמַנֶּה	
		היא	הִתְמַנְּתָה	תִּתְמַנֶּה	
		אנחנו	הִתְמַנֵּינוּ*	נִתְמַנֶּה	
		אתם/ן	הִתְמַנֵּיתֶם/ן	תִּתְמַנּוּ**	הִתְמַנּוּ***
		הם/ן	הִתְמַנּוּ	יִתְמַנּוּ**	

שם הפועל .Infin לְהִתְמַנּוֹת

* BH: הִתְמַנֵּינוּ

שם הפעולה .Ger הִתְמַנּוּת being appointed

** less commonly: אתן/הן תִּתְמַנֶּינָה

מקור מוחלט .Inf. Abs הִתְמַנֵּה

*** less commonly: (אתן) הִתְמַנֶּינָה

מָנָה/מוֹנֶה/יִמְנֶה amount to, number; count

בניין: פָּעַל גזרה: ל"ה

	Present הווה			Past עבר	Future עתיד	Imper. ציווי
יחיד	מוֹנֶה	מָנוּי	אני	מָנִיתִי	אֶמְנֶה	
יחידה	מוֹנָה	מְנוּיָה	אתה	מָנִיתָ	תִּמְנֶה	מְנֵה
רבים	מוֹנִים	מְנוּיִים	את	מָנִית	תִּמְנִי	מְנִי
רבות	מוֹנוֹת	מְנוּיוֹת	הוא	מָנָה	יִמְנֶה	
			היא	מָנְתָה	תִּמְנֶה	
			אנחנו	מָנִינוּ	נִמְנֶה	
			אתם/ן	מְנִיתֶם/ן*	תִּמְנוּ**	מְנוּ***
			הם/ן	מָנוּ	יִמְנוּ**	

שם הפועל .Infin לִמְנוֹת

שם הפעולה Gerund מְנִיָּה counting

בינוני פעיל .Act. Part מוֹנֶה meter, counter

בינוני סביל .Pass. Part מָנוּי subscriber

מקור מוחלט .Inf. Abs מָנֹה

* Colloquial: מָנִיתֶם/ן

** less commonly: אתן/הן תִּמְנֶינָה

*** less commonly: (אתן) מְנֶינָה

נִמְנָה/יִימָּנֶה (יִמָּנֶה) be counted, be numbered

בניין: נִפְעַל גזרה: ל"ה

	Present הווה		Past עבר	Future עתיד	Imperative ציווי
יחיד	נִמְנֶה	אני	נִמְנֵיתִי	אֶמָּנֶה	
יחידה	נִמְנֵית	אתה	נִמְנֵיתָ	תִּימָּנֶה	הִימָּנֵה
רבים	נִמְנִים	את	נִמְנֵית	תִּימָּנִי	הִימָּנִי
רבות	נִמְנוֹת	הוא	נִמְנָה	יִימָּנֶה	
		היא	נִמְנְתָה	תִּימָּנֶה	
		אנחנו	נִמְנֵינוּ*	נִימָּנֶה	
		אתם/ן	נִמְנֵיתֶם/ן	תִּימָּנוּ**	הִימָּנוּ***
		הם/ן	נִמְנוּ	יִימָּנוּ**	

שם הפועל .Infin לְהִימָּנוֹת

שם הפעולה Gerund הִימָּנוּת being counted

מקור מוחלט .Inf. Abs נִמְנֹה, הִימָּנֵה

מ"י מוצרכת .Gov. Prep נִמְנָה עִם be considered one of

מ"י מוצרכת .Gov. Prep נִמְנָה עַל subscribe to (paper etc.)

* BH: נִמְנִינוּ

** less commonly: אתן/הן תִּימָּנֶינָה

*** less commonly: (אתן) הִימָּנֶינָה

◆ פעלים שאינם שכיחים מאותו שורש Infrequent verbs sharing the same root

הִמְנָה (מַמְנֶה, יַמְנֶה, לְהַמְנוֹת) cause to subscribe; include, count in (Mish H)

הוּמְנָה (הֻמְנָה) be caused to subscribe; be included/counted in (Mish H) (מוּמְנֶה, יוּמְנֶה)

◆ **דוגמאות** Illustrations

דיקטטורים נוהגים לעתים קרובות **לְמַנּוֹת** את קרוביהם למשרות מפתח במדינה. הבעייה היא לא רק השחיתות **שבמִינּוּיִים** כאלה, אלא גם העובדה **שהמְמוּנִּים** לא בהכרח מתאימים לתפקידים שלהם **מוּנּוּ**.

Dictators are often in the habit of **appointing** their relatives to key positions in the state. The problem is not only in these **appointments** being corrupt, but also in the fact that the **appointees** are not necessarily qualified for the jobs for which they **have been appointed**.

השבוע **נִתְמַנְּתָה** שגרירה חדשה לארה"ב בישראל. אומרים שהיא **נִמְנֵית** עם טובי הפקידות הבכירה במשרד החוץ האמריקאי.

This week a new U.S. ambassador to Israel **was appointed**. They say that she **is considered one of** the best upper officials in the U.S. State Department.

בסקר האוכלוסין האחרון **מָנוּ** הנשים כ-55% מאוכלוסיית ישראל.

In the last population survey, women **amounted to** about 55% of the population of Israel.

עמוס **מָנוּי** על שלושה עיתונים יומיים.

Amos is a **subscriber** of three daily papers.

◆ **ביטויים מיוחדים** Special expressions

כתב **מִינּוּי** letter of appointment

קונצרט **לִמְנוּיִים** subscription concert

מָנוּי וגמור resolved, decided once and for all

נִמְנוּ וגמרו they resolved

● מנע

מָנַע/מוֹנֵעַ/יִמְנַע prevent

בניין: פָּעַל גזרה: ל' גרונית

	Present הווה		Past עבר	Future עתיד	Imper. ציווי
יחיד	מוֹנֵעַ מָנוּעַ	אני	מָנַעְתִּי	אֶמְנַע	
יחידה	מוֹנַעַת מְנוּעָה	אתה	מָנַעְתָּ	תִּמְנַע	מְנַע
רבים	מוֹנְעִים מְנוּעִים	את	מָנַעְתְּ/...עַת	תִּמְנְעִי	מִנְעִי
רבות	מוֹנְעוֹת מְנוּעוֹת	הוא	מָנַע	יִמְנַע	
		היא	מָנְעָה	תִּמְנַע	
		אנחנו	מָנַעְנוּ	נִמְנַע	
		אתם/ן	מְנַעְתֶּם/ן*	תִּמְנְעוּ**	מִנְעוּ***
		הם/ן	מָנְעוּ	יִמְנְעוּ**	

* Colloquial: מָנַעְתֶּם/ן

שם הפועל .Infin לִמְנוֹעַ

** less commonly: אתן/הן תִּמְנַעְנָה

בינוני פעיל .Act. Part מוֹנֵעַ preventive

*** less commonly: (אתן) מְנַעְנָה

בינוני סביל .Pass. Part מָנוּעַ prevented, abstaining

<<<

שם הפעולה Gerund מְנִיעָה preventing, prevention

מקור מוחלט .Inf. Abs מָנוֹעַ

מ״י מוצרכת .Gov. Prep מָנַע מ- prevent from

נִמְנַע/יִמָּנַע/יִמָּנֵעַ (יִמְּנַע) avoid, abstain

בניין: נִפְעַל גזרה: ל׳ גרונית

	Present הווה		Past עבר	Future עתיד	Imperative ציווי
יחיד	נִמְנָע	אני	נִמְנַעְתִּי	אֶמָּנַע/...נֵעַ	
יחידה	נִמְנַעַת	אתה	נִמְנַעְתָּ	תִּימָּנַע/...נֵעַ	הִימָּנַע/...נֵעַ
רבים	נִמְנָעִים	את	נִמְנַעַתְּ/...עַת	תִּימָּנְעִי	הִימָּנְעִי
רבות	נִמְנָעוֹת	הוא	נִמְנַע	יִימָּנַע/...נֵעַ	
		היא	נִמְנְעָה	תִּימָּנַע/...נֵעַ	
		אנחנו	נִמְנַעְנוּ	נִימָּנַע/...נֵעַ	
		אתם/ן	נִמְנַעְתֶּם/ן	תִּימָּנְעוּ*	הִימָּנְעוּ**
		הם/ן	נִמְנְעוּ	יִימָּנְעוּ*	

* less commonly: אתן/הן תִּימָּנַעְנָה

** less commonly: (אתן) הִימָּנַעְנָה

שם הפועל .Infin לְהִימָּנַע/...נֵעַ

שם הפעולה Gerund הִימָּנְעוּת avoidance, evasion

מקור מוחלט .Inf. Abs נִמְנוֹעַ

מ״י מוצרכת .Gov. Prep נִמְנַע מ- avoid/abstain from

◆ פעלים שאינם שכיחים מאותו שורש Infrequent verbs sharing the same root

הִמְנִיעַ (מַמְנִיעַ, יַמְנִיעַ, לְהַמְנִיעַ) separate; prevent (Med H)

הוּמְנַע (הָמְנַע) (מוּמְנָע, יוּמְנַע) be prevented (Med H)

הִתְמַנֵּעַ (מִתְמַנֵּעַ, יִתְמַנַּע) avoid, abstain (Mish H)

◆ דוגמאות Illustrations

נחמה ביקשה מבית המשפט להוציא צו **מְנִיעָה**, כדי **לִמְנוֹעַ** מבעלה (שממנו נפרדה) להמשיך להטריד אותה. בעלה טען שהוא עדיין אוהב אותה, ולא יכול **לְהִימָּנַע** מלראות אותה מפעם לפעם. למותר לציין שבית המשפט לא התרשם, והוציא צו **מְנִיעָה** מיידי נגד הבעל. הוא אפילו **מָנוּעַ** מלדבר איתה בטלפון...

Nehama asked the court to issue a **restraining order**, so as **to prevent** her husband (from whom she is separated) from continuing to harass her. Her husband claimed that he still loves her, and cannot **avoid** seeing her occasionally. Needless to say, the court was not impressed, and issued an immediate **restraining order** against the husband. He **is prevented** from even talking to her on the phone...

◆ ביטויים מיוחדים Special expressions

רפואה **מוֹנַעַת** preventive medicine

צו **מְנִיעָה** injunction, restraining order

מִן **הַנִּמְנָע** impossible, out of the question

● מסר

מָסַר/מוֹסֵר/יִמְסוֹר (יִמְסֹר) hand over, deliver; inform, report; pass (ball)

בניין: פָּעַל   גזרה: שלמים (אֶפְעוֹל)

Imper. ציווי	Future עתיד	Past עבר		Present הווה	
	אֶמְסוֹר	מָסַרְתִּי	אני	מוֹסֵר מָסוּר	יחיד
מְסוֹר	תִּמְסוֹר	מָסַרְתָּ	אתה	מוֹסֶרֶת מְסוּרָה	יחידה
מִסְרִי	תִּמְסְרִי	מָסַרְתְּ	את	מוֹסְרִים מְסוּרִים	רבים
	יִמְסוֹר	מָסַר	הוא	מוֹסְרוֹת מְסוּרוֹת	רבות
	תִּמְסוֹר	מָסְרָה	היא		
	נִמְסוֹר	מָסַרְנוּ	אנחנו		
מִסְרוּ***	תִּמְסְרוּ**	מְסַרְתֶּם/ן*	אתם/ן		
	יִמְסְרוּ**	מָסְרוּ	הם/ן		

* Colloquial: מָסַרְתֶּם/ן

** less commonly: אתן/הן תִּמְסוֹרְנָה

*** less commonly: (אתן) מְסוֹרְנָה

שם הפועל Infin. לִמְסוֹר

שם הפעולה Gerund מְסִירָה delivery; informing; passing (ball)

בינוני סביל Pass. Part. מָסוּר devoted; handed over

מקור מוחלט Inf. Abs. מָסוֹר

נִמְסַר/יִימָּסֵר (יִמָּסֵר) be delivered; be informed/reported

בניין: נִפְעַל   גזרה: שלמים

Imperative ציווי	Future עתיד	Past עבר		Present הווה	
	אֶמָּסֵר	נִמְסַרְתִּי	אני	נִמְסָר	יחיד
הִימָּסֵר	תִּימָּסֵר	נִמְסַרְתָּ	אתה	נִמְסֶרֶת	יחידה
הִימָּסְרִי	תִּימָּסְרִי	נִמְסַרְתְּ	את	נִמְסָרִים	רבים
	יִימָּסֵר	נִמְסַר	הוא	נִמְסָרוֹת	רבות
	תִּימָּסֵר	נִמְסְרָה	היא		
	נִימָּסֵר	נִמְסַרְנוּ	אנחנו		
הִימָּסְרוּ**	תִּימָּסְרוּ*	נִמְסַרְתֶּם/ן	אתם/ן		
	יִימָּסְרוּ*	נִמְסְרוּ	הם/ן		

שם הפועל Infin. לְהִימָּסֵר

* less commonly: אתן/הן תִּימָּסַרְנָה/...סֵרְנָה

שם הפעולה Ger. הִימָּסְרוּת being delivered

** less commonly: (אתן) הִימָּסַרְנָה/...סֵרְנָה

מקור מוחלט Inf. Abs. נִמְסוֹר, הִימָּסֵר (הִימָּסוֹר)

devote oneself; respond sexually (coll.) הִתְמַסֵּר/הִתְמַסַּר

בניין: הִתְפַּעֵל גזרה: שלמים

Imperative ציווי	Future עתיד	Past עבר		Present הווה	
	אֶתְמַסֵּר	הִתְמַסַּרְתִּי	אני	מִתְמַסֵּר	יחיד
הִתְמַסֵּר	תִּתְמַסֵּר	הִתְמַסַּרְתָּ	אתה	מִתְמַסֶּרֶת	יחידה
הִתְמַסְּרִי	תִּתְמַסְּרִי	הִתְמַסַּרְתְּ	את	מִתְמַסְּרִים	רבים
	יִתְמַסֵּר	הִתְמַסֵּר	הוא	מִתְמַסְּרוֹת	רבות
	תִּתְמַסֵּר	הִתְמַסְּרָה	היא		
	נִתְמַסֵּר	הִתְמַסַּרְנוּ	אנחנו		
**הִתְמַסְּרוּ	*תִּתְמַסְּרוּ	הִתְמַסַּרְתֶּם/ן	אתם/ן		
	*יִתְמַסְּרוּ	הִתְמַסְּרוּ	הם/ן		

שם הפועל .Infin לְהִתְמַסֵּר
שם הפעולה Gerund הִתְמַסְּרוּת devotion
מקור מוחלט .Inf. Abs הִתְמַסֵּר
מ"י מוצרכת .Gov. Prep הִתְמַסֵּר ל- devote oneself to; respond sexually to (coll.)

* less commonly: אתן/הן תִּתְמַסֵּרְנָה
** less commonly: (אתן) הִתְמַסֵּרְנָה

◆ דוגמאות Illustrations

דובר הממשלה **מוֹסֵר** כי שר המשפטים **מָסַר** לראש הממשלה לפני כשעה מכתב התפטרות. המכתב **נִמְסַר** לראש הממשלה אישית על-ידי השר עצמו. במכתב הבהיר השר כי אינו יכול עוד **לְהִתְמַסֵּר** לענייני משרדו בשל סיבות בריאותיות. ראש הממשלה קיבל בצער את ההתפטרות והודה לשר על עבודתו **המְסוּרָה**.

The government spokesperson **reports** that about an hour ago the justice minister **handed over** a letter of resignation to the prime minister. The letter **was delivered** to the PM by the minister himself. In the letter, the minister explained that he can no longer **devote himself** to his duties owing to medical reasons. The PM acknowledged the resignation with regret, and thanked the minister for his **devoted** work.

◆ ביטויים מיוחדים Special expressions

מָסַר הודעה give a message; make a statement

מָסַר אותו למשטרה deliver him/inform on him to the police

מָסַר את נפשו על give up his life for

● מצא

find, discover, come upon מָצָא/מוֹצֵא/יִמְצָא

בניין: פָּעַל גזרה: ל״א

	Present הווה		Past עבר	Future עתיד	Imper. ציווי
יחיד	מוֹצֵא מָצוּי	אני	מָצָאתִי	אֶמְצָא	
יחידה	מוֹצֵאת מְצוּיָה	אתה	מָצָאתָ	תִּמְצָא	מְצָא
רבים	מוֹצְאִים מְצוּיִים	את	מָצָאת	תִּמְצְאִי	מִצְאִי
רבות	מוֹצְאוֹת מְצוּיוֹת	הוא	מָצָא	יִמְצָא	
		היא	מָצְאָה	תִּמְצָא	
		אנחנו	מָצָאנוּ	נִמְצָא	
		אתם/ן	מְצָאתֶם/ן*	תִּמְצְאוּ**	מִצְאוּ***
		הם/ן	מָצְאוּ	יִמְצְאוּ**	

* Colloquial: מָצָאתֶם/ן

** less commonly: אתן/הן תִּמְצֶאנָה

*** less commonly: (אתן) מְצֶאנָה

שם הפועל .Infin לִמְצוֹא

בינ׳ סביל .Pass. Part מָצוּי common; existing

שם הפעולה Gerund מְצִיאָה a find, thing found; finding; bargain

מקור מוחלט .Inf. Abs מָצוֹא

be found; be available; exist; be located; stay נִמְצָא/יִימָּצֵא (יִמָּצֵא)

בניין: נִפְעַל גזרה: ל״א

	Present הווה		Past עבר	Future עתיד	Imperative ציווי
יחיד	נִמְצָא	אני	נִמְצֵאתִי	אֶמָּצֵא	
יחידה	נִמְצֵאת	אתה	נִמְצֵאתָ	תִּימָּצֵא	הִימָּצֵא
רבים	נִמְצָאִים	את	נִמְצֵאת	תִּימָּצְאִי	הִימָּצְאִי
רבות	נִמְצָאוֹת	הוא	נִמְצָא	יִימָּצֵא	
		היא	נִמְצְאָה	תִּימָּצֵא	
		אנחנו	נִמְצֵאנוּ	נִימָּצֵא	
		אתם/ן	נִמְצֵאתֶם/ן	תִּימָּצְאוּ*	הִימָּצְאוּ**
		הם/ן	נִמְצְאוּ	יִימָּצְאוּ*	

* less commonly: אתן/הן תִּימָּצֶאנָה

** less commonly: (אתן) הִימָּצֶאנָה

שם הפועל .Infin לְהִימָּצֵא

שם הפעולה Gerund הִימָּצְאוּת existing, being located

בינוני .Pres. Part נִמְצָא existing, in existence

מקור מוחלט .Inf. Abs נִמְצוֹא

מ״י מוצרכת .Gov. Prep נִמְצָא בְּ- be located at

know one's way about, be oriented הִתְמַצֵּא

בניין: הִתְפַּעֵל גזרה: ל״א

	Present הווה		Past עבר	Future עתיד	Imperative ציווי
יחיד	מִתְמַצֵּא	אני	הִתְמַצֵּאתִי	אֶתְמַצֵּא	
יחידה	מִתְמַצֵּאת	אתה	הִתְמַצֵּאתָ	תִּתְמַצֵּא	הִתְמַצֵּא
רבים	מִתְמַצְּאִים	את	הִתְמַצֵּאת	תִּתְמַצְּאִי	הִתְמַצְּאִי
רבות	מִתְמַצְּאוֹת	הוא	הִתְמַצֵּא	יִתְמַצֵּא	
		היא	הִתְמַצְּאָה	תִּתְמַצֵּא	
		אנחנו	הִתְמַצֵּאנוּ	נִתְמַצֵּא	
		אתם/ן	הִתְמַצֵּאתֶם/ן	תִּתְמַצְּאוּ*	הִתְמַצְּאוּ**
		הם/ן	הִתְמַצְּאוּ	יִתְמַצְּאוּ*	

מקור מוחלט Inf. Abs. הִתְמַצֵּא — * less commonly: אתן/הן תִּתְמַצֶּאנָה

שם הפועל Infin. לְהִתְמַצֵּא — ** less commonly: (אתן) הִתְמַצֶּאנָה

שם הפעולה Gerund הִתְמַצְּאוּת orientation, being at home in

מ״י מוצרכת Gov. Prep. הִתְמַצֵּא בְּ- be well-oriented in

provide; invent; fabricate הִמְצִיא/הִמְצֵא/יַמְצִיא

בניין: הִפְעִיל גזרה: ל״א

	Present הווה		Past עבר	Future עתיד	Imperative ציווי
יחיד	מַמְצִיא	אני	הִמְצֵאתִי	אַמְצִיא	
יחידה	מַמְצִיאָה	אתה	הִמְצֵאתָ	תַּמְצִיא	הַמְצֵא
רבים	מַמְצִיאִים	את	הִמְצֵאת	תַּמְצִיאִי	הַמְצִיאִי
רבות	מַמְצִיאוֹת	הוא	הִמְצִיא	יַמְצִיא	
		היא	הִמְצִיאָה	תַּמְצִיא	
		אנחנו	הִמְצֵאנוּ	נַמְצִיא	
		אתם/ן	הִמְצֵאתֶם/ן	תַּמְצִיאוּ*	הַמְצִיאוּ**
		הם/ן	הִמְצִיאוּ	יַמְצִיאוּ*	

שם הפועל Infin. לְהַמְצִיא — * less commonly: אתן/הן תַּמְצֶאנָה

שם הפעולה Ger. הַמְצָאָה invention; supply — ** less commonly: הַמְצֶאנָה

בינוני Pres. Part. מַמְצִיא inventor

מקור מוחלט Inf. Abs. הַמְצֵא

be provided/invented/fabricated הוּמְצָא (הֻמְצָא)

בניין: הוּפְעַל גזרה: ל״א

	Present הווה		Past עבר	Future עתיד
יחיד	מוּמְצָא	אני	הוּמְצֵאתִי	אוּמְצָא
יחידה	מוּמְצֵאת	אתה	הוּמְצֵאתָ	תּוּמְצָא
רבים	מוּמְצָאִים	את	הוּמְצֵאת	תּוּמְצְאִי
רבות	מוּמְצָאוֹת	הוא	הוּמְצָא	יוּמְצָא
		היא	הוּמְצְאָה	תּוּמְצָא >>>

	Past עבר	Future עתיד
אנחנו	הוּמְצֵאנוּ	נוּמְצָא
אתם/ן	הוּמְצֵאתֶם/ן	תּוּמְצְאוּ*
הם/ן	הוּמְצְאוּ	יוּמְצְאוּ*

[מקור מוחלט .Inf. Abs הוּמְצֵא] * less commonly: אתן/הן תּוּמְצֶאנָה

◆ **דוגמאות** Illustrations

הַמַּמְצִיא הזה הוא אדם אינטליגנטי מאוד כשמדובר בדברים טכניים, אבל בהוויות העולם הוא לא **מִתְמַצֵּא**. לכן הוא כמעט לא עושה כסף מן **הַהַמְצָאוֹת** **שֶׁהִמְצִיא**.

This **inventor** is very intelligent insofar as mechanical things are concerned, but he does not **know his way around** in the ways of the world. This is why he hardly makes any money from the **inventions** he **invented**.

לא **מָצָאתִי** אותו בבית; אמרו לי שבחודשים יולי-אוגוסט הוא **נִמְצָא** בקייפ קוד.

I **did** not **find** him at home; they told me that in July to August he **stays** (='is located') in Cape Cod.

◆ **ביטויים מיוחדים** Special expressions

אתה **מוֹצֵא** ש- you will find that

הוא **מָצָא** חן בעיניהם they liked him

לא **מָצָא** את ידיו ואת רגליו ב he could not make head or tail of

מָצָא אישה, **מָצָא** טוב marriage is a good thing

מָצָא עוז בנפשו he dared

הַמָּצוּי לעומת הרצוי what is possible/available against what is desirable

הוא **מָצוּי** אצל he is at home in

רוח **מְצוּיָה** prevailing wind

איננו **בְּנִמְצָא** not to be found anywhere, unobtainable

נִמְצָאנוּ למדים ש- from which it follows that

מַמְצִיא תירוצים fabricating excuses

בעל **הַמְצָאוֹת** an inventive person

● מרד

מָרַד/מוֹרֵד/יִמְרוֹד (יִמְרֹד) rebel, revolt

בניין: פָּעַל גזרה: שלמים (אֶפְעוֹל)

	Pres. הווה		Past עבר	Fut. עתיד	Imp. ציווי
יחיד	מוֹרֵד (מָרוּד*)	אני	מָרַדְתִּי	אֶמְרוֹד	
יחידה	מוֹרֶדֶת (מְרוּדָה*)	אתה	מָרַדְתָּ	תִּמְרוֹד	מְרוֹד
רבים	מוֹרְדִים (מְרוּדִים*)	את	מָרַדְתְּ	תִּמְרְדִי	מִרְדִי
רבות	מוֹרְדוֹת (מְרוּדוֹת*)	הוא	מָרַד	יִמְרוֹד	
		היא	מָרְדָה	תִּמְרוֹד	
		אנחנו	מָרַדְנוּ	נִמְרוֹד	>>>

	Past עבר	Fut. עתיד	Imp. ציווי
אתם/ן	מְרַדְתֶּם/ן**	תִּמְרְדוּ***	מִרְדוּ****
הם/ן	מָרְדוּ	יִמְרְדוּ***	

May or may not be related to this root *

שם הפועל .Infin לִמְרוֹד

Colloquial: מָרַדְתֶּם/ן **

שם הפעולה .Ger מְרִידָה revolt, rebellion

less commonly: אתן/הן תִּמְרוֹדְנָה ***

בינוני פעיל .Act. Par מוֹרֵד rebel (N)

less commonly: (אתן) מְרוֹדְנָה ****

בינוני סביל .Pass. Part מָרוּד* depressed, wretched

מקור מוחלט .Inf. Abs מָרוֹד

מ״י מוצרכת .Gov. Prep מָרַד בְּ- revolt against

הִתְמָרֵד/הִתְמָרַד rebel, revolt, mutiny

בניין: הִתְפַּעֵל גזרה: שלמים + ע׳ גרונית

	Present הווה		Past עבר	Future עתיד	Imperative ציווי
יחיד	מִתְמָרֵד	אני	הִתְמָרַדְתִּי	אֶתְמָרֵד	
יחידה	מִתְמָרֶדֶת	אתה	הִתְמָרַדְתָּ	תִּתְמָרֵד	הִתְמָרֵד
רבים	מִתְמָרְדִים	את	הִתְמָרַדְתְּ	תִּתְמָרְדִי	הִתְמָרְדִי
רבות	מִתְמָרְדוֹת	הוא	הִתְמָרֵד	יִתְמָרֵד	
		היא	הִתְמָרְדָה	תִּתְמָרֵד	
		אנחנו	הִתְמָרַדְנוּ	נִתְמָרֵד	
		אתם/ן	הִתְמָרַדְתֶּם/ן	תִּתְמָרְדוּ*	הִתְמָרְדוּ**
		הם/ן	הִתְמָרְדוּ	יִתְמָרְדוּ*	

less commonly: אתן/הן תִּתְמָרֵדְנָה *

שם הפועל .Infin לְהִתְמָרֵד

less commonly: (אתן) הִתְמָרֵדְנָה **

שם הפעולה Gerund הִתְמָרְדוּת rebelling, rebellion

מקור מוחלט .Inf. Abs הִתְמָרֵד

מ״י מוצרכת .Gov. Prep הִתְמָרֵד נגד rebel against

הִמְרִיד/הֻמְרַד/יַמְרִיד incite to rebel

בניין: הִפְעִיל גזרה: שלמים

	Present הווה		Past עבר	Future עתיד	Imperative ציווי
יחיד	מַמְרִיד	אני	הִמְרַדְתִּי	אַמְרִיד	
יחידה	מַמְרִידָה	אתה	הִמְרַדְתָּ	תַּמְרִיד	הַמְרֵד
רבים	מַמְרִידִים	את	הִמְרַדְתְּ	תַּמְרִידִי	הַמְרִידִי
רבות	מַמְרִידוֹת	הוא	הִמְרִיד	יַמְרִיד	
		היא	הִמְרִידָה	תַּמְרִיד	
		אנחנו	הִמְרַדְנוּ	נַמְרִיד	
		אתם/ן	הִמְרַדְתֶּם/ן	תַּמְרִידוּ*	הַמְרִידוּ**
		הם/ן	הִמְרִידוּ	יַמְרִידוּ*	

שם הפועל .Infin לְהַמְרִיד

less commonly: אתן/הן תַּמְרֵדְנָה *

שם הפעולה Gerund הַמְרָדָה inciting to rebel

less commonly: (אתן) הַמְרֵדְנָה ** <<<

מקור מוחלט .Inf. Abs הַמְרֵד

מ״י מוצרכת .Gov. Prep הַמְרִיד נגד incite to rebel against

הוּמְרַד (הֻמְרַד) be incited to rebel

בניין: הוּפְעַל גזרה: שלמים

	Present הווה		Past עבר	Future עתיד
יחיד	מוּמְרָד	אני	הוּמְרַדְתִּי	אוּמְרַד
יחידה	מוּמְרֶדֶת	אתה	הוּמְרַדְתָּ	תּוּמְרַד
רבים	מוּמְרָדִים	את	הוּמְרַדְתְּ	תּוּמְרְדִי
רבות	מוּמְרָדוֹת	הוא	הוּמְרַד	יוּמְרַד
		היא	הוּמְרְדָה	תּוּמְרַד
		אנחנו	הוּמְרַדְנוּ	נוּמְרַד
		אתם/ן	הוּמְרַדְתֶּם/ן	תּוּמְרְדוּ*
		הם/ן	הוּמְרְדוּ	יוּמְרְדוּ*

[מקור מוחלט .Inf. Abs הוּמְרֵד] * less commonly: אתן/הן תּוּמְרַדְנָה

◆ דוגמאות Illustrations

הממשלה לא הצליחה לדכא את **הַמְרָדָה** שפרצה באיזור הגבול. **המוֹרְדִים** השתלטו על צומת דרכים מרכזית, ומנסים **לְהַמְרִיד** את תושבי האזורים השכנים.

The government has not been able to quell the **rebellion** that broke out in the border area. The **rebels** took control of a central road junction, and are trying **to incite** the inhabitants of neighboring areas **to rebel**.

אביגדור מנסה מדי פעם **לְהִתְמָרֵד** ולעזוב את עבודתו ואת הוריו, אבל ברגע האחרון תמיד מתחרט.

Avigdor tries occasionally **to rebel**, quit his work and leave his parents, but at the last moment always changes his mind.

◆ ביטויים מיוחדים Special expressions

מוֹרֵד אור one who resents knowledge and education

● מרח

מָרַח/מוֹרֵחַ/יִמְרַח spread (butter etc.), smear, rub in

בניין: פָּעַל גזרה: ל׳ גרונית

	Present הווה			Past עבר	Future עתיד	Imper. ציווי
יחיד	מוֹרֵחַ	מָרוּחַ	אני	מָרַחְתִּי	אֶמְרַח	
יחידה	מוֹרַחַת	מְרוּחָה	אתה	מָרַחְתָּ	תִּמְרַח	מְרַח
רבים	מוֹרְחִים	מְרוּחִים	את	מָרַחְתְּ/...חַת	תִּמְרְחִי	מִרְחִי >>

	הווה .Pres		עבר Past	עתיד .Fut	ציווי .Imp
רבות	מוֹרְחוֹת מְרוּחוֹת	הוא	מָרַח	יִמְרַח	
		היא	מָרְחָה	תִּמְרַח	
		אנחנו	מָרַחְנוּ	נִמְרַח	
		אתם/ן	מְרַחְתֶּם/ן*	תִּמְרְחוּ**	מִרְחוּ***
		הם/ן	מָרְחוּ	יִמְרְחוּ**	

* Colloquial: מָרַחְתֶּם/ן

שם הפועל .Infin לִמְרוֹחַ ** less commonly: אתן/הן תִּמְרַחְנָה

בינ' סביל .Pass. Part מָרוּחַ spread, smeared *** less commonly: (אתן) מְרַחְנָה

שם הפעולה Gerund מְרִיחָה spreading (butter etc.), smearing, rubbing

מקור מוחלט .Inf. Abs מָרוֹחַ

נִמְרַח/יִימָּרַח/יִימָּרֵחַ (יִמָּרַח) be spread/smeared

בניין: נִפְעַל גזרה: ל' גרונית

	הווה Present		עבר Past	עתיד Future	ציווי Imperative
יחיד	נִמְרָח	אני	נִמְרַחְתִּי	אֶמָּרַח/...רֵחַ	
יחידה	נִמְרַחַת	אתה	נִמְרַחְתָּ	תִּימָּרַח/...רֵחַ	הִימָּרַח/...רֵחַ
רבים	נִמְרָחִים	את	נִמְרַחְתְּ/...חַת	תִּימָּרְחִי	הִימָּרְחִי
רבות	נִמְרָחוֹת	הוא	נִמְרַח	יִימָּרַח/...רֵחַ	
		היא	נִמְרְחָה	תִּימָּרַח/...רֵחַ	
		אנחנו	נִמְרַחְנוּ	נִימָּרַח/...רֵחַ	
		אתם/ן	נִמְרַחְתֶּם/ן	תִּימָּרְחוּ*	הִימָּרְחוּ**
		הם/ן	נִמְרְחוּ	יִימָּרְחוּ*	

* less commonly: אתן/הן תִּימָּרַחְנָה

שם הפועל .Infin לְהִימָּרַח/...רֵחַ ** less commonly: (אתן) הִימָּרַחְנָה

שם הפעולה Gerund הִימָּרְחוּת being spread/smeared

מקור מוחלט .Inf. Abs נִמְרוֹחַ

◆ פעלים שאינם שכיחים מאותו שורש Infrequent verbs sharing the same root

מֵירַח (מֵרַח) smooth, smear, daub (Mish H) (מְמָרֵחַ, יְמָרַח, לְמָרֵחַ)

מוֹרַח (מֹרַח) be smeared/smoothed (Mish H) (מְמוֹרָח, יְמוֹרַח)

נִתְמָרַח get smeared/smoothed (Mish H) (מִתְמָרֵחַ, יִתְמָרַח, לְהִתְמָרֵחַ)

הוּמְרַח (הָמְרַח) be smeared (Med H) (מוּמְרָח, יוּמְרַח)

◆ דוגמאות Illustrations

ניסיתי **לִמְרוֹחַ** חמאה על הלחם, אבל החמאה היתה קשה עדיין, ולא **נִמְרְחָה** בקלות.

I tried to **spread** butter on the bread, but the butter was still hard, and **could** not **be spread** easily.

● משך

מָשַׁךְ/מוֹשֵׁךְ/יִמְשׁוֹךְ (יִמְשֹׁךְ) pull; attract; withdraw (from bank)

בניין: פָּעַל גזרה: שלמים (אֶפְעוֹל)

	Present הווה		Past עבר	Future עתיד	Imper. ציווי
יחיד	מוֹשֵׁךְ מָשׁוּךְ	אני	מָשַׁכְתִּי	אֶמְשׁוֹךְ	
יחידה	מוֹשֶׁכֶת מְשׁוּכָה	אתה	מָשַׁכְתָּ	תִּמְשׁוֹךְ	מְשׁוֹךְ
רבים	מוֹשְׁכִים מְשׁוּכִים	את	מָשַׁכְתְּ	תִּמְשְׁכִי	מִשְׁכִי
רבות	מוֹשְׁכוֹת מְשׁוּכוֹת	הוא	מָשַׁךְ	יִמְשׁוֹךְ	
		היא	מָשְׁכָה	תִּמְשׁוֹךְ	
		אנחנו	מָשַׁכְנוּ	נִמְשׁוֹךְ	
		אתם/ן	מְשַׁכְתֶּם/ן*	תִּמְשְׁכוּ**	מִשְׁכוּ***
		הם/ן	מָשְׁכוּ	יִמְשְׁכוּ**	

* Colloquial: מָשַׁכְתֶּם/ן

** less commonly: אתן/הן תִּמְשׁוֹכְנָה

*** less commonly: (אתן) מְשׁוֹכְנָה

שם הפועל .Infin לִמְשׁוֹךְ

בינוני פעיל .Act. Part מוֹשֵׁךְ attractive

שם הפעולה Gerund מְשִׁיכָה pulling, attracting, withdrawing (from bank)

בינוני סביל .Pass. Part מָשׁוּךְ prolonged; stretched; moved; drawn (check)

מקור מוחלט .Inf. Abs מָשׁוֹךְ

נִמְשַׁךְ/יִימָּשֵׁךְ (יִמָּשֵׁךְ) be pulled/attracted; continue, last

בניין: נִפְעַל גזרה: שלמים

	Present הווה		Past עבר	Future עתיד	Imperative ציווי
יחיד	נִמְשָׁךְ	אני	נִמְשַׁכְתִּי	אֶמָּשֵׁךְ	
יחידה	נִמְשֶׁכֶת	אתה	נִמְשַׁכְתָּ	תִּימָּשֵׁךְ	הִימָּשֵׁךְ
רבים	נִמְשָׁכִים	את	נִמְשַׁכְתְּ	תִּימָּשְׁכִי	הִימָּשְׁכִי
רבות	נִמְשָׁכוֹת	הוא	נִמְשַׁךְ	יִימָּשֵׁךְ	
		היא	נִמְשְׁכָה	תִּימָּשֵׁךְ	
		אנחנו	נִמְשַׁכְנוּ	נִימָּשֵׁךְ	
		אתם/ן	נִמְשַׁכְתֶּם/ן	תִּימָּשְׁכוּ*	הִימָּשְׁכוּ**
		הם/ן	נִמְשְׁכוּ	יִימָּשְׁכוּ*	

* less commonly: אתן/הן תִּימָּשַׁכְנָה/...שֵׁכְנָה

** less commonly: (אתן) הִימָּשַׁכְנָה/...שֵׁכְנָה

שם הפועל .Infin לְהִימָּשֵׁךְ

שם הפעולה Gerund הִימָּשְׁכוּת being pulled/attracted

בינוני .Pres. Part נִמְשָׁךְ attracted; continuous

מקור מוחלט .Inf. Abs נִמְשׁוֹךְ, הִימָּשֵׁךְ (הִימָּשׁוֹךְ)

הִמְשִׁיךְ/הִמְשַׁכְ/יַמְשִׁיךְ continue

בניין: הִפְעִיל גזרה: שלמים

	Present הווה		Past עבר	Future עתיד	Imperative ציווי
יחיד	מַמְשִׁיךְ	אני	הִמְשַׁכְתִּי	אַמְשִׁיךְ	
יחידה	מַמְשִׁיכָה	אתה	הִמְשַׁכְתָּ	תַּמְשִׁיךְ	הַמְשֵׁךְ
רבים	מַמְשִׁיכִים	את	הִמְשַׁכְתְּ	תַּמְשִׁיכִי	הַמְשִׁיכִי
רבות	מַמְשִׁיכוֹת	הוא	הִמְשִׁיךְ	יַמְשִׁיךְ	
		היא	הִמְשִׁיכָה	תַּמְשִׁיךְ	
		אנחנו	הִמְשַׁכְנוּ	נַמְשִׁיךְ	
		אתם/ן	הִמְשַׁכְתֶּם/ן	תַּמְשִׁיכוּ*	הַמְשִׁיכוּ**
		הם/ן	הִמְשִׁיכוּ	יַמְשִׁיכוּ*	

שם הפועל .Infin לְהַמְשִׁיךְ

שם הפעולה Gerund הַמְשָׁכָה continuation

הֶמְשֵׁךְ continuation; sequel

מקור מוחלט .Inf. Abs הַמְשֵׁךְ

* less commonly: אתן/הן תַּמְשֵׁכְנָה

** less commonly: (אתן) הַמְשֵׁכְנָה

הוּמְשַׁךְ (הֻמְשַׁךְ) be continued

בניין: הוּפְעַל גזרה: שלמים

	Present הווה		Past עבר	Future עתיד
יחיד	מוּמְשָׁךְ	אני	הוּמְשַׁכְתִּי	אוּמְשַׁךְ
יחידה	מוּמְשֶׁכֶת	אתה	הוּמְשַׁכְתָּ	תּוּמְשַׁךְ
רבים	מוּמְשָׁכִים	את	הוּמְשַׁכְתְּ	תּוּמְשְׁכִי
רבות	מוּמְשָׁכוֹת	הוא	הוּמְשַׁךְ	יוּמְשַׁךְ
		היא	הוּמְשְׁכָה	תּוּמְשַׁךְ
		אנחנו	הוּמְשַׁכְנוּ	נוּמְשַׁךְ
		אתם/ן	הוּמְשַׁכְתֶּם/ן	תּוּמְשְׁכוּ*
		הם/ן	הוּמְשְׁכוּ	יוּמְשְׁכוּ*

[מקור מוחלט .Inf. Abs הוּמְשֵׁךְ]

* less commonly: אתן/הן תּוּמְשַׁכְנָה

הִתְמַשֵּׁךְ/הִתְמַשַּׁכְ extend, be continuous

בניין: הִתְפַּעֵל גזרה: שלמים

	Present הווה		Past עבר	Future עתיד	Imperative ציווי
יחיד	מִתְמַשֵּׁךְ	אני	הִתְמַשַּׁכְתִּי	אֶתְמַשֵּׁךְ	
יחידה	מִתְמַשֶּׁכֶת	אתה	הִתְמַשַּׁכְתָּ	תִּתְמַשֵּׁךְ	הִתְמַשֵּׁךְ
רבים	מִתְמַשְּׁכִים	את	הִתְמַשַּׁכְתְּ	תִּתְמַשְּׁכִי	הִתְמַשְּׁכִי
רבות	מִתְמַשְּׁכוֹת	הוא	הִתְמַשֵּׁךְ	יִתְמַשֵּׁךְ	
		היא	הִתְמַשְּׁכָה	תִּתְמַשֵּׁךְ	
		אנחנו	הִתְמַשַּׁכְנוּ	נִתְמַשֵּׁךְ	
		אתם/ן	הִתְמַשַּׁכְתֶּם/ן	תִּתְמַשְּׁכוּ*	הִתְמַשְּׁכוּ**
		הם/ן	הִתְמַשְּׁכוּ	יִתְמַשְּׁכוּ*	<<<

* less commonly: אתן/הן תִּתְמַשֵּׁכְנָה

שם הפועל .Infin לְהִתְמַשֵּׁךְ ** less commonly: (אתן) הִתְמַשֵּׁכְנָה

שם הפעולה Gerund הִתְמַשְּׁכוּת continuity, extension

מקור מוחלט .Inf. Abs הִתְמַשֵּׁךְ

◆ פעלים שאינם שכיחים מאותו שורש Infrequent verbs sharing the same root

[מוּשָׁךְ (מֻשָּׁךְ)] בינוני .Pres. Part מְמוּשָּׁךְ prolonged [the Pres. Part. is the only form in use. The Pres. Part. forms are common.]

◆ דוגמאות Illustrations

ההרצאה הזאת **נִמְשֶׁכֶת** כבר שעה וחצי. המרצה הזה אינו יודע להרצות באופן **מוֹשֵׁךְ**, ואם הוא מתכוון **לְהַמְשִׁיךְ** יותר מעשר דקות נוספות, אני פשוט אירדם.

This lecture **has** already **lasted** for an hour and a half. This lecturer does not know how to lecture in an **attractive** fashion, and if he intends **to continue** for more than another ten minutes, I'll simply fall asleep.

הדיונים **הַמְמוּשָּׁכִים**, **שֶׁנִּמְשְׁכוּ** כשנתיים, הגיעו למבוי סתום, אך נציגי שני הצדדים אינם שוללים אפשרות של **הַמְשָׁכַת** השיחות **בְּהֶמְשֵׁךְ**, לאחר פסק זמן של כמה חודשים. כולנו מקווים שהמשא ומתן אומנם **יוּמְשַׁךְ** בעתיד.

The **prolonged** discussions, which **lasted** about two years, have reached an impasse, but the representatives of both sides do not exclude the possiblity of **continuing** the dialogue **later**, after a few months' hiatus. We are all hoping that the negotiations **will** indeed **be continued** in the future.

הרומן ביניהם **מִתְמַשֵּׁךְ**, עם מספר הפסקות, כבר חמש עשרה שנים.

The relationship/affair between them **has** already **extended**, with a number of interruptions, for over fifteen years.

◆ ביטויים מיוחדים Special expressions

מָשַׁךְ בעול carry the burden

מוֹשֵׁךְ את הלב attractive

מוֹשֵׁךְ בעט סופר writer

מָשַׁךְ את ידיו מן העניין washed his hands of the affair

לבו **נִמְשַׁךְ** אחרי he was attracted to

קנה **בִּמְשִׁיכָה** acquire unlawfully, steal (used euphemistically)

מְשִׁיכָה מינית sexual attraction

בְּהֶמְשֵׁךְ later, at some later time

בְּהֶמְשֵׁךְ הדברים in the course of the conversation

הֶמְשֵׁךְ יבוא to be continued

כיתות **הֶמְשֵׁךְ** continued education classes (post-primary)

● מתן

הִמְתִּין/הִמְתַּנְ/יַמְתִּין wait; be patient

בניין: הִפְעִיל   גזרה: שלמים + ל"נ

	Present הווה		Past עבר	Future עתיד	Imperative ציווי
יחיד	מַמְתִּין	אני	הִמְתַּנְתִּי	אַמְתִּין	
יחידה	מַמְתִּינָה	אתה	הִמְתַּנְתָּ	תַּמְתִּין	הַמְתֵּן
רבים	מַמְתִּינִים	את	הִמְתַּנְתְּ	תַּמְתִּינִי	הַמְתִּינִי
רבות	מַמְתִּינוֹת	הוא	הִמְתִּין	יַמְתִּין	
		היא	הִמְתִּינָה	תַּמְתִּין	
		אנחנו	הִמְתַּנּוּ	נַמְתִּין	
		אתם/ן	הִמְתַּנְתֶּם/ן	תַּמְתִּינוּ*	הַמְתִּינוּ**
		הם/ן	הִמְתִּינוּ	יַמְתִּינוּ*	

שם הפועל .Infin לְהַמְתִּין   * less commonly: אתן/הן תַּמְתֵּנָּה

שם הפעולה Gerund הַמְתָּנָה waiting (N)   ** less commonly: (אתן) הַמְתֵּנָּה

בינוני .Pres. Part מַמְתִּין waiting (Adj.)

מקור מוחלט .Inf. Abs הַמְתֵּן

מ"י מוצרכת .Gov. Prep הִמְתִּין ל- wait for

מִיתֵּן/מִיתַּנְ/מַתֵּן (מִתֵּן) moderate, calm, soothe

בניין: פִּיעֵל   גזרה: שלמים + ל"נ

	Present הווה		Past עבר	Future עתיד	Imperative ציווי
יחיד	מְמַתֵּן	אני	מִיתַּנְתִּי	אֲמַתֵּן	
יחידה	מְמַתֶּנֶת	אתה	מִיתַּנְתָּ	תְּמַתֵּן	מַתֵּן
רבים	מְמַתְּנִים	את	מִיתַּנְתְּ	תְּמַתְּנִי	מַתְּנִי
רבות	מְמַתְּנוֹת	הוא	מִיתֵּן	יְמַתֵּן	
		היא	מִיתְּנָה	תְּמַתֵּן	
		אנחנו	מִיתַּנּוּ	נְמַתֵּן	
		אתם/ן	מִיתַּנְתֶּם/ן	תְּמַתְּנוּ*	מַתְּנוּ**
		הם/ן	מִיתְּנוּ	יְמַתְּנוּ*	

שם הפועל .Infin לְמַתֵּן   * less commonly: אתן/הן תְּמַתֵּנָּה

בינוני .Pres. Part מְמַתֵּן moderating (Adj.)   ** less commonly: (אתן) מַתֵּנָּה

שם הפעולה Gerund מִיתּוּן calming (N), moderation, economic slowdown

מקור מוחלט .Inf. Abs מַתֵּן

מוּתַּן (מֻתַּן) be moderated, calmed/soothed

בניין: פּוּעַל   גזרה: שלמים + ל"נ

	Present הווה		Past עבר	Future עתיד
יחיד	מְמוּתָּן	אני	מוּתַּנְתִּי	אֲמוּתַּן
יחידה	מְמוּתֶּנֶת	אתה	מוּתַּנְתָּ	תְּמוּתַּן >>>

	הווה Present		עבר Past	עתיד Future
רבים	מְמוּתָּנִים	את	מוּתַּנְתְּ	תְּמוּתְּנִי
רבות	מְמוּתָּנוֹת	הוא	מוּתַּן	יְמוּתַּן
		היא	מוּתְּנָה	תְּמוּתַּן
		אנחנו	מוּתַּנּוּ	נְמוּתַּן
		אתם/ן	מוּתַּנְתֶּם/ן	תְּמוּתְּנוּ*
		הם/ן	מוּתְּנוּ	יְמוּתְּנוּ*

בינוני .Pres. Part מְמוּתָּן moderated * less commonly: אתן/הן תְּמוּתַּנָּה

[מקור מוחלט .Inf. Abs מוּתּוֹן]

הִתְמַתֵּן/הִתְמַתַּן become moderate, slow down; be delayed

בניין: הִתְפַּעֵל גזרה: שלמים + ל"נ

	הווה Present		עבר Past	עתיד Future	ציווי Imperative
יחיד	מִתְמַתֵּן	אני	הִתְמַתַּנְתִּי	אֶתְמַתֵּן	
יחידה	מִתְמַתֶּנֶת	אתה	הִתְמַתַּנְתָּ	תִּתְמַתֵּן	הִתְמַתֵּן
רבים	מִתְמַתְּנִים	את	הִתְמַתַּנְתְּ	תִּתְמַתְּנִי	הִתְמַתְּנִי
רבות	מִתְמַתְּנוֹת	הוא	הִתְמַתֵּן	יִתְמַתֵּן	
		היא	הִתְמַתְּנָה	תִּתְמַתֵּן	
		אנחנו	הִתְמַתַּנּוּ	נִתְמַתֵּן	
		אתם/ן	הִתְמַתַּנְתֶּם/ן	תִּתְמַתְּנוּ*	הִתְמַתְּנוּ**
		הם/ן	הִתְמַתְּנוּ	יִתְמַתְּנוּ*	

* less commonly: אתן/הן תִּתְמַתֵּנָּה

שם הפועל .Infin לְהִתְמַתֵּן ** less commonly: (אתן) הִתְמַתֵּנָּה

שם הפעולה Gerund הִתְמַתְּנוּת becoming moderate

מקור מוחלט .Inf. Abs הִתְמַתֵּן

◆ **פעלים שאינם שכיחים מאותו שורש** Infrequent verbs sharing the same root

[מֻתַּן] .only Pass. Part: מְתוּן (common form) (.moderate (Adj (מְתוּנָה, מְתוּנִים/וֹת)

◆ **דוגמאות** Illustrations

לדעת שר האוצר, יש **לְמַתֵּן** את הפעילות הכלכלית של המשק; רק **מִיתּוּן** של ממש יוכל לבלום את קצב האינפלציה. יש לעשות זאת על-ידי העלאה **מְתוּנָה** של שערי הריבית, **ולְהַמְתִּין** מספר חודשים עד שיתברר אם קצב הגידול אומנם החל **לְהִתְמַתֵּן**.

The finance minister feels that we need **to moderate** economic activity; only a real **(economic) slowdown** can check the rate of inflation. It should be done through a **moderate** rise in interest rates, and we need **to wait** a few months until it becomes clear whether the growth rate has indeed begun to **slow down**.

◆ **ביטויים מיוחדים** Special expressions

חדר **הַמְתָּנָה** waiting room שיחה **מַמְתִּינָה** waiting call (on phone)

● נאם

נָאַם/נוֹאֵם/יִנְאַם make a speech, address

בניין: פָּעַל גזרה: ע׳ גרונית (אֶפְעַל)

	Present הווה		Past עבר	Future עתיד	Imperative ציווי
יחיד	נוֹאֵם	אני	נָאַמְתִּי	אֶנְאַם	
יחידה	נוֹאֶמֶת	אתה	נָאַמְתָּ	תִּנְאַם	נְאַם
רבים	נוֹאֲמִים	את	נָאַמְתְּ	תִּנְאֲמִי	נַאֲמִי
רבות	נוֹאֲמוֹת	הוא	נָאַם	יִנְאַם	
		היא	נָאֲמָה	תִּנְאַם	
		אנחנו	נָאַמְנוּ	נִנְאַם	
		אתם/ן	נְאַמְתֶּם/ן*	תִּנְאֲמוּ**	נַאֲמוּ***
		הם/ן	נָאֲמוּ	יִנְאֲמוּ**	

שם הפועל .Infin לִנְאוֹם

שם הפעולה Gerund נְאִימָה speech-making

בינוני פעיל .Act. Part נוֹאֵם speaker

מקור מוחלט .Inf. Abs נָאוֹם

* Colloquial: נָאַמְתֶּם/ן

** less commonly: אתן/הן תִּנְאַמְנָה

*** less commonly: (אתן) נְאַמְנָה

◆ פעלים שאינם שכיחים מאותו שורש Infrequent verbs sharing the same root

נִנְאַם be made (speech) (נִנְאַם, יִינָּאֵם, לְהִינָּאֵם)

◆ דוגמאות Illustrations

הנְאוּם נִמְשַׁךְ כשעה. **הנוֹאֵם נָאַם** אודות כשלונותיו של ראש הממשלה, אך לא התייחס כלל למשבר שבו נתונה האופוזיציה, שאליה הוא משתייך.

The speech lasted about an hour. The **speaker made a speech** about the failures of the prime minister, but never referred to the crisis affecting the opposition, to which he belongs.

●נבא

נִיבֵּא/נִבֵּא inspire with prophecy; prophesy, predict (Med H, used (נִבָּא) today in lieu of *nif'al*)

בניין: פִּיעֵל גזרה: ל"א

Imperative ציווי	Future עתיד	Past עבר		Present הווה	
	אֲנַבֵּא	נִיבֵּאתִי	אני	מְנַבֵּא	יחיד
נַבֵּא	תְּנַבֵּא	נִיבֵּאתָ	אתה	מְנַבֵּאת	יחידה
נַבְּאִי	תְּנַבְּאִי	נִיבֵּאת	את	מְנַבְּאִים	רבים
	יְנַבֵּא	נִיבֵּא	הוא	מְנַבְּאוֹת	רבות
	תְּנַבֵּא	נִיבְּאָה	היא		
	נְנַבֵּא	נִיבֵּאנוּ	אנחנו		
נַבְּאוּ**	תְּנַבְּאוּ*	נִיבֵּאתֶם/ן	אתם/ן		
	יְנַבְּאוּ*	נִיבְּאוּ	הם/ן		

* less commonly: אתן/הן תְּנַבֶּאנָה

שם הפועל .Infin לְנַבֵּא ** less commonly: (אתן) נַבֶּאנָה

שם הפעולה Gerund נִיבּוּי (נִבּוּא) prophesying, predicting

מקור מוחלט .Inf. Abs נַבֵּא

נוּבָּא (נֻבָּא) be prophesied/predicted

בניין: פּוּעַל גזרה: ל"א

Future עתיד	Past עבר		Present הווה	
אֲנוּבָּא	נוּבֵּאתִי	אני	מְנוּבָּא	יחיד
תְּנוּבָּא	נוּבֵּאתָ	אתה	מְנוּבֵּאת	יחידה
תְּנוּבְּאִי	נוּבֵּאת	את	מְנוּבָּאִים	רבים
יְנוּבָּא	נוּבָּא	הוא	מְנוּבָּאוֹת	רבות
תְּנוּבָּא	נוּבְּאָה	היא		
נְנוּבָּא	נוּבֵּאנוּ	אנחנו		
תְּנוּבְּאוּ*	נוּבֵּאתֶם/ן	אתם/ן		
יְנוּבְּאוּ*	נוּבְּאוּ	הם/ן		

[מקור מוחלט .Inf. Abs נוּבֹּא] * less commonly: אתן/הן תְּנוּבֶּאנָה

הִתְנַבֵּא prophesy, make predictions; go into a trance like a prophet

בניין: הִתְפַּעֵל גזרה: ל"א

Imperative ציווי	Future עתיד	Past עבר		Present הווה	
	אֶתְנַבֵּא	הִתְנַבֵּאתִי	אני	מִתְנַבֵּא	יחיד
הִתְנַבֵּא	תִּתְנַבֵּא	הִתְנַבֵּאתָ	אתה	מִתְנַבֵּאת	יחידה
הִתְנַבְּאִי	תִּתְנַבְּאִי	הִתְנַבֵּאת	את	מִתְנַבְּאִים	רבים
	יִתְנַבֵּא	הִתְנַבֵּא	הוא	מִתְנַבְּאוֹת	רבות
>>>	תִּתְנַבֵּא	הִתְנַבְּאָה	היא		

	עבר Past	עתיד Future	ציווי Imperative
אנחנו	הִתְנַבֵּאנוּ	נִתְנַבֵּא	
אתם/ן	הִתְנַבֵּאתֶם/ן	תִּתְנַבְּאוּ*	הִתְנַבְּאוּ**
הם/ן	הִתְנַבְּאוּ	יִתְנַבְּאוּ*	

שם הפועל .Infin לְהִתְנַבֵּא   * less commonly: אתן/הן תִּתְנַבֶּאנָה

שם הפעולה Gerund הִתְנַבְּאוּת prophecy   ** less commonly: (אתן) הִתְנַבֶּאנָה

מקור מוחלט .Inf. Abs הִתְנַבֵּא

◆ **פעלים שאינם שכיחים מאותו שורש** Infrequent verbs sharing the same root

נִיבָּא (נִבָּא) prophesy (נִיבָּא, יְנַבֵּא, לְהִינָּבֵא)

◆ **דוגמאות** Illustrations

קשה **לְנַבֵּא** מתי וכיצד יגיעו ישראל והפלסטינאים להסדר של קבע. מי **שמִתְנַבֵּא** בעניין זה הוא בדרך כלל או אופטימיסט מושבע או פסימיסט גמור...

It is hard **to predict** when and how Israel and the Palestinians will arrive at a final settlement. Whoever **makes predictions** in this matter is either a sworn optimist or a complete pessimist...

◆ **ביטויים מיוחדים** Special expressions

אין שני נביאים **מִתְנַבְּאִים** בסגנון אחד no two prophets prophesy alike (said of writers, etc.)

● נבח

נָבַח/נוֹבֵחַ/יִנְבַּח bark

בניין: פָּעַל   גזרה: ל' גרונית (אֶפְעַל)

	הווה Present		עבר Past	עתיד Future	ציווי Imperative
יחיד	נוֹבֵחַ	אני	נָבַחְתִּי	אֶנְבַּח	
יחידה	נוֹבַחַת	אתה	נָבַחְתָּ	תִּנְבַּח	נְבַח
רבים	נוֹבְחִים	את	נָבַחְתְּ/...חַת	תִּנְבְּחִי	נִבְחִי
רבות	נוֹבְחוֹת	הוא	נָבַח	יִנְבַּח	
		היא	נָבְחָה	תִּנְבַּח	
		אנחנו	נָבַחְנוּ	נִנְבַּח	
		אתם/ן	נְבַחְתֶּם/ן*	תִּנְבְּחוּ**	נִבְחוּ***
		הם/ן	נָבְחוּ	יִנְבְּחוּ**	

שם הפועל .Infin לִנְבּוֹחַ   * Colloquial: נָבַחְתֶּם/ן

שם הפעולה Gerund נְבִיחָה barking; a bark   ** less commonly: אתן/הן תִּנְבַּחְנָה

מקור מוחלט .Inf. Abs נָבוֹחַ   *** less commonly: (אתן) נְבַחְנָה >>>

מ"י מוצרכת .Gov. Prep נָבַח על bark at

◆ פעלים שאינם שכיחים מאותו שורש Infrequent verbs sharing the same root
נִיבַּח (נִבַּח) bark, scream, curse (Med H) (מְנַבֵּחַ, יְנַבַּח, לְנַבֵּחַ)
הִתְנַבֵּחַ burst with a bark, scream (lit.) (מִתְנַבֵּחַ, יִתְנַבֵּחַ, לְהִתְנַבֵּחַ)

◆ דוגמאות Illustrations
אומרים שכלב **נוֹבֵחַ** אינו נושך; הצרה היא שיש כלבים שאינם מכירים את הפתגם הזה, ואין להם בעיה גם **לִנְבּוֹחַ** וגם לנשוך.
They say that a **barking** dog does not bite; the trouble is that there are dogs who do not know this proverb, and have no problem **barking** and biting (at the same time).

◆ ביטויים מיוחדים Special expressions
כלב **נוֹבֵחַ** אינו נושך a barking dog does not bite

● נבט

הִבִּיט/הִבַּט/יַבִּיט look, gaze, regard

בניין: הִפְעִיל   גזרה: חסרי פ"נ

	Present הווה		Past עבר	Future עתיד	Imperative ציווי
יחיד	מַבִּיט	אני	הִבַּטְתִּי	אַבִּיט	
יחידה	מַבִּיטָה	אתה	הִבַּטְתָּ	תַּבִּיט	הַבֵּט
רבים	מַבִּיטִים	את	הִבַּטְתְּ	תַּבִּיטִי	הַבִּיטִי
רבות	מַבִּיטוֹת	הוא	הִבִּיט	יַבִּיט	
		היא	הִבִּיטָה	תַּבִּיט	
		אנחנו	הִבַּטְנוּ	נַבִּיט	
		אתם/ן	הִבַּטְתֶּם/ן	תַּבִּיטוּ*	הַבִּיטוּ**
		הם/ן	הִבִּיטוּ	יַבִּיטוּ*	

* less commonly: אתן/הן תַּבֵּטְנָה
** less commonly: (אתן) הַבֵּטְנָה

שם הפועל .Infin לְהַבִּיט
שם הפעולה .Ger הַבָּטָה looking (הֶבֵּט aspect)
מקור מוחלט .Inf. Abs הַבֵּט
מ"י מוצרכת .Gov. Prep הִבִּיט ב- look/gaze at

◆ פעלים שאינם שכיחים מאותו שורש Infrequent verbs sharing the same root
נִיבַּט (נִבַּט) look, turn gaze; be seen (נִיבָּט, יִיבָּבֵט, לְהִיבָּבֵט)

A homonymous, less frequent root meaning 'germinate, sprout,' is not included in this collection.

◆ דוגמאות Illustrations

אני מַבִּיט בה כבר רבע שעה ולא מצליח להיזכר מאין אני מכיר אותה.
I've been looking at her for a quarter of an hour, and cannot recall where I know her from.

◆ ביטויים מיוחדים Special expressions

הִבִּיט עליו מלמעלה למטה regard one as inferior; condescend

●נבע

הִבִּיעַ/הִבַּעְ/יַבִּיעַ express

בניין: הִפְעִיל גזרה: חסרי פ"נ + ל' גרונית

	Present הווה		Past עבר	Future עתיד	Imperative ציווי
יחיד	מַבִּיעַ	אני	הִבַּעְתִּי	אַבִּיעַ	
יחידה	מַבִּיעָה	אתה	הִבַּעְתָּ	תַּבִּיעַ	הַבַּע
רבים	מַבִּיעִים	את	הִבַּעְתְּ/...עַת	תַּבִּיעִי	הַבִּיעִי
רבות	מַבִּיעוֹת	הוא	הִבִּיעַ	יַבִּיעַ	
		היא	הִבִּיעָה	תַּבִּיעַ	
		אנחנו	הִבַּעְנוּ	נַבִּיעַ	
		אתם/ן	הִבַּעְתֶּם/ן	תַּבִּיעוּ*	הַבִּיעוּ**
		הם/ן	הִבִּיעוּ	יַבִּיעוּ*	

שם הפועל .Infin לְהַבִּיעַ

שם הפעולה .Ger הַבָּעָה expression

מקור מוחלט .Inf. Abs הַבֵּעַ

* less commonly: אתן/הן תַּבַּעְנָה

** less commonly: (אתן) הַבַּעְנָה

הוּבַּע (הֻבַּע) be expressed

בניין: הוּפְעַל גזרה: חסרי פ"נ + ל' גרונית

	Present הווה		Past עבר	Future עתיד
יחיד	מוּבָּע	אני	הוּבַּעְתִּי	אוּבַּע
יחידה	מוּבַּעַת	אתה	הוּבַּעְתָּ	תוּבַּע
רבים	מוּבָּעִים	את	הוּבַּעְתְּ/...עַת	תוּבְּעִי
רבות	מוּבָּעוֹת	הוא	הוּבַּע	יוּבַּע
		היא	הוּבְּעָה	תוּבַּע
		אנחנו	הוּבַּעְנוּ	נוּבַּע
		אתם/ן	הוּבַּעְתֶּם/ן	תוּבְּעוּ*
		הם/ן	הוּבְּעוּ	יוּבְּעוּ*

<<<

מקור מוחלט .Inf. Abs הוּבַּע * less commonly: אתן/הן תּוּבַּעְנָה

נָבַע/נוֹבֵעַ/יִנְבַּע (יִבַּע) flow forth, stem, result, derive (intr.), evolve

בניין: פָּעַל גזרה: ל' גרונית (אֶפְעַל) (/פ"נ)

	Present הווה		Past עבר	Future עתיד	Imperative ציווי
יחיד	נוֹבֵעַ	אני	נָבַעְתִּי	אֶנְבַּע/אֶבַּע	
יחידה	נוֹבַעַת	אתה	נָבַעְתָּ	תִּנְבַּע/תִּיבַּע	נְבַע
רבים	נוֹבְעִים	את	נָבַעְתְּ/...עַת	תִּנְבְּעִי/תִּיבְעִי	נִבְעִי
רבות	נוֹבְעוֹת	הוא	נָבַע	יִנְבַּע/יִיבַּע	
		היא	נָבְעָה	תִּנְבַּע/תִּיבַּע	
		אנחנו	נָבַעְנוּ	נִנְבַּע/נִיבַּע	
		אתם/ן	נְבַעְתֶּם/ן*	תִּנְבְּעוּ/תִּיבְעוּ**	נִבְעוּ***
		הם/ן	נָבְעוּ	יִנְבְּעוּ/יִיבְעוּ**	

שם הפועל .Infin לִנְבּוֹעַ * Colloquial: נָבַעְתֶּם/ן

שם הפעולה Gerund נְבִיעָה flowing forth ** less commonly: אתן/הן תִּנְבַּעְנָה/תִּיבַּעְנָה

מקור מוחלט .Inf. Abs נָבוֹעַ *** less commonly: (אתן) נְבַעְנָה

מ"י מוצרכת .Gov. Prep נָבַע מ- result/stem from

◆ פעלים שאינם שכיחים מאותו שורש Infrequent verbs sharing the same root

הִנְבִּיעַ cause to flow forth (Med H) (מַנְבִּיעַ, יַנְבִּיעַ, לְהַנְבִּיעַ)

◆ דוגמאות Illustrations

הוּבְּעוּ לאחרונה מספר דיעות בשאלה ממה **נוֹבַעַת** העלייה הגדולה באלימות במשפחה. מומחים אחדים **הִבִּיעוּ** דעתם שלמעשה לא חלה כל עלייה; מה שעלה הוא מספר המקרים המדווחים למשטרה.

A number of opinions **have been expressed** lately regarding the question of what the great increase in domestic violence **results** from. Some experts **have expressed** their opinion that in fact, no increase has occurred; instead, what has gone up is the number of cases reported to the police.

◆ ביטויים מיוחדים Special expressions

עט **נוֹבֵעַ** fountain pen

כמעיין **הַנּוֹבֵעַ** expression describing a creative person, full of innovating ideas

הַבָּעַת תודה expression of gratitude

● נגב

נִיגֵּב/נִיגַּב/נַגֵּב (נִגֵּב) wipe, dry

בניין: פִּיעֵל גזרה: שלמים

	Present הווה		Past עבר	Future עתיד	Imperative ציווי
יחיד	מְנַגֵּב	אני	נִיגַּבְתִּי	אֲנַגֵּב	
יחידה	מְנַגֶּבֶת	אתה	נִיגַּבְתָּ	תְּנַגֵּב	נַגֵּב
רבים	מְנַגְּבִים	את	נִיגַּבְתְּ	תְּנַגְּבִי	נַגְּבִי
רבות	מְנַגְּבוֹת	הוא	נִיגֵּב	יְנַגֵּב	
		היא	נִיגְּבָה	תְּנַגֵּב	
		אנחנו	נִיגַּבְנוּ	נְנַגֵּב	
		אתם/ן	נִיגַּבְתֶּם/ן	תְּנַגְּבוּ	נַגְּבוּ**
		הם/ן	נִיגְּבוּ	יְנַגְּבוּ*	

שם הפועל .Infin לְנַגֵּב

* less commonly: אתן/הן תְּנַגֵּבְנָה

שם הפעולה Gerund נִיגּוּב wiping, drying

** less commonly: (אתן) נַגֵּבְנָה

מקור מוחלט .Inf. Abs נַגֵּב

נוּגַּב (נֻגַּב) be wiped/dried

בניין: פּוּעַל גזרה: שלמים

	Present הווה		Past עבר	Future עתיד
יחיד	מְנוּגָּב	אני	נוּגַּבְתִּי	אֲנוּגַּב
יחידה	מְנוּגֶּבֶת	אתה	נוּגַּבְתָּ	תְּנוּגַּב
רבים	מְנוּגָּבִים	את	נוּגַּבְתְּ	תְּנוּגְּבִי
רבות	מְנוּגָּבוֹת	הוא	נוּגַּב	יְנוּגַּב
		היא	נוּגְּבָה	תְּנוּגַּב
		אנחנו	נוּגַּבְנוּ	נְנוּגַּב
		אתם/ן	נוּגַּבְתֶּם/ן	תְּנוּגְּבוּ
		הם/ן	נוּגְּבוּ	יְנוּגְּבוּ*

[מקור מוחלט .Inf. Abs נוּגּוֹב]

* less commonly: אתן/הן תְּנוּגַּבְנָה

הִתְנַגֵּב/הִתְנַגַּב dry/wipe oneself; become dry

בניין: הִתְפַּעֵל גזרה: שלמים

	Present הווה		Past עבר	Future עתיד	Imperative ציווי
יחיד	מִתְנַגֵּב	אני	הִתְנַגַּבְתִּי	אֶתְנַגֵּב	
יחידה	מִתְנַגֶּבֶת	אתה	הִתְנַגַּבְתָּ	תִּתְנַגֵּב	הִתְנַגֵּב
רבים	מִתְנַגְּבִים	את	הִתְנַגַּבְתְּ	תִּתְנַגְּבִי	הִתְנַגְּבִי
רבות	מִתְנַגְּבוֹת	הוא	הִתְנַגֵּב	יִתְנַגֵּב	
		היא	הִתְנַגְּבָה	תִּתְנַגֵּב	
		אנחנו	הִתְנַגַּבְנוּ	נִתְנַגֵּב	
		אתם/ן	הִתְנַגַּבְתֶּם/ן	תִּתְנַגְּבוּ*	הִתְנַגְּבוּ** >>

		Past עבר	Future עתיד
	הם/ן	הִתְנַגְּבוּ	יִתְנַגְּבוּ*

* less commonly: אתן/הן תִּתְנַגֵּבְנָה

שם הפועל .Infin לְהִתְנַגֵּב ** less commonly: (אתן) הִתְנַגֵּבְנָה

שם הפעולה Gerund הִתְנַגְּבוּת drying/wiping oneself

מקור מוחלט .Inf. Abs הִתְנַגֵּב

◆ פעלים שאינם שכיחים מאותו שורש Infrequent verbs sharing the same root

נָגַב become dry (Mish H) [נוֹגֵב, יִיגּוֹב (יִנְגּוֹב), לִנְגּוֹב]

הִנְגִּיב dry (tr.) (Mish H) (מַנְגִּיב, יַנְגִּיב, לְהַנְגִּיב)

◆ דוגמאות Illustrations

עמירם התקלח ו**הִתְנַגֵּב**, אבל שוב שכח **לְנַגֵּב** את הרצפה מן המים שניתזו מן המקלחת. הרצפה אף פעם לא **מְנוּגֶּבֶת** אחרי שהוא מתקלח.

Amiram took a shower and **wiped himself dry**, but again forgot **to wipe** the floor of the water that sprayed out of the shower stall. The floor is never **wiped dry** after he has taken a shower.

●נגד

הִגִּיד/הִגַּד/יַגִּיד tell, inform (note: past and present are literary)

בניין: הִפְעִיל גזרה: חסרי פ"נ

	Present הווה		Past עבר	Future עתיד	Imperative ציווי
יחיד	מַגִּיד	אני	הִגַּדְתִּי	אַגִּיד	
יחידה	מַגִּידָה	אתה	הִגַּדְתָּ	תַּגִּיד	הַגֵּד
רבים	מַגִּידִים	את	הִגַּדְתְּ	תַּגִּידִי	הַגִּידִי
רבות	מַגִּידוֹת	הוא	הִגִּיד	יַגִּיד	
		היא	הִגִּידָה	תַּגִּיד	
		אנחנו	הִגַּדְנוּ	נַגִּיד	
		אתם/ן	הִגַּדְתֶּם/ן	תַּגִּידוּ*	הַגִּידוּ**
		הם/ן	הִגִּידוּ	יַגִּידוּ*	

* less commonly: אתן/הן תַּגֵּדְנָה

שם הפועל .Infin לְהַגִּיד ** less commonly: (אתן) הַגֵּדְנָה

שם הפעולה Gerund הַגָּדָה telling, uttering; saga, tale

מקור מוחלט .Inf. Abs הַגֵּד

מ"י מוצרכת .Gov. Prep הִגִּיד לְ- tell (someone)

הִתְנַגֵּד/הִתְנַגַּד oppose, object, resist

בניין: הִתְפַּעֵל גזרה: שלמים

	Present הווה		Past עבר	Future עתיד	Imperative ציווי
יחיד	מִתְנַגֵּד	אני	הִתְנַגַּדְתִּי	אֶתְנַגֵּד	
יחידה	מִתְנַגֶּדֶת	אתה	הִתְנַגַּדְתָּ	תִּתְנַגֵּד	הִתְנַגֵּד
רבים	מִתְנַגְּדִים	את	הִתְנַגַּדְתְּ	תִּתְנַגְּדִי	הִתְנַגְּדִי
רבות	מִתְנַגְּדוֹת	הוא	הִתְנַגֵּד	יִתְנַגֵּד	
		היא	הִתְנַגְּדָה	תִּתְנַגֵּד	
		אנחנו	הִתְנַגַּדְנוּ	נִתְנַגֵּד	
		אתם/ן	הִתְנַגַּדְתֶּם/ן	תִּתְנַגְּדוּ*	הִתְנַגְּדוּ**
		הם/ן	הִתְנַגְּדוּ	יִתְנַגְּדוּ*	

שם הפועל .Infin לְהִתְנַגֵּד

שם הפעולה Gerund הִתְנַגְּדוּת objection

בינוני .Pres. Part מִתְנַגֵּד objector

מקור מוחלט .Inf. Abs הִתְנַגֵּד

מ״י מוצרכת .Gov. Prep הִתְנַגֵּד ל- object to

* less commonly: אתן/הן תִּתְנַגֵּדְנָה

** less commonly: (אתן) הִתְנַגֵּדְנָה

נָגַד/נוֹגֵד/יִנְגּוֹד (יִנְגֹּד) be in opposition/contradiction (to)

בניין: פָּעַל גזרה: שלמים

	Present הווה		Past עבר	Future עתיד	Imperative ציווי
יחיד	נוֹגֵד	אני	נָגַדְתִּי	אֶנְגּוֹד	
יחידה	נוֹגֶדֶת	אתה	נָגַדְתָּ	תִּנְגּוֹד	נְגוֹד
רבים	נוֹגְדִים	את	נָגַדְתְּ	תִּנְגְּדִי	נִגְדִי
רבות	נוֹגְדוֹת	הוא	נָגַד	יִנְגּוֹד	
		היא	נָגְדָה	תִּנְגּוֹד	
		אנחנו	נָגַדְנוּ	נִנְגּוֹד	
		אתם/ן	נְגַדְתֶּם/ן*	תִּנְגְּדוּ**	נִגְדוּ***
		הם/ן	נָגְדוּ	יִנְגְּדוּ**	

שם הפועל .Infin לִנְגּוֹד

מקור מוחלט .Inf. Abs נָגוֹד

* Colloquial: נָגַדְתֶּם/ן

** less commonly: אתן/הן תִּנְגּוֹדְנָה

*** less commonly: (אתן) נְגוֹדְנָה

◆ פעלים שאינם שכיחים מאותו שורש Infrequent verbs sharing the same root

נִיגֵּד (נִגֵּד) be in opposition (מְנַגֵּד, יְנַגֵּד, לְנַגֵּד)

נוּגַּד (נֻגַּד) be opposite/opposed (מְנוּגָּד, יְנוּגַּד)

בינ׳ .Pres. Part מְנוּגָּד opposite, opposed (fairly common form)

הוּגַּד (הֻגַּד) be told, be informed (מוּגָּד, יוּגַּד)

◆ דוגמאות Illustrations

חששתי מאוד שחיים **יִתְנַגֵּד** להצעה, כיוון שהיא **נוֹגֶדֶת** את כל מה שחשבתי שהוא

מאמין בו, אבל להפתעתי לא הייתה לו שום **הִתְנַגְּדוּת**. אני חושב שאגש אליו **ואַגִּיד** לו שאני שמח על תגובתו החיובית.

I was afraid that Hayyim will **object** to the proposal, since it **contradicts** everything I thought he believes in, but to my surprise he had no **objection**. I think I'll approach him later and **tell** him that I appreciate his positive response.

◆ ביטויים מיוחדים Special expressions

אל **תַּגִּידוּ** בגת do not advertise this news

הַגָּדָה של פסח the Passover Haggadah

ההַגָּדָה לבית פורסייט the Forsyte Saga

דעות **מְנוּגָּדוֹת** opposing views

● נגן

נִיגֵּן/נִיגַּן/נִגֵּן (נִגֵּן) play (a musical instrument, music)

בניין: פִּיעֵל   גזרה: שלמים + ל"נ

	Present הווה		Past עבר	Future עתיד	Imperative ציווי
יחיד	מְנַגֵּן	אני	נִיגַּנְתִּי	אֲנַגֵּן	
יחידה	מְנַגֶּנֶת	אתה	נִיגַּנְתָּ	תְּנַגֵּן	נַגֵּן
רבים	מְנַגְּנִים	את	נִיגַּנְתְּ	תְּנַגְּנִי	נַגְּנִי
רבות	מְנַגְּנוֹת	הוא	נִיגֵּן	יְנַגֵּן	
		היא	נִיגְּנָה	תְּנַגֵּן	
		אנחנו	נִיגַּנּוּ	נְנַגֵּן	
		אתם/ן	נִיגַּנְתֶּם/ן	תְּנַגְּנוּ	נַגְּנוּ**
		הם/ן	נִיגְּנוּ	יְנַגְּנוּ*	

* less commonly: אתן/הן תְּנַגֵּנָּה

** less commonly: (אתן) נַגֵּנָּה

שם הפועל Infin. לְנַגֵּן

שם הפעולה Gerund נִיגּוּן playing; tune; cantillation

בינוני Pres. Part. מְנַגֵּן player (of mus. instr.)

מקור מוחלט Inf. Abs. נַגֵּן

מ"י מוצרכת Gov. Prep. נִיגֵּן ב- play (an instr.)

נוּגַּן (נֻגַּן) be played (music, mus. instr.)

בניין: פּוּעַל   גזרה: שלמים + ל"נ

	Present הווה		Past עבר	Future עתיד
יחיד	מְנוּגָּן	אני	נוּגַּנְתִּי	אֲנוּגַּן
יחידה	מְנוּגֶּנֶת	אתה	נוּגַּנְתָּ	תְּנוּגַּן
רבים	מְנוּגָּנִים	את	נוּגַּנְתְּ	תְּנוּגְּנִי
רבות	מְנוּגָּנוֹת	הוא	נוּגַּן	יְנוּגַּן
		היא	נוּגְּנָה	תְּנוּגַּן >>>

Future עתיד	Past עבר	
נְנוּגַּן	נוּגַּנּוּ	אנחנו
תְּנוּגְּנוּ	נוּגַּנְתֶּם/ן	אתם/ן
יְנוּגְּנוּ*	נוּגְּנוּ	הם/ן

[מקור מוחלט .Inf. Abs נוּגֹּן] * less commonly: אתן/הן תְּנוּגַּנָּה

הִתְנַגֵּן/הִתְנַגַּן be sung, come out as song

בניין: הִתְפַּעֵל גזרה: שלמים + ל"נ

Imperative ציווי	Future עתיד	Past עבר		Present הווה	
	אֶתְנַגֵּן	הִתְנַגַּנְתִּי	אני	מִתְנַגֵּן	יחיד
הִתְנַגֵּן	תִּתְנַגֵּן	הִתְנַגַּנְתָּ	אתה	מִתְנַגֶּנֶת	יחידה
הִתְנַגְּנִי	תִּתְנַגְּנִי	הִתְנַגַּנְתְּ	את	מִתְנַגְּנִים	רבים
	יִתְנַגֵּן	הִתְנַגֵּן	הוא	מִתְנַגְּנוֹת	רבות
	תִּתְנַגֵּן	הִתְנַגְּנָה	היא		
	נִתְנַגֵּן	הִתְנַגַּנּוּ	אנחנו		
הִתְנַגְּנוּ**	תִּתְנַגְּנוּ*	הִתְנַגַּנְתֶּם/ן	אתם/ן		
	יִתְנַגְּנוּ*	הִתְנַגְּנוּ	הם/ן		

* less commonly: אתן/הן תִּתְנַגֵּנָּה

** less commonly: (אתן) הִתְנַגֵּנָּה

שם הפועל .Infin לְהִתְנַגֵּן

שם הפעולה Gerund הִתְנַגְּנוּת bursting into song

בינוני .Pres. Part מִתְנַגֵּן melodious

מקור מוחלט .Inf. Abs הִתְנַגֵּן

◆ פעלים שאינם שכיחים מאותו שורש Infrequent verbs sharing the same root

[נָגַן] נוֹגֵן player (Pres. Part. only)

הִנְגִּין make play; compose music to lyrics (מַנְגִּין, יַנְגִּין, לְהַנְגִּין)

הוּנְגַּן (הֻנְגַּן) having music composed for it (lyrics) (מוּנְגָּן, יוּנְגַּן)

◆ דוגמאות Illustrations

היצירות של המלחין הזה **מְנוּגָּנוֹת** ברדיו רק לעיתים רחוקות, כאשר **מְנַגֶּנֶת** אותן תזמורת ידועה.

This composer's works **are played** only rarely on the radio, when a well-known orchestra **plays** them.

שיריו של המשורר הזה מצטיינים בקצב כה מושלם, שהם **מִתְנַגְּנִים** מאליהם ברגע שמלחין נוגע בהם.

This poet's poems are so perfectly rhythmical, that they **come out as song** as soon as a composer touches them.

גיל **מְנַגֵּן** בכינור; אומרים שהוא אחד **הַמְנַגְּנִים** הטובים ביותר בכלי מאז פרלמן.

Gil **plays** the violin; they say that he is one of the best **players** of the instrument since Perlman.

◆ ביטויים מיוחדים Special expressions

יודע-נַגֵּן expert player/musician

●נגע

נָגַע/נוֹגֵעַ/יִיגַּע (יִגַּע) touch; approach; concern, affect

בניין: פָּעַל גזרה: חסרי פ"נ + ל' גרונית (אֶפְעַל)

	Present הווה			Past עבר	Future עתיד	Imper. ציווי
יחיד	נוֹגֵעַ	נָגוּעַ	אני	נָגַעְתִּי	אֶגַּע	
יחידה	נוֹגַעַת	נְגוּעָה	אתה	נָגַעְתָּ	תִּיגַּע	גַּע
רבים	נוֹגְעִים	נְגוּעִים	את	נָגַעְתְּ/...עַת	תִּיגְּעִי	גְּעִי
רבות	נוֹגְעוֹת	נְגוּעוֹת	הוא	נָגַע	יִיגַּע	
			היא	נָגְעָה	תִּיגַּע	
			אנחנו	נָגַעְנוּ	נִיגַּע	
			אתם/ן	נְגַעְתֶּם/ן*	תִּיגְּעוּ**	גְּעוּ***
			הם/ן	נָגְעוּ	יִיגְּעוּ**	

שם הפועל .Infin לָגַעַת/לִנְגּוֹעַ/לִגַּע   * Colloquial: נָגַעְתֶּם/ן

שם הפעולה Gerund נְגִיעָה touching, touch   ** less commonly: אתן/הן תִּיגַּעְנָה

בינ' פעיל .Act. Part נוֹגֵעַ relevant, pertaining   *** less commonly: (אתן) גַּעְנָה

בינוני סביל .Pass. Part נָגוּעַ affected, contaminated

מקור מוחלט .Inf. Abs נָגוֹעַ

מ"י מוצרכת .Gov. Prep נָגַע ב- touch (something)

מ"י מוצרכת .Gov. Prep נָגַע ל- concern (something)

הִגִּיעַ/הִגַּעְ/יַגִּיעַ arrive, reach; approach

בניין: הִפְעִיל גזרה: חסרי פ"נ + ל' גרונית

	Present הווה		Past עבר	Future עתיד	Imperative ציווי
יחיד	מַגִּיעַ	אני	הִגַּעְתִּי	אַגִּיעַ	
יחידה	מַגִּיעָה	אתה	הִגַּעְתָּ	תַּגִּיעַ	הַגַּע
רבים	מַגִּיעִים	את	הִגַּעְתְּ/...עַת	תַּגִּיעִי	הַגִּיעִי
רבות	מַגִּיעוֹת	הוא	הִגִּיעַ	יַגִּיעַ	
		היא	הִגִּיעָה	תַּגִּיעַ	
		אנחנו	הִגַּעְנוּ	נַגִּיעַ	
		אתם/ן	הִגַּעְתֶּם/ן	תַּגִּיעוּ*	הַגִּיעוּ**
		הם/ן	הִגִּיעוּ	יַגִּיעוּ*	

שם הפועל .Infin לְהַגִּיעַ   * less commonly: אתן/הן תַּגַּעְנָה

שם הפעולה .Ger הַגָּעָה arriving, reaching   ** less commonly: (אתן) הַגַּעְנָה <<<

מקור מוחלט .Inf. Abs הַגֵּעַ

◆ פעלים שאינם שכיחים מאותו שורש Infrequent verbs sharing the same root
הוּגַּע (הֻגַּע) be caused to touch (Mish H) (מוּגָּע, יוּגַּע)

◆ דוגמאות Illustrations
כל מוסלמי אדוק חולם לְהַגִּיעַ למכה כדי לָגַעַת באבן הכעבה.
Every devout Moslem dreams of **reaching** Mekka and **touching** the Ka`ba stone.
מה בנוֹגֵעַ לכסף שמַּגִּיעַ לי ממך?
What about the money **due** to me from you?

◆ ביטויים מיוחדים Special expressions

הדבר נָגַע ללבו/עד לבו he was touched

נוֹגֵעַ בדבר a concerned party

לכל הנוֹגֵעַ בדבר to whom it may concern

אל תִּיגַּע! don't touch!

בנוֹגֵעַ ל- concerning...

הִגִּיעַ הזמן the time has come

הִגִּיעָה ידו די- can afford

הִגִּיעַ לפרקו his time has come; has reached marriageable age

הִגִּיעוּ מים עד נפש the situation has become unbearable

זה מַגִּיעַ לו he deserves it

כמה מַגִּיעַ לך? how much (money) do I owe you?

הַגֵּעַ בעצמך consider for yourself

עד היכן דברים מַגִּיעִים how far things have developed

עד כמה/מקום שידו מַגַּעַת as far as one can reach, to the limit of one's capacity

לא הִגִּיעַ לקרסוליו של is significantly inferior to (=could not reach up to his ankles)

אל תדין את חברך עד שתַּגִּיעַ למקומו don't judge others before you have experienced what they have been through

---

●נגשׁ

נִיגַּשׁ/יִיגַּשׁ (נִגַּשׁ) approach; begin, get down to (work)

גזרה: פ"נ בניין: נִפְעַל (הווה, עבר), פָּעַל (מקור, עתיד, ציווי)

	Present הווה		Past עבר	Future עתיד	Imperative ציווי
יחיד	נִיגָּשׁ	אני	נִיגַּשְׁתִּי	אֶגַּשׁ	
יחידה	נִיגֶּשֶׁת	אתה	נִיגַּשְׁתָּ	תִּיגַּשׁ	גַּשׁ (גֶּשׁ-)
רבים	נִיגָּשִׁים	את	נִיגַּשְׁתְּ	תִּיגְּשִׁי	גְּשִׁי
רבות	נִיגָּשׁוֹת	הוא	נִיגַּשׁ	יִיגַּשׁ	
		היא	נִיגְּשָׁה	תִּיגַּשׁ	
		אנחנו	נִיגַּשְׁנוּ	נִיגַּשׁ	<<<

	Past עבר	Future עתיד	Imperative ציווי
אתם/ן	נִיגַּשְׁתֶּם/ן	תִיגְּשׁוּ	גְּשׁוּ**
הם/ן	נִיגְּשׁוּ	ייִגְּשׁוּ*	

שם הפועל .Infin לָגֶשֶׁת * less commonly: אתן/הן תִיגַּשְׁנָה

מקור מוחלט .Inf. Abs נָגוֹשׁ ** less commonly: (אתן) גֵּשְׁנָה

מ"י מוצרכת .Gov. Prep נִיגַּשׁ אל/ל- approach (someone/something)

הִגִּישׁ/הִגַּשׁ/יַגִּישׁ present, hand in; serve (food); lodge (complaint)

בניין: הִפְעִיל גזרה: פ"נ

	Present הווה		Past עבר	Future עתיד	Imperative ציווי
יחיד	מַגִּישׁ	אני	הִגַּשְׁתִּי	אַגִּישׁ	
יחידה	מַגִּישָׁה	אתה	הִגַּשְׁתָּ	תַּגִּישׁ	הַגֵּשׁ
רבים	מַגִּישִׁים	את	הִגַּשְׁתְּ	תַּגִּישִׁי	הַגִּישִׁי
רבות	מַגִּישׁוֹת	הוא	הִגִּישׁ	יַגִּישׁ	
		היא	הִגִּישָׁה	תַּגִּישׁ	
		אנחנו	הִגַּשְׁנוּ	נַגִּישׁ	
		אתם/ן	הִגַּשְׁתֶּם/ן	תַּגִּישׁוּ*	הַגִּישׁוּ**
		הם/ן	הִגִּישׁוּ	יַגִּישׁוּ*	

שם הפועל .Infin לְהַגִּישׁ * less commonly: אתן/הן תַּגֵּשְׁנָה

בינוני .Pres. Part מַגִּישׁ presenter ** less commonly: (אתן) הַגֵּשְׁנָה

שם הפעולה Gerund הַגָּשָׁה presenting; serving (food)

מקור מוחלט .Inf. Abs הַגֵּשׁ

מ"י מוצרכת .Gov. Prep הִגִּישׁ ל- present/serve to

הוּגַּשׁ (הֻגַּשׁ) be presented/served/lodged

בניין: הוּפְעַל גזרה: פ"נ

	Present הווה		Past עבר	Future עתיד
יחיד	מוּגָּשׁ	אני	הוּגַּשְׁתִּי	אוּגַּשׁ
יחידה	מוּגֶּשֶׁת	אתה	הוּגַּשְׁתָּ	תוּגַּשׁ
רבים	מוּגָּשִׁים	את	הוּגַּשְׁתְּ	תוּגְּשִׁי
רבות	מוּגָּשׁוֹת	הוא	הוּגַּשׁ	יוּגַּשׁ
		היא	הוּגְּשָׁה	תוּגַּשׁ
		אנחנו	הוּגַּשְׁנוּ	נוּגַּשׁ
		אתם/ן	הוּגַּשְׁתֶּם/ן	תוּגְּשׁוּ*
		הם/ן	הוּגְּשׁוּ	יוּגְּשׁוּ*

[מקור מוחלט .Inf. Abs הוּגֵּשׁ] * less commonly: אתן/הן תוּגַּשְׁנָה

clash, conflict; collide (vehicles) הִתְנַגֵּשׁ/הִתְנַגַּשׁ

בניין: הִתְפַּעֵל גזרה: שלמים

	Present הווה		Past עבר	Future עתיד	Imperative ציווי
יחיד	מִתְנַגֵּשׁ	אני	הִתְנַגַּשְׁתִּי	אֶתְנַגֵּשׁ	
יחידה	מִתְנַגֶּשֶׁת	אתה	הִתְנַגַּשְׁתָּ	תִּתְנַגֵּשׁ	הִתְנַגֵּשׁ
רבים	מִתְנַגְּשִׁים	את	הִתְנַגַּשְׁתְּ	תִּתְנַגְּשִׁי	הִתְנַגְּשִׁי
רבות	מִתְנַגְּשׁוֹת	הוא	הִתְנַגֵּשׁ	יִתְנַגֵּשׁ	
		היא	הִתְנַגְּשָׁה	תִּתְנַגֵּשׁ	
		אנחנו	הִתְנַגַּשְׁנוּ	נִתְנַגֵּשׁ	
		אתם/ן	הִתְנַגַּשְׁתֶּם/ן	תִּתְנַגְּשׁוּ*	הִתְנַגְּשׁוּ**
		הם/ן	הִתְנַגְּשׁוּ	יִתְנַגְּשׁוּ*	

שם הפועל .Infin לְהִתְנַגֵּשׁ * less commonly: אתן/הן תִּתְנַגֵּשְׁנָה

בינוני .Pres. Part מִתְנַגֵּשׁ conflicting ** less commonly: (אתן) הִתְנַגֵּשְׁנָה

שם הפעולה Gerund הִתְנַגְּשׁוּת clash, collision

מקור מוחלט .Inf. Abs הִתְנַגֵּשׁ

מ"י מוצרכת .Gov. Prep הִתְנַגֵּשׁ ב- clash/collide with

◆ דוגמאות Illustrations

התנצלתי בפני המרצה על **שהִגַּשְׁתִּי** את העבודה מאוחר, אבל הוא אמר שזה בסדר; לפחות שליש מן העבודות **מוּגָּשׁוֹת** תמיד באיחור, וכל עוד האיחור אינו גדול, אין הוא מקפיד על כך.

I apologized to the professor for **having handed in** my paper late, but he said it was alright; at least a third of the papers **are** always **handed in** late, and as long as the delay is not that long, he is not strict about it.

השוטר **נִיגַּשׁ** אליי וביקש לראות את רשיון הנהיגה שלי. אמרתי לו **שהִתְנַגַּשְׁתִּי** בעץ משום שאיבדתי את השליטה בהגה.

The policeman **approached** me and asked to see my driver's license. I told him that I **collided** with the tree because I had lost control of the steering wheel.

הייתה בינידם **הִתְנַגְּשׁוּת** בענייני כספים, אבל בסופו של דבר התפייסו.

They had a **clash** on financial matters, but in the end they made up.

◆ ביטויים מיוחדים Special expressions

גַּשׁ-הלאה (.lit) get out of here!

●נדב

הִתְנַדֵּב/הִתְנַדַּב volunteer

בניין: הִתְפַּעֵל גזרה: שלמים

	Present הווה		Past עבר	Future עתיד	Imperative ציווי
יחיד	מִתְנַדֵּב	אני	הִתְנַדַּבְתִּי	אֶתְנַדֵּב	
יחידה	מִתְנַדֶּבֶת	אתה	הִתְנַדַּבְתָּ	תִּתְנַדֵּב	הִתְנַדֵּב
רבים	מִתְנַדְּבִים	את	הִתְנַדַּבְתְּ	תִּתְנַדְּבִי	הִתְנַדְּבִי
רבות	מִתְנַדְּבוֹת	הוא	הִתְנַדֵּב	יִתְנַדֵּב	
		היא	הִתְנַדְּבָה	תִּתְנַדֵּב	
		אנחנו	הִתְנַדַּבְנוּ	נִתְנַדֵּב	
		אתם/ן	הִתְנַדַּבְתֶּם/ן	תִּתְנַדְּבוּ*	הִתְנַדְּבוּ**
		הם/ן	הִתְנַדְּבוּ	יִתְנַדְּבוּ*	

שם הפועל .Infin לְהִתְנַדֵּב

* less commonly: אתן/הן תִּתְנַדֵּבְנָה

בינוני .Pres. Part מִתְנַדֵּב volunteer

** less commonly: (אתן) הִתְנַדֵּבְנָה

שם הפעולה Gerund הִתְנַדְּבוּת volunteering

מקור מוחלט .Inf. Abs הִתְנַדֵּב

מ"י מוצרכת .Gov. Prep הִתְנַדֵּב ל- volunteer for

תואר הפועל .Adv בְּהִתְנַדְּבוּת voluntarily

נִידֵּב/נִידַּב/נִדֵּב (נִדֵּב) donate

בניין: פִּיעֵל גזרה: שלמים

	Present הווה		Past עבר	Future עתיד	Imperative ציווי
יחיד	מְנַדֵּב	אני	נִידַּבְתִּי	אֲנַדֵּב	
יחידה	מְנַדֶּבֶת	אתה	נִידַּבְתָּ	תְּנַדֵּב	נַדֵּב
רבים	מְנַדְּבִים	את	נִידַּבְתְּ	תְּנַדְּבִי	נַדְּבִי
רבות	מְנַדְּבוֹת	הוא	נִידֵּב	יְנַדֵּב	
		היא	נִידְּבָה	תְּנַדֵּב	
		אנחנו	נִידַּבְנוּ	נְנַדֵּב	
		אתם/ן	נִידַּבְתֶּם/ן	תְּנַדְּבוּ	נַדְּבוּ**
		הם/ן	נִידְּבוּ	יְנַדְּבוּ*	

שם הפועל .Infin לְנַדֵּב

* less commonly: אתן/הן תְּנַדֵּבְנָה

מקור מוחלט .Inf. Abs נַדֵּב

** less commonly: (אתן) נַדֵּבְנָה

◆ פעלים שאינם שכיחים מאותו שורש Infrequent verbs sharing the same root

נָדַב (נוֹדֵב, יִדּוֹב, לִדּוֹב) donate, give generously

נִידַּב (נֻדַּב) be donated (נִידָּב, יְנוּדַּב, לְהִינָּדֵב)

נוּדַּב (נֻדַּב) be donated (coll. only) (מְנוּדָּב, יְנוּדַּב)

הִתְנוּדַּב (הִתְנֻדַּב) (הִתְנַדֵּב+נוּדַּב) be forced to volunteer (sl., usually in past tense only)

◆ דוגמאות Illustrations

הישראלי נוהג לומר: כלל ראשון בצבא - אף פעם אל **תִּתְנַדֵּב**! מצד שני, המתגייסים נוטים **לְהִתְנַדֵּב** ליחידות הקרביות...

The Israeli often says: first rule in the army - never **volunteer**! On the other hand, new recruits do tend **to volunteer** to (serve on) the combatant units...

גדולתו של תורם זה היא בכך שהוא **מְנַדֵּב** כספים בעילום שם, מבלי לבקש הכרה.

The greatness of this contributor is in (the fact) that he **donates** funds anonymously, without asking for recognition.

◆ ביטויים מיוחדים Special expressions

נְדָבוֹ לבו be self-motivated to do something generous

●נדד

נָדַד/נוֹדֵד/יִנְדּוֹד (יִידּוֹד/יִידַּד) [יִנְדֹּד (יִדֹּד/יִדַּד)] wander, roam, migrate (birds)

בניין: פָּעַל גזרה: שלמים (או כפולים)

	Present הווה		Past עבר	Future עתיד	Imper. ציווי
יחיד	נוֹדֵד נָדוּד	אני	נָדַדְתִּי	אֶנְדּוֹד/אֶדּוֹד	
יחידה	נוֹדֶדֶת נְדוּדָה	אתה	נָדַדְתָּ	תִּנְדּוֹד/תִּידּוֹד	נְדוֹד/דּוֹד
רבים	נוֹדְדִים נְדוּדִים	את	נָדַדְתְּ	תִּנְדְּדִי/תִּידּוֹדִי	נִדְדִי/דּוֹדִי
רבות	נוֹדְדוֹת נְדוּדוֹת	הוא	נָדַד	יִנְדּוֹד/יִידּוֹד	
		היא	נָדְדָה	תִּנְדּוֹד/תִּידּוֹד	
		אנחנו	נָדַדְנוּ	נִנְדּוֹד/נִידּוֹד	
		אתם/ן	נְדַדְתֶּם/ן*	תִּנְדְּדוּ/תִּידּוֹדוּ**	נִדְדוּ/דּוֹדוּ***
		הם/ן	נָדְדוּ	יִנְדְּדוּ/יִידּוֹדוּ**	

שם הפועל .Infin לִנְדּוֹד

* Colloquial: נָדַדְתֶּם/ן

בינ׳ פעיל .Act. Par נוֹדֵד wandering/migrant

** less common: אתן/הן תִּנְדּוֹדְנָה/תִּידּוֹדְנָה

בינוני סביל .Pass. Par נָדוּד unstable; restless

*** less commonly: (אתן) נְדוֹדְנָה/דּוֹדְנָה

שם הפעולה Gerund נְדִידָה wandering (N), migration

מקור מוחלט .Inf. Abs נָדוֹד

◆ פעלים שאינם שכיחים מאותו שורש Infrequent verbs sharing the same root

נִידֵּד (נִדֵּד) cause to move/wander (Mish H) (מְנַדֵּד, יְנַדֵּד, לְנַדֵּד)

נוּדַּד (נֻדַּד) be caused to move (Med H) (מְנוּדָּד, יְנוּדַּד)

הִתְנַדֵּד move, shift (intr.) (Mish H) (מִתְנַדֵּד, יִתְנַדֵּד, לְהִתְנַדֵּד)

הֵנֵד move, shift (tr.) (מֵנֵד, יָנֵד, לְהָנֵד)

הֵדִיד (מֵדִיד, יָדִיד, לְהָדִיד) remove (lit.)
הוּדַד (הֻדַּד) be removed (lit.) (מוּדָּד, יוּדַד)

◆ דוגמאות Illustrations

הציפורים הללו נוֹדְדוֹת מצפון אירופה לאפריקה ובחזרה. חוקרים רבים עוקבים אחרי מנהגי נְדִידָתָן.

These birds **migrate** from Northern Europe to Africa and back. Many researchers follow their **migration** habits.

בימי הביניים נָדְדוּ היהודים ממערב אירופה למזרחה; ויש טוענים שכיוון הַנְּדִידָה היה הפוך.

In the Middle Ages, the Jews **wandered** from Western to Eastern Europe; some claim that the **wandering/migration** pattern was the reverse.

◆ ביטויים מיוחדים Special expressions

נָדְדָה שנתו be unable to sleep
היהודי הנוֹדֵד the wandering Jew
תערוכה נוֹדֶדֶת a mobile exhibit
נְדוּדֵי שינה insomnia

● נהג

נָהַג/נוֹהֵג/יִנְהַג drive (vehicle); lead; be accustomed (to); treat

בניין: פָּעַל גזרה: ע' גרונית (אֶפְעַל)

	Present הווה			Past עבר	Future עתיד	Imper. ציווי
יחיד	נוֹהֵג	נָהוּג	אני	נָהַגְתִּי	אֶנְהַג	
יחידה	נוֹהֶגֶת	נְהוּגָה	אתה	נָהַגְתָּ	תִּנְהַג	נְהַג
רבים	נוֹהֲגִים	נְהוּגִים	את	נָהַגְתְּ	תִּנְהֲגִי	נַהֲגִי
רבות	נוֹהֲגוֹת	נְהוּגוֹת	הוא	נָהַג	יִנְהַג	
			היא	נָהֲגָה	תִּנְהַג	
			אנחנו	נָהַגְנוּ	נִנְהַג	
			אתם/ן	נְהַגְתֶּם/ן*	תִּנְהֲגוּ**	נַהֲגוּ***
			הם/ן	נָהֲגוּ	יִנְהֲגוּ**	

* Colloquial: נָהַגְתֶּם/ן

שם הפועל Infin. לִנְהוֹג

** less commonly: אתן/הן תִּנְהַגְנָה

בינ' סביל Pass. Part. נָהוּג customary, usual

*** less commonly: (אתן) נְהַגְנָה

שם הפעולה Gerund נְהִיגָה driving (vehicle); leading

מקור מוחלט Inf. Abs. נָהוֹג

מ"י מוצרכת Gov. Prep. נָהַג ב- drive (vehicle); treat

הִתְנַהֵג/הִתְנַהַג behave, conduct oneself

בניין: הִתְפַּעֵל גזרה: ע' גרונית

	Present הווה		Past עבר	Future עתיד	Imperative ציווי
יחיד	מִתְנַהֵג	אני	הִתְנַהַגְתִּי	אֶתְנַהֵג	
יחידה	מִתְנַהֶגֶת	אתה	הִתְנַהַגְתָּ	תִּתְנַהֵג	הִתְנַהֵג
רבים	מִתְנַהֲגִים	את	הִתְנַהַגְתְּ	תִּתְנַהֲגִי	הִתְנַהֲגִי
רבות	מִתְנַהֲגוֹת	הוא	הִתְנַהֵג	יִתְנַהֵג	
		היא	הִתְנַהֲגָה	תִּתְנַהֵג	
		אנחנו	הִתְנַהַגְנוּ	נִתְנַהֵג	
		אתם/ן	הִתְנַהַגְתֶּם/ן	תִּתְנַהֲגוּ*	הִתְנַהֲגוּ**
		הם/ן	הִתְנַהֲגוּ	יִתְנַהֲגוּ*	

* less commonly: אתן/הן תִּתְנַהֵגְנָה

** less commonly: (אתן) הִתְנַהֵגְנָה

שם הפועל .Infin לְהִתְנַהֵג

שם הפעולה Gerund הִתְנַהֲגוּת behavior, conduct

מקור מוחלט .Inf. Abs הִתְנַהֵג

הִנְהִיג/הִנְהַג/יַנְהִיג lead, direct; establish (custom, rule)

בניין: הִפְעִיל גזרה: שלמים

	Present הווה		Past עבר	Future עתיד	Imperative ציווי
יחיד	מַנְהִיג	אני	הִנְהַגְתִּי	אַנְהִיג	
יחידה	מַנְהִיגָה	אתה	הִנְהַגְתָּ	תַּנְהִיג	הַנְהֵג
רבים	מַנְהִיגִים	את	הִנְהַגְתְּ	תַּנְהִיגִי	הַנְהִיגִי
רבות	מַנְהִיגוֹת	הוא	הִנְהִיג	יַנְהִיג	
		היא	הִנְהִיגָה	תַּנְהִיג	
		אנחנו	הִנְהַגְנוּ	נַנְהִיג	
		אתם/ן	הִנְהַגְתֶּם/ן	תַּנְהִיגוּ*	הַנְהִיגוּ**
		הם/ן	הִנְהִיגוּ	יַנְהִיגוּ*	

* less commonly: אתן/הן תַּנְהֵגְנָה

** less commonly: (אתן) הַנְהֵגְנָה

שם הפועל .Infin לְהַנְהִיג

בינוני .Pres. Part מַנְהִיג leader

שם הפעולה Gerund הַנְהָגָה leadership; directing

מקור מוחלט .Inf. Abs הַנְהֵג

הוּנְהַג (הֻנְהַג) be led; be established (custom, rule)

בניין: הוּפְעַל גזרה: ע' גרונית

	Present הווה		Past עבר	Future עתיד
יחיד	מוּנְהָג	אני	הוּנְהַגְתִּי	אוּנְהַג
יחידה	מוּנְהֶגֶת	אתה	הוּנְהַגְתָּ	תּוּנְהַג
רבים	מוּנְהָגִים	את	הוּנְהַגְתְּ	תּוּנְהֲגִי
רבות	מוּנְהָגוֹת	הוא	הוּנְהַג	יוּנְהַג
		היא	הוּנְהֲגָה	תּוּנְהַג <<<

	Past עבר	Future עתיד
אנחנו	הוּנְהַגְנוּ	נוּנְהַג
אתם/ן	הוּנְהַגְתֶּם/ן	תּוּנְהֲגוּ*
הם/ן	הוּנְהֲגוּ	יוּנְהֲגוּ*

* less commonly: אתן/הן תּוּנְהַגְנָה

◆ **פעלים שאינם שכיחים מאותו שורש** Infrequent verbs sharing the same root

נִיהֵג (נִהֵג) lead; treat (lit.) (מְנַהֵג, יְנַהֵג, לְנַהֵג)

◆ **דוגמאות** Illustrations

אני משתדל לא **לִנְהוֹג** במכונית כשאני מבקר בישראל; למרות ההקפדה הגדולה במבחני **הַנְהִיגָה, הִתְנַהֲגוּת** הנהגים בה פרועה ביותר.

I try not **to drive** a car when I visit in Israel; in spite of the strictly conducted **road (=driving)** tests, the drivers' **behavior** there is very wild.

התקופה המסוכנת ביותר בתולדות מדינה היא כאשר כל תושביה מחכים **לְמַנְהִיג** חזק, **שֶׁיַּנְהִיג** את העם באופן החלטי ויעיל.

The most dangerous period in the history of a state is when all of its people await a strong **leader**, who **will lead** the nation in a determined and efficient manner.

לאחרונה **הוּנְהַג** בארץ חוק חדש: יש **לִנְהוֹג** באורות כל החורף, אפילו כשאין גשם.

Lately, a new law **was introduced** in Israel: one has **to drive** with the lights on all winter, even when it does not rain.

הממשל **הִנְהִיג** את יום הולדתו של מרטין לותר קינג כחג לאומי.

The administration **established** Martin Luther King's birthday as a national holiday.

◆ **ביטויים מיוחדים** Special expressions

נָהַג כבוד ב- treat (someone) with respect

נָהַג קלות ראש ב- treat lightly/with disrespect

עולם כמנהגו **נוֹהֵג** that's the way of the world

● נהל

נִיהֵל/נִיהַל/נִהֵל (נִהֵל) manage, administer, run

בניין: פִּיעֵל גזרה: ע' גרונית

	Present הווה		Past עבר	Future עתיד	Imperative ציווי
יחיד	מְנַהֵל	אני	נִיהַלְתִּי	אֲנַהֵל	
יחידה	מְנַהֶלֶת	אתה	נִיהַלְתָּ	תְּנַהֵל	נַהֵל
רבים	מְנַהֲלִים	את	נִיהַלְתְּ	תְּנַהֲלִי	נַהֲלִי >>>

Imperative ציווי	Future עתיד	Past עבר		Present הווה	
	יְנַהֵל	נִיהֵל	הוא	מְנַהֲלוֹת	רבות
	תְּנַהֵל	נִיהֲלָה	היא		
	נְנַהֵל	נִיהַלְנוּ	אנחנו		
נַהֲלוּ**	תְּנַהֲלוּ*	נִיהַלְתֶּם/ן	אתם/ן		
	יְנַהֲלוּ*	נִיהֲלוּ	הם/ן		

שם הפועל .Infin לְנַהֵל   * less commonly: אתן/הן תְּנַהֵלְנָה

בינוני .Pres. Part מְנַהֵל manager, director   ** less commonly: (אתן) נַהֵלְנָה

שם הפעולה Gerund נִיהוּל management, administration

מקור מוחלט .Inf. Abs נַהֵל

נוֹהַל (נֹהַל) be managed/administered

בניין: פּוּעַל   גזרה: ע׳ גרונית

Future עתיד	Past עבר		Present הווה	
אֲנוֹהַל	נוֹהַלְתִּי	אני	מְנוֹהָל	יחיד
תְּנוֹהַל	נוֹהַלְתָּ	אתה	מְנוֹהֶלֶת	יחידה
תְּנוֹהֲלִי	נוֹהַלְתְּ	את	מְנוֹהָלִים	רבים
יְנוֹהַל	נוֹהַל	הוא	מְנוֹהָלוֹת	רבות
תְּנוֹהַל	נוֹהֲלָה	היא		
נְנוֹהַל	נוֹהַלְנוּ	אנחנו		
תְּנוֹהֲלוּ*	נוֹהַלְתֶּם/ן	אתם/ן		
יְנוֹהֲלוּ*	נוֹהֲלוּ	הם/ן		

בינוני .Pres. Part מְנוֹהָל administered   * less commonly: אתן/הן תְּנוֹהַלְנָה

[מקור מוחלט .Inf. Abs נוֹהוֹל]

הִתְנַהֵל/הִתְנַהַל be conducted, proceed; move along

בניין: הִתְפַּעֵל   גזרה: ע׳ גרונית

Imperative ציווי	Future עתיד	Past עבר		Present הווה	
	אֶתְנַהֵל	הִתְנַהַלְתִּי	אני	מִתְנַהֵל	יחיד
הִתְנַהֵל	תִּתְנַהֵל	הִתְנַהַלְתָּ	אתה	מִתְנַהֶלֶת	יחידה
הִתְנַהֲלִי	תִּתְנַהֲלִי	הִתְנַהַלְתְּ	את	מִתְנַהֲלִים	רבים
	יִתְנַהֵל	הִתְנַהֵל	הוא	מִתְנַהֲלוֹת	רבות
	תִּתְנַהֵל	הִתְנַהֲלָה	היא		
	נִתְנַהֵל	הִתְנַהַלְנוּ	אנחנו		
הִתְנַהֲלוּ**	תִּתְנַהֲלוּ*	הִתְנַהַלְתֶּם/ן	אתם/ן		
	יִתְנַהֲלוּ*	הִתְנַהֲלוּ	הם/ן		

* less commonly: אתן/הן תִּתְנַהֵלְנָה

שם הפועל .Infin לְהִתְנַהֵל   ** less commonly: (אתן) הִתְנַהֵלְנָה

שם הפעולה Gerund הִתְנַהֲלוּת conducting (N), proceeding

מקור מוחלט .Inf. Abs הִתְנַהֵל

◆ **Infrequent verbs sharing the same root** פְּעָלִים שֶׁאֵינָם שְׁכִיחִים מֵאוֹתוֹ שׁוֹרֶשׁ
נָהַל lead, guide (Med H) (נוֹהֵל, יְנַהֵל, לְנַהֵל)
managing (N), management (only existing form) הַנְהָלָה Gerund שֵׁם הַפְּעוּלָה [הַנְהִיל]

◆ דוּגְמָאוֹת Illustrations
הַחֶבְרָה הַזֹּאת **מְנוֹהֶלֶת** הֵיטֵב; חֵבֶר **הַמְּנַהֲלִים** שֶׁלָּהּ מְעוֹרָב בַּהַחְלָטוֹת **הַנִּיהוּל**,
הַמְנַכַּ״ל **מְנַהֵל** אֶת הַפְּעִילוּת הַשּׁוֹטֶפֶת בְּאֶמְצָעוּת רָאשֵׁי הָעֲנָפִים, וּ**מִתְנַהֲלִים** בְּאוֹפֶן
קָבוּעַ חִילוּפֵי מֵידַע וְהֵיזוּן הֲדָדִי בֵּין הַמַּחְלָקוֹת הַשּׁוֹנוֹת.
This company **is** well **managed**; its board of **directors** is involved in **management**
decisions, the CEO **administers** the daily operations through section heads, and exchange
of information and feedback **are conducted** on a regular basis between the various
departments.

◆ **Special expressions** בִּיטּוּיִים מְיוּחָדִים
נִיהַל חֶשְׁבּוֹנוֹת/פִּנְקָסִים do bookkeeping

◆נוח

rest, be at rest, take a rest נָח/נַח/יָנוּחַ
בִּנְיָן: פָּעַל גִּזְרָה: ע״ו + ל׳ גְּרוֹנִית

Imperative צִיווּי	Future עָתִיד	Past עָבַר		Present הֹוֶה	
	אָנוּחַ	נַחְתִּי	אני	נָח	יחיד
נוּחַ	תָּנוּחַ	נַחְתָּ	אתה	נָחָה	יחידה
נוּחִי	תָּנוּחִי	נַחְתְּ/...חַת	את	נָחִים	רבים
	יָנוּחַ	נָח	הוא	נָחוֹת	רבות
	תָּנוּחַ	נָחָה	היא		
	נָנוּחַ	נַחְנוּ	אנחנו		
נוּחוּ**	תָּנוּחוּ*	נַחְתֶּם/ן	אתם/ן		
	יָנוּחוּ*	נָחוּ	הם/ן		

* less commonly: אתן/הן תָּנַחְנָה
** less commonly: (אתן) נַחְנָה

שֵׁם הַפּוֹעַל .Infin לָנוּחַ
בֵּינוֹנִי Pres. Part. נָח mute (gram.) ;resting
מָקוֹר מוּחְלָט Inf. Abs. נוֹחַ

הִנִּיחַ/הִנַּח/יַנִּיחַ put down; leave (in will); assume, suppose; allow, permit; establish (concepts)

בניין: הִפְעִיל גזרה: חסרי פ"נ + ל' גרונית

Imperative ציווי	Future עתיד	Past עבר		Present הווה	
	אַנִּיחַ	הִנַּחְתִּי	אני	מַנִּיחַ	יחיד
הַנַּח	תַּנִּיחַ	הִנַּחְתָּ	אתה	מַנִּיחָה	יחידה
הַנִּיחִי	תַּנִּיחִי	הִנַּחְתְּ/...חַת	את	מַנִּיחִים	רבים
	יַנִּיחַ	הִנִּיחַ	הוא	מַנִּיחוֹת	רבות
	תַּנִּיחַ	הִנִּיחָה	היא		
	נַנִּיחַ	הִנַּחְנוּ	אנחנו		
הַנִּיחוּ**	תַּנִּיחוּ*	הִנַּחְתֶּם/ן	אתם/ן		
	יַנִּיחוּ*	הִנִּיחוּ	הם/ן		

* less commonly: אתן/הן תַּנַּחְנָה

שם הפועל .Infin לְהַנִּיחַ ** less commonly: (אתן) הַנַּחְנָה

שם הפעולה Gerund הַנָּחָה laying (foundation), laying down; assumption, premise

מקור מוחלט .Inf. Abs הַנֵּחַ

הוּנַּח (הֻנַּח) be put down; be assumed; be established/designated

בניין: הוּפְעַל גזרה: חסרי פ"נ + ל' גרונית

Future עתיד	Past עבר		Present הווה	
אוּנַּח	הוּנַּחְתִּי	אני	מוּנָּח	יחיד
תּוּנַּח	הוּנַּחְתָּ	אתה	מוּנַּחַת	יחידה
תּוּנְּחִי	הוּנַּחְתְּ/...חַת	את	מוּנָּחִים	רבים
יוּנַּח	הוּנַּח	הוא	מוּנָּחוֹת	רבות
תּוּנַּח	הוּנְּחָה	היא		
נוּנַּח	הוּנַּחְנוּ	אנחנו		
תּוּנְּחוּ*	הוּנַּחְתֶּם/ן	אתם/ן		
יוּנְּחוּ*	הוּנְּחוּ	הם/ן		

בינוני .Pres. Part מוּנָּח placed; term (N) * less commonly: אתן/הן תּוּנַּחְנָה

[מקור מוחלט .Inf. Abs הוּנֵּחַ]

הֵנִיחַ/הֵנַחְ/יָנִיחַ put at ease, calm; set at rest, grant rest

בניין: הִפְעִיל גזרה: ע"ו + ל' גרונית

Imperative ציווי	Future עתיד	Past עבר		Present הווה	
	אָנִיחַ	הֵנַחְתִּי	אני	מֵנִיחַ	יחיד
הָנַח	תָּנִיחַ	הֵנַחְתָּ	אתה	מְנִיחָה	יחידה
הָנִיחִי	תָּנִיחִי	הֵנַחְתְּ/...חַת	את	מְנִיחִים	רבים
	יָנִיחַ	הֵנִיחַ	הוא	מְנִיחוֹת	רבות
	תָּנִיחַ	הֵנִיחָה	היא		
<<<	נָנִיחַ	הֵנַחְנוּ	אנחנו		

	Present הווה	Past עבר	Future עתיד	Imperative ציווי
אתם/ן		הֲנַחְתֶּם/ן*	תָּנִיחוּ**	הָנִיחוּ***
הם/ן		הֵנִיחוּ	יָנִיחוּ**	

* BH: הֲנַחְתֶּם/ן

** less commonly: אתן/הן תָּנַחְנָה

*** less commonly: (אתן) הָנַחְנָה

שם הפועל .Infin לְהָנִיחַ

שם הפעולה Gerund הֲנָחָה discount; rebate; relief

מקור מוחלט .Inf. Abs הָנֵחַ

◆ פעלים שאינם שכיחים מאותו שורש Infrequent verbs sharing the same root

נִינוֹחַ (נִנוֹחַ) be rested, be at ease (נִינוֹחַ, יִינּוֹחַ, לְהִינּוֹחַ)

בינוני .Pres. Part נִינוֹחַ at ease (fairly common form)

הוּנַח be given rest; calmed (down) (מוּנָח, יוּנַח)

◆ דוגמאות Illustrations

כעת, כשהַ**הֲנָחַת** היסוד שלי ברורה לכם, אני **מַנִּיחַ** שאפשר להמשיך בדיון.

Now that my basic **assumption** is clear to you, I **assume** we can continue the discussion.

הוא ביקש **שֶׁיַּנִּיחוּ** לו; הוא עבד קשה כל השבוע, וכל רצונו עכשיו הוא **לָנוּחַ**.

He asked that they **leave** him **alone**; he had been working hard all week, and all he wanted now was **to rest**.

הִנַּחְתִּי על הדלפק את הספר שבו בחרתי לבסוף, וביקשתי את ה**הֲנָחָה** הרגילה שמקבלים סטודנטים.

I **placed** the book I finally chose on the counter, and requested the usual student **discount**.

◆ ביטויים מיוחדים Special expressions

יָנוּחַ בשלום על משכבו may he rest in peace

נָחָה דעתו his mind was put at rest; he was relieved

נָחָה עליו הרוח he became inspired

שווא **נָח** silent schwa (marking the end of a closed syllable)

הַנַּח לי! leave me alone!

הִנִּיחַ אחריו אישה ושלושה ילדים left a wife and three children (when he died)

הִנִּיחַ תפילין lay tefillin (phylacteries)

נַנִּיחַ ש- let's assume that

הִנִּיחַ את כספו על קרן הצבי risked all his money

הִנִּיחַ ידו מן avoid, no longer deal with

המצב **מַנִּיחַ** את הדעת the situation is satisfactory

כבודו במקומו **מוּנָּח** with all due respect to him,

בטוח **כמוּנָּח** בקופסה in the bag, safe and secured

● נוע

נָע/נַע/יָנוּעַ move; quiver, shake; roam

בניין: פָּעַל גזרה: ע"ו + ל' גרונית

	הווה Present		עבר Past	עתיד Future	ציווי Imperative
יחיד	נָע	אני	נַעְתִּי	אָנוּעַ	
יחידה	נָעָה	אתה	נַעְתָּ	תָּנוּעַ	נוּעַ
רבים	נָעִים	את	נַעְתְּ/...עַת	תָּנוּעִי	נוּעִי
רבות	נָעוֹת	הוא	נָע	יָנוּעַ	
		היא	נָעָה	תָּנוּעַ	
		אנחנו	נַעְנוּ	נָנוּעַ	
		אתם/ן	נַעְתֶּם/ן	תָּנוּעוּ*	נוּעוּ**
		הם/ן	נָעוּ	יָנוּעוּ*	

שם הפועל .Infin לָנוּעַ * less commonly: אתן/הן תָּנַעְנָה

בינוני .Pres. Part נָע moving; (gram.) mobile ** less commonly: (אתן) נַעְנָה

מקור מוחלט .Inf. Abs נוֹעַ

הֵנִיעַ/הֵנַע/יָנִיעַ shake; set in motion, start up (engine); impel, urge, drive

בניין: הִפְעִיל גזרה: ע"ו + ל' גרונית

	הווה Present		עבר Past	עתיד Future	ציווי Imperative
יחיד	מֵנִיעַ	אני	הֵנַעְתִּי	אָנִיעַ	
יחידה	מְנִיעָה	אתה	הֵנַעְתָּ	תָּנִיעַ	הָנַע
רבים	מְנִיעִים	את	הֵנַעְתְּ/...עַת	תָּנִיעִי	הָנִיעִי
רבות	מְנִיעוֹת	הוא	הֵנִיעַ	יָנִיעַ	
		היא	הֵנִיעָה	תָּנִיעַ	
		אנחנו	הֵנַעְנוּ	נָנִיעַ	
		אתם/ן	הֵנַעְתֶּם/ן*	תָּנִיעוּ**	הָנִיעוּ***
		הם/ן	הֵנִיעוּ	יָנִיעוּ**	

* BH: הֲנַעְתֶּם/ן

** less commonly: אתן/הן תָּנַעְנָה

שם הפועל .Infin לְהָנִיעַ *** less commonly: (אתן) הָנַעְנָה

שם הפעולה Gerund הֲנָעָה setting in motion, propulsion, starting up engine

הֶינֵעַ/הֶינַע propulsion

בינוני .Pres. Part מֵנִיעַ motive (legal), factor

מקור מוחלט .Inf. Abs הָנֵעַ

הוּנַע be shaken; be set in motion/started up/impelled

בניין: הוּפְעַל גזרה: ע"ו + ל' גרונית

	Present הווה		Past עבר	Future עתיד
יחיד	מוּנָע	אני	הוּנַעְתִּי	אוּנַע
יחידה	מוּנַעַת	אתה	הוּנַעְתָּ	תּוּנַע
רבים	מוּנָעִים	את	הוּנַעְתְּ/...עַת	תּוּנְעִי
רבות	מוּנָעוֹת	הוא	הוּנַע	יוּנַע
		היא	הוּנְעָה	תּוּנַע
		אנחנו	הוּנַעְנוּ	נוּנַע
		אתם/ן	הוּנַעְתֶּם/ן	תּוּנְעוּ*
		הם/ן	הוּנְעוּ	יוּנְעוּ*

בינוני Pres. Part. מוּנָע propelled; motivated   * less commonly: אתן/הן תּוּנַעְנָה

מקור מוחלט Inf. Abs. הוּנֵעַ

הִתְנוֹעֵעַ/הִתְנוֹעַע move, sway, swing

בניין: הִתְפַּעֵל גזרה: ע"ו + ל' גרונית

	Present הווה		Past עבר	Future עתיד	Imperative ציווי
יחיד	מִתְנוֹעֵעַ	אני	הִתְנוֹעַעְתִּי	אֶתְנוֹעֵעַ	
יחידה	מִתְנוֹעַעַת	אתה	הִתְנוֹעַעְתָּ	תִּתְנוֹעֵעַ	הִתְנוֹעֵעַ
רבים	מִתְנוֹעֲעִים	את	הִתְנוֹעַעְתְּ/...עַת	תִּתְנוֹעֲעִי	הִתְנוֹעֲעִי
רבות	מִתְנוֹעֲעוֹת	הוא	הִתְנוֹעֵעַ	יִתְנוֹעֵעַ	
		היא	הִתְנוֹעֲעָה	תִּתְנוֹעֵעַ	
		אנחנו	הִתְנוֹעַעְנוּ	נִתְנוֹעֵעַ	
		אתם/ן	הִתְנוֹעַעְתֶּם/ן	תִּתְנוֹעֲעוּ*	הִתְנוֹעֲעוּ**
		הם/ן	הִתְנוֹעֲעוּ	יִתְנוֹעֲעוּ*	

* less commonly: אתן/הן תִּתְנוֹעֵעְנָה

שם הפועל Infin. לְהִתְנוֹעֵעַ   ** less commonly: (אתן) הִתְנוֹעֵעְנָה

שם הפעולה Gerund הִתְנוֹעֲעוּת movement, swaying

מקור מוחלט Inf. Abs. הִתְנוֹעֵעַ

◆ פעלים שאינם שכיחים מאותו שורש Infrequent verbs sharing the same root

נִינּוֹעַ (נָנוֹעַ) be shaken; move (lit) (נִינּוֹעַ, יִינּוֹעַ, לְהִינּוֹעַ)

הִתְנַיֵּעַ (הִתְנַיֵּעַ) be movable (מִתְנַיֵּעַ, יִתְנַיֵּעַ, לְהִתְנַיֵּעַ)

בינוני Pres. Part. מִתְנַיֵּעַ self-propelled

◆ דוגמאות Illustrations

הכוח **הַמֵּנִיעַ** מאחורי פוליטיקאים רבים הוא נשותיהם.

The **driving** force behind many politicians is their wives.

למשטרה יש חשוד ברצח המזכירה, אבל עדיין אין להם מושג מה עשוי היה להיות **הַמֵּנִיעַ** לרצח.

The police have a suspect in the secretary murder case, but they still have no idea what could have been the **motive** for the murder.

חיים נוהג במכונית חדשה **המוּנַעַת** בחשמל.

Hayyim is driving a new car that **is propelled** by electricity.

המכונית הזאת קלה מדיי; ברוח חזקה היא **מִתְנוֹעַעַת** לכל עבר.

This car is too light; in strong wind it **sways** everywhere.

"ואף על פי כן, **נוֹעַ תָּנוּעַ**!"

"Nevertheless, it **will move**!" (attributed to Galileo)

◆ ביטויים מיוחדים Special expressions

נָע וָנָד forever wandering — תותח **מִתְנַיֵּעַ** self-propelled cannon

הֵנִיעַ ראשו shook his head

●נזק

הִזִּיק/הִזַּקְ/יַזִּיק harm, damage

בניין: הִפְעִיל גזרה: חסרי פ"נ

Imperative ציווי	Future עתיד	Past עבר		Present הווה	
	אַזִּיק	הִזַּקְתִּי	אני	מַזִּיק	יחיד
הַזֵּק	תַּזִּיק	הִזַּקְתָּ	אתה	מַזִּיקָה	יחידה
הַזִּיקִי	תַּזִּיקִי	הִזַּקְתְּ	את	מַזִּיקִים	רבים
	יַזִּיק	הִזִּיק	הוא	מַזִּיקוֹת	רבות
	תַּזִּיק	הִזִּיקָה	היא		
	נַזִּיק	הִזַּקְנוּ	אנחנו		
הַזִּיקוּ**	תַּזִּיקוּ*	הִזַּקְתֶּם/ן	אתם/ן		
	יַזִּיקוּ*	הִזִּיקוּ	הם/ן		

שם הפועל .Infin לְהַזִּיק * less commonly: אתן/הן תַּזֵּקְנָה

שם הפעולה Gerund הֶיזֵּק (N) damage, harm ** less commonly: (אתן) הַזֵּקְנָה

שם הפעולה Gerund הַזָּקָה (Med H) causing damage

בינוני .Pres. Part מַזִּיק harmful, destructive; pest; damager; evil spirit

מקור מוחלט .Inf. Abs הַזֵּק

מ"י מוצרכת .Gov. Prep הִזִּיק ל- cause damage to

נִיזַּק/יִינָּזֵק (נִזַּק/יִנָּזֵק) be harmed/damaged/injured

בניין: נִפְעַל גזרה: חסרי פ"נ (בעבר ובהווה גם ע"ו)

Imperative ציווי	Future עתיד	Past עבר		Present הווה	
	אֶנָּזֵק	נִיזַּקְתִּי	אני	נִיזָּק/נִיזּוֹק	יחיד
>>> הִינָּזֵק	תִּינָּזֵק	נִיזַּקְתָּ	אתה	נִיזֶּקֶת/נִיזּוֹקָה	יחידה

	Present הווה		Past עבר	Future עתיד	Imperative ציווי
רבים	נִיזָּקִים/נִיזּוֹקִים	את	נִיזַּקְתְּ	תִּינָּזְקִי	הִינָּזְקִי
רבות	נִיזָּקוֹת/נִיזּוֹקוֹת	הוא	נִיזַּק/נִיזּוֹק	יִינָּזֵק	
		היא	נִיזְּקָה/נִיזּוֹקָה	תִּינָּזֵק	
		אנחנו	נִיזַּקְנוּ	נִינָּזֵק	
		אתם/ן	נִיזַּקְתֶּם/ן	תִּינָּזְקוּ*	הִינָּזְקוּ**
		הם/ן	נִיזְּקוּ/נִיזּוֹקוּ	יִינָּזְקוּ*	

* less commonly: אתן/הן תִּינָּזַקְנָה/...זַקְנָה

שם הפועל .Infin לְהִינָּזֵק ** less commonly: (אתן) הִינָּזַקְנָה/...זַקְנָה

שם הפעולה Gerund הִינָּזְקוּת being harmed/damaged

בינוני .Pres. Part נִיזָּק/נִיזּוֹק harmed, hurt, damaged (Adj. & N)

מקור מוחלט .Inf. Abs נִיזּוֹק

מ״י מוצרכת .Gov. Prep נִיזּוֹק מִן be damaged by

◆ פעלים שאינם שכיחים מאותו שורש Infrequent verbs sharing the same root

הוּזַּק (הֻזַּק) be caused damage (Mish H) (מוּזָּק, יוּזַּק)

נִתְנַזֵּק be damaged, be caused a loss (lit.) (מִתְנַזֵּק, יִתְנַזֵּק, לְהִתְנַזֵּק)

◆ דוגמאות Illustrations

פליטת הפה של המועמד **הִזִּיקָה** קשות למערכת הבחירות שלו. הדימוי שיועציו ניסו לבנות לו בקרב הציבור **נִיזּוֹק** ללא תקנה.

The candidate's slip of the tongue badly **damaged** his election campaign. The image his advisers were trying to build up for him in the public **was** irreparably **damaged**.

מנהיג האופוזיציה טען בנאומו כי **הַנִּיזּוֹקִים** העיקריים מן האינפלציה הם הפועלים.

The opposition leader claimed in his speech that the **ones hurt** mostly by the inflation are the workers.

חומרי הריסוס הללו נועדו להדברת **מַזִּיקִים**, אבל ידוע היום שהם **מַזִּיקִים** גם לבני אדם ולצומח.

These pesticides are intended to destroy **pests**, but today it is known that they also **harm** people and flora.

◆ ביטויים מיוחדים Special cxpressions

שליחי מצווה אינם **נִיזּוֹקִים** those who do a good deed will not be harmed themselves

● נחת

נָחַת/נוֹחֵת/יִנְחַת come down, descend, land (intr.)

בניין: פָּעַל   גזרה: ע׳ גרונית (אֶפְעַל) (+ ל״ת?)

	Present הווה		Past עבר	Future עתיד	Imper. ציווי
יחיד	נוֹחֵת נָחוּת	אני	נָחַ(תְ)תִּי	אֶנְחַת	
יחידה	נוֹחֶתֶת נְחוּתָה	אתה	נָחַ(תְ)תָּ	תִּנְחַת	נְחַת
רבים	נוֹחֲתִים נְחוּתִים	את	נָחַ(תְ)תְּ	תִּנְחֲתִי	נַחֲתִי
רבות	נוֹחֲתוֹת נְחוּתוֹת	הוא	נָחַת	יִנְחַת	
		היא	נָחֲתָה	תִּנְחַת	
		אנחנו	נָחַתְנוּ	נִנְחַת	
		אתם/ן	נְחַ(תְ)תֶּם/ן*	תִּנְחֲתוּ**	נַחֲתוּ***
		הם/ן	נָחֲתוּ	יִנְחֲתוּ**	

* Colloquial: נָחַ(תְ)תֶּם/ן

** less commonly: אתן/הן תִּנְחַתְנָה

*** less commonly: (אתן) נְחַתְנָה

שם הפועל Infin. לִנְחוֹת

בינוני סביל Pass. Part. נָחוּת inferior

שם הפעולה Gerund נְחִיתָה landing

מקור מוחלט Inf. Abs. נָחוֹת

מ״י Gov. Prep. נָחַת עַל pay unexpected visit to (sl.)

הִנְחִית/הִנְחַת/יַנְחִית deal (blow); bring down, land (tr.), disembark

בניין: הִפְעִיל   גזרה: שלמים (+ ל״ת?)

	Present הווה		Past עבר	Future עתיד	Imperative ציווי
יחיד	מַנְחִית	אני	הִנְחַ(תְ)תִּי	אַנְחִית	
יחידה	מַנְחִיתָה	אתה	הִנְחַ(תְ)תָּ	תַּנְחִית	הַנְחֵת
רבים	מַנְחִיתִים	את	הִנְחַ(תְ)תְּ	תַּנְחִיתִי	הַנְחִיתִי
רבות	מַנְחִיתוֹת	הוא	הִנְחִית	יַנְחִית	
		היא	הִנְחִיתָה	תַּנְחִית	
		אנחנו	הִנְחַתְנוּ	נַנְחִית	
		אתם/ן	הִנְחַ(תְ)תֶּם/ן	תַּנְחִיתוּ*	הַנְחִיתוּ**
		הם/ן	הִנְחִיתוּ	יַנְחִיתוּ*	

* less commonly: אתן/הן תַּנְחֵתְנָה

** less commonly: (אתן) הַנְחֵתְנָה

שם הפועל Infin. לְהַנְחִית

שם הפעולה Gerund הַנְחָתָה landing; dealing blows

מקור מוחלט Inf. Abs. הַנְחֵת

מ״י Gov. Prep. הִנְחִית עַל impose on (somebody) (sl.)

הוּנְחַת be dealt (blow); be brought down/landed (הֻנְחַת)

בניין: הוּפְעַל גזרה: ע' גרונית (+ ל"ת?)

	Present הווה		Past עבר	Future עתיד
יחיד	מוּנְחָת	אני	הוּנְחַ(תְ)תִּי	אוּנְחַת
יחידה	מוּנְחֶתֶת	אתה	הוּנְחַ(תְ)תָּ	תּוּנְחַת
רבים	מוּנְחָתִים	את	הוּנְחַ(תְ)תְּ	תּוּנְחֲתִי
רבות	מוּנְחָתוֹת	הוא	הוּנְחַת	יוּנְחַת
		היא	הוּנְחֲתָה	תּוּנְחַת
		אנחנו	הוּנְחַתְנוּ	נוּנְחַת
		אתם/ן	הוּנְחַ(תְ)תֶּם/ן	תּוּנְחֲתוּ*
		הם/ן	הוּנְחֲתוּ	יוּנְחֲתוּ*

מ"י Gov. Prep. הוּנְחַת עַל be imposed on (sl.) * less commonly: אתן/הן תּוּנְחַתְנָה

◆ פעלים שאינם שכיחים מאותו שורש Infrequent verbs sharing the same root

נִיחַת (נִחַת) pierce; be broken (lit.) (נִיחַת, יִינָּחֵת, לְהִינָּחֵת)

נִנְחַת become/feel inferior (lit.) (נִנְחָת, יִינָּחֵת, לְהִינָּחֵת)

נִיחֵת (נִחֵת) lower; attenuate, damp; reduce in volume (radio) (מְנַחֵת, יְנַחֵת, לְנַחֵת)

◆ דוגמאות Illustrations

לא האמנו שהטייס יצליח **לְהַנְחִית** את המטוס הפגוע, אבל בסופו של דבר המטוס **נָחַת** בשלום.

We did not believe that the pilot would manage **to land** the damaged plane, but in the end the plane did **land** safely.

חלק מן הנחתים **שהוּנְחֲתוּ** לפני יותר מחמישים שנה בנורמנדיה זכו לחגוג בה את יובל תום המלחמה.

Some of the marines who **were landed** in Normandy over 50 years ago were fortunate to celebrate there the 50th anniversary of the end of the war.

◆ ביטויים מיוחדים Special expressions

הִנְחִית עליו מהלומות/מכות brought down blows upon him

הוּנְחֲתוּ עליו מהלומות/מכות blows were brought down upon him

●נטה

נָטָה/נוֹטֶה/יִיטֶה (יִטֶּה) turn, turn aside; be bent; tend, be inclined; extend; decline (nouns), conjugate (verbs)

בניין: פָּעַל גזרה: ל"ה + חסרי פ"נ

	Present הווה			Past עבר	Future עתיד	Imper. ציווי
יחיד	נוֹטֶה	נָטוּי	אני	נָטִיתִי	אֶטֶּה	
יחידה	נוֹטָה	נְטוּיָה	אתה	נָטִיתָ	תִּטֶּה	נְטֵה
רבים	נוֹטִים	נְטוּיִים	את	נָטִית	תִּטִּי	נְטִי
רבות	נוֹטוֹת	נְטוּיוֹת	הוא	נָטָה	יִטֶּה	
			היא	נָטְתָה	תִּטֶּה	
			אנחנו	נָטִינוּ	נִטֶּה	
			אתם/ן	נְטִיתֶם/ן*	תִּטּוּ**	נְטוּ***
			הם/ן	נָטוּ	יִטּוּ**	

* Colloquial: נָטִיתֶם/ן

** less commonly: אתן/הן תִּטֶּינָה

*** less commonly: (אתן) נְטֶינָה

שם הפועל Infin. לִנְטוֹת

שם הפעולה Ger. נְטִיָּה turning (aside); tendency; inflection (conjugation & inflection)

בינוני פעיל Act. Part. נוֹטֶה inclined, disposed; bent

בינוני סביל Pass. Part. נָטוּי extended; bent; inflected

מקור מוחלט Inf. Abs. נָטֹה

מ"י מוצרכת Gov. Prep. נָטָה ל- be inclined to(wards)

הִטָּה/מַטֶּה deflect, turn (aside); pervert, distort; decline/conjugate; bend

בניין: הִפְעִיל גזרה: חסרי פ"נ + ל"ה

	Present הווה		Past עבר	Future עתיד	Imperative ציווי
יחיד	מַטֶּה	אני	הִטֵּיתִי	אַטֶּה	
יחידה	מַטָּה	אתה	הִטֵּיתָ	תַּטֶּה	הַטֵּה
רבים	מַטִּים	את	הִטֵּית	תַּטִּי	הַטִּי
רבות	מַטּוֹת	הוא	הִטָּה	יַטֶּה	
		היא	הִטְּתָה	תַּטֶּה	
		אנחנו	הִטֵּינוּ*	נַטֶּה	
		אתם/ן	הִטֵּיתֶם/ן	תַּטּוּ**	הַטּוּ***
		הם/ן	הִטּוּ	יַטּוּ**	

* BH: הִטִּינוּ

** less commonly: אתן/הן תַּטֶּינָה

*** less commonly: (אתן) הַטֶּינָה

שם הפועל Infin. לְהַטּוֹת

בינוני Pres. Part. מַטֶּה walking stick, staff; family branch; staff (military etc.)

שם הפעולה Gerund הַטָּיָה diversion, deflecting; inclination, bending

מקור מוחלט Inf. Abs. הַטֵּה

הוּטָה (הֻטָּה) be diverted/turned aside; be bent over

בניין: הוּפְעַל גזרה: חסרי פ"נ + ל"ה

	Present הווה		Past עבר	Future עתיד
יחיד	מוּטֶה	אני	הוּטֵיתִי	אוּטֶה
יחידה	מוּטָה	אתה	הוּטֵיתָ	תּוּטֶה
רבים	מוּטִים	את	הוּטֵית	תּוּטִי
רבות	מוּטוֹת	הוא	הוּטָה	יוּטֶה
		היא	הוּטְתָה	תּוּטֶה
		אנחנו	הוּטֵינוּ*	נוּטֶה
		אתם/ן	הוּטֵיתֶם/ן	תּוּטוּ**
		הם/ן	הוּטוּ	יוּטוּ**

* BH: הוּטֵינוּ ** less commonly: אתן/הן תּוּטֶינָה

בינוני פעיל Pres. Part. מוּטֶה inclined, leaning, bent

[מקור מוחלט Inf. Abs. הוּטֵה]

◆ פעלים שאינם שכיחים מאותו שורש Infrequent verbs sharing the same root

נִיטָּה (נִטָּה) extend; be steered; be inflected (נִיטֶּה, יִינָּטֶה, לְהִינָּטוֹת)

הִתְנַטָּה be inflected (gramm.) (מִתְנַטֶּה, יִתְנַטֶּה, לְהִתְנַטּוֹת)

◆ דוגמאות Illustrations

אני **נוֹטֶה** לקבל את הטענה שקיימת היום **נְטִיָּה** ברורה ללמוד מקצועות מעשיים יותר.

I **am inclined** to accept the claim that there exists today a stronger **tendency** to study more practical subjects.

כשראיתי שהשיחה **נוֹטָה** לכיוון בלתי רצוי, מיהרתי **לְהַטּוֹתָהּ** לנושא אחר.

When I noticed that the conversation **was shifting (=bending)** in an undesirable direction, I hurried **to divert** it to a different subject.

מעניין כמה אנשים **בַּמַּטֶּה** הכללי יודעים **לְהַטּוֹת** את הפועל 'נטה'...

It is interesting to know how many people in the general **staff** can **conjugate** the verb 'nata...'

הבעיות בכפר החלו אחרי שאפיקו של הנחל המקומי **הוּטָּה** כדי להרחיב את אתר הבנייה.

The problems in the village started when the riverbed **was diverted** so as to extend the building area.

◆ ביטויים מיוחדים Special expressions

נָטָה אחריו agree/go along with him

נָטָה היום the day was waning

נָטָה חסד ל- show kindness towards

נָטָה ללון put up for the night

נָטָה למות be on the verge of dying

נָטָה שכמו לסבול show readiness to carry any burden

נְטִיַּת הפעלים conjugation of verbs

נְטִיַּת השמות declension of nouns

בזרוע **נְטוּיָה** with outstretched arm (i.e. with great strength)

ועוד ידו נְטוּיָה and that's not the end of it - he can still go on
פועל נָטוּי inflected verb
אחרי רבים לְהַטּוֹת one needs to accept the will of the majority
הִטָּה אוזן lend an ear
הִטָּה את לבו win him over
הִטָּה משפט pervert the course of justice
המַטֶּה הכללי the General Staff
מַטֵּה אהרון Aaron's rod (plant)
שבר את מַטֵּה לחמו made him poor and hungry
הנחל הוּטָּה the river was diverted

●נטל

הִטִּיל/הִטַּל/יַטִּיל impose (taxes etc.), place (on)

בניין: הִפְעִיל גזרה: חסרי פ"נ

	Present הווה		Past עבר	Future עתיד	Imperative ציווי
יחיד	מַטִּיל	אני	הִטַּלְתִּי	אַטִּיל	
יחידה	מַטִּילָה	אתה	הִטַּלְתָּ	תַּטִּיל	הַטֵּל
רבים	מַטִּילִים	את	הִטַּלְתְּ	תַּטִּילִי	הַטִּילִי
רבות	מַטִּילוֹת	הוא	הִטִּיל	יַטִּיל	
		היא	הִטִּילָה	תַּטִּיל	
		אנחנו	הִטַּלְנוּ	נַטִּיל	
		אתם/ן	הִטַּלְתֶּם/ן	תַּטִּילוּ*	הַטִּילוּ**
		הם/ן	הִטִּילוּ	יַטִּילוּ*	

שם הפועל .Infin לְהַטִּיל
שם הפעולה Gerund הַטָּלָה imposing
הֶיטֵל levy
מקור מוחלט .Inf. Abs הַטֵּל
מ"י מוצרכת .Gov. Prep הִטִּיל על impose on

* less commonly: אתן/הן תַּטֵּלְנָה
** less commonly: (אתן) הַטֵּלְנָה

הוּטַל (הֻטַּל) be imposed/placed (on); be laid

בניין: הוּפְעַל גזרה: חסרי פ"נ

	Present הווה		Past עבר	Future עתיד
יחיד	מוּטָּל	אני	הוּטַּלְתִּי	אוּטַּל
יחידה	מוּטֶּלֶת	אתה	הוּטַּלְתָּ	תּוּטַּל
רבים	מוּטָּלִים	את	הוּטַּלְתְּ	תּוּטְּלִי
רבות	מוּטָּלוֹת	הוא	הוּטַּל	יוּטַּל
		היא	הוּטְּלָה	תּוּטַּל
		אנחנו	הוּטַּלְנוּ	נוּטַּל
		אתם/ן	הוּטַּלְתֶּם/ן	תּוּטְּלוּ*
		הם/ן	הוּטְּלוּ	יוּטְּלוּ* >>>

[מקור מוחלט Inf. Abs. הוּטֵל] * less commonly: אתן/הן תּוּטַלְנָה

מ״י מוצרכת Gov. Prep. מוּטָל עַל it is the obligation of

נָטַל/נוֹטֵל/יִטּוֹל (יִטֹּל) take; put on, impose (lit.)

בניין: פָּעַל גזרה: חסרי פ״נ (אפעול)

	Present הווה			Past עבר	Future עתיד	Imper. ציווי
יחיד	נוֹטֵל	נָטוּל	אני	נָטַלְתִּי	אֶטּוֹל	
יחידה	נוֹטֶלֶת	נְטוּלָה	אתה	נָטַלְתָּ	תִּיטּוֹל	טוֹל/נְטוֹל
רבים	נוֹטְלִים	נְטוּלִים	את	נָטַלְתְּ	תִּיטְּלִי	טְלִי/נִטְלִי
רבות	נוֹטְלוֹת	נְטוּלוֹת	הוא	נָטַל	יִיטּוֹל	
			היא	נָטְלָה	תִּיטּוֹל	
			אנחנו	נָטַלְנוּ	נִיטּוֹל	
			אתם/ן	נְטַלְתֶּם/ן*	תִּיטְּלוּ**	טְלוּ/נִטְלוּ***
			הם/ן	נָטְלוּ	יִיטְּלוּ**	

שם הפועל Infin. לִיטּוֹל/לִנְטוֹל — * Colloquial: נָטַלְתֶּם/ן

בינ׳ סביל Pass. Part. נָטוּל lacking, devoid of — ** less commonly: אתן/הן תִּיטּוֹלְנָה

שם הפעולה Ger. נְטִילָה taking, receiving — *** less commonly: (אתן) טוֹלְנָה/נְטוֹלְנָה

מקור מוחלט Inf. Abs. נָטוֹל

◆ פעלים שאינם שכיחים מאותו שורש Infrequent verbs sharing the same root

נִיטַּל (נִטַּל) be taken; be removed (נִיטַּל, יִינָּטֵל, לְהִינָּטֵל)

נִיטֵּל (נִטֵּל) lift, raise (lit.) (מְנַטֵּל, יְנַטֵּל, לְנַטֵּל)

נוּטַּל (נֻטַּל) be lifted/raised (Med H) (מְנוּטָּל, יְנוּטַּל)

הִתְנַטֵּל be lifted/raised (Med H) (מִתְנַטֵּל, יִתְנַטֵּל, לְהִתְנַטֵּל)

◆ דוגמאות Illustrations

ראש הממשלה **הֵטִיל** על שר האוצר להכין תוכנית להבראת המשק מבלי **לְהַטִּיל** מיסים חדשים. בישיבת הממשלה **נָטַל** השר את רשות הדיבור וטען שהמשימה **שהוּטְלָה** עליו היא בלתי אפשרית, מכיוון שאף אחד מן השרים האחרים אינו מוכן לשתף פעולה.

The prime minister **placed on** the finance minister (the task of) preparing a plan for economic recovery without **imposing** new taxes. At the government meeting, the finance minister **took** the floor and claimed that the task (that had been) **imposed** on him was impossible, since none of the other ministers was willing to cooperate.

◆ ביטויים מיוחדים Special expressions

נָטַל ידיים wash one's hands

נָטַל את נפשו/נשמתו take his life, kill him

נָטַל עצה מ consult with

נָטַל רשות (מ) obtain permission (from)

נָטַל ציפורניים cut one's nails

נָטַל רגליו/עצמו remove oneself, go away

טוֹל קיסם מבין שיניך -- **טוֹל** קורה מבין עיניך You're finding fault in me? Look at yourself!

נְטִילַת ידיים washing one's hands

נְטִילַת ציפורניים cutting one's nails

נְטִילַת רשות obtaining permission

נְטִילַת לולב swaying the palm branch (on Succoth)

נְטוּל-קפאין decaffeinated

נִיטַּל עוקצו its sting has been removed, i.e. it no longer has an effect

הֵטִיל אימה scare

חובה **מוּטֶּלֶת** עליך you are under an obligation

●נטע

נָטַע/נוֹטֵעַ/יִטַּע plant; stick; instil

בניין: **פָּעַל** גזרה: **חסרי פ"נ + ל' גרונית (אֶפְעַל)**

	Present הווה			Past עבר	Future עתיד	Imper. ציווי
יחיד	נוֹטֵעַ	נָטוּעַ	אני	נָטַעְתִּי	אֶטַּע	
יחידה	נוֹטַעַת	נְטוּעָה	אתה	נָטַעְתָּ	תִּיטַּע	טַע/נְטַע
רבים	נוֹטְעִים	נְטוּעִים	את	נָטַעַתְּ/...עַת	תִּיטְּעִי	טְעִי/נִטְעִי
רבות	נוֹטְעוֹת	נְטוּעוֹת	הוא	נָטַע	יִיטַּע	
			היא	נָטְעָה	תִּיטַּע	
			אנחנו	נָטַעְנוּ	נִיטַּע	
			אתם/ן	נְטַעְתֶּם/ן*	תִּיטְּעוּ**	טְעוּ/נִטְעוּ***
			הם/ן	נָטְעוּ	יִיטְּעוּ**	

שם הפועל Infin. לִנְטוֹעַ/לָטַעַת

* Colloquial: נָטַעְתֶּם/ן

שם הפעולה Gerund נְטִיעָה planting

** less commonly: אתן/הן תִּיטַּעְנָה

בינוני סביל Pass. Part. נָטוּעַ planted; stuck

*** less commonly: (אתן) (נְ)טַעְנָה

מקור מוחלט Inf. Abs. נָטוֹעַ

נִטַּע/יִינָּטַע/יִינָּטֵעַ (יִנָּטַע) be planted

בניין: **נִפְעַל** גזרה: **חסרי פ"נ + ל' גרונית**

	Present הווה		Past עבר	Future עתיד	Imperative ציווי
יחיד	נִטָּע	אני	נִטַּעְתִּי	אֶנָּטַע/...טֵעַ	
יחידה	נִטַּעַת	אתה	נִטַּעְתָּ	תִּינָּטַע/...טֵעַ	הִינָּטַע/...טֵעַ
רבים	נִטָּעִים	את	נִטַּעַתְּ/...עַת	תִּינָּטְעִי	הִינָּטְעִי
רבות	נִטָּעוֹת	הוא	נִטַּע	יִינָּטַע/...טֵעַ	
		היא	נִטְּעָה	תִּינָּטַע/...טֵעַ	
		אנחנו	נִטַּעְנוּ	נִינָּטַע/...טֵעַ	
		אתם/ן	נִטַּעְתֶּם/ן	תִּינָּטְעוּ*	הִינָּטְעוּ**
		הם/ן	נִטְּעוּ	יִינָּטְעוּ*	<<<

שם הפועל .Infin לְהִינָּטַע/...טֵע * less commonly: אתן/הן תִּינָּטַעְנָה
שם הפעולה Gerund הִינָּטְעוּת being planted ** less commonly: (אתן) הִינָּטַעְנָה
מקור מוחלט .Inf. Abs נִיטוֹעַ

◆ פעלים שאינם שכיחים מאותו שורש Infrequent verbs sharing the same root
נִיטַע (נִטַּע) plant (Med H) (מְנַטֵּעַ, יְנַטַּע, לְנַטֵּעַ)
נוּטַע (נֻטַּע) be planted (Med H) (מְנוּטָּע, יְנוּטַּע)
הוּטַע (הֻטַּע) be planted (Med H) (מוּטָּע, יוּטַּע)

◆ דוגמאות Illustrations
מיליוני עצים **נִיטְעוּ** על ידי הקרן הקיימת לישראל. תלמידי בתי ספר **נָטְעוּ** חלק ניכר מהם.
Millions of trees **were planted** by the Jewish National Fund. School children **planted** a substantial number of them.

●נכה

hit, strike, beat; kill; afflict הִכָּה/מַכֶּה

בניין: הִפְעִיל גזרה: חסרי פ"נ + ל"ה

	Present הווה		Past עבר	Future עתיד	Imperative ציווי
יחיד	מַכֶּה	אני	הִכֵּיתִי/...כִּיתִי	אַכֶּה	
יחידה	מַכָּה	אתה	הִכֵּיתָ/...כִּיתָ	תַּכֶּה	הַכֵּה
רבים	מַכִּים	את	הִכֵּית/...כִּית	תַּכִּי	הַכִּי
רבות	מַכּוֹת	הוא	הִכָּה	יַכֶּה	
		היא	הִכְּתָה	תַּכֶּה	
		אנחנו	הִכֵּינוּ/...כִּינוּ*	נַכֶּה	
		אתם/ן	הִכֵּיתֶם/ן/..כִּי..	תַּכּוּ**	הַכּוּ***
		הם/ן	הִכּוּ	יַכּוּ**	

* BH only allows: הִכִּינוּ

שם הפועל .Infin לְהַכּוֹת ** less commonly: אתן/הן תַּכֶּינָה
שם הפעולה Gerund הַכָּאָה beating *** less commonly: (אתן) הַכֶּינָה
בינוני .Pres. Part מַכֶּה one who habitually beats
מקור מוחלט .Inf. Abs הַכֵּה

be hit/beaten; be stricken/slain (הֻכָּה) הוּכָּה

בניין: הוּפְעַל גזרה: חסרי פ"נ + ל"ה

	Present הווה		Past עבר	Future עתיד
יחיד	מוּכֶּה	אני	הוּכֵּיתִי	אוּכֶּה
יחידה	מוּכָּה	אתה	הוּכֵּיתָ	תּוּכֶּה
רבים	מוּכִּים	את	הוּכֵּית	תּוּכִּי
רבות	מוּכּוֹת	הוא	הוּכָּה	יוּכֶּה
		היא	הוּכְּתָה	תּוּכֶּה
		אנחנו	הוּכֵּינוּ*	נוּכֶּה
		אתם/ן	הוּכֵּיתֶם/ן	תּוּכּוּ**
		הם/ן	הוּכּוּ	יוּכּוּ**

* BH: הוּכִּינוּ

בינוני .Pres. Part מוּכֶּה (habitually) beaten ** less commonly: אתן/הן תּוּכֶּינָה

מקור מוחלט .Inf. Abs הוּכֵּה

deduct (from salary etc.), discount (bills) (נִכָּה) נִיכָּה/נִכָּה

בניין: פִּיעֵל גזרה: ל"ה

	Present הווה		Past עבר	Future עתיד	Imperative ציווי
יחיד	מְנַכֶּה	אני	נִיכִּיתִי/...כֵּיתִי	אֲנַכֶּה	
יחידה	מְנַכָּה	אתה	נִיכִּיתָ/...כֵּיתָ	תְּנַכֶּה	נַכֵּה
רבים	מְנַכִּים	את	נִיכִּית/...כֵּית	תְּנַכִּי	נַכִּי
רבות	מְנַכּוֹת	הוא	נִיכָּה	יְנַכֶּה	
		היא	נִיכְּתָה	תְּנַכֶּה	
		אנחנו	נִיכִּינוּ/...כֵּינוּ*	נְנַכֶּה	
		אתם/ן	נִיכִּיתֶם/ן/..כֵּי..	תְּנַכּוּ**	נַכּוּ***
		הם/ן	נִיכּוּ	יְנַכּוּ**	

שם הפועל .Infin לְנַכּוֹת * BH only allows: נִיכִּינוּ

שם הפעולה .Ger נִיכּוּי deduction; discount ** less commonly: אתן/הן תְּנַכֶּינָה

מקור מוחלט .Inf. Abs נַכֵּה *** less commonly: (אתן) נַכֶּינָה

be deducted/discounted (נֻכָּה) נוּכָּה/נוּכֶּה

בניין: פּוּעַל גזרה: ל"ה

	Present הווה		Past עבר	Future עתיד	
יחיד	מְנוּכֶּה	אני	נוּכֵּיתִי	אֲנוּכֶּה	
יחידה	מְנוּכָּה	אתה	נוּכֵּיתָ	תְּנוּכֶּה	
רבים	מְנוּכִּים	את	נוּכֵּית	תְּנוּכִּי	
רבות	מְנוּכּוֹת	הוא	נוּכָּה	יְנוּכֶּה	
		היא	נוּכְּתָה	תְּנוּכֶּה	
		אנחנו	נוּכֵּינוּ*	נְנוּכֶּה	
		אתם/ן	נוּכֵּיתֶם/ן	תְּנוּכּוּ**	<<<

הם/ן	נוּכּוּ	יְנוּכּוּ**

[מקור מוחלט Inf. Abs. נוּכֹּה] * BH: נוּכֵּינוּ ** less commonly: אתן/הן תְּנוּכֶּינָה

◆ פעלים שאינם שכיחים מאותו שורש Infrequent verbs sharing the same root

נִיכָּה (נִכָּה) be hit/badly hurt (נִיכֶּה, יִינָּכֶה, לְהִינָּכוֹת)

הִתְנַכָּה get deducted/discounted (מִתְנַכֶּה, יִתְנַכֶּה, לְהִתְנַכּוֹת)

◆ דוגמאות Illustrations

נִיכּוּ לי החודש סכום גדול מדי מן המשכורת. אני צריך לגשת לברר מדוע **נוּכָּה** לי סכום כה גדול.

This month they **deducted** too large a sum from my salary. I need to go and find out why such a large sum **has been deducted**.

האם תרומה למוסד שלכם מוכרת **כְּנִיכּוּי** לצורכי מס הכנסה?

Is a contribution to your institution recognized as a **deduction** for income tax purposes?

התובעת טענה בבית המשפט כי זהו מקרה קלאסי של אישה **מוּכָּה**, ושהיא מכחישה שבעלה **מַכֶּה** אותה מתוך פחד, וגם אולי מתוך בושה.

The prosecutor argued in court that this is a classic case of a **battered** wife, and that she is denying her husband **is beating** her out of fear, and perhaps out of shame as well.

◆ ביטויים מיוחדים Special expressions

הִכָּה גלים have reverberations

הִכָּה בסנוורים blind

הִכָּה שורש strike root, get established

הִכָּה בתוף beat the drum

הִכָּה אותו נפש slay him

הִכָּה בתדהמה shock

לבו **הִכָּה** אותו be conscience stricken

●נכח

נָכַח/נוֹכֵחַ/יִנְכַּח be present, attend

בניין: פָּעַל גזרה: ל׳ גרונית (אֶפְעַל)

	Present הווה		Past עבר	Future עתיד	Imperative ציווי
יחיד	נוֹכֵחַ	אני	נָכַחְתִּי	אֶנְכַּח	
יחידה	נוֹכַחַת	אתה	נָכַחְתָּ	תִּנְכַּח	נְכַח
רבים	נוֹכְחִים	את	נָכַחְתְּ/...חַת	תִּנְכְּחִי	נִכְחִי
רבות	נוֹכְחוֹת	הוא	נָכַח	יִנְכַּח	
		היא	נָכְחָה	תִּנְכַּח	
		אנחנו	נָכַחְנוּ	נִנְכַּח	
		אתם/ן	נְכַחְתֶּם/ן*	תִּנְכְּחוּ**	נִכְחוּ***
		הם/ן	נָכְחוּ	יִנְכְּחוּ**	<<<

שם הפועל .Infin לִנְכּוֹחַ — * Colloquial: נְכַחְתֶּם/ן
בינוני .Pres. Part נוֹכֵחַ present, 2nd person — ** less commonly: אתן/הן תִּנְכַּחְנָה
מקור מוחלט .Inf. Abs נָכוֹחַ — *** less commonly: (אתן) נְכַחְנָה
מ״י מוצרכת .Gov. Prep נָכַח ב- be present at

◆ פעלים שאינם שכיחים מאותו שורש Infrequent verbs sharing the same root
הִתְנַכַּח (הִתְנַכַּח) be present (lit.) (מִתְנַכֵּחַ, יִתְנַכַּח, לְהִתְנַכֵּחַ)

◆ דוגמאות Illustrations
הנשיא לא נָכַח בטקס, אבל שלח את סגן-הנשיא כנציגו.
The president did not **attend** the ceremony, but he sent the vice-president as his representative.

●נכר

הִכִּיר/הִכַּר/יַכִּיר know, be acquainted with; recognize; acknowledge (a truth)

בניין: הִפְעִיל גזרה: חסרי פ״נ

	Present הווה		Past עבר	Future עתיד	Imperative ציווי
יחיד	מַכִּיר	אני	הִכַּרְתִּי	אַכִּיר	
יחידה	מַכִּירָה	אתה	הִכַּרְתָּ	תַּכִּיר	הַכֵּר
רבים	מַכִּירִים	את	הִכַּרְתְּ	תַּכִּירִי	הַכִּירִי
רבות	מַכִּירוֹת	הוא	הִכִּיר	יַכִּיר	
		היא	הִכִּירָה	תַּכִּיר	
		אנחנו	הִכַּרְנוּ	נַכִּיר	
		אתם/ן	הִכַּרְתֶּם/ן	תַּכִּירוּ*	הַכִּירוּ**
		הם/ן	הִכִּירוּ	יַכִּירוּ*	

* less commonly: אתן/הן תַּכֵּרְנָה
שם הפועל .Infin לְהַכִּיר — ** less commonly: (אתן) הַכֵּרְנָה
שם הפעולה Gerund הַכָּרָה consciousness; recognition, getting to know; conviction
שם הפעולה Gerund הֶיכֵּר (mark of) recognition
בינוני .Pres. Part מַכִּיר acquaintance; knowing, recognizing
מקור מוחלט .Inf. Abs הַכֵּר
מ״י מוצרכת .Gov. Prep הִכִּיר ב- acknowledge, recognize (regime etc.)

be recognized; be acknowledged (truth, etc.); be granted הוּכַּר (הֻכַּר) recognition

בניין: הוּפְעַל גזרה: חסרי פ"נ

	הווה Present		עבר Past	עתיד Future
יחיד	מוּכָּר	אני	הוּכַּרְתִּי	אוּכַּר
יחידה	מוּכֶּרֶת	אתה	הוּכַּרְתָּ	תוּכַּר
רבים	מוּכָּרִים	את	הוּכַּרְתְּ	תוּכְּרִי
רבות	מוּכָּרוֹת	הוא	הוּכַּר	יוּכַּר
		היא	הוּכְּרָה	תוּכַּר
		אנחנו	הוּכַּרְנוּ	נוּכַּר
		אתם/ן	הוּכַּרְתֶּם/ן	תוּכְּרוּ*
		הם/ן	הוּכְּרוּ	יוּכְּרוּ*

* less commonly: אתן/הן תּוּכַּרְנָה

בינ' Pres. Part. מוּכָּר familiar; recognized (officially) [מקור מוחלט Inf. Abs. הוּכֵּר]

A homonymous, less frequent root meaning 'be foreign/strange' is not included here.

◆ פעלים שאינם שכיחים מאותו שורש Infrequent verbs sharing the same root

נִיכַּר (נִכַּר) be known/recognized (נִיכָּר, יִינָּכֵר, לְהִינָּכֵר)

בינוני Pass. Part. נִיכָּר recognizable; considerable

נִיכֵּר (נִכֵּר) recognize, give preference (lit.) (מְנַכֵּר, יְנַכֵּר, לְנַכֵּר)

נוּכַּר (נֻכַּר) be recognized, seen (Mish H) (מְנוּכָּר, יְנוּכַּר)

הִתְנַכֵּר be recognized, be discerned/distinguished (lit.) (מִתְנַכֵּר, יִתְנַכֵּר, לְהִתְנַכֵּר)

◆ דוגמאות Illustrations

הפנים שלו **מוּכָּרוֹת** לי, אבל אינני זוכר מהיכן אני **מַכִּיר** אותו. אולי דרך **מַכִּירִים** משותפים.

His face **is familiar**, but I do not remember where I **know** him from. Perhaps through common **acquaintances**.

ישראל ואש"פ **הִכִּירוּ** זה בזה; שני הצדדים **מַכִּירִים** בכך שאין מנוס **מֵהַכָּרָה** הדדית, ומקווים להגיע להסדרים שיביאו הישגים **נִיכָּרִים** לכל אחד מן הצדדים.

Israel and the PLO **have recognized** each other. The two parties **acknowledge** that there is no escape from mutual **recognition**, and hope to reach agreements that will bring **considerable** achievements to each side.

◆ ביטויים מיוחדים Special expressions

בבקשה **לְהַכִּיר** may I introduce

הִכִּיר טובה/תודה be grateful

הִכִּיר את מקומו know one's place

הִכִּיר פנים (במשפט) show preference for one side (in a trial)

מקומו לא **יַכִּירֶנּוּ** פה this is no place for him

נִיכָּר ש- it is evident that

נִיכָּרִים דברי אמת truth is easily recognizable

סימני הֶיכֵּר identifying marks
בעל הַכָּרָה a person of convictions
ללא הַכָּרָה unconscious
לעשות הַכָּרָה עם make the acquaintance of
תת-הַכָּרָה the subconscious
הַכָּרַת פנים facial expression
הַכָּרָה עצמית recognizing one's own value
בא לידי הַכָּרָה come to the conclusion

●נמק

נִימֵּק/נִימַּק/נַמֵּק (נִמֵּק) justify by argument

בניין: פִּיעֵל גזרה: שלמים

Imperative ציווי	Future עתיד	Past עבר		Present הווה	
	אֲנַמֵּק	נִימַּקְתִּי	אני	מְנַמֵּק	יחיד
נַמֵּק	תְּנַמֵּק	נִימַּקְתָּ	אתה	מְנַמֶּקֶת	יחידה
נַמְּקִי	תְּנַמְּקִי	נִימַּקְתְּ	את	מְנַמְּקִים	רבים
	יְנַמֵּק	נִימֵּק	הוא	מְנַמְּקוֹת	רבות
	תְּנַמֵּק	נִימְּקָה	היא		
	נְנַמֵּק	נִימַּקְנוּ	אנחנו		
נַמְּקוּ**	תְּנַמְּקוּ	נִימַּקְתֶּם/ן	אתם/ן		
	יְנַמְּקוּ*	נִימְּקוּ	הם/ן		

* less commonly: אתן/הן תְּנַמֵּקְנָה

** less commonly: (אתן) נַמֵּקְנָה

שם הפועל .Infin לְנַמֵּק

שם הפעולה Gerund נִימּוּק reason (N); reasoned explanation

מקור מוחלט .Inf. Abs נַמֵּק

נוּמַּק (נֻמַּק) be justified by argument

בניין: פּוּעַל גזרה: שלמים

Future עתיד	Past עבר		Present הווה	
אֲנוּמַּק	נוּמַּקְתִּי	אני	מְנוּמָּק	יחיד
תְּנוּמַּק	נוּמַּקְתָּ	אתה	מְנוּמֶּקֶת	יחידה
תְּנוּמְּקִי	נוּמַּקְתְּ	את	מְנוּמָּקִים	רבים
יְנוּמַּק	נוּמַּק	הוא	מְנוּמָּקוֹת	רבות
תְּנוּמַּק	נוּמְּקָה	היא		
נְנוּמַּק	נוּמַּקְנוּ	אנחנו		
תְּנוּמְּקוּ	נוּמַּקְתֶּם/ן	אתם/ן		
יְנוּמְּקוּ*	נוּמְּקוּ	הם/ן		

* less commonly: אתן/הן תְּנוּמַּקְנָה

בינוני .Pres. Part מְנוּמָּק reasoned

[מקור מוחלט .Inf. Abs נוּמּוֹק]

◆ דוגמאות Illustrations

המאמר הזה **מְנוּמָּק** היטב: המחבר **מְנַמֵּק** את טיעוניו ב**נִימוּקִים** משכנעים המבוססים על נתונים רבים, והמסקנות מתבקשות מאליהן מתוך הראיות.

This article is well **reasoned**: the author **justifies** his arguments with convincing **reasons** based on ample data, and the conclusions follow naturally from the evidence.

◆ ביטויים מיוחדים Special expressions

טעמו **וְנִימוּקוֹ** עימו he has his own reasons

●נסה

נִיסָּה/נִסָּה (נִסָּה) test; try; tempt

בניין: פִּיעֵל גזרה: ל"ה

	הווה Present		עבר Past	עתיד Future	ציווי Imperative
יחיד	מְנַסֶּה	אני	נִיסִּיתִי	אֲנַסֶּה	
יחידה	מְנַסָּה	אתה	נִיסִּיתָ	תְּנַסֶּה	נַסֵּה
רבים	מְנַסִּים	את	נִיסִּית	תְּנַסִּי	נַסִּי
רבות	מְנַסּוֹת	הוא	נִיסָּה	יְנַסֶּה	
		היא	נִיסְּתָה	תְּנַסֶּה	
		אנחנו	נִיסִּינוּ	נְנַסֶּה	
		אתם/ן	נִיסִּיתֶם/ן	תְּנַסּוּ*	נַסּוּ**
		הם/ן	נִיסּוּ	יְנַסּוּ*	

שם הפועל .Infin לְנַסּוֹת

* less commonly: אתן/הן תְּנַסֶּינָה

שם הפעולה Gerund נִיסּוּי experiment; test

** less commonly: (אתן) נַסֶּינָה

מקור מוחלט .Inf. Abs נַסֵּה

נוּסָּה/נוּסֶּה (נֻסָּה) be tested/tried/tempted

בניין: פּוּעַל גזרה: ל"ה

	הווה Present		עבר Past	עתיד Future
יחיד	מְנוּסֶּה	אני	נוּסֵּיתִי	אֲנוּסֶּה
יחידה	מְנוּסָּה	אתה	נוּסֵּיתָ	תְּנוּסֶּה
רבים	מְנוּסִּים	את	נוּסֵּית	תְּנוּסִּי
רבות	מְנוּסּוֹת	הוא	נוּסָּה	יְנוּסֶּה
		היא	נוּסְּתָה	תְּנוּסֶּה
		אנחנו	נוּסֵּינוּ*	נְנוּסֶּה
		אתם/ן	נוּסֵּיתֶם/ן	תְּנוּסּוּ**
		הם/ן	נוּסּוּ	יְנוּסּוּ**

<<<

בינוני .Pres. Part מְנוּסֶּה experienced   * BH: נוּסֵּינוּ

מקור מוחלט .Inf. Abs נוּסֹּה   ** less commonly: אתן/הן תְּנוּסֶּינָה

מ״י מוצרכת .Gov. Prep נוּסָּה בּ- be tempted with

הִתְנַסָּה experience; be tested

בניין: הִתְפַּעֵל   גזרה: ל״ה

	Present הווה		Past עבר	Future עתיד	Imperative ציווי
יחיד	מִתְנַסֶּה	אני	הִתְנַסֵּיתִי	אֶתְנַסֶּה	
יחידה	מִתְנַסָּה	אתה	הִתְנַסֵּיתָ	תִּתְנַסֶּה	הִתְנַסֵּה
רבים	מִתְנַסִּים	את	הִתְנַסֵּית	תִּתְנַסִּי	הִתְנַסִּי
רבות	מִתְנַסּוֹת	הוא	הִתְנַסָּה	יִתְנַסֶּה	
		היא	הִתְנַסְּתָה	תִּתְנַסֶּה	
		אנחנו	הִתְנַסֵּינוּ*	נִתְנַסֶּה	
		אתם/ן	הִתְנַסֵּיתֶם/ן	תִּתְנַסּוּ**	הִתְנַסּוּ***
		הם/ן	הִתְנַסּוּ	יִתְנַסּוּ**	

* BH: הִתְנַסִּינוּ

שם הפועל .Infin לְהִתְנַסּוֹת   ** less commonly: אתן/הן תִּתְנַסֶּינָה

שם הפעולה .Ger הִתְנַסּוּת experiencing; trial   *** less commonly: (אתן) הִתְנַסֶּינָה

מקור מוחלט .Inf. Abs הִתְנַסֵּה

מ״י מוצרכת .Gov. Prep הִתְנַסָּה בּ- experience (something)

◆ דוגמאות Illustrations

למזלי, מעודי לא **נִיסִּיתִי** לעשן, ומכיוון שמעולם לא **הִתְנַסֵּיתִי** בחוויית העישון, לא נמשכתי אף פעם לסיגריות.

Fortunately, I **have** never **tried** to smoke, and since I never **experienced** smoking, I was never attracted to cigarettes.

התרופה הזאת עדיין לא **נוּסְּתָה** על בני אדם. **הַנִּיסּוּיִּים** בה הוגבלו עד עתה לבעלי חיים.

This medicine **has** not **been tried** on humans yet. So far **experiments** with it were limited to animals.

● נסע

נָסַע/נוֹסֵעַ/יִסַּע go (by vehicle), travel

בניין: פָּעַל   גזרה: חסרי פ״נ + ל׳ גרונית (אֶפְעַל)

	Present הווה		Past עבר	Future עתיד	Imperative ציווי
יחיד	נוֹסֵעַ	אני	נָסַעְתִּי	אֶסַּע	
יחידה	נוֹסַעַת	אתה	נָסַעְתָּ	תִּיסַּע	סַע <<<

Imperative ציווי	Future עתיד	Past עבר		Present הווה	
סְעִי	תִּיסְעִי	נָסַעְתְּ/...עַת	את	נוֹסְעִים	רבים
	יִיסַּע	נָסַע	הוא	נוֹסְעוֹת	רבות
	תִּיסַּע	נָסְעָה	היא		
	נִיסַּע	נָסַעְנוּ	אנחנו		
סְעוּ***	תִּיסְעוּ**	נְסַעְתֶּם/ן*	אתם/ן		
	יִיסְעוּ**	נָסְעוּ	הם/ן		

שם הפועל .Infin לִנְסוֹעַ * Colloquial: נָסַעְתֶּם/ן

שם הפעולה Gerund נְסִיעָה journey, trip ** less commonly: אתן/הן תִּיסַּעְנָה

מקור מוחלט .Inf. Abs נָסוֹעַ *** less commonly: (אתן) סַעְנָה

הִסִּיעַ/הִסַּע/יַסִּיעַ transport (by vehicle), give a ride; lead, escort; remove, dislodge

בניין: הִפְעִיל גזרה: חסרי פ"נ + ל' גרונית

Imperative ציווי	Future עתיד	Past עבר		Present הווה	
	אַסִּיעַ	הִסַּעְתִּי	אני	מַסִּיעַ	יחיד
הַסַּע	תַּסִּיעַ	הִסַּעְתָּ	אתה	מַסִּיעָה	יחידה
הַסִּיעִי	תַּסִּיעִי	הִסַּעְתְּ/...עַת	את	מַסִּיעִים	רבים
	יַסִּיעַ	הִסִּיעַ	הוא	מַסִּיעוֹת	רבות
	תַּסִּיעַ	הִסִּיעָה	היא		
	נַסִּיעַ	הִסַּעְנוּ	אנחנו		
הַסִּיעוּ**	תַּסִּיעוּ*	הִסַּעְתֶּם/ן	אתם/ן		
	יַסִּיעוּ*	הִסִּיעוּ	הם/ן		

שם הפועל .Infin לְהַסִּיעַ * less commonly: אתן/הן תַּסַּעְנָה

שם הפעולה .Ger הַסָּעָה transport(ation), ride ** less commonly: (אתן) הַסַּעְנָה

מקור מוחלט .Inf. Abs הַסֵּעַ

הוּסַּע (הֻסַּע) be transported/given a ride; be led; be removed/dislodged

בניין: הוּפְעַל גזרה: חסרי פ"נ + ל' גרונית

Future עתיד	Past עבר		Present הווה	
אוּסַּע	הוּסַּעְתִּי	אני	מוּסָּע	יחיד
תוּסַּע	הוּסַּעְתָּ	אתה	מוּסַּעַת	יחידה
תוּסְעִי	הוּסַּעְתְּ/...עַת	את	מוּסָּעִים	רבים
יוּסַּע	הוּסַּע	הוא	מוּסָּעוֹת	רבות
תוּסַּע	הוּסְעָה	היא		
נוּסַּע	הוּסַּעְנוּ	אנחנו		
תוּסְעוּ*	הוּסַּעְתֶּם/ן	אתם/ן		
יוּסְעוּ*	הוּסְעוּ	הם/ן		

[מקור מוחלט .Inf. Abs הוּסֵּעַ] * less commonly: אתן/הן תוּסַּעְנָה

◆ פעלים שאינם שכיחים מאותו שורש Infrequent verbs sharing the same root
נִיסַּע (נִסַּע) be removed/dislodged (נִיסַּע, יְינֻסַּע, לְהִינָּסֵעַ)

◆ דוגמאות Illustrations
מיכאל לא **נוֹסֵעַ** לעבודה במכונית; הוא הולך ברגל, מסיבות בריאות. אם מזג האוויר גרוע, אישתו **מַסִּיעָה** אותו. בִּתּוֹ **מוּסַּעַת** לבית ספרה **בְּהַסָּעָה** מיוחדת.
Michael does not **go** to work by car; he walks, for health reasons. If the weather is bad, his wife **drives** him. His daughter **is transported** to her school by special **transportation**.

●נסק

הִסִּיק/הִסַּק/יַסִּיק light (fire), heat; draw (conclusion)

בניין: הִפְעִיל גזרה: חסרי פ"נ

	Present הווה		Past עבר	Future עתיד	Imperative ציווי
יחיד	מַסִּיק	אני	הִסַּקְתִּי	אַסִּיק	
יחידה	מַסִּיקָה	אתה	הִסַּקְתָּ	תַּסִּיק	הַסֵּק
רבים	מַסִּיקִים	את	הִסַּקְתְּ	תַּסִּיקִי	הַסִּיקִי
רבות	מַסִּיקוֹת	הוא	הִסִּיק	יַסִּיק	
		היא	הִסִּיקָה	תַּסִּיק	
		אנחנו	הִסַּקְנוּ	נַסִּיק	
		אתם/ן	הִסַּקְתֶּם/ן	תַּסִּיקוּ*	הַסִּיקוּ**
		הם/ן	הִסִּיקוּ	יַסִּיקוּ*	

* less commonly: אתן/הן תַּסֵּקְנָה

שם הפועל .Infin לְהַסִּיק ** less commonly: (אתן) הַסֵּקְנָה

שם הפעולה .Ger הַסָּקָה heating; drawing (concl.)

בינוני .Pres. Part מַסִּיק one tending to furnace

מקור מוחלט .Inf. Abs הַסֵּק

הוּסַּק (הֻסַּק) be heated; be drawn (conclusion)

בניין: הוּפְעַל גזרה: חסרי פ"נ

	Present הווה		Past עבר	Future עתיד
יחיד	מוּסָּק	אני	הוּסַּקְתִּי	אוּסַּק
יחידה	מוּסֶּקֶת	אתה	הוּסַּקְתָּ	תוּסַּק
רבים	מוּסָּקִים	את	הוּסַּקְתְּ	תוּסְּקִי
רבות	מוּסָּקוֹת	הוא	הוּסַּק	יוּסַּק
		היא	הוּסְּקָה	תוּסַּק
		אנחנו	הוּסַּקְנוּ	נוּסַּק

<<<

	Past עבר	Future עתיד
אתם/ן	הוּסְקְתֶּם/ן	תּוּסְקוּ*
הם/ן	הוּסְקוּ	יוּסְקוּ*

* less commonly: אתן/הן תּוּסַקְנָה

בינוני .Pres. Part מוּסָק heated; drawn (concl.)

[מקור מוחלט .Inf. Abs הוּסֵק]

נָסַק/נוֹסֵק/יִסַּק rise

בניין: פָּעַל גזרה: חסרי פ"נ (אֶפְעַל)

	Present הווה		Past עבר	Future עתיד	Imperative ציווי
יחיד	נוֹסֵק	אני	נָסַקְתִּי	אֶסַּק	
יחידה	נוֹסֶקֶת	אתה	נָסַקְתָּ	תִּיסַּק	סַק
רבים	נוֹסְקִים	את	נָסַקְתְּ	תִּיסְּקִי	סְקִי
רבות	נוֹסְקוֹת	הוא	נָסַק	יִיסַּק	
		היא	נָסְקָה	תִּיסַּק	
		אנחנו	נָסַקְנוּ	נִיסַּק	
		אתם/ן	נְסַקְתֶּם/ן*	תִּיסְּקוּ**	סְקוּ***
		הם/ן	נָסְקוּ	יִיסְּקוּ**	

שם הפועל .Infin לִנְסוֹק

* Colloquial: נָסַקְתֶּם/ן

שם הפעולה Gerund נְסִיקָה rising (N)

** less commonly: אתן/הן תִּיסַּקְנָה

מקור מוחלט .Inf. Abs נָסוֹק

*** less commonly: (אתן) סַקְנָה

◆ **פעלים שאינם שכיחים מאותו שורש** Infrequent verbs sharing the same root

נִיסַק/נִיסוֹק (נִסַּק/נִסּוֹק) be lit/heated (Mish H) (נִיסָּק/נִיסוֹק, יִינָּסֵק, לְהִינָּסֵק)

◆ **דוגמאות** Illustrations

כשהגיע חשבון החשמל הראשון שלנו בחורף הקשה של 1993/94, ולא הצלחנו להשיג עץ נוסף כדי **לְהַסִּיק** את תנור העץ, **הִסַּקְנוּ** שאין לנו ברירה: עלינו להתקין **הַסָּקָה** מרכזית בסולר או בגז. מאז הבית שלנו **מוּסָּק** היטב, ובזול יחסית.

When we got our first electric bill in the hard winter of 1993/94, and were not able to obtain additional firewood to **fire** the woodstove, we **concluded** that we have no choice: we have to install central **heating** on oil or gas. Since then, our house has been well-**heated**, and relatively inexpensively.

◆ **ביטויים מיוחדים** Special expressions

הִסִּיק מסקנות draw conclusions

הִסִּיק את התנור light/fire the oven/stove

הַסָּקָה מרכזית central heating

● נעל

נָעַל/נוֹעֵל/יִנְעַל lock; close (meeting); put on (shoe)

בניין: פָּעַל גזרה: ע׳ גרונית

	Present הווה			Past עבר	Future עתיד	Imper. ציווי
יחיד	נוֹעֵל	נָעוּל	אני	נָעַלְתִּי	אֶנְעַל	
יחידה	נוֹעֶלֶת	נְעוּלָה	אתה	נָעַלְתָּ	תִּנְעַל	נְעַל
רבים	נוֹעֲלִים	נְעוּלִים	את	נָעַלְתְּ	תִּנְעֲלִי	נַעֲלִי
רבות	נוֹעֲלוֹת	נְעוּלוֹת	הוא	נָעַל	יִנְעַל	
			היא	נָעֲלָה	תִּנְעַל	
			אנחנו	נָעַלְנוּ	נִנְעַל	
			אתם/ן	נְעַלְתֶּם/ן*	תִּנְעֲלוּ**	נַעֲלוּ***
			הם/ן	נָעֲלוּ	יִנְעֲלוּ**	

* Colloquial: נָעַלְתֶּם/ן

** less commonly: אתן/הן תִּנְעַלְנָה

*** less commonly: (אתן) נְעַלְנָה

שם הפועל .Infin לִנְעוֹל

שם הפעולה Gerund נְעִילָה locking, closing; putting on shoe

בינוני סביל .Pass. Part נָעוּל locked; put on (shoe)

מקור מוחלט .Inf. Abs נָעוֹל

נִנְעַל/יִינָּעֵל (יִנָּעֵל) be/get locked; be closed (meeting)

בניין: נִפְעַל גזרה: ע׳ גרונית

	Present הווה		Past עבר	Future עתיד	Imperative ציווי
יחיד	נִנְעָל	אני	נִנְעַלְתִּי	אֶנָּעֵל	
יחידה	נִנְעֶלֶת	אתה	נִנְעַלְתָּ	תִּינָּעֵל	הִינָּעֵל
רבים	נִנְעָלִים	את	נִנְעַלְתְּ	תִּינָּעֲלִי	הִינָּעֲלִי
רבות	נִנְעָלוֹת	הוא	נִנְעַל	יִינָּעֵל	
		היא	נִנְעֲלָה	תִּינָּעֵל	
		אנחנו	נִנְעַלְנוּ	נִינָּעֵל	
		אתם/ן	נִנְעַלְתֶּם/ן	תִּינָּעֲלוּ*	הִינָּעֲלוּ**
		הם/ן	נִנְעֲלוּ	יִינָּעֲלוּ*	

* less commonly: אתן/הן תִּינָּעַלְנָה/...עַלְנָה

** less commonly: (אתן) הִינָּעַלְנָה/...עַלְנָה

שם הפועל .Infin לְהִינָּעֵל

שם הפעולה Gerund הִינָּעֲלוּת being locked/closed

מקור מוחלט .Inf. Abs נִנְעוֹל

מ״י מוצרכת .Gov. Prep נִנְעַל עַל be locked on

◆ פעלים שאינם שכיחים מאותו שורש Infrequent verbs sharing the same root

הִנְעִיל (מַנְעִיל, יַנְעִיל, לְהַנְעִיל) put on shoe (usually on someone else)

הוּנְעַל (הֻנְעַל) (מוּנְעָל, יוּנְעַל) having shoes put on; being locked (Mish H)

הִתְנַעֵל (מִתְנַעֵל, יִתְנַעֵל, לְהִתְנַעֵל) put on (shoe) (Med H)

◆ **דוגמאות** Illustrations

מיכאל חשב שהוא **נָעַל** את הדלת, אבל המנעול לא פעל כראוי, והדלת לא **נִנְעֲלָה**.

Michael thought that he **had locked** the door, but the lock did not work properly, and the door **did** not **get locked**.

הועידה **נִנְעֲלָה** בנאום מסכם של נשיא האגודה.

The conference **was closed** with a concluding speech by the president of the organization.

המכ"מ של מטוס הקרב **נִנְעַל** על מטוס האויב, והטייס לחץ הכפתור ששילח את הטיל.

The fighter's radar **got locked** on the enemy plane, and the pilot pressed the button that launched the missile.

כשמגלה העשן החל לצפצף, עמירם נמלט מן הבית בפיג'מה שלו, מבלי להתעכב אפילו כדי **לִנְעוֹל** את נעליו.

When the smoke detector began to beep, Amiram fled from the house in his pajamas, without lingering **to** even **put on** his shoes.

◆ **ביטויים מיוחדים** Special expressions

נָעַל את הדלת בפני מישהו prevent someone from fulfilling his/her wish, exclude someone

נָעַל נעל(יים) wear shoe(s) - in this sense, can only use with obligatory direct object

תפילת **נְעִילָה** concluding service (on Day of Atonement)

● נפל

נָפַל/נוֹפֵל/יִיפּוֹל (יִפֹּל) fall; die in battle; be captured (town); happen

בניין: **פָּעַל** גזרה: חסרי פ"נ (אפעוֹל)

	Present הווה			Past עבר	Future עתיד	Imper. ציווי
יחיד	נוֹפֵל	נָפוּל	אני	נָפַלְתִּי	אֶפּוֹל	
יחידה	נוֹפֶלֶת	נְפוּלָה	אתה	נָפַלְתָּ	תִּיפּוֹל	נְפוֹל
רבים	נוֹפְלִים	נְפוּלִים	את	נָפַלְתְּ	תִּיפְּלִי	נִפְלִי
רבות	נוֹפְלוֹת	נְפוּלוֹת	הוא	נָפַל	יִיפּוֹל	
			היא	נָפְלָה	תִּיפּוֹל	
			אנחנו	נָפַלְנוּ	נִיפּוֹל	
			אתם/ן	נְפַלְתֶּם/ן*	תִּיפְּלוּ**	נִפְלוּ***
			הם/ן	נָפְלוּ	יִיפְּלוּ**	

* Colloquial: נָפַלְתֶּם/ן

שם הפועל .Infin לִנְפּוֹל/לִפּוֹל

** less commonly: אתן/הן תִּיפּוֹלְנָה <<<

שם הפעולה .Ger נְפִילָה fall; defeat, collapse *** less commonly: (אתן) נְפוֹלְנָה
בינוני סביל .Pass. Part נָפוּל fallen, sunken (cheeks)
מקור מוחלט .Inf. Abs נָפוֹל

הִפִּיל/הַפֵּל/יַפִּיל bring down, knock over; drop; have miscarriage/abortion; overcome

בניין: הִפְעִיל גזרה: חסרי פ"נ

	Present הווה		Past עבר	Future עתיד	Imperative ציווי
יחיד	מַפִּיל	אני	הִפַּלְתִּי	אַפִּיל	
יחידה	מַפִּילָה	אתה	הִפַּלְתָּ	תַּפִּיל	הַפֵּל
רבים	מַפִּילִים	את	הִפַּלְתְּ	תַּפִּילִי	הַפִּילִי
רבות	מַפִּילוֹת	הוא	הִפִּיל	יַפִּיל	
		היא	הִפִּילָה	תַּפִּיל	
		אנחנו	הִפַּלְנוּ	נַפִּיל	
		אתם/ן	הִפַּלְתֶּם/ן	תַּפִּילוּ*	הַפִּילוּ**
		הם/ן	הִפִּילוּ	יַפִּילוּ*	

* less commonly: אתן/הן תַּפֵּלְנָה
שם הפועל .Infin לְהַפִּיל ** less commonly: (אתן) הַפֵּלְנָה
שם הפעולה Gerund הַפָּלָה dropping (N); miscarriage, abortion
מקור מוחלט .Inf. Abs הַפֵּל

הוּפַּל (הֻפַּל) be brought down/knocked over; be dropped; be defeated; be cast (lots)

בניין: הוּפְעַל גזרה: חסרי פ"נ

	Present הווה		Past עבר	Future עתיד
יחיד	מוּפָּל	אני	הוּפַּלְתִּי	אוּפַּל
יחידה	מוּפֶּלֶת	אתה	הוּפַּלְתָּ	תוּפַּל
רבים	מוּפָּלִים	את	הוּפַּלְתְּ	תוּפְּלִי
רבות	מוּפָּלוֹת	הוא	הוּפַּל	יוּפַּל
		היא	הוּפְּלָה	תוּפַּל
		אנחנו	הוּפַּלְנוּ	נוּפַּל
		אתם/ן	הוּפַּלְתֶּם/ן	תוּפְּלוּ*
		הם/ן	הוּפְּלוּ	יוּפְּלוּ*

* less commonly: אתן/הן תוּפַּלְנָה
בינוני .Pres. Part מוּפָּל knocked down, defeated
[מקור מוחלט .Inf. Abs הוּפֵּל]

הִתְנַפֵּל/הִתְנַפַּל attack, come down on; prostrate oneself (lit.)

בניין: הִתְפַּעֵל גזרה: שלמים

	Present הווה		Past עבר	Future עתיד	Imperative ציווי
יחיד	מִתְנַפֵּל	אני	הִתְנַפַּלְתִּי	אֶתְנַפֵּל	
יחידה	מִתְנַפֶּלֶת	אתה	הִתְנַפַּלְתָּ	תִּתְנַפֵּל	הִתְנַפֵּל
רבים	מִתְנַפְּלִים	את	הִתְנַפַּלְתְּ	תִּתְנַפְּלִי	הִתְנַפְּלִי
רבות	מִתְנַפְּלוֹת	הוא	הִתְנַפֵּל	יִתְנַפֵּל	
		היא	הִתְנַפְּלָה	תִּתְנַפֵּל	
		אנחנו	הִתְנַפַּלְנוּ	נִתְנַפֵּל	
		אתם/ן	הִתְנַפַּלְתֶּם/ן	תִּתְנַפְּלוּ*	הִתְנַפְּלוּ**
		הם/ן	הִתְנַפְּלוּ	יִתְנַפְּלוּ*	

שם הפועל .Infin לְהִתְנַפֵּל — * less commonly: אתן/הן תִּתְנַפֵּלְנָה

שם הפעולה .Ger הִתְנַפְּלוּת attack(ing) (N) — ** less commonly: (אתן) הִתְנַפֵּלְנָה

מקור מוחלט .Inf. Abs הִתְנַפֵּל

מ"י מוצרכת .Gov. Prep הִתְנַפֵּל על attack (someone), go for

◆ דוגמאות Illustrations

לדעת המשטרה, העציץ שהרג את שמעון לא **נָפַל** מן הקומה השלושים ואחת מעצמו; הוא **הוּפַּל** בזדון.

The opinion of the police is that the flower pot that killed Shim'on **did** not **fall** from the 31st floor on its own; it **was dropped** on purpose.

בנימין רוצה **לְהַפִּיל** את הממשלה על ידי הצעת אי-אימון בנושא חוק **הַהַפָּלוֹת**. הוא מקווה כי **נְפִילַת** הממשלה תביא לבחירות מוקדמות שיביאו לנצחון האופוזיציה.

Binyamin wishes **to topple** the government by means of a non-confidence vote on the **abortion** bill. He is hoping that the **fall** of the government will lead to early elections that will result in victory for the opposition.

חברי הכנסת מרבים **לְהִתְנַפֵּל** זה על זה באופן גס ובוטה ביותר.

Members of the Knesset (the Israeli parliament) often **attack** each other in a sharp and vulgar manner.

◆ ביטויים מיוחדים Special expressions

לשון **נוֹפֵל** על לשון pun, play on words

נָפַל דבר something happened

לא **נָפַל** דבר there's nothing missing; nothing's missing

נָפַל בחלקו fell to his lot

נָפַל בעיניו fell down in his estimation

נָפַל בפח be trapped

נָפַל בשבי be captured

נָפַל חלל fall in battle

נָפַל לבו his heart fell

נָפַל לידיו fell into his hands

נָפַל למשכב become ill

לא **נָפַל** משערת ראשו ארצה he was not hurt at all

נָפַל על המציאה seize on the idea (coll.)

נָפַל על פניו prostrate oneself (lit.)

נָפַל עליו הגורל the lot fell upon him

נָפַל עליו פחד be seized by fear

ההצעה נָפְלָה the proposal was defeated
נָפְלָה דלקה a fire broke out
נָפְלָה עליו אימה he was seized with terror
נָפְלָה עליו תרדמה he fell deeply asleep
נָפְלָה קטטה a quarrel/fight took place
נָפְלָה רוחו his heart fell, he despaired
נָפְלוּ פניו he grew pale and thin; he grew angry
נָפְלוּ דברים בינו ובין a quarrel occurred between him and

לחיים נְפוּלוֹת sunken cheeks
מחלת הַנְפִילָה epilepsy
נְפִילָה חופשית free fall
הִפִּיל גורל(ות) cast lots
הִפִּיל תחינתו לפניו he implored him
לא הִפִּיל דבר מן he omitted nothing from
הַפָּלָה מלאכותית abortion (procured)
הפור הוּפַּל the lot was cast
הִתְנַפֵּל לפני prostrate oneself before (lit.)

●נצח

נִיצַּח/נִצַּח/נַצֵּחַ (נִצַּח) defeat, win; supervise, conduct (band etc.)

בניין: פִּיעֵל גזרה: ל׳ גרונית

Imperative ציווי	Future עתיד	Past עבר		Present הווה	
	אֲנַצַּח/...צֵּחַ	נִיצַּחְתִּי	אני	מְנַצֵּחַ	יחיד
נַצַּח/...צֵּחַ	תְּנַצַּח/...צֵּחַ	נִיצַּחְתָּ	אתה	מְנַצַּחַת	יחידה
נַצְּחִי	תְּנַצְּחִי	נִיצַּחְתְּ/...חַת	את	מְנַצְּחִים	רבים
	יְנַצַּח/...צֵּחַ	נִיצַּח*	הוא	מְנַצְּחוֹת	רבות
	תְּנַצַּח/...צֵּחַ	נִיצְּחָה	היא		
	נְנַצַּח/...צֵּחַ	נִיצַּחְנוּ	אנחנו		
נַצְּחוּ***	תְּנַצְּחוּ**	נִיצַּחְתֶּם/ן	אתם/ן		
	יְנַצְּחוּ**	נִיצְּחוּ	הם/ן		

שם הפועל .Infin לְנַצֵּחַ

שם הפעולה Gerund נִיצּוּחַ conducting

בינוני .Pres. Part מְנַצֵּחַ winner; conductor

מקור מוחלט .Inf. Abs נַצֵּחַ

מ״י מוצרכת .Gov. Prep נִיצַּח על conduct (orchestra etc.)

* Colloquial: נִיצֵּחַ

** less commonly: אתן/הן תְּנַצַּחְנָה

*** less commonly: (אתן) נַצַּחְנָה

נוּצַּח (נֻצַּח) be defeated

בניין: פּוּעַל גזרה: ל׳ גרונית

Future עתיד	Past עבר		Present הווה	
אֲנוּצַּח	נוּצַּחְתִּי	אני	מְנוּצָּח	יחיד
תְּנוּצַּח	נוּצַּחְתָּ	אתה	מְנוּצַּחַת	יחידה

<<<

	הווה Present		עבר Past	עתיד Future
רבים	מְנוּצָּחִים	את	נוּצַּחְתְּ/...חַת	תְּנוּצְּחִי
רבות	מְנוּצָּחוֹת	הוא	נוּצַּח	יְנוּצַּח
		היא	נוּצְּחָה	תְּנוּצַּח
		אנחנו	נוּצַּחְנוּ	נְנוּצַּח
		אתם/ן	נוּצַּחְתֶּם/ן	תְּנוּצְּחוּ*
		הם/ן	נוּצְּחוּ	יְנוּצְּחוּ*

בינוני Pres. Part. מְנוּצָּח defeated * less commonly: אתן/הן תְּנוּצַּחְנָה

[מקור מוחלט Inf. Abs. נוּצּוֹחַ]

הִתְנַצֵּח/הִתְנַצֵּחַ (have a) dispute, engage in controversy, bicker

בניין: הִתְפַּעֵל גזרה: ל' גרונית

	הווה Present		עבר Past	עתיד Future	ציווי Imperative
יחיד	מִתְנַצֵּחַ	אני	הִתְנַצַּחְתִּי	אֶתְנַצַּח/...צֵּחַ	
יחידה	מִתְנַצַּחַת	אתה	הִתְנַצַּחְתָּ	תִּתְנַצַּח/...צֵּחַ	הִתְנַצַּח/...צֵּחַ
רבים	מִתְנַצְּחִים	את	הִתְנַצַּחְתְּ/...חַת	תִּתְנַצְּחִי	הִתְנַצְּחִי
רבות	מִתְנַצְּחוֹת	הוא	הִתְנַצַּח*	יִתְנַצַּח/...צֵּחַ	
		היא	הִתְנַצְּחָה	תִּתְנַצַּח/...צֵּחַ	
		אנחנו	הִתְנַצַּחְנוּ	נִתְנַצַּח/...צֵּחַ	
		אתם/ן	הִתְנַצַּחְתֶּם/ן	תִּתְנַצְּחוּ**	הִתְנַצְּחוּ***
		הם/ן	הִתְנַצְּחוּ	יִתְנַצְּחוּ**	

* Coll. הִתְנַצֵּחַ ** less commonly: אתן/הן תִּתְנַצַּחְנָה

שם הפועל Infin. לְהִתְנַצֵּחַ *** less commonly: (אתן) הִתְנַצַּחְנָה

שם הפעולה Gerund הִתְנַצְּחוּת controversy, wrangling, bickering

מקור מוחלט Inf. Abs. הִתְנַצֵּחַ

A homonymous, less frequent root meaning 'eternalize' is not included here.

◆ פעלים שאינם שכיחים מאותו שורש Infrequent verbs sharing the same root

נָצַח (נוֹצֵחַ, יִנְצַח, לִנְצוֹחַ) defeat, overcome (Mish H)

[נִיצַּח/נִיצּוֹחַ (נִצַּח/נִצּוֹחַ) be defeated (Mish H) [נִיצָּח (נִיצּוֹחַ), יִינָּצַח, לְהִינָּצַח])

◆ דוגמאות Illustrations

הנבחרת המארחת **נִיצְּחָה** את האורחים בסיבוב הראשון, אך **נוּצְּחָה** בשני הסיבובים הבאים, וכך איבדה את הכינוי "הנבחרת הבלתי **מְנוּצַּחַת**".

The host team **defeated** the guests on the first round, but **was defeated** on the next two rounds, and thus lost the attribute "the un**defeated** team."

הַמְנַצֵּחַ הגדול אמר כי קשה מאוד **לְנַצֵּחַ** על התזמורת הפילהרמונית הישראלית: כל נגן מרגיש שזכותו **לְהִתְנַצֵּחַ** עם **הַמְנַצֵּחַ** על האינטרפרטציה של המוסיקה...

The great **conductor** said that it is very difficult **to conduct** the Israel Philharmonic Orchestra: each player considers it his right to **have a dispute** with the **conductor** regarding the interpretation of the music...

●נצל

נִיצֵּל/נִיצַּל/נִצֵּל (נִצֵּל) exploit; utilize, make use of

בניין: פִּיעֵל גזרה: שלמים

	Present הווה		Past עבר	Future עתיד	Imperative ציווי
יחיד	מְנַצֵּל	אני	נִיצַּלְתִּי	אֲנַצֵּל	
יחידה	מְנַצֶּלֶת	אתה	נִיצַּלְתָּ	תְּנַצֵּל	נַצֵּל
רבים	מְנַצְּלִים	את	נִיצַּלְתְּ	תְּנַצְּלִי	נַצְּלִי
רבות	מְנַצְּלוֹת	הוא	נִיצֵּל	יְנַצֵּל	
		היא	נִיצְּלָה	תְּנַצֵּל	
		אנחנו	נִיצַּלְנוּ	נְנַצֵּל	
		אתם/ן	נִיצַּלְתֶּם/ן	תְּנַצְּלוּ*	נַצְּלוּ**
		הם/ן	נִיצְּלוּ	יְנַצְּלוּ*	

שם הפועל .Infin לְנַצֵּל

שם הפעולה Gerund נִיצּוּל exploitation

בינוני .Pres. Part מְנַצֵּל exploiter

מקור מוחלט .Inf. Abs נַצֵּל

* less commonly: אתן/הן תְּנַצֵּלְנָה

** less commonly: (אתן) נַצֵּלְנָה

נוּצַּל (נֻצַּל) be exploited/utilized

בניין: פּוּעַל גזרה: שלמים

	Present הווה		Past עבר	Future עתיד
יחיד	מְנוּצָּל	אני	נוּצַּלְתִּי	אֲנוּצַּל
יחידה	מְנוּצֶּלֶת	אתה	נוּצַּלְתָּ	תְּנוּצַּל
רבים	מְנוּצָּלִים	את	נוּצַּלְתְּ	תְּנוּצְּלִי
רבות	מְנוּצָּלוֹת	הוא	נוּצַּל	יְנוּצַּל
		היא	נוּצְּלָה	תְּנוּצַּל
		אנחנו	נוּצַּלְנוּ	נְנוּצַּל
		אתם/ן	נוּצַּלְתֶּם/ן	תְּנוּצְּלוּ*
		הם/ן	נוּצְּלוּ	יְנוּצְּלוּ*

בינוני .Pres. Part מְנוּצָּל exploited

[מקור מוחלט .Inf. Abs נוּצּוֹל]

* less commonly: אתן/הן תְּנוּצַּלְנָה

הִתְנַצֵּל/הִתְנַצַּל apologize

בניין: הִתְפַּעֵל גזרה: שלמים

	Present הווה		Past עבר	Future עתיד	Imperative ציווי
יחיד	מִתְנַצֵּל	אני	הִתְנַצַּלְתִּי	אֶתְנַצֵּל	
יחידה	מִתְנַצֶּלֶת	אתה	הִתְנַצַּלְתָּ	תִּתְנַצֵּל	הִתְנַצֵּל
רבים	מִתְנַצְּלִים	את	הִתְנַצַּלְתְּ	תִּתְנַצְּלִי	הִתְנַצְּלִי
רבות	מִתְנַצְּלוֹת	הוא	הִתְנַצֵּל	יִתְנַצֵּל	
		היא	הִתְנַצְּלָה	תִּתְנַצֵּל	
		אנחנו	הִתְנַצַּלְנוּ	נִתְנַצֵּל	
		אתם/ן	הִתְנַצַּלְתֶּם/ן	תִּתְנַצְּלוּ*	הִתְנַצְּלוּ**
		הם/ן	הִתְנַצְּלוּ	יִתְנַצְּלוּ*	

שם הפועל .Infin לְהִתְנַצֵּל

שם הפעולה Gerund הִתְנַצְּלוּת apology

מקור מוחלט .Inf. Abs הִתְנַצֵּל

מ״י מוצרכת .Gov. Prep הִתְנַצֵּל על apologize for

* less commonly: אתן/הן תִּתְנַצֵּלְנָה

** less commonly: (אתן) הִתְנַצֵּלְנָה

הִצִּיל/הִצַּל/יַצִּיל save, rescue

בניין: הִפְעִיל גזרה: חסרי פ״נ

	Present הווה		Past עבר	Future עתיד	Imperative ציווי
יחיד	מַצִּיל	אני	הִצַּלְתִּי	אַצִּיל	
יחידה	מַצִּילָה	אתה	הִצַּלְתָּ	תַּצִּיל	הַצֵּל
רבים	מַצִּילִים	את	הִצַּלְתְּ	תַּצִּילִי	הַצִּילִי
רבות	מַצִּילוֹת	הוא	הִצִּיל	יַצִּיל	
		היא	הִצִּילָה	תַּצִּיל	
		אנחנו	הִצַּלְנוּ	נַצִּיל	
		אתם/ן	הִצַּלְתֶּם/ן	תַּצִּילוּ*	הַצִּילוּ**
		הם/ן	הִצִּילוּ	יַצִּילוּ*	

שם הפועל .Infin לְהַצִּיל

שם הפעולה Gerund הַצָּלָה rescue

בינוני .Pres. Part מַצִּיל lifeguard

מקור מוחלט .Inf. Abs הַצֵּל

* less commonly: אתן/הן תַּצֵּלְנָה

** less commonly: (אתן) הַצֵּלְנָה

הוּצַּל (הֻצַּל) be saved/rescued

בניין: הוּפְעַל גזרה: חסרי פ״נ

	Present הווה		Past עבר	Future עתיד
יחיד	מוּצָּל	אני	הוּצַּלְתִּי	אוּצַּל
יחידה	מוּצֶּלֶת	אתה	הוּצַּלְתָּ	תוּצַּל
רבים	מוּצָּלִים	את	הוּצַּלְתְּ	תוּצְּלִי
רבות	מוּצָּלוֹת	הוא	הוּצַּל	יוּצַּל
		היא	הוּצְּלָה	תוּצַּל <<<

	עבר Past	עתיד Future
אנחנו	הוּצַלְנוּ	נוּצַל
אתם/ן	הוּצַלְתֶּם/ן	תוּצְלוּ*
הם/ן	הוּצְלוּ	יוּצְלוּ*

בינוני .Pres. Part מוּצָל rescued, remaining * :less commonly אתן/הן תוּצַלְנָה
[מקור מוחלט .Inf. Abs הוּצֵל]

נִיצַל/יִינָּצֵל be saved, be rescued (נִצַּל/יִנָּצֵל)

בניין: נִפְעַל גזרה: חסרי פ"נ

	הווה Present		עבר Past	עתיד Future	ציווי Imperative
יחיד	נִיצָּל/נִיצוֹל	אני	נִיצַּלְתִּי	אֶנָּצֵל	
יחידה	נִיצֶּלֶת/נִיצוֹלֶת	אתה	נִיצַּלְתָּ	תִּינָּצֵל	הִינָּצֵל
רבים	נִיצָּלִים/נִיצוֹלִים	את	נִיצַּלְתְּ	תִּינָּצְלִי	הִינָּצְלִי
רבות	נִיצָּלוֹת/נִיצוֹלוֹת	הוא	נִיצַּל	יִינָּצֵל	
		היא	נִיצְּלָה	תִּינָּצֵל	
		אנחנו	נִיצַּלְנוּ	נִינָּצֵל	
		אתם/ן	נִיצַּלְתֶּם/ן	תִּינָּצְלוּ*	הִינָּצְלוּ**
		הם/ן	נִיצְּלוּ	יִינָּצְלוּ*	

* :less commonly אתן/הן תִּינָּצַלְנָה/...צֵלְנָה
** :less commonly (אתן) הִינָּצַלְנָה/...צֵלְנָה

שם הפועל .Infin לְהִינָּצֵל
שם הפעולה Gerund הִינָּצְלוּת escape, deliverance
בינוני .Pres. Part נִיצוֹל survivor, rescued
מקור מוחלט .Inf. Abs נִיצוֹל

◆ דוגמאות Illustrations

בהוריקן האחרון **נִיצְּלוּ** אנשים רבים מפגיעה הודות לפינוי מוקדם של האוכלוסייה. מספר מתרחצים **הוּצְּלוּ** מטביעה על ידי **מַצִּילִים** בחופי הרחצה, ומכבי אש **הִצִּילוּ** דיירים שבתיהם הוצפו. **הַנִּיצוֹלִים** שוכנו במבנים ציבוריים ואצל מתנדבים שהציעו לארחם. המושל בא לסיור באזורים שנפגעו; הנשיא **הִתְנַצֵּל** על כך שאין באפשרותו לבקר, אך הבטיח סיוע מן הממשלה הפדרלית.

In the latest hurricane many people **were saved** from being hurt owing to early evacuation of the population. A number of bathers **were rescued** by **lifeguards** on the beaches, and firefighters **rescued** residents whose houses were flooded. The **rescued** were housed in public buildings or with volunteers who offered to host them. The governor toured the affected areas; the president **apologized** for not being able to visit, but promised aid from the federal government.

רציתי **לְנַצֵּל** את ימי החופשה שלי שעדיין לא **נוּצְּלוּ**, אבל הבוס לא אישר, בשל עומס העבודה הנוכחי.

I wished **to make use** of those vacation days of mine that **have** not **been utilized** yet, but the boss did not approve, owing to the current work pressure.

◆ ביטויים מיוחדים Special expressions

ניצל הזדמנות take advantage of an opportunity

עליי לְהִתְנַצֵּל I must apologize

הִצִּיל דבר מפיו get information out of him

אני את נפשי הִצַּלְתִּי this mess is not my responsibility

כמַצִּיל מן הדלקה hurriedly, grabbing whatever one sees around

אוד מוּצָּל מאש the last surviving residue

נִיצוֹל שואה Holocaust survivor

●נקה

נִיקָּה/נִקָּה (נִקָּה) clean; exonerate

בניין: פִּיעֵל גזרה: ל"ה

	Present הווה		Past עבר	Future עתיד	Imperative ציווי
יחיד	מְנַקֶּה	אני	נִיקִּיתִי	אֲנַקֶּה	
יחידה	מְנַקָּה	אתה	נִיקִּיתָ	תְּנַקֶּה	נַקֵּה
רבים	מְנַקִּים	את	נִיקִּית	תְּנַקִּי	נַקִּי
רבות	מְנַקּוֹת	הוא	נִיקָּה	יְנַקֶּה	
		היא	נִיקְּתָה	תְּנַקֶּה	
		אנחנו	נִיקִּינוּ	נְנַקֶּה	
		אתם/ן	נִיקִּיתֶם/ן	תְּנַקּוּ*	נַקּוּ**
		הם/ן	נִיקּוּ	יְנַקּוּ*	

שם הפועל Infin. לְנַקּוֹת

שם הפעולה Gerund נִיקּוּי cleaning (N)

בינוני Pres. Part. מְנַקֶּה cleaning person

מקור מוחלט Inf. Abs. נַקֵּה

* less commonly: אתן/הן תְּנַקֶּינָה

** less commonly: (אתן) נַקֶּינָה

נוּקָּה/נוּקָּה (נֻקָּה) be cleaned/exonerated

בניין: פּוּעַל גזרה: ל"ה

	Present הווה		Past עבר	Future עתיד
יחיד	מְנוּקֶּה	אני	נוּקֵּיתִי	אֲנוּקֶּה
יחידה	מְנוּקָּה	אתה	נוּקֵּיתָ	תְּנוּקֶּה
רבים	מְנוּקִּים	את	נוּקֵּית	תְּנוּקִּי
רבות	מְנוּקּוֹת	הוא	נוּקָּה	יְנוּקֶּה
		היא	נוּקְּתָה	תְּנוּקֶּה
		אנחנו	נוּקֵּינוּ*	נְנוּקֶּה
		אתם/ן	נוּקֵּיתֶם/ן	תְּנוּקּוּ**
		הם/ן	נוּקּוּ	יְנוּקּוּ**

<<<

בינוני .Pres. Part מְנוּקֶּה cleaned
[מקור מוחלט .Inf. Abs נוקה]

* BH: נוּקֵינוּ
** less commonly: אתן/הן תְּנוּקֶּינָה

הִתְנַקָּה become clean; clean oneself

בניין: הִתְפַּעֵל גזרה: ל"ה

	Present הווה		Past עבר	Future עתיד	Imperative ציווי
יחיד	מִתְנַקֶּה	אני	הִתְנַקֵּיתִי	אֶתְנַקֶּה	
יחידה	מִתְנַקָּה	אתה	הִתְנַקֵּיתָ	תִּתְנַקֶּה	הִתְנַקֵּה
רבים	מִתְנַקִּים	את	הִתְנַקֵּית	תִּתְנַקִּי	הִתְנַקִּי
רבות	מִתְנַקּוֹת	הוא	הִתְנַקָּה	יִתְנַקֶּה	
		היא	הִתְנַקְּתָה	תִּתְנַקֶּה	
		אנחנו	הִתְנַקֵּינוּ*	נִתְנַקֶּה	
		אתם/ן	הִתְנַקֵּיתֶם/ן	תִּתְנַקּוּ**	הִתְנַקּוּ***
		הם/ן	הִתְנַקּוּ	יִתְנַקּוּ**	

* BH: הִתְנַקִּינוּ

שם הפועל .Infin לְהִתְנַקּוֹת
** less commonly: אתן/הן תִּתְנַקֶּינָה

מקור מוחלט .Inf. Abs הִתְנַקֵּה
*** less commonly: (אתן) הִתְנַקֶּינָה

שם הפעולה Gerund הִתְנַקּוּת becoming clean; cleaning oneself

◆ פעלים שאינם שכיחים מאותו שורש Infrequent verbs sharing the same root

נִיקָּה (נִקָּה) become clean; be (found) innocent; be cleared (נִיקָּה, יִינָּקֶה, לְהִינָּקוֹת)

◆ דוגמאות Illustrations

הסכין והרצפה **נוּקוּ** מכל שרידי דם, והרוצח **נִיקָּה** היטב את ידיו וכל אבר מגולה בגופו, אבל הבגדים לא **הִתְנַקּוּ** עד הסוף. בלית ברירה הוא שרף את בגדיו.

The knife and the floor **were cleaned** from any blood residues, and the murderer thoroughly **cleaned** his hands and every exposed limb in his body, but his clothes **did** not **get** truly **clean**. Willy nilly, he burned his clothes.

◆ ביטויים מיוחדים Special expressions

נִיקָּה את עצמו מאשמה clear onself of blame

●נקף

הִקִּיף/הִקַּפְ/יַקִּיף surround; go round; comprise, include

בניין: הִפְעִיל גזרה: חסרי פ"נ

	Present הווה		Past עבר	Future עתיד	Imperative ציווי
יחיד	מַקִּיף	אני	הִקַּפְתִּי	אַקִּיף	
יחידה	מַקִּיפָה	אתה	הִקַּפְתָּ	תַּקִּיף	הַקֵּף
רבים	מַקִּיפִים	את	הִקַּפְתְּ	תַּקִּיפִי	הַקִּיפִי
רבות	מַקִּיפוֹת	הוא	הִקִּיף	יַקִּיף	
		היא	הִקִּיפָה	תַּקִּיף	
		אנחנו	הִקַּפְנוּ	נַקִּיף	
		אתם/ן	הִקַּפְתֶּם/ן	תַּקִּיפוּ*	הַקִּיפוּ**
		הם/ן	הִקִּיפוּ	יַקִּיפוּ*	

שם הפועל .Infin לְהַקִּיף — * less commonly: אתן/הן תַּקֵּפְנָה

בינוני .Pres. Part מַקִּיף comprehensive — ** less commonly: (אתן) הַקֵּפְנָה

שם הפעולה Gerund הַקָּפָה turn; surrounding; encircling (N)

הֶיקֵּף perimeter, circumference; scope

מקור מוחלט .Inf. Abs הַקֵּף

הוּקַּף (הֻקַּף) be surrounded; be enclosed; be included

בניין: הוּפְעַל גזרה: חסרי פ"נ

	Present הווה		Past עבר	Future עתיד
יחיד	מוּקָּף	אני	הוּקַּפְתִּי	אוּקַּף
יחידה	מוּקֶּפֶת	אתה	הוּקַּפְתָּ	תוּקַּף
רבים	מוּקָּפִים	את	הוּקַּפְתְּ	תוּקְּפִי
רבות	מוּקָּפוֹת	הוא	הוּקַּף	יוּקַּף
		היא	הוּקְּפָה	תוּקַּף
		אנחנו	הוּקַּפְנוּ	נוּקַּף
		אתם/ן	הוּקַּפְתֶּם/ן	תוּקְּפוּ*
		הם/ן	הוּקְּפוּ	יוּקְּפוּ*

בינוני .Pres. Part מוּקָּף surrounded — * less commonly: אתן/הן תוּקַּפְנָה

[מקור מוחלט .Inf. Abs הוּקֵּף]

מ"י מוצרכת .Gov. Prep הוּקַּף ב- be surrounded by

◆ פעלים שאינם שכיחים מאותו שורש Infrequent verbs sharing the same root

נָקַף rotate, roll round (נוֹקֵף, יִנְקוֹף, לִנְקוֹף)

נִיקַּף (נִקַּף) be surrounded; have hair cut all around (Mish H) (נִיקָּף, יְינֻקַּף, לְהִינָּקֵף)

◆ דוגמאות Illustrations

כל מנהיג **מוּקָּף** ביועצים רבים, אבל בדרך כלל מנהיגים אוהבים **לְהַקִּיף** את עצמם באומרי הן שאינם בעלי חשיבה עצמאית.

Every leader **is surrounded** by numerous advisers, but generally leaders like **to surround** themselves with yes-men without independent thinking capability.

לאחר **הַקָּפָה** במסוק של האיזור הנפגע, החליט הנשיא להגיש לנפגעי הרעש סיוע **מַקִּיף** לשיקום, אך לא יכול היה לקבוע במקום מה יהיה **הֶיקֵּף** הסיוע.

After an **encircling** by helicopter of the area that had been hit, the president decided to grant the victims of the quake **comprehensive** support for rebuilding, but could not determine on the spot what the **scope** of the support would be.

◆ ביטויים מיוחדים Special expressions

השנים **נָקְפוּ** the years rolled by

●נשא

נָשָׂא/נוֹשֵׂא/יִישָּׂא (יִשָּׂא) carry, bear; lift, raise; endure, suffer; forgive; marry (a woman)

בניין: פָּעַל גזרה: חסרי פ"נ + ל"א

Imper. ציווי	Future עתיד	Past עבר		Present הווה	
	אֶשָּׂא	נָשָׂאתִי	אני	נוֹשֵׂא נָשׂוּי/נָשׂוּא	יחיד
שָׂא	תִּישָּׂא	נָשָׂאתָ	אתה	נוֹשֵׂאת נְשׂוּאָה	יחידה
שְׂאִי	תִּישְּׂאִי	נָשָׂאת	את	נוֹשְׂאִים נְשׂוּאִים	רבים
	יִישָּׂא	נָשָׂא	הוא	נוֹשְׂאוֹת נְשׂוּאוֹת	רבות
	תִּישָּׂא	נָשְׂאָה	היא		
	נִישָּׂא	נָשָׂאנוּ	אנחנו		
שְׂאוּ***	תִּישְּׂאוּ**	נְשָׂאתֶם/ן*	אתם/ן		
	יִישְּׂאוּ**	נָשְׂאוּ	הם/ן		

שם הפועל .Infin לָשֵׂאת

שם הפעולה Gerund נְשִׂיאָה carrying (N)

בינוני פעיל .Act. Part נוֹשֵׂא carrying; subject (N)

בינוני סביל .Pass. Part נָשׂוּי married

בינוני סביל .Pass. Part נָשׂוּא carried; married; predicate (N)

מקור מוחלט .Inf. Abs נָשׂוֹא

מ"י מוצרכת .Gov. Prep נָשָׂא את לאישה/נָשָׂא לאישה את marry (someone)

* Colloquial: נְשָׂאתֶם/ן

** less commonly: אתן/הן תִּישֶּׂאנָה

*** less commonly: (אתן) שֶׂאנָה

נִישָׂא/יִינָּשֵׂא (נִשָּׂא/יִנָּשֵׂא) be carried; be married; be uplifted; be lofty; be esteemed

בניין: נִפְעַל   גזרה: חסרי פ"נ + ל"א

	Present הווה		Past עבר	Future עתיד	Imperative ציווי
יחיד	נִישָּׂא	אני	נִישֵּׂאתִי	אֶנָּשֵׂא	
יחידה	נִישֵּׂאת	אתה	נִישֵּׂאתָ	תִּינָּשֵׂא	הִינָּשֵׂא
רבים	נִישָּׂאִים	את	נִישֵּׂאת	תִּינָּשְׂאִי	הִינָּשְׂאִי
רבות	נִישָּׂאוֹת	הוא	נִישָּׂא	יִינָּשֵׂא	
		היא	נִישְּׂאָה	תִּינָּשֵׂא	
		אנחנו	נִישֵּׂאנוּ	נִינָּשֵׂא	
		אתם/ן	נִישֵּׂאתֶם/ן	תִּינָּשְׂאוּ*	הִינָּשְׂאוּ**
		הם/ן	נִישְּׂאוּ	יִינָּשְׂאוּ*	

* less commonly: אתן/הן תִּינָּשֶׂאנָה

שם הפועל .Infin לְהִינָּשֵׂא

** less commonly: (אתן) הִינָּשֶׂאנָה

שם הפעולה Gerund הִינָּשְׂאוּת ascendancy; great height; heaving

בינוני .Pres. Part נִישָּׂא lofty, exalted

מקור מוחלט .Inf. Abs נִישֹּׂא, הִינָּשֵׂא

מ"י מוצרכת .Gov. Prep נִישָּׂא ל- get married to

◆ פעלים שאינם שכיחים מאותו שורש Infrequent verbs sharing the same root

נִישֵּׂא (נִשֵּׂא) raise, exalt; carry, convey (מְנַשֵּׂא, יְנַשֵּׂא, לְנַשֵּׂא)

שם הפעולה Gerund נִישּׂוּאִים marriage (pl. only; common form)

נוּשָּׂא (נֻשָּׂא) be carried (Med H); be exalted (מְנוּשָּׂא, יְנוּשָּׂא)

הִשִּׂיא marry off; carry, fetch; give, put on; transfer (מַשִּׂיא, יַשִּׂיא, לְהַשִּׂיא)

הוּשָּׂא (הֻשָּׂא) be married off; be lifted (מוּשָּׂא, יוּשָּׂא)

◆ דוגמאות Illustrations

מנחם **נָשָׂא** את עליזה לאישה עוד בפולין. הם **נִישְּׂאוּ** בבית הכנסת על ידי רבה של העיר. אלה היו **נִישּׂוּאִים** טובים, והם נשארו **נְשׂוּאִים** עד סוף ימיהם.

Menahem **married** Aliza when they were still in Poland. They **were married** at the synagogue by the town's rabbbi. It was a good **marriage**, and they remained **married** to the end of their days.

צריך לדעת איך **לָשֵׂאת** משאות כבדים אם לא רוצים לקבל בֶּקַע.

One needs to know how **to carry** heavy loads if one wishes not to get a hernia.

◆ ביטויים מיוחדים Special expressions

נָשָׂא אישה marry a woman

נָשָׂא ונתן deal, negotiate

נָשָׂא בחובּו carried inside him; had the potential

נָשָׂא דברו give a speech

נָשָׂא בעול take all the burden upon oneself

נָשָׂא פנים ל- show favor to

נָשָׂא פרי yield fruit, give results

נָשָׂא קינה lament

נָשָׂא רגליו get up and be ready to go
נָשָׂא תפילה בעד pray for
נָשָׂא את נפשו אל yearn for
נָשָׂא את עיניו look up
נָשָׂא את ראשו מעליו beheaded him (lit.)
נָשָׂא חן בעיניו he liked it
נָשָׂא קולו raise one's voice
נָשָׂא ראשו behave arrogantly
נוֹשֵׂא את עצמו self-supporting
נוֹשֵׂא כלים armor-bearer; right-hand man
נוֹשֵׂא רווחים yielding profit
שָׂא ברכה ממני receive my blessing!
ללא נָשׂוֹא insufferable
רם ונִישָּׂא high and exalted
בא בברית הנִישׂוּאִים get married
הִשִּׂיא את בתו married off his daughter
הִשִּׂיא לו עצה gave him advice
הִשִּׂיא משואות light beacons

●נשׂג

הִשִּׂיג/הִשַּׂג/יַשִּׂיג obtain, achieve; overtake; surpass (sl.); grasp (idea); criticize

בניין: הִפְעִיל גזרה: חסרי פ"נ

	Present הווה		Past עבר	Future עתיד	Imperative ציווי
יחיד	מַשִּׂיג	אני	הִשַּׂגְתִּי	אַשִּׂיג	
יחידה	מַשִּׂיגָה	אתה	הִשַּׂגְתָּ	תַּשִּׂיג	הַשֵּׂג
רבים	מַשִּׂיגִים	את	הִשַּׂגְתְּ	תַּשִּׂיגִי	הַשִּׂיגִי
רבות	מַשִּׂיגוֹת	הוא	הִשִּׂיג	יַשִּׂיג	
		היא	הִשִּׂיגָה	תַּשִּׂיג	
		אנחנו	הִשַּׂגְנוּ	נַשִּׂיג	
		אתם/ן	הִשַּׂגְתֶּם/ן	תַּשִּׂיגוּ*	הַשִּׂיגוּ**
		הם/ן	הִשִּׂיגוּ	יַשִּׂיגוּ*	

* less commonly: אתן/הן תַּשֵּׂגְנָה
** less commonly: (אתן) הַשֵּׂגְנָה

שם הפועל .Infin לְהַשִּׂיג
שם הפעולה Gerund הַשָּׂגָה attainment, achievement, comprehension; criticism
שם הפעולה Gerund הֶישֵּׂג achievement
מקור מוחלט .Inf. Abs הַשֵּׂג

הוּשַּׂג (הֻשַּׂג) be obtained/achieved; be overtaken; be grasped (idea)

בניין: הוּפְעַל גזרה: חסרי פ"נ

	Present הווה		Past עבר	Future עתיד
יחיד	מוּשָּׂג	אני	הוּשַּׂגְתִּי	אוּשַּׂג
יחידה	מוּשֶּׂגֶת	אתה	הוּשַּׂגְתָּ	תוּשַּׂג
רבים	מוּשָּׂגִים	את	הוּשַּׂגְתְּ	תוּשְּׂגִי <<<

			Past עבר	Future עתיד
	Present הווה			
רבות	מוּשָׂגוֹת	הוא	הוּשַׂג	יוּשַׂג
		היא	הוּשְׂגָה	תּוּשַׂג
		אנחנו	הוּשַׂגְנוּ	נוּשַׂג
		אתם/ן	הוּשַׂגְתֶּם/ן	תּוּשְׂגוּ*
		הם/ן	הוּשְׂגוּ	יוּשְׂגוּ*

בינוני .Pres. Part מוּשָׂג idea, notion, concept * less commonly: אתן/הן תּוּשַׂגְנָה
[מקור מוחלט .Inf. Abs הוּשַׂג]

◆ **דוגמאות** Illustrations

מטרתו של דויד **הוּשְׂגָה** במלואה; תוך שלושה חודשים הוא **הִשִּׂיג** מה שבדרך כלל **מַשִּׂיגִים** רק ספסרי בורסה ממולחים: הוא הגדיל את ערך ההשקעה פי שלושה. זהו **הֶישֵּׂג** לא מבוטל.

David's aim was achieved in full; within three months he **achieved** what only smart stock brokers **achieve**: he tripled the value of the investment. This is not an insignificant **achievement**.

◆ **ביטויים מיוחדים** Special expressions

הִשִּׂיגָה ידו he could afford it — **הִשִּׂיג** עליו criticized him

---

●נשם

נָשַׁם/נוֹשֵׁם/יִנְשׁוֹם breathe

בניין: פָּעַל — גזרה: שלמים (אֶפְעוֹל)

	Present הווה		Past עבר	Future עתיד	Imperative ציווי
יחיד	נוֹשֵׁם	אני	נָשַׁמְתִּי	אֶנְשׁוֹם	
יחידה	נוֹשֶׁמֶת	אתה	נָשַׁמְתָּ	תִּנְשׁוֹם	נְשׁוֹם
רבים	נוֹשְׁמִים	את	נָשַׁמְתְּ	תִּנְשְׁמִי	נִשְׁמִי
רבות	נוֹשְׁמוֹת	הוא	נָשַׁם	יִנְשׁוֹם	
		היא	נָשְׁמָה	תִּנְשׁוֹם	
		אנחנו	נָשַׁמְנוּ	נִנְשׁוֹם	
		אתם/ן	נְשַׁמְתֶּם/ן*	תִּנְשְׁמוּ**	נִשְׁמוּ***
		הם/ן	נָשְׁמוּ	יִנְשְׁמוּ**	

שם הפועל .Infin לִנְשׁוֹם — * Colloquial: נָשַׁמְתֶּם/ן
שם הפעולה Gerund נְשִׁימָה breathing — ** less commonly: אתן/הן תִּנְשׁוֹמְנָה
מקור מוחלט .Inf. Abs נָשׁוֹם — *** less commonly: (אתן) נְשׁוֹמְנָה

הִתְנַשֵּׁם/הִתְנַשַּׁמְ breathe heavily, pant, gasp

בניין: הִתְפַּעֵל גזרה: שלמים

	Present הווה		Past עבר	Future עתיד	Imperative ציווי
יחיד	מִתְנַשֵּׁם	אני	הִתְנַשַּׁמְתִּי	אֶתְנַשֵּׁם	
יחידה	מִתְנַשֶּׁמֶת	אתה	הִתְנַשַּׁמְתָּ	תִּתְנַשֵּׁם	הִתְנַשֵּׁם
רבים	מִתְנַשְּׁמִים	את	הִתְנַשַּׁמְתְּ	תִּתְנַשְּׁמִי	הִתְנַשְּׁמִי
רבות	מִתְנַשְּׁמוֹת	הוא	הִתְנַשֵּׁם	יִתְנַשֵּׁם	
		היא	הִתְנַשְּׁמָה	תִּתְנַשֵּׁם	
		אנחנו	הִתְנַשַּׁמְנוּ	נִתְנַשֵּׁם	
		אתם/ן	הִתְנַשַּׁמְתֶּם/ן	תִּתְנַשְּׁמוּ*	הִתְנַשְּׁמוּ**
		הם/ן	הִתְנַשְּׁמוּ	יִתְנַשְּׁמוּ*	

* less commonly: אתן/הן תִּתְנַשֵּׁמְנָה

שם הפועל .Infin לְהִתְנַשֵּׁם ** less commonly: (אתן) הִתְנַשֵּׁמְנָה

שם הפעולה Gerund הִתְנַשְּׁמוּת panting, gasping

מקור מוחלט .Inf. Abs הִתְנַשֵּׁם

הִנְשִׁים/הִנְשַׁמְ/יַנְשִׁים enable to breathe, administer artificial respiration

בניין: הִפְעִיל גזרה: שלמים

	Present הווה		Past עבר	Future עתיד	Imperative ציווי
יחיד	מַנְשִׁים	אני	הִנְשַׁמְתִּי	אַנְשִׁים	
יחידה	מַנְשִׁימָה	אתה	הִנְשַׁמְתָּ	תַּנְשִׁים	הַנְשֵׁם
רבים	מַנְשִׁימִים	את	הִנְשַׁמְתְּ	תַּנְשִׁימִי	הַנְשִׁימִי
רבות	מַנְשִׁימוֹת	הוא	הִנְשִׁים	יַנְשִׁים	
		היא	הִנְשִׁימָה	תַּנְשִׁים	
		אנחנו	הִנְשַׁמְנוּ	נַנְשִׁים	
		אתם/ן	הִנְשַׁמְתֶּם/ן	תַּנְשִׁימוּ*	הַנְשִׁימוּ**
		הם/ן	הִנְשִׁימוּ	יַנְשִׁימוּ*	

* less commonly: אתן/הן תַּנְשֵׁמְנָה

שם הפועל .Infin לְהַנְשִׁים ** less commonly: (אתן) הַנְשֵׁמְנָה

שם הפעולה Gerund הַנְשָׁמָה enabling to breathe

מקור מוחלט .Inf. Abs הַנְשֵׁם

◆ פעלים שאינם שכיחים מאותו שורש Infrequent verbs sharing the same root

נִישֵּׁם (נִשֵּׁם) breathe heavily (Med H) (מְנַשֵּׁם, יְנַשֵּׁם, לְנַשֵּׁם)

הוּנְשַׁם (הֻנְשַׁם) be administered artificial respiration (מוּנְשָׁם, יוּנְשַׁם)

◆ דוגמאות Illustrations

חיים רץ מרחקים ארוכים. הוא לא חזק כל כך, אבל יש לו ריאות חזקות **שנוֹשְׁמוֹת** מצוין, כך שהוא יכול לרוץ זמן רב **בִּנְשִׁימָה** קצובה מבלי **לְהִתְנַשֵּׁם** בכבדות.

Hayyim runs long distances. He is not so strong, but he has strong lungs that **breathe** excellently, so that he can run for a long time with measured **breathing** without **panting** heavily.

המציל ניסה לְהַנְשִׁים את הטובעת מפה אל פה, אבל היא הבינה שלא כראוי את כוונתו...

The lifeguard tried **to administer artificial respiration** mouth-to-mouth to the drowned woman, but she misundertood his intentions...

◆ **ביטויים מיוחדים** Special expressions

הַנְשָׁמָה מלאכותית (administration of) artificial respiration

---

●נשק

נִישֵּׁק/נִישֵּׁק/נַשֵּׁק (נִשֵּׁק) kiss, kiss repeatedly

בניין: פִּיעֵל גזרה: שלמים

	Present הווה		Past עבר	Future עתיד	Imperative ציווי
יחיד	מְנַשֵּׁק	אני	נִישַּׁקְתִּי	אֲנַשֵּׁק	
יחידה	מְנַשֶּׁקֶת	אתה	נִישַּׁקְתָּ	תְּנַשֵּׁק	נַשֵּׁק
רבים	מְנַשְּׁקִים	את	נִישַּׁקְתְּ	תְּנַשְּׁקִי	נַשְּׁקִי
רבות	מְנַשְּׁקוֹת	הוא	נִישֵּׁק	יְנַשֵּׁק	
		היא	נִישְּׁקָה	תְּנַשֵּׁק	
		אנחנו	נִישַּׁקְנוּ	נְנַשֵּׁק	
		אתם/ן	נִישַּׁקְתֶּם/ן	תְּנַשְּׁקוּ	נַשְּׁקוּ**
		הם/ן	נִישְּׁקוּ	יְנַשְּׁקוּ*	

שם הפועל .Infin לְנַשֵּׁק

שם הפעולה Gerund נִישּׁוּק kissing

מקור מוחלט .Inf. Abs נַשֵּׁק

* less commonly: אתן/הן תְּנַשֵּׁקְנָה

** less commonly: (אתן) נַשֵּׁקְנָה

נוּשַּׁק (נֻשַּׁק) be kissed

בניין: פּוּעַל גזרה: שלמים

	Present הווה		Past עבר	Future עתיד
יחיד	מְנוּשָּׁק	אני	נוּשַּׁקְתִּי	אֲנוּשַּׁק
יחידה	מְנוּשֶּׁקֶת	אתה	נוּשַּׁקְתָּ	תְּנוּשַּׁק
רבים	מְנוּשָּׁקִים	את	נוּשַּׁקְתְּ	תְּנוּשְּׁקִי
רבות	מְנוּשָּׁקוֹת	הוא	נוּשַּׁק	יְנוּשַּׁק
		היא	נוּשְּׁקָה	תְּנוּשַּׁק
		אנחנו	נוּשַּׁקְנוּ	נְנוּשַּׁק
		אתם/ן	נוּשַּׁקְתֶּם/ן	תְּנוּשְּׁקוּ

<<<

		Past עבר	Future עתיד	
	הם/ן	נוֹשְׁקוּ	יִנּוֹשְׁקוּ*	

בינוני Pres. Part. מְנוּשָּׁק kissed

* less commonly: אתן/הן תִּנּוֹשַׁקְנָה

[מקור מוחלט Inf. Abs. נוֹשׁוֹק]

הִתְנַשֵּׁק/הִתְנַשַּׁק kiss each other

בניין: הִתְפַּעֵל גזרה: שלמים

	Present הווה		Past עבר	Future עתיד	Imperative ציווי
יחיד	מִתְנַשֵּׁק	אני	הִתְנַשַּׁקְתִּי	אֶתְנַשֵּׁק	
יחידה	מִתְנַשֶּׁקֶת	אתה	הִתְנַשַּׁקְתָּ	תִּתְנַשֵּׁק	הִתְנַשֵּׁק
רבים	מִתְנַשְּׁקִים	את	הִתְנַשַּׁקְתְּ	תִּתְנַשְּׁקִי	הִתְנַשְּׁקִי
רבות	מִתְנַשְּׁקוֹת	הוא	הִתְנַשֵּׁק	יִתְנַשֵּׁק	
		היא	הִתְנַשְּׁקָה	תִּתְנַשֵּׁק	
		אנחנו	הִתְנַשַּׁקְנוּ	נִתְנַשֵּׁק	
		אתם/ן	הִתְנַשַּׁקְתֶּם/ן	תִּתְנַשְּׁקוּ*	הִתְנַשְּׁקוּ**
		הם/ן	הִתְנַשְּׁקוּ	יִתְנַשְּׁקוּ*	

* less commonly: אתן/הן תִּתְנַשֵּׁקְנָה

שם הפועל Infin. לְהִתְנַשֵּׁק

** less commonly: (אתן) הִתְנַשֵּׁקְנָה

שם הפעולה Gerund הִתְנַשְּׁקוּת kissing each other

מקור מוחלט Inf. Abs. הִתְנַשֵּׁק

מ"י מוצרכת Gov. Prep. הִתְנַשֵּׁק עם (someone) kiss (someone) (reciprocal verb)

הִשִּׁיק/הִשַּׁק/יַשִּׁיק touch; cause to touch; be a tangent (geometry); launch (ship)

בניין: הִפְעִיל גזרה: חסרי פ"נ

	Present הווה		Past עבר	Future עתיד	Imperative ציווי
יחיד	מַשִּׁיק	אני	הִשַּׁקְתִּי	אַשִּׁיק	
יחידה	מַשִּׁיקָה	אתה	הִשַּׁקְתָּ	תַּשִּׁיק	הַשֵּׁק
רבים	מַשִּׁיקִים	את	הִשַּׁקְתְּ	תַּשִּׁיקִי	הַשִּׁיקִי
רבות	מַשִּׁיקוֹת	הוא	הִשִּׁיק	יַשִּׁיק	
		היא	הִשִּׁיקָה	תַּשִּׁיק	
		אנחנו	הִשַּׁקְנוּ	נַשִּׁיק	
		אתם/ן	הִשַּׁקְתֶּם/ן	תַּשִּׁיקוּ*	הַשִּׁיקוּ**
		הם/ן	הִשִּׁיקוּ	יַשִּׁיקוּ*	

שם הפועל Infin. לְהַשִּׁיק

* less commonly: אתן/הן תַּשֵּׁקְנָה

בינוני Pres. Part. מַשִּׁיק tangent

** less commonly: (אתן) הַשֵּׁקְנָה

שם הפעולה Gerund הַשָּׁקָה touching; osculation; launching (ship)

מקור מוחלט Inf. Abs. הַשֵּׁק

מ"י מוצרכת Gov. Prep. הִשִּׁיק ל- be a tangent to

הוּשַּׁק (הֻשַּׁק) be touched; be launched (ship)

בניין: הוּפְעַל גזרה: חסרי פ"נ

	הווה Present		עבר Past	עתיד Future
יחיד	מוּשָּׁק	אני	הוּשַּׁקְתִּי	אוּשַּׁק
יחידה	מוּשֶּׁקֶת	אתה	הוּשַּׁקְתָּ	תּוּשַּׁק
רבים	מוּשָּׁקִים	את	הוּשַּׁקְתְּ	תּוּשְּׁקִי
רבות	מוּשָּׁקוֹת	הוא	הוּשַּׁק	יוּשַּׁק
		היא	הוּשְּׁקָה	תּוּשַּׁק
		אנחנו	הוּשַּׁקְנוּ	נוּשַּׁק
		אתם/ן	הוּשַּׁקְתֶּם/ן	תּוּשְּׁקוּ*
		הם/ן	הוּשְּׁקוּ	יוּשְּׁקוּ*

בינוני .Pres. Part מוּשָּׁק launched (ship) * less commonly: אתן/הן תּוּשַּׁקְנָה

[מקור מוחלט .Inf. Abs הוּשֵּׁק]

נָשַׁק/נוֹשֵׁק/יִשַּׁק kiss (more lit. than pi`el); come together, touch

בניין: פָּעַל גזרה: חסרי פ"נ (אפעל)

	הווה Present		עבר Past	עתיד Future	ציווי Imperative
יחיד	נוֹשֵׁק	אני	נָשַׁקְתִּי	אֶשַּׁק	
יחידה	נוֹשֶׁקֶת	אתה	נָשַׁקְתָּ	תִּשַּׁק	שַׁק
רבים	נוֹשְׁקִים	את	נָשַׁקְתְּ	תִּשְּׁקִי	שְׁקִי
רבות	נוֹשְׁקוֹת	הוא	נָשַׁק	יִשַּׁק	
		היא	נָשְׁקָה	תִּשַּׁק	
		אנחנו	נָשַׁקְנוּ	נִשַּׁק	
		אתם/ן	נְשַׁקְתֶּם/ן*	תִּשְּׁקוּ**	שְׁקוּ***
		הם/ן	נָשְׁקוּ	יִשְּׁקוּ**	

שם הפועל .Infin לִנְשׁוֹק * Colloquial: נָשַׁקְתֶּם/ן

שם הפעולה Gerund נְשִׁיקָה a kiss ** less commonly: אתן/הן תִּשַּׁקְנָה

מקור מוחלט .Inf. Abs נָשׁוֹק *** less commonly: (אתן) שַׁקְנָה

מ"י מוצרכת .Gov. Prep נָשַׁק ל- kiss (someome)

◆ דוגמאות Illustrations

אפרים **נוֹשֵׁק** לאישתו כל בוקר לפני שהם יוצאים כל אחד לעבודתו; בערב הוא **מְנַשֵּׁק** אותה ברצינות.

Ephraim **kisses** his wife before they go out to their respective jobs; in the evening he **kisses** her seriously.

בתרבויות מסוימות, מנהיגים **מִתְנַשְּׁקִים** כאשר הם נפגשים פורמלית. בדרך כלל אין אלו **נְשִׁיקוֹת** של ממש.

In some cultures, leaders **kiss each other** when they meet formally. Usually these are not real **kisses**.

מי שלא **נוּשַּׁק** עדיין מתבקש לעמוד בתור!

Whoever **has** not **been kissed** yet is asked to stand in line!

סגן הנשיא **הִשִּׁיק** את הספינה עם בקבוק שמפניה, והספינה **המוּשֶּׁקֶת** יצאה לסיור באיים הקריביים.
The vice-president **launched** the ship with a bottle of champagne, and the **launched** boat set out for a Caribbean Islands cruise.

◆ **ביטויים מיוחדים** Special expressions

הִשִּׁיקוּ כוסות raised (and touched each other's) glasses in a toast

שפתיים **יִשַּׁק** he deserves the highest praise

על פיו **יִשַּׁק** דבר everything goes by what he says

יִשָּׁקֵנִי kiss my ass! (vulgar, though semi-formal)

●נתח

נִיתַּח/נִתַּח/נַתֵּחַ (נִתַּח) operate (surg.); analyze; cut up (meat)

בניין: **פִּיעֵל** גזרה: **ל׳ גרונית**

	Present הווה		Past עבר	Future עתיד	Imperative ציווי
יחיד	מְנַתֵּחַ	אני	נִיתַּחְתִּי	אֲנַתַּח/...תֵּחַ	
יחידה	מְנַתַּחַת	אתה	נִיתַּחְתָּ	תְּנַתַּח/...תֵּחַ	נַתַּח/...תֵּחַ
רבים	מְנַתְּחִים	את	נִיתַּחְתְּ/...חַת	תְּנַתְּחִי	נַתְּחִי
רבות	מְנַתְּחוֹת	הוא	נִיתַּח*	יְנַתַּח/...תֵּחַ	
		היא	נִיתְּחָה	תְּנַתַּח/...תֵּחַ	
		אנחנו	נִיתַּחְנוּ	נְנַתַּח/...תֵּחַ	
		אתם/ן	נִיתַּחְתֶּם/ן	תְּנַתְּחוּ**	נַתְּחוּ***
		הם/ן	נִיתְּחוּ	יְנַתְּחוּ**	

שם הפועל .Infin **לְנַתֵּחַ**

בינוני .Pres. Part **מְנַתֵּחַ** surgeon

שם הפעולה .Ger **נִיתּוּחַ** (surgical) operation; analysis

מקור מוחלט .Inf. Abs **נַתֵּחַ**

* Colloquial: נִיתֵּחַ

** less commonly: אתן/הן תְּנַתַּחְנָה

*** less commonly: (אתן) נַתַּחְנָה

נוּתַּח (נֻתַּח) be operated on; be analyzed

בניין: **פּוּעַל** גזרה: **ל׳ גרונית**

	Present הווה		Past עבר	Future עתיד
יחיד	מְנוּתָּח	אני	נוּתַּחְתִּי	אֲנוּתַּח
יחידה	מְנוּתַּחַת	אתה	נוּתַּחְתָּ	תְּנוּתַּח
רבים	מְנוּתָּחִים	את	נוּתַּחְתְּ/...חַת	תְּנוּתְּחִי
רבות	מְנוּתָּחוֹת	הוא	נוּתַּח	יְנוּתַּח
		היא	נוּתְּחָה	תְּנוּתַּח
		אנחנו	נוּתַּחְנוּ	נְנוּתַּח >>>

	Past עבר	Future עתיד
אתם/ן	נוּתַּחְתֶּם/ן	תְּנוּתְּחוּ*
הם/ן	נוּתְּחוּ	יְנוּתְּחוּ*

* less commonly: אתן/הן תְּנוּתַּחְנָה

בינוני .Pres. Part מְנוּתָּח operated on; analyzed

[מקור מוחלט .Inf. Abs נוּתּוֹחַ]

◆ פעלים שאינם שכיחים מאותו שורש Infrequent verbs sharing the same root

הִתְנַתֵּחַ subject oneself to an operation; be cut up (מִתְנַתֵּחַ, יִתְנַתֵּחַ, לְהִתְנַתֵּחַ)

נִיתַּח (נִתַּח) be cut/operated [נִיתָּח, יִינָּתַח, לְהִינָּתַח]

◆ דוגמאות Illustrations

יצחק **נוּתַּח** שלוש פעמים. שני **הַנִּיתּוּחִים** הראשונים לא עלו יפה; **הַמְנַתֵּחַ** מקווה שהוא לא ייאלץ **לְנַתֵּחַ** שוב.

Yitzhak **was operated on** thrcc times. The first two **operations** were not successful; the **surgeon** hopes he will not have **to operate** again.

היום כבר פחות פופולרי **לְנַתֵּחַ** יצירה ספרותית **נִיתּוּחַ** פורמלי. כל אינטרפרטציה מקובלת.

Today it is less popular **to analyze** a literary piece through a formal **analysis**. Any interpretation is acceptable.

●נתן

נָתַן/נוֹתֵן/יִיתֵּן (יִתֵּן) give, present; put, set; appoint, make; let, allow

בניין: פָּעַל גזרה: פ"נ מיוחדת

	Present הווה		Past עבר	Future עתיד	Imper. ציווי
יחיד	נוֹתֵן נָתוּן	אני	נָתַתִּי	אֶתֵּן	
יחידה	נוֹתֶנֶת נְתוּנָה	אתה	נָתַתָּ	תִּיתֵּן	תֵּן
רבים	נוֹתְנִים נְתוּנִים	את	נָתַתְּ	תִּיתְּנִי	תְּנִי
רבות	נוֹתְנוֹת נְתוּנוֹת	הוא	נָתַן	יִיתֵּן	
		היא	נָתְנָה	תִּיתֵּן	
		אנחנו	נָתַנּוּ	נִיתֵּן	
		אתם/ן	נְתַתֶּם/ן*	תִּיתְּנוּ**	תְּנוּ***
		הם/ן	נָתְנוּ	יִיתְּנוּ**	

שם הפועל .Infin לָתֵת

בינוני סביל .Pass. Part נָתוּן given; datum

שם הפעולה Gerund נְתִינָה giving

מקור מוחלט .Inf. Abs נָתוֹן

* Colloquial: נָתַתֶּם/ן

** less commonly: אתן/הן תִּיתֵּנָּה

*** less commonly: (אתן) תֵּנָּה

נִיתַּן/יִינָּתֵן (נִתַּן/יִנָּתֵן) be given/placed/issued; be feasible

בניין: נִפְעַל   גזרה: פ"נ מיוחדת

	Present הווה		Past עבר	Future עתיד	Imperative ציווי
יחיד	נִיתָּן	אני	נִיתַּתִּי	אֶנָּתֵן	
יחידה	נִיתֶּנֶת	אתה	נִיתַּתָּ	תִּינָּתֵן	הִינָּתֵן
רבים	נִיתָּנִים	את	נִיתַּתְּ	תִּינָּתְנִי	הִינָּתְנִי
רבות	נִיתָּנוֹת	הוא	נִיתַּן	יִינָּתֵן	
		היא	נִיתְּנָה	תִּינָּתֵן	
		אנחנו	נִיתַּנּוּ	נִינָּתֵן	
		אתם/ן	נִיתַּתֶּם/ן	תִּינָּתְנוּ*	הִינָּתְנוּ**
		הם/ן	נִיתְּנוּ	יִינָּתְנוּ*	

שם הפועל .Infin לְהִינָּתֵן   * less commonly: אתן/הן תִּינָּתַנָּה/...תֵּנָּה

מקור מוחלט .Inf. Abs נִיתּוֹן   ** less commonly: (אתן) הִינָּתַנָּה/...תֵּנָּה

◆ פעלים שאינם שכיחים מאותו שורש Infrequent verbs sharing the same root

נוּתַּן (נֻתַּן) be given (Med H); only form attested

יוּתַּן be given/put/placed; become possible (future only, BH)

◆ דוגמאות Illustrations

השעון הזה היה של סבי. הוא **נִיתַּן** לי על ידי אבי כשהגעתי לגיל בר-מצווה. אביו **נָתַן** לו את השעון בהגיעו למצוות, והוא שמר עליו מכל משמר ליום הולדתי השלושה עשר.

This watch was my grandfather's. It **was given** to me by my father when I reached Bar-Mitzvah age. His father **had given** him the watch when he became Bar-Mitzvah, and he took the best care of it so that it would be ready for my thirteenth birthday.

◆ ביטויים מיוחדים Special expressions

היא **הנוֹתֶנֶת** on the contrary (=this is what proves it)

נשא **ונָתַן** deal, negotiate

נָתַן דופי ב- criticize; cast a slur on

נָתַן יד ל- participate in, give support to

נָתַן לבו/דעתו ל- give it consideration

נָתַן נפשו על give up one's life for

נָתַן רשות give permission

נָתַן שלום ל- greet

נָתַן תודה/הודיה ל- thank

נָתַן את הדין be brought to judgment

נָתַן עיניו ב- desire

נָתַן עינו בכוס begin to drink excessively

נָתַן קולו raise one's voice

נָתַן דריסת רגל ל- give access to

נָתַן כבוד ל- show respect to

מי **יִיתֵּן** if only

תֵּן דעתך pay attention

נִיתָּן לעשות/לבצע feasible

האמת **נִיתְּנָה** להיאמר the truth of the matter is

● סבב

הִסְתּוֹבֵב/הִסְתּוֹבַב revolve, rotate; go around

בניין: הִתְפַּעֵל גזרה: כפולים + שורקים

	Present הווה		Past עבר	Future עתיד	Imperative ציווי
יחיד	מִסְתּוֹבֵב	אני	הִסְתּוֹבַבְתִּי	אֶסְתּוֹבֵב	
יחידה	מִסְתּוֹבֶבֶת	אתה	הִסְתּוֹבַבְתָּ	תִּסְתּוֹבֵב	הִסְתּוֹבֵב
רבים	מִסְתּוֹבְבִים	את	הִסְתּוֹבַבְתְּ	תִּסְתּוֹבְבִי	הִסְתּוֹבְבִי
רבות	מִסְתּוֹבְבוֹת	הוא	הִסְתּוֹבֵב	יִסְתּוֹבֵב	
		היא	הִסְתּוֹבְבָה	תִּסְתּוֹבֵב	
		אנחנו	הִסְתּוֹבַבְנוּ	נִסְתּוֹבֵב	
		אתם/ן	הִסְתּוֹבַבְתֶּם/ן	תִּסְתּוֹבְבוּ*	הִסְתּוֹבְבוּ**
		הם/ן	הִסְתּוֹבְבוּ	יִסְתּוֹבְבוּ*	

שם הפועל .Infin לְהִסְתּוֹבֵב * less commonly: אתן/הן תִּסְתּוֹבֵבְנָה

שם הפעולה Gerund הִסְתּוֹבְבוּת revolving ** less commonly: (אתן) הִסְתּוֹבֵבְנָה

מקור מוחלט .Inf. Abs הִסְתּוֹבֵב

סוֹבֵב/סוֹבַב turn; go around, encircle

בניין: פִּיעֵל גזרה: כפולים

	Present הווה		Past עבר	Future עתיד	Imperative ציווי
יחיד	מְסוֹבֵב	אני	סוֹבַבְתִּי	אֲסוֹבֵב	
יחידה	מְסוֹבֶבֶת	אתה	סוֹבַבְתָּ	תְּסוֹבֵב	סוֹבֵב
רבים	מְסוֹבְבִים	את	סוֹבַבְתְּ	תְּסוֹבְבִי	סוֹבְבִי
רבות	מְסוֹבְבוֹת	הוא	סוֹבֵב	יְסוֹבֵב	
		היא	סוֹבְבָה	תְּסוֹבֵב	
		אנחנו	סוֹבַבְנוּ	נְסוֹבֵב	
		אתם/ן	סוֹבַבְתֶּם/ן	תְּסוֹבְבוּ	סוֹבְבוּ**
		הם/ן	סוֹבְבוּ	יְסוֹבְבוּ*	

שם הפועל .Infin לְסוֹבֵב * less commonly: אתן/הן תְּסוֹבֵבְנָה

שם הפעולה Gerund סִיבּוּב rotation; round ** less commonly: (אתן) סוֹבֵבְנָה

מקור מוחלט .Inf. Abs סוֹבֵב

הֵסֵב/הֵסַב/יָסֵב lead round; change, shift; endorse (check); recline

בניין: הִפְעִיל גזרה: כפולים

	Present הווה		Past עבר	Future עתיד	Imperative ציווי
יחיד	מֵסֵב	אני	הֵסַבְתִּי	אָסֵב	
יחידה	מְסִיבָּה	אתה	הֵסַבְתָּ	תָּסֵב	הָסֵב
רבים	מְסִיבִּים	את	הֵסַבְתְּ	תָּסֵבִּי	הָסֵבִּי >>>

Imperative ציווי	Future עתיד	Past עבר		Present הווה	
	יָסֵב	הֵסֵב	הוא	מְסִיבּוֹת	רבות
	תָּסֵב	הֵסֵבָּה	היא		
	נָסֵב	הֵסַבְנוּ	אנחנו		
***הָסֵבּוּ	**תָּסֵבּוּ	*הֵסַבְתֶּם/ן	אתם/ן		
	**יָסֵבּוּ	הֵסֵבּוּ	הם/ן		

* BH: הֲסַבְתֶּם/ן

** less commonly: אתן/הן תָּסֵבְנָה

*** less commonly: הָסֵבְנָה

שם הפועל .Infin לְהָסֵב

שם הפעולה Gerund הֲסָבָה change/shift; endorsement

מקור מוחלט .Inf. Abs הָסֵב

◆ פעלים שאינם שכיחים מאותו שורש Infrequent verbs sharing the same root

סָבַב (סַב) turn, go around, surround (סוֹבֵב/סַב, יָסוֹב/יִסּוֹב/יִסְבּוֹב, לָסוֹב/לִסְבּוֹב)

נָסַב turn, move aside; be shifted; surround (נָסָב, יִיסַּב, לְהִיסֵּב)

סִיבֵּב (סִבֵּב) cause; change; go around, surround, turn (מְסַבֵּב, יְסַבֵּב, לְסַבֵּב)

סוֹבַב (סוֹבַּב) (סֻבַּב) be surrounded; be turned; be caused (מְסוֹבָב/מְסוּבָּב, יְסוֹבַב/יְסוּבַּב)

בינוני .Pres. Part מְסוֹבָב unstable in the head, a bit crazy (coll.)

מְסוּבָּב (commoner colloquial variant)

הוּסַב be surrounded/turned; be shifted/endorsed (מוּסָב, יוּסַב)

◆ דוגמאות Illustrations

חיים **סוֹבֵב** את הגלובוס על צירו מספר **סִיבּוּבִים**, אך לא הצליח למצוא עליו את ישראל.

Hayyim **turned** the globe on its axis a number of **turns**, but could not find Israel on it.

אפרים מחוסר עבודה. הוא **מִסְתּוֹבֵב** בעיר ולא עושה כלום. הוא חייב לעבור **הֲסָבָה** מקצועית.

Epraim is unemployed. He **is walking around** in town doing nothing. He must undergo professional **retraining** (=shift, change).

◆ ביטויים מיוחדים Special expressions

הֵסֵב את שמו changed his name

הֵסֵב המחאה (צ'ק) endorse a check

●סבך

הִסְתַּבֵּךְ/הִסְתַּבַּךְ become complicated/entangled

בניין: הִתְפַּעֵל גזרה: פ' שורקת

	הווה Present		עבר Past	עתיד Future	ציווי Imperative
יחיד	מִסְתַּבֵּךְ	אני	הִסְתַּבַּכְתִּי	אֶסְתַּבֵּךְ	
יחידה	מִסְתַּבֶּכֶת	אתה	הִסְתַּבַּכְתָּ	תִּסְתַּבֵּךְ	הִסְתַּבֵּךְ
רבים	מִסְתַּבְּכִים	את	הִסְתַּבַּכְתְּ	תִּסְתַּבְּכִי	הִסְתַּבְּכִי
רבות	מִסְתַּבְּכוֹת	הוא	הִסְתַּבֵּךְ	יִסְתַּבֵּךְ	
		היא	הִסְתַּבְּכָה	תִּסְתַּבֵּךְ	
		אנחנו	הִסְתַּבַּכְנוּ	נִסְתַּבֵּךְ	
		אתם/ן	הִסְתַּבַּכְתֶּם/ן	תִּסְתַּבְּכוּ*	הִסְתַּבְּכוּ**
		הם/ן	הִסְתַּבְּכוּ	יִסְתַּבְּכוּ*	

* less commonly: אתן/הן תִּסְתַּבֵּכְנָה

שם הפועל .Infin לְהִסְתַּבֵּךְ

** less commonly: (אתן) הִסְתַּבֵּכְנָה

שם הפעולה Gerund הִסְתַּבְּכוּת getting entangled

מקור מוחלט .Inf. Abs הִסְתַּבֵּךְ

סִיבֵּךְ/סִיבַּךְ/סַבֵּךְ (סִבֵּךְ) complicate; entangle

בניין: פִּיעֵל גזרה: שלמים

	הווה Present		עבר Past	עתיד Future	ציווי Imperative
יחיד	מְסַבֵּךְ	אני	סִיבַּכְתִּי	אֲסַבֵּךְ	
יחידה	מְסַבֶּכֶת	אתה	סִיבַּכְתָּ	תְּסַבֵּךְ	סַבֵּךְ
רבים	מְסַבְּכִים	את	סִיבַּכְתְּ	תְּסַבְּכִי	סַבְּכִי
רבות	מְסַבְּכוֹת	הוא	סִיבֵּךְ	יְסַבֵּךְ	
		היא	סִיבְּכָה	תְּסַבֵּךְ	
		אנחנו	סִיבַּכְנוּ	נְסַבֵּךְ	
		אתם/ן	סִיבַּכְתֶּם/ן	תְּסַבְּכוּ*	סַבְּכוּ**
		הם/ן	סִיבְּכוּ	יְסַבְּכוּ*	

שם הפועל .Infin לְסַבֵּךְ

* less commonly: אתן/הן תְּסַבֵּכְנָה

שם הפעולה Gerund סִיבּוּךְ complication

** less commonly: (אתן) סַבֵּכְנָה

מקור מוחלט .Inf. Abs סַבֵּךְ

סוּבַּךְ (סֻבַּךְ) be made complicated/entangled

בניין: פּוּעַל גזרה: שלמים

	הווה Present		עבר Past	עתיד Future
יחיד	מְסוּבָּךְ	אני	סוּבַּכְתִּי	אֲסוּבַּךְ
יחידה	מְסוּבֶּכֶת	אתה	סוּבַּכְתָּ	תְּסוּבַּךְ
רבים	מְסוּבָּכִים	את	סוּבַּכְתְּ	תְּסוּבְּכִי
רבות	מְסוּבָּכוֹת	הוא	סוּבַּךְ	יְסוּבַּךְ >>>

		Present הווה	Past עבר	Future עתיד
	היא		סוּבְּכָה	תְּסוּבַּךְ
	אנחנו		סוּבַּכְנוּ	נְסוּבַּךְ
	אתם/ן		סוּבַּכְתֶּם/ן	תְּסוּבְּכוּ*
	הם/ן		סוּבְּכוּ	יְסוּבְּכוּ*

בינוני .Pres. Part מְסוּבָּךְ complicated * less commonly: אתן/הן תְּסוּבַּכְנָה

[מקור מוחלט .Inf. Abs סוּבּוֹךְ]

◆ **פעלים שאינם שכיחים מאותו שורש** Infrequent verbs sharing the same root

סָבַךְ (lit.) mix up, entangle (סוֹבֵךְ, יִסְבּוֹךְ, לִסְבּוֹךְ)

בינוני סביל .Pass. Part סָבוּךְ tangled, complicated

נִסְבַּךְ (Mish H) get entangled (נִסְבָּךְ, יִיסָּבֵךְ, לְהִיסָּבֵךְ)

הִסְבִּיךְ (Med H) complicate (מַסְבִּיךְ, יַסְבִּיךְ, לְהַסְבִּיךְ)

הוּסְבַּךְ (הָסְבַּךְ) (Mish H) get entangled (מוּסְבָּךְ, יוּסְבַּךְ)

◆ **דוגמאות** Illustrations

הרופא הבטיח לה שלא יהיו שום **סִיבּוּכִים**, אבל הניתוח **הִסְתַּבֵּךְ**, והיה צורך בפרוצדורה **מְסוּבֶּכֶת** כדי לסיימו באופן שלא **יְסַבֵּךְ** את תהליך ההחלמה.

The doctor promised her that there would be no **complications**, but the operation **became complicated**, and a **complex** procedure was necessary in order to conclude it in a manner that **will** not **complicate** the recovery procedure.

● סבל

סָבַל/סוֹבֵל/יִסְבּוֹל suffer, endure; tolerate (יִסְבֹּל)

בניין: פָּעַל גזרה: שלמים (אֶפְעוֹל)

	Present הווה		Past עבר	Future עתיד	Imperative ציווי
יחיד	סוֹבֵל	אני	סָבַלְתִּי	אֶסְבּוֹל	
יחידה	סוֹבֶלֶת	אתה	סָבַלְתָּ	תִּסְבּוֹל	סְבוֹל
רבים	סוֹבְלִים	את	סָבַלְתְּ	תִּסְבְּלִי	סִבְלִי
רבות	סוֹבְלוֹת	הוא	סָבַל	יִסְבּוֹל	
		היא	סָבְלָה	תִּסְבּוֹל	
		אנחנו	סָבַלְנוּ	נִסְבּוֹל	
		אתם/ן	סְבַלְתֶּם/ן*	תִּסְבְּלוּ**	סִבְלוּ***
		הם/ן	סָבְלוּ	יִסְבְּלוּ**	

שם הפועל .Infin לִסְבּוֹל * Colloquial: סָבַלְתֶּם/ן

מקור מוחלט .Inf. Abs סָבוֹל ** less commonly: אתן/הן תִּסְבּוֹלְנָה

מ"י מוצרכת .Gov. Prep סָבַל מִן suffer from *** less commonly: (אתן) סְבוֹלְנָה

נִסְבַּל/יִיסָּבֵל (יִסָּבֵל) be borne/carried; be tolerated/suffered

בניין: נִפְעַל   גזרה: שלמים

	Present הווה		Past עבר	Future עתיד	Imperative ציווי
יחיד	נִסְבָּל	אני	נִסְבַּלְתִּי	אֶסָּבֵל	
יחידה	נִסְבֶּלֶת	אתה	נִסְבַּלְתָּ	תִּיסָּבֵל	הִיסָּבֵל
רבים	נִסְבָּלִים	את	נִסְבַּלְתְּ	תִּיסָּבְלִי	הִיסָּבְלִי
רבות	נִסְבָּלוֹת	הוא	נִסְבַּל	יִיסָּבֵל	
		היא	נִסְבְּלָה	תִּיסָּבֵל	
		אנחנו	נִסְבַּלְנוּ	נִיסָּבֵל	
		אתם/ן	נִסְבַּלְתֶּם/ן	תִּיסָּבְלוּ*	הִיסָּבְלוּ**
		הם/ן	נִסְבְּלוּ	יִיסָּבְלוּ*	

שם הפועל .Infin לְהִיסָּבֵל   * less commonly: אתן/הן תִּיסָּבַלְנָה/...בַלְנָה

בינוני .Pres. Part נִסְבָּל tolerated/tolerable   ** less commonly: (אתן) הִיסָּבַלְנָה/...בַלְנָה

מקור מוחלט .Inf. Abs נִסְבּוֹל, הִיסָּבֵל (הִיסָּבוֹל)

◆ **פעלים שאינם שכיחים מאותו שורש** Infrequent verbs sharing the same root

סוּבַּל (סֻבַּל) be loaded (lit.) (מְסוּבָּל, יְסוּבַּל)

הִסְתַּבֵּל be a burden; be loaded (lit.) (מִסְתַּבֵּל, יִסְתַּבֵּל, לְהִסְתַּבֵּל)

◆ **דוגמאות** Illustrations

קשה **לִסְבּוֹל** את התנהגותו; יש אומרים שהתנהגותו הבלתי **נִסְבֶּלֶת** נובעת מכך שהוא **סוֹבֵל** מתסביך נחיתות.

It is difficult **to tolerate** his behavior; some say that his **intolerable** behavior stems from the fact that he **suffers** from an inferiority complex.

◆ **ביטויים מיוחדים** Special expressions

אין הדעת **סוֹבֶלֶת** it is contrary to reason

סָבַל חרפה suffer disgrace

בלתי **נִסְבָּל** intolerable

● סבר

הִסְתַּבֵּר/הִסְתַּבֵּר become evident; be likely

בניין: הִתְפַּעֵל   גזרה: שלמים + פ' שורקת

	Present הווה		Past עבר	Future עתיד	Imperative ציווי
יחיד	מִסְתַּבֵּר	אני	הִסְתַּבַּרְתִּי	אֶסְתַּבֵּר	
יחידה	מִסְתַּבֶּרֶת	אתה	הִסְתַּבַּרְתָּ	תִּסְתַּבֵּר	הִסְתַּבֵּר
רבים	מִסְתַּבְּרִים	את	הִסְתַּבַּרְתְּ	תִּסְתַּבְּרִי	הִסְתַּבְּרִי >>>

	Present הווה		Past עבר	Future עתיד	Imperative ציווי
רבות	מִסְתַּבְּרוֹת	הוא	הִסְתַּבֵּר	יִסְתַּבֵּר	
		היא	הִסְתַּבְּרָה	תִּסְתַּבֵּר	
		אנחנו	הִסְתַּבַּרְנוּ	נִסְתַּבֵּר	
		אתם/ן	הִסְתַּבַּרְתֶּם/ן	תִּסְתַּבְּרוּ*	הִסְתַּבְּרוּ**
		הם/ן	הִסְתַּבְּרוּ	יִסְתַּבְּרוּ*	

שם הפועל .Infin לְהִסְתַּבֵּר — * less commonly: אתן/הן תִּסְתַּבֵּרְנָה

שם הפעולה Gerund הִסְתַּבְּרוּת probability — ** less commonly: (אתן) הִסְתַּבֵּרְנָה

בינוני .Pres. Part מִסְתַּבֵּר it follows (that); probable

מקור מוחלט .Inf. Abs הִסְתַּבֵּר

הִסְבִּיר/הִסְבַּר/יַסְבִּיר explain

בניין: הִפְעִיל גזרה: שלמים

	Present הווה		Past עבר	Future עתיד	Imperative ציווי
יחיד	מַסְבִּיר	אני	הִסְבַּרְתִּי	אַסְבִּיר	
יחידה	מַסְבִּירָה	אתה	הִסְבַּרְתָּ	תַּסְבִּיר	הַסְבֵּר
רבים	מַסְבִּירִים	את	הִסְבַּרְתְּ	תַּסְבִּירִי	הַסְבִּירִי
רבות	מַסְבִּירוֹת	הוא	הִסְבִּיר	יַסְבִּיר	
		היא	הִסְבִּירָה	תַּסְבִּיר	
		אנחנו	הִסְבַּרְנוּ	נַסְבִּיר	
		אתם/ן	הִסְבַּרְתֶּם/ן	תַּסְבִּירוּ*	הַסְבִּירוּ**
		הם/ן	הִסְבִּירוּ	יַסְבִּירוּ*	

* less commonly: אתן/הן תַּסְבֵּרְנָה

שם הפועל .Infin לְהַסְבִּיר — ** less commonly: (אתן) הַסְבֵּרְנָה

שם הפעולה Gerund הַסְבָּרָה explaining; information

מקור מוחלט .Inf. Abs הַסְבֵּר

הוּסְבַּר (הֻסְבַּר) be explained

בניין: הוּפְעַל גזרה: שלמים

	Present הווה		Past עבר	Future עתיד
יחיד	מוּסְבָּר	אני	הוּסְבַּרְתִּי	אוּסְבַּר
יחידה	מוּסְבֶּרֶת	אתה	הוּסְבַּרְתָּ	תּוּסְבַּר
רבים	מוּסְבָּרִים	את	הוּסְבַּרְתְּ	תּוּסְבְּרִי
רבות	מוּסְבָּרוֹת	הוא	הוּסְבַּר	יוּסְבַּר
		היא	הוּסְבְּרָה	תּוּסְבַּר
		אנחנו	הוּסְבַּרְנוּ	נוּסְבַּר
		אתם/ן	הוּסְבַּרְתֶּם/ן	תּוּסְבְּרוּ*
		הם/ן	הוּסְבְּרוּ	יוּסְבְּרוּ*

[מקור מוחלט .Inf. Abs הוּסְבֵּר] — * less commonly: אתן/הן תּוּסְבַּרְנָה

think, be of the opinion; understand (יִסְבֹּר) סָבַר/סוֹבֵר/יִסְבּוֹר

בניין: פָּעַל גזרה: שלמים (אֶפְעוֹל)

Imper. ציווי	Future עתיד	Past עבר		Present הווה	
	אֶסְבּוֹר	סָבַרְתִּי	אני	סוֹבֵר סָבוּר	יחיד
סְבוֹר	תִּסְבּוֹר	סָבַרְתָּ	אתה	סוֹבֶרֶת סְבוּרָה	יחידה
סִבְרִי	תִּסְבְּרִי	סָבַרְתְּ	את	סוֹבְרִים סְבוּרִים	רבים
	יִסְבּוֹר	סָבַר	הוא	סוֹבְרוֹת סְבוּרוֹת	רבות
	תִּסְבּוֹר	סָבְרָה	היא		
	נִסְבּוֹר	סָבַרְנוּ	אנחנו		
***סִבְרוּ	**תִּסְבְּרוּ	*סְבַרְתֶּם/ן	אתם/ן		
	**יִסְבְּרוּ	סָבְרוּ	הם/ן		

שם הפועל .Infin לִסְבּוֹר

בינוני סביל .Pass. Part סָבוּר of the opinion

מקור מוחלט .Inf. Abs סָבוֹר

* Colloquial: סָבַרְתֶּם/ן

** less commonly: אתן/הן תִּסְבּוֹרְנָה

*** less commonly: (אתן) סְבוֹרְנָה

◆ פעלים שאינם שכיחים מאותו שורש Infrequent verbs sharing the same root

סִיבֵּר (סִבֵּר) interpret (Med H) (מְסַבֵּר, יְסַבֵּר, לְסַבֵּר)

סוּבַּר (סֻבַּר) be interpreted (lit.) (מְסוּבָּר, יְסוּבַּר)

◆ דוגמאות Illustrations

הכל **סְבוּרִים**, שהבעיה היא שראש הממשלה אינו יודע **לְהַסְבִּיר** היטב את עמדותיו. **מִסְתַּבֵּר**, שאין לו מנגנון **הַסְבָּרָה** טוב במשרדו. **הוּסְבַּר** לו פעמים רבות שאין מנוס מלחפש מומחים בנושא, אבל הוא אינו מוכן לקבל כל ביקורת.

Everyone **is of the opinion**, that the problem is that the prime minister does not know how **to explain** his policies well enough. It **is probable** that he does not have a good **information (=propaganda)** mechanism in his office. It **was explained** to him on numerous occasions that there is no escape from looking for experts in this area, but he is not willing to accept any criticism.

◆ ביטויים מיוחדים Special expressions

סְבוּרַנִי/סְבוּרַנִי I am of the opinion

אִיפְּכָא מִסְתַּבְּרָא the opposite appears to be the case

הִסְבִּיר פנים welcome

פנים מַסְבִּירוֹת welcoming attitude

סִיבֵּר את האוזן explain in a manner that is easy to understand

משרד הַהַסְבָּרָה information (or propaganda) ministry

● סגל

הִסְתַּגֵּל/הִסְתַּגַּל adapt (oneself), adjust (intr.)

בניין: הִתְפַּעֵל גזרה: פ׳ שורקת

	הווה Present		עבר Past	עתיד Future	ציווי Imperative
יחיד	מִסְתַּגֵּל	אני	הִסְתַּגַּלְתִּי	אֶסְתַּגֵּל	
יחידה	מִסְתַּגֶּלֶת	אתה	הִסְתַּגַּלְתָּ	תִּסְתַּגֵּל	הִסְתַּגֵּל
רבים	מִסְתַּגְּלִים	את	הִסְתַּגַּלְתְּ	תִּסְתַּגְּלִי	הִסְתַּגְּלִי
רבות	מִסְתַּגְּלוֹת	הוא	הִסְתַּגֵּל	יִסְתַּגֵּל	
		היא	הִסְתַּגְּלָה	תִּסְתַּגֵּל	
		אנחנו	הִסְתַּגַּלְנוּ	נִסְתַּגֵּל	
		אתם/ן	הִסְתַּגַּלְתֶּם/ן	תִּסְתַּגְּלוּ*	הִסְתַּגְּלוּ**
		הם/ן	הִסְתַּגְּלוּ	יִסְתַּגְּלוּ*	

* less commonly: אתן/הן תִּסְתַּגֵּלְנָה

** less commonly: (אתן) הִסְתַּגֵּלְנָה

שם הפועל .Infin לְהִסְתַּגֵּל

שם הפעולה Gerund הִסְתַּגְּלוּת adapting, adjusting (N)

מקור מוחלט .Inf. Abs הִסְתַּגֵּל

מ״י מוצרכת .Gov. Prep הִסְתַּגֵּל ל- adjust to

סִיגֵּל/סִיגַּל/סִגֵּל (סִגֵּל) adapt (tr.), adjust (tr.), acquire (traits)

בניין: פִּיעֵל גזרה: שלמים

	הווה Present		עבר Past	עתיד Future	ציווי Imperative
יחיד	מְסַגֵּל	אני	סִיגַּלְתִּי	אֲסַגֵּל	
יחידה	מְסַגֶּלֶת	אתה	סִיגַּלְתָּ	תְּסַגֵּל	סַגֵּל
רבים	מְסַגְּלִים	את	סִיגַּלְתְּ	תְּסַגְּלִי	סַגְּלִי
רבות	מְסַגְּלוֹת	הוא	סִיגֵּל	יְסַגֵּל	
		היא	סִיגְּלָה	תְּסַגֵּל	
		אנחנו	סִיגַּלְנוּ	נְסַגֵּל	
		אתם/ן	סִיגַּלְתֶּם/ן	תְּסַגְּלוּ	סַגְּלוּ**
		הם/ן	סִיגְּלוּ	יְסַגְּלוּ*	

* less commonly: אתן/הן תְּסַגֵּלְנָה

** less commonly: (אתן) סַגֵּלְנָה

שם הפועל .Infin לְסַגֵּל

שם הפעולה Gerund סִיגּוּל adapting (something)

מקור מוחלט .Inf. Abs סַגֵּל

סוּגַּל (סֻגַּל) be acquired, be adapted

בניין: פּוּעַל גזרה: שלמים

	הווה Present		עבר Past	עתיד Future
יחיד	מְסוּגָּל	אני	סוּגַּלְתִּי	אֲסוּגַּל
יחידה	מְסוּגֶּלֶת	אתה	סוּגַּלְתָּ	תְּסוּגַּל >>>

	Present הווה		Past עבר	Future עתיד
רבים	מְסוּגָלִים	את	סוּגַלְתְּ	תְּסוּגְלִי
רבות	מְסוּגָלוֹת	הוא	סוּגַל	יְסוּגַל
		היא	סוּגְלָה	תְּסוּגַל
		אנחנו	סוּגַלְנוּ	נְסוּגַל
		אתם/ן	סוּגַלְתֶּם/ן	תְּסוּגְלוּ*
		הם/ן	סוּגְלוּ	יְסוּגְלוּ*

שם הפעולה Gerund מְסוּגָלוּת being capable * less commonly: אתן/הן תְּסוּגַלְנָה
בינוני .Pres. Part מְסוּגָל competent, capable
[מקור מוחלט .Inf. Abs סוּגֹּל]

◆ פעלים שאינם שכיחים מאותו שורש Infrequent verbs sharing the same root

נִסְגַּל (נִסְגָל, יִיסָּגֵל, לְהִיסָּגֵל) be chosen, selected (Med H)
הִסְגִּיל (מַסְגִּיל, יַסְגִּיל, לְהַסְגִּיל) cause to adapt/adjust (Med H)
הוּסְגַּל (הֻסְגַּל) (מוּסְגָל, יוּסְגַל) be selected/chosen (Med H); be trained/prepared (lit.)

◆ דוגמאות Illustrations

לוקח זמן רב עד שילד שעובר למקום מגורים חדש **מִסְתַּגֵּל** לסביבה החדשה. לא כל ילד **מְסוּגָל לְסַגֵּל** לעצמו הרגלי התנהגות חדשים ולמצוא חברים חדשים.

It takes quite a while until a kid who moves to a new residence **adapts** to the new environment. Not every child is **capable** of **acquiring** for himself new behavioral habits and of finding new friends.

● סגר

סָגַר/סוֹגֵר/יִסְגּוֹר shut, close; confine (יִסְגֹּר)

בניין: פָּעַל גזרה: שלמים (אֶפְעוֹל)

	Present הווה			Past עבר	Future עתיד	Imper. ציווי
יחיד	סוֹגֵר	סָגוּר	אני	סָגַרְתִּי	אֶסְגּוֹר	
יחידה	סוֹגֶרֶת	סְגוּרָה	אתה	סָגַרְתָּ	תִּסְגּוֹר	סְגוֹר
רבים	סוֹגְרִים	סְגוּרִים	את	סָגַרְתְּ	תִּסְגְּרִי	סִגְרִי
רבות	סוֹגְרוֹת	סְגוּרוֹת	הוא	סָגַר	יִסְגּוֹר	
			היא	סָגְרָה	תִּסְגּוֹר	
			אנחנו	סָגַרְנוּ	נִסְגּוֹר	
			אתם/ן	סְגַרְתֶּם/ן*	תִּסְגְּרוּ**	סִגְרוּ***
			הם/ן	סָגְרוּ	יִסְגְּרוּ**	

שם הפועל .Infin לִסְגּוֹר * Colloquial: סָגַרְתֶּם/ן
בינוני סביל .Pass. Part סָגוּר closed, shut ** less commonly: אתן/הן תִּסְגּוֹרְנָה >>>

שם הפעולה Gerund סְגִירָה closing *** less commonly: (אתן) סְגוֹרְנָה
מקור מוחלט .Inf. Abs סָגוֹר

נִסְגַּר/יִיסָּגֵר (יִסָּגֵר) be closed/shut, close/shut (intr.)

בניין: נִפְעַל גזרה: שלמים

	Present הווה		Past עבר	Future עתיד	Imperative ציווי
יחיד	נִסְגָּר	אני	נִסְגַּרְתִּי	אֶסָּגֵר	
יחידה	נִסְגֶּרֶת	אתה	נִסְגַּרְתָּ	תִּיסָּגֵר	הִיסָּגֵר
רבים	נִסְגָּרִים	את	נִסְגַּרְתְּ	תִּיסָּגְרִי	הִיסָּגְרִי
רבות	נִסְגָּרוֹת	הוא	נִסְגַּר	יִיסָּגֵר	
		היא	נִסְגְּרָה	תִּיסָּגֵר	
		אנחנו	נִסְגַּרְנוּ	נִיסָּגֵר	
		אתם/ן	נִסְגַּרְתֶּם/ן	תִּיסָּגְרוּ*	הִיסָּגְרוּ**
		הם/ן	נִסְגְּרוּ	יִיסָּגְרוּ*	

* less commonly: אתן/הן תִּיסָּגַרְנָה/...גֵרְנָה
שם הפועל .Infin לְהִיסָּגֵר ** less commonly: (אתן) הִיסָּגַרְנָה/...גֵרְנָה
מקור מוחלט .Inf. Abs נִסְגּוֹר, הִיסָּגֵר (הִיסָּגוֹר)

הִסְתַּגֵּר/הִסְתַּגַּר shut oneself away; be shut in

בניין: הִתְפַּעֵל גזרה: פ׳ שורקת

	Present הווה		Past עבר	Future עתיד	Imperative ציווי
יחיד	מִסְתַּגֵּר	אני	הִסְתַּגַּרְתִּי	אֶסְתַּגֵּר	
יחידה	מִסְתַּגֶּרֶת	אתה	הִסְתַּגַּרְתָּ	תִּסְתַּגֵּר	הִסְתַּגֵּר
רבים	מִסְתַּגְּרִים	את	הִסְתַּגַּרְתְּ	תִּסְתַּגְּרִי	הִסְתַּגְּרִי
רבות	מִסְתַּגְּרוֹת	הוא	הִסְתַּגֵּר	יִסְתַּגֵּר	
		היא	הִסְתַּגְּרָה	תִּסְתַּגֵּר	
		אנחנו	הִסְתַּגַּרְנוּ	נִסְתַּגֵּר	
		אתם/ן	הִסְתַּגַּרְתֶּם/ן	תִּסְתַּגְּרוּ*	הִסְתַּגְּרוּ**
		הם/ן	הִסְתַּגְּרוּ	יִסְתַּגְּרוּ*	

* less commonly: אתן/הן תִּסְתַּגֵּרְנָה
שם הפועל .Infin לְהִסְתַּגֵּר ** less commonly: (אתן) הִסְתַּגֵּרְנָה
שם הפעולה Gerund הִסְתַּגְּרוּת seclusion, retirement
מקור מוחלט .Inf. Abs הִסְתַּגֵּר

הִסְגִּיר/הִסְגַּר/יַסְגִּיר extradite, hand over (to authorities); quarantine (on suspicion of illness)

בניין: הִפְעִיל גזרה: שלמים

	Present הווה		Past עבר	Future עתיד	Imperative ציווי
יחיד	מַסְגִּיר	אני	הִסְגַּרְתִּי	אַסְגִּיר	
יחידה	מַסְגִּירָה	אתה	הִסְגַּרְתָּ	תַּסְגִּיר	הַסְגֵּר <<<

Imperative ציווי	Future עתיד	Past עבר		Present הווה	
הַסְגִּירִי	תַּסְגִּירִי	הִסְגַּרְתְּ	את	מַסְגִּירִים	רבים
	יַסְגִּיר	הִסְגִּיר	הוא	מַסְגִּירוֹת	רבות
	תַּסְגִּיר	הִסְגִּירָה	היא		
	נַסְגִּיר	הִסְגַּרְנוּ	אנחנו		
הַסְגִּירוּ**	תַּסְגִּירוּ*	הִסְגַּרְתֶּם/ן	אתם/ן		
	יַסְגִּירוּ*	הִסְגִּירוּ	הם/ן		

* less commonly: אתן/הן תַּסְגֵּרְנָה

** less commonly: (אתן) הַסְגֵּרְנָה

שם הפועל .Infin לְהַסְגִּיר

שם הפעולה Gerund הַסְגָּרָה extradition; confinement

הֶסְגֵּר quarantine; confinement; blockade

מקור מוחלט .Inf. Abs הַסְגֵּר

הוּסְגַּר (הֻסְגַּר) be confined/extradited/handed over/put in quarantine

בניין: הוּפְעַל גזרה: שלמים

Future עתיד	Past עבר		Present הווה	
אוּסְגַּר	הוּסְגַּרְתִּי	אני	מוּסְגָּר	יחיד
תּוּסְגַּר	הוּסְגַּרְתָּ	אתה	מוּסְגֶּרֶת	יחידה
תּוּסְגְּרִי	הוּסְגַּרְתְּ	את	מוּסְגָּרִים	רבים
יוּסְגַּר	הוּסְגַּר	הוא	מוּסְגָּרוֹת	רבות
תּוּסְגַּר	הוּסְגְּרָה	היא		
נוּסְגַּר	הוּסְגַּרְנוּ	אנחנו		
תּוּסְגְּרוּ*	הוּסְגַּרְתֶּם/ן	אתם/ן		
יוּסְגְּרוּ*	הוּסְגְּרוּ	הם/ן		

* less commonly: אתן/הן תּוּסְגַּרְנָה

בינוני .Pres. Part מוּסְגָּר extradited/handed over; parenthetical (gramm. term)

[מקור מוחלט .Inf. Abs הוּסְגֵּר]

◆ פעלים שאינם שכיחים מאותו שורש Infrequent verbs sharing the same root

סִיגֵּר (סִגֵּר) hand over, deliver up (lit.) (מְסַגֵּר, יְסַגֵּר, לְסַגֵּר)

סוּגַּר (סֻגַּר) be tightly closed; be arrested and jailed (lit.) (מְסוּגָּר, יְסוּגַּר)

◆ דוגמאות Illustrations

לא **סָגַרְתִּי** את הדלת; היא **נִסְגְּרָה** מעצמה.

I **did** not **close** the door; it **closed** by itself.

מאז האסון הוא **מִסְתַּגֵּר** בחדרו ואינו רוצה לראות איש.

Since the tragedy he **has been shutting** himself in his room and refuses to see anybody.

ישראל הבטיחה **לְהַסְגִּיר** את המבוקש לארה"ב בהתאם להסכם **הַהַסְגָּרָה** שבין שתי המדינות. האיש **יוּסְגַּר** תוך מספר ימים.

Israel promised **to extradite** the wanted person to the U.S. in accordance with the **extradition** treaty between the two nations. The man **will be extradited** within a few days.

◆ ביטויים מיוחדים Special expressions

סוֹגַר/סָגוּר וּמְסוּגָּר tightly closed
אדם סָגוּר a reticent man
מועדון סָגוּר an exclusive club
אסיפה סְגוּרָה closed session/meeting
הִסְתַּגֵּר בד' אמות totally seclude oneself

הסכם הַסְגָּרָה extradition treaty
בְּהֶסְגֵּר in quarantine
מחנה הֶסְגֵּר detention camp
מאמר מוּסְגָּר parenthetical clause
במאמר מוּסְגָּר in parenthesis

●סדר

סִידֵּר/סִידַּרְ/סַדֵּר (סְדֵּר) arrange; settle; set up (type); (coll.) "fix"

בניין: פִּיעֵל גזרה: שלמים

	Present הווה		Past עבר	Future עתיד	Imperative ציווי
יחיד	מְסַדֵּר	אני	סִידַּרְתִּי	אֲסַדֵּר	
יחידה	מְסַדֶּרֶת	אתה	סִידַּרְתָּ	תְּסַדֵּר	סַדֵּר
רבים	מְסַדְּרִים	את	סִידַּרְתְּ	תְּסַדְּרִי	סַדְּרִי
רבות	מְסַדְּרוֹת	הוא	סִידֵּר	יְסַדֵּר	
		היא	סִידְּרָה	תְּסַדֵּר	
		אנחנו	סִידַּרְנוּ	נְסַדֵּר	
		אתם/ן	סִידַּרְתֶּם/ן	תְּסַדְּרוּ	סַדְּרוּ**
		הם/ן	סִידְּרוּ	יְסַדְּרוּ*	

* less commonly: אתן/הן תְּסַדֵּרְנָה
** less commonly: (אתן) סַדֵּרְנָה

שם הפועל .Infin לְסַדֵּר
שם הפעולה Gerund סִידּוּר arrangement; daily prayer book
מקור מוחלט .Inf. Abs סַדֵּר

סוּדַּר (סֻדַּר) be arranged; (coll.) be "fixed"

בניין: פּוּעַל גזרה: שלמים

	Present הווה		Past עבר	Future עתיד	
יחיד	מְסוּדָּר	אני	סוּדַּרְתִּי	אֲסוּדַּר	
יחידה	מְסוּדֶּרֶת	אתה	סוּדַּרְתָּ	תְּסוּדַּר	
רבים	מְסוּדָּרִים	את	סוּדַּרְתְּ	תְּסוּדְּרִי	
רבות	מְסוּדָּרוֹת	הוא	סוּדַּר	יְסוּדַּר	
		היא	סוּדְּרָה	תְּסוּדַּר	
		אנחנו	סוּדַּרְנוּ	נְסוּדַּר	
		אתם/ן	סוּדַּרְתֶּם/ן	תְּסוּדְּרוּ*	
		הם/ן	סוּדְּרוּ	יְסוּדְּרוּ*	<<<

* less commonly: אתן/הן תְּסוּדַּרְנָה

בינוני Pres. Part. מְסוּדָּר neat, orderly; arranged; regular; (coll.) well off economically

[מקור מוחלט Inf. Abs. סוּדּוֹר]

הִסְתַּדֵּר/הִסְתַּדַּר be arranged/organized; fall in; be settled (difficulties); settle in

בניין: הִתְפַּעֵל גזרה: פ' שורקת

	Present הווה		Past עבר	Future עתיד	Imperative ציווי
יחיד	מִסְתַּדֵּר	אני	הִסְתַּדַּרְתִּי	אֶסְתַּדֵּר	
יחידה	מִסְתַּדֶּרֶת	אתה	הִסְתַּדַּרְתָּ	תִּסְתַּדֵּר	הִסְתַּדֵּר
רבים	מִסְתַּדְּרִים	את	הִסְתַּדַּרְתְּ	תִּסְתַּדְּרִי	הִסְתַּדְּרִי
רבות	מִסְתַּדְּרוֹת	הוא	הִסְתַּדֵּר	יִסְתַּדֵּר	
		היא	הִסְתַּדְּרָה	תִּסְתַּדֵּר	
		אנחנו	הִסְתַּדַּרְנוּ	נִסְתַּדֵּר	
		אתם/ן	הִסְתַּדַּרְתֶּם/ן	תִּסְתַּדְּרוּ*	הִסְתַּדְּרוּ**
		הם/ן	הִסְתַּדְּרוּ	יִסְתַּדְּרוּ*	

שם הפועל Infin. לְהִסְתַּדֵּר * less commonly: אתן/הן תִּסְתַּדֵּרְנָה

שם הפעולה Gerund הִסְתַּדְּרוּת organization ** less commonly: (אתן) הִסְתַּדֵּרְנָה

מקור מוחלט Inf. Abs. הִסְתַּדֵּר

הִסְדִּיר/הִסְדַּר/יַסְדִּיר settle, arrange; systematize

בניין: הִפְעִיל גזרה: שלמים

	Present הווה		Past עבר	Future עתיד	Imperative ציווי
יחיד	מַסְדִּיר	אני	הִסְדַּרְתִּי	אַסְדִּיר	
יחידה	מַסְדִּירָה	אתה	הִסְדַּרְתָּ	תַּסְדִּיר	הַסְדֵּר
רבים	מַסְדִּירִים	את	הִסְדַּרְתְּ	תַּסְדִּירִי	הַסְדִּירִי
רבות	מַסְדִּירוֹת	הוא	הִסְדִּיר	יַסְדִּיר	
		היא	הִסְדִּירָה	תַּסְדִּיר	
		אנחנו	הִסְדַּרְנוּ	נַסְדִּיר	
		אתם/ן	הִסְדַּרְתֶּם/ן	תַּסְדִּירוּ*	הַסְדִּירוּ**
		הם/ן	הִסְדִּירוּ	יַסְדִּירוּ*	

* less commonly: אתן/הן תַּסְדֵּרְנָה

שם הפועל Infin. לְהַסְדִּיר ** less commonly: (אתן) הַסְדֵּרְנָה

שם הפעולה Ger. הַסְדָּרָה arranging (N); regularization

הֶסְדֵּר arrangement, order

מקור מוחלט Inf. Abs. הַסְדֵּר

הוּסְדַּר (הֻסְדַּר) be settled/arranged; be systematized

בניין: הוּפְעַל גזרה: שלמים

	Present הווה		Past עבר	Future עתיד
יחיד	מוּסְדָּר	אני	הוּסְדַּרְתִּי	אוּסְדַּר
יחידה	מוּסְדֶּרֶת	אתה	הוּסְדַּרְתָּ	תּוּסְדַּר
רבים	מוּסְדָּרִים	את	הוּסְדַּרְתְּ	תּוּסְדְּרִי
רבות	מוּסְדָּרוֹת	הוא	הוּסְדַּר	יוּסְדַּר
		היא	הוּסְדְּרָה	תּוּסְדַּר
		אנחנו	הוּסְדַּרְנוּ	נוּסְדַּר
		אתם/ן	הוּסְדַּרְתֶּם/ן	תּוּסְדְּרוּ*
		הם/ן	הוּסְדְּרוּ	יוּסְדְּרוּ*

* less commonly: אתן/הן תּוּסְדַּרְנָה — בינוני Pres. Part. מוּסְדָּר arranged properly

[מקור מוחלט Inf. Abs. הוּסְדֵּר]

◆ פעלים שאינם שכיחים מאותו שורש Infrequent verbs sharing the same root

סָדַר (סוֹדֵר, יִסְדּוֹר, לִסְדּוֹר) arrange, present (Mish H)

בינוני סביל Pass. Part. סָדוּר arranged, set in order

נִסְדַּר (נִסְדָּר, יִיסָּדֵר, לְהִיסָּדֵר) be arranged (Med H)

◆ דוגמאות Illustrations

המסמכים היו **מְסוּדָּרִים** על פי תאריך חיבורם; החלטתי **לְסַדְּרָם** מחדש על פי שמות מחבריהם.

The documents **were arranged** by date of writing; I decided to re**arrange** them by their authors' names.

לאחר ויכוח קצר, **סוּדַּר** העניין לשביעות רצוני. מנהל הבנק בעצמו **הִסְדִּיר** זאת.

After a short discussion, the matter **was settled** to my satisfaction. The bank manager himself **settled** it.

לאחר שנתיים-שלוש, מרבית העולים החדשים **מִסְתַּדְּרִים** לא רע: לרבים יש עבודה סדירה ודירה **מְסוּדֶּרֶת**.

After two or three years, most of the new immigrants **are** reasonably well **settled**: many have regular jobs and a **regular** (=**properly furnished**) apartment.

ישראל והפלשתינאים מנהלים משא ומתן, שבסופו מקווים שני הצדדים להגיע **לְהֶסְדֵּר** מלא של היחסים בין שני העמים.

Israel and the Palestinians are conducting negotiations, at the end of which both sides are hoping to reach a conclusive **arrangement/settlement** regarding the relationship between the two peoples.

דובר **הַסְתַּדְּרוּת** המורים אמר כי הוא מקווה שסכסוך העבודה **יוּסְדַּר** תוך מספר שבועות.

The spokesperson of the teachers' **organization** said that he was hoping that the labor dispute **will be settled** within a few weeks.

◆ ביטויים מיוחדים Special expressions

מספר סוֹדֵר/סִידּוּרִי ordinal numbers

יודע לְהִסְתַּדֵּר knows his way about

ההִסְתַּדְּרוּת הציונית The Zionist Organization

הַסְתַּדְּרוּת העובדים the Histadrut (the Workers' Organization)

● סור

סָר/סַר/יָסוּר turn, turn aside; drop in for a visit

בניין: פָּעַל גזרה: ע"ו

	Present הווה		Past עבר	Future עתיד	Imperative ציווי
יחיד	סָר	אני	סַרְתִּי	אָסוּר	
יחידה	סָרָה	אתה	סַרְתָּ	תָּסוּר	סוּר
רבים	סָרִים	את	סַרְתְּ	תָּסוּרִי	סוּרִי
רבות	סָרוֹת	הוא	סָר	יָסוּר	
		היא	סָרָה	תָּסוּר	
		אנחנו	סַרְנוּ	נָסוּר	
		אתם/ן	סַרְתֶּם/ן	תָּסוּרוּ*	סוּרוּ**
		הם/ן	סָרוּ	יָסוּרוּ*	

שם הפועל .Infin לָסוּר

מקור מוחלט .Inf. Abs סוֹר

מ"י מוצרכת .Gov. Prep סָר מן turn aside from

* less commonly: אתן/הן תָּסוֹרְנָה

** less commonly: (אתן) סוֹרְנָה

הֵסִיר/הֵסַר/יָסִיר take off, remove; turn aside, divert

בניין: הִפְעִיל גזרה: ע"ו

	Present הווה		Past עבר	Future עתיד	Imperative ציווי
יחיד	מֵסִיר	אני	הֵסַרְתִּי	אָסִיר	
יחידה	מְסִירָה	אתה	הֵסַרְתָּ	תָּסִיר	הָסֵר
רבים	מְסִירִים	את	הֵסַרְתְּ	תָּסִירִי	הָסִירִי
רבות	מְסִירוֹת	הוא	הֵסִיר	יָסִיר	
		היא	הֵסִירָה	תָּסִיר	
		אנחנו	הֵסַרְנוּ	נָסִיר	
		אתם/ן	הֵסַרְתֶּם/ן*	תָּסִירוּ**	הָסִירוּ***
		הם/ן	הֵסִירוּ	יָסִירוּ**	

שם הפועל .Infin לְהָסִיר

שם הפעולה Gerund הֲסָרָה removal

מקור מוחלט .Inf. Abs הָסֵר

* BH: הֲסִרֹתֶם/ן

** less commonly: אתן/הן תָּסֵרְנָה

*** less commonly: (אתן) הָסֵרְנָה

הוּסַר be taken off/removed; be turned aside/diverted; be averted (danger)

בניין: הוּפְעַל גזרה: ע"ו

	Present הווה		Past עבר	Future עתיד
יחיד	מוּסָר	אני	הוּסַרְתִּי	אוּסַר
יחידה	מוּסֶרֶת	אתה	הוּסַרְתָּ	תּוּסַר
רבים	מוּסָרִים	את	הוּסַרְתְּ	תּוּסְרִי
רבות	מוּסָרוֹת	הוא	הוּסַר	יוּסַר
		היא	הוּסְרָה	תּוּסַר
		אנחנו	הוּסַרְנוּ	נוּסַר
		אתם/ן	הוּסַרְתֶּם/ן	תּוּסְרוּ*
		הם/ן	הוּסְרוּ	יוּסְרוּ*

[מקור מוחלט .Inf. Abs הוּסֵר] * less commonly: אתן/הן תּוּסַרְנָה

◆ **פעלים שאינם שכיחים מאותו שורש** Infrequent verbs sharing the same root

סוֹרֵר remove; distort (lit.) (מְסוֹרֵר, יְסוֹרֵר, לְסוֹרֵר)

◆ **דוגמאות** Illustrations

כשדניאל **סָר** אליי לביקור, הוא **מֵסִיר** את כובעו וחובש במקומו כיפה.

When Daniel **drops in** at my place, he **removes** his hat and puts on a skull-cap.

עיראק של סדאם חוסיין אינה מדינה מומלצת לאינדיווידואליסטים: מי **שסָר** בה מן הנתיב הסדאם-חוסייני מוצא עצמו בכלא, או ראשו **מוּסָר**.

Saddam Hussein's Iraq is not recommended for individualists: whoever **turns aside** from the Saddam Hussein way either finds himself in jail, or is **beheaded** ("his head is **removed**").

◆ **ביטויים מיוחדים** Special expressions

לא סָר ימין או שמאל did not stray

סָר למשמעתו do as he bids

סוּר אליי מחר drop in at my place tomorrow (formal)

הֵסִיר טבעת take off a ring

הֵסִיר ראש decapitate

האיום **הוּסַר** the threat was averted

●סים

סִיֵּם/סִיַּמְ/סַיֵּם (סִיֵּם) end (tr.), terminate (tr.), conclude (tr.)

בניין: פִּיעֵל   גזרה: שלמים

	Present הווה		Past עבר	Future עתיד	Imperative ציווי
יחיד	מְסַיֵּם	אני	סִיַּמְתִּי	אֲסַיֵּם	
יחידה	מְסַיֶּמֶת	אתה	סִיַּמְתָּ	תְּסַיֵּם	סַיֵּם
רבים	מְסַיְּמִים	את	סִיַּמְתְּ	תְּסַיְּמִי	סַיְּמִי
רבות	מְסַיְּמוֹת	הוא	סִיֵּם	יְסַיֵּם	
		היא	סִיְּמָה	תְּסַיֵּם	
		אנחנו	סִיַּמְנוּ	נְסַיֵּם	
		אתם/ן	סִיַּמְתֶּם/ן	תְּסַיְּמוּ*	סַיְּמוּ**
		הם/ן	סִיְּמוּ	יְסַיְּמוּ*	

שם הפועל .Infin לְסַיֵּם — * less commonly: אתן/הן תְּסַיֵּמְנָה

בינוני .Pres. Part מְסַיֵּם concluding — ** less commonly: (אתן) סַיֵּמְנָה

שם הפעולה Gerund סִיּוּם end, conclusion, termination

מקור מוחלט .Inf. Abs סַיֵּם

סוּיַּם (סֻיַּם) be ended/concluded

בניין: פּוּעַל   גזרה: שלמים

	Present הווה		Past עבר	Future עתיד
יחיד	מְסוּיָּם	אני	סוּיַּמְתִּי	אֲסוּיַּם
יחידה	מְסוּיֶּמֶת	אתה	סוּיַּמְתָּ	תְּסוּיַּם
רבים	מְסוּיָּמִים	את	סוּיַּמְתְּ	תְּסוּיְּמִי
רבות	מְסוּיָּמוֹת	הוא	סוּיַּם	יְסוּיַּם
		היא	סוּיְּמָה	תְּסוּיַּם
		אנחנו	סוּיַּמְנוּ	נְסוּיַּם
		אתם/ן	סוּיַּמְתֶּם/ן	תְּסוּיְּמוּ*
		הם/ן	סוּיְּמוּ	יְסוּיְּמוּ*

בינוני .Pres. Part מְסוּיָּם certain, specific — * less commonly: אתן/הן תְּסוּיַּמְנָה

[מקור מוחלט .Inf. Abs סוּיּוֹם]

הִסְתַּיֵּם/הִסְתַּיַּמְ (הִסְתַּיֵּם/נִסְתַּיֵּם) end/conclude (intr.)

בניין: הִתְפַּעֵל   גזרה: פ׳ שורקת

	Present הווה		Past עבר	Future עתיד	Imperative ציווי
יחיד	מִסְתַּיֵּם	אני	הִסְתַּיַּמְתִּי	אֶסְתַּיֵּם	
יחידה	מִסְתַּיֶּמֶת	אתה	הִסְתַּיַּמְתָּ	תִּסְתַּיֵּם	הִסְתַּיֵּם
רבים	מִסְתַּיְּמִים	את	הִסְתַּיַּמְתְּ	תִּסְתַּיְּמִי	הִסְתַּיְּמִי
רבות	מִסְתַּיְּמוֹת	הוא	הִסְתַּיֵּם	יִסְתַּיֵּם	
		היא	הִסְתַּיְּמָה	תִּסְתַּיֵּם	<<<

		Past עבר	Future עתיד	Imperative ציווי
	אנחנו	הִסְתַּיַּמְנוּ	נִסְתַּיֵּם	
	אתם/ן	הִסְתַּיַּמְתֶּם/ן	תִּסְתַּיְּמוּ*	הִסְתַּיְּמוּ**
	הם/ן	הִסְתַּיְּמוּ	יִסְתַּיְּמוּ*	

* less commonly: אתן/הן תִּסְתַּיֵּמְנָה

שם הפועל .Infin לְהִסְתַּיֵּם ** less commonly: (אתן) הִסְתַּיֵּמְנָה

שם הפעולה Gerund הִסְתַּיְּמוּת conclusion, finish

מקור מוחלט .Inf. Abs הִסְתַּיֵּם

◆ דוגמאות Illustrations

המשחקים האולימפיים **הִסְתַּיְּמוּ** בטקס **סִיּוּם** מרשים. הטקס עצמו **סוּיַּם** בהעברת הלפיד האולימפי למדינה המארחת הבאה.

The Olympic Games **concluded** with an impressive **concluding** ceremony. The ceremony itself **was ended** by the passing of the Olympic torch to the next host country.

הנואם **סִיֵּם** את נאומו בקריאה לשני הצדדים **לְסַיֵּם** את מצב הלוחמה ביניהם.

The speaker **concluded** his speech with a call to both parties to **end** the belligerent situation between them.

●סיע

סִיַּע/סִיֵּע/סַיֵּעַ (סִיַּע) assist, support, aid

בניין: פִּיעֵל גזרה: ל' גרונית

	Present הווה		Past עבר	Future עתיד	Imperative ציווי
יחיד	מְסַיֵּעַ	אני	סִיַּעְתִּי	אֲסַיַּע/...יֵּעַ	
יחידה	מְסַיַּעַת	אתה	סִיַּעְתָּ	תְּסַיַּע/...יֵּעַ	סַיַּע/...יֵּעַ
רבים	מְסַיְּעִים	את	סִיַּעְתְּ/...עַת	תְּסַיְּעִי	סַיְּעִי
רבות	מְסַיְּעוֹת	הוא	סִיַּע*	יְסַיַּע/...יֵּעַ	
		היא	סִיְּעָה	תְּסַיַּע/...יֵּעַ	
		אנחנו	סִיַּעְנוּ	נְסַיַּע/...יֵּעַ	
		אתם/ן	סִיַּעְתֶּם/ן	תְּסַיְּעוּ**	סַיְּעוּ***
		הם/ן	סִיְּעוּ	יְסַיְּעוּ**	

שם הפועל .Infin לְסַיֵּעַ * Colloquial: סִיֵּעַ

בינוני .Pres. Part מְסַיֵּעַ supporting ** less commonly: אתן/הן תְּסַיַּעְנָה

שם הפעולה Gerund סִיּוּעַ assistance, support *** less commonly: (אתן) סַיַּעְנָה

מקור מוחלט .Inf. Abs סַיֵּעַ

מ"י מוצרכת .Gov. Prep סִיַּע ל- assist (someone)

הִסְתַּיֵּעַ/יִסְתַּיֵּעַ (הִסְתַּיַּע/נִסְתַּיַּע) be aided/helped

בניין: הִתְפַּעֵל גזרה: ל׳ גרונית + פ׳ שורקת

	Present הווה		Past עבר	Future עתיד	Imperative ציווי
יחיד	מִסְתַּיֵּעַ	אני	הִסְתַּיַּעְתִּי	אֶסְתַּיֵּעַ/...יַּע	
יחידה	מִסְתַּיַּעַת	אתה	הִסְתַּיַּעְתָּ	תִּסְתַּיֵּעַ/...יַּע	הִסְתַּיֵּעַ/...יַּע
רבים	מִסְתַּיְּעִים	את	הִסְתַּיַּעַתְּ/...עַת	תִּסְתַּיְּעִי	הִסְתַּיְּעִי
רבות	מִסְתַּיְּעוֹת	הוא	הִסְתַּיֵּעַ*	יִסְתַּיֵּעַ/...יַּע	
		היא	הִסְתַּיְּעָה	תִּסְתַּיֵּעַ/...יַּע	
		אנחנו	הִסְתַּיַּעְנוּ	נִסְתַּיֵּעַ/...יַּע	
		אתם/ן	הִסְתַּיַּעְתֶּם/ן	תִּסְתַּיְּעוּ**	הִסְתַּיְּעוּ***
		הם/ן	הִסְתַּיְּעוּ	יִסְתַּיְּעוּ**	

* :Col. הִסְתַּיַּע ** :less commonly אתן/הן תִּסְתַּיַּעְנָה

שם הפועל .Infin לְהִסְתַּיֵּעַ *** :less commonly (אתן) הִסְתַּיַּעְנָה

שם הפעולה Gerund הִסְתַּיְּעוּת assistance; using aid

מקור מוחלט .Inf. Abs הִסְתַּיֵּעַ

מ״י מוצרכת .Gov. Prep הִסְתַּיֵּעַ ב- be aided by

◆ דוגמאות Illustrations

חיל הרגלים **מִסְתַּיֵּעַ** בחיל האוויר במרבית פעולותיו; הפצצות מן האוויר **מְסַיְּעוֹת** לרכך את היעד. יש התקפות שפשוט אינן ניתנות לביצוע ללא **סִיּוּעַ** אווירי.

The infantry **is assisted** by the air force in most of its activities; bombing from the air **aids** in "softening" the objective. Some attacks simply cannot be carried out without air **support**.

◆ ביטויים מיוחדים Special expressions

לא **נִסְתַּיַּע** הדבר it did not work, it did not succeed

תניא **דְּמְסַיַּע** (jocular) backing, supporting "authority"

עדות **מְסַיַּעַת** corroborative evidence

● סכל

הִסְתַּכֵּל/הִסְתַּכֵּל look (at), observe

בניין: הִתְפַּעֵל גזרה: פ׳ שורקת

	Present הווה		Past עבר	Future עתיד	Imperative ציווי
יחיד	מִסְתַּכֵּל	אני	הִסְתַּכַּלְתִּי	אֶסְתַּכֵּל	
יחידה	מִסְתַּכֶּלֶת	אתה	הִסְתַּכַּלְתָּ	תִּסְתַּכֵּל	הִסְתַּכֵּל >>>

	Present הווה		Past עבר	Future עתיד	Imperative ציווי
רבים	מִסְתַּכְּלִים	את	הִסְתַּכַּלְתְּ	תִּסְתַּכְּלִי	הִסְתַּכְּלִי
רבות	מִסְתַּכְּלוֹת	הוא	הִסְתַּכֵּל	יִסְתַּכֵּל	
		היא	הִסְתַּכְּלָה	תִּסְתַּכֵּל	
		אנחנו	הִסְתַּכַּלְנוּ	נִסְתַּכֵּל	
		אתם/ן	הִסְתַּכַּלְתֶּם/ן	תִּסְתַּכְּלוּ*	הִסְתַּכְּלוּ**
		הם/ן	הִסְתַּכְּלוּ	יִסְתַּכְּלוּ*	

* less commonly: אתן/הן תִּסְתַּכֵּלְנָה

** less commonly: (אתן) הִסְתַּכֵּלְנָה

שם הפועל .Infin לְהִסְתַּכֵּל

שם הפעולה Gerund הִסְתַּכְּלוּת looking, observation

מקור מוחלט .Inf. Abs הִסְתַּכֵּל

מ"י מוצרכת .Gov. Prep הִסְתַּכֵּל בְּ- look at

◆ **דוגמאות** Illustrations

מדען טוב לא רק **מִסְתַּכֵּל** ומתאר, אלא גם מסביר. **הַהִסְתַּכְּלוּת** היא רק הצעד הראשון.

A good scientist not only **observes** and describes, but also explains. **Observation** is only the first step.

בארה"ב ובאירופה בחורים **מִסְתַּכְּלִים** בבחורות בצורה אחרת לגמרי.

In the U.S. and in Europe young men **look** at young women quite differently.

◆ **ביטויים מיוחדים** Special expressions

אל **תִּסְתַּכֵּל** בקנקן אלא במה שיש בו do not judge by appearances

---

● סכם

הִסְכִּים/הִסְכַּמְ/יַסְכִּים agree, consent, approve

בניין: הִפְעִיל גזרה: שלמים

	Present הווה		Past עבר	Future עתיד	Imperative ציווי
יחיד	מַסְכִּים	אני	הִסְכַּמְתִּי	אַסְכִּים	
יחידה	מַסְכִּימָה	אתה	הִסְכַּמְתָּ	תַּסְכִּים	הַסְכֵּם
רבים	מַסְכִּימִים	את	הִסְכַּמְתְּ	תַּסְכִּימִי	הַסְכִּימִי
רבות	מַסְכִּימוֹת	הוא	הִסְכִּים	יַסְכִּים	
		היא	הִסְכִּימָה	תַּסְכִּים	
		אנחנו	הִסְכַּמְנוּ	נַסְכִּים	
		אתם/ן	הִסְכַּמְתֶּם/ן	תַּסְכִּימוּ*	הַסְכִּימוּ**
		הם/ן	הִסְכִּימוּ	יַסְכִּימוּ*	

* less commonly: אתן/הן תַּסְכֵּמְנָה <<<

שם הפועל .Infin לְהַסְכִּים ** less commonly: (אתן) הַסְכֵּמְנָה

שם הפעולה .Ger הַסְכָּמָה agreement, approval

הֶסְכֵּם agreement, pact, treaty

מקור מוחלט .Inf. Abs הַסְכֵּם

מ"י מוצרכת .Gov. Prep הִסְכִּים עִם, ל- agree with, to

הוּסְכַּם (הֻסְכַּם) be agreed upon

בניין: הוּפְעַל גזרה: שלמים

	Present הווה		Past עבר	Future עתיד
יחיד	מוּסְכָּם	אני	הוּסְכַּמְתִּי	אוּסְכַּם
יחידה	מוּסְכֶּמֶת	אתה	הוּסְכַּמְתָּ	תּוּסְכַּם
רבים	מוּסְכָּמִים	את	הוּסְכַּמְתְּ	תּוּסְכְּמִי
רבות	מוּסְכָּמוֹת	הוא	הוּסְכַּם	יוּסְכַּם
		היא	הוּסְכְּמָה	תּוּסְכַּם
		אנחנו	הוּסְכַּמְנוּ	נוּסְכַּם
		אתם/ן	הוּסְכַּמְתֶּם/ן	תּוּסְכְּמוּ*
		הם/ן	הוּסְכְּמוּ	יוּסְכְּמוּ*

בינוני .Pres. Part מוּסְכָּם agreed upon * less commonly: אתן/הן תּוּסְכַּמְנָה

[מקור מוחלט .Inf. Abs הוּסְכֵּם]

סִיכֵּם/סִיכַּמְ/סַכֵּם (סִכֵּם) add up, summarize

בניין: פִּיעֵל גזרה: שלמים

	Present הווה		Past עבר	Future עתיד	Imperative ציווי
יחיד	מְסַכֵּם	אני	סִיכַּמְתִּי	אֲסַכֵּם	
יחידה	מְסַכֶּמֶת	אתה	סִיכַּמְתָּ	תְּסַכֵּם	סַכֵּם
רבים	מְסַכְּמִים	את	סִיכַּמְתְּ	תְּסַכְּמִי	סַכְּמִי
רבות	מְסַכְּמוֹת	הוא	סִיכֵּם	יְסַכֵּם	
		היא	סִיכְּמָה	תְּסַכֵּם	
		אנחנו	סִיכַּמְנוּ	נְסַכֵּם	
		אתם/ן	סִיכַּמְתֶּם/ן	תְּסַכְּמוּ	סַכְּמוּ**
		הם/ן	סִיכְּמוּ	יְסַכְּמוּ*	

* less commonly: אתן/הן תְּסַכֵּמְנָה

שם הפועל .Infin לְסַכֵּם ** less commonly: (אתן) סַכֵּמְנָה

שם הפעולה Gerund סִיכּוּם summation, summary

מקור מוחלט .Inf. Abs סַכֵּם

סוּכַּם (סֻכַּם) be added up, summarized

בניין: פּוּעַל גזרה: שלמים

	Present הווה		Past עבר	Future עתיד
יחיד	מְסוּכָּם	אני	סוּכַּמְתִּי	אֲסוּכַּם
יחידה	מְסוּכֶּמֶת	אתה	סוּכַּמְתָּ	תְּסוּכַּם
רבים	מְסוּכָּמִים	את	סוּכַּמְתְּ	תְּסוּכְּמִי
רבות	מְסוּכָּמוֹת	הוא	סוּכַּם	יְסוּכַּם
		היא	סוּכְּמָה	תְּסוּכַּם
		אנחנו	סוּכַּמְנוּ	נְסוּכַּם
		אתם/ן	סוּכַּמְתֶּם/ן	תְּסוּכְּמוּ*
		הם/ן	סוּכְּמוּ	יְסוּכְּמוּ*

* less commonly: אתן/הן תְּסוּכַּמְנָה

בינוני Pres. Part. מְסוּכָּם added up, summarized

[מקור מוחלט Inf. Abs. סוּכּוֹם]

הִסְתַּכֵּם/הִסְתַּכַּם amount to, add up to

בניין: הִתְפַּעֵל גזרה: שלמים + פ' שורקת

	Present הווה		Past עבר	Future עתיד	Imperative ציווי
יחיד	מִסְתַּכֵּם	אני	הִסְתַּכַּמְתִּי	אֶסְתַּכֵּם	
יחידה	מִסְתַּכֶּמֶת	אתה	הִסְתַּכַּמְתָּ	תִּסְתַּכֵּם	הִסְתַּכֵּם
רבים	מִסְתַּכְּמִים	את	הִסְתַּכַּמְתְּ	תִּסְתַּכְּמִי	הִסְתַּכְּמִי
רבות	מִסְתַּכְּמוֹת	הוא	הִסְתַּכֵּם	יִסְתַּכֵּם	
		היא	הִסְתַּכְּמָה	תִּסְתַּכֵּם	
		אנחנו	הִסְתַּכַּמְנוּ	נִסְתַּכֵּם	
		אתם/ן	הִסְתַּכַּמְתֶּם/ן	תִּסְתַּכְּמוּ*	הִסְתַּכְּמוּ**
		הם/ן	הִסְתַּכְּמוּ	יִסְתַּכְּמוּ*	

* less commonly: אתן/הן תִּסְתַּכֵּמְנָה

** less commonly: (אתן) הִסְתַּכֵּמְנָה

שם הפועל Infin. לְהִסְתַּכֵּם

שם הפעולה Gerund הִסְתַּכְּמוּת final reckoning, balance

מקור מוחלט Inf. Abs. הִסְתַּכֵּם

מ"י מוצרכת Gov. Prep. הִסְתַּכֵּם ב- amount to

◆ פעלים שאינם שכיחים מאותו שורש Infrequent verbs sharing the same root

סָכַם bring to conclusion, summarize (Mish H) (סוֹכֵם, יִסְכּוֹם, לִסְכּוֹם)

נִסְכַּם be added to a total; come to an agreement (Med H) (נִסְכָּם, יִיסָּכֵם, לְהִיסָּכֵם)

◆ דוגמאות Illustrations

בְּסִיכּוּם הרצאתו סִיכֵּם המרצה את מסקנותיו. על פי השאלות שנשאלו לאחר מכן, נראה כי מרבית השומעים הִסְכִּימוּ עִמּוֹ.

On **summing up** his lecture, the lecturer **summarized** his conclusions. According to the questions that were asked later, it seems that most of the audience **agreed** with him.

כשסִיכַּמְתִּי את המספרים, הסתבר כי ההוצאות השנתיות של החברה **הִסְתַּכְּמוּ** בשלושה מיליון דולר. המספרים **סוּכְּמוּ** על-ידי רואה חשבון אחר, וגם הוא הגיע לאותה תוצאה.

When I **added up** the numbers, it turned out that the annual expenses of the company **amounted** to three million dollars. The numbers **were added** by another accountant, who arrived at the same result.

קיימת **הַסְכָּמָה** בין שני הצדדים כי יש להגיע לידי **הֶסְכֵּם** עד סוף השבוע.

There is **agreement** by the two sides that **an agreement** (or a **pact**) must be reached by the end of the week.

◆ **ביטויים מיוחדים** Special expressions

הַסְכָּמָה הדדית mutual agreement

בָּאוּ לידי **הֶסְכֵּם** came to an agreement

הֶסְכֵּם ג'נטלמני gentleman's agreement

בְּסִיכּוּמוֹ של דבר to sum up; the essence of what has been said

מוּסְכָּמוֹת conventions

שקר **מוּסְכָּם** a conventional lie

● סלח

סָלַח/סוֹלֵחַ/יִסְלַח forgive, pardon

בניין: פָּעַל גזרה: ע' גרונית (אֶפְעַל)

	Present הווה			Past עבר	Future עתיד	Imper. ציווי
יחיד	סוֹלֵחַ	סָלוּחַ	אני	סָלַחְתִּי	אֶסְלַח	
יחידה	סוֹלַחַת	סְלוּחָה	אתה	סָלַחְתָּ	תִּסְלַח	סְלַח
רבים	סוֹלְחִים	סְלוּחִים	את	סָלַחְתְּ/...חַת	תִּסְלְחִי	סִלְחִי
רבות	סוֹלְחוֹת	סְלוּחוֹת	הוא	סָלַח	יִסְלַח	
			היא	סָלְחָה	תִּסְלַח	
			אנחנו	סָלַחְנוּ	נִסְלַח	
			אתם/ן	סְלַחְתֶּם/ן*	תִּסְלְחוּ**	סִלְחוּ***
			הם/ן	סָלְחוּ	יִסְלְחוּ**	

שם הפועל .Infin לִסְלוֹחַ

* Colloquial: סָלַחְתֶּם/ן

שם הפעולה .Ger סְלִיחָה forgiveness, pardon

** less commonly: אתן/הן תִּסְלַחְנָה

סְלִיחוֹת penitential hymns

*** less commonly: (אתן) סְלַחְנָה

בינוני פעיל .Act. Part סוֹלֵחַ forgiving (Adj.)

בינוני סביל .Pass. Part סָלוּחַ forgiven (Med H)

מקור מוחלט .Inf. Abs סָלוֹחַ

מ"י מוצרכת .Gov. Prep סָלַח ל- על forgive someone for

נִסְלַח/יִיסָּלַח/יִיסָּלֵחַ (יִסָּלַח) be forgiven

בניין: **נִפְעַל** גזרה: ע׳ גרונית

	Present הווה		Past עבר	Future עתיד	Imperative ציווי
יחיד	נִסְלָח	אני	נִסְלַחְתִּי	אֶסָּלַח/...לֵחַ	
יחידה	נִסְלַחַת	אתה	נִסְלַחְתָּ	תִּיסָּלַח/...לֵחַ	הִיסָּלַח/...לֵחַ
רבים	נִסְלָחִים	את	נִסְלַחְתְּ/...חַת	תִּיסָּלְחִי	הִיסָּלְחִי
רבות	נִסְלָחוֹת	הוא	נִסְלַח	יִיסָּלַח/...לֵחַ	
		היא	נִסְלְחָה	תִּיסָּלַח/...לֵחַ	
		אנחנו	נִסְלַחְנוּ	נִיסָּלַח/...לֵחַ	
		אתם/ן	נִסְלַחְתֶּם/ן	תִּיסָּלְחוּ*	הִיסָּלְחוּ**
		הם/ן	נִסְלְחוּ	יִיסָּלְחוּ*	

* less commonly: אתן/הן תִּיסָּלַחְנָה

** less commonly: (אתן) הִיסָּלַחְנָה

שם הפועל .Infin לְהִיסָּלַח/...לֵחַ

שם הפעולה .Ger הִיסָּלְחוּת being forgiven; forgiving

מקור מוחלט .Inf. Abs נִסְלוֹחַ

◆ **פעלים שאינם שכיחים מאותו שורש** Infrequent verbs sharing the same root

סוּלַּח (סֻלַּח) be forgiven (lit.) (מְסוּלָּח, יְסוּלַּח)

נִסְתַּלַּח be forgiven/atoned (lit.) (מִסְתַּלֵּחַ, יִסְתַּלַּח, לְהִסְתַּלֵּחַ)

◆ **דוגמאות** Illustrations

ביום הכיפורים עשויים **לְהִיסָּלַח** רק חטאים שבין אדם למקום. על חטאים שבין אדם לחברו יכול **לִסְלוֹחַ** רק הנפגע עצמו.

On the Day of Atonement only sins of man against God may **be forgiven**. Only the injured party can **forgive** a sin by man against man.

●סלק

סִילֵּק/סִילַּק/סַלֵּק (סִלֵּק) remove, dispose of; lift, suspend; pay off

בניין: **פִּיעֵל** גזרה: שלמים

	Present הווה		Past עבר	Future עתיד	Imperative ציווי
יחיד	מְסַלֵּק	אני	סִילַּקְתִּי	אֲסַלֵּק	
יחידה	מְסַלֶּקֶת	אתה	סִילַּקְתָּ	תְּסַלֵּק	סַלֵּק
רבים	מְסַלְּקִים	את	סִילַּקְתְּ	תְּסַלְּקִי	סַלְּקִי
רבות	מְסַלְּקוֹת	הוא	סִילֵּק	יְסַלֵּק	
		היא	סִילְּקָה	תְּסַלֵּק	
		אנחנו	סִילַּקְנוּ	נְסַלֵּק <<<	

	Past עבר	Future עתיד	Imperative ציווי
אתם/ן	סִילַּקְתֶּם/ן	תְּסַלְּקוּ*	סַלְּקוּ**
הם/ן	סִילְּקוּ	יְסַלְּקוּ*	

* less commonly: אתן/הן תְּסַלֵּקְנָה
** less commonly: (אתן) סַלֵּקְנָה

שם הפועל .Infin לְסַלֵּק
שם הפעולה Gerund סִילּוּק removal; (debt) payment
מקור מוחלט .Inf. Abs סַלֵּק

סוּלַּק (סֻלַּק) be removed/disposed of; be paid off (debt)

בניין: פּוּעַל גזרה: שלמים

	Present הווה		Past עבר	Future עתיד
יחיד	מְסוּלָּק	אני	סוּלַּקְתִּי	אֲסוּלַּק
יחידה	מְסוּלֶּקֶת	אתה	סוּלַּקְתָּ	תְּסוּלַּק
רבים	מְסוּלָּקִים	את	סוּלַּקְתְּ	תְּסוּלְּקִי
רבות	מְסוּלָּקוֹת	הוא	סוּלַּק	יְסוּלַּק
		היא	סוּלְּקָה	תְּסוּלַּק
		אנחנו	סוּלַּקְנוּ	נְסוּלַּק
		אתם/ן	סוּלַּקְתֶּם/ן	תְּסוּלְּקוּ*
		הם/ן	סוּלְּקוּ	יְסוּלְּקוּ*

בינוני .Pres. Part מְסוּלָּק removed; paid off   * less commonly: אתן/הן תְּסוּלַּקְנָה
[מקור מוחלט .Inf. Abs סוּלּוֹק]

הִסְתַּלֵק/הִסְתַּלֵּק (נִסְתַּלֵּק) go away, depart; pass away; withdraw (from participation)

בניין: הִתְפַּעֵל גזרה: פ' שורקת

	Present הווה		Past עבר	Future עתיד	Imperative ציווי
יחיד	מִסְתַּלֵּק	אני	הִסְתַּלַּקְתִּי	אֶסְתַּלֵּק	
יחידה	מִסְתַּלֶּקֶת	אתה	הִסְתַּלַּקְתָּ	תִּסְתַּלֵּק	הִסְתַּלֵּק
רבים	מִסְתַּלְּקִים	את	הִסְתַּלַּקְתְּ	תִּסְתַּלְּקִי	הִסְתַּלְּקִי
רבות	מִסְתַּלְּקוֹת	הוא	הִסְתַּלֵּק	יִסְתַּלֵּק	
		היא	הִסְתַּלְּקָה	תִּסְתַּלֵּק	
		אנחנו	הִסְתַּלַּקְנוּ	נִסְתַּלֵּק	
		אתם/ן	הִסְתַּלַּקְתֶּם/ן	תִּסְתַּלְּקוּ*	הִסְתַּלְּקוּ**
		הם/ן	הִסְתַּלְּקוּ	יִסְתַּלְּקוּ*	

* less commonly: אתן/הן תִּסְתַּלֵּקְנָה
** less commonly: (אתן) הִסְתַּלֵּקְנָה

שם הפועל .Infin לְהִסְתַּלֵּק
שם הפעולה Gerund הִסְתַּלְּקוּת departure; withdrawal; death (of a great man)
מקור מוחלט .Inf. Abs הִסְתַּלֵּק

◆ **פעלים שאינם שכיחים מאותו שורש** Infrequent verbs sharing the same root

סָלַק=נָסַק go up (rare)

נִסְלַק be removed (Med H) (נִסְלָק, יִיסָּלֵק, לְהִיסָּלֵק)

הִסְלִיק hide away (מַסְלִיק, יַסְלִיק, לְהַסְלִיק) (< סְלִיק)

◆ **דוגמאות** Illustrations

אחרי הארוחה רפי **סִילֵּק** את הצלחות ושאר כלי האוכל מן השולחן, ולאחר שכל האורחים **הִסְתַּלְּקוּ**, שטף ביסודיות את הכלים.

After the meal, Rafi **removed** the dishes and utensils from the table, and when all the guests **had departed**, he washed them thoroughly.

בגלל שביתת פועלי הזבל, לא **סוּלְּקָה** האשפה כבר שבועיים.

Because of the garbage collectors' strike, the trash **has** not been **removed** for two weeks already.

עזריאל הבטיח שהחוב **יְסוּלַּק** תוך שבוע.

Azriel promised that the debt **would be paid off** within a week.

◆ **ביטויים מיוחדים** Special expressions

הִסְתַּלֵּק מכאן! scram! — **נִסְתַּלֵּק** מן העולם pass away

---

● סמך

סָמַךְ/סוֹמֵךְ/יִסְמוֹךְ (יִסְמֹךְ) support, sustain; lay (hands); authorize; bring near; lean; rely, depend, trust

בניין: פָּעַל גזרה: שלמים (אֶפְעוֹל)

Imper. ציווי	Future עתיד	Past עבר		Present הווה	
	אֶסְמוֹךְ	סָמַכְתִּי	אני	סוֹמֵךְ סָמוּךְ	יחיד
סְמוֹךְ	תִּסְמוֹךְ	סָמַכְתָּ	אתה	סוֹמֶכֶת סְמוּכָה	יחידה
סִמְכִי	תִּסְמְכִי	סָמַכְתְּ	את	סוֹמְכִים סְמוּכִים	רבים
	יִסְמוֹךְ	סָמַךְ	הוא	סוֹמְכוֹת סְמוּכוֹת	רבות
	תִּסְמוֹךְ	סָמְכָה	היא		
	נִסְמוֹךְ	סָמַכְנוּ	אנחנו		
סִמְכוּ***	תִּסְמְכוּ**	סְמַכְתֶּם/ן*	אתם/ן		
	יִסְמְכוּ**	סָמְכוּ	הם/ן		

* Colloquial: סָמַכְתֶּם/ן

** less commonly: אתן/הן תִּסְמוֹכְנָה

*** less commonly: (אתן) סְמוֹכְנָה

שם הפועל .Infin לִסְמוֹךְ

שם הפעולה Gerund סְמִיכָה support, leaning; ordaining; ordination (partic. as rabbi)

בינוני פעיל .Act. Part סוֹמֵךְ support, prop; head noun in construct state <<<

בינוני סביל Pass. Part. סָמוּךְ adjoining, close (to); dependent; firm; authorized

מקור מוחלט Inf. Abs. סָמוֹךְ

מ"י מוצרכת Gov. Prep. סָמַךְ עַל rely on

הִסְתַּמֵּךְ/הִסְתַּמַּכ be supported; rely/depend on

בניין: הִתְפַּעֵל גזרה: שלמים + פ' שורקת

	Present הווה		Past עבר	Future עתיד	Imperative ציווי
יחיד	מִסְתַּמֵּךְ	אני	הִסְתַּמַּכְתִּי	אֶסְתַּמֵּךְ	
יחידה	מִסְתַּמֶּכֶת	אתה	הִסְתַּמַּכְתָּ	תִּסְתַּמֵּךְ	הִסְתַּמֵּךְ
רבים	מִסְתַּמְּכִים	את	הִסְתַּמַּכְתְּ	תִּסְתַּמְּכִי	הִסְתַּמְּכִי
רבות	מִסְתַּמְּכוֹת	הוא	הִסְתַּמֵּךְ	יִסְתַּמֵּךְ	
		היא	הִסְתַּמְּכָה	תִּסְתַּמֵּךְ	
		אנחנו	הִסְתַּמַּכְנוּ	נִסְתַּמֵּךְ	
		אתם/ן	הִסְתַּמַּכְתֶּם/ן	תִּסְתַּמְּכוּ*	הִסְתַּמְּכוּ**
		הם/ן	הִסְתַּמְּכוּ	יִסְתַּמְּכוּ*	

* less commonly: אתן/הן תִּסְתַּמֵּכְנָה

שם הפועל Infin. לְהִסְתַּמֵּךְ ** less commonly: (אתן) הִסְתַּמֵּכְנָה

שם הפעולה Gerund הִסְתַּמְּכוּת reliance, relying, dependence

מקור מוחלט Inf. Abs. הִסְתַּמֵּךְ

מ"י מוצרכת Gov. Prep. הִסְתַּמֵּךְ עַל be supported by; rely on

הִסְמִיךְ/הִסְמַכ/יַסְמִיךְ attach, link, bring near to; authorize or ordain (rabbis, teachers), award a degree

בניין: הִפְעִיל גזרה: שלמים

	Present הווה		Past עבר	Future עתיד	Imperative ציווי
יחיד	מַסְמִיךְ	אני	הִסְמַכְתִּי	אַסְמִיךְ	
יחידה	מַסְמִיכָה	אתה	הִסְמַכְתָּ	תַּסְמִיךְ	הַסְמֵךְ
רבים	מַסְמִיכִים	את	הִסְמַכְתְּ	תַּסְמִיכִי	הַסְמִיכִי
רבות	מַסְמִיכוֹת	הוא	הִסְמִיךְ	יַסְמִיךְ	
		היא	הִסְמִיכָה	תַּסְמִיךְ	
		אנחנו	הִסְמַכְנוּ	נַסְמִיךְ	
		אתם/ן	הִסְמַכְתֶּם/ן	תַּסְמִיכוּ*	הַסְמִיכוּ**
		הם/ן	הִסְמִיכוּ	יַסְמִיכוּ*	

* less commonly: אתן/הן תַּסְמֵכְנָה

שם הפועל Infin. לְהַסְמִיךְ ** less commonly: (אתן) הַסְמֵכְנָה

שם הפעולה Gerund הַסְמָכָה linking, bringing near; correlation; authorization (of teachers, rabbis); awarding a degree

מקור מוחלט Inf. Abs. הַסְמֵךְ

הוּסְמַךְ (הֻסְמַךְ) be linked/brought nearer; be graduated; be authorized

בניין: הוּפְעַל   גזרה: שלמים

	הווה Present		עבר Past	עתיד Future
יחיד	מוּסְמָךְ	אני	הוּסְמַכְתִּי	אוּסְמַךְ
יחידה	מוּסְמֶכֶת	אתה	הוּסְמַכְתָּ	תּוּסְמַךְ
רבים	מוּסְמָכִים	את	הוּסְמַכְתְּ	תּוּסְמְכִי
רבות	מוּסְמָכוֹת	הוא	הוּסְמַךְ	יוּסְמַךְ
		היא	הוּסְמְכָה	תּוּסְמַךְ
		אנחנו	הוּסְמַכְנוּ	נוּסְמַךְ
		אתם/ן	הוּסְמַכְתֶּם/ן	תּוּסְמְכוּ*
		הם/ן	הוּסְמְכוּ	יוּסְמְכוּ*

* less commonly: אתן/הן תּוּסְמַכְנָה

בינוני Pres. Part. מוּסְמָךְ authorized, ordained, qualified; reliable, authoritative; holding a Master's degree

מקור מוחלט Inf. Abs. הוּסְמֵךְ

◆ פעלים שאינם שכיחים מאותו שורש Infrequent verbs sharing the same root

נִסְמַךְ be supported; be authorized; be close to, adjoin (נִסְמָךְ, יִיסָּמֵךְ, לְהִיסָּמֵךְ)

בינוני Pres. Part. נִסְמָךְ construct state

סִימֵּךְ (סִמֵּךְ) support (Mish H) (מְסַמֵּךְ, יְסַמֵּךְ, לְסַמֵּךְ)

סוּמַּךְ (סֻמַּךְ) be supported (Mish H) (מְסוּמָּךְ, יְסוּמַּךְ)

◆ דוגמאות Illustrations

אתה יכול **לִסְמוֹךְ** על אפרים. אם הוא הבטיח שיטפל בעניין, אתה יכול להיות **סָמוּךְ** ובטוח שהכל יסודר לשביעות רצונך.

You can **rely** on Ephraim. If he promises that he'll take care of some matter, you can rest **assured** that it will all be performed to your satisfaction.

עליזה גרה **סָמוּךְ** לבניין האופרה, אבל אין לכך כל משמעות, כי היא אינה אוהבת מוסיקה.

Aliza lives **close** to Opera Hall, but it is of no significance, since she does not like music.

במאמרו **מִסְתַּמֵּךְ** משה על נתונים רשמיים שקיבל ממקורות **מוּסְמָכִים**.

In his article, Moshe **is relying** on official data he received from **reliable** sources.

מי **הִסְמִיךְ** אותך לדבר בשם הארגון? יש לנו נציגים מיוחדים **שהוּסְמְכוּ** לייצג אותנו בנסיבות כגון אלה.

Who **authorized** you to speak for the organization? We have special representatives who **were authorized** to represent us in cicumstances like these.

◆ ביטויים מיוחדים Special expressions

סָמַךְ עליו rely on him

אין **סוֹמְכִין** על הנס one should not rely on miracles

סָמַךְ את ידו עליו authorize him

היה **סָמוּךְ** ובטוח ש- be absolutely sure that

סָמוּךְ על שולחנו של dependent for
support on
הוּסְמַךְ להוראה be authorized to teach

מורה מוּסְמָךְ certified teacher
מוּסְמָךְ אוניברסיטה graduate
מוּסְמָךְ למדעי הרוח M.A.

● סמן

סִימֵן/סִימַּנְ/סַמֵּן (סִמֵּן) mark, indicate

בניין: פִּיעֵל גזרה: שלמים + ל"נ

	Present הווה		Past עבר	Future עתיד	Imperative ציווי
יחיד	מְסַמֵּן	אני	סִימַּנְתִּי	אֲסַמֵּן	
יחידה	מְסַמֶּנֶת	אתה	סִימַּנְתָּ	תְּסַמֵּן	סַמֵּן
רבים	מְסַמְּנִים	את	סִימַּנְתְּ	תְּסַמְּנִי	סַמְּנִי
רבות	מְסַמְּנוֹת	הוא	סִימֵּן	יְסַמֵּן	
		היא	סִימְּנָה	תְּסַמֵּן	
		אנחנו	סִימַּנּוּ	נְסַמֵּן	
		אתם/ן	סִימַּנְתֶּם/ן	תְּסַמְּנוּ*	סַמְּנוּ**
		הם/ן	סִימְּנוּ	יְסַמְּנוּ*	

שם הפועל .Infin לְסַמֵּן
שם הפעולה Gerund סִימּוּן marking
מקור מוחלט .Inf. Abs סַמֵּן

* less commonly: אתן/הן תְּסַמֵּנָּה
** less commonly: (אתן) סַמֵּנָּה

סוּמַּן (סֻמַּן) be marked

בניין: פּוּעַל גזרה: שלמים + ל"נ

	Present הווה		Past עבר	Future עתיד
יחיד	מְסוּמָּן	אני	סוּמַּנְתִּי	אֲסוּמַּן
יחידה	מְסוּמֶּנֶת	אתה	סוּמַּנְתָּ	תְּסוּמַּן
רבים	מְסוּמָּנִים	את	סוּמַּנְתְּ	תְּסוּמְּנִי
רבות	מְסוּמָּנוֹת	הוא	סוּמַּן	יְסוּמַּן
		היא	סוּמְּנָה	תְּסוּמַּן
		אנחנו	סוּמַּנּוּ	נְסוּמַּן
		אתם/ן	סוּמַּנְתֶּם/ן	תְּסוּמְּנוּ*
		הם/ן	סוּמְּנוּ	יְסוּמְּנוּ*

בינוני .Pres. Part מְסוּמָּן marked
[מקור מוחלט .Inf. Abs סוּמּוֹן]

* less commonly: אתן/הן תְּסוּמַּנָּה

הִסְתַּמֵּן/הִסְתַּמֵּן be indicated/denoted/marked; stand out, take shape

בניין: הִתְפַּעֵל גזרה: שלמים + פ׳ שורקת + ל״נ

	Present הווה		Past עבר	Future עתיד	Imperative ציווי
יחיד	מִסְתַּמֵּן	אני	הִסְתַּמַּנְתִּי	אֶסְתַּמֵּן	
יחידה	מִסְתַּמֶּנֶת	אתה	הִסְתַּמַּנְתָּ	תִּסְתַּמֵּן	הִסְתַּמֵּן
רבים	מִסְתַּמְּנִים	את	הִסְתַּמַּנְתְּ	תִּסְתַּמְּנִי	הִסְתַּמְּנִי
רבות	מִסְתַּמְּנוֹת	הוא	הִסְתַּמֵּן	יִסְתַּמֵּן	
		היא	הִסְתַּמְּנָה	תִּסְתַּמֵּן	
		אנחנו	הִסְתַּמַּנּוּ	נִסְתַּמֵּן	
		אתם/ן	הִסְתַּמַּנְתֶּם/ן	תִּסְתַּמְּנוּ*	הִסְתַּמְּנוּ**
		הם/ן	הִסְתַּמְּנוּ	יִסְתַּמְּנוּ*	

שם הפועל .Infin לְהִסְתַּמֵּן * less commonly: אתן/הן תִּסְתַּמֵּנָּה

שם הפעולה Gerund הִסְתַּמְּנוּת taking shape ** less commonly: (אתן) הִסְתַּמֵּנָּה

מקור מוחלט .Inf. Abs הִסְתַּמֵּן

◆ פעלים שאינם שכיחים מאותו שורש Infrequent verbs sharing the same root

נִסְמַן be marked (נִסְמַן, יִיסָּמֵן, לְהִיסָּמֵן)

◆ דוגמאות Illustrations

שבילי הטיול ביער **מְסוּמָּנִים** בבירור. אנשי מחלקת היערות **מְסַמְּנִים** כל שביל בצבע שונה על העצים והאבנים בדרך.

The hiking trails in the forest **are** well-**marked**. The forest rangers **mark** each trail with a different color on the trees and rocks on the way.

מִסְתַּמֶּנֶת היום נטייה חזקה בקרב הצעירים לחשוב יותר על כסף ופחות על אידיאלים.

As strong tendency **is taking shape** among today's youth to think more about money and less about ideals.

● סעד

סָעַד/סוֹעֵד/יִסְעַד eat, dine; sustain, support

בניין: פָּעַל גזרה: ע׳ גרונית

	Present הווה		Past עבר	Future עתיד	Imperative ציווי
יחיד	סוֹעֵד	אני	סָעַדְתִּי	אֶסְעַד	
יחידה	סוֹעֶדֶת	אתה	סָעַדְתָּ	תִּסְעַד	סְעַד
רבים	סוֹעֲדִים	את	סָעַדְתְּ	תִּסְעֲדִי	סַעֲדִי
רבות	סוֹעֲדוֹת	הוא	סָעַד	יִסְעַד	
		היא	סָעֲדָה	תִּסְעַד	<<<

Imperative ציווי	Future עתיד	Past עבר		Present הווה
	נִסְעַד	סָעַדְנוּ	אנחנו	
סַעֲדוּ***	תִּסְעֲדוּ**	סְעַדְתֶּם/ן*	אתם/ן	
	יִסְעֲדוּ**	סָעֲדוּ	הם/ן	

* Colloquial: סָעַדְתֶּם/ן

שם הפועל .Infin לִסְעוֹד
** less commonly: אתן/הן תִּסְעַדְנָה

בינוני פעיל .Act. Part סוֹעֵד diner (person)
*** less commonly: (אתן) סְעַדְנָה

בינוני סביל .Pass. Part סְעוּדָה meal (only form)

מקור מוחלט .Inf. Abs סָעוֹד

◆ פעלים שאינם שכיחים מאותו שורש Infrequent verbs sharing the same root

נִסְעַד be supported, lean on (נִסְעָד, יִיסָּעֵד, לְהִיסָּעֵד)

סִיעֵד (סִעֵד) support, provide for, assist

שם הפעולה Gerund סִיעוּד assistance (esp. for the disabled); common form

הִסְעִיד feed, serve meal (Med H) (מַסְעִיד, יַסְעִיד, לְהַסְעִיד)

הוּסְעַד (הֻסְעַד) be supported (Med H); be fed (מוּסְעָד, יוּסְעַד)

◆ דוגמאות Illustrations

זוהי מסעדה קטנה; יכולים **לִסְעוֹד** בה רק כעשרים איש.

This is a small restaurant; only about twenty people can **dinc** there.

"אין משיחין בשעת הַ**סְּעוּדָה**."

"One should not talk during a **meal**."

נחמה עובדת סוציאלית. היא מתמחה במקרים **סִיעוּדִיִּים**.

Nehama is a social worker. She specializes in casco **roquiring assistance** (disabled).

◆ ביטויים מיוחדים Special expressions

סָעַד את ליבו have a meal

סְעוּדַּת מלכים a meal fit for a king

● ספק

הִסְפִּיק/הִסְפַּק/יַסְפִּיק manage, have sufficient (time, ability); be sufficient; supply (lit.)

בניין: הִפְעִיל גזרה: שלמים

Imperative ציווי	Future עתיד	Past עבר		Present הווה	
	אַסְפִּיק	הִסְפַּקְתִּי	אני	מַסְפִּיק	יחיד
הַסְפֵּק	תַּסְפִּיק	הִסְפַּקְתָּ	אתה	מַסְפִּיקָה	יחידה
הַסְפִּיקִי	תַּסְפִּיקִי	הִסְפַּקְתְּ	את	מַסְפִּיקִים	רבים
<<<	יַסְפִּיק	הִסְפִּיק	הוא	מַסְפִּיקוֹת	רבות

Imperative ציווי	Future עתיד	Past עבר		Present הווה	
	תַּסְפִּיק	הִסְפִּיקָה	היא		
	נַסְפִּיק	הִסְפַּקְנוּ	אנחנו		
הַסְפִּיקוּ**	תַּסְפִּיקוּ*	הִסְפַּקְתֶּם/ן	אתם/ן		
	יַסְפִּיקוּ*	הִסְפִּיקוּ	הם/ן		

* less commonly: אתן/הן תַּסְפֵּקְנָה

** less commonly: (אתן) הַסְפֵּקְנָה

שם הפועל .Infin לְהַסְפִּיק

שם הפעולה Gerund הַסְפָּקָה supply(ing) (N), sufficiency

הֶסְפֵּק capacity (of worker), output, performance

בינוני .Pres. Part מַסְפִּיק sufficient, adequate; pass grade

מקור מוחלט .Inf. Abs הַסְפֵּק

מ"י מוצרכת .Gov. Prep הִסְפִּיק לְ- suffice for

תואר הפועל .Adv מַסְפִּיק sufficiently

הִסְתַּפֵּק/הִסְתַּפֵּק be satisfied (with), make do (with)

בניין: הִתְפַּעֵל גזרה: פ' שורקת

Imperative ציווי	Future עתיד	Past עבר		Present הווה	
	אֶסְתַּפֵּק	הִסְתַּפַּקְתִּי	אני	מִסְתַּפֵּק	יחיד
הִסְתַּפֵּק	תִּסְתַּפֵּק	הִסְתַּפַּקְתָּ	אתה	מִסְתַּפֶּקֶת	יחידה
הִסְתַּפְּקִי	תִּסְתַּפְּקִי	הִסְתַּפַּקְתְּ	את	מִסְתַּפְּקִים	רבים
	יִסְתַּפֵּק	הִסְתַּפֵּק	הוא	מִסְתַּפְּקוֹת	רבות
	תִּסְתַּפֵּק	הִסְתַּפְּקָה	היא		
	נִסְתַּפֵּק	הִסְתַּפַּקְנוּ	אנחנו		
הִסְתַּפְּקוּ**	תִּסְתַּפְּקוּ*	הִסְתַּפַּקְתֶּם/ן	אתם/ן		
	יִסְתַּפְּקוּ*	הִסְתַּפְּקוּ	הם/ן		

* less commonly: אתן/הן תִּסְתַּפֵּקְנָה

** less commonly: (אתן) הִסְתַּפֵּקְנָה

שם הפועל .Infin לְהִסְתַּפֵּק

שם הפעולה Gerund הִסְתַּפְּקוּת frugality, thrift; self-supply, meeting one's needs

מקור מוחלט .Inf. Abs הִסְתַּפֵּק

סִיפֵּק/סִיפַּק/סַפֵּק (סִפֵּק) supply; satisfy, please

בניין: פִּיעֵל גזרה: שלמים

Imperative ציווי	Future עתיד	Past עבר		Present הווה	
	אֲסַפֵּק	סִיפַּקְתִּי	אני	מְסַפֵּק	יחיד
סַפֵּק	תְּסַפֵּק	סִיפַּקְתָּ	אתה	מְסַפֶּקֶת	יחידה
סַפְּקִי	תְּסַפְּקִי	סִיפַּקְתְּ	את	מְסַפְּקִים	רבים
	יְסַפֵּק	סִיפֵּק	הוא	מְסַפְּקוֹת	רבות
	תְּסַפֵּק	סִיפְּקָה	היא		
	נְסַפֵּק	סִיפַּקְנוּ	אנחנו		
סַפְּקוּ**	תְּסַפְּקוּ*	סִיפַּקְתֶּם/ן	אתם/ן		
<<<	יְסַפְּקוּ*	סִיפְּקוּ	הם/ן		

* less commonly: אתן/הן תְּסַפֵּקְנָה
שם הפועל .Infin לְסַפֵּק ** less commonly: (אתן) סַפֵּקְנָה
שם הפעולה Gerund סִיפּוּק satisfaction; supplying
מקור מוחלט .Inf. Abs סַפֵּק

סוּפַּק (סֻפַּק) be supplied; be satisfied

בניין: פוּעַל גזרה: שלמים

	הווה Present		עבר Past	עתיד Future
יחיד	מְסוּפָּק	אני	סוּפַּקְתִּי	אֲסוּפַּק
יחידה	מְסוּפֶּקֶת	אתה	סוּפַּקְתָּ	תְּסוּפַּק
רבים	מְסוּפָּקִים	את	סוּפַּקְתְּ	תְּסוּפְּקִי
רבות	מְסוּפָּקוֹת	הוא	סוּפַּק	יְסוּפַּק
		היא	סוּפְּקָה	תְּסוּפַּק
		אנחנו	סוּפַּקְנוּ	נְסוּפַּק
		אתם/ן	סוּפַּקְתֶּם/ן	תְּסוּפְּקוּ*
		הם/ן	סוּפְּקוּ	יְסוּפְּקוּ*

בינוני .Pres. Part מְסוּפָּק satisfied; supplied * less commonly: אתן/הן תְּסוּפַּקְנָה
[מקור מוחלט .Inf. Abs סוּפּוֹק]

◆ פעלים שאינם שכיחים מאותו שורש Infrequent verbs sharing the same root

סָפַק suffice (lit.) (סוֹפֵק, יִסְפּוֹק, לִסְפּוֹק)
הוּסְפַּק (הֻסְפַּק) be supplied (מוּסְפָּק, יוּסְפַּק)

◆ דוגמאות Illustrations

אני לא חושב **שנַסְפִּיק** להגיע מוקדם **מַסְפִּיק** כדי להשיג כרטיסים טובים. נצטרך **לְהִסְתַּפֵּק** בכרטיסי יציע.

I do not think that we can **manage** to get there **sufficiently** early to get good tickets. We'll have to **settle** for balcony seats.

אפרים **מְסַפֵּק** לצבא גרביים לחורף; מחצית מכמות הגרביים השנתית המוזמנת על ידי הצבא **מְסוּפֶּקֶת** על ידי מפעלו.

Ephraim **supplies** winter socks to the army. Half of the army's annual order of socks **is supplied** by his factory.

דני רוצה להתפטר. אין לו **סִיפּוּק** מעבודתו; הוא מחפש משהו אחר **שֶׁיְּסַפֵּק** אותו יותר.

Danny wishes to resign. He has no **satisfaction** from his job; he looks for something that **will satisfy** him more.

חיים עובד מהר מאוד. **הֶסְפֵּק** העבודה שלו כפול משל כל עובד אחר במקצועו.

Hayyim works very fast. His **work capacity** is double that of any other worker in his profession.

A less frequent homonymous root meaning 'doubt' is not included here.

◆ ביטויים מיוחדים Special expressions

מַסְפִּיק! enough! הִסְתַּפֵּק במועט be satisfied with little

לא/בלתי מַסְפִּיק non-passing grade

● ספר - 1

סִיפֵּר/סִיפַּר/סִפֵּר (ספֵּר) tell, inform, narrate

בניין: פִּיעֵל גזרה: שלמים

	Present הווה		Past עבר	Future עתיד	Imperative ציווי
יחיד	מְסַפֵּר	אני	סִיפַּרְתִּי	אֲסַפֵּר	
יחידה	מְסַפֶּרֶת	אתה	סִיפַּרְתָּ	תְּסַפֵּר	סַפֵּר
רבים	מְסַפְּרִים	את	סִיפַּרְתְּ	תְּסַפְּרִי	סַפְּרִי
רבות	מְסַפְּרוֹת	הוא	סִיפֵּר	יְסַפֵּר	
		היא	סִיפְּרָה	תְּסַפֵּר	
		אנחנו	סִיפַּרְנוּ	נְסַפֵּר	
		אתם/ן	סִיפַּרְתֶּם/ן	תְּסַפְּרוּ	סַפְּרוּ**
		הם/ן	סִיפְּרוּ	יְסַפְּרוּ*	

שם הפועל .Infin לְסַפֵּר

* less commonly: אתן/הן תְּסַפֵּרְנָה

שם הפעולה .Ger סִיפּוּר story; story-telling

** less commonly: (אתן) סַפֵּרְנָה

בינוני .Pres. Part מְסַפֵּר narrator

מקור מוחלט .Inf. Abs סַפֵּר

סוּפַּר (סֻפַּר) be told, narrated

בניין: פּוּעַל גזרה: שלמים

	Present הווה		Past עבר	Future עתיד
יחיד	מְסוּפָּר	אני	סוּפַּרְתִּי	אֲסוּפַּר
יחידה	מְסוּפֶּרֶת	אתה	סוּפַּרְתָּ	תְּסוּפַּר
רבים	מְסוּפָּרִים	את	סוּפַּרְתְּ	תְּסוּפְּרִי
רבות	מְסוּפָּרוֹת	הוא	סוּפַּר	יְסוּפַּר
		היא	סוּפְּרָה	תְּסוּפַּר
		אנחנו	סוּפַּרְנוּ	נְסוּפַּר
		אתם/ן	סוּפַּרְתֶּם/ן	תְּסוּפְּרוּ*
		הם/ן	סוּפְּרוּ	יְסוּפְּרוּ*

בינוני .Pres. Part מְסוּפָּר told, narrated

* less commonly: אתן/הן תְּסוּפַּרְנָה

[מקור מוחלט .Inf. Abs סוּפּוֹר]

סָפַר/סוֹפֵר/יִסְפּוֹר count, number (יִסְפֹּר)

בניין: פָּעַל גזרה: שלמים (אֶפְעוֹל)

	הווה Present		עבר Past	עתיד Future	ציווי .Imper
יחיד	סוֹפֵר סָפוּר	אני	סָפַרְתִּי	אֶסְפּוֹר	
יחידה	סוֹפֶרֶת סְפוּרָה	אתה	סָפַרְתָּ	תִּסְפּוֹר	סְפוֹר
רבים	סוֹפְרִים סְפוּרִים	את	סָפַרְתְּ	תִּסְפְּרִי	סִפְרִי
רבות	סוֹפְרוֹת סְפוּרוֹת	הוא	סָפַר	יִסְפּוֹר	
		היא	סָפְרָה	תִּסְפּוֹר	
		אנחנו	סָפַרְנוּ	נִסְפּוֹר	
		אתם/ן	סְפַרְתֶּם/ן*	תִּסְפְּרוּ**	סִפְרוּ***
		הם/ן	סָפְרוּ	יִסְפְּרוּ**	

שם הפועל .Infin לִסְפּוֹר — * Colloquial: סָפַרְתֶּם/ן

בינוני פעיל .Act. Part סוֹפֵר author; scribe — ** less commonly: אתן/הן תִּסְפּוֹרְנָה

בינוני סביל .Pass. Part סָפוּר numbered — *** less commonly: (אתן) סְפוֹרְנָה

שם הפעולה Gerund סְפִירָה counting, numbering; era; sphere (Kabbalistic)

מקור מוחלט .Inf. Abs סָפוֹר

נִסְפַּר/יִיסָּפֵר be counted (יִסָּפֵר)

בניין: נִפְעַל גזרה: שלמים

	הווה Present		עבר Past	עתיד Future	ציווי Imperative
יחיד	נִסְפָּר	אני	נִסְפַּרְתִּי	אֶסָּפֵר	
יחידה	נִסְפֶּרֶת	אתה	נִסְפַּרְתָּ	תִּיסָּפֵר	הִיסָּפֵר
רבים	נִסְפָּרִים	את	נִסְפַּרְתְּ	תִּיסָּפְרִי	הִיסָּפְרִי
רבות	נִסְפָּרוֹת	הוא	נִסְפַּר	יִיסָּפֵר	
		היא	נִסְפְּרָה	תִּיסָּפֵר	
		אנחנו	נִסְפַּרְנוּ	נִיסָּפֵר	
		אתם/ן	נִסְפַּרְתֶּם/ן	תִּיסָּפְרוּ*	הִיסָּפְרוּ**
		הם/ן	נִסְפְּרוּ	יִיסָּפְרוּ*	

שם הפועל .Infin לְהִיסָּפֵר — * less commonly: אתן/הן תִּיסָּפַרְנָה/...פֵרְנָה

מק׳ מוח׳ .Inf. Abs נִסְפּוֹר/הִיסָּפֵר (הִיסָּפוֹר) — ** less commonly: (אתן) הִיסָּפַרְנָה/...פֵרְנָה

◆ דוגמאות Illustrations

סוּפַּר לי, שביום חמישי בערב יתקיים מפגש פתוח של **סוֹפְרִים** עם קוראים בבית ה**סוֹפֵר**. **סִיפַּרְתִּי** על כך לאישתי, והחלטנו ללכת. הופיע קהל גדול: **סָפַרְנוּ** כמעט מאתיים איש. שלושה **סוֹפְרִים** קראו **סִיפּוּרִים** חדשים שלהם, ו**סִיפְּרוּ** לקהל כיצד הם נכתבו. לאחר מכן התקיים דיון. היה מעניין מאוד.

I was **told/informed** that on Thursday night there will be an open meeting of **writers** with readers at the **Writers'** Club. I **told** my wife, and we decided to go. A large audience showed up: we **counted** almost two hundred people. Three **authors** read new **stories** of theirs, and **told** (or **narrated** to) the audience how they were written. Then a discussion took place. It was very interesting.

◆ ביטויים מיוחדים Special expressions

לא יִסָּפֵר מרוב innumerable

לא יאומן כי יְסוּפַּר unbelievable!

ימים סְפוּרִים a few days

הסוֹפְרִים the Scribes (from Ezra to Mishnaic period)

סוֹפֵר סת"ם (ספרים, תפילין, מזוזות) scribe, copyist (of sacred texts)

מושך בשבט סוֹפֵר writer

תיקון סוֹפְרִים corrections of the Scribes in the Biblical text

טעות סוֹפְרִים clerical error, author's mistake

שכר סוֹפְרִים author's royalties

קנאת סוֹפְרִים תרבה חכמה competition between scholars, artists etc. increases wisdom (i.e. has positive consequences)

● ספר - 2

הִסְתַּפֵּר/הִסְתַּפַּר have one's hair cut

בניין: הִתְפַּעֵל גזרה: פ' שורקת

	Present הווה		Past עבר	Future עתיד	Imperative ציווי
יחיד	מִסְתַּפֵּר	אני	הִסְתַּפַּרְתִּי	אֶסְתַּפֵּר	
יחידה	מִסְתַּפֶּרֶת	אתה	הִסְתַּפַּרְתָּ	תִּסְתַּפֵּר	הִסְתַּפֵּר
רבים	מִסְתַּפְּרִים	את	הִסְתַּפַּרְתְּ	תִּסְתַּפְּרִי	הִסְתַּפְּרִי
רבות	מִסְתַּפְּרוֹת	הוא	הִסְתַּפֵּר	יִסְתַּפֵּר	
		היא	הִסְתַּפְּרָה	תִּסְתַּפֵּר	
		אנחנו	הִסְתַּפַּרְנוּ	נִסְתַּפֵּר	
		אתם/ן	הִסְתַּפַּרְתֶּם/ן	תִּסְתַּפְּרוּ*	הִסְתַּפְּרוּ**
		הם/ן	הִסְתַּפְּרוּ	יִסְתַּפְּרוּ*	

שם הפועל .Infin לְהִסְתַּפֵּר

שם הפעולה .Ger הִסְתַּפְּרוּת having a haircut

מקור מוחלט .Inf. Abs הִסְתַּפֵּר

* less commonly: אתן/הן תִּסְתַּפֵּרְנָה

** less commonly: (אתן) הִסְתַּפֵּרְנָה

סִיפֵּר/סִיפַּר/סַפֵּר (סִפֵּר) cut (hair)

בניין: פִּיעֵל גזרה: שלמים

	Present הווה		Past עבר	Future עתיד	Imperative ציווי
יחיד	מְסַפֵּר	אני	סִיפַּרְתִּי	אֲסַפֵּר	
יחידה	מְסַפֶּרֶת	אתה	סִיפַּרְתָּ	תְּסַפֵּר	סַפֵּר
רבים	מְסַפְּרִים	את	סִיפַּרְתְּ	תְּסַפְּרִי	סַפְּרִי
רבות	מְסַפְּרוֹת	הוא	סִיפֵּר	יְסַפֵּר	
		היא	סִיפְּרָה	תְּסַפֵּר	
		אנחנו	סִיפַּרְנוּ	נְסַפֵּר	
		אתם/ן	סִיפַּרְתֶּם/ן	תְּסַפְּרוּ	סַפְּרוּ** <<<

		עבר Past	עתיד Future
	הם/ן	סִיפְּרוּ	יְסַפְּרוּ*

שם הפועל .Infin לְסַפֵּר * less commonly: אתן/הן תְּסַפֵּרְנָה

מקור מוחלט .Inf. Abs סַפֵּר ** less commonly: (אתן) סַפֵּרְנָה

סוּפַּר (סֻפַּר) be given a haircut

בניין: פּוּעַל גזרה: שלמים

	הווה Present		עבר Past	עתיד Future
יחיד	מְסוּפָּר	אני	סוּפַּרְתִּי	אֲסוּפַּר
יחידה	מְסוּפֶּרֶת	אתה	סוּפַּרְתָּ	תְּסוּפַּר
רבים	מְסוּפָּרִים	את	סוּפַּרְתְּ	תְּסוּפְּרִי
רבות	מְסוּפָּרוֹת	הוא	סוּפַּר	יְסוּפַּר
		היא	סוּפְּרָה	תְּסוּפַּר
		אנחנו	סוּפַּרְנוּ	נְסוּפַּר
		אתם/ן	סוּפַּרְתֶּם/ן	תְּסוּפְּרוּ*
		הם/ן	סוּפְּרוּ	יְסוּפְּרוּ*

בינוני .Pres. Part מְסוּפָּר with his hair cut * less commonly: אתן/הן תְּסוּפַּרְנָה

[מקור מוחלט .Inf. Abs סוּפֹּר]

◆ דוגמאות Illustrations

אולי אתה יודע מי **סִיפֵּר** את יחיאל? הראש שלו נראה כאילו **סוּפַּר** על-ידי קצב. תגיד לו שבפעם הבאה ילך **לְהִסְתַּפֵּר** אצל רפי.

Do you happen to know who **cut** Yehiel's hair? His head looks as if it **was cut** by a butcher. Tell him **to have his hair cut** at Raffi's next time.

● סרב

סֵירֵב/סֵירַב/סָרֵב (סֵרֵב) refuse

בניין: פִּיעֵל גזרה: ע' גרונית

	הווה Present		עבר Past	עתיד Future	ציווי Imperative
יחיד	מְסָרֵב	אני	סֵירַבְתִּי	אֲסָרֵב	
יחידה	מְסָרֶבֶת	אתה	סֵירַבְתָּ	תְּסָרֵב	סָרֵב
רבים	מְסָרְבִים	את	סֵירַבְתְּ	תְּסָרְבִי	סָרְבִי
רבות	מְסָרְבוֹת	הוא	סֵירֵב (סֵירַב)	יְסָרֵב	
		היא	סֵירְבָה	תְּסָרֵב	
		אנחנו	סֵירַבְנוּ	נְסָרֵב	
		אתם/ן	סֵירַבְתֶּם/ן	תְּסָרְבוּ*	סָרְבוּ**
		הם/ן	סֵירְבוּ	יְסָרְבוּ*	<<<

שם הפועל .Infin לְסָרֵב   * less commonly: אתן/הן תְּסָרֵבְנָה
שם הפעולה Gerund סֵירוּב refusal   ** less commonly: (אתן) סָרֵבְנָה
מקור מוחלט .Inf. Abs סָרֵב

◆ פעלים שאינם שכיחים מאותו שורש Infrequent verbs sharing the same root
הִסְתָּרֵב (.refuse obstinately (lit (מִסְתָּרֵב, יִסְתָּרֵב, לְהִסְתָּרֵב)

◆ דוגמאות Illustrations
חייל טוב חייב **לְסָרֵב** למלא פקודה כאשר הוא משוכנע שהפקודה אינה אנושית.
A good soldier should **refuse** to obey an order when he is convinced that the order is not humane.

● סרק

הִסְתָּרֵק/הִסְתָּרַק comb one's hair

בניין: הִתְפַּעֵל   גזרה: פ׳ שורקת + ע׳ גרונית

	Present הווה		Past עבר	Future עתיד	Imperative ציווי
יחיד	מִסְתָּרֵק	אני	הִסְתָּרַקְתִּי	אֶסְתָּרֵק	
יחידה	מִסְתָּרֶקֶת	אתה	הִסְתָּרַקְתָּ	תִּסְתָּרֵק	הִסְתָּרֵק
רבים	מִסְתָּרְקִים	את	הִסְתָּרַקְתְּ	תִּסְתָּרְקִי	הִסְתָּרְקִי
רבות	מִסְתָּרְקוֹת	הוא	הִסְתָּרֵק	יִסְתָּרֵק	
		היא	הִסְתָּרְקָה	תִּסְתָּרֵק	
		אנחנו	הִסְתָּרַקְנוּ	נִסְתָּרֵק	
		אתם/ן	הִסְתָּרַקְתֶּם/ן	תִּסְתָּרְקוּ*	הִסְתָּרְקוּ**
		הם/ן	הִסְתָּרְקוּ	יִסְתָּרְקוּ*	

* less commonly: אתן/הן תִּסְתָּרֵקְנָה
שם הפועל .Infin לְהִסְתָּרֵק   ** less commonly: (אתן) הִסְתָּרֵקְנָה
שם הפעולה Gerund הִסְתָּרְקוּת combing one's hair
מקור מוחלט .Inf. Abs הִסְתָּרֵק

סָרַק/סוֹרֵק/יִסְרוֹק (יִסְרֹק) comb; card; scan

בניין: פָּעַל   גזרה: שלמים (אֶפְעוֹל)

	Present הווה			Past עבר	Future עתיד	Imper. ציווי
יחיד	סוֹרֵק	סָרוּק	אני	סָרַקְתִּי	אֶסְרוֹק	
יחידה	סוֹרֶקֶת	סְרוּקָה	אתה	סָרַקְתָּ	תִּסְרוֹק	סְרוֹק
רבים	סוֹרְקִים	סְרוּקִים	את	סָרַקְתְּ	תִּסְרְקִי	סִרְקִי
רבות	סוֹרְקוֹת	סְרוּקוֹת	הוא	סָרַק	יִסְרוֹק	>>>

		עבר Past	עתיד Future	ציווי .Imper
	היא	סָרְקָה	תִּסְרוֹק	
	אנחנו	סָרַקְנוּ	נִסְרוֹק	
	אתם/ן	סְרַקְתֶּם/ן*	תִּסְרְקוּ**	סִרְקוּ***
	הם/ן	סָרְקוּ	יִסְרְקוּ**	

שם הפועל .Infin לִסְרוֹק   * Colloquial: סָרַקְתֶּם/ן

בינוני פעיל .Act. Part סוֹרֵק scanner   ** less commonly: אתן/הן תִּסְרוֹקְנָה

בינוני סביל .Pass. Part סָרוּק combed, carded   *** less commonly: (אתן) סְרוֹקְנָה

שם הפעולה Gerund סְרִיקָה combing, scanning

מקור מוחלט .Inf. Abs סָרוֹק

נִסְרַק/יִיסָּרֵק (יִסָּרֵק) be scanned; be combed/carded

בניין: נִפְעַל   גזרה: שלמים

	הווה Present		עבר Past	עתיד Future	ציווי Imperative
יחיד	נִסְרָק	אני	נִסְרַקְתִּי	אֶסָּרֵק	
יחידה	נִסְרֶקֶת	אתה	נִסְרַקְתָּ	תִּיסָּרֵק	הִיסָּרֵק
רבים	נִסְרָקִים	את	נִסְרַקְתְּ	תִּיסָּרְקִי	הִיסָּרְקִי
רבות	נִסְרָקוֹת	הוא	נִסְרַק	יִיסָּרֵק	
		היא	נִסְרְקָה	תִּיסָּרֵק	
		אנחנו	נִסְרַקְנוּ	נִיסָּרֵק	
		אתם/ן	נִסְרַקְתֶּם/ן	תִּיסָּרְקוּ*	הִיסָּרְקוּ**
		הם/ן	נִסְרְקוּ	יִיסָּרְקוּ*	

* less commonly: אתן/הן תִּיסָּרַקְנָה/...רֵקְנָה

שם הפועל .Infin לְהִיסָּרֵק   ** less commonly: (אתן) הִיסָּרַקְנָה/...רֵקְנָה

מקור מוחלט .Inf. Abs נִסְרוֹק, הִיסָּרֵק (הִיסָּרוֹק)

סֵירֵק/סֵירַק/סָרַק (סֵרֵק) comb

בניין: פִּיעֵל   גזרה: ע׳ גרונית

	הווה Present		עבר Past	עתיד Future	ציווי Imperative
יחיד	מְסָרֵק	אני	סֵירַקְתִּי	אֲסָרֵק	
יחידה	מְסָרֶקֶת	אתה	סֵירַקְתָּ	תְּסָרֵק	סָרֵק
רבים	מְסָרְקִים	את	סֵירַקְתְּ	תְּסָרְקִי	סָרְקִי
רבות	מְסָרְקוֹת	הוא	סֵירֵק (סֵירַק)	יְסָרֵק	
		היא	סֵירְקָה	תְּסָרֵק	
		אנחנו	סֵירַקְנוּ	נְסָרֵק	
		אתם/ן	סֵירַקְתֶּם/ן	תְּסָרְקוּ*	סָרְקוּ**
		הם/ן	סֵירְקוּ	יְסָרְקוּ*	

שם הפועל .Infin לְסָרֵק   * less commonly: אתן/הן תְּסָרֵקְנָה

שם הפעולה Gerund סֵירוּק combing   ** less commonly: (אתן) סָרֵקְנָה

מקור מוחלט .Inf. Abs סָרֵק

סוֹרַק (סֹרַק) be combed

בניין: פּוּעַל   גזרה: ע' גרונית

	Present הווה		Past עבר	Future עתיד
יחיד	מְסוֹרָק	אני	סוֹרַקְתִּי	אֲסוֹרַק
יחידה	מְסוֹרֶקֶת	אתה	סוֹרַקְתָּ	תְּסוֹרַק
רבים	מְסוֹרָקִים	את	סוֹרַקְתְּ	תְּסוֹרְקִי
רבות	מְסוֹרָקוֹת	הוא	סוֹרַק	יְסוֹרַק
		היא	סוֹרְקָה	תְּסוֹרַק
		אנחנו	סוֹרַקְנוּ	נְסוֹרַק
		אתם/ן	סוֹרַקְתֶּם/ן	תְּסוֹרְקוּ*
		הם/ן	סוֹרְקוּ	יְסוֹרְקוּ*

בינוני .Pres. Part מְסוֹרָק combed   * less commonly: אתן/הן תְּסוֹרַקְנָה

[מקור מוחלט .Inf. Abs סוֹרוֹק]

◆ **פעלים שאינם שכיחים מאותו שורש** Infrequent verbs sharing the same root

הִסְרִיק (מַסְרִיק, יַסְרִיק, לְהַסְרִיק) comb (Med H)

הוּסְרַק (הֻסְרַק) be combed (Med H) (מוּסְרָק, יוּסְרַק)

◆ **דוגמאות** Illustrations

דני **מִסְתָּרֵק** כל חמש דקות. מכיוון שלא נשאר לו הרבה שיער, הוא **מְסָרֵק** אותו כל הזמן כדי להסתיר את הקרחת. לכן שערו תמיד נראה **מְסוֹרָק**.

Danny **combs his hair** every five minutes. Since he does not have much hair left, he **combs** it all the time so that it hides his bald spot. This is why his hair always looks **combed**.

קניתי לי **סוֹרֵק** למחשב, כדי שאוכל לשלב תמונות בטקסט.

I bought myself a **scanner** for the computer, so that I can integrate pictures in the text.

● סתר

הִסְתִּיר/הִסְתַּר/יַסְתִּיר hide (tr.), conceal; obstruct view

בניין: הִפְעִיל   גזרה: שלמים

	Present הווה		Past עבר	Future עתיד	Imperative ציווי
יחיד	מַסְתִּיר	אני	הִסְתַּרְתִּי	אַסְתִּיר	
יחידה	מַסְתִּירָה	אתה	הִסְתַּרְתָּ	תַּסְתִּיר	הַסְתֵּר
רבים	מַסְתִּירִים	את	הִסְתַּרְתְּ	תַּסְתִּירִי	הַסְתִּירִי
רבות	מַסְתִּירוֹת	הוא	הִסְתִּיר	יַסְתִּיר	
		היא	הִסְתִּירָה	תַּסְתִּיר	
		אנחנו	הִסְתַּרְנוּ	נַסְתִּיר	<<<

		Past עבר	Future עתיד	Imperative ציווי
	אתם/ן	הִסְתַּרְתֶּם/ן	תַּסְתִּירוּ*	הַסְתִּירוּ**
	הם/ן	הִסְתִּירוּ	יַסְתִּירוּ*	

* less commonly: אתן/הן תַּסְתֵּרְנָה

שם הפועל .Infin לְהַסְתִּיר ** less commonly: (אתן) הַסְתֵּרְנָה

שם הפעולה Gerund הַסְתָּרָה/הֶסְתֵּר concealment, hiding

מקור מוחלט .Inf. Abs הַסְתֵּר

הוּסְתַּר (הֻסְתַּר) be concealed/hidden

בניין: הוּפְעַל גזרה: שלמים

	Present הווה		Past עבר	Future עתיד
יחיד	מוּסְתָּר	אני	הוּסְתַּרְתִּי	אוּסְתַּר
יחידה	מוּסְתֶּרֶת	אתה	הוּסְתַּרְתָּ	תּוּסְתַּר
רבים	מוּסְתָּרִים	את	הוּסְתַּרְתְּ	תּוּסְתְּרִי
רבות	מוּסְתָּרוֹת	הוא	הוּסְתַּר	יוּסְתַּר
		היא	הוּסְתְּרָה	תּוּסְתַּר
		אנחנו	הוּסְתַּרְנוּ	נוּסְתַּר
		אתם/ן	הוּסְתַּרְתֶּם/ן	תּוּסְתְּרוּ*
		הם/ן	הוּסְתְּרוּ	יוּסְתְּרוּ*

בינוני .Pres. Part מוּסְתָּר hidden * less commonly: אתן/הן תּוּסְתַּרְנָה

מקור מוחלט .Inf. Abs הוּסְתֵּר

הִסְתַּתֵּר/הִסְתַּתַּר hide (intr.)

בניין: הִתְפַּעֵל גזרה: פ' שורקת

	Present הווה		Past עבר	Future עתיד	Imperative ציווי
יחיד	מִסְתַּתֵּר	אני	הִסְתַּתַּרְתִּי	אֶסְתַּתֵּר	
יחידה	מִסְתַּתֶּרֶת	אתה	הִסְתַּתַּרְתָּ	תִּסְתַּתֵּר	הִסְתַּתֵּר
רבים	מִסְתַּתְּרִים	את	הִסְתַּתַּרְתְּ	תִּסְתַּתְּרִי	הִסְתַּתְּרִי
רבות	מִסְתַּתְּרוֹת	הוא	הִסְתַּתֵּר	יִסְתַּתֵּר	
		היא	הִסְתַּתְּרָה	תִּסְתַּתֵּר	
		אנחנו	הִסְתַּתַּרְנוּ	נִסְתַּתֵּר	
		אתם/ן	הִסְתַּתַּרְתֶּם/ן	תִּסְתַּתְּרוּ*	הִסְתַּתְּרוּ**
		הם/ן	הִסְתַּתְּרוּ	יִסְתַּתְּרוּ*	

שם הפועל .Infin לְהִסְתַּתֵּר * less commonly: אתן/הן תִּסְתַּתֵּרְנָה

שם הפעולה Gerund הִסְתַּתְּרוּת hiding ** less commonly: (אתן) הִסְתַּתֵּרְנָה

מקור מוחלט .Inf. Abs הִסְתַּתֵּר

מ"י מוצרכת .Gov. Prep הִסְתַּתֵּר מ(פני) hide from

◆ פעלים שאינם שכיחים מאותו שורש Infrequent verbs sharing the same root

נִסְתַּר be hidden; hide, disappear (נִסְתָּר, יִיסָּתֵר, לְהִיסָּתֵר)

סִיתֵּר (סִתֵּר) hide (tr.) (lit.) (מְסַתֵּר, יְסַתֵּר, לְסַתֵּר)
סוּתַּר (סֻתַּר) be hidden (lit.) (מוּסְתָּר, יוּסְתַּר)

A less frequent homonymous root meaning 'destroy, negate, disrupt' is not included here.

◆ דוגמאות Illustrations

מספר לא קטן של יהודים **הוּסְתְּרוּ** על ידי שכנים לא יהודים בזמן המלחמה. השכנים **הִסְתִּירוּ** אותם מפני הגרמנים אף שסיכנו את חייהם בעשותם זאת. יהודים אחרים **הִסְתַּתְּרוּ** ביערות.

A significant number of Jews **were hidden** by non-Jewish neighbors during the war. Their neighbors **hid** them from the Germans in spite of the fact that they were risking their lives in doing so. Other Jews **hid** in the woods.

◆ ביטויים מיוחדים Special expressions

הִסְתַּתְּרָה בינתו he lost his reason
הִסְתִּיר את פניו he hid his face
הִסְתִּיר משהו ממנו hid something from him
בְּהֶסְתֵּר in secret

● עבד

עָבַד/עוֹבֵד/יַעֲבוֹד work; serve (employer); till (soil); worship (יַעֲבֹד) (God)

בניין: פָּעַל גזרה: פ' גרונית (אֶפְעוֹל)

	Pres. הווה			Past עבר	Fut. עתיד	Imp. ציווי
יחיד	עוֹבֵד	עָבוּד	אני	עָבַדְתִּי	אֶעֱבוֹד	
יחידה	עוֹבֶדֶת	עֲבוּדָה	אתה	עָבַדְתָּ	תַּעֲבוֹד	עֲבוֹד
רבים	עוֹבְדִים	עֲבוּדִים	את	עָבַדְתְּ	תַּעַבְדִי	עִבְדִי
רבות	עוֹבְדוֹת	עֲבוּדוֹת	הוא	עָבַד	יַעֲבוֹד	
			היא	עָבְדָה	תַּעֲבוֹד	
			אנחנו	עָבַדְנוּ	נַעֲבוֹד	
			אתם/ן	עֲבַדְתֶּם/ן	תַּעַבְדוּ*	עִבְדוּ**
			הם/ן	עָבְדוּ	יַעַבְדוּ*	

שם הפועל .Infin לַעֲבוֹד
* less commonly: אתן/הן תַּעֲבוֹדְנָה
בינוני פעיל .Act. Part עוֹבֵד worker, employee
** less commonly: (אתן) עֲבוֹדְנָה
בינוני סביל .Pass. Part עָבוּד worked, prepared (Mish H)
מקור מוחלט .Inf. Abs עָבוֹד

עִיבֵּד/עִיבַּד/עַבֵּד (עִבֵּד) work over, adapt, arrange (music etc.); tan (leather); till (soil); process (product)

בניין: פִּיעֵל גזרה: שלמים

Imperative ציווי	Future עתיד	Past עבר		Present הווה	
	אֲעַבֵּד	עִיבַּדְתִּי	אני	מְעַבֵּד	יחיד
עַבֵּד	תְּעַבֵּד	עִיבַּדְתָּ	אתה	מְעַבֶּדֶת	יחידה
עַבְּדִי	תְּעַבְּדִי	עִיבַּדְתְּ	את	מְעַבְּדִים	רבים
	יְעַבֵּד	עִיבֵּד	הוא	מְעַבְּדוֹת	רבות
	תְּעַבֵּד	עִיבְּדָה	היא		
	נְעַבֵּד	עִיבַּדְנוּ	אנחנו		
עַבְּדוּ**	תְּעַבְּדוּ*	עִיבַּדְתֶּם/ן	אתם/ן		
	יְעַבְּדוּ*	עִיבְּדוּ	הם/ן		

שם הפועל .Infin לְעַבֵּד — * less commonly: אתן/הן תְּעַבֵּדְנָה

בינוני .Pres. Part מְעַבֵּד arranger; processor — ** less commonly: (אתן) עַבֵּדְנָה

שם הפעולה Gerund עִיבּוּד adaptation; processing

מקור מוחלט .Inf. Abs עַבֵּד

עוּבַּד (עֻבַּד) be adapted/arranged; be tanned; be tilled; be processed

בניין: פּוּעַל גזרה: שלמים

Future עתיד	Past עבר		Present הווה	
אֲעוּבַּד	עוּבַּדְתִּי	אני	מְעוּבָּד	יחיד
תְּעוּבַּד	עוּבַּדְתָּ	אתה	מְעוּבֶּדֶת	יחידה
תְּעוּבְּדִי	עוּבַּדְתְּ	את	מְעוּבָּדִים	רבים
יְעוּבַּד	עוּבַּד	הוא	מְעוּבָּדוֹת	רבות
תְּעוּבַּד	עוּבְּדָה	היא		
נְעוּבַּד	עוּבַּדְנוּ	אנחנו		
תְּעוּבְּדוּ*	עוּבַּדְתֶּם/ן	אתם/ן		
יְעוּבְּדוּ*	עוּבְּדוּ	הם/ן		

* less commonly: אתן/הן תְּעוּבַּדְנָה

בינוני .Pres. Part מְעוּבָּד adapted; tilled; processed

[מקור מוחלט .Inf. Abs עוּבּוֹד]

הֶעֱבִיד/הֶעֱבַד/יַעֲבִיד employ; compel to work

בניין: הִפְעִיל גזרה: פ׳ גרונית

Imperative ציווי	Future עתיד	Past עבר		Present הווה	
	אַעֲבִיד	הֶעֱבַדְתִּי	אני	מַעֲבִיד	יחיד
הַעֲבֵד	תַּעֲבִיד	הֶעֱבַדְתָּ	אתה	מַעֲבִידָה	יחידה
הַעֲבִידִי	תַּעֲבִידִי	הֶעֱבַדְתְּ	את	מַעֲבִידִים	רבים
	יַעֲבִיד	הֶעֱבִיד	הוא	מַעֲבִידוֹת	רבות
>>>	תַּעֲבִיד	הֶעֱבִידָה	היא		

	Past עבר	Future עתיד	Imperative ציווי
אנחנו	הֶעֱבַדְנוּ	נַעֲבִיד	
אתם/ן	הֶעֱבַדְתֶּם/ן	תַּעֲבִידוּ*	הַעֲבִידוּ**
הם/ן	הֶעֱבִידוּ	יַעֲבִידוּ*	

שם הפועל .Infin לְהַעֲבִיד * less commonly: אתן/הן תַּעֲבֵדְנָה

שם הפעולה Gerund הַעֲבָדָה employing ** less commonly: (אתן) הַעֲבֵדְנָה

בינוני .Pres. Part מַעֲבִיד employer

מקור מוחלט .Inf. Abs הַעֲבֵד

הוּעֲבַד (הָעֳבַד) be employed; be compelled to work

בניין: הוּפְעַל גזרה: פ׳ גרונית

	Present הווה		Past עבר	Future עתיד
יחיד	מוּעֲבָד	אני	הוּעֲבַדְתִּי	אוּעֲבַד
יחידה	מוּעֲבֶדֶת	אתה	הוּעֲבַדְתָּ	תּוּעֲבַד
רבים	מוּעֲבָדִים	את	הוּעֲבַדְתְּ	תּוּעַבְדִי
רבות	מוּעֲבָדוֹת	הוא	הוּעֲבַד	יוּעֲבַד
		היא	הוּעַבְדָה	תּוּעֲבַד
		אנחנו	הוּעֲבַדְנוּ	נוּעֲבַד
		אתם/ן	הוּעֲבַדְתֶּם/ן	תּוּעַבְדוּ*
		הם/ן	הוּעַבְדוּ	יוּעַבְדוּ*

[מקור מוחלט .Inf. Abs הוּעֲבֵד] * less commonly: אתן/הן תּוּעֲבַדְנָה

◆ **פעלים שאינם שכיחים מאותו שורש** Infrequent verbs sharing the same root

נֶעֱבַד be worked, be tilled, be tanned, be worshipped (idols) (נֶעֱבָד, יֵיעָבֵד, לְהֵיעָבֵד)

נִתְעַבֵּד be worked on/adapted; be done/committed; be enslaved (מִתְעַבֵּד, יִתְעַבֵּד, לְהִתְעַבֵּד)

◆ **דוגמאות** Illustrations

ישראל **עוֹבֵד** קשה מאוד. יש לו מפעל **לְעִיבּוּד** עורות עם חמישה **עוֹבְדִים**, והוא נמצא בו לפחות שתים עשרה שעות ביום.

Israel **works** very hard. He has a hide-**tanning** plant with five **workers**, and he spends at least twelve hours a day there.

יחיאל מוסיקאי. לפרנסתו הוא **עוֹבֵד** במשך היום **בְּעִיבּוּד** נתונים, אך בערב הוא **מְעַבֵּד** יצירות של מלחינים ישראליים לצרכים מיוחדים, וזוהי העבודה האהובה עליו.

Yehiel is a musician. For his livelihood he **works** during the day in data **processing**, but in the evening he **arranges** pieces by Israeli composers for special needs, which is the work he truly likes.

יש **מַעֲבִידִים**, שאינם דואגים להטבות סוציאליות **לְעוֹבְדֵיהֶם**.

There are **employers** who do not provide fringe benefits to their **employees**.

"ריכרד לוי" הוא מפעל לייצור בשר **מְעוּבָּד** באיזור התעשיה בחולון.

"Richard Levi" is a plant manufacturing **processed** meat in Holon's industrial park.

◆ ביטויים מיוחדים Special expressions

עָבַד את האדמה till the land

עָבַד אותו serve him; be his slave (BH)

בדיעֲבַד post factum, in fact, after the fact

מְעַבֵּד עורות tanner of hides

מְעַבֵּד תמלילים word processor

הֶעֱבִיד אותו בפרך made him work very hard

● עבר

עָבַר/עוֹבֵר/יַעֲבוֹר (יַעֲבֹר) cross; pass; pass through

בניין: פָּעַל גזרה: פ׳ גרונית (אֶפְעוֹל)

	Present הווה		Past עבר	Future עתיד	Imperative ציווי
יחיד	עוֹבֵר	אני	עָבַרְתִּי	אֶעֱבוֹר	
יחידה	עוֹבֶרֶת	אתה	עָבַרְתָּ	תַּעֲבוֹר	עֲבוֹר
רבים	עוֹבְרִים	את	עָבַרְתְּ	תַּעַבְרִי	עִבְרִי
רבות	עוֹבְרוֹת	הוא	עָבַר	יַעֲבוֹר	
		היא	עָבְרָה	תַּעֲבוֹר	
		אנחנו	עָבַרְנוּ	נַעֲבוֹר	
		אתם/ן	עֲבַרְתֶּם/ן	תַּעַבְרוּ*	עִבְרוּ**
		הם/ן	עָבְרוּ	יַעַבְרוּ*	

שם הפועל .Infin לַעֲבוֹר   * less commonly: אתן/הן תַּעֲבוֹרְנָה

בינ׳ פעיל .Act. Part עוֹבֵר passing, transient   ** less commonly: (אתן) עֲבוֹרְנָה

שם הפעולה .Ger עֲבִירָה crossing; עֲבֵירָה transgression, sin

מקור מוחלט .Inf. Abs עָבוֹר

הֶעֱבִיר/הֶעֱבַר cause to pass; transfer, transmit

בניין: הִפְעִיל גזרה: פ׳ גרונית

	Present הווה		Past עבר	Future עתיד	Imperative ציווי
יחיד	מַעֲבִיר	אני	הֶעֱבַרְתִּי	אַעֲבִיר	
יחידה	מַעֲבִירָה	אתה	הֶעֱבַרְתָּ	תַּעֲבִיר	הַעֲבֵר
רבים	מַעֲבִירִים	את	הֶעֱבַרְתְּ	תַּעֲבִירִי	הַעֲבִירִי
רבות	מַעֲבִירוֹת	הוא	הֶעֱבִיר	יַעֲבִיר	
		היא	הֶעֱבִירָה	תַּעֲבִיר	
		אנחנו	הֶעֱבַרְנוּ	נַעֲבִיר	
		אתם/ן	הֶעֱבַרְתֶּם/ן	תַּעֲבִירוּ*	הַעֲבִירוּ**
		הם/ן	הֶעֱבִירוּ	יַעֲבִירוּ*	<<<

* less commonly: אתן/הן תַּעֲבֵרְנָה

שם הפועל .Infin לְהַעֲבִיר ** less commonly: (אתן) הַעֲבֵרְנָה

שם הפעולה .Ger הַעֲבָרָה transfer(ence), removal (from post); metaphor

מקור מוחלט .Inf. Abs הַעֲבֵר

הוּעֲבַר (הָעֳבַר) be caused to pass; be transferred/transmitted

בניין: הוּפְעַל גזרה: פ׳ גרונית

	Present הווה		Past עבר	Future עתיד
יחיד	מוּעֲבָר	אני	הוּעֲבַרְתִּי	אוּעֲבַר
יחידה	מוּעֲבֶרֶת	אתה	הוּעֲבַרְתָּ	תּוּעֲבַר
רבים	מוּעֲבָרִים	את	הוּעֲבַרְתְּ	תּוּעֲבְרִי
רבות	מוּעֲבָרוֹת	הוא	הוּעֲבַר	יוּעֲבַר
		היא	הוּעֶבְרָה	תּוּעֲבַר
		אנחנו	הוּעֲבַרְנוּ	נוּעֲבַר
		אתם/ן	הוּעֲבַרְתֶּם/ן	תּוּעַבְרוּ*
		הם/ן	הוּעֲבְרוּ	יוּעַבְרוּ*

[מקור מוחלט .Inf. Abs הוּעֲבֵר] * less commonly: אתן/הן תּוּעֲבַרְנָה

There are a number of homonymous, less frequent, realizations of the root עבר: 'impregnate/conceive,' 'be angry, outraged,' 'make/become Hebrew.'

◆ פעלים שאינם שכיחים מאותו שורש Infrequent verbs sharing the same root

נֶעֱבַר serve as passage; become a sin; pass, end (נֶעֱבָר, יֵיעָבֵר, לְהֵיעָבֵר)

עִיבֵּר (עִבֵּר) cause to pass; cross (מְעַבֵּר, יְעַבֵּר, לְעַבֵּר)

הִתְעַבֵּר be passed (Mish H) (מִתְעַבֵּר, יִתְעַבֵּר, לְהִתְעַבֵּר)

◆ דוגמאות Illustrations

התערוכה הזאת **עוֹבֶרֶת** ממקום למקום. מניו-יורק **הֶעֱבִירוּ** אותה לשיקאגו, ובעוד שלושה חודשים היא **תּוּעֲבַר** ללוס אנג׳לס.

This exhibit **passes** from one place to another. From New York they **transferred** it to Chicago, and in three months it **will be transferred** to Los Angeles.

◆ ביטויים מיוחדים Special expressions

כסף **עוֹבֵר** לסוחר legal tender

עוֹבֵר אורח wayfarer; passerby

עוֹבֵר ושב passerby; current checking account

כצל **עוֹבֵר** transitory, transient

עָבַר אותו overtake him

עָבַר זמנו his time has passed

עָבַר את מצוותו/את פיו disobey his orders

עָבַר בשתיקה על pass over in silence, condone

עָבַר עבירה transgress, commit a sin

עָבַר עַל (הספר) revise (the book); read through (the book)
עָבַר לִפְנֵי התיבה lead the prayer
עָבַר לסדר היום get back to the agenda
עָבַר על גדותיו overflow
לְשֶׁעָבַר formerly
עָבְרוּ עליו צרות רבות he went through many troubles
עָבְרָה הרינה (השמועה) במחנה the rumor spread
ייהרג ואל יַעֲבוֹר not to be violated under any circumstances
עד יַעֲבוֹר זעם till things blow over
יַעֲבוֹר עליי מה! come what may!
עֲבוֹר! over (in radio exchange)
הֶעֱבִיר את הזמן pass the time
הֶעֱבִיר אותו על דעתו confuse him

● עדף

הֶעֱדִיף/הֶעֱדַפ/יַעֲדִיף prefer; do to excess (lit.)

בניין: הִפְעִיל גזרה: פ׳ גרונית

	Present הווה		Past עבר	Future עתיד	Imperative ציווי
יחיד	מַעֲדִיף*	אני	הֶעֱדַפְתִּי*	אַעֲדִיף*	
יחידה	מַעֲדִיפָה	אתה	הֶעֱדַפְתָּ	תַּעֲדִיף	הַעֲדֵף*
רבים	מַעֲדִיפִים	את	הֶעֱדַפְתְּ	תַּעֲדִיפִי	הַעֲדִיפִי
רבות	מַעֲדִיפוֹת	הוא	הֶעֱדִיף	יַעֲדִיף	
		היא	הֶעֱדִיפָה	תַּעֲדִיף	
		אנחנו	הֶעֱדַפְנוּ	נַעֲדִיף	
		אתם/ן	הֶעֱדַפְתֶּם/ן	תַּעֲדִיפוּ**	הַעֲדִיפוּ***
		הם/ן	הֶעֱדִיפוּ	יַעֲדִיפוּ**	

שם הפועל .Infin לְהַעֲדִיף*
שם הפעולה .Ger הַעֲדָפָה preference
מקור מוחלט .Inf. Abs הַעֲדֵף
מ״י מוצרכת .Gov. Prep הֶעֱדִיף את על (פני) prefer (someone/thing) to (someone/thing)

*Coll.: מַעְדִיף, אַעְדִיף, הַעְדֵף, לְהַעְדִיף...
** less commonly: אתן/הן תַּעֲדֵפְנָה
*** less commonly: (אתן) הַעֲדֵפְנָה

הוּעֲדַף (הָעֳדַף) be preferred

בניין: הוּפְעַל גזרה: פ׳ גרונית

	Present הווה		Past עבר	Future עתיד
יחיד	מוּעֲדָף	אני	הוּעֲדַפְתִּי	אוּעֲדַף
יחידה	מוּעֲדֶפֶת	אתה	הוּעֲדַפְתָּ	תּוּעֲדַף
רבים	מוּעֲדָפִים	את	הוּעֲדַפְתְּ	תּוּעָדְפִי
רבות	מוּעֲדָפוֹת	הוא	הוּעֲדַף	יוּעֲדַף
		היא	הוּעָדְפָה	תּוּעֲדַף
		אנחנו	הוּעֲדַפְנוּ	נוּעֲדַף
		אתם/ן	הוּעֲדַפְתֶּם/ן	תּוּעָדְפוּ*

<<<

	Past עבר	Future עתיד
הם/ן	הוּעֲדְפוּ	יוּעֲדְפוּ*

בינוני .Pres. Part מוּעֲדָף preferred * less commonly: אתן/הן תּוּעֲדַפְנָה

◆ פעלים שאינם שכיחים מאותו שורש Infrequent verbs sharing the same root

עָדַף be left over, be surplus; be larger (עוֹדֵף, יַעֲדוֹף, לַעֲדוֹף)

עוֹדֵף surplus, extra, redundant

נֶעֱדַף be preferred, be large (Med H) (נֶעֱדָף, יֵיעָדֵף, לְהֵיעָדֵף)

עִידֵּף (עִדֵּף) be left over, be surplus (מְעַדֵּף, יְעַדֵּף, לְעַדֵּף)

◆ דוגמאות Illustrations

מיכאל מאוכזב. **הֶעֱדִיפוּ** מועמד אחר על פניו. יש לו אומנם סיכויים לקבל עבודה אחרת, אבל זו הייתה דווקא הבחירה **המוּעֲדֶפֶת** שלו...

Michael is disappointed. They **preferred** another candidate over him. He does have a good chance of getting another job, but this was actually his **preferred** choice.

● עוד - 1

הֵעִיד/הֵעַד/יָעִיד bear witness, give evidence; warn

בניין: הִפְעִיל גזרה: ע"ו

	Present הווה		Past עבר	Future עתיד	Imperative ציווי
יחיד	מֵעִיד	אני	הֵעַדְתִּי	אָעִיד	
יחידה	מְעִידָה	אתה	הֵעַדְתָּ	תָּעִיד	הָעֵד
רבים	מְעִידִים	את	הֵעַדְתְּ	תָּעִידִי	הָעִידִי
רבות	מְעִידוֹת	הוא	הֵעִיד	יָעִיד	
		היא	הֵעִידָה	תָּעִיד	
		אנחנו	הֵעַדְנוּ	נָעִיד	
		אתם/ן	הֵעַדְתֶּם/ן*	תָּעִידוּ**	הָעִידוּ***
		הם/ן	הֵעִידוּ	יָעִידוּ**	

* BH: הַעֲדֹתֶּם/ן

** less commonly: אתן/הן תָּעֵדְנָה

*** less commonly: (אתן) הָעֵדְנָה

שם הפועל .Infin לְהָעִיד

שם הפעולה Gerund הַעֲדָאָה (.lit) testimony; warning

הָעָדָה testimony; protest (legal)

מקור מוחלט .Inf. Abs הָעֵד

◆ פעלים שאינם שכיחים מאותו שורש Infrequent verbs sharing the same root

הוּעַד be warned; be attested (מוּעָד, יוּעַד)

בינוני Pres. Part. מוּעָד always warned; habitual (e.g. criminal)

◆ דוגמאות Illustrations

מנשה פוחד **לְהָעִיד** נגד אברהם. אברהם הזהיר אותו, שאם **יָעִיד** נגדו, הוא יתחרט על כך.

Menashe is afraid **to testify** against Abraham. Abraham had warned him that if he **testifies** against him, he'll regret it.

◆ ביטויים מיוחדים Special expressions

אדם **מוּעָד** לעולם you have been warned; cannot plead innocence - man has always been warned

פושע **מוּעָד** a habitual criminal

●עוד - 2

עוֹדֵד/עוֹדַד encourage, support

בניין: פִּיעֵל גזרה: ע"ו

Imperative ציווי	Future עתיד	Past עבר		Present הווה	
	אֲעוֹדֵד	עוֹדַדְתִּי	אני	מְעוֹדֵד	יחיד
עוֹדֵד	תְּעוֹדֵד	עוֹדַדְתָּ	אתה	מְעוֹדֶדֶת	יחידה
עוֹדְדִי	תְּעוֹדְדִי	עוֹדַדְתְּ	את	מְעוֹדְדִים	רבים
	יְעוֹדֵד	עוֹדֵד	הוא	מְעוֹדְדוֹת	רבות
	תְּעוֹדֵד	עוֹדְדָה	היא		
	נְעוֹדֵד	עוֹדַדְנוּ	אנחנו		
עוֹדְדוּ**	תְּעוֹדְדוּ	עוֹדַדְתֶּם/ן	אתם/ן		
	יְעוֹדְדוּ*	עוֹדְדוּ	הם/ן		

שם הפועל .Infin לְעוֹדֵד

* less commonly: אתן/הן תְּעוֹדֵדְנָה

שם הפעולה Gerund עִידוּד encouragement

** less commonly: (אתן) עוֹדֵדְנָה

בינוני .Pres. Part מְעוֹדֵד encouraging

מקור מוחלט .Inf. Abs עוֹדֵד

עוֹדַד/עוֹדַד be encouraged/supported

בניין: פּוּעַל גזרה: ע"ו

	Present הווה		Past עבר	Future עתיד
יחיד	מְעוֹדָד	אני	עוֹדַדְתִּי	אֲעוֹדַד
יחידה	מְעוֹדֶדֶת/...דָדָה	אתה	עוֹדַדְתָּ	תְּעוֹדַד
רבים	מְעוֹדָדִים	את	עוֹדַדְתְּ	תְּעוֹדְדִי
רבות	מְעוֹדָדוֹת	הוא	עוֹדַד	יְעוֹדַד
		היא	עוֹדְדָה	תְּעוֹדַד
		אנחנו	עוֹדַדְנוּ	נְעוֹדַד
		אתם/ן	עוֹדַדְתֶּם/ן	תְּעוֹדְדוּ
		הם/ן	עוֹדְדוּ	יְעוֹדְדוּ*

בינוני .Pres. Part מְעוֹדָד encouraged * less commonly: אתן/הן תְּעוֹדַדְנָה

[מקור מוחלט .Inf. Abs עוֹדוֹד]

הִתְעוֹדֵד/הִתְעוֹדַד be encouraged, cheer up

בניין: הִתְפַּעֵל גזרה: ע"ו

	Present הווה		Past עבר	Future עתיד	Imperative ציווי
יחיד	מִתְעוֹדֵד	אני	הִתְעוֹדַדְתִּי	אֶתְעוֹדֵד	
יחידה	מִתְעוֹדֶדֶת	אתה	הִתְעוֹדַדְתָּ	תִּתְעוֹדֵד	הִתְעוֹדֵד
רבים	מִתְעוֹדְדִים	את	הִתְעוֹדַדְתְּ	תִּתְעוֹדְדִי	הִתְעוֹדְדִי
רבות	מִתְעוֹדְדוֹת	הוא	הִתְעוֹדֵד	יִתְעוֹדֵד	
		היא	הִתְעוֹדְדָה	תִּתְעוֹדֵד	
		אנחנו	הִתְעוֹדַדְנוּ	נִתְעוֹדֵד	
		אתם/ן	הִתְעוֹדַדְתֶּם/ן	תִּתְעוֹדְדוּ*	הִתְעוֹדְדוּ**
		הם/ן	הִתְעוֹדְדוּ	יִתְעוֹדְדוּ*	

שם הפועל .Infin לְהִתְעוֹדֵד * less commonly: אתן/הן תִּתְעוֹדֵדְנָה

שם הפעולה Gerund הִתְעוֹדְדוּת cheering up ** less commonly: (אתן) הִתְעוֹדֵדְנָה

מקור מוחלט .Inf. Abs הִתְעוֹדֵד

◆ דוגמאות Illustrations

שמעון בחור מוכשר מאוד; אם הוא לא מתפקד כראוי, הסיבה לכך היא שלא **מְעוֹדְדִים** אותו בעבודה. בלי **עִידוּד** מתאים הוא מאבד את המוטיבציה להצליח. כשהוא **מְעוֹדָד**, הוא עובד כמו נמר.

Shimon is a very talented guy; if he does not function properly, the reason is that they don't **encourage** him at work. Without appropriate **encouragement** he loses the motivation to succeed. When he's **encouraged**, he works like a tiger.

הִתְעוֹדֵד, זה לא נורא. מרבית האנשים לא עוברים את מבחן הנהיגה בפעם הראשונה.

Cheer up, it's not the end of the world. Most people do not pass the driving test on the first time.

◆ ביטויים מיוחדים Special expressions

סימן מְעוֹדֵד an encouraging sign

זריקת עִידוּד a shot in the arm, a boost of encouragement

● עוף

עָף/עַפְ/יָעוּף fly

בניין: פָּעַל גזרה: ע״ו

	Present הווה		Past עבר	Future עתיד	Imperative ציווי
יחיד	עָף	אני	עַפְתִּי	אָעוּף	
יחידה	עָפָה	אתה	עַפְתָּ	תָּעוּף	עוּף
רבים	עָפִים	את	עַפְתְּ	תָּעוּפִי	עוּפִי
רבות	עָפוֹת	הוא	עָף	יָעוּף	
		היא	עָפָה	תָּעוּף	
		אנחנו	עַפְנוּ	נָעוּף	
		אתם/ן	עַפְתֶּם/ן	תָּעוּפוּ*	עוּפוּ**
		הם/ן	עָפוּ	יָעוּפוּ*	

* less commonly: אתן/הן תָּעוֹפְנָה

** less commonly: (אתן) עוֹפְנָה

שם הפועל .Infin לָעוּף

מקור מוחלט .Inf. Abs עוֹף

הֵעִיף/הֵעַפְ/יָעִיף fly (a kite), set flying, fling (stone), throw out (coll.)

בניין: הִפְעִיל גזרה: ע״ו

	Present הווה		Past עבר	Future עתיד	Imperative ציווי
יחיד	מֵעִיף	אני	הֵעַפְתִּי	אָעִיף	
יחידה	מְעִיפָה	אתה	הֵעַפְתָּ	תָּעִיף	הָעֵף
רבים	מְעִיפִים	את	הֵעַפְתְּ	תָּעִיפִי	הָעִיפִי
רבות	מְעִיפוֹת	הוא	הֵעִיף	יָעִיף	
		היא	הֵעִיפָה	תָּעִיף	
		אנחנו	הֵעַפְנוּ	נָעִיף	
		אתם/ן	הֵעַפְתֶּם/ן*	תָּעִיפוּ**	הָעִיפוּ***
		הם/ן	הֵעִיפוּ	יָעִיפוּ**	

* BH: הַעֲפְתֶּם/ן

** less commonly: אתן/הן תָּעֵפְנָה

*** less commonly: (אתן) הָעֵפְנָה

שם הפועל .Infin לְהָעִיף

שם הפעולה .Ger הֲעָפָה flying (a kite), throwing out (coll.)

מקור מוחלט .Inf. Abs הָעֵף

הוּעַף be flown (kite), be set flying, be flung, be thrown out (coll.)

בניין: הוּפְעַל גזרה: ע"ו

	Present הווה		Past עבר	Future עתיד
יחיד	מוּעָף	אני	הוּעַפְתִּי	אוּעַף
יחידה	מוּעֶפֶת	אתה	הוּעַפְתָּ	תּוּעַף
רבים	מוּעָפִים	את	הוּעַפְתְּ	תּוּעֲפִי
רבות	מוּעָפוֹת	הוא	הוּעַף	יוּעַף
		היא	הוּעֲפָה	תּוּעַף
		אנחנו	הוּעַפְנוּ	נוּעַף
		אתם/ן	הוּעַפְתֶּם/ן	תּוּעֲפוּ*
		הם/ן	הוּעֲפוּ	יוּעֲפוּ*

* less commonly: אתן/הן תּוּעַפְנָה

הִתְעוֹפֵף/הִתְעוֹפֵף fly about, fly

בניין: הִתְפַּעֵל גזרה: ע"ו

	Present הווה		Past עבר	Future עתיד	Imperative ציווי
יחיד	מִתְעוֹפֵף	אני	הִתְעוֹפַפְתִּי	אֶתְעוֹפֵף	
יחידה	מִתְעוֹפֶפֶת	אתה	הִתְעוֹפַפְתָּ	תִּתְעוֹפֵף	הִתְעוֹפֵף
רבים	מִתְעוֹפְפִים	את	הִתְעוֹפַפְתְּ	תִּתְעוֹפְפִי	הִתְעוֹפְפִי
רבות	מִתְעוֹפְפוֹת	הוא	הִתְעוֹפֵף	יִתְעוֹפֵף	
		היא	הִתְעוֹפְפָה	תִּתְעוֹפֵף	
		אנחנו	הִתְעוֹפַפְנוּ	נִתְעוֹפֵף	
		אתם/ן	הִתְעוֹפַפְתֶּם/ן	תִּתְעוֹפְפוּ*	הִתְעוֹפְפוּ**
		הם/ן	הִתְעוֹפְפוּ	יִתְעוֹפְפוּ*	

שם הפועל .Infin לְהִתְעוֹפֵף

שם הפעולה .Ger הִתְעוֹפְפוּת flying about

מקור מוחלט .Inf. Abs הִתְעוֹפֵף

* less commonly: אתן/הן תִּתְעוֹפֵפְנָה

** less commonly: (אתן) הִתְעוֹפֵפְנָה

◆ פעלים שאינם שכיחים מאותו שורש Infrequent verbs sharing the same root

עוֹפֵף soar, fly; brandish (sword) (מְעוֹפֵף, יְעוֹפֵף, לְעוֹפֵף)

בינוני .Pres. Part מְעוֹפֵף bird; flying; airborne

◆ דוגמאות Illustrations

יהודים רבים בגולה מאמינים, שכשיבוא המשיח, הם **יָעוּפוּ** אתו לארץ ישראל.

Many Jews in the Diaspora believe that when the Messiah comes, they **will fly** with him to the land of Israel.

הרוח **הֵעִיפָה** את כובעי בכוח כזה, שהוא **עָף** כלפי מעלה, **והִתְעוֹפֵף** מספר דקות עד שצנח לבסוף על אחד הגגות.

The wind **set** my hat **flying** with such force, that it **flew** upwards, and **was flying about** for a few minutes until it landed on one of the roofs.

אלי **הוּעַף** מבית הספר לטיס של חיל האוויר ממש לפני סיום הקורס. **הֵעִיפוּ** אותו בגלל הפרת משמעת חמורה ביותר.

Eli **was thrown out** of the Air Force's flying school just before he was supposed to finish the course. They **threw** him **out** for a very serious violation of discipline.

◆ ביטויים מיוחדים Special expressions

הגביה **עוֹף** fly high (lit.) — **הֵעִיף** עין glance

● עור

הִתְעוֹרֵר/הִתְעוֹרַר wake up, rouse oneself

בניין: הִתְפַּעֵל גזרה: ע"ו

Imperative ציווי	Future עתיד	Past עבר		Present הווה	
	אֶתְעוֹרֵר	הִתְעוֹרַרְתִּי	אני	מִתְעוֹרֵר	יחיד
הִתְעוֹרֵר	תִּתְעוֹרֵר	הִתְעוֹרַרְתָּ	אתה	מִתְעוֹרֶרֶת	יחידה
הִתְעוֹרְרִי	תִּתְעוֹרְרִי	הִתְעוֹרַרְתְּ	את	מִתְעוֹרְרִים	רבים
	יִתְעוֹרֵר	הִתְעוֹרֵר	הוא	מִתְעוֹרְרוֹת	רבות
	תִּתְעוֹרֵר	הִתְעוֹרְרָה	היא		
	נִתְעוֹרֵר	הִתְעוֹרַרְנוּ	אנחנו		
הִתְעוֹרְרוּ**	תִּתְעוֹרְרוּ*	הִתְעוֹרַרְתֶּם/ן	אתם/ן		
	יִתְעוֹרְרוּ*	הִתְעוֹרְרוּ	הם/ן		

שם הפועל .Infin לְהִתְעוֹרֵר — * less commonly: אתן/הן תִּתְעוֹרֵרְנָה

שם הפעולה Gerund הִתְעוֹרְרוּת waking up — ** less commonly: (אתן) הִתְעוֹרֵרְנָה

מקור מוחלט .Inf. Abs הִתְעוֹרֵר

הֵעִיר/הֵעַר/יָעִיר wake, rouse, stir; comment, note, annotate

בניין: הִפְעִיל גזרה: ע"ו

Imperative ציווי	Future עתיד	Past עבר		Present הווה	
	אָעִיר	הֵעַרְתִּי	אני	מֵעִיר	יחיד
הָעֵר	תָּעִיר	הֵעַרְתָּ	אתה	מְעִירָה	יחידה
הָעִירִי	תָּעִירִי	הֵעַרְתְּ	את	מְעִירִים	רבים
	יָעִיר	הֵעִיר	הוא	מְעִירוֹת	רבות
	תָּעִיר	הֵעִירָה	היא		
	נָעִיר	הֵעַרְנוּ	אנחנו		
הָעִירוּ***	תָּעִירוּ**	הֵעַרְתֶּם/ן*	אתם/ן		
	יָעִירוּ**	הֵעִירוּ	הם/ן		

שם הפועל .Infin לְהָעִיר — * BH: הַעֲרֹתֶם/ן >>>

שם הפעולה Gerund הֶעָרָה comment ** less commonly: אתן/הן תָּעֵרְנָה

מקור מוחלט Inf. Abs. הָעֵר *** less commonly: (אתן) הָעֵרְנָה

עוֹרֵר/עוֹרֵר rouse, wake

בניין: פִּיעֵל גזרה: ע"ר

	Present הווה		Past עבר	Future עתיד	Imperative ציווי
יחיד	מְעוֹרֵר	אני	עוֹרַרְתִּי	אֲעוֹרֵר	
יחידה	מְעוֹרֶרֶת	אתה	עוֹרַרְתָּ	תְּעוֹרֵר	עוֹרֵר
רבים	מְעוֹרְרִים	את	עוֹרַרְתְּ	תְּעוֹרְרִי	עוֹרְרִי
רבות	מְעוֹרְרוֹת	הוא	עוֹרֵר	יְעוֹרֵר	
		היא	עוֹרְרָה	תְּעוֹרֵר	
		אנחנו	עוֹרַרְנוּ	נְעוֹרֵר	
		אתם/ן	עוֹרַרְתֶּם/ן	תְּעוֹרְרוּ	עוֹרְרוּ**
		הם/ן	עוֹרְרוּ	יְעוֹרְרוּ*	

שם הפועל Infin. לְעוֹרֵר * less commonly: אתן/הן תְּעוֹרֵרְנָה

בינוני Pres. Part. מְעוֹרֵר waking, rousing ** less commonly: (אתן) עוֹרֵרְנָה

מקור מוחלט Inf. Abs. עוֹרֵר

◆ פעלים שאינם שכיחים מאותו שורש Infrequent verbs sharing the same root

עָר/עֵר wake up, arise (lit.) (עֵר, יָעוּר, לָעוּר)

נֵעוֹר wake up (lit.) (נֵעוֹר, יֵיעוֹר, לְהֵיעוֹר)

הוּעַר be said/noted; be awakened (מוּעָר, יוּעַר)

◆ דוגמאות Illustrations

ניסיתי **לְהָעִיר** את אברהם בשש בבוקר, אבל קשה לו מאוד **לְהִתְעוֹרֵר** לפני שמונה. בסופו של דבר שלושה ספלי קפה **עוֹרְרוּ** אותו בשבע בערך.

I tried **to wake** Avraham at 6 a.m., but it is very difficult for him **to wake up** before eight. Finally three cups of coffee **aroused** him at approximately seven.

מוסלמים קיצונים מנסים **לְעוֹרֵר** את העם להפיל את השלטון במדינות מוסלמיות רבות.

Extremist Moslems are trying **to rouse** the people to topple the government in many Moslem countries.

זה איננו תרגום סתם. המתרגם **מֵעִיר הֶעָרוֹת** מפורטות על כל שורה מן הטקסט המקורי.

This is not a mere translation. The translator **annotates** every line of the original text with extensive **comments**.

◆ ביטויים מיוחדים Special expressions

מְעוֹרֵר רחמים pitiful — שעון מְעוֹרֵר alarm clock

● עזב

עָזַב/עוֹזֵב/יַעֲזוֹב leave, leave behind; abandon; (arch.) help (יַעֲזֹב)

בניין: פָּעַל גזרה: פ׳ גרונית (אֶפְעוֹל)

	Present הווה			Past עבר	Future עתיד	Imper. ציווי
יחיד	עוֹזֵב	עָזוּב	אני	עָזַבְתִּי	אֶעֱזוֹב	
יחידה	עוֹזֶבֶת	עֲזוּבָה	אתה	עָזַבְתָּ	תַּעֲזוֹב	עֲזוֹב
רבים	עוֹזְבִים	עֲזוּבִים	את	עָזַבְתְּ	תַּעַזְבִי	עִזְבִי
רבות	עוֹזְבוֹת	עֲזוּבוֹת	הוא	עָזַב	יַעֲזוֹב	
			היא	עָזְבָה	תַּעֲזוֹב	
			אנחנו	עָזַבְנוּ	נַעֲזוֹב	
			אתם/ן	עֲזַבְתֶּם/ן	תַּעַזְבוּ*	עִזְבוּ**
			הם/ן	עָזְבוּ	יַעַזְבוּ*	

שם הפועל .Infin לַעֲזוֹב

* less commonly: אתן/הן תַּעֲזוֹבְנָה

שם הפעולה .Ger עֲזִיבָה leaving

** less commonly: (אתן) עֲזוֹבְנָה

בינוני סביל .Pass. Part עָזוּב abandoned, neglected

מקור מוחלט .Inf. Abs עָזוֹב

נֶעֱזַב/יֵיעָזֵב be abandoned/deserted/left (יֵעָזֵב)

בניין: נִפְעַל גזרה: פ׳ גרונית

	Present הווה		Past עבר	Future עתיד	Imperative ציווי
יחיד	נֶעֱזָב	אני	נֶעֱזַבְתִּי	אֵיעָזֵב	
יחידה	נֶעֱזֶבֶת	אתה	נֶעֱזַבְתָּ	תֵּיעָזֵב	הֵיעָזֵב
רבים	נֶעֱזָבִים	את	נֶעֱזַבְתְּ	תֵּיעָזְבִי	הֵיעָזְבִי
רבות	נֶעֱזָבוֹת	הוא	נֶעֱזַב	יֵיעָזֵב	
		היא	נֶעֶזְבָה	תֵּיעָזֵב	
		אנחנו	נֶעֱזַבְנוּ	נֵיעָזֵב	
		אתם/ן	נֶעֱזַבְתֶּם/ן	תֵּיעָזְבוּ*	הֵיעָזְבוּ**
		הם/ן	נֶעֶזְבוּ	יֵיעָזְבוּ*	

שם הפועל .Infin לְהֵיעָזֵב

* less commonly: אתן/הן תֵּיעָזַבְנָה/...זֵבְנָה

שם הפעולה .Ger הֵיעָזְבוּת being abandoned

** less commonly: (אתן) הֵיעָזַבְנָה/...זֵבְנָה

מקור מוחלט .Inf. Abs נַעֲזוֹב, הֵיעָזֵב (הֵיעָזוֹב)

◆ פעלים שאינם שכיחים מאותו שורש Infrequent verbs sharing the same root

עוּזַב (עֻזַּב) be abandoned (מְעוּזָּב, יְעוּזַּב)

הֶעֱזִיב cause to leave; fire (coll., jocular) (מַעֲזִיב, יַעֲזִיב, לְהַעֲזִיב)

הוּעֲזַב (הָעֳזַב) be caused to leave; be fired (coll., jocular) (מוּעֲזָב, יוּעֲזַב)

נִתְעַזֵּב be neglected; become ugly (Mish H) (מִתְעַזֵּב, יִתְעַזֵּב, לְהִתְעַזֵּב)

◆ דוגמאות Illustrations

הפסיכולוג חושב שהבעיות של גבריאל נובְעות מהיותו ילד **עָזוּב**. הוא **נֶעֱזַב** על ידי הוריו בגיל שנתיים; הם **עָזְבוּ** אותו בידי סבתו וברחו לאוסטרליה.

The psychologist thinks that Gabriel's problems stem from his being an **abandoned** child. He **was abandoned** by his parents at the age of two; they **left** him with his grandmother and fled to Australia.

◆ ביטויים מיוחדים Special expressions

עָזַב אותו לאנחות forsake one in one's grief

עָזַב אותו לנפשו leave one alone

עָזוּב שטויות! it's all nonsense!

אם יום **תַּעַזְבֶנָּה** - יומיים **תַּעַזְבֶךָּ** keep at it; if you let go for even one day, it will be hard to resume later

---

● עזר

עָזַר/עוֹזֵר/יַעֲזוֹר (יַעְזֹר) help, assist, aid

בניין: פָּעַל גזרה: פ׳ גרונית (אֶפְעוֹל)

	Present הווה			Past עבר	Future עתיד	Imper. ציווי
יחיד	עוֹזֵר	עָזוּר	אני	עָזַרְתִּי	אֶעֱזוֹר	
יחידה	עוֹזֶרֶת	עֲזוּרָה	אתה	עָזַרְתָּ	תַּעֲזוֹר	עֲזוֹר
רבים	עוֹזְרִים	עֲזוּרִים	את	עָזַרְתְּ	תַּעַזְרִי	עִזְרִי
רבות	עוֹזְרוֹת	עֲזוּרוֹת	הוא	עָזַר	יַעֲזוֹר	
			היא	עָזְרָה	תַּעֲזוֹר	
			אנחנו	עָזַרְנוּ	נַעֲזוֹר	
			אתם/ן	עֲזַרְתֶּם/ן	תַּעַזְרוּ*	עִזְרוּ**
			הם/ן	עָזְרוּ	יַעַזְרוּ*	

שם הפועל .Infin לַעֲזוֹר

בינוני פעיל .Act. Part עוֹזֵר aide, assistant

עוֹזֶרֶת (בית) maid, cleaning woman

בינוני סביל .Pass. Part עָזוּר helped, aided (lit.)

* less commonly: אתן/הן תַּעֲזוֹרְנָה

** less commonly: (אתן) עֲזוֹרְנָה

<<<

מקור מוחלט .Inf. Abs עָזוֹר
מ"י מוצרכת .Gov. Prep עָזַר ל- help (someone)

נֶעֱזַר/יֵיעָזֵר (יֵעָזֵר) be helped/assisted/aided

בניין: נִפְעַל גזרה: פ' גרונית

	Present הווה		Past עבר	Future עתיד	Imperative ציווי
יחיד	נֶעֱזָר	אני	נֶעֱזַרְתִּי	אֵיעָזֵר	
יחידה	נֶעֱזֶרֶת	אתה	נֶעֱזַרְתָּ	תֵּיעָזֵר	הֵיעָזֵר
רבים	נֶעֱזָרִים	את	נֶעֱזַרְתְּ	תֵּיעָזְרִי	הֵיעָזְרִי
רבות	נֶעֱזָרוֹת	הוא	נֶעֱזַר	יֵיעָזֵר	
		היא	נֶעֶזְרָה	תֵּיעָזֵר	
		אנחנו	נֶעֱזַרְנוּ	נֵיעָזֵר	
		אתם/ן	נֶעֱזַרְתֶּם/ן	תֵּיעָזְרוּ*	הֵיעָזְרוּ**
		הם/ן	נֶעֶזְרוּ	יֵיעָזְרוּ*	

שם הפועל .Infin לְהֵיעָזֵר   * less commonly: אתן/הן תֵּיעָזַרְנָה/...זֵרְנָה
שם הפעולה Gerund הֵיעָזְרוּת being helped   ** less commonly: (אתן) הֵיעָזַרְנָה/...זֵרְנָה
מקור מוחלט .Inf. Abs נֵעָזוֹר, הֵיעָזֵר (הֵיעָזוֹר)
מ"י מוצרכת .Gov. Prep נֶעֱזַר ב- be aided by

◆ פעלים שאינם שכיחים מאותו שורש Infrequent verbs sharing the same root

הֶעֱזִיר help (Bib H) (מַעֲזִיר, יַעֲזִיר, לְהַעֲזִיר)
הִתְעַזֵּר help oneself, make effort (Med H); be aided (מִתְעַזֵּר, יִתְעַזֵּר, לְהִתְעַזֵּר)

◆ דוגמאות Illustrations

שמעון **נֶעֱזָר** בדויד בכל עניין טכני. דויד **עוֹזֵר** לו אפילו בעניינים פשוטים ביותר, כי שמעון אינו מסוגל אפילו להחליף נורה בכוחות עצמו.

Shim'on **is helped** by David in any technical matter. David **helps** him even with the simplest things, since Shim'on is not even capable of changing a lightbulb by himself.

● עטף

עָטַף/עוֹטֵף/יַעֲטוֹף (יַעֲטֹף) wrap

בניין: פָּעַל גזרה: פ' גרונית (אֶפְעוֹל)

	Present הווה			Past עבר	Future עתיד	Imper. ציווי
יחיד	עוֹטֵף	עָטוּף	אני	עָטַפְתִּי	אֶעֱטוֹף	
יחידה	עוֹטֶפֶת	עֲטוּפָה	אתה	עָטַפְתָּ	תַּעֲטוֹף	עֲטוֹף
רבים	עוֹטְפִים	עֲטוּפִים	את	עָטַפְתְּ	תַּעַטְפִי	עִטְפִי >>

	Pres. הווה		Past עבר	Fut. עתיד	Imp. ציווי
רבות	עוֹטְפוֹת עֲטוּפוֹת	הוא	עָטַף	יַעֲטוֹף	
		היא	עָטְפָה	תַּעֲטוֹף	
		אנחנו	עָטַפְנוּ	נַעֲטוֹף	
		אתם/ן	עֲטַפְתֶּם/ן	תַּעַטְפוּ*	עִטְפוּ**
		הם/ן	עָטְפוּ	יַעַטְפוּ*	

* less commonly: אתן/הן תַּעֲטוֹפְנָה

** less commonly: (אתן) עֲטוֹפְנָה

שם הפועל .Infin לַעֲטוֹף

בינוני סביל .Pass. Part עָטוּף wrapped

שם הפעולה Gerund עֲטִיפָה (N) wrapping

מקור מוחלט .Inf. Abs עָטוֹף

נֶעֱטַף/יֵיעָטֵף (יֵעָטֵף) be wrapped/enveloped

בניין: נִפְעַל גזרה: פ׳ גרונית

	Present הווה		Past עבר	Future עתיד	Imperative ציווי
יחיד	נֶעֱטָף	אני	נֶעֱטַפְתִּי	אֵיעָטֵף	
יחידה	נֶעֱטֶפֶת	אתה	נֶעֱטַפְתָּ	תֵּיעָטֵף	הֵיעָטֵף
רבים	נֶעֱטָפִים	את	נֶעֱטַפְתְּ	תֵּיעָטְפִי	הֵיעָטְפִי
רבות	נֶעֱטָפוֹת	הוא	נֶעֱטַף	יֵיעָטֵף	
		היא	נֶעֶטְפָה	תֵּיעָטֵף	
		אנחנו	נֶעֱטַפְנוּ	נֵיעָטֵף	
		אתם/ן	נֶעֱטַפְתֶּם/ן	תֵּיעָטְפוּ*	הֵיעָטְפוּ**
		הם/ן	נֶעֶטְפוּ	יֵיעָטְפוּ*	

* less commonly: אתן/הן תֵּיעָטַפְנָה/...טֵפְנָה

** less commonly: (אתן) הֵיעָטַפְנָה/...טֵפְנָה

שם הפועל .Infin לְהֵיעָטֵף

מקור מוחלט .Inf. Abs נַעֲטוֹף, הֵיעָטֵף (הֵיעָטוֹף)

הִתְעַטֵּף/הִתְעַטֵּף wrap/cover onself

בניין: הִתְפַּעֵל גזרה: שלמים

	Present הווה		Past עבר	Future עתיד	Imperative ציווי
יחיד	מִתְעַטֵּף	אני	הִתְעַטַּפְתִּי	אֶתְעַטֵּף	
יחידה	מִתְעַטֶּפֶת	אתה	הִתְעַטַּפְתָּ	תִּתְעַטֵּף	הִתְעַטֵּף
רבים	מִתְעַטְּפִים	את	הִתְעַטַּפְתְּ	תִּתְעַטְּפִי	הִתְעַטְּפִי
רבות	מִתְעַטְּפוֹת	הוא	הִתְעַטֵּף	יִתְעַטֵּף	
		היא	הִתְעַטְּפָה	תִּתְעַטֵּף	
		אנחנו	הִתְעַטַּפְנוּ	נִתְעַטֵּף	
		אתם/ן	הִתְעַטַּפְתֶּם/ן	תִּתְעַטְּפוּ*	הִתְעַטְּפוּ**
		הם/ן	הִתְעַטְּפוּ	יִתְעַטְּפוּ*	

* less commonly: אתן/הן תִּתְעַטֵּפְנָה

** less commonly: (אתן) הִתְעַטֵּפְנָה

שם הפועל .Infin לְהִתְעַטֵּף

מקור מוחלט .Inf. Abs הִתְעַטֵּף

שם הפעולה Gerund הִתְעַטְּפוּת wrapping oneself

<<<

מ"י מוצרכת Gov. Prep. הִתְעַטֵּף ב- wrap oneself in

◆ פעלים שאינם שכיחים מאותו שורש Infrequent verbs sharing the same root

עִיטֵּף (עִטֵּף) cover (lit.) (מְעַטֵּף, יְעַטֵּף, לְעַטֵּף)

עוּטַּף (עֻטַּף) be covered (lit.) (מְעוּטָּף, יְעוּטַּף)

הֶעֱטִיף cover, envelope (lit.) (מַעֲטִיף, יַעֲטִיף, לְהַעֲטִיף)

◆ דוגמאות Illustrations

בבית הספר, דרשו מאיתנו תמיד **לַעֲטוֹף** את ספרי הלימוד במעטפת נייר, כיוון שספרים **עֲטוּפִים** נשמרים טוב יותר. חנויות למכשירי כתיבה עשו רווחים טובים ממכירת נייר **עֲטִיפָה**. מי שספריו לא **נֶעֶטְפוּ** נענש.

At school, they always required that we **wrap** the textbooks with paper covers, since **wrapped** books are better-preserved. Stationery stores made good profits from the sale of **wrapping** paper. He whose books were not **wrapped** was punished.

הִתְעַטַּפְתִּי היטב בשמיכה, כי היה כבר קריר מדיי לשבת בלילה בחוץ ללא בגדים מתאימים.

I **covered myself up** with a blanket, since it was already too cool to sit outside without proper clothing.

● עין (מן עַיִן eye)

עִיֵּן/עִיֵּנְ/עַיֵּן (עִיֵּן) read, study, peruse; reflect, consider; weigh carefully

בניין: פִּיעֵל גזרה: שלמים + ל"נ

	Present הווה		Past עבר	Future עתיד	Imperative ציווי
יחיד	מְעַיֵּן	אני	עִיַּנְתִּי	אֲעַיֵּן	
יחידה	מְעַיֶּנֶת	אתה	עִיַּנְתָּ	תְּעַיֵּן	עַיֵּן
רבים	מְעַיְּנִים	את	עִיַּנְתְּ	תְּעַיְּנִי	עַיְּנִי
רבות	מְעַיְּנוֹת	הוא	עִיֵּן	יְעַיֵּן	
		היא	עִיְּנָה	תְּעַיֵּן	
		אנחנו	עִיַּנּוּ	נְעַיֵּן	
		אתם/ן	עִיַּנְתֶּם/ן	תְּעַיְּנוּ*	עַיְּנוּ**
		הם/ן	עִיְּנוּ	יְעַיְּנוּ*	

* less commonly: אתן/הן תְּעַיֵּנָּה

שם הפועל Infin. לְעַיֵּן

** less commonly: (אתן) עַיֵּנָּה

שם הפעולה Gerund עִיּוּן reading, study, consideration

מקור מוחלט Inf. Abs. עַיֵּן

תה"פ Adv. בְּעִיּוּן carefully and in depth <<<

מ"י מוצרכת Gov. Prep. עִיֵּן ב- study/consider (something)

◆ פעלים שאינם שכיחים מאותו שורש Infrequent verbs sharing the same root

עוּיַּן (עֻיַּן) be studied/considered/weighed carefully (מְעוּיָּן, יְעוּיַּן)

הִתְעַיֵּן be(come) balanced (Med H); observe carefully (lit.) (מִתְעַיֵּן, יִתְעַיֵּן, לְהִתְעַיֵּן)

◆ דוגמאות Illustrations

עִיַּנְתִּי היטב במאמר, אך לא הצלחתי בשום אופן להבין מה המחבר רוצה לומר.

I **studied** the article carefully, but for the life of me could not understand what the author wanted to say.

● עכב

עִיכֵּב/עִיכַּב/עִכֵּב (עִכֵּב) delay, hold up; hinder, prevent

בניין: פִּיעֵל גזרה: שלמים

	Present הווה		Past עבר	Future עתיד	Imperative ציווי
יחיד	מְעַכֵּב	אני	עִיכַּבְתִּי	אֲעַכֵּב	
יחידה	מְעַכֶּבֶת	אתה	עִיכַּבְתָּ	תְּעַכֵּב	עַכֵּב
רבים	מְעַכְּבִים	את	עִיכַּבְתְּ	תְּעַכְּבִי	עַכְּבִי
רבות	מְעַכְּבוֹת	הוא	עִיכֵּב	יְעַכֵּב	
		היא	עִיכְּבָה	תְּעַכֵּב	
		אנחנו	עִיכַּבְנוּ	נְעַכֵּב	
		אתם/ן	עִיכַּבְתֶּם/ן	תְּעַכְּבוּ*	עַכְּבוּ**
		הם/ן	עִיכְּבוּ	יְעַכְּבוּ*	

שם הפועל .Infin לְעַכֵּב

שם הפעולה Gerund עִיכּוּב delay

מקור מוחלט .Inf. Abs עַכֵּב

* less commonly: אתן/הן תְּעַכֵּבְנָה

** less commonly: (אתן) עַכֵּבְנָה

עוּכַּב (עֻכַּב) be delayed/hindered/prevented

בניין: פּוּעַל גזרה: שלמים

	Present הווה		Past עבר	Future עתיד
יחיד	מְעוּכָּב	אני	עוּכַּבְתִּי	אֲעוּכַּב
יחידה	מְעוּכֶּבֶת	אתה	עוּכַּבְתָּ	תְּעוּכַּב
רבים	מְעוּכָּבִים	את	עוּכַּבְתְּ	תְּעוּכְּבִי
רבות	מְעוּכָּבוֹת	הוא	עוּכַּב	יְעוּכַּב
		היא	עוּכְּבָה	תְּעוּכַּב
		אנחנו	עוּכַּבְנוּ	נְעוּכַּב >>>

	Past עבר	Future עתיד
אתם/ן	עוּכַּבְתֶּם/ן	תְּעוּכְּבוּ*
הם/ן	עוּכְּבוּ	יְעוּכְּבוּ*

בינוני .Pres. Part מְעוּכָּב delayed — * less commonly: אתן/הן תְּעוּכַּבְנָה

[מקור מוחלט .Inf. Abs עוּכּוֹב]

הִתְעַכֵּב/הִתְעַכֵּב be delayed/held up; linger, tarry

בניין: הִתְפַּעֵל גזרה: שלמים

Imperative ציווי	Future עתיד	Past עבר		Present הווה	
	אֶתְעַכֵּב	הִתְעַכַּבְתִּי	אני	מִתְעַכֵּב	יחיד
הִתְעַכֵּב	תִּתְעַכֵּב	הִתְעַכַּבְתָּ	אתה	מִתְעַכֶּבֶת	יחידה
הִתְעַכְּבִי	תִּתְעַכְּבִי	הִתְעַכַּבְתְּ	את	מִתְעַכְּבִים	רבים
	יִתְעַכֵּב	הִתְעַכֵּב	הוא	מִתְעַכְּבוֹת	רבות
	תִּתְעַכֵּב	הִתְעַכְּבָה	היא		
	נִתְעַכֵּב	הִתְעַכַּבְנוּ	אנחנו		
הִתְעַכְּבוּ**	תִּתְעַכְּבוּ*	הִתְעַכַּבְתֶּם/ן	אתם/ן		
	יִתְעַכְּבוּ*	הִתְעַכְּבוּ	הם/ן		

שם הפועל .Infin לְהִתְעַכֵּב — * less commonly: אתן/הן תִּתְעַכֵּבְנָה

שם הפעולה Gerund הִתְעַכְּבוּת delay — ** less commonly: (אתן) הִתְעַכֵּבְנָה

מקור מוחלט .Inf. Abs הִתְעַכֵּב

◆ פעלים שאינם שכיחים מאותו שורש Infrequent verbs sharing the same root

נֶעְכַּב be delayed/hindered (Med H) (נֶעְכַּב, יֵיעָכֵב, לְהֵיעָכֵב)

◆ דוגמאות Illustrations

חשבנו שהמטוס **עוּכַּב** בגלל תקלה, אך הסתבר שחברת התעופה **עִיכְּבָה** את הטיסה כדי לחכות לפוליטיקאי חשוב **שֶׁהִתְעַכֵּב** בדרכו לנמל התעופה. **עִיכּוּב** מיותר של שעה וחצי.

We thought that the plane **was delayed** owing to a malfunction, but it turned out that the airline company **delayed** the flight in order to wait for a prominent politician who **was held up** on his way to the airport. An unnecessary **delay** of an hour and a half.

● עלב

נֶעֱלַב/יֵיעָלֵב (יֵעָלֵב) be insulted/offended, take insult/offense

בניין: נִפְעַל גזרה: פ׳ גרונית

	Present הווה		Past עבר	Future עתיד	Imperative ציווי
יחיד	נֶעֱלָב	אני	נֶעֱלַבְתִּי	אֵיעָלֵב	
יחידה	נֶעֱלֶבֶת	אתה	נֶעֱלַבְתָּ	תֵּיעָלֵב	הֵיעָלֵב
רבים	נֶעֱלָבִים	את	נֶעֱלַבְתְּ	תֵּיעָלְבִי	הֵיעָלְבִי
רבות	נֶעֱלָבוֹת	הוא	נֶעֱלַב	יֵיעָלֵב	
		היא	נֶעֶלְבָה	תֵּיעָלֵב	
		אנחנו	נֶעֱלַבְנוּ	נֵיעָלֵב	
		אתם/ן	נֶעֱלַבְתֶּם/ן	תֵּיעָלְבוּ*	הֵיעָלְבוּ**
		הם/ן	נֶעֶלְבוּ	יֵיעָלְבוּ*	

שם הפועל .Infin לְהֵיעָלֵב

* less commonly: אתן/הן תֵּיעָלַבְנָה/...לֵבְנָה

בינוני .Pres. Part נֶעֱלָב offended

** less commonly: (אתן) הֵיעָלַבְנָה/...לֵבְנָה

שם הפעולה Gerund הֵיעָלְבוּת being offended

מקור מוחלט .Inf. Abs נַעֲלוֹב, הֵיעָלֵב (הֵיעָלוֹב)

הֶעֱלִיב/הֶעֱלַב/יַעֲלִיב insult, offend

בניין: הִפְעִיל גזרה: פ׳ גרונית

	Present הווה		Past עבר	Future עתיד	Imperative ציווי
יחיד	מַעֲלִיב	אני	הֶעֱלַבְתִּי	אַעֲלִיב	
יחידה	מַעֲלִיבָה	אתה	הֶעֱלַבְתָּ	תַּעֲלִיב	הַעֲלֵב
רבים	מַעֲלִיבִים	את	הֶעֱלַבְתְּ	תַּעֲלִיבִי	הַעֲלִיבִי
רבות	מַעֲלִיבוֹת	הוא	הֶעֱלִיב	יַעֲלִיב	
		היא	הֶעֱלִיבָה	תַּעֲלִיב	
		אנחנו	הֶעֱלַבְנוּ	נַעֲלִיב	
		אתם/ן	הֶעֱלַבְתֶּם/ן	תַּעֲלִיבוּ*	הַעֲלִיבוּ**
		הם/ן	הֶעֱלִיבוּ	יַעֲלִיבוּ*	

שם הפועל .Infin לְהַעֲלִיב

* less commonly: אתן/הן תַּעֲלֵבְנָה

שם הפעולה .Ger הַעֲלָבָה insulting

** less commonly: (אתן) הַעֲלֵבְנָה

בינוני .Pres. Part מַעֲלִיב insulting (Adj.)

מקור מוחלט .Inf. Abs הַעֲלֵב

◆ פעלים שאינם שכיחים מאותו שורש Infrequent verbs sharing the same root

עָלַב insult (עוֹלֵב, יַעֲלוֹב, לַעֲלוֹב)

בינוני סביל .Pass. Part עָלוּב poor, wretched, worthless (common form)

מ"י מוצרכת .Gov. Prep עָלַב ב- insult

הוּעֲלַב (הָעֳלַב) be insulted (מוּעֲלָב, יוּעֲלַב)

◆ דוגמאות Illustrations

עליזה **נֶעֶלְבָה** מאוד, כשחשבו שהיא האימא של אחותה. היא חשבה שניסו **לְהַעֲלִיב** אותה במתכוון.

Aliza **was** very **offended** when people thought that she was her sister's mother. She thought they tried **to insult** her on purpose.

נמאס לי כבר לעבוד כל כך קשה עבור השכר **העָלוּב** שמשלמים לי.

I am sick and tired of working so hard for the **wretched** salary they are paying me.

◆ ביטויים מיוחדים Special expressions

מן **הַנֶּעֱלָבִים** ואינם **עוֹלְבִים** one of those who take insult but do not repay in kind

---

● עלה

עָלָה/עוֹלֶה/יַעֲלֶה go up, rise; grow, flourish; excel; cost; immigrate (to Israel)

בניין: פָּעַל גזרה: ל"ה + פ' גרונית

Imper. ציווי	Future עתיד	Past עבר		Present הווה		
	אֶעֱלֶה	עָלִיתִי	אני	עָלוּי	עוֹלֶה	יחיד
עֲלֵה	תַּעֲלֶה	עָלִיתָ	אתה	עֲלוּיָה	עוֹלָה	יחידה
עֲלִי	תַּעֲלִי	עָלִית	את	עֲלוּיִים	עוֹלִים	רבים
	יַעֲלֶה	עָלָה	הוא	עֲלוּיוֹת	עוֹלוֹת	רבות
	תַּעֲלֶה	עָלְתָה	היא			
	נַעֲלֶה	עָלִינוּ	אנחנו			
עֲלוּ**	תַּעֲלוּ*	עֲלִיתֶם/ן	אתם/ן			
	יַעֲלוּ*	עָלוּ	הם/ן			

* less commonly: אתן/הן תַּעֲלֶינָה

** less commonly: (אתן) עֲלֶינָה

שם הפועל .Infin לַעֲלוֹת

בינוני פעיל .Act. Part עוֹלֶה immigrant (to Israel)

בינוני סביל .Pass. Part עָלוּי elevated, sublime (Med H)

שם הפעולה .Ger עֲלִיָּה going up; rise; promotion; immigration (to Israel); attic, loft

מקור מוחלט .Inf. Abs עָלֹה

הֶעֱלָה/מַעֲלֶה raise, lift; cause to immigrate (to Israel); promote (in rank); put on

בניין: הִפְעִיל   גזרה: ל"ה

	Present הווה		Past עבר	Future עתיד	Imperative ציווי
יחיד	מַעֲלֶה	אני	הֶעֱלֵיתִי/...לִיתִי	אַעֲלֶה	
יחידה	מַעֲלָה	אתה	הֶעֱלֵיתָ/...לִיתָ	תַּעֲלֶה	הַעֲלֵה
רבים	מַעֲלִים	את	הֶעֱלֵית/...לִית	תַּעֲלִי	הַעֲלִי
רבות	מַעֲלוֹת	הוא	הֶעֱלָה	יַעֲלֶה	
		היא	הֶעֶלְתָה	תַּעֲלֶה	
		אנחנו	הֶעֱלֵינוּ/...לִינוּ*	נַעֲלֶה	
		אתם/ן	הֶעֱלֵיתֶם/ן/..לִי..	תַּעֲלוּ**	הַעֲלוּ***
		הם/ן	הֶעֱלוּ	יַעֲלוּ**	

* in BH only: הֶעֱלִינוּ   ** less commonly: אתן/הן תַּעֲלֶינָה

שם הפועל .Infin לְהַעֲלוֹת   *** less commonly: (אתן) הַעֲלֶינָה

שם הפעולה Gerund הַעֲלָאָה rise (in price), raise (salary); raising; increase (tax etc.); promotion

מקור מוחלט .Inf. Abs הַעֲלֵה

הוֹעֲלָה (הֻעֲלָה) be raised, be promoted

בניין: הוּפְעַל   גזרה: ל"ה

	Present הווה		Past עבר	Future עתיד
יחיד	מוֹעֲלֶה	אני	הוֹעֲלֵיתִי	אוֹעֲלֶה
יחידה	מוֹעֲלָה	אתה	הוֹעֲלֵיתָ	תּוֹעֲלֶה
רבים	מוֹעֲלִים	את	הוֹעֲלֵית	תּוֹעֲלִי
רבות	מוֹעֲלוֹת	הוא	הוֹעֲלָה	יוֹעֲלֶה
		היא	הוֹעַלְתָה	תּוֹעֲלֶה
		אנחנו	הוֹעֲלֵינוּ*	נוֹעֲלֶה
		אתם/ן	הוֹעֲלֵיתֶם/ן	תּוֹעֲלוּ**
		הם/ן	הוֹעֲלוּ	יוֹעֲלוּ**

[מקור מוחלט .Inf. Abs הוֹעֲלֵה]   * BH: הוֹעֲלִינוּ   ** less common: אתן/הן תּוֹעֲלֶינָה

הִתְעַלָּה rise, be raised; be exalted/extolled; raise oneself above; exalt oneself, boast

בניין: הִתְפַּעֵל   גזרה: ל"ה

	Present הווה		Past עבר	Future עתיד	Imperative ציווי
יחיד	מִתְעַלֶּה	אני	הִתְעַלֵּיתִי	אֶתְעַלֶּה	
יחידה	מִתְעַלָּה	אתה	הִתְעַלֵּיתָ	תִּתְעַלֶּה	הִתְעַלֵּה
רבים	מִתְעַלִּים	את	הִתְעַלֵּית	תִּתְעַלִּי	הִתְעַלִּי
רבות	מִתְעַלּוֹת	הוא	הִתְעַלָּה	יִתְעַלֶּה	
		היא	הִתְעַלְּתָה	תִּתְעַלֶּה	
		אנחנו	הִתְעַלֵּינוּ*	נִתְעַלֶּה	<<<

Imperative ציווי	Future עתיד	Past עבר		Present הווה
הִתְעַלּוּ***	תִּתְעַלּוּ**	הִתְעַלֵּיתֶם/ן	אתם/ן	
	יִתְעַלּוּ**	הִתְעַלּוּ	הם/ן	

* BH: הִתְעַלֵּינוּ ** less commonly: אתן/הן תִּתְעַלֶּינָה

שם הפועל .Infin לְהִתְעַלּוֹת *** less commonly: (אתן) הִתְעַלֶּינָה

שם הפעולה Gerund הִתְעַלּוּת ascent; raising oneself

מקור מוחלט .Inf. Abs הִתְעַלֵּה

◆ פעלים שאינם שכיחים מאותו שורש Infrequent verbs sharing the same root

נַעֲלָה be exalted above; be raised; move away (נַעֲלָה, יֵיעָלֶה, לְהֵיעָלוֹת)

עִילָּה (עִלָּה) exalt, extol (מְעַלֶּה, יְעַלֶּה, לְעַלּוֹת/לְעַלֵּה)

[*עוּלָּה (עֻלָּה)] בינוני .Pres. Part מְעוּלֶּה excellent (only Pres. Part. is in use)

◆ דוגמאות Illustrations

עָלִיתִי על הסולם **וְהֶעֱלֵיתִי** איתי את פחית הצבע.

I **went up** the ladder and **brought up (raised, lifted)** the paint can with me.

נציגי מחלקת **הָעֲלִיָּה** של הסוכנות **הֶעֱלוּ** את קבוצת **העוֹלִים** על המטוס. המטוס המריא מייד לאחר **שהוּעֲלָה** עליו **העוֹלֶה** האחרון.

The representatives of the **immigration** section of the Jewish Agency **put** the group of **immigrants (to Israel) on** the plane. The plane took off as soon as the last **immigrant was put** on it.

בתקופת אינפלציה המחירים **עוֹלִים** בקצב מואץ; כדי לבלום את האינפלציה, הממשלה מבקשת שהיצרנים והספקים לא **יַעֲלוּ** את המחירים, ושלא יהיו **הַעֲלָאוֹת** במשכורות.

In a period of inflation, prices **go up** at an accelerated pace; in order to check inflation, the government requests that producers and suppliers not **raise** prices, and that there will be no salary **raises**.

כשהחזן הזה מתפלל, הוא מעורר בקהל תחושת **הִתְעַלּוּת**.

When this cantor prays, he arouses in the congregation a feeling of **exaltation**.

◆ ביטויים מיוחדים Special expressions

עוֹלֶה בקנה אחד (עם) in harmony, fitting well together (with)

עָלָה באש go up in flames

עָלָה בידו ל- he managed to

עָלָה השחר day broke

עָלָה יפה succeed, come off well

עָלָה לארץ immigrate to Israel

עָלָה לרגל make pilgrimage to Jerusalem (for one of the three major festivals)

עָלָה לתורה be called up (in the synagogue)

עָלָה על דעתו/בדעתו it occurred to him

עָלָה עליו excelled him, surpassed him

עָלָה בד בבד (עם) correspond (to), agree (with)

עָלָה על הפרק come up for discussion

עָלָה על הקרקע settle on the land

עָלָה על האוטובוס get on the bus

עָלָה מחירו its price has gone up

עָלָה לו על העצבים annoyed him (coll.)
יַעֲלוּ עשבים בלחייך ועדיין לא... never! (literally: grass will grow on your cheeks before...)
עֲלִיָּה לרגל pilgrimage to Jerusalem
עֲלִיָּה לתורה being called up (in the synagogue)
עֲלִיָּה ראשונה, (שנייה...) First (Second...) Aliyah (wave of immigration to Israel)
עֲלִיַּת גג attic, loft
עֲלִיַּת נשמה exaltation
לא מַעֲלֶה ולא מוריד makes no difference, irrelevant
מַעֲלֶה עליו הכתוב כאילו is reckoned in the Bible as if he
הֶעֱלָה אור put on the light
הֶעֱלָה אש במקטרתו lit his pipe
הֶעֱלָה ארוכה recover from illness

הֶעֱלָה את הדברים על הכתב put it in writing
הֶעֱלָה חלודה rust
הֶעֱלָה חרס בידו fail, come up with nothing
הֶעֱלָה את המחיר raise the price
הֶעֱלָה באש set fire to
הֶעֱלָה על נס publicize, set as a positive example
הֶעֱלָה גרה chew cud, repeat ad nauseam
הֶעֱלָה קורבן offer a sacrifice
כל אשר יַעֲלֶה המזלג whatever comes to hand, whatever turns up
הוּעֲלָה באש be burnt
הוּעֲלָה בדרגה be promoted
לווייתן בחכה הוּעֲלָה - מה יעשו דגי הרקק? if a great man fails, what chance do small people have?

● עלם

נֶעֱלַם/יֵיעָלֵם (יֵעָלֵם) vanish, disappear

בניין: נִפְעַל   גזרה: פ' גרונית

	Present הווה		Past עבר	Future עתיד	Imperative ציווי
יחיד	נֶעֱלָם	אני	נֶעֱלַמְתִּי	אֵיעָלֵם	
יחידה	נֶעֱלֶמֶת	אתה	נֶעֱלַמְתָּ	תֵּיעָלֵם	הֵיעָלֵם
רבים	נֶעֱלָמִים	את	נֶעֱלַמְתְּ	תֵּיעָלְמִי	הֵיעָלְמִי
רבות	נֶעֱלָמוֹת	הוא	נֶעֱלַם	יֵיעָלֵם	
		היא	נֶעֶלְמָה	תֵּיעָלֵם	
		אנחנו	נֶעֱלַמְנוּ	נֵיעָלֵם	
		אתם/ן	נֶעֱלַמְתֶּם/ן	תֵּיעָלְמוּ*	הֵיעָלְמוּ**
		הם/ן	נֶעֶלְמוּ	יֵיעָלְמוּ*	

שם הפועל .Infin לְהֵיעָלֵם   less commonly * :אתן/הן תֵּיעָלַמְנָה/...לַמְנָה
שם הפעולה .Ger הֵיעָלְמוּת disappearance   less commonly ** :(אתן) הֵיעָלַמְנָה/...לֵמְנָה
בינוני .Pres. Part נֶעֱלָם concealed; unknown quantity (algebra)
מקור מוחלט .Inf. Abs נַעֲלוֹם, הֵיעָלֵם (הֵיעָלוֹם)

הִתְעַלֵּם/הִתְעַלַּמ ignore, overlook, fail to acknowledge; disappear

בניין: הִתְפַּעֵל גזרה: שלמים

	Present הווה		Past עבר	Future עתיד	Imperative ציווי
יחיד	מִתְעַלֵּם	אני	הִתְעַלַּמְתִּי	אֶתְעַלֵּם	
יחידה	מִתְעַלֶּמֶת	אתה	הִתְעַלַּמְתָּ	תִּתְעַלֵּם	הִתְעַלֵּם
רבים	מִתְעַלְּמִים	את	הִתְעַלַּמְתְּ	תִּתְעַלְּמִי	הִתְעַלְּמִי
רבות	מִתְעַלְּמוֹת	הוא	הִתְעַלֵּם	יִתְעַלֵּם	
		היא	הִתְעַלְּמָה	תִּתְעַלֵּם	
		אנחנו	הִתְעַלַּמְנוּ	נִתְעַלֵּם	
		אתם/ן	הִתְעַלַּמְתֶּם/ן	תִּתְעַלְּמוּ*	הִתְעַלְּמוּ**
		הם/ן	הִתְעַלְּמוּ	יִתְעַלְּמוּ*	

* less commonly: אתן/הן תִּתְעַלֵּמְנָה

שם הפועל .Infin לְהִתְעַלֵּם ** less commonly: (אתן) הִתְעַלֵּמְנָה

שם הפעולה .Ger הִתְעַלְּמוּת ignoring, overlooking

מקור מוחלט .Inf. Abs הִתְעַלֵּם

מ״י מוצרכת .Gov. Prep הִתְעַלֵּם מן ignore

הֶעֱלִים/הֶעֱלִמ/יַעֲלִים hide, conceal

בניין: הִפְעִיל גזרה: פ׳ גרונית

	Present הווה		Past עבר	Future עתיד	Imperative ציווי
יחיד	מַעֲלִים	אני	הֶעֱלַמְתִּי	אַעֲלִים	
יחידה	מַעֲלִימָה	אתה	הֶעֱלַמְתָּ	תַּעֲלִים	הַעֲלֵם
רבים	מַעֲלִימִים	את	הֶעֱלַמְתְּ	תַּעֲלִימִי	הַעֲלִימִי
רבות	מַעֲלִימוֹת	הוא	הֶעֱלִים	יַעֲלִים	
		היא	הֶעֱלִימָה	תַּעֲלִים	
		אנחנו	הֶעֱלַמְנוּ	נַעֲלִים	
		אתם/ן	הֶעֱלַמְתֶּם/ן	תַּעֲלִימוּ*	הַעֲלִימוּ**
		הם/ן	הֶעֱלִימוּ	יַעֲלִימוּ*	

שם הפועל .Infin לְהַעֲלִים * less commonly: אתן/הן תַּעֲלֵמְנָה

שם הפעולה Gerund הַעֲלָמָה concealing ** less commonly: (אתן) הַעֲלֵמְנָה

מקור מוחלט .Inf. Abs הַעֲלֵם

מ״י מוצרכת .Gov. Prep הֶעֱלִים מן conceal from

◆ פעלים שאינם שכיחים מאותו שורש Infrequent verbs sharing the same root

עָלַם be hidden (Med H) (יֶעֱלַם, לַעֲלוֹם)

בינוני סביל .Pass. Part עָלוּם secret; unknown

עִילֵּם (עִלֵּם) hide, conceal (Mish H) (מְעַלֵּם, יְעַלֵּם, לְעַלֵּם)

עוּלַּם (עֻלַּם) be hidden/concealed (Mish H) (מְעוּלָּם, יְעוּלַּם)

הוּעֲלַם (הָעֳלַם) be hidden/concealed (Mish H) (מוּעֲלָם, יוּעֲלַם)

◆ דוגמאות Illustrations

חנה הֶעֱלִימָה מבנה את העובדה, שאביו נֶעֱלַם לפני שלוש שנים מן הבית ועקבותיו נֶעֶלְמוּ לחלוטין.

Hannah **concealed** from her child (the fact that) his father **had disappeared** three years earlier, with no trace (literally: his traces completely **disappeared**).

אפילו לליברלים ביותר בינינו קשה לְהִתְעַלֵּם מן העובדה שהגזענות חיה וקיימת.

Even for the most liberal among us, it is difficult **to ignore** the fact that racism is alive and well.

◆ ביטויים מיוחדים Special expressions

הֶעֱלִים עיניו מן turn a blind eye to　　**הֶעֱלִים** אוזניו turn a deaf ear

---

● עמד

עָמַד/עוֹמֵד/יַעֲמוֹד (יַעֲמד) stand; stand up; halt, stop; remain; cease; be about to/going to

בניין: פָּעַל　גזרה: פ׳ גרונית (אֶפְעוֹל)

	Present הווה		Past עבר	Future עתיד	Imperative ציווי
יחיד	עוֹמֵד	אני	עָמַדְתִּי	אֶעֱמוֹד	
יחידה	עוֹמֶדֶת	אתה	עָמַדְתָּ	תַּעֲמוֹד	עֲמוֹד
רבים	עוֹמְדִים	את	עָמַדְתְּ	תַּעַמְדִי	עִמְדִי
רבות	עוֹמְדוֹת	הוא	עָמַד	יַעֲמוֹד	
		היא	עָמְדָה	תַּעֲמוֹד	
		אנחנו	עָמַדְנוּ	נַעֲמוֹד	
		אתם/ן	עֲמַדְתֶּם/ן	תַּעַמְדוּ*	עִמְדוּ**
		הם/ן	עָמְדוּ	יַעַמְדוּ*	

* less commonly: אתן/הן תַּעֲמוֹדְנָה

** less commonly: (אתן) עֲמוֹדְנָה

שם הפועל .Infin לַעֲמוֹד

שם הפעולה Gerund עֲמִידָה standing position; resistance, durability; Amidah (daily prayer of eighteen benedictions)

מקור מוחלט .Inf. Abs עָמוֹד

נֶעֱמַד/יֵיעָמֵד (יֵעָמֵד) stand still, come to a halt

בניין: נִפְעַל　גזרה: פ׳ גרונית

	Present הווה		Past עבר	Future עתיד	Imperative ציווי
יחיד	נֶעֱמָד	אני	נֶעֱמַדְתִּי	אֵיעָמֵד	
יחידה	נֶעֱמֶדֶת	אתה	נֶעֱמַדְתָּ	תֵּיעָמֵד	הֵיעָמֵד
רבים	נֶעֱמָדִים	את	נֶעֱמַדְתְּ	תֵּיעָמְדִי	הֵיעָמְדִי >>>

	Present הווה		Past עבר	Future עתיד	Imperative ציווי
רבות	נֶעֱמָדוֹת	הוא	נֶעֱמַד	יֵיעָמֵד	
		היא	נֶעֶמְדָה	תֵּיעָמֵד	
		אנחנו	נֶעֱמַדְנוּ	נֵיעָמֵד	
		אתם/ן	נֶעֱמַדְתֶּם/ן	תֵּיעָמְדוּ*	הֵיעָמְדוּ**
		הם/ן	נֶעֶמְדוּ	יֵיעָמְדוּ*	

* less commonly: אתן/הן תֵּיעָמַדְנָה/...מֵדְנָה

שם הפועל .Infin לְהֵיעָמֵד ** less commonly: (אתן) הֵיעָמַדְנָה/...מֵדְנָה

מקור מוחלט .Inf. Abs נֵעָמוֹד, הֵיעָמֵד (הֵיעָמוֹד)

הֶעֱמִיד/הֶעֱמַד/יַעֲמִיד stand (tr.), erect, set up, place; stop (traffic); rebuild, establish

בניין: הִפְעִיל גזרה: פ' גרונית

	Present הווה		Past עבר	Future עתיד	Imperative ציווי
יחיד	מַעֲמִיד	אני	הֶעֱמַדְתִּי	אַעֲמִיד	
יחידה	מַעֲמִידָה	אתה	הֶעֱמַדְתָּ	תַּעֲמִיד	הַעֲמֵד
רבים	מַעֲמִידִים	את	הֶעֱמַדְתְּ	תַּעֲמִידִי	הַעֲמִידִי
רבות	מַעֲמִידוֹת	הוא	הֶעֱמִיד	יַעֲמִיד	
		היא	הֶעֱמִידָה	תַּעֲמִיד	
		אנחנו	הֶעֱמַדְנוּ	נַעֲמִיד	
		אתם/ן	הֶעֱמַדְתֶּם/ן	תַּעֲמִידוּ*	הַעֲמִידוּ**
		הם/ן	הֶעֱמִידוּ	יַעֲמִידוּ*	

שם הפועל .Infin לְהַעֲמִיד * less commonly: אתן/הן תַּעֲמֵדְנָה

שם הפעולה .Ger הַעֲמָדָה setting up, placing ** less commonly: (אתן) הַעֲמֵדְנָה

מקור מוחלט .Inf. Abs הַעֲמֵד

הוֹעֲמַד (הָעֳמַד) be set up/placed/erected; be rebuilt; be nominated

בניין: הוּפְעַל גזרה: פ' גרונית

	Present הווה		Past עבר	Future עתיד
יחיד	מוֹעֲמָד	אני	הוֹעֲמַדְתִּי	אוֹעֲמַד
יחידה	מוֹעֲמֶדֶת	אתה	הוֹעֲמַדְתָּ	תוֹעֲמַד
רבים	מוֹעֲמָדִים	את	הוֹעֲמַדְתְּ	תוֹעַמְדִי
רבות	מוֹעֲמָדוֹת	הוא	הוֹעֲמַד	יוֹעֲמַד
		היא	הוֹעַמְדָה	תוֹעֲמַד
		אנחנו	הוֹעֲמַדְנוּ	נוֹעֲמַד
		אתם/ן	הוֹעֲמַדְתֶּם/ן	תוֹעַמְדוּ*
		הם/ן	הוֹעַמְדוּ	יוֹעַמְדוּ*

בינוני .Pres. Part מוֹעֲמָד candidate * less commonly: אתן/הן תוֹעֲמַדְנָה

[מקור מוחלט .Inf. Abs הוֹעֲמַד]

עִימֵּד/עִימַּד/עַמֵּד set up (print in pages), page (עִמֵּד)

בניין: פִּיעֵל גזרה: שלמים

	Present הווה		Past עבר	Future עתיד	Imperative ציווי
יחיד	מְעַמֵּד	אני	עִימַּדְתִּי	אֲעַמֵּד	
יחידה	מְעַמֶּדֶת	אתה	עִימַּדְתָּ	תְּעַמֵּד	עַמֵּד
רבים	מְעַמְּדִים	את	עִימַּדְתְּ	תְּעַמְּדִי	עַמְּדִי
רבות	מְעַמְּדוֹת	הוא	עִימֵּד	יְעַמֵּד	
		היא	עִימְּדָה	תְּעַמֵּד	
		אנחנו	עִימַּדְנוּ	נְעַמֵּד	
		אתם/ן	עִימַּדְתֶּם/ן	תְּעַמְּדוּ*	עַמְּדוּ**
		הם/ן	עִימְּדוּ	יְעַמְּדוּ*	

* less commonly: אתן/הן תְּעַמֵּדְנָה

** less commonly: (אתן) עַמֵּדְנָה

שם הפועל .Infin לְעַמֵּד

שם הפעולה Gerund עִימּוּד setting up (print in pages)

בינוני .Pres. Part מְעַמֵּד page setter (in printing)

מקור מוחלט .Inf. Abs עַמֵּד

עוּמַּד (עֻמַּד) be set up in pages (in printing)

בניין: פּוּעַל גזרה: שלמים

	Present הווה		Past עבר	Future עתיד
יחיד	מְעוּמָּד	אני	עוּמַּדְתִּי	אֲעוּמַּד
יחידה	מְעוּמֶּדֶת	אתה	עוּמַּדְתָּ	תְּעוּמַּד
רבים	מְעוּמָּדִים	את	עוּמַּדְתְּ	תְּעוּמְּדִי
רבות	מְעוּמָּדוֹת	הוא	עוּמַּד	יְעוּמַּד
		היא	עוּמְּדָה	תְּעוּמַּד
		אנחנו	עוּמַּדְנוּ	נְעוּמַּד
		אתם/ן	עוּמַּדְתֶּם/ן	תְּעוּמְּדוּ*
		הם/ן	עוּמְּדוּ	יְעוּמְּדוּ*

* less commonly: אתן/הן תְּעוּמַּדְנָה

בינוני .Pres. Part מְעוּמָּד set up in pages (print)

[מקור מוחלט .Inf. Abs עוּמּוֹד]

◆ פעלים שאינם שכיחים מאותו שורש Infrequent verbs sharing the same root

נִתְעַמֵּד come to a halt; stand up erect (מִתְעַמֵּד, יִתְעַמֵּד, לְהִתְעַמֵּד)

◆ דוגמאות Illustrations

במשך שלוש שנים השולחן **עָמַד** בצד אחד של החדר. אתמול **הֶעֱמַדְנוּ** אותו בצד הנגדי, לשם שינוי.

For three years the table **stood** on one side of the room. Yesterday we **placed** it on the opposite side, for the sake of change.

כשהמוּעֳמָד לנשיאות **עָמַד** לעזוב, הבחין לפתע בקבצן **שעָמַד** על המדרכה. הוא **נֶעֱמַד** והתבונן בו במבוכה מסוימת - האם עליו להעיר משהו בנדון?
When the presidential **candidate** was **about** to leave, he suddenly noticed the beggar **standing** on the sidewalk. He **came to a halt** and watched him with some embarrassment - should he make some comment on this issue?

עָמַדְנוּ בתור, אך כשהגענו לקופה נשארו רק כרטיסי **עֲמִידָה**.
We **stood** in line, but when we reached the box office there were only **standing** tickets left.

בעידן המחשב, נשתנה גם תפקידו של **מְעַמֵּד** הדפוס: במקום **לְעַמֵּד** שורות של עופרת וגלופות, הכול **מְעוּמָּד** היום במחשב.
In the computer age, the role of the **page setter** in printing has changed too: instead of **page-setting** lines of lead and zincographs, everything is **set in pages** in the computer.

◆ **ביטויים מיוחדים** Special expressions

אין (לך) דבר **העוֹמֵד** בפני הרצון where there's a will, there's a way
פועל **עוֹמֵד** intransitive verb
עָמַד ב-/בפני withstand, resist; succeed
עָמַד במבחן stand the test
עָמַד בבחינה pass an examination
עָמַד בדיבורו keep one's word
עָמַד במרדו keep up resistance
עָמַד בניסיון resist temptation
עָמַד בעינו remain unchanged
עָמַד בפרץ step into the breech, come to someone's aid
עָמַד כעצם בגרון be a constant hinderance
עָמַד לימינו come to his aid
עָמַד לו help him; have an erection (sl.)
עָמַד לו לשטן hinder him
עָמַד מלכת stop (e.g. watch)
עָמַד מן הצד be neutral, stand aside
עָמַד על realize; dwell on; insist on
עָמַד על אופיו see one's real nature
עָמַד על הגובה excel (coll.)
עָמַד על המקח bargain, haggle
עָמַד על המשמר stand guard, keep watch
עָמַד על דעתו stick to one's opinion
עָמַד על הפרק be on the agenda
עָמַד על טיבו של learn/understand the true nature of
עָמַד על טעותו realize one's mistake
עָמַד על נפשו defend one's life
עָמַד על רגליו stand on one's own feet
עָמַד על שלו insist on one's rights
גיל **הָעֲמִידָה** middle age
תפילת **עֲמִידָה** Amidah (daily prayer of eighteen benedictions)
הֶעֱמִיד בנים beget children
הֶעֱמִיד דבר על אמיתותו demonstrate that it is true
הֶעֱמִיד לרשותו place at his disposal
הֶעֱמִיד על רגליו put him on his own feet
הֶעֱמִיד פנים pretend

● ענה

עָנָה/עוֹנֶה/יַעֲנֶה answer; consent; call out, respond (in song)

בניין: פָּעַל גזרה: ל״ה + פ׳ גרונית

	Present הווה		Past עבר	Future עתיד	Imperative ציווי
יחיד	עוֹנֶה	אני	עָנִיתִי	אֶעֱנֶה	
יחידה	עוֹנָה	אתה	עָנִיתָ	תַּעֲנֶה	עֲנֵה
רבים	עוֹנִים	את	עָנִית	תַּעֲנִי	עֲנִי
רבות	עוֹנוֹת	הוא	עָנָה	יַעֲנֶה	
		היא	עָנְתָה	תַּעֲנֶה	
		אנחנו	עָנִינוּ	נַעֲנֶה	
		אתם/ן	עֲנִיתֶם/ן	תַּעֲנוּ*	עֲנוּ**
		הם/ן	עָנוּ	יַעֲנוּ*	

שם הפועל .Infin לַעֲנוֹת

* less commonly: אתן/הן תַּעֲנֶינָה

מקור מוחלט .Inf. Abs עָנֹה

** less commonly: (אתן) עֲנֶינָה

מ״י מוצרכת .Gov. Prep עָנָה ל- respond to

נַעֲנָה/יֵיעָנֶה (יֵעָנֶה) be answered (positively), be accepted; consent

בניין: נִפְעַל גזרה: ל״ה + פ׳ גרונית

	Present הווה		Past עבר	Future עתיד	Imperative ציווי
יחיד	נַעֲנֶה	אני	נַעֲנֵיתִי	אֵיעָנֶה	
יחידה	נַעֲנֵית	אתה	נַעֲנֵיתָ	תֵּיעָנֶה	הֵיעָנֵה
רבים	נַעֲנִים	את	נַעֲנֵית	תֵּיעָנִי	הֵיעָנִי
רבות	נַעֲנוֹת	הוא	נַעֲנָה	יֵיעָנֶה	
		היא	נַעַנְתָה/נֶעֶנְתָה	תֵּיעָנֶה	
		אנחנו	נַעֲנֵינוּ*	נֵיעָנֶה	
		אתם/ן	נַעֲנֵיתֶם/ן	תֵּיעָנוּ**	הֵיעָנוּ***
		הם/ן	נַעֲנוּ	יֵיעָנוּ**	

שם הפועל .Infin לְהֵיעָנוֹת

* BH: נַעֲנִינוּ

שם הפעולה .Ger הֵיעָנוּת consent; response

** less commonly: אתן/הן תֵּיעָנֶינָה

מקור מוחלט .Inf. Abs נַעֲנֹה, הֵיעָנֵה

*** less commonly: (אתן) הֵיעָנֶינָה

מ״י מוצרכת .Gov. Prep נַעֲנָה ל- consent to, agree with

Note: less frequent, homonymous roots meaning 'torment' and 'humble' are not included in this collection.

◆ דוגמאות Illustrations

בנימין השאיר לי הודעה במשיבון; **עָנִיתִי** (לו) מיד, כי הוא נשמע מודאג.

Binyamin left me a message on the answering machine; I **responded** (to him) immediately, since he sounded worried.

אריה מחזר אחרי עדינה כבר שלוש שנים, אך היא עדיין לא **נַעַנְתָה** לו.
Aryeh has been courting Adina for three years already, but she has not **consented** (to him) yet.

◆ **ביטויים מיוחדים** Special expressions

אין קול ואין **עוֹנֶה** there's no answer whatever

מצא עניין **לַעֲנוֹת** בו find something to occupy oneself with

עָנָה אמן say Amen, express approval

עָנָה אמן בעל כורחו express approval willy nilly

נַעֲנָה ואמר speak up

הכסף **יַעֲנֶה** את הכול money makes it easy to solve any problem

---

● ענין

הִתְעַנְיֵין/הִתְעַנְיַין (הִתְעַנְיֵן) take an interest, be interested

בניין: הִתְפַּעֵל   גזרה: מרובעים + ל״נ

	Present הווה		Past עבר	Future עתיד	Imperative ציווי
יחיד	מִתְעַנְיֵין	אני	הִתְעַנְיַינְתִּי	אֶתְעַנְיֵין	
יחידה	מִתְעַנְיֶינֶת	אתה	הִתְעַנְיַינְתָּ	תִּתְעַנְיֵין	הִתְעַנְיֵין
רבים	מִתְעַנְיְינִים	את	הִתְעַנְיַינְתְּ	תִּתְעַנְיְינִי	הִתְעַנְיְינִי
רבות	מִתְעַנְיְינוֹת	הוא	הִתְעַנְיֵין	יִתְעַנְיֵין	
		היא	הִתְעַנְיְינָה	תִּתְעַנְיֵין	
		אנחנו	הִתְעַנְיַינּוּ	נִתְעַנְיֵין	
		אתם/ן	הִתְעַנְיַינְתֶּם/ן	תִּתְעַנְיְינוּ*	הִתְעַנְיְינוּ**
		הם/ן	הִתְעַנְיְינוּ	יִתְעַנְיְינוּ*	

* less commonly: אתן/הן תִּתְעַנְיֵינָּה

** less commonly: (אתן) הִתְעַנְיֵינָּה

שם הפועל .Infin לְהִתְעַנְיֵין

שם הפעולה Gerund הִתְעַנְיְינוּת interest; showing interest

מקור מוחלט .Inf. Abs הִתְעַנְיֵין

מ״י מוצרכת .Gov. Prep הִתְעַנְיֵין ב- show interest in

עִנְיֵין/עִנְיַין/עִנְיֵין (עִנְיֵן) interest (tr.)

בניין: פִּיעֵל   גזרה: מרובעים + ל״נ

	Present הווה		Past עבר	Future עתיד	Imperative ציווי
יחיד	מְעַנְיֵין	אני	עִנְיַינְתִּי	אֲעַנְיֵין	
יחידה	מְעַנְיֶינֶת	אתה	עִנְיַינְתָּ	תְּעַנְיֵין	עַנְיֵין
רבים	מְעַנְיְינִים	את	עִנְיַינְתְּ	תְּעַנְיְינִי	עַנְיְינִי
רבות	מְעַנְיְינוֹת	הוא	עִנְיֵין	יְעַנְיֵין	
		היא	עִנְיְינָה	תְּעַנְיֵין <<<	

Imperative ציווי	Future עתיד	Past עבר		Present הווה
	נְעַנְיֵין	עִנְיַינּוּ	אנחנו	
עַנְיְינוּ**	תְּעַנְיְינוּ*	עִנְיַינְתֶּם/ן	אתם/ן	
	יְעַנְיְינוּ*	עִנְיְינוּ	הם/ן	

שם הפועל .Infin לְעַנְיֵין | * less commonly: אתן/הן תְּעַנְיֵינָּה

בינוני .Pres. Part מְעַנְיֵין interesting | ** less commonly: (אתן) עַנְיֵינָּה

מקור מוחלט .Inf. Abs עַנְיֵין

◆ **פעלים שאינם שכיחים מאותו שורש** Infrequent verbs sharing the same root

עוּנְיַין (עֻנְיַן) be interested, be made interested (מְעוּנְיָין, יְעוּנְיַין)

בינוני .Pres. Part מְעוּנְיָין ב- interested in (common form)

◆ **דוגמאות** Illustrations

האוניברסיטה מנסה **לְעַנְיֵין** תורמים רציניים בהקמת מרכז רפואי חדש. מחלקת הפיתוח בודקת בתיקיה מי מהם **הִתְעַנְיֵין** בעבר באפשרות כזו, ומי עשוי להיות **מְעוּנְיָין** לאור נסיבותיו האישיות.

The university is trying to **interest** serious donors in setting up a new medical center. The Development Office is checking its files to identify which of them **has** ever **shown interest** in such a project, and who might be **interested** owing to personal circumstances.

גבריאל אדם **מְעַנְיֵין**; הרבה נושאים **מְעַנְיְינִים** אותו, והוא מדבר עליהם בתבונה.

Gabriel is an **interesting** person; many topics **interest** him, and he talks about them intelligently.

● עסק

עָסַק/עוֹסֵק/יַעֲסוֹק (יַעֲסק) engage in, occupy oneself in; deal in (commerce), be engaged in

בניין: פָּעַל גזרה: פ׳ גרונית (אֶפְעוֹל)

Imper. ציווי	Future עתיד	Past עבר		Present הווה	
	אֶעֱסוֹק	עָסַקְתִּי	אני	עוֹסֵק עָסוּק	יחיד
עֲסוֹק	תַּעֲסוֹק	עָסַקְתָּ	אתה	עוֹסֶקֶת עֲסוּקָה	יחידה
עִסְקִי	תַּעַסְקִי	עָסַקְתְּ	את	עוֹסְקִים עֲסוּקִים	רבים
	יַעֲסוֹק	עָסַק	הוא	עוֹסְקוֹת עֲסוּקוֹת	רבות
	תַּעֲסוֹק	עָסְקָה	היא		
	נַעֲסוֹק	עָסַקְנוּ	אנחנו		
עִסְקוּ**	תַּעַסְקוּ*	עֲסַקְתֶּם/ן	אתם/ן		
	יַעַסְקוּ*	עָסְקוּ	הם/ן		

* less commonly: אתן/הן תַּעֲסוֹקְנָה >>>

שם הפועל Infin. לַעֲסוֹק ** less commonly: (אתן) עֲסוֹקְנָה

בינוני פעיל Act. Part. עוֹסֵק business owner (formal)

בינוני סביל Pass. Part. עָסוּק occupied, busy

שם הפעולה Ger. עֲסִיקָה being occupied with

מקור מוחלט Inf. Abs. עָסוֹק

מ״י מוצרכת Gov. Prep. עָסַק ב- engage/deal in in

הֶעֱסִיק/הֶעֱסַק/יַעֲסִיק employ; keep one busy

בניין: הִפְעִיל גזרה: פ׳ גרונית

Imperative ציווי	Future עתיד	Past עבר		Present הווה	
	אַעֲסִיק	הֶעֱסַקְתִּי	אני	מַעֲסִיק	יחיד
הַעֲסֵק	תַּעֲסִיק	הֶעֱסַקְתָּ	אתה	מַעֲסִיקָה	יחידה
הַעֲסִיקִי	תַּעֲסִיקִי	הֶעֱסַקְתְּ	את	מַעֲסִיקִים	רבים
	יַעֲסִיק	הֶעֱסִיק	הוא	מַעֲסִיקוֹת	רבות
	תַּעֲסִיק	הֶעֱסִיקָה	היא		
	נַעֲסִיק	הֶעֱסַקְנוּ	אנחנו		
הַעֲסִיקוּ**	תַּעֲסִיקוּ*	הֶעֱסַקְתֶּם/ן	אתם/ן		
	יַעֲסִיקוּ*	הֶעֱסִיקוּ	הם/ן		

שם הפועל Infin. לְהַעֲסִיק * less commonly: אתן/הן תַּעֲסֵקְנָה

בינוני Pres. Part. מַעֲסִיק employer ** less commonly: (אתן) הַעֲסֵקְנָה

שם הפעולה Gerund הַעֲסָקָה employing, employment

מקור מוחלט Inf. Abs. הַעֲסֵק

הוֹעֳסַק (הָעֳסַק) be employed; be kept busy

בניין: הוּפְעַל גזרה: פ׳ גרונית

Future עתיד	Past עבר		Present הווה	
אוֹעֳסַק	הוֹעֳסַקְתִּי	אני	מוֹעֳסָק	יחיד
תּוֹעֳסַק	הוֹעֳסַקְתָּ	אתה	מוֹעֳסֶקֶת	יחידה
תּוֹעָסְקִי	הוֹעֳסַקְתְּ	את	מוֹעֳסָקִים	רבים
יוֹעֳסַק	הוֹעֳסַק	הוא	מוֹעֳסָקוֹת	רבות
תּוֹעֳסַק	הוֹעָסְקָה	היא		
נוֹעֳסַק	הוֹעֳסַקְנוּ	אנחנו		
תּוֹעָסְקוּ*	הוֹעֳסַקְתֶּם/ן	אתם/ן		
יוֹעָסְקוּ*	הוֹעָסְקוּ	הם/ן		

בינוני Pres. Part. מוֹעֳסָק employee * less commonly: אתן/הן תּוֹעֳסַקְנָה

[מקור מוחלט Inf. Abs. הוֹעֳסֵק]

deal with, occupy oneself with; quarrel; have a relationship (with a girl) (coll.) הִתְעַסֵּק/הִתְעַסֵּק

בניין: הִתְפַּעֵל גזרה: שלמים

	Present הווה		Past עבר	Future עתיד	Imperative ציווי
יחיד	מִתְעַסֵּק	אני	הִתְעַסַּקְתִּי	אֶתְעַסֵּק	
יחידה	מִתְעַסֶּקֶת	אתה	הִתְעַסַּקְתָּ	תִּתְעַסֵּק	הִתְעַסֵּק
רבים	מִתְעַסְּקִים	את	הִתְעַסַּקְתְּ	תִּתְעַסְּקִי	הִתְעַסְּקִי
רבות	מִתְעַסְּקוֹת	הוא	הִתְעַסֵּק	יִתְעַסֵּק	
		היא	הִתְעַסְּקָה	תִּתְעַסֵּק	
		אנחנו	הִתְעַסַּקְנוּ	נִתְעַסֵּק	
		אתם/ן	הִתְעַסַּקְתֶּם/ן	תִּתְעַסְּקוּ*	הִתְעַסְּקוּ**
		הם/ן	הִתְעַסְּקוּ	יִתְעַסְּקוּ*	

שם הפועל .Infin לְהִתְעַסֵּק   * less commonly: אתן/הן תִּתְעַסֵּקְנָה

שם הפעולה .Ger הִתְעַסְּקוּת dealing with   ** less commonly: (אתן) הִתְעַסֵּקְנָה

מקור מוחלט .Inf. Abs הִתְעַסֵּק

מ"י מוצרכת .Gov. Prep הִתְעַסֵּק ב- deal with

מ"י מוצרכת .Gov. Prep הִתְעַסֵּק עם have a relationship with (a girl) (coll.)

◆ פעלים שאינם שכיחים מאותו שורש Infrequent verbs sharing the same root

עִיסֵּק (עִסֵּק) employ, give work (lit.) (מְעַסֵּק, יְעַסֵּק, לְעַסֵּק)

שם הפעולה Gerund עִיסּוּק occupation (fairly common form)

עוּסַּק (עֻסַּק) be occupied (lit.) (מְעוּסָּק, יְעוּסַּק)

◆ דוגמאות Illustrations

עִיסּוּקוֹ של יונתן הוא מכירת מחשבים. הוא אמנם אינו חייב **לְהִתְעַסֵּק** ישירות עם הלקוחות, כיוון **שמוּעֳסָקִים** על ידו כעשרים אנשי מכירות, אך עליו **לַעֲסוֹק** בתכנון המכירות והדרכת המוכרים שהוא **מַעֲסִיק**, כך שבסופו של דבר הוא אדם **עָסוּק** מאוד.

Jonathan's **occupation** is computer sales. Although he does not have **to deal** directly with the customers, since about twenty sales reps **are employed** by him, he still needs **to engage** in the planning of sales and training of the sales reps he **employs**, which ultimately makes him a very **busy** man.

עצב

fashion, model, design, form (עִצֵּב) עִיצֵב/עִיצַּב/עַצֵּב

בניין: פִּיעֵל גזרה: שלמים

	Present הווה		Past עבר	Future עתיד	Imperative ציווי
יחיד	מְעַצֵּב	אני	עִיצַּבְתִּי	אֲעַצֵּב	
יחידה	מְעַצֶּבֶת	אתה	עִיצַּבְתָּ	תְּעַצֵּב	עַצֵּב
רבים	מְעַצְּבִים	את	עִיצַּבְתְּ	תְּעַצְּבִי	עַצְּבִי
רבות	מְעַצְּבוֹת	הוא	עִיצֵּב	יְעַצֵּב	
		היא	עִיצְּבָה	תְּעַצֵּב	
		אנחנו	עִיצַּבְנוּ	נְעַצֵּב	
		אתם/ן	עִיצַּבְתֶּם/ן	תְּעַצְּבוּ*	עַצְּבוּ**
		הם/ן	עִיצְּבוּ	יְעַצְּבוּ*	

* less commonly: אתן/הן תְּעַצֵּבְנָה

** less commonly: (אתן) עַצֵּבְנָה

שם הפועל .Infin לְעַצֵּב

בינוני .Pres. Part מְעַצֵּב designer

שם הפעולה Gerund עִיצּוּב design

מקור מוחלט .Inf. Abs עַצֵּב

be designed/modeled/formed (עֻצַּב) עוּצַּב

בניין: פּוּעַל גזרה: שלמים

	Present הווה		Past עבר	Future עתיד
יחיד	מְעוּצָּב	אני	עוּצַּבְתִּי	אֲעוּצַּב
יחידה	מְעוּצֶּבֶת	אתה	עוּצַּבְתָּ	תְּעוּצַּב
רבים	מְעוּצָּבִים	את	עוּצַּבְתְּ	תְּעוּצְּבִי
רבות	מְעוּצָּבוֹת	הוא	עוּצַּב	יְעוּצַּב
		היא	עוּצְּבָה	תְּעוּצַּב
		אנחנו	עוּצַּבְנוּ	נְעוּצַּב
		אתם/ן	עוּצַּבְתֶּם/ן	תְּעוּצְּבוּ*
		הם/ן	עוּצְּבוּ	יְעוּצְּבוּ*

* less commonly: אתן/הן תְּעוּצַּבְנָה

בינוני .Pres. Part מְעוּצָּב designed, fashioned

[מקור מוחלט .Inf. Abs עוּצּוֹב]

A homonymous less frequent root, עצב 'be in sorrow,' is not included here.

◆ דוגמאות Illustrations

יצחק הוא אחד **מִמְעַצְּבֵי** האופנה החשובים בארץ. הוא **מְעַצֵּב** בגדי ים לבתי אופנה יוקרתיים באירופה ובארה"ב. גם מרבית בגדי הים הנראים בחופי ישראל **עוּצְּבוּ** על ידו.

Yitzhak is one the most important fashion **designers** in Israel. He **designs** swimsuits for prestigious fashion houses in Europe and in the States. Most swimsuits seen on the Israeli beaches **were** also **designed** by him.

● עצר

עָצַר/עוֹצֵר/יַעֲצוֹר (יַעְצֹר) stop, halt; arrest, detain; restrain, curb; rule

בניין: פָּעַל גזרה: פ׳ גרונית (אֶפְעוֹל)

	Present הווה			Past עבר	Future עתיד	Imper. ציווי
יחיד	עוֹצֵר	עָצוּר	אני	עָצַרְתִּי	אֶעֱצוֹר	
יחידה	עוֹצֶרֶת	עֲצוּרָה	אתה	עָצַרְתָּ	תַּעֲצוֹר	עֲצוֹר
רבים	עוֹצְרִים	עֲצוּרִים	את	עָצַרְתְּ	תַּעַצְרִי	עִצְרִי
רבות	עוֹצְרוֹת	עֲצוּרוֹת	הוא	עָצַר	יַעֲצוֹר	
			היא	עָצְרָה	תַּעֲצוֹר	
			אנחנו	עָצַרְנוּ	נַעֲצוֹר	
			אתם/ן	עֲצַרְתֶּם/ן	תַּעַצְרוּ*	עִצְרוּ**
			הם/ן	עָצְרוּ	יַעַצְרוּ*	

שם הפועל .Infin לַעֲצוֹר

שם הפעולה Gerund עֲצִירָה stopping

בינוני פעיל .Act. Part עוֹצֵר regent

בינוני סביל .Pass. Part עָצוּר arrested, detained/detainee; restrained

מקור מוחלט .Inf. Abs עָצוֹר

* less commonly: אתן/הן תַּעֲצוֹרְנָה

** less commonly: (אתן) עֲצוֹרְנָה

נֶעֱצַר/יֵיעָצֵר (יֵעָצֵר) stop (car), come to a halt; be stopped/halted; be arrested; be held up/detained

בניין: נִפְעַל גזרה: פ׳ גרונית

	Present הווה		Past עבר	Future עתיד	Imperative ציווי
יחיד	נֶעֱצָר	אני	נֶעֱצַרְתִּי	אֵיעָצֵר	
יחידה	נֶעֱצֶרֶת	אתה	נֶעֱצַרְתָּ	תֵּיעָצֵר	הֵיעָצֵר
רבים	נֶעֱצָרִים	את	נֶעֱצַרְתְּ	תֵּיעָצְרִי	הֵיעָצְרִי
רבות	נֶעֱצָרוֹת	הוא	נֶעֱצַר	יֵיעָצֵר	
		היא	נֶעֶצְרָה	תֵּיעָצֵר	
		אנחנו	נֶעֱצַרְנוּ	נֵיעָצֵר	
		אתם/ן	נֶעֱצַרְתֶּם/ן	תֵּיעָצְרוּ*	הֵיעָצְרוּ**
		הם/ן	נֶעֶצְרוּ	יֵיעָצְרוּ*	

שם הפועל .Infin לְהֵיעָצֵר

שם הפעולה .Ger הֵיעָצְרוּת stopping; arrest

מקור מוחלט .Inf. Abs נַעֲצוֹר, הֵיעָצֵר (הֵיעָצוֹר)

* less commonly: אתן/הן תֵּיעָצַרְנָה/...צֵרְנָה

** less commonly: (אתן) הֵיעָצַרְנָה/...צֵרְנָה

◆ פעלים שאינם שכיחים מאותו שורש Infrequent verbs sharing the same root

עִיצֵּר (עִצֵּר) stop, prevent (Mish H); cause constipation (מְעַצֵּר, יְעַצֵּר, לְעַצֵּר)

[עוּצַּר (עֻצַּר)] מְעוּצָּר be stopped, delayed, restrained (Pres. Part. only)

הִתְעַצֵּר stop, cease (Mish H) (מִתְעַצֵּר, יִתְעַצֵּר, לְהִתְעַצֵּר)

הֶעֱצִיר prevent; cause constipation (Med H) (מַעֲצִיר, יַעֲצִיר, לְהַעֲצִיר)

הוֹעֲצַר (הָעֳצַר) be stopped (Med H) (מוֹעֲצָר, יוֹעֲצַר)

◆ דוגמאות Illustrations

כשראיתי שהמכונית שלפניי **נֶעֱצֶרֶת**, **עָצַרְתִּי** גם אני את מכוניתי ויצאתי לראות מה קרה.

When I saw the car ahead of me **stopping**, I **stopped** my car too and went out to see what had happened.

המשטרה **עָצְרָה** עד כה שלושה חשודים. לאף אחד מן **הָעֲצוּרִים** אין אליבי לזמן השוד.

The police **has arrested** three suspects by now. None of the **detainees** has an alibi for the time of the robbery.

◆ ביטויים מיוחדים Special expressions

עָצַר ברוחו control one's emotions, avoid reacting with emotion

עָצַר כוח hold out; find the strength (to)

עֲצוֹר! stop! halt!

● עקב

עָקַב/עוֹקֵב/יַעֲקוֹב (יַעְקֹב) follow; track ['cheat, outwit' may or may not be related]

בניין: פָּעַל   גזרה: פ' גרונית (אֶפְעוֹל)

	Present הווה		Past עבר	Future עתיד	Imperative ציווי
יחיד	עוֹקֵב	אני	עָקַבְתִּי	אֶעֱקוֹב	
יחידה	עוֹקֶבֶת	אתה	עָקַבְתָּ	תַּעֲקוֹב	עֲקוֹב
רבים	עוֹקְבִים	את	עָקַבְתְּ	תַּעַקְבִי	עִקְבִי
רבות	עוֹקְבוֹת	הוא	עָקַב	יַעֲקוֹב	
		היא	עָקְבָה	תַּעֲקוֹב	
		אנחנו	עָקַבְנוּ	נַעֲקוֹב	
		אתם/ן	עֲקַבְתֶּם/ן	תַּעַקְבוּ*	עִקְבוּ**
		הם/ן	עָקְבוּ	יַעַקְבוּ*	

* less commonly: אתן/הן תַּעֲקוֹבְנָה <<<

שם הפועל .Infin לַעֲקוֹב ** less commonly: (אתן) עֲקוֹבְנָה

בינוני פעיל .Act. Part עוֹקֵב following, consecutive

שם הפעולה Gerund עֲקִיבָה following, tracing, tracking

מקור מוחלט .Inf. Abs עָקוֹב

מ"י מוצרכת .Gov. Prep עָקַב אחרי follow (someone/something)

◆ פעלים שאינם שכיחים מאותו שורש Infrequent verbs sharing the same root

נֶעֱקַב be cheated (Med H) (may or may not be related) (נֶעֱקָב, יֵיעָקֵב, לְהֵיעָקֵב)

הוּעֲקַב (הָעֳקַב) be cheated (Med H) (may or may not be related) (מוּעֳקָב, יוּעֳקַב)

◆ דוגמאות Illustrations

הבלש **עָקַב** כשלוש שעות אחרי החשוד, עד שלבסוף הוא נעלם לו בשוק.

The detective **followed** the suspect for about three hours, until he finally lost him in the market.

◆ ביטויים מיוחדים Special expressions

מספרים **עוֹקְבִים** consecutive numbers

● ערב

הִתְעָרֵב/הִתְעָרַב intervene, interfere; be mixed with

בניין: הִתְפַּעֵל גזרה: ע' גרונית

	Present הווה		Past עבר	Future עתיד	Imperative ציווי
יחיד	מִתְעָרֵב	אני	הִתְעָרַבְתִּי	אֶתְעָרֵב	
יחידה	מִתְעָרֶבֶת	אתה	הִתְעָרַבְתָּ	תִּתְעָרֵב	הִתְעָרֵב
רבים	מִתְעָרְבִים	את	הִתְעָרַבְתְּ	תִּתְעָרְבִי	הִתְעָרְבִי
רבות	מִתְעָרְבוֹת	הוא	הִתְעָרֵב	יִתְעָרֵב	
		היא	הִתְעָרְבָה	תִּתְעָרֵב	
		אנחנו	הִתְעָרַבְנוּ	נִתְעָרֵב	
		אתם/ן	הִתְעָרַבְתֶּם/ן	תִּתְעָרְבוּ*	הִתְעָרְבוּ**
		הם/ן	הִתְעָרְבוּ	יִתְעָרְבוּ*	

שם הפועל .Infin לְהִתְעָרֵב * less commonly: אתן/הן תִּתְעָרֵבְנָה

שם הפעולה .Ger הִתְעָרְבוּת intervention ** less commonly: (אתן) הִתְעָרֵבְנָה

מקור מוחלט .Inf. Abs הִתְעָרֵב

מ"י מוצרכת .Gov. Prep הִתְעָרֵב ב- intervene in

Note: הִתְעָרֵב 'wager' is derived from a different root.

עֵירֵב/עֵירַבְ/עָרֵב (עָרֵב) mix; involve

בניין: פִּיעֵל גזרה: ע' גרונית

	Present הווה		Past עבר	Future עתיד	Imperative ציווי
יחיד	מְעָרֵב	אני	עֵירַבְתִּי	אֲעָרֵב	
יחידה	מְעָרֶבֶת	אתה	עֵירַבְתָּ	תְּעָרֵב	עָרֵב
רבים	מְעָרְבִים	את	עֵירַבְתְּ	תְּעָרְבִי	עָרְבִי
רבות	מְעָרְבוֹת	הוא	עֵירֵב (עֵירַב)	יְעָרֵב	
		היא	עֵירְבָה	תְּעָרֵב	
		אנחנו	עֵירַבְנוּ	נְעָרֵב	
		אתם/ן	עֵירַבְתֶּם/ן	תְּעָרְבוּ*	עָרְבוּ**
		הם/ן	עֵירְבוּ	יְעָרְבוּ*	

* less commonly: אתן/הן תְּעָרֵבְנָה

שם הפועל .Infin לְעָרֵב ** less commonly: (אתן) עָרֵבְנָה

שם הפעולה Gerund עֵירוּב mixing; establishing a single unit for Sabbath observance

מקור מוחלט .Inf. Abs עָרֵב

◆ פעלים שאינם שכיחים מאותו שורש Infrequent verbs sharing the same root

עוֹרַב (עֹרַב) be mixed up/confused (מְעוֹרָב, יְעוֹרַב)

בינוני סביל .Pass. Part מְעוֹרָב mixed; involved (common form)

◆ דוגמאות Illustrations

בתי ספר טובים **מְעָרְבִים** הורים בחינוך ילדיהם. יש אמנם תחומים שבהם ההורים אינם רשאים **לְהִתְעָרֵב**, אבל גם אז הנהלת בית הספר מתחשבת במשאלותיהם. הנהלה אינטליגנטית מעדיפה הורים **מְעוֹרָבִים**.

Good schools **involve** parents in their children's education. There are indeed areas in which parents cannot **interfere**, but even then the school administration takes their wishes into consideration. Intelligent principals prefer **involved** parents.

◆ ביטויים מיוחדים Special expressions

אין **מְעָרְבִין** שמחה בשמחה unrelated matters should not be mixed (even if both are positive)

עֵירוּב פרשיות/תחומים a muddle of separate matters that causes confusion

מְעוֹרָב עם הבריות sociable

אוכלוסיה **מְעוֹרֶבֶת** mixed population

משק **מְעוֹרָב** mixed farming

ברגשות **מְעוֹרָבִים** with mixed feelings

● ערבב

עִרְבֵּב/עִרְבַּב/עַרְבֵּב mix; muddle, mix up, confuse

בניין: פִּיעֵל גזרה: מרובעים

	Present הווה		Past עבר	Future עתיד	Imperative ציווי
יחיד	מְעַרְבֵּב	אני	עִרְבַּבְתִּי	אֲעַרְבֵּב	
יחידה	מְעַרְבֶּבֶת	אתה	עִרְבַּבְתָּ	תְּעַרְבֵּב	עַרְבֵּב
רבים	מְעַרְבְּבִים	את	עִרְבַּבְתְּ	תְּעַרְבְּבִי	עַרְבְּבִי
רבות	מְעַרְבְּבוֹת	הוא	עִרְבֵּב	יְעַרְבֵּב	
		היא	עִרְבְּבָה	תְּעַרְבֵּב	
		אנחנו	עִרְבַּבְנוּ	נְעַרְבֵּב	
		אתם/ן	עִרְבַּבְתֶּם/ן	תְּעַרְבְּבוּ*	עַרְבְּבוּ**
		הם/ן	עִרְבְּבוּ	יְעַרְבְּבוּ*	

שם הפועל .Infin לְעַרְבֵּב — * less commonly: אתן/הן תְּעַרְבֵּבְנָה

שם הפעולה Gerund עִרְבּוּב mixing; mixup — ** less commonly: (אתן) עַרְבֵּבְנָה

מקור מוחלט .Inf. Abs עַרְבֵּב

עוּרְבַּב (עֻרְבַּב) be mixed; be muddled/jumbled

בניין: פּוּעַל גזרה: מרובעים

	Present הווה		Past עבר	Future עתיד
יחיד	מְעוּרְבָּב	אני	עוּרְבַּבְתִּי	אֲעוּרְבַּב
יחידה	מְעוּרְבֶּבֶת	אתה	עוּרְבַּבְתָּ	תְּעוּרְבַּב
רבים	מְעוּרְבָּבִים	את	עוּרְבַּבְתְּ	תְּעוּרְבְּבִי
רבות	מְעוּרְבָּבוֹת	הוא	עוּרְבַּב	יְעוּרְבַּב
		היא	עוּרְבְּבָה	תְּעוּרְבַּב
		אנחנו	עוּרְבַּבְנוּ	נְעוּרְבַּב
		אתם/ן	עוּרְבַּבְתֶּם/ן	תְּעוּרְבְּבוּ*
		הם/ן	עוּרְבְּבוּ	יְעוּרְבְּבוּ*

בינוני .Pres. Part מְעוּרְבָּב mixed; mixed up — * less commonly: אתן/הן תְּעוּרְבַּבְנָה

[מקור מוחלט .Inf. Abs עוּרְבֹּב]

הִתְעַרְבֵּב/הִתְעַרְבַּב be mixed up together; be jumbled

בניין: הִתְפַּעֵל גזרה: מרובעים

	Present הווה		Past עבר	Future עתיד	Imperative ציווי
יחיד	מִתְעַרְבֵּב	אני	הִתְעַרְבַּבְתִּי	אֶתְעַרְבֵּב	
יחידה	מִתְעַרְבֶּבֶת	אתה	הִתְעַרְבַּבְתָּ	תִּתְעַרְבֵּב	הִתְעַרְבֵּב
רבים	מִתְעַרְבְּבִים	את	הִתְעַרְבַּבְתְּ	תִּתְעַרְבְּבִי	הִתְעַרְבְּבִי
רבות	מִתְעַרְבְּבוֹת	הוא	הִתְעַרְבֵּב	יִתְעַרְבֵּב	
		היא	הִתְעַרְבְּבָה	תִּתְעַרְבֵּב	
		אנחנו	הִתְעַרְבַּבְנוּ	נִתְעַרְבֵּב	<<<

	עבר Past	עתיד Future	ציווי Imperative
אתם/ן	הִתְעַרְבַּבְתֶּם/ן	תִּתְעַרְבְּבוּ*	הִתְעַרְבְּבוּ**
הם/ן	הִתְעַרְבְּבוּ	יִתְעַרְבְּבוּ*	

* less commonly: אתן/הן תִּתְעַרְבֵּבְנָה

שם הפועל .Infin לְהִתְעַרְבֵּב ** less commonly: (אתן) הִתְעַרְבֵּבְנָה

שם הפעולה Gerund הִתְעַרְבְּבוּת confused mixture; intermixing

מקור מוחלט .Inf. Abs הִתְעַרְבֵּב

◆ דוגמאות Illustrations

גדעון **עִרְבֵּב** בטעות את הקבלות מחמש השנים האחרונות; הקבלות **הִתְעַרְבְּבוּ** כל כך, שייקח לו יום שלם למיינן מחדש לצורכי מס הכנסה.

By mistake, Gideon **mixed up** receipts from the last five years; the receipts **got mixed together** so badly, that it will take him a whole day to sort them again for income tax purposes.

המלט והחצץ **עוֹרְבְּבוּ** היטב במים, ובתום **הָעִרְבּוּב** נתקבלה תערובת בטון מאיכות מעולה.

The cement and the gravel **were mixed** well with water, and at the end of the **mixing** an excellent concrete mixture came out.

◆ ביטויים מיוחדים Special expressions

עִרְבֵּב את הפרשיות/את היוצרות mix things up, jumble together

---

● ערך

עָרַךְ/עוֹרֵךְ/יַעֲרוֹךְ (יַעֲרֹךְ) arrange, put in order; edit; compare

בניין: פָּעַל גזרה: פ׳ גרונית (אֶפְעוֹל)

	הווה Present			עבר Past	עתיד Future	ציווי .Imper
יחיד	עוֹרֵךְ	עָרוּךְ	אני	עָרַכְתִּי	אֶעֱרוֹךְ	
יחידה	עוֹרֶכֶת	עֲרוּכָה	אתה	עָרַכְתָּ	תַּעֲרוֹךְ	עֲרוֹךְ
רבים	עוֹרְכִים	עֲרוּכִים	את	עָרַכְתְּ	תַּעַרְכִי	עִרְכִי
רבות	עוֹרְכוֹת	עֲרוּכוֹת	הוא	עָרַךְ	יַעֲרוֹךְ	
			היא	עָרְכָה	תַּעֲרוֹךְ	
			אנחנו	עָרַכְנוּ	נַעֲרוֹךְ	
			אתם/ן	עֲרַכְתֶּם/ן	תַּעַרְכוּ*	עִרְכוּ**
			הם/ן	עָרְכוּ	יַעַרְכוּ*	

* less commonly: אתן/הן תַּעֲרוֹכְנָה

שם הפועל .Infin לַעֲרוֹךְ ** less commonly: (אתן) עֲרוֹכְנָה

שם הפעולה Gerund עֲרִיכָה arrangement; editing

<<<

בינוני פעיל Act. Part. עוֹרֵךְ editor
בינוני סביל Pass. Part. עָרוּךְ set up; edited
מקור מוחלט Inf. Abs. עָרוֹךְ

נֶעֱרַךְ/יֵיעָרֵךְ (יֵעָרֵךְ) be arranged/edited; be valued/estimated

בניין: נִפְעַל גזרה: פ׳ גרונית

	Present הווה		Past עבר	Future עתיד	Imperative ציווי
יחיד	נֶעֱרָךְ	אני	נֶעֱרַכְתִּי	אֵיעָרֵךְ	
יחידה	נֶעֱרֶכֶת	אתה	נֶעֱרַכְתָּ	תֵּיעָרֵךְ	הֵיעָרֵךְ
רבים	נֶעֱרָכִים	את	נֶעֱרַכְתְּ	תֵּיעָרְכִי	הֵיעָרְכִי
רבות	נֶעֱרָכוֹת	הוא	נֶעֱרַךְ	יֵיעָרֵךְ	
		היא	נֶעֶרְכָה	תֵּיעָרֵךְ	
		אנחנו	נֶעֱרַכְנוּ	נֵיעָרֵךְ	
		אתם/ן	נֶעֱרַכְתֶּם/ן	תֵּיעָרְכוּ*	הֵיעָרְכוּ**
		הם/ן	נֶעֶרְכוּ	יֵיעָרְכוּ*	

* less commonly: אתן/הן תֵּיעָרַכְנָה/...רֵכְנָה
** less commonly: (אתן) הֵיעָרַכְנָה/...רֵכְנָה

שם הפועל Infin. לְהֵיעָרֵךְ
שם הפעולה Ger. הֵיעָרְכוּת deployment; arrangement
מקור מוחלט Inf. Abs. נַעֲרוֹךְ, הֵיעָרֵךְ (הֵיעָרוֹךְ)

הֶעֱרִיךְ/הֶעֱרַכְ/יַעֲרִיךְ estimate, value, assess; appreciate, esteem

בניין: הִפְעִיל גזרה: פ׳ גרונית

	Present הווה		Past עבר	Future עתיד	Imperative ציווי
יחיד	מַעֲרִיךְ	אני	הֶעֱרַכְתִּי	אַעֲרִיךְ	
יחידה	מַעֲרִיכָה	אתה	הֶעֱרַכְתָּ	תַּעֲרִיךְ	הַעֲרֵךְ
רבים	מַעֲרִיכִים	את	הֶעֱרַכְתְּ	תַּעֲרִיכִי	הַעֲרִיכִי
רבות	מַעֲרִיכוֹת	הוא	הֶעֱרִיךְ	יַעֲרִיךְ	
		היא	הֶעֱרִיכָה	תַּעֲרִיךְ	
		אנחנו	הֶעֱרַכְנוּ	נַעֲרִיךְ	
		אתם/ן	הֶעֱרַכְתֶּם/ן	תַּעֲרִיכוּ*	הַעֲרִיכוּ**
		הם/ן	הֶעֱרִיכוּ	יַעֲרִיכוּ*	

שם הפועל Infin. לְהַעֲרִיךְ
* less commonly: אתן/הן תַּעֲרֵכְנָה
בינוני Pres. Part. מַעֲרִיךְ assessor
** less commonly: (אתן) הַעֲרֵכְנָה
שם הפעולה Gerund הַעֲרָכָה valuing, assessment, esteem, appreciation
מקור מוחלט Inf. Abs. הַעֲרֵךְ

הוֹעֲרַךְ (הָעֲרַךְ) be estimated/appreciated; be esteemed

בניין: הוּפְעַל גזרה: פ' גרונית

	Present הווה		Past עבר	Future עתיד
יחיד	מוֹעֲרָךְ	אני	הוֹעֲרַכְתִּי	אוֹעֲרַךְ
יחידה	מוֹעֲרֶכֶת	אתה	הוֹעֲרַכְתָּ	תּוֹעֲרַךְ
רבים	מוֹעֲרָכִים	את	הוֹעֲרַכְתְּ	תּוֹעַרְכִי
רבות	מוֹעֲרָכוֹת	הוא	הוֹעֲרַךְ	יוֹעֲרַךְ
		היא	הוֹעַרְכָה	תּוֹעֲרַךְ
		אנחנו	הוֹעֲרַכְנוּ	נוֹעֲרַךְ
		אתם/ן	הוֹעֲרַכְתֶּם/ן	תּוֹעַרְכוּ*
		הם/ן	הוֹעַרְכוּ	יוֹעַרְכוּ*

* less commonly: אתן/הן תּוֹעֲרַכְנָה

assessed, evaluated, esteemed מוֹעֲרָךְ Pres. Part. בינוני

[מקור מוחלט .Inf. Abs הוֹעֲרֵךְ]

◆ פעלים שאינם שכיחים מאותו שורש Infrequent verbs sharing the same root

עֵירֵךְ/עֵירַךְ (עֵרֵךְ/עֵרַךְ) set up, arrange (Med H) (מְעָרֵךְ, יְעָרֵךְ, לְעָרֵךְ)

◆ דוגמאות Illustrations

בית ההוצאה **עָרַךְ** מסיבה גדולה לרגל פרסום ספרו הראשון של משה. האורחים ישבו ליד שולחנות **עֲרוּכִים**. בלטו ביניהם **עוֹרֵךְ** הספר **ועוֹרֶכֶת הדין** של בית ההוצאה. משה היה נרגש מאוד, ואמר שהוא **מַעֲרִיךְ** את המחווה.

The publisher **arranged** a large party on the occasion of the publication of Moshe's first book. The guest sat at **set** tables. Prominent among them were the book's **editor** and the publisher's **lawyer (fem.)**. Moshe was very touched, and said that he **appreciates** the gesture.

נכסי החברה **מוֹעֲרָכִים** ב-100 מיליון דולרים, אבל יודעי דבר **מַעֲרִיכִים** שהחברה שווה לפחות 50% יותר.

The company assets **are evaluated** at $100,000,000, but experts **estimate** that the company is worth at least 50% more.

עוֹרֵךְ כתב העת הציע לאפרים **לַעֲרוֹךְ** מחדש את מאמרו. המלצתו העיקרית הייתה **לַעֲרוֹךְ** את הפרקים ואת הדוגמאות בסדר שונה לחלוטין. אם המאמר **יֵיעָרֵךְ** על פי הנחיותיו, הוא משוכנע שהמערכת תקבלו לפרסום.

The journal's **editor** suggested that Ephraim re**edit** his article. His main recommendation was to **arrange** the chapters and the illustrations in a totally different order. If the article **is** re**edited** according to his instructions, he is convinced that the editorial board will accept it for publication.

◆ ביטויים מיוחדים Special expressions

עָרַךְ מלחמה wage war

עָרַךְ שולחן set a table

לאין **עֲרוֹךְ** immeasurably

אין **עֲרוֹךְ** ל- its ... is immeasurable

עוֹרֵךְ דין lawyer

עֲרִיכַת דין the practice of law

שולחן עָרוּךְ the code of laws drawn by Rabbi Joseph Caro; a code of laws

---

● ערער

עִרְעֵר/עִרְעַרְ/עַרְעֵר undermine; appeal (legal); object

בניין: פִּיעֵל גזרה: מרובעים

Imperative ציווי	Future עתיד	Past עבר		Present הווה	
	אֲעַרְעֵר	עִרְעַרְתִּי	אני	מְעַרְעֵר	יחיד
עַרְעֵר	תְּעַרְעֵר	עִרְעַרְתָּ	אתה	מְעַרְעֶרֶת	יחידה
עַרְעֲרִי	תְּעַרְעֲרִי	עִרְעַרְתְּ	את	מְעַרְעֲרִים	רבים
	יְעַרְעֵר	עִרְעֵר	הוא	מְעַרְעֲרוֹת	רבות
	תְּעַרְעֵר	עִרְעֲרָה	היא		
	נְעַרְעֵר	עִרְעַרְנוּ	אנחנו		
עַרְעֲרוּ**	תְּעַרְעֲרוּ*	עִרְעַרְתֶּם/ן	אתם/ן		
	יְעַרְעֲרוּ*	עִרְעֲרוּ	הם/ן		

* less commonly: אתן/הן תְּעַרְעֵרְנָה

שם הפועל .Infin לְעַרְעֵר ** less commonly: (אתן) עַרְעֵרְנָה

שם הפעולה Gerund עִרְעוּר undermining; appeal (leg.)

מקור מוחלט .Inf. Abs עַרְעֵר

מ"י מוצרכת .Gov. Prep עִרְעֵר עַל appeal (sentence)

עוֹרְעַר (עֻרְעַר) be undermined/badly shaken; be questioned/appealed against; be objected to

בניין: פּוּעַל גזרה: מרובעים

Future עתיד	Past עבר		Present הווה	
אֲעוֹרְעַר	עוֹרְעַרְתִּי	אני	מְעוֹרְעָר	יחיד
תְּעוֹרְעַר	עוֹרְעַרְתָּ	אתה	מְעוֹרְעֶרֶת	יחידה
תְּעוֹרְעֲרִי	עוֹרְעַרְתְּ	את	מְעוֹרְעָרִים	רבים
יְעוֹרְעַר	עוֹרְעַר	הוא	מְעוֹרְעָרוֹת	רבות
תְּעוֹרְעַר	עוֹרְעֲרָה	היא		
נְעוֹרְעַר	עוֹרְעַרְנוּ	אנחנו		
תְּעוֹרְעֲרוּ*	עוֹרְעַרְתֶּם/ן	אתם/ן		
יְעוֹרְעֲרוּ*	עוֹרְעֲרוּ	הם/ן		

* less commonly: אתן/הן תְּעוֹרְעַרְנָה

בינוני .Pres. Part מְעוֹרְעָר undermined, shaken

[מקור מוחלט .Inf. Abs עוֹרְעוֹר]

be undermined/shaken, deteriorate badly הִתְעַרְעֵר/הִתְעַרְעֵר

בניין: הִתְפַּעֵל גזרה: מרובעים

	Present הווה		Past עבר	Future עתיד	Imperative ציווי
יחיד	מִתְעַרְעֵר	אני	הִתְעַרְעַרְתִּי	אֶתְעַרְעֵר	
יחידה	מִתְעַרְעֶרֶת	אתה	הִתְעַרְעַרְתָּ	תִּתְעַרְעֵר	הִתְעַרְעֵר
רבים	מִתְעַרְעֲרִים	את	הִתְעַרְעַרְתְּ	תִּתְעַרְעֲרִי	הִתְעַרְעֲרִי
רבות	מִתְעַרְעֲרוֹת	הוא	הִתְעַרְעֵר	יִתְעַרְעֵר	
		היא	הִתְעַרְעֲרָה	תִּתְעַרְעֵר	
		אנחנו	הִתְעַרְעַרְנוּ	נִתְעַרְעֵר	
		אתם/ן	הִתְעַרְעַרְתֶּם/ן	תִּתְעַרְעֲרוּ*	הִתְעַרְעֲרוּ**
		הם/ן	הִתְעַרְעֲרוּ	יִתְעַרְעֲרוּ*	

* less commonly: אתן/הן תִּתְעַרְעֵרְנָה

** less commonly: (אתן) הִתְעַרְעֵרְנָה

שם הפועל .Infin לְהִתְעַרְעֵר

שם הפעולה Gerund הִתְעַרְעֲרוּת being undermined, being shaken

מקור מוחלט .Inf. Abs הִתְעַרְעֵר

◆ דוגמאות Illustrations

בריאותו של הנשיא **הִתְעַרְעֲרָה** מאוד לאחרונה. מקורביו חוששים כי אי הוודאות הכרוכה בכך עלולה **לְעַרְעֵר** את אמון הציבור בשלטון ולגרום **לְהִתְעַרְעֲרוּתוֹ**.

The president's health has **badly deteriorated** lately. His cronies are worried that the uncertainty associated with it might **undermine** the public's confidence in the regime and bring about its **collapse**.

הנאשם החליט **לְעַרְעֵר** על פסק הדין; עורך דינו הגיש **עִרְעוּר** לערכאה גבוהה יותר.

Thc defendant decided **to appeal** the verdict; his lawyer presented **an appeal** to a higher court.

● עשה

make, do; cause, bring about עָשָׂה/עוֹשֶׂה/יַעֲשֶׂה

בניין: פָּעַל גזרה: ל"ה + פ' גרונית

	Present הווה			Past עבר	Future עתיד	Imper. ציווי
יחיד	עוֹשֶׂה	עָשׂוּי	אני	עָשִׂיתִי	אֶעֱשֶׂה	
יחידה	עוֹשָׂה	עֲשׂוּיָה	אתה	עָשִׂיתָ	תַּעֲשֶׂה	עֲשֵׂה
רבים	עוֹשִׂים	עֲשׂוּיִים	את	עָשִׂית	תַּעֲשִׂי	עֲשִׂי
רבות	עוֹשׂוֹת	עֲשׂוּיוֹת	הוא	עָשָׂה	יַעֲשֶׂה	
			היא	עָשְׂתָה	תַּעֲשֶׂה	
			אנחנו	עָשִׂינוּ	נַעֲשֶׂה	

Imper. ציווי	Future עתיד	Past עבר	
עֲשׂוּ**	תַּעֲשׂוּ*	עֲשִׂיתֶם/ן	אתם/ן
	יַעֲשׂוּ*	עָשׂוּ	הם/ן

* less commonly: אתן/הן תַּעֲשֶׂינָה

שם הפועל .Infin לַעֲשׂוֹת ** less commonly: (אתן) עֲשֶׂינָה

שם הפעולה Gerund עֲשִׂיָּה action, doing, making

בינוני סביל .Pass. Part עָשׂוּי made of; done; likely (to)

מקור מוחלט .Inf. Abs עָשֹׂה

be made/produced; be done/carried out; become (יֵעָשֶׂה) נַעֲשָׂה/יֵיעָשֶׂה

בניין: נִפְעַל גזרה: ל"ה + פ' גרונית

Imperative ציווי	Future עתיד	Past עבר		Present הווה	
	אֵיעָשֶׂה	נַעֲשֵׂיתִי	אני	נַעֲשֶׂה	יחיד
הֵיעָשֵׂה	תֵּיעָשֶׂה	נַעֲשֵׂיתָ	אתה	נַעֲשֵׂית	יחידה
הֵיעָשִׂי	תֵּיעָשִׂי	נַעֲשֵׂית	את	נַעֲשִׂים	רבים
	יֵיעָשֶׂה	נַעֲשָׂה	הוא	נַעֲשׂוֹת	רבות
	תֵּיעָשֶׂה	נַעַשְׂתָה/נֶעֶשְׂתָה	היא		
	נֵיעָשֶׂה	נַעֲשֵׂינוּ*	אנחנו		
הֵיעָשׂוּ***	תֵּיעָשׂוּ**	נַעֲשֵׂיתֶם/ן	אתם/ן		
	יֵיעָשׂוּ**	נַעֲשׂוּ	הם/ן		

שם הפועל .Infin לְהֵיעָשׂוֹת * BH: נַעֲשִׂינוּ

בינוני .Pres. Part נַעֲשֶׂה a done deed ** less commonly: אתן/הן תֵּיעָשֶׂינָה

שם הפעולה .Ger הֵיעָשׂוּת being made/done *** less commonly: (אתן) הֵיעָשֶׂינָה

מקור מוחלט .Inf. Abs נַעֲשֹׂה, הֵיעָשֵׂה, הֵיעָשׂוֹת

מ"י מוצרכת .Gov. Prep נַעֲשָׂה ל- become, turn into

◆ פעלים שאינם שכיחים מאותו שורש Infrequent verbs sharing the same root

עִישָּׂה (עִשָּׂה) cause to do (Mish H); press, squeeze (Bib H) (מְעַשֶּׂה, יְעַשֶּׂה, לְעַשּׂוֹת)

עוּשָּׂה (עֻשָּׂה) be made/prepared; be forced/artificial (מְעוּשֶּׂה, יְעוּשֶּׂה)

בינוני .Pres. Part מְעוּשֶּׂה artificial (common form)

הֶעֱשָׂה cause to do/make (Mish H; only past forms attested)

◆ דוגמאות Illustrations

מאז שגבריאל **נַעֲשָׂה** לסגן נשיא החברה, הוא לא **עוֹשֶׂה** כלום. כל מלאכתו **נַעֲשֵׂית** בידי אחרים.

Since Gabriel **became** the company's vice-president, he **has been doing** nothing. All his work **is done** by others.

הכלי הזה **עָשׂוּי** מכסף טהור.

This vessel **is made** of sterling silver.

יותר מכל, אני שונא את החיוך **המְעוּשֶּׂה** שלו.

Mostly, I hate his **artificial** smile.

◆ ביטויים מיוחדים Special expressions

אומר ועוֹשֶׂה one who promptly performs what he has undertaken to do

עוֹשֶׂה כבתוך שלו treating it as if it were one's own

עָשָׂה אוזנו כאפרכסת listen attentively

עָשָׂה (את) עצמו pretend (coll.)

עָשָׂה את צרכיו relieve oneself

עָשָׂה את ציפורניו manicure one's fingernails

עָשָׂה דין לעצמו take the law into one's own hands

עָשָׂה חיל do well, succeed

עָשָׂה חיים have a good time, enjoy life (coll.)

עָשָׂה חסד עם be kind to

עָשָׂה טובה ל- do good for; do a favor for (coll.)

עָשָׂה לביתו look after one's own family

עָשָׂה לילות כימים work day and night

עָשָׂה לו את המוות make one's life miserable (coll.)

עָשָׂה נפשות ל- acquire supporters for

עָשָׂה רוח make a big noise for the sake of impression (coll.)

עָשָׂה רושם make an impression

עָשָׂה שמח entertain, be the life of the party

מה שלא יַעֲשֶׂה השכל יַעֲשֶׂה הזמן patience will solve what impatient reaction cannot handle

נַעֲשֶׂה ונשמע! at your service!

הקדים נַעֲשֶׂה לנשמע act without waiting for instructions

מצוות עֲשֵׂה positive precept

מצוות אל תַּעֲשֶׂה negative precept

שב ואל תַּעֲשֶׂה do nothing

את הנַּעֲשֶׂה אין להשיב what is done cannot be undone

לא יֵיעָשֶׂה כן it isn't done

מעשים אשר לא יֵיעָשׂוּ forbidden deeds

● עִשֵּׁן

עִישֵּׁן/עִישַּׁנ/עַשֵּׁן (עִשֵּׁן) smoke; give off smoke; fumigate

בניין: פִּיעֵל גזרה: שלמים + ל"נ

	Present הווה		Past עבר	Future עתיד	Imperative ציווי
יחיד	מְעַשֵּׁן	אני	עִישַּׁנְתִּי	אֲעַשֵּׁן	
יחידה	מְעַשֶּׁנֶת	אתה	עִישַּׁנְתָּ	תְּעַשֵּׁן	עַשֵּׁן
רבים	מְעַשְּׁנִים	את	עִישַּׁנְתְּ	תְּעַשְּׁנִי	עַשְּׁנִי
רבות	מְעַשְּׁנוֹת	הוא	עִישֵּׁן	יְעַשֵּׁן	
		היא	עִישְּׁנָה	תְּעַשֵּׁן	
		אנחנו	עִישַּׁנּוּ	נְעַשֵּׁן	
		אתם/ן	עִישַּׁנְתֶּם/ן	תְּעַשְּׁנוּ*	עַשְּׁנוּ**
		הם/ן	עִישְּׁנוּ	יְעַשְּׁנוּ*	

* less commonly: אתן/הן תְּעַשֵּׁנָּה

שם הפועל .Infin לְעַשֵּׁן

** less commonly: (אתן) עַשֵּׁנָּה >>>

שם הפעולה Gerund עִישּׁוּן smoking; giving off smoke
מקור מוחלט Inf. Abs. עַשֵּׁן

עוּשַּׁן (עֻשַּׁן) be smoked; be fumigated

בניין: פּוּעַל גזרה: שלמים + ל״נ

	Present הווה		Past עבר	Future עתיד
יחיד	מְעוּשָּׁן	אני	עוּשַּׁנְתִּי	אֲעוּשַּׁן
יחידה	מְעוּשֶּׁנֶת	אתה	עוּשַּׁנְתָּ	תְּעוּשַּׁן
רבים	מְעוּשָּׁנִים	את	עוּשַּׁנְתְּ	תְּעוּשְּׁנִי
רבות	מְעוּשָּׁנוֹת	הוא	עוּשַּׁן	יְעוּשַּׁן
		היא	עוּשְּׁנָה	תְּעוּשַּׁן
		אנחנו	עוּשַּׁנּוּ	נְעוּשַּׁן
		אתם/ן	עוּשַּׁנְתֶּם/ן	תְּעוּשְּׁנוּ*
		הם/ן	עוּשְּׁנוּ	יְעוּשְּׁנוּ*

בינוני Pres. Part. מְעוּשָּׁן smoked

* less commonly: אתן/הן תְּעוּשַּׁנָּה

[מקור מוחלט Inf. Abs. עוּשֹּׁן]

◆ פעלים שאינם שכיחים מאותו שורש Infrequent verbs sharing the same root

עָשַׁן give off smoke; be angry (עָשֵׁן, יֶעְשַׁן, לַעֲשׁוֹן)

נֶעֱשַׁן be covered with smoke; acquire the color of smoke (נֶעֱשָׁן, יֵיעָשֵׁן, לְהֵיעָשֵׁן)

הִתְעַשֵּׁן absorb smoke, fill up with smoke; become smoked (fish etc.) (Mish H) (מִתְעַשֵּׁן, יִתְעַשֵּׁן, לְהִתְעַשֵּׁן)

הֶעֱשִׁין smoke; give up smoke (Med H) (מַעֲשִׁין, יַעֲשִׁין, לְהַעֲשִׁין)

הוֹעֲשַׁן (הָעֳשַׁן) go up in smoke; smoke (Med H) (מוֹעֳשָׁן, יוֹעֳשַׁן)

◆ דוגמאות Illustrations

נחמה **מְעַשֶּׁנֶת** סיגריה מדי פעם, אבל לא שואפת את העשן לריאות.

Nehama **smokes** a cigarette occasionally, but does not inhale into the lungs.

עודד לא אוהב דגים, אבל יש לו חולשה לדגים **מְעוּשָּׁנִים**.

Oded does not like fish, but he has a weakness for **smoked** fish.

●עתק

copy; move, transfer הֶעֱתִיק/הֶעֱתַק/יַעֲתִיק

בניין: הִפְעִיל גזרה: פ׳ גרונית

	Present הווה		Past עבר	Future עתיד	Imperative ציווי
יחיד	מַעֲתִיק	אני	הֶעֱתַקְתִּי	אַעֲתִיק	
יחידה	מַעֲתִיקָה	אתה	הֶעֱתַקְתָּ	תַּעֲתִיק	הַעֲתֵק
רבים	מַעֲתִיקִים	את	הֶעֱתַקְתְּ	תַּעֲתִיקִי	הַעֲתִיקִי
רבות	מַעֲתִיקוֹת	הוא	הֶעֱתִיק	יַעֲתִיק	
		היא	הֶעֱתִיקָה	תַּעֲתִיק	
		אנחנו	הֶעֱתַקְנוּ	נַעֲתִיק	
		אתם/ן	הֶעֱתַקְתֶּם/ן	תַּעֲתִיקוּ*	הַעֲתִיקוּ**
		הם/ן	הֶעֱתִיקוּ	יַעֲתִיקוּ*	

* less commonly: אתן/הן תַּעֲתֵקְנָה

שם הפועל .Infin לְהַעֲתִיק ** less commonly: (אתן) הַעֲתֵקְנָה

שם הפעולה Gerund הַעְתָּקָה copying (N); moving

הֶעְתֵּק a copy; transfer

מקור מוחלט .Inf. Abs הַעֲתֵק

be copied, be moved (הֶעֱתַק) הוּעֲתַק

בניין: הוּפְעַל גזרה: פ׳ גרונית

	Present הווה		Past עבר	Future עתיד
יחיד	מוּעֲתָק	אני	הוּעֲתַקְתִּי	אוּעֲתַק
יחידה	מוּעֲתֶקֶת	אתה	הוּעֲתַקְתָּ	תּוּעֲתַק
רבים	מוּעֲתָקִים	את	הוּעֲתַקְתְּ	תּוּעַתְקִי
רבות	מוּעֲתָקוֹת	הוא	הוּעֲתַק	יוּעֲתַק
		היא	הוּעֶתְקָה	תּוּעֲתַק
		אנחנו	הוּעֲתַקְנוּ	נוּעֲתַק
		אתם/ן	הוּעֲתַקְתֶּם/ן	תּוּעַתְקוּ*
		הם/ן	הוּעַתְקוּ	יוּעַתְקוּ*

[מקור מוחלט .Inf. Abs הוּעֲתֵק] * less commonly: אתן/הן תּוּעֲתַקְנָה

◆ פעלים שאינם שכיחים מאותו שורש Infrequent verbs sharing the same root

עָתַק move (intr.) (lit.) (עָתֵק, יֶעְתַּק, לַעְתּוֹק)

נֶעְתַּק be moved (Mish H); be copied (נֶעְתָּק, יֵיעָתֵק, לְהֵיעָתֵק)

עִיתֵּק (עִתֵּק) shift trains between rails (מְעַתֵּק, יְעַתֵּק, לְעַתֵּק)

עוּתַּק (עֻתַּק) be moved, be shifted (מְעוּתָּק, יְעוּתַּק)

הִתְעַתֵּק get removed/shifted away (Mish H) (מִתְעַתֵּק, יִתְעַתֵּק, לְהִתְעַתֵּק)

◆ דוגמאות Illustrations

אני חושש שזה אינו חידוש מקורי של המחבר. נראה לי שהטיעון המרכזי **הוֹעֲתַק** בשינוי צורה מספרו של לואיס. הוא חשב כנראה שאיש לא יבחין בכך, כיוון שלא **הֶעֱתִיק** מן המקור מילה במילה.

I'm afraid that this is not an original contribution of the author. It seems to me that the main argument **was copied** in modified form from Lewis' book. He must have thought that nobody would notice, since he did not **copy** from the source word-for-word.

אודה לך אם תשלח לי **הֶעְתֵּק** ממכתבו של יו"ר הוועדה.

I'll appreciate it if you send me a **copy** of the committee chairperson's letter.

◆ ביטויים מיוחדים Special expressions

הֶעֱתִיק בבחינה copy in an exam

● פגן

הִפְגִּין/הִפְגַּן/יַפְגִּין demonstrate

בניין: הִפְעִיל גזרה: שלמים + ל"נ

	הווה Present		עבר Past	עתיד Future	ציווי Imperative
יחיד	מַפְגִּין	אני	הִפְגַּנְתִּי	אַפְגִּין	
יחידה	מַפְגִּינָה	אתה	הִפְגַּנְתָּ	תַּפְגִּין	הַפְגֵּן
רבים	מַפְגִּינִים	את	הִפְגַּנְתְּ	תַּפְגִּינִי	הַפְגִּינִי
רבות	מַפְגִּינוֹת	הוא	הִפְגִּין	יַפְגִּין	
		היא	הִפְגִּינָה	תַּפְגִּין	
		אנחנו	הִפְגַּנּוּ	נַפְגִּין	
		אתם/ן	הִפְגַּנְתֶּם/ן	תַּפְגִּינוּ*	הַפְגִּינוּ**
		הם/ן	הִפְגִּינוּ	יַפְגִּינוּ*	

שם הפועל .Infin לְהַפְגִּין — * less commonly: אתן/הן תַּפְגֵּנָּה

שם הפעולה Gerund הַפְגָּנָה demonstration — ** less commonly: (אתן) הַפְגֵּנָּה

בינוני .Pres. Part מַפְגִּין demonstrator

מקור מוחלט .Inf. Abs הַפְגֵּן

הוּפְגַּן (הָפְגַּן) be demonstrated

בניין: הוּפְעַל גזרה: שלמים + ל"נ

	הווה Present		עבר Past	עתיד Future
יחיד	מוּפְגָּן	אני	הוּפְגַּנְתִּי	אוּפְגַּן
יחידה	מוּפְגֶּנֶת	אתה	הוּפְגַּנְתָּ	תּוּפְגַּן
רבים	מוּפְגָּנִים	את	הוּפְגַּנְתְּ	תּוּפְגְּנִי
רבות	מוּפְגָּנוֹת	הוא	הוּפְגַּן	יוּפְגַּן <<<

	Past עבר	Future עתיד
היא	הוּפְגְּנָה	תּוּפְגַּן
אנחנו	הוּפְגַּנּוּ	נוּפְגַּן
אתם/ן	הוּפְגַּנְתֶּם/ן	תּוּפְגְּנוּ*
הם/ן	הוּפְגְּנוּ	יוּפְגְּנוּ*

* less commonly: אתן/הן תּוּפְגַּנָּה

בינוני .Pres. Part מוּפְגָּן demonstrated, publicly displayed

[מקור מוחלט .Inf. Abs הוּפְגֵּן]

תואר הפועל .Adv בְּמוּפְגָּן in open public display

◆ דוגמאות Illustrations

כרבע מיליון חברי "שלום עכשיו" ואוהדים **הִפְגִּינוּ** הערב בכיכר יצחק רבין. מטרת **הַהַפְגָּנָה** הייתה **לְהַפְגִּין** תמיכה בהמשך תהליך השלום, על אף כל הקשיים שבדרך להשלמתו. לדעת המארגנים, **הוּפְגְּנָה** באירוע זה תמיכה חזקה של העם יותר מאי פעם בעבר במדיניות השלום של הממשלה.

About a quarter of a million members of Peace Now and sympathizers **demonstrated** tonight at Yitzhak Rabin Square. The goal of the **demonstration** was **to demonstrate** support in the continuation of the peace process, in spite of the difficulties on the way leading to its conclusion. In the organizers' view, stronger support by the people than ever before **was demonstrated** in this event for the government's peace policy.

● פגע

פָּגַע/פּוֹגֵעַ/יִפְגַּע harm, wound; hit (target); offend; encounter, come across

בניין: פָּעַל גזרה: ל' גרונית (אֶפְעַל)

	Present הווה			Past עבר	Future עתיד	Imper. ציווי
יחיד	פּוֹגֵעַ	פָּגוּעַ	אני	פָּגַעְתִּי	אֶפְגַּע	
יחידה	פּוֹגַעַת	פְּגוּעָה	אתה	פָּגַעְתָּ	תִּפְגַּע	פְּגַע
רבים	פּוֹגְעִים	פְּגוּעִים	את	פָּגַעְתְּ/...עַת	תִּפְגְּעִי	פִּגְעִי
רבות	פּוֹגְעוֹת	פְּגוּעוֹת	הוא	פָּגַע	יִפְגַּע	
			היא	פָּגְעָה	תִּפְגַּע	
			אנחנו	פָּגַעְנוּ	נִפְגַּע	
			אתם/ן	פְּגַעְתֶּם/ן*	תִּפְגְּעוּ**	פִּגְעוּ***
			הם/ן	פָּגְעוּ	יִפְגְּעוּ**	

* Colloquial: פָּגַעְתֶּם/ן

** less commonly: אתן/הן תִּפְגַּעְנָה

*** less commonly: (אתן) פְּגַעְנָה <<<

שם הפועל .Infin לִפְגּוֹעַ

שם הפעולה Gerund פְּגִיעָה blow, wound, hit; encounter
בינוני פעיל .Act. Part פּוֹגֵעַ hurting, insulting
בינוני סביל .Pass. Part פָּגוּעַ hurt, insulted
מקור מוחלט .Inf. Abs פָּגוֹעַ
מ"י מוצרכת .Gov. Prep פָּגַע בְּ- hurt/offend (someone); hit (someone/something)

נִפְגַּע/יִיפָּגַע/יִיפָּגֵעַ (יִפָּגַע) be hit/injured; be offended

בניין: נִפְעַל גזרה: ל׳ גרונית

	Present הווה		Past עבר	Future עתיד	Imperative ציווי
יחיד	נִפְגָּע	אני	נִפְגַּעְתִּי	אֶפָּגַע/...גֵעַ	
יחידה	נִפְגַּעַת	אתה	נִפְגַּעְתָּ	תִּיפָּגַע/...גֵעַ	הִיפָּגַע/...גֵעַ
רבים	נִפְגָּעִים	את	נִפְגַּעְתְּ/...עַת	תִּיפָּגְעִי	הִיפָּגְעִי
רבות	נִפְגָּעוֹת	הוא	נִפְגַּע	יִיפָּגַע/...גֵעַ	
		היא	נִפְגְּעָה	תִּיפָּגַע/...גֵעַ	
		אנחנו	נִפְגַּעְנוּ	נִיפָּגַע/...גֵעַ	
		אתם/ן	נִפְגַּעְתֶּם/ן	תִּיפָּגְעוּ*	הִיפָּגְעוּ**
		הם/ן	נִפְגְּעוּ	יִיפָּגְעוּ*	

* less commonly: אתן/הן תִּיפָּגַעְנָה
שם הפועל .Infin לְהִיפָּגַע/...גֵעַ ** less commonly: (אתן) הִיפָּגַעְנָה
שם הפעולה Gerund הִיפָּגְעוּת being injured/offended
מקור מוחלט .Inf. Abs נִפְגּוֹעַ

◆ פעלים שאינם שכיחים מאותו שורש Infrequent verbs sharing the same root

הִפְגִּיעַ (מַפְגִּיעַ, יַפְגִּיעַ, לְהַפְגִּיעַ) afflict, harm; encounter; entreat
הוּפְגַּע (הֻפְגַּע) be harmed/afficted (Med H) (מוּפְגָּע, יוּפְגַּע)

◆ דוגמאות Illustrations

אלישע **נִפְגַּע** מאוד כשילדים קראו לו בקריאה **הפּוֹגַעַת** "עלה קירח", וקרא לדובים מן היער כדי ש**יִפְגְּעוּ** בהם.

Elisha was very **offended** when children called him with the **offensive** call "come on baldie," and summoned bears from the forest **to harm** them.

אתה יודע מהיכן באה לי הצלקת הזאת? **נִפְגַּעְתִּי** מאבן שאחי זרק עלי תוך כדי משחק כשהייתי בן חמש. האבן **פָּגְעָה** בי **פְּגִיעָה** ישירה באמצע המצח.

Do you know how I got this scar? I **was hit** by a stone which my brother threw at me during play when I was five. The stone **struck** me in a direct **hit** right in the center of my forehead.

◆ ביטויים מיוחדים Special expressions

פָּגַע בכבודו slight/offend him
פָּגַע במטרה hit the target
פָּגַע (**פְּגַע** .coll) וברח hit and run (as a military tactic, and in accidents)
בְּמַפְגִּיעַ emphatically, categorically

●פגר

פִּיגֵר/פִּיגַּר/פַּגֵּר (פִּגֵּר) fall/lag behind, be backward; be slow (clock)

בניין: פִּיעֵל גזרה: שלמים

	Present הווה		Past עבר	Future עתיד	Imperative ציווי
יחיד	מְפַגֵּר	אני	פִּיגַּרְתִּי	אֲפַגֵּר	
יחידה	מְפַגֶּרֶת	אתה	פִּיגַּרְתָּ	תְּפַגֵּר	פַּגֵּר
רבים	מְפַגְּרִים	את	פִּיגַּרְתְּ	תְּפַגְּרִי	פַּגְּרִי
רבות	מְפַגְּרוֹת	הוא	פִּיגֵּר	יְפַגֵּר	
		היא	פִּיגְּרָה	תְּפַגֵּר	
		אנחנו	פִּיגַּרְנוּ	נְפַגֵּר	
		אתם/ן	פִּיגַּרְתֶּם/ן	תְּפַגְּרוּ*	פַּגְּרוּ**
		הם/ן	פִּיגְּרוּ	יְפַגְּרוּ*	

* less commonly: אתן/הן תְּפַגֵּרְנָה

** less commonly: (אתן) פַּגֵּרְנָה

שם הפועל .Infin לְפַגֵּר

שם הפעולה Gerund פִּיגּוּר backwardness, falling behind, lag, arrears (of payments)

בינוני .Pres. Part מְפַגֵּר backward; mentally retarded person

מקור מוחלט .Inf. Abs פַּגֵּר

מ"י מוצרכת .Gov. Prep פִּיגֵּר אחרי fall/lag behind after

A homonymous, less frequent root meaning '(be) a cadavre,' is not included in this collection.

◆ דוגמאות Illustrations

ישראל **מְפַגֶּרֶת** אחרי מדינות כמו ארצות הברית בנושא של טיפול בילדים **מְפַגְּרִים**.

Israel **lags behind** after the United States in the matter of treatment of **mentally retarded** children.

אם **תְּפַגְּרוּ** בתשלומי המשכנתא, הבנק עלול לקחת מכם את הבית.

If you **lag behind** in your mortgage payments, the bank may foreclose on your house.

● פגש

פָּגַשׁ/פּוֹגֵשׁ/יִפְגּוֹשׁ meet (usually by chance), encounter

בניין: פָּעַל גזרה: שלמים (אֶפְעוֹל)

	Present הווה		Past עבר	Future עתיד	Imperative ציווי
יחיד	פּוֹגֵשׁ	אני	פָּגַשְׁתִּי	אֶפְגּוֹשׁ	
יחידה	פּוֹגֶשֶׁת	אתה	פָּגַשְׁתָּ	תִּפְגּוֹשׁ	פְּגוֹשׁ
רבים	פּוֹגְשִׁים	את	פָּגַשְׁתְּ	תִּפְגְּשִׁי	פִּגְשִׁי
רבות	פּוֹגְשׁוֹת	הוא	פָּגַשׁ	יִפְגּוֹשׁ	
		היא	פָּגְשָׁה	תִּפְגּוֹשׁ	
		אנחנו	פָּגַשְׁנוּ	נִפְגּוֹשׁ	
		אתם/ן	פְּגַשְׁתֶּם/ן*	תִּפְגְּשׁוּ**	פִּגְשׁוּ***
		הם/ן	פָּגְשׁוּ	יִפְגְּשׁוּ**	

שם הפועל .Infin לִפְגּוֹשׁ — * Colloquial: פָּגַשְׁתֶּם/ן

שם הפעולה .Ger פְּגִישָׁה meeting — ** less commonly: אתן/הן תִּפְגּוֹשְׁנָה

מקור מוחלט .Inf. Abs פָּגוֹשׁ — *** less commonly: (אתן) פְּגוֹשְׁנָה

מ"י מוצרכת .Gov. Prep פָּגַשׁ את/ב- meet (someone)

נִפְגַּשׁ/יִיפָּגֵשׁ (יִפָּגֵשׁ) meet (usually by design), encounter

בניין: נִפְעַל גזרה: שלמים

	Present הווה		Past עבר	Future עתיד	Imperative ציווי
יחיד	נִפְגָּשׁ	אני	נִפְגַּשְׁתִּי	אֶפָּגֵשׁ	
יחידה	נִפְגֶּשֶׁת	אתה	נִפְגַּשְׁתָּ	תִּיפָּגֵשׁ	הִיפָּגֵשׁ
רבים	נִפְגָּשִׁים	את	נִפְגַּשְׁתְּ	תִּיפָּגְשִׁי	הִיפָּגְשִׁי
רבות	נִפְגָּשׁוֹת	הוא	נִפְגַּשׁ	יִיפָּגֵשׁ	
		היא	נִפְגְּשָׁה	תִּיפָּגֵשׁ	
		אנחנו	נִפְגַּשְׁנוּ	נִיפָּגֵשׁ	
		אתם/ן	נִפְגַּשְׁתֶּם/ן	תִּיפָּגְשׁוּ*	הִיפָּגְשׁוּ**
		הם/ן	נִפְגְּשׁוּ	יִיפָּגְשׁוּ*	

* less commonly: אתן/הן תִּיפָּגַשְׁנָה/...גֵשְׁנָה

שם הפועל .Infin לְהִיפָּגֵשׁ — ** less commonly: (אתן) הִיפָּגַשְׁנָה/...גֵשְׁנָה

שם הפעולה Gerund הִיפָּגְשׁוּת meeting, appointment

מקור מוחלט .Inf. Abs נִפְגּוֹשׁ, הִיפָּגֵשׁ (הִיפָּגוֹשׁ)

מ"י מוצרכת .Gov. Prep נִפְגַּשׁ עם meet with נִפְגַּשׁ ב- meet (someone) by chance

הִפְגִּישׁ/הִפְגַּשׁ/יַפְגִּישׁ bring together, introduce, cause to meet

בניין: הִפְעִיל גזרה: שלמים

	Present הווה		Past עבר	Future עתיד	Imperative ציווי
יחיד	מַפְגִּישׁ	אני	הִפְגַּשְׁתִּי	אַפְגִּישׁ	
יחידה	מַפְגִּישָׁה	אתה	הִפְגַּשְׁתָּ	תַּפְגִּישׁ	הַפְגֵּשׁ >>>

Imperative ציווי	Future עתיד	Past עבר		Present הווה	
הַפְגִּישִׁי	תַּפְגִּישִׁי	הִפְגַּשְׁתְּ	את	מַפְגִּישִׁים	רבים
	יַפְגִּישׁ	הִפְגִּישׁ	הוא	מַפְגִּישׁוֹת	רבות
	תַּפְגִּישׁ	הִפְגִּישָׁה	היא		
	נַפְגִּישׁ	הִפְגַּשְׁנוּ	אנחנו		
הַפְגִּישׁוּ**	תַּפְגִּישׁוּ*	הִפְגַּשְׁתֶּם/ן	אתם/ן		
	יַפְגִּישׁוּ*	הִפְגִּישׁוּ	הם/ן		

שם הפועל .Infin לְהַפְגִּישׁ   * less commonly: אתן/הן תַּפְגֵּשְׁנָה

שם הפעולה .Ger הַפְגָּשָׁה bringing together   ** less commonly: (אתן) הַפְגֵּשְׁנָה

מקור מוחלט .Inf. Abs הַפְגֵּשׁ

◆ פעלים שאינם שכיחים מאותו שורש Infrequent verbs sharing the same root

פִּיגֵּשׁ (פִּגֵּשׁ) meet, encounter (lit.) (מְפַגֵּשׁ, יְפַגֵּשׁ, לְפַגֵּשׁ)

הִתְפַּגֵּשׁ meet, clash (lit.) (מִתְפַּגֵּשׁ, יִתְפַּגֵּשׁ, לְהִתְפַּגֵּשׁ)

הוּפְגַּשׁ (הָפְגַּשׁ) be caused to meet (מוּפְגָּשׁ, יוּפְגַּשׁ)

◆ דוגמאות Illustrations

פָּגַשְׁתִּי אתמול ברחוב את אבנר, אחרי שלא ראיתי אותו עשרים שנה. שנינו היינו כה נרגשים מן **הַפְּגִישָׁה**, שהחלטנו **לְהִיפָּגֵשׁ** באופן סדיר פעם בחודש.

I **met** Avner on the street yesterday, after I had not seen him for twenty years. We were so excited by the **meeting**, that we decided **to meet** regularly once a month.

לאחר שהמשא ומתן בין עורכי הדין נסתיים בלא כלום, הם הסכימו ביניהם לנסות **לְהַפְגִּישׁ** את שני הצדדים פנים אל פנים, בתקווה שתחול בעקבות זאת התקדמות כלשהי.

When the negotiations between the lawyers ended with nothing, they agreed to try **to have** the two sides **meet** face to face, with the hope that it will consequently lead to some progress.

● פוק

הֵפִיק/הֵפַק/יָפִיק obtain, derive; produce, extract

בניין: הִפְעִיל   גזרה: ע"ו

Imperative ציווי	Future עתיד	Past עבר		Present הווה	
	אָפִיק	הֵפַקְתִּי	אני	מֵפִיק	יחיד
הָפֵק	תָּפִיק	הֵפַקְתָּ	אתה	מְפִיקָה	יחידה
הָפִיקִי	תָּפִיקִי	הֵפַקְתְּ	את	מְפִיקִים	רבים
	יָפִיק	הֵפִיק	הוא	מְפִיקוֹת	רבות
>>>	תָּפִיק	הֵפִיקָה	היא		

	Past עבר	Future עתיד	Imperative ציווי
אנחנו	הֵפַקְנוּ	נָפִיק	
אתם/ן	הֲפַקְתֶּם/ן*	תָּפִיקוּ**	הָפִיקוּ***
הם/ן	הֵפִיקוּ	יָפִיקוּ**	

* BH: הֲפַקְתֶּם/ן

** less commonly: אתן/הן תָּפֵקְנָה

*** less commonly: (אתן) הָפֵקְנָה

שם הפועל .Infin לְהָפִיק

בינוני .Pres. Part מֵפִיק producer

שם הפעולה Gerund הֲפָקָה production; bringing out

מקור מוחלט .Inf. Abs הָפֵק

be derived/extracted; be produced הוּפַק

בניין: הוּפְעַל גזרה: ע״ו

	Present הווה		Past עבר	Future עתיד
יחיד	מוּפָק	אני	הוּפַקְתִּי	אוּפַק
יחידה	מוּפֶקֶת	אתה	הוּפַקְתָּ	תּוּפַק
רבים	מוּפָקִים	את	הוּפַקְתְּ	תּוּפְקִי
רבות	מוּפָקוֹת	הוא	הוּפַק	יוּפַק
		היא	הוּפְקָה	תּוּפַק
		אנחנו	הוּפַקְנוּ	נוּפַק
		אתם/ן	הוּפַקְתֶּם/ן	תּוּפְקוּ*
		הם/ן	הוּפְקוּ	יוּפְקוּ*

* less commonly: אתן/הן תּוּפַקְנָה

בינוני .Pres. Part מוּפָק produced, derived

[מקור מוחלט .Inf. Abs הוּפֵק]

◆ דוגמאות Illustrations

הטלוויזיה החינוכית **הֵפִיקָה** סרט מעניין על אופיום: מן **הַהֲפָקָה** (אופיום **מוּפָק** מזרעי פרג) ועד לשימושים השונים בו לטובה ולרעה.

The educational television station **produced** an interesting film on opium: from the **production** (opium is **produced/derived** from poppy seeds) to its various uses, good and bad.

◆ ביטויים מיוחדים Special expressions

הֵפִיק את זממו executed his designs (negative conn.)

הֵפִיק תועלת מן benefit from

הֵפִיק את רצונו של מישהו gratify somebody

פה **מֵפִיק** מרגליות a great speaker

● פזר

פִּיזֵּר/פִּיזַּר/פִּזֵּר (פִּזֵּר) scatter (tr.), disperse (tr.); disband, dissolve (org.); squander

בניין: פִּיעֵל גזרה: שלמים

Imperative ציווי	Future עתיד	Past עבר		Present הווה	
	אֲפַזֵּר	פִּיזַּרְתִּי	אני	מְפַזֵּר	יחיד
פַּזֵּר	תְּפַזֵּר	פִּיזַּרְתָּ	אתה	מְפַזֶּרֶת	יחידה
פַּזְּרִי	תְּפַזְּרִי	פִּיזַּרְתְּ	את	מְפַזְּרִים	רבים
	יְפַזֵּר	פִּיזֵּר	הוא	מְפַזְּרוֹת	רבות
	תְּפַזֵּר	פִּיזְּרָה	היא		
	נְפַזֵּר	פִּיזַּרְנוּ	אנחנו		
פַּזְּרוּ**	תְּפַזְּרוּ*	פִּיזַּרְתֶּם/ן	אתם/ן		
	יְפַזְּרוּ*	פִּיזְּרוּ	הם/ן		

* less commonly: אתן/הן תְּפַזֵּרְנָה

** less commonly: (אתן) פַּזֵּרְנָה

שם הפועל .Infin לְפַזֵּר

שם הפעולה Gerund פִּיזּוּר scattering; disbandment; squandering

מקור מוחלט .Inf. Abs פַּזֵּר

פּוּזַּר (פֻּזַּר) be scattered/dispersed; be disbanded

בניין: פּוּעַל גזרה: שלמים

Future עתיד	Past עבר		Present הווה	
אֲפוּזַּר	פּוּזַּרְתִּי	אני	מְפוּזָּר	יחיד
תְּפוּזַּר	פּוּזַּרְתָּ	אתה	מְפוּזֶּרֶת	יחידה
תְּפוּזְּרִי	פּוּזַּרְתְּ	את	מְפוּזָּרִים	רבים
יְפוּזַּר	פּוּזַּר	הוא	מְפוּזָּרוֹת	רבות
תְּפוּזַּר	פּוּזְּרָה	היא		
נְפוּזַּר	פּוּזַּרְנוּ	אנחנו		
תְּפוּזְּרוּ*	פּוּזַּרְתֶּם/ן	אתם/ן		
יְפוּזְּרוּ*	פּוּזְּרוּ	הם/ן		

* less commonly: אתן/הן תְּפוּזַּרְנָה

בינוני .Pres. Part מְפוּזָּר scattered; scatterbrained

[מקור מוחלט .Inf. Abs פּוּזּוֹר]

הִתְפַּזֵּר/הִתְפַּזַּר scatter/spread/disperse (intr.); dissipate one's energy (on too many tasks)

בניין: הִתְפַּעֵל גזרה: שלמים

Imperative ציווי	Future עתיד	Past עבר		Present הווה	
	אֶתְפַּזֵּר	הִתְפַּזַּרְתִּי	אני	מִתְפַּזֵּר	יחיד
<<< הִתְפַּזֵּר	תִּתְפַּזֵּר	הִתְפַּזַּרְתָּ	אתה	מִתְפַּזֶּרֶת	יחידה

	Present הווה		Past עבר	Future עתיד	Imperative ציווי
רבים	מִתְפַּזְּרִים	את	הִתְפַּזַּרְתְּ	תִּתְפַּזְּרִי	הִתְפַּזְּרִי
רבות	מִתְפַּזְּרוֹת	הוא	הִתְפַּזֵּר	יִתְפַּזֵּר	
		היא	הִתְפַּזְּרָה	תִּתְפַּזֵּר	
		אנחנו	הִתְפַּזַּרְנוּ	נִתְפַּזֵּר	
		אתם/ן	הִתְפַּזַּרְתֶּם/ן	תִּתְפַּזְּרוּ*	הִתְפַּזְּרוּ**
		הם/ן	הִתְפַּזְּרוּ	יִתְפַּזְּרוּ*	

שם הפועל .Infin לְהִתְפַּזֵּר * less commonly: אתן/הן תִּתְפַּזֵּרְנָה

שם הפעולה Gerund הִתְפַּזְּרוּת scattering ** less commonly: (אתן) הִתְפַּזֵּרְנָה

מקור מוחלט .Inf. Abs הִתְפַּזֵּר

◆ פעלים שאינם שכיחים מאותו שורש Infrequent verbs sharing the same root

פָּזַר (Med H) scatter (tr.) (פּוֹזֵר, יִפְזוֹר, לִפְזוֹר)

בינוני סביל .Pass. Part פָּזוּר scattered

בינוני סביל .Pass. Part פְּזוּרָה (N) dispersion

נִפְזַר be spread/dispersed (נִפְזָר, יִיפָּזֵר, לְהִיפָּזֵר)

הוּפְזַר (הֻפְזַר) be scattered (Med H) (מוּפְזָר, יוּפְזַר)

◆ דוגמאות Illustrations

מפקד המשטרה חשב שייאלץ **לְפַזֵּר** את המפגינים בכוח, אבל בסופו של דבר ההפגנה **הִתְפַּזְּרָה** מעצמה.

The chief of police thought that he would have **to disperse** the demonstrators by force, but in the end the demonstration **dispersed** on its own.

נשיא רוסיה **פִּיזֵּר** את הפרלמנט בפעם השלישית השנה.

The president of Russia **disbanded** the parliament for the third time this year.

חניתה כועסת על בעלה מכיוון שהוא **מְפַזֵּר** כספים על כל מיני מכשירים אלטרוניים, שלעולם לא ישתמש בהם.

Hanita is upset at her husband because he **squanders** money on all kinds of electronic devices he will never use.

לאחר הביצוע של פסק דין מוות לאדולף אייכמן, **פּוּזַּר** אפרו על פני הים התיכון.

After the execution of Adolph Eichmann's death sentence, his ashes **were strewn** over the Mediterranean.

◆ ביטויים מיוחדים Special expressions

פִּיזֵּר כספים על ימין ועל שמאל (.coll) spread money around liberally

פִּיזּוּר נפש distraction, absentmindedness

הַפְּזוּרָה היהודית the (Jewish) Diaspora

● פחד

פָּחַד/פּוֹחֵד/יִפְחַד fear, be afraid of

בניין: פָּעַל גזרה: ע׳ גרונית (אֶפְעַל)

	Present הווה		Past עבר	Future עתיד	Imperative ציווי
יחיד	פּוֹחֵד	אני	פָּחַדְתִּי	אֶפְחַד	
יחידה	פּוֹחֶדֶת	אתה	פָּחַדְתָּ	תִּפְחַד	פְּחַד
רבים	פּוֹחֲדִים	את	פָּחַדְתְּ	תִּפְחֲדִי	פַּחֲדִי
רבות	פּוֹחֲדוֹת	הוא	פָּחַד	יִפְחַד	
		היא	פָּחֲדָה	תִּפְחַד	
		אנחנו	פָּחַדְנוּ	נִפְחַד	
		אתם/ן	פְּחַדְתֶּם/ן*	תִּפְחֲדוּ**	פַּחֲדוּ***
		הם/ן	פָּחֲדוּ	יִפְחֲדוּ**	

* Colloquial: פָּחַדְתֶּם/ן

** less commonly: אתן/הן תִּפְחַדְנָה

*** less commonly: (אתן) פְּחַדְנָה

שם הפועל .Infin לִפְחוֹד

מקור מוחלט .Inf. Abs פָּחוֹד

מ״י מוצרכת .Gov. Prep פָּחַד מן be afraid of

[פִּיחֵד/פִּיחַדְ/] פַּחֵד [פִּחֵד] be afraid, fear

בניין: פִּיעֵל גזרה: ע׳ גרונית

	Present הווה		Past עבר	Future עתיד	Imperative ציווי
יחיד	מְפַחֵד	אני	[פִּיחַדְתִּי]	אֲפַחֵד	
יחידה	מְפַחֶדֶת	אתה	[פִּיחַדְתָּ]	תְּפַחֵד	[פַּחֵד]
רבים	מְפַחֲדִים	את	[פִּיחַדְתְּ]	תְּפַחֲדִי	[פַּחֲדִי]
רבות	מְפַחֲדוֹת	הוא	[פִּיחֵד]	יְפַחֵד	
		היא	[פִּיחֲדָה]	תְּפַחֵד	
		אנחנו	[פִּיחַדְנוּ]	נְפַחֵד	
		אתם/ן	[פִּיחַדְתֶּם/ן]	תְּפַחֲדוּ*	[פַּחֲדוּ**]
		הם/ן	[פִּיחֲדוּ]	יְפַחֲדוּ*	

* less commonly: אתן/הן תְּפַחֵדְנָה

[** less commonly: (אתן) פַּחֵדְנָה]

שם הפועל .Infin לְפַחֵד

מקור מוחלט .Inf. Abs פַּחֵד

Note: the past of פִּיעֵל is obsolete; the past paradigm of פָּעַל is used instead.

הִפְחִיד/הִפְחַד/יַפְחִיד frighten, scare, intimidate

בניין: הִפְעִיל גזרה: שלמים

	Present הווה		Past עבר	Future עתיד	Imperative ציווי
יחיד	מַפְחִיד	אני	הִפְחַדְתִּי	אַפְחִיד	
יחידה	מַפְחִידָה	אתה	הִפְחַדְתָּ	תַּפְחִיד	הַפְחֵד
רבים	מַפְחִידִים	את	הִפְחַדְתְּ	תַּפְחִידִי	הַפְחִידִי
רבות	מַפְחִידוֹת	הוא	הִפְחִיד	יַפְחִיד	
		היא	הִפְחִידָה	תַּפְחִיד	
		אנחנו	הִפְחַדְנוּ	נַפְחִיד	
		אתם/ן	הִפְחַדְתֶּם/ן	תַּפְחִידוּ*	הַפְחִידוּ**
		הם/ן	הִפְחִידוּ	יַפְחִידוּ*	

שם הפועל .Infin לְהַפְחִיד * less commonly: אתן/הן תַּפְחֵדְנָה

בינוני .Pres. Part מַפְחִיד scary ** less commonly: (אתן) הַפְחֵדְנָה

שם הפעולה Gerund הַפְחָדָה scaring, intimidating

מקור מוחלט .Inf. Abs הַפְחֵד

הוּפְחַד (הֻפְחַד) be frighted/scared/intimidated

בניין: הוּפְעַל גזרה: ע׳ גרונית

	Present הווה		Past עבר	Future עתיד
יחיד	מוּפְחָד	אני	הוּפְחַדְתִּי	אוּפְחַד
יחידה	מוּפְחֶדֶת	אתה	הוּפְחַדְתָּ	תוּפְחַד
רבים	מוּפְחָדִים	את	הוּפְחַדְתְּ	תוּפְחֲדִי
רבות	מוּפְחָדוֹת	הוא	הוּפְחַד	יוּפְחַד
		היא	הוּפְחֲדָה	תוּפְחַד
		אנחנו	הוּפְחַדְנוּ	נוּפְחַד
		אתם/ן	הוּפְחַדְתֶּם/ן	תוּפְחֲדוּ*
		הם/ן	הוּפְחֲדוּ	יוּפְחֲדוּ*

בינוני .Pres. Part מוּפְחָד scared * less commonly: אתן/הן תוּפְחַדְנָה

מקור מוחלט .Inf. Abs הוּפְחֵד

◆ פעלים שאינם שכיחים מאותו שורש Infrequent verbs sharing the same root

נִפְחַד get scared (נִפְחָד, יִיפָּחֵד, לְהִיפָּחֵד)

פּוּחַד (פֻּחַד) be scared, worry (Mish H); scare (tr.) (Med H) (מְפוּחָד, יְפוּחַד)

בינוני .Pres. Part מְפוּחָד scared (fairly common form)

הִתְפַּחֵד get scared (Mish H) (מִתְפַּחֵד, יִתְפַּחֵד, לְהִתְפַּחֵד)

◆ דוגמאות Illustrations

כשהייתי ילד **פָּחַדְתִּי** מכלבים, והם תמיד רדפו אחריי, כי הרגישו שאני **מְפַחֵד** מהם. היום כלבים כבר לא **מַפְחִידִים** אותי. לפעמים אני **מַפְחִיד** אותם.

When I was a child I **was afraid** of dogs, and they always chased me, because they sensed that **was (in Hebrew - is) afraid** of them. Today dogs no longer **scare** me. Sometimes I **scare** them.

הילד **הוּפְחַד** כל כך על ידי הסיפורים **הַמְּפַחֲדִים** של דודו, שלא הצליח להירדם עד ארבע בבוקר.

The child **was** so **frightened** by his uncle's **scary** stories, that he could not fall asleep before 4 a.m.

◆ ביטויים מיוחדים Special expressions

פָּחַד ורחב לבבו his heart throbbed

אשרי אדם **מְפַחֵד** תמיד happy is the man who is always afraid (cautious)

● פטפט

פִּטְפֵּט/פִּטְפַּט/פַּטְפֵּט chatter, prattle, gossip

בניין: פִּיעֵל גזרה: מרובעים

	הווה Present		עבר Past	עתיד Future	ציווי Imperative
יחיד	מְפַטְפֵּט	אני	פִּטְפַּטְתִּי	אֲפַטְפֵּט	
יחידה	מְפַטְפֶּטֶת	אתה	פִּטְפַּטְתָּ	תְּפַטְפֵּט	פַּטְפֵּט
רבים	מְפַטְפְּטִים	את	פִּטְפַּטְתְּ	תְּפַטְפְּטִי	פַּטְפְּטִי
רבות	מְפַטְפְּטוֹת	הוא	פִּטְפֵּט	יְפַטְפֵּט	
		היא	פִּטְפְּטָה	תְּפַטְפֵּט	
		אנחנו	פִּטְפַּטְנוּ	נְפַטְפֵּט	
		אתם/ן	פִּטְפַּטְתֶּם/ן	תְּפַטְפְּטוּ*	פַּטְפְּטוּ**
		הם/ן	פִּטְפְּטוּ	יְפַטְפְּטוּ*	

* less commonly: אתן/הן תְּפַטְפֵּטְנָה

** less commonly: (אתן) פַּטְפֵּטְנָה

שם הפועל .Infin לְפַטְפֵּט

שם הפעולה Gerund פִּטְפּוּט chatter, useless talk

מקור מוחלט .Inf. Abs פַּטְפֵּט

◆ פעלים שאינם שכיחים מאותו שורש Infrequent verbs sharing the same root

פּוּטְפַּט (פֻּטְפַּט) be chattered/gossiped (about) (מְפוּטְפָּט, יְפוּטְפַּט)

הִתְפַּטְפֵּט chatter/gossip a lot; be drawn to chatter/gossip (מִתְפַּטְפֵּט, יִתְפַּטְפֵּט, לְהִתְפַּטְפֵּט)

◆ דוגמאות Illustrations

משה ואביבה מסוגלים **לְפַטְפֵּט** שעתיים בטלפון ללא הפסקה.

Moshe and Aviva are capable of **chattering** on the phone nonstop for two hours.

פטר ●

נִפְטַר/יִיפָּטֵר (יִפָּטֵר) be released; part from; pass away

בניין: נִפְעַל גזרה: שלמים

	Present הווה		Past עבר	Future עתיד	Imperative ציווי
יחיד	נִפְטָר	אני	נִפְטַרְתִּי	אֶפָּטֵר	
יחידה	נִפְטֶרֶת	אתה	נִפְטַרְתָּ	תִּיפָּטֵר	הִיפָּטֵר
רבים	נִפְטָרִים	את	נִפְטַרְתְּ	תִּיפָּטְרִי	הִיפָּטְרִי
רבות	נִפְטָרוֹת	הוא	נִפְטַר	יִיפָּטֵר	
		היא	נִפְטְרָה	תִּיפָּטֵר	
		אנחנו	נִפְטַרְנוּ	נִיפָּטֵר	
		אתם/ן	נִפְטַרְתֶּם/ן	תִּיפָּטְרוּ*	הִיפָּטְרוּ**
		הם/ן	נִפְטְרוּ	יִיפָּטְרוּ*	

שם הפועל .Infin לְהִיפָּטֵר

* less commonly: אתן/הן תִּיפָּטַרְנָה/...טֵרְנָה

בינוני .Pres. Part (ה)נִפְטָר (the) deceased

** less commonly: (אתן) הִיפָּטַרְנָה/...טֵרְנָה

שם הפעולה Gerund הִיפָּטְרוּת being released; getting rid (of) (coll.)

מקור מוחלט .Inf. Abs נִפְטוֹר, הִיפָּטֵר (הִיפָּטוֹר)

מ"י מוצרכת .Gov. Prep נִפְטַר מִן part from; get rid of (coll.)

פִּיטֵּר/פִּיטַּר/פִּטֵּר (פִּטֵּר) fire (from job), discharge

בניין: פִּיעֵל גזרה: שלמים

	Present הווה		Past עבר	Future עתיד	Imperative ציווי
יחיד	מְפַטֵּר	אני	פִּיטַּרְתִּי	אֲפַטֵּר	
יחידה	מְפַטֶּרֶת	אתה	פִּיטַּרְתָּ	תְּפַטֵּר	פַּטֵּר
רבים	מְפַטְּרִים	את	פִּיטַּרְתְּ	תְּפַטְּרִי	פַּטְּרִי
רבות	מְפַטְּרוֹת	הוא	פִּיטֵּר	יְפַטֵּר	
		היא	פִּיטְּרָה	תְּפַטֵּר	
		אנחנו	פִּיטַּרְנוּ	נְפַטֵּר	
		אתם/ן	פִּיטַּרְתֶּם/ן	תְּפַטְּרוּ*	פַּטְּרוּ**
		הם/ן	פִּיטְּרוּ	יְפַטְּרוּ*	

* less commonly: אתן/הן תְּפַטֵּרְנָה

שם הפועל .Infin לְפַטֵּר

** less commonly: (אתן) פַּטֵּרְנָה

שם הפעולה Gerund פִּיטּוּרִים/ן firing (from job) (N)

מקור מוחלט .Inf. Abs פַּטֵּר

פּוּטַּר (פֻּטַּר) be fired (from job)/discharged

בניין: פּוּעַל גזרה: שלמים

	Present הווה		Past עבר	Future עתיד
יחיד	מְפוּטָּר	אני	פּוּטַּרְתִּי	אֲפוּטַּר
יחידה	מְפוּטֶּרֶת	אתה	פּוּטַּרְתָּ	תְּפוּטַּר
רבים	מְפוּטָּרִים	את	פּוּטַּרְתְּ	תְּפוּטְּרִי
רבות	מְפוּטָּרוֹת	הוא	פּוּטַּר	יְפוּטַּר
		היא	פּוּטְּרָה	תְּפוּטַּר
		אנחנו	פּוּטַּרְנוּ	נְפוּטַּר
		אתם/ן	פּוּטַּרְתֶּם/ן	תְּפוּטְּרוּ*
		הם/ן	פּוּטְּרוּ	יְפוּטְּרוּ*

בינוני Pres. Part. מְפוּטָּר fired — * less commonly: אתן/הן תְּפוּטַּרְנָה

[מקור מוחלט Inf. Abs. פּוּטּוֹר]

הִתְפַּטֵּר/הִתְפַּטַּר resign (from office); get rid (of)

בניין: הִתְפַּעֵל גזרה: שלמים

	Present הווה		Past עבר	Future עתיד	Imperative ציווי
יחיד	מִתְפַּטֵּר	אני	הִתְפַּטַּרְתִּי	אֶתְפַּטֵּר	
יחידה	מִתְפַּטֶּרֶת	אתה	הִתְפַּטַּרְתָּ	תִּתְפַּטֵּר	הִתְפַּטֵּר
רבים	מִתְפַּטְּרִים	את	הִתְפַּטַּרְתְּ	תִּתְפַּטְּרִי	הִתְפַּטְּרִי
רבות	מִתְפַּטְּרוֹת	הוא	הִתְפַּטֵּר	יִתְפַּטֵּר	
		היא	הִתְפַּטְּרָה	תִּתְפַּטֵּר	
		אנחנו	הִתְפַּטַּרְנוּ	נִתְפַּטֵּר	
		אתם/ן	הִתְפַּטַּרְתֶּם/ן	תִּתְפַּטְּרוּ*	הִתְפַּטְּרוּ**
		הם/ן	הִתְפַּטְּרוּ	יִתְפַּטְּרוּ*	

שם הפועל Infin. לְהִתְפַּטֵּר — * less commonly: אתן/הן תִּתְפַּטֵּרְנָה

שם הפעולה Gerund הִתְפַּטְּרוּת resignation — ** less commonly: (אתן) הִתְפַּטֵּרְנָה

מקור מוחלט Inf. Abs. הִתְפַּטֵּר

מ"י מוצרכת Gov. Prep. הִתְפַּטֵּר מן resign from; get rid of

פָּטַר/פּוֹטֵר/יִפְטוֹר (יִפְטֹר) dismiss; exempt

בניין: פָּעַל גזרה: שלמים (אֶפְעוֹל)

	Present הווה			Past עבר	Future עתיד	Imper. ציווי
יחיד	פּוֹטֵר	פָּטוּר	אני	פָּטַרְתִּי	אֶפְטוֹר	
יחידה	פּוֹטֶרֶת	פְּטוּרָה	אתה	פָּטַרְתָּ	תִּפְטוֹר	פְּטוֹר
רבים	פּוֹטְרִים	פְּטוּרִים	את	פָּטַרְתְּ	תִּפְטְרִי	פִּטְרִי
רבות	פּוֹטְרוֹת	פְּטוּרוֹת	הוא	פָּטַר	יִפְטוֹר	
			היא	פָּטְרָה	תִּפְטוֹר	
			אנחנו	פָּטַרְנוּ	נִפְטוֹר	
			אתם/ן	פְּטַרְתֶּם/ן*	תִּפְטְרוּ**	פִּטְרוּ**<<

	עבר Past	עתיד Future
הם/ן	פָּטְרוּ	יִפְטְרוּ**

שם הפועל .Infin לִפְטוֹר	* Colloquial: פְּטַרְתֶּם/ן
שם הפעולה Gerund פְּטִירָה passing away	** less commonly: אתן/הן תִּפְטוֹרְנָה
בינוני סביל .Pass. Part פָּטוּר exempt	*** less commonly: (אתן) פְּטוֹרְנָה
מקור מוחלט .Inf. Abs פָּטוֹר	
מ"י מוצרכת .Gov. Prep פָּטַר מִן exempt from	

◆ פעלים שאינם שכיחים מאותו שורש Infrequent verbs sharing the same root

הִתְפּוֹטֵר (הִתְפַּטֵּר) be forced to resign (coll.) (יִתְפּוֹטֵר pres. and inf. not in use)

הִפְטִיר dismiss; release; blurt; say the Haftarah (מַפְטִיר, יַפְטִיר, לְהַפְטִיר)

בינוני .Pres. Part מַפְטִיר reader concluding reading from Pentateuch and beginning Prophets; reading from Prophets

שם הפעולה Gerund הַפְטָרָה concluding remarks; Haftarah, portion of Prophets read after reading from Pentateuch

הוּפְטַר (הֻפְטַר) be removed/sent away (Med H) (מוּפְטָר, יוּפְטַר)

◆ דוגמאות Illustrations

כשגבריאל היה בן שתים עשרה, אביו **נִפְטַר** פתאום. צר היה לגבריאל על שאביו לא זכה לראותו עולה לתורה וקורא את **הַהַפְטָרָה** בהגיעו למצוות.

When Gabriel was twelve, his father suddenly **passed away**. Gabriel was very upset at the fact that his father did not live to see him called up to read the **Haftarah** on becoming Bar-Mitzvah.

לאחרונה היו לחברה קשיים תקציביים גדולים, והבעלים היו מעוניינים **לְפַטֵּר** את עמירם. כדי שלא יגיעו לו פיצויים, הם ניסו להביא לכך שהוא **יִתְפַּטֵּר** בעצמו, אבל עמירם לא נולד אתמול...

Lately the company has had serious budgetary difficulties, and the owners wanted **to fire** Amiram. To avoid paying him the severance pay due to him, they tried to make him **resign** of his own accord, but Amiram was not born yesterday...

לא בדיוק ברור אם מנשה **פּוּטַּר** או **הִתְפּוּטַּר**. איננו יודעים לא על מכתב **פִּיטוּרִים** ולא על מכתב **הִתְפַּטְּרוּת** כפוי.

It is not clear exactly whether Menashe **was fired** or **was forced to resign**. We know of neither a pink slip ("**firing** letter") nor of a letter of **resignation** being forced upon him.

איני יודע כיצד **לְהִיפָּטֵר** ממנו; אני חושש שהוא לא ירפה ממני עד שיראה תעודת **פְּטִירָה** ששמי מתנוסס עליה...

I do not know how to **get rid** of him; I'm afraid that he won't let go of me until he sees a **death** certificate with my name on it...

אם **פּוֹטְרִים** צעירים מסוימים משירות צבאי, מדוע הם **פְּטוּרִים** אוטומטית מכל שירות אזרחי אחר?

If they **exempt** certain youths from military service, why are those also automatically **exempt** from any other civilian service?

◆ ביטויים מיוחדים Special expressions

ברוך שפְּטָרַנִי thank goodness! I am so glad I don't have to do it any more!

פָּטוּר בלא כלום - אי אפשר you cannot simply dismiss the matter dismiss! פְּטוּרִים!

נִפְטַר מן העולם pass away

הִפְטִיר בשפה רפה say reluctantly

אין מַפְטִירִין אחר הפסח אפיקומן on Passover, nothing is eaten after the dessert (afiqoman)

●פלא

הִתְפַּלֵּא be surprised, wonder

בניין: הִתְפַּעֵל גזרה: ל"א

	Present הווה		Past עבר	Future עתיד	Imperative ציווי
יחיד	מִתְפַּלֵּא	אני	הִתְפַּלֵּאתִי	אֶתְפַּלֵּא	
יחידה	מִתְפַּלֵּאת	אתה	הִתְפַּלֵּאתָ	תִּתְפַּלֵּא	הִתְפַּלֵּא
רבים	מִתְפַּלְּאִים	את	הִתְפַּלֵּאת	תִּתְפַּלְּאִי	הִתְפַּלְּאִי
רבות	מִתְפַּלְּאוֹת	הוא	הִתְפַּלֵּא	יִתְפַּלֵּא	
		היא	הִתְפַּלְּאָה	תִּתְפַּלֵּא	
		אנחנו	הִתְפַּלֵּאנוּ	נִתְפַּלֵּא	
		אתם/ן	הִתְפַּלֵּאתֶם/ן	תִּתְפַּלְּאוּ*	הִתְפַּלְּאוּ**
		הם/ן	הִתְפַּלְּאוּ	יִתְפַּלְּאוּ*	

* less commonly: אתן/הן תִּתְפַּלֶּאנָה

** less commonly: (אתן) הִתְפַּלֶּאנָה

שם הפועל .Infin לְהִתְפַּלֵּא

שם הפעולה Gerund הִתְפַּלְּאוּת wonder(ment), surprise

מקור מוחלט .Inf. Abs הִתְפַּלֵּא

הִפְלִיא/הִפְלֵא/יַפְלִיא amaze, astonish; do wonders/wonderfully

בניין: הִפְעִיל גזרה: ל"א

	Present הווה		Past עבר	Future עתיד	Imperative ציווי
יחיד	מַפְלִיא	אני	הִפְלֵאתִי	אַפְלִיא	
יחידה	מַפְלִיאָה	אתה	הִפְלֵאתָ	תַּפְלִיא	הַפְלֵא
רבים	מַפְלִיאִים	את	הִפְלֵאת	תַּפְלִיאִי	הַפְלִיאִי
רבות	מַפְלִיאוֹת	הוא	הִפְלִיא	יַפְלִיא	
		היא	הִפְלִיאָה	תַּפְלִיא	
		אנחנו	הִפְלֵאנוּ	נַפְלִיא	
		אתם/ן	הִפְלֵאתֶם/ן	תַּפְלִיאוּ*	הַפְלִיאוּ**
		הם/ן	הִפְלִיאוּ	יַפְלִיאוּ*	

שם הפועל .Infin לְהַפְלִיא

* less commonly: אתן/הן תַּפְלֶאנָה >>>

שם הפעולה Gerund הַפְלָאָה amazing (N)   ** less commonly: (אתן) הַפְלֶאנָה
בינוני Pres. Part. מַפְלִיא amazing (Adj.)
מקור מוחלט Inf. Abs. הַפְלֵא

◆ פעלים שאינם שכיחים מאותו שורש Infrequent verbs sharing the same root
נִפְלָא be wonderful; be amazed; be beyond (נִפְלָא, יִיפָּלֵא, לְהִיפָּלֵא)
בינוני Pres. Part. נִפְלָא wonderful (common form)
פִּילֵא (פִּלֵּא) make a vow (lit.) (מְפַלֵּא, יְפַלֵּא, לְפַלֵּא)
הוּפְלָא (הָפְלָא) seem wonderful/incredible; be extraordinary (מוּפְלָא, יוּפְלָא)
בינוני Pr. Part. מוּפְלָא wonderful, beyond reach

◆ דוגמאות Illustrations

קרה לנו משהו **נִפְלָא** אתמול: זכינו בפרס הגדול בהגרלה השבועית. זה **מַפְלִיא** מאוד, כי בדרך כלל אין לנו מזל. אבל חיים אמר שהוא לא **מִתְפַּלֵּא**: אנחנו קונים כל כך הרבה כרטיסים, שפעם זה חייב לקרות...

Something **wonderful** happened to us yesterday: we won the big prize in the weekly lottery. It is quite **amazing**, since generally we are not lucky. But Hayyim says that he **is not surprised**: we buy so many tickets, that it is bound to happen at some point.

◆ ביטויים מיוחדים Special expressions

לְהַפְלִיא wonderfully, marvelously
הִפְלִיא מכותיו gave him a hell of a beating
הַפְלֵא ופלא wonder of wonders!
במוּפְלָא ממך אל תדרוש don't seek what is beyond your reach, capability, or comprehension
לא **יִיפָּלֵא** כי no wonder that

● פלט

פָּלַט/פּוֹלֵט/יִפְלוֹט (יִפְלֹט) eject, emit, throw up

בניין: פָּעַל   גזרה: שלמים (אֶפְעוֹל)

	Present הווה		Past עבר	Future עתיד	Imper. ציווי
יחיד	פּוֹלֵט פָּלוּט	אני	פָּלַטְתִּי	אֶפְלוֹט	
יחידה	פּוֹלֶטֶת פְּלוּטָה	אתה	פָּלַטְתָּ	תִּפְלוֹט	פְּלוֹט
רבים	פּוֹלְטִים פְּלוּטִים	את	פָּלַטְתְּ	תִּפְלְטִי	פִּלְטִי
רבות	פּוֹלְטוֹת פְּלוּטוֹת	הוא	פָּלַט	יִפְלוֹט	
		היא	פָּלְטָה	תִּפְלוֹט	
		אנחנו	פָּלַטְנוּ	נִפְלוֹט	
		אתם/ן	פְּלַטְתֶּם/ן*	תִּפְלְטוּ**	פִּלְטוּ***>

	Past עבר	Future עתיד
הם/ן	פָּלְטוּ	יִפְלְטוּ**

* Colloquial: פָּלַטְתֶּם/ן

שם הפועל Infin. לִפְלוֹט ** less commonly: אתן/הן תִּפְלוֹטְנָה

בינ' סביל Pass. Part. פָּלוּט vomited, ejected *** less commonly: (אתן) פְּלוֹטְנָה

שם הפעולה Gerund פְּלִיטָה ejecting, throwing up

מקור מוחלט Inf. Abs. פָּלוֹט

נִפְלַט/יִיפָּלֵט (יִפָּלֵט) escape (gas, etc.), get ejected, slip (words)

בניין: נִפְעַל גזרה: שלמים

	Present הווה		Past עבר	Future עתיד	Imperative ציווי
יחיד	נִפְלָט	אני	נִפְלַטְתִּי	אֶפָּלֵט	
יחידה	נִפְלֶטֶת	אתה	נִפְלַטְתָּ	תִּיפָּלֵט	הִיפָּלֵט
רבים	נִפְלָטִים	את	נִפְלַטְתְּ	תִּיפָּלְטִי	הִיפָּלְטִי
רבות	נִפְלָטוֹת	הוא	נִפְלַט	יִיפָּלֵט	
		היא	נִפְלְטָה	תִּיפָּלֵט	
		אנחנו	נִפְלַטְנוּ	נִיפָּלֵט	
		אתם/ן	נִפְלַטְתֶּם/ן	תִּיפָּלְטוּ*	הִיפָּלְטוּ**
		הם/ן	נִפְלְטוּ	יִיפָּלְטוּ*	

* less commonly: אתן/הן תִּיפָּלַטְנָה/...לֵטְנָה

שם הפועל Infin. לְהִיפָּלֵט ** less commonly: (אתן) הִיפָּלַטְנָה/...לֵטְנָה

שם הפעולה Gerund הִיפָּלְטוּת escaping, slipping

מקור מוחלט Inf. Abs. נִפְלוֹט, הִיפָּלֵט (הִיפָּלוֹט)

הִפְלִיט/הִפְלַט/יַפְלִיט eject; let slip (esp. words), let fall

בניין: הִפְעִיל גזרה: שלמים

	Present הווה		Past עבר	Future עתיד	Imperative ציווי
יחיד	מַפְלִיט	אני	הִפְלַטְתִּי	אַפְלִיט	
יחידה	מַפְלִיטָה	אתה	הִפְלַטְתָּ	תַּפְלִיט	הַפְלֵט
רבים	מַפְלִיטִים	את	הִפְלַטְתְּ	תַּפְלִיטִי	הַפְלִיטִי
רבות	מַפְלִיטוֹת	הוא	הִפְלִיט	יַפְלִיט	
		היא	הִפְלִיטָה	תַּפְלִיט	
		אנחנו	הִפְלַטְנוּ	נַפְלִיט	
		אתם/ן	הִפְלַטְתֶּם/ן	תַּפְלִיטוּ*	הַפְלִיטוּ**
		הם/ן	הִפְלִיטוּ	יַפְלִיטוּ*	

* less commonly: אתן/הן תַּפְלֵטְנָה

שם הפועל Infin. לְהַפְלִיט ** less commonly: (אתן) הַפְלֵטְנָה

שם הפעולה Gerund הַפְלָטָה ejecting; letting slip

מקור מוחלט Inf. Abs. הַפְלֵט

◆ פעלים שאינם שכיחים מאותו שורש Infrequent verbs sharing the same root

פִּילֵט (פִּלֵּט) rescue, deliver (lit.) (מְפַלֵּט, יְפַלֵּט, לְפַלֵּט)
הִתְפַּלֵּט (מִתְפַּלֵּט, יִתְפַּלֵּט, לְהִתְפַּלֵּט) get rescued/delivered (lit.)
הוּפְלַט (הֻפְלַט) be ejected; be let slip (מוּפְלָט, יוּפְלַט)

◆ דוגמאות Illustrations

התנור הזה **פולֵט** עשן לתוך הבית. העשן **נִפְלָט** מכיוון שהארובה סתומה-למחצה.
This stove **emits** smoke into the house. The smoke **escapes** because the chimney is half-blocked.

חיים **הִפְלִיט** מפיו הרבה שטויות במסיבה, ולמחרת הצטער על כל מה **שנִפְלַט** מפיו אחרי כמה כוסיות.
Hayyim **let slip** a lot of nonsense from his mouth during the party, and on the day after regretted whatever **slipped** out of his mouth after a few drinks.

◆ ביטויים מיוחדים Special expressions

פָּלַט נשמתו die
פְּלִיטַת פה slip of the tongue
פְּלִיטַת קולמוס slip of the pen
צינור **פְּלִיטָה** exhaust pipe

● פלל

הִתְפַּלֵּל/הִתְפַּלַּל pray

בניין: הִתְפַּעֵל גזרה: שלמים

	Present הווה		Past עבר	Future עתיד	Imperative ציווי
יחיד	מִתְפַּלֵּל	אני	הִתְפַּלַּלְתִּי	אֶתְפַּלֵּל	
יחידה	מִתְפַּלֶּלֶת	אתה	הִתְפַּלַּלְתָּ	תִּתְפַּלֵּל	הִתְפַּלֵּל
רבים	מִתְפַּלְּלִים	את	הִתְפַּלַּלְתְּ	תִּתְפַּלְּלִי	הִתְפַּלְּלִי
רבות	מִתְפַּלְּלוֹת	הוא	הִתְפַּלֵּל	יִתְפַּלֵּל	
		היא	הִתְפַּלְּלָה	תִּתְפַּלֵּל	
		אנחנו	הִתְפַּלַּלְנוּ	נִתְפַּלֵּל	
		אתם/ן	הִתְפַּלַּלְתֶּם/ן	תִּתְפַּלְּלוּ*	הִתְפַּלְּלוּ**
		הם/ן	הִתְפַּלְּלוּ	יִתְפַּלְּלוּ*	

שם הפועל .Infin לְהִתְפַּלֵּל
שם הפעולה .Ger הִתְפַּלְּלוּת praying
בינוני .Pres. Part מִתְפַּלֵּל worshipper
מקור מוחלט .Inf. Abs הִתְפַּלֵּל

* less commonly: אתן/הן תִּתְפַּלֵּלְנָה
** less commonly: (אתן) הִתְפַּלֵּלְנָה

◆ פעלים שאינם שכיחים מאותו שורש Infrequent verbs sharing the same root

פִּילֵל (פִּלֵּל) expect (מְפַלֵּל, יְפַלֵּל, לְפַלֵּל)

פּוּלַל (פֻּלַּל) be expected (מְפוּלָּל, יְפוּלַּל)

הִפְלִיל prosecute; incriminate (מַפְלִיל, יַפְלִיל, לְהַפְלִיל)

בינוני .Pres. Part מַפְלִיל damning, pointing to guilt

הוּפְלַל (הֻפְלַל) be prosecuted (מוּפְלָל, יוּפְלַל)

◆ דוגמאות Illustrations

כשה**מִתְפַּלְּלִים** גמרו **לְהִתְפַּלֵּל**, הם מיהרו לביתם, לקבל את השבת.

When the **worshippers** finished **praying** they hurried home to welcome the Sabbath.

זכותו של אדם לא **לְהַפְלִיל** את עצמו על ידי נתינת עדות במשפטו-שלו.

One has the right not **to incriminate** oneself by testifying in one's own trial.

◆ ביטויים מיוחדים Special expressions

אל הנער הזה **הִתְפַּלַּלְתִּי** this is what I've been wishing for

---

● פנה

פָּנָה/פּוֹנֶה/יִפְנֶה turn; apply (to), turn to; be free (from work)

בניין: פָּעַל   גזרה: ל"ה

Imper. ציווי	Future עתיד	Past עבר		Present הווה		
	אֶפְנֶה	פָּנִיתִי	אני	פָּנוּי	פּוֹנֶה	יחיד
פְּנֵה	תִּפְנֶה	פָּנִיתָ	אתה	פְּנוּיָה	פּוֹנָה	יחידה
פְּנִי	תִּפְנִי	פָּנִית	את	פְּנוּיִים	פּוֹנִים	רבים
	יִפְנֶה	פָּנָה	הוא	פְּנוּיוֹת	פּוֹנוֹת	רבות
	תִּפְנֶה	פָּנְתָה	היא			
	נִפְנֶה	פָּנִינוּ	אנחנו			
פְּנוּ***	תִּפְנוּ**	פְּנִיתֶם/ן*	אתם/ן			
	יִפְנוּ**	פָּנוּ	הם/ן			

* Colloquial: פָּנִיתֶם/ן

** less commonly: אתן/הן תִּפְנֶינָה

*** less commonly: (אתן) פְּנֶינָה

שם הפועל .Infin לִפְנוֹת

בינוני פעיל .Act. Part פּוֹנֶה applicant (N)

בינוני סביל .Pass. Part פָּנוּי free, unoccupied; single (unmarried)

שם הפעולה Gerund פְּנִיָּה turn (N); application; motive

מקור מוחלט .Inf. Abs פָּנֹה

תואר הפועל .Adv לִפְנוֹת... before..., pre-

מ"י מוצרכת .Gov. Prep פָּנָה ל- turn/apply to

פִּינָּה/פִּנָּה (פִּנָּה) clear, clear out; vacate, evacuate

בניין: פִּיעֵל גזרה: ל"ה

	Present הווה		Past עבר	Future עתיד	Imperative ציווי
יחיד	מְפַנֶּה	אני	פִּינִּיתִי	אֲפַנֶּה	
יחידה	מְפַנָּה	אתה	פִּינִּיתָ	תְּפַנֶּה	פַּנֵּה
רבים	מְפַנִּים	את	פִּינִּית	תְּפַנִּי	פַּנִּי
רבות	מְפַנּוֹת	הוא	פִּינָּה	יְפַנֶּה	
		היא	פִּינְּתָה	תְּפַנֶּה	
		אנחנו	פִּינִּינוּ	נְפַנֶּה	
		אתם/ן	פִּינִּיתֶם/ן	תְּפַנּוּ*	פַּנּוּ**
		הם/ן	פִּינּוּ	יְפַנּוּ*	

שם הפועל .Infin לְפַנּוֹת　　* less commonly: אתן/הן תְּפַנֶּינָה

שם הפעולה .Ger פִּינּוּי clearing; evacuation　　** less commonly: (אתן) פַּנֶּינָה

מקור מוחלט .Inf. Abs פַּנֵּה

פּוּנָּה/פּוּנֶּה (פֻּנָּה) be cleared/evacuated

בניין: פּוּעַל גזרה: ל"ה

	Present הווה		Past עבר	Future עתיד
יחיד	מְפוּנֶּה	אני	פּוּנֵּיתִי	אֲפוּנֶּה
יחידה	מְפוּנָּה	אתה	פּוּנֵּיתָ	תְּפוּנֶּה
רבים	מְפוּנִּים	את	פּוּנֵּית	תְּפוּנִּי
רבות	מְפוּנּוֹת	הוא	פּוּנָּה	יְפוּנֶּה
		היא	פּוּנְּתָה	תְּפוּנֶּה
		אנחנו	פּוּנֵּינוּ*	נְפוּנֶּה
		אתם/ן	פּוּנֵּיתֶם/ן	תְּפוּנּוּ**
		הם/ן	פּוּנּוּ	יְפוּנּוּ**

בינוני .Pres. Part מְפוּנֶּה evacuee　　* BH: פּוּנֵּינוּ

[מקור מוחלט .Inf. Abs פּוּנֹּה]　　** less commonly: אתן/הן תְּפוּנֶּינָה

הִתְפַּנָּה become free (from work), have (free) time; be vacated; become vacant (job)

בניין: הִתְפַּעֵל גזרה: ל"ה

	Present הווה		Past עבר	Future עתיד	Imperative ציווי
יחיד	מִתְפַּנֶּה	אני	הִתְפַּנֵּיתִי	אֶתְפַּנֶּה	
יחידה	מִתְפַּנָּה	אתה	הִתְפַּנֵּיתָ	תִּתְפַּנֶּה	הִתְפַּנֵּה
רבים	מִתְפַּנִּים	את	הִתְפַּנֵּית	תִּתְפַּנִּי	הִתְפַּנִּי
רבות	מִתְפַּנּוֹת	הוא	הִתְפַּנָּה	יִתְפַּנֶּה	
		היא	הִתְפַּנְּתָה	תִּתְפַּנֶּה	
		אנחנו	הִתְפַּנֵּינוּ*	נִתְפַּנֶּה	
		אתם/ן	הִתְפַּנֵּיתֶם/ן	תִּתְפַּנּוּ**	הִתְפַּנּוּ*** >>

	עבר Past	עתיד Future
הם/ן	הִתְפַּנּוּ	יִתְפַּנּוּ**

* BH: הִתְפַּנִּינוּ   ** less commonly: אתן/הן תִּתְפַּנֶּינָה

שם הפועל .Infin לְהִתְפַּנּוֹת   *** less commonly: (אתן) הִתְפַּנֶּינָה

שם הפעולה Gerund הִתְפַּנּוּת becoming free/vacant

מקור מוחלט .Inf. Abs הִתְפַּנֵּה

הִפְנָה/מַפְנֶה turn (tr.); refer (to someone else), pass on; divert

בניין: הִפְעִיל   גזרה: ל״ה

	הווה Present		עבר Past	עתיד Future	ציווי Imperative
יחיד	מַפְנֶה	אני	הִפְנֵיתִי/...נִיתִי	אַפְנֶה	
יחידה	מַפְנָה	אתה	הִפְנֵיתָ/...נִיתָ	תַּפְנֶה	הַפְנֵה
רבים	מַפְנִים	את	הִפְנֵית/...נִית	תַּפְנִי	הַפְנִי
רבות	מַפְנוֹת	הוא	הִפְנָה	יַפְנֶה	
		היא	הִפְנְתָה	תַּפְנֶה	
		אנחנו	הִפְנֵינוּ/...נִינוּ*	נַפְנֶה	
		אתם/ן	הִפְנֵיתֶם/ן/..נִי..	תַּפְנוּ**	הַפְנוּ***
		הם/ן	הִפְנוּ	יַפְנוּ**	

* BH only allows: הִפְנִינוּ   ** less commonly: אתן/הן תַּפְנֶינָה

שם הפועל .Infin לְהַפְנוֹת   *** less commonly: (אתן) הַפְנֶינָה

שם הפעולה Gerund הַפְנָיָה referral; turning; diverting

מקור מוחלט .Inf. Abs הַפְנֵה

הוּפְנָה (הָפְנָה) be turned/referred/diverted

בניין: הוּפְעַל   גזרה: ל״ה

	הווה Present		עבר Past	עתיד Future
יחיד	מוּפְנֶה	אני	הוּפְנֵיתִי	אוּפְנֶה
יחידה	מוּפְנֵית/...נָה	אתה	הוּפְנֵיתָ	תוּפְנֶה
רבים	מוּפְנִים	את	הוּפְנֵית	תוּפְנִי
רבות	מוּפְנוֹת	הוא	הוּפְנָה	יוּפְנֶה
		היא	הוּפְנְתָה	תוּפְנֶה
		אנחנו	הוּפְנֵינוּ*	נוּפְנֶה
		אתם/ן	הוּפְנֵיתֶם/ן	תוּפְנוּ**
		הם/ן	הוּפְנוּ	יוּפְנוּ**

[מקור מוחלט .Inf. Abs הוּפְנֵה]   * BH: הוּפְנִינוּ   ** less common: אתן/הן תוּפְנֶינָה

◆ פעלים שאינם שכיחים מאותו שורש Infrequent verbs sharing the same root

נִפְנָה turn round; be free, find leisure; be removed; ease one's bowls (נִפְנֶה, יִיפָּנֶה, לְהִיפָּנוֹת)

◆ דוגמאות Illustrations

תִּפְנֶה ימינה כשתגיע לרמזור הראשון, והמבנה הראשון שתראה מצד שמאל הוא בית החולים. הבעיה היא, שקשה למצוא שם מקום חניה **פָּנוּי**. בחדר המיון **יַפְנוּ** אותך למחלקה המתאימה.

Turn right when you get to the first light, and the first building you'll see on the left is the hospital. The problem is that it is difficult to find an **unoccupied** parking space there. In Emergency they'll **refer** you to the appropriate department.

שרה **פָּנְתָה** להרבה אוניברסיטאות טובות, ולשמחתה התקבלה לכולן.

Sarah **applied** to many good colleges, and to her delight was accepted to all of them.

פִּינִּיתִי את השולחן מערימות המסמכים שהצטברו עליו, לאחר **שהוּפְנוּ** אליי מכל המחלקות האחרות. רק כך אוכל **לְהִתְפַּנּוֹת** לעבודות החשובות ביותר.

I **cleared** the desk from the piles of documents heaped on it, after they had been **passed on** to me from all other departments. Only this way will I be able **to have the time** to do the really important jobs.

הבניין **פּוּנָּה** מכל דייריו תוך חמש דקות מרגע גילוי הפצצה.

The building **was evacuated** of all its tenants within five minutes from the time the bomb was discovered.

◆ ביטויים מיוחדים Special expressions

פָּנָה היום the day has ended

פָּנָה זיוו his glory has faded

פָּנָה עורף ל- turn one's back on

לִפְנוֹת בוקר before dawn ("pre-dawn")

לִפְנוֹת ערב late afternoon ("pre-evening")

פִּינָּה דרך clear the way

פִּינָּה מקום make room

צו **פִּינּוּי** evacuation order; eviction order

הִפְנָה עורף flee

אל תאמר לכשאֶפָּנֶה אשנה, שמא לא **תִּיפָּנֶה** Don't wait for leisure before you study; you may never have leisure

---

● פסד

הִפְסִיד/הִפְסַד/יַפְסִיד lose (game etc.), suffer loss; cause loss (lit.)

בניין: הִפְעִיל גזרה: שלמים

	Present הווה		Past עבר	Future עתיד	Imperative ציווי
יחיד	מַפְסִיד	אני	הִפְסַדְתִּי	אַפְסִיד	
יחידה	מַפְסִידָה	אתה	הִפְסַדְתָּ	תַּפְסִיד	הַפְסֵד
רבים	מַפְסִידִים	את	הִפְסַדְתְּ	תַּפְסִידִי	הַפְסִידִי
רבות	מַפְסִידוֹת	הוא	הִפְסִיד	יַפְסִיד	
		היא	הִפְסִידָה	תַּפְסִיד	
		אנחנו	הִפְסַדְנוּ	נַפְסִיד	
		אתם/ן	הִפְסַדְתֶּם/ן	תַּפְסִידוּ*	הַפְסִידוּ** >>

		Past עבר	Future עתיד
	הם/ן	הִפְסִידוּ	יַפְסִידוּ*

* less commonly: אתן/הן תַּפְסֵדְנָה

שם הפועל .Infin לְהַפְסִיד ** less commonly: (אתן) הַפְסֵדְנָה

שם הפעולה Gerund הַפְסָדָה losing (N), loss (Med H)

הֶפְסֵד loss (economic); defeat (in game)

מקור מוחלט .Inf. Abs הַפְסֵד

הוּפְסַד be lost; suffer damage (הֻפְסַד)

בניין: הוּפְעַל גזרה: שלמים

	Present הווה		Past עבר	Future עתיד
יחיד	מוּפְסָד	אני	הוּפְסַדְתִּי	אוּפְסַד
יחידה	מוּפְסֶדֶת	אתה	הוּפְסַדְתָּ	תּוּפְסַד
רבים	מוּפְסָדִים	את	הוּפְסַדְתְּ	תּוּפְסְדִי
רבות	מוּפְסָדוֹת	הוא	הוּפְסַד	יוּפְסַד
		היא	הוּפְסְדָה	תּוּפְסַד
		אנחנו	הוּפְסַדְנוּ	נוּפְסַד
		אתם/ן	הוּפְסַדְתֶּם/ן	תּוּפְסְדוּ*
		הם/ן	הוּפְסְדוּ	יוּפְסְדוּ*

[מקור מוחלט .Inf. Abs הוּפְסֵד] * less commonly: אתן/הן תּוּפְסַדְנָה

◆ פעלים שאינם שכיחים מאותו שורש Infrequent verbs sharing the same root

פָּסַד (Med H) get spoiled, go bad (פָּסֵד, יִפְסַד, לִפְסוֹד)

נִפְסַד (Mish II) suffer damage, loss; get spoiled (נִפְסָד, יִיפָּסֵד, לְהִיפָּסֵד)

◆ דוגמאות Illustrations

לא **הִפְסַדְתִּי** הרבה מן המכירה; חבל רק על כל ההזדמנויות **שהוּפְסְדוּ** קודם לכן. אילו ניצלתי אותן קודם, לא היה לי שום **הֶפְסֵד** בכלל.

I did not **lose** much by the sale; I only regret all the earlier **lost** opportunities. Had I taken advantage of them earlier, I would not have had any **loss** at all.

◆ ביטויים מיוחדים Special expressions

יצא הֶפְסֵדו בשכרו his gain is greater than his loss

יצא שכרו בהֶפְסֵדו his loss is greater than his gain

●פסק

פָּסַק/פּוֹסֵק/יִפְסוֹק (יִפְסֹק) stop, cease; pass sentence, give judgment; allocate (money); read (verse from scriptures)

בניין: פָּעַל גזרה: שלמים (אֶפְעוֹל)

	Present הווה			Past עבר	Future עתיד	Imper. ציווי
יחיד	פּוֹסֵק	פָּסוּק	אני	פָּסַקְתִּי	אֶפְסוֹק	
יחידה	פּוֹסֶקֶת	פְּסוּקָה	אתה	פָּסַקְתָּ	תִּפְסוֹק	פְּסוֹק
רבים	פּוֹסְקִים	פְּסוּקִים	את	פָּסַקְתְּ	תִּפְסְקִי	פִּסְקִי
רבות	פּוֹסְקוֹת	פְּסוּקוֹת	הוא	פָּסַק	יִפְסוֹק	
			היא	פָּסְקָה	תִּפְסוֹק	
			אנחנו	פָּסַקְנוּ	נִפְסוֹק	
			אתם/ן	פְּסַקְתֶּם/ן*	תִּפְסְקוּ**	פִּסְקוּ***
			הם/ן	פָּסְקוּ	יִפְסְקוּ**	

* Colloquial: פָּסַקְתֶּם/ן

** less commonly: אתן/הן תִּפְסוֹקְנָה

*** less commonly: (אתן) פְּסוֹקְנָה

שם הפועל .Infin לִפְסוֹק

בינוני פעיל .Act. Part פּוֹסֵק arbiter; Rabbinic authority (N)

בינוני סביל .Pass. Part פָּסוּק decided; verse (of Bible) (N)

שם הפעולה Gerund פְּסִיקָה allocation; court judgments

מקור מוחלט .Inf. Abs פָּסוֹק

נִפְסַק/יִיפָּסֵק (יִפָּסֵק) cease, stop, be interrupted/cut off; be pronounced (verdict)

בניין: נִפְעַל גזרה: שלמים

	Present הווה		Past עבר	Future עתיד	Imperative ציווי
יחיד	נִפְסָק	אני	נִפְסַקְתִּי	אֶפָּסֵק	
יחידה	נִפְסֶקֶת	אתה	נִפְסַקְתָּ	תִּיפָּסֵק	הִיפָּסֵק
רבים	נִפְסָקִים	את	נִפְסַקְתְּ	תִּיפָּסְקִי	הִיפָּסְקִי
רבות	נִפְסָקוֹת	הוא	נִפְסַק	יִיפָּסֵק	
		היא	נִפְסְקָה	תִּיפָּסֵק	
		אנחנו	נִפְסַקְנוּ	נִיפָּסֵק	
		אתם/ן	נִפְסַקְתֶּם/ן	תִּיפָּסְקוּ*	הִיפָּסְקוּ**
		הם/ן	נִפְסְקוּ	יִיפָּסְקוּ*	

* less commonly: אתן/הן תִּיפָּסַקְנָה/...סֵקְנָה

** less commonly: (אתן) הִיפָּסַקְנָה/...סֵקְנָה

שם הפועל .Infin לְהִיפָּסֵק

שם הפעולה Gerund הִיפָּסְקוּת cessation, interruption

מקור מוחלט .Inf. Abs נִפְסוֹק, הִיפָּסֵק (הִיפָּסוֹק)

הִפְסִיק/הִפְסַק/יַפְסִיק stop, cease; interrupt; divide/separate

בניין: הִפְעִיל גזרה: שלמים

	הווה Present		עבר Past	עתיד Future	ציווי Imperative
יחיד	מַפְסִיק	אני	הִפְסַקְתִּי	אַפְסִיק	
יחידה	מַפְסִיקָה	אתה	הִפְסַקְתָּ	תַּפְסִיק	הַפְסֵק
רבים	מַפְסִיקִים	את	הִפְסַקְתְּ	תַּפְסִיקִי	הַפְסִיקִי
רבות	מַפְסִיקוֹת	הוא	הִפְסִיק	יַפְסִיק	
		היא	הִפְסִיקָה	תַּפְסִיק	
		אנחנו	הִפְסַקְנוּ	נַפְסִיק	
		אתם/ן	הִפְסַקְתֶּם/ן	תַּפְסִיקוּ*	הַפְסִיקוּ**
		הם/ן	הִפְסִיקוּ	יַפְסִיקוּ*	

* less commonly: אתן/הן תַּפְסֵקְנָה

** less commonly: (אתן) הַפְסֵקְנָה

שם הפועל .Infin לְהַפְסִיק

שם הפעולה Gerund הַפְסָקָה stopping (N); interrupting; break, interval, intermission

שם הפעולה Gerund הֶפְסֵק interruption, stopping, pause

מקור מוחלט .Inf. Abs הַפְסֵק

הוּפְסַק (הָפְסַק) be interrupted/stopped; be separated

בניין: הוּפְעַל גזרה: שלמים

	הווה Present		עבר Past	עתיד Future
יחיד	מוּפְסָק	אני	הוּפְסַקְתִּי	אוּפְסַק
יחידה	מוּפְסֶקֶת	אתה	הוּפְסַקְתָּ	תוּפְסַק
רבים	מוּפְסָקִים	את	הוּפְסַקְתְּ	תוּפְסְקִי
רבות	מוּפְסָקוֹת	הוא	הוּפְסַק	יוּפְסַק
		היא	הוּפְסְקָה	תוּפְסַק
		אנחנו	הוּפְסַקְנוּ	נוּפְסַק
		אתם/ן	הוּפְסַקְתֶּם/ן	תוּפְסְקוּ*
		הם/ן	הוּפְסְקוּ	יוּפְסְקוּ*

[מקור מוחלט .Inf. Abs הוּפְסֵק] * less commonly: אתן/הן תוּפְסַקְנָה

פִּסֵּק/פִּיסֵּק/פַּסֵּק (פִּסֵּק) punctuate; space (print)

בניין: פִּיעֵל גזרה: שלמים

	הווה Present		עבר Past	עתיד Future	ציווי Imperative
יחיד	מְפַסֵּק	אני	פִּיסַּקְתִּי	אֲפַסֵּק	
יחידה	מְפַסֶּקֶת	אתה	פִּיסַּקְתָּ	תְּפַסֵּק	פַּסֵּק
רבים	מְפַסְּקִים	את	פִּיסַּקְתְּ	תְּפַסְּקִי	פַּסְּקִי
רבות	מְפַסְּקוֹת	הוא	פִּיסֵּק	יְפַסֵּק	
		היא	פִּיסְּקָה	תְּפַסֵּק	
		אנחנו	פִּיסַּקְנוּ	נְפַסֵּק	
		אתם/ן	פִּיסַּקְתֶּם/ן	תְּפַסְּקוּ*	פַּסְּקוּ** >>>

	Past עבר	Future עתיד
הם/ן	פִּיסְקוּ	יְפַסְקוּ*

* less commonly: אתן/הן תְּפַסֵּקְנָה

שם הפועל .Infin לְפַסֵּק ** less commonly: (אתן) פַּסֵּקְנָה

שם הפעולה Gerund פִּיסּוּק punctuation; spacing; separation

מקור מוחלט .Inf. Abs פַּסֵּק

be punctuated/spaced (פֻּסַּק) פּוּסַּק

בניין: פּוּעַל גזרה: שלמים

	Present הווה		Past עבר	Future עתיד
יחיד	מְפוּסָּק	אני	פּוּסַּקְתִּי	אֲפוּסַּק
יחידה	מְפוּסֶּקֶת	אתה	פּוּסַּקְתָּ	תְּפוּסַּק
רבים	מְפוּסָּקִים	את	פּוּסַּקְתְּ	תְּפוּסְּקִי
רבות	מְפוּסָּקוֹת	הוא	פּוּסַּק	יְפוּסַּק
		היא	פּוּסְּקָה	תְּפוּסַּק
		אנחנו	פּוּסַּקְנוּ	נְפוּסַּק
		אתם/ן	פּוּסַּקְתֶּם/ן	תְּפוּסְּקוּ*
		הם/ן	פּוּסְּקוּ	יְפוּסְּקוּ*

* less commonly: אתן/הן תְּפוּסַּקְנָה

בינוני .Pres. Part מְפוּסָּק punctuated; spaced (print)

[מקור מוחלט .Inf. Abs פּוּסּוֹק]

◆ פעלים שאינם שכיחים מאותו שורש Infrequent verbs sharing the same root

נִתְפַּסֵּק be divided; be interrupted; be decided/determined (Mish H) (מִתְפַּסֵּק, יִתְפַּסֵּק, לְהִתְפַּסֵּק)

◆ דוגמאות Illustrations

כשהגשם **פָּסַק**, עמירם **הִפְסִיק** לעבוד על המאמר ויצא ליהנות קצת מן השמש. מניסיון קודם הוא יודע שאחרי **הַפְסָקָה** כזו הוא חוזר לעבודתו במשנה מרץ.

When the rain **stopped**, Amiram **stopped** working on the article and came out to enjoy the sun for a little while. From previous experience he knows that after such a **break** he gets back to his work with renewed energy.

השופט **פָּסַק** לנאשם שלוש שנות מאסר.

The judge **sentenced** the defendant to three years' imprisonment.

הישיבה **הוּפְסְקָה** לכמה דקות, כדי לאפשר לכמה מן המשתתפים לעשן בחוץ.

The meeting was **interrupted** for a few minutes, to enable a few of its participants to have a smoke outside.

מתי הרעש הזה כבר **יִפָּסֵק**?

When **will** the noise **cease**?

אבנר כותב לא רע, אבל אין לו מושג איך **לְפַסֵּק**. כל חיבור שלו נראה כמו משפט גדול אחד שאינו **מְפוּסָּק**.

Abner does not write badly, but he has no idea how to punctuate. Every essay of his looks like one long un**punctuated** sentence.

החזן הזה מאריך כל **פָּסוּק** כאורך הגלות; הוא מחזיק בנו כבר חמש שעות ללא **הֶפְסֵק** כבני ערובה בבית הכנסת.

This cantor stretches every **verse** as long as the diaspora; he has already been holding us five hours non**stop** as hostages in the synagogue.

◆ ביטויים מיוחדים Special expressions

הַפּוֹסְקִים works of Rabbinic authorities — סעודה **מַפְסֶקֶת** last meal before a fast

פְּסוֹק לי **פְּסוּקְךָ** give me your opinion — **בְּהֶפְסֵק** in final position

---

●פעל

פָּעַל/פּוֹעֵל/יִפְעַל act, work, function; induce

בניין: פָּעַל גזרה: ע' גרונית

Imper. ציווי	Future עתיד	Past עבר		Present הווה		
	אֶפְעַל	פָּעַלְתִּי	אני	פָּעוּל	פּוֹעֵל	יחיד
פְּעַל	תִּפְעַל	פָּעַלְתָּ	אתה	פְּעוּלָה	פּוֹעֶלֶת	יחידה
פַּעֲלִי	תִּפְעֲלִי	פָּעַלְתְּ	את	פְּעוּלִים	פּוֹעֲלִים	רבים
	יִפְעַל	פָּעַל	הוא	פְּעוּלוֹת	פּוֹעֲלוֹת	רבות
	תִּפְעַל	פָּעֲלָה	היא			
	נִפְעַל	פָּעַלְנוּ	אנחנו			
פַּעֲלוּ***	תִּפְעֲלוּ**	פְּעַלְתֶּם/ן*	אתם/ן			
	יִפְעֲלוּ**	פָּעֲלוּ	הם/ן			

* Colloquial: פָּעַלְתֶּם/ן

** less commonly: אתן/הן תִּפְעַלְנָה

*** less commonly: (אתן) פְּעַלְנָה

שם הפועל .Infin לִפְעוֹל

בינוני פעיל .Act. Part פּוֹעֵל worker, laborer

בינוני סביל .Pass. Part פָּעוּל creature, creation (N) (lit.)

מקור מוחלט .Inf. Abs פָּעוֹל

הִפְעִיל/הִפְעַלְ/יַפְעִיל set in motion, put to work, bring into action, activate, operate (machine)

בניין: הִפְעִיל גזרה: שלמים

Imperative ציווי	Future עתיד	Past עבר		Present הווה	
	אַפְעִיל	הִפְעַלְתִּי	אני	מַפְעִיל	יחיד
הַפְעֵל	תַּפְעִיל	הִפְעַלְתָּ	אתה	מַפְעִילָה	יחידה
הַפְעִילִי	תַּפְעִילִי	הִפְעַלְתְּ	את	מַפְעִילִים	רבים
	יַפְעִיל <<<	הִפְעִיל	הוא	מַפְעִילוֹת	רבות

	עבר Past	עתיד Future	ציווי Imperative
היא	הִפְעִילָה	תַּפְעִיל	
אנחנו	הִפְעַלְנוּ	נַפְעִיל	
אתם/ן	הִפְעַלְתֶּם/ן	תַּפְעִילוּ*	הַפְעִילוּ**
הם/ן	הִפְעִילוּ	יַפְעִילוּ*	

שם הפועל .Infin לְהַפְעִיל

* less commonly: אתן/הן תַּפְעֵלְנָה

בינוני .Pres. Part מַפְעִיל operator

** less commonly: (אתן) הַפְעֵלְנָה

שם הפעולה .Ger הַפְעָלָה putting to work, setting in motion; bringing into action; operating

מקור מוחלט .Inf. Abs הַפְעֵל

הוּפְעַל (הָפְעַל) be set in motion/activated/operated/put to work/brought into action

בניין: הוּפְעַל גזרה: ע׳ גרונית

	הווה Present		עבר Past	עתיד Future
יחיד	מוּפְעָל	אני	הוּפְעַלְתִּי	אוּפְעַל
יחידה	מוּפְעֶלֶת	אתה	הוּפְעַלְתָּ	תּוּפְעַל
רבים	מוּפְעָלִים	את	הוּפְעַלְתְּ	תּוּפְעֲלִי
רבות	מוּפְעָלוֹת	הוא	הוּפְעַל	יוּפְעַל
		היא	הוּפְעֲלָה	תּוּפְעַל
		אנחנו	הוּפְעַלְנוּ	נוּפְעַל
		אתם/ן	הוּפְעַלְתֶּם/ן	תּוּפְעֲלוּ*
		הם/ן	הוּפְעֲלוּ	יוּפְעֲלוּ*

* less commonly: אתן/הן תּוּפְעַלְנָה

בינוני .Pres. Part מוּפְעָל operated; in motion

[מקור מוחלט .Inf. Abs הוּפְעֵל]

הִתְפַּעֵל/הִתְפַּעַל be moved emotionally, be impressed, be excited; be accomplished or performed

בניין: הִתְפַּעֵל גזרה: ע׳ גרונית

	הווה Present		עבר Past	עתיד Future	ציווי Imperative
יחיד	מִתְפַּעֵל	אני	הִתְפַּעַלְתִּי	אֶתְפַּעֵל	
יחידה	מִתְפַּעֶלֶת	אתה	הִתְפַּעַלְתָּ	תִּתְפַּעֵל	הִתְפַּעֵל
רבים	מִתְפַּעֲלִים	את	הִתְפַּעַלְתְּ	תִּתְפַּעֲלִי	הִתְפַּעֲלִי
רבות	מִתְפַּעֲלוֹת	הוא	הִתְפַּעֵל	יִתְפַּעֵל	
		היא	הִתְפַּעֲלָה	תִּתְפַּעֵל	
		אנחנו	הִתְפַּעַלְנוּ	נִתְפַּעֵל	
		אתם/ן	הִתְפַּעַלְתֶּם/ן	תִּתְפַּעֲלוּ*	הִתְפַּעֲלוּ**
		הם/ן	הִתְפַּעֲלוּ	יִתְפַּעֲלוּ*	

* less commonly: אתן/הן תִּתְפַּעַלְנָה

שם הפועל .Infin לְהִתְפַּעֵל

** less commonly: (אתן) הִתְפַּעַלְנָה

שם הפעולה Gerund הִתְפַּעֲלוּת excited admiration; being deeply impressed

>>>

מקור מוחלט .Inf. Abs הִתְפַּעֵל

מ"י מוצרכת .Gov. Prep הִתְפַּעֵל מִן be impressed by

◆ פעלים שאינם שכיחים מאותו שורש Infrequent verbs sharing the same root

נִפְעַל be made/done/affected (Med H) (נִפְעַל, יִיפָּעֵל, לְהִיפָּעֵל)

פִּיעֵל (פִּעֵל) cause, affect, influence (Med H) (מְפַעֵל, יְפַעֵל, לְפַעֵל)

פּוּעַל (פֻּעַל) be affected (Med H) (מְפוּעָל, יְפוּעַל)

◆ דוגמאות Illustrations

עליך **לִפְעוֹל** מהר אם אינך רוצה להחמיץ את ההזדמנות.

You should **act** fast if you do not want to miss the opportunity.

רק חיים יודע איך המכונה הזאת **מוּפְעֶלֶת**. מזל שצריך **לְהַפְעִיל** אותה רק פעם או פעמיים בשנה.

Only Hayyim knows how this machine **is operated**. Fortunately one needs **to operate** it only once or twice a year.

אני **מִתְפַּעֵל** מכושר העבודה של **הפּוֹעֲלִים** הללו, ומן האופן שבו מנהל העבודה **מַפְעִיל** אותם.

I **am** very **impressed** by the work capacity of these **workers**, and by the manner in which the foreman **puts** them **to work**.

◆ ביטויים מיוחדים Special expressions

הועד **הפּוֹעֵל** the executive committee

בינוני **פָּעוּל** Passive Participle

יחס **הפָּעוּל** the accusative case

פְּעוּלָּה act, activity

מעורר **הִתְפַּעֲלוּת** exciting, arousing admiration

●פצע

פָּצַע/פּוֹצֵעַ/יִפְצַע wound, injure; split, crack (esp. nuts)

בניין: פָּעַל גזרה: ל' גרונית

	Present הווה			Past עבר	Future עתיד	Imper. ציווי
יחיד	פּוֹצֵעַ	פָּצוּעַ	אני	פָּצַעְתִּי	אֶפְצַע	
יחידה	פּוֹצַעַת	פְּצוּעָה	אתה	פָּצַעְתָּ	תִּפְצַע	פְּצַע
רבים	פּוֹצְעִים	פְּצוּעִים	את	פָּצַעְתְּ/...עַת	תִּפְצְעִי	פִּצְעִי
רבות	פּוֹצְעוֹת	פְּצוּעוֹת	הוא	פָּצַע	יִפְצַע	
			היא	פָּצְעָה	תִּפְצַע	
			אנחנו	פָּצַעְנוּ	נִפְצַע	
			אתם/ן	פְּצַעְתֶּם/ן*	תִּפְצְעוּ**	פִּצְעוּ***
			הם/ן	פָּצְעוּ	יִפְצְעוּ**	<<<

שם הפועל .Infin לִפְצוֹעַ — * Colloquial: פְּצַעְתֶּם/ן
שם הפעולה Gerund פְּצִיעָה injuring, injury — ** less commonly: אתן/הן תִּפְצַעְנָה
בינוני .Pres. Part פָּצוּעַ wounded, injured — *** less commonly: (אתן) פְּצַעְנָה
מקור מוחלט .Inf. Abs פָּצוֹעַ

נִפְצַע/יִיפָּצַע/יִפָּצַע (יִפָּצַע) be wounded/injured

בניין: נִפְעַל — גזרה: ל׳ גרונית

	Present הווה		Past עבר	Future עתיד	Imperative ציווי
יחיד	נִפְצָע	אני	נִפְצַעְתִּי	אֶפָּצַע/...צֵעַ	
יחידה	נִפְצַעַת	אתה	נִפְצַעְתָּ	תִּיפָּצַע/...צֵעַ	הִיפָּצַע/...צֵעַ
רבים	נִפְצָעִים	את	נִפְצַעְתְּ/...עַת	תִּיפָּצְעִי	הִיפָּצְעִי
רבות	נִפְצָעוֹת	הוא	נִפְצַע	יִיפָּצַע/...צֵעַ	
		היא	נִפְצְעָה	תִּיפָּצַע/...צֵעַ	
		אנחנו	נִפְצַעְנוּ	נִיפָּצַע/...צֵעַ	
		אתם/ן	נִפְצַעְתֶּם/ן	תִּיפָּצְעוּ*	הִיפָּצְעוּ**
		הם/ן	נִפְצְעוּ	יִיפָּצְעוּ*	

שם הפועל .Infin לְהִיפָּצַע/...צֵעַ — * less commonly: אתן/הן תִּיפָּצַעְנָה
שם הפעולה .Ger הִיפָּצְעוּת being wounded — ** less commonly: (אתן) הִיפָּצַעְנָה
מקור מוחלט .Inf. Abs נִפְצוֹעַ

◆ פעלים שאינם שכיחים מאותו שורש Infrequent verbs sharing the same root

פִּיצֵּעַ/פִּיצַּע (פִּצַּע/פִּצֵּעַ) crush, split open, crack (Mish H) (מְפַצֵּעַ, יְפַצֵּעַ, לְפַצֵּעַ)
הִתְפַּצֵּעַ (מִתְפַּצֵּעַ, יִתְפַּצֵּעַ, לְהִתְפַּצֵּעַ) be crushed/split open/cracked (Mish H)
הִפְצִיעַ (מַפְצִיעַ, יַפְצִיעַ, לְהַפְצִיעַ) split, crack; break through (light); wound (Mish H)
הוּפְצַע (הֻפְצַע) (מוּפְצָע, יוּפְצַע) be wounded (Med H)

◆ דוגמאות Illustrations

רחמים **נִפְצַע** קשה בקטטה; מישהו **פָּצַע** אותו בסכין קצבים.
Rahamim **was** badly **wounded** in the fight; someone **wounded** him with a butcher knife.

◆ ביטויים מיוחדים Special expressions

השחר **הִפְצִיעַ** dawn broke

●פצץ

הִתְפּוֹצֵץ/הִתְפּוֹצַץ explode (intr.), burst; break up (intr.)

בניין: הִתְפַּעֵל גזרה: כפולים

	הווה Present		עבר Past	עתיד Future	ציווי Imperative
יחיד	מִתְפּוֹצֵץ	אני	הִתְפּוֹצַצְתִּי	אֶתְפּוֹצֵץ	
יחידה	מִתְפּוֹצֶצֶת	אתה	הִתְפּוֹצַצְתָּ	תִּתְפּוֹצֵץ	הִתְפּוֹצֵץ
רבים	מִתְפּוֹצְצִים	את	הִתְפּוֹצַצְתְּ	תִּתְפּוֹצְצִי	הִתְפּוֹצְצִי
רבות	מִתְפּוֹצְצוֹת	הוא	הִתְפּוֹצֵץ	יִתְפּוֹצֵץ	
		היא	הִתְפּוֹצְצָה	תִּתְפּוֹצֵץ	
		אנחנו	הִתְפּוֹצַצְנוּ	נִתְפּוֹצֵץ	
		אתם/ן	הִתְפּוֹצַצְתֶּם/ן	תִּתְפּוֹצְצוּ*	הִתְפּוֹצְצוּ**
		הם/ן	הִתְפּוֹצְצוּ	יִתְפּוֹצְצוּ*	

שם הפועל .Infin לְהִתְפּוֹצֵץ * less commonly: אתן/הן תִּתְפּוֹצֵצְנָה
שם הפעולה Gerund הִתְפּוֹצְצוּת explosion ** less commonly: (אתן) הִתְפּוֹצֵצְנָה
מקור מוחלט .Inf. Abs הִתְפּוֹצֵץ

פּוֹצֵץ/פּוֹצַץ blow up, smash; break up, disrupt

בניין: פִּיעֵל גזרה: כפולים

	הווה Present		עבר Past	עתיד Future	ציווי Imperative
יחיד	מְפוֹצֵץ	אני	פּוֹצַצְתִּי	אֲפוֹצֵץ	
יחידה	מְפוֹצֶצֶת	אתה	פּוֹצַצְתָּ	תְּפוֹצֵץ	פּוֹצֵץ
רבים	מְפוֹצְצִים	את	פּוֹצַצְתְּ	תְּפוֹצְצִי	פּוֹצְצִי
רבות	מְכוֹצְצוֹת	הוא	פּוֹצֵץ	יְפוֹצֵץ	
		היא	פּוֹצְצָה	תְּפוֹצֵץ	
		אנחנו	פּוֹצַצְנוּ	נְפוֹצֵץ	
		אתם/ן	פּוֹצַצְתֶּם/ן	תְּפוֹצְצוּ*	פּוֹצְצוּ**
		הם/ן	פּוֹצְצוּ	יְפוֹצְצוּ*	

* less commonly: אתן/הן תְּפוֹצֵצְנָה
שם הפועל .Infin לְפוֹצֵץ ** less commonly: (אתן) פּוֹצֵצְנָה
שם הפעולה Gerund פִּיצּוּץ blowing up, explosion
בינוני .Pres. Part מְפוֹצֵץ cxplosive; deafening
מקור מוחלט .Inf. Abs פּוֹצֵץ

פּוּצַץ (פֻּצַּץ) be blown up/smashed; be broken up/disrupted

בניין: פּוּעַל גזרה: שלמים

	הווה Present		עבר Past	עתיד Future	
יחיד	מְפוּצָץ	אני	פּוּצַצְתִּי	אֲפוּצַץ	
יחידה	מְפוּצֶצֶת	אתה	פּוּצַצְתָּ	תְּפוּצַץ	
רבים	מְפוּצָצִים	את	פּוּצַצְתְּ	תְּפוּצְצִי	>>>

Future עתיד	Past עבר		Present הווה	
יְפוּצַץ	פּוּצַץ	הוא	מְפוּצָצוֹת	רבות
תְּפוּצַץ	פּוּצְצָה	היא		
נְפוּצַץ	פּוּצַצְנוּ	אנחנו		
תְּפוּצְצוּ*	פּוּצַצְתֶּם/ן	אתם/ן		
יְפוּצְצוּ*	פּוּצְצוּ	הם/ן		

* less commonly: אתן/הן תְּפוּצַצְנָה

בינוני Pres. Part. מְפוּצָץ exploded; split; filled to capacity (sl.)

[מקור מוחלט Inf. Abs. פּוּצֵץ]

הִפְצִיץ/הִפְצַץ/יַפְצִיץ bomb (usually from the air)

בניין: הִפְעִיל גזרה: שלמים

Imperative ציווי	Future עתיד	Past עבר		Present הווה	
	אַפְצִיץ	הִפְצַצְתִּי	אני	מַפְצִיץ	יחיד
הַפְצֵץ	תַּפְצִיץ	הִפְצַצְתָּ	אתה	מַפְצִיצָה	יחידה
הַפְצִיצִי	תַּפְצִיצִי	הִפְצַצְתְּ	את	מַפְצִיצִים	רבים
	יַפְצִיץ	הִפְצִיץ	הוא	מַפְצִיצוֹת	רבות
	תַּפְצִיץ	הִפְצִיצָה	היא		
	נַפְצִיץ	הִפְצַצְנוּ	אנחנו		
הַפְצִיצוּ**	תַּפְצִיצוּ*	הִפְצַצְתֶּם/ן	אתם/ן		
	יַפְצִיצוּ*	הִפְצִיצוּ	הם/ן		

* less commonly: אתן/הן תַּפְצֵצְנָה

** less commonly: (אתן) הַפְצֵצְנָה

שם הפועל Infin. לְהַפְצִיץ

שם הפעולה Gerund הַפְצָצָה bombing

בינוני Pres. Part. מַפְצִיץ bomber (plane)

מקור מוחלט Inf. Abs. הַפְצֵץ

הוּפְצַץ (הֻפְצַץ) be bombed (usually from the air)

בניין: הוּפְעַל גזרה: שלמים

Future עתיד	Past עבר		Present הווה	
אוּפְצַץ	הוּפְצַצְתִּי	אני	מוּפְצָץ	יחיד
תּוּפְצַץ	הוּפְצַצְתָּ	אתה	מוּפְצֶצֶת	יחידה
תּוּפְצְצִי	הוּפְצַצְתְּ	את	מוּפְצָצִים	רבים
יוּפְצַץ	הוּפְצַץ	הוא	מוּפְצָצוֹת	רבות
תּוּפְצַץ	הוּפְצְצָה	היא		
נוּפְצַץ	הוּפְצַצְנוּ	אנחנו		
תּוּפְצְצוּ*	הוּפְצַצְתֶּם/ן	אתם/ן		
יוּפְצְצוּ*	הוּפְצְצוּ	הם/ן		

* less commonly: אתן/הן תּוּפְצַצְנָה

בינוני Pres. Part. מוּפְצָץ bombed (usually from the air)

[מקור מוחלט Inf. Abs. הוּפְצֵץ]

◆ פעלים שאינם שכיחים מאותו שורש Infrequent verbs sharing the same root

פוֹצַץ be blown up/smashed; be broken up/disrupted (lit.) (מְפוֹצָץ, יְפוֹצַץ)

◆ דוגמאות Illustrations

אלוף-משנה מנחם קיבל הוראה **לְפוֹצֵץ** את הגשר שמעל לנהר, לפני שכוחות האויב יגיעו אליו. הגשר לא **הוּפְצַץ** מן האוויר, כיוון **שלמְפַצְיצֵי** חיל האוויר היו משימות חיוניות יותר. אל"מ מנחם הבטיח למפקדו כי הגשר **יִתְפּוֹצֵץ** ברגע שיעלה עליו הטנק הראשון של האויב.

Colonel Menahem was instructed **to blow up** the bridge over the river before it is reached by enemy forces. The bridge **was** not **bombed** from the air because the air force **bombers** had more urgent assignments. Colonel Menahem promised his superior officers that the bridge **will blow up** as soon as the first enemy tank tries to cross it.

◆ ביטויים מיוחדים Special expressions

פוֹצֵץ את האסיפה cause the meeting to break up

האסיפה **הִתְפּוֹצְצָה** the meeting broke up in confusion

הגה **פּוֹצֵץ** a plosive (or stop) consonant

אפשר **לְהִתְפּוֹצֵץ** ממנו he can drive you crazy (coll., sl.)

● פקד

הִפְקִיד/הִפְקַד/יַפְקִיד deposit; appoint, assign to

בניין: הִפְעִיל גזרה: שלמים

	Present הווה		Past עבר	Future עתיד	Imperative ציווי
יחיד	מַפְקִיד	אני	הִפְקַדְתִּי	אַפְקִיד	
יחידה	מַפְקִידָה	אתה	הִפְקַדְתָּ	תַּפְקִיד	הַפְקֵד
רבים	מַפְקִידִים	את	הִפְקַדְתְּ	תַּפְקִידִי	הַפְקִידִי
רבות	מַפְקִידוֹת	הוא	הִפְקִיד	יַפְקִיד	
		היא	הִפְקִידָה	תַּפְקִיד	
		אנחנו	הִפְקַדְנוּ	נַפְקִיד	
		אתם/ן	הִפְקַדְתֶּם/ן	תַּפְקִידוּ*	הַפְקִידוּ**
		הם/ן	הִפְקִידוּ	יַפְקִידוּ*	

שם הפועל .Infin לְהַפְקִיד

* less commonly: אתן/הן תַּפְקֵדְנָה

בינוני .Pres. Part מַפְקִיד depositor

** less commonly: (אתן) הַפְקֵדְנָה

שם הפעולה Gerund הַפְקָדָה depositing; appointing

מקור מוחלט .Inf. Abs הַפְקֵד

מ"י מוצרכת .Gov. Prep הִפְקִיד עַל appoint/assign to

הוּפְקַד (הָפְקַד) be deposited; be appointed/assigned to

בניין: הוּפְעַל גזרה: שלמים

	Present הווה		Past עבר	Future עתיד
יחיד	מוּפְקָד	אני	הוּפְקַדְתִּי	אוּפְקַד
יחידה	מוּפְקֶדֶת	אתה	הוּפְקַדְתָּ	תּוּפְקַד
רבים	מוּפְקָדִים	את	הוּפְקַדְתְּ	תּוּפְקְדִי
רבות	מוּפְקָדוֹת	הוא	הוּפְקַד	יוּפְקַד
		היא	הוּפְקְדָה	תּוּפְקַד
		אנחנו	הוּפְקַדְנוּ	נוּפְקַד
		אתם/ן	הוּפְקַדְתֶּם/ן	תּוּפְקְדוּ*
		הם/ן	הוּפְקְדוּ	יוּפְקְדוּ*

* less commonly: אתן/הן תּוּפְקַדְנָה

בינוני Pres. Part. מוּפְקָד deposited; appointed

[מקור מוחלט Inf. Abs. הוּפְקֵד]

מ"י מוצרכת Gov. Prep. הוּפְקַד עַל be assigned to

פָּקַד/פּוֹקֵד/יִפְקוֹד order, command; hold census; remember; visit

בניין: פָּעַל גזרה: שלמים

	Present הווה			Past עבר	Future עתיד	Imper. ציווי
יחיד	פּוֹקֵד	פָּקוּד	אני	פָּקַדְתִּי	אֶפְקוֹד	
יחידה	פּוֹקֶדֶת	פְּקוּדָה	אתה	פָּקַדְתָּ	תִּפְקוֹד	פְּקוֹד
רבים	פּוֹקְדִים	פְּקוּדִים	את	פָּקַדְתְּ	תִּפְקְדִי	פִּקְדִי
רבות	פּוֹקְדוֹת	פְּקוּדוֹת	הוא	פָּקַד	יִפְקוֹד	
			היא	פָּקְדָה	תִּפְקוֹד	
			אנחנו	פָּקַדְנוּ	נִפְקוֹד	
			אתם/ן	פְּקַדְתֶּם/ן*	תִּפְקְדוּ**	פִּקְדוּ***
			הם/ן	פָּקְדוּ	יִפְקְדוּ**	

* Colloquial: פָּקַדְתֶּם/ן

** less commonly: אתן/הן תִּפְקוֹדְנָה

*** less commonly: (אתן) פְּקוֹדְנָה

שם הפועל Infin. לִפְקוֹד

שם הפעולה Gerund פְּקִידָה remembering; counting (lit.)

בינוני Pass. Part. פָּקוּד counted; given in trust; person under command

פְּקוּדָה order, command (N)

מקור מוחלט Inf. Abs. פָּקוֹד

מ"י מוצרכת Gov. Prep. פָּקַד עַל give order to

נִפְקַד/יִיפָּקֵד (יִפָּקֵד) be counted; be missing; be remembered

בניין: נִפְעַל גזרה: שלמים

	Present הווה		Past עבר	Future עתיד	Imperative ציווי
יחיד	נִפְקָד	אני	נִפְקַדְתִּי	אֶפָּקֵד	
יחידה	נִפְקֶדֶת	אתה	נִפְקַדְתָּ	תִּיפָּקֵד	הִיפָּקֵד
רבים	נִפְקָדִים	את	נִפְקַדְתְּ	תִּיפָּקְדִי	הִיפָּקְדִי
רבות	נִפְקָדוֹת	הוא	נִפְקַד	יִיפָּקֵד	
		היא	נִפְקְדָה	תִּיפָּקֵד	
		אנחנו	נִפְקַדְנוּ	נִיפָּקֵד	
		אתם/ן	נִפְקַדְתֶּם/ן	תִּיפָּקְדוּ*	הִיפָּקְדוּ**
		הם/ן	נִפְקְדוּ	יִיפָּקְדוּ*	

* less commonly: אתן/הן תִּיפָּקַדְנָה/...קֵדְנָה

** less commonly: (אתן) הִיפָּקַדְנָה/...קֵדְנָה

מקור מוחלט .Inf. Abs נִפְקוֹד, הִיפָּקֵד (הִיפָּקוֹד)

שם הפועל .Infin לְהִיפָּקֵד

פִּיקֵד/פִּיקַד/פַּקֵד (פִּקֵּד) (be in) command (of); order, give orders

בניין: פִּיעֵל גזרה: שלמים

	Present הווה		Past עבר	Future עתיד	Imperative ציווי
יחיד	מְפַקֵד	אני	פִּיקַדְתִּי	אֲפַקֵד	
יחידה	מְפַקֶדֶת	אתה	פִּיקַדְתָּ	תְּפַקֵד	פַּקֵד
רבים	מְפַקְדִים	את	פִּיקַדְתְּ	תְּפַקְדִי	פַּקְדִי
רבות	מְפַקְדוֹת	הוא	פִּיקֵד	יְפַקֵד	
		היא	פִּיקְדָה	תְּפַקֵד	
		אנחנו	פִּיקַדְנוּ	נְפַקֵד	
		אתם/ן	פִּיקַדְתֶּם/ן	תְּפַקְדוּ*	פַּקְדוּ**
		הם/ן	פִּיקְדוּ	יְפַקְדוּ*	

שם הפועל .Infin לְפַקֵד

* less commonly: אתן/הן תְּפַקֵדְנָה

שם הפעולה Gerund פִּיקוּד command (N)

** less commonly: (אתן) פַּקֵדְנָה

בינוני .Pres. Part מְפַקֵד commander

מקור מוחלט .Inf. Abs פַּקֵד

מ״י מוצרכת .Gov. Prep פִּיקֵד עַל command over

הִתְפַּקֵד/הִתְפַּקַד be numbered (as in taking roll call); number

בניין: הִתְפַּעֵל גזרה: שלמים

	Present הווה		Past עבר	Future עתיד	Imperative ציווי
יחיד	מִתְפַּקֵד	אני	הִתְפַּקַדְתִּי	אֶתְפַּקֵד	
יחידה	מִתְפַּקֶדֶת	אתה	הִתְפַּקַדְתָּ	תִּתְפַּקֵד	הִתְפַּקֵד
רבים	מִתְפַּקְדִים	את	הִתְפַּקַדְתְּ	תִּתְפַּקְדִי	הִתְפַּקְדִי
רבות	מִתְפַּקְדוֹת	הוא	הִתְפַּקֵד	יִתְפַּקֵד	<<<

Imperative ציווי	Future עתיד	Past עבר	
	תִּתְפַּקֵּד	הִתְפַּקְּדָה	היא
	נִתְפַּקֵּד	הִתְפַּקַּדְנוּ	אנחנו
הִתְפַּקְּדוּ**	תִּתְפַּקְּדוּ*	הִתְפַּקַּדְתֶּם/ן	אתם/ן
	יִתְפַּקְּדוּ*	הִתְפַּקְּדוּ	הם/ן

שם הפועל .Infin לְהִתְפַּקֵּד   * less commonly: אתן/הן תִּתְפַּקֵּדְנָה

שם הפעולה .Ger הִתְפַּקְּדוּת being numbered   ** less commonly: (אתן) הִתְפַּקֵּדְנָה

מקור מוחלט .Inf. Abs הִתְפַּקֵּד

◆ פעלים שאינם שכיחים מאותו שורש Infrequent verbs sharing the same root

פוּקַד (פֻּקַּד) be ordered (Med H); be counted (lit.) (מְפוּקָּד, יְפוּקַּד)

◆ דוגמאות Illustrations

נחום **מְפַקֵּד** על גדוד שריון במילואים; מנשה, **מְפַקֵּד** החטיבה, הוא **הַמְפַקֵּד** הישיר שלו. מנשה מעריך את נחום יותר מכל **פְּקוּדָיו**; הוא יודע, שכאשר הוא **פּוֹקֵד** עליו לבצע **פְּקוּדָה**, נחום ימלא אותה על הצד הטוב ביותר. לכן הוא **מַפְקִיד** אותו תמיד על תכנון פרטי המבצעים המוטלים על החטיבה.

Nahum **commands** an armor reserve battallion; Menashe, the brigade **commander**, is his **superior officer** ("direct **commander**"). Menashe thinks of Nahum more highly than all **those under his command**; he knows that when he **orders** him to carry out an **order**, Nahum will do so in the best possible manner. Therefore he always **assigns** him to plan the details of the brigade's assignments.

משכורתו של מיכאל **מוּפְקֶדֶת** ישירות בבנק. המעביד **מַפְקִיד** אותה בכל יום שישי בבוקר.

Michael's salary **is deposited** in the bank directly. The employer **deposits** it every Friday morning.

כשהמחלקה **הִתְפַּקְּדָה** במפקד הבוקר, התברר שחיים **נִפְקַד**. כנראה שלא חזר עדיין מחופשת השבת. **מְפַקֵּד** המחלקה כבר מכין לו תא בכלא.

When the platoon **took roll call** this morning, it turned out that Hayyim **was missing**. Apparently he has not returned from his weekend leave yet. The platoon **commander** is already preparing a jail cell for him.

לא ברור לי מדוע דווקא עזרא **הוּפְקַד** על שמירת האספקה. לדעתי זה כמו **לְהַפְקִיד** את החתול על שמירת השמנת.

I am unclear why it had to be Ezra who **was assigned** to guarding the supplies. In my opinion it is comparable to **assigning** the cat to guard the cream.

◆ ביטויים מיוחדים Special expressions

פָּקַד עליו עוון punish him for his sin

ביצע **פְּקוּדָה** carry out an order

בל **יִיפָּקֵד** ובל יִיזָּכֵר should be completely ignored, should never even be mentioned

●פקח

פָּקַח/פּוֹקֵחַ/יִפְקַח open (eyes, ears) (tr.)

בניין: פָּעַל גזרה: ל׳ גרונית

	Present הווה		Past עבר	Future עתיד	Imper. ציווי
יחיד	פּוֹקֵחַ פָּקוּחַ	אני	פָּקַחְתִּי	אֶפְקַח	
יחידה	פּוֹקַחַת פְּקוּחָה	אתה	פָּקַחְתָּ	תִּפְקַח	פְּקַח
רבים	פּוֹקְחִים פְּקוּחִים	את	פָּקַחְתְּ/...חַת	תִּפְקְחִי	פִּקְחִי
רבות	פּוֹקְחוֹת פְּקוּחוֹת	הוא	פָּקַח	יִפְקַח	
		היא	פָּקְחָה	תִּפְקַח	
		אנחנו	פָּקַחְנוּ	נִפְקַח	
		אתם/ן	פְּקַחְתֶּם/ן*	תִּפְקְחוּ**	פִּקְחוּ***
		הם/ן	פָּקְחוּ	יִפְקְחוּ**	

* Colloquial: פָּקַחְתֶּם/ן

** less commonly: אתן/הן תִּפְקַחְנָה

*** less commonly: (אתן) פְּקַחְנָה

שם הפועל .Infin לִפְקוֹחַ

שם הפעולה Gerund פְּקִיחָה opening (eyes, ears)

בינוני סביל .Pass. Part פָּקוּחַ open (eyes, ears)

מקור מוחלט .Inf. Abs פָּקוֹחַ

נִפְקַח/יִיפָּקַח/יִיפָּקֵחַ (יִפָּקַח) open (eyes, ears) (intr.), be opened

בניין: נִפְעַל גזרה: ל׳ גרונית

	Present הווה		Past עבר	Future עתיד	Imperative ציווי
יחיד	נִפְקָח	אני	נִפְקַחְתִּי	אֶפָּקַח/...קֵחַ	
יחידה	נִפְקַחַת	אתה	נִפְקַחְתָּ	תִּיפָּקַח/...קֵחַ	הִיפָּקַח/...קֵחַ
רבים	נִפְקָחִים	את	נִפְקַחְתְּ/...חַת	תִּיפָּקְחִי	הִיפָּקְחִי
רבות	נִפְקָחוֹת	הוא	נִפְקַח	יִיפָּקַח/...קֵחַ	
		היא	נִפְקְחָה	תִּיפָּקַח/...קֵחַ	
		אנחנו	נִפְקַחְנוּ	נִיפָּקַח/...קֵחַ	
		אתם/ן	נִפְקַחְתֶּם/ן	תִּיפָּקְחוּ*	הִיפָּקְחוּ**
		הם/ן	נִפְקְחוּ	יִיפָּקְחוּ*	

שם הפועל .Infin לְהִיפָּקַח/...קֵחַ

מקור מוחלט .Inf. Abs נִפְקוֹחַ

* less commonly: אתן/הן תִּיפָּקַחְנָה

** less commonly: (אתן) הִיפָּקַחְנָה

פִּיקֵחַ/פִּקֵּחַ/פִּקֵּחַ (פקח) inspect, supervise

בניין: פִּיעֵל גזרה: ל' גרונית

	Present הווה		Past עבר	Future עתיד	Imperative ציווי
יחיד	מְפַקֵּחַ	אני	פִּיקַחְתִּי	אֲפַקֵּחַ/...קֵחַ	
יחידה	מְפַקַּחַת	אתה	פִּיקַחְתָּ	תְּפַקֵּחַ/...קֵחַ	פַּקֵּחַ/...קֵחַ
רבים	מְפַקְּחִים	את	פִּיקַחְתְּ/...חַת	תְּפַקְּחִי	פַּקְּחִי
רבות	מְפַקְּחוֹת	הוא	פִּיקַּח*	יְפַקֵּחַ/...קֵחַ	
		היא	פִּיקְּחָה	תְּפַקֵּחַ/...קֵחַ	
		אנחנו	פִּיקַחְנוּ	נְפַקֵּחַ/...קֵחַ	
		אתם/ן	פִּיקַחְתֶּם/ן	תְּפַקְּחוּ**	פַּקְּחוּ***
		הם/ן	פִּיקְּחוּ	יְפַקְּחוּ**	

* Coll.: פִּיקֵחַ ** less commonly: אתן/הן תְּפַקַּחְנָה

שם הפועל .Infin לְפַקֵּחַ *** less commonly: (אתן) פַּקַּחְנָה

שם הפעולה Gerund פִּיקּוּחַ supervision; inspection

בינוני .Pres. Part מְפַקֵּחַ inspector, supervisor

מקור מוחלט .Inf. Abs פַּקֵּחַ

מ"י מוצרכת .Gov. Prep פִּיקֵּחַ עַל inspect/supervise (something)

◆ פעלים שאינם שכיחים מאותו שורש Infrequent verbs sharing the same root

פּוּקַּח (פֻּקַּח) be inspected; be uncovered; become wise (Mish H) (מְפוּקָּח, יְפוּקַּח)

הִתְפַּקַּח/הִתְפַּקֵּחַ become wise; begin to see correctly (lit.) (מִתְפַּקֵּחַ, יִתְפַּקַּח, לְהִתְפַּקֵּחַ)

הִפְקִיחַ cause to open (eyes) (lit.) (מַפְקִיחַ, יַפְקִיחַ, לְהַפְקִיחַ)

◆ דוגמאות Illustrations

הכישלון האמריקאי במלחמת וייטנאם **פִּקֵּחַ** את עיניהם של מדינאים בכל העולם לסכנת התערבות צבאית שהצלחתה אינה מובטחת מראש.

The American failure at the Vietnam War **opened** the eyes of politicians around the world to the risks inherent in military intervention whose success is not guaranteed.

עיניו של החולה **נִפְקְחוּ**, והדבר הראשון שראה היו פניה של אישתו.

The patient's eyes **opened**, and the first thing he saw was his wife's face.

לאבנר יש תכונה מוּלֶדֶת מוזרה: הוא ישן כשעיניו **פְּקוּחוֹת**.

Abner has a strange inborn quality: He sleeps with his eyes **open**.

במערכת החינוך נוהגים לומר, ש**מְפַקֵּחַ** הוא בדרך כלל מורה שנכשל, ולכן אין לו זכות מוסרית **לְפַקֵּחַ** על מורים אמיתיים.

In the educational system they say that an **inspector** is generally a failed teacher, and thus has no moral right **to inspect** real teachers.

פִּיקּוּחַ ובקרה הם יסודות חיוניים בכל מערכת שהיא.

Inspection and control are essential elements of any system.

◆ ביטויים מיוחדים Special expressions

פְּקַח (את) עיניך! open your eyes, watch out!

נִפְקְחוּ עֵינָיו his eyes opened, he understood

● פרד

נִפְרַד/יִיפָּרֵד (יִפָּרֵד) be separated/divided; part from; be divorced

בניין: נִפְעַל גזרה: שלמים

	Present הווה		Past עבר	Future עתיד	Imperative ציווי
יחיד	נִפְרָד	אני	נִפְרַדְתִּי	אֶפָּרֵד	
יחידה	נִפְרֶדֶת	אתה	נִפְרַדְתָּ	תִּיפָּרֵד	הִיפָּרֵד
רבים	נִפְרָדִים	את	נִפְרַדְתְּ	תִּיפָּרְדִי	הִיפָּרְדִי
רבות	נִפְרָדוֹת	הוא	נִפְרַד	יִיפָּרֵד	
		היא	נִפְרְדָה	תִּיפָּרֵד	
		אנחנו	נִפְרַדְנוּ	נִיפָּרֵד	
		אתם/ן	נִפְרַדְתֶּם/ן	תִּיפָּרְדוּ*	הִיפָּרְדוּ**
		הם/ן	נִפְרְדוּ	יִיפָּרְדוּ*	

שם הפועל .Infin לְהִיפָּרֵד

* less commonly: אתן/הן תִּיפָּרַדְנָה/...רֵדְנָה

בינוני .Pres. Part נִפְרָד separate

** less commonly: (אתן) הִיפָּרַדְנָה/...רֵדְנָה

שם הפעולה Gerund הִיפָּרְדוּת separation; splitting, division

מקור מוחלט .Inf. Abs נִפְרוֹד, הִיפָּרֵד (הִיפָּרוֹד)

מ"י מוצרכת .Gov. Prep נִפְרַד מִן part/be divorced from

הִפְרִיד/הִפְרַד/יַפְרִיד separate, divide

בניין: הִפְעִיל גזרה: שלמים

	Present הווה		Past עבר	Future עתיד	Imperative ציווי
יחיד	מַפְרִיד	אני	הִפְרַדְתִּי	אַפְרִיד	
יחידה	מַפְרִידָה	אתה	הִפְרַדְתָּ	תַּפְרִיד	הַפְרֵד
רבים	מַפְרִידִים	את	הִפְרַדְתְּ	תַּפְרִידִי	הַפְרִידִי
רבות	מַפְרִידוֹת	הוא	הִפְרִיד	יַפְרִיד	
		היא	הִפְרִידָה	תַּפְרִיד	
		אנחנו	הִפְרַדְנוּ	נַפְרִיד	
		אתם/ן	הִפְרַדְתֶּם/ן	תַּפְרִידוּ*	הַפְרִידוּ**
		הם/ן	הִפְרִידוּ	יַפְרִידוּ*	

שם הפועל .Infin לְהַפְרִיד

* less commonly: אתן/הן תַּפְרֵדְנָה

שם הפעולה Gerund הַפְרָדָה separating

** less commonly: (אתן) הַפְרֵדְנָה

מקור מוחלט .Inf. Abs הַפְרֵד

מ"י מוצרכת .Gov. Prep הִפְרִיד בֵּין separate between

מ"י מוצרכת .Gov. Prep הִפְרִיד מִן separate from

הוּפְרַד (הֻפְרַד) be separated/divided

בניין: הוּפְעַל גזרה: שלמים

	Present הווה		Past עבר	Future עתיד
יחיד	מוּפְרָד	אני	הוּפְרַדְתִּי	אוּפְרַד
יחידה	מוּפְרֶדֶת	אתה	הוּפְרַדְתָּ	תּוּפְרַד
רבים	מוּפְרָדִים	את	הוּפְרַדְתְּ	תּוּפְרְדִי
רבות	מוּפְרָדוֹת	הוא	הוּפְרַד	יוּפְרַד
		היא	הוּפְרְדָה	תּוּפְרַד
		אנחנו	הוּפְרַדְנוּ	נוּפְרַד
		אתם/ן	הוּפְרַדְתֶּם/ן	*תּוּפְרְדוּ
		הם/ן	הוּפְרְדוּ	*יוּפְרְדוּ

בינוני .Pres. Part מוּפְרָד separated * less commonly: אתן/הן תּוּפְרַדְנָה

[מקור מוחלט .Inf. Abs הוּפְרֵד]

מ״י מוצרכת .Gov. Prep הוּפְרַד מִן be separated from

♦ פעלים שאינם שכיחים מאותו שורש Infrequent verbs sharing the same root

פָּרַד separate, divide (Med H) (פּוֹרֵד, יִפְרוֹד, לִפְרוֹד)

בינוני סביל .Pass. Part פָּרוּד divided; interrupted

פֵּירֵד (פֵּרֵד) decompose (chem.); break open (מְפָרֵד, יְפָרֵד, לְפָרֵד)

פּוֹרַד (פֹּרַד) be divided and scattered (מְפוֹרָד, יְפוֹרַד)

הִתְפָּרֵד be parted/separated/broken up (מִתְפָּרֵד, יִתְפָּרֵד, לְהִתְפָּרֵד)

♦ דוגמאות Illustrations

יש מקרים בהם בית המשפט **מַפְרִיד** בין הורים לילדיהם. **הַפְרָדָה** כזו קשה לכולם, ולא תמיד היא מוצדקת.

There are cases in which the court **separates** parents and their children. Such separation is difficult for everybody, and is not always justified.

אביבה **נִפְרְדָה** מהוריה ועלתה במדרגות לעבר שער היציאה למטוס.

Aviva **said goodbye** to (**parted** from) her parents and took the stairs toward the departure gate.

במחנות הריכוז, הנשים **הוּפְרְדוּ** מן הגברים ושוכנו במגזרים **נִפְרָדִים**.

In the concentration camps, women **were separated** from men and were housed in **separate** sections.

♦ ביטויים מיוחדים Special expressions

הִפְרִיד בין הדבקים separate what should be together

קו **מַפְרִיד** dash

נִתְפָּרְדָה החבילה they broke up

●פרז

הִפְרִיז/הִפְרַז/יַפְרִיז exaggerate, overdo, be excessive

בניין: הִפְעִיל גזרה: שלמים

	Present הווה		Past עבר	Future עתיד	Imperative ציווי
יחיד	מַפְרִיז	אני	הִפְרַזְתִּי	אַפְרִיז	
יחידה	מַפְרִיזָה	אתה	הִפְרַזְתָּ	תַּפְרִיז	הַפְרֵז
רבים	מַפְרִיזִים	את	הִפְרַזְתְּ	תַּפְרִיזִי	הַפְרִיזִי
רבות	מַפְרִיזוֹת	הוא	הִפְרִיז	יַפְרִיז	
		היא	הִפְרִיזָה	תַּפְרִיז	
		אנחנו	הִפְרַזְנוּ	נַפְרִיז	
		אתם/ן	הִפְרַזְתֶּם/ן	תַּפְרִיזוּ*	הַפְרִיזוּ**
		הם/ן	הִפְרִיזוּ	יַפְרִיזוּ*	

* less commonly: אתן/הן תַּפְרֵזְנָה

שם הפועל .Infin לְהַפְרִיז ** less commonly: (אתן) הַפְרֵזְנָה

שם הפעולה Gerund הַפְרָזָה exaggeration, hyperbole

מקור מוחלט .Inf. Abs הַפְרֵז

מ"י מוצרכת .Gov. Prep הִפְרִיז ב- exaggerate in

הוּפְרַז (הָפְרַז) be exaggerated, be overdone

בניין: הוּפְעַל גזרה: שלמים

	Present הווה		Past עבר	Future עתיד
יחיד	מוּפְרָז	אני	הוּפְרַזְתִּי	אוּפְרַז
יחידה	מוּפְרֶזֶת	אתה	הוּפְרַזְתָּ	תוּפְרַז
רבים	מוּפְרָזִים	את	הוּפְרַזְתְּ	תוּפְרְזִי
רבות	מוּפְרָזוֹת	הוא	הוּפְרַז	יוּפְרַז
		היא	הוּפְרְזָה	תוּפְרַז
		אנחנו	הוּפְרַזְנוּ	נוּפְרַז
		אתם/ן	הוּפְרַזְתֶּם/ן	תוּפְרְזוּ*
		הם/ן	הוּפְרְזוּ	יוּפְרְזוּ*

בינוני .Pres. Part מוּפְרָז exaggerated * less commonly: אתן/הן תוּפְרַזְנָה

[מקור מוחלט .Inf. Abs הוּפְרֵז]

◆ פעלים שאינם שכיחים מאותו שורש Infrequent verbs sharing the same root

נִפְרַז be exaggerated (lit.) (נִפְרָז, יִיפָּרֵז, לְהִיפָּרֵז)

◆ דוגמאות Illustrations

הידיעות על פטירתו של אריאל הן **מוּפְרָזוֹת**. הוא **הִפְרִיז** אומנם בזלילה, והרגיש אחר כך רע מאוד, אבל הוא בהחלט בחיים.

The news about Ariel's passing away is **exaggerated**. He indeed **exaggerated** in stuffing himself up with food, and later felt terrible, but he is definitely still among the living.

● פרט

פָּרַט/פּוֹרֵט/יִפְרוֹט (יִפְרֹט) break bill to smaller monetary units; separate out; give in detail (lit.)

בניין: פָּעַל גזרה: שלמים (אֶפְעוֹל)

Imper. ציווי	Future עתיד	Past עבר		Present הווה		
	אֶפְרוֹט	פָּרַטְתִּי	אני	פָּרוּט	פּוֹרֵט	יחיד
פְּרוֹט	תִּפְרוֹט	פָּרַטְתָּ	אתה	פְּרוּטָה	פּוֹרֶטֶת	יחידה
פִּרְטִי	תִּפְרְטִי	פָּרַטְתְּ	את	פְּרוּטִים	פּוֹרְטִים	רבים
	יִפְרוֹט	פָּרַט	הוא	פְּרוּטוֹת	פּוֹרְטוֹת	רבות
	תִּפְרוֹט	פָּרְטָה	היא			
	נִפְרוֹט	פָּרַטְנוּ	אנחנו			
פִּרְטוּ***	תִּפְרְטוּ**	פְּרַטְתֶּם/ן*	אתם/ן			
	יִפְרְטוּ**	פָּרְטוּ	הם/ן			

* Colloquial: פָּרַטְתֶּם/ן

** less commonly: אתן/הן תִּפְרוֹטְנָה

*** less commonly: (אתן) פְּרוֹטְנָה

שם הפועל Infin. לִפְרוֹט

שם הפעולה Gerund פְּרִיטָה changing (to smaller units)

בינוני סביל Pass. Part. פָּרוּט broken (money bill)

פְּרוּטָה small coin; formerly smallest Israeli coin

מקור מוחלט Inf. Abs. פָּרוֹט

The less frequent homonymous פָּרַט (על) 'play string instrument, strum' is not included in this collection.

נִפְרַט/יִיפָּרֵט (יִפָּרֵט) be broken (to smaller monetary units); be detailed; be left separate

בניין: נִפְעַל גזרה: שלמים

Imperative ציווי	Future עתיד	Past עבר		Present הווה	
	אֶפָּרֵט	נִפְרַטְתִּי	אני	נִפְרָט	יחיד
הִיפָּרֵט	תִּיפָּרֵט	נִפְרַטְתָּ	אתה	נִפְרֶטֶת	יחידה
הִיפָּרְטִי	תִּיפָּרְטִי	נִפְרַטְתְּ	את	נִפְרָטִים	רבים
	יִיפָּרֵט	נִפְרַט	הוא	נִפְרָטוֹת	רבות
	תִּיפָּרֵט	נִפְרְטָה	היא		
	נִיפָּרֵט	נִפְרַטְנוּ	אנחנו		
>> הִיפָּרְטוּ**	תִּיפָּרְטוּ*	נִפְרַטְתֶּם/ן	אתם/ן		

		Past עבר	Future עתיד
	הם/ן	נִפְרְטוּ	יִיפָּרְטוּ*

* less commonly: אתן/הן תִּיפָּרַטְנָה/...רֵטְנָה

שם הפועל .Infin לְהִיפָּרֵט ** less commonly: (אתן) הִיפָּרַטְנָה/...רֵטְנָה

שם הפעולה Gerund הִיפָּרְטוּת break down (into smaller units); specification of details

מקור מוחלט .Inf. Abs נִפְרוֹט, הִיפָּרֵט (הִיפָּרוֹט)

פֵּירֵט (פֵּרֵט)/פֵּירַט/פָּרֵט (פֵּרֵט) specify, give in detail

בניין: פִּיעֵל גזרה: ע׳ גרונית

	Present הווה		Past עבר	Future עתיד	Imperative ציווי
יחיד	מְפָרֵט	אני	פֵּירַטְתִּי	אֲפָרֵט	
יחידה	מְפָרֶטֶת	אתה	פֵּירַטְתָּ	תְּפָרֵט	פָּרֵט
רבים	מְפָרְטִים	את	פֵּירַטְתְּ	תְּפָרְטִי	פָּרְטִי
רבות	מְפָרְטוֹת	הוא	פֵּירֵט (פֵּירַט)	יְפָרֵט	
		היא	פֵּירְטָה	תְּפָרֵט	
		אנחנו	פֵּירַטְנוּ	נְפָרֵט	
		אתם/ן	פֵּירַטְתֶּם/ן	תְּפָרְטוּ*	פָּרְטוּ**
		הם/ן	פֵּירְטוּ	יְפָרְטוּ*	

שם הפועל .Infin לְפָרֵט * less commonly: אתן/הן תְּפָרֵטְנָה

שם הפעולה Gerund פֵּירוּט detailing ** less commonly: (אתן) פָּרֵטְנָה

מקור מוחלט .Inf. Abs פָּרֵט

תואר הפועל .Adv בְּפֵירוּט in detail

פּוֹרַט (פֹּרַט) be specified/given in detail

בניין: פּוּעַל גזרה: ע׳ גרונית

	Present הווה		Past עבר	Future עתיד
יחיד	מְפוֹרָט	אני	פּוֹרַטְתִּי	אֲפוֹרַט
יחידה	מְפוֹרֶטֶת	אתה	פּוֹרַטְתָּ	תְּפוֹרַט
רבים	מְפוֹרָטִים	את	פּוֹרַטְתְּ	תְּפוֹרְטִי
רבות	מְפוֹרָטוֹת	הוא	פּוֹרַט	יְפוֹרַט
		היא	פּוֹרְטָה	תְּפוֹרַט
		אנחנו	פּוֹרַטְנוּ	נְפוֹרַט
		אתם/ן	פּוֹרַטְתֶּם/ן	תְּפוֹרְטוּ*
		הם/ן	פּוֹרְטוּ	יְפוֹרְטוּ*

בינוני .Pres. Part מְפוֹרָט detailed * less commonly: אתן/הן תְּפוֹרַטְנָה

[מקור מוחלט .Inf. Abs פּוֹרוֹט]

תואר הפועל .Adv בִּמְפוֹרָט in detail

◆ פעלים שאינם שכיחים מאותו שורש Infrequent verbs sharing the same root

הִתְפָּרֵט be detailed/divided in detail (מִתְפָּרֵט, יִתְפָּרֵט, לְהִתְפָּרֵט)

הִפְרִיט spread out; divide into small parts (lit.); (recently) privatize (fairly common) (מַפְרִיט, יַפְרִיט, לְהַפְרִיט)

הוּפְרַט (recently) be privatized (fairly common form) (מוּפְרָט, יוּפְרַט)

◆ דוגמאות Illustrations

אין לך שטר יותר קטן? אני לא יכול **לִפְרוֹט** שטר של מאה דולר. **נִפְרְטוּ** כבר ארבעה שטרות כאלה הבוקר, ולא נשאר לי כל כסף קטן.

Don't you have a smaller bill? I cannot **break** a one hundred dollar bill. Four such bills have already **been broken** this morning, and I have no more change left.

הרפובליקאים הודיעו שהם מכינים תוכנית **מְפוֹרֶטֶת** להבראת מערכת הבריאות. ביום ב' **תְּפוֹרַט** תוכניתם בשידור ישיר לאומה.

The Republicans announced that they are preparing a **detailed** plan for the recovery of the health system. On Monday their plan **will be given in detail** in a live broadcast to the nation.

את **פֵּירוּט** תוכניות הטלוויזיה בישראל ניתן למצוא במדריך השבועי הנספח לעיתון יום שישי.

The **detailing** of the TV program in Israel can be found in the weekly guide appended to the Friday paper.

אני מציע שניפגש מחר בתשע, ואז אספר לך **בִּמְפוֹרָט** מה קרה.

I suggest that we meet at nine tomorrow, and then I'll tell you **in detail** what happened.

◆ ביטויים מיוחדים Special expressions

אינו/לא שווה **פְּרוּטָה** is not worth a penny

כל **פְּרוּטָה** ו**פרוּטָה** מצטרפת לחשבון גדול every penny counts ("together, many pennies make a large sum")

כלתה **פְּרוּטָה** מן הכיס become penniless

נהרג על פחות משווה **פְּרוּטָה** he would die sooner than spend a penny

אין לו **פְּרוּטָה** לפוֹרְטָה he does not have a penny to his name

---

● פרנס

פִּרְנֵס/פִּרְנַס/פַּרְנֵס support, provide for, maintain; supply, furnish

בניין: פִּיעֵל גזרה: מרובעים

	Present הווה		Past עבר	Future עתיד	Imperative ציווי
יחיד	מְפַרְנֵס	אני	פִּרְנַסְתִּי	אֲפַרְנֵס	
יחידה	מְפַרְנֶסֶת	אתה	פִּרְנַסְתָּ	תְּפַרְנֵס	פַּרְנֵס
רבים	מְפַרְנְסִים	את	פִּרְנַסְתְּ	תְּפַרְנְסִי	פַּרְנְסִי
רבות	מְפַרְנְסוֹת	הוא	פִּרְנֵס	יְפַרְנֵס	
		היא	פִּרְנְסָה	תְּפַרְנֵס	<<<

Imperative ציווי	Future עתיד	Past עבר	
	נְפַרְנֵס	פִּרְנַסְנוּ	אנחנו
פַּרְנְסוּ**	תְּפַרְנְסוּ*	פִּרְנַסְתֶּם/ן	אתם/ן
	יְפַרְנְסוּ*	פִּרְנְסוּ	הם/ן

שם הפועל .Infin לְפַרְנֵס — * less commonly: אתן/הן תְּפַרְנֵסְנָה

בינוני .Pres. Part מְפַרְנֵס provider — ** less commonly: (אתן) פַּרְנֵסְנָה

שם הפעולה Gerund פִּרְנוּס maintenance, support

מקור מוחלט .Inf. Abs פַּרְנֵס

הִתְפַּרְנֵס/הִתְפַּרְנַס earn a living, support oneself

בניין: הִתְפַּעֵל גזרה: מרובעים

Imperative ציווי	Future עתיד	Past עבר		Present הווה	
	אֶתְפַּרְנֵס	הִתְפַּרְנַסְתִּי	אני	מִתְפַּרְנֵס	יחיד
הִתְפַּרְנֵס	תִּתְפַּרְנֵס	הִתְפַּרְנַסְתָּ	אתה	מִתְפַּרְנֶסֶת	יחידה
הִתְפַּרְנְסִי	תִּתְפַּרְנְסִי	הִתְפַּרְנַסְתְּ	את	מִתְפַּרְנְסִים	רבים
	יִתְפַּרְנֵס	הִתְפַּרְנֵס	הוא	מִתְפַּרְנְסוֹת	רבות
	תִּתְפַּרְנֵס	הִתְפַּרְנְסָה	היא		
	נִתְפַּרְנֵס	הִתְפַּרְנַסְנוּ	אנחנו		
הִתְפַּרְנְסוּ**	תִּתְפַּרְנְסוּ*	הִתְפַּרְנַסְתֶּם/ן	אתם/ן		
	יִתְפַּרְנְסוּ*	הִתְפַּרְנְסוּ	הם/ן		

* less commonly: אתן/הן תִּתְפַּרְנֵסְנָה

שם הפועל .Infin לְהִתְפַּרְנֵס — ** less commonly: (אתן) הִתְפַּרְנֵסְנָה

שם הפעולה Gerund הִתְפַּרְנְסוּת earning a living, supporting oneself

מקור מוחלט .Inf. Abs הִתְפַּרְנֵס

◆ דוגמאות Illustrations

אהרון **מִתְפַּרְנֵס** ממכירת רהיטים משומשים, שהוא קונה במכירות פומביות ומשפץ בעצמו. ההכנסה סבירה, ומאפשרת לו **לְפַרְנֵס** משפחה בת ארבע נפשות.

Aharon **earns a living** from selling used furniture that he buys in auctions and refurbishes by himself. The income is reasonable, and enables him **to support** a family of four.

● פרסם

פִּרְסֵם/פִּרְסַמְ/פַּרְסֵם publish; publicize, advertise

בניין: פִּיעֵל   גזרה: מרובעים

Imperative ציווי	Future עתיד	Past עבר		Present הווה	
	אֲפַרְסֵם	פִּרְסַמְתִּי	אני	מְפַרְסֵם	יחיד
פַּרְסֵם	תְּפַרְסֵם	פִּרְסַמְתָּ	אתה	מְפַרְסֶמֶת	יחידה
פַּרְסְמִי	תְּפַרְסְמִי	פִּרְסַמְתְּ	את	מְפַרְסְמִים	רבים
	יְפַרְסֵם	פִּרְסֵם	הוא	מְפַרְסְמוֹת	רבות
	תְּפַרְסֵם	פִּרְסְמָה	היא		
	נְפַרְסֵם	פִּרְסַמְנוּ	אנחנו		
פַּרְסְמוּ**	תְּפַרְסְמוּ*	פִּרְסַמְתֶּם/ן	אתם/ן		
	יְפַרְסְמוּ*	פִּרְסְמוּ	הם/ן		

שם הפועל .Infin לְפַרְסֵם

* less commonly: אתן/הן תְּפַרְסֵמְנָה

בינוני .Pres. Part מְפַרְסֵם advertiser

** less commonly: (אתן) פַּרְסֵמְנָה

שם הפעולה Gerund פִּרְסוּם publication; publicity, advertising

מקור מוחלט .Inf. Abs פַּרְסֵם

פּוּרְסַם (פֻּרְסַם) be published; be publicized/advertised

בניין: פּוּעַל   גזרה: מרובעים

Future עתיד	Past עבר		Present הווה	
אֲפוּרְסַם	פּוּרְסַמְתִּי	אני	מְפוּרְסָם	יחיד
תְּפוּרְסַם	פּוּרְסַמְתָּ	אתה	מְפוּרְסֶמֶת	יחידה
תְּפוּרְסְמִי	פּוּרְסַמְתְּ	את	מְפוּרְסָמִים	רבים
יְפוּרְסַם	פּוּרְסַם	הוא	מְפוּרְסָמוֹת	רבות
תְּפוּרְסַם	פּוּרְסְמָה	היא		
נְפוּרְסַם	פּוּרְסַמְנוּ	אנחנו		
תְּפוּרְסְמוּ*	פּוּרְסַמְתֶּם/ן	אתם/ן		
יְפוּרְסְמוּ*	פּוּרְסְמוּ	הם/ן		

* less commonly: אתן/הן תְּפוּרְסַמְנָה

בינוני .Pres. Part מְפוּרְסָם famous, well known

[מקור מוחלט .Inf. Abs פּוּרְסוֹם]

הִתְפַּרְסֵם/הִתְפַּרְסַמְ become famous; get published/publicized

בניין: הִתְפַּעֵל   גזרה: מרובעים

Imperative ציווי	Future עתיד	Past עבר		Present הווה	
	אֶתְפַּרְסֵם	הִתְפַּרְסַמְתִּי	אני	מִתְפַּרְסֵם	יחיד
הִתְפַּרְסֵם	תִּתְפַּרְסֵם	הִתְפַּרְסַמְתָּ	אתה	מִתְפַּרְסֶמֶת	יחידה
הִתְפַּרְסְמִי	תִּתְפַּרְסְמִי	הִתְפַּרְסַמְתְּ	את	מִתְפַּרְסְמִים	רבים
<<<	יִתְפַּרְסֵם	הִתְפַּרְסֵם	הוא	מִתְפַּרְסְמוֹת	רבות

	Past עבר	Future עתיד	Imperative ציווי
היא	הִתְפַּרְסְמָה	תִּתְפַּרְסֵם	
אנחנו	הִתְפַּרְסַמְנוּ	נִתְפַּרְסֵם	
אתם/ן	הִתְפַּרְסַמְתֶּם/ן	תִּתְפַּרְסְמוּ*	הִתְפַּרְסְמוּ**
הם/ן	הִתְפַּרְסְמוּ	יִתְפַּרְסְמוּ*	

* less commonly: אתן/הן תִּתְפַּרְסֵמְנָה
** less commonly: (אתן) הִתְפַּרְסֵמְנָה

שם הפועל .Infin לְהִתְפַּרְסֵם
שם הפעולה Gerund הִתְפַּרְסְמוּת becoming famous; getting published/publicized
מקור מוחלט .Inf. Abs הִתְפַּרְסֵם

◆ דוגמאות Illustrations

אהוד אינו רוצה **לְפַרְסֵם** את ספרו בהולנד, מכיוון שמחירי הספרים **המִתְפַּרְסְמִים** שם גבוהים מאוד.

Ehud does not want **to publish** his book in Holland because the prices of books that **get published** there are very high.

מתאגרף **מְפוּרְסָם** מסוים **הִתְפַּרְסֵם** יותר בגלל אונס מאשר בגלל ביצועיו המקצועיים. גם כישוריו **בְּפִרְסוּם** של האמרגן **שֶׁפִּרְסֵם** אותו אחראים לכך.

A certain **well known** boxer **became famous** more because of a rape than due to his professional performance. The **publicity** talents of the promoter who **publicized** him are also responsible for this.

אליעזר עובד במשרד **פִּרְסוּם המְפַרְסֵם** בעיקר פרסומות לסיגריות.

Eliezer works in an **advertising** firm which mostly **advertises** cigarette ads.

◆ ביטויים מיוחדים Special expressions

מן **המְפוּרְסָמוֹת** הוא ש- It is well known that

●פרע

הִפְרִיעַ/הִפְרַע/יַפְרִיעַ disturb, hinder, bother

בניין: הִפְעִיל גזרה: ל׳ גרונית

	Present הווה		Past עבר	Future עתיד	Imperative ציווי
יחיד	מַפְרִיעַ	אני	הִפְרַעְתִּי	אַפְרִיעַ	
יחידה	מַפְרִיעָה	אתה	הִפְרַעְתָּ	תַּפְרִיעַ	הַפְרַע
רבים	מַפְרִיעִים	את	הִפְרַעְתְּ/...עַת	תַּפְרִיעִי	הַפְרִיעִי
רבות	מַפְרִיעוֹת	הוא	הִפְרִיעַ	יַפְרִיעַ	
		היא	הִפְרִיעָה	תַּפְרִיעַ	
		אנחנו	הִפְרַעְנוּ	נַפְרִיעַ	
		אתם/ן	הִפְרַעְתֶּם/ן	תַּפְרִיעוּ*	הַפְרִיעוּ**
		הם/ן	הִפְרִיעוּ	יַפְרִיעוּ*	>>>

שם הפועל .Infin לְהַפְרִיעַ   * less commonly: אתן/הן תַּפְרַעְנָה
שם הפעולה Gerund הַפְרָעָה disturbance   ** less commonly: (אתן) הַפְרַעְנָה
מקור מוחלט .Inf. Abs הַפְרֵעַ
מ"י מוצרכת .Gov. Prep הִפְרִיעַ ל- disturb (someone)

הוּפְרַע (הֻפְרַע) be disturbed/hindered/bothered

בניין: הוּפְעַל   גזרה: ל' גרונית

	Present הווה		Past עבר	Future עתיד
יחיד	מוּפְרָע	אני	הוּפְרַעְתִּי	אוּפְרַע
יחידה	מוּפְרַעַת	אתה	הוּפְרַעְתָּ	תּוּפְרַע
רבים	מוּפְרָעִים	את	הוּפְרַעְתְּ/...עַת	תּוּפְרְעִי
רבות	מוּפְרָעוֹת	הוא	הוּפְרַע	יוּפְרַע
		היא	הוּפְרְעָה	תּוּפְרַע
		אנחנו	הוּפְרַעְנוּ	נוּפְרַע
		אתם/ן	הוּפְרַעְתֶּם/ן	תּוּפְרְעוּ*
		הם/ן	הוּפְרְעוּ	יוּפְרְעוּ*

בינוני .Pres. Part מוּפְרָע disturbed   * less commonly: אתן/הן תּוּפְרַעְנָה
שם הפעולה Gerund מוּפְרָעוּת disturbed state
[מקור מוחלט .Inf. Abs הוּפְרֵעַ]

הִתְפָּרֵעַ/הִתְפָּרַע go wild, cause a disturbance

בניין: הִתְפַּעֵל   גזרה: ע' גרונית + ל' גרונית

	Present הווה		Past עבר	Future עתיד	Imperative ציווי
יחיד	מִתְפָּרֵעַ	אני	הִתְפָּרַעְתִּי	אֶתְפָּרַע/...רֵעַ	
יחידה	מִתְפָּרַעַת	אתה	הִתְפָּרַעְתָּ	תִּתְפָּרַע/...רֵעַ	הִתְפָּרַע/...רֵעַ
רבים	מִתְפָּרְעִים	את	הִתְפָּרַעְתְּ/...עַת	תִּתְפָּרְעִי	הִתְפָּרְעִי
רבות	מִתְפָּרְעוֹת	הוא	הִתְפָּרַע*	יִתְפָּרַע/...רֵעַ	
		היא	הִתְפָּרְעָה	תִּתְפָּרַע/...רֵעַ	
		אנחנו	הִתְפָּרַעְנוּ	נִתְפָּרַע/...רֵעַ	
		אתם/ן	הִתְפָּרַעְתֶּם/ן	תִּתְפָּרְעוּ**	הִתְפָּרְעוּ***
		הם/ן	הִתְפָּרְעוּ	יִתְפָּרְעוּ**	

שם הפועל .Infin לְהִתְפָּרֵעַ   * Colloquial: הִתְפָּרֵעַ
שם הפעולה Gerund הִתְפָּרְעוּת rioting (N)   ** less commonly: אתן/הן תִּתְפָּרַעְנָה
בינוני .Pres. Part מִתְפָּרֵעַ rioter   *** less commonly: (אתן) הִתְפָּרַעְנָה
מקור מוחלט .Inf. Abs הִתְפָּרֵעַ

◆ פעלים שאינם שכיחים מאותו שורש Infrequent verbs sharing the same root

פָּרַע abandon, neglect; cause to be wild; riot; uncover (פּוֹרֵעַ, יִפְרַע, לִפְרוֹעַ)
בינ' פעיל .Act. Part פּוֹרֵעַ rioter   בינ' סביל .Pass. Part פָּרוּעַ wild; disheveled (common)
נִפְרַע become wild (lit.) (נִפְרָע, יִיפָּרַע, לְהִיפָּרֵעַ)

פֵּירַע (פֵּרַע) (מְפָרֵעַ, יְפָרַע, לְפָרֵעַ) uncover (mish H)

[פּוֹרַע (פֹּרַע)] be uncovered, open (Mish H) :used only in Pres. Part. מְפוֹרָע

◆ דוגמאות Illustrations

אני מצטער שאני **מַפְרִיעַ** לך, אבל זה באמת דחוף.

I am sorry to **disturb** you, but it is really urgent.

ההפגנה החלה בשקט, אבל כשכמה מן הצופים מן הצד צעקו לעבר המפגינים "**מוּפְרָעִים** שכמותכם", פרצה קטטה, שנסתיימה **בהִתְפָּרְעוּת** כללית. בדיעבד, אני חושב שזו ההפגנה **הפְּרוּעָה** ביותר שהשתתפתי בה.

The demonstration began quietly, but when some of the spectators on the side shouted "you're **disturbed**" at the demonstrators, a brawl ensued, which ended up in a major **disturbance**. Now that it's done, I think that this has been the **wild**est demonstration I ever attended.

● פרץ

פָּרַץ/פּוֹרֵץ/יִפְרוֹץ (יִפְרֹץ) break open, break into; burst into/out; break out; break through

בניין: פָּעַל גזרה: שלמים (אֶפְעוֹל)

	Present הווה			Past עבר	Future עתיד	Imper. ציווי
יחיד	פּוֹרֵץ	פָּרוּץ	אני	פָּרַצְתִּי	אֶפְרוֹץ	
יחידה	פּוֹרֶצֶת	פְּרוּצָה	אתה	פָּרַצְתָּ	תִּפְרוֹץ	פְּרוֹץ
רבים	פּוֹרְצִים	פְּרוּצִים	את	פָּרַצְתְּ	תִּפְרְצִי	פִּרְצִי
רבות	פּוֹרְצוֹת	פְּרוּצוֹת	הוא	פָּרַץ	יִפְרוֹץ	
			היא	פָּרְצָה	תִּפְרוֹץ	
			אנחנו	פָּרַצְנוּ	נִפְרוֹץ	
			אתם/ן	פְּרַצְתֶּם/ן*	תִּפְרְצוּ**	פִּרְצוּ***
			הם/ן	פָּרְצוּ	יִפְרְצוּ**	

* Colloquial: פָּרַצְתֶּם/ן

** less commonly: אתן/הן תִּפְרוֹצְנָה

*** less commonly: (אתן) פְּרוֹצְנָה

שם הפועל .Infin לִפְרוֹץ

שם הפעולה Gerund פְּרִיצָה break-in; break-through

בינוני פעיל .Act. Part פּוֹרֵץ burglar

בינוני סביל .Pass. Part פָּרוּץ broken open/into; licentious

פְּרוּצָה loose woman

מקור מוחלט .Inf. Abs פָּרוֹץ

נִפְרַץ/יִיפָּרֵץ (יִפָּרֵץ) be be broken open; be broken into; be unrestrained; widespread

בניין: נִפְעַל גזרה: שלמים

	Present הווה		Past עבר	Future עתיד	Imperative ציווי
יחיד	נִפְרָץ	אני	נִפְרַצְתִּי	אֶפָּרֵץ	
יחידה	נִפְרֶצֶת	אתה	נִפְרַצְתָּ	תִּיפָּרֵץ	הִיפָּרֵץ
רבים	נִפְרָצִים	את	נִפְרַצְתְּ	תִּיפָּרְצִי	הִיפָּרְצִי
רבות	נִפְרָצוֹת	הוא	נִפְרַץ	יִיפָּרֵץ	
		היא	נִפְרְצָה	תִּיפָּרֵץ	
		אנחנו	נִפְרַצְנוּ	נִיפָּרֵץ	
		אתם/ן	נִפְרַצְתֶּם/ן	תִּיפָּרְצוּ*	הִיפָּרְצוּ**
		הם/ן	נִפְרְצוּ	יִיפָּרְצוּ*	

* less commonly: אתן/הן תִּיפָּרַצְנָה/...רֵצְנָה

** less commonly: (אתן) הִיפָּרַצְנָה/...רֵצְנָה

שם הפועל .Infin לְהִיפָּרֵץ

בינוני .Pres. Part נִפְרָץ widespread, common (lit.)

מקור מוחלט .Inf. Abs נִפְרוֹץ, הִיפָּרֵץ (הִיפָּרוֹץ)

הִתְפָּרֵץ/הִתְפָּרַץ burst in/out; let oneself go (in anger)

בניין: הִתְפַּעֵל גזרה: ע׳ גרונית

	Present הווה		Past עבר	Future עתיד	Imperative ציווי
יחיד	מִתְפָּרֵץ	אני	הִתְפָּרַצְתִּי	אֶתְפָּרֵץ	
יחידה	מִתְפָּרֶצֶת	אתה	הִתְפָּרַצְתָּ	תִּתְפָּרֵץ	הִתְפָּרֵץ
רבים	מִתְפָּרְצִים	את	הִתְפָּרַצְתְּ	תִּתְפָּרְצִי	הִתְפָּרְצִי
רבות	מִתְפָּרְצוֹת	הוא	הִתְפָּרֵץ	יִתְפָּרֵץ	
		היא	הִתְפָּרְצָה	תִּתְפָּרֵץ	
		אנחנו	הִתְפָּרַצְנוּ	נִתְפָּרֵץ	
		אתם/ן	הִתְפָּרַצְתֶּם/ן	תִּתְפָּרְצוּ*	הִתְפָּרְצוּ**
		הם/ן	הִתְפָּרְצוּ	יִתְפָּרְצוּ*	

* less commonly: אתן/הן תִּתְפָּרֵצְנָה

** less commonly: (אתן) הִתְפָּרֵצְנָה

שם הפועל .Infin לְהִתְפָּרֵץ

שם הפעולה Gerund הִתְפָּרְצוּת bursting in; outburst

מקור מוחלט .Inf. Abs הִתְפָּרֵץ

מ״י מוצרכת .Gov. Prep הִתְפָּרֵץ ל- burst into

◆ פעלים שאינם שכיחים מאותו שורש Infrequent verbs sharing the same root

פֵּירַץ (פֵּרַץ) break down (tr.), breach (Mish H) (מְפָרֵץ, יְפָרֵץ, לְפָרֵץ)

פּוֹרַץ (פֹּרַץ) be broken down, be breached (Mish H) (מְפוֹרָץ, יְפוֹרַץ)

הִפְרִיץ abound; behave licentiously (Mish H); increase (tr.); cause to burst (lit.) (Med H) (מַפְרִיץ, יַפְרִיץ, לְהַפְרִיץ)

הוּפְרַץ (הֻפְרַץ) be broken down (Med H) (מוּפְרָץ, יוּפְרַץ)

◆ דוגמאות Illustrations

השוטרים צלצלו בדלת מספר פעמים, ומשלא נענו, החליטו **לִפְרוֹץ** את הדלת. כשהדלת **נִפְרְצָה** והשוטרים **הִתְפָּרְצוּ** פנימה, הם מצאו את הזקנה מוטלת על הרצפה ללא הכרה. החלון היה **פָּרוּץ**, וסימני **פְּרִיצָה** אחרים ניכרו בכל הדירה. המשטרה מקווה שיימצאו מספיק עדויות לזהותו של **הפּוֹרֵץ**.

The police officers rang the bell a few times, and since there was no answer, they decided to **break open** the door. When the door **was broken open** and the policemen **burst** in, they found the old lady lying unconscious on the floor. The window **had been forced open**, and there were other signs of **break-in** all over the apartment. The police are hopeful that sufficient clues will be found to identify the **burglar**.

◆ ביטויים מיוחדים Special expressions

פּוֹרֵץ גדר ישכנו נחש law breakers will be severely punished

פָּרַץ גדר/גבול break the law; break loose

פָּרַץ בבכי break into tears

פָּרַץ בצחוק burst out laughing

מה **פָּרַצְתָּ** עליך פרץ? how come you are so active?

פָּרְצָה מלחמה a war broke out

פְּרִיצַת דרך a breakthrough; forcing a way through

הִתְפָּרֵץ בכוח force one's way

הִתְפָּרֵץ לדלת פתוחה burst through an open door (i.e. use unnecessary force, too much energy)

● פרק

פָּרַק/פּוֹרֵק/יִפְרוֹק (יִפְרֹק) unload; rescue, deliver (lit.)

בניין: פָּעַל גזרה: שלמים (אֶפְעוֹל)

	Present הווה			Past עבר	Future עתיד	Imper. ציווי
יחיד	פּוֹרֵק	פָּרוּק	אני	פָּרַקְתִּי	אֶפְרוֹק	
יחידה	פּוֹרֶקֶת	פְּרוּקָה	אתה	פָּרַקְתָּ	תִּפְרוֹק	פְּרוֹק
רבים	פּוֹרְקִים	פְּרוּקִים	את	פָּרַקְתְּ	תִּפְרְקִי	פִּרְקִי
רבות	פּוֹרְקוֹת	פְּרוּקוֹת	הוא	פָּרַק	יִפְרוֹק	
			היא	פָּרְקָה	תִּפְרוֹק	
			אנחנו	פָּרַקְנוּ	נִפְרוֹק	
			אתם/ן	פְּרַקְתֶּם/ן*	תִּפְרְקוּ**	פִּרְקוּ***
			הם/ן	פָּרְקוּ	יִפְרְקוּ**	

* Colloquial: פָּרַקְתֶּם/ן

** less commonly: אתן/הן תִּפְרוֹקְנָה

*** less commonly: (אתן) פְּרוֹקְנָה

שם הפועל .Infin לִפְרוֹק

שם הפעולה .Ger פְּרִיקָה unloading

בינוני סביל .Pass. Part פָּרוּק unloaded (gun too)

<<<

מקור מוחלט .Inf. Abs פָּרוֹק

מ"י מוצרכת .Gov. Prep פָּרַק מֵעַל/מִן unload from

נִפְרַק/יִיפָּרֵק (יִפָּרֵק) be unloaded; be dislocated (joint)

בניין: נִפְעַל גזרה: שלמים

	Present הווה		Past עבר	Future עתיד	Imperative ציווי
יחיד	נִפְרָק	אני	נִפְרַקְתִּי	אֶפָּרֵק	
יחידה	נִפְרֶקֶת	אתה	נִפְרַקְתָּ	תִּיפָּרֵק	הִיפָּרֵק
רבים	נִפְרָקִים	את	נִפְרַקְתְּ	תִּיפָּרְקִי	הִיפָּרְקִי
רבות	נִפְרָקוֹת	הוא	נִפְרַק	יִיפָּרֵק	
		היא	נִפְרְקָה	תִּיפָּרֵק	
		אנחנו	נִפְרַקְנוּ	נִיפָּרֵק	
		אתם/ן	נִפְרַקְתֶּם/ן	תִּיפָּרְקוּ*	הִיפָּרְקוּ**
		הם/ן	נִפְרְקוּ	יִיפָּרְקוּ*	

שם הפועל .Infin לְהִיפָּרֵק * less commonly: אתן/הן תִּיפָּרֵקְנָה/...רֵקְנָה

שם הפעולה .Ger הִיפָּרְקוּת being unloaded ** less commonly: (אתן) הִיפָּרֵקְנָה/...רֵקְנָה

מקור מוחלט .Inf. Abs נִפְרוֹק, הִיפָּרֵק (הִיפָּרוֹק)

פֵּירֵק/פֵּירַק/פָּרֵק (פֵּרֵק) dismantle, take apart; shatter; unload; discharge (electricity); dissolve (partnership)

בניין: פִּיעֵל גזרה: ע' גרונית

	Present הווה		Past עבר	Future עתיד	Imperative ציווי
יחיד	מְפָרֵק	אני	פֵּירַקְתִּי	אֲפָרֵק	
יחידה	מְפָרֶקֶת	אתה	פֵּירַקְתָּ	תְּפָרֵק	פָּרֵק
רבים	מְפָרְקִים	את	פֵּירַקְתְּ	תְּפָרְקִי	פָּרְקִי
רבות	מְפָרְקוֹת	הוא	פֵּירֵק (פֵּירַק)	יְפָרֵק	
		היא	פֵּירְקָה	תְּפָרֵק	
		אנחנו	פֵּירַקְנוּ	נְפָרֵק	
		אתם/ן	פֵּירַקְתֶּם/ן	תְּפָרְקוּ*	פָּרְקוּ**
		הם/ן	פֵּירְקוּ	יְפָרְקוּ*	

* less commonly: אתן/הן תְּפָרֵקְנָה

שם הפועל .Infin לְפָרֵק ** less commonly: (אתן) פָּרֵקְנָה

שם הפעולה Gerund פֵּירוּק dismantling, dissolution

בינוני .Pres. Part מְפָרֵק (נכסים) liquidator

מקור מוחלט .Inf. Abs פָּרֵק

פּוֹרַק (פֻּרַק) be dismantled/unloaded/dissolved

בניין: פּוּעַל גזרה: ע' גרונית

	הווה Present		עבר Past	עתיד Future
יחיד	מְפוֹרָק	אני	פּוֹרַקְתִּי	אֲפוֹרַק
יחידה	מְפוֹרֶקֶת	אתה	פּוֹרַקְתָּ	תְּפוֹרַק
רבים	מְפוֹרָקִים	את	פּוֹרַקְתְּ	תְּפוֹרְקִי
רבות	מְפוֹרָקוֹת	הוא	פּוֹרַק	יְפוֹרַק
		היא	פּוֹרְקָה	תְּפוֹרַק
		אנחנו	פּוֹרַקְנוּ	נְפוֹרַק
		אתם/ן	פּוֹרַקְתֶּם/ן	תְּפוֹרְקוּ*
		הם/ן	פּוֹרְקוּ	יְפוֹרְקוּ*

* less commonly: אתן/הן תְּפוֹרַקְנָה

בינוני .Pres. Part מְפוֹרָק dismantled, dissolved

[מקור מוחלט .Inf. Abs פּוֹרוֹק]

הִתְפָּרֵק/הִתְפָּרַק disintegrate/decompose, fall apart; relax (coll.)

בניין: הִתְפַּעֵל גזרה: ע' גרונית

	הווה Present		עבר Past	עתיד Future	ציווי Imperative
יחיד	מִתְפָּרֵק	אני	הִתְפָּרַקְתִּי	אֶתְפָּרֵק	
יחידה	מִתְפָּרֶקֶת	אתה	הִתְפָּרַקְתָּ	תִּתְפָּרֵק	הִתְפָּרֵק
רבים	מִתְפָּרְקִים	את	הִתְפָּרַקְתְּ	תִּתְפָּרְקִי	הִתְפָּרְקִי
רבות	מִתְפָּרְקוֹת	הוא	הִתְפָּרֵק	יִתְפָּרֵק	
		היא	הִתְפָּרְקָה	תִּתְפָּרֵק	
		אנחנו	הִתְפָּרַקְנוּ	נִתְפָּרֵק	
		אתם/ן	הִתְפָּרַקְתֶּם/ן	תִּתְפָּרְקוּ*	הִתְפָּרְקוּ**
		הם/ן	הִתְפָּרְקוּ	יִתְפָּרְקוּ*	

שם הפועל .Infin לְהִתְפָּרֵק

* less commonly: אתן/הן תִּתְפָּרֵקְנָה

בינוני .Pres. Part מִתְפָּרֵק falling apart

** less commonly: (אתן) הִתְפָּרֵקְנָה

שם הפעולה Gerund הִתְפָּרְקוּת disintegration; breaking free; relaxing (coll.)

מקור מוחלט .Inf. Abs הִתְפָּרֵק

◆ דוגמאות Illustrations

אחרי שֶׁפֵּרַקְתִּי את המטען מעל המשאית, פֵּרַקְתִּי את המחסנית מן הרובה ונכנסתי לחדר האוכל.

After I **had unloaded** the truck, I **unloaded** the magazine from the rifle and entered the mess hall.

לאחר שכל המטען **נִפְרַק**, התחילו צוותים להרכיב את הציוד, **שֶׁפּוֹרַק** לפני העלאתו למטוס יום קודם לכן.

When all the cargo **had been loaded**, teams began to assemble the equipment, which **had been taken apart** prior to its being put on the plane a day earlier.

אומרים שכל חייל בלגיון הערבי יודע **לְפָרֵק** ולהרכיב מחדש את רובהו בעיניים

עצומות.

They say that every soldier in the Arab Legion can **take apart** his rifle and put it back together with his eyes closed.

צריך לשפץ את המכונית הזאת לפני שהיא **תִּתְפָּרֵק** לגמרי.

One needs to overhaul this car before it **falls apart** completely.

◆ ביטויים מיוחדים Special expressions

פָּרַק (כל) עול shed (all) responsibility

פֵּירֵק (מספר) לגורמים factorize (math)

פֵּירֵק אותו לגורמים beat him fiercely, all over (sl.)

● פרש - 1

פֵּירֵשׁ/פֵּירַשׁ/פָּרֵשׁ (פֵּרֵשׁ) explain, interpret; state explicitly

בניין: פִּיעֵל גזרה: ע׳ גרונית

	Present הווה		Past עבר	Future עתיד	Imperative ציווי
יחיד	מְפָרֵשׁ	אני	פֵּירַשְׁתִּי	אֲפָרֵשׁ	
יחידה	מְפָרֶשֶׁת	אתה	פֵּירַשְׁתָּ	תְּפָרֵשׁ	פָּרֵשׁ
רבים	מְפָרְשִׁים	את	פֵּירַשְׁתְּ	תְּפָרְשִׁי	פָּרְשִׁי
רבות	מְפָרְשׁוֹת	הוא	פֵּירֵשׁ (פֵּירַשׁ)	יְפָרֵשׁ	
		היא	פֵּירְשָׁה	תְּפָרֵשׁ	
		אנחנו	פֵּירַשְׁנוּ	נְפָרֵשׁ	
		אתם/ן	פֵּירַשְׁתֶּם/ן	תְּפָרְשׁוּ*	פָּרְשׁוּ**
		הם/ן	פֵּירְשׁוּ	יְפָרְשׁוּ*	

* less commonly: אתן/הן תְּפָרֵשְׁנָה

** less commonly: (אתן) פָּרֵשְׁנָה

שם הפועל .Infin לְפָרֵשׁ

שם הפעולה Gerund פֵּירוּשׁ explanation, interpretation

בינוני .Pres. Part מְפָרֵשׁ commentator (esp. Bible)

מקור מוחלט .Inf. Abs פָּרֵשׁ

פּוֹרַשׁ (פֹּרַשׁ) be explained/interpreted; be stated explicitly

בניין: פּוּעַל גזרה: ע׳ גרונית

	Present הווה		Past עבר	Future עתיד
יחיד	מְפוֹרָשׁ	אני	פּוֹרַשְׁתִּי	אֲפוֹרַשׁ
יחידה	מְפוֹרֶשֶׁת	אתה	פּוֹרַשְׁתָּ	תְּפוֹרַשׁ
רבים	מְפוֹרָשִׁים	את	פּוֹרַשְׁתְּ	תְּפוֹרְשִׁי
רבות	מְפוֹרָשׁוֹת	הוא	פּוֹרַשׁ	יְפוֹרַשׁ
		היא	פּוֹרְשָׁה	תְּפוֹרַשׁ >>>

	Past עבר	Future עתיד
אנחנו	פּוֹרַשְׁנוּ	נְפוֹרַשׁ
אתם/ן	פּוֹרַשְׁתֶּם/ן	תְּפוֹרְשׁוּ*
הם/ן	פּוֹרְשׁוּ	יְפוֹרְשׁוּ*

בינוני Pres. Part. מְפוֹרָשׁ explicit; interpreted

* less commonly: אתן/הן תְּפוֹרַשְׁנָה

[מקור מוחלט Inf. Abs. פּוֹרוֹשׁ]

תואר הפועל Adv. בִּמְפוֹרָשׁ explicitly

הִתְפָּרֵשׁ/הִתְפָּרַשׁ be interpreted; be specified/detailed

בניין: הִתְפָּעֵל גזרה: ע' גרונית

	Present הווה		Past עבר	Future עתיד	Imperative ציווי
יחיד	מִתְפָּרֵשׁ	אני	הִתְפָּרַשְׁתִּי	אֶתְפָּרֵשׁ	
יחידה	מִתְפָּרֶשֶׁת	אתה	הִתְפָּרַשְׁתָּ	תִּתְפָּרֵשׁ	הִתְפָּרֵשׁ
רבים	מִתְפָּרְשִׁים	את	הִתְפָּרַשְׁתְּ	תִּתְפָּרְשִׁי	הִתְפָּרְשִׁי
רבות	מִתְפָּרְשׁוֹת	הוא	הִתְפָּרֵשׁ	יִתְפָּרֵשׁ	
		היא	הִתְפָּרְשָׁה	תִּתְפָּרֵשׁ	
		אנחנו	הִתְפָּרַשְׁנוּ	נִתְפָּרֵשׁ	
		אתם/ן	הִתְפָּרַשְׁתֶּם/ן	תִּתְפָּרְשׁוּ*	הִתְפָּרְשׁוּ**
		הם/ן	הִתְפָּרְשׁוּ	יִתְפָּרְשׁוּ*	

* less commonly: אתן/הן תִּתְפָּרֵשְׁנָה

** less commonly: (אתן) הִתְפָּרֵשְׁנָה

שם הפועל Infin. לְהִתְפָּרֵשׁ

שם הפעולה Gerund הִתְפָּרְשׁוּת interpretation/explanation

מקור מוחלט Inf. Abs. הִתְפָּרֵשׁ

◆ פעלים שאינם שכיחים מאותו שורש Infrequent verbs sharing the same root

נִפְרַשׁ be explained/clarified (Med H) (נִפְרָשׁ, יִיפָּרֵשׁ, לְהִיפָּרֵשׁ)

◆ דוגמאות Illustrations

משה טוען שהתנהגותו **הִתְפָּרְשָׁה** שלא כראוי. הוא פשוט התכוון לעזור, אך הפצוע **פֵּירֵשׁ** את ריצתו אליו כתקיפה נוספת, והחל לברוח.

Moshe claims that his behavior was incorrectly **interpreted**. He simply wished to help, but the injured person **understood** his running as another assault, and began to run.

רש"י הוא **הַמְפָרֵשׁ** החשוב ביותר של המקרא. **פֵּירוּשׁוֹ** תמיד מקורי ומתוחכם, גם אם לעתים אינו סביר ביותר.

Rashi is the most important **interpreter** of the Bible. His **interpretation** is always oiginal and sophisticated, even if it is not always that feasible.

הפסוק הזה **פּוֹרַשׁ** כבר מאות בשנים, על ידי אלפי **מְפָרְשִׁים**, ולדעתי עד היום עדיין לא הובן.

This verse **has** already **been interpreted** for centuries by thousands of **interpreters**, and in my opinion is still not understood to this day.

היא אמרה לו **בִּמְפוֹרָשׁ** שאין לה עניין, אך הוא העמיד פנים שאינו שומע.

She told him **explicitly** that she's not interested, but he pretended not to hear.

◆ ביטויים מיוחדים Special expressions

פֵּירֵשׁ את השם utter the Divine name — שֵׁם הַמְפוֹרָשׁ the Divine (ineffable) name

---

●פרש - 2

פָּרַשׁ/פּוֹרֵשׁ/יִפְרוֹשׁ (יִפְרֹשׁ) leave, withdraw, retire, secede; set sail (lit.)

בניין: פָּעַל גזרה: שלמים (אֶפְעוֹל)

	Present הווה		Past עבר	Future עתיד	Imper. ציווי
יחיד	פּוֹרֵשׁ פָּרוּשׁ	אני	פָּרַשְׁתִּי	אֶפְרוֹשׁ	
יחידה	פּוֹרֶשֶׁת פְּרוּשָׁה	אתה	פָּרַשְׁתָּ	תִּפְרוֹשׁ	פְּרוֹשׁ
רבים	פּוֹרְשִׁים פְּרוּשִׁים	את	פָּרַשְׁתְּ	תִּפְרְשִׁי	פִּרְשִׁי
רבות	פּוֹרְשׁוֹת פְּרוּשׁוֹת	הוא	פָּרַשׁ	יִפְרוֹשׁ	
		היא	פָּרְשָׁה	תִּפְרוֹשׁ	
		אנחנו	פָּרַשְׁנוּ	נִפְרוֹשׁ	
		אתם/ן	פְּרַשְׁתֶּם/ן*	תִּפְרְשׁוּ**	פִּרְשׁוּ***
		הם/ן	פָּרְשׁוּ	יִפְרְשׁוּ**	

* Colloquial: פָּרַשְׁתֶּם/ן

** less commonly: אתן/הן תִּפְרוֹשְׁנָה

*** less commonly: (אתן) פְּרוֹשְׁנָה

שם הפועל .Infin לִפְרוֹשׁ

שם הפעולה Gerund פְּרִישָׁה withdrawal, retirement, secession

בינוני פעיל .Act. Part פּוֹרֵשׁ dissenter, dissident

בינוני סביל .Pass. Part פָּרוּשׁ ascetic; Pharisee; recluse; finch

מקור מוחלט .Inf. Abs פָּרוֹשׁ

מ״י מוצרכת .Gov. Prep פָּרַשׁ מן withdraw/retire from

הִפְרִישׁ/הִפְרַשְׁ/יַפְרִישׁ set aside; excrete; dedicate (part as offering)

בניין: הִפְעִיל גזרה: שלמים

	Present הווה		Past עבר	Future עתיד	Imperative ציווי
יחיד	מַפְרִישׁ	אני	הִפְרַשְׁתִּי	אַפְרִישׁ	
יחידה	מַפְרִישָׁה	אתה	הִפְרַשְׁתָּ	תַּפְרִישׁ	הַפְרֵשׁ
רבים	מַפְרִישִׁים	את	הִפְרַשְׁתְּ	תַּפְרִישִׁי	הַפְרִישִׁי
רבות	מַפְרִישׁוֹת	הוא	הִפְרִישׁ	יַפְרִישׁ	
		היא	הִפְרִישָׁה	תַּפְרִישׁ	
		אנחנו	הִפְרַשְׁנוּ	נַפְרִישׁ	
		אתם/ן	הִפְרַשְׁתֶּם/ן	תַּפְרִישׁוּ*	הַפְרִישׁוּ** >>

		Past עבר	Future עתיד
	הם/ן	הִפְרִישׁוּ	יַפְרִישׁוּ*

* less commonly: אתן/הן תַּפְרֵשְׁנָה

שם הפועל .Infin לְהַפְרִישׁ ** less commonly: (אתן) הַפְרֵשְׁנָה

שם הפעולה Gerund הַפְרָשָׁה setting aside; excretion

מקור מוחלט .Inf. Abs הַפְרֵשׁ

הוּפְרַשׁ (הֻפְרַשׁ) be set aside; be excreted; be dedicated (as offering)

בניין: הוּפְעַל גזרה: שלמים

	Present הווה		Past עבר	Future עתיד
יחיד	מוּפְרָשׁ	אני	הוּפְרַשְׁתִּי	אוּפְרַשׁ
יחידה	מוּפְרֶשֶׁת	אתה	הוּפְרַשְׁתָּ	תּוּפְרַשׁ
רבים	מוּפְרָשִׁים	את	הוּפְרַשְׁתְּ	תּוּפְרְשִׁי
רבות	מוּפְרָשׁוֹת	הוא	הוּפְרַשׁ	יוּפְרַשׁ
		היא	הוּפְרְשָׁה	תּוּפְרַשׁ
		אנחנו	הוּפְרַשְׁנוּ	נוּפְרַשׁ
		אתם/ן	הוּפְרַשְׁתֶּם/ן	תּוּפְרְשׁוּ*
		הם/ן	הוּפְרְשׁוּ	יוּפְרְשׁוּ*

* less commonly: אתן/הן תּוּפְרַשְׁנָה

בינוני .Pres. Part מוּפְרָשׁ allocated; separated

[מקור מוחלט .Inf. Abs הוּפְרֵשׁ]

◆ **פעלים שאינם שכיחים מאותו שורש** Infrequent verbs sharing the same root

נִפְרַשׁ (.be scattered/separated/removed (from society) (lit (נִפְרָשׁ, יִיפָּרֵשׁ, לְהִיפָּרֵשׁ)

פֵּירַשׁ (פֵּרַשׁ) (.withdraw; sail away; separate, set apart (lit (מְפָרֵשׁ, יְפָרֵשׁ, לְפָרֵשׁ)

פּוֹרַשׁ (פֹּרַשׁ) be separated (Mish H) (מְפוֹרָשׁ, יְפוֹרַשׁ)

הִתְפָּרֵשׁ (.be separate/distinguished (lit (מִתְפָּרֵשׁ, יִתְפָּרֵשׁ, לְהִתְפָּרֵשׁ)

◆ **דוגמאות** Illustrations

חברי האגף השמאלי של המפלגה **פָּרְשׁוּ** ממנה לפני ארבעים שנה. תוצאות אותה **פְּרִישָׁה** ניכרות עד היום, לאחר שרוב **הפּוֹרְשִׁים** כבר נפטרו.

Members of the left wing of the party **seceded** from it forty years ago. The consequences of that **secession** are still manifest to this day, when most of the **dissenters** are dead.

אפרים **פָּרַשׁ** לאחר ארבעים שנה של עבודה מסורה באוניברסיטה. במסיבת **הפְּרִישָׁה** הודיע הדיקאן כי **הוּפְרְשׁוּ** כספים לקרן מלגות מיוחדת לסטודנטים על שמו.

Ephraim **retired** after forty years of dedicated service at the university. At the **retirement** party, the dean announced that funds **were set aside** for a special student fellowship in his name.

כל חודש אני **מַפְרִישׁ** סכום מסוים ישירות מן המשכורת לקרן הפנסיה שלי.

Every month I **set aside** a certain amount, directly from my paycheck, into my pension fund.

החתול הזה זקן, וכבר אינו שולט ב**הַפְרָשׁוֹת** שלו.

This cat is quite old by now, and no longer controls his **excretions**.

◆ ביטויים מיוחדים Special expressions

פָּרַשׁ מן הציבור withdraw from society

●פשט

פָּשַׁט/פּוֹשֵׁט/יִפְשׁוֹט (יִפְשֹׁט) take off (clothes); extend (hand); stretch out; spread (out); raid

בניין: פָּעַל גזרה: שלמים (אֶפְעוֹל)

Imper. ציווי	Future עתיד	Past עבר		Present הווה	
	אֶפְשׁוֹט	פָּשַׁטְתִּי	אני	פּוֹשֵׁט פָּשׁוּט	יחיד
פְּשׁוֹט	תִּפְשׁוֹט	פָּשַׁטְתָּ	אתה	פּוֹשֶׁטֶת פְּשׁוּטָה	יחידה
פִּשְׁטִי	תִּפְשְׁטִי	פָּשַׁטְתְּ	את	פּוֹשְׁטִים פְּשׁוּטִים	רבים
	יִפְשׁוֹט	פָּשַׁט	הוא	פּוֹשְׁטוֹת פְּשׁוּטוֹת	רבות
	תִּפְשׁוֹט	פָּשְׁטָה	היא		
	נִפְשׁוֹט	פָּשַׁטְנוּ	אנחנו		
פִּשְׁטוּ***	תִּפְשְׁטוּ**	פְּשַׁטְתֶּם/ן*	אתם/ן		
	יִפְשְׁטוּ**	פָּשְׁטוּ	הם/ן		

* Colloquial: פָּשַׁטְתֶּם/ן

** less commonly: אתן/הן תִּפְשׁוֹטְנָה

*** less commonly: (אתן) פְּשׁוֹטְנָה

שם הפועל .Infin לִפְשׁוֹט

שם הפעולה Gerund פְּשִׁיטָה raid; taking off (clothes); stretching out

בינוני סביל .Pass. Part פָּשׁוּט simple; simply; with clothes taken off

מקור מוחלט .Inf. Abs פָּשׁוֹט

תה"פ .Adv פְּשׁוּטוֹת simply, in a simple manner

פִּישֵּׁט/פִּישְּׁטְ/פַּשֵּׁט (פִּשֵּׁט) simplify; undress (lit.); stretch out; smooth

בניין: פִּיעֵל גזרה: שלמים

Imperative ציווי	Future עתיד	Past עבר		Present הווה	
	אֲפַשֵּׁט	פִּישַּׁטְתִּי	אני	מְפַשֵּׁט	יחיד
פַּשֵּׁט	תְּפַשֵּׁט	פִּישַּׁטְתָּ	אתה	מְפַשֶּׁטֶת	יחידה
פַּשְּׁטִי	תְּפַשְּׁטִי	פִּישַּׁטְתְּ	את	מְפַשְּׁטִים	רבים
	יְפַשֵּׁט	פִּישֵּׁט	הוא	מְפַשְּׁטוֹת	רבות
<<<	תְּפַשֵּׁט	פִּישְּׁטָה	היא		

	Past עבר	Future עתיד	Imperative ציווי
אנחנו	פִּישַׁטְנוּ	נְפַשֵּׁט	
אתם/ן	פִּישַׁטְתֶּם/ן	תְּפַשְּׁטוּ*	פַּשְּׁטוּ**
הם/ן	פִּישְּׁטוּ	יְפַשְּׁטוּ*	

* less commonly: אתן/הן תְּפַשֵּׁטְנָה

שם הפועל .Infin לְפַשֵּׁט ** less commonly: (אתן) פַּשֵּׁטְנָה

שם הפעולה Gerund פִּישּׁוּט simplification, spreading out

מקור מוחלט .Inf. Abs פַּשֵּׁט

פּוּשַּׁט (פֻּשַּׁט) be simplified; be extended/stretched out

בניין: פּוּעַל גזרה: שלמים

	Present הווה		Past עבר	Future עתיד
יחיד	מְפוּשָּׁט	אני	פּוּשַּׁטְתִּי	אֲפוּשַּׁט
יחידה	מְפוּשֶּׁטֶת	אתה	פּוּשַּׁטְתָּ	תְּפוּשַּׁט
רבים	מְפוּשָּׁטִים	את	פּוּשַּׁטְתְּ	תְּפוּשְּׁטִי
רבות	מְפוּשָּׁטוֹת	הוא	פּוּשַּׁט	יְפוּשַּׁט
		היא	פּוּשְּׁטָה	תְּפוּשַּׁט
		אנחנו	פּוּשַּׁטְנוּ	נְפוּשַּׁט
		אתם/ן	פּוּשַּׁטְתֶּם/ן	תְּפוּשְּׁטוּ*
		הם/ן	פּוּשְּׁטוּ	יְפוּשְּׁטוּ*

בינוני .Pres. Part מְפוּשָּׁט simplified * less commonly: אתן/הן תְּפוּשַּׁטְנָה

[מקור מוחלט .Inf. Abs פּוּשּׁוֹט]

הִתְפַּשֵּׁט/הִתְפַּשַּׁט become widespread; spread out, expand; undress (intr.)

בניין: הִתְפַּעֵל גזרה: שלמים

	Present הווה		Past עבר	Future עתיד	Imperative ציווי
יחיד	מִתְפַּשֵּׁט	אני	הִתְפַּשַּׁטְתִּי	אֶתְפַּשֵּׁט	
יחידה	מִתְפַּשֶּׁטֶת	אתה	הִתְפַּשַּׁטְתָּ	תִּתְפַּשֵּׁט	הִתְפַּשֵּׁט
רבים	מִתְפַּשְּׁטִים	את	הִתְפַּשַּׁטְתְּ	תִּתְפַּשְּׁטִי	הִתְפַּשְּׁטִי
רבות	מִתְפַּשְּׁטוֹת	הוא	הִתְפַּשֵּׁט	יִתְפַּשֵּׁט	
		היא	הִתְפַּשְּׁטָה	תִּתְפַּשֵּׁט	
		אנחנו	הִתְפַּשַּׁטְנוּ	נִתְפַּשֵּׁט	
		אתם/ן	הִתְפַּשַּׁטְתֶּם/ן	תִּתְפַּשְּׁטוּ*	הִתְפַּשְּׁטוּ**
		הם/ן	הִתְפַּשְּׁטוּ	יִתְפַּשְּׁטוּ*	

* less commonly: אתן/הן תִּתְפַּשֵּׁטְנָה

שם הפועל .Infin לְהִתְפַּשֵּׁט ** less commonly: (אתן) הִתְפַּשֵּׁטְנָה

שם הפעולה Gerund הִתְפַּשְּׁטוּת spreading, expansion; undressing

מקור מוחלט .Inf. Abs הִתְפַּשֵּׁט

הִפְשִׁיט/הִפְשַׁט/יַפְשִׁיט undress (tr.); skin (animal); make abstract

בניין: הִפְעִיל   גזרה: שלמים

	הווה Present		עבר Past	עתיד Future	ציווי Imperative
יחיד	מַפְשִׁיט	אני	הִפְשַׁטְתִּי	אַפְשִׁיט	
יחידה	מַפְשִׁיטָה	אתה	הִפְשַׁטְתָּ	תַּפְשִׁיט	הַפְשֵׁט
רבים	מַפְשִׁיטִים	את	הִפְשַׁטְתְּ	תַּפְשִׁיטִי	הַפְשִׁיטִי
רבות	מַפְשִׁיטוֹת	הוא	הִפְשִׁיט	יַפְשִׁיט	
		היא	הִפְשִׁיטָה	תַּפְשִׁיט	
		אנחנו	הִפְשַׁטְנוּ	נַפְשִׁיט	
		אתם/ן	הִפְשַׁטְתֶּם/ן	תַּפְשִׁיטוּ*	הַפְשִׁיטוּ**
		הם/ן	הִפְשִׁיטוּ	יַפְשִׁיטוּ*	

* less commonly: אתן/הן תַּפְשֵׁטְנָה

שם הפועל .Infin לְהַפְשִׁיט   ** less commonly: (אתן) הַפְשֵׁטְנָה

שם הפעולה Gerund הַפְשָׁטָה skinning; undressing; abstraction, making abstract

מקור מוחלט .Inf. Abs הַפְשֵׁט

הוּפְשַׁט (הֻפְשַׁט) be undressed; be made abstract

בניין: הוּפְעַל   גזרה: שלמים

	הווה Present		עבר Past	עתיד Future
יחיד	מוּפְשָׁט	אני	הוּפְשַׁטְתִּי	אוּפְשַׁט
יחידה	מוּפְשֶׁטֶת	אתה	הוּפְשַׁטְתָּ	תּוּפְשַׁט
רבים	מוּפְשָׁטִים	את	הוּפְשַׁטְתְּ	תּוּפְשְׁטִי
רבות	מוּפְשָׁטוֹת	הוא	הוּפְשַׁט	יוּפְשַׁט
		היא	הוּפְשְׁטָה	תּוּפְשַׁט
		אנחנו	הוּפְשַׁטְנוּ	נוּפְשַׁט
		אתם/ן	הוּפְשַׁטְתֶּם/ן	תּוּפְשְׁטוּ*
		הם/ן	הוּפְשְׁטוּ	יוּפְשְׁטוּ*

בינוני .Pres. Part מוּפְשָׁט abstract   * less commonly: אתן/הן תּוּפְשַׁטְנָה

[מקור מוחלט .Inf. Abs הוּפְשֵׁט]

◆ פעלים שאינם שכיחים מאותו שורש Infrequent verbs sharing the same root

נִפְשַׁט be taken off; be stretched out (Mish H) (נִפְשַׁט, יִיפָּשֵׁט, לְהִיפָּשֵׁט)

◆ דוגמאות Illustrations

האחות אמרה למיכאל **לְהִתְפַּשֵּׁט**. מיכאל **פָּשַׁט** את בְּגדיו וחיכה, אבל הרופא לא הופיע.

The nurse told Michael **to get undressed**. Michael **took off** his clothes and waited, but the doctor never showed up.

משה כבר בן חמש, ואימו עדיין **מַפְשִׁיטָה** ומלבישה אותו. נקווה שילמד **לְהִתְפַּשֵּׁט** ולהתלבש בעצמו לפני שילך לבית הספר.

Moshe is already five, and his mother still **undresses** and dresses him. Let's hope he'll learn **to undress** and get dressed on his own before he goes to school.

גדולתו של המרצה הזה היא בכך שהוא יודע **לְפַשֵּׁט** מושגים **מוּפְשָׁטִים** ולהציגם כך שייראו **פְּשׁוּטִים**.

The greatness of this lecturer is that he can **simplify abstract** concepts and present them so that they look **simple**.

מגיפת השפעת האסיאנית **הִתְפַּשְּׁטָה** מעיר לעיר וכמעט שיתקה את המדינה כולה.

The Asian flu epidemic **spread** from town to town and almost paralyzed the whole country.

פלוגת חיילי קומנדו **פָּשְׁטָה** על הכפר, שעל פי המידע המודיעיני שימש כמרכז למחבלים. דובר הצבא מסר כי **הַפְּשִׁיטָה** הוכתרה בהצלחה.

A company of commando troops **raided** the village, which according to intelligence information was serving as a terrorist center. The army spokesperson declared the **raid** to have been successful.

◆ ביטויים מיוחדים Special expressions

פָּשַׁט רגל go bankrupt

פָּשְׁטָה/הִתְפַּשְּׁטָה שמועה a rumor spread

פּוֹשֵׁט-יד beggar

פּוֹשֵׁט-עור skinner; one who overcharges

פּוֹשֵׁט צורה ולובש צורה undergoing transformations

שבר **פָּשׁוּט** simple fraction

פְּשׁוּט-מעיל with one's coat taken off

פְּשׁוּטֵי-עם simplc, ordinary people

בְּפִישׁוּט ידיים ורגליים with arms and legs spread out

מושג **מוּפְשָׁט** abstraction, abstract idea

ציור **מוּפְשָׁט** abstract painting

● פתח

פָּתַח/פּוֹתֵחַ/יִפְתַּח open; begin, start

בניין: פָּעַל גזרה: ל׳ גרונית

	Present הווה			Past עבר	Future עתיד	Imper. ציווי
יחיד	פּוֹתֵחַ	פָּתוּחַ	אני	פָּתַחְתִּי	אֶפְתַּח	
יחידה	פּוֹתַחַת	פְּתוּחָה	אתה	פָּתַחְתָּ	תִּפְתַּח	פְּתַח
רבים	פּוֹתְחִים	פְּתוּחִים	את	פָּתַחְתְּ/...חַת	תִּפְתְּחִי	פִּתְחִי
רבות	פּוֹתְחוֹת	פְּתוּחוֹת	הוא	פָּתַח	יִפְתַּח	
			היא	פָּתְחָה	תִּפְתַּח	
			אנחנו	פָּתַחְנוּ	נִפְתַּח	
			אתם/ן	פְּתַחְתֶּם/ן*	תִּפְתְּחוּ**	פִּתְחוּ***
			הם/ן	פָּתְחוּ	יִפְתְּחוּ**	

* Colloquial: פָּתַחְתֶּם/ן <<<

שם הפועל Infin. לִפְתּוֹחַ ** less commonly: אתן/הן תִּפְתַּחְנָה

בינוני סביל Pass. Part. פָּתוּחַ open *** less commonly: (אתן) פְּתַחְנָה

שם הפעולה Gerund פְּתִיחָה opening; beginning; prologue; overture

מקור מוחלט Inf. Abs. פָּתוֹחַ

מ"י מוצרכת Gov. Prep. פָּתַח ב- begin (open) with

נִפְתַּח/יִיפָּתַח/יִיפָּתֵחַ (יִפָּתַח) be opened; be started, begun with

בניין: נִפְעַל גזרה: ל' גרונית

	Present הווה		Past עבר	Future עתיד	Imperative ציווי
יחיד	נִפְתָּח	אני	נִפְתַּחְתִּי	אֶפָּתַח/...תֵחַ	
יחידה	נִפְתַּחַת	אתה	נִפְתַּחְתָּ	תִּיפָּתַח/...תֵחַ	הִיפָּתַח/...תֵחַ
רבים	נִפְתָּחִים	את	נִפְתַּחְתְּ/...חַת	תִּיפָּתְחִי	הִיפָּתְחִי
רבות	נִפְתָּחוֹת	הוא	נִפְתַּח	יִיפָּתַח/...תֵחַ	
		היא	נִפְתְּחָה	תִּיפָּתַח/...תֵחַ	
		אנחנו	נִפְתַּחְנוּ	נִיפָּתַח/...תֵחַ	
		אתם/ן	נִפְתַּחְתֶּם/ן	תִּיפָּתְחוּ*	הִיפָּתְחוּ**
		הם/ן	נִפְתְּחוּ	יִיפָּתְחוּ*	

שם הפועל Infin. לְהִיפָּתַח/...תֵחַ * less commonly: אתן/הן תִּיפָּתַחְנָה

מקור מוחלט Inf. Abs. נִפְתּוֹחַ ** less commonly: (אתן) הִיפָּתַחְנָה

מ"י מוצרכת Gov. Prep. נִפְתַּח ב- be opened (started) with

פִּיתַּח/פִּתַּח/פַּתֵּחַ (פִּתַּח) develop, expand; cultivate; engrave

בניין: פִּיעֵל גזרה: ל' גרונית

	Present הווה		Past עבר	Future עתיד	Imperative ציווי
יחיד	מְפַתֵּחַ	אני	פִּיתַּחְתִּי	אֲפַתַּח/...תֵּחַ	
יחידה	מְפַתַּחַת	אתה	פִּיתַּחְתָּ	תְּפַתַּח/...תֵּחַ	פַּתַּח/...תֵּחַ
רבים	מְפַתְּחִים	את	פִּיתַּחְתְּ/...חַת	תְּפַתְּחִי	פַּתְּחִי
רבות	מְפַתְּחוֹת	הוא	פִּיתַּח*	יְפַתַּח/...תֵּחַ	
		היא	פִּיתְּחָה	תְּפַתַּח/...תֵּחַ	
		אנחנו	פִּיתַּחְנוּ	נְפַתַּח/...תֵּחַ	
		אתם/ן	פִּיתַּחְתֶּם/ן	תְּפַתְּחוּ**	פַּתְּחוּ***
		הם/ן	פִּיתְּחוּ	יְפַתְּחוּ**	

שם הפועל Infin. לְפַתֵּחַ * Coll.: פִּיתֵּחַ ** less commonly: אתן/הן תְּפַתַּחְנָה

בינוני Pres. Part. מְפַתֵּחַ developer *** less commonly: (אתן) פַּתַּחְנָה

שם הפעולה Gerund פִּיתּוּחַ supervision; inspection

מקור מוחלט Inf. Abs. פַּתֵּחַ

be developed/expanded/cultivated/engraved (פֻּתַּח) פּוּתַּח

בניין: פּוּעַל גזרה: ל׳ גרונית

	Present הווה		Past עבר	Future עתיד
יחיד	מְפוּתָּח	אני	פּוּתַּחְתִּי	אֲפוּתַּח
יחידה	מְפוּתַּחַת	אתה	פּוּתַּחְתָּ	תְּפוּתַּח
רבים	מְפוּתָּחִים	את	פּוּתַּחְתְּ/...חַת	תְּפוּתְּחִי
רבות	מְפוּתָּחוֹת	הוא	פּוּתַּח	יְפוּתַּח
		היא	פּוּתְּחָה	תְּפוּתַּח
		אנחנו	פּוּתַּחְנוּ	נְפוּתַּח
		אתם/ן	פּוּתַּחְתֶּם/ן	תְּפוּתְּחוּ*
		הם/ן	פּוּתְּחוּ	יְפוּתְּחוּ*

* less commonly: אתן/הן תְּפוּתַּחְנָה

בינוני Pres. Part. מְפוּתָּח developed, cultivated

[מקור מוחלט Inf. Abs. פּוּתֹּחַ]

develop (intr.) הִתְפַּתֵּחַ/הִתְפַּתַּח

בניין: הִתְפַּעֵל גזרה: ל׳ גרונית

	Present הווה		Past עבר	Future עתיד	Imperative ציווי
יחיד	מִתְפַּתֵּחַ	אני	הִתְפַּתַּחְתִּי	אֶתְפַּתֵּחַ/...תַּח	
יחידה	מִתְפַּתַּחַת	אתה	הִתְפַּתַּחְתָּ	תִּתְפַּתֵּחַ/...תַּח	הִתְפַּתַּח/...תֵּחַ
רבים	מִתְפַּתְּחִים	את	הִתְפַּתַּחְתְּ/...חַת	תִּתְפַּתְּחִי	הִתְפַּתְּחִי
רבות	מִתְפַּתְּחוֹת	הוא	הִתְפַּתַּח*	יִתְפַּתֵּחַ/...תַּח	
		היא	הִתְפַּתְּחָה	תִּתְפַּתֵּחַ/...תַּח	
		אנחנו	הִתְפַּתַּחְנוּ	נִתְפַּתֵּחַ/...תַּח	
		אתם/ן	הִתְפַּתַּחְתֶּם/ן	תִּתְפַּתְּחוּ**	הִתְפַּתְּחוּ***
		הם/ן	הִתְפַּתְּחוּ	יִתְפַּתְּחוּ**	

שם הפועל Infin. לְהִתְפַּתֵּחַ — * Colloquial: הִתְפַּתֵּחַ

שם הפעולה Gerund הִתְפַּתְּחוּת development — ** less commonly: אתן/הן תִּתְפַּתַּחְנָה

מקור מוחלט Inf. Abs. הִתְפַּתֵּחַ — *** less commonly: (אתן) הִתְפַּתַּחְנָה

◆ דוגמאות Illustrations

הועידה **נִפְתְּחָה** ביום שני; נשיא הארגון **פָּתַח** את המושב הראשון. בישיבת **הפְּתִיחָה** נכחו כ-500 חברים.

The conference **opened** on Monday. The president of the organization **opened** the first session. About 500 members were present at the **opening** assembly.

מנהל המדור שלנו מקיים מדיניות של דלת **פְּתוּחָה**; הוא מאמין שכדי **לְפַתֵּחַ** כראוי את המפעל, על מנהליו לשמוע ישירות מן העובדים.

Our section manager holds an **open** door policy; he believes that in order **to** properly **develop** the firm, its managers should hear directly from the workers.

מדינת ישראל **מִתְפַּתַּחַת** בקצב מהיר יותר ממרבית הארצות **המִתְפַּתְּחוֹת**, ומבחינות מסוימות ניתן לראות בה מדינה **מְפוּתַּחַת** כמו מדינה אירופאית.

The state of Israel **is developing** faster than most **developing** countries, and in some respects may be regarded as a **developed** country like a European state.

◆ **ביטויים מיוחדים** Special expressions

פָּתַח באש open fire

פָּתַח את הועידה open the conference

פָּתַח את סגור ליבו poured his heart out

פָּתַח ידו ל- give generously to

פָּתַח בכד וסיים בחבית completely change the subject

אל **תִּפְתַּח** פה לשטן don't tempt the Devil

פְּתַח פיך ויאירו דבריך let's hear what you have to say

אסיפה **פְּתוּחָה** open meeting

יד **פְּתוּחָה** generosity

לב **פָּתוּחַ** open-heartedness, cordiality

(יש לו) ראש **פָּתוּחַ** (he is) very intelligent

אזור **פִּיתּוּחַ** development area

●פתע

הִפְתִּיעַ/הִפְתַּע/יַפְתִּיעַ surprise

בניין: הִפְעִיל גזרה: ל׳ גרונית

	Present הווה		Past עבר	Future עתיד	Imperative ציווי
יחיד	מַפְתִּיעַ	אני	הִפְתַּעְתִּי	אַפְתִּיעַ	
יחידה	מַפְתִּיעָה	אתה	הִפְתַּעְתָּ	תַּפְתִּיעַ	הַפְתַּע
רבים	מַפְתִּיעִים	את	הִפְתַּעְתְּ/...עַת	תַּפְתִּיעִי	הַפְתִּיעִי
רבות	מַפְתִּיעוֹת	הוא	הִפְתִּיעַ	יַפְתִּיעַ	
		היא	הִפְתִּיעָה	תַּפְתִּיעַ	
		אנחנו	הִפְתַּעְנוּ	נַפְתִּיעַ	
		אתם/ן	הִפְתַּעְתֶּם/ן	תַּפְתִּיעוּ*	הַפְתִּיעוּ**
		הם/ן	הִפְתִּיעוּ	יַפְתִּיעוּ*	

שם הפועל .Infin לְהַפְתִּיעַ

שם הפעולה Gerund הַפְתָּעָה surprise

בינוני .Pres. Part מַפְתִּיעַ surprising

מקור מוחלט .Inf. Abs הַפְתֵּעַ

תואר הפועל .Adv בְּמַפְתִּיעַ unexpectedly

* less commonly: אתן/הן תַּפְתַּעְנָה

** less commonly: (אתן) הַפְתַּעְנָה

הוּפְתַּע (הֻפְתַּע) be surprised

בניין: הוּפְעַל גזרה: ל׳ גרונית

	Present הווה		Past עבר	Future עתיד
יחיד	מוּפְתָּע	אני	הוּפְתַּעְתִּי	אוּפְתַּע
יחידה	מוּפְתַּעַת	אתה	הוּפְתַּעְתָּ	תּוּפְתַּע >>>

	הווה Present		עבר Past	עתיד Future
רבים	מוּפְתָּעִים	את	הוּפְתַּעְתְּ/...עַת	תּוּפְתְּעִי
רבות	מוּפְתָּעוֹת	הוא	הוּפְתַּע	יוּפְתַּע
		היא	הוּפְתְּעָה	תּוּפְתַּע
		אנחנו	הוּפְתַּעְנוּ	נוּפְתַּע
		אתם/ן	הוּפְתַּעְתֶּם/ן	תּוּפְתְּעוּ*
		הם/ן	הוּפְתְּעוּ	יוּפְתְּעוּ*

בינוני .Pres. Part מוּפְתָּע surprised   * less commonly: אתן/הן **תּוּפְתַּעְנָה**

[מקור מוחלט .Inf. Abs הוּפְתֵּעַ]

◆ פעלים שאינם שכיחים מאותו שורש Infrequent verbs sharing the same root

נִפְתַּע be suprised (lit.) (נִפְתָּע, יִיפָּתַע, לְהִיפָּתַע)

הִתְפַּתַּע become amazed (lit.) (מִתְפַּתֵּעַ, יִתְפַּתַּע, לְהִתְפַּתֵּעַ)

◆ דוגמאות Illustrations

הוּפְתַּעְתִּי מאוד לראות שהוא חזר. הוא אמר שלעולם לא יחזור, ופתאום **הִפְתִּיעַ** את כולנו כשהופיע **בְּמַפְתִּיעַ** בביתנו. זו הייתה **הַפְתָּעָה** עצומה.

I **was** very **surprised** to see that hc came back. He had said that he would never return, and suddenly **surprised** us all when he **unexpectedly** showed up at our house. It was a huge **surprisc**.

◆ ביטויים מיוחדים Special expressions

הַפְתָּעָה נעימה a pleasant surprise

● פתר

פָּתַר/פּוֹתֵר/יִפְתּוֹר solve (problem), interpret (dream)

בניין: פָּעַל   גזרה: שלמים (אֶפְעוֹל)

	הווה Present			עבר Past	עתיד Future	ציווי .Imper
יחיד	פּוֹתֵר	פָּתוּר	אני	פָּתַרְתִּי	אֶפְתּוֹר	
יחידה	פּוֹתֶרֶת	פְּתוּרָה	אתה	פָּתַרְתָּ	תִּפְתּוֹר	פְּתוֹר
רבים	פּוֹתְרִים	פְּתוּרִים	את	פָּתַרְתְּ	תִּפְתְּרִי	פִּתְרִי
רבות	פּוֹתְרוֹת	פְּתוּרוֹת	הוא	פָּתַר	יִפְתּוֹר	
			היא	פָּתְרָה	תִּפְתּוֹר	
			אנחנו	פָּתַרְנוּ	נִפְתּוֹר	
			אתם/ן	פְּתַרְתֶּם/ן*	תִּפְתְּרוּ**	פִּתְרוּ***
			הם/ן	פָּתְרוּ	יִפְתְּרוּ**	<<<

* Colloquial: פְּתַרְתֶּם/ן

שם הפועל .Infin לִפְתּוֹר — ** less commonly: אתן/הן תִּפְתּוֹרְנָה

בינוני סביל .Pass. Part פָּתוּר solved — *** less commonly: (אתן) פְּתוֹרְנָה

שם הפעולה Gerund פְּתִירָה (N) solving, interpreting

מקור מוחלט .Inf. Abs פָּתוֹר

נִפְתַּר/יִיפָּתֵר (יִפָּתֵר) be solved/interpreted

בניין: נִפְעַל — גזרה: שלמים

	Present הווה		Past עבר	Future עתיד	Imperative ציווי
יחיד	נִפְתָּר	אני	נִפְתַּרְתִּי	אֶפָּתֵר	
יחידה	נִפְתֶּרֶת	אתה	נִפְתַּרְתָּ	תִּיפָּתֵר	הִיפָּתֵר
רבים	נִפְתָּרִים	את	נִפְתַּרְתְּ	תִּיפָּתְרִי	הִיפָּתְרִי
רבות	נִפְתָּרוֹת	הוא	נִפְתַּר	יִיפָּתֵר	
		היא	נִפְתְּרָה	תִּיפָּתֵר	
		אנחנו	נִפְתַּרְנוּ	נִיפָּתֵר	
		אתם/ן	נִפְתַּרְתֶּם/ן	תִּיפָּתְרוּ*	הִיפָּתְרוּ**
		הם/ן	נִפְתְּרוּ	יִיפָּתְרוּ*	

* less commonly: אתן/הן תִּיפָּתַרְנָה/...תֵרְנָה

שם הפועל .Infin לְהִיפָּתֵר — ** less commonly: (אתן) הִיפָּתַרְנָה/...תֵרְנָה

מקור מוחלט .Inf. Abs נִפְתּוֹר, הִיפָּתֵר (הִיפָּתוֹר)

◆ דוגמאות Illustrations

חיים ידוע כמי שיודע **לִפְתּוֹר** בעיות. ברגע שהוא יגיע הבעיה **תִּיפָּתֵר**.

Hayyim is known as one who knows how **to solve** problems. As soon as he arrives, the problem **will be solved**.

● צבע - 1

צָבַע/צוֹבֵעַ/יִצְבַּע paint, color, dye

בניין: פָּעַל — גזרה: ל' גרונית (אֶפְעַל)

	Present הווה			Past עבר	Future עתיד	Imper. ציווי
יחיד	צוֹבֵעַ	צָבוּעַ	אני	צָבַעְתִּי	אֶצְבַּע	
יחידה	צוֹבַעַת	צְבוּעָה	אתה	צָבַעְתָּ	תִּצְבַּע	צְבַע
רבים	צוֹבְעִים	צְבוּעִים	את	צָבַעְתְּ/...עַת	תִּצְבְּעִי	צִבְעִי
רבות	צוֹבְעוֹת	צְבוּעוֹת	הוא	צָבַע	יִצְבַּע	
			היא	צָבְעָה	תִּצְבַּע	
			אנחנו	צָבַעְנוּ	נִצְבַּע	<<<

Imper. ציווי	Future עתיד	Past עבר	
צִבְעוּ***	תִּצְבְּעוּ**	צְבַעְתֶּם/ן*	אתם/ן
	יִצְבְּעוּ**	צָבְעוּ	הם/ן

שם הפועל .Infin לִצְבּוֹעַ

שם הפעולה Gerund צְבִיעָה painting

בינוני .Pres. Part צָבוּעַ painted; hypocritical

מקור מוחלט .Inf. Abs צָבוֹעַ

* Colloquial: צָבַעְתֶּם/ן

** less commonly: אתן/הן תִּצְבַּעְנָה

*** less commonly: (אתן) צְבַעְנָה

נִצְבַּע/יִיצָּבַע/יִצָּבַע (יִצָּבֵע) be painted

גזרה: ל' גרונית   בניין: נִפְעַל

	Present הווה		Past עבר	Future עתיד	Imperative ציווי
יחיד	נִצְבָּע	אני	נִצְבַּעְתִּי	אֶצָּבַע/...בֵע	
יחידה	נִצְבַּעַת	אתה	נִצְבַּעְתָּ	תִּיצָּבַע/...בֵע	הִיצָּבַע/...בֵע
רבים	נִצְבָּעִים	את	נִצְבַּעַתְּ/...עַת	תִּיצָּבְעִי	הִיצָּבְעִי
רבות	נִצְבָּעוֹת	הוא	נִצְבַּע	יִיצָּבַע/...בֵע	
		היא	נִצְבְּעָה	תִּיצָּבַע/...בֵע	
		אנחנו	נִצְבַּעְנוּ	נִיצָּבַע/...בֵע	
		אתם/ן	נִצְבַּעְתֶּם/ן	תִּיצָּבְעוּ*	הִיצָּבְעוּ**
		הם/ן	נִצְבְּעוּ	יִיצָּבְעוּ*	

שם הפועל .Infin לְהִיצָּבַע/...בֵעַ

שם הפעולה Gerund הִיצָּבְעוּת being painted

מקור מוחלט .Inf. Abs נִצְבּוֹעַ

* less commonly: אתן/הן תִּיצָּבַעְנָה

** less commonly: (אתן) הִיצָּבַעְנָה

◆ פעלים שאינם שכיחים מאותו שורש Infrequent verbs sharing the same root

צִיבַּע (צִבַּע) paint (מְצַבֵּעַ, יְצַבַּע, לְצַבֵּעַ)

צוּבַּע (צֻבַּע) be painted (Med H) (מְצוּבָּע, יְצוּבַּע)

הִצְטַבַּע paint onself (Med H); be painted (Med H); acquire a certain color (lit.) (מִצְטַבֵּעַ, יִצְטַבַּע, לְהִצְטַבֵּעַ)

◆ דוגמאות Illustrations

החלטנו **לִצְבּוֹעַ** את הבית בצבע חום, למרות שידענו שאחרי **שֶׁיִּצָּבַע** בחום, הוא ייראה כבית שוקולד.

We decided **to paint** the house brown, although we knew that when it **has been painted** brown it will look like a chocolate house.

◆ ביטויים מיוחדים Special expressions

עַיִט **צָבוּעַ** wolf in sheep's clothing

●צבע - 2 (מן אֶצְבַּע finger)

הִצְבִּיעַ/הִצְבַּע/יַצְבִּיעַ vote; point; raise hand for permission

בניין: הִפְעִיל גזרה: ל׳ גרונית

	Present הווה		Past עבר	Future עתיד	Imperative ציווי
יחיד	מַצְבִּיעַ	אני	הִצְבַּעְתִּי	אַצְבִּיעַ	
יחידה	מַצְבִּיעָה	אתה	הִצְבַּעְתָּ	תַּצְבִּיעַ	הַצְבַּע
רבים	מַצְבִּיעִים	את	הִצְבַּעְתְּ/...עַת	תַּצְבִּיעִי	הַצְבִּיעִי
רבות	מַצְבִּיעוֹת	הוא	הִצְבִּיעַ	יַצְבִּיעַ	
		היא	הִצְבִּיעָה	תַּצְבִּיעַ	
		אנחנו	הִצְבַּעְנוּ	נַצְבִּיעַ	
		אתם/ן	הִצְבַּעְתֶּם/ן	תַּצְבִּיעוּ*	הַצְבִּיעוּ**
		הם/ן	הִצְבִּיעוּ	יַצְבִּיעוּ*	

שם הפועל .Infin לְהַצְבִּיעַ * less commonly: אתן/הן תַּצְבַּעְנָה

בינוני .Pres. Part מַצְבִּיעַ voter ** less commonly: (אתן) הַצְבַּעְנָה

שם הפעולה Gerund הַצְבָּעָה voting; vote; pointing

מקור מוחלט .Inf. Abs הַצְבֵּעַ

מ״י מוצרכת .Gov. Prep הִצְבִּיעַ ל-/בעד/עבור vote for

מ״י מוצרכת .Gov. Prep הִצְבִּיעַ על point at

הוּצְבַּע (הֻצְבַּע) be voted on; be pointed at/to

בניין: הוּפְעַל גזרה: ל׳ גרונית

	Present הווה		Past עבר	Future עתיד
יחיד	מוּצְבָּע	אני	הוּצְבַּעְתִּי	אוּצְבַּע
יחידה	מוּצְבַּעַת	אתה	הוּצְבַּעְתָּ	תּוּצְבַּע
רבים	מוּצְבָּעִים	את	הוּצְבַּעְתְּ/...עַת	תּוּצְבְּעִי
רבות	מוּצְבָּעוֹת	הוא	הוּצְבַּע	יוּצְבַּע
		היא	הוּצְבְּעָה	תּוּצְבַּע
		אנחנו	הוּצְבַּעְנוּ	נוּצְבַּע
		אתם/ן	הוּצְבַּעְתֶּם/ן	תּוּצְבְּעוּ*
		הם/ן	הוּצְבְּעוּ	יוּצְבְּעוּ*

[מקור מוחלט .Inf. Abs הוּצְבֵּעַ] * less commonly: אתן/הן תּוּצְבַּעְנָה

◆ פעלים שאינם שכיחים מאותו שורש Infrequent verbs sharing the same root

צָבַע (Mish H) hold with fingers (צוֹבֵעַ, יִצְבַּע, לִצְבּוֹעַ)

◆ דוגמאות Illustrations

אחוז גדול מן **הַמַּצְבִּיעִים הִצְבִּיעוּ** בעד ראש הממשלה הנוכחי לתקופת כהונה נוספת. בעיתונות **הוּצְבַּע** על כך שזה שנים רבות לא נבחר ראש ממשלה ברוב כה גדול.

A large percentage of the **voters voted** for the incumbent prime minister for an additional term. It **was pointed out** in the press that a prime minister has not been elected with such a majority for many years.

◆ ביטויים מיוחדים Special expressions

הִצְבִּיעַ ברגליים protesting by not showing up at the ballot (sl.)

הַצְבָּעָה חשאית secret ballot

● צדק

צָדַק/צוֹדֵק/יִצְדַּק be right, be just

בניין: פָּעַל גזרה: שלמים (אֶפְעַל)

	Present הווה		Past עבר	Future עתיד	Imperative ציווי
יחיד	צוֹדֵק	אני	צָדַקְתִּי	אֶצְדַּק	
יחידה	צוֹדֶקֶת	אתה	צָדַקְתָּ	תִּצְדַּק	צְדַק
רבים	צוֹדְקִים	את	צָדַקְתְּ	תִּצְדְּקִי	צִדְקִי
רבות	צוֹדְקוֹת	הוא	צָדַק	יִצְדַּק	
		היא	צָדְקָה	תִּצְדַּק	
		אנחנו	צָדַקְנוּ	נִצְדַּק	
		אתם/ן	צְדַקְתֶּם/ן*	תִּצְדְּקוּ**	צִדְקוּ***
		הם/ן	צָדְקוּ	יִצְדְּקוּ**	

שם הפועל .Infin לִצְדּוֹק

בינוני פעיל .Act. Part צוֹדֵק just, right

מקור מוחלט .Inf. Abs צָדוֹק

* Colloquial: צְדַקְתֶּם/ן

** less commonly: אתן/הן תִּצְדַּקְנָה

*** less commonly: (אתן) צְדַקְנָה

הִצְטַדֵּק/הִצְטַדַּק apologize

בניין: הִתְפַּעֵל גזרה: שלמים + פ' שורקת

	Present הווה		Past עבר	Future עתיד	Imperative ציווי
יחיד	מִצְטַדֵּק	אני	הִצְטַדַּקְתִּי	אֶצְטַדֵּק	
יחידה	מִצְטַדֶּקֶת	אתה	הִצְטַדַּקְתָּ	תִּצְטַדֵּק	הִצְטַדֵּק
רבים	מִצְטַדְּקִים	את	הִצְטַדַּקְתְּ	תִּצְטַדְּקִי	הִצְטַדְּקִי
רבות	מִצְטַדְּקוֹת	הוא	הִצְטַדֵּק	יִצְטַדֵּק	
		היא	הִצְטַדְּקָה	תִּצְטַדֵּק	
		אנחנו	הִצְטַדַּקְנוּ	נִצְטַדֵּק	
		אתם/ן	הִצְטַדַּקְתֶּם/ן	תִּצְטַדְּקוּ*	הִצְטַדְּקוּ**
		הם/ן	הִצְטַדְּקוּ	יִצְטַדְּקוּ*	

שם הפועל .Infin לְהִצְטַדֵּק

שם הפעולה Gerund הִצְטַדְּקוּת apology

* less commonly: אתן/הן תִּצְטַדֵּקְנָה

** less commonly: (אתן) הִצְטַדֵּקְנָה >>

מקור מוחלט Inf. Abs. הִצְטַדֵּק

מ״י מוצרכת Gov. Prep. הִצְטַדֵּק על apologize for

הִצְדִּיק/הִצְדַּק/יַצְדִּיק vindicate, justify

בניין: הִפְעִיל גזרה: שלמים

	Present הווה		Past עבר	Future עתיד	Imperative ציווי
יחיד	מַצְדִּיק	אני	הִצְדַּקְתִּי	אַצְדִּיק	
יחידה	מַצְדִּיקָה	אתה	הִצְדַּקְתָּ	תַּצְדִּיק	הַצְדֵּק
רבים	מַצְדִּיקִים	את	הִצְדַּקְתְּ	תַּצְדִּיקִי	הַצְדִּיקִי
רבות	מַצְדִּיקוֹת	הוא	הִצְדִּיק	יַצְדִּיק	
		היא	הִצְדִּיקָה	תַּצְדִּיק	
		אנחנו	הִצְדַּקְנוּ	נַצְדִּיק	
		אתם/ן	הִצְדַּקְתֶּם/ן	תַּצְדִּיקוּ*	הַצְדִּיקוּ**
		הם/ן	הִצְדִּיקוּ	יַצְדִּיקוּ*	

שם הפועל .Infin לְהַצְדִּיק — * less commonly: אתן/הן תַּצְדֵּקְנָה

שם הפעולה Gerund הַצְדָּקָה justification — ** less commonly: (אתן) הַצְדֵּקְנָה

מקור מוחלט .Inf. Abs הַצְדֵּק

הוּצְדַּק (הֻצְדַּק) be vindicated, be justified

בניין: הוּפְעַל גזרה: שלמים

	Present הווה		Past עבר	Future עתיד
יחיד	מוּצְדָּק	אני	הוּצְדַּקְתִּי	אוּצְדַּק
יחידה	מוּצְדֶּקֶת	אתה	הוּצְדַּקְתָּ	תּוּצְדַּק
רבים	מוּצְדָּקִים	את	הוּצְדַּקְתְּ	תּוּצְדְּקִי
רבות	מוּצְדָּקוֹת	הוא	הוּצְדַּק	יוּצְדַּק
		היא	הוּצְדְּקָה	תּוּצְדַּק
		אנחנו	הוּצְדַּקְנוּ	נוּצְדַּק
		אתם/ן	הוּצְדַּקְתֶּם/ן	תּוּצְדְּקוּ*
		הם/ן	הוּצְדְּקוּ	יוּצְדְּקוּ*

בינוני .Pres. Part מוּצְדָּק justified — * less commonly: אתן/הן תּוּצְדַּקְנָה

מקור מוחלט .Inf. Abs הוּצְדֵּק

◆ פעלים שאינם שכיחים מאותו שורש Infrequent verbs sharing the same root

נִצְדַּק be vindicated (Med H), be acquited (lit.) (נִצְדָּק, יִיצָּדֵק, לְהִיצָּדֵק)

צִידֵּק (צִדֵּק) acquit, vindicate; balance (Mish H) (מְצַדֵּק, יְצַדֵּק, לְצַדֵּק)

צוּדַּק (צֻדַּק) be found to be right (Mish H) (מְצוּדָּק, יְצוּדַּק)

◆ דוגמאות Illustrations

סנגורו של הנאשם **הִצְטַדֵּק** על האיחור, אך השופט נזף בו והתרה: כל איחור נוסף ללא **הַצְדָּקָה** ייחשב לביזיון בית-המשפט עם כל העונשים הנובעים מכך.

The defendant's attorney **apologized** for having arrived late, but the judge rebuked him and warned: the next time he shows up late without **justification** will be considered contempt of court, with all entailed punishments.

אינני **מַצְדִּיק** את התנהגותו, והתפרצותו הפומבית באמת לא הייתה **מוּצְדֶּקֶת**, אבל נראה לי שבאופן עקרוני הוא **צוֹדֵק**.

I do not **justify** his behavior, and his outburst in public was indeed un**justified**, but it seems to me that in principle, he is **right**.

◆ ביטויים מיוחדים Special expressions

הִצְדִּיק/צִידֵּק עליו את הדין acknowledge that justice has been done

---

● צחצח

צִחְצַח/צַחְצַח/צִחְצֵחַ polish, burnish (metal)

בניין: פִּיעֵל גזרה: מרובעים + ע' גרונית

Imperative ציווי	Future עתיד	Past עבר		Present הווה	
	אֲצַחְצַח/...צֵחַ	צִחְצַחְתִּי	אני	מְצַחְצֵחַ	יחיד
צַחְצַח/...צֵחַ	תְּצַחְצַח/...צֵחַ	צִחְצַחְתָּ	אתה	מְצַחְצַחַת	יחידה
צַחְצְחִי	תְּצַחְצְחִי	צִחְצַחְתְּ/...חַת	את	מְצַחְצְחִים	רבים
	יְצַחְצַח/...צֵחַ	צִחְצַח*	הוא	מְצַחְצְחוֹת	רבות
	תְּצַחְצַח/...צֵחַ	צִחְצְחָה	היא		
	נְצַחְצַח/...צֵחַ	צִחְצַחְנוּ	אנחנו		
צַחְצְחוּ***	תְּצַחְצְחוּ**	צִחְצַחְתֶּם/ן	אתם/ן		
	יְצַחְצְחוּ**	צִחְצְחוּ	הם/ן		

שם הפועל .Infin לְצַחְצֵחַ

שם הפעולה Gerund צִחְצוּחַ polishing

מקור מוחלט .Inf. Abs צַחְצֵחַ

* Colloquial: צִחְצֵחַ

** less commonly: אתן/הן תְּצַחְצֵחְנָה

*** less commonly: (אתן) צַחְצֵחְנָה

צוּחְצַח (צֻחְצַח) be polished; be dressed up (coll.)

בניין: פּוּעַל גזרה: מרובעים + ע' גרונית

Future עתיד	Past עבר		Present הווה	
אֲצוּחְצַח	צוּחְצַחְתִּי	אני	מְצוּחְצָח	יחיד
תְּצוּחְצַח	צוּחְצַחְתָּ	אתה	מְצוּחְצַחַת	יחידה
תְּצוּחְצְחִי	צוּחְצַחְתְּ/...חַת	את	מְצוּחְצָחִים	רבים
יְצוּחְצַח	צוּחְצַח	הוא	מְצוּחְצָחוֹת	רבות
תְּצוּחְצַח	צוּחְצְחָה	היא		
נְצוּחְצַח	צוּחְצַחְנוּ	אנחנו		
תְּצוּחְצְחוּ*	צוּחְצַחְתֶּם/ן	אתם/ן		

<<<

		Past עבר	Future עתיד
	הם/ן	צוּחְצְחוּ	יְצוּחְצְחוּ*

בינוני .Pres. Part מְצוּחְצָח polished * less commonly: אתן/הן תְּצוּחְצַחְנָה

[מקור מוחלט .Inf. Abs צוּחְצוֹחַ]

הִצְטַחְצֵח/הִצְטַחְצַח shine; take polish; dress up (coll.); ornament one's speech

בניין: הִתְפַּעֵל גזרה: מרובעים + פ׳ שורקת + ע׳ גרונית

	Present הווה		Past עבר	Future עתיד	Imperative ציווי
יחיד	מִצְטַחְצֵחַ	אני	הִצְטַחְצַחְתִּי	אֶצְטַחְצֵחַ/...צַח	
יחידה	מִצְטַחְצַחַת	אתה	הִצְטַחְצַחְתָּ	תִּצְטַחְצֵחַ/...צַח	הִצְטַחְצַח/...צַחַ
רבים	מִצְטַחְצְחִים	את	הִצְטַחְצַחְתְּ/..חַת	תִּצְטַחְצְחִי	הִצְטַחְצְחִי
רבות	מִצְטַחְצְחוֹת	הוא	הִצְטַחְצֵחַ*	יִצְטַחְצֵחַ/...צַח	
		היא	הִצְטַחְצְחָה	תִּצְטַחְצֵחַ/...צַח	
		אנחנו	הִצְטַחְצַחְנוּ	נִצְטַחְצֵחַ/...צַח	
		אתם/ן	הִצְטַחְצַחְתֶּם/ן	תִּצְטַחְצְחוּ**	הִצְטַחְצְחוּ***
		הם/ן	הִצְטַחְצְחוּ	יִצְטַחְצְחוּ**	

* :Coll. הִצְטַחְצַח ** less commonly: אתן/הן תִּצְטַחְצַחְנָה

שם הפועל .Infin לְהִצְטַחְצֵחַ *** less commonly: (אתן) הִצְטַחְצַחְנָה

שם הפעולה Gerund הִצְטַחְצְחוּת elegance, polish, ornamenting one's speech

מקור מוחלט .Inf. Abs הִצְטַחְצֵחַ

◆ דוגמאות Illustrations

שלמה גאה מאוד בהופעתו **המְצוּחְצַחַת** ובעושר לשונו: הוא **מְצַחְצֵחַ** את נעליו פעמיים ביום, עד שהן **מְצוּחְצָחוֹת** כמראה, **ומִצְטַחְצֵחַ** בלשונו כמו קריין מ״קול ישראל״.

Shlomo is very proud of his **polished** appearance and of the richness of his language: he **polished** his shoes twice a day, until they are as **polished** as a mirror, and **ornaments** his language like a *Voice of Israel* announcer.

◆ ביטויים מיוחדים Special expressions

צִחְצַח לשונו speak elevated, ornamented language

צִחְצוּחַ חרבות sabre-rattling

צִחְצוּחַ מלים controversy, wrangling

לשון **מְצוּחְצַחַת** polished language, eloquence

צחק •

צָחַק/צוֹחֵק/יִצְחַק laugh

בניין: פָּעַל גזרה: ע׳ גרונית (אֶפְעַל)

	הווה Present		עבר Past	עתיד Future	ציווי Imperative
יחיד	צוֹחֵק	אני	צָחַקְתִּי	אֶצְחַק	
יחידה	צוֹחֶקֶת	אתה	צָחַקְתָּ	תִּצְחַק	צְחַק
רבים	צוֹחֲקִים	את	צָחַקְתְּ	תִּצְחֲקִי	צַחֲקִי
רבות	צוֹחֲקוֹת	הוא	צָחַק	יִצְחַק	
		היא	צָחֲקָה	תִּצְחַק	
		אנחנו	צָחַקְנוּ	נִצְחַק	
		אתם/ן	צְחַקְתֶּם/ן*	תִּצְחֲקוּ**	צַחֲקוּ***
		הם/ן	צָחֲקוּ	יִצְחֲקוּ**	

* Colloquial: צָחַקְתֶּם/ן

שם הפועל .Infin לִצְחוֹק ** less commonly: אתן/הן תִּצְחַקְנָה

מקור מוחלט .Inf. Abs צָחוֹק *** less commonly: (אתן) צְחַקְנָה

מ״י מוצרכת .Gov. Prep צָחַק ל- laugh at

הִצְחִיק/הִצְחַק/יַצְחִיק make laugh, amuse

בניין: הִפְעִיל גזרה: שלמים

	הווה Present		עבר Past	עתיד Future	ציווי Imperative
יחיד	מַצְחִיק	אני	הִצְחַקְתִּי	אַצְחִיק	
יחידה	מַצְחִיקָה	אתה	הִצְחַקְתָּ	תַּצְחִיק	הַצְחֵק
רבים	מַצְחִיקִים	את	הִצְחַקְתְּ	תַּצְחִיקִי	הַצְחִיקִי
רבות	מַצְחִיקוֹת	הוא	הִצְחִיק	יַצְחִיק	
		היא	הִצְחִיקָה	תַּצְחִיק	
		אנחנו	הִצְחַקְנוּ	נַצְחִיק	
		אתם/ן	הִצְחַקְתֶּם/ן	תַּצְחִיקוּ*	הַצְחִיקוּ**
		הם/ן	הִצְחִיקוּ	יַצְחִיקוּ*	

שם הפועל .Infin לְהַצְחִיק * less commonly: אתן/הן תַּצְחֵקְנָה

בינוני .Pres. Part מַצְחִיק funny, amusing ** less commonly: (אתן) הַצְחֵקְנָה

שם הפעולה Gerund הַצְחָקָה making laugh, amusing

מקור מוחלט .Inf. Abs הַצְחֵק

הוּצְחַק (הָצְחַק) be amused, be made to laugh

בניין: הוּפְעַל גזרה: ע׳ גרונית

	הווה Present		עבר Past	עתיד Future	
יחיד	מוּצְחָק	אני	הוּצְחַקְתִּי	אוּצְחַק	
יחידה	מוּצְחֶקֶת	אתה	הוּצְחַקְתָּ	תּוּצְחַק	
רבים	מוּצְחָקִים	את	הוּצְחַקְתְּ	תּוּצְחֲקִי	<<<

Future עתיד	Past עבר		Present הווה	
יוּצְחַק	הוּצְחַק	הוא	מוּצְחָקוֹת	רבות
תּוּצְחַק	הוּצְחֲקָה	היא		
נוּצְחַק	הוּצְחַקְנוּ	אנחנו		
תּוּצְחֲקוּ*	הוּצְחַקְתֶּם/ן	אתם/ן		
יוּצְחֲקוּ*	הוּצְחֲקוּ	הם/ן		

[מקור מוחלט .Inf. Abs הוּצְחֵק] * less commonly: אתן/הן תּוּצְחַקְנָה

הִצְטַחֵק/הִצְטַחַק chuckle, laugh mildly; smile, grin

בניין: הִתְפַּעֵל גזרה: פ' שורקת + ע' גרונית

Imperative ציווי	Future עתיד	Past עבר		Present הווה	
	אֶצְטַחֵק	הִצְטַחַקְתִּי	אני	מִצְטַחֵק	יחיד
הִצְטַחֵק	תִּצְטַחֵק	הִצְטַחַקְתָּ	אתה	מִצְטַחֶקֶת	יחידה
הִצְטַחֲקִי	תִּצְטַחֲקִי	הִצְטַחַקְתְּ	את	מִצְטַחֲקִים	רבים
	יִצְטַחֵק	הִצְטַחֵק	הוא	מִצְטַחֲקוֹת	רבות
	תִּצְטַחֵק	הִצְטַחֲקָה	היא		
	נִצְטַחֵק	הִצְטַחַקְנוּ	אנחנו		
הִצְטַחֲקוּ**	תִּצְטַחֲקוּ*	הִצְטַחַקְתֶּם/ן	אתם/ן		
	יִצְטַחֲקוּ*	הִצְטַחֲקוּ	הם/ן		

* less commonly: אתן/הן תִּצְטַחֵקְנָה

שם הפועל .Infin לְהִצְטַחֵק ** less commonly: (אתן) הִצְטַחֵקְנָה

שם הפעולה Gerund הִצְטַחֲקוּת chuckle, laugh; grin

מקור מוחלט .Inf. Abs הִצְטַחֵק

◆ פעלים שאינם שכיחים מאותו שורש Infrequent verbs sharing the same root

צִיחֵק (צִחֵק) (מְצַחֵק, יְצַחֵק, לְצַחֵק) make merry, jest; laugh (lit.)

◆ דוגמאות Illustrations

אשתו של משה אומרת, שהיא אוהבת אותו, מפני שהוא יודע איך **לְהַצְחִיק** אותה. בזכותו היא **צוֹחֶקֶת** תמיד. לפעמים היא **מוּצְחֶקֶת** עד כדי דמעות.

Moshe's wife says that she loves him because he knows how **to make her laugh**. Thanks to him she always **laughs**. Sometimes she **is made to laugh** till her eyes tear...

כששאלתי את אברהם איך הוא מרגיש, הוא **הִצְטַחֵק** ואמר שכבן תשעים ושמונה הוא מרגיש בכלל לא רע.

When I asked Abraham how he felt, he **chuckled** and said that for a person ninety-eight years old he does not feel bad at all.

רוברט חושב שבּוֹב הוֹפּ הוא האיש **הַמַּצְחִיק** ביותר בעולם; ג'יימס חושב שכשרייגן היה נשיא, הוא היה יותר **מַצְחִיק**.

Robert thinks that Bob Hope is the **funni**est man in the world; James thinks that when Reagan was president, he was **funnier**.

◆ ביטויים מיוחדים Special expressions

צָחַק מאוזן לאוזן laugh heartily, grin broadly ("from ear to ear")

אתה מַצְחִיק אותי! Don't make me laugh! (coll.)

המשכורת שלי מַצְחִיקָה my salary is laughable (i.e. ridiculously small)

● צין (מן צִיּוּן mark)

צִיֵּן/צִיַּנְ/צַיֵּן (צִיֵּן) mark, note; distinguish; be characteristic of

בניין: פִּיעֵל גזרה: שלמים + ל"נ

	Present הווה		Past עבר	Future עתיד	Imperative ציווי
יחיד	מְצַיֵּן	אני	צִיַּנְתִּי	אֲצַיֵּן	
יחידה	מְצַיֶּנֶת	אתה	צִיַּנְתָּ	תְּצַיֵּן	צַיֵּן
רבים	מְצַיְּנִים	את	צִיַּנְתְּ	תְּצַיְּנִי	צַיְּנִי
רבות	מְצַיְּנוֹת	הוא	צִיֵּן	יְצַיֵּן	
		היא	צִיְּנָה	תְּצַיֵּן	
		אנחנו	צִיַּנּוּ	נְצַיֵּן	
		אתם/ן	צִיַּנְתֶּם/ן	תְּצַיְּנוּ*	צַיְּנוּ**
		הם/ן	צִיְּנוּ	יְצַיְּנוּ*	

שם הפועל .Infin לְצַיֵּן

* less commonly: אתן/הן תְּצַיֵּנָּה

בינוני .Pres. Part מְצַיֵּן marker

** less commonly: (אתן) צַיֵּנָּה

שם הפעולה Gerund צִיּוּן mark(ing), grade; remark

מקור מוחלט .Inf. Abs צַיֵּן

צוּיַּן (צֻיַּן) be marked/noted; be distinguished/remarkable

בניין: פּוּעַל גזרה: שלמים + ל"נ

	Present הווה		Past עבר	Future עתיד
יחיד	מְצוּיָּן	אני	צוּיַּנְתִּי	אֲצוּיַּן
יחידה	מְצוּיֶּנֶת	אתה	צוּיַּנְתָּ	תְּצוּיַּן
רבים	מְצוּיָּנִים	את	צוּיַּנְתְּ	תְּצוּיְּנִי
רבות	מְצוּיָּנוֹת	הוא	צוּיַּן	יְצוּיַּן
		היא	צוּיְּנָה	תְּצוּיַּן
		אנחנו	צוּיַּנּוּ	נְצוּיַּן
		אתם/ן	צוּיַּנְתֶּם/ן	תְּצוּיְּנוּ*
		הם/ן	צוּיְּנוּ	יְצוּיְּנוּ*

בינוני .Pres. Part מְצוּיָּן excellent; noted

* less commonly: אתן/הן תְּצוּיַּנָּה >>>

שם הפעולה Gerund מְצוּיָּנוּת excellence
[מקור מוחלט .Inf. Abs צַוֵּין]

הִצְטַיֵּן/הִצְטַיֵּנ (הִצְטַיֵּן) excel; be distinguished (positively)

בניין: הִתְפַּעֵל גזרה: שלמים + פ' שורקת + ל"נ

	Present הווה		Past עבר	Future עתיד	Imperative ציווי
יחיד	מִצְטַיֵּן	אני	הִצְטַיַּנְתִּי	אֶצְטַיֵּן	
יחידה	מִצְטַיֶּנֶת	אתה	הִצְטַיַּנְתָּ	תִּצְטַיֵּן	הִצְטַיֵּן
רבים	מִצְטַיְּנִים	את	הִצְטַיַּנְתְּ	תִּצְטַיְּנִי	הִצְטַיְּנִי
רבות	מִצְטַיְּנוֹת	הוא	הִצְטַיֵּן	יִצְטַיֵּן	
		היא	הִצְטַיְּנָה	תִּצְטַיֵּן	
		אנחנו	הִצְטַיַּנּוּ	נִצְטַיֵּן	
		אתם/ן	הִצְטַיַּנְתֶּם/ן	תִּצְטַיְּנוּ*	הִצְטַיְּנוּ**
		הם/ן	הִצְטַיְּנוּ	יִצְטַיְּנוּ*	

שם הפועל .Infin לְהִצְטַיֵּן
* less commonly: אתן/הן תִּצְטַיֵּנָּה
בינוני .Pres. Part מִצְטַיֵּן distinguished
** less commonly: (אתן) הִצְטַיֵּנָּה
שם הפעולה Gerund הִצְטַיְּנוּת distinction, excellence
מקור מוחלט .Inf. Abs הִצְטַיֵּן

◆ דוגמאות Illustrations

מפקד המשטרה **צִיֵּן צִיּוּן** מיוחד את אומץ ליבו של השוטר שפירק את הפצצה.
The police chief **noted** by special **mention** the courage of the officer who disarmed the bomb.

אביגדור סיים את קורס הקצינים **בהִצְטַיְּנוּת**, וקיבל את אות ה"חניך **המִצְטַיֵּן**".
Avigdor finished the officers' training course with **distinction**, and received the **Distinguished** Cadet badge.

בישיבת המורים **צוּיַּן** ש**צִיּוּנָיו** של משה השתפרו מאוד בשליש האחרון. אפילו במתמטיקה יש לו "**מְצוּיָּן**".
At the teachers' meeting it **was noted** that Moshe's **grades** improved significantly in the last quarter. He even has "**excellent**" in math.

◆ ביטויים מיוחדים Special expressions

צִיּוּן-דרך road mark
ראוי **לצִיּוּן** notable
צוּיַּן לשבח be commended/singled out for praise

● ציר

צִיֵּר/צִיַּרְ/צַיֵּר (צִיֵּר) draw, paint; picture, describe

בניין: פִּיעֵל גזרה: שלמים

	Present הווה		Past עבר	Future עתיד	Imperative ציווי
יחיד	מְצַיֵּר	אני	צִיַּרְתִּי	אֲצַיֵּר	
יחידה	מְצַיֶּרֶת	אתה	צִיַּרְתָּ	תְּצַיֵּר	צַיֵּר
רבים	מְצַיְּרִים	את	צִיַּרְתְּ	תְּצַיְּרִי	צַיְּרִי
רבות	מְצַיְּרוֹת	הוא	צִיֵּר	יְצַיֵּר	
		היא	צִיְּרָה	תְּצַיֵּר	
		אנחנו	צִיַּרְנוּ	נְצַיֵּר	
		אתם/ן	צִיַּרְתֶּם/ן	תְּצַיְּרוּ*	צַיְּרוּ**
		הם/ן	צִיְּרוּ	יְצַיְּרוּ*	

* less commonly: אתן/הן תְּצַיֵּרְנָה

** less commonly: (אתן) צַיֵּרְנָה

שם הפועל Infin. לְצַיֵּר

שם הפעולה Gerund צִיּוּר drawing, picture, illustration; figure, image; description

מקור מוחלט Inf. Abs. צַיֵּר

צוּיַּר (צֻיַּר) be drawn/illustrated/pictured

בניין: פּוּעַל גזרה: שלמים

	Present הווה		Past עבר	Future עתיד
יחיד	מְצוּיָּר	אני	צוּיַּרְתִּי	אֲצוּיַּר
יחידה	מְצוּיֶּרֶת	אתה	צוּיַּרְתָּ	תְּצוּיַּר
רבים	מְצוּיָּרִים	את	צוּיַּרְתְּ	תְּצוּיְּרִי
רבות	מְצוּיָּרוֹת	הוא	צוּיַּר	יְצוּיַּר
		היא	צוּיְּרָה	תְּצוּיַּר
		אנחנו	צוּיַּרְנוּ	נְצוּיַּר
		אתם/ן	צוּיַּרְתֶּם/ן	תְּצוּיְּרוּ*
		הם/ן	צוּיְּרוּ	יְצוּיְּרוּ*

בינוני Pres. Part. מְצוּיָּר drawn, painted

* less commonly: אתן/הן תְּצוּיַּרְנָה

[מקור מוחלט Inf. Abs. צוּיּוֹר]

הִצְטַיֵּר/הִצְטַיַּרְ (הִצְטַיֵּר) be portrayed/pictured (in the mind)

בניין: הִתְפַּעֵל גזרה: שלמים + פ' שורקת

	Present הווה		Past עבר	Future עתיד	Imperative ציווי
יחיד	מִצְטַיֵּר	אני	הִצְטַיַּרְתִּי	אֶצְטַיֵּר	
יחידה	מִצְטַיֶּרֶת	אתה	הִצְטַיַּרְתָּ	תִּצְטַיֵּר	הִצְטַיֵּר
רבים	מִצְטַיְּרִים	את	הִצְטַיַּרְתְּ	תִּצְטַיְּרִי	הִצְטַיְּרִי
רבות	מִצְטַיְּרוֹת	הוא	הִצְטַיֵּר	יִצְטַיֵּר	
		היא	הִצְטַיְּרָה	תִּצְטַיֵּר	<<<

	Past עבר	Future עתיד	Imperative ציווי
אנחנו	הִצְטַיַּרְנוּ	נִצְטַיֵּר	
אתם/ן	הִצְטַיַּרְתֶּם/ן	תִּצְטַיְּרוּ*	הִצְטַיְּרוּ**
הם/ן	הִצְטַיְּרוּ	יִצְטַיְּרוּ*	

שם הפועל .Infin לְהִצְטַיֵּר * less commonly: אתן/הן תִּצְטַיֵּרְנָה

שם הפעולה .Ger הִצְטַיְּרוּת being pictured ** less commonly: (אתן) הִצְטַיֵּרְנָה

מקור מוחלט .Inf. Abs הִצְטַיֵּר

◆ **דוגמאות** Illustrations

כשראיתי את הצייר המפורסם פנים אל פנים, הופתעתי עד כמה היה שונה מן התמונה **שהִצְטַיְּרָה** במוחי בהשפעת **צִיּוּר** הפורטרט העצמי **שצִיֵּר** לפני כעשר שנים, ומן הפורטרטים שלו **שצוּיְּרוּ** על ידי ציירים אחרים.

When I saw the famous artist face to face, I was surprised to see how different he was from how he **was pictured** in my mind under the influence of the self-portrait **painting** he **had painted** ten years earlier, as well as from portraits of his that **were drawn** by other artists.

● צלח

הִצְלִיחַ/הִצְלַח/יַצְלִיחַ succeed, prosper; cause to succeed (lit.)

בניין: הִפְעִיל גזרה: ל׳ גרונית

	Present הווה		Past עבר	Future עתיד	Imperative ציווי
יחיד	מַצְלִיחַ	אני	הִצְלַחְתִּי	אַצְלִיחַ	
יחידה	מַצְלִיחָה	אתה	הִצְלַחְתָּ	תַּצְלִיחַ	הַצְלַח
רבים	מַצְלִיחִים	את	הִצְלַחְתְּ/...חַת	תַּצְלִיחִי	הַצְלִיחִי
רבות	מַצְלִיחוֹת	הוא	הִצְלִיחַ	יַצְלִיחַ	
		היא	הִצְלִיחָה	תַּצְלִיחַ	
		אנחנו	הִצְלַחְנוּ	נַצְלִיחַ	
		אתם/ן	הִצְלַחְתֶּם/ן	תַּצְלִיחוּ*	הַצְלִיחוּ**
		הם/ן	הִצְלִיחוּ	יַצְלִיחוּ*	

שם הפועל .Infin לְהַצְלִיחַ * less commonly: אתן/הן תַּצְלַחְנָה

שם הפעולה Gerund הַצְלָחָה success ** less commonly: (אתן) הַצְלַחְנָה

בינוני .Pres. Part מַצְלִיחַ successful

מקור מוחלט .Inf. Abs הַצְלֵחַ

◆ **פעלים שאינם שכיחים מאותו שורש** Infrequent verbs sharing the same root

צָלַח prosper, flourish; be good for; inspire (Bib H) (צָלַח, יִצְלַח, לִצְלוֹחַ)

נִצְלַח be fit, be good for (Med H) (נִצְלַח, יִיצָּלַח, לְהִיצָּלֵחַ)

הוּצְלַח (הֻצְלַח) turn out well (Mish H) (מוּצְלָח, יוּצְלַח)
בינוני סביל .Pass. Part מוּצְלָח that has turned out well; successful (common form)

◆ דוגמאות Illustrations

"הניתוח הִצְלִיחַ אך החולה מת" - דוגמה להַצְלָחָה לא מוּצְלַחַת...
"The operation **succeeded** and the patient died" - an example of **success** that has not **turned out well**...

◆ ביטויים מיוחדים Special expressions

עלה והַצְלַח good luck!

לא-יִצְלַח good-for-nothing, a failure (lit.)

לא-יוּצְלַח good-for-nothing, a failure (coll.)

● צלל

צָלַל/צוֹלֵל/יִצְלוֹל dive; sink; become clear

בניין: פָּעַל גזרה: שלמים (אֶפְעוֹל)

	Present הווה			Past עבר	Future עתיד	Imper. ציווי
יחיד	צוֹלֵל	צָלוּל	אני	צָלַלְתִּי	אֶצְלוֹל	
יחידה	צוֹלֶלֶת	צְלוּלָה	אתה	צָלַלְתָּ	תִּצְלוֹל	צְלוֹל
רבים	צוֹלְלִים	צְלוּלִים	את	צָלַלְתְּ	תִּצְלְלִי	צִלְלִי
רבות	צוֹלְלוֹת	צְלוּלוֹת	הוא	צָלַל	יִצְלוֹל	
			היא	צָלְלָה	תִּצְלוֹל	
			אנחנו	צָלַלְנוּ	נִצְלוֹל	
			אתם/ן	צְלַלְתֶּם/ן*	תִּצְלְלוּ**	צִלְלוּ***
			הם/ן	צָלְלוּ	יִצְלְלוּ**	

שם הפועל .Infin לִצְלוֹל

שם הפעולה Gerund צְלִילָה diving, sinking

בינוני פעיל .Act. Part צוֹלֵל diver

צוֹלֶלֶת submarine

בינוני סביל .Pass. Part צָלוּל clear, pure

מקור מוחלט .Inf. Abs צָלוֹל

מ"י מוצרכת .Gov. Prep צָלַל לְ- dive in(to)

* Colloquial: צָלַלְתֶּם/ן

** less commonly: אתן/הן תִּצְלוֹלְנָה

*** less commonly: (אתן) צְלוֹלְנָה

◆ פעלים שאינם שכיחים מאותו שורש Infrequent verbs sharing the same root

נִצְלַל become pure/clear (Mish H) (נִצְלָל, יִיצָּלֵל, לְהִיצָּלֵל)

צִילֵל (צִלֵּל) clear, purify (מְצַלֵּל, יְצַלֵּל, לְצַלֵּל)

צוֹלַל (צֻלַּל) be cleared/purified (מְצוֹלָל, יְצוֹלַל)
נִצְטַלֵּל sink (intr.); become clear/pure (מִצְטַלֵּל, יִצְטַלֵּל, לְהִצְטַלֵּל)
הִצְלִיל sink (tr.); clear, purify (מַצְלִיל, יַצְלִיל, לְהַצְלִיל)
הוּצְלַל (הֻצְלַל) be sunk; be purified (מוּצְלָל, יוּצְלַל)

◆ דוגמאות Illustrations

מנחם חולם להיות גרג לוגאניס שני. הוא מקבל שיעורי **צְלִילָה** **מצולל** מקצועי, **וצולל** כמה שעות כל יום אחרי הלימודים.

Menahem dreams of becoming another Greg Louganis. He takes **diving** lessons from a professional **diver**, and **dives** a few hours every day after school.

◆ ביטויים מיוחדים Special expressions

צָלַל כעופרת sink like lead

●צלם (מן צֶלֶם image)

צִילֵם/צִילַּמְ/צַלֵּם (צִלֵּם) photograph

בניין: פִּיעֵל גזרה: שלמים

	Present הווה		Past עבר	Future עתיד	Imperative ציווי
יחיד	מְצַלֵּם	אני	צִילַּמְתִּי	אֲצַלֵּם	
יחידה	מְצַלֶּמֶת	אתה	צִילַּמְתָּ	תְּצַלֵּם	צַלֵּם
רבים	מְצַלְּמִים	את	צִילַּמְתְּ	תְּצַלְּמִי	צַלְּמִי
רבות	מְצַלְּמוֹת	הוא	צִילֵּם	יְצַלֵּם	
		היא	צִילְּמָה	תְּצַלֵּם	
		אנחנו	צִילַּמְנוּ	נְצַלֵּם	
		אתם/ן	צִילַּמְתֶּם/ן	תְּצַלְּמוּ*	צַלְּמוּ**
		הם/ן	צִילְּמוּ	יְצַלְּמוּ*	

* less commonly: אתן/הן תְּצַלֵּמְנָה

** less commonly: (אתן) צַלֵּמְנָה

שם הפועל .Infin לְצַלֵּם

שם הפעולה Gerund צִילּוּם photograph; photography

מקור מוחלט .Inf. Abs צַלֵּם

צוּלַם (צִלֵּם) be photographed

בניין: פּוּעַל גזרה: שלמים

	הווה Present		עבר Past	עתיד Future
יחיד	מְצוּלָּם	אני	צוּלַּמְתִּי	אֲצוּלַּם
יחידה	מְצוּלֶּמֶת	אתה	צוּלַּמְתָּ	תְּצוּלַּם
רבים	מְצוּלָּמִים	את	צוּלַּמְתְּ	תְּצוּלְּמִי
רבות	מְצוּלָּמוֹת	הוא	צוּלַּם	יְצוּלַּם
		היא	צוּלְּמָה	תְּצוּלַּם
		אנחנו	צוּלַּמְנוּ	נְצוּלַּם
		אתם/ן	צוּלַּמְתֶּם/ן	תְּצוּלְּמוּ*
		הם/ן	צוּלְּמוּ	יְצוּלְּמוּ*

בינוני .Pres. Part מְצוּלָּם photograph   * less commonly: אתן/הן תְּצוּלַּמְנָה

[מקור מוחלט .Inf. Abs צוּלּוֹם]

הִצְטַלֵּם/הִצְטַלַּם having one's photograph taken

בניין: הִתְפַּעֵל גזרה: שלמים + פ' שורקת

	הווה Present		עבר Past	עתיד Future	ציווי Imperative
יחיד	מִצְטַלֵּם	אני	הִצְטַלַּמְתִּי	אֶצְטַלֵּם	
יחידה	מִצְטַלֶּמֶת	אתה	הִצְטַלַּמְתָּ	תִּצְטַלֵּם	הִצְטַלֵּם
רבים	מִצְטַלְּמִים	את	הִצְטַלַּמְתְּ	תִּצְטַלְּמִי	הִצְטַלְּמִי
רבות	מִצְטַלְּמוֹת	הוא	הִצְטַלֵּם	יִצְטַלֵּם	
		היא	הִצְטַלְּמָה	תִּצְטַלֵּם	
		אנחנו	הִצְטַלַּמְנוּ	נִצְטַלֵּם	
		אתם/ן	הִצְטַלַּמְתֶּם/ן	תִּצְטַלְּמוּ*	הִצְטַלְּמוּ**
		הם/ן	הִצְטַלְּמוּ	יִצְטַלְּמוּ*	

* less commonly: אתן/הן תִּצְטַלֵּמְנָה

שם הפועל .Infin לְהִצְטַלֵּם   ** less commonly: (אתן) הִצְטַלֵּמְנָה

שם הפעולה Gerund הִצְטַלְּמוּת having one's photo taken

מקור מוחלט .Inf. Abs הִצְטַלֵּם

◆ דוגמאות Illustrations

עמי **צִילֵּם** את הנסיכה כשהיא מתרחצת בחוף עם ידיד. **צילום שצוּלַּם** בהקשר כזה שווה הרבה כסף. אבל הנסיכה לא אוהבת במיוחד **לְהִצְטַלֵּם**; היא חטפה את המצלמה וזרקה אותה למים.

Ami **photographed** the princess bathing on the beach with a friend. A **photograph taken** in such context is worth a lot of money. But the princess did not particularly care **to have her picture taken**; she snatched the camera and tossed it into the water.

• צלצל

צִלְצֵל/צִלְצַל/צַלְצֵל ring, chime; ring up, telephone (coll.)

בניין: פִּיעֵל גזרה: מרובעים

Imperative ציווי	Future עתיד	Past עבר		Present הווה	
	אֲצַלְצֵל	צִלְצַלְתִּי	אני	מְצַלְצֵל	יחיד
צַלְצֵל	תְּצַלְצֵל	צִלְצַלְתָּ	אתה	מְצַלְצֶלֶת	יחידה
צַלְצְלִי	תְּצַלְצְלִי	צִלְצַלְתְּ	את	מְצַלְצְלִים	רבים
	יְצַלְצֵל	צִלְצֵל	הוא	מְצַלְצְלוֹת	רבות
	תְּצַלְצֵל	צִלְצְלָה	היא		
	נְצַלְצֵל	צִלְצַלְנוּ	אנחנו		
צַלְצְלוּ**	תְּצַלְצְלוּ*	צִלְצַלְתֶּם/ן	אתם/ן		
	יְצַלְצְלוּ*	צִלְצְלוּ	הם/ן		

* less commonly: אתן/הן תְּצַלְצֵלְנָה

** less commonly: (אתן) צַלְצֵלְנָה

שם הפועל .Infin לְצַלְצֵל

שם הפעולה Gerund צִלְצוּל ring, ringing, chime

בינוני .Pres. Part מְצַלְצְלִים coins, small change

מקור מוחלט .Inf. Abs צַלְצֵל

הִצְטַלְצֵל/הִצְטַלְצַל begin/sound like ringing; telephone each other (coll.)

בניין: הִתְפַּעֵל גזרה: מרובעים + פ' שורקת

Imperative ציווי	Future עתיד	Past עבר		Present הווה	
	אֶצְטַלְצֵל	הִצְטַלְצַלְתִּי	אני	מִצְטַלְצֵל	יחיד
הִצְטַלְצֵל	תִּצְטַלְצֵל	הִצְטַלְצַלְתָּ	אתה	מִצְטַלְצֶלֶת	יחידה
הִצְטַלְצְלִי	תִּצְטַלְצְלִי	הִצְטַלְצַלְתְּ	את	מִצְטַלְצְלִים	רבים
	יִצְטַלְצֵל	הִצְטַלְצֵל	הוא	מִצְטַלְצְלוֹת	רבות
	תִּצְטַלְצֵל	הִצְטַלְצְלָה	היא		
	נִצְטַלְצֵל	הִצְטַלְצַלְנוּ	אנחנו		
הִצְטַלְצְלוּ**	תִּצְטַלְצְלוּ*	הִצְטַלְצַלְתֶּם/ן	אתם/ן		
	יִצְטַלְצְלוּ*	הִצְטַלְצְלוּ	הם/ן		

* less commonly: אתן/הן תִּצְטַלְצֵלְנָה

** less commonly: (אתן) הִצְטַלְצֵלְנָה

שם הפועל .Infin לְהִצְטַלְצֵל

שם הפעולה Gerund הִצְטַלְצְלוּת ringing one another

מקור מוחלט .Inf. Abs הִצְטַלְצֵל

◆ פעלים שאינם שכיחים מאותו שורש Infrequent verbs sharing the same root

צוּלְצַל (צֻלְצַל) be rung (Med H) (מְצוּלְצָל, יְצוּלְצַל)

◆ דוגמאות Illustrations

עזריאל פופולרי מאוד. הטלפון בביתו **מְצַלְצֵל** כל היום, וגם הוא **מְצַלְצֵל** לכל

אחד מידידיו לפחות פעמיים ביום. עליזה אומרת שמרוב טלפונים הקול שלו **מְצַטְלְצֵל** כמו טלפון גם כשהוא מדבר פנים אל פנים.

Azriel is very popular. The phone at his home **rings** all day, and he also **rings up** each one of his friends at least twice a day. Aliza says that he uses the phone so much, that his voice **sounds like the ringing** of a phone even when he talks face to face.

● צמח

צָמַח/צוֹמֵחַ/יִצְמַח grow (intr.); arise, spring (from)

בניין: פָּעַל גזרה: ל' גרונית

	Present הווה		Past עבר	Future עתיד	Imper. ציווי
יחיד	צוֹמֵחַ צָמוּחַ	אני	צָמַחְתִּי	אֶצְמַח	
יחידה	צוֹמַחַת צְמוּחָה	אתה	צָמַחְתָּ	תִּצְמַח	צְמַח
רבים	צוֹמְחִים צְמוּחִים	את	צָמַחְתְּ/...חַת	תִּצְמְחִי	צִמְחִי
רבות	צוֹמְחוֹת צְמוּחוֹת	הוא	צָמַח	יִצְמַח	
		היא	צָמְחָה	תִּצְמַח	
		אנחנו	צָמַחְנוּ	נִצְמַח	
		אתם/ן	צְמַחְתֶּם/ן*	תִּצְמְחוּ**	צִמְחוּ***
		הם/ן	צָמְחוּ	יִצְמְחוּ**	

* Colloquial: צָמַחְתֶּם/ן

** less commonly: אתן/הן תִּצְמַחְנָה

*** less commonly: (אתן) צְמַחְנָה

שם הפועל .Infin לִצְמוֹחַ

שם הפעולה .Ger צְמִיחָה growing, growth

בינוני פעיל .Act. Part צוֹמֵחַ flora

בינוני סביל .Pass. Part צָמוּחַ (Med H) growing (Adj.)

מקור מוחלט .Inf. Abs צָמוֹחַ

הִצְמִיחַ/הִצְמַח/יַצְמִיחַ cause to grow; produce, bring forth

בניין: הִפְעִיל גזרה: ל' גרונית

	Present הווה		Past עבר	Future עתיד	Imperative ציווי
יחיד	מַצְמִיחַ	אני	הִצְמַחְתִּי	אַצְמִיחַ	
יחידה	מַצְמִיחָה	אתה	הִצְמַחְתָּ	תַּצְמִיחַ	הַצְמַח
רבים	מַצְמִיחִים	את	הִצְמַחְתְּ/...חַת	תַּצְמִיחִי	הַצְמִיחִי
רבות	מַצְמִיחוֹת	הוא	הִצְמִיחַ	יַצְמִיחַ	
		היא	הִצְמִיחָה	תַּצְמִיחַ	
		אנחנו	הִצְמַחְנוּ	נַצְמִיחַ	
		אתם/ן	הִצְמַחְתֶּם/ן	תַּצְמִיחוּ*	הַצְמִיחוּ**
		הם/ן	הִצְמִיחוּ	יַצְמִיחוּ*	

שם הפועל .Infin לְהַצְמִיחַ

מקור מוחלט .Inf. Abs הַצְמֵחַ

* less commonly: אתן/הן תַּצְמַחְנָה

** less commonly: (אתן) הַצְמַחְנָה

◆ פעלים שאינם שכיחים מאותו שורש Infrequent verbs sharing the same root
נִצְמַח (נִצְמָח, יִיצָּמַח, לְהִיצָּמַח) grow (intr.) (Mish H); appear (Med H)
צִימַּח/צִימֵּחַ (צִמַּח/צִמֵּחַ) grow (intr.); grow (tr.) (lit.) (מְצַמֵּחַ, יְצַמַּח, לְצַמֵּחַ)
הִצְטַמַּח/הִצְטַמֵּחַ (מִצְטַמֵּחַ, יִצְטַמַּח, לְהִצְטַמֵּחַ) begin to grow (lit.)

◆ דוגמאות Illustrations

יש לי חלקת אדמה בחצר **שמַצְמִיחָה** את הירקות המשובחים ביותר באיזור. בשנה שעברה **צָמְחוּ** בה עגבניות ענק שזכו בפרס המחוזי.

I have a plot of ground in my backyard which **produces** the best vegetables in the region. Last year, the giant tomatoes that **grew** in it won the county prize.

השנה הייתה שנת **צְמִיחָה** בשוק המניות.

This was a year of **growth** in the stock market.

◆ ביטויים מיוחדים Special expressions
אמת מארץ **תִּצְמַח** the truth will come out
הִצְמִיחַ לו קרניים make love to someone else's wife
הִצְמִיחָה לו קרניים be unfaithful to her husband

● צמצם

צִמְצֵם/צִמְצַמְ/צַמְצֵם reduce, cut down

בניין: פִּיעֵל גזרה: מרובעים

	Present הווה		Past עבר	Future עתיד	Imperative ציווי
יחיד	מְצַמְצֵם	אני	צִמְצַמְתִּי	אֲצַמְצֵם	
יחידה	מְצַמְצֶמֶת	אתה	צִמְצַמְתָּ	תְּצַמְצֵם	צַמְצֵם
רבים	מְצַמְצְמִים	את	צִמְצַמְתְּ	תְּצַמְצְמִי	צַמְצְמִי
רבות	מְצַמְצְמוֹת	הוא	צִמְצֵם	יְצַמְצֵם	
		היא	צִמְצְמָה	תְּצַמְצֵם	
		אנחנו	צִמְצַמְנוּ	נְצַמְצֵם	
		אתם/ן	צִמְצַמְתֶּם/ן	תְּצַמְצְמוּ*	צַמְצְמוּ**
		הם/ן	צִמְצְמוּ	יְצַמְצְמוּ*	

* less commonly: אתן/הן תְּצַמְצֵמְנָה
** less commonly: (אתן) צַמְצֵמְנָה

שם הפועל .Infin לְצַמְצֵם
שם הפעולה Gerund צִמְצוּם reduction, cutting down
מקור מוחלט .Inf. Abs צַמְצֵם

צוּמְצַם be reduced, cut down (צִמְצֵם)

בניין: פּוּעַל גזרה: מרובעים

	Present הווה		Past עבר	Future עתיד
יחיד	מְצוּמְצָם	אני	צוּמְצַמְתִּי	אֲצוּמְצַם
יחידה	מְצוּמְצֶמֶת	אתה	צוּמְצַמְתָּ	תְּצוּמְצַם
רבים	מְצוּמְצָמִים	את	צוּמְצַמְתְּ	תְּצוּמְצְמִי
רבות	מְצוּמְצָמוֹת	הוא	צוּמְצַם	יְצוּמְצַם
		היא	צוּמְצְמָה	תְּצוּמְצַם
		אנחנו	צוּמְצַמְנוּ	נְצוּמְצַם
		אתם/ן	צוּמְצַמְתֶּם/ן	תְּצוּמְצְמוּ*
		הם/ן	צוּמְצְמוּ	יְצוּמְצְמוּ*

בינוני Pres. Part. מְצוּמְצָם reduced, limited * less commonly: אתן/הן תְּצוּמְצַמְנָה

[מקור מוחלט Inf. Abs. צוּמְצוֹם]

הִצְטַמְצֵם/הִצְטַמְצַם limit/restrict oneself; be reduced/condensed

בניין: הִתְפַּעֵל גזרה: מרובעים + פ' שורקת

	Present הווה		Past עבר	Future עתיד	Imperative ציווי
יחיד	מִצְטַמְצֵם	אני	הִצְטַמְצַמְתִּי	אֶצְטַמְצֵם	
יחידה	מִצְטַמְצֶמֶת	אתה	הִצְטַמְצַמְתָּ	תִּצְטַמְצֵם	הִצְטַמְצֵם
רבים	מִצְטַמְצְמִים	את	הִצְטַמְצַמְתְּ	תִּצְטַמְצְמִי	הִצְטַמְצְמִי
רבות	מִצְטַמְצְמוֹת	הוא	הִצְטַמְצֵם	יִצְטַמְצֵם	
		היא	הִצְטַמְצְמָה	תִּצְטַמְצֵם	
		אנחנו	הִצְטַמְצַמְנוּ	נִצְטַמְצֵם	
		אתם/ן	הִצְטַמְצַמְתֶּם/ן	תִּצְטַמְצְמוּ*	הִצְטַמְצְמוּ**
		הם/ן	הִצְטַמְצְמוּ	יִצְטַמְצְמוּ*	

* less commonly: אתן/הן תִּצְטַמְצֵמְנָה

שם הפועל Infin. לְהִצְטַמְצֵם ** less commonly: (אתן) הִצְטַמְצֵמְנָה

שם הפעולה Ger. הִצְטַמְצְמוּת confinement, contraction; reduction; being limited/confined

מקור מוחלט Inf. Abs. הִצְטַמְצֵם

◆ דוגמאות Illustrations

הרפובליקאים דורשים שהקונגרס **יְצַמְצֵם** באופן דרסטי את התקציבים המוקצים לשירותי הרווחה, כדי שהגירעון בתקציב הפדרלי **יִצְטַמְצֵם**. הדמוקרטים מתנגדים **לְצִמְצוּמִים** כאלה, וטוענים כי אם שירותי הרווחה **יְצוּמְצְמוּ** בצורה כזאת, יגדל העוני ויחריפו הבעיות החברתיות. לכן יסכימו רק לקיצוצים **מְצוּמְצָמִים**, שילוו בערבויות לשכבות החלשות.

The Republicans demand that Congress drastically **cut down** the budgets allocated to welfare services, so that the Federal debt will **be reduced**. The Democrats object to such **reductions**, and argue that if welfare budgets **are cut down** to such an extent, poverty will rise and social problems will worsen. Therefore they will only agree to **limited** cuts, accompanied with safeguards to the weaker populations.

◆ ביטויים מיוחדים Special expressions

צִמְצֵם שבר reduce a fraction

בְּצִמְצוּם barely; sparingly

● צנח

צָנַח/צוֹנֵחַ/יִצְנַח drop (intr.); parachute; (sl.) drop in suddenly

בניין: פָּעַל גזרה: ל׳ גרונית

	Present הווה			Past עבר	Future עתיד	Imper. ציווי
יחיד	צוֹנֵחַ	צָנוּחַ	אני	צָנַחְתִּי	אֶצְנַח	
יחידה	צוֹנַחַת	צְנוּחָה	אתה	צָנַחְתָּ	תִּצְנַח	צְנַח
רבים	צוֹנְחִים	צְנוּחִים	את	צָנַחְתְּ/...חַת	תִּצְנְחִי	צִנְחִי
רבות	צוֹנְחוֹת	צְנוּחוֹת	הוא	צָנַח	יִצְנַח	
			היא	צָנְחָה	תִּצְנַח	
			אנחנו	צָנַחְנוּ	נִצְנַח	
			אתם/ן	צְנַחְתֶּם/ן*	תִּצְנְחוּ**	צִנְחוּ***
			הם/ן	צָנְחוּ	יִצְנְחוּ**	

* Colloquial: צָנַחְתֶּם/ן

** less commonly: אתן/הן תִּצְנַחְנָה

*** less commonly: (אתן) צְנַחְנָה

שם הפועל .Infin לִצְנוֹחַ

שם הפעולה Gerund צְנִיחָה dropping; parachute descent

בינוני סביל .Pass. Part צָנוּחַ dropped, lying low (lit.)

מקור מוחלט .Inf. Abs צָנוֹחַ

הִצְנִיחַ/הִצְנַח/יַצְנִיחַ cause to drop; drop by parachute; (sl.) bring in an outside occupier of a position

בניין: הִפְעִיל גזרה: ל׳ גרונית

	Present הווה		Past עבר	Future עתיד	Imperative ציווי
יחיד	מַצְנִיחַ	אני	הִצְנַחְתִּי	אַצְנִיחַ	
יחידה	מַצְנִיחָה	אתה	הִצְנַחְתָּ	תַּצְנִיחַ	הַצְנַח
רבים	מַצְנִיחִים	את	הִצְנַחְתְּ/...חַת	תַּצְנִיחִי	הַצְנִיחִי
רבות	מַצְנִיחוֹת	הוא	הִצְנִיחַ	יַצְנִיחַ	
		היא	הִצְנִיחָה	תַּצְנִיחַ	
		אנחנו	הִצְנַחְנוּ	נַצְנִיחַ	
		אתם/ן	הִצְנַחְתֶּם/ן	תַּצְנִיחוּ*	הַצְנִיחוּ**
		הם/ן	הִצְנִיחוּ	יַצְנִיחוּ*	

* less commonly: אתן/הן תַּצְנַחְנָה

** less commonly: (אתן) הַצְנַחְנָה >>>

שם הפועל .Infin לְהַצְנִיחַ

שם הפעולה Gerund הַצְנָחָה causing to drop; dropping by parachute
מקור מוחלט Inf. Abs. הַצְנֵחַ

הוּצְנַח (הֻצְנַח) be dropped/parachuted; be "landed" in job

בניין: הוּפְעַל גזרה: ל' גרונית

	Present הווה		Past עבר	Future עתיד
יחיד	מוּצְנָח	אני	הוּצְנַחְתִּי	אוּצְנַח
יחידה	מוּצְנַחַת	אתה	הוּצְנַחְתָּ	תּוּצְנַח
רבים	מוּצְנָחִים	את	הוּצְנַחְתְּ/...חַת	תּוּצְנְחִי
רבות	מוּצְנָחוֹת	הוא	הוּצְנַח	יוּצְנַח
		היא	הוּצְנְחָה	תּוּצְנַח
		אנחנו	הוּצְנַחְנוּ	נוּצְנַח
		אתם/ן	הוּצְנַחְתֶּם/ן	תּוּצְנְחוּ*
		הם/ן	הוּצְנְחוּ	יוּצְנְחוּ*

* less commonly: אתן/הן תּוּצְנַחְנָה

בינוני Pres. Part. מוּצְנָח (airborne and) parachuted
[מקור מוחלט Inf. Abs. הוּצְנֵחַ]

◆ פעלים שאינם שכיחים מאותו שורש Infrequent verbs sharing the same root

נִצְנַח drop/fall down helplessly (lit.) (נִצְנָח, יִיצָּנַח, לְהִיצָּנַח)
צִינֵּחַ (צִנַּח) drop (tr.), throw (Med H) (מְצַנֵּחַ, יְצַנֵּחַ, לְצַנֵּחַ)
הִצְטַנֵּחַ let oneself fall down (lit.) (מִצְטַנֵּחַ, יִצְטַנֵּחַ, לְהִצְטַנֵּחַ)

◆ דוגמאות Illustrations

היום **מַצְנִיחִים** חיילים לשטח האויב פחות מאשר בעבר; מעדיפים בדרך כלל להטיס במסוקים. **צְנִיחָה** כרוכה בסיכון מסוים לחייל **המוּצְנָח** כשהוא חשוף באוויר, וכשהוא **צוֹנֵחַ** הוא עלול גם להיפגע בהגיעו לקרקע.

Today they **drop** soldiers **by parachute** less than they did in the past; they usually prefer to transport them by helicopters. **Parachuting** involves some risk to the **parachuted** soldier when exposed in the air, and when he **drops** he might also be hurt when reaching the ground.

כולם חשבו שאברהם יועלה בדרגה עם עזיבתו של מנהל המחלקה, אבל המנכ"ל **הִצְנִיחַ** ידיד שלו מבחוץ.

Everybody thought that Abraham would be promoted with the departure of the department head, but the general manager **brought in** a friend of his from the outside.

אפרים **צָנַח** בביתנו אתמול ללא כל הודעה מוקדמת, והודיע שהוא מתכוון להישאר אצלנו שבוע ימים.

Ephraim **dropped in** at our house yesterday without any prior warning, and announced that he was staying with us for a week.

● צנן

הִצְטַנֵּן/הִצְטַנַּ cool (down); catch a cold

בניין: הִתְפַּעֵל גזרה: שלמים + פ' שורקת + ל"נ

	Present הווה		Past עבר	Future עתיד	Imperative ציווי
יחיד	מִצְטַנֵּן	אני	הִצְטַנַּנְתִּי	אֶצְטַנֵּן	
יחידה	מִצְטַנֶּנֶת	אתה	הִצְטַנַּנְתָּ	תִּצְטַנֵּן	הִצְטַנֵּן
רבים	מִצְטַנְּנִים	את	הִצְטַנַּנְתְּ	תִּצְטַנְּנִי	הִצְטַנְּנִי
רבות	מִצְטַנְּנוֹת	הוא	הִצְטַנֵּן	יִצְטַנֵּן	
		היא	הִצְטַנְּנָה	תִּצְטַנֵּן	
		אנחנו	הִצְטַנַּנּוּ	נִצְטַנֵּן	
		אתם/ן	הִצְטַנַּנְתֶּם/ן	תִּצְטַנְּנוּ*	הִצְטַנְּנוּ**
		הם/ן	הִצְטַנְּנוּ	יִצְטַנְּנוּ*	

* less commonly: אתן/הן תִּצְטַנֵּנָּה

שם הפועל .Infin לְהִצְטַנֵּן ** less commonly: (אתן) הִצְטַנֵּנָּה

שם הפעולה Gerund הִצְטַנְּנוּת cooling (down) (N); a cold; catching cold

מקור מוחלט .Inf. Abs הִצְטַנֵּן

צִינֵּן/צִינַּנ/צַנֵּן (צִנֵּן) cool, cool down; infect with a cold

בניין: פִּיעֵל גזרה: שלמים + ל"נ

	Present הווה		Past עבר	Future עתיד	Imperative ציווי
יחיד	מְצַנֵּן	אני	צִינַּנְתִּי	אֲצַנֵּן	
יחידה	מְצַנֶּנֶת	אתה	צִינַּנְתָּ	תְּצַנֵּן	צַנֵּן
רבים	מְצַנְּנִים	את	צִינַּנְתְּ	תְּצַנְּנִי	צַנְּנִי
רבות	מְצַנְּנוֹת	הוא	צִינֵּן	יְצַנֵּן	
		היא	צִינְּנָה	תְּצַנֵּן	
		אנחנו	צִינַּנּוּ	נְצַנֵּן	
		אתם/ן	צִינַּנְתֶּם/ן	תְּצַנְּנוּ*	צַנְּנוּ**
		הם/ן	צִינְּנוּ	יְצַנְּנוּ*	

* less commonly: אתן/הן תְּצַנֵּנָּה

שם הפועל .Infin לְצַנֵּן ** less commonly: (אתן) צַנֵּנָּה

שם הפעולה Gerund צִינּוּן cooling (something) (N)

מקור מוחלט .Inf. Abs צַנֵּן

צוּנַּן (צֻנַּן) be cooled

בניין: פוּעַל גזרה: שלמים + ל״נ

	Present הווה		Past עבר	Future עתיד
יחיד	מְצוּנָּן	אני	צוּנַּנְתִּי	אֲצוּנַּן
יחידה	מְצוּנֶּנֶת	אתה	צוּנַּנְתָּ	תְּצוּנַּן
רבים	מְצוּנָּנִים	את	צוּנַּנְתְּ	תְּצוּנְּנִי
רבות	מְצוּנָּנוֹת	הוא	צוּנַּן	יְצוּנַּן
		היא	צוּנְּנָה	תְּצוּנַּן
		אנחנו	צוּנַּנּוּ	נְצוּנַּן
		אתם/ן	צוּנַּנְתֶּם/ן	תְּצוּנְּנוּ*
		הם/ן	צוּנְּנוּ	יְצוּנְּנוּ*

* less commonly: אתן/הן תְּצוּנַּנָּה

בינוני .Pres. Part מְצוּנָּן chilled; having a cold

[מקור מוחלט .Inf. Abs צוּנּוֹן]

◆ פעלים שאינם שכיחים מאותו שורש Infrequent verbs sharing the same root

צָנַן be/become cool (צוֹנֵן, יָצוֹן, לָצוֹן)

בינוני פעיל .Act. Part צוֹנֵן cool

נִיצַּן/נִיצוֹן (נִצַּן) cool (down) (lit.) (נִיצָּן/נִיצוֹן, יִיצָּן/יִיצוֹן, לְהִיצֵּן)

הֵצֵן (הִצְנִין) cool (tr.); cool down (lit.) (מֵצֵן, יָצֵן, לְהָצֵן)

הוּצַן cool down (Mish H) (מוּצָן, יוּצַן)

◆ דוגמאות Illustrations

ביום חם כזה מוכרחים **לְצַנֵּן** את הגוף. אני אוהב לשחות באגם, שמימיו **צוֹנְנִים** ביותר אפילו באמצע הקיץ, אבל בפעם האחרונה שעשיתי זאת **הִצְטַנַּנְתִּי** כהוגן, ואני אומלל מאוד כשאני **מְצוּנָּן**. כנראה שאסתפק בבירה קרה...

On a day as hot as this, one needs **to cool** the body. I like swimming in the lake, where the water is very **cool** even in mid-summer, but the last time I did it I **caught** a nasty **cold**, and when I **have a cold** I am very miserable. So I'll probably settle for cold beer...

◆ ביטויים מיוחדים Special expressions

היחסים ביניהם **הִצְטַנְּנוּ** the relations between them cooled

● צעד

צָעַד/צוֹעֵד/יִצְעַד march, pace, step

בניין: פָּעַל גזרה: ע׳ גרונית (אֶפְעַל)

Imperative ציווי	Future עתיד	Past עבר		Present הווה	
	אֶצְעַד	צָעַדְתִּי	אני	צוֹעֵד	יחיד
צְעַד	תִּצְעַד	צָעַדְתָּ	אתה	צוֹעֶדֶת	יחידה
צַעֲדִי	תִּצְעֲדִי	צָעַדְתְּ	את	צוֹעֲדִים	רבים
	יִצְעַד	צָעַד	הוא	צוֹעֲדוֹת	רבות
	תִּצְעַד	צָעֲדָה	היא		
	נִצְעַד	צָעַדְנוּ	אנחנו		
צַעֲדוּ***	תִּצְעֲדוּ**	צְעַדְתֶּם/ן*	אתם/ן		
	יִצְעֲדוּ**	צָעֲדוּ	הם/ן		

מקור מוחלט Inf. Abs. צָעוֹד

שם הפועל Infin. לִצְעוֹד

בינוני פעיל Act. Part. צוֹעֵד marcher

שם הפעולה Gerund צְעִידָה marching, pacing

* Colloquial: צָעַדְתֶּם/ן

** less commonly: אתן/הן תִּצְעַדְנָה

*** less commonly: (אתן) צְעַדְנָה

הִצְעִיד/הִצְעַד/יַצְעִיד lead, cause to march; advance, promote

בניין: הִפְעִיל גזרה: שלמים

Imperative ציווי	Future עתיד	Past עבר		Present הווה	
	אַצְעִיד	הִצְעַדְתִּי	אני	מַצְעִיד	יחיד
הַצְעֵד	תַּצְעִיד	הִצְעַדְתָּ	אתה	מַצְעִידָה	יחידה
הַצְעִידִי	תַּצְעִידִי	הִצְעַדְתְּ	את	מַצְעִידִים	רבים
	יַצְעִיד	הִצְעִיד	הוא	מַצְעִידוֹת	רבות
	תַּצְעִיד	הִצְעִידָה	היא		
	נַצְעִיד	הִצְעַדְנוּ	אנחנו		
הַצְעִידוּ**	תַּצְעִידוּ*	הִצְעַדְתֶּם/ן	אתם/ן		
	יַצְעִידוּ*	הִצְעִידוּ	הם/ן		

שם הפועל Infin. לְהַצְעִיד

שם הפעולה Ger. הַצְעָדָה causing to march

מקור מוחלט Inf. Abs. הַצְעֵד

* less commonly: אתן/הן תַּצְעֵדְנָה

** less commonly: (אתן) הַצְעֵדְנָה

◆ פעלים שאינם שכיחים מאותו שורש Infrequent verbs sharing the same root

נִצְעַד be stepped on; pace, march (Med H) (נִצְעָד, יִיצָּעֵד, לְהִיצָּעֵד)

צִיעֵד (צִעֵד) pace back and forth (Mish H); lead, cause to march (Med H) (מְצַעֵד, יְצַעֵד, לְצַעֵד)

הוּצְעַד (הֻצְעַד) be led/caused to march/advanced (מוּצְעָד, יוּצְעַד)

◆ דוגמאות Illustrations

מפקד המחלקה **הִצְעִיד** אותנו כל הבוקר ללא הפסקה. לאחר **שֶׁצָּעַדְנוּ** ארבע שעות, התמוטטו שלושה חיילים.

The platoon commander **had** us **march** all morning, without a break. When we **had marched** for four hours, three soldiers collapsed.

● צעק

צָעַק/צוֹעֵק/יִצְעַק shout, yell; complain, cry out

בניין: פָּעַל גזרה: ע' גרונית (אֶפְעַל)

	Present הווה		Past עבר	Future עתיד	Imperative ציווי
יחיד	צוֹעֵק	אני	צָעַקְתִּי	אֶצְעַק	
יחידה	צוֹעֶקֶת	אתה	צָעַקְתָּ	תִּצְעַק	צְעַק
רבים	צוֹעֲקִים	את	צָעַקְתְּ	תִּצְעֲקִי	צַעֲקִי
רבות	צוֹעֲקוֹת	הוא	צָעַק	יִצְעַק	
		היא	צָעֲקָה	תִּצְעַק	
		אנחנו	צָעַקְנוּ	נִצְעַק	
		אתם/ן	צְעַקְתֶּם/ן*	תִּצְעֲקוּ**	צַעֲקוּ***
		הם/ן	צָעֲקוּ	יִצְעֲקוּ**	

* Colloquial: צָעַקְתֶּם/ן

** less commonly: אתן/הן תִּצְעַקְנָה

*** less commonly: (אתן) צְעַקְנָה

שם הפועל .Infin לִצְעוֹק

בינוני פעיל .Act. Part צוֹעֵק loud

מקור מוחלט .Inf. Abs צָעוֹק

מ"י מוצרכת .Gov. Prep צָעַק עַל yell at

◆ פעלים שאינם שכיחים מאותו שורש Infrequent verbs sharing the same root

נִצְעַק gather together; be yelled at (Mish H); start shouting; be expressed by shout (נִצְעַק, יִיצָּעֵק, לְהִיצָּעֵק)

צִיעֵק (צִעֵק) yell, cry out (lit.) (מְצַעֵק, יְצַעֵק, לְצַעֵק)

צוֹעַק (צֹעַק) be cried (lit.) (מְצוֹעָק, יְצוֹעַק)

הִצְטַעֵק start shouting; be expressed by shout (מִצְטַעֵק, יִצְטַעֵק, לְהִצְטַעֵק)

הִצְעִיק call to gather together (מַצְעִיק, יַצְעִיק, לְהַצְעִיק)

◆ דוגמאות Illustrations

צָעַקְתִּי עליו כבר מספר פעמים, אבל צעקות לא עושות עליו שום רושם.

I **yelled** at him a few times, but yelling does not make any impression on him.

◆ ביטויים מיוחדים Special expressions

צוֹעֵק לשעבר one who laments the past

צָעַק חי וקיים/לשמיים protest loudly - to no avail

צָעַק חמס protest injustice

צָעַק ככרוכיא cry/shout bitterly

צער●

הִצְטַעֵר/הִצְטַעַר regret, be sorry, be regretful

בניין: הִתְפַּעֵל גזרה: שלמים + פ׳ שורקת + ע׳ גרונית

	Present הווה		Past עבר	Future עתיד	Imperative ציווי
יחיד	מִצְטַעֵר	אני	הִצְטַעַרְתִּי	אֶצְטַעֵר	
יחידה	מִצְטַעֶרֶת	אתה	הִצְטַעַרְתָּ	תִּצְטַעֵר	הִצְטַעֵר
רבים	מִצְטַעֲרִים	את	הִצְטַעַרְתְּ	תִּצְטַעֲרִי	הִצְטַעֲרִי
רבות	מִצְטַעֲרוֹת	הוא	הִצְטַעֵר	יִצְטַעֵר	
		היא	הִצְטַעֲרָה	תִּצְטַעֵר	
		אנחנו	הִצְטַעַרְנוּ	נִצְטַעֵר	
		אתם/ן	הִצְטַעַרְתֶּם/ן	תִּצְטַעֲרוּ*	הִצְטַעֲרוּ**
		הם/ן	הִצְטַעֲרוּ	יִצְטַעֲרוּ*	

* less commonly: אתן/הן תִּצְטַעֵרְנָה

שם הפועל .Infin לְהִצְטַעֵר

** less commonly: (אתן) הִצְטַעֵרְנָה

שם הפעולה Gerund הִצְטַעֲרוּת regret, regretfulness

מקור מוחלט .Inf. Abs הִצְטַעֵר

מ״י מוצרכת .Gov. Prep הִצְטַעֵר על be sorry for

צִיעֵר/צִיעַר/צַעֵר (צִעֵר) sadden, distress

בניין: פִּיעֵל גזרה: ע׳ גרונית

	Present הווה		Past עבר	Future עתיד	Imperative ציווי
יחיד	מְצַעֵר	אני	צִיעַרְתִּי	אֲצַעֵר	
יחידה	מְצַעֶרֶת	אתה	צִיעַרְתָּ	תְּצַעֵר	צַעֵר
רבים	מְצַעֲרִים	את	צִיעַרְתְּ	תְּצַעֲרִי	צַעֲרִי
רבות	מְצַעֲרוֹת	הוא	צִיעֵר	יְצַעֵר	
		היא	צִיעֲרָה	תְּצַעֵר	
		אנחנו	צִיעַרְנוּ	נְצַעֵר	
		אתם/ן	צִיעַרְתֶּם/ן	תְּצַעֲרוּ*	צַעֲרוּ**
		הם/ן	צִיעֲרוּ	יְצַעֲרוּ*	

שם הפועל .Infin לְצַעֵר

* less commonly: אתן/הן תְּצַעֵרְנָה <<<

בינוני Pres. Part. מְצַעֵר distressing ** less commonly: (אתן) צַעֵרְנָה
מקור מוחלט Inf. Abs. צַעֵר

◆ דוגמאות Illustrations
אני מִצְטַעֵר על מה שקרה. מְצַעֵר אותי לראות לאיזה נזק זה גרם.
I **am sorry** about what happened. It **saddens** me to see what damage it has caused.

◆ ביטויים מיוחדים Special expressions
אני מִצְטַעֵר I'm sorry — מקרה מְצַעֵר a distressing event

● צפה

צִיפָּה/צִפָּה (צִפָּה) expect, wait, look out for
בניין: פִּיעֵל — גזרה: ל"ה

	Present הווה		Past עבר	Future עתיד	Imperative ציווי
יחיד	מְצַפֶּה	אני	צִיפִּיתִי	אֲצַפֶּה	
יחידה	מְצַפָּה	אתה	צִיפִּיתָ	תְּצַפֶּה	צַפֵּה
רבים	מְצַפִּים	את	צִיפִּית	תְּצַפִּי	צַפִּי
רבות	מְצַפּוֹת	הוא	צִיפָּה	יְצַפֶּה	
		היא	צִיפְּתָה	תְּצַפֶּה	
		אנחנו	צִיפִּינוּ	נְצַפֶּה	
		אתם/ן	צִיפִּיתֶם/ן	תְּצַפּוּ*	צַפּוּ**
		הם/ן	צִיפּוּ	יְצַפּוּ*	

שם הפועל Infin. לְצַפּוֹת — * less commonly: אתן/הן תְּצַפֶּינָה
מקור מוחלט Inf. Abs. צַפֵּה — ** less commonly: (אתן) צַפֶּינָה
מ"י מוצרכת Gov. Prep. צִיפָּה לְ- expect (something/one)

Note: a less frequent homonymous verb meaning 'cover, plate' is not included in this collection.

צָפָה/צוֹפֶה/יִצְפֶּה watch, observe; foresee
בניין: פָּעַל — גזרה: ל"ה

	Present הווה			Past עבר	Future עתיד	Imper. ציווי
יחיד	צוֹפֶה	צָפוּי	אני	צָפִיתִי	אֶצְפֶּה	
יחידה	צוֹפָה	צְפוּיָה	אתה	צָפִיתָ	תִּצְפֶּה	צְפֵה
רבים	צוֹפִים	צְפוּיִים	את	צָפִית	תִּצְפִּי	צְפִי
רבות	צוֹפוֹת	צְפוּיוֹת	הוא	צָפָה	יִצְפֶּה	>>>

	Past עבר	Fut. עתיד	Imp. ציווי
היא	צָפְתָה	תִּצְפֶּה	
אנחנו	צָפִינוּ	נִצְפֶּה	
אתם/ן	צְפִיתֶם/ן*	תִּצְפּוּ**	צְפוּ***
הם/ן	צָפוּ	יִצְפּוּ**	

* Colloquial: צָפִיתֶם/ן

** less commonly: אתן/הן תִּצְפֶּינָה

*** less commonly: (אתן) צְפֶינָה

שם הפועל .Infin לִצְפּוֹת

שם הפעולה Gerund צְפִיָּה watching; foreseeing

בינוני פעיל .Act. Part צוֹפֶה observer, lookout, spectator; seer; Boy Scout

בינוני סביל .Pass. Part צָפוּי expected, foreseen

מקור מוחלט .Inf. Abs צָפֹה

מ"י מוצרכת .Gov. Prep צָפָה ב- watch (something) (in the 'foresee' sense, no prep.)

◆ פעלים שאינם שכיחים מאותו שורש Infrequent verbs sharing the same root

צוּפָּה (צֻפָּה) be expected/awaited (מְצוּפֶּה, יְצוּפֶּה)

בינוני .Pres. Part מְצוּפֶּה expected (common form)

נִצְפָּה be seen/revealed (נִצְפֶּה, יִיצָּפֶה, לְהִיצָּפוֹת)

הִצְפָּה show, reveal (Med H) (מַצְפֶּה, יַצְפֶּה, לְהַצְפּוֹת)

◆ דוגמאות Illustrations

הזמנו את הגולדמנים לארוחת ערב בשבת. **צִיפִּינוּ** להם בשבע; **מְצוּפֶּה** מישראלים שלא יגיעו בזמן, אך בתשע התחלתי לחשוש שאוליי קרה משהו בלתי-**צָפוּי** שעיכב אותם. כשצילצלתי אליהם הסתבר שההזמנה נשתכחה מהם, והם פשוט ישבו בבית **וצָפוּ** בטלוויזיה. אישתי מכירה אותם היטב, ואמרה שהיא **צָפְתָה** מראש שזה עלול לקרות.

We invited the Goldmans for dinner on Saturday night. We **expected** them at seven; **it is expected** of Israelis to be late, but at nine I began to worry that perhaps something un**expected** happened that delayed them. When I called them, it turned out that they forgot about our invitation, and were simply sitting at home, **watching** TV. My wife knows them well, and said she **foresaw** that something like that might happen.

◆ ביטויים מיוחדים Special expressions

צוֹפִים Boy Scouts

הכל **צָפוּי** והרשות נתונה everything is predetermined, but free will is still granted

בלתי-**צָפוּי** unexpected

לא **צִיפָּה** never expected

כִמְצוּפֶּה as expected

●צפצף

צִפְצֵף/צִפְצְפ/צַפְצֵף whistle, chirp; (coll.) scorn, scoff at, disregard

בניין: פִּיעֵל גזרה: מרובעים

	Present הווה		Past עבר	Future עתיד	Imperative ציווי
יחיד	מְצַפְצֵף	אני	צִפְצַפְתִּי	אֲצַפְצֵף	
יחידה	מְצַפְצֶפֶת	אתה	צִפְצַפְתָּ	תְּצַפְצֵף	צַפְצֵף
רבים	מְצַפְצְפִים	את	צִפְצַפְתְּ	תְּצַפְצְפִי	צַפְצְפִי
רבות	מְצַפְצְפוֹת	הוא	צִפְצֵף	יְצַפְצֵף	
		היא	צִפְצְפָה	תְּצַפְצֵף	
		אנחנו	צִפְצַפְנוּ	נְצַפְצֵף	
		אתם/ן	צִפְצַפְתֶּם/ן	תְּצַפְצְפוּ*	צַפְצְפוּ**
		הם/ן	צִפְצְפוּ	יְצַפְצְפוּ*	

* less commonly: אתן/הן תְּצַפְצֵפְנָה

** less commonly: (אתן) צַפְצֵפְנָה

שם הפועל Infin. לְצַפְצֵף

שם הפעולה Gerund **צִפְצוּף** whistling; scorn, disregard

מקור מוחלט Inf. Abs. **צַפְצֵף**

מ"י מוצרכת Gov. Prep. **צִפְצֵף עַל** scorn, disregard (prep. with this sensc only) (coll.)

◆ **פעלים שאינם שכיחים מאותו שורש** Infrequent verbs sharing the same root

צוּפְצַף (צֻפְצַף) be whistled (מְצוּפְצָף, יְצוּפְצַף)

◆ **דוגמאות** Illustrations

"אני **מְצַפְצֵף** עליך ועל האיומים שלך", אמר דויד לגולית בקולו ה**מְצַפְצֵף**.

"I **scoff** at you and at your treats," said David to Goliath in his **chirping** voice.

◆ **ביטויים מיוחדים** Special expressions

לא קם/היה פוצה פה ו**מְצַפְצֵף** there wasn't even the slightest sign of protest

---

●צרח

צָרַח/צוֹרֵחַ/יִצְרַח scream, screech

בניין: פָּעַל גזרה: ל' גרונית

	Present הווה		Past עבר	Future עתיד	Imperative ציווי
יחיד	צוֹרֵחַ	אני	צָרַחְתִּי	אֶצְרַח	
יחידה	צוֹרַחַת	אתה	צָרַחְתָּ	תִּצְרַח	צְרַח
רבים	צוֹרְחִים	את	צָרַחְתְּ/...חַת	תִּצְרְחִי	צִרְחִי >>>

Imperative ציווי	Future עתיד	Past עבר		Present הווה	
	יִצְרַח	צָרַח	הוא	צוֹרְחוֹת	רבות
	תִּצְרַח	צָרְחָה	היא		
	נִצְרַח	צָרַחְנוּ	אנחנו		
צִרְחוּ***	תִּצְרְחוּ**	צְרַחְתֶּם/ן*	אתם/ן		
	יִצְרְחוּ**	צָרְחוּ	הם/ן		

שם הפועל .Infin לִצְרוֹחַ

שם הפעולה .Ger צְרִיחָה scream, shriek

מקור מוחלט .Inf. Abs צָרוֹחַ

* Colloquial: צָרַחְתֶּם/ן

** less commonly: אתן/הן תִּצְרַחְנָה

*** less commonly: (אתן) צְרַחְנָה

◆ פעלים שאינם שכיחים מאותו שורש Infrequent verbs sharing the same root

הִצְרִיחַ (מַצְרִיחַ, יַצְרִיחַ, לְהַצְרִיחַ) shout, scream (lit.)

הִצְטָרַח (מִצְטָרֵחַ, יִצְטָרַח, לְהִצְטָרֵחַ) let out a scream (lit.)

◆ דוגמאות Illustrations

כשעמירם **צוֹרֵחַ**, ה**צְּרִיחָה** שלו מקפיאה את הדם.

When Amiram **screams**, his **scream** freezes your blood.

● צרך

הִצְטָרֵךְ/הִצְטָרַךְ have to, be compelled to; have need of, find necessary

בניין: הִתְפַּעֵל   גזרה: פ׳ שורקת + ע׳ גרונית

Imperative ציווי	Future עתיד	Past עבר		Present הווה	
	אֶצְטָרֵךְ	הִצְטָרַכְתִּי	אני	מִצְטָרֵךְ	יחיד
הִצְטָרֵךְ	תִּצְטָרֵךְ	הִצְטָרַכְתָּ	אתה	מִצְטָרֶכֶת	יחידה
הִצְטָרְכִי	תִּצְטָרְכִי	הִצְטָרַכְתְּ	את	מִצְטָרְכִים	רבים
	יִצְטָרֵךְ	הִצְטָרֵךְ	הוא	מִצְטָרְכוֹת	רבות
	תִּצְטָרֵךְ	הִצְטָרְכָה	היא		
	נִצְטָרֵךְ	הִצְטָרַכְנוּ	אנחנו		
הִצְטָרְכוּ**	תִּצְטָרְכוּ*	הִצְטָרַכְתֶּם/ן	אתם/ן		
	יִצְטָרְכוּ*	הִצְטָרְכוּ	הם/ן		

* less commonly: אתן/הן תִּצְטָרֵכְנָה

** less commonly: (אתן) הִצְטָרֵכְנָה

שם הפועל .Infin לְהִצְטָרֵךְ

שם הפעולה Gerund הִצְטָרְכוּת need, necessity

מקור מוחלט .Inf. Abs הִצְטָרֵךְ

צָרַךְ/צוֹרֵךְ/יִצְרוֹךְ use, consume; need, be required to

בניין: פָּעַל גזרה: שלמים (אֶפְעוֹל)

	הווה Present		עבר Past	עתיד Future	ציווי Imperative
יחיד	צוֹרֵךְ	אני	צָרַכְתִּי	אֶצְרוֹךְ	
יחידה	צוֹרֶכֶת	אתה	צָרַכְתָּ	תִּצְרוֹךְ	צְרוֹךְ
רבים	צוֹרְכִים	את	צָרַכְתְּ	תִּצְרְכִי	צִרְכִי
רבות	צוֹרְכוֹת	הוא	צָרַךְ	יִצְרוֹךְ	
		היא	צָרְכָה	תִּצְרוֹךְ	
		אנחנו	צָרַכְנוּ	נִצְרוֹךְ	
		אתם/ן	צְרַכְתֶּם/ן*	תִּצְרְכוּ**	צִרְכוּ***
		הם/ן	צָרְכוּ	יִצְרְכוּ**	

שם הפועל .Infin לִצְרוֹךְ

שם הפעולה .Ger צְרִיכָה consumption

מקור מוחלט .Inf. Abs צָרוֹךְ

* Colloquial: צָרַכְתֶּם/ן

** less commonly: אתן/הן תִּצְרוֹכְנָה

*** less commonly: (אתן) צְרוֹכְנָה

הִצְרִיךְ/הִצְרַכְ/יַצְרִיךְ put in need, oblige; require, necessitate

בניין: הִפְעִיל גזרה: שלמים

	הווה Present		עבר Past	עתיד Future	ציווי Imperative
יחיד	מַצְרִיךְ	אני	הִצְרַכְתִּי	אַצְרִיךְ	
יחידה	מַצְרִיכָה	אתה	הִצְרַכְתָּ	תַּצְרִיךְ	הַצְרֵךְ
רבים	מַצְרִיכִים	את	הִצְרַכְתְּ	תַּצְרִיכִי	הַצְרִיכִי
רבות	מַצְרִיכוֹת	הוא	הִצְרִיךְ	יַצְרִיךְ	
		היא	הִצְרִיכָה	תַּצְרִיךְ	
		אנחנו	הִצְרַכְנוּ	נַצְרִיךְ	
		אתם/ן	הִצְרַכְתֶּם/ן	תַּצְרִיכוּ*	הַצְרִיכוּ**
		הם/ן	הִצְרִיכוּ	יַצְרִיכוּ*	

* less commonly: אתן/הן תַּצְרֵכְנָה

** less commonly: (אתן) הַצְרֵכְנָה

שם הפועל .Infin לְהַצְרִיךְ

שם הפעולה Gerund הַצְרָכָה obliging, necessitating

בינוני .Pres. Part מַצְרִיךְ (.Adj) obliging, necessitating

מקור מוחלט .Inf. Abs הַצְרֵךְ

◆ פעלים שאינם שכיחים מאותו שורש Infrequent verbs sharing the same root

נִצְרַךְ לְ- need, be in need (of) (נִצְרָךְ, יִיצָּרֵךְ, לְהִיצָּרֵךְ)

בינוני .Pres. Part נִצְרָךְ needy

הוּצְרַךְ (הָצְרַךְ) be obliged/required; be compelled; be in need (of) (מוּצְרָךְ, יוּצְרַךְ)

בינוני .Pres. Part מוּצְרָךְ required

◆ דוגמאות Illustrations

המכונית שלי **צוֹרֶכֶת** כמויות עצומות של דלק; כשנסעתי לחוף המערבי **הִצְטָרַכְתִּי**

לתדלק כל שעתיים.
My car **consumes** huge quantities of gas; when I drove to the West Coast I **had** to fill up every two hours.

הרכבת תוכנית לימודים חדשה **מְצָרִיכָה** מחשבה רבה.
Constructing a new curriculum **requires** considerable thought.

◆ ביטויים מיוחדים Special expressions

אל **תִּצְטָרֵךְ** לבריות don't be obliged to anybody

● צרף

הִצְטָרֵף/הִצְטָרַפְ join (as member, etc.), be joined

בניין: הִתְפַּעֵל גזרה: פ׳ שורקת + ע׳ גרונית

	Present הווה		Past עבר	Future עתיד	Imperative ציווי
יחיד	מִצְטָרֵף	אני	הִצְטָרַפְתִּי	אֶצְטָרֵף	
יחידה	מִצְטָרֶפֶת	אתה	הִצְטָרַפְתָּ	תִּצְטָרֵף	הִצְטָרֵף
רבים	מִצְטָרְפִים	את	הִצְטָרַפְתְּ	תִּצְטָרְפִי	הִצְטָרְפִי
רבות	מִצְטָרְפוֹת	הוא	הִצְטָרֵף	יִצְטָרֵף	
		היא	הִצְטָרְפָה	תִּצְטָרֵף	
		אנחנו	הִצְטָרַפְנוּ	נִצְטָרֵף	
		אתם/ן	הִצְטָרַפְתֶּם/ן	תִּצְטָרְפוּ*	הִצְטָרְפוּ**
		הם/ן	הִצְטָרְפוּ	יִצְטָרְפוּ*	

שם הפועל .Infin לְהִצְטָרֵף   * less commonly: אתן/הן תִּצְטָרֵפְנָה

שם הפעולה Gerund הִצְטָרְפוּת joining (N)   ** less commonly: (אתן) הִצְטָרֵפְנָה

מקור מוחלט .Inf. Abs הִצְטָרֵף

מ״י מוצרכת .Gov. Prep הִצְטָרֵף ל- join (someone, organization etc.)

צֵירֵף (צֵירַף)/צֵירַפְ/צָרֵף (צָרֵף) add, attach; combine

בניין: פִּיעֵל גזרה: ע׳ גרונית

	Present הווה		Past עבר	Future עתיד	Imperative ציווי
יחיד	מְצָרֵף	אני	צֵירַפְתִּי	אֲצָרֵף	
יחידה	מְצָרֶפֶת	אתה	צֵירַפְתָּ	תְּצָרֵף	צָרֵף
רבים	מְצָרְפִים	את	צֵירַפְתְּ	תְּצָרְפִי	צָרְפִי
רבות	מְצָרְפוֹת	הוא	צֵירֵף (צֵירַף)	יְצָרֵף	
		היא	צֵירְפָה	תְּצָרֵף	
		אנחנו	צֵירַפְנוּ	נְצָרֵף	
		אתם/ן	צֵירַפְתֶּם/ן	תְּצָרְפוּ	צָרְפוּ**
		הם/ן	צֵירְפוּ	יְצָרְפוּ*	<<<

* less commonly: אתן/הן תְּצָרֵפְנָה

שם הפועל .Infin לְצָרֵף
** less commonly: (אתן) צָרֵפְנָה

שם הפעולה Gerund צֵירוּף joining (N); combination

מקור מוחלט .Inf. Abs צָרֵף

צוֹרַף (צרף) be added, be combined

בניין: פוּעַל גזרה: ע' גרונית

	Present הווה		Past עבר	Future עתיד
יחיד	מְצוֹרָף	אני	צוֹרַפְתִּי	אֲצוֹרַף
יחידה	מְצוֹרֶפֶת	אתה	צוֹרַפְתָּ	תְּצוֹרַף
רבים	מְצוֹרָפִים	את	צוֹרַפְתְּ	תְּצוֹרְפִי
רבות	מְצוֹרָפוֹת	הוא	צוֹרַף	יְצוֹרַף
		היא	צוֹרְפָה	תְּצוֹרַף
		אנחנו	צוֹרַפְנוּ	נְצוֹרַף
		אתם/ן	צוֹרַפְתֶּם/ן	תְּצוֹרְפוּ*
		הם/ן	צוֹרְפוּ	יְצוֹרְפוּ*

* less commonly: אתן/הן תְּצוֹרַפְנָה

בינוני .Pres. Part מְצוֹרָף attached, added

[מקור מוחלט .Inf. Abs צוֹרוֹף]

◆ דוגמאות Illustrations

כל מדינה חדשה שקמה **מִצְטָרֶפֶת** בדרך כלל לאו"מ. המליאה היא שמחליטה אם **לְצָרֵף** מדינות חדשות לאירגון. לאחר **שצוֹרְפָה**, זכאית מדי פעם כל מדינה לשרת כחברה במועצת הביטחון לתקופה מסוימת.

Each new state that gets established usually **joins** the UN. The General Assembly is the one that decides whether to **add** new states to the organization. Once is **has been added** (to the organization), each state is occasionally entitled to serve as member of the Security Council for a certain period.

הַצֵירוּף של שתי החברות הללו פירושו המעשי הוא מונופול.

The **combination** of these two companies means a virtual monopoly.

◆ ביטויים מיוחדים Special expressions

פרוטה לפרוטה **מִצְטָרֶפֶת** לחשבון גדול small change can accumulate into a large sum

מְצוֹרָף בזה enclosed herewith

●קבל

קִיבֵּל/קִיבַּל/קַבֵּל (קִבֵּל) receive, get; accept

בניין: פִּיעֵל גזרה: שלמים

	Present הווה		Past עבר	Future עתיד	Imperative ציווי
יחיד	מְקַבֵּל	אני	קִיבַּלְתִּי	אֲקַבֵּל	
יחידה	מְקַבֶּלֶת	אתה	קִיבַּלְתָּ	תְּקַבֵּל	קַבֵּל
רבים	מְקַבְּלִים	את	קִיבַּלְתְּ	תְּקַבְּלִי	קַבְּלִי
רבות	מְקַבְּלוֹת	הוא	קִיבֵּל	יְקַבֵּל	
		היא	קִיבְּלָה	תְּקַבֵּל	
		אנחנו	קִיבַּלְנוּ	נְקַבֵּל	
		אתם/ן	קִיבַּלְתֶּם/ן	תְּקַבְּלוּ*	קַבְּלוּ**
		הם/ן	קִיבְּלוּ	יְקַבְּלוּ*	

שם הפועל .Infin לְקַבֵּל

* less commonly: אתן/הן תְּקַבֵּלְנָה

שם הפעולה Gerund קִיבּוּל capacity

** less commonly: (אתן) קַבֵּלְנָה

מקור מוחלט .Inf. Abs קַבֵּל

הִתְקַבֵּל/הִתְקַבַּל be received/accepted; be acceptable

בניין: הִתְפַּעֵל גזרה: שלמים

	Present הווה		Past עבר	Future עתיד	Imperative ציווי
יחיד	מִתְקַבֵּל	אני	הִתְקַבַּלְתִּי	אֶתְקַבֵּל	
יחידה	מִתְקַבֶּלֶת	אתה	הִתְקַבַּלְתָּ	תִּתְקַבֵּל	הִתְקַבֵּל
רבים	מִתְקַבְּלִים	את	הִתְקַבַּלְתְּ	תִּתְקַבְּלִי	הִתְקַבְּלִי
רבות	מִתְקַבְּלוֹת	הוא	הִתְקַבֵּל	יִתְקַבֵּל	
		היא	הִתְקַבְּלָה	תִּתְקַבֵּל	
		אנחנו	הִתְקַבַּלְנוּ	נִתְקַבֵּל	
		אתם/ן	הִתְקַבַּלְתֶּם/ן	תִּתְקַבְּלוּ*	הִתְקַבְּלוּ**
		הם/ן	הִתְקַבְּלוּ	יִתְקַבְּלוּ*	

* less commonly: אתן/הן תִּתְקַבֵּלְנָה

שם הפועל .Infin לְהִתְקַבֵּל

** less commonly: (אתן) הִתְקַבֵּלְנָה

שם הפעולה Gerund הִתְקַבְּלוּת acceptance, being accepted

מקור מוחלט .Inf. Abs הִתְקַבֵּל

הִקְבִּיל/הִקְבַּל/יַקְבִּיל be parallel; make parallel, match; compare

בניין: הִפְעִיל גזרה: שלמים

	Present הווה		Past עבר	Future עתיד	Imperative ציווי
יחיד	מַקְבִּיל	אני	הִקְבַּלְתִּי	אַקְבִּיל	
יחידה	מַקְבִּילָה	אתה	הִקְבַּלְתָּ	תַּקְבִּיל	הַקְבֵּל
רבים	מַקְבִּילִים	את	הִקְבַּלְתְּ	תַּקְבִּילִי	הַקְבִּילִי
רבות	מַקְבִּילוֹת	הוא	הִקְבִּיל	יַקְבִּיל	<<<

	Past עבר	Future עתיד	Imperative ציווי
היא	הִקְבִּילָה	תַּקְבִּיל	
אנחנו	הִקְבַּלְנוּ	נַקְבִּיל	
אתם/ן	הִקְבַּלְתֶּם/ן	תַּקְבִּילוּ*	הַקְבִּילוּ**
הם/ן	הִקְבִּילוּ	יַקְבִּילוּ*	

שם הפועל .Infin לְהַקְבִּיל * less commonly: אתן/הן תַּקְבֵּלְנָה
בינוני .Pres. Part מַקְבִּיל parallel ** less commonly: (אתן) הַקְבֵּלְנָה
שם הפעולה Gerund הַקְבָּלָה comparing; matching; parallelism
מקור מוחלט .Inf. Abs הַקְבֵּל

◆ פעלים שאינם שכיחים מאותו שורש Infrequent verbs sharing the same root

קוּבַּל (קֻבַּל) be accepted/received (מְקוּבָּל, יְקוּבַּל)
הוּקְבַּל (הֻקְבַּל) be made parallel, be compared (מוּקְבָּל, יוּקְבַּל)

A homonymous, less frequent root קבל 'complain' is not included here.

◆ דוגמאות Illustrations

ראש הממשלה **הִתְקַבֵּל** בארה"ב בלבביות רבה. שר החוץ **קִיבֵּל** את פניו בנמל התעופה, ובביקורו בניו יורק הוא **קִיבֵּל** מידי ראש העיר את מפתח העיר. גם בביקורים **מַקְבִּילִים** בערים אחרות **הִקְבִּילוּ** את פניו כיאה למעמדו.

The prime minister **was received** in the United States with great warmth. The secretary of state **greeted** him at the airport, and in his New York visit, he **received** the key to the city from the mayor. On **parallel** visits in other cities he **was** also **welcomed** in a manner befitting his position.

קִיבּוּלוֹ של מיכל זה הוא ארבעה ליטר.

The **capacity** of this container is three liters.

עורך דינו של סימפסון **הִקְבִּיל** את התנהגותו של השוטר פורמן לזו של היטלר...

Simpson's lawyer **compared** Officer Fuhrman's behavior to Hitler's...

◆ ביטויים מיוחדים Special expressions

קִיבֵּל אותו ב- greet him with
קִיבֵּל את פניו welcome/greet him
קִיבֵּל את דבריו agree with him
קִיבֵּל מַכּוֹת be beaten
קִיבֵּל מרות acknowledge authority
קִיבֵּל נזיפה get a reprimand
קִיבֵּל על עצמו undertake
קִיבֵּל עליו את הדין accept the decision/verdict
כלי קִיבּוּל container
מִתְקַבֵּל על הדעת reasonable
הִתְקַבֵּל לאוניברסיטה be admitted into the university (as a student)
הִתְקַבֵּל לראיון be granted an interview
הִתְקַבֵּל על הלב be liked, be well received
הִקְבִּיל פני אורח welcome a guest

● קבע

קָבַע/קוֹבֵעַ/יִקְבַּע fix, determine, establish; insert, fix in, install, set

בניין: פָּעַל גזרה: ל׳ גרונית (אֶפְעַל)

	Present הווה			Past עבר	Future עתיד	Imper. ציווי
יחיד	קוֹבֵעַ	קָבוּעַ	אני	קָבַעְתִּי	אֶקְבַּע	
יחידה	קוֹבַעַת	קְבוּעָה	אתה	קָבַעְתָּ	תִּקְבַּע	קְבַע
רבים	קוֹבְעִים	קְבוּעִים	את	קָבַעְתְּ	תִּקְבְּעִי	קִבְעִי
רבות	קוֹבְעוֹת	קְבוּעוֹת	הוא	קָבַע	יִקְבַּע	
			היא	קָבְעָה	תִּקְבַּע	
			אנחנו	קָבַעְנוּ	נִקְבַּע	
			אתם/ן	קְבַעְתֶּם/ן*	תִּקְבְּעוּ**	קִבְעוּ***
			הם/ן	קָבְעוּ	יִקְבְּעוּ**	

* Colloquial: קָבַעְתֶּם/ן

שם הפועל .Infin לִקְבּוֹעַ ** less commonly: אתן/הן תִּקְבַּעְנָה

בינוני פעיל .Act. Part קוֹבֵעַ determining (Adj.) *** less commonly: (אתן) קְבַעְנָה

בינוני סביל .Pass. Part קָבוּעַ regular, fixed, permanent

שם הפעולה Gerund קְבִיעָה determination, setting

מקור מוחלט .Inf. Abs קָבוֹעַ

נִקְבַּע/יִיקָּבַע/יִיקָּבֵעַ (יִקָּבַע) be determined/fixed/established; be fixed in position

בניין: נִפְעַל גזרה: ל׳ גרונית

	Present הווה		Past עבר	Future עתיד	Imperative ציווי
יחיד	נִקְבָּע	אני	נִקְבַּעְתִּי	אֶקָּבַע/...בֵעַ	
יחידה	נִקְבַּעַת	אתה	נִקְבַּעְתָּ	תִּיקָּבַע/...בֵעַ	הִיקָּבַע/...בֵעַ
רבים	נִקְבָּעִים	את	נִקְבַּעַתְּ	תִּיקָּבְעִי	הִיקָּבְעִי
רבות	נִקְבָּעוֹת	הוא	נִקְבַּע	יִיקָּבַע/...בֵעַ	
		היא	נִקְבְּעָה	תִּיקָּבַע/...בֵעַ	
		אנחנו	נִקְבַּעְנוּ	נִיקָּבַע/...בֵעַ	
		אתם/ן	נִקְבַּעְתֶּם/ן	תִּיקָּבְעוּ*	הִיקָּבְעוּ**
		הם/ן	נִקְבְּעוּ	יִיקָּבְעוּ*	

שם הפועל .Infin לְהִיקָּבַע/...בֵעַ * less commonly: אתן/הן תִּיקָּבַעְנָה

שם הפעולה .Ger הִיקָּבְעוּת being determined ** less commonly: (אתן) הִיקָּבַעְנָה

מקור מוחלט .Inf. Abs נִקְבּוֹעַ

◆ פעלים שאינם שכיחים מאותו שורש Infrequent verbs sharing the same root

קוּבַּע (קֻבַּע) be set, be placed on/in (Mish H) (מְקוּבָּע, יְקוּבַּע)

הִתְקַבַּע/הִתְקַבֵּעַ be set; be stuck in/firmly set (lit.) (מִתְקַבֵּעַ, יִתְקַבַּע, לְהִתְקַבֵּעַ)

הִקְבִּיעַ (מַקְבִּיעַ, יַקְבִּיעַ, לְהַקְבִּיעַ) fix/set firmly (Med H)
הוּקְבַּע (הֻקְבַּע) (מוּקְבָּע, יוּקְבַּע) be set (Mish H)

◆ דוגמאות Illustrations

תוכנית הלימודים שלנו **נִקְבַּעַת** שנה מראש. ראש המחלקה **קוֹבֵעַ** מי מלמד מה; שיעורי היסוד הם פחות או יותר **קְבוּעִים**.

Our class schedule **is determined** a year ahead. The department chairperson **determines** who teaches what; the basic courses are more or less **fixed**.

◆ ביטויים מיוחדים Special expressions

קָבַע מסמרות lay down the law

● קבץ

קִיבֵּץ/קִיבַּצ/קַבֵּץ (קִבֵּץ) gather together, collect (tr.)

בניין: פִּיעֵל גזרה: שלמים

	Present הווה		Past עבר	Future עתיד	Imperative ציווי
יחיד	מְקַבֵּץ	אני	קִיבַּצְתִּי	אֲקַבֵּץ	
יחידה	מְקַבֶּצֶת	אתה	קִיבַּצְתָּ	תְּקַבֵּץ	קַבֵּץ
רבים	מְקַבְּצִים	את	קִיבַּצְתְּ	תְּקַבְּצִי	קַבְּצִי
רבות	מְקַבְּצוֹת	הוא	קִיבֵּץ	יְקַבֵּץ	
		היא	קִיבְּצָה	תְּקַבֵּץ	
		אנחנו	קִיבַּצְנוּ	נְקַבֵּץ	
		אתם/ן	קִיבַּצְתֶּם/ן	תְּקַבְּצוּ*	קַבְּצוּ**
		הם/ן	קִיבְּצוּ	יְקַבְּצוּ*	

שם הפועל .Infin לְקַבֵּץ — * less commonly: אתן/הן תְּקַבֵּצְנָה
שם הפעולה .Ger קִיבּוּץ gathering; kibbutz — ** less commonly: (אתן) קַבֵּצְנָה
מקור מוחלט .Inf. Abs קַבֵּץ

קוּבַּץ (קֻבַּץ) be collected/gathered together

בניין: פּוּעַל גזרה: שלמים

	Present הווה		Past עבר	Future עתיד
יחיד	מְקוּבָּץ	אני	קוּבַּצְתִּי	אֲקוּבַּץ
יחידה	מְקוּבֶּצֶת	אתה	קוּבַּצְתָּ	תְּקוּבַּץ
רבים	מְקוּבָּצִים	את	קוּבַּצְתְּ	תְּקוּבְּצִי
רבות	מְקוּבָּצוֹת	הוא	קוּבַּץ	יְקוּבַּץ
		היא	קוּבְּצָה	תְּקוּבַּץ >>>

		Past עבר	Future עתיד
	אנחנו	קוּבַּצְנוּ	נְקוּבַּץ
	אתם/ן	קוּבַּצְתֶּם/ן	תְּקוּבְּצוּ*
	הם/ן	קוּבְּצוּ	יְקוּבְּצוּ*

בינוני Pres. Part. מְקוּבָּץ collected   * less commonly: אתן/הן תְּקוּבַּצְנָה

[מקור מוחלט Inf. Abs. קוּבּוֹץ]

הִתְקַבֵּץ/הִתְקַבַּצ assemble, gather together (intr.)

בניין: הִתְפַּעֵל   גזרה: שלמים

	Present הווה		Past עבר	Future עתיד	Imperative ציווי
יחיד	מִתְקַבֵּץ	אני	הִתְקַבַּצְתִּי	אֶתְקַבֵּץ	
יחידה	מִתְקַבֶּצֶת	אתה	הִתְקַבַּצְתָּ	תִּתְקַבֵּץ	הִתְקַבֵּץ
רבים	מִתְקַבְּצִים	את	הִתְקַבַּצְתְּ	תִּתְקַבְּצִי	הִתְקַבְּצִי
רבות	מִתְקַבְּצוֹת	הוא	הִתְקַבֵּץ	יִתְקַבֵּץ	
		היא	הִתְקַבְּצָה	תִּתְקַבֵּץ	
		אנחנו	הִתְקַבַּצְנוּ	נִתְקַבֵּץ	
		אתם/ן	הִתְקַבַּצְתֶּם/ן	תִּתְקַבְּצוּ*	הִתְקַבְּצוּ**
		הם/ן	הִתְקַבְּצוּ	יִתְקַבְּצוּ*	

* less commonly: אתן/הן תִּתְקַבֵּצְנָה

שם הפועל .Infin לְהִתְקַבֵּץ   ** less commonly: (אתן) הִתְקַבֵּצְנָה

שם הפעולה Gerund הִתְקַבְּצוּת assembling, gathering

מקור מוחלט .Inf. Abs הִתְקַבֵּץ

◆ פעלים שאינם שכיחים מאותו שורש Infrequent verbs sharing the same root

קָבַץ collect (tr.), gather together (lit.) (קוֹבֵץ, יִקְבּוֹץ, לִקְבּוֹץ)

נִקְבַּץ be collected/gathered together (lit.) (נִקְבָּץ, יִיקָּבֵץ, לְהִיקָּבֵץ)

◆ דוגמאות Illustrations

קִיבַּצְנוּ את כל ידידיה הקרובים של עליזה כדי לערוך לה מסיבת הפתעה ליום הולדת החמישים שלה. המוזמנים **הִתְקַבְּצוּ** במסעדה שבה **קוּבְּצוּ** קודם לכן כל בני משפחתה, וההפתעה הייתה שלמה.

We **gathered together** all of Aliza's closest friends in order to arrange a surprise party for her fiftieth birthday. The invited guests **gathered together** in a restaurant where all her family members were **brought together** earlier, and the surprise was complete.

הקִיבּוּץ הוא קבוצת אנשים החיים ועובדים במשותף על פי עקרונות מסוימים.

The **kibbutz** is a group of people living and working communally, based on certain principles.

◆ ביטויים מיוחדים Special expressions

מְקַבֵּץ נדבות beggar   **קוֹבֵץ** על יד frugal

●קבר

קָבַר/קוֹבֵר/יִקְבּוֹר bury

בניין: פָּעַל גזרה: שלמים (אֶפְעוֹל)

	Present הווה		Past עבר	Future עתיד	Imper. ציווי
יחיד	קוֹבֵר קָבוּר	אני	קָבַרְתִּי	אֶקְבּוֹר	
יחידה	קוֹבֶרֶת קְבוּרָה	אתה	קָבַרְתָּ	תִּקְבּוֹר	קְבוֹר
רבים	קוֹבְרִים קְבוּרִים	את	קָבַרְתְּ	תִּקְבְּרִי	קִבְרִי
רבות	קוֹבְרוֹת קְבוּרוֹת	הוא	קָבַר	יִקְבּוֹר	
		היא	קָבְרָה	תִּקְבּוֹר	
		אנחנו	קָבַרְנוּ	נִקְבּוֹר	
		אתם/ן	קְבַרְתֶּם/ן*	תִּקְבְּרוּ**	קִבְרוּ***
		הם/ן	קָבְרוּ	יִקְבְּרוּ**	

שם הפועל .Infin לִקְבּוֹר

שם הפעולה .Ger קְבִירָה burying

בינוני סביל .Pass. Part קָבוּר buried

קְבוּרָה buried (f.s); burial

מקור מוחלט .Inf. Abs קָבוֹר

* Colloquial: קָבַרְתֶּם/ן

** less commonly: אתן/הן תִּקְבּוֹרְנָה

*** less commonly: (אתן) קְבוֹרְנָה

נִקְבַּר/יִיקָּבֵר (יִקָּבֵר) be buried

בניין: נִפְעַל גזרה: שלמים

	Present הווה		Past עבר	Future עתיד	Imperative ציווי
יחיד	נִקְבָּר	אני	נִקְבַּרְתִּי	אֶקָּבֵר	
יחידה	נִקְבֶּרֶת	אתה	נִקְבַּרְתָּ	תִּיקָּבֵר	הִיקָּבֵר
רבים	נִקְבָּרִים	את	נִקְבַּרְתְּ	תִּיקָּבְרִי	הִיקָּבְרִי
רבות	נִקְבָּרוֹת	הוא	נִקְבַּר	יִיקָּבֵר	
		היא	נִקְבְּרָה	תִּיקָּבֵר	
		אנחנו	נִקְבַּרְנוּ	נִיקָּבֵר	
		אתם/ן	נִקְבַּרְתֶּם/ן	תִּיקָּבְרוּ*	הִיקָּבְרוּ**
		הם/ן	נִקְבְּרוּ	יִיקָּבְרוּ*	

שם הפועל .Infin לְהִיקָּבֵר

שם הפעולה Gerund הִיקָּבְרוּת being buried

מקור מוחלט .Inf. Abs נִקְבּוֹר, הִיקָּבֵר (הִיקָּבוֹר)

* less commonly: אתן/הן תִּיקָּבַרְנָה/...בֵרְנָה

** less commonly: (אתן) הִיקָּבַרְנָה/...בֵרְנָה

◆ פעלים שאינם שכיחים מאותו שורש Infrequent verbs sharing the same root

קִיבֵּר (קִבֵּר) bury (many times?) (lit.) (מְקַבֵּר, יְקַבֵּר, לְקַבֵּר)

קוּבַּר (קֻבַּר) be buried (lit.) (מְקוּבָּר, יְקוּבַּר)

הוּקְבַּר (הֻקְבַּר) be buried (Mish H) (מוּקְבָּר, יוּקְבַּר)

◆ דוגמאות Illustrations

על פי דיני ישראל אסור לעכב את קְבוּרַת המת. המת חייב לְהִיקָּבֵר תוך יום או יומיים, ואין קוֹבְרִים בשבת.

According to Jewish law, one is not supposed to delay the **burial** of the dead. The dead must **be buried** within a day or two, and one does not **bury** on the sabbath.

◆ ביטויים מיוחדים Special expressions

קָבַר עצמו חיים (sl.) end one's own life; agonize; cause irreversible damage to oneself

---

●קדם

הִתְקַדֵּם/הִתְקַדַּמְ advance (intr.), progress; be progressive

בניין: הִתְפַּעֵל גזרה: שלמים

	Present הווה		Past עבר	Future עתיד	Imperative ציווי
יחיד	מִתְקַדֵּם	אני	הִתְקַדַּמְתִּי	אֶתְקַדֵּם	
יחידה	מִתְקַדֶּמֶת	אתה	הִתְקַדַּמְתָּ	תִּתְקַדֵּם	הִתְקַדֵּם
רבים	מִתְקַדְּמִים	את	הִתְקַדַּמְתְּ	תִּתְקַדְּמִי	הִתְקַדְּמִי
רבות	מִתְקַדְּמוֹת	הוא	הִתְקַדֵּם	יִתְקַדֵּם	
		היא	הִתְקַדְּמָה	תִּתְקַדֵּם	
		אנחנו	הִתְקַדַּמְנוּ	נִתְקַדֵּם	
		אתם/ן	הִתְקַדַּמְתֶּם/ן	תִּתְקַדְּמוּ*	הִתְקַדְּמוּ**
		הם/ן	הִתְקַדְּמוּ	יִתְקַדְּמוּ*	

שם הפועל .Infin לְהִתְקַדֵּם   * less commonly: אתן/הן תִּתְקַדֵּמְנָה

בינוני .Pres. Part מִתְקַדֵּם progressive   ** less commonly: (אתן) הִתְקַדֵּמְנָה

שם הפעולה Gerund הִתְקַדְּמוּת advance, progress

מקור מוחלט .Inf. Abs הִתְקַדֵּם

הִקְדִּים/הִקְדַּמְ/יַקְדִּים anticipate, precede; come early; advance to an earlier time; greet

בניין: הִפְעִיל גזרה: שלמים

	Present הווה		Past עבר	Future עתיד	Imperative ציווי
יחיד	מַקְדִּים	אני	הִקְדַּמְתִּי	אַקְדִּים	
יחידה	מַקְדִּימָה	אתה	הִקְדַּמְתָּ	תַּקְדִּים	הַקְדֵּם
רבים	מַקְדִּימִים	את	הִקְדַּמְתְּ	תַּקְדִּימִי	הַקְדִּימִי
רבות	מַקְדִּימוֹת	הוא	הִקְדִּים	יַקְדִּים	
		היא	הִקְדִּימָה	תַּקְדִּים	
		אנחנו	הִקְדַּמְנוּ	נַקְדִּים	>>>

	Past עבר	Future עתיד	Imperative ציווי
אתם/ן	הִקְדַּמְתֶּם/ן	תַּקְדִּימוּ*	הַקְדִּימוּ**
הם/ן	הִקְדִּימוּ	יַקְדִּימוּ*	

* less commonly: אתן/הן תַּקְדֵּמְנָה

שם הפועל .Infin לְהַקְדִּים ** less commonly: (אתן) הַקְדֵּמְנָה

שם הפעולה Gerund הַקְדָּמָה preface, introduction

הֶקְדֵּם earliness, anticipation

מקור מוחלט .Inf. Abs הַקְדֵּם

תואר הפועל .Adv בְּהֶקְדֵּם shortly, soon

הוּקְדַּם (הֻקְדַּם) be preceded/advanced

בניין: הוּפְעַל גזרה: שלמים

	Present הווה		Past עבר	Future עתיד
יחיד	מוּקְדָּם	אני	הוּקְדַּמְתִּי	אוּקְדַּם
יחידה	מוּקְדֶּמֶת	אתה	הוּקְדַּמְתָּ	תוּקְדַּם
רבים	מוּקְדָּמִים	את	הוּקְדַּמְתְּ	תוּקְדְּמִי
רבות	מוּקְדָּמוֹת	הוא	הוּקְדַּם	יוּקְדַּם
		היא	הוּקְדְּמָה	תוּקְדַּם
		אנחנו	הוּקְדַּמְנוּ	נוּקְדַּם
		אתם/ן	הוּקְדַּמְתֶּם/ן	תוּקְדְּמוּ*
		הם/ן	הוּקְדְּמוּ	יוּקְדְּמוּ*

* less commonly: אתן/הן תוּקְדַּמְנָה

בינוני .Pres. Part מוּקְדָּם early (Adj. and Adv.)

[מקור מוחלט .Inf. Abs הוּקְדֵּם]

קִידֵּם/קִידַּמ/קַדֵּם (קִדֵּם) advance (tr.); greet; precede; anticipate

בניין: פִּיעֵל גזרה: שלמים

	Present הווה		Past עבר	Future עתיד	Imperative ציווי
יחיד	מְקַדֵּם	אני	קִידַּמְתִּי	אֲקַדֵּם	
יחידה	מְקַדֶּמֶת	אתה	קִידַּמְתָּ	תְּקַדֵּם	קַדֵּם
רבים	מְקַדְּמִים	את	קִידַּמְתְּ	תְּקַדְּמִי	קַדְּמִי
רבות	מְקַדְּמוֹת	הוא	קִידֵּם	יְקַדֵּם	
		היא	קִידְּמָה	תְּקַדֵּם	
		אנחנו	קִידַּמְנוּ	נְקַדֵּם	
		אתם/ן	קִידַּמְתֶּם/ן	תְּקַדְּמוּ*	קַדְּמוּ**
		הם/ן	קִידְּמוּ	יְקַדְּמוּ*	

שם הפועל .Infin לְקַדֵּם * less commonly: אתן/הן תְּקַדֵּמְנָה

בינוני .Pres. Part מְקַדֵּם coefficient ** less commonly: (אתן) קַדֵּמְנָה

שם הפעולה Gerund קִידּוּם advancement, progress

מקור מוחלט .Inf. Abs קַדֵּם

קוּדַם (קֻדַּם) be advanced/greeted/preceded/anticipated

בניין: פּוּעַל גזרה: שלמים

	Present הווה		Past עבר	Future עתיד
יחיד	מְקוּדָּם	אני	קוּדַּמְתִּי	אֲקוּדַּם
יחידה	מְקוּדֶּמֶת	אתה	קוּדַּמְתָּ	תְּקוּדַּם
רבים	מְקוּדָּמִים	את	קוּדַּמְתְּ	תְּקוּדְּמִי
רבות	מְקוּדָּמוֹת	הוא	קוּדַּם	יְקוּדַּם
		היא	קוּדְּמָה	תְּקוּדַּם
		אנחנו	קוּדַּמְנוּ	נְקוּדַּם
		אתם/ן	קוּדַּמְתֶּם/ן	תְּקוּדְּמוּ*
		הם/ן	קוּדְּמוּ	יְקוּדְּמוּ*

* less commonly: אתן/הן תְּקוּדַּמְנָה

בינוני Pres. Part. מְקוּדָּם that has been advanced

[מקור מוחלט Inf. Abs. קוּדּוֹם]

קָדַם/קוֹדֵם/יִקְדַּם precede; anticipate; take precedence

בניין: פָּעַל גזרה: שלמים (אֶפְעַל)

	Present הווה			Past עבר	Future עתיד	Imper. ציווי
יחיד	קוֹדֵם	קָדוּם	אני	קָדַמְתִּי	אֶקְדַּם	
יחידה	קוֹדֶמֶת	קְדוּמָה	אתה	קָדַמְתָּ	תִּקְדַּם	קְדַם
רבים	קוֹדְמִים	קְדוּמִים	את	קָדַמְתְּ	תִּקְדְּמִי	קִדְמִי
רבות	קוֹדְמוֹת	קְדוּמוֹת	הוא	קָדַם	יִקְדַּם	
			היא	קָדְמָה	תִּקְדַּם	
			אנחנו	קָדַמְנוּ	נִקְדַּם	
			אתם/ן	קְדַמְתֶּם/ן*	תִּקְדְּמוּ**	קִדְמוּ***
			הם/ן	קָדְמוּ	יִקְדְּמוּ**	

* Colloquial: קָדַמְתֶּם/ן

** less commonly: אתן/הן תִּקְדַּמְנָה

*** less commonly: (אתן) קְדַמְנָה

שם הפועל Infin. לִקְדּוֹם

שם הפעולה Gerund קְדִימָה priority, precedence

בינוני פעיל Act. Part. קוֹדֵם previous, prior, former

בינוני סביל Pass. Part. קָדוּם ancient

מקור מוחלט Inf. Abs. קָדוֹם

◆ דוגמאות Illustrations

רציתי לקום **מוּקְדָּם**, כדי לגמור את עבודת היום **בְּהֶקְדֵּם**, אבל לא הצלחתי להתעורר בזמן. למזלי, חיים **הִקְדִּים** אותי, והתחיל לעבוד לבד. התחלתי לעבוד במשנה מרץ, ולקראת הצהריים ראינו שהעבודה **מִתְקַדֶּמֶת** יפה. כשבעל החנות הגיע, חיים אמר לו שניתן יהיה **לְהַקְדִּים** את הפתיחה ביומיים. גם את העבודה **הַקּוֹדֶמֶת** גמרנו **מוּקְדָּם**.

I wanted to get up **early**, so as to finish the day's work **soon**, but I did not manage to get up on time. Luckily, Hayyim **preceded** me, and started to work on his own. I started to work full steam, and towards noon we saw that the job **was progressing** well. When the store owner arrived, Hayyim told him that it would be possible to **advance** the opening by two days. We had also finished the **previous** job **early**.

דני מתלונן על כך שהוא עובד כבר שלוש שנים בחברה, ועדיין לא **קִידְּמוּ** אותו כהוא זה - לא במעמד ולא במשכורת. הוא הודיע למנהל, שאם לא **יְקוּדַּם** תוך חודש, הוא יתפטר. המנהל ענה שלא הובטח לו מראש כל **קִידּוּם**, ושה**הִתְקַדְּמוּת** בחברה מותנית בתנאי השוק.

Danny complains that he has already been working for three years in the firm, and that they **have** not yet **advanced** him one bit - neither in status nor in salary. He informed the manager that if he **is** not **advanced** within a month, he'll quit. The manager responded that no **advancement** had been promised him, and that **progress** in the company is dependent on market conditions.

אפרים מתמחה בתולדות המזרח התיכון **הַקָּדוּם**.

Ephraim specializes in the history of the **Ancient** Middle East.

◆ **ביטויים מיוחדים** Special expressions

דעות מִתְקַדְּמוֹת progressive ideas

הִתְקַדֵּם בלימודים make progress in one's studies

הִקְדִּים רפואה למכה to anticipate ("provide the cure before the blow")

הוי מַקְדִּים בשלום כל אדם always be the first to greet others

הִקְדִּים נעשה לנשמע act without thinking first

ללא **הַקְדָּמוֹת** מרובות straight to the point, without preliminaries

בְּהֶקְדֵּם האפשרי ASAP

קִידֵּם את פניו welcomed him

קִידֵּם את פני הרעה prevent or forestall evil

קִידּוּם האנושות the advancement of humanity

כל **הַקּוֹדֵם** זוכה first come first served

תנאי **קוֹדֶם** precondition

דמי **קְדִימָה** advance payment

זכות **קְדִימָה** priority right, right of way

משפט **קָדוּם**/דעה **קְדוּמָה** prejudice

●קדשׁ

הִקְדִּישׁ/הִקְדַּשְׁ/יַקְדִּישׁ dedicate (book etc.), devote (time, efforts); sanctify

בניין: הִפְעִיל גזרה: שְׁלֵמִים

	Present הווה		Past עבר	Future עתיד	Imperative ציווי
יחיד	מַקְדִּישׁ	אני	הִקְדַּשְׁתִּי	אַקְדִּישׁ	
יחידה	מַקְדִּישָׁה	אתה	הִקְדַּשְׁתָּ	תַּקְדִּישׁ	הַקְדֵּשׁ
רבים	מַקְדִּישִׁים	את	הִקְדַּשְׁתְּ	תַּקְדִּישִׁי	הַקְדִּישִׁי >>>

	Present הווה		Past עבר	Future עתיד	Imperative ציווי
רבות	מַקְדִּישׁוֹת	הוא	הִקְדִּישׁ	יַקְדִּישׁ	
		היא	הִקְדִּישָׁה	תַּקְדִּישׁ	
		אנחנו	הִקְדַּשְׁנוּ	נַקְדִּישׁ	
		אתם/ן	הִקְדַּשְׁתֶּם/ן	תַּקְדִּישׁוּ*	הַקְדִּישׁוּ**
		הם/ן	הִקְדִּישׁוּ	יַקְדִּישׁוּ*	

* less commonly: אתן/הן תַּקְדֵּשְׁנָה

שם הפועל .Infin לְהַקְדִּישׁ ** less commonly: (אתן) הַקְדֵּשְׁנָה

שם הפעולה Gerund הַקְדָּשָׁה devotion, dedication, consecration

מקור מוחלט .Inf. Abs הַקְדֵּשׁ

הוּקְדַּשׁ (הֻקְדַּשׁ) be dedicated (book), be devoted (efforts), be sanctified

בניין: הוּפְעַל גזרה: שלמים

	Present הווה		Past עבר	Future עתיד
יחיד	מוּקְדָּשׁ	אני	הוּקְדַּשְׁתִּי	אוּקְדַּשׁ
יחידה	מוּקְדֶּשֶׁת	אתה	הוּקְדַּשְׁתָּ	תּוּקְדַּשׁ
רבים	מוּקְדָּשִׁים	את	הוּקְדַּשְׁתְּ	תּוּקְדְּשִׁי
רבות	מוּקְדָּשׁוֹת	הוא	הוּקְדַּשׁ	יוּקְדַּשׁ
		היא	הוּקְדְּשָׁה	תּוּקְדַּשׁ
		אנחנו	הוּקְדַּשְׁנוּ	נוּקְדַּשׁ
		אתם/ן	הוּקְדַּשְׁתֶּם/ן	תּוּקְדְּשׁוּ*
		הם/ן	הוּקְדְּשׁוּ	יוּקְדְּשׁוּ*

* less commonly: אתן/הן תּוּקְדַּשְׁנָה

בינוני .Pres. Part מוּקְדָּשׁ dedicated, devoted, consecrated

[מקור מוחלט .Inf. Abs הוּקְדֵּשׁ]

קִידֵּשׁ/קִידַּשׁ/קִדֵּשׁ (קִדֵּשׁ) sanctify; purify; treat as holy; appoint; dedicate; say Kiddush; betroth

בניין: פִּיעֵל גזרה: שלמים

	Present הווה		Past עבר	Future עתיד	Imperative ציווי
יחיד	מְקַדֵּשׁ	אני	קִידַּשְׁתִּי	אֲקַדֵּשׁ	
יחידה	מְקַדֶּשֶׁת	אתה	קִידַּשְׁתָּ	תְּקַדֵּשׁ	קַדֵּשׁ
רבים	מְקַדְּשִׁים	את	קִידַּשְׁתְּ	תְּקַדְּשִׁי	קַדְּשִׁי
רבות	מְקַדְּשׁוֹת	הוא	קִידֵּשׁ	יְקַדֵּשׁ	
		היא	קִידְּשָׁה	תְּקַדֵּשׁ	
		אנחנו	קִידַּשְׁנוּ	נְקַדֵּשׁ	
		אתם/ן	קִידַּשְׁתֶּם/ן	תְּקַדְּשׁוּ*	קַדְּשׁוּ**
		הם/ן	קִידְּשׁוּ	יְקַדְּשׁוּ*	

* less commonly: אתן/הן תְּקַדֵּשְׁנָה

שם הפועל .Infin לְקַדֵּשׁ ** less commonly: (אתן) קַדֵּשְׁנָה

שם הפעולה Gerund קִידּוּשׁ sanctification; consecrating; ritual cleansing; Kiddush

מקור מוחלט .Inf. Abs קַדֵּשׁ

קוּדַּשׁ (קֻדַּשׁ) be sanctified; be appointed; be betrothed

בניין: פוּעַל גזרה: שלמים

	Present הווה		Past עבר	Future עתיד
יחיד	מְקוּדָּשׁ	אני	קוּדַּשְׁתִּי	אֲקוּדַּשׁ
יחידה	מְקוּדֶּשֶׁת	אתה	קוּדַּשְׁתָּ	תְּקוּדַּשׁ
רבים	מְקוּדָּשִׁים	את	קוּדַּשְׁתְּ	תְּקוּדְּשִׁי
רבות	מְקוּדָּשׁוֹת	הוא	קוּדַּשׁ	יְקוּדַּשׁ
		היא	קוּדְּשָׁה	תְּקוּדַּשׁ
		אנחנו	קוּדַּשְׁנוּ	נְקוּדַּשׁ
		אתם/ן	קוּדַּשְׁתֶּם/ן	תְּקוּדְּשׁוּ*
		הם/ן	קוּדְּשׁוּ	יְקוּדְּשׁוּ*

* less commonly: אתן/הן תְּקוּדַּשְׁנָה

בינוני .Pres. Part מְקוּדָּשׁ sanctified, consecrated

[מקור מוחלט .Inf. Abs קוּדּוֹשׁ]

◆ פעלים שאינם שכיחים מאותו שורש Infrequent verbs sharing the same root

קָדַשׁ become holy; be forbidden (food) (קָדוֹשׁ, יִקְדַּשׁ, לִקְדּוֹשׁ)

בינוני .Pres. Part קָדוֹשׁ holy (common form)

נִקְדַּשׁ be sanctified/consecrated (נִקְדָּשׁ, יִיקָּדֵשׁ, לְהִיקָּדֵשׁ)

הִתְקַדֵּשׁ purify oneself, become holy; be prohibited (מִתְקַדֵּשׁ, יִתְקַדֵּשׁ, לְהִתְקַדֵּשׁ)

◆ דוגמאות Illustrations

אני **מַקְדִּישׁ** את הספר לאבי, ראובן בן-שמעון ז"ל, **שֶׁהִקְדִּישׁ** את מיטב שנותיו לחינוך ילדיו.

I **dedicate** this book to my father, Reuven Ben-Shim'on of blessed memory, who had **dedicated** the best years of his life to the education of his children.

מצבה זו **מוּקְדֶּשֶׁת** לזכרם של מיליוני בני עמנו, שמתו מות **קְדוֹשִׁים** בתקופת מלחמת העולם השנייה.

This memorial **is dedicated** to the memory of millions of our people who died a martyr's death during World War II.

◆ ביטויים מיוחדים Special expressions

המטרה **מְקַדֶּשֶׁת** את האמצעים the end justifies the means

כזה ראה **וקַדֵּשׁ** follow this example to the letter

קִידֵּשׁ אישה marry a woman

קִידֵּשׁ את החודש sanctify/proclaim the new moon

קִידֵּשׁ את השם be martyred; sacrifice one's life rather than compromise religious belief/practice

קִידֵּשׁ מלחמה על wage/launch war on

קִידּוּשׁ החודש proclamation of the new month

קִידּוּשׁ לבנה sanctification of the new month

קִידּוּשׁ השם matryrdom

קִידּוּשִׁים/ן marriage

יתגדל וְיִתְקַדַּשׁ the beginning of the Kaddish prayer (memorial for the dead)

בליל הִתְקַדֵּשׁ חג on the night a festival is celebrated

היא נִתְקַדְּשָׁה לו she was wedded to him

הִקְדִּישׁ תשומת לב ל- pay attention to

ספר זה מוּקְדָּשׁ ל- this book is dedicated to

אחרי מות קְדוֹשִׁים אמור speak no ill of the dead

הארץ הקְדוֹשָׁה the Holy Land

הקָדוֹשׁ ברוך הוא God (the Holy One, blessed be He)

זרע קְדוֹשִׁים families of the priesthood

מות קְדוֹשִׁים a martyr's death

קהילה קְדוֹשָׁה a Jewish (=holy) community

●קוה

קִיוָּה/קַוֵּה (קִוָּה) hope, expect

בניין: פִּיעֵל גזרה: ל״ה

Imperative ציווי	Future עתיד	Past עבר		Present הווה	
	אֲקַוֶּה	קִיוִּיתִי	אני	מְקַוֶּה	יחיד
קַוֵּה	תְּקַוֶּה	קִיוִּיתָ	אתה	מְקַוָּה	יחידה
קַוִּי	תְּקַוִּי	קִיוִּית	את	מְקַוִּים	רבים
	יְקַוֶּה	קִיוָּה	הוא	מְקַוּוֹת	רבות
	תְּקַוֶּה	קִיוְּתָה	היא		
	נְקַוֶּה	קִיוִּינוּ	אנחנו		
קַוּוּ**	תְּקַוּוּ*	קִיוִּיתֶם/ן	אתם/ן		
	יְקַוּוּ*	קִיוּוּ	הם/ן		

שם הפועל .Infin לְקַוּוֹת

מקור מוחלט .Inf. Abs קַוֵּה

* less commonly: אתן/הן תְּקַוֶּינָה

** less commonly: (אתן) קַוֶּינָה

◆ פעלים שאינם שכיחים מאותו שורש Infrequent verbs sharing the same root

קוּוָּה (קֻוָּּה) be hoped for/expected (Med H) (מְקוּוֶּה, יְקוּוֶּה)

בינוני .Pres. Part מְקוּוֶּה hoped for, expected (fairly common form)

הִקְוָה (הִקְוָה) give hope (Med H) (מַקְוֶה, יַקְוֶה, לְהַקְווֹת)

An unrelated homonymous root קוה 'gather, collect' is not included here.

◆ דוגמאות Illustrations

כולנו **מְקַוִּים** שתבריאי מהר, ושתחזרי אלינו בכוחות מחודשים.

We **are** all **hoping** that you get well fast and come back to us with renewed energy.

●קום

קָם/קָמ/יָקוּם get up, stand up, rise; occur; arise, be established

בניין: פָּעַל גזרה: ע"ו

	Present הווה		Past עבר	Future עתיד	Imperative ציווי
יחיד	קָם	אני	קַמְתִּי	אָקוּם	
יחידה	קָמָה	אתה	קַמְתָּ	תָּקוּם	קוּם
רבים	קָמִים	את	קַמְתְּ	תָּקוּמִי	קוּמִי
רבות	קָמוֹת	הוא	קָם	יָקוּם	
		היא	קָמָה	תָּקוּם	
		אנחנו	קַמְנוּ	נָקוּם	
		אתם/ן	קַמְתֶּם/ן	תָּקוּמוּ*	קוּמוּ**
		הם/ן	קָמוּ	יָקוּמוּ*	

שם הפועל Infin. לָקוּם — * less commonly: אתן/הן תָּקוּמֶנָה

מקור מוחלט Inf. Abs. קוֹם — ** less commonly: (אתן) קוּמְנָה

הֵקִים/הֵקַמ/יָקִים raise; set up, erect; establish

בניין: הִפְעִיל גזרה: ע"ו

	Present הווה		Past עבר	Future עתיד	Imperative ציווי
יחיד	מֵקִים	אני	הֵקַמְתִּי	אָקִים	
יחידה	מְקִימָה	אתה	הֵקַמְתָּ	תָּקִים	הָקֵם
רבים	מְקִימִים	את	הֵקַמְתְּ	תָּקִימִי	הָקִימִי
רבות	מְקִימוֹת	הוא	הֵקִים	יָקִים	
		היא	הֵקִימָה	תָּקִים	
		אנחנו	הֵקַמְנוּ	נָקִים	
		אתם/ן	הֵקַמְתֶּם/ן*	תָּקִימוּ**	הָקִימוּ***
		הם/ן	הֵקִימוּ	יָקִימוּ**	

* BH: הֲקִמֹתֶם/ן

** less commonly: אתן/הן תָּקֵמְנָה

שם הפועל Infin. לְהָקִים — *** less commonly: (אתן) הָקֵמְנָה

שם הפעולה Gerund הֲקָמָה (N) setting up, erecting

מקור מוחלט Inf. Abs. הָקֵם

be raised; be set up/erected; be established הוּקַם

בניין: הוּפְעַל גזרה: ע"ו

	Present הווה		Past עבר	Future עתיד
יחיד	מוּקָם	אני	הוּקַמְתִּי	אוּקַם
יחידה	מוּקֶמֶת	אתה	הוּקַמְתָּ	תּוּקַם
רבים	מוּקָמִים	את	הוּקַמְתְּ	תּוּקְמִי
רבות	מוּקָמוֹת	הוא	הוּקַם	יוּקַם
		היא	הוּקְמָה	תּוּקַם
		אנחנו	הוּקַמְנוּ	נוּקַם
		אתם/ן	הוּקַמְתֶּם/ן	תּוּקְמוּ*
		הם/ן	הוּקְמוּ	יוּקְמוּ*

[מקור מוחלט .Inf. Abs הוּקֵם]

* less commonly: אתן/הן תּוּקַמְנָה

rebuild, restore; rouse, stir up, cause to object קוֹמֵם/קוֹמַמ

בניין: פִּיעֵל גזרה: ע"ו

	Present הווה		Past עבר	Future עתיד	Imperative ציווי
יחיד	מְקוֹמֵם	אני	קוֹמַמְתִּי	אֲקוֹמֵם	
יחידה	מְקוֹמֶמֶת	אתה	קוֹמַמְתָּ	תְּקוֹמֵם	קוֹמֵם
רבים	מְקוֹמְמִים	את	קוֹמַמְתְּ	תְּקוֹמְמִי	קוֹמְמִי
רבות	מְקוֹמְמוֹת	הוא	קוֹמֵם	יְקוֹמֵם	
		היא	קוֹמְמָה	תְּקוֹמֵם	
		אנחנו	קוֹמַמְנוּ	נְקוֹמֵם	
		אתם/ן	קוֹמַמְתֶּם/ן	תְּקוֹמְמוּ	קוֹמְמוּ**
		הם/ן	קוֹמְמוּ	יְקוֹמְמוּ*	

* less commonly: אתן/הן תְּקוֹמֵמְנָה

** less commonly: (אתן) קוֹמֵמְנָה

שם הפועל .Infin לְקוֹמֵם

שם הפעולה Gerund קִימּוּם rebuilding (N), restoration

בינוני .Pres. Part מְקוֹמֵם causing one to object (Adj.)

מקור מוחלט .Inf. Abs קוֹמֵם

rebel, rise up against הִתְקוֹמֵם/הִתְקוֹמַמ

בניין: הִתְפַּעֵל גזרה: ע"ו

	Present הווה		Past עבר	Future עתיד	Imperative ציווי
יחיד	מִתְקוֹמֵם	אני	הִתְקוֹמַמְתִּי	אֶתְקוֹמֵם	
יחידה	מִתְקוֹמֶמֶת	אתה	הִתְקוֹמַמְתָּ	תִּתְקוֹמֵם	הִתְקוֹמֵם
רבים	מִתְקוֹמְמִים	את	הִתְקוֹמַמְתְּ	תִּתְקוֹמְמִי	הִתְקוֹמְמִי
רבות	מִתְקוֹמְמוֹת	הוא	הִתְקוֹמֵם	יִתְקוֹמֵם	
		היא	הִתְקוֹמְמָה	תִּתְקוֹמֵם	
		אנחנו	הִתְקוֹמַמְנוּ	נִתְקוֹמֵם	
		אתם/ן	הִתְקוֹמַמְתֶּם/ן	תִּתְקוֹמְמוּ*	הִתְקוֹמְמוּ** <

	עבר Past	עתיד Future
הם/ן	הִתְקוֹמְמוּ	יִתְקוֹמְמוּ*

* less commonly: אתן/הן תִּתְקוֹמֵמְנָה

** less commonly: (אתן) הִתְקוֹמֵמְנָה

שם הפועל .Infin לְהִתְקוֹמֵם

שם הפעולה Gerund הִתְקוֹמְמוּת rebellion, uprising

מקור מוחלט .Inf. Abs הִתְקוֹמֵם

◆ **פעלים שאינם שכיחים מאותו שורש** Infrequent verbs sharing the same root

קוֹמֵם be raised/set up (Med H) (מְקוֹמָם, יְקוֹמַם)

◆ **דוגמאות** Illustrations

חיים **קָם** בוקר אחד והחליט שהוא **מִתְקוֹמֵם** נגד מנהיגות מפלגתו, ורץ לבחירות בראש רשימה עצמאית. תוך יומיים הכריז על **הֲקָמַת** מפלגה חדשה, **הֵקִים** לעצמו צוות בחירות, ובמקביל **הוּקָמָה** על ידי מקורביו ועדה לגיוס כספים. עמיתיו במפלגה שנטש מחו על התנהגותו **הַמְקוֹמֶמֶת**, אך חיים לא התרשם מכך.

Hayyim got up one morning and decided that he **was rebelling** against the leadership of his party, and ran for election at the head of an independent list. Within two days he announced the **establishment** of a new party, **set up** for himself an election team, and at the same time a fundraising committee **was set up** by his cronies. His colleagues at the party he quit protested his **objectionable** behavior, but Hayyim was not impressed.

◆ **ביטויים מיוחדים** Special expressions

קָם מחוליו recover from illness

קָם לתחיה be revived/reborn

לא **קָם/קָמָה** בו (ה)רוח be scared to death

ממשה עד משה לא **קָם** כמשה from Moses to Moses (Maimonides, etc.) there has been no one like Moses

קָם עליו rise up against him

קָם ונהיה הדבר it actually happened

לא **יָקוּם** ולא יהיה! it will never happen!

קוּם ועשה! get up and do it!

עם **קוּם** המדינה with the establishment of the state

הֵקִים לתחיה revive

הֵקִים רעש make (a lot of) noise

●קטן

הִקְטִין/הִקְטַנְ/יַקְטִין make smaller, reduce, diminish (tr.)

בניין: הִפְעִיל גזרה: שלמים + ל"נ

	הווה Present		עבר Past	עתיד Future	ציווי Imperative
יחיד	מַקְטִין	אני	הִקְטַנְתִּי	אַקְטִין	
יחידה	מַקְטִינָה	אתה	הִקְטַנְתָּ	תַּקְטִין	הַקְטֵן <<<

	Present הווה		Past עבר	Future עתיד	Imperative ציווי
רבים	מַקְטִינִים	את	הִקְטַנְתְּ	תַּקְטִינִי	הַקְטִינִי
רבות	מַקְטִינוֹת	הוא	הִקְטִין	יַקְטִין	
		היא	הִקְטִינָה	תַּקְטִין	
		אנחנו	הִקְטַנּוּ	נַקְטִין	
		אתם/ן	הִקְטַנְתֶּם/ן	תַּקְטִינוּ*	הַקְטִינוּ**
		הם/ן	הִקְטִינוּ	יַקְטִינוּ*	

* less commonly: אתן/הן תַּקְטֵנָּה

שם הפועל .Infin לְהַקְטִין ** less commonly: (אתן) הַקְטֵנָּה

שם הפעולה Gerund הַקְטָנָה reduction, diminution

מקור מוחלט .Inf. Abs הַקְטֵן

הוּקְטַן (הָקְטַן) be reduced/made smaller/diminished

בניין: הוּפְעַל גזרה: שלמים + ל"נ

	Present הווה		Past עבר	Future עתיד
יחיד	מוּקְטָן	אני	הוּקְטַנְתִּי	אוּקְטַן
יחידה	מוּקְטֶנֶת	אתה	הוּקְטַנְתָּ	תּוּקְטַן
רבים	מוּקְטָנִים	את	הוּקְטַנְתְּ	תּוּקְטְנִי
רבות	מוּקְטָנוֹת	הוא	הוּקְטַן	יוּקְטַן
		היא	הוּקְטְנָה	תּוּקְטַן
		אנחנו	הוּקְטַנּוּ	נוּקְטַן
		אתם/ן	הוּקְטַנְתֶּם/ן	תּוּקְטְנוּ*
		הם/ן	הוּקְטְנוּ	יוּקְטְנוּ*

בינוני .Pres. Part מוּקְטָן reduced * less commonly: אתן/הן תּוּקְטַנָּה

[מקור מוחלט .Inf. Abs הוּקְטֵן]

קָטוֹן/קָטַן (קָטֵן)/יִקְטַן be small; become smaller; be diminished

בניין: פָּעַל גזרה: מיוחדת + ל"נ

	Present הווה		Past עבר	Future עתיד	Imperative ציווי
יחיד	קָטֵן/קָטוֹן/קָטָן	אני	קָטֹנְתִּי	אֶקְטַן	
יחידה	קְטָנָה/קְטַנָּה	אתה	קָטֹנְתָּ	תִּקְטַן	קְטַן
רבים	קְטָנִים/קְטַנִּים	את	קָטֹנְתְּ	תִּקְטְנִי	קִטְנִי
רבות	קְטָנוֹת/קְטַנּוֹת	הוא	קָטוֹן	יִקְטַן	
		היא	קָטְנָה	תִּקְטַן	
		אנחנו	קָטֹנּוּ	נִקְטַן	
		אתם/ן	קְטָנְתֶּם/ן*	תִּקְטְנוּ**	קִטְנוּ***
		הם/ן	קָטְנוּ	יִקְטְנוּ**	

שם הפועל .Infin לִקְטוֹן * Colloquial: קָטוֹנְתֶּם/ן

בינוני .Pres. Part קָטָן small ** less commonly: אתן/הן תִּקְטַנָּה

מקור מוחלט .Inf. Abs קָטוֹן *** less commonly: (אתן) קְטֹנָּה

◆ פעלים שאינם שכיחים מאותו שורש Infrequent verbs sharing the same root

נִקְטַן become smaller, diminish/reduce (intr.) (נִקְטָן, יִיקָּטֵן, לְהִיקָּטֵן)

הִתְקַטֵּן become smaller, diminish/reduce (intr.) (מִתְקַטֵּן, יִתְקַטֵּן, לְהִתְקַטֵּן)

◆ דוגמאות Illustrations

כשיצרנים לא רוצים שייראה שהם מעלים את המחירים, הם מַשאירים את המחיר כפי שהוא, אך **מַקְטִינִים** את משקל המוצר. צרכנים מעטים מבחינים בכך שהמשקל **הוּקְטַן**.

When manufacturers do not want it to be noticed that they raise prices, they leave the price as is, but **reduce** the weight of the product. Few consumers notice that the weight **was reduced**.

ברוב המדינות המפותחות **קָטְנָה** העסקתם של ילדים **קְטַנִּים** עם התפתחות הטכנולוגיה והחינוך.

In most developed countries, the employment of **small** children **diminished** with the development of technology and of education.

◆ ביטויים מיוחדים Special expressions

קָטֹנְתִּי מכל הכבוד הזה I am unworthy of all this honor

אדם **קָטָן** a small person (derogatory)

מגדול ועד **קָטָן** everybody

טלית **קָטָן** fringed garment, worn by orthodox Jews

קְטַן אמונה a person with little faith; pessimist

תנועה **קְטַנָּה** short vowel

כְּקָטָן שנולד an innocent, naive person

אני **הַקָּטָן** a formulaic expression of modesty (esp. in rabbinic writings)

הַקְטָנַת הפער reduction of the gap

● קטף

קָטַף/קוֹטֵף/יִקְטוֹף pick (fruit, flowers), pluck (יִקְטֹף)

בניין: פָּעַל גזרה: שלמים (אֶפְעוֹל)

	Pres. הווה		Past עבר	Fut. עתיד	Imp. ציווי
יחיד	קוֹטֵף קָטוּף	אני	קָטַפְתִּי	אֶקְטוֹף	
יחידה	קוֹטֶפֶת קְטוּפָה	אתה	קָטַפְתָּ	תִּקְטוֹף	קְטוֹף
רבים	קוֹטְפִים קְטוּפִים	את	קָטַפְתְּ	תִּקְטְפִי	קִטְפִי
רבות	קוֹטְפוֹת קְטוּפוֹת	הוא	קָטַף	יִקְטוֹף	
		היא	קָטְפָה	תִּקְטוֹף	
		אנחנו	קָטַפְנוּ	נִקְטוֹף	
		אתם/ן	קְטַפְתֶּם/ן*	תִּקְטְפוּ**	קִטְפוּ***
		הם/ן	קָטְפוּ	יִקְטְפוּ**	

שם הפועל .Infin לִקְטוֹף

* Colloquial: קָטַפְתֶּם/ן <<<

בינוני פעיל Act. Part. קוֹטֵף picker ** less commonly: אתן/הן תִּקְטוֹפְנָה

בינ' סביל Pass. Part. קָטוּף picked, plucked *** less commonly: (אתן) קְטוֹפְנָה

שם הפעולה Gerund קְטִיפָה picking; velvet (N)

מקור מוחלט Inf. Abs. קָטוֹף

נִקְטַף/יִיקָּטֵף (יִקָּטֵף) be picked/plucked

בניין: נִפְעַל גזרה: שלמים

	Present הווה		Past עבר	Future עתיד	Imperative ציווי
יחיד	נִקְטָף	אני	נִקְטַפְתִּי	אֶקָּטֵף	
יחידה	נִקְטֶפֶת	אתה	נִקְטַפְתָּ	תִּיקָּטֵף	הִיקָּטֵף
רבים	נִקְטָפִים	את	נִקְטַפְתְּ	תִּיקָּטְפִי	הִיקָּטְפִי
רבות	נִקְטָפוֹת	הוא	נִקְטַף	יִיקָּטֵף	
		היא	נִקְטְפָה	תִּיקָּטֵף	
		אנחנו	נִקְטַפְנוּ	נִיקָּטֵף	
		אתם/ן	נִקְטַפְתֶּם/ן	תִּיקָּטְפוּ*	הִיקָּטְפוּ**
		הם/ן	נִקְטְפוּ	יִיקָּטְפוּ*	

* less commonly: אתן/הן תִּיקָּטַפְנָה/...טֶפְנָה

שם הפועל Infin. לְהִיקָּטֵף ** less commonly: (אתן) הִיקָּטַפְנָה/...טֶפְנָה

מקור מוחלט Inf. Abs. נִקְטוֹף, הִיקָּטֵף (הִיקָּטוֹף)

◆ פעלים שאינם שכיחים מאותו שורש Infrequent verbs sharing the same root

קִיטֵּף (קִטֵּף) pluck, pick; roll out (dough) (Mish H) (מְקַטֵּף, יְקַטֵּף, לְקַטֵּף)

קוּטַּף (קֻטַּף) be picked/plucked; be rolled out (dough) (Mish H) (מְקוּטָּף, יְקוּטַּף)

הִתְקַטֵּף get plucked, cut of (Mish H) (מִתְקַטֵּף, יִתְקַטֵּף, לְהִתְקַטֵּף)

◆ דוגמאות Illustrations

בסתיו אנחנו אוהבים **לִקְטוֹף** תפוחים בעצמנו. תפוח שזה עתה **נִקְטַף**, טעמו כטעם גן עדן.

In the fall we like **to pick** our own apples. An apple that **has** just **been picked** tastes like heaven.

◆ ביטויים מיוחדים Special expressions

נִקְטַף באיבו die before his time

יצא ואוזניו **מְקוּטָּפוֹת** come out feeling shamed/humiliated

●קים

קִייֵּם/קִייַּמְ/קַיֵּם (קִיֵּם) fulfill (promise, etc.), carry out; validate, confirm; hold (meeting) (coll.)

בניין: פִּיעֵל גזרה: שלמים

	Present הווה		Past עבר	Future עתיד	Imperative ציווי
יחיד	מְקַייֵּם	אני	קִייַּמְתִּי	אֲקַייֵּם	
יחידה	מְקַייֶּמֶת	אתה	קִייַּמְתָּ	תְּקַייֵּם	קַייֵּם
רבים	מְקַייְּמִים	את	קִייַּמְתְּ	תְּקַייְּמִי	קַייְּמִי
רבות	מְקַייְּמוֹת	הוא	קִייֵּם	יְקַייֵּם	
		היא	קִייְּמָה	תְּקַייֵּם	
		אנחנו	קִייַּמְנוּ	נְקַייֵּם	
		אתם/ן	קִייַּמְתֶּם/ן	תְּקַייְּמוּ*	קַייְּמוּ**
		הם/ן	קִייְּמוּ	יְקַייְּמוּ*	

* less commonly: אתן/הן תְּקַייֵּמְנָה

** less commonly: (אתן) קַייֵּמְנָה

שם הפועל .Infin לְקַייֵּם

שם הפעולה Gerund קִיוּם carrying out; existence; maintenance, preservation

מקור מוחלט .Inf. Abs קַייֵּם

קוּיַּם (קֻיַּם) be carried out/validated/confirmed/held

בניין: פּוּעַל גזרה: שלמים

	Present הווה		Past עבר	Future עתיד
יחיד	מְקוּיָּם	אני	קוּיַּמְתִּי	אֲקוּיַּם
יחידה	מְקוּיֶּמֶת	אתה	קוּיַּמְתָּ	תְּקוּיַּם
רבים	מְקוּיָּמִים	את	קוּיַּמְתְּ	תְּקוּיְּמִי
רבות	מְקוּיָּמוֹת	הוא	קוּיַּם	יְקוּיַּם
		היא	קוּיְּמָה	תְּקוּיַּם
		אנחנו	קוּיַּמְנוּ	נְקוּיַּם
		אתם/ן	קוּיַּמְתֶּם/ן	תְּקוּיְּמוּ*
		הם/ן	קוּיְּמוּ	יְקוּיְּמוּ*

* less commonly: אתן/הן תְּקוּיַּמְנָה

בינוני .Pres. Part מְקוּיָּם carried out, held

מקור מוחלט .Inf. Abs קוּיּוֹם

הִתְקַייֵּם/הִתְקַייַּמְ (הִתְקַיֵּם) be fulfilled/realized; be affirmed; take place (meeting)

בניין: הִתְפַּעֵל גזרה: שלמים

	Present הווה		Past עבר	Future עתיד	Imperative ציווי
יחיד	מִתְקַייֵּם	אני	הִתְקַייַּמְתִּי	אֶתְקַייֵּם	
יחידה	מִתְקַייֶּמֶת	אתה	הִתְקַייַּמְתָּ	תִּתְקַייֵּם	הִתְקַייֵּם
רבים	מִתְקַייְּמִים	את	הִתְקַייַּמְתְּ	תִּתְקַייְּמִי	הִתְקַייְּמִי >>>

	Present הווה		Past עבר	Future עתיד	Imperative ציווי
רבות	מִתְקַיְּמוֹת	הוא	הִתְקַיֵּם	יִתְקַיֵּם	
		היא	הִתְקַיְּמָה	תִּתְקַיֵּם	
		אנחנו	הִתְקַיַּמְנוּ	נִתְקַיֵּם	
		אתם/ן	הִתְקַיַּמְתֶּם/ן	תִּתְקַיְּמוּ*	הִתְקַיְּמוּ**
		הם/ן	הִתְקַיְּמוּ	יִתְקַיְּמוּ*	

* less commonly: אתן/הן תִּתְקַיֵּמְנָה

שם הפועל .Infin לְהִתְקַיֵּם ** less commonly: (אתן) הִתְקַיֵּמְנָה

שם הפעולה .Ger הִתְקַיְּמוּת realization; existence; taking place; conservation (of matter)

מקור מוחלט .Inf. Abs הִתְקַיֵּם

◆ דוגמאות Illustrations

משה קִיֵּם את הבטחתו ושלח לכולנו הזמנות לפתיחה החגיגית של המסעדה, שתִּתְקַיֵּם בשבת בערב. מסיבות טכניות נדחתה הפתיחה, וקוּיְּמָה רק שבוע לאחר מכן, אבל נהנינו מאוד.

Moshe **fulfilled** his promise and sent us all invitations for the grand opening of the restaurant, which **will take place** Saturday night. The opening was postponed for technical reasons, and **was held** only a week later, but we had a great time.

יש בישראל מספר חברי כנסת בעלי אישיות כה חיוורת, שמרבית הציבור אינו יודע אפילו על קִיּוּמָם.

There are in Israel some members of Knesset (parliament) of such undistinguished personalities, that the majority of the public are not even aware of their **existence**.

◆ ביטויים מיוחדים Special expressions

נאה דורש ונאה **מְקַיֵּם** be as good as one's word

לְ**קַיֵּם** מה שנאמר to fulfill what is prescribed in the Scriptures

הנבואה **הִתְקַיְּמָה** the prophecy was fulfilled

שאיפתו **הִתְקַיְּמָה** his ambition was realized

●קלט

קָלַט/קוֹלֵט/יִקְלוֹט (יִקְלֹט) absorb, take in, receive; comprehend

בניין: פָּעַל גזרה: שלמים (אֶפְעוֹל)

	Present הווה			Past עבר	Future עתיד	Imper. ציווי
יחיד	קוֹלֵט	קָלוּט	אני	קָלַטְתִּי	אֶקְלוֹט	
יחידה	קוֹלֶטֶת	קְלוּטָה	אתה	קָלַטְתָּ	תִּקְלוֹט	קְלוֹט
רבים	קוֹלְטִים	קְלוּטִים	את	קָלַטְתְּ	תִּקְלְטִי	קִלְטִי
רבות	קוֹלְטוֹת	קְלוּטוֹת	הוא	קָלַט	יִקְלוֹט	<<<

Imper. ציווי	Future עתיד	Past עבר	
	תִּקְלוֹט	קָלְטָה	היא
	נִקְלוֹט	קָלַטְנוּ	אנחנו
קִלְטוּ***	תִּקְלְטוּ**	קְלַטְתֶּם/ן*	אתם/ן
	יִקְלְטוּ**	קָלְטוּ	הם/ן

* Colloquial: קָלַטְתֶּם/ן

** less commonly: אתן/הן תִּקְלוֹטְנָה

שם הפועל .Infin לִקְלוֹט *** less commonly: (אתן) קְלוֹטְנָה

שם הפעולה Gerund קְלִיטָה absorption, reception

בינוני סביל .Pass. Part קָלוּט absorbed; in one piece

מקור מוחלט .Inf. Abs קָלוֹט

נִקְלַט/יִיקָּלֵט (יִקָּלֵט) be absorbed/received; take root; be comprehended

בניין: נִפְעַל גזרה: שלמים

Imperative ציווי	Future עתיד	Past עבר		Present הווה	
	אֶקָּלֵט	נִקְלַטְתִּי	אני	נִקְלָט	יחיד
הִיקָּלֵט	תִּיקָּלֵט	נִקְלַטְתָּ	אתה	נִקְלֶטֶת	יחידה
הִיקָּלְטִי	תִּיקָּלְטִי	נִקְלַטְתְּ	את	נִקְלָטִים	רבים
	יִיקָּלֵט	נִקְלַט	הוא	נִקְלָטוֹת	רבות
	תִּיקָּלֵט	נִקְלְטָה	היא		
	נִיקָּלֵט	נִקְלַטְנוּ	אנחנו		
הִיקָּלְטוּ**	תִּיקָּלְטוּ*	נִקְלַטְתֶּם/ן	אתם/ן		
	יִיקָּלְטוּ*	נִקְלְטוּ	הם/ן		

שם הפועל .Infin לְהִיקָּלֵט * less commonly: אתן/הן תִּיקָּלַטְנָה/...לֵטְנָה

שם הפעולה .Ger הִיקָּלְטוּת being absorbed ** less commonly: (אתן) הִיקָּלַטְנָה/...לֵטְנָה

מקור מוחלט .Inf. Abs הִיקָּלֵט

הִקְלִיט/הִקְלַט/יַקְלִיט record (on tape etc.)

בניין: הִפְעִיל גזרה: שלמים

Imperative ציווי	Future עתיד	Past עבר		Present הווה	
	אַקְלִיט	הִקְלַטְתִּי	אני	מַקְלִיט	יחיד
הַקְלֵט	תַּקְלִיט	הִקְלַטְתָּ	אתה	מַקְלִיטָה	יחידה
הַקְלִיטִי	תַּקְלִיטִי	הִקְלַטְתְּ	את	מַקְלִיטִים	רבים
	יַקְלִיט	הִקְלִיט	הוא	מַקְלִיטוֹת	רבות
	תַּקְלִיט	הִקְלִיטָה	היא		
	נַקְלִיט	הִקְלַטְנוּ	אנחנו		
הַקְלִיטוּ**	תַּקְלִיטוּ*	הִקְלַטְתֶּם/ן	אתם/ן		
	יַקְלִיטוּ*	הִקְלִיטוּ	הם/ן		

שם הפועל .Infin לְהַקְלִיט * less commonly: אתן/הן תַּקְלֵטְנָה

שם הפעולה Gerund הַקְלָטָה recording ** less commonly: (אתן) הַקְלֵטְנָה

מקור מוחלט .Inf. Abs הַקְלֵט

<<<

הוּקְלַט (הֻקְלַט) be recorded

בניין: הוּפְעַל גזרה: שלמים

	Present הווה		Past עבר	Future עתיד
יחיד	מוּקְלָט	אני	הוּקְלַטְתִּי	אוּקְלַט
יחידה	מוּקְלֶטֶת	אתה	הוּקְלַטְתָּ	תּוּקְלַט
רבים	מוּקְלָטִים	את	הוּקְלַטְתְּ	תּוּקְלְטִי
רבות	מוּקְלָטוֹת	הוא	הוּקְלַט	יוּקְלַט
		היא	הוּקְלְטָה	תּוּקְלַט
		אנחנו	הוּקְלַטְנוּ	נוּקְלַט
		אתם/ן	הוּקְלַטְתֶּם/ן	תּוּקְלְטוּ*
		הם/ן	הוּקְלְטוּ	יוּקְלְטוּ*

בינוני .Pres. Part מוּקְלָט recorded * less commonly: אתן/הן תּוּקְלַטְנָה

[מקור מוחלט .Inf. Abs הוּקְלֵט]

◆ דוגמאות Illustrations

מדינת ישראל **קָלְטָה** לאחרונה כ-400,000 עולים חדשים מרוסיה. רובם **נִקְלְטוּ** מצוין זמן קצר לאחר שיצאו ממרכזי הקְלִיטָה. קשה **לִקְלוֹט** כיצד הצליחו **לְהִיקָּלֵט** כה מהר.

The State of Israel recently **absorbed** about 400,000 new immigrants from Russia. Most of them **were** successfully **absorbed** [i.e. with job and/or housing] only a short while after they left the **absorption** centers. It is difficult to **comprehend** how they managed **to get absorbed** so fast.

שתלתי חמישה שיחי שושנים, אך רק שניים מהם **נִקְלְטוּ**.

I planted five rose bushes, but only two of them **took root**.

יש לי רדיו מצוין עם גלים קצרים **שקוֹלֵט** שידורים מישראל. אני **מַקְלִיט** ממנו לעתים מוסיקת רוק ישראלית, אבל ברור שאיכות **ההַקְלָטָה** משתנה על פי איכות **הקְלִיטָה**. רק שירים מועטים **הוּקְלְטוּ** באיכות צליל סבירה.

I have an excellent short wave radio that **receives** broadcasts from Israel. Occasionally I **record** Israeli rock music from it, but obviously the **recording** quality varies with the **reception** quality. Only a few songs **were recorded** with reasonable sound quality.

◆ ביטויים מיוחדים Special expressions

קָלוּט מן האוויר groundless, insubstantial ("absorbed from the air")

●קלל

קִילֵל/קִילַל/קַלֵּל (קִלֵּל) curse

בניין: פִּיעֵל גזרה: שלמים

	Present הווה		Past עבר	Future עתיד	Imperative ציווי
יחיד	מְקַלֵּל	אני	קִילַלְתִּי	אֲקַלֵּל	
יחידה	מְקַלֶּלֶת	אתה	קִילַלְתָּ	תְּקַלֵּל	קַלֵּל
רבים	מְקַלְּלִים	את	קִילַלְתְּ	תְּקַלְּלִי	קַלְּלִי
רבות	מְקַלְּלוֹת	הוא	קִילֵל	יְקַלֵּל	
		היא	קִילְלָה	תְּקַלֵּל	
		אנחנו	קִילַלְנוּ	נְקַלֵּל	
		אתם/ן	קִילַלְתֶּם/ן	תְּקַלְּלוּ*	קַלְּלוּ**
		הם/ן	קִילְלוּ	יְקַלְּלוּ*	

שם הפועל .Infin לְקַלֵּל * less commonly: אתן/הן תְּקַלֵּלְנָה

מקור מוחלט .Inf. Abs קַלֵּל ** less commonly: (אתן) קַלֵּלְנָה

קוּלַל (קֻלַּל) be cursed

בניין: פּוּעַל גזרה: שלמים

	Present הווה		Past עבר	Future עתיד
יחיד	מְקוּלָּל	אני	קוּלַּלְתִּי	אֲקוּלַּל
יחידה	מְקוּלֶּלֶת	אתה	קוּלַּלְתָּ	תְּקוּלַּל
רבים	מְקוּלָּלִים	את	קוּלַּלְתְּ	תְּקוּלְּלִי
רבות	מְקוּלָּלוֹת	הוא	קוּלַּל	יְקוּלַּל
		היא	קוּלְּלָה	תְּקוּלַּל
		אנחנו	קוּלַּלְנוּ	נְקוּלַּל
		אתם/ן	קוּלַּלְתֶּם/ן	תְּקוּלְּלוּ*
		הם/ן	קוּלְּלוּ	יְקוּלְּלוּ*

בינוני .Pres. Part מְקוּלָּל cursed * less commonly: אתן/הן תְּקוּלַּלְנָה

מקור מוחלט .Inf. Abs קוֹלֹל

◆ פעלים שאינם שכיחים מאותו שורש Infrequent verbs sharing the same root

הִתְקַלֵּל be(come) cursed (Mish H) (מִתְקַלֵּל, יִתְקַלֵּל, לְהִתְקַלֵּל)

◆ דוגמאות Illustrations

את שירותי מס הכנסה **מְקַלְּלִים** יותר מאשר כל מוסד ציבורי אחר - אם כי יש ארצות שבהן השירותים החשאיים **מְקוּלָּלִים** יותר.

People **curse** the IRS more than any other public institution - although there are countries in which the secret services **are cursed** even more.

● קלקל

קִלְקֵל/קִלְקַל/קַלְקֵל spoil (tr.), damage; be corrupt (Mish H)

בניין: פִּיעֵל גזרה: מרובעים

	Present הווה		Past עבר	Future עתיד	Imperative ציווי
יחיד	מְקַלְקֵל	אני	קִלְקַלְתִּי	אֲקַלְקֵל	
יחידה	מְקַלְקֶלֶת	אתה	קִלְקַלְתָּ	תְּקַלְקֵל	קַלְקֵל
רבים	מְקַלְקְלִים	את	קִלְקַלְתְּ	תְּקַלְקְלִי	קַלְקְלִי
רבות	מְקַלְקְלוֹת	הוא	קִלְקֵל	יְקַלְקֵל	
		היא	קִלְקְלָה	תְּקַלְקֵל	
		אנחנו	קִלְקַלְנוּ	נְקַלְקֵל	
		אתם/ן	קִלְקַלְתֶּם/ן	תְּקַלְקְלוּ*	קַלְקְלוּ**
		הם/ן	קִלְקְלוּ	יְקַלְקְלוּ*	

שם הפועל .Infin לְקַלְקֵל * less commonly: אתן/הן תְּקַלְקֵלְנָה

שם הפעולה .Ger קִלְקוּל breakdown, damage ** less commonly: (אתן) קַלְקֵלְנָה

מקור מוחלט .Inf. Abs קַלְקֵל

קוּלְקַל (קֻלְקַל) be spoiled/damaged; be corrupted

בניין: פּוּעַל גזרה: מרובעים

	Present הווה		Past עבר	Future עתיד
יחיד	מְקוּלְקָל	אני	קוּלְקַלְתִּי	אֲקוּלְקַל
יחידה	מְקוּלְקֶלֶת	אתה	קוּלְקַלְתָּ	תְּקוּלְקַל
רבים	מְקוּלְקָלִים	את	קוּלְקַלְתְּ	תְּקוּלְקְלִי
רבות	מְקוּלְקָלוֹת	הוא	קוּלְקַל	יְקוּלְקַל
		היא	קוּלְקְלָה	תְּקוּלְקַל
		אנחנו	קוּלְקַלְנוּ	נְקוּלְקַל
		אתם/ן	קוּלְקַלְתֶּם/ן	תְּקוּלְקְלוּ*
		הם/ן	קוּלְקְלוּ	יְקוּלְקְלוּ*

* less commonly: אתן/הן תְּקוּלְקַלְנָה

בינוני .Pres. Part מְקוּלְקָל broken down, damaged

[מקור מוחלט .Inf. Abs קוּלְקוֹל]

הִתְקַלְקֵל/הִתְקַלְקַל break down, get damaged, go bad

בניין: הִתְפַּעֵל גזרה: מרובעים

	Present הווה		Past עבר	Future עתיד	Imperative ציווי
יחיד	מִתְקַלְקֵל	אני	הִתְקַלְקַלְתִּי	אֶתְקַלְקֵל	
יחידה	מִתְקַלְקֶלֶת	אתה	הִתְקַלְקַלְתָּ	תִּתְקַלְקֵל	הִתְקַלְקֵל
רבים	מִתְקַלְקְלִים	את	הִתְקַלְקַלְתְּ	תִּתְקַלְקְלִי	הִתְקַלְקְלִי >>

	Present הווה		Past עבר	Future עתיד	Imperative ציווי
רבות	מִתְקַלְקְלוֹת	הוא	הִתְקַלְקֵל	יִתְקַלְקֵל	
		היא	הִתְקַלְקְלָה	תִּתְקַלְקֵל	
		אנחנו	הִתְקַלְקַלְנוּ	נִתְקַלְקֵל	
		אתם/ן	הִתְקַלְקַלְתֶּם/ן	תִּתְקַלְקְלוּ*	הִתְקַלְקְלוּ**
		הם/ן	הִתְקַלְקְלוּ	יִתְקַלְקְלוּ*	

* less commonly: אתן/הן תִּתְקַלְקֵלְנָה

שם הפועל .Infin לְהִתְקַלְקֵל ** less commonly: (אתן) הִתְקַלְקֵלְנָה

שם הפעולה Gerund הִתְקַלְקְלוּת spoiling, breaking down, going wrong, corruption

מקור מוחלט .Inf. Abs הִתְקַלְקֵל

◆ דוגמאות Illustrations

משה ניסה לתקן את המקרר, ובכך **קִלְקֵל** אותו עוד יותר. המקרר נשאר **מְקוּלְקָל** יומיים, עד שהגיע הטכנאי, וכל המזון שבתוכו **הִתְקַלְקֵל**.

Moshe tried to fix the refrigerator, and while doing so **damaged** it even more. The refigerator remained **broken down** for two days, until the technician arrived, and all the food in it **got spoiled**.

◆ ביטויים מיוחדים Special expressions

קִלְקֵל את השורה spoil; pervert justice

אדם מְקוּלְקָל corrupt person (Mish H)

קִלְקֵל את קיבתו have an upset stomach

●קנא

קִינֵּא/קַנֵּא envy, be jealous (קִנֵּא)

בניין: פִּיעֵל גזרה: נחי ל״א

	Present הווה		Past עבר	Future עתיד	Imperative ציווי
יחיד	מְקַנֵּא	אני	קִינֵּאתִי	אֲקַנֵּא	
יחידה	מְקַנֵּאת	אתה	קִינֵּאתָ	תְּקַנֵּא	קַנֵּא
רבים	מְקַנְּאִים	את	קִינֵּאת	תְּקַנְּאִי	קַנְּאִי
רבות	מְקַנְּאוֹת	הוא	קִינֵּא	יְקַנֵּא	
		היא	קִינְּאָה	תְּקַנֵּא	
		אנחנו	קִינֵּאנוּ	נְקַנֵּא	
		אתם/ן	קִינֵּאתֶם/ן	תְּקַנְּאוּ*	קַנְּאוּ**
		הם/ן	קִינְּאוּ	יְקַנְּאוּ*	

שם הפועל .Infin לְקַנֵּא * less commonly: אתן/הן תְּקַנֶּאנָה

מקור מוחלט .Inf. Abs קַנֵּא ** less commonly: (אתן) קַנֶּאנָה >>>

מ״י מוצרכת Gov. Prep. קִינֵּא ב- be jealous of

הִתְקַנֵּא become jealous/envious

בניין: הִתְפַּעֵל גזרה: ל״א

	Present הווה		Past עבר	Future עתיד	Imperative ציווי
יחיד	מִתְקַנֵּא	אני	הִתְקַנֵּאתִי	אֶתְקַנֵּא	
יחידה	מִתְקַנֵּאת	אתה	הִתְקַנֵּאתָ	תִּתְקַנֵּא	הִתְקַנֵּא
רבים	מִתְקַנְּאִים	את	הִתְקַנֵּאת	תִּתְקַנְּאִי	הִתְקַנְּאִי
רבות	מִתְקַנְּאוֹת	הוא	הִתְקַנֵּא	יִתְקַנֵּא	
		היא	הִתְקַנְּאָה	תִּתְקַנֵּא	
		אנחנו	הִתְקַנֵּאנוּ	נִתְקַנֵּא	
		אתם/ן	הִתְקַנֵּאתֶם/ן	תִּתְקַנְּאוּ*	הִתְקַנְּאוּ**
		הם/ן	הִתְקַנְּאוּ	יִתְקַנְּאוּ*	

* less commonly: אתן/הן תִּתְקַנֶּאנָה

שם הפועל .Infin לְהִתְקַנֵּא ** less commonly: (אתן) הִתְקַנֶּאנָה

שם הפעולה Gerund הִתְקַנְּאוּת becoming jealous

מקור מוחלט .Inf. Abs הִתְקַנֵּא

מ״י מוצרכת Gov. Prep. הִתְקַנֵּא ב- becoming jealous of

◆ פעלים שאינם שכיחים מאותו שורש Infrequent verbs sharing the same root

קוּנָּא (קֻנָּא) be the subject of jealousy (Med H) (מְקוּנָּא, יְקוּנָּא)

הִקְנִיא anger; cause jealousy (lit.) (מַקְנִיא, יַקְנִיא, לְהַקְנִיא)

◆ דוגמאות Illustrations

אביבה **מְקַנֵּאת/מִתְקַנֵּאת** באחותה על שהיא יכולה לקום כל כך מוקדם בבוקר; אביבה רק מתחילה להתעורר באחת עשרה בבוקר.

Aviva **is jealous** of her sister for being able to get up so early in the morning; Aviva only begins to wake up at 11 a.m.

◆ ביטויים מיוחדים Special expressions

בכל אדם **מִתְקַנֵּא** חוץ מבנו ותלמידו humans tend to be jealous of everybody, except for their sons and their students

●קנה

קָנָה/קוֹנֶה/יִקְנֶה buy, purchase; acquire, win, gain, get

בניין: פָּעַל גזרה: ל"ה

	הווה Present			עבר Past	עתיד Future	ציווי Imper.
יחיד	קוֹנֶה	קָנוּי	אני	קָנִיתִי	אֶקְנֶה	
יחידה	קוֹנָה	קְנוּיָה	אתה	קָנִיתָ	תִּקְנֶה	קְנֵה
רבים	קוֹנִים	קְנוּיִים	את	קָנִית	תִּקְנִי	קְנִי
רבות	קוֹנוֹת	קְנוּיוֹת	הוא	קָנָה	יִקְנֶה	
			היא	קָנְתָה	תִּקְנֶה	
			אנחנו	קָנִינוּ	נִקְנֶה	
			אתם/ן	קְנִיתֶם/ן*	תִּקְנוּ**	קְנוּ***
			הם/ן	קָנוּ	יִקְנוּ**	

* Colloquial: קָנִיתֶם/ן

** less commonly: אתן/הן תִּקְנֶינָה

*** less commonly: (אתן) קְנֶינָה

שם הפועל .Infin לִקְנוֹת

בינוני פעיל .Act. Part קוֹנֶה customer

בינוני סביל .Pass. Part קָנוּי purchased, acquired

שם הפעולה Gerund קְנִיָּה buying; gaining; purchase

מקור מוחלט .Inf. Abs קָנֹה

נִקְנָה/יִיקָּנֶה (יִקָּנֶה) be bought/acquired/gained possession of

בניין: נִפְעַל גזרה: ל"ה

	הווה Present		עבר Past	עתיד Future	ציווי Imperative
יחיד	נִקְנֶה	אני	נִקְנֵיתִי	אֶקָּנֶה	
יחידה	נִקְנֵית	אתה	נִקְנֵיתָ	תִּיקָּנֶה	הִיקָּנֵה
רבים	נִקְנִים	את	נִקְנֵית	תִּיקָּנִי	הִיקָּנִי
רבות	נִקְנוֹת	הוא	נִקְנָה	יִיקָּנֶה	
		היא	נִקְנְתָה	תִּיקָּנֶה	
		אנחנו	נִקְנֵינוּ*	נִיקָּנֶה	
		אתם/ן	נִקְנֵיתֶם/ן	תִּיקָּנוּ**	הִיקָּנוּ***
		הם/ן	נִקְנוּ	יִיקָּנוּ**	

שם הפועל .Infin לְהִיקָּנוֹת

שם הפעולה Gerund הִיקָּנוּת

מקור מוחלט .Inf. Abs נִקְנֹה, הִיקָּנֵה

* BH: נִקְנִינוּ

** less commonly: אתן/הן תִּיקָּנֶינָה

*** less commonly: (אתן) הִיקָּנֶינָה

הִקְנָה/מַקְנֶה provide with, cause to acquire; transfer (property)

בניין: הִפְעִיל גזרה: ל"ה

	הווה Present		עבר Past	עתיד Future	ציווי Imperative
יחיד	מַקְנֶה	אני	הִקְנֵיתִי	אַקְנֶה	
יחידה	מַקְנָה	אתה	הִקְנֵיתָ	תַּקְנֶה	הַקְנֵה >>>

	Present הווה		Past עבר	Future עתיד	Imperative ציווי
רבים	מַקְנִים	את	הִקְנֵית	תַּקְנִי	הַקְנִי
רבות	מַקְנוֹת	הוא	הִקְנָה	יַקְנֶה	
		היא	הִקְנְתָה	תַּקְנֶה	
		אנחנו	הִקְנֵינוּ*	נַקְנֶה	
		אתם/ן	הִקְנֵיתֶם/ן	תַּקְנוּ**	הַקְנוּ***
		הם/ן	הִקְנוּ	יַקְנוּ**	

* BH: הִקְנִינוּ ** less commonly: אתן/הן תַּקְנֶינָה

שם הפועל .Infin לְהַקְנוֹת *** less commonly: (אתן) הַקְנֶינָה

שם הפעולה Gerund הַקְנָיָה providing (N); transferring

מקור מוחלט .Inf. Abs הַקְנֵה

הוּקְנָה (הָקְנָה) be provided; be acquired; be tranferred (rights)

בניין: הוּפְעַל גזרה: ל״ה

	Present הווה		Past עבר	Future עתיד
יחיד	מוּקְנֶה	אני	הוּקְנֵיתִי	אוּקְנֶה
יחידה	מוּקְנֵית/מוּקְנָה	אתה	הוּקְנֵיתָ	תוּקְנֶה
רבים	מוּקְנִים	את	הוּקְנֵית	תוּקְנִי
רבות	מוּקְנוֹת	הוא	הוּקְנָה	יוּקְנֶה
		היא	הוּקְנְתָה	תוּקְנֶה
		אנחנו	הוּקְנֵינוּ*	נוּקְנֶה
		אתם/ן	הוּקְנֵיתֶם/ן	תוּקְנוּ**
		הם/ן	הוּקְנוּ	יוּקְנוּ**

בינוני .Pres. Part מוּקְנֶה acquired * BH: הוּקְנֵינוּ

[מקור מוחלט .Inf. Abs הוּקְנֵה] ** less commonly: אתן/הן תוּקְנֶינָה

◆ דוגמאות Illustrations

מצטער, המכונית שהתעניינת בה **נִקְנְתָה** כבר; **קָנָה** אותה זוג צעיר היום בבוקר.

Sorry, the car in which you were interested **has** already **been bought**; a young couple **bought** it this morning.

בעלי גלריות אומרים שלא קל למכור תמונות. מכל חמישים **קוֹנִים** פוטנציאליים יש אולי **קְנִיָּה** אחת.

Gallery owners say that it is not easy to sell paintings. Out of every fifty potential **buyers** there is perhaps one **purchase**.

השירות בצבא **הִקְנָה** לי כמה כישורים חשובים, שבדרך כלל אינם **מוּקְנִים** בחיים האזרחיים.

Service in the army **has caused** me **to acquire** a number of skills that generally **are** not **acquired** in civilian life.

◆ ביטויים מיוחדים Special expressions

קָנָה (את) עולמו בשעה אחת win a reputation overnight
קָנָה אחיזה ב- settle in
קָנָה את ליבו win his heart
קָנָה במשיכה pilfer (coll.)
קָנָה שביתה settle down
קָנָה שֵׁם win fame

●קפא

קָפָא/קוֹפֵא/יִקְפָּא freeze, solidify

בניין: פָּעַל גזרה: ל"א

	הווה Present			עבר Past	עתיד Future	ציווי Imper.
יחיד	קוֹפֵא	קָפוּא	אני	קָפָאתִי	אֶקְפָּא	
יחידה	קוֹפֵאת	קְפוּאָה	אתה	קָפָאתָ	תִּקְפָּא	קְפָא
רבים	קוֹפְאִים	קְפוּאִים	את	קָפָאת	תִּקְפְּאִי	קִפְאִי
רבות	קוֹפְאוֹת	קְפוּאוֹת	הוא	קָפָא	יִקְפָּא	
			היא	קָפְאָה	תִּקְפָּא	
			אנחנו	קָפָאנוּ	נִקְפָּא	
			אתם/ן	קְפָאתֶם/ן*	תִּקְפְּאוּ**	קִפְאוּ***
			הם/ן	קָפְאוּ	יִקְפְּאוּ**	

* Colloquial: קָפָאתֶם/ן

שם הפועל .Infin לִקְפּוֹא
** less commonly: אתן/הן תִּקְפֶּאנָה

בינוני סביל .Pass. Part קָפוּא frozen
*** less commonly: (אתן) קְפֶאנָה

שם הפעולה Gerund קְפִיאָה freezing (N), solidifying

מקור מוחלט .Inf. Abs קָפוֹא

הִקְפִּיא/הִקְפֵּא/יַקְפִּיא freeze (tr.), congeal (tr.)

בניין: הִפְעִיל גזרה: ל"א

	הווה Present		עבר Past	עתיד Future	ציווי Imperative
יחיד	מַקְפִּיא	אני	הִקְפֵּאתִי	אַקְפִּיא	
יחידה	מַקְפִּיאָה	אתה	הִקְפֵּאתָ	תַּקְפִּיא	הַקְפֵּא
רבים	מַקְפִּיאִים	את	הִקְפֵּאת	תַּקְפִּיאִי	הַקְפִּיאִי
רבות	מַקְפִּיאוֹת	הוא	הִקְפִּיא	יַקְפִּיא	
		היא	הִקְפִּיאָה	תַּקְפִּיא	
		אנחנו	הִקְפֵּאנוּ	נַקְפִּיא	
		אתם/ן	הִקְפֵּאתֶם/ן	תַּקְפִּיאוּ*	הַקְפִּיאוּ**
		הם/ן	הִקְפִּיאוּ	יַקְפִּיאוּ*	

שם הפועל .Infin לְהַקְפִּיא
* less commonly: אתן/הן תַּקְפֶּאנָה >>>

שם הפעולה Gerund הַקְפָּאָה freezing (tr.) ** less commonly: (אתן) הַקְפֶּאנָה
בינוני Pres. Part. מַקְפִּיא freezing cold; freezer
מקור מוחלט Inf. Abs. הַקְפֵּא

הוּקְפָּא (הֻקְפָּא) be frozen/congealed

בניין: הוּפְעַל גזרה: ל"א

	Present הווה		Past עבר	Future עתיד
יחיד	מוּקְפָּא	אני	הוּקְפֵּאתִי	אוּקְפָּא
יחידה	מוּקְפֵּאת	אתה	הוּקְפֵּאתָ	תּוּקְפָּא
רבים	מוּקְפָּאִים	את	הוּקְפֵּאת	תּוּקְפְּאִי
רבות	מוּקְפָּאוֹת	הוא	הוּקְפָּא	יוּקְפָּא
		היא	הוּקְפְּאָה	תּוּקְפָּא
		אנחנו	הוּקְפֵּאנוּ	נוּקְפָּא
		אתם/ן	הוּקְפֵּאתֶם/ן	תּוּקְפְּאוּ*
		הם/ן	הוּקְפְּאוּ	יוּקְפְּאוּ*

בינוני Pres. Part. מוּקְפָּא frozen * less commonly: אתן/הן תּוּקְפֶּאנָה
[מקור מוחלט Inf. Abs. הוּקְפֵּא]

◆ פעלים שאינם שכיחים מאותו שורש Infrequent verbs sharing the same root

נִקְפָּא freeze, solidify (Mish H) (נִקְפָּא, יִיקָּפֵא, לְהִיקָּפֵא)
קִיפֵּא (קִפֵּא) remove (Mish H) (מְקַפֵּא, יְקַפֵּא, לְקַפֵּא)
הִתְקַפֵּא freeze (Med H) (מִתְקַפֵּא, יִתְקַפֵּא, לְהִתְקַפֵּא)

◆ דוגמאות Illustrations

הייתה היום מכירה במבצע של בשר עוף. קניתי עשר יחידות ו**הִקְפֵּאתִי** אותן ב**מַקְפִּיא** שבמרתף. יש לי כעת כמות מספקת של בשר **קָפוּא** לחודשיים. יש אנשים שאפילו מעדיפים בשר ש**הוּקְפָּא** קודם על פני בשר טרי.

They had a sale on chicken today. I bought ten units and **froze** them in the **freezer** in the cellar. I now have enough **frozen** meat for two months. There are people who actually prefer meat that **has been frozen** before over fresh meat.

שכחתי שנשאר קצת חלב במקרר; כשחזרתי לאחר חודש התברר שהוא **קָפָא**.

I forgot that some milk remained in the refrigerator; when I returned after a month, I found that it **had frozen**.

◆ ביטויים מיוחדים Special expressions

דמו **קָפָא** בעורקיו his blood froze in his veins

הִקְפִּיא את הדם בעורקיו made his blood freeze

קוֹפֵא על שמריו stagnant; conservative

●קפח

קִיפֵּחַ/קִפַּח/קִפֵּחַ (קִפֵּחַ) deprive of one's due, discriminate against; hit (lit.)

בניין: פִּיעֵל   גזרה: ל' גרונית

	הווה Present		עבר Past	עתיד Future	ציווי Imperative
יחיד	מְקַפֵּחַ	אני	קִיפַּחְתִּי	אֲקַפֵּח/...פֵּחַ	
יחידה	מְקַפַּחַת	אתה	קִיפַּחְתָּ	תְּקַפֵּח/...פֵּחַ	קַפֵּח/...פֵּחַ
רבים	מְקַפְּחִים	את	קִיפַּחְתְּ/...חַת	תְּקַפְּחִי	קַפְּחִי
רבות	מְקַפְּחוֹת	הוא	קִיפֵּחַ*	יְקַפֵּח/...פֵּחַ	
		היא	קִיפְּחָה	תְּקַפֵּח/...פֵּחַ	
		אנחנו	קִיפַּחְנוּ	נְקַפֵּח/...פֵּחַ	
		אתם/ן	קִיפַּחְתֶּם/ן	תְּקַפְּחוּ**	קַפְּחוּ***
		הם/ן	קִיפְּחוּ	יְקַפְּחוּ**	

שם הפועל .Infin לְקַפֵּחַ   * :Coll. קִיפַּח   ** :less commonly אתן/הן תְּקַפֵּחְנָה

בינוני .Pres. Part מְקַפֵּחַ discriminatory   *** :less commonly (אתן) קַפֵּחְנָה

שם הפעולה Gerund קִיפּוּחַ discrimination; depriving of one's due

מקור מוחלט .Inf. Abs קַפֵּחַ

קוּפַּח (קֻפַּח) be descriminated against/deprived of one's due

בניין: פּוּעַל   גזרה: ל' גרונית

	הווה Present		עבר Past	עתיד Future
יחיד	מְקוּפָּח	אני	קוּפַּחְתִּי	אֲקוּפַּח
יחידה	מְקוּפַּחַת	אתה	קוּפַּחְתָּ	תְּקוּפַּח
רבים	מְקוּפָּחִים	את	קוּפַּחְתְּ/...חַת	תְּקוּפְּחִי
רבות	מְקוּפָּחוֹת	הוא	קוּפַּח	יְקוּפַּח
		היא	קוּפְּחָה	תְּקוּפַּח
		אנחנו	קוּפַּחְנוּ	נְקוּפַּח
		אתם/ן	קוּפַּחְתֶּם/ן	תְּקוּפְּחוּ*
		הם/ן	קוּפְּחוּ	יְקוּפְּחוּ*

בינוני .Pres. Part מְקוּפָּח deprived of one's due   * :less commonly אתן/הן תְּקוּפַּחְנָה

[מקור מוחלט .Inf. Abs קוּפּוֹחַ]

◆ פעלים שאינם שכיחים מאותו שורש Infrequent verbs sharing the same root

קָפַח strike, beat down (sun); remove (lit.) (קוֹפֵחַ, יִקְפַּח, לִקְפּוֹחַ)

הִתְקַפֵּחַ injure oneself; be deprived, be done harm (מִתְקַפֵּחַ, יִתְקַפַּח, לְהִתְקַפֵּחַ)

◆ דוגמאות Illustrations

במספר ארצות נאורות משתדלת היום המדינה לפצות את בני השכבות **המְקוּפָּחוֹת**. מכירים בכך שהם **קוּפְּחוּ** במשך דורות רבים, ושעדיין יש נטייה

לְקַפְּחָם גם היום, וכדי למנוע **קִיפּוּחַ**, ובמידת האפשר לתקן עיוותים, מנסים להקל עליהם לשפר את מצבם.

In some enlightened countries, the state is trying today to compensate members of groups **that have been discriminated against**. They recognize that they **had been deprived of their due** for many generations, and that there still exists a tendency **to discriminate against them** today, so in order to prevent **discrimination**, and so as to remedy inequalities as much as possible, one tries to help them improve their condition.

◆ **ביטויים מיוחדים** Special expressions

קִיפַּח את חייו cause one's death

קִיפַּח את שכרו/את זכויותיו deprive one of one's due (wages etc.)

● קפץ

קָפַץ/קוֹפֵץ/יִקְפּוֹץ (יִקְפֹּץ) jump, leap; come upon suddenly; act hastily; pop in for a visit (coll.)

בניין: פָּעַל גזרה: שלמים (אֶפְעוֹל)

Imperative ציווי	Future עתיד	Past עבר		Present הווה	
	****אֶקְפּוֹץ	קָפַצְתִּי	אני	קוֹפֵץ	יחיד
קְפוֹץ	תִּקְפּוֹץ	קָפַצְתָּ	אתה	קוֹפֶצֶת	יחידה
קִפְצִי	תִּקְפְּצִי	קָפַצְתְּ	את	קוֹפְצִים	רבים
	יִקְפּוֹץ	קָפַץ	הוא	קוֹפְצוֹת	רבות
	תִּקְפּוֹץ	קָפְצָה	היא		
	נִקְפּוֹץ	קָפַצְנוּ	אנחנו		
***קִפְצוּ	**תִּקְפְּצוּ	*קְפַצְתֶּם/ן	אתם/ן		
	**יִקְפְּצוּ	קָפְצוּ	הם/ן		

* Colloquial: קָפַצְתֶּם/ן

שם הפועל .Infin ****לִקְפּוֹץ

** less commonly: אתן/הן תִּקְפּוֹצְנָה

שם הפעולה Gerund קְפִיצָה jump(ing) (N)

*** less commonly: (אתן) קְפוֹצְנָה

מקור מוחלט .Inf. Abs קָפוֹץ

**** colloquial: לִקְפּוֹץ, אֶקְפּוֹץ...

הִקְפִּיץ/הִקְפַּצְ/יַקְפִּיץ cause to jump (in anger, coll.), bounce (ball); promote (coll.); advance

בניין: הִפְעִיל גזרה: שלמים

Imperative ציווי	Future עתיד	Past עבר		Present הווה	
	אַקְפִּיץ	הִקְפַּצְתִּי	אני	מַקְפִּיץ	יחיד
הַקְפֵּץ	תַּקְפִּיץ	הִקְפַּצְתָּ	אתה	מַקְפִּיצָה	יחידה
הַקְפִּיצִי >>>	תַּקְפִּיצִי	הִקְפַּצְתְּ	את	מַקְפִּיצִים	רבים

	Present הווה		Past עבר	Future עתיד	Imperative ציווי
רבות	מַקְפִּיצוֹת	הוא	הִקְפִּיץ	יַקְפִּיץ	
		היא	הִקְפִּיצָה	תַּקְפִּיץ	
		אנחנו	הִקְפַּצְנוּ	נַקְפִּיץ	
		אתם/ן	הִקְפַּצְתֶּם/ן	תַּקְפִּיצוּ*	הַקְפִּיצוּ**
		הם/ן	הִקְפִּיצוּ	יַקְפִּיצוּ*	

* less commonly: אתן/הן תַּקְפֵּצְנָה

שם הפועל .Infin לְהַקְפִּיץ ** less commonly: (אתן) הַקְפֵּצְנָה

שם הפעולה Gerund הַקְפָּצָה making jump; promotion

מקור מוחלט .Inf. Abs הַקְפֵּץ

הוּקְפַּץ (הֻקְפַּץ) be made to jump; be promoted (coll.)

בניין: הוּפְעַל גזרה: שלמים

	Present הווה		Past עבר	Future עתיד
יחיד	מוּקְפָּץ	אני	הוּקְפַּצְתִּי	אוּקְפַּץ
יחידה	מוּקְפֶּצֶת	אתה	הוּקְפַּצְתָּ	תּוּקְפַּץ
רבים	מוּקְפָּצִים	את	הוּקְפַּצְתְּ	תּוּקְפְּצִי
רבות	מוּקְפָּצוֹת	הוא	הוּקְפַּץ	יוּקְפַּץ
		היא	הוּקְפְּצָה	תּוּקְפַּץ
		אנחנו	הוּקְפַּצְנוּ	נוּקְפַּץ
		אתם/ן	הוּקְפַּצְתֶּם/ן	תּוּקְפְּצוּ*
		הם/ן	הוּקְפְּצוּ	יוּקְפְּצוּ*

[מקור מוחלט .Inf. Abs הוּקְפֵּץ] * less commonly: אתן/הן תּוּקְפַּצְנָה

A homonymous, less frequent root meaning 'close tight' is not included.

◆ **פעלים שאינם שכיחים מאותו שורש** Infrequent verbs sharing the same root

נִקְפַּץ (נִקְפָּץ, יִקָּפֵץ, לְהִיקָּפֵץ) jump, recoil (Med H)

קִיפֵּץ (קִפֵּץ) (מְקַפֵּץ, יְקַפֵּץ, לְקַפֵּץ) skip, leap; bring on suddenly

הִתְקַפֵּץ (מִתְקַפֵּץ, יִתְקַפֵּץ, לְהִתְקַפֵּץ) jump/skip back and forth (lit.)

◆ **דוגמאות** Illustrations

בישראל יש נחלים שאפשר לעבור אותם **בקְפִיצָה**. בקיץ **קָפַצְתִּי** פעם מגדה אחת של נחל רוּבִּין לגדה השנייה.

In Israel there are rivers that one can cross by **leaping** (over). In the summer I once **jumped** from one bank of the Rubin River to the other.

הודעת המנכ"ל, שאליעזר **הוּקְפַּץ** בשלוש דרגות בבת אחת, **הִקְפִּיצָה** את כל העובדים האחרים. ועד העובדים מחה על כך במכתב חריף.

The general manager's announcement that Eliezer **was promoted** by three ranks at one time **caused** all other workers **to jump with annoyance**. The workers' union protested in a sharp letter.

◆ ביטויים מיוחדים Special expressions

הדיוט קוֹפֵץ בראש [consider before you act, since] only a fool rushes in

זיקנה קָפְצָה עליו he has suddenly become old

קָפַץ את ידו ממנו withhold aid from him

קָפַץ כיתה skip a grade

קְפוֹץ לי! I don't give a damn! (sl./vulg.)

קָפְצָה לו הדרך his way was miraculously shortened

קְפִיצַת הדרך shortcut (particularly when miraculous)

הִקְפִּיץ כיתה make a student skip a grade

●קרא

קָרָא/קוֹרֵא/יִקְרָא read; call, name; call out; summon, invite; read Bible

בניין: פָּעַל גזרה: ל״א

	Pres. הווה				Past עבר	Fut. עתיד	Imp. ציווי
יחיד	קוֹרֵא	קָרוּא	קָרוּי	אני	קָרָאתִי	אֶקְרָא	
יחידה	קוֹרֵאת	קְרוּאָה	קְרוּיָה	אתה	קָרָאתָ	תִּקְרָא	קְרָא
רבים	קוֹרְאִים	קְרוּאִים	קְרוּיִים	את	קָרָאת	תִּקְרְאִי	קִרְאִי
רבות	קוֹרְאוֹת	קְרוּאוֹת	קְרוּיוֹת	הוא	קָרָא	יִקְרָא	
				היא	קָרְאָה	תִּקְרָא	
				אנחנו	קָרָאנוּ	נִקְרָא	
				אתם/ן	קְרָאתֶם/ן*	תִּקְרְאוּ**	קִרְאוּ***
				הם/ן	קָרְאוּ	יִקְרְאוּ**	

שם הפועל .Infin לִקְרוֹא

* Colloquial: קָרָאתֶם/ן

בינוני פעיל .Act. Part קוֹרֵא reader; reciter

** less commonly: אתן/הן תִּקְרֶאנָה

בינוני סביל .Pass. Part קָרוּא invited

*** less commonly: (אתן) קְרֶאנָה

בינוני סביל .Pass. Part קָרוּי named

שם הפעולה Gerund קְרִיאָה reading/recitation; call, cry

מקור מוחלט .Inf. Abs קָרוֹא

מ״י מוצרכת .Gov. Prep קָרָא ל- call (someone)

נִקְרָא/יִיקָּרֵא (יִקָּרֵא) be read; be called/named; be summoned

בניין: נִפְעַל גזרה: ל״א

	Present הווה		Past עבר	Future עתיד	Imperative ציווי
יחיד	נִקְרָא	אני	נִקְרֵאתִי	אֶקָּרֵא	
יחידה	נִקְרֵאת	אתה	נִקְרֵאתָ	תִּיקָּרֵא	הִיקָּרֵא
רבים	נִקְרָאִים	את	נִקְרֵאת	תִּיקָּרְאִי	הִיקָּרְאִי
רבות	נִקְרָאוֹת	הוא	נִקְרָא	יִיקָּרֵא	
		היא	נִקְרְאָה	תִּיקָּרֵא	<<<

	עבר Past	עתיד Future	ציווי Imperative
אנחנו	נִקְרֵאנוּ	נִיקָּרֵא	
אתם/ן	נִקְרֵאתֶם/ן	תִּיקָּרְאוּ*	הִיקָּרְאוּ**
הם/ן	נִקְרְאוּ	יִיקָּרְאוּ*	

* less commonly: אתן/הן תִּיקָּרֶאנָה

שם הפועל .Infin לְהִיקָּרֵא ** less commonly: (אתן) הִיקָּרֶאנָה

שם הפעולה Gerund הִיקָּרְאוּת being called/summoned

מקור מוחלט .Inf. Abs נִקְרוֹא

הִקְרִיא/הִקְרֵא/יַקְרִיא read aloud, recite; cause/teach to read (by repet.)

בניין: הִפְעִיל גזרה: ל"א

	הווה Present		עבר Past	עתיד Future	ציווי Imperative
יחיד	מַקְרִיא	אני	הִקְרֵאתִי	אַקְרִיא	
יחידה	מַקְרִיאָה	אתה	הִקְרֵאתָ	תַּקְרִיא	הַקְרֵא
רבים	מַקְרִיאִים	את	הִקְרֵאת	תַּקְרִיאִי	הַקְרִיאִי
רבות	מַקְרִיאוֹת	הוא	הִקְרִיא	יַקְרִיא	
		היא	הִקְרִיאָה	תַּקְרִיא	
		אנחנו	הִקְרֵאנוּ	נַקְרִיא	
		אתם/ן	הִקְרֵאתֶם/ן	תַּקְרִיאוּ*	הַקְרִיאוּ**
		הם/ן	הִקְרִיאוּ	יַקְרִיאוּ*	

* less commonly: אתן/הן תַּקְרֶאנָה

שם הפועל .Infin לְהַקְרִיא ** less commonly: (אתן) הַקְרֶאנָה

שם הפעולה Gerund הַקְרָאָה reading aloud, recitation

מקור מוחלט .Inf. Abs הַקְרֵא

הוּקְרָא (הֻקְרָא) be read aloud/recited

בניין: הוּפְעַל גזרה: ל"א

	הווה Present		עבר Past	עתיד Future
יחיד	מוּקְרָא	אני	הוּקְרֵאתִי	אוּקְרָא
יחידה	מוּקְרֵאת	אתה	הוּקְרֵאתָ	תּוּקְרָא
רבים	מוּקְרָאִים	את	הוּקְרֵאת	תּוּקְרְאִי
רבות	מוּקְרָאוֹת	הוא	הוּקְרָא	יוּקְרָא
		היא	הוּקְרְאָה	תּוּקְרָא
		אנחנו	הוּקְרֵאנוּ	נוּקְרָא
		אתם/ן	הוּקְרֵאתֶם/ן	תּוּקְרְאוּ*
		הם/ן	הוּקְרְאוּ	יוּקְרְאוּ*

[מקור מוחלט .Inf. Abs הוּקְרֵא] * less commonly: אתן/הן תּוּקְרֶאנָה

◆ פעלים שאינם שכיחים מאותו שורש Infrequent verbs sharing the same root

קוֹרָא (קֹרָא) be named/invited/called (lit.) (מְקוֹרָא, יְקוֹרָא)

הִתְקָרֵא (מִתְקָרֵא, יִתְקָרֵא, לְהִתְקָרֵא) be called, call oneself (usually derog.) (lit.)

◆ דוגמאות Illustrations

איתן **קוֹרֵא** כל בוקר את ה"ניו יורק טיימס". אחר כך הוא **קוֹרֵא** לי ונותן לי אותו, וכשאני גומר **לִקְרוֹא** אני מעביר אותו הלאה. בסופו של דבר אותו עותק **נִקְרָא** על ידי חמישה אנשים.

Eitan **reads** the *New York Times* every morning. Then he **calls** me and gives it to me, and when I finish **reading** it I pass it along. In the end it turns out that the same copy **is read** by five people.

בבית הספר של פעם היו **מַקְרִיאִים** את השיעור, והתלמידים היו חוזרים על כל משפט במקהלה. לא ברור בדיוק כמה למדו משיעור **שהוּקְרָא** בצורה כזאת.

In the old style school they would **read out** the lesson, and the students would repeat every sentence in unison. It is not altogether clear how much they learned from a lesson that **was read out** like that.

שלושה **קוֹרְאִים** כבר עברו על כתב היד הזה, וכל אחד מהם גילה בו טעויות דפוס שקודמיו לא הבחינו בהן.

Three **readers** have already gone over this manuscript, and each one discovered typos that preceding readers had not noticed.

אמנון בן שבע בלבד, אך יש לו יכולת **קְרִיאָה** של בן שתים-עשרה.

Amnon is only seven, but he has the **reading** capability of a twelve-year-old.

חיים **נִקְרָא** לשירות מילואים לפחות פעמיים בשנה.

Hayyim **is called** on reserve duty at least twice a year.

◆ ביטויים מיוחדים Special expressions

קָרָא בין השיטין read between the lines

קָרָא דרור ל- set free

קָרָא תגר על challenge

קול **קוֹרֵא** proclamation, public appeal

קול **קוֹרֵא** במדבר a voice calling (crying) in the wilderness

אורח לא **קָרוּא** uninvited guest

צו **קְרִיאָה** order to serve (in army)

אולם **קְרִיאָה** reading room

בעל **קְרִיאָה** Torah reader at synagogue

סימן **קְרִיאָה** exclamation mark

קְרִיאַת ביניים interjection that interrupts someone else's speech

קְרִיאַת הגבר cockcrow

קְרִיאַת התורה Torah reading at synagogue

קְרִיאַת שמע recitation of the Shema

נִקְרָא על שם... be named after...

נִקְרָא אל הדגל be called to the army

דְּמִתְקְרֵי so-called (from Aram.)

●קרב

approach, draw near; be imminent הִתְקָרֵב/הִתְקָרַב

בניין: הִתְפַּעֵל גזרה: ע׳ גרונית

	Present הווה		Past עבר	Future עתיד	Imperative ציווי
יחיד	מִתְקָרֵב	אני	הִתְקָרַבְתִּי	אֶתְקָרֵב	
יחידה	מִתְקָרֶבֶת	אתה	הִתְקָרַבְתָּ	תִּתְקָרֵב	הִתְקָרֵב
רבים	מִתְקָרְבִים	את	הִתְקָרַבְתְּ	תִּתְקָרְבִי	הִתְקָרְבִי
רבות	מִתְקָרְבוֹת	הוא	הִתְקָרֵב	יִתְקָרֵב	
		היא	הִתְקָרְבָה	תִּתְקָרֵב	
		אנחנו	הִתְקָרַבְנוּ	נִתְקָרֵב	
		אתם/ן	הִתְקָרַבְתֶּם/ן	תִּתְקָרְבוּ*	הִתְקָרְבוּ**
		הם/ן	הִתְקָרְבוּ	יִתְקָרְבוּ*	

* less commonly: אתן/הן תִּתְקָרֵבְנָה

** less commonly: (אתן) הִתְקָרֵבְנָה

שם הפועל .Infin לְהִתְקָרֵב

שם הפעולה Gerund הִתְקָרְבוּת coming near(er); rapprochement

מקור מוחלט .Inf. Abs הִתְקָרֵב

מ״י מוצרכת .Gov. Prep הִתְקָרֵב ל-/אל approach (someone/something)

bring closer; hasten (tr.); befriend קֵירֵב/קֵירַב/קָרֵב (קֵרֵב)

בניין: פִּיעֵל גזרה: ע׳ גרונית

	Present הווה		Past עבר	Future עתיד	Imperative ציווי
יחיד	מְקָרֵב	אני	קֵירַבְתִּי	אֲקָרֵב	
יחידה	מְקָרֶבֶת	אתה	קֵירַבְתָּ	תְּקָרֵב	קָרֵב
רבים	מְקָרְבִים	את	קֵירַבְתְּ	תְּקָרְבִי	קָרְבִי
רבות	מְקָרְבוֹת	הוא	קֵירֵב (קֵירַב)	יְקָרֵב	
		היא	קֵירְבָה	תְּקָרֵב	
		אנחנו	קֵירַבְנוּ	נְקָרֵב	
		אתם/ן	קֵירַבְתֶּם/ן	תְּקָרְבוּ*	קָרְבוּ**
		הם/ן	קֵירְבוּ	יְקָרְבוּ*	

* less commonly: אתן/הן תְּקָרֵבְנָה

** less commonly: (אתן) קָרֵבְנָה

שם הפועל .Infin לְקָרֵב

שם הפעולה Gerund קֵירוּב closeness; bringing closer

מקור מוחלט .Inf. Abs קָרֵב

תואר הפועל .Adv בְּקֵירוּב approximately

קוֹרַב (קֻרַב) be brought closer

בניין: פּוּעַל גזרה: ע׳ גרונית

	Present הווה		Past עבר	Future עתיד
יחיד	מְקוֹרָב	אני	קוֹרַבְתִּי	אֲקוֹרַב
יחידה	מְקוֹרֶבֶת	אתה	קוֹרַבְתָּ	תְּקוֹרַב
רבים	מְקוֹרָבִים	את	קוֹרַבְתְּ	תְּקוֹרְבִי
רבות	מְקוֹרָבוֹת	הוא	קוֹרַב	יְקוֹרַב
		היא	קוֹרְבָה	תְּקוֹרַב
		אנחנו	קוֹרַבְנוּ	נְקוֹרַב
		אתם/ן	קוֹרַבְתֶּם/ן	תְּקוֹרְבוּ*
		הם/ן	קוֹרְבוּ	יְקוֹרְבוּ*

בינוני Pres. Part. מְקוֹרָב close friend, crony

* less commonly: אתן/הן תְּקוֹרַבְנָה

[מקור מוחלט Inf. Abs. קוֹרוֹב]

הִקְרִיב/הִקְרַבְ/יַקְרִיב sacrifice

בניין: הִפְעִיל גזרה: שלמים

	Present הווה		Past עבר	Future עתיד	Imperative ציווי
יחיד	מַקְרִיב	אני	הִקְרַבְתִּי	אַקְרִיב	
יחידה	מַקְרִיבָה	אתה	הִקְרַבְתָּ	תַּקְרִיב	הַקְרֵב
רבים	מַקְרִיבִים	את	הִקְרַבְתְּ	תַּקְרִיבִי	הַקְרִיבִי
רבות	מַקְרִיבוֹת	הוא	הִקְרִיב	יַקְרִיב	
		היא	הִקְרִיבָה	תַּקְרִיב	
		אנחנו	הִקְרַבְנוּ	נַקְרִיב	
		אתם/ן	הִקְרַבְתֶּם/ן	תַּקְרִיבוּ*	הַקְרִיבוּ**
		הם/ן	הִקְרִיבוּ	יַקְרִיבוּ*	

* less commonly: אתן/הן תַּקְרֵבְנָה

שם הפועל Infin. לְהַקְרִיב

** less commonly: (אתן) הַקְרֵבְנָה

שם הפעולה Gerund הַקְרָבָה sacrificing, sacrifice

מקור מוחלט Inf. Abs. הַקְרֵב

הוּקְרַב (הָקְרַב) be sacrificed

בניין: הוּפְעַל גזרה: שלמים

	Present הווה		Past עבר	Future עתיד	
יחיד	מוּקְרָב	אני	הוּקְרַבְתִּי	אוּקְרַב	
יחידה	מוּקְרֶבֶת	אתה	הוּקְרַבְתָּ	תוּקְרַב	
רבים	מוּקְרָבִים	את	הוּקְרַבְתְּ	תוּקְרְבִי	
רבות	מוּקְרָבוֹת	הוא	הוּקְרַב	יוּקְרַב	
		היא	הוּקְרְבָה	תוּקְרַב	
		אנחנו	הוּקְרַבְנוּ	נוּקְרַב	
		אתם/ן	הוּקְרַבְתֶּם/ן	תוּקְרְבוּ*	<<<

	Past עבר	Future עתיד
הם/ן	הוּקְרְבוּ	יוּקְרְבוּ*

בינוני Pres. Part. מוּקְרָב sacrificed * less commonly: אתן/הן תּוּקְרַבְנָה

[מקור מוחלט Inf. Abs. הוּקְרֵב]

קָרַב/קָרֵב/יִקְרַב draw near, approach (intr.)

בניין: פָּעַל גזרה: שלמים (אֶפְעַל)

	Present הווה			Past עבר	Future עתיד	Imperative ציווי
יחיד	קָרֵב	קָרוֹב	אני	קָרַבְתִּי	אֶקְרַב	
יחידה	קְרֵבָה	קְרוֹבָה	אתה	קָרַבְתָּ	תִּקְרַב	קְרַב
רבים	קְרֵבִים	קְרוֹבִים	את	קָרַבְתְּ	תִּקְרְבִי	קִרְבִי
רבות	קְרֵבוֹת	קְרוֹבוֹת	הוא	קָרַב	יִקְרַב	
			היא	קָרְבָה	תִּקְרַב	
			אנחנו	קָרַבְנוּ	נִקְרַב	
			אתם/ן	קְרַבְתֶּם/ן*	תִּקְרְבוּ**	קִרְבוּ***
			הם/ן	קָרְבוּ	יִקְרְבוּ**	

* Colloquial: קָרַבְתֶּם/ן

** less commonly: אתן/הן תִּקְרַבְנָה

*** less commonly: (אתן) קְרַבְנָה

שם הפועל .Infin לִקְרוֹב

בינוני קָרוֹב near, close; relative; close friend

מקור מוחלט .Inf. Abs קָרוֹב

◆ פעלים שאינם שכיחים מאותו שורש Infrequent verbs sharing the same root

נִקְרַב (lit.) approach, draw close; be sacrificed (נִקְרָב, יִקָּרֵב, לְהִיקָּרֵב)

◆ דוגמאות Illustrations

משה **הִקְרִיב** את חופשתו השנתית כדי לטפל באימו החולה. הוא ישב לצידה יומם ולילה, ולא נתן לאף אחד אחר **לְהִתְקָרֵב** אליה.

Moshe **sacrificed** his annual vacation in order to take care of his sick mother. He sat at her bedside day and night, and would not let anybody else **get close** to her.

מְקוֹרָבָיו של ראש הממשלה מספרים כי לאחרונה הוא **מְקָרֵב** אליו כמה מיריביו לשעבר, כדי לזכות בתמיכתם בבחירות **הַקְּרֵבוֹת**. להערכתם זו **הִתְקָרְבוּת** זמנית בלבד; לאחר הבחירות **יוּקְרְבוּ** כל היחסים החדשים הללו בהתאם להיערכויות המשתנות.

Close friends of the Prime Minister say that lately he **has been bringing closer** to him (befriending) some of his ex-rivals, in order to win their support in the **approaching** elections. They estimate that this is only temporary **rapprochement**; after the elections, all of these relationships **will be sacrificed** to suit the changing constellations.

יש לי הרבה **קְרוֹבִים**, אבל אני **קָרוֹב** רק לאחד מהם: בן-דוד שגר **קָרוֹב** אלינו, בקצה הרחוב.

I have many **relatives**, but I am **close** to only one of them: a cousin who lives **close** to us, down the road.

עוד לא גמרתי, אבל אני די קָרוֹב לסיום העבודה.
I have not finished yet, but I am pretty **close** to concluding the job.

◆ **ביטויים מיוחדים** Special expressions

יד ימין מַרְחִיקָה ויד שמאל מְקָרֶבֶת rejecting and befriending at the same time
קירוּב לבבות bringing people together
מְקוֹרָב למלכות having influence with the authorities
קָרְבוּ ימיו his end drew near
קָרַב אל אישה sleep with a woman (lit.)
קָרוֹב ל- about to, nearly
בקָרוֹב soon, shortly
מקָרוֹב recently
קָרוֹב לוודאי very likely
העבר הקָרוֹב the recent past
קָרוֹב למלכות with influence in high places
אדם קָרוֹב לעצמו charity begins at home
טוב שכן קָרוֹב מאח רחוק better a good neighbor than a distant kinsman

---

●קרה

קָרָה/קוֹרֶה/יִקְרֶה happen, occur
בניין: פָּעַל גזרה: ל"ה

	Present הווה		Past עבר	Future עתיד	Imperative ציווי
יחיד	קוֹרֶה	אני	קָרִיתִי	אֶקְרֶה	
יחידה	קוֹרָה (קוֹרֵית)	אתה	קָרִיתָ	תִּקְרֶה	קְרֵה
רבים	קוֹרִים	את	קָרִית	תִּקְרִי	קְרִי
רבות	קוֹרוֹת	הוא	קָרָה	יִקְרֶה	
		היא	קָרְתָה	תִּקְרֶה	
		אנחנו	קָרִינוּ	נִקְרֶה	
		אתם/ן	קְרִיתֶם/ן	תִּקְרוּ*	קְרוּ**
		הם/ן	קָרוּ	יִקְרוּ*	

שם הפועל .Infin לִקְרוֹת
מקור מוחלט .Inf. Abs קָרֹה

* less commonly: אתן/הן תִּקְרֶינָה
** less commonly: (אתן) קְרֶינָה

◆ **פעלים שאינם שכיחים מאותו שורש** Infrequent verbs sharing the same root

נִקְרָה (נִקְרֶה, יִיקָּרֶה, לְהִיקָּרוֹת) happen upon, chance to be
הִקְרָה (מַקְרֶה, יַקְרֶה, לְהַקְרוֹת) bring about, cause to happen
הוּקְרָה (הָקְרָה) (מוּקְרֶה, יוּקְרֶה) be caused to happen
הִתְקָרָה (מִתְקָרֶה, יִתְקָרֶה, לְהִתְקָרוֹת) chance upon (lit.)

◆ דוגמאות Illustrations

אפרים אף פעם לא מאחר. אם הוא עדיין לא הגיע, סימן שקָרָה לו משהו.

Ephraim is never late. If he has not arrived yet, it means that something must **have happened** to him.

◆ ביטויים מיוחדים Special expressions

מה קָרָה? what happened? What's up?

●קרע

קָרַע/קוֹרֵעַ/יִקְרַע tear, rend (also one's garment as sign of mourning); tear apart, split

בניין: פָּעַל גזרה: ל׳ גרונית (אֶפְעַל)

	Present הווה		Past עבר	Future עתיד	Imper. ציווי
יחיד	קוֹרֵעַ קָרוּעַ	אני	קָרַעְתִּי	אֶקְרַע	
יחידה	קוֹרַעַת קְרוּעָה	אתה	קָרַעְתָּ	תִּקְרַע	קְרַע
רבים	קוֹרְעִים קְרוּעִים	את	קָרַעְתְּ/...עַת	תִּקְרְעִי	קִרְעִי
רבות	קוֹרְעוֹת קְרוּעוֹת	הוא	קָרַע	יִקְרַע	
		היא	קָרְעָה	תִּקְרַע	
		אנחנו	קָרַעְנוּ	נִקְרַע	
		אתם/ן	קְרַעְתֶּם/ן*	תִּקְרְעוּ**	קִרְעוּ***
		הם/ן	קָרְעוּ	יִקְרְעוּ**	

שם הפועל .Infin לִקְרוֹעַ

שם הפעולה .Ger קְרִיעָה tearing, rending

בינוני סביל .Pass. Part קָרוּעַ torn, rent, split

מקור מוחלט .Inf. Abs קָרוֹעַ

* Colloquial: קָרַעְתֶּם/ן

** less commonly: אתן/הן תִּקְרַעְנָה

*** less commonly: (אתן) קְרַעְנָה

נִקְרַע/יִיקָּרַע/יִיקָּרֵעַ (יִקָּרַע) be torn/rent; be split

בניין: נִפְעַל גזרה: ל׳ גרונית

	Present הווה		Past עבר	Future עתיד	Imperative ציווי
יחיד	נִקְרָע	אני	נִקְרַעְתִּי	אֶקָּרַע/...רֵעַ	
יחידה	נִקְרַעַת	אתה	נִקְרַעְתָּ	תִּיקָּרַע/...רֵעַ	הִיקָּרַע/...רֵעַ
רבים	נִקְרָעִים	את	נִקְרַעְתְּ/...עַת	תִּיקָּרְעִי	הִיקָּרְעִי
רבות	נִקְרָעוֹת	הוא	נִקְרַע	יִיקָּרַע/...רֵעַ	
		היא	נִקְרְעָה	תִּיקָּרַע/...רֵעַ	
		אנחנו	נִקְרַעְנוּ	נִיקָּרַע/...רֵעַ	
		אתם/ן	נִקְרַעְתֶּם/ן	תִּיקָּרְעוּ*	הִיקָּרְעוּ** >>

	Past עבר	Future עתיד
הם/ן	נִקְרְעוּ	יִיקָּרְעוּ*

שם הפועל .Infin לְהִיקָּרַע/...רֵעַ * less commonly: אתן/הן תִּיקָּרַעְנָה
שם הפעולה .Ger הִיקָּרְעוּת being torn/rent ** less commonly: (אתן) הִיקָּרַעְנָה
מקור מוחלט .Inf. Abs נִקְרוֹעַ

◆ פעלים שאינם שכיחים מאותו שורש Infrequent verbs sharing the same root

קֵירַע (קֵרַע) tear/split to pieces (Mish H) (מְקָרֵעַ, יְקָרַע, לְקָרֵעַ)
קוֹרַע (קֹרַע) be torn/split (Mish H); be made up (eyes) (Med H) (מְקוֹרָע, יְקוֹרַע)
הִתְקָרַע get torn (by itself), get damaged (Mish H) (מִתְקָרֵעַ, יִתְקָרַע, לְהִתְקָרֵעַ)
הִקְרִיעַ cause one to tear something (Mish H) (מַקְרִיעַ, יַקְרִיעַ, לְהַקְרִיעַ)
הוּקְרַע (הָקְרַע) be caused to tear/split (Mish H) (מוּקְרָע, יוּקְרַע)

◆ דוגמאות Illustrations

מרבית הצעירים של היום מעדיפים מכנסי ג'ינס **קְרוּעִים**. אם המכנסיים אינם **נִקְרָעִים** מעצמם, יש **שקוֹרְעִים** אותם במתכוון.

Most of today's youth prefer **torn** jeans. If the pants do not **get torn** by themselves, some **tear** them on purpose.

◆ ביטויים מיוחדים Special expressions

קוֹרֵעַ לב heartrending
קָרַע אותו כדג tear him to pieces
קָרַע עיניו open one's eyes widely (lit.)
קָרַע על mourn (someone/something)
קָרַע קְרִיעָה mourn like one mourning the dead
קשה **כִּקְרִיעַת** ים סוף extremely difficult ("hard as dividing the Red Sea")
ליבו **נִקְרַע** לגזרים his heart broke

●קרר

הִתְקָרֵר/הִתְקָרַר grow cold, cool (intr.); catch a cold

בניין: הִתְפַּעֵל גזרה: ע' גרונית

	Present הווה		Past עבר	Future עתיד	Imperative ציווי
יחיד	מִתְקָרֵר	אני	הִתְקָרַרְתִּי	אֶתְקָרֵר	
יחידה	מִתְקָרֶרֶת	אתה	הִתְקָרַרְתָּ	תִּתְקָרֵר	הִתְקָרֵר
רבים	מִתְקָרְרִים	את	הִתְקָרַרְתְּ	תִּתְקָרְרִי	הִתְקָרְרִי
רבות	מִתְקָרְרוֹת	הוא	הִתְקָרֵר	יִתְקָרֵר	
		היא	הִתְקָרְרָה	תִּתְקָרֵר	<<<

Imperative ציווי	Future עתיד	Past עבר		Present הווה	
	נִתְקָרֵר	הִתְקָרַרְנוּ	אנחנו		
הִתְקָרְרוּ**	תִּתְקָרְרוּ*	הִתְקָרַרְתֶּם/ן	אתם/ן		
	יִתְקָרְרוּ*	הִתְקָרְרוּ	הם/ן		

* less commonly: אתן/הן תִּתְקָרֵרְנָה

** less commonly: (אתן) הִתְקָרֵרְנָה

שם הפועל .Infin לְהִתְקָרֵר

שם הפעולה Gerund הִתְקָרְרוּת cooling down; catching cold

מקור מוחלט .Inf. Abs הִתְקָרֵר

קֵירֵר/קֵירַר/קֵרֵר (קֵרֵר) chill, cool, refrigerate

בניין: פִּיעֵל גזרה: ע' גרונית

Imperative ציווי	Future עתיד	Past עבר		Present הווה	
	אֲקָרֵר	קֵירַרְתִּי	אני	מְקָרֵר	יחיד
קָרֵר	תְּקָרֵר	קֵירַרְתָּ	אתה	מְקָרֶרֶת	יחידה
קָרְרִי	תְּקָרְרִי	קֵירַרְתְּ	את	מְקָרְרִים	רבים
	יְקָרֵר	קֵירֵר (קֵירַר)	הוא	מְקָרְרוֹת	רבות
	תְּקָרֵר	קֵירְרָה	היא		
	נְקָרֵר	קֵירַרְנוּ	אנחנו		
קָרְרוּ**	תְּקָרְרוּ*	קֵירַרְתֶּם/ן	אתם/ן		
	יְקָרְרוּ*	קֵירְרוּ	הם/ן		

* less commonly: אתן/הן תְּקָרֵרְנָה

** less commonly: (אתן) קָרֵרְנָה

שם הפועל .Infin לְקָרֵר

בינוני .Pres. Part מְקָרֵר~מַקְרֵר refrigerator

שם הפעולה Gerund קֵירוּר cooling, refrigeration

מקור מוחלט .Inf. Abs קָרֵר

קוֹרַר (קֹרַר) be chilled/cooled/refrigerated

בניין: פּוּעַל גזרה: ע' גרונית

Future עתיד	Past עבר		Present הווה	
אֲקוֹרַר	קוֹרַרְתִּי	אני	מְקוֹרָר	יחיד
תְּקוֹרַר	קוֹרַרְתָּ	אתה	מְקוֹרֶרֶת	יחידה
תְּקוֹרְרִי	קוֹרַרְתְּ	את	מְקוֹרָרִים	רבים
יְקוֹרַר	קוֹרַר	הוא	מְקוֹרָרוֹת	רבות
תְּקוֹרַר	קוֹרְרָה	היא		
נְקוֹרַר	קוֹרַרְנוּ	אנחנו		
תְּקוֹרְרוּ*	קוֹרַרְתֶּם/ן	אתם/ן		
יְקוֹרְרוּ*	קוֹרְרוּ	הם/ן		

* less commonly: אתן/הן תְּקוֹרַרְנָה

בינוני .Pres. Part מְקוֹרָר chilled; having a cold

[מקור מוחלט .Inf. Abs קוֹרוֹר]

◆ פעלים שאינם שכיחים מאותו שורש Infrequent verbs sharing the same root

קָרַר (קַר) be cold [קַר, יִקְרוֹר (יָקוֹר), לָקוֹר)
נִקְרַר/נָקַר turn cold (lit.) (נִקְרָר, יִיקַר, לְהִיקַר)
הֵקֵר cool (tr.) (lit.) (מֵקֵר, יָקֵר, לְהָקֵר)
הִקְרִיר turn colder (lit.) (מַקְרִיר, יַקְרִיר, לְהַקְרִיר)
הוּקַר be cooled (Mish H) (מוּקָר, יוּקַר)

◆ דוגמאות Illustrations

התה הזה חם מדיי בשביל הילדה. צריך לְקָרֵר אותו קצת, או לחכות עד שֶׁיִּתְקָרֵר בעצמו.

This tea is too hot for the girl. One needs **to cool** it a bit, or wait until it **cools down** by itself.

◆ ביטויים מיוחדים Special expressions

ולא נִתְקָרְרָה דעתו עד ש... he did not cool down until...

●קשב

הִקְשִׁיב/הִקְשַׁבְ/יַקְשִׁיב listen, pay attention; obey

בניין: הִפְעִיל גזרה: שלמים

	Present הווה		Past עבר	Future עתיד	Imperative ציווי
יחיד	מַקְשִׁיב	אני	הִקְשַׁבְתִּי	אַקְשִׁיב	
יחידה	מַקְשִׁיבָה	אתה	הִקְשַׁבְתָּ	תַּקְשִׁיב	הַקְשֵׁב
רבים	מַקְשִׁיבִים	את	הִקְשַׁבְתְּ	תַּקְשִׁיבִי	הַקְשִׁיבִי
רבות	מַקְשִׁיבוֹת	הוא	הִקְשִׁיב	יַקְשִׁיב	
		היא	הִקְשִׁיבָה	תַּקְשִׁיב	
		אנחנו	הִקְשַׁבְנוּ	נַקְשִׁיב	
		אתם/ן	הִקְשַׁבְתֶּם/ן	תַּקְשִׁיבוּ*	הַקְשִׁיבוּ**
		הם/ן	הִקְשִׁיבוּ	יַקְשִׁיבוּ*	

שם הפועל .Infin לְהַקְשִׁיב   * less commonly: אתן/הן תַּקְשֵׁבְנָה
שם הפעולה .Ger הַקְשָׁבָה attention; listening   ** less commonly: (אתן) הַקְשֵׁבְנָה
בינוני .Pres. Part מַקְשִׁיב attentive, obedient
מקור מוחלט .Inf. Abs הַקְשֵׁב
מ"י מוצרכת .Gov. Prep הִקְשִׁיב ל- listen to

◆ פעלים שאינם שכיחים מאותו שורש Infrequent verbs sharing the same root

קָשַׁב (קוֹשֵׁב, יִקְשַׁב, לִקְשׁוֹב) listen, harken

heard, listened to קָשׁוּב Pass. Part. בינוני סביל

נִקְשַׁב (נִקְשָׁב, יִיקָּשֵׁב, לְהִיקָּשֵׁב) be heard, be listened to

קִישֵׁב (קִשֵּׁב) (מְקַשֵּׁב, יְקַשֵּׁב, לְקַשֵּׁב) cause one to listen (Med H)

הוּקְשַׁב (הֻקְשַׁב) (מוּקְשָׁב, יוּקְשַׁב) be listened to (Med H)

◆ דוגמאות Illustrations

דן הִקְשִׁיב לסימפוניה כעשר דקות, ונרדם. כושר הַהַקְשָׁבָה שלו למוסיקה מוגבל מאוד...

Dan **listened** to the symphony for about ten minutes, and fell asleep. His capacity for **listening** to music is very limited...

◆ ביטויים מיוחדים Special expressions

הַקְשֵׁב! attention!

●קשט

קִישֵּׁט/קִישַּׁט/קַשֵּׁט (קִשֵּׁט) decorate, adorn, ornament

בניין: פִּיעֵל גזרה: שלמים

	Present הווה		Past עבר	Future עתיד	Imperative ציווי
יחיד	מְקַשֵּׁט	אני	קִישַּׁטְתִּי	אֲקַשֵּׁט	
יחידה	מְקַשֶּׁטֶת	אתה	קִישַּׁטְתָּ	תְּקַשֵּׁט	קַשֵּׁט
רבים	מְקַשְּׁטִים	את	קִישַּׁטְתְּ	תְּקַשְּׁטִי	קַשְּׁטִי
רבות	מְקַשְּׁטוֹת	הוא	קִישֵּׁט	יְקַשֵּׁט	
		היא	קִישְּׁטָה	תְּקַשֵּׁט	
		אנחנו	קִישַּׁטְנוּ	נְקַשֵּׁט	
		אתם/ן	קִישַּׁטְתֶּם/ן	תְּקַשְּׁטוּ*	קַשְּׁטוּ**
		הם/ן	קִישְּׁטוּ	יְקַשְּׁטוּ*	

* less commonly: אתן/הן תְּקַשֵּׁטְנָה

שם הפועל .Infin לְקַשֵּׁט ** less commonly: (אתן) קַשֵּׁטְנָה

decorating; decoration, ornament קִישּׁוּט Gerund שם הפעולה

מקור מוחלט .Inf. Abs קַשֵּׁט

קוּשַּׁט (קֻשַּׁט) be decorated/adorned

בניין: פּוּעַל גזרה: שלמים

	Present הווה		Past עבר	Future עתיד
יחיד	מְקוּשָּׁט	אני	קוּשַּׁטְתִּי	אֲקוּשַּׁט
יחידה	מְקוּשֶּׁטֶת	אתה	קוּשַּׁטְתָּ	תְּקוּשַּׁט
רבים	מְקוּשָּׁטִים	את	קוּשַּׁטְתְּ	תְּקוּשְּׁטִי
רבות	מְקוּשָּׁטוֹת	הוא	קוּשַּׁט	יְקוּשַּׁט
		היא	קוּשְּׁטָה	תְּקוּשַּׁט
		אנחנו	קוּשַּׁטְנוּ	נְקוּשַּׁט
		אתם/ן	קוּשַּׁטְתֶּם/ן	תְּקוּשְּׁטוּ*
		הם/ן	קוּשְּׁטוּ	יְקוּשְּׁטוּ*

* less commonly: אתן/הן תְּקוּשַּׁטְנָה

בינוני .Pres. Part מְקוּשָּׁט decorated, adorned

[מקור מוחלט .Inf. Abs קוּשׁוֹט]

מ"י מוצרכת .Gov. Prep קוּשַּׁט ב- be adorned with

הִתְקַשֵּׁט/הִתְקַשַּׁט adorn oneself, dress oneself up

בניין: הִתְפַּעֵל גזרה: שלמים

	Present הווה		Past עבר	Future עתיד	Imperative ציווי
יחיד	מִתְקַשֵּׁט	אני	הִתְקַשַּׁטְתִּי	אֶתְקַשֵּׁט	
יחידה	מִתְקַשֶּׁטֶת	אתה	הִתְקַשַּׁטְתָּ	תִּתְקַשֵּׁט	הִתְקַשֵּׁט
רבים	מִתְקַשְּׁטִים	את	הִתְקַשַּׁטְתְּ	תִּתְקַשְּׁטִי	הִתְקַשְּׁטִי
רבות	מִתְקַשְּׁטוֹת	הוא	הִתְקַשֵּׁט	יִתְקַשֵּׁט	
		היא	הִתְקַשְּׁטָה	תִּתְקַשֵּׁט	
		אנחנו	הִתְקַשַּׁטְנוּ	נִתְקַשֵּׁט	
		אתם/ן	הִתְקַשַּׁטְתֶּם/ן	תִּתְקַשְּׁטוּ*	הִתְקַשְּׁטוּ**
		הם/ן	הִתְקַשְּׁטוּ	יִתְקַשְּׁטוּ*	

* less commonly: אתן/הן תִּתְקַשֵּׁטְנָה

** less commonly: (אתן) הִתְקַשֵּׁטְנָה

שם הפועל .Infin לְהִתְקַשֵּׁט

שם הפעולה Gerund הִתְקַשְּׁטוּת self adornment, dressing up

מקור מוחלט .Inf. Abs הִתְקַשֵּׁט

מ"י מוצרכת .Gov. Prep הִתְקַשֵּׁט ב- adorn oneslf with

◆ פעלים שאינם שכיחים מאותו שורש Infrequent verbs sharing the same root

קִשֵּׁט decorate, adorn (lit.) (קוֹשֵׁט, יְקַשּׁוֹט, לְקַשּׁוֹט)

נִקְשַׁט be decorated, adorned (lit.) (נִקְשָׁט, יִיקָּשֵׁט, לְהִיקָּשֵׁט)

◆ דוגמאות Illustrations

העיר כולה **הִתְקַשְּׁטָה** לכבוד החג: הרחובות **קוּשְּׁטוּ** בפרחים, התושבים **קִישְּׁטוּ** את חלונותיהם בפרחים ו**בקִישׁוּטִים** אחרים.

The whole town **adorned itself** in honor of the holiday: the streets **were decorated** with flags, the inhabitants **decorated** their windows with flowers and with other **decorations.**

◆ **ביטויים מיוחדים** Special expressions

הִתְקַשֵּׁט בנוצות זרות/[של] זרים take credit for someone else's achievement

קְשׁוֹט עצמך ואחר כך **קְשׁוֹט** אחרים try to fix your own faults before you criticize others

---

● קשר

קָשַׁר/קוֹשֵׁר/יִקְשׁוֹר tie, bind; conspire

בניין: פָּעַל גזרה: שלמים (אֶפְעוֹל)

Imper. ציווי	Future עתיד	Past עבר		Present הווה	
	אֶקְשׁוֹר	קָשַׁרְתִּי	אני	קוֹשֵׁר קָשׁוּר	יחיד
קְשׁוֹר	תִּקְשׁוֹר	קָשַׁרְתָּ	אתה	קוֹשֶׁרֶת קְשׁוּרָה	יחידה
קִשְׁרִי	תִּקְשְׁרִי	קָשַׁרְתְּ	את	קוֹשְׁרִים קְשׁוּרִים	רבים
	יִקְשׁוֹר	קָשַׁר	הוא	קוֹשְׁרוֹת קְשׁוּרוֹת	רבות
	תִּקְשׁוֹר	קָשְׁרָה	היא		
	נִקְשׁוֹר	קָשַׁרְנוּ	אנחנו		
קִשְׁרוּ***	תִּקְשְׁרוּ**	קְשַׁרְתֶּם/ן*	אתם/ן		
	יִקְשְׁרוּ**	קָשְׁרוּ	הם/ן		

שם הפועל .Infin לִקְשׁוֹר

בינוני פעיל .Act. Part קוֹשֵׁר conspirator

בינוני סביל .Pass. Part קָשׁוּר tied, bound

שם הפעולה Gerund קְשִׁירָה tying (N), binding; conspiring

מקור מוחלט .Inf. Abs קָשׁוֹר

* Colloquial: קָשַׁרְתֶּם/ן

** less commonly: אתן/הן תִּקְשׁוֹרְנָה

*** less commonly: (אתן) קְשׁוֹרְנָה

נִקְשַׁר/יִיקָּשֵׁר (יִקָּשֵׁר) be tied/bound/attached emotionally; be connected

בניין: נִפְעַל גזרה: שלמים

Imperative ציווי	Future עתיד	Past עבר		Present הווה	
	אֶקָּשֵׁר	נִקְשַׁרְתִּי	אני	נִקְשָׁר	יחיד
הִיקָּשֵׁר	תִּיקָּשֵׁר	נִקְשַׁרְתָּ	אתה	נִקְשֶׁרֶת	יחידה
הִיקָּשְׁרִי	תִּיקָּשְׁרִי	נִקְשַׁרְתְּ	את	נִקְשָׁרִים	רבים
	יִיקָּשֵׁר	נִקְשַׁר	הוא	נִקְשָׁרוֹת	רבות
	תִּיקָּשֵׁר	נִקְשְׁרָה	היא		
	נִיקָּשֵׁר	נִקְשַׁרְנוּ	אנחנו		
הִיקָּשְׁרוּ**	תִּיקָּשְׁרוּ*	נִקְשַׁרְתֶּם/ן	אתם/ן		
<<<	יִיקָּשְׁרוּ*	נִקְשְׁרוּ	הם/ן		

* less commonly: אתן/הן תִּיקָּשַׁרְנָה/...שֵׁרְנָה

שם הפועל .Infin לְהִיקָּשֵׁר   ** less commonly: (אתן) הִיקָּשַׁרְנָה/...שֵׁרְנָה

שם הפעולה Gerund הִיקָּשְׁרוּת joining (N), connecting, tying

מקור מוחלט .Inf. Abs נִקְשׁוֹר, הִיקָּשֵׁר (הִיקָּשׁוֹר)

מ"י מוצרכת .Gov. Prep נִקְשַׁר ל-/אל get attached to

קִישֵּׁר/קִישַּׁר/קַשֵּׁר (קשר) connect, join together; liaise; tie

בניין: פִּיעֵל   גזרה: שלמים

	Present הווה		Past עבר	Future עתיד	Imperative ציווי
יחיד	מְקַשֵּׁר	אני	קִישַּׁרְתִּי	אֲקַשֵּׁר	
יחידה	מְקַשֶּׁרֶת	אתה	קִישַּׁרְתָּ	תְּקַשֵּׁר	קַשֵּׁר
רבים	מְקַשְּׁרִים	את	קִישַּׁרְתְּ	תְּקַשְּׁרִי	קַשְּׁרִי
רבות	מְקַשְּׁרוֹת	הוא	קִישֵּׁר	יְקַשֵּׁר	
		היא	קִישְּׁרָה	תְּקַשֵּׁר	
		אנחנו	קִישַּׁרְנוּ	נְקַשֵּׁר	
		אתם/ן	קִישַּׁרְתֶּם/ן	תְּקַשְּׁרוּ*	קַשְּׁרוּ**
		הם/ן	קִישְּׁרוּ	יְקַשְּׁרוּ*	

* less commonly: אתן/הן תְּקַשֵּׁרְנָה

שם הפועל .Infin לְקַשֵּׁר   ** less commonly: (אתן) קַשֵּׁרְנָה

שם הפעולה Gerund קִישּׁוּר connection, tying together

בינוני .Pres. Part מְקַשֵּׁר connector; liaison officer; courier

מקור מוחלט .Inf. Abs קַשֵּׁר

קוּשַּׁר (קֻשַּׁר) be connected/joined/bought in contact; be tied

בניין: פּוּעַל   גזרה: שלמים

	Present הווה		Past עבר	Future עתיד
יחיד	מְקוּשָּׁר	אני	קוּשַּׁרְתִּי	אֲקוּשַּׁר
יחידה	מְקוּשֶּׁרֶת	אתה	קוּשַּׁרְתָּ	תְּקוּשַּׁר
רבים	מְקוּשָּׁרִים	את	קוּשַּׁרְתְּ	תְּקוּשְּׁרִי
רבות	מְקוּשָּׁרוֹת	הוא	קוּשַּׁר	יְקוּשַּׁר
		היא	קוּשְּׁרָה	תְּקוּשַּׁר
		אנחנו	קוּשַּׁרְנוּ	נְקוּשַּׁר
		אתם/ן	קוּשַּׁרְתֶּם/ן	תְּקוּשְּׁרוּ*
		הם/ן	קוּשְּׁרוּ	יְקוּשְּׁרוּ*

* less commonly: אתן/הן תְּקוּשַּׁרְנָה

בינוני .Pres. Part מְקוּשָּׁר connected, tightly joined

[מקור מוחלט .Inf. Abs קוּשּׁוֹר]

be tied together (also in agreement); get in touch (with); become overcast (lit.) הִתְקַשֵּׁר/הִתְקַשַּׁר

בניין: הִתְפַּעֵל גזרה: שלמים

	Present הווה		Past עבר	Future עתיד	Imperative ציווי
יחיד	מִתְקַשֵּׁר	אני	הִתְקַשַּׁרְתִּי	אֶתְקַשֵּׁר	
יחידה	מִתְקַשֶּׁרֶת	אתה	הִתְקַשַּׁרְתָּ	תִּתְקַשֵּׁר	הִתְקַשֵּׁר
רבים	מִתְקַשְּׁרִים	את	הִתְקַשַּׁרְתְּ	תִּתְקַשְּׁרִי	הִתְקַשְּׁרִי
רבות	מִתְקַשְּׁרוֹת	הוא	הִתְקַשֵּׁר	יִתְקַשֵּׁר	
		היא	הִתְקַשְּׁרָה	תִּתְקַשֵּׁר	
		אנחנו	הִתְקַשַּׁרְנוּ	נִתְקַשֵּׁר	
		אתם/ן	הִתְקַשַּׁרְתֶּם/ן	תִּתְקַשְּׁרוּ*	הִתְקַשְּׁרוּ**
		הם/ן	הִתְקַשְּׁרוּ	יִתְקַשְּׁרוּ*	

* less commonly: אתן/הן תִּתְקַשֵּׁרְנָה

שם הפועל .Infin לְהִתְקַשֵּׁר ** less commonly: (אתן) הִתְקַשֵּׁרְנָה

שם הפעולה Gerund הִתְקַשְּׁרוּת getting joined together (N)

מקור מוחלט .Inf. Abs הִתְקַשֵּׁר

מ"י מוצרכת .Gov. Prep הִתְקַשֵּׁר עם join/get in touch with

◆ פעלים שאינם שכיחים מאותו שורש Infrequent verbs sharing the same root

הִקְשִׁיר connect, tie, join (Med H); create context (ling.) (מַקְשִׁיר, יַקְשִׁיר, לְהַקְשִׁיר)

שם הפעולה Gerund הֶקְשֵׁר context

הוּקְשַׁר (הֻקְשַׁר) be tied/connected/joined (Mish H) (מוּקְשָׁר, יוּקְשַׁר)

◆ דוגמאות Illustrations

לאן הכלב נעלם? **קָשַׁרְתִּי** אותו אל העץ ונכנסתי לחנות. איך כלב **קָשׁוּר** יכול להיעלם כך?

Where did the dog disappear to? I **tied** him to the tree and went into the store. How can a **tied** dog disappear like that?

כלבים **נִקְשָׁרִים** לבני אדם יותר מאשר חתולים.

Dogs **get attached** to people more than cats do.

מאיר לא **הִתְקַשֵּׁר** עם הוריו כבר שלושה חודשים. הם מודאגים מאוד.

Meir **has not contacted** his parents for three months now. They are very worried.

אני חושב שהוא אדם הגון, אבל בכל זאת אני מעדיף **שנִתְקַשֵּׁר** בחוזה.

I think that he's an honest person, but I still prefer that we **bind ourselves by entering into** a contract.

נראה לי ששני הצדדים מעוניינים להגיע לידי הסכם. אני מוכן לנסות **לְקַשֵּׁר** ביניהם. אני משוכנע שברגע **שיְקוּשְּׁרוּ**, מייד תחול התקדמות במשא-ומתן.

It seems to me, that the two sides are interested in reaching an agreement. I am willing to try to **liaise** between them. I am convinced that the moment they **brought in contact**, there will occur some progress in the negotiations.

◆ ביטויים מיוחדים Special expressions

קָשַׁר הספד eulogize

קָשַׁר לו כתרים heap praises on him

קָשַׁר קשרים/יחסים עם form ties with

מילת קִישּׁוּר conjunction

השמיים נִתְקַשְּׁרוּ בעננים the sky became overcast with clouds

נִתְקַשְּׁרוּ עיניו בשינה wanted to sleep

נִתְקַשְּׁרוּ עיניו (ב)דמעות began to cry

●ראה

רָאָה/רוֹאֶה/יִרְאֶה see; behold; perceive, realize

בניין: פָּעַל גזרה: ל"ה

	Present הווה			Past עבר	Future עתיד	Imper. ציווי
יחיד	רוֹאֶה	רָאוּי	אני	רָאִיתִי	אֶרְאֶה	
יחידה	רוֹאָה	רְאוּיָה	אתה	רָאִיתָ	תִּרְאֶה	רְאֵה
רבים	רוֹאִים	רְאוּיִים	את	רָאִית	תִּרְאִי	רְאִי
רבות	רוֹאוֹת	רְאוּיוֹת	הוא	רָאָה	יִרְאֶה	
			היא	רָאֲתָה	תִּרְאֶה	
			אנחנו	רָאִינוּ	נִרְאֶה	
			אתם/ן	רְאִיתֶם/ן*	תִּרְאוּ**	רְאוּ***
			הם/ן	רָאוּ	יִרְאוּ**	

שם הפועל .Infin לִרְאוֹת

שם הפעולה .Ger רְאִיָּה seeing; sight

בינוני פעיל .Act. Part רוֹאֶה seer, prophet (lit.)

בינוני סביל .Pass. Part רָאוּי proper; desirable

מקור מוחלט .Inf. Abs רָאֹה

* Colloquial: רָאִיתֶם/ן

** less commonly: אתן/הן תִּרְאֶינָה

*** less commonly: (אתן) רְאֶינָה

נִרְאָה/יֵירָאֶה (יֵרָאֶה) be visible, be seen; seem, appear, look (like); be acceptable, be pleasing

בניין: נִפְעַל גזרה: ל"ה + פ' גרונית

	Present הווה		Past עבר	Future עתיד	Imperative ציווי
יחיד	נִרְאֶה	אני	נִרְאֵיתִי	אֵרָאֶה	
יחידה	נִרְאֵית	אתה	נִרְאֵיתָ	תֵּירָאֶה	הֵירָאֵה
רבים	נִרְאִים	את	נִרְאֵית	תֵּירָאִי	הֵירָאִי
רבות	נִרְאוֹת	הוא	נִרְאָה	יֵירָאֶה	
		היא	נִרְאֲתָה	תֵּירָאֶה	
		אנחנו	נִרְאֵינוּ*	נֵירָאֶה	
		אתם/ן	נִרְאֵיתֶם/ן	תֵּירָאוּ**	הֵירָאוּ***
		הם/ן	נִרְאוּ	יֵירָאוּ**	

<<<

* BH: נִרְאֵינוּ ** less commonly: אתן/הן תֵּירָאֶינָה

שם הפועל .Infin לְהֵירָאוֹת *** less commonly: (אתן) הֵירָאֶינָה

בינוני .Pres. Part נִרְאֶה visible; acceptable, pleasing

מקור מוחלט .Inf. Abs נִרְאֹה, הֵירָאֵה

תואר הפועל .Adv כַּנִּרְאֶה/כפי הנִּרְאֶה/נִרְאֶה ש... apparently

הִתְרָאָה see each other; see again; be seen; appear

בניין: הִתְפַּעֵל גזרה: ל"ה + ע' גרונית

	Present הווה		Past עבר	Future עתיד	Imperative ציווי
יחיד	מִתְרָאֶה	אני	הִתְרָאֵיתִי	אֶתְרָאֶה	
יחידה	מִתְרָאָה	אתה	הִתְרָאֵיתָ	תִּתְרָאֶה	הִתְרָאֵה
רבים	מִתְרָאִים	את	הִתְרָאֵית	תִּתְרָאִי	הִתְרָאִי
רבות	מִתְרָאוֹת	הוא	הִתְרָאָה	יִתְרָאֶה	
		היא	הִתְרָאֲתָה	תִּתְרָאֶה	
		אנחנו	הִתְרָאֵינוּ*	נִתְרָאֶה	
		אתם/ן	הִתְרָאֵיתֶם/ן	תִּתְרָאוּ**	הִתְרָאוּ***
		הם/ן	הִתְרָאוּ	יִתְרָאוּ**	

* BH: הִתְרָאִינוּ ** less commonly: אתן/הן תִּתְרָאֶינָה

שם הפועל .Infin לְהִתְרָאוֹת *** less commonly: (אתן) הִתְרָאֶינָה

שם הפעולה Gerund הִתְרָאוּת seeing/meeting each other

מקור מוחלט .Inf. Abs הִתְרָאֵה

הֶרְאָה/מַרְאֶה show, exhibit, manifest

בניין: הִפְעִיל גזרה: ל"ה

	Present הווה		Past עבר	Future עתיד	Imperative ציווי
יחיד	מַרְאֶה	אני	הֶרְאֵיתִי*	אַרְאֶה	
יחידה	מַרְאָה	אתה	הֶרְאֵיתָ	תַּרְאֶה	הַרְאֵה
רבים	מַרְאִים	את	הֶרְאֵית	תַּרְאִי	הַרְאִי
רבות	מַרְאוֹת	הוא	הֶרְאָה	יַרְאֶה	
		היא	הֶרְאֲתָה	תַּרְאֶה	
		אנחנו	הֶרְאֵינוּ**	נַרְאֶה	
		אתם/ן	הֶרְאֵיתֶם/ן	תַּרְאוּ***	הַרְאוּ****
		הם/ן	הֶרְאוּ	יַרְאוּ***	

שם הפועל .Infin לְהַרְאוֹת

מקור מוחלט .Inf. Abs הַרְאֵה

* alternatively: הִרְאֵיתִי...

** BH: הֶרְאֵינוּ (הִרְאִינוּ)

*** less commonly: אתן/הן תַּרְאֶינָה

**** less commonly: (אתן) הַרְאֶינָה

הוּרְאָה (הֻרְאָה) be shown

בניין: הוּפְעַל גזרה: ל"ה

	הווה Present		עבר Past	עתיד Future
יחיד	מוּרְאֶה	אני	הוּרְאֵיתִי	אוּרְאֶה
יחידה	מוּרְאָה	אתה	הוּרְאֵיתָ	תּוּרְאֶה
רבים	מוּרְאִים	את	הוּרְאֵית	תּוּרְאִי
רבות	מוּרְאוֹת	הוא	הוּרְאָה	יוּרְאֶה
		היא	הוּרְאֲתָה	תּוּרְאֶה
		אנחנו	הוּרְאֵינוּ*	נוּרְאֶה
		אתם/ן	הוּרְאֵיתֶם/ן	תּוּרְאוּ**
		הם/ן	הוּרְאוּ	יוּרְאוּ**

[מקור מוחלט Inf. Abs. הוּרְאֵה] * BH: הוּרְאִינוּ ** less common: אתן/הן תּוּרְאֶינָה

◆ פעלים שאינם שכיחים מאותו שורש Infrequent verbs sharing the same root

רוּאָה (רֻאָה) be seen (BH) (מְרוּאֶה, יְרוּאֶה)

◆ דוגמאות Illustrations

אני **רוֹאָה** בעיתון שהגיע העירה סרט חדש של ווּדִי אֶלֶן. את רוצה **לִרְאוֹת** אותו?

I **see** in the paper that a new Woody Allen movie has arrived in town. Would you like **to see** it?

רפי ואני לא **הִתְרָאֵינוּ** כמעט שנה. כשנפגשנו הוא הזמין אותי לביתו, **וְהֶרְאָה** לי את המחשב רב העוצמה החדש שלו.

Rafi and I **have** not **seen each other** for almost a year. When we met he invited me to his home, and **showed** me his powerful new computer.

לאחר שנים של סודיות מוחלטת, **הוּרְאָה** לבסוף המטוס החדש של חיל האוויר לכתבים הצבאיים של אמצעי התקשורת. כתב אי. בי. סי. אמר שהוא **נִרְאָה** כמו עטלף...

After years of complete secrecy, the new Air Force plane **was shown** to the military correspondents of the media. The ABC correspondent said that it **looks** like a bat...

לאחר משפט סימפסון, **נִרְאָה** לאנשים רבים שמן **הָרָאוּי** להתחיל לחשוב על רפורמה במערכת המשפט האמריקאי.

After the Simpson trial, it **seemed** to many people that it would be **desirable** to begin to think of a reform in the American judicial system.

◆ ביטויים מיוחדים Special expressions

רוֹאֶה את הנולד foreseeing the future

רָאָה בחוש/בעליל actually saw

עיניך **הרוֹאוֹת**... as you can see...

רָאָה חובה לעצמו feel obliged

רָאָה בטוב/חיים enjoy life

רָאָה עוני suffer in life

רָאָה שחורות be pessimistic

רָאָה את דבריו agree with what one says

רָאָה מעשה ונזכר הלכה one thing reminded him of another

מה **רָאִיתָ** ש- what made you...

לא רָאִינוּ אינה ראיה not seeing something does not necessarily mean it is not there

אֶרָאֶה בנחמה אם לא... I swear that...

למען יִרְאוּ וייראו so that it can serve as a deterrent

בוא/צא וּרְאֵה take note

הרחיק רְאוֹת foresee

בבל יֵירָאֶה ובבל יימצא completely gone, without a trace of it left

לְהִתְרָאוֹת! see you!

הַרְאָה פנים בהלכה interpret the Halakhah

מַרְאֵה-מקום reference to source from which quote or information was drawn

---

● ראין (מן רֵיאָיוֹן, מן ראה)

רִאְיֵן/רִאְיַנְ/רַאְיֵן (רִאְיֵן) interview

בניין: פִּיעֵל גזרה: מרובעים + ל"נ

	Present הווה		Past עבר	Future עתיד	Imperative ציווי
יחיד	מְרַאְיֵן***	אני	רִאְיַנְתִּי***	אֲרַאְיֵן***	
יחידה	מְרַאְיֶנֶת	אתה	רִאְיַנְתָּ	תְּרַאְיֵן	רַאְיֵן***
רבים	מְרַאְיְנִים	את	רִאְיַנְתְּ	תְּרַאְיְנִי	רַאְיְנִי
רבות	מְרַאְיְנוֹת	הוא	רִאְיֵן	יְרַאְיֵן	
		היא	רִאְיְנָה	תְּרַאְיֵן	
		אנחנו	רִאְיַנּוּ	נְרַאְיֵן	
		אתם/ן	רִאְיַנְתֶּם/ן	תְּרַאְיְנוּ*	רַאְיְנוּ**
		הם/ן	רִאְיְנוּ	יְרַאְיְנוּ*	

שם הפועל .Infin לְרַאְיֵן

בינוני .Pres. Part מְרַאְיֵן interviewer

שם הפעולה Gerund רִאְיוּן interviewing

מקור מוחלט .Inf. Abs רַאְיֵן

* less commonly: אתן/הן תְּרַאְיֵנָּה

** less commonly: (אתן) רַאְיֵנָּה

*** phonetically: מְרַאֲיֵן..., רִאֲיַנְתִּי..., אֲרַאֲיֵן..., רַאֲיֵן...

רוּאְיַן (רְאֵן) be interviewed

בניין: פּוּעַל גזרה: מרובעים + ל"נ

	Present הווה		Past עבר	Future עתיד
יחיד	מְרוּאְיָן**	אני	רוּאְיַנְתִּי**	אֲרוּאְיַן**
יחידה	מְרוּאְיֶנֶת	אתה	רוּאְיַנְתָּ	תְּרוּאְיַן
רבים	מְרוּאְיָנִים	את	רוּאְיַנְתְּ	תְּרוּאְיְנִי
רבות	מְרוּאְיָנוֹת	הוא	רוּאְיַן	יְרוּאְיַן
		היא	רוּאְיְנָה	תְּרוּאְיַן
		אנחנו	רוּאְיַנּוּ	נְרוּאְיַן
		אתם/ן	רוּאְיַנְתֶּם/ן	תְּרוּאְיְנוּ*
		הם/ן	רוּאְיְנוּ	יְרוּאְיְנוּ*

<<<

בינוני .Pres. Part מְרוּאְיָין interviewee
[מקור מוחלט .Inf. Abs רוּאְיוֹן]

* less commonly: אתן/הן תְּרוּאְייֵנָּה
** phonetically: מְרוּאֲיָן..., רוּאֲייַנְתִּי..., אֲרוּאֲייַן...

הִתְרַאְייֵן/הִתְרַאְייַנ (הִתְרַאְיֵן) grant interview, be interviewed

בניין: הִתְפַּעֵל גזרה: מרובעים + ל"נ

	Present הווה		Past עבר	Future עתיד	Imperative ציווי
יחיד	מִתְרַאְייֵן***	אני	הִתְרַאְייַנְתִּי***	אֶתְרַאְייֵן***	
יחידה	מִתְרַאְייֶנֶת	אתה	הִתְרַאְייַנְתָּ	תִּתְרַאְייֵן	הִתְרַאְייֵן***
רבים	מִתְרַאְייְנִים	את	הִתְרַאְייַנְתְּ	תִּתְרַאְייְנִי	הִתְרַאְייְנִי
רבות	מִתְרַאְייְנוֹת	הוא	הִתְרַאְייֵן	יִתְרַאְייֵן	
		היא	הִתְרַאְייְנָה	תִּתְרַאְייֵן	
		אנחנו	הִתְרַאְייַנּוּ	נִתְרַאְייֵן	
		אתם/ן	הִתְרַאְייַנְתֶּם/ן	תִּתְרַאְייְנוּ*	הִתְרַאְייְנוּ**
		הם/ן	הִתְרַאְייְנוּ	יִתְרַאְייְנוּ*	

* less commonly: אתן/הן תִּתְרַאְייֵנָּה
** less commonly: (אתן) הִתְרַאְייֵנָּה
*** phonetically: מִתְרַאֲיֵן...,

שם הפועל .Infin לְהִתְרַאְייֵן הִתְרַאֲיַנְתִּי..., אֶתְרַאֲיֵן..., הִתְרַאֲיֵן...
שם הפעולה Gerund הִתְרַאְייְנוּת granting interview, being interviewed
מקור מוחלט .Inf. Abs הִתְרַאְייֵן

◆ דוגמאות Illustrations

צ'רלי רוז רָאְייֵן הלילה שלושה אנשים; כל המְרוּאְייָנִים היו אנשים מעניינים מאוד.
Charlie Rose **interviewed** three people tonight; all **interviewees** were very interesting people.

יש אנשים שלא מוכנים לְהִתְרַאְייֵן בשום פנים ואופן, אפילו אם ברברה וולטרס מבקשת ריאיון!
Some people never **grant interviews**, not even when Barbara Walters requests an interview!

●רגז

הִתְרַגֵּז/הִתְרַגַּז become angry

בניין: הִתְפַּעֵל גזרה: שלמים

	Present הווה		Past עבר	Future עתיד	Imperative ציווי
יחיד	מִתְרַגֵּז	אני	הִתְרַגַּזְתִּי	אֶתְרַגֵּז	
יחידה	מִתְרַגֶּזֶת	אתה	הִתְרַגַּזְתָּ	תִּתְרַגֵּז	הִתְרַגֵּז <<<

	הווה Present		עבר Past	עתיד Future	ציווי Imperative
רבים	מִתְרַגְּזִים	את	הִתְרַגַּזְתְּ	תִּתְרַגְּזִי	הִתְרַגְּזִי
רבות	מִתְרַגְּזוֹת	הוא	הִתְרַגֵּז	יִתְרַגֵּז	
		היא	הִתְרַגְּזָה	תִּתְרַגֵּז	
		אנחנו	הִתְרַגַּזְנוּ	נִתְרַגֵּז	
		אתם/ן	הִתְרַגַּזְתֶּם/ן	תִּתְרַגְּזוּ*	הִתְרַגְּזוּ**
		הם/ן	הִתְרַגְּזוּ	יִתְרַגְּזוּ*	

* less commonly: אתן/הן תִּתְרַגֵּזְנָה

שם הפועל .Infin לְהִתְרַגֵּז ** less commonly: (אתן) הִתְרַגֵּזְנָה

שם הפעולה Gerund הִתְרַגְּזוּת getting angry (N); anger, rage

מקור מוחלט .Inf. Abs הִתְרַגֵּז

מ״י מוצרכת .Gov. Prep הִתְרַגֵּז עַל get angry at

הִרְגִּיז/הִרְגַּז/יַרְגִּיז annoy, enrage, upset

בניין: הִפְעִיל גזרה: שלמים

	הווה Present		עבר Past	עתיד Future	ציווי Imperative
יחיד	מַרְגִּיז	אני	הִרְגַּזְתִּי	אַרְגִּיז	
יחידה	מַרְגִּיזָה	אתה	הִרְגַּזְתָּ	תַּרְגִּיז	הַרְגֵּז
רבים	מַרְגִּיזִים	את	הִרְגַּזְתְּ	תַּרְגִּיזִי	הַרְגִּיזִי
רבות	מַרְגִּיזוֹת	הוא	הִרְגִּיז	יַרְגִּיז	
		היא	הִרְגִּיזָה	תַּרְגִּיז	
		אנחנו	הִרְגַּזְנוּ	נַרְגִּיז	
		אתם/ן	הִרְגַּזְתֶּם/ן	תַּרְגִּיזוּ*	הַרְגִּיזוּ**
		הם/ן	הִרְגִּיזוּ	יַרְגִּיזוּ*	

שם הפועל .Infin לְהַרְגִּיז * less commonly: אתן/הן תַּרְגֵּזְנָה

שם הפעולה .Ger הַרְגָּזָה annoying (N) ** less commonly: (אתן) הַרְגֵּזְנָה

בינוני .Pres. Part מַרְגִּיז annoying

מקור מוחלט .Inf. Abs הַרְגֵּז

רָגַז/רוֹגֵז/יִרְגַּז be angry/agitated; quake

בניין: פָּעַל גזרה: שלמים (אֶפְעַל)

	הווה Present		עבר Past	עתיד Future	ציווי Imperative
יחיד	רוֹגֵז	אני	רָגַזְתִּי	אֶרְגַּז	
יחידה	רוֹגֶזֶת	אתה	רָגַזְתָּ	תִּרְגַּז	רְגַז
רבים	רוֹגְזִים	את	רָגַזְתְּ	תִּרְגְּזִי	רִגְזִי
רבות	רוֹגְזוֹת	הוא	רָגַז	יִרְגַּז	
		היא	רָגְזָה	תִּרְגַּז	
		אנחנו	רָגַזְנוּ	נִרְגַּז	
		אתם/ן	רְגַזְתֶּם/ן*	תִּרְגְּזוּ**	רִגְזוּ***
		הם/ן	רָגְזוּ	יִרְגְּזוּ**	

שם הפועל .Infin לִרְגּוֹז * Colloquial: רָגַזְתֶּם/ן <<<

בינוני פעיל .Act. Part רוֹגֵז angry
בינוני סביל .Pass. Part רָגוּז (.angry (lit
מקור מוחלט .Inf. Abs רָגוֹז
מ״י מוצרכת .Gov. Prep רָגַז עַל be angry at

** less commonly: אתן/הן תִּרְגַּזְנָה
*** less commonly: (אתן) רְגַזְנָה

◆ פעלים שאינם שכיחים מאותו שורש Infrequent verbs sharing the same root

נִרְגַּז be angry, upset (נִרְגָּז, יֵירָגֵז, לְהֵירָגֵז)
רִיגֵּז (רִגֵּז) shake, cause to tremble (מְרַגֵּז, יְרַגֵּז, לְרַגֵּז)
רוּגַּז (רֻגַּז) made angry (מְרוּגָּז, יְרוּגַּז)
בינוני .Pres. Part מְרוּגָּז עַל (angered at (common form
הוּרְגַּז (הֻרְגַּז) be annoyed, be made angry (מוּרְגָּז, יוּרְגַּז)

◆ דוגמאות Illustrations

אבי **מִתְרַגֵּז** כל פעם שהוא רואה את רוס פֶּרוֹ בטלוויזיה. לעתים רחוקות אני רואה אותו **מְרוּגָּז** כל כך על משהו. כששאלתי אותו פעם למה הוא **רוֹגֵז**, הוא ניסה להסביר לי מה **מַרְגִּיז** אותו אצל פרו, אבל לא כל כך הצליח... זו מין **הִתְרַגְּזוּת** רגשית, לא רציונלית.

Avi **becomes angry** every time he watches Ross Perot on television. I seldom see him so **enraged** at something. When I asked him once why he is **angry**, he tried to explain to me what **annoys** him about Perot, but could not really explain. It is a type of emotional, irrational **rage**.

●רגל

הִתְרַגֵּל/הִתְרַגַּל (become accustomed (to

בניין: הִתְפַּעֵל גזרה: שלמים

	Present הווה		Past עבר	Future עתיד	Imperative ציווי
יחיד	מִתְרַגֵּל	אני	הִתְרַגַּלְתִּי	אֶתְרַגֵּל	
יחידה	מִתְרַגֶּלֶת	אתה	הִתְרַגַּלְתָּ	תִּתְרַגֵּל	הִתְרַגֵּל
רבים	מִתְרַגְּלִים	את	הִתְרַגַּלְתְּ	תִּתְרַגְּלִי	הִתְרַגְּלִי
רבות	מִתְרַגְּלוֹת	הוא	הִתְרַגֵּל	יִתְרַגֵּל	
		היא	הִתְרַגְּלָה	תִּתְרַגֵּל	
		אנחנו	הִתְרַגַּלְנוּ	נִתְרַגֵּל	
		אתם/ן	הִתְרַגַּלְתֶּם/ן	תִּתְרַגְּלוּ*	הִתְרַגְּלוּ**
		הם/ן	הִתְרַגְּלוּ	יִתְרַגְּלוּ*	

* less commonly: אתן/הן תִּתְרַגֵּלְנָה
** less commonly: (אתן) הִתְרַגֵּלְנָה

שם הפועל .Infin לְהִתְרַגֵּל
שם הפעולה Gerund הִתְרַגְּלוּת adaptation, getting used

<<<

מקור מוחלט Inf. Abs. הִתְרַגֵּל
מ"י מוצרכת Gov. Prep. הִתְרַגֵּל ל- get used to

הִרְגִּיל/הִרְגַּל/יַרְגִּיל accustom

בניין: הִפְעִיל גזרה: שלמים

Imperative ציווי	Future עתיד	Past עבר		Present הווה	
	אַרְגִּיל	הִרְגַּלְתִּי	אני	מַרְגִּיל	יחיד
הַרְגֵּל	תַּרְגִּיל	הִרְגַּלְתָּ	אתה	מַרְגִּילָה	יחידה
הַרְגִּילִי	תַּרְגִּילִי	הִרְגַּלְתְּ	את	מַרְגִּילִים	רבים
	יַרְגִּיל	הִרְגִּיל	הוא	מַרְגִּילוֹת	רבות
	תַּרְגִּיל	הִרְגִּילָה	היא		
	נַרְגִּיל	הִרְגַּלְנוּ	אנחנו		
הַרְגִּילוּ**	תַּרְגִּילוּ*	הִרְגַּלְתֶּם/ן	אתם/ן		
	יַרְגִּילוּ*	הִרְגִּילוּ	הם/ן		

שם הפועל Infin. לְהַרְגִּיל — * less commonly: אתן/הן תַּרְגֵּלְנָה
מקור מוחלט Inf. Abs. הַרְגֵּל — ** less commonly: (אתן) הַרְגֵּלְנָה

הוּרְגַּל (הָרְגַּל) be made accustomed

בניין: הוּפְעַל גזרה: שלמים

Future עתיד	Past עבר		Present הווה	
אוּרְגַּל	הוּרְגַּלְתִּי	אני	מוּרְגָּל	יחיד
תּוּרְגַּל	הוּרְגַּלְתָּ	אתה	מוּרְגֶּלֶת	יחידה
תּוּרְגְּלִי	הוּרְגַּלְתְּ	את	מוּרְגָּלִים	רבים
יוּרְגַּל	הוּרְגַּל	הוא	מוּרְגָּלוֹת	רבות
תּוּרְגַּל	הוּרְגְּלָה	היא		
נוּרְגַּל	הוּרְגַּלְנוּ	אנחנו		
תּוּרְגְּלוּ*	הוּרְגַּלְתֶּם/ן	אתם/ן		
יוּרְגְּלוּ*	הוּרְגְּלוּ	הם/ן		

* less commonly: אתן/הן תּוּרְגַּלְנָה

בינוני Prcs. Part. מוּרְגָּל accustomed, habituated
[מקור מוחלט Inf. Abs. הוּרְגֵּל]

◆ פעלים שאינם שכיחים מאותו שורש Infrequent verbs sharing the same root
נִרְגַּל (נִרְגָּל, יֵירָגֵל, לְהֵירָגֵל) be accustomed (Mish H)
רִיגֵּל (רִגֵּל) (מְרַגֵּל, יְרַגֵּל, לְרַגֵּל) lead (Med H)

Note: רגל 'spy' is a separate root, not included here.

◆ דוגמאות Illustrations

אחרי שנים רבות אישתו של אביגדור סוף סוף **הִרְגִּילָה** אותו לעזור לה בעבודות הבית. הוא **הִתְרַגֵּל** לשטוף את הכלים אחרי הארוחה, **ומוּרְגָּל** גם לנקות יחד איתה את הבית.

After many years, Avigdor's wife finally **accustomed** him to help her with the household work. He **got used** to washing the dishes after the meal, and is also **accustomed** to cleaning the house together with her.

●רגש

הִרְגִּישׁ/הִרְגַּשְׁ/יַרְגִּישׁ feel

בניין: הִפְעִיל גזרה: שלמים

	Present הווה		Past עבר	Future עתיד	Imperative ציווי
יחיד	מַרְגִּישׁ	אני	הִרְגַּשְׁתִּי	אַרְגִּישׁ	
יחידה	מַרְגִּישָׁה	אתה	הִרְגַּשְׁתָּ	תַּרְגִּישׁ	הַרְגֵּשׁ
רבים	מַרְגִּישִׁים	את	הִרְגַּשְׁתְּ	תַּרְגִּישִׁי	הַרְגִּישִׁי
רבות	מַרְגִּישׁוֹת	הוא	הִרְגִּישׁ	יַרְגִּישׁ	
		היא	הִרְגִּישָׁה	תַּרְגִּישׁ	
		אנחנו	הִרְגַּשְׁנוּ	נַרְגִּישׁ	
		אתם/ן	הִרְגַּשְׁתֶּם/ן	תַּרְגִּישׁוּ*	הַרְגִּישׁוּ**
		הם/ן	הִרְגִּישׁוּ	יַרְגִּישׁוּ*	

שם הפועל .Infin לְהַרְגִּישׁ

שם הפעולה Gerund הַרְגָּשָׁה feeling

מקור מוחלט .Inf. Abs הַרְגֵּשׁ

* less commonly: אתן/הן תַּרְגֵּשְׁנָה

** less commonly: (אתן) הַרְגֵּשְׁנָה

הוּרְגַּשׁ (הֻרְגַּשׁ) be felt

בניין: הוּפְעַל גזרה: שלמים

	Present הווה		Past עבר	Future עתיד
יחיד	מוּרְגָּשׁ	אני	הוּרְגַּשְׁתִּי	אוּרְגַּשׁ
יחידה	מוּרְגֶּשֶׁת	אתה	הוּרְגַּשְׁתָּ	תּוּרְגַּשׁ
רבים	מוּרְגָּשִׁים	את	הוּרְגַּשְׁתְּ	תּוּרְגְּשִׁי
רבות	מוּרְגָּשׁוֹת	הוא	הוּרְגַּשׁ	יוּרְגַּשׁ
		היא	הוּרְגְּשָׁה	תּוּרְגַּשׁ
		אנחנו	הוּרְגַּשְׁנוּ	נוּרְגַּשׁ
		אתם/ן	הוּרְגַּשְׁתֶּם/ן	תּוּרְגְּשׁוּ*
		הם/ן	הוּרְגְּשׁוּ	יוּרְגְּשׁוּ*

בינוני .Pres. Part מוּרְגָּשׁ felt, noticeable

* less commonly: אתן/הן תּוּרְגַּשְׁנָה

[מקור מוחלט .Inf. Abs הוּרְגֵּשׁ]

be moved (emotionally), be(come) excited הִתְרַגֵּשׁ/הִתְרַגֵּשׁ

בניין: הִתְפַּעֵל גזרה: שלמים

	Present הווה		Past עבר	Future עתיד	Imperative ציווי
יחיד	מִתְרַגֵּשׁ	אני	הִתְרַגַּשְׁתִּי	אֶתְרַגֵּשׁ	
יחידה	מִתְרַגֶּשֶׁת	אתה	הִתְרַגַּשְׁתָּ	תִּתְרַגֵּשׁ	הִתְרַגֵּשׁ
רבים	מִתְרַגְּשִׁים	את	הִתְרַגַּשְׁתְּ	תִּתְרַגְּשִׁי	הִתְרַגְּשִׁי
רבות	מִתְרַגְּשׁוֹת	הוא	הִתְרַגֵּשׁ	יִתְרַגֵּשׁ	
		היא	הִתְרַגְּשָׁה	תִּתְרַגֵּשׁ	
		אנחנו	הִתְרַגַּשְׁנוּ	נִתְרַגֵּשׁ	
		אתם/ן	הִתְרַגַּשְׁתֶּם/ן	תִּתְרַגְּשׁוּ*	הִתְרַגְּשׁוּ**
		הם/ן	הִתְרַגְּשׁוּ	יִתְרַגְּשׁוּ*	

שם הפועל .Infin לְהִתְרַגֵּשׁ * less commonly: אתן/הן תִּתְרַגֵּשְׁנָה

שם הפעולה .Ger הִתְרַגְּשׁוּת excitement ** less commonly: (אתן) הִתְרַגֵּשְׁנָה

מקור מוחלט .Inf. Abs הִתְרַגֵּשׁ

מ"י מוצרכת .Gov. Prep הִתְרַגֵּשׁ מ- be excited at/moved by

move (emotionally), excite (רִגֵּשׁ) רִיגֵּשׁ/רִיגַּשׁ/רַגֵּשׁ

בניין: פִּיעֵל גזרה: שלמים

	Present הווה		Past עבר	Future עתיד	Imperative ציווי
יחיד	מְרַגֵּשׁ	אני	רִיגַּשְׁתִּי	אֲרַגֵּשׁ	
יחידה	מְרַגֶּשֶׁת	אתה	רִיגַּשְׁתָּ	תְּרַגֵּשׁ	רַגֵּשׁ
רבים	מְרַגְּשִׁים	את	רִיגַּשְׁתְּ	תְּרַגְּשִׁי	רַגְּשִׁי
רבות	מְרַגְּשׁוֹת	הוא	רִיגֵּשׁ	יְרַגֵּשׁ	
		היא	רִיגְּשָׁה	תְּרַגֵּשׁ	
		אנחנו	רִיגַּשְׁנוּ	נְרַגֵּשׁ	
		אתם/ן	רִיגַּשְׁתֶּם/ן	תְּרַגְּשׁוּ*	רַגְּשׁוּ**
		הם/ן	רִיגְּשׁוּ	יְרַגְּשׁוּ*	

שם הפועל .Infin לְרַגֵּשׁ * less commonly: אתן/הן תְּרַגֵּשְׁנָה

בינוני .Pres. Part מְרַגֵּשׁ moving, exciting ** less commonly: (אתן) רַגֵּשְׁנָה

מקור מוחלט .Inf. Abs רַגֵּשׁ

◆ פעלים שאינם שכיחים מאותו שורש Infrequent verbs sharing the same root

נִרְגַּשׁ be excited; be felt (Med H) (נִרְגָּשׁ, יֵירָגֵשׁ, לְהֵירָגֵשׁ)

בינוני .Pres. Part נִרְגָּשׁ excited (common form)

רוּגַּשׁ (רֻגַּשׁ) be(come) excited (lit.) (מְרוּגָּשׁ, יְרוּגַּשׁ)

A homonymous, less frequent root meaning 'be noisy, stormy,' is not included in this collection.

◆ **דוגמאות** Illustrations

דניאל **הִתְרַגֵּשׁ** מאוד כשפגש את אביבה לאחר זמן כה רב. הוא היה כה **נִרְגָּשׁ** מכיוון שגילה שהוא עדיין **מַרְגִּישׁ** כלפיה כפי **שֶׁהִרְגִּישׁ** בעבר. **הִתְרַגְּשׁוּתוֹ** הייתה **מוּרְגֶּשֶׁת** מאוד, והפגישה **רִיגְּשָׁה** מאוד את שניהם.

Daniel **got** very **excited** when he met Aviva after such a long time. He was so **excited** because he found out that he still **felt** about her the way he **had felt** in the past. His **excitement** was very **noticeable**, and the meeting **moved/excited** them both.

◆ **ביטויים מיוחדים** Special expressions

יש לי **הַרְגָּשָׁה** ש- I have a feeling that

●רדם

נִרְדַּם/יֵירָדֵם (יֵרָדֵם) fall asleep

בניין: נִפְעַל   גזרה: פ׳ גרונית ר׳

	הווה Present		עבר Past	עתיד Future	ציווי Imperative
יחיד	נִרְדָּם	אני	נִרְדַּמְתִּי	אֵירָדֵם	
יחידה	נִרְדֶּמֶת	אתה	נִרְדַּמְתָּ	תֵּירָדֵם	הֵירָדֵם
רבים	נִרְדָּמִים	את	נִרְדַּמְתְּ	תֵּירָדְמִי	הֵירָדְמִי
רבות	נִרְדָּמוֹת	הוא	נִרְדַּם	יֵירָדֵם	
		היא	נִרְדְּמָה	תֵּירָדֵם	
		אנחנו	נִרְדַּמְנוּ	נֵירָדֵם	
		אתם/ן	נִרְדַּמְתֶּם/ן	תֵּירָדְמוּ*	הֵירָדְמוּ**
		הם/ן	נִרְדְּמוּ	יֵירָדְמוּ*	

שם הפועל .Infin לְהֵירָדֵם   * less commonly: אתן/הן תֵּירָדַמְנָה/...דֵמְנָה

שם הפעולה Gerund הֵירָדְמוּת falling asleep   ** less commonly: (אתן) הֵירָדַמְנָה/..דֵמְנָה

מקור מוחלט .Inf. Abs נִרְדּוֹם, הֵירָדֵם (הֵירָדוֹם)

הִרְדִּים/הִרְדַּמְ/יַרְדִּים put to sleep; anaesthesize

בניין: הִפְעִיל   גזרה: שלמים

	הווה Present		עבר Past	עתיד Future	ציווי Imperative
יחיד	מַרְדִּים	אני	הִרְדַּמְתִּי	אַרְדִּים	
יחידה	מַרְדִּימָה	אתה	הִרְדַּמְתָּ	תַּרְדִּים	הַרְדֵּם
רבים	מַרְדִּימִים	את	הִרְדַּמְתְּ	תַּרְדִּימִי	הַרְדִּימִי
רבות	מַרְדִּימוֹת	הוא	הִרְדִּים	יַרְדִּים	
		היא	הִרְדִּימָה	תַּרְדִּים	
		אנחנו	הִרְדַּמְנוּ	נַרְדִּים	<<<

	Past עבר	Future עתיד	Imperative ציווי
אתם/ן	הִרְדַּמְתֶּם/ן	תַּרְדִּימוּ*	הַרְדִּימוּ**
הם/ן	הִרְדִּימוּ	יַרְדִּימוּ*	

* less commonly: אתן/הן תַּרְדֵּמְנָה

שם הפועל .Infin לְהַרְדִּים ‏ ** less commonly: (אתן) הַרְדֵּמְנָה

שם הפעולה Gerund הַרְדָּמָה putting to sleep; anesthesizing

בינוני .Pres. Part מַרְדִּים causing sleep (Adj.); anesthesiologist

מקור מוחלט .Inf. Abs הַרְדֵּם

הוּרְדַּם (הֻרְדַּם) be put to sleep, be anaesthesized

בניין: הוּפְעַל גזרה: שלמים

	Present הווה		Past עבר	Future עתיד
יחיד	מוּרְדָּם	אני	הוּרְדַּמְתִּי	אוּרְדַּם
יחידה	מוּרְדֶּמֶת	אתה	הוּרְדַּמְתָּ	תּוּרְדַּם
רבים	מוּרְדָּמִים	את	הוּרְדַּמְתְּ	תּוּרְדְּמִי
רבות	מוּרְדָּמוֹת	הוא	הוּרְדַּם	יוּרְדַּם
		היא	הוּרְדְּמָה	תּוּרְדַּם
		אנחנו	הוּרְדַּמְנוּ	נוּרְדַּם
		אתם/ן	הוּרְדַּמְתֶּם/ן	תּוּרְדְּמוּ*
		הם/ן	הוּרְדְּמוּ	יוּרְדְּמוּ*

מקור מוחלט .Inf. Abs הוּרְדֵּם ‏ * less commonly: אתן/הן תּוּרְדַּמְנָה

◆ פעלים שאינם שכיחים מאותו שורש Infrequent verbs sharing the same root

רָדַם (רוֹדֵם, יִרְדּוֹם, לִרְדּוֹם) be asleep (Med H)

בינוני סביל .Pass. Part רָדוּם sleepy (common form)

◆ דוגמאות Illustrations

משה תמיד **נִרְדָּם** בקונצרטים. גם בהרצאות הוא **רָדוּם** כל הזמן. מלים ומוסיקה **מַרְדִּימִים** אותו.

Moshe always **falls asleep** in concerts. He is also **sleepy** during lectures. Words and music **put** him **to sleep**.

אחרי שמאירה **הוּרְדְּמָה** חלקית, רופא השניים עקר את כל שיני הבינה שלה.

When Meira **was** partially **anesthctized**, the dentist pulled out all of her wisdom teeth.

◆ ביטויים מיוחדים Special expressions

סם **מַרְדִּים** anesthetic

● רדף

רָדַף/רוֹדֵף/יִרְדּוֹף (יִרְדֹּף) chase; persecute

בניין: פָּעַל גזרה: שלמים (אֶפְעוֹל)

Imper. ציווי	Future עתיד	Past עבר		Present הווה	
	אֶרְדּוֹף	רָדַפְתִּי	אני	רוֹדֵף רָדוּף	יחיד
רְדוֹף	תִּרְדּוֹף	רָדַפְתָּ	אתה	רוֹדֶפֶת רְדוּפָה	יחידה
רִדְפִי	תִּרְדְּפִי	רָדַפְתְּ	את	רוֹדְפִים רְדוּפִים	רבים
	יִרְדּוֹף	רָדַף	הוא	רוֹדְפוֹת רְדוּפוֹת	רבות
	תִּרְדּוֹף	רָדְפָה	היא		
	נִרְדּוֹף	רָדַפְנוּ	אנחנו		
רִדְפוּ***	תִּרְדְּפוּ**	רְדַפְתֶּם/ן*	אתם/ן		
	יִרְדְּפוּ**	רָדְפוּ	הם/ן		

שם הפועל Infin. לִרְדּוֹף

בינוני פעיל Act. Part. רוֹדֵף chaser

בינוני סביל Pass. Part. רָדוּף hunted, pursued

שם הפעולה Gerund רְדִיפָה chase; persecution

מקור מוחלט Inf. Abs. רָדוֹף

מ"י מוצרכת Gov. Prep. רָדַף אחרי chase (someone/something) (prep. not obligatory; commoner in coll.)

* Colloquial: רָדַפְתֶּם/ן

** less commonly: אתן/הן תִּרְדּוֹפְנָה

*** less commonly: (אתן) רְדוֹפְנָה

נִרְדַּף/יֵירָדֵף (יֵרָדֵף) be pursued/hunted; be persecuted

בניין: נִפְעַל גזרה: פ' גרונית ר'

Imperative ציווי	Future עתיד	Past עבר		Present הווה	
	אֵירָדֵף	נִרְדַּפְתִּי	אני	נִרְדָּף	יחיד
הֵירָדֵף	תֵּירָדֵף	נִרְדַּפְתָּ	אתה	נִרְדֶּפֶת	יחידה
הֵירָדְפִי	תֵּירָדְפִי	נִרְדַּפְתְּ	את	נִרְדָּפִים	רבים
	יֵירָדֵף	נִרְדַּף	הוא	נִרְדָּפוֹת	רבות
	תֵּירָדֵף	נִרְדְּפָה	היא		
	נֵירָדֵף	נִרְדַּפְנוּ	אנחנו		
הֵירָדְפוּ**	תֵּירָדְפוּ*	נִרְדַּפְתֶּם/ן	אתם/ן		
	יֵירָדְפוּ*	נִרְדְּפוּ	הם/ן		

שם הפועל Infin. לְהֵירָדֵף

בינוני Pres. Part. נִרְדָּף hunted; persecuted

שם הפעולה Gerund הֵירָדְפוּת being pursued/persecuted

מקור מוחלט Inf. Abs. נִרְדּוֹף, הֵירָדֵף (הֵירָדוֹף)

* less commonly: אתן/הן תֵּירָדַפְנָה /...דֵפְנָה

* less commonly: (אתן) הֵירָדַפְנָה /...דֵפְנָה

◆ פעלים שאינם שכיחים מאותו שורש Infrequent verbs sharing the same root

רִידֵּף (רִדֵּף) chase repeatedly; want very anxiously (lit.) (מְרַדֵּף, יְרַדֵּף, לְרַדֵּף)

רוּדַּף (רֻדַּף) be chased/chased away (lit.) (מְרוּדָּף, יְרוּדַּף)
הִתְרַדֵּף (מִתְרַדֵּף, יִתְרַדֵּף, לְהִתְרַדֵּף) get scattered all over (Mish H)
הִרְדִּיף (מַרְדִּיף, יַרְדִּיף, לְהַרְדִּיף) chase; throw, cast (lit.)
הוּרְדַּף (הֻרְדַּף) be chased (lit.) (מוּרְדָּף, יוּרְדַּף)

◆ דוגמאות Illustrations

בדרך כלל כלבים **רוֹדְפִים** אחרי חתולים, אבל לפעמים מתהפכות היוצרות, ו**הרודֵף** הופך ל**נִרְדָּף**.

Generally, dogs **chase** cats, but occasionally the roles are reversed, and the **chaser** becomes the **chased** one.

לא ניתן למחות בבת אחת דורות של **רְדִיפָה**. עמים או מיעוטים, ש**נִרְדְּפוּ** במשך מאות שנים, ממשיכים להתייחס בחשד כלפי **רוֹדְפֵיהֶם** לשעבר זמן רב לאחר שהשיגו שוויון זכויות.

It is impossible to wipe out in one swoop generations of **persecution**. Peoples or minorities who **were persecuted** for hundreds of years continue to regard their former **persecutors** with suspicion long after they have achieved equal rights.

◆ ביטויים מיוחדים Special expressions

רוֹדֵף כבוד one who seeks fame and glory
רוֹדֵף צדק seeker of justice
רוֹדֵף שלום peacemaker, peacelover
רוֹדֵף רוח one who builds castles in the air ("wind chaser")
רוֹדֵף שמלות skirt chaser, womanizer
יום **רוֹדֵף** יום time passes quickly
רָדַף שלמונים chase after money
מלים **רוֹדְפוֹת/נִרְדָּפוֹת** synonyms
נִרְדַּף עד צוואר be subject to the worst persecution

●רוח

הִרְוִיחַ/הִרְוַחַ/יַרְוִיחַ (הִרְוִיחַ) make profit; be relieved/relieve; win (col.)

בניין: הִפְעִיל גזרה: ל' גרונית

	Present הווה		Past עבר	Future עתיד	Imperative ציווי
יחיד	מַרְוִיחַ	אני	הִרְוַחְתִּי	אַרְוִיחַ	
יחידה	מַרְוִיחָה	אתה	הִרְוַחְתָּ	תַּרְוִיחַ	הַרְוַח
רבים	מַרְוִיחִים	את	הִרְוַחְתְּ/...חַת	תַּרְוִיחִי	הַרְוִיחִי
רבות	מַרְוִיחוֹת	הוא	הִרְוִיחַ	יַרְוִיחַ	
		היא	הִרְוִיחָה	תַּרְוִיחַ	
		אנחנו	הִרְוַחְנוּ	נַרְוִיחַ	
		אתם/ן	הִרְוַחְתֶּם/ן	תַּרְוִיחוּ*	הַרְוִיחוּ**
		הם/ן	הִרְוִיחוּ	יַרְוִיחוּ*	<<<

שם הפועל .Infin לְהַרְוִיחַ — * less commonly: אתן/הן תַּרְוַחְנָה

שם הפועל Gerund הַרְוָחָה relief — ** less commonly: (אתן) הַרְוַחְנָה

מקור מוחלט .Inf. Abs הַרְוֵחַ

רֻוַּח/רֻוַּח/יְרֻוַּח be relieved; be widespread (רֻוַּח)

בניין: פֻּעַל — גזרה: ל׳ גרונית (אֶפְעַל)

	הווה Present			עבר Past	עתיד Future	ציווי Imper.
יחיד	רוּוָּח	רֻוַּח	אני	רֻוַּחְתִּי	אֲרֻוַּח	
יחידה	רוּוַּחַת	רֻוָּחָה	אתה	רֻוַּחְתָּ	תְּרֻוַּח	רֻוַּח
רבים	רוּוָּחִים	רֻוָּחִים	את	רֻוַּחְתְּ/...חַת	תְּרֻוְּחִי	רֻוְּחִי
רבות	רוּוָּחוֹת	רֻוָּחוֹת	הוא	רֻוַּח	יְרֻוַּח	
			היא	רֻוְּחָה	תְּרֻוַּח	
			אנחנו	רֻוַּחְנוּ	נְרֻוַּח	
			אתם/ן	רֻוַּחְתֶּם/ן*	תְּרֻוְּחוּ**	רֻוְּחוּ***
			הם/ן	רֻוְּחוּ	יְרֻוְּחוּ**	

* Colloquial: רֻוַּחְתֶּם/ן

שם הפועל .Infin לְרֻוּוֹחַ — ** less commonly: אתן/הן תְּרֻוַּחְנָה

בינוני פעיל .Act. Part רוֹוֵחַ widespread — *** less commonly: (אתן) רֻוַּחְנָה

בינוני סביל .Pass. Part רָוּוּחַ well spaced, uncrowded

מקור מוחלט .Inf. Abs רָווֹחַ

רִיוַּח/רִוַּח/רַוֵּחַ space out; relieve (רִוַּח)

בניין: פִּיעֵל — גזרה: ל׳ גרונית

	הווה Present		עבר Past	עתיד Future	ציווי Imperative
יחיד	מְרַוֵּחַ	אני	רִיוַּחְתִּי	אֲרַוַּח/...וֵּחַ	
יחידה	מְרַוַּחַת	אתה	רִיוַּחְתָּ	תְּרַוַּח/...וֵּחַ	רַוַּח/...וֵּחַ
רבים	מְרַוְּחִים	את	רִיוַּחְתְּ/...חַת	תְּרַוְּחִי	רַוְּחִי
רבות	מְרַוְּחוֹת	הוא	רִיוַּח*	יְרַוַּח/...וֵּחַ	
		היא	רִיוְּחָה	תְּרַוַּח/...וֵּחַ	
		אנחנו	רִיוַּחְנוּ	נְרַוַּח/...וֵּחַ	
		אתם/ן	רִיוַּחְתֶּם/ן	תְּרַוְּחוּ**	רַוְּחוּ***
		הם/ן	רִיוְּחוּ	יְרַוְּחוּ**	

שם הפועל .Infin לְרַוֵּחַ — * Colloquial: רִיוֵּחַ

שם הפועל Gerund רִיוּוּחַ spacing out — ** less commonly: אתן/הן תְּרַוַּחְנָה

מקור מוחלט .Inf. Abs רַוֵּחַ — *** less commonly: (אתן) רַוַּחְנָה

הִתְרַוֵּחַ/הִתְרַוַּח (הִתְרַוַּח) be relieved, find things easier, have more room

בניין: הִתְפַּעֵל גזרה: ל' גרונית

	Present הווה		Past עבר	Future עתיד	Imp. ציווי
יחיד	מִתְרַוֵּחַ	אני	הִתְרַוַּחְתִּי	אֶתְרַוַּח/...וֵּחַ	
יחידה	מִתְרַוַּחַת	אתה	הִתְרַוַּחְתָּ	תִּתְרַוַּח/...וֵּחַ	הִתְרַוַּח/...וֵּחַ
רבים	מִתְרַוְּחִים	את	הִתְרַוַּחְתְּ/...חַת	תִּתְרַוְּחִי	הִתְרַוְּחִי
רבות	מִתְרַוְּחוֹת	הוא	הִתְרַוַּח*	יִתְרַוַּח/...וֵּחַ	
		היא	הִתְרַוְּחָה	תִּתְרַוַּח/...וֵּחַ	
		אנחנו	הִתְרַוַּחְנוּ	נִתְרַוַּח/...וֵּחַ	
		אתם/ן	הִתְרַוַּחְתֶּם/ן	תִּתְרַוְּחוּ**	הִתְרַוְּחוּ***
		הם/ן	הִתְרַוְּחוּ	יִתְרַוְּחוּ**	

שם הפועל .Infin לְהִתְרַוֵּחַ * Colloquial: הִתְרַוֵּחַ

שם הפעולה .Ger הִתְרַוְּחוּת being relieved ** less commonly: אתן/הן תִּתְרַוַּחְנָה

מקור מוחלט .Inf. Abs הִתְרַוֵּחַ *** less commonly: (אתן) הִתְרַוַּחְנָה

◆ פעלים שאינם שכיחים מאותו שורש Infrequent verbs sharing the same root

נִרְוַח (נִרְוַח) have a relief (Mish H) (נִרְוָח, יֵירָוַח, לְהֵירָוֵחַ)

רוּוַּח (רֻוַּח) be widened; live comfortably; be widespread (מְרוּוָּח, יְרוּוַּח)

בינוני סביל .Pass. Part מְרוּוָּח spacious (common form)

הוּרְוַח (הֻרְוַח) (profit) was made; be relieved (מוּרְוָח, יוּרְוַח)

◆ דוגמאות Illustrations

חברת התעופה החליטה **לְרַוֵּחַ** את שורות המושבים, ולשפץ את המושבים כך שיהיו **מְרוּוָּחִים** יותר, כדי שהנוסעים יוכלו **לְהִתְרַוֵּחַ**, ושיִּרְוַח להם בזמן הטיסה. החברה מקווה שלטווח ארוך היא גם **תַּרְוִיחַ** מכך.

The airline company decided to **space out** the seat rows, and to redesign the seats to be more **spacious**, so that the passengers **have more room** and **feel relieved** during the flight. The company hopes that in the long run, it **will** also **make profit** from that.

◆ ביטויים מיוחדים Special expressions

רָוַח לו he felt better, he felt relieved

הִרְוִיחַ זמן gain time

דֵּעָה **רוֹוַחַת** widespread/common view

●רום

הֵרִים/הֵרַמְ/יָרִים lift, pick up; remove; present (contribution)

בניין: הִפְעִיל גזרה: ע"ו

	Present הווה		Past עבר	Future עתיד	Imperative ציווי
יחיד	מֵרִים	אני	הֵרַמְתִּי	אָרִים	
יחידה	מְרִימָה	אתה	הֵרַמְתָּ	תָּרִים	הָרֵם
רבים	מְרִימִים	את	הֵרַמְתְּ	תָּרִימִי	הָרִימִי
רבות	מְרִימוֹת	הוא	הֵרִים	יָרִים	
		היא	הֵרִימָה	תָּרִים	
		אנחנו	הֵרַמְנוּ	נָרִים	
		אתם/ן	הֵרַמְתֶּם/ן*	תָּרִימוּ**	הָרִימוּ***
		הם/ן	הֵרִימוּ	יָרִימוּ**	

שם הפועל .Infin לְהָרִים — * BH: הֲרֵמֹתֶם

שם הפעולה Gerund הֲרָמָה lifting (N) — ** less commonly: אתן/הן תָּרֵמְנָה

מקור מוחלט .Inf. Abs הָרֵם — *** less commonly: (אתן) הָרֵמְנָה

הוּרַם be lifted/picked up/removed/presented

בניין: הוּפְעַל גזרה: ע"ו

	Present הווה		Past עבר	Future עתיד
יחיד	מוּרָם	אני	הוּרַמְתִּי	אוּרַם
יחידה	מוּרֶמֶת	אתה	הוּרַמְתָּ	תוּרַם
רבים	מוּרָמִים	את	הוּרַמְתְּ	תוּרְמִי
רבות	מוּרָמוֹת	הוא	הוּרַם	יוּרַם
		היא	הוּרְמָה	תוּרַם
		אנחנו	הוּרַמְנוּ	נוּרַם
		אתם/ן	הוּרַמְתֶּם/ן	תוּרְמוּ*
		הם/ן	הוּרְמוּ	יוּרְמוּ*

בינוני .Pres. Part מוּרָם elevated, exalted — * less commonly: אתן/הן תוּרַמְנָה

[מקור מוחלט .Inf. Abs הוּרֵם]

הִתְרוֹמֵם/הִתְרוֹמַמְ raise oneself; rise; be exalted

בניין: הִתְפַּעֵל גזרה: ע"ו

	Present הווה		Past עבר	Future עתיד	Imperative ציווי
יחיד	מִתְרוֹמֵם	אני	הִתְרוֹמַמְתִּי	אֶתְרוֹמֵם	
יחידה	מִתְרוֹמֶמֶת	אתה	הִתְרוֹמַמְתָּ	תִּתְרוֹמֵם	הִתְרוֹמֵם
רבים	מִתְרוֹמְמִים	את	הִתְרוֹמַמְתְּ	תִּתְרוֹמְמִי	הִתְרוֹמְמִי
רבות	מִתְרוֹמְמוֹת	הוא	הִתְרוֹמֵם	יִתְרוֹמֵם	
		היא	הִתְרוֹמְמָה	תִּתְרוֹמֵם	>>>

	Past עבר	Future עתיד	Imperative ציווי
אנחנו	הִתְרוֹמַמְנוּ	נִתְרוֹמֵם	
אתם/ן	הִתְרוֹמַמְתֶּם/ן	תִּתְרוֹמְמוּ*	הִתְרוֹמְמוּ**
הם/ן	הִתְרוֹמְמוּ	יִתְרוֹמְמוּ*	

* less commonly: אתן/הן תִּתְרוֹמֵמְנָה

** less commonly: (אתן) הִתְרוֹמֵמְנָה

שם הפועל .Infin לְהִתְרוֹמֵם

שם הפעולה Gerund הִתְרוֹמְמוּת rising; raising oneself; exaltation

מקור מוחלט .Inf. Abs הִתְרוֹמֵם

◆ **פעלים שאינם שכיחים מאותו שורש** Infrequent verbs sharing the same root

רָם (רָם, יָרוּם, לָרוּם) soar, rise up

בינוני .Pres. Part רָם high, lofty

נָרוֹם (נָרוֹם, יֵירוֹם, לְהֵירוֹם) rise up; be separated (from)

רוֹמֵם (מְרוֹמֵם, יְרוֹמֵם, לְרוֹמֵם) raise; establish; rear (children); exalt

בינוני .Pres. Part מְרוֹמֵם uplifting, exalting

רוֹמַם (מְרוֹמָם, יְרוֹמַם) be lifted up

בינוני .Pres. Part מְרוֹמָם uplifted, exalted

◆ **דוגמאות** Illustrations

המתאגרף הצעיר ניסה **לְהִתְרוֹמֵם**, אבל לא הצליח **לְהָרִים** אפילו יד. השופט ספר עד עשר, והתחרות הסתיימה. המתאגרף **הוּרַם** מרצפת הזירה והובל לחדר התאוששות.

The young fighter tried **to rise**, but did not manage **to** even **lift** a hand. The referee counted to ten, and the match ended. The fighter **was lifted** off the floor and was led to the recovery room.

עוזי אמר לי, שההשתתפות בריצת המרתון הייתה ניסיון **מְרוֹמֵם** מאוד. במיוחד הייתה לו תחושה של **הִתְרוֹמְמוּת** רוח כאשר חצה את קו הגמר.

Uzzi told me that participating in the marathon run was a very **exalting** experience. In particular, he had a feeling of **spiritual uplift** when he crossed the finish line.

◆ **ביטויים מיוחדים** Special expressions

רָם לבו / **רָמוּ** עיניו act proudly, haughtily

רָמָה ידו gain the upper hand

יָרוּם הודו His Majesty ("may his glory be exalted")

אישיות **רָמַת**-מעלה V.I.P.

ביד **רָמָה** proudly, haughtily

בקול **רָם** loudly, aloud

רַם-קומה tall

רוֹמֵם את הלב exalt, elate

מצב רוח **מְרוֹמָם** elated mood

הִתְרוֹמְמוּת (ה)רוח uplift mood

הֵרִים יד ב- rebel against

הֵרִים יד על raise one's hand to beat (coll.)

הֵרִים תרומה make a contribution

הֵרִים על נס commend very highly, set as an example

הֵרִים את קרנו give one prestige

הֵרִים את קולו raise one's voice

בלעדיו לא יָרִים איש את ידו ואת רגלו no one would lift a finger without him

בראש מוּרָם with his head held high

●רוץ

רָץ/רַצְ/יָרוּץ run

בניין: פָּעַל גזרה: ע"ו

	Present הווה		Past עבר	Future עתיד	Imperative ציווי
יחיד	רָץ	אני	רַצְתִּי	אָרוּץ	
יחידה	רָצָה	אתה	רַצְתָּ	תָּרוּץ	רוּץ
רבים	רָצִים	את	רַצְתְּ	תָּרוּצִי	רוּצִי
רבות	רָצוֹת	הוא	רָץ	יָרוּץ	
		היא	רָצָה	תָּרוּץ	
		אנחנו	רַצְנוּ	נָרוּץ	
		אתם/ן	רַצְתֶּם/ן	תָּרוּצוּ*	רוּצוּ**
		הם/ן	רָצוּ	יָרוּצוּ*	

* less commonly: אתן/הן תָּרוֹצְנָה

** less commonly: (אתן) רוֹצְנָה

שם הפועל .Infin לָרוּץ

בינוני .Pres. Part רָץ courier, envoy; runner; halfback; bishop (chess)

שם הפעולה Gerund רִיצָה running

מקור מוחלט .Inf. Abs רוֹץ

הֵרִיץ/הֵרַצְ/יָרִיץ make run, operate; bring quickly

בניין: הִפְעִיל גזרה: ע"ו

	Present הווה		Past עבר	Future עתיד	Imperative ציווי
יחיד	מֵרִיץ	אני	הֵרַצְתִּי	אָרִיץ	
יחידה	מְרִיצָה	אתה	הֵרַצְתָּ	תָּרִיץ	הָרֵץ
רבים	מְרִיצִים	את	הֵרַצְתְּ	תָּרִיצִי	הָרִיצִי
רבות	מְרִיצוֹת	הוא	הֵרִיץ	יָרִיץ	
		היא	הֵרִיצָה	תָּרִיץ	
		אנחנו	הֵרַצְנוּ	נָרִיץ	
		אתם/ן	הֵרַצְתֶּם/ן*	תָּרִיצוּ**	הָרִיצוּ***
		הם/ן	הֵרִיצוּ	יָרִיצוּ**	

* BH: הֲרֵצֹתֶם/ן

** less commonly: אתן/הן תָּרֵצְנָה

*** less commonly: (אתן) הָרֵצְנָה <<<

שם הפועל .Infin לְהָרִיץ

שם הפעולה Gerund הֲרָצָה making run (N); running in (new car; coll.); sending quickly
מקור מוחלט Inf. Abs. הָרֵץ

הוּרַץ be made to run/operate; be brought quickly

בניין: הוּפְעַל גזרה: ע"ו

	הווה Present		עבר Past	עתיד Future
יחיד	מוּרָץ	אני	הוּרַצְתִּי	אוּרַץ
יחידה	מוּרֶצֶת	אתה	הוּרַצְתָּ	תּוּרַץ
רבים	מוּרָצִים	את	הוּרַצְתְּ	תּוּרְצִי
רבות	מוּרָצוֹת	הוא	הוּרַץ	יוּרַץ
		היא	הוּרְצָה	תּוּרַץ
		אנחנו	הוּרַצְנוּ	נוּרַץ
		אתם/ן	הוּרַצְתֶּם/ן	תּוּרְצוּ*
		הם/ן	הוּרְצוּ	יוּרְצוּ*

[מקור מוחלט Inf. Abs. הוּרֵץ] * less commonly: אתן/הן תּוּרַצְנָה

הִתְרוֹצֵץ/הִתְרוֹצַץ run around

בניין: הִתְפַּעֵל גזרה: ע"ו

	הווה Present		עבר Past	עתיד Future	ציווי Imperative
יחיד	מִתְרוֹצֵץ	אני	הִתְרוֹצַצְתִּי	אֶתְרוֹצֵץ	
יחידה	מִתְרוֹצֶצֶת	אתה	הִתְרוֹצַצְתָּ	תִּתְרוֹצֵץ	הִתְרוֹצֵץ
רבים	מִתְרוֹצְצִים	את	הִתְרוֹצַצְתְּ	תִּתְרוֹצְצִי	הִתְרוֹצְצִי
רבות	מִתְרוֹצְצוֹת	הוא	הִתְרוֹצֵץ	יִתְרוֹצֵץ	
		היא	הִתְרוֹצְצָה	תִּתְרוֹצֵץ	
		אנחנו	הִתְרוֹצַצְנוּ	נִתְרוֹצֵץ	
		אתם/ן	הִתְרוֹצַצְתֶּם/ן	תִּתְרוֹצְצוּ*	הִתְרוֹצְצוּ**
		הם/ן	הִתְרוֹצְצוּ	יִתְרוֹצְצוּ*	

שם הפועל Infin. לְהִתְרוֹצֵץ * less commonly: אתן/הן תִּתְרוֹצֵצְנָה
שם הפעולה Ger. הִתְרוֹצְצוּת running around ** less commonly: (אתן) הִתְרוֹצֵצְנָה
מקור מוחלט Inf. Abs. הִתְרוֹצֵץ

◆ פעלים שאינם שכיחים מאותו שורש Infrequent verbs sharing the same root

רוֹצֵץ run fast back and forth (מְרוֹצֵץ, יְרוֹצֵץ, לְרוֹצֵץ)

◆ דוגמאות Illustrations

סידורים בישראל כרוכים בהרבה **רִיצוֹת**. אתה **רָץ** לפקיד אחד, והוא **מֵרִיץ** אותך לפקיד אחר. אתה צריך **לְהִתְרוֹצֵץ** כל היום בין הפקידים.

Arrangements in Israel involve a lot of **running**. You **run** to one clerk, and he **makes** you **run** to another clerk. You need **to run around** all day between clerks.

המכתב הוּרַץ לפני כחצי שעה. תוך שעה הוא יגיע אליך באמצעות רָץ מיוחד.
The letter **was sent urgently** about half an hour ago. It will reach you by means of special **courier** within an hour.

המכונית הזאת עדיין בַּהֲרָצָה; אל תאמץ את המנוע.
This car is still at the **run-in** stage; don't rev the engine.

◆ ביטויים מיוחדים Special expressions

הֵרִיץ מכתב send an urgent letter — הֵרִיץ את המעיים cause bowel movement

---

●רחם

ריחֵם/ריחַמ/רַחֵם (רִחֵם) pity, show mercy

בניין: פִּיעֵל גזרה: ע׳ גרונית

	Present הווה		Past עבר	Future עתיד	Imperative ציווי
יחיד	מְרַחֵם	אני	ריחַמְתִּי	אֲרַחֵם	
יחידה	מְרַחֶמֶת	אתה	ריחַמְתָּ	תְּרַחֵם	רַחֵם
רבים	מְרַחֲמִים	את	ריחַמְתְּ	תְּרַחֲמִי	רַחֲמִי
רבות	מְרַחֲמוֹת	הוא	ריחֵם	יְרַחֵם	
		היא	ריחֲמָה	תְּרַחֵם	
		אנחנו	ריחַמְנוּ	נְרַחֵם	
		אתם/ן	ריחַמְתֶּם/ן	תְּרַחֲמוּ*	רַחֲמוּ**
		הם/ן	ריחֲמוּ	יְרַחֲמוּ*	

* less commonly: אתן/הן תְּרַחֵמְנָה

שם הפועל .Infin לְרַחֵם — ** less commonly: (אתן) רַחֵמְנָה

שם הפעולה Gerund ריחוּם pity, showing mercy

מקור מוחלט .Inf. Abs רַחֵם

מ״י מוצרכת .Gov. Prep ריחֵם על have pity on

◆ פעלים שאינם שכיחים מאותו שורש Infrequent verbs sharing the same root

רָחַם love (lit.) (רוֹחֵם, יִרְחַם, לִרְחוֹם)

בינוני סביל .Pass. Part רָחוּם beloved

רוּחַם (רֻחַם) be pitied (מְרוּחָם, יְרוּחַם)

הִתְרַחֵם fill up with pity (Mish H); be pitied (Med H) (מִתְרַחֵם, יִתְרַחֵם, לְהִתְרַחֵם)

◆ דוגמאות Illustrations

למרות שהעונש הזה מגיע לו, אני בכל זאת **מְרַחֵם** עליו.
Although he deserves this punishment, I still **have pity** on him.

◆ ביטויים מיוחדים Special expressions

השם יְרַחֵם! God have mercy! מן השמיים יְרַחֲמוּ God will have mercy

---

●רחץ

רָחַץ/רוֹחֵץ/יִרְחַץ wash, bathe

בניין: פָּעַל גזרה: ע׳ גרונית (אֶפְעַל)

	Present הווה		Past עבר	Future עתיד	Imper. ציווי
יחיד	רוֹחֵץ רָחוּץ	אני	רָחַצְתִּי	אֶרְחַץ	
יחידה	רוֹחֶצֶת רְחוּצָה	אתה	רָחַצְתָּ	תִּרְחַץ	רְחַץ
רבים	רוֹחֲצִים רְחוּצִים	את	רָחַצְתְּ	תִּרְחֲצִי	רַחֲצִי
רבות	רוֹחֲצוֹת רְחוּצוֹת	הוא	רָחַץ	יִרְחַץ	
		היא	רָחֲצָה	תִּרְחַץ	
		אנחנו	רָחַצְנוּ	נִרְחַץ	
		אתם/ן	רְחַצְתֶּם/ן*	תִּרְחֲצוּ**	רַחֲצוּ***
		הם/ן	רָחֲצוּ	יִרְחֲצוּ**	

שם הפועל .Infin לִרְחוֹץ

בינוני סביל .Pass. Part רָחוּץ washed

שם הפעולה .Ger רְחִיצָה washing, bathing

מקור מוחלט .Inf. Abs רָחוֹץ

* Colloquial: רָחַצְתֶּם/ן

** less commonly: אתן/הן תִּרְחַצְנָה

*** less commonly: (אתן) רְחַצְנָה

הִתְרַחֵץ/הִתְרַחַץ wash oneself, bathe

בניין: הִתְפַּעֵל גזרה: ע׳ גרונית

	Present הווה		Past עבר	Future עתיד	Imperative ציווי
יחיד	מִתְרַחֵץ	אני	הִתְרַחַצְתִּי	אֶתְרַחֵץ	
יחידה	מִתְרַחֶצֶת	אתה	הִתְרַחַצְתָּ	תִּתְרַחֵץ	הִתְרַחֵץ
רבים	מִתְרַחֲצִים	את	הִתְרַחַצְתְּ	תִּתְרַחֲצִי	הִתְרַחֲצִי
רבות	מִתְרַחֲצוֹת	הוא	הִתְרַחֵץ	יִתְרַחֵץ	
		היא	הִתְרַחֲצָה	תִּתְרַחֵץ	
		אנחנו	הִתְרַחַצְנוּ	נִתְרַחֵץ	
		אתם/ן	הִתְרַחַצְתֶּם/ן	תִּתְרַחֲצוּ*	הִתְרַחֲצוּ**
		הם/ן	הִתְרַחֲצוּ	יִתְרַחֲצוּ*	

שם הפועל .Infin לְהִתְרַחֵץ

בינוני .Pres. Part מִתְרַחֵץ bather

שם הפעולה Gerund הִתְרַחֲצוּת washing oneself, bathing

מקור מוחלט .Inf. Abs הִתְרַחֵץ

* less commonly: אתן/הן תִּתְרַחֵצְנָה

** less commonly: (אתן) הִתְרַחֵצְנָה

נִרְחַץ/יֵירָחֵץ (יֵרָחֵץ) be washed

בניין: נִפְעַל   גזרה: פ׳ גרונית, ע׳ גרונית

	Present הווה		Past עבר	Future עתיד	Imperative ציווי
יחיד	נִרְחָץ	אני	נִרְחַצְתִּי	אֵירָחֵץ	
יחידה	נִרְחֶצֶת	אתה	נִרְחַצְתָּ	תֵּירָחֵץ	הֵירָחֵץ
רבים	נִרְחָצִים	את	נִרְחַצְתְּ	תֵּירָחֲצִי	הֵירָחֲצִי
רבות	נִרְחָצוֹת	הוא	נִרְחַץ	יֵירָחֵץ	
		היא	נִרְחֲצָה	תֵּירָחֵץ	
		אנחנו	נִרְחַצְנוּ	נֵירָחֵץ	
		אתם/ן	נִרְחַצְתֶּם/ן	תֵּירָחֲצוּ*	הֵירָחֲצוּ**
		הם/ן	נִרְחֲצוּ	יֵירָחֲצוּ*	

שם הפועל .Infin לְהֵירָחֵץ   * less commonly: אתן/הן תֵּירָחַצְנָה/...חֶצְנָה

שם הפעולה Gerund הֵירָחֲצוּת being washed   ** less commonly: (אתן) הֵירָחַצְנָה/...חֶצְנָה

מקור מוחלט .Inf. Abs נִרְחוֹץ

◆ פעלים שאינם שכיחים מאותו שורש Infrequent verbs sharing the same root

רִיחֵץ (רִחֵץ) wash, clean (lit.) (מְרַחֵץ, יְרַחֵץ, לְרַחֵץ)

רוּחַץ (רֻחַץ) be clean and purified (lit.) (מְרוּחָץ, יְרוּחַץ)

הִרְחִיץ wash/clean someone; wash/clean self (Mish H) (מַרְחִיץ, יַרְחִיץ, לְהַרְחִיץ)

◆ דוגמאות Illustrations

ירוחם אומר שהוא **מִתְרַחֵץ** פעם בחודש, אם צריך או לא צריך; חוץ מזה, פעם בשבוע הוא גם **רוֹחֵץ** את רגליו...

Yeruham says that he **takes a bath** once a month, regardless of whether it is necessary or not; furthermore, once a week he also **washes** his feet...

- הכלים האלה **רְחוּצִים**? - כן, הם **נִרְחֲצוּ** לפני שעה בערך.

- Are these dishes **washed**? - Yes, they **were washed** about an hour ago.

◆ ביטויים מיוחדים Special expressions

רָחַץ בנקיון כפיו wash one's hands (of responsibility for)

●רחק

הִתְרַחֵק/הִתְרַחַק keep/move away; become estranged

בניין: הִתְפַּעֵל גזרה: ע׳ גרונית

	Present הווה		Past עבר	Future עתיד	Imperative ציווי
יחיד	מִתְרַחֵק	אני	הִתְרַחַקְתִּי	אֶתְרַחֵק	
יחידה	מִתְרַחֶקֶת	אתה	הִתְרַחַקְתָּ	תִּתְרַחֵק	הִתְרַחֵק
רבים	מִתְרַחֲקִים	את	הִתְרַחַקְתְּ	תִּתְרַחֲקִי	הִתְרַחֲקִי
רבות	מִתְרַחֲקוֹת	הוא	הִתְרַחֵק	יִתְרַחֵק	
		היא	הִתְרַחֲקָה	תִּתְרַחֵק	
		אנחנו	הִתְרַחַקְנוּ	נִתְרַחֵק	
		אתם/ן	הִתְרַחַקְתֶּם/ן	תִּתְרַחֲקוּ*	הִתְרַחֲקוּ**
		הם/ן	הִתְרַחֲקוּ	יִתְרַחֲקוּ*	

שם הפועל .Infin לְהִתְרַחֵק * less commonly: אתן/הן תִּתְרַחֵקְנָה

שם הפעולה .Ger הִתְרַחֲקוּת moving away ** less commonly: (אתן) הִתְרַחֵקְנָה

מקור מוחלט .Inf. Abs הִתְרַחֵק

מ״י מוצרכת .Gov. Prep הִתְרַחֵק מ- get/move away from

הִרְחִיק/הִרְחַק/יַרְחִיק remove, send away, reject; go far

בניין: הִפְעִיל גזרה: שלמים

	Present הווה		Past עבר	Future עתיד	Imperative ציווי
יחיד	מַרְחִיק	אני	הִרְחַקְתִּי	אַרְחִיק	
יחידה	מַרְחִיקָה	אתה	הִרְחַקְתָּ	תַּרְחִיק	הַרְחֵק
רבים	מַרְחִיקִים	את	הִרְחַקְתְּ	תַּרְחִיקִי	הַרְחִיקִי
רבות	מַרְחִיקוֹת	הוא	הִרְחִיק	יַרְחִיק	
		היא	הִרְחִיקָה	תַּרְחִיק	
		אנחנו	הִרְחַקְנוּ	נַרְחִיק	
		אתם/ן	הִרְחַקְתֶּם/ן	תַּרְחִיקוּ*	הַרְחִיקוּ**
		הם/ן	הִרְחִיקוּ	יַרְחִיקוּ*	

* less commonly: אתן/הן תַּרְחֵקְנָה

שם הפועל .Infin לְהַרְחִיק ** less commonly: (אתן) הַרְחֵקְנָה

שם הפעולה Gerund הַרְחָקָה sending away, removing

מקור מוחלט .Inf. Abs הַרְחֵק

מ״י מוצרכת .Gov. Prep הֶרְחִיק מ- remove from; get far from

תואר הפועל .Adv הַרְחֵק far away, far off

הוּרְחַק be removed/sent away/rejected

בניין: הוּפְעַל גזרה: שלמים

	Present הווה		Past עבר	Future עתיד
יחיד	מוּרְחָק	אני	הוּרְחַקְתִּי	אוּרְחַק
יחידה	מוּרְחֶקֶת	אתה	הוּרְחַקְתָּ	תּוּרְחַק
רבים	מוּרְחָקִים	את	הוּרְחַקְתְּ	תּוּרְחֲקִי
רבות	מוּרְחָקוֹת	הוא	הוּרְחַק	יוּרְחַק
		היא	הוּרְחֲקָה	תּוּרְחַק
		אנחנו	הוּרְחַקְנוּ	נוּרְחַק
		אתם/ן	הוּרְחַקְתֶּם/ן	תּוּרְחֲקוּ*
		הם/ן	הוּרְחֲקוּ	יוּרְחֲקוּ*

בינוני .Pres. Part מוּרְחָק removed

* less commonly: אתן/הן תּוּרְחַקְנָה

[מקור מוחלט .Inf. Abs הוּרְחֵק]

◆ פעלים שאינם שכיחים מאותו שורש Infrequent verbs sharing the same root

רָחַק be far; keep away (from) (רוֹחֵק/רָחוֹק, יִרְחַק, לִרְחוֹק)

בינוני .Pres. Part רָחוֹק far (common form)

נִרְחַק become distant (Mish H); be removed, be shunned (Med H) (נִרְחָק, יֵירָחֵק, לְהֵירָחֵק)

רִיחֵק (רִחֵק) move farther away, remove, reject (מְרַחֵק, יְרַחֵק, לְרַחֵק)

רוּחַק (רֻחַק) be moved farther away; be considered unlikely (Med H) (מְרוּחָק, יְרוּחַק)

בינוני .Pres. Part מְרוּחָק distant (fairly common form)

◆ דוגמאות Illustrations

עוזיאל גר במקום **מְרוּחָק**, **הַרְחֵק** מכל מקום יישוב. הוא אוהב לגור **רָחוֹק** כי הוא מרגיש צורך **לְהִתְרַחֵק** ככל האפשר מאזורי מגורים צפופים.

Uziel lives in a **distant** place, **far off** from any settled area. He likes to live **far** because he feels the need **to keep away** as much as possible from any densely settled areas.

◆ ביטויים מיוחדים Special expressions

שומר נפשו **יִרְחַק** ממנו he/it is dangerous; keep away from him/it

העבר **הָרָחוֹק** the distant past

המזרח **הָרָחוֹק** the Far East

כְּרָחוֹק מזרח ממערב poles apart

מֵרָחוֹק from afar

לְמֵרָחוֹק into the distance

לעתים **רְחוֹקוֹת** seldom

קרוב **רָחוֹק** distant relative

הרוצה לשקר - **יַרְחִיק** עדותו a liar keeps his evidence out of reach (so that it cannot be checked)

מַרְחִיק לכת far-reaching

הִרְחִיק ראות see to the future

יד ימין **מַרְחִיקָה** ויד שמאל מקרבת rejecting and befriending at the same time

●רחש

הִתְרַחֵשׁ/הִתְרַחַשׁ occur, happen

בניין: הִתְפַּעֵל גזרה: ע' גרונית

	Present הווה		Past עבר	Future עתיד	Imperative ציווי
יחיד	מִתְרַחֵשׁ	אני	הִתְרַחַשְׁתִּי	אֶתְרַחֵשׁ	
יחידה	מִתְרַחֶשֶׁת	אתה	הִתְרַחַשְׁתָּ	תִּתְרַחֵשׁ	הִתְרַחֵשׁ
רבים	מִתְרַחֲשִׁים	את	הִתְרַחַשְׁתְּ	תִּתְרַחֲשִׁי	הִתְרַחֲשִׁי
רבות	מִתְרַחֲשׁוֹת	הוא	הִתְרַחֵשׁ	יִתְרַחֵשׁ	
		היא	הִתְרַחֲשָׁה	תִּתְרַחֵשׁ	
		אנחנו	הִתְרַחַשְׁנוּ	נִתְרַחֵשׁ	
		אתם/ן	הִתְרַחַשְׁתֶּם/ן	תִּתְרַחֲשׁוּ*	הִתְרַחֲשׁוּ**
		הם/ן	הִתְרַחֲשׁוּ	יִתְרַחֲשׁוּ*	

שם הפועל .Infin לְהִתְרַחֵשׁ * less commonly: אתן/הן תִּתְרַחֵשְׁנָה

שם הפעולה Gerund הִתְרַחֲשׁוּת occurrence ** less commonly: (אתן) הִתְרַחֵשְׁנָה

מקור מוחלט .Inf. Abs הִתְרַחֵשׁ

◆ פעלים שאינם שכיחים מאותו שורש Infrequent verbs sharing the same root

רָחַשׁ move, stir, creep (insects) (רוֹחֵשׁ, יִרְחַשׁ, לִרְחוֹשׁ)

נִרְחַשׁ move, stir (lit.) (נִרְחָשׁ, יֵירָחֵשׁ, לְהֵירָחֵשׁ)

רִיחֵשׁ (רִחֵשׁ) creep (insects) (lit.) (מְרַחֵשׁ, יְרַחֵשׁ, לְרַחֵשׁ)

הִרְחִישׁ breed worms; stir; set in motion (lit.) (מַרְחִישׁ, יַרְחִישׁ, לְהַרְחִישׁ)

◆ דוגמאות Illustrations

לאחר מה שֶׁהִתְרַחֵשׁ פה היום, עלינו להעריך מחדש את המצב.

After what **occurred** here today, we have to reevaluate the situation.

◆ ביטויים מיוחדים Special expressions

מה **מִתְרַחֵשׁ** כאן? What's going on here?

הִתְרַחֵשׁ נס a miracle occurred

●ריב

רָב/רַב/יָרִיב quarrel, dispute, wrangle

בניין: פָּעַל גזרה: ע"י

	Present הווה		Past עבר	Future עתיד	Imperative ציווי
יחיד	רָב	אני	רַבְתִּי	אָרִיב	
יחידה	רָבָה	אתה	רַבְתָּ	תָּרִיב	רִיב
רבים	רָבִים	את	רַבְתְּ	תָּרִיבִי	רִיבִי
רבות	רָבוֹת	הוא	רָב	יָרִיב	
		היא	רָבָה	תָּרִיב	
		אנחנו	רַבְנוּ	נָרִיב	
		אתם/ן	רַבְתֶּם/ן	תָּרִיבוּ*	רִיבוּ**
		הם/ן	רָבוּ	יָרִיבוּ*	

שם הפועל .Infin לָרִיב　　* less commonly: אתן/הן תָּרֵבְנָה

מקור מוחלט .Inf. Abs רִיב　　** less commonly: (אתן) רֵבְנָה

מ"י מוצרכת .Gov. Prep רָב עִם quarrel with

◆ פעלים שאינם שכיחים מאותו שורש Infrequent verbs sharing the same root

הֵרִיב quarrel, dispute, wrangle (lit.) (מֵרִיב, יָרִיב, לְהָרִיב)

הִתְרוֹבֵב quarrel, dispute, wrangle (Mish H) (מִתְרוֹבֵב, יִתְרוֹבֵב, לְהִתְרוֹבֵב)

◆ דוגמאות Illustrations

בני **רָב** עם עדינה כל בוקר. אם יום אחד אין לו הזדמנות **לָרִיב** איתה, הוא מרגיש שחסר לו משהו...

Benny **quarrels** with Adina every morning. If for one day he has no opportunity **to quarrel** with her, he feels he has missed something...

◆ ביטויים מיוחדים Special expressions

רָב את רִיבוֹ fight his battle for him

●ריח

הֵרִיחַ/הֵרַח/יָרִיחַ sense, smell

בניין: הִפְעִיל גזרה: ע״י + ל׳ גרונית

	Present הווה		Past עבר	Future עתיד	Imperative ציווי
יחיד	מֵרִיחַ	אני	הֵרַחְתִּי	אָרִיחַ	
יחידה	מְרִיחָה	אתה	הֵרַחְתָּ	תָּרִיחַ	הָרַח
רבים	מְרִיחִים	את	הֵרַחְתְּ/...חַת	תָּרִיחִי	הָרִיחִי
רבות	מְרִיחוֹת	הוא	הֵרִיחַ	יָרִיחַ	
		היא	הֵרִיחָה	תָּרִיחַ	
		אנחנו	הֵרַחְנוּ	נָרִיחַ	
		אתם/ן	הֵרַחְתֶּם/ן*	תָּרִיחוּ**	הָרִיחוּ***
		הם/ן	הֵרִיחוּ	יָרִיחוּ**	

שם הפועל .Infin לְהָרִיחַ — * BH: הֲרַחְתֶּם/ן

שם הפעולה Gerund הֲרָחָה smelling — ** less commonly: אתן/הן תָּרַחְנָה

מקור מוחלט .Inf. Abs הָרֵחַ — *** less commonly: (אתן) הָרַחְנָה

◆ פעלים שאינם שכיחים מאותו שורש Infrequent verbs sharing the same root

הוּרַח be smelled; absorb smell (מוּרָח, יוּרַח)

◆ דוגמאות Illustrations

אני מצונן; לא יכול **לְהָרִיחַ** כלום.

I have a cold; I cannot **smell** anything.

●רכב

רָכַב/רוֹכֵב/יִרְכַּב ride

בניין: פָּעַל גזרה: שלמים (אֶפְעַל)

	Present הווה			Past עבר	Future עתיד	Imper. ציווי
יחיד	רוֹכֵב	רָכוּב	אני	רָכַבְתִּי	אֶרְכַּב	
יחידה	רוֹכֶבֶת	רְכוּבָה	אתה	רָכַבְתָּ	תִּרְכַּב	רְכַב
רבים	רוֹכְבִים	רְכוּבִים	את	רָכַבְתְּ	תִּרְכְּבִי	רִכְבִי
רבות	רוֹכְבוֹת	רְכוּבוֹת	הוא	רָכַב	יִרְכַּב	
			היא	רָכְבָה	תִּרְכַּב	
			אנחנו	רָכַבְנוּ	נִרְכַּב	
			אתם/ן	רְכַבְתֶּם/ן*	תִּרְכְּבוּ**	רִכְבוּ***

	Past עבר	Future עתיד
הם/ן	רָכְבוּ	יִרְכְּבוּ**

שם הפועל .Infin לִרְכּוֹב
בינוני פעיל .Act. Part רוֹכֵב rider
בינוני סביל .Pass. Part רָכוּב mounted
שם הפעולה Gerund רְכִיבָה riding (N)
מקור מוחלט .Inf. Abs רָכוֹב
מ"י מוצרכת .Gov. Prep רָכַב עַל ride (something)

* Colloquial: רָכַבְתֶּם/ן
** less commonly: אתן/הן תִּרְכַּבְנָה
*** less commonly: (אתן) רְכַבְנָה

הִרְכִּיב/הִרְכַּב/יַרְכִּיב make ride/put in saddle; carry (on shoulder); assemble; compose (committee etc.); graft (plants); inoculate

בניין: הִפְעִיל גזרה: שלמים

	Present הווה		Past עבר	Future עתיד	Imperative ציווי
יחיד	מַרְכִּיב	אני	הִרְכַּבְתִּי	אַרְכִּיב	
יחידה	מַרְכִּיבָה	אתה	הִרְכַּבְתָּ	תַּרְכִּיב	הַרְכֵּב
רבים	מַרְכִּיבִים	את	הִרְכַּבְתְּ	תַּרְכִּיבִי	הַרְכִּיבִי
רבות	מַרְכִּיבוֹת	הוא	הִרְכִּיב	יַרְכִּיב	
		היא	הִרְכִּיבָה	תַּרְכִּיב	
		אנחנו	הִרְכַּבְנוּ	נַרְכִּיב	
		אתם/ן	הִרְכַּבְתֶּם/ן	תַּרְכִּיבוּ*	הַרְכִּיבוּ**
		הם/ן	הִרְכִּיבוּ	יַרְכִּיבוּ*	

שם הפועל .Infin לְהַרְכִּיב
בינוני .Pres. Part מַרְכִּיב component
שם הפעולה Gerund הַרְכָּבָה giving ride; grafting; inoculation; assembling; composing
שם הפעולה Gerund הֶרְכֵּב composition
מקור מוחלט .Inf. Abs הַרְכֵּב

* less commonly: אתן/הן תַּרְכֵּבְנָה
** less commonly: (אתן) הַרְכֵּבְנָה

הוּרְכַּב (הֻרְכַּב) be made to ride; be assembled/composed; be grafted; be inoculated

בניין: הוּפְעַל גזרה: שלמים

	Present הווה		Past עבר	Future עתיד
יחיד	מוּרְכָּב	אני	הוּרְכַּבְתִּי	אוּרְכַּב
יחידה	מוּרְכֶּבֶת	אתה	הוּרְכַּבְתָּ	תּוּרְכַּב
רבים	מוּרְכָּבִים	את	הוּרְכַּבְתְּ	תּוּרְכְּבִי
רבות	מוּרְכָּבוֹת	הוא	הוּרְכַּב	יוּרְכַּב
		היא	הוּרְכְּבָה	תּוּרְכַּב
		אנחנו	הוּרְכַּבְנוּ	נוּרְכַּב
		אתם/ן	הוּרְכַּבְתֶּם/ן	תּוּרְכְּבוּ*
		הם/ן	הוּרְכְּבוּ	יוּרְכְּבוּ*

שם הפעולה .Ger מוּרְכָּבוּת complexity
בינוני .Pres. Part מוּרְכָּב assembled; complex

* less commonly: אתן/הן תּוּרְכַּבְנָה

<<<

[מקור מוחלט Inf. Abs. הוֹרְכֵּב]

◆ פעלים שאינם שכיחים מאותו שורש Infrequent verbs sharing the same root

נִרְכַּב be ridden on (Med H); be composed (lit.) (נִרְכָּב, יֵירָכֵב, לְהֵירָכֵב)

רִיכֵּב (רִכֵּב) combine (chemically) (מְרַכֵּב, יְרַכֵּב, לְרַכֵּב)

רוּכַּב (רֻכַּב) be combined (chemically) (מְרוּכָּב, יְרוּכַּב)

הִתְרַכֵּב combine (intr.), unite (Med H); be combined chemically (מִתְרַכֵּב, יִתְרַכֵּב, לְהִתְרַכֵּב)

◆ דוגמאות Illustrations

בקיץ אבי **רוֹכֵב** הרבה על אופניים, **וּמַרְכִּיב** מאחור את בנו הקטן.

In the summer, Avi **rides** his bike a lot, and **has** his little son **ride** in the back.

החברה הזאת אינה מייצרת מחשבים; היא **מַרְכִּיבָה** אותם **מִמַּרְכִּיבִים** שונים שהיא רוכשת על פי בחירתה. מערכת **המוּרְכֶּבֶת** באופן כזה זולה הרבה יותר ממערכת של יצרן יחיד, ולעתים אף עולה עליה באיכותה.

This company does not manufacture computers; it **assembles** them from various **components** of its choice that it acquires. A system **assembled** like that is much cheaper than one produced by a single manufacturer, and occasionally even surpasses it in quality.

סכסוך עתיק בין עמים מהווה בעייה **מוּרְכֶּבֶת** מאוד; לעתים קשה למשקיף מבחוץ לרדת לעומקה של **מוּרְכָּבוּת** כזו.

An ancient conflict between peoples constitutes a very **complex** problem; sometimes it is difficult for an observer from the outside to truly comprehend such **complexity**.

היום מקפידים מאוד על **הֶרְכֵּבוֹ** של כל חבר מושבעים מבחינת מין וגזע.

Today they are very particular regarding the **composition** of any jury with respect to race and sex.

◆ ביטויים מיוחדים Special expressions

משפט **מוּרְכָּב** complex sentence

משפחת **המוּרְכָּבִים** (botany) compositae

●רכז

רִיכֵּז/רִיכַּז/רִכֵּז (רִכֵּז) concentrate (tr.)

בניין: פִּיעֵל גזרה: שלמים

	Present הווה		Past עבר	Future עתיד	Imperative ציווי
יחיד	מְרַכֵּז	אני	רִיכַּזְתִּי	אֲרַכֵּז	
יחידה	מְרַכֶּזֶת	אתה	רִיכַּזְתָּ	תְּרַכֵּז	רַכֵּז
רבים	מְרַכְּזִים	את	רִיכַּזְתְּ	תְּרַכְּזִי	רַכְּזִי
רבות	מְרַכְּזוֹת	הוא	רִיכֵּז	יְרַכֵּז	<<<

		Past עבר	Future עתיד	Imperative ציווי
	היא	ריכְּזָה	תְּרַכֵּז	
	אנחנו	ריכַּזְנוּ	נְרַכֵּז	
	אתם/ן	ריכַּזְתֶּם/ן	תְּרַכְּזוּ	רַכְּזוּ**
	הם/ן	ריכְּזוּ	יְרַכְּזוּ*	

שם הפועל .Infin לְרַכֵּז   * less commonly: אתן/הן תְּרַכֵּזְנָה

בינוני .Pres. Part מְרַכֵּז coordinator   ** less commonly: (אתן) רַכֵּזְנָה

שם הפעולה Gerund ריכּוּז concentrating, concentration

מקור מוחלט .Inf. Abs רַכֵּז

רוּכַּז (רֻכַּז) be concentrated

בניין: פּוּעַל   גזרה: שלמים

	Present הווה		Past עבר	Future עתיד
יחיד	מְרוּכָּז	אני	רוּכַּזְתִּי	אֲרוּכַּז
יחידה	מְרוּכֶּזֶת	אתה	רוּכַּזְתָּ	תְּרוּכַּז
רבים	מְרוּכָּזִים	את	רוּכַּזְתְּ	תְּרוּכְּזִי
רבות	מְרוּכָּזוֹת	הוא	רוּכַּז	יְרוּכַּז
		היא	רוּכְּזָה	תְּרוּכַּז
		אנחנו	רוּכַּזְנוּ	נְרוּכַּז
		אתם/ן	רוּכַּזְתֶּם/ן	תְּרוּכְּזוּ*
		הם/ן	רוּכְּזוּ	יְרוּכְּזוּ*

בינוני .Pres. Part מְרוּכָּז concentrated   * less commonly: אתן/הן תְּרוּכַּזְנָה

[מקור מוחלט .Inf. Abs רוּכּוֹז]

הִתְרַכֵּז/הִתְרַכַּז concentrate (intr.)

בניין: הִתְפַּעֵל   גזרה: שלמים

	Present הווה		Past עבר	Future עתיד	Imperative ציווי
יחיד	מִתְרַכֵּז	אני	הִתְרַכַּזְתִּי	אֶתְרַכֵּז	
יחידה	מִתְרַכֶּזֶת	אתה	הִתְרַכַּזְתָּ	תִּתְרַכֵּז	הִתְרַכֵּז
רבים	מִתְרַכְּזִים	את	הִתְרַכַּזְתְּ	תִּתְרַכְּזִי	הִתְרַכְּזִי
רבות	מִתְרַכְּזוֹת	הוא	הִתְרַכֵּז	יִתְרַכֵּז	
		היא	הִתְרַכְּזָה	תִּתְרַכֵּז	
		אנחנו	הִתְרַכַּזְנוּ	נִתְרַכֵּז	
		אתם/ן	הִתְרַכַּזְתֶּם/ן	תִּתְרַכְּזוּ*	הִתְרַכְּזוּ**
		הם/ן	הִתְרַכְּזוּ	יִתְרַכְּזוּ*	

שם הפועל .Infin לְהִתְרַכֵּז   * less commonly: אתן/הן תִּתְרַכֵּזְנָה

שם הפעולה .Ger הִתְרַכְּזוּת concentrating   ** less commonly: (אתן) הִתְרַכֵּזְנָה

מקור מוחלט .Inf. Abs הִתְרַכֵּז

מ"י מוצרכת .Gov. Prep הִתְרַכֵּז ב- concentrate on

◆ **דוגמאות** Illustrations

יצחק לומד ועובד. כדי שיוכל לעבוד, הוא **מְרַכֵּז** את השיעורים שלו ביומיים; ביומיים אחרים הוא עובד (במשרה חלקית כעוזר **לִמְרַכֵּז** מכירות בחנות סיטונאית גדולה), ובשאר הזמן הוא **מִתְרַכֵּז** בלימודים כדי להיות מוכן לשיעורים.

Yithak studies and works. In order to be able to work, he **concentrates** his classes in two days, another two days he works (as part-time assistant to a sales **coordinator** in a large wholesale store), and the rest of the time he **concentrates** on his studies so as to be prepared for classes.

חנויות מיוחדות בדרך כלל לא נמצאות בקניונים; הן **מְרוּכָּזוֹת** במרכז העיר. גם הבנקים הגדולים עדיין **מִתְרַכְּזִים** בלב העיר.

Specialty stores are usually not found in shopping malls; they **are concentrated** in the center of town. The large banks also **concentrate** in the heart of town.

◆ **ביטויים מיוחדים** Special expressions

מחנה **רִיכּוּז** concentration camp

●רכש

רָכַשׁ/רוֹכֵשׁ/יִרְכּוֹשׁ (יִרְכֹּשׁ) acquire, obtain, gain possession of

בניין: פָּעַל גזרה: שלמים (אֶפְעוֹל)

	Present הווה		Past עבר	Future עתיד	Imperative ציווי
יחיד	רוֹכֵשׁ	אני	רָכַשְׁתִּי	אֶרְכּוֹשׁ	
יחידה	רוֹכֶשֶׁת	אתה	רָכַשְׁתָּ	תִּרְכּוֹשׁ	רְכוֹשׁ
רבים	רוֹכְשִׁים	את	רָכַשְׁתְּ	תִּרְכְּשִׁי	רִכְשִׁי
רבות	רוֹכְשׁוֹת	הוא	רָכַשׁ	יִרְכּוֹשׁ	
		היא	רָכְשָׁה	תִּרְכּוֹשׁ	
		אנחנו	רָכַשְׁנוּ	נִרְכּוֹשׁ	
		אתם/ן	רְכַשְׁתֶּם/ן*	תִּרְכְּשׁוּ**	רִכְשׁוּ***
		הם/ן	רָכְשׁוּ	יִרְכְּשׁוּ**	

שם הפועל .Infin לִרְכּוֹשׁ

שם הפעולה Gerund רְכִישָׁה acquisition

מקור מוחלט .Inf. Abs רָכוֹשׁ

* Colloquial: רָכַשְׁתֶּם/ן

** less commonly: אתן/הן תִּרְכּוֹשְׁנָה

*** less commonly: (אתן) רְכוֹשְׁנָה

נִרְכַּשׁ/יֵירָכֵשׁ (יֵרָכֵשׁ) be acquired/obtained

בניין: נִפְעַל גזרה: פ׳ גרונית

	Present הווה		Past עבר	Future עתיד	Imperative ציווי
יחיד	נִרְכָּשׁ	אני	נִרְכַּשְׁתִּי	אֵירָכֵשׁ	
יחידה	נִרְכֶּשֶׁת	אתה	נִרְכַּשְׁתָּ	תֵּירָכֵשׁ	הֵירָכֵשׁ <<<

	הווה Present		עבר Past	עתיד Future	ציווי Imperative
רבים	נִרְכָּשִׁים	את	נִרְכַּשְׁתְּ	תֵּירָכְשִׁי	הֵירָכְשִׁי
רבות	נִרְכָּשׁוֹת	הוא	נִרְכַּשׁ	יֵירָכֵשׁ	
		היא	נִרְכְּשָׁה	תֵּירָכֵשׁ	
		אנחנו	נִרְכַּשְׁנוּ	נֵירָכֵשׁ	
		אתם/ן	נִרְכַּשְׁתֶּם/ן	תֵּירָכְשׁוּ*	הֵירָכְשׁוּ**
		הם/ן	נִרְכְּשׁוּ	יֵירָכְשׁוּ*	

שם הפועל .Infin לְהֵירָכֵשׁ — * less commonly: אתן/הן תֵּירָכַשְׁנָה/...כֵשְׁנָה

שם הפעולה .Ger הֵירָכְשׁוּת being acquired — ** less commonly: (אתן) הֵירָכַשְׁנָה/...כֵשְׁנָה

בינוני .Pres. Part נִרְכָּשׁ acquired (also trait)

מקור מוחלט .Inf. Abs נִרְכּוֹשׁ, הֵירָכֵשׁ (הֵירָכוֹשׁ)

◆ **פעלים שאינם שכיחים מאותו שורש** Infrequent verbs sharing the same root

הִרְכִּישׁ cause to acquire, put in possession of (מַרְכִּישׁ, יַרְכִּישׁ, לְהַרְכִּישׁ)

הוּרְכַּשׁ (הֻרְכַּשׁ) be caused to acquire (מוּרְכָּשׁ, יוּרְכַּשׁ)

בינוני .Pres. Part מוּרְכָּשׁ acquired (e.g. trait) (fairly common form)

◆ **דוגמאות** Illustrations

איך אהרון נעשה אדם עשיר? פשוט מאוד: **רָכַשׁ** מניות בזול ומכר אותן ביוקר. **הָרְכִישָׁה** הטובה ביותר שלו הייתה "בנק האיכרים"; אחרי שישה חודשים הבנק **נִרְכַּשׁ** על ידי בנק אחר תמורת מחיר כפול מסכום ההשקעה.

How did Aaron become a rich man? Very simple: he **acquired** stocks when they were cheap and sold them when they were expensive. His best **acquisition** was the Farmers Bank. Six months later the bank **was acquired** by another bank for double the investment cost.

מדענים מתווכחים וימשיכו להתווכח אודות השאלה מה מוּלָד באדם ומה **נִרְכָּשׁ/מוּרְכָּשׁ** בהשפעת הסביבה.

Scientists argue and will continue to argue on the question of what is innate in man and what **is acquired** under the influence of the environment.

●רמה

רִימָּה/רִמָּה (רִמָּה) cheat, swindle, deceive

בניין: פִּיעֵל גזרה: ל"ה

	הווה Present		עבר Past	עתיד Future	ציווי Imperative
יחיד	מְרַמֶּה	אני	רִימִּיתִי	אֲרַמֶּה	
יחידה	מְרַמָּה	אתה	רִימִּיתָ	תְּרַמֶּה	רַמֵּה
רבים	מְרַמִּים	את	רִימִּית	תְּרַמִּי	רַמִּי <<<

	Present הווה		Past עבר	Future עתיד	Imperative ציווי
רבות	מְרַמּוֹת	הוא	רִימָּה	יְרַמֶּה	
		היא	רִימְּתָה	תְּרַמֶּה	
		אנחנו	רִימִּינוּ	נְרַמֶּה	
		אתם/ן	רִימִּיתֶם/ן	תְּרַמּוּ*	רַמּוּ**
		הם/ן	רִימּוּ	יְרַמּוּ*	

שם הפועל Infin. לְרַמּוֹת — * less commonly: אתן/הן תְּרַמֶּינָה

מקור מוחלט Inf. Abs. רַמֵּה — ** less commonly: (אתן) רַמֶּינָה

רוּמָּה/רוּמֶּה (רֻמָּה) be cheated/swindled/deceived

בניין: פּוּעַל   גזרה: ל"ה

	Present הווה		Past עבר	Future עתיד
יחיד	מְרוּמֶּה	אני	רוּמֵּיתִי	אֲרוּמֶּה
יחידה	מְרוּמָּה	אתה	רוּמֵּיתָ	תְּרוּמֶּה
רבים	מְרוּמִּים	את	רוּמֵּית	תְּרוּמִּי
רבות	מְרוּמּוֹת	הוא	רוּמָּה	יְרוּמֶּה
		היא	רוּמְּתָה	תְּרוּמֶּה
		אנחנו	רוּמֵּינוּ*	נְרוּמֶּה
		אתם/ן	רוּמֵּיתֶם/ן	תְּרוּמּוּ**
		הם/ן	רוּמּוּ	יְרוּמּוּ**

בינוני Pres. Part. מְרוּמֶּה cheated, deceived — * BH: רוּמִּינוּ

[מקור מוחלט Inf. Abs. רוּמֵּה] — ** less commonly: אתן/הן תְּרוּמֶּינָה

◆ פעלים שאינם שכיחים מאותו שורש Infrequent verbs sharing the same root

הִתְרַמָּה behave deceptively, cheat (Mish H) (מִתְרַמֶּה, יִתְרַמֶּה, לְהִתְרַמּוֹת)

◆ דוגמאות Illustrations

בתרבויות מסוימות מקובל למדי **לְרַמּוֹת** את הזולת: אם **רִימִּיתָ** את שכנך, סימן שאתה פיקח, ומי **שרוּמָּה** יוצא בבושת פנים, כיוון שהוכח שהוא טיפש.

In some cultures it is fairly acceptable **to cheat** others: If you **have cheated** your neighbor, it proves that you are smart, and whoever **was cheated** hides his face in shame, having been shown to be a fool.

●רמז

רָמַז/רוֹמֵז/יִרְמוֹז hint, make a sign

בניין: פָּעַל גזרה: שלמים (אֶפְעוֹל)

	Present הווה			Past עבר	Future עתיד	Imper. ציווי
יחיד	רוֹמֵז	רָמוּז	אני	רָמַזְתִּי	אֶרְמוֹז	
יחידה	רוֹמֶזֶת	רְמוּזָה	אתה	רָמַזְתָּ	תִּרְמוֹז	רְמוֹז
רבים	רוֹמְזִים	רְמוּזִים	את	רָמַזְתְּ	תִּרְמְזִי	רִמְזִי
רבות	רוֹמְזוֹת	רְמוּזוֹת	הוא	רָמַז	יִרְמוֹז	
			היא	רָמְזָה	תִּרְמוֹז	
			אנחנו	רָמַזְנוּ	נִרְמוֹז	
			אתם/ן	רְמַזְתֶּם/ן*	תִּרְמְזוּ**	רִמְזוּ***
			הם/ן	רָמְזוּ	יִרְמְזוּ**	

* Colloquial: רָמַזְתֶּם/ן

** less commonly: אתן/הן תִּרְמוֹזְנָה

*** less commonly: (אתן) רְמוֹזְנָה

שם הפועל .Infin לִרְמוֹז

בינוני סביל .Pass. Part רָמוּז hinted at, alluded to

שם הפעולה Gerund רְמִיזָה hinting, hint, making a sign

מקור מוחלט .Inf. Abs רָמוֹז

מ"י מוצרכת .Gov. Prep רָמַז על hint at

נִרְמַז/יֵירָמֵז (יֵרָמֵז) be hinted/suggested

בניין: נִפְעַל גזרה: פ' גרונית ר'

	Present הווה		Past עבר	Future עתיד	Imperative ציווי
יחיד	נִרְמָז	אני	נִרְמַזְתִּי	אֵירָמֵז	
יחידה	נִרְמֶזֶת	אתה	נִרְמַזְתָּ	תֵּירָמֵז	הֵירָמֵז
רבים	נִרְמָזִים	את	נִרְמַזְתְּ	תֵּירָמְזִי	הֵירָמְזִי
רבות	נִרְמָזוֹת	הוא	נִרְמַז	יֵירָמֵז	
		היא	נִרְמְזָה	תֵּירָמֵז	
		אנחנו	נִרְמַזְנוּ	נֵירָמֵז	
		אתם/ן	נִרְמַזְתֶּם/ן	תֵּירָמְזוּ*	הֵירָמְזוּ**
		הם/ן	נִרְמְזוּ	יֵירָמְזוּ*	

שם הפועל .Infin לְהֵירָמֵז

* less commonly: אתן/הן תֵּירָמַזְנָה/...מֵזְנָה

שם הפעולה .Ger הֵירָמְזוּת being hinted

** less commonly: (אתן) הֵירָמַזְנָה/...מֵזְנָה

מקור מוחלט .Inf. Abs נִרְמוֹז, הֵירָמֵז (הֵירָמוֹז)

רִימֵּז/רִימֵז/רִמֵּז (רִמֵּז) hint at, make a sign, indicate (more literary than base form above)

בניין: פִּיעֵל גזרה: שלמים

	Present הווה		Past עבר	Future עתיד	Imperative ציווי
יחיד	מְרַמֵּז	אני	רִימַּזְתִּי	אֲרַמֵּז	
יחידה	מְרַמֶּזֶת	אתה	רִימַּזְתָּ	תְּרַמֵּז	רַמֵּז
רבים	מְרַמְּזִים	את	רִימַּזְתְּ	תְּרַמְּזִי	רַמְּזִי
רבות	מְרַמְּזוֹת	הוא	רִימֵּז	יְרַמֵּז	
		היא	רִימְּזָה	תְּרַמֵּז	
		אנחנו	רִימַּזְנוּ	נְרַמֵּז	
		אתם/ן	רִימַּזְתֶּם/ן	תְּרַמְּזוּ	רַמְּזוּ**
		הם/ן	רִימְּזוּ	יְרַמְּזוּ*	

שם הפועל .Infin לְרַמֵּז — * less commonly: אתן/הן תְּרַמֵּזְנָה

שם הפעולה .Ger רִימּוּז hint, allusion — ** less commonly: (אתן) רַמֵּזְנָה

מקור מוחלט .Inf. Abs רַמֵּז

מ״י מוצרכת .Gov. Prep רִימֵּז עַל hint at, allude to, indicate/signal

רוּמַּז (רֻמַּז) be hinted/alluded to

בניין: פּוּעַל גזרה: שלמים

	Present הווה		Past עבר	Future עתיד
יחיד	מְרוּמָּז	אני	רוּמַּזְתִּי	אֲרוּמַּז
יחידה	מְרוּמֶּזֶת	אתה	רוּמַּזְתָּ	תְּרוּמַּז
רבים	מְרוּמָּזִים	את	רוּמַּזְתְּ	תְּרוּמְּזִי
רבות	מְרוּמָּזוֹת	הוא	רוּמַּז	יְרוּמַּז
		היא	רוּמְּזָה	תְּרוּמַּז
		אנחנו	רוּמַּזְנוּ	נְרוּמַּז
		אתם/ן	רוּמַּזְתֶּם/ן	תְּרוּמְּזוּ*
		הם/ן	רוּמְּזוּ	יְרוּמְּזוּ*

בינוני .Pres. Part מְרוּמָּז hinted, alluded to — * less commonly: אתן/הן תְּרוּמַּזְנָה

[מקור מוחלט .Inf. Abs רוּמּוֹז]

◆ פעלים שאינם שכיחים מאותו שורש Infrequent verbs sharing the same root

הִרְמִיז hint, make sign (Mish H) (מַרְמִיז, יַרְמִיז, לְהַרְמִיז)

הוּרְמַז (הָרְמַז) be given a hint (Med H) (מוּרְמָז, יוּרְמַז)

הִתְרַמֵּז be hinted; understand hint (lit.) (מִתְרַמֵּז, יִתְרַמֵּז, לְהִתְרַמֵּז)

◆ דוגמאות Illustrations

חיים **רָמַז** לי שכדאי לי להוציא את חסכונותי מן הבנק הזה. **נִרְמַז** לו על ידי יודעי דבר, שהבנק עומד בפני פשיטת רגל.

Hayyim **hinted** to me that it would be a good idea for me to withdraw my savings from this bank. It **had been hinted** to him by knowledgeable people that the bank is about to go bankrupt.

הסרט "מ.א.ש" הוא כביכול על מלחמת קוריאה, אבל **מְרוּמָּז** בו, למעשה, על מלחמת ויאטנאם.

The movie *M.A.S.H.* is supposedly about the Korean War, but in fact it is the Vietnam War that **is alluded** to.

מה שהתרחש אתמול בשוק המניות **מְרַמֵּז** על נטיות חמורות הרבה יותר בעתיד.

What happened in the stock market yesterday **signals** much more serious developments in the future.

●רעד

רָעַד/רוֹעֵד/יִרְעַד tremble, shiver, shudder, shake

בניין: פָּעַל   גזרה: ע' גרונית (אֶפְעַל)

	Present הווה		Past עבר	Future עתיד	Imper. ציווי
יחיד	רוֹעֵד רָעוּד	אני	רָעַדְתִּי	אֶרְעַד	
יחידה	רוֹעֶדֶת רְעוּדָה	אתה	רָעַדְתָּ	תִּרְעַד	רְעַד
רבים	רוֹעֲדִים רְעוּדִים	את	רָעַדְתְּ	תִּרְעֲדִי	רַעֲדִי
רבות	רוֹעֲדוֹת רְעוּדוֹת	הוא	רָעַד	יִרְעַד	
		היא	רָעֲדָה	תִּרְעַד	
		אנחנו	רָעַדְנוּ	נִרְעַד	
		אתם/ן	רְעַדְתֶּם/ן*	תִּרְעֲדוּ**	רַעֲדוּ***
		הם/ן	רָעֲדוּ	יִרְעֲדוּ**	

* Colloquial: רָעַדְתֶּם/ן

** less commonly: אתן/הן תִּרְעַדְנָה

*** less commonly: (אתן) רְעַדְנָה

שם הפועל .Infin לִרְעוֹד

שם הפעולה Gerund רְעִידָה trembling, shaking (N)

בינוני סביל .Pass. Part רָעוּד shaking, trembling (lit.)

מקור מוחלט .Inf. Abs רָעוֹד

הִרְעִיד/הִרְעַד/יַרְעִיד cause to tremble, shake (tr.); tremble (intr.) (lit.)

בניין: הִפְעִיל   גזרה: שלמים

	Present הווה		Past עבר	Future עתיד	Imperative ציווי
יחיד	מַרְעִיד	אני	הִרְעַדְתִּי	אַרְעִיד	
יחידה	מַרְעִידָה	אתה	הִרְעַדְתָּ	תַּרְעִיד	הַרְעֵד
רבים	מַרְעִידִים	את	הִרְעַדְתְּ	תַּרְעִידִי	הַרְעִידִי
רבות	מַרְעִידוֹת	הוא	הִרְעִיד	יַרְעִיד	>>>

	Past עבר	Future עתיד	Imperative ציווי
היא	הִרְעִידָה	תַּרְעִיד	
אנחנו	הִרְעַדְנוּ	נַרְעִיד	
אתם/ן	הִרְעַדְתֶּם/ן	תַּרְעִידוּ*	הַרְעִידוּ**
הם/ן	הִרְעִידוּ	יַרְעִידוּ*	

שם הפועל .Infin לְהַרְעִיד   * less commonly: אתן/הן תַּרְעֵדְנָה

שם הפעולה .Ger הַרְעָדָה causing to shake   ** less commonly: (אתן) הַרְעֵדְנָה

מקור מוחלט .Inf. Abs הַרְעֵד

הוּרְעַד (הֻרְעַד) be shaken/caused to tremble

בניין: הוּפְעַל   גזרה: ע' גרונית

	Present הווה		Past עבר	Future עתיד
יחיד	מוּרְעָד	אני	הוּרְעַדְתִּי	אוּרְעַד
יחידה	מוּרְעֶדֶת	אתה	הוּרְעַדְתָּ	תּוּרְעַד
רבים	מוּרְעָדִים	את	הוּרְעַדְתְּ	תּוּרְעֲדִי
רבות	מוּרְעָדוֹת	הוא	הוּרְעַד	יוּרְעַד
		היא	הוּרְעֲדָה	תּוּרְעַד
		אנחנו	הוּרְעַדְנוּ	נוּרְעַד
		אתם/ן	הוּרְעַדְתֶּם/ן	תּוּרְעֲדוּ*
		הם/ן	הוּרְעֲדוּ	יוּרְעֲדוּ*

* less commonly: אתן/הן תּוּרְעַדְנָה

◆ פעלים שאינם שכיחים מאותו שורש Infrequent verbs sharing the same root

נִרְעַד begin to shake (lit.) (נִרְעָד, יֵירָעֵד, לְהֵירָעֵד)

רִיעֵד (רִעֵד) shake (tr.) (Med H) (מְרַעֵד, יְרַעֵד, לְרַעֵד)

הִתְרַעֵד begin to shake (lit.) (מִתְרַעֵד, יִתְרַעֵד, לְהִתְרַעֵד)

◆ דוגמאות Illustrations

ההתפוצצות **הִרְעִידָה** את כל האיזור; עשרות בתים **הוּרְעֲדוּ** על ידה כמו **בִּרְעִידַת** אדמה, ודייריהם **רָעֲדוּ** מפחד.

The explosion **shook** the whole area; tens of houses **were shaken** by it as if it were an earthquake, and their tenants **shook** with fear.

◆ ביטויים מיוחדים Special expressions

רָעַד מפחד shake with fear   **רְעִידַת** אדמה earthquake

●רפא

רִיפֵּא/רִפֵּא (רִפֵּא) cure, heal; treat; remedy

בניין: פִּיעֵל גזרה: ל"א

	Present הווה		Past עבר	Future עתיד	Imperative ציווי
יחיד	מְרַפֵּא	אני	רִיפֵּאתִי	אֲרַפֵּא	
יחידה	מְרַפֵּאת	אתה	רִיפֵּאתָ	תְּרַפֵּא	רַפֵּא
רבים	מְרַפְּאִים	את	רִיפֵּאת	תְּרַפְּאִי	רַפְּאִי
רבות	מְרַפְּאוֹת	הוא	רִיפֵּא	יְרַפֵּא	
		היא	רִיפְּאָה	תְּרַפֵּא	
		אנחנו	רִיפֵּאנוּ	נְרַפֵּא	
		אתם/ן	רִיפֵּאתֶם/ן	תְּרַפְּאוּ*	רַפְּאוּ**
		הם/ן	רִיפְּאוּ	יְרַפְּאוּ*	

* less commonly: אתן/הן תְּרַפֶּאנָה

** less commonly: (אתן) רַפֶּאנָה

שם הפועל .Infin לְרַפֵּא

שם הפעולה Gerund רִיפּוּי curing, healing, treating***

מקור מוחלט .Inf. Abs רַפֵּא

***Note: רִיפּוּי from רפה 'be loose, relaxed' means 'relaxing'

הִתְרַפֵּא recover, get well, heal (wound); be under doctor's care

בניין: הִתְפַּעֵל גזרה: ל"א

	Present הווה		Past עבר	Future עתיד	Imperative ציווי
יחיד	מִתְרַפֵּא	אני	הִתְרַפֵּאתִי	אֶתְרַפֵּא	
יחידה	מִתְרַפֵּאת	אתה	הִתְרַפֵּאתָ	תִּתְרַפֵּא	הִתְרַפֵּא
רבים	מִתְרַפְּאִים	את	הִתְרַפֵּאת	תִּתְרַפְּאִי	הִתְרַפְּאִי
רבות	מִתְרַפְּאוֹת	הוא	הִתְרַפֵּא	יִתְרַפֵּא	
		היא	הִתְרַפְּאָה	תִּתְרַפֵּא	
		אנחנו	הִתְרַפֵּאנוּ	נִתְרַפֵּא	
		אתם/ן	הִתְרַפֵּאתֶם/ן	תִּתְרַפְּאוּ*	הִתְרַפְּאוּ**
		הם/ן	הִתְרַפְּאוּ	יִתְרַפְּאוּ*	

* less commonly: אתן/הן תִּתְרַפֶּאנָה

** less commonly: (אתן) הִתְרַפֶּאנָה

שם הפועל .Infin לְהִתְרַפֵּא

שם הפעולה Gerund הִתְרַפְּאוּת recovery, being healed

מקור מוחלט .Inf. Abs הִתְרַפֵּא

נִרְפָּא/יֵירָפֵא (יֵרָפֵא) get well, recover

בניין: נִפְעַל גזרה: ל"א + פ' גרונית

	Present הווה		Past עבר	Future עתיד	Imperative ציווי
יחיד	נִרְפָּא	אני	נִרְפֵּאתִי	אֵירָפֵא	
יחידה	נִרְפֵּאת	אתה	נִרְפֵּאתָ	תֵּירָפֵא	הֵירָפֵא >>>

	Present הווה		Past עבר	Future עתיד	Imperative ציווי
רבים	נִרְפָּאִים	את	נִרְפֵּאת	תֵּירָפְאִי	הֵירָפְאִי
רבות	נִרְפָּאוֹת	הוא	נִרְפָּא	יֵירָפֵא	
		היא	נִרְפְּאָה	תֵּירָפֵא	
		אנחנו	נִרְפֵּאנוּ	נֵירָפֵא	
		אתם/ן	נִרְפֵּאתֶם/ן	תֵּירָפְאוּ*	הֵירָפְאוּ**
		הם/ן	נִרְפְּאוּ	יֵירָפְאוּ*	

שם הפועל .Infin לְהֵירָפֵא   * less commonly: אתן/הן תֵּירָפֶאנָה

שם הפעולה .Ger הֵירָפְאוּת recovering (N)   ** less commonly: (אתן) הֵירָפֶאנָה

מקור מוחלט .Inf. Abs נִרְפּוֹא, הֵירָפֵא

רוּפָּא (רֻפָּא) be cured/healed/treated/repaired

בניין: פּוּעַל   גזרה: ל״א

	Present הווה		Past עבר	Future עתיד
יחיד	מְרוּפָּא	אני	רוּפֵּאתִי	אֲרוּפָּא
יחידה	מְרוּפֵּאת	אתה	רוּפֵּאתָ	תְּרוּפָּא
רבים	מְרוּפָּאִים	את	רוּפֵּאת	תְּרוּפְּאִי
רבות	מְרוּפָּאוֹת	הוא	רוּפָּא	יְרוּפָּא
		היא	רוּפְּאָה	תְּרוּפָּא
		אנחנו	רוּפֵּאנוּ	נְרוּפָּא
		אתם/ן	רוּפֵּאתֶם/ן	תְּרוּפְּאוּ*
		הם/ן	רוּפְּאוּ	יְרוּפְּאוּ*

[מקור מוחלט .Inf. Abs רוּפֹּא]   * less commonly: אתן/הן תְּרוּפֶּאנָה

◆ **פעלים שאינם שכיחים מאותו שורש** Infrequent verbs sharing the same root

רָפָא cure, heal (רוֹפֵא, יִירְפָּא, לִרְפּוֹא)

בינוני פעיל .Act. Part רוֹפֵא medical doctor (common form)

◆ **דוגמאות** Illustrations

חיים **נִרְפָּא** סוף סוף ממרבית הפצעים שנגרמו לו בתאונה, אם כי החתך בראשו עדיין לא **הִתְרַפֵּא**. **הרוֹפֵא** אמר, שהוא ינסה **לְרַפֵּא** את הפצע הזה בדרך אחרת.

Hayyim **recovered** from most of the wounds caused by the accident, although the cut on his head **has** not **healed** yet. The **doctor** said that he'll try **to heal** this wound in a different manner.

◆ **ביטויים מיוחדים** Special expressions

רָפָא לו he recovered, he got well   **רוֹפֵא** אליל quack; witch doctor

דרש **ברוֹפְאִים** consult doctors

●רצה

רָצָה/רוֹצֶה/יִרְצֶה want, wish; be pleased with; love; repay

בניין: פָּעַל גזרה: ל"ה

	Present הווה			Past עבר	Future עתיד	Imper. ציווי
יחיד	רוֹצֶה	רָצוּי	אני	רָצִיתִי	אֶרְצֶה	
יחידה	רוֹצָה	רְצוּיָה	אתה	רָצִיתָ	תִּרְצֶה	רְצֵה
רבים	רוֹצִים	רְצוּיִים	את	רָצִית	תִּרְצִי	רְצִי
רבות	רוֹצוֹת	רְצוּיוֹת	הוא	רָצָה	יִרְצֶה	
			היא	רָצְתָה	תִּרְצֶה	
			אנחנו	רָצִינוּ	נִרְצֶה	
			אתם/ן	רְצִיתֶם/ן*	תִּרְצוּ**	רְצוּ***
			הם/ן	רָצוּ	יִרְצוּ**	

שם הפועל .Infin לִרְצוֹת

בינוני סביל .Pass. Part רָצוּי desirable

שם הפעולה .Ger רְצִיָּה volition; willingness

מקור מוחלט .Inf. Abs רָצֹה

* Colloquial: רָצִיתֶם/ן

** less commonly: אתן/הן תִּרְצֶינָה

*** less commonly: (אתן) רְצֶינָה

הִרְצָה/מַרְצֶה lecture, address; satisfy; pay off (lit.)

בניין: הִפְעִיל גזרה: ל"ה

	Present הווה		Past עבר	Future עתיד	Imperative ציווי
יחיד	מַרְצֶה	אני	הִרְצֵיתִי	אַרְצֶה	
יחידה	מַרְצָה	אתה	הִרְצֵיתָ	תַּרְצֶה	הַרְצֵה
רבים	מַרְצִים	את	הִרְצֵית	תַּרְצִי	הַרְצִי
רבות	מַרְצוֹת	הוא	הִרְצָה	יַרְצֶה	
		היא	הִרְצְתָה	תַּרְצֶה	
		אנחנו	הִרְצֵינוּ*	נַרְצֶה	
		אתם/ן	הִרְצֵיתֶם/ן	תַּרְצוּ**	הַרְצוּ***
		הם/ן	הִרְצוּ	יַרְצוּ**	

שם הפועל .Infin לְהַרְצוֹת

בינוני .Pres. Part מַרְצֶה lecturer

שם הפעולה Gerund הַרְצָאָה lecture

מקור מוחלט .Inf. Abs הַרְצֵה

* BH: הִרְצִינוּ

** less commonly: אתן/הן תַּרְצֶינָה

*** less commonly: (אתן) הַרְצֶינָה

רִיצָּה/רַצָּה (רִצָּה) placate, appease; undergo (punishment) (coll.)

בניין: פִּיעֵל גזרה: ל"ה

	Present הווה		Past עבר	Future עתיד	Imperative ציווי
יחיד	מְרַצֶּה	אני	רִיצִּיתִי	אֲרַצֶּה	
יחידה	מְרַצָּה	אתה	רִיצִּיתָ	תְּרַצֶּה	רַצֵּה >>>

	Present הווה		Past עבר	Future עתיד	Imperative ציווי
רבים	מְרַצִּים	את	רִיצִּית	תְּרַצִּי	רַצִּי
רבות	מְרַצּוֹת	הוא	רִיצָּה	יְרַצֶּה	
		היא	רִיצְּתָה	תְּרַצֶּה	
		אנחנו	רִיצִּינוּ	נְרַצֶּה	
		אתם/ן	רִיצִּיתֶם/ן	תְּרַצּוּ*	רַצּוּ**
		הם/ן	רִיצּוּ	יְרַצּוּ*	

שם הפועל .Infin לְרַצּוֹת — * less commonly: אתן/הן תְּרַצֶּינָה

שם הפעולה .Ger רִיצּוּי placating, appeasing — ** less commonly: (אתן) רַצֶּינָה

מקור מוחלט .Inf. Abs רַצֵּה

רוּצָּה/רוּצֶּה (רֻצָּה) be placated/appeased; be approved; be satisfied

בניין: פּוּעַל גזרה: ל"ה

	Present הווה		Past עבר	Future עתיד
יחיד	מְרוּצֶּה	אני	רוּצֵּיתִי	אֲרוּצֶּה
יחידה	מְרוּצָּה	אתה	רוּצֵּיתָ	תְּרוּצֶּה
רבים	מְרוּצִּים	את	רוּצֵּית	תְּרוּצִּי
רבות	מְרוּצּוֹת	הוא	רוּצָּה	יְרוּצֶּה
		היא	רוּצְּתָה	תְּרוּצֶּה
		אנחנו	רוּצֵּינוּ*	נְרוּצֶּה
		אתם/ן	רוּצֵּיתֶם/ן	תְּרוּצּוּ**
		הם/ן	רוּצּוּ	יְרוּצּוּ**

בינוני .Pres. Part מְרוּצֶּה satisfied, happy — * BH: רוּצִּינוּ

[מקור מוחלט .Inf. Abs רוּצֹּה] — ** less commonly: אתן/הן תְּרוּצֶּינָה

הִתְרַצָּה become reconciled; seek favor

בניין: הִתְפַּעֵל גזרה: ל"ה

	Present הווה		Past עבר	Future עתיד	Imperative ציווי
יחיד	מִתְרַצֶּה	אני	הִתְרַצֵּיתִי	אֶתְרַצֶּה	
יחידה	מִתְרַצָּה	אתה	הִתְרַצֵּיתָ	תִּתְרַצֶּה	הִתְרַצֵּה
רבים	מִתְרַצִּים	את	הִתְרַצֵּית	תִּתְרַצִּי	הִתְרַצִּי
רבות	מִתְרַצּוֹת	הוא	הִתְרַצָּה	יִתְרַצֶּה	
		היא	הִתְרַצְּתָה	תִּתְרַצֶּה	
		אנחנו	הִתְרַצֵּינוּ*	נִתְרַצֶּה	
		אתם/ן	הִתְרַצֵּיתֶם/ן	תִּתְרַצּוּ**	הִתְרַצּוּ***
		הם/ן	הִתְרַצּוּ	יִתְרַצּוּ**	

שם הפועל .Infin לְהִתְרַצּוֹת — * BH: הִתְרַצִּינוּ

שם הפעולה .Ger הִתְרַצּוּת conciliatoriness — ** less commonly: אתן/הן תִּתְרַצֶּינָה

מקור מוחלט .Inf. Abs הִתְרַצֵּה — *** less commonly: (אתן) הִתְרַצֶּינָה

◆ פעלים שאינם שכיחים מאותו שורש Infrequent verbs sharing the same root

נִרְצָה (נִרְצָה, יֵירָצֶה, לְהֵירָצוֹת) be acceptable/accepted; be paid for; undergo (punishment)

הוּרְצָה (מוּרְצֶה, יוּרְצֶה) be well received (Mish H); be lectured on (הֻרְצָה)

◆ דוגמאות Illustrations

דניאל **רָצָה לְהַרְצוֹת** על המצב במזרח התיכון באוניברסיטה מסוימת, אבל הסתבר לו, שהוא אינו **מַרְצֶה רָצוּי** שם בגלל דעותיו הפוליטיות. בתחילה הוא כעס מאוד, אבל בסופו של דבר **נִתְרַצָּה**: **רִיצּוּ** אותו בכך שהזמינו אותו לשאת **הַרְצָאָה** על נושא מדעי שאינו פוליטי. **הַהַרְצָאָה** נתקבלה יפה, וכולם היו פחות או יותר **מְרוּצִּים**.

Daniel **wished to lecture** on the situation in the Middle East at a particular university, but found out that he was not a **desirable lecturer** there because of his political views. In the beginning he was very upset, but was finally **appeased**: they **placated** him by inviting him to deliver a **lecture** on a nonpolitical topic. The **lecture** was well received, and everyone **was** more or less **satisfied**.

◆ ביטויים מיוחדים Special expressions

אם **יִרְצֶה** השם God willing

אם **תִּרְצוּ**, אין זו אגדה if you wish it, you'll be able to actually attain it

נוח **לְרְצוֹת** easygoing, easily placated

קשה **לְרְצוֹת** hard to placate

רוֹצֶה לומר that is to say, i.e.

רָצָה את עונשו was duly punished

רִיצָּה את עונשו was duly punished (coll.)

הָרָצוּי והמצוי the desirable as against the attainable

●רצח

רָצַח/רוֹצֵחַ/יִרְצַח murder

בניין: פָּעַל גזרה: ל׳ גרונית

Imper. ציווי	Future עתיד	Past עבר		Present הווה	
	אֶרְצַח	רָצַחְתִּי	אני	רוֹצֵחַ רָצוּחַ	יחיד
רְצַח	תִּרְצַח	רָצַחְתָּ	אתה	רוֹצַחַת רְצוּחָה	יחידה
רִצְחִי	תִּרְצְחִי	רָצַחְתְּ/...חַת	את	רוֹצְחִים רְצוּחִים	רבים
	יִרְצַח	רָצַח	הוא	רוֹצְחוֹת רְצוּחוֹת	רבות
	תִּרְצַח	רָצְחָה	היא		
	נִרְצַח	רָצַחְנוּ	אנחנו		
רִצְחוּ***	תִּרְצְחוּ**	רְצַחְתֶּם/ן*	אתם/ן		
<<<	יִרְצְחוּ**	רָצְחוּ	הם/ן		

שם הפועל .Infin לִרְצוֹחַ * Colloquial: רְצַחְתֶּם/ן

שם הפעולה Gerund רְצִיחָה murdering ** less commonly: אתן/הן תִּרְצַחְנָה

בינוני פעיל .Act. Part רוֹצֵחַ murderer *** less commonly: (אתן) רְצַחְנָה

בינוני סביל .Pass. Part רָצוּחַ murdered (Med H)

מקור מוחלט .Inf. Abs רָצוֹחַ

נִרְצַח/יֵירָצַח/יֵירָצֵחַ (יֵרָצַח) be murdered

בניין: נִפְעַל גזרה: פ׳ גרונית + ל׳ גרונית

Imperative ציווי	Future עתיד	Past עבר		Present הווה	
	אֵירָצַח/...צֵחַ	נִרְצַחְתִּי	אני	נִרְצָח	יחיד
הֵירָצַח/...צֵחַ	תֵּירָצַח/...צֵחַ	נִרְצַחְתָּ	אתה	נִרְצַחַת	יחידה
הֵירָצְחִי	תֵּירָצְחִי	נִרְצַחְתְּ/...חַת	את	נִרְצָחִים	רבים
	יֵירָצַח/...צֵחַ	נִרְצַח	הוא	נִרְצָחוֹת	רבות
	תֵּירָצַח/...צֵחַ	נִרְצְחָה	היא		
	נֵירָצַח/...צֵחַ	נִרְצַחְנוּ	אנחנו		
הֵירָצְחוּ**	תֵּירָצְחוּ*	נִרְצַחְתֶּם/ן	אתם/ן		
	יֵירָצְחוּ*	נִרְצְחוּ	הם/ן		

שם הפועל .Infin לְהֵירָצַח/...צֵחַ * less commonly: אתן/הן תֵּירָצַחְנָה

בינוני .Pres. Part נִרְצָח murder victim ** less commonly: (אתן) הֵירָצַחְנָה

שם הפעולה Gerund הֵירָצְחוּת being murdered (N)

מקור מוחלט .Inf. Abs נִרְצוֹחַ

◆ פעלים שאינם שכיחים מאותו שורש Infrequent verbs sharing the same root

רִיצַּח (רִצַּח) murder a lot (lit.) (מְרַצֵּחַ, יְרַצַּח, לְרַצֵּחַ)

בינוני .Pres. Part מְרַצֵּחַ one who murders many (fairly common form)

רוּצַּח (רֻצַּח) be murdered (Med H) (מְרוּצָּח, יְרוּצַּח)

הִתְרַצַּח cause oneself to be murdered (Mish H); murder each other (lit.) (מִתְרַצֵּחַ, יִתְרַצַּח, לְהִתְרַצֵּחַ)

◆ דוגמאות Illustrations

הנשיא **נִרְצַח** על-ידי קנאי דתי מכת האחראית **לִרְצִיחָתָם** של שלושה אנשי ציבור. **הרוֹצֵחַ** יובא לפני שופט בשבוע הבא להארכת מעצרו. המשטרה מאמינה כי האיש **רָצַח** לפחות אחד משלושת **הנִרְצָחִים** הקודמים.

The president **was murdered** by a religious fanatic from a sect responsible for the **murder(ing)** of three public figures. The **murderer** will be brought before a judge next week to extend his arrest. The police believes that the man **had** also **murdered** at least one of the three earlier **murder victims**.

◆ ביטויים מיוחדים Special expressions

לא תִּרְצָח thou shalt not kill

הִרְצַחְתָּ וגם ירשת? a call challenging one who committed grave injustice and intends to benefit from it

---

● רקד

רָקַד/רוֹקֵד/יִרְקוֹד dance

בניין: פָּעַל גזרה: שלמים

	הווה Present		עבר Past	עתיד Future	ציווי Imperative
יחיד	רוֹקֵד	אני	רָקַדְתִּי	אֶרְקוֹד	
יחידה	רוֹקֶדֶת	אתה	רָקַדְתָּ	תִּרְקוֹד	רְקוֹד
רבים	רוֹקְדִים	את	רָקַדְתְּ	תִּרְקְדִי	רִקְדִי
רבות	רוֹקְדוֹת	הוא	רָקַד	יִרְקוֹד	
		היא	רָקְדָה	תִּרְקוֹד	
		אנחנו	רָקַדְנוּ	נִרְקוֹד	
		אתם/ן	רְקַדְתֶּם/ן*	תִּרְקְדוּ**	רִקְדוּ***
		הם/ן	רָקְדוּ	יִרְקְדוּ**	

שם הפועל .Infin לִרְקוֹד

שם הפעולה .Ger רְקִידָה dancing, skipping

מקור מוחלט .Inf. Abs רָקוֹד

* Colloquial: רָקַדְתֶּם/ן

** less commonly: אתן/הן תִּרְקוֹדְנָה

*** less commonly: (אתן) רְקוֹדְנָה

הִרְקִיד/הִרְקַד/יַרְקִיד set dancing; jolt

בניין: הִפְעִיל גזרה: שלמים

	הווה Present		עבר Past	עתיד Future	ציווי Imperative
יחיד	מַרְקִיד	אני	הִרְקַדְתִּי	אַרְקִיד	
יחידה	מַרְקִידָה	אתה	הִרְקַדְתָּ	תַּרְקִיד	הַרְקֵד
רבים	מַרְקִידִים	את	הִרְקַדְתְּ	תַּרְקִידִי	הַרְקִידִי
רבות	מַרְקִידוֹת	הוא	הִרְקִיד	יַרְקִיד	
		היא	הִרְקִידָה	תַּרְקִיד	
		אנחנו	הִרְקַדְנוּ	נַרְקִיד	
		אתם/ן	הִרְקַדְתֶּם/ן	תַּרְקִידוּ*	הַרְקִידוּ**
		הם/ן	הִרְקִידוּ	יַרְקִידוּ*	

שם הפועל .Infin לְהַרְקִיד

שם הפעולה .Ger הַרְקָדָה causing to dance

מקור מוחלט .Inf. Abs הַרְקֵד

* less commonly: אתן/הן תַּרְקֵדְנָה

** less commonly: (אתן) הַרְקֵדְנָה

הוּרְקַד (הֻרְקַד) be caused to dance; be jolted

בניין: הוּפְעַל   גזרה: שלמים

	Present הווה		Past עבר	Future עתיד
יחיד	מוּרְקָד	אני	הוּרְקַדְתִּי	אוּרְקַד
יחידה	מוּרְקֶדֶת	אתה	הוּרְקַדְתָּ	תּוּרְקַד
רבים	מוּרְקָדִים	את	הוּרְקַדְתְּ	תּוּרְקְדִי
רבות	מוּרְקָדוֹת	הוא	הוּרְקַד	יוּרְקַד
		היא	הוּרְקְדָה	תּוּרְקַד
		אנחנו	הוּרְקַדְנוּ	נוּרְקַד
		אתם/ן	הוּרְקַדְתֶּם/ן	תּוּרְקְדוּ*
		הם/ן	הוּרְקְדוּ	יוּרְקְדוּ*

מקור מוחלט .Inf. Abs הוּרְקֵד   * less commonly: אתן/הן תּוּרְקַדְנָה

◆ פעלים שאינם שכיחים מאותו שורש Infrequent verbs sharing the same root

נִרְקַד be danced (נִרְקָד, יֵירָקֵד, לְהֵירָקֵד)

רִיקֵּד (רִקֵּד) dance a lot, skip around (מְרַקֵּד, יְרַקֵּד, לְרַקֵּד)

שם הפעולה Gerund רִיקּוּד dance; dancing (very common form)

רוּקַּד (רֻקַּד) be danced (lit.) (מְרוּקָּד, יְרוּקַּד)

הִתְרַקֵּד start dancing (Med H) (מִתְרַקֵּד, יִתְרַקֵּד, לְהִתְרַקֵּד)

◆ דוגמאות Illustrations

כשחנן היה בחור צעיר, הוא **רָקַד רִיקּוּדֵי** עם בקבוצת **רִיקּוּד** מקצועית; היום הוא מנגן באקורדיון בחתונות **ומַרְקִיד** את המוזמנים. במיוחד אוהבים אותו הזקנים **המוּרְקָדִים** לצלילי האקורדיון שלו.

When Hanan was a young man, he **danced** folk **dances** in a professional **dance** group; today he plays the accordion in weddings and **has** the guests **dance**. He is particularly liked by the older people who are **brought to dance** by his accordion.

◆ ביטויים מיוחדים Special expressions

רָקַד בשתי חתונות serve two masters

רָקַד לפי חלילו של dance to (somebody's) tune

●רשה

הִרְשָׁה/מַרְשֶׁה allow, permit; authorize

בניין: הִפְעִיל גזרה: ל"ה

	Present הווה		Past עבר	Future עתיד	Imperative ציווי
יחיד	מַרְשֶׁה	אני	הִרְשֵׁיתִי	אַרְשֶׁה	
יחידה	מַרְשָׁה	אתה	הִרְשֵׁיתָ	תַּרְשֶׁה	הַרְשֵׁה
רבים	מַרְשִׁים	את	הִרְשֵׁית	תַּרְשִׁי	הַרְשִׁי
רבות	מַרְשׁוֹת	הוא	הִרְשָׁה	יַרְשֶׁה	
		היא	הִרְשְׁתָה	תַּרְשֶׁה	
		אנחנו	הִרְשֵׁינוּ*	נַרְשֶׁה	
		אתם/ן	הִרְשֵׁיתֶם/ן	תַּרְשׁוּ**	הַרְשׁוּ***
		הם/ן	הִרְשׁוּ	יַרְשׁוּ**	

* BH: הִרְשִׁינוּ ** less commonly: אתן/הן תַּרְשֶׁינָה

שם הפועל .Infin לְהַרְשׁוֹת *** less commonly: (אתן) הַרְשֶׁינָה

שם הפעולה Gerund הַרְשָׁאָה permission; authorization

מקור מוחלט .Inf. Abs הַרְשֵׁה

הוּרְשָׁה (הָרְשָׁה) be permitted, be authorized

בניין: הוּפְעַל גזרה: ל"ה

	Present הווה		Past עבר	Future עתיד
יחיד	מוּרְשֶׁה	אני	הוּרְשֵׁיתִי	אוּרְשֶׁה
יחידה	מוּרְשָׁה	אתה	הוּרְשֵׁיתָ	תּוּרְשֶׁה
רבים	מוּרְשִׁים	את	הוּרְשֵׁית	תּוּרְשִׁי
רבות	מוּרְשׁוֹת	הוא	הוּרְשָׁה	יוּרְשֶׁה
		היא	הוּרְשְׁתָה	תּוּרְשֶׁה
		אנחנו	הוּרְשֵׁינוּ*	נוּרְשֶׁה
		אתם/ן	הוּרְשֵׁיתֶם/ן	תּוּרְשׁוּ**
		הם/ן	הוּרְשׁוּ	יוּרְשׁוּ**

בינוני .Pres. Part מוּרְשֶׁה authorized * BH: הוּרְשִׁינוּ

[מקור מוחלט .Inf. Abs הוּרְשֵׁה] ** less commonly: אתן/הן תּוּרְשֶׁינָה

◆ פעלים שאינם שכיחים מאותו שורש Infrequent verbs sharing the same root

נִרְשָׁה be permitted, receive permission (Med H) (נִרְשֶׁה, יֵירָשֶׁה, לְהֵירָשׁוֹת)

הִתְרַשָּׁה receive permission, permit oneself (Med H) (מִתְרַשֶּׁה, יִתְרַשֶּׁה, לְהִתְרַשּׁוֹת)

◆ דוגמאות Illustrations

רק אברהם **מוּרְשֶׁה** לחתום בשמי. איני **מַרְשֶׁה** לאף אחד אחר לעשות זאת.

Only Avraham **is authorized** to sign in my name. I do not **permit** anybody else to do so.

● רשם

רָשַׁם/רוֹשֵׁם/יִרְשׁוֹם record, register; list; draw, sketch

בניין: פָּעַל גזרה: שלמים (אֶפְעוֹל)

Imper. ציווי	Future עתיד	Past עבר		Present הווה	
	אֶרְשׁוֹם	רָשַׁמְתִּי	אני	רוֹשֵׁם רָשׁוּם	יחיד
רְשׁוֹם	תִּרְשׁוֹם	רָשַׁמְתָּ	אתה	רוֹשֶׁמֶת רְשׁוּמָה	יחידה
רִשְׁמִי	תִּרְשְׁמִי	רָשַׁמְתְּ	את	רוֹשְׁמִים רְשׁוּמִים	רבים
	יִרְשׁוֹם	רָשַׁם	הוא	רוֹשְׁמוֹת רְשׁוּמוֹת	רבות
	תִּרְשׁוֹם	רָשְׁמָה	היא		
	נִרְשׁוֹם	רָשַׁמְנוּ	אנחנו		
רִשְׁמוּ***	תִּרְשְׁמוּ**	רְשַׁמְתֶּם/ן*	אתם/ן		
	יִרְשְׁמוּ**	רָשְׁמוּ	הם/ן		

* Colloquial: רָשַׁמְתֶּם/ן

** less commonly: אתן/הן תִּרְשׁוֹמְנָה

*** less commonly: (אתן) רְשׁוֹמְנָה

שם הפועל .Infin לִרְשׁוֹם

בינוני סביל .Pass. Part רָשׁוּם registered; recorded

רְשׁוּמוֹת minutes; official gazette

שם הפעולה Gerund רְשִׁימָה list; short article

מקור מוחלט .Inf. Abs רָשׁוֹם

נִרְשַׁם/יֵירָשֵׁם (יֵרָשֵׁם) be recorded/registered; be drawn/sketched

בניין: נִפְעַל גזרה: פ׳ גרונית

Imperative ציווי	Future עתיד	Past עבר		Present הווה	
	אֵירָשֵׁם	נִרְשַׁמְתִּי	אני	נִרְשָׁם	יחיד
הֵירָשֵׁם	תֵּירָשֵׁם	נִרְשַׁמְתָּ	אתה	נִרְשֶׁמֶת	יחידה
הֵירָשְׁמִי	תֵּירָשְׁמִי	נִרְשַׁמְתְּ	את	נִרְשָׁמִים	רבים
	יֵירָשֵׁם	נִרְשַׁם	הוא	נִרְשָׁמוֹת	רבות
	תֵּירָשֵׁם	נִרְשְׁמָה	היא		
	נֵירָשֵׁם	נִרְשַׁמְנוּ	אנחנו		
הֵירָשְׁמוּ**	תֵּירָשְׁמוּ*	נִרְשַׁמְתֶּם/ן	אתם/ן		
	יֵירָשְׁמוּ*	נִרְשְׁמוּ	הם/ן		

* less commonly: אתן/הן תֵּירָשַׁמְנָה/...שֵׁמְנָה

** less commonly: (אתן) הֵירָשַׁמְנָה/...שֵׁמְנָה

שם הפועל .Infin לְהֵירָשֵׁם

שם הפעולה Gerund הֵירָשְׁמוּת being registered (N)

בינוני .Pres. Part נִרְשָׁם registrant, applicant

מקור מוחלט .Inf. Abs נִרְשׁוֹם, הֵירָשֵׁם (הֵירָשׁוֹם)

מ״י מוצרכת .Gov. Prep נִרְשַׁם ל- register/apply for/to

הִתְרַשֵּׁם/הִתְרַשַּׁמְ get an impression, be impressed

בניין: הִתְפַּעֵל גזרה: שלמים

	Present הווה		Past עבר	Future עתיד	Imperative ציווי
יחיד	מִתְרַשֵּׁם	אני	הִתְרַשַּׁמְתִּי	אֶתְרַשֵּׁם	
יחידה	מִתְרַשֶּׁמֶת	אתה	הִתְרַשַּׁמְתָּ	תִּתְרַשֵּׁם	הִתְרַשֵּׁם
רבים	מִתְרַשְּׁמִים	את	הִתְרַשַּׁמְתְּ	תִּתְרַשְּׁמִי	הִתְרַשְּׁמִי
רבות	מִתְרַשְּׁמוֹת	הוא	הִתְרַשֵּׁם	יִתְרַשֵּׁם	
		היא	הִתְרַשְּׁמָה	תִּתְרַשֵּׁם	
		אנחנו	הִתְרַשַּׁמְנוּ	נִתְרַשֵּׁם	
		אתם/ן	הִתְרַשַּׁמְתֶּם/ן	תִּתְרַשְּׁמוּ*	הִתְרַשְּׁמוּ**
		הם/ן	הִתְרַשְּׁמוּ	יִתְרַשְּׁמוּ*	

* less commonly: אתן/הן תִּתְרַשֵּׁמְנָה

שם הפועל .Infin לְהִתְרַשֵּׁם ** less commonly: (אתן) הִתְרַשֵּׁמְנָה

שם הפעולה Gerund הִתְרַשְּׁמוּת (getting an) impression

מקור מוחלט .Inf. Abs הִתְרַשֵּׁם

מ״י מוצרכת .Gov. Prep הִתְרַשֵּׁם מן be impressed with

הִרְשִׁים/הִרְשַׁמְ/יַרְשִׁים impress (usually coll.)

בניין: הִפְעִיל גזרה: שלמים

	Present הווה		Past עבר	Future עתיד	Imperative ציווי
יחיד	מַרְשִׁים	אני	הִרְשַׁמְתִּי	אַרְשִׁים	
יחידה	מַרְשִׁימָה	אתה	הִרְשַׁמְתָּ	תַּרְשִׁים	הַרְשֵׁם
רבים	מַרְשִׁימִים	את	הִרְשַׁמְתְּ	תַּרְשִׁימִי	הַרְשִׁימִי
רבות	מַרְשִׁימוֹת	הוא	הִרְשִׁים	יַרְשִׁים	
		היא	הִרְשִׁימָה	תַּרְשִׁים	
		אנחנו	הִרְשַׁמְנוּ	נַרְשִׁים	
		אתם/ן	הִרְשַׁמְתֶּם/ן	תַּרְשִׁימוּ*	הַרְשִׁימוּ**
		הם/ן	הִרְשִׁימוּ	יַרְשִׁימוּ*	

שם הפועל .Infin לְהַרְשִׁים * less commonly: אתן/הן תַּרְשֵׁמְנָה

בינוני .Pres. Part מַרְשִׁים impressive ** less commonly: (אתן) הַרְשֵׁמְנָה

שם הפעולה Gerund הַרְשָׁמָה registration; application

מקור מוחלט .Inf. Abs הַרְשֵׁם

◆ **פעלים שאינם שכיחים מאותו שורש** Infrequent verbs sharing the same root

רִישֵּׁם (רִשֵּׁם) draw, sketch (מְרַשֵּׁם, יְרַשֵּׁם, לְרַשֵּׁם)

שם הפעולה Gerund רִישּׁוּם drawing; registration (common form)

רוּשַּׁם (רֻשַּׁם) be drawn (מְרוּשָּׁם, יְרוּשַּׁם)

הוּרְשַׁם (הֻרְשַׁם) be marked/registered (Med H) (מוּרְשָׁם, יוּרְשַׁם)

◆ **דוגמאות** Illustrations

בעבר **רָשְׁמוּ** את כל הנילודים במוסד הקהילתי או הדתי שלו היו שייכים; היום **נִרְשָׁמִים** הנילודים במוסד הממשלתי הממונה על **רִישּׁוּם** התושבים.

In the past they **registered** newborns in the communal or religious institution to which they belonged; today newborns **are registered** at the government institution responsible for population **registration**.

כדאי שתכין **רְשִׁימָה** של כל **הָרִישּׁוּמִים** שלך. אם כולם יהיו **רְשׁוּמִים**, יקטן הסיכון שאי מי מהם יאבד.

It would be a good idea for you to prepare a **list** of your **drawings**. If they are all **listed**, the likelihood of any of them getting lost will be minimized.

חשבתי, שנאומו האחרון של הנשיא היה **מַרְשִׁים** ביותר, אבל חיים לא **הִתְרַשֵּׁם**. הוא אומר שנאומים פוליטיים אף פעם לא **הִרְשִׁימוּ** אותו.

I thought that the president's latest speech was very **impressive**, but Hayyim **was** not **impressed**. He says that political speeches **have** never **impressed** him.

סוף סוף סיימתי את תהליך **הַהַרְשָׁמָה**. **נִרְשַׁמְתִּי** לחמש אוניברסיטאות; אני מקווה שאתקבל לפחות לאחת מהן, כיוון שהודיעו שמספר **הַנִּרְשָׁמִים** השנה עצום.

I have finally finished the **application** process. I **applied** to five universities; I hope I'll get admitted to at least one of them, since they announced that the number of **applicants** this year is huge.

◆ **ביטויים מיוחדים** Special expressions

מכתב **רָשׁוּם** registered letter

רְשִׁימָה שחורה black list

הִתְרַשֵּׁם עמוקות מן be deeply impressed with

● רתח

רָתַח/רוֹתֵחַ/יִרְתַּח boil (intr.); rage, fume (with anger)

בניין: פָּעַל   גזרה: ל׳ גרונית

	Present הווה		Past עבר	Future עתיד	Imper. ציווי
יחיד	רוֹתֵחַ רָתוּחַ	אני	רָתַחְתִּי	אֶרְתַּח	
יחידה	רוֹתַחַת רְתוּחָה	אתה	רָתַחְתָּ	תִּרְתַּח	רְתַח
רבים	רוֹתְחִים רְתוּחִים	את	רָתַחְתְּ/...חַת	תִּרְתְּחִי	רִתְחִי
רבות	רוֹתְחוֹת רְתוּחוֹת	הוא	רָתַח	יִרְתַּח	
		היא	רָתְחָה	תִּרְתַּח	
		אנחנו	רָתַחְנוּ	נִרְתַּח	
		אתם/ן	רְתַחְתֶּם/ן*	תִּרְתְּחוּ**	רִתְחוּ***
		הם/ן	רָתְחוּ	יִרְתְּחוּ**	

שם הפועל .Infin לִרְתּוֹחַ

* Colloquial: רָתַחְתֶּם/ן

שם הפעולה .Ger רְתִיחָה boiling; agitation

** less commonly: אתן/הן תִּרְתַּחְנָה <<<

בינוני פעיל Act. Part. רוֹתֵחַ boiling; furious *** less commonly: (אתן) רְתַחְנָה
בינוני סביל Pass. Part. רָתוּחַ boiled
מקור מוחלט Inf. Abs. רָתוֹחַ
מ״י מוצרכת Gov. Prep. רָתַח עַל be furious at (coll.)

הִתְרַתַּח/הִתְרַתֵּחַ boil over (from anger), become furious

בניין: הִתְפַּעֵל גזרה: ל׳ גרונית

	Present הווה		Past עבר	Future עתיד	Imperative ציווי
יחיד	מִתְרַתֵּחַ	אני	הִתְרַתַּחְתִּי	אֶתְרַתֵּחַ/...תַּח	
יחידה	מִתְרַתַּחַת	אתה	הִתְרַתַּחְתָּ	תִּתְרַתֵּחַ/...תַּח	הִתְרַתֵּחַ/...תַּח
רבים	מִתְרַתְּחִים	את	הִתְרַתַּחְתְּ/...חַת	תִּתְרַתְּחִי	הִתְרַתְּחִי
רבות	מִתְרַתְּחוֹת	הוא	הִתְרַתַּח*	יִתְרַתֵּחַ/...תַּח	
		היא	הִתְרַתְּחָה	תִּתְרַתֵּחַ/...תַּח	
		אנחנו	הִתְרַתַּחְנוּ	נִתְרַתֵּחַ/...תַּח	
		אתם/ן	הִתְרַתַּחְתֶּם/ן	תִּתְרַתְּחוּ**	הִתְרַתְּחוּ***
		הם/ן	הִתְרַתְּחוּ	יִתְרַתְּחוּ**	

שם הפועל Infin. לְהִתְרַתֵּחַ * Colloquial: הִתְרַתַּח
שם הפעולה Ger. הִתְרַתְּחוּת rage ** less commonly: אתן/הן תִּתְרַתַּחְנָה
מקור מוחלט Inf. Abs. הִתְרַתֵּחַ *** less commonly: (אתן) הִתְרַתַּחְנָה

הִרְתִּיחַ/הִרְתַּח/יַרְתִּיחַ boil (tr.); infuriate

בניין: הִפְעִיל גזרה: ל׳ גרונית

	Present הווה		Past עבר	Future עתיד	Imperative ציווי
יחיד	מַרְתִּיחַ	אני	הִרְתַּחְתִּי	אַרְתִּיחַ	
יחידה	מַרְתִּיחָה	אתה	הִרְתַּחְתָּ	תַּרְתִּיחַ	הַרְתַּח
רבים	מַרְתִּיחִים	את	הִרְתַּחְתְּ/...חַת	תַּרְתִּיחִי	הַרְתִּיחִי
רבות	מַרְתִּיחוֹת	הוא	הִרְתִּיחַ	יַרְתִּיחַ	
		היא	הִרְתִּיחָה	תַּרְתִּיחַ	
		אנחנו	הִרְתַּחְנוּ	נַרְתִּיחַ	
		אתם/ן	הִרְתַּחְתֶּם/ן	תַּרְתִּיחוּ*	הַרְתִּיחוּ**
		הם/ן	הִרְתִּיחוּ	יַרְתִּיחוּ*	

שם הפועל Infin. לְהַרְתִּיחַ * less commonly: אתן/הן תַּרְתַּחְנָה
שם הפעולה Ger. הַרְתָּחָה boiling, infuriating ** less commonly: (אתן) הַרְתַּחְנָה
מקור מוחלט Inf. Abs. הַרְתֵּחַ

הוּרְתַּח (הָרְתַּח) be boiled/infuriated

בניין: הוּפְעַל גזרה: ל׳ גרונית

	Present הווה		Past עבר	Future עתיד
יחיד	מוּרְתָּח	אני	הוּרְתַּחְתִּי	אוּרְתַּח
יחידה	מוּרְתַּחַת	אתה	הוּרְתַּחְתָּ	תּוּרְתַּח >>>

	Present הווה		Past עבר	Future עתיד
רבים	מוּרְתָּחִים	את	הוּרְתַּחְתְּ/...חַת	תּוּרְתְּחִי
רבות	מוּרְתָּחוֹת	הוא	הוּרְתַּח	יוּרְתַּח
		היא	הוּרְתְּחָה	תּוּרְתַּח
		אנחנו	הוּרְתַּחְנוּ	נוּרְתַּח
		אתם/ן	הוּרְתַּחְתֶּם/ן	תּוּרְתְּחוּ*
		הם/ן	הוּרְתְּחוּ	יוּרְתְּחוּ*

בינוני Pres. Part. מוּרְתָּח boiled; infuriated * less commonly: אתן/הן תּוּרְתַּחְנָה

מקור מוחלט Inf. Abs. הוּרְתֵּחַ

◆ פעלים שאינם שכיחים מאותו שורש Infrequent verbs sharing the same root

נִרְתַּח get well heated (Med H); get excited/angry (lit.) (נִרְתָּח, יֵירָתַח, לְהֵירָתֵחַ)

רִיתֵּחַ (רִתַּח) heat well; excite (lit.) (מְרַתֵּחַ, יְרַתַּח, לְרַתֵּחַ)

רוּתַּח (רֻתַּח) be well heated; be excited/angered (מְרוּתָּח, יְרוּתַּח)

◆ דוגמאות Illustrations

בארצות מסוימות, ממליצים לְהַרְתִּיחַ את המים לפני השתייה. מים רְתוּחִים מכילים פחות חיידקים.

In some countries, they recommend that one **boil** water before drinking it. **Boiled** water contains less germs.

מים רוֹתְחִים ב-100 מעלות צלזיוס. נקודת הַרְתִּיחָה שונה מנוזל לנוזל.

Water **boils** at 100 degrees centigrade. The **boiling** point differs from one liquid to another.

שמואל מִתְרַתֵּחַ מהר מאוד; חלב, שהוּרְתַּח וגלש, עלול לְהַרְתִּיחַ אותו באופן בלתי רציונלי לחלוטין.

Shmuel **gets infuriated** very quickly; milk that **was boiled** and spilled over might **infuriate** him quite irrationally.

◆ ביטויים מיוחדים Special expressions

דן אותו ברוֹתְחִין criticize him severely

דמו רָתַח he was very angry (his blood boiled)

●שאל

שָׁאַל/שׁוֹאֵל/יִשְׁאַל ask; request; borrow

בניין: פָּעַל   גזרה: ע׳ גרונית

	Present הווה		Past עבר	Future עתיד	Imper. ציווי
יחיד	שׁוֹאֵל שָׁאוּל	אני	שָׁאַלְתִּי	אֶשְׁאַל	
יחידה	שׁוֹאֶלֶת שְׁאוּלָה	אתה	שָׁאַלְתָּ	תִּשְׁאַל	שְׁאַל
רבים	שׁוֹאֲלִים שְׁאוּלִים	את	שָׁאַלְתְּ	תִּשְׁאֲלִי	שַׁאֲלִי
רבות	שׁוֹאֲלוֹת שְׁאוּלוֹת	הוא	שָׁאַל	יִשְׁאַל	
		היא	שָׁאֲלָה	תִּשְׁאַל	
		אנחנו	שָׁאַלְנוּ	נִשְׁאַל	
		אתם/ן	שְׁאַלְתֶּם/ן*	תִּשְׁאֲלוּ**	שַׁאֲלוּ***
		הם/ן	שָׁאֲלוּ	יִשְׁאֲלוּ**	

שם הפועל .Infin לִשְׁאוֹל

* Colloquial: שָׁאַלְתֶּם/ן

** less commonly: אתן/הן תִּשְׁאַלְנָה

*** less commonly: (אתן) שְׁאַלְנָה

בינוני פעיל .Act. Part שׁוֹאֵל one asking questions; borrower

בינוני סביל .Pass. Part שָׁאוּל borrowed

שם הפעולה Gerund שְׁאֵילָה borrowing (N); asking (questions) (N)

מקור מוחלט .Inf. Abs שָׁאוֹל

נִשְׁאַל/יִישָּׁאֵל (יִשָּׁאֵל) be asked; be borrowed

בניין: נִפְעַל   גזרה: ע׳ גרונית

	Present הווה		Past עבר	Future עתיד	Imperative ציווי
יחיד	נִשְׁאָל	אני	נִשְׁאַלְתִּי	אֶשָּׁאֵל	
יחידה	נִשְׁאֶלֶת	אתה	נִשְׁאַלְתָּ	תִּישָּׁאֵל	הִישָּׁאֵל
רבים	נִשְׁאָלִים	את	נִשְׁאַלְתְּ	תִּישָּׁאֲלִי	הִישָּׁאֲלִי
רבות	נִשְׁאָלוֹת	הוא	נִשְׁאַל	יִישָּׁאֵל	
		היא	נִשְׁאֲלָה	תִּישָּׁאֵל	
		אנחנו	נִשְׁאַלְנוּ	נִישָּׁאֵל	
		אתם/ן	נִשְׁאַלְתֶּם/ן	תִּישָּׁאֲלוּ*	הִישָּׁאֲלוּ**
		הם/ן	נִשְׁאֲלוּ	יִישָּׁאֲלוּ*	

שם הפועל .Infin לְהִישָּׁאֵל

מקור מוחלט .Inf. Abs נִשְׁאוֹל

* less commonly: אתן/הן תִּישָּׁאַלְנָה/...אֵלְנָה

** less commonly: (אתן) הִישָּׁאַלְנָה/...אֵלְנָה

הִשְׁאִיל/הִשְׁאַל/יַשְׁאִיל lend; use (a word) figuratively

בניין: הִפְעִיל   גזרה: שלמים

	Present הווה		Past עבר	Future עתיד	Imperative ציווי
יחיד	מַשְׁאִיל	אני	הִשְׁאַלְתִּי	אַשְׁאִיל	
יחידה	מַשְׁאִילָה	אתה	הִשְׁאַלְתָּ	תַּשְׁאִיל	הַשְׁאֵל <<<

	Present הווה		Past עבר	Future עתיד	Imperative ציווי
רבים	מַשְׁאִילִים	את	הִשְׁאַלְתְּ	תַּשְׁאִילִי	הַשְׁאִילִי
רבות	מַשְׁאִילוֹת	הוא	הִשְׁאִיל	יַשְׁאִיל	
		היא	הִשְׁאִילָה	תַּשְׁאִיל	
		אנחנו	הִשְׁאַלְנוּ	נַשְׁאִיל	
		אתם/ן	הִשְׁאַלְתֶּם/ן	תַּשְׁאִילוּ*	הַשְׁאִילוּ**
		הם/ן	הִשְׁאִילוּ	יַשְׁאִילוּ*	

* less commonly: אתן/הן תַּשְׁאֵלְנָה

** less commonly: (אתן) הַשְׁאֵלְנָה

שם הפועל .Infin לְהַשְׁאִיל

שם הפעולה Gerund הַשְׁאָלָה lending (N); using figuratively

מקור מוחלט .Inf. Abs הַשְׁאֵל

הוּשְׁאַל (הֻשְׁאַל) be lent; be used figuratively

בניין: הוּפְעַל גזרה: ע׳ גרונית

	Present הווה		Past עבר	Future עתיד
יחיד	מוּשְׁאָל	אני	הוּשְׁאַלְתִּי	אוּשְׁאַל
יחידה	מוּשְׁאֶלֶת	אתה	הוּשְׁאַלְתָּ	תּוּשְׁאַל
רבים	מוּשְׁאָלִים	את	הוּשְׁאַלְתְּ	תּוּשְׁאֲלִי
רבות	מוּשְׁאָלוֹת	הוא	הוּשְׁאַל	יוּשְׁאַל
		היא	הוּשְׁאֲלָה	תּוּשְׁאַל
		אנחנו	הוּשְׁאַלְנוּ	נוּשְׁאַל
		אתם/ן	הוּשְׁאַלְתֶּם/ן	תּוּשְׁאֲלוּ*
		הם/ן	הוּשְׁאֲלוּ	יוּשְׁאֲלוּ*

* less commonly: אתן/הן תּוּשְׁאַלְנָה

בינוני .Pres. Part מוּשְׁאָל borrowed; used figuratively

מקור מוחלט .Inf. Abs הוּשְׁאֵל

◆ פעלים שאינם שכיחים מאותו שורש Infrequent verbs sharing the same root

שִׁיאֵל (שִׁאֵל) inquire, investigate; request help/pity (lit.) (מְשָׁאֵל, יְשָׁאֵל, לְשָׁאֵל)

◆ דוגמאות Illustrations

ראש הממשלה **נִשְׁאַל** אתמול בכנסת אודות שיעור האבטלה הגבוה. בתשובתו הזכיר ראש הממשלה **לשׁוֹאֵל** כי בתקופת כהונתה של הממשלה הקודמת היה המצב הרבה יותר גרוע.

The prime minister **was asked** in the Knesset yesterday regarding the high rate of unemployment. In his reply, the prime minister reminded the **person asking the question** that the situation had been much worse during the previous administration.

ראובן **שׁוֹאֵל** מן הספריה לפחות שני ספרים כל שבוע.

Reuben **borrows** at least two books a week from the library.

שמעון חושש **לְהַשְׁאִיל** לגד ספרים, כי גד אף פעם לא זוכר להחזיר מה **שהוּשְׁאַל** לו.

Shim'on is reluctant **to lend** books to Gad, because Gad always forgets to return what **was lent** to him.

בדרך כלל משתמשים לא במשמעות המקורית של המילה הזאת אלא במשמעותה **המוּשְׁאֶלֶת**.

Generally one uses not the original meaning of this word but rather its **borrowed** meaning.

◆ **ביטויים מיוחדים** Special expressions

שָׁאַל בשלומו greet him

שָׁאַל לשלומו inquire about his health

שָׁאַל את נפשו למות wish to die

שָׁאַל את פיו ask his opinion

שָׁאַל ברופאים consult doctors (lit.)

אל תִּשְׁאַל! don't ask! (words cannot describe it) (coll.)

● שאף

שָׁאַף/שׁוֹאֵף/יִשְׁאַף breathe in, inhale; aspire

בניין: **פָּעַל** גזרה: **ע' גרונית**

Imperative ציווי	Future עתיד	Past עבר		Present הווה	
	אֶשְׁאַף	שָׁאַפְתִּי	אני	שׁוֹאֵף	יחיד
שְׁאַף	תִּשְׁאַף	שָׁאַפְתָּ	אתה	שׁוֹאֶפֶת	יחידה
שַׁאֲפִי	תִּשְׁאֲפִי	שָׁאַפְתְּ	את	שׁוֹאֲפִים	רבים
	יִשְׁאַף	שָׁאַף	הוא	שׁוֹאֲפוֹת	רבות
	תִּשְׁאַף	שָׁאֲפָה	היא		
	נִשְׁאַף	שָׁאַפְנוּ	אנחנו		
שַׁאֲפוּ***	תִּשְׁאֲפוּ**	שְׁאַפְתֶּם/ן*	אתם/ן		
	יִשְׁאֲפוּ**	שָׁאֲפוּ	הם/ן		

שם הפועל .Infin **לִשְׁאוֹף**

שם הפעולה .Ger **שְׁאִיפָה** aspiration; inhaling

מקור מוחלט .Inf. Abs **שָׁאוֹף**

מ"י מוצרכת .Gov. Prep **שָׁאַף לְ-** aspire to

* Colloquial: **שָׁאַפְתֶּם/ן**

** less commonly: אתן/הן **תִּשְׁאַפְנָה**

*** less commonly: (אתן) **שְׁאַפְנָה**

נִשְׁאַף/יִישָּׁאֵף (יִשָּׁאֵף) be inhaled

בניין: **נִפְעַל** גזרה: **ע' גרונית**

Imperative ציווי	Future עתיד	Past עבר		Present הווה	
	אֶשָּׁאֵף	נִשְׁאַפְתִּי	אני	נִשְׁאָף	יחיד
הִישָּׁאֵף	תִּישָּׁאֵף	נִשְׁאַפְתָּ	אתה	נִשְׁאֶפֶת	יחידה
הִישָּׁאֲפִי	תִּישָּׁאֲפִי	נִשְׁאַפְתְּ	את	נִשְׁאָפִים	רבים
	יִישָּׁאֵף	נִשְׁאַף	הוא	נִשְׁאָפוֹת	רבות
<<<	תִּישָּׁאֵף	נִשְׁאֲפָה	היא		

	Past עבר	Future עתיד	Imperative ציווי
אנחנו	נִשְׁאַפְנוּ	נִישָּׁאֵף	
אתם/ן	נִשְׁאַפְתֶּם/ן	תִּישָּׁאֲפוּ*	הִישָּׁאֲפוּ**
הם/ן	נִשְׁאֲפוּ	יִישָּׁאֲפוּ*	

שם הפועל .Infin לְהִישָּׁאֵף
* less commonly: אתן/הן תִּישָּׁאַפְנָה/...אֵפְנָה
מקור מוחלט .Inf. Abs נִשְׁאוֹף
** less commonly: (אתן) הִישָּׁאַפְנָה/...אֵפְנָה

◆ פעלים שאינם שכיחים מאותו שורש Infrequent verbs sharing the same root

הִשְׁאִיף make breathe/inhale (מַשְׁאִיף, יַשְׁאִיף, לְהַשְׁאִיף)

הוּשְׁאַף (הֻשְׁאַף) be absorbed (Med H) (מוּשְׁאָף, יוּשְׁאַף)

◆ דוגמאות Illustrations

בערים מסוימות האוויר הנִשְׁאָף כה מזוהם, שהוא פשוט מזיק לבריאותו של כל יצור חי ששׁוֹאֵף אותו.

In some cities the **inhaled** air is so polluted, that it is simply harmful to the health of any organism that **inhales** it.

השְׁאִיפָה של אמנון היא להיות טייס. מאז שהיה נער הוא שׁוֹאֵף לכך.

Amnon's **aspiration** is to be a pilot. He **has aspired** to it since boyhood.

●שאר

נִשְׁאַר/יִישָּׁאֵר (יִשָּׁאֵר) remain, stay behind, be left

בניין: נִפְעַל גזרה: ע' גרונית

	Present הווה		Past עבר	Future עתיד	Imperative ציווי
יחיד	נִשְׁאָר	אני	נִשְׁאַרְתִּי	אֶשָּׁאֵר	
יחידה	נִשְׁאֶרֶת	אתה	נִשְׁאַרְתָּ	תִּישָּׁאֵר	הִישָּׁאֵר
רבים	נִשְׁאָרִים	את	נִשְׁאַרְתְּ	תִּישָּׁאֲרִי	הִישָּׁאֲרִי
רבות	נִשְׁאָרוֹת	הוא	נִשְׁאַר	יִישָּׁאֵר	
		היא	נִשְׁאֲרָה	תִּישָּׁאֵר	
		אנחנו	נִשְׁאַרְנוּ	נִישָּׁאֵר	
		אתם/ן	נִשְׁאַרְתֶּם/ן	תִּישָּׁאֲרוּ*	הִישָּׁאֲרוּ**
		הם/ן	נִשְׁאֲרוּ	יִישָּׁאֲרוּ*	

* less commonly: אתן/הן תִּישָּׁאַרְנָה/...אֵרְנָה
שם הפועל .Infin לְהִישָּׁאֵר
** less commonly: (אתן) הִישָּׁאַרְנָה/...אֵרְנָה
שם הפעולה Gerund הִישָּׁאֲרוּת (N) remaining, staying
מקור מוחלט .Inf. Abs נִשְׁאוֹר

הִשְׁאִיר/הִשְׁאַר/יַשְׁאִיר leave, leave behind

בניין: הִפְעִיל גזרה: שלמים

	Present הווה		Past עבר	Future עתיד	Imperative ציווי
יחיד	מַשְׁאִיר	אני	הִשְׁאַרְתִּי	אַשְׁאִיר	
יחידה	מַשְׁאִירָה	אתה	הִשְׁאַרְתָּ	תַּשְׁאִיר	הַשְׁאֵר
רבים	מַשְׁאִירִים	את	הִשְׁאַרְתְּ	תַּשְׁאִירִי	הַשְׁאִירִי
רבות	מַשְׁאִירוֹת	הוא	הִשְׁאִיר	יַשְׁאִיר	
		היא	הִשְׁאִירָה	תַּשְׁאִיר	
		אנחנו	הִשְׁאַרְנוּ	נַשְׁאִיר	
		אתם/ן	הִשְׁאַרְתֶּם/ן	תַּשְׁאִירוּ*	הַשְׁאִירוּ**
		הם/ן	הִשְׁאִירוּ	יַשְׁאִירוּ*	

* less commonly: אתן/הן תַּשְׁאֵרְנָה

שם הפועל .Infin לְהַשְׁאִיר ** less commonly: (אתן) הַשְׁאֵרְנָה

שם הפעולה Gerund הַשְׁאָרָה leaving, leaving behind (N)

מקור מוחלט .Inf. Abs הַשְׁאֵר

הוּשְׁאַר (הֻשְׁאַר) be left/left behind

בניין: הוּפְעַל גזרה: ע׳ גרונית

	Present הווה		Past עבר	Future עתיד
יחיד	מוּשְׁאָר	אני	הוּשְׁאַרְתִּי	אוּשְׁאַר
יחידה	מוּשְׁאֶרֶת	אתה	הוּשְׁאַרְתָּ	תּוּשְׁאַר
רבים	מוּשְׁאָרִים	את	הוּשְׁאַרְתְּ	תּוּשְׁאֲרִי
רבות	מוּשְׁאָרוֹת	הוא	הוּשְׁאַר	יוּשְׁאַר
		היא	הוּשְׁאֲרָה	תּוּשְׁאַר
		אנחנו	הוּשְׁאַרְנוּ	נוּשְׁאַר
		אתם/ן	הוּשְׁאַרְתֶּם/ן	תּוּשְׁאֲרוּ*
		הם/ן	הוּשְׁאֲרוּ	יוּשְׁאֲרוּ*

[מקור מוחלט .Inf. Abs הוּשְׁאֵר] * less commonly: אתן/הן תּוּשְׁאַרְנָה

◆ פעלים שאינם שכיחים מאותו שורש Infrequent verbs sharing the same root

שָׁאַר (יִשְׁאַר) remain, survive (lit.)

שׂוֹאַר (שׂאַר) remain, be left (Mish H) (מְשׁוֹאָר, יְשׁוֹאַר)

הִשְׁתָּאֵר survive, remain (Mish H) (מִשְׁתָּאֵר, יִשְׁתָּאֵר, לְהִשְׁתָּאֵר)

◆ דוגמאות Illustrations

אבי וחביבה נסעו לניו יורק לבלות את סוף השבוע עם חברים. את הכלב הם **הִשְׁאִירוּ** אצל חברתם נעמי, והחתולה **הוּשְׁאֲרָה** אצל השכנים. הילדים **נִשְׁאֲרוּ** בעיר, אצל חברים; הם לא רצו לנסוע לניו יורק, וההורים העדיפו שלא **יִישָּׁאֲרוּ** לבדם בבית.

Avi and Haviva drove to New York to spend the weekend with friends. They **left** the dog with their friend Naomi, and the cat **was left** with the neighbors. The kids **stayed** in town, with friends; they did not want to go to New York, and the parents preferred that they not **stay** alone in the house.

◆ **ביטויים מיוחדים** Special expressions

נִשְׁאַר בחיים survive

נִשְׁאַר כיתה stay behind one grade (coll.)

הִשְׁאִיר פס slip, disappear (sl.)

● שבע

נִשְׁבַּע/יִישָּׁבַע/יִישָּׁבֵעַ (יִשָּׁבַע) swear, take an oath

בניין: נִפְעַל גזרה: ל׳ גרונית

Imperative ציווי	Future עתיד	Past עבר		Present הווה	
	אֶשָּׁבַע/...בֵעַ	נִשְׁבַּעְתִּי	אני	נִשְׁבָּע	יחיד
הִישָּׁבַע/...בֵעַ	תִּישָּׁבַע/...בֵעַ	נִשְׁבַּעְתָּ	אתה	נִשְׁבַּעַת	יחידה
הִישָּׁבְעִי	תִּישָּׁבְעִי	נִשְׁבַּעְתְּ/...עַת	את	נִשְׁבָּעִים	רבים
	יִישָּׁבַע/...בֵעַ	נִשְׁבַּע	הוא	נִשְׁבָּעוֹת	רבות
	תִּישָּׁבַע/...בֵעַ	נִשְׁבְּעָה	היא		
	נִישָּׁבַע/...בֵעַ	נִשְׁבַּעְנוּ	אנחנו		
הִישָּׁבְעוּ**	תִּישָּׁבְעוּ*	נִשְׁבַּעְתֶּם/ן	אתם/ן		
	יִישָּׁבְעוּ*	נִשְׁבְּעוּ	הם/ן		

שם הפועל .Infin לְהִישָּׁבַע/...בֵעַ

מקור מוחלט .Inf. Abs נִשְׁבּוֹעַ

* less commonly: אתן/הן תִּישָּׁבַעְנָה

** less commonly: (אתן) הִישָּׁבַעְנָה

הִשְׁבִּיעַ/הִשְׁבַּע/יַשְׁבִּיעַ swear in; impose an oath on; utter a spell

בניין: הִפְעִיל גזרה: ל׳ גרונית

Imperative ציווי	Future עתיד	Past עבר		Present הווה	
	אַשְׁבִּיעַ	הִשְׁבַּעְתִּי	אני	מַשְׁבִּיעַ	יחיד
הַשְׁבַּע	תַּשְׁבִּיעַ	הִשְׁבַּעְתָּ	אתה	מַשְׁבִּיעָה	יחידה
הַשְׁבִּיעִי	תַּשְׁבִּיעִי	הִשְׁבַּעְתְּ/...עַת	את	מַשְׁבִּיעִים	רבים
	יַשְׁבִּיעַ	הִשְׁבִּיעַ	הוא	מַשְׁבִּיעוֹת	רבות
	תַּשְׁבִּיעַ	הִשְׁבִּיעָה	היא		
	נַשְׁבִּיעַ	הִשְׁבַּעְנוּ	אנחנו		
הַשְׁבִּיעוּ**	תַּשְׁבִּיעוּ*	הִשְׁבַּעְתֶּם/ן	אתם/ן		
	יַשְׁבִּיעוּ*	הִשְׁבִּיעוּ	הם/ן		

* less commonly: אתן/הן תַּשְׁבַּעְנָה >>>

שם הפועל .Infin לְהַשְׁבִּיעַ ** less commonly: (אתן) הַשְׁבַּעְנָה
שם הפעולה Gerund הַשְׁבָּעָה swearing in (N); spell, incantation
מקור מוחלט .Inf. Abs הַשְׁבֵּעַ

הוּשְׁבַּע (הֻשְׁבַּע) be sworn in, be adjured

בניין: הוּפְעַל גזרה: ל׳ גרונית

	Present הווה		Past עבר	Future עתיד
יחיד	מוּשְׁבָּע	אני	הוּשְׁבַּעְתִּי	אוּשְׁבַּע
יחידה	מוּשְׁבַּעַת	אתה	הוּשְׁבַּעְתָּ	תּוּשְׁבַּע
רבים	מוּשְׁבָּעִים	את	הוּשְׁבַּעְתְּ/...עַת	תּוּשְׁבְּעִי
רבות	מוּשְׁבָּעוֹת	הוא	הוּשְׁבַּע	יוּשְׁבַּע
		היא	הוּשְׁבְּעָה	תּוּשְׁבַּע
		אנחנו	הוּשְׁבַּעְנוּ	נוּשְׁבַּע
		אתם/ן	הוּשְׁבַּעְתֶּם/ן	תּוּשְׁבְּעוּ*
		הם/ן	הוּשְׁבְּעוּ	יוּשְׁבְּעוּ*

בינוני .Pres. Part מוּשְׁבָּע juror * less commonly: אתן/הן תּוּשְׁבַּעְנָה
[מקור מוחלט .Inf. Abs הוּשְׁבֵּעַ]

◆ דוגמאות Illustrations

הִשְׁבַּעְתִּי אותו שלא יספר לאף אחד מה שסיפרתי לו. הוא **נִשְׁבַּע** שלא יפצה פה בנדון, אבל למחרת כבר קראתי על כך בעיתון.

I **made** him **swear** not to tell anybody what I had just told him. He **swore** he'll never utter a word regarding this, but the next day I already read about it in the paper.

העד **הוּשְׁבַּע** על ידי פקיד בית המשפט, וחבר **המוּשְׁבָּעִים** האזין לעדותו.

The witness **was sworn in** by the court clerk, and the panel of **jurors** listened to his testimony.

◆ ביטויים מיוחדים Special expressions

הנני **מַשְׁבִּיעֲךָ** (ש-) I adjure you (that...)

רווק **מוּשְׁבָּע** a confirmed bachelor

● שבר

שָׁבַר/שׁוֹבֵר/יִשְׁבּוֹר break (tr.); destroy

בניין: פָּעַל גזרה: שלמים (אֶפְעוֹל)

	Present הווה			Past עבר	Future עתיד	Imper. ציווי
יחיד	שׁוֹבֵר	שָׁבוּר	אני	שָׁבַרְתִּי	אֶשְׁבּוֹר	
יחידה	שׁוֹבֶרֶת	שְׁבוּרָה	אתה	שָׁבַרְתָּ	תִּשְׁבּוֹר	שְׁבוֹר <<<

Imper. ציווי	Future עתיד	Past עבר		Present הווה	
שִׁבְרִי	תִּשְׁבְּרִי	שָׁבַרְתְּ	את	שׁוֹבְרִים שְׁבוּרִים	רבים
	יִשְׁבּוֹר	שָׁבַר	הוא	שׁוֹבְרוֹת שְׁבוּרוֹת	רבות
	תִּשְׁבּוֹר	שָׁבְרָה	היא		
	נִשְׁבּוֹר	שָׁבַרְנוּ	אנחנו		
שִׁבְרוּ***	תִּשְׁבְּרוּ**	שְׁבַרְתֶּם/ן*	אתם/ן		
	יִשְׁבְּרוּ**	שָׁבְרוּ	הם/ן		

שם הפועל .Infin לִשְׁבּוֹר

שם הפעולה .Ger שְׁבִירָה breaking (N)

בינוני פעיל .Act. Part שׁוֹבֵר voucher

בינוני סביל .Pass. Part שָׁבוּר broken

מקור מוחלט .Inf. Abs שָׁבוֹר

* Colloquial: שָׁבַרְתֶּם/ן

** less commonly: אתן/הן תִּשְׁבּוֹרְנָה

*** less commonly: (אתן) שְׁבוֹרְנָה

נִשְׁבַּר/יִישָּׁבֵר (יִשָּׁבֵר) be broken/shattered/crushed; be overwhelmed

בניין: נִפְעַל גזרה: שלמים

Imperative ציווי	Future עתיד	Past עבר		Present הווה	
	אֶשָּׁבֵר	נִשְׁבַּרְתִּי	אני	נִשְׁבָּר	יחיד
הִישָּׁבֵר	תִּישָּׁבֵר	נִשְׁבַּרְתָּ	אתה	נִשְׁבֶּרֶת	יחידה
הִישָּׁבְרִי	תִּישָּׁבְרִי	נִשְׁבַּרְתְּ	את	נִשְׁבָּרִים	רבים
	יִישָּׁבֵר	נִשְׁבַּר	הוא	נִשְׁבָּרוֹת	רבות
	תִּישָּׁבֵר	נִשְׁבְּרָה	היא		
	נִישָּׁבֵר	נִשְׁבַּרְנוּ	אנחנו		
הִישָּׁבְרוּ**	תִּישָּׁבְרוּ*	נִשְׁבַּרְתֶּם/ן	אתם/ן		
	יִישָּׁבְרוּ*	נִשְׁבְּרוּ	הם/ן		

שם הפועל .Infin לְהִישָּׁבֵר

שם הפעולה Gerund הִישָּׁבְרוּת being broken

מקור מוחלט .Inf. Abs נִשְׁבּוֹר, הִישָּׁבֵר (הִישָּׁבוֹר)

* less commonly: אתן/הן תִּישָּׁבַרְנָה/...בֵרְנָה

** less commonly: (אתן) הִישָּׁבַרְנָה/...בֵרְנָה

◆ פעלים שאינם שכיחים מאותו שורש Infrequent verbs sharing the same root

שִׁיבֵּר (שִׁבֵּר) shatter, smash (מְשַׁבֵּר, יְשַׁבֵּר, לְשַׁבֵּר)

שׁוּבַּר (שֻׁבַּר) be shattered/smashed (מְשׁוּבָּר, יְשׁוּבַּר)

הִשְׁתַּבֵּר be refracted (light); be broken/smashed (מִשְׁתַּבֵּר, יִשְׁתַּבֵּר, לְהִשְׁתַּבֵּר)

הִשְׁבִּיר cause crisis; help in childbirth (lit.) (מַשְׁבִּיר, יַשְׁבִּיר, לְהַשְׁבִּיר)

הוּשְׁבַּר (הֻשְׁבַּר) undergo crisis (lit.) (מוּשְׁבָּר, יוּשְׁבַּר)

A homonymous, infrequent root, meaning 'buy/sell grain/food,' is not included in this collection.

◆ דוגמאות Illustrations

המשטרה גילתה עקבות דם על הזכוכית השְׁבוּרָה; הפורץ נפצע, כנראה, כששָׁבַר את החלון. הבעיה היא, שלפי כל הסימנים, הזגוגית נִשְׁבְּרָה מבפנים.

The police discovered traces of blood on the **broken** glass; the burglar apparently cut himself when he **broke** the window. The problem is that all signs are that the window pane **was broken** from the inside.

◆ ביטויים מיוחדים Special expressions

שׁוֹבֵר גלים breakwater

שׁוֹבֵר רוח windbreak

שטר **וְשׁוֹבְרוֹ** בצידו everything has an opposite aspect

שָׁבַר את הקרח break the ice (fig.)

שָׁבַר את התנגדותו break down his opposition

שָׁבַר את ליבו break his heart

שָׁבַר את מטה לחמו destroy his source of livelihood, reduce him to poverty

שָׁבַר את עולו throw off his yoke

שָׁבַר את צמאו/צמאונו quench one's thirst

שָׁבַר את ראשו rack one's brain (coll.)

לִשְׁבּוֹר את החבית ולשמור את יינה to have your cake and eat it (break the cask and keep the wine)

כחרס **הַנִּשְׁבָּר** of no value (like broken pot)

לב **נִשְׁבָּר**/רוח **נִשְׁבָּרָה** broken heart/spirit

נִשְׁבַּר השיא the record was broken

נִשְׁבַּר לבו he was heartbroken

נִשְׁבְּרָה התנגדותו his resistance was broken

● שבת

שָׁבַת/שׁוֹבֵת/יִשְׁבּוֹת cease; rest; spend the Sabbath; strike (labor)

בניין: פָּעַל גזרה: שלמים + ל״ת (אֶפְעוֹל)

	Present הווה		Past עבר	Future עתיד	Imperative ציווי
יחיד	שׁוֹבֵת	אני	שָׁבַתִּי	אֶשְׁבּוֹת	
יחידה	שׁוֹבֶתֶת	אתה	שָׁבַתָּ	תִּשְׁבּוֹת	שְׁבוֹת
רבים	שׁוֹבְתִים	את	שָׁבַתְּ	תִּשְׁבְּתִי	שִׁבְתִי
רבות	שׁוֹבְתוֹת	הוא	שָׁבַת	יִשְׁבּוֹת	
		היא	שָׁבְתָה	תִּשְׁבּוֹת	
		אנחנו	שָׁבַתְנוּ	נִשְׁבּוֹת	
		אתם/ן	שְׁבַתֶּם/ן*	תִּשְׁבְּתוּ**	שִׁבְתוּ***
		הם/ן	שָׁבְתוּ	יִשְׁבְּתוּ**	

* Colloquial: שָׁבַתֶּם/ן

שם הפועל .Infin לִשְׁבּוֹת

** less commonly: אתן/הן תִּשְׁבּוֹתְנָה <<

בינוני פעיל Act. Part. שׁוֹבֵת striker   *** less commonly: (אתן) שְׁבוֹתְנָה
שם הפעולה Gerund שְׁבִיתָה strike (labor); Sabbath rest
מקור מוחלט Inf. Abs. שָׁבוֹת

הִשְׁבִּית/הִשְׁבַּתְ/יַשְׁבִּית strike workplace (workers) or lock out (management); destroy; terminate

בניין: הִפְעִיל גזרה: שלמים + ל״ת

	Present הווה		Past עבר	Future עתיד	Imperative ציווי
יחיד	מַשְׁבִּית	אני	הִשְׁבַּתִּי	אַשְׁבִּית	
יחידה	מַשְׁבִּיתָה	אתה	הִשְׁבַּתָּ	תַּשְׁבִּית	הַשְׁבֵּת
רבים	מַשְׁבִּיתִים	את	הִשְׁבַּתְּ	תַּשְׁבִּיתִי	הַשְׁבִּיתִי
רבות	מַשְׁבִּיתוֹת	הוא	הִשְׁבִּית	יַשְׁבִּית	
		היא	הִשְׁבִּיתָה	תַּשְׁבִּית	
		אנחנו	הִשְׁבַּתְנוּ	נַשְׁבִּית	
		אתם/ן	הִשְׁבַּתֶּם/ן	תַּשְׁבִּיתוּ*	הַשְׁבִּיתוּ**
		הם/ן	הִשְׁבִּיתוּ	יַשְׁבִּיתוּ*	

* less commonly: אתן/הן תַּשְׁבֵּתְנָה
שם הפועל Infin. לְהַשְׁבִּית   ** less commonly: (אתן) הַשְׁבֵּתְנָה
שם הפעולה Gerund הַשְׁבָּתָה stopping work (by strike or lockout); destroying, marring
מקור מוחלט Inf. Abs. הַשְׁבֵּת

הוּשְׁבַּת (הָשְׁבַּת) be stopped (work, by strike or lockout); be laid off; be marred (joy etc.)

בניין: הוּפְעַל גזרה: שלמים + ל״ת

	Present הווה		Past עבר	Future עתיד
יחיד	מוּשְׁבָּת	אני	הוּשְׁבַּתִּי	אוּשְׁבַּת
יחידה	מוּשְׁבֶּתֶת	אתה	הוּשְׁבַּתָּ	תּוּשְׁבַּת
רבים	מוּשְׁבָּתִים	את	הוּשְׁבַּתְּ	תּוּשְׁבְּתִי
רבות	מוּשְׁבָּתוֹת	הוא	הוּשְׁבַּת	יוּשְׁבַּת
		היא	הוּשְׁבְּתָה	תּוּשְׁבַּת
		אנחנו	הוּשְׁבַּתְנוּ	נוּשְׁבַּת
		אתם/ן	הוּשְׁבַּתֶּם/ן	תּוּשְׁבְּתוּ*
		הם/ן	הוּשְׁבְּתוּ	יוּשְׁבְּתוּ*

* less commonly: אתן/הן תּוּשְׁבַּתְנָה

בינוני Pres. Part. מוּשְׁבָּת struck, not working
מקור מוחלט Inf. Abs. הוּשְׁבֵּת

◆ פעלים שאינם שכיחים מאותו שורש Infrequent verbs sharing the same root
נִשְׁבַּת be cancelled, cease to exist (lit.) (נִשְׁבַּת, יִישָּׁבֵת, לְהִישָּׁבֵת)

◆ דוגמאות Illustrations

פועלי התעשייה האווירית **שוֹבְתִים** כבר שלושה חודשים. **השְׁבִיתָה** החלה כשההנהלה החליטה **לְהַשְׁבִּית** שלושה מפעלים מתוך כוונה לאלץ את העובדים להסכים לשכר נמוך יותר. בתגובה **הִשְׁבִּית** ארגון העובדים את כל מפעלי הרשות, ומאז כולם **מוּשְׁבָּתִים** לחלוטין. ההנהלה מסרבת להיפגש עם נציגי **השוֹבְתִים**.

The workers of the (Israeli) Air Industry **have been striking** for the last three months. The **strike** began when the management decided to **lock out** three plants with the intention of forcing the workers to agree to pay reduction. In response, the workers' union **struck** all Air Industry plants, and since then these **have** all **been struck** to a standstill. Management refuses to meet with the **strikers'** representatives.

◆ ביטויים מיוחדים Special expressions

שְׁבִיתַת-נשק armistice, truce

שְׁבִיתַת-רעב hunger strike

שְׁבִיתַת-שבת sit-down strike

קנה **שְׁבִיתָה** settle oneself down for good (or for a long time)

שמחתו **הוּשְׁבְּתָה** his joy was marred

●שגע

שִׁיגַּע/שִׁגַּע/שַׁגֵּעַ (שִׁגַּע) drive mad; confuse

בניין: פִּיעֵל גזרה: ל' גרונית

	Present הווה		Past עבר	Future עתיד	Imperative ציווי
יחיד	מְשַׁגֵּעַ	אני	שִׁיגַּעְתִּי	אֲשַׁגַּע/...גֵּעַ	
יחידה	מְשַׁגַּעַת	אתה	שִׁיגַּעְתָּ	תְּשַׁגַּע/...גֵּעַ	שַׁגַּע/...גֵּעַ
רבים	מְשַׁגְּעִים	את	שִׁיגַּעְתְּ/...עַת	תְּשַׁגְּעִי	שַׁגְּעִי
רבות	מְשַׁגְּעוֹת	הוא	שִׁיגַּע*	יְשַׁגַּע/...גֵּעַ	
		היא	שִׁיגְּעָה	תְּשַׁגַּע/...גֵּעַ	
		אנחנו	שִׁיגַּעְנוּ	נְשַׁגַּע/...גֵּעַ	
		אתם/ן	שִׁיגַּעְתֶּם/ן	תְּשַׁגְּעוּ**	שַׁגְּעוּ***
		הם/ן	שִׁיגְּעוּ	יְשַׁגְּעוּ**	

שם הפועל .Infin לְשַׁגֵּעַ

שם הפעולה Gerund שִׁיגּוּעַ driving mad

בינוני .Pres. Part מְשַׁגֵּעַ maddening

מקור מוחלט .Inf. Abs שַׁגֵּעַ

* Colloquial: שִׁיגֵּעַ

** less commonly: אתן/הן תְּשַׁגַּעְנָה

*** less commonly: (אתן) שַׁגַּעְנָה

השְׁתַּגֵּעַ/הִשְׁתַּגֵּעַ go mad; act crazy (coll.)

בניין: הִתְפַּעֵל גזרה: פ׳ שורקת + ל׳ גרונית

	Present הווה		Past עבר	Future עתיד	Imperative ציווי
יחיד	מִשְׁתַּגֵּעַ	אני	הִשְׁתַּגַּעְתִּי	אֶשְׁתַּגַּע/...גֵּעַ	
יחידה	מִשְׁתַּגַּעַת	אתה	הִשְׁתַּגַּעְתָּ	תִּשְׁתַּגַּע/...גֵּעַ	הִשְׁתַּגַּע/...גֵּעַ
רבים	מִשְׁתַּגְּעִים	את	הִשְׁתַּגַּעְתְּ/...עַת	תִּשְׁתַּגְּעִי	הִשְׁתַּגְּעִי
רבות	מִשְׁתַּגְּעוֹת	הוא	הִשְׁתַּגֵּעַ*	יִשְׁתַּגַּע/...גֵּעַ	
		היא	הִשְׁתַּגְּעָה	תִּשְׁתַּגַּע/...גֵּעַ	
		אנחנו	הִשְׁתַּגַּעְנוּ	נִשְׁתַּגַּע/...גֵּעַ	
		אתם/ן	הִשְׁתַּגַּעְתֶּם/ן	תִּשְׁתַּגְּעוּ**	הִשְׁתַּגְּעוּ***
		הם/ן	הִשְׁתַּגְּעוּ	יִשְׁתַּגְּעוּ**	

שם הפועל .Infin לְהִשְׁתַּגֵּעַ   * Colloquial: הִשְׁתַּגֵּעַ

שם הפעולה Gerund הִשְׁתַּגְּעוּת going mad   ** less commonly: אתן/הן תִּשְׁתַּגַּעְנָה

מקור מוחלט .Inf. Abs הִשְׁתַּגֵּעַ   *** less commonly: (אתן) הִשְׁתַּגַּעְנָה

◆ פעלים שאינם שכיחים מאותו שורש Infrequent verbs sharing the same root

שָׁגַע (שׁוֹגֵעַ, יִשְׁגַּע, לִשְׁגּוֹעַ) go mad (Med H)

נִשְׁגַּע (נִשְׁגָּע, יִישָּׁגַע, לְהִישָּׁגַע) go mad (Med H)

שׁוּגַּע (שֻׁגַּע) (מְשׁוּגָּע, יְשׁוּגַּע) go mad; be confused/made a fool of

בינוני .Pres. Part מְשׁוּגָּע mad, crazy (very common form)

◆ דוגמאות Illustrations

אישתו של אהוד **מְשַׁגַּעַת** אותו עם התלונות האינסופיות שלה. הוא אמר לי אתמול שאם זה ימשיך ככה, הוא בסופו של דבר **יִשְׁתַּגֵּעַ** וימצא עצמו בבית **מְשׁוּגָּעִים**.

Ehud's wife **drives** him **crazy** with her infinite complaints. He told me yesterday that if it continues like that, he **will** finally **go mad** and find himself in a **mental** hospital.

◆ ביטויים מיוחדים Special expressions

להיות **מְשׁוּגָּע** על be crazy about (i.e. love very much) (coll.)

● שדל

הִשְׁתַּדֵּל/הִשְׁתַּדֵּל try hard, endeavor; try to persuade

בניין: הִתְפַּעֵל גזרה: שלמים + פ׳ שורקת

	Present הווה		Past עבר	Future עתיד	Imperative ציווי
יחיד	מִשְׁתַּדֵּל	אני	הִשְׁתַּדַּלְתִּי	אֶשְׁתַּדֵּל	
יחידה	מִשְׁתַּדֶּלֶת	אתה	הִשְׁתַּדַּלְתָּ	תִּשְׁתַּדֵּל	הִשְׁתַּדֵּל
רבים	מִשְׁתַּדְּלִים	את	הִשְׁתַּדַּלְתְּ	תִּשְׁתַּדְּלִי	הִשְׁתַּדְּלִי
רבות	מִשְׁתַּדְּלוֹת	הוא	הִשְׁתַּדֵּל	יִשְׁתַּדֵּל	
		היא	הִשְׁתַּדְּלָה	תִּשְׁתַּדֵּל	
		אנחנו	הִשְׁתַּדַּלְנוּ	נִשְׁתַּדֵּל	
		אתם/ן	הִשְׁתַּדַּלְתֶּם/ן	תִּשְׁתַּדְּלוּ*	הִשְׁתַּדְּלוּ**
		הם/ן	הִשְׁתַּדְּלוּ	יִשְׁתַּדְּלוּ*	

שם הפועל .Infin לְהִשְׁתַּדֵּל

שם הפעולה Gerund הִשְׁתַּדְּלוּת striving

מקור מוחלט .Inf. Abs הִשְׁתַּדֵּל

* less commonly: אתן/הן תִּשְׁתַּדֵּלְנָה

** less commonly: (אתן) הִשְׁתַּדֵּלְנָה

שִׁידֵּל/שִׁידַּל/שִׁדֵּל (שִׁדֵּל) coax, persuade

בניין: פִּיעֵל גזרה: שלמים

	Present הווה		Past עבר	Future עתיד	Imperative ציווי
יחיד	מְשַׁדֵּל	אני	שִׁידַּלְתִּי	אֲשַׁדֵּל	
יחידה	מְשַׁדֶּלֶת	אתה	שִׁידַּלְתָּ	תְּשַׁדֵּל	שַׁדֵּל
רבים	מְשַׁדְּלִים	את	שִׁידַּלְתְּ	תְּשַׁדְּלִי	שַׁדְּלִי
רבות	מְשַׁדְּלוֹת	הוא	שִׁידֵּל	יְשַׁדֵּל	
		היא	שִׁידְּלָה	תְּשַׁדֵּל	
		אנחנו	שִׁידַּלְנוּ	נְשַׁדֵּל	
		אתם/ן	שִׁידַּלְתֶּם/ן	תְּשַׁדְּלוּ*	שַׁדְּלוּ**
		הם/ן	שִׁידְּלוּ	יְשַׁדְּלוּ*	

* less commonly: אתן/הן תְּשַׁדֵּלְנָה

** less commonly: (אתן) שַׁדֵּלְנָה

שם הפועל .Infin לְשַׁדֵּל

שם הפעולה Gerund שִׁידּוּל coaxing, persuading

מקור מוחלט .Inf. Abs שַׁדֵּל

שׁוּדַּל (שֻׁדַּל) be coaxed/persuaded

בניין: פּוּעַל גזרה: שלמים

	Present הווה		Past עבר	Future עתיד	
יחיד	מְשׁוּדָּל	אני	שׁוּדַּלְתִּי	אֲשׁוּדַּל	
יחידה	מְשׁוּדֶּלֶת	אתה	שׁוּדַּלְתָּ	תְּשׁוּדַּל	
רבים	מְשׁוּדָּלִים	את	שׁוּדַּלְתְּ	תְּשׁוּדְּלִי	
רבות	מְשׁוּדָּלוֹת	הוא	שׁוּדַּל	יְשׁוּדַּל	<<<

	Past עבר	Future עתיד
היא	שׁוּדְּלָה	תְּשׁוּדַּל
אנחנו	שׁוּדַּלְנוּ	נְשׁוּדַּל
אתם/ן	שׁוּדַּלְתֶּם/ן	תְּשׁוּדְּלוּ*
הם/ן	שׁוּדְּלוּ	יְשׁוּדְּלוּ*

[מקור מוחלט .Inf. Abs שׁוּדּוֹל] * less commonly: אתן/הן תְּשׁוּדַּלְנָה

◆ דוגמאות Illustrations

ניסיתי לְשַׁדֵּל אותו שיבוא איתי שוב לאופרה, אבל הוא הזכיר לי שלמרות שהִשְׁתַּדֵּל מאוד להחזיק מעמד, בפעם שעברה הוא נרדם כבר במערכה הראשונה.
I tried **to coax** him to come with me to the opera again, but he reminded me that although he **had tried hard** to hold out, last time he fell asleep already in the first act.

◆ ביטויים מיוחדים Special expressions

במקום שאין אנשים, הִשְׁתַּדֵּל להיות איש behave as a human being should, even if others around you do not

---

● שדר

שִׁידֵּר/שִׁידַּר/שַׁדֵּר (שִׁדֵּר) broadcast, transmit

בניין: פִּיעֵל גזרה: שלמים

	Present הווה		Past עבר	Future עתיד	Imperative ציווי
יחיד	מְשַׁדֵּר	אני	שִׁידַּרְתִּי	אֲשַׁדֵּר	
יחידה	מְשַׁדֶּרֶת	אתה	שִׁידַּרְתָּ	תְּשַׁדֵּר	שַׁדֵּר
רבים	מְשַׁדְּרִים	את	שִׁידַּרְתְּ	תְּשַׁדְּרִי	שַׁדְּרִי
רבות	מְשַׁדְּרוֹת	הוא	שִׁידֵּר	יְשַׁדֵּר	
		היא	שִׁידְּרָה	תְּשַׁדֵּר	
		אנחנו	שִׁידַּרְנוּ	נְשַׁדֵּר	
		אתם/ן	שִׁידַּרְתֶּם/ן	תְּשַׁדְּרוּ	שַׁדְּרוּ**
		הם/ן	שִׁידְּרוּ	יְשַׁדְּרוּ*	

* less commonly: אתן/הן תְּשַׁדֵּרְנָה

** less commonly: (אתן) שַׁדֵּרְנָה

שם הפועל .Infin לְשַׁדֵּר

שם הפעולה Gerund שִׁידּוּר broadcast, transmission

מקור מוחלט .Inf. Abs שַׁדֵּר

שוּדַּר be broadcast, be transmitted (שְׁדַר)

בניין: פּוּעַל גזרה: שלמים

	Present הווה		Past עבר	Future עתיד
יחיד	מְשׁוּדָּר	אני	שׁוּדַּרְתִּי	אֲשׁוּדַּר
יחידה	מְשׁוּדֶּרֶת	אתה	שׁוּדַּרְתָּ	תְּשׁוּדַּר
רבים	מְשׁוּדָּרִים	את	שׁוּדַּרְתְּ	תְּשׁוּדְּרִי
רבות	מְשׁוּדָּרוֹת	הוא	שׁוּדַּר	יְשׁוּדַּר
		היא	שׁוּדְּרָה	תְּשׁוּדַּר
		אנחנו	שׁוּדַּרְנוּ	נְשׁוּדַּר
		אתם/ן	שׁוּדַּרְתֶּם/ן	תְּשׁוּדְּרוּ*
		הם/ן	שׁוּדְּרוּ	יְשׁוּדְּרוּ*

[מקור מוחלט .Inf. Abs שׁוּדּוֹר] * less commonly: אתן/הן תְּשׁוּדַּרְנָה

◆ פעלים שאינם שכיחים מאותו שורש Infrequent verbs sharing the same root

שָׁדַר send (Med H) (שׁוֹדֵר, יִשְׁדּוֹר, לִשְׁדּוֹר)

נִשְׁדַּר be sent (lit.) (נִשְׁדָּר, יִישָּׁדֵר, לְהִישָּׁדֵר)

◆ דוגמאות Illustrations

"סי אן אן" **מְשַׁדֶּרֶת** את לארי קינג כל ערב ב**שִׁידּוּר** חי. התוכנית **מְשׁוּדֶּרֶת** לכל רחבי העולם.

CNN **broadcasts** Larry King every evening in live **broadcast**. The program **is broadcast** all over the world.

● שוב

שָׁב/שַׁבְ/יָשׁוּב return (intr.); revert; repeat; become

בניין: פָּעַל גזרה: ע"ו

	Present הווה		Past עבר	Future עתיד	Imperative ציווי
יחיד	שָׁב	אני	שַׁבְתִּי	אָשׁוּב	
יחידה	שָׁבָה	אתה	שַׁבְתָּ	תָּשׁוּב	שׁוּב
רבים	שָׁבִים	את	שַׁבְתְּ	תָּשׁוּבִי	שׁוּבִי
רבות	שָׁבוֹת	הוא	שָׁב	יָשׁוּב	
		היא	שָׁבָה	תָּשׁוּב	
		אנחנו	שַׁבְנוּ	נָשׁוּב	
		אתם/ן	שַׁבְתֶּם/ן	תָּשׁוּבוּ*	שׁוּבוּ**
		הם/ן	שָׁבוּ	יָשׁוּבוּ*	

שם הפועל .Infin לָשׁוּב * less commonly: אתן/הן תָּשׁוֹבְנָה <<<

שם הפעולה Gerund שִׁיבָה return (N) ** less commonly: (אתן) שׁוֹבְנָה
מקור מוחלט Inf. Abs. שׁוֹב
מ"י מוצרכת Gov. Prep. שָׁב ל-/אל return to

הֵשִׁיב/הֵשַׁב/יָשִׁיב reply; return (tr.); replace; restore; revoke, reverse

בניין: הִפְעִיל גזרה: ע"ו

	הווה Present		עבר Past	עתיד Future	ציווי Imperative
יחיד	מֵשִׁיב	אני	הֵשַׁבְתִּי	אָשִׁיב	
יחידה	מְשִׁיבָה	אתה	הֵשַׁבְתָּ	תָּשִׁיב	הָשֵׁב
רבים	מְשִׁיבִים	את	הֵשַׁבְתְּ	תָּשִׁיבִי	הָשִׁיבִי
רבות	מְשִׁיבוֹת	הוא	הֵשִׁיב	יָשִׁיב	
		היא	הֵשִׁיבָה	תָּשִׁיב	
		אנחנו	הֵשַׁבְנוּ	נָשִׁיב	
		אתם/ן	הֲשַׁבְתֶּם/ן*	תָּשִׁיבוּ**	הָשִׁיבוּ***
		הם/ן	הֵשִׁיבוּ	יָשִׁיבוּ**	

שם הפועל Infin. לְהָשִׁיב * BH: הֲשִׁבֹתֶם/ן
שם הפעולה Ger. הֲשָׁבָה returning, restoring ** less commonly: אתן/הן תָּשֵׁבְנָה
מקור מוחלט Inf. Abs. הָשֵׁב *** less commonly: (אתן) הָשֵׁבְנָה
מ"י מוצרכת Gov. Prep. הֵשִׁיב ל- reply to

הוּשַׁב be put back/replaced/returned/restored; be said in reply

בניין: הוּפְעַל גזרה: ע"ו

	הווה Present		עבר Past	עתיד Future
יחיד	מוּשָׁב	אני	הוּשַׁבְתִּי	אוּשַׁב
יחידה	מוּשֶׁבֶת	אתה	הוּשַׁבְתָּ	תוּשַׁב
רבים	מוּשָׁבִים	את	הוּשַׁבְתְּ	תוּשְׁבִי
רבות	מוּשָׁבוֹת	הוא	הוּשַׁב	יוּשַׁב
		היא	הוּשְׁבָה	תוּשַׁב
		אנחנו	הוּשַׁבְנוּ	נוּשַׁב
		אתם/ן	הוּשַׁבְתֶּם/ן	תוּשְׁבוּ*
		הם/ן	הוּשְׁבוּ	יוּשְׁבוּ*

[מקור מוחלט Inf. Abs. הוּשֵׁב] * less commonly: אתן/הן תוּשַׁבְנָה

◆ פעלים שאינם שכיחים מאותו שורש Infrequent verbs sharing the same root

שׁוֹבֵב return (tr.), bring back (lit.) (מְשׁוֹבֵב, יְשׁוֹבֵב, לְשׁוֹבֵב)
שׁוֹבַב be returned (lit.) (מְשׁוֹבָב, יְשׁוֹבַב)

◆ דוגמאות Illustrations

גולי בבל **הוּשְׁבוּ** לארצם על ידי מלך פרס. כורש **הֵשִׁיב** אותם לארץ ישראל לאחר גלות של שבעים שנה. כש**שָׁבוּ** מצאו ארץ שונה מזו שעזבו.

The Babylonian exiles **were returned** to their country by the King of Persia. Cyrus **returned** them to the Land of Israel after a seventy-year exile. When they **returned** they found a country different from the one they had left.

כששַׁבְתִּי ושאלתי מה יהיה בגורלם של המפוטרים, **הֵשִׁיב** המנהל כי זו איננה הבעיה שלו.

When I **repeated** my question regarding the fate of the workers that were let go, the manager **replied** that it was not his problem.

◆ **ביטויים מיוחדים** Special expressions

עובר ושָׁב passerby

שָׁב לאיתנו recover, regain one's health

שָׁבָה רוחו אליו recover, come to

שָׁב על עקביו return the way one came

לך ושׁוּב come back later (a form of refusal)

שִׁיבַת ציון return to Zion

הלוך ושׁוֹב there and back; a round trip ticket

מֵשִׁיב נפש restorative, reviving

הֵשִׁיב מלחמה שערה answer a challenge (such as war) with similar measures

הֵשִׁיב רעה תחת טובה answer good with evil

הֵשִׁיב את פניו ריקם send him away empty handed

את הנעשה אין לְהָשִׁיב what is done cannot be undone

הֲשָׁבַת אבידה returning lost property

● שוה

הִשְׁוָה/מַשְׁוֶה (הִשְׁוָה) compare, equate; equalize; smooth, even

בניין: הִפְעִיל גזרה: ל"ה

Imperative ציווי	Future עתיד	Past עבר		Present הווה	
	אַשְׁוֶה	הִשְׁוֵיתִי	אני	מַשְׁוֶה	יחיד
הַשְׁוֵה	תַּשְׁוֶה	הִשְׁוֵיתָ	אתה	מַשְׁוָה	יחידה
הַשְׁוִי	תַּשְׁוִי	הִשְׁוֵית	את	מַשְׁוִים	רבים
	יַשְׁוֶה	הִשְׁוָה	הוא	מַשְׁווֹת	רבות
	תַּשְׁוֶה	הִשְׁוְתָה	היא		
	נַשְׁוֶה	הִשְׁוֵינוּ*	אנחנו		
הַשְׁווּ***	תַּשְׁווּ**	הִשְׁוֵיתֶם/ן	אתם/ן		
	יַשְׁווּ**	הִשְׁווּ	הם/ן		

* BH: הִשְׁוִינוּ ** less commonly: אתן/הן תַּשְׁוֶינָה

שם הפועל .Infin לְהַשְׁווֹת *** less commonly: (אתן) הַשְׁוֶינָה

שם הפעולה Gerund הַשְׁוָאָה comparison; equalization; equation (algebra)

מקור מוחלט .Inf. Abs הַשְׁוֵה

הוּשְׁוָה (הֻשְׁוָה) be compared/equalized/smoothed

בניין: הוּפְעַל גזרה: ל"ה

	Present הווה		Past עבר	Future עתיד
יחיד	מוּשְׁוֶה	אני	הוּשְׁוֵיתִי	אוּשְׁוֶה
יחידה	מוּשְׁוָה	אתה	הוּשְׁוֵיתָ	תוּשְׁוֶה
רבים	מוּשְׁוִים	את	הוּשְׁוֵית	תוּשְׁוִי
רבות	מוּשְׁווֹת	הוא	הוּשְׁוָה	יוּשְׁוֶה
		היא	הוּשְׁוְתָה	תוּשְׁוֶה
		אנחנו	הוּשְׁוֵינוּ*	נוּשְׁוֶה
		אתם/ן	הוּשְׁוֵיתֶם/ן	תוּשְׁווּ**
		הם/ן	הוּשְׁווּ	יוּשְׁווּ**

[מקור מוחלט .Inf. Abs הוּשְׁוֵה] * BH: הוּשְׁוֵינוּ ** less common: אתן/הן תוּשְׁוֶינָה

שָׁוָה/שָׁוֶה/יִשְׁוֶה (שָׁוָה) be equal, be comparable; be worth (price); be worthwhile

בניין: פָּעַל גזרה: ל"ה

	Present הווה		Past עבר	Future עתיד	Imperative ציווי
יחיד	שָׁוֶה/שׁוֹוֶה	אני	שָׁוִיתִי	אֶשְׁוֶה	
יחידה	שָׁוָה/שׁוֹוָה	אתה	שָׁוִיתָ	תִּשְׁוֶה	שְׁוֵה
רבים	שָׁוִים/שׁוֹוִים	את	שָׁוִית	תִּשְׁוִי	שְׁוִי
רבות	שָׁווֹת/שׁוֹוֹת	הוא	שָׁוָה	יִשְׁוֶה	
		היא	שָׁוְתָה	תִּשְׁוֶה	
		אנחנו	שָׁוִינוּ	נִשְׁוֶה	
		אתם/ן	שְׁוִיתֶם/ן*	תִּשְׁווּ**	שְׁווּ***
		הם/ן	שָׁווּ	יִשְׁווּ**	

שם הפועל .Infin לִשְׁווֹת * Colloquial: שָׁוִיתֶם/ן

בינוני .Pres. Part שָׁוֶה equal; worth (price) ** less commonly: אתן/הן תִּשְׁוֶינָה

מקור מוחלט .Inf. Abs שָׁווֹה *** less commonly: (אתן) שְׁוֶינָה

הִשְׁתַּוָּה (הִשְׁתַּוָּה) be equal (to), become equal, be equivalent; come to terms

בניין: הִתְפַּעֵל גזרה: ל"ה + פ' שורקת

	Present הווה		Past עבר	Future עתיד	Imperative ציווי
יחיד	מִשְׁתַּוֶּה	אני	הִשְׁתַּוֵּיתִי	אֶשְׁתַּוֶּה	
יחידה	מִשְׁתַּוָּה	אתה	הִשְׁתַּוֵּיתָ	תִּשְׁתַּוֶּה	הִשְׁתַּוֵּה
רבים	מִשְׁתַּוִּים	את	הִשְׁתַּוֵּית	תִּשְׁתַּוִּי	הִשְׁתַּוִּי
רבות	מִשְׁתַּווֹת	הוא	הִשְׁתַּוָּה	יִשְׁתַּוֶּה	
		היא	הִשְׁתַּוְּתָה	תִּשְׁתַּוֶּה	
		אנחנו	הִשְׁתַּוֵּינוּ*	נִשְׁתַּוֶּה	
		אתם/ן	הִשְׁתַּוֵּיתֶם/ן	תִּשְׁתַּוּוּ**	הִשְׁתַּוּוּ*** >>

	Future עתיד	Past עבר	
	יִשְׁתַּווּ**	הִשְׁתַּווּ	הם/ן

שם הפועל .Infin לְהִשְׁתַּווֹת * BH: הִשְׁתַּוִּינוּ
שם הפעולה Gerund הִשְׁתַּווּת equivalence ** less commonly: אתן/הן תִּשְׁתַּוֶינָה
מקור מוחלט .Inf. Abs הִשְׁתַּוֵּה *** less commonly: (אתן) הִשְׁתַּוֶינָה

◆ פעלים שאינם שכיחים מאותו שורש Infrequent verbs sharing the same root
נִשְׁוָה (נִשְׁוָה) be equal, resemble (Med H) (נִשְׁוֶה, יִישָׁוֶה, לְהִישָּׁווֹת)
שִׁיוָּה (שִׁוָּה) compare; make even; set; impart, describe (מְשַׁוֶּה, יְשַׁוֶּה, לְשַׁווֹת)
שׁוּוָּה (שֻׁוָּה) be leveled/balanced; be set, be imparted (Med H) (מְשׁוּוֶּה, יְשׁוּוֶּה)

◆ דוגמאות Illustrations

עדיין לא החלטתי בקשר לרכישת מכונית. **הִשְׁוֵיתִי** מחירים אצל מספר סוכני מכוניות, ואני חושב שאני יכול **לְהִשְׁתַּווֹת** על המחיר עם אחד או שניים מהם, אבל אני לא בטוח **שֶׁשָּׁוֶה** לי לעשות זאת במצב הכלכלי הנוכחי. אני צריך עוד לעשות **הַשְׁוָאָה** עם מחירי השכרה.

I have not made up my mind yet regarding the purchase of a car. I **compared** prices with a number of car dealers, and I think that I can **come to terms** with one or two of them regarding price, but I am not convinced that it is **worth** my doing it in today's economy. I still need to make a **comparison** with leasing prices.

◆ ביטויים מיוחדים Special expressions

באו לעמק **הַשָּׁוֶה** come to an agreement, reach an understanding
לא **שָׁוֶה** פרוטה not worth a penny
פיו ולבו **שָׁוִים** straightforward, honest
שָׁוֶה **בְּשָׁוֶה** in equal shares
שְׁוֵה-זכויות having equal rights
שְׁוֵה-ערך equal in value
שְׁוֵה-נפש indifferent
שָׁוֶה לכל נפש suitable for everyone
שָׁוֶה פרוטה of little value
שִׁיוָּה לעצמו imagined to himself
שַׁוֵּה בנפשך! imagine to yourself!
הקו **הַמַּשְׁוֶה** the equator
הם **הִשְׁתַּווּ** ביניהם they came to terms

● שוט

שָׁט/שַׁט/יָשׁוּט roam, wander; sail

בניין: פָּעַל גזרה: ע"ו

	Present הווה		Past עבר	Future עתיד	Imperative ציווי
יחיד	שָׁט	אני	שַׁטְתִּי	אָשׁוּט	
יחידה	שָׁטָה	אתה	שַׁטְתָּ	תָּשׁוּט	שׁוּט
רבים	שָׁטִים	את	שַׁטְתְּ	תָּשׁוּטִי	שׁוּטִי >>>

	Present הווה		Past עבר	Future עתיד	Imperative ציווי
רבות	שָׁטוֹת	הוא	שָׁט	יָשׁוּט	
		היא	שָׁטָה	תָּשׁוּט	
		אנחנו	שַׁטְנוּ	נָשׁוּט	
		אתם/ן	שַׁטְתֶּם/ן	תָּשׁוּטוּ*	שׁוּטוּ**
		הם/ן	שָׁטוּ	יָשׁוּטוּ*	

שם הפועל .Infin לָשׁוּט — * less commonly: אתן/הן תָּשׁוֹטְנָה

מקור מוחלט .Inf. Abs שׁוֹט — ** less commonly: (אתן) שׁוֹטְנָה

שׁוֹטֵט/שׁוֹטַטְ roam, rove; loiter

בניין: פִּיעֵל גזרה: ע״ו

	Present הווה		Past עבר	Future עתיד	Imperative ציווי
יחיד	מְשׁוֹטֵט	אני	שׁוֹטַטְתִּי	אֲשׁוֹטֵט	
יחידה	מְשׁוֹטֶטֶת	אתה	שׁוֹטַטְתָּ	תְּשׁוֹטֵט	שׁוֹטֵט
רבים	מְשׁוֹטְטִים	את	שׁוֹטַטְתְּ	תְּשׁוֹטְטִי	שׁוֹטְטִי
רבות	מְשׁוֹטְטוֹת	הוא	שׁוֹטֵט	יְשׁוֹטֵט	
		היא	שׁוֹטְטָה	תְּשׁוֹטֵט	
		אנחנו	שׁוֹטַטְנוּ	נְשׁוֹטֵט	
		אתם/ן	שׁוֹטַטְתֶּם/ן	תְּשׁוֹטְטוּ*	שׁוֹטְטוּ**
		הם/ן	שׁוֹטְטוּ	יְשׁוֹטְטוּ*	

שם הפועל .Infin לְשׁוֹטֵט — * less commonly: אתן/הן תְּשׁוֹטֵטְנָה

שם הפעולה Gerund שִׁיטוּט roaming — ** less commonly: (אתן) שׁוֹטֵטְנָה

מקור מוחלט .Inf. Abs שׁוֹטֵט

הֵשִׁיט/הֵשַׁטְ/יָשִׁיט float (tr.), set afloat, transport by boat

בניין: הִפְעִיל גזרה: ע״ו

	Present הווה		Past עבר	Future עתיד	Imperative ציווי
יחיד	מֵשִׁיט	אני	הֵשַׁטְתִּי	אָשִׁיט	
יחידה	מְשִׁיטָה	אתה	הֵשַׁטְתָּ	תָּשִׁיט	הָשֵׁט
רבים	מְשִׁיטִים	את	הֵשַׁטְתְּ	תָּשִׁיטִי	הָשִׁיטִי
רבות	מְשִׁיטוֹת	הוא	הֵשִׁיט	יָשִׁיט	
		היא	הֵשִׁיטָה	תָּשִׁיט	
		אנחנו	הֵשַׁטְנוּ	נָשִׁיט	
		אתם/ן	הֵשַׁטְתֶּם/ן*	תָּשִׁיטוּ**	הָשִׁיטוּ***
		הם/ן	הֵשִׁיטוּ	יָשִׁיטוּ**	

שם הפועל .Infin לְהָשִׁיט — * BH: הֲשִׁטֹתֶם/ן

שם הפעולה Gerund הֲשָׁטָה setting afloat — ** less commonly: אתן/הן תָּשֵׁטְנָה

מקור מוחלט .Inf. Abs הָשֵׁט — *** less commonly: (אתן) הָשֵׁטְנָה

הוּשַׁט be set afloat; be transported by boat

בניין: הוּפְעַל גזרה: ע"ו

	Present הווה		Past עבר	Future עתיד
יחיד	מוּשָׁט	אני	הוּשַׁטְתִּי	אוּשַׁט
יחידה	מוּשֶׁטֶת	אתה	הוּשַׁטְתָּ	תּוּשַׁט
רבים	מוּשָׁטִים	את	הוּשַׁטְתְּ	תּוּשְׁטִי
רבות	מוּשָׁטוֹת	הוא	הוּשַׁט	יוּשַׁט
		היא	הוּשְׁטָה	תּוּשַׁט
		אנחנו	הוּשַׁטְנוּ	נוּשַׁט
		אתם/ן	הוּשַׁטְתֶּם/ן	תּוּשְׁטוּ*
		הם/ן	הוּשְׁטוּ	יוּשְׁטוּ*

[מקור מוחלט Inf. Abs. הוּשֵׁט] * less commonly: אתן/הן תּוּשַׁטְנָה

◆ **פעלים שאינם שכיחים מאותו שורש** Infrequent verbs sharing the same root

שִׁיֵּט (שִׁיֵּט) roam, cruise (מְשַׁיֵּט, יְשַׁיֵּט, לְשַׁיֵּט)

שם הפעולה Gerund שִׁיּוּט cruising (fairly common form)

הִתְשׁוֹטֵט roam, go back and forth (lit.) (מִתְשׁוֹטֵט, יִתְשׁוֹטֵט, לְהִתְשׁוֹטֵט)

הִתְשַׁיֵּט (הִתְשַׁיֵּט) roam, cruise (lit.) (מִתְשַׁיֵּט, יִתְשַׁיֵּט, לְהִתְשַׁיֵּט)

◆ **דוגמאות** Illustrations

יעקוב **שָׁט** לפחות פעם בשנה עם קבוצת חברים בספינת מפרשים למקומות שונים בים התיכון. מדי פעם הם יורדים לחוף **וּמִשְׁוֹטְטִים** קצת בערי הנמל.

Ya'akov **sails** at least once a year with a group of friends on a sailboat to different places on the Mediterranean. Occasionally they get off on shore and **roam about** in the port cities.

ילדים אוהבים **לְהָשִׁיט** סירות-מודל באגם שלנו. לפחות עשרים סירות כאלה **מוּשָׁטוֹת** כאן כל יום ראשון.

Kids love **to set afloat** model boats on our lake. At least twenty such boats **are set afloat** here every Sunday.

● שחה

שָׂחָה/שׂוֹחֶה/יִשְׂחֶה swim

בניין: פָּעַל גזרה: ל"ה + ע' גרונית

	Present הווה		Past עבר	Future עתיד	Imperative ציווי
יחיד	שׂוֹחֶה	אני	שָׂחִיתִי	אֶשְׂחֶה	
יחידה	שׂוֹחָה	אתה	שָׂחִיתָ	תִּשְׂחֶה	שְׂחֵה
רבים	שׂוֹחִים	את	שָׂחִית	תִּשְׂחִי	שְׂחִי >>>

	הווה Present		עבר Past	עתיד Future	ציווי Imperative
רבות	שׂוֹחוֹת	הוא	שָׂחָה	יִשְׂחֶה	
		היא	שָׂחֲתָה	תִּשְׂחֶה	
		אנחנו	שָׂחִינוּ	נִשְׂחֶה	
		אתם/ן	שְׂחִיתֶם/ן*	תִּשְׂחוּ**	שְׂחוּ***
		הם/ן	שָׂחוּ	יִשְׂחוּ**	

שם הפועל .Infin לִשְׂחוֹת — * Colloquial: שָׂחִיתֶם/ן

שם הפעולה Gerund שְׂחִיָּה swimming (N) — ** less commonly: אתן/הן תִּשְׂחֶינָה

מקור מוחלט .Inf. Abs שָׂחֹה — *** less commonly: (אתן) שְׂחֶינָה

◆ **פעלים שאינם שכיחים מאותו שורש** Infrequent verbs sharing the same root

הִשְׂחָה cause to swim/sail; flood, wet (lit.) (מַשְׂחֶה, יַשְׂחֶה, לְהַשְׂחוֹת)

◆ **דוגמאות** Illustrations

אליעזר לא יודע **לִשְׂחוֹת**. השנה הוא החליט לעשות משהו בנדון, ונרשם לשיעורי **שְׂחִיָּה**.

Eliezer cannot **swim**. This year he decided do something about it, and registered for **swimming** lessons.

◆ **ביטויים מיוחדים** Special expressions

שָׂחָה בים התלמוד delve deeply in Talmud study

שָׂחָה נגד הזרם swim against the current, i.e. be nonconformist

שָׂחָה עם הזרם swim with the current, i.e. conform

● שחק

שִׂיחֵק/שִׂיחַק/שַׂחֵק (שׂחק) play (game); act (on stage); amuse; mock

בניין: פִּיעֵל גזרה: שלמים

	הווה Present		עבר Past	עתיד Future	ציווי Imperative
יחיד	מְשַׂחֵק	אני	שִׂיחַקְתִּי	אֲשַׂחֵק	
יחידה	מְשַׂחֶקֶת	אתה	שִׂיחַקְתָּ	תְּשַׂחֵק	שַׂחֵק
רבים	מְשַׂחֲקִים	את	שִׂיחַקְתְּ	תְּשַׂחֲקִי	שַׂחֲקִי
רבות	מְשַׂחֲקוֹת	הוא	שִׂיחֵק	יְשַׂחֵק	
		היא	שִׂיחֲקָה	תְּשַׂחֵק	
		אנחנו	שִׂיחַקְנוּ	נְשַׂחֵק	
		אתם/ן	שִׂיחַקְתֶּם/ן	תְּשַׂחֲקוּ	שַׂחֲקוּ**
		הם/ן	שִׂיחֲקוּ	יְשַׂחֲקוּ*	<<<

שם הפועל .Infin לְשַׂחֵק * less commonly: אתן/הן תְּשַׂחֵקְנָה

מקור מוחלט .Inf. Abs שַׂחֵק ** less commonly: (אתן) שַׂחֵקְנָה

מ"י מוצרכת .Gov. Prep שִׂחֵק עִם play with

◆ **דוגמאות** Illustrations

כשגבי היה ילד הוא אהב **לְשַׂחֵק** "שוטרים וגנבים". היום הוא **מְשַׂחֵק** תפקיד של שוטר בסדרת טלוויזיה.

When Gaby was a child he liked **to play** cops and robbers. Today he **plays** the role of a policeman in a TV show.

◆ **ביטויים מיוחדים** Special expressions

שִׂיחֵק באש play with fire — **שִׂיחֲקָה** לו השעה he was successful

שִׂיחֵק לו המזל he was lucky

● שחרר

שִׁחְרֵר/שִׁחְרַר/שַׁחְרֵר set free, liberate, release

בניין: פִּיעֵל גזרה: מרובעים

	הווה Present		עבר Past	עתיד Future	ציווי Imperative
יחיד	מְשַׁחְרֵר	אני	שִׁחְרַרְתִּי	אֲשַׁחְרֵר	
יחידה	מְשַׁחְרֶרֶת	אתה	שִׁחְרַרְתָּ	תְּשַׁחְרֵר	שַׁחְרֵר
רבים	מְשַׁחְרְרִים	את	שִׁחְרַרְתְּ	תְּשַׁחְרְרִי	שַׁחְרְרִי
רבות	מְשַׁחְרְרוֹת	הוא	שִׁחְרֵר	יְשַׁחְרֵר	
		היא	שִׁחְרְרָה	תְּשַׁחְרֵר	
		אנחנו	שִׁחְרַרְנוּ	נְשַׁחְרֵר	
		אתם/ן	שִׁחְרַרְתֶּם/ן	תְּשַׁחְרְרוּ	שַׁחְרְרוּ**
		הם/ן	שִׁחְרְרוּ	יְשַׁחְרְרוּ*	

שם הפועל .Infin לְשַׁחְרֵר * less commonly: אתן/הן תְּשַׁחְרֵרְנָה

שם הפעולה .Ger שִׁחְרוּר liberation, release ** less commonly: (אתן) שַׁחְרֵרְנָה

בינוני .Pres. Part מְשַׁחְרֵר liberating (A); liberator

מקור מוחלט .Inf. Abs שַׁחְרֵר

שׁוּחְרַר (שֻׁחְרַר) be set free/liberated/released

בניין: פּוּעַל גזרה: מרובעים

	הווה Present		עבר Past	עתיד Future
יחיד	מְשׁוּחְרָר	אני	שׁוּחְרַרְתִּי	אֲשׁוּחְרַר
יחידה	מְשׁוּחְרֶרֶת	אתה	שׁוּחְרַרְתָּ	תְּשׁוּחְרַר

>>>

Future עתיד	Past עבר		Present הווה	
תְּשׁוּחְרְרִי	שׁוּחְרַרְתְּ	את	מְשׁוּחְרָרִים	רבים
יְשׁוּחְרַר	שׁוּחְרַר	הוא	מְשׁוּחְרָרוֹת	רבות
תְּשׁוּחְרַר	שׁוּחְרְרָה	היא		
נְשׁוּחְרַר	שׁוּחְרַרְנוּ	אנחנו		
תְּשׁוּחְרְרוּ*	שׁוּחְרַרְתֶּם/ן	אתם/ן		
יְשׁוּחְרְרוּ*	שׁוּחְרְרוּ	הם/ן		

אתן/הן תְּשׁוּחְרַרְנָה :less commonly * freed, released מְשׁוּחְרָר Pres. Part. בינוני
[מקור מוחלט Inf. Abs. שׁוּחְרוֹר]

be set free/liberated/released; set oneself free, release oneself הִשְׁתַּחְרֵר/הִשְׁתַּחְרַר

בניין: הִתְפַּעֵל גזרה: מרובעים + פ׳ שורקת

Imperative ציווי	Future עתיד	Past עבר		Present הווה	
	אֶשְׁתַּחְרֵר	הִשְׁתַּחְרַרְתִּי	אני	מִשְׁתַּחְרֵר	יחיד
הִשְׁתַּחְרֵר	תִּשְׁתַּחְרֵר	הִשְׁתַּחְרַרְתָּ	אתה	מִשְׁתַּחְרֶרֶת	יחידה
הִשְׁתַּחְרְרִי	תִּשְׁתַּחְרְרִי	הִשְׁתַּחְרַרְתְּ	את	מִשְׁתַּחְרְרִים	רבים
	יִשְׁתַּחְרֵר	הִשְׁתַּחְרֵר	הוא	מִשְׁתַּחְרְרוֹת	רבות
	תִּשְׁתַּחְרֵר	הִשְׁתַּחְרְרָה	היא		
	נִשְׁתַּחְרֵר	הִשְׁתַּחְרַרְנוּ	אנחנו		
הִשְׁתַּחְרְרוּ**	תִּשְׁתַּחְרְרוּ*	הִשְׁתַּחְרַרְתֶּם/ן	אתם/ן		
	יִשְׁתַּחְרְרוּ*	הִשְׁתַּחְרְרוּ	הם/ן		

אתן/הן תִּשְׁתַּחְרֵרְנָה :less commonly * לְהִשְׁתַּחְרֵר Infin. שם הפועל
(אתן) הִשְׁתַּחְרֵרְנָה :less commonly ** being released הִשְׁתַּחְרְרוּת Ger. שם הפעולה
one being released מִשְׁתַּחְרֵר Pres. Part. בינוני
הִשְׁתַּחְרֵר Inf. Abs. מקור מוחלט
be released from הִשְׁתַּחְרֵר מן Gov. Prep. מ״י מוצרכת

◆ דוגמאות Illustrations

במסגרת ההסכם, התחייבו שני הצדדים **לְשַׁחְרֵר** שבויים ועצירים. **הַשִּׁחְרוּר** יקוים בשלבים, כשבראשונה **יְשׁוּחְרְרוּ** גברים חולים ונשים. כש**יִשְׁתַּחְרֵר** השבוי או העציר האחרון, יופעלו ההסכמים הצבאיים בשטח.

Within the framework of the agreement, the two sides committed themselves **to free** prisoners and detainees. The **release** will take place in stages, with sick males and females **being released** first. When the last prisoner or detainee **is set free**, the military arrangements on the ground will be set in motion.

◆ ביטויים מיוחדים Special expressions

fire him **שִׁחְרֵר** אותו מתפקידו
a soldier released from service; a veteran חייל **מְשׁוּחְרָר**
be released from the army **הִשְׁתַּחְרֵר** מן הצבא

● שטף

שָׁטַף/שׁוֹטֵף/יִשְׁטוֹף wash (floor, dishes), rinse; wash away (soil); flood, overflow

בניין: פָּעַל גזרה: שלמים (אֶפְעוֹל)

	Present הווה		Past עבר	Future עתיד	Imper. ציווי
יחיד	שׁוֹטֵף שָׁטוּף	אני	שָׁטַפְתִּי	אֶשְׁטוֹף	
יחידה	שׁוֹטֶפֶת שְׁטוּפָה	אתה	שָׁטַפְתָּ	תִּשְׁטוֹף	שְׁטוֹף
רבים	שׁוֹטְפִים שְׁטוּפִים	את	שָׁטַפְתְּ	תִּשְׁטְפִי	שִׁטְפִי
רבות	שׁוֹטְפוֹת שְׁטוּפוֹת	הוא	שָׁטַף	יִשְׁטוֹף	
		היא	שָׁטְפָה	תִּשְׁטוֹף	
		אנחנו	שָׁטַפְנוּ	נִשְׁטוֹף	
		אתם/ן	שְׁטַפְתֶּם/ן*	תִּשְׁטְפוּ**	שִׁטְפוּ***
		הם/ן	שָׁטְפוּ	יִשְׁטְפוּ**	

* Colloquial: שָׁטַפְתֶּם/ן

** less commonly: אתן/הן תִּשְׁטוֹפְנָה

*** less commonly: (אתן) שְׁטוֹפְנָה

שם הפועל .Infin לִשְׁטוֹף

בינוני פעיל .Act. Part שׁוֹטֵף continuous, current; swiftly running, torrential

בינוני סביל .Pass. Part שָׁטוּף flooded, washed; rapt

שם הפעולה Gerund שְׁטִיפָה washing (floor...); flooding

מקור מוחלט .Inf. Abs שָׁטוֹף

נִשְׁטַף/יִישָּׁטֵף (יִשָּׁטֵף) be washed/rinsed; be washed away

בניין: נִפְעַל גזרה: שלמים

	Present הווה		Past עבר	Future עתיד	Imperative ציווי
יחיד	נִשְׁטָף	אני	נִשְׁטַפְתִּי	אֶשָּׁטֵף	
יחידה	נִשְׁטֶפֶת	אתה	נִשְׁטַפְתָּ	תִּישָּׁטֵף	הִישָּׁטֵף
רבים	נִשְׁטָפִים	את	נִשְׁטַפְתְּ	תִּישָּׁטְפִי	הִישָּׁטְפִי
רבות	נִשְׁטָפוֹת	הוא	נִשְׁטַף	יִישָּׁטֵף	
		היא	נִשְׁטְפָה	תִּישָּׁטֵף	
		אנחנו	נִשְׁטַפְנוּ	נִישָּׁטֵף	
		אתם/ן	נִשְׁטַפְתֶּם/ן	תִּישָּׁטְפוּ*	הִישָּׁטְפוּ**
		הם/ן	נִשְׁטְפוּ	יִישָּׁטְפוּ*	

* less commonly: אתן/הן תִּישָּׁטַפְנָה/...טֵפְנָה

** less commonly: (אתן) הִישָּׁטַפְנָה/...טֵפְנָה

שם הפועל .Infin לְהִישָּׁטֵף

מקור מוחלט .Inf. Abs נִשְׁטוֹף, הִישָּׁטֵף (הִישָּׁטוֹף)

◆ פעלים שאינם שכיחים מאותו שורש Infrequent verbs sharing the same root

שִׁיטֵּף (שִׁטֵּף) clean by rinsing (Mish H) (מְשַׁטֵּף, יְשַׁטֵּף, לְשַׁטֵּף)
שׁוּטַּף (שֻׁטַּף) be cleaned by rinsing (lit.); be flooded (Med H) (מְשׁוּטָּף, יְשׁוּטַּף)
הִשְׁתַּטֵּף clean oneself by rinsing (Mish H); be flooded (lit.) (מִשְׁתַּטֵּף, יִשְׁתַּטֵּף, לְהִשְׁתַּטֵּף)
הִשְׁטִיף (מַשְׁטִיף, יַשְׁטִיף, לְהַשְׁטִיף) flood (Mish H); cause to run swiftly (lit.)
הוּשְׁטַף (הֻשְׁטַף) be swept with the current (Mish H); overflow (Med H); be flooded (lit.) (מוּשְׁטָף, יוּשְׁטַף)

◆ דוגמאות Illustrations

בביתנו אני הוא השוטף את הכלים; אין לי מושג בבישול, אבל אני מומחה לִשְׁטִיפַת כלים.

At our home I am the one who **washes** the dishes; I have no understanding of cooking, but I am an expert in **washing** dishes.

גשם **שׁוֹטֵף** ירד אתמול במשך כל היום, וכל הכבישים **נִשְׁטְפוּ** מכל האבק שכיסה אותם בשבועות החמים של אוגוסט.

Torrential rain was pouring all day yesterday, and all the roads **were rinsed** of all the dust that accumulated on them during the hot weeks of August.

◆ ביטויים מיוחדים Special expressions

גשם **שׁוֹטֵף** torrential rain
חשבון **שׁוֹטֵף** current account
שׁוֹטֵף כלים dishwasher
עניינים **שׁוֹטְפִים** current topics
שָׁטוּף בשתייה drunkard

● שיח

talk, converse, chat שׂוֹחַח/שׂוֹחֵחַ

בניין: פִּיעֵל גזרה: ע"י + ע' גרונית + ל' גרונית

	Present הווה		Past עבר	Future עתיד	Imperative ציווי
יחיד	מְשׂוֹחֵחַ	אני	שׂוֹחַחְתִּי	אֲשׂוֹחַח/...חֵחַ	
יחידה	מְשׂוֹחַחַת	אתה	שׂוֹחַחְתָּ	תְּשׂוֹחַח/...חֵחַ	שׂוֹחַח....חֵחַ
רבים	מְשׂוֹחֲחִים	את	שׂוֹחַחְתְּ/...חַת	תְּשׂוֹחֲחִי	שׂוֹחֲחִי
רבות	מְשׂוֹחֲחוֹת	הוא	שׂוֹחַח*	יְשׂוֹחַח/...חֵחַ	
		היא	שׂוֹחֲחָה	תְּשׂוֹחַח/...חֵחַ	
		אנחנו	שׂוֹחַחְנוּ	נְשׂוֹחַח/...חֵחַ	
		אתם/ן	שׂוֹחַחְתֶּם/ן	תְּשׂוֹחֲחוּ**	שׂוֹחֲחוּ***
		הם/ן	שׂוֹחֲחוּ	יְשׂוֹחֲחוּ**	<<<

שם הפועל .Infin לְשׂוֹחֵחַ   * Colloquial: שׂוֹחֵחַ
מקור מוחלט .Inf. Abs שׂוֹחֵחַ   ** less commonly: אתן/הן תְּשׂוֹחַחְנָה
מ״י מוצרכת .Gov. Prep שׂוֹחַח עם talk with   *** less commonly: (אתן) שׂוֹחַחְנָה

◆ פעלים שאינם שכיחים מאותו שורש Infrequent verbs sharing the same root
שָׂח talk, speak (שָׂח, יָשִׂיחַ, לָשִׂיחַ)
הֵשִׂיחַ talk, converse; get to talk (מֵשִׂיחַ, יָשִׂיחַ, לְהָשִׂיחַ)
הִשְׂתּוֹחֵחַ talk to each other (Mish H) (מִשְׂתּוֹחֵחַ, יִשְׂתּוֹחַח, לְהִשְׂתּוֹחֵחַ)

◆ דוגמאות Illustrations
שׂוֹחַחְתִּי עם מנשה כחצי שעה, עד שהוא התנצל ואמר שלצערו הוא צריך ללכת.
I **chatted** with Menashe for about half an hour, till he apologized and said that unfortunately he had to go.

◆ ביטויים מיוחדים Special expressions
מה אתה **שָׂח**?! you don't say!
דאגה בלב איש - **יְשִׂיחֶנָּה** one can relieve one's burden of worry by talking to others about it

---

● שׂים

שָׂם/שַׂמְ/יָשִׂים put, place, set, lay; appoint (lit.); make into (lit.)

בניין: פָּעַל   גזרה: ע״י

	Present הווה		Past עבר	Future עתיד	Imperative ציווי
יחיד	שָׂם	אני	שַׂמְתִּי	אָשִׂים	
יחידה	שָׂמָה	אתה	שַׂמְתָּ	תָּשִׂים	שִׂים
רבים	שָׂמִים	את	שַׂמְתְּ	תָּשִׂימִי	שִׂימִי
רבות	שָׂמוֹת	הוא	שָׂם	יָשִׂים	
		היא	שָׂמָה	תָּשִׂים	
		אנחנו	שַׂמְנוּ	נָשִׂים	
		אתם/ן	שַׂמְתֶּם/ן	תָּשִׂימוּ*	שִׂימוּ**
		הם/ן	שָׂמוּ	יָשִׂימוּ*	

שם הפועל .Infin לָשִׂים   * less commonly: אתן/הן תָּשֵׂמְנָה
מקור מוחלט .Inf. Abs שׂוֹם   ** less commonly: (אתן) שֵׂמְנָה

הוּשַׂם be placed/set up/established

בניין: הוּפְעַל גזרה: ע"ו

	Present הווה		Past עבר	Future עתיד
יחיד	מוּשָׂם	אני	הוּשַׂמְתִּי	אוּשַׂם
יחידה	מוּשֶׂמֶת	אתה	הוּשַׂמְתָּ	תּוּשַׂם
רבים	מוּשָׂמִים	את	הוּשַׂמְתְּ	תּוּשְׂמִי
רבות	מוּשָׂמוֹת	הוא	הוּשַׂם	יוּשַׂם
		היא	הוּשְׂמָה	תּוּשַׂם
		אנחנו	הוּשַׂמְנוּ	נוּשַׂם
		אתם/ן	הוּשַׂמְתֶּם/ן	תּוּשְׂמוּ*
		הם/ן	הוּשְׂמוּ	יוּשְׂמוּ*

[מקור מוחלט Inf. Abs. הוּשֵׂם] * less commonly: אתן/הן תּוּשַׂמְנָה

◆ **פעלים שאינם שכיחים מאותו שורש** Infrequent verbs sharing the same root

הֵשִׂים place, set up, establish (lit.) (מֵשִׂים, יָשִׂים, לְהָשִׂים)

◆ **דוגמאות** Illustrations

לא **שַׂמְתִּי** לב לכך שהמכתב שאני מחפש נמצא על השולחן הסמוך. הוא **הוּשַׂם** שם, כנראה, על ידי המזכירה, במקום שבו היא **שָׂמָה** בדרך כלל את מכתביי.

I did not **notice** that that letter for which I was looking was on the desk next to me. It **was** probably **placed** there by the secretary, where she generally **places** my letters.

◆ **ביטויים מיוחדים** Special expressions

שָׂם לאל frustrate, bring to nought

שָׂם לב pay attention, notice

שָׂם מבטחו ב- trust

שָׂם נפשו בכפו take a risk

שָׂם עינו על keep one's eye on

שָׂם פניו אל/ל- turn towards

שָׂם פעמיו אל walk towards, go forward towards

שָׂם קץ ל put an end to

מי **שָׂמְךָ**? who asked you? who appointed you?

ב**שׂים** לב attentively, carefully

הַ**שִׂים** אוזנו כאפרכסת try hard to hear/listen

מבלי **מֵשִׂים** without noticing

אין אדם **מֵשִׂים** עצמו רשע no one makes himself out to be wicked

● שיר

שָׁר/שַׁר/יָשִׁיר sing; write or recite poetry (lit.)

בניין: פָּעַל גזרה: ע״י

	הווה Present		עבר Past	עתיד Future	ציווי Imperative
יחיד	שָׁר	אני	שַׁרְתִּי	אָשִׁיר	
יחידה	שָׁרָה	אתה	שַׁרְתָּ	תָּשִׁיר	שִׁיר
רבים	שָׁרִים	את	שַׁרְתְּ	תָּשִׁירִי	שִׁירִי
רבות	שָׁרוֹת	הוא	שָׁר	יָשִׁיר	
		היא	שָׁרָה	תָּשִׁיר	
		אנחנו	שַׁרְנוּ	נָשִׁיר	
		אתם/ן	שַׁרְתֶּם/ן	תָּשִׁירוּ*	שִׁירוּ**
		הם/ן	שָׁרוּ	יָשִׁירוּ*	

שם הפועל .Infin לָשִׁיר * less commonly: אתן/הן תָּשֵׁרְנָה

שם הפעולה .Ger שִׁירָה singing; poetry ** less commonly: (אתן) שֵׁרְנָה

מקור מוחלט .Inf. Abs שִׁיר

הוּשַׁר be sung

בניין: הוּפְעַל גזרה: ע״ו

	הווה Present		עבר Past	עתיד Future
יחיד	מוּשָׁר	אני	הוּשַׁרְתִּי	אוּשַׁר
יחידה	מוּשֶׁרֶת	אתה	הוּשַׁרְתָּ	תּוּשַׁר
רבים	מוּשָׁרִים	את	הוּשַׁרְתְּ	תּוּשְׁרִי
רבות	מוּשָׁרוֹת	הוא	הוּשַׁר	יוּשַׁר
		היא	הוּשְׁרָה	תּוּשַׁר
		אנחנו	הוּשַׁרְנוּ	נוּשַׁר
		אתם/ן	הוּשַׁרְתֶּם/ן	תּוּשְׁרוּ*
		הם/ן	הוּשְׁרוּ	יוּשְׁרוּ*

[מקור מוחלט .Inf. Abs הוּשֵׁר] * less commonly: אתן/הן תּוּשַׁרְנָה

◆ פעלים שאינם שכיחים מאותו שורש Infrequent verbs sharing the same root

שׁוֹרֵר sing, play (instrument); write poetry (lit.) (מְשׁוֹרֵר, יְשׁוֹרֵר, לְשׁוֹרֵר)

הִשְׁתּוֹרֵר be sung/played/expressed in poetry (lit.) (מִשְׁתּוֹרֵר, יִשְׁתּוֹרֵר, לְהִשְׁתּוֹרֵר)

◆ דוגמאות Illustrations

אליהו התרגש מאוד כשההמנון של ישראל **הוּשַׁר** בועידה. הוא ניצב דום ו**שָׁר** ברוממות רוח עם כולם. **שִׁירָה** אדירה כזו, אמר לי לאחר מכן, לא שמע כבר שנים רבות.

Eliyahu was very moved when the Israeli anthem **was sung** at the congress. He stood still and **sang** with uplifted spirit with everybody. He had not heard such powerful **singing** for many years, he told me afterwards.

לא ידעתי שיעל כותבת **שירה**. נפל לידיי ספר שירים שלה, והתרשמתי מאוד.

I had no idea that Yael writes **poetry**. A book of poems of hers fell into my hands, and I was very impressed.

●שכב

שָׁכַב/שׁוֹכֵב/יִשְׁכַּב lie, lie down; lie in bed (coll.); sleep with

בניין: פָּעַל   גזרה: שלמים (אֶפְעַל)

	Present הווה			Past עבר	Future עתיד	Imper. ציווי
יחיד	שׁוֹכֵב	שָׁכוּב	אני	שָׁכַבְתִּי	אֶשְׁכַּב	
יחידה	שׁוֹכֶבֶת	שְׁכוּבָה	אתה	שָׁכַבְתָּ	תִּשְׁכַּב	שְׁכַב
רבים	שׁוֹכְבִים	שְׁכוּבִים	את	שָׁכַבְתְּ	תִּשְׁכְּבִי	שִׁכְבִי
רבות	שׁוֹכְבוֹת	שְׁכוּבוֹת	הוא	שָׁכַב	יִשְׁכַּב	
			היא	שָׁכְבָה	תִּשְׁכַּב	
			אנחנו	שָׁכַבְנוּ	נִשְׁכַּב	
			אתם/ן	שְׁכַבְתֶּם/ן*	תִּשְׁכְּבוּ**	שִׁכְבוּ***
			הם/ן	שָׁכְבוּ	יִשְׁכְּבוּ**	

* Colloquial: שָׁכַבְתֶּם/ן

** less commonly: אתן/הן תִּשְׁכַּבְנָה

*** less commonly: (אתן) שְׁכַבְנָה

שם הפועל .Infin לִשְׁכַּב

שם הפעולה .Ger שְׁכִיבָה lying, lying down

בינוני סביל .Pass. Part שָׁכוּב prostrate, lying down

מקור מוחלט .Inf. Abs שָׁכוֹב

מ״י מוצרכת .Gov. Prep שָׁכַב עַל lie on

מ״י מוצרכת .Gov. Prep שָׁכַב בְּ- (...lie in (bed

מ״י מוצרכת .Gov. Prep שָׁכַב עִם sleep with

נִשְׁכַּב/יִישָּׁכֵב (יִשָּׁכֵב) lie/fall down (coll.); be lain with (lit.)

בניין: נִפְעַל   גזרה: שלמים

	Present הווה		Past עבר	Future עתיד	Imperative ציווי
יחיד	נִשְׁכָּב	אני	נִשְׁכַּבְתִּי	אֶשָּׁכֵב	
יחידה	נִשְׁכֶּבֶת	אתה	נִשְׁכַּבְתָּ	תִּישָּׁכֵב	הִישָּׁכֵב
רבים	נִשְׁכָּבִים	את	נִשְׁכַּבְתְּ	תִּישָּׁכְבִי	הִישָּׁכְבִי
רבות	נִשְׁכָּבוֹת	הוא	נִשְׁכַּב	יִישָּׁכֵב	
		היא	נִשְׁכְּבָה	תִּישָּׁכֵב	
		אנחנו	נִשְׁכַּבְנוּ	נִישָּׁכֵב	<<<

Imperative ציווי	Future עתיד	Past עבר	
הִישָּׁכְבוּ**	תִּישָּׁכְבוּ*	נִשְׁכַּבְתֶּם/ן	אתם/ן
	יִישָּׁכְבוּ*	נִשְׁכְּבוּ	הם/ן

* less commonly: אתן/הן תִּישָּׁכַבְנָה/...כֶבְנָה

שם הפועל .Infin לְהִישָּׁכֵב ** less commonly: (אתן) הִישָּׁכַבְנָה/...כֶבְנָה

מקור מוחלט .Inf. Abs נִשְׁכּוֹב, הִישָּׁכֵב (הִישָּׁכוֹב)

הִשְׁכִּיב/הִשְׁכַּב/יַשְׁכִּיב lay down, put to bed; knock down (coll.)

בניין: הִפְעִיל גזרה: שלמים

Imperative ציווי	Future עתיד	Past עבר		Present הווה	
	אַשְׁכִּיב	הִשְׁכַּבְתִּי	אני	מַשְׁכִּיב	יחיד
הַשְׁכֵּב	תַּשְׁכִּיב	הִשְׁכַּבְתָּ	אתה	מַשְׁכִּיבָה	יחידה
הַשְׁכִּיבִי	תַּשְׁכִּיבִי	הִשְׁכַּבְתְּ	את	מַשְׁכִּיבִים	רבים
	יַשְׁכִּיב	הִשְׁכִּיב	הוא	מַשְׁכִּיבוֹת	רבות
	תַּשְׁכִּיב	הִשְׁכִּיבָה	היא		
	נַשְׁכִּיב	הִשְׁכַּבְנוּ	אנחנו		
הַשְׁכִּיבוּ**	תַּשְׁכִּיבוּ*	הִשְׁכַּבְתֶּם/ן	אתם/ן		
	יַשְׁכִּיבוּ*	הִשְׁכִּיבוּ	הם/ן		

* less commonly: אתן/הן תַּשְׁכֵּבְנָה

שם הפועל .Infin לְהַשְׁכִּיב ** less commonly: (אתן) הַשְׁכֵּבְנָה

שם הפעולה Gerund הַשְׁכָּבָה laying down (N), putting to bed

מקור מוחלט .Inf. Abs הַשְׁכֵּב

הוּשְׁכַּב (הָשְׁכַּב) be laid down/put to bed; be knocked down (coll.)

בניין: הוּפְעַל גזרה: שלמים

Future עתיד	Past עבר		Present הווה	
אוּשְׁכַּב	הוּשְׁכַּבְתִּי	אני	מוּשְׁכָּב	יחיד
תּוּשְׁכַּב	הוּשְׁכַּבְתָּ	אתה	מוּשְׁכֶּבֶת	יחידה
תּוּשְׁכְּבִי	הוּשְׁכַּבְתְּ	את	מוּשְׁכָּבִים	רבים
יוּשְׁכַּב	הוּשְׁכַּב	הוא	מוּשְׁכָּבוֹת	רבות
תּוּשְׁכַּב	הוּשְׁכְּבָה	היא		
נוּשְׁכַּב	הוּשְׁכַּבְנוּ	אנחנו		
תּוּשְׁכְּבוּ*	הוּשְׁכַּבְתֶּם/ן	אתם/ן		
יוּשְׁכְּבוּ*	הוּשְׁכְּבוּ	הם/ן		

* less commonly: אתן/הן תּוּשְׁכַּבְנָה

בינוני .Pres. Part מוּשְׁכָּב put to bed, laid down

[מקור מוחלט .Inf. Abs הוּשְׁכֵּב]

◆ פעלים שאינם שכיחים מאותו שורש Infrequent verbs sharing the same root

הִשְׁתַּכֵּב lie down; be heaped, be put in layers (lit.) (מִשְׁתַּכֵּב, יִשְׁתַּכֵּב, לְהִשְׁתַּכֵּב)

◆ דוגמאות Illustrations

האם **השְׁכִּיבָה** את התינוק במיטתו. משראתה שאינו מפסיק לבכות, **נִשְׁכְּבָה** לידו עד שנרדם.

The mother **put the baby to bed**. When she saw that he would not stop crying, she **lay down** next to him till he fell asleep.

גופת הנשיא הנפטר **הוּשְׁכְּבָה** בארון, **וְשָׁכְבָה** בו שלושה ימים, כדי לאפשר לציבור לחלוק לו את הכבוד האחרון.

The body of the deceased president **was laid down** in a coffin, and it **lay** there for three days, to enable the public to show their last respects.

כשחליתי בשפעת בפעם האחרונה, נאלצתי **לִשְׁכַּב** (במיטה) שבוע ימים. זה היה לי קשה, כי איני רגיל **לִשְׁכִיבָה** ממושכת (במיטה).

When I last had the flu, I was forced **to lie in bed** for a week. It was hard for me, since I am not used to long (periods of) **lying in bed**.

אני מצטער שאני מפסיק אותך, אבל אין לי כל עניין לשמוע מי **שׁוֹכֵב** עם מי במשרד הזה.

I apologize for interrupting you, but I have no interest in hearing who **sleeps** with whom in this office.

◆ ביטויים מיוחדים Special expressions

שָׁכַב עם אבותיו die (BH)

תפילת הַשְׁכָּבָה prayer for the dead

● שכח

שָׁכַח/שׁוֹכֵחַ/יִשְׁכַּח forget

בניין: פָּעַל גזרה: ל׳ גרונית (אֶפְעַל)

	Present הווה		Past עבר	Future עתיד	Imper. ציווי
יחיד	שׁוֹכֵחַ שָׁכוּחַ	אני	שָׁכַחְתִּי	אֶשְׁכַּח	
יחידה	שׁוֹכַחַת שְׁכוּחָה	אתה	שָׁכַחְתָּ	תִּשְׁכַּח	שְׁכַח
רבים	שׁוֹכְחִים שְׁכוּחִים	את	שָׁכַחְתְּ/...חַת	תִּשְׁכְּחִי	שִׁכְחִי
רבות	שׁוֹכְחוֹת שְׁכוּחוֹת	הוא	שָׁכַח	יִשְׁכַּח	
		היא	שָׁכְחָה	תִּשְׁכַּח	
		אנחנו	שָׁכַחְנוּ	נִשְׁכַּח	
		אתם/ן	שְׁכַחְתֶּם/ן*	תִּשְׁכְּחוּ**	שִׁכְחוּ***
		הם/ן	שָׁכְחוּ	יִשְׁכְּחוּ**	

* Colloquial: שָׁכַחְתֶּם/ן

שם הפועל .Infin לִשְׁכּוֹחַ

** less commonly: אתן/הן תִּשְׁכַּחְנָה

שם הפעולה .Ger שְׁכִיחָה forgetting (lit.)

*** less commonly: (אתן) שְׁכַחְנָה

בינוני סביל .Pass. Part שָׁכוּחַ forgotten, forsaken

<<<

מקור מוחלט .Inf. Abs שָׁכוֹחַ

נִשְׁכַּח/יִישָּׁכַח/יִשָּׁכַח (יִשָּׁכַח) be forgotten

בניין: נִפְעַל גזרה: ל׳ גרונית

	Present הווה		Past עבר	Future עתיד	Imperative ציווי
יחיד	נִשְׁכָּח	אני	נִשְׁכַּחְתִּי	אֶשָּׁכַח/...כֵחַ	
יחידה	נִשְׁכַּחַת	אתה	נִשְׁכַּחְתָּ	תִּישָּׁכַח/...כֵחַ	הִישָּׁכַח/...כֵחַ
רבים	נִשְׁכָּחִים	את	נִשְׁכַּחְתְּ/...חַת	תִּישָּׁכְחִי	הִישָּׁכְחִי
רבות	נִשְׁכָּחוֹת	הוא	נִשְׁכַּח	יִישָּׁכַח/...כֵחַ	
		היא	נִשְׁכְּחָה	תִּישָּׁכַח/...כֵחַ	
		אנחנו	נִשְׁכַּחְנוּ	נִישָּׁכַח/...כֵחַ	
		אתם/ן	נִשְׁכַּחְתֶּם/ן	תִּישָּׁכְחוּ*	הִישָּׁכְחוּ**
		הם/ן	נִשְׁכְּחוּ	יִישָּׁכְחוּ*	

שם הפועל .Infin לְהִישָּׁכַחַ/...כֵחַ * less commonly: אתן/הן תִּישָּׁכַחְנָה

בינוני .Pres. Part נִשְׁכָּח forgotten ** less commonly: (אתן) הִישָּׁכַחְנָה

מקור מוחלט .Inf. Abs נִשְׁכּוֹחַ

הִשְׁכִּיחַ/הִשְׁכַּח/יַשְׁכִּיחַ cause to forget, banish from the mind

בניין: הִפְעִיל גזרה: ל׳ גרונית

	Present הווה		Past עבר	Future עתיד	Imperative ציווי
יחיד	מַשְׁכִּיחַ	אני	הִשְׁכַּחְתִּי	אַשְׁכִּיחַ	
יחידה	מַשְׁכִּיחָה	אתה	הִשְׁכַּחְתָּ	תַּשְׁכִּיחַ	הַשְׁכַּח
רבים	מַשְׁכִּיחִים	את	הִשְׁכַּחְתְּ/...חַת	תַּשְׁכִּיחִי	הַשְׁכִּיחִי
רבות	מַשְׁכִּיחוֹת	הוא	הִשְׁכִּיחַ	יַשְׁכִּיחַ	
		היא	הִשְׁכִּיחָה	תַּשְׁכִּיחַ	
		אנחנו	הִשְׁכַּחְנוּ	נַשְׁכִּיחַ	
		אתם/ן	הִשְׁכַּחְתֶּם/ן	תַּשְׁכִּיחוּ*	הַשְׁכִּיחוּ**
		הם/ן	הִשְׁכִּיחוּ	יַשְׁכִּיחוּ*	

שם הפועל .Infin לְהַשְׁכִּיחַ * less commonly: אתן/הן תַּשְׁכַּחְנָה

שם הפעולה .Ger הַשְׁכָּחָה causing to forget ** less commonly: (אתן) הַשְׁכַּחְנָה

מקור מוחלט .Inf. Abs הַשְׁכֵּחַ

◆ פעלים שאינם שכיחים מאותו שורש Infrequent verbs sharing the same root

שִׁיכַּח (שִׁכַּח) banish from the mind; cause to forget; forget (lit.) (מְשַׁכֵּחַ, יְשַׁכַּח, לְשַׁכֵּחַ)

שׁוּכַּח (שֻׁכַּח) be banished from the mind (Med H) (מְשׁוּכָּח, יְשׁוּכַּח)

הִשְׁתַּכַּח (נִשְׁתַּכַּח) be forgotten; be totally erased from the mind (מִשְׁתַּכֵּחַ, יִשְׁתַּכַּח, לְהִשְׁתַּכֵּחַ)

הוּשְׁכַּח (הֻשְׁכַּח) be banished from the mind; be caused to forget (מוּשְׁכָּח, יוּשְׁכַּח)

◆ דוגמאות Illustrations

יש אנשים **ששוֹכְחִים** מהר שמות; אחרים לא זוכרים פרצופים.

There are people who quickly **forget** names; others do not remember faces.

אני מקווה שהמסיבה הזאת **תַּשְׁכִּיחַ** ממנו את צרותיו - לפחות לערב אחד.

I hope that this party **will make** him **forget** his troubles - at least for one night...

נראה לי שהוא לא צריך לחשוש מן הפגישה הזאת עם יעקוב; אני משוכנע שכל מה שקרה ביניהם בעבר כבר **נִשְׁכַּח**.

It seems to me that he need not worry about this meeting with Ya'akov; I am convinced that whatever had happened between them **is** already **forgotten**.

◆ ביטויים מיוחדים Special expressions

שְׁכוּחַ-אלוהים god-forsaken

שָׁכַח את עצמו lose control of oneself (coll.)

שְׁכַח מזה (את זה)! forget it!; no way! (coll.)

ברוך מזכיר **נִשְׁכָּחוֹת** thank God I remembered!

● שכן

שָׁכַן/שׁוֹכֵן/יִשְׁכּוֹן dwell, live, reside

בניין: פָּעַל גזרה: שלמים + ל"נ

	Present הווה			Past עבר	Future עתיד	Imper. ציווי
יחיד	שׁוֹכֵן	שָׁכוּן	אני	שָׁכַנְתִּי	אֶשְׁכּוֹן	
יחידה	שׁוֹכֶנֶת	שְׁכוּנָה	אתה	שָׁכַנְתָּ	תִּשְׁכּוֹן	שְׁכוֹן
רבים	שׁוֹכְנִים	שְׁכוּנִים	את	שָׁכַנְתְּ	תִּשְׁכְּנִי	שִׁכְנִי
רבות	שׁוֹכְנוֹת	שְׁכוּנוֹת	הוא	שָׁכַן	יִשְׁכּוֹן	
			היא	שָׁכְנָה	תִּשְׁכּוֹן	
			אנחנו	שָׁכַנּוּ	נִשְׁכּוֹן	
			אתם/ן	שְׁכַנְתֶּם/ן*	תִּשְׁכְּנוּ**	שִׁכְנוּ***
			הם/ן	שָׁכְנוּ	יִשְׁכְּנוּ**	

שם הפועל .Infin לִשְׁכּוֹן

שם הפעולה .Ger שְׁכִינָה the Divine Presence

בינוני סביל .Pass. Part שְׁכוּנָה neighborhood

שָׁכוּן (.lit) residing

מקור מוחלט .Inf. Abs שָׁכוֹן

מ"י מוצרכת .Gov. Prep שָׁכַן ב- dwell in

* Colloquial: שָׁכַנְתֶּם/ן

** less commonly: אתן/הן תִּשְׁכּוֹנָּה

*** less commonly: (אתן) שְׁכוֹנָּה

שִׁיכֵּן/שִׁיכַּנְ/שִׁכֵּן (שִׁכֵּן) house, provide with housing

בניין: פִּיעֵל גזרה: שלמים + ל"נ

Imperative ציווי	Future עתיד	Past עבר		Present הווה	
	אֲשַׁכֵּן	שִׁיכַּנְתִּי	אני	מְשַׁכֵּן	יחיד
שַׁכֵּן	תְּשַׁכֵּן	שִׁיכַּנְתָּ	אתה	מְשַׁכֶּנֶת	יחידה
שַׁכְּנִי	תְּשַׁכְּנִי	שִׁיכַּנְתְּ	את	מְשַׁכְּנִים	רבים
	יְשַׁכֵּן	שִׁיכֵּן	הוא	מְשַׁכְּנוֹת	רבות
	תְּשַׁכֵּן	שִׁיכְּנָה	היא		
	נְשַׁכֵּן	שִׁיכַּנּוּ	אנחנו		
שַׁכְּנוּ**	תְּשַׁכְּנוּ*	שִׁיכַּנְתֶּם/ן	אתם/ן		
	יְשַׁכְּנוּ*	שִׁיכְּנוּ	הם/ן		

* less commonly: אתן/הן תְּשַׁכֵּנָּה

** less commonly: (אתן) שַׁכֵּנָּה

שם הפועל .Infin לְשַׁכֵּן

שם הפעולה Gerund שִׁיכּוּן housing; housing project

מקור מוחלט .Inf. Abs שַׁכֵּן

שׁוּכַּן (שֻׁכַּן) be housed/provided with housing

בניין: פּוּעַל גזרה: שלמים + ל"נ

Future עתיד	Past עבר		Present הווה	
אֲשׁוּכַּן	שׁוּכַּנְתִּי	אני	מְשׁוּכָּן	יחיד
תְּשׁוּכַּן	שׁוּכַּנְתָּ	אתה	מְשׁוּכֶּנֶת	יחידה
תְּשׁוּכְּנִי	שׁוּכַּנְתְּ	את	מְשׁוּכָּנִים	רבים
יְשׁוּכַּן	שׁוּכַּן	הוא	מְשׁוּכָּנוֹת	רבות
תְּשׁוּכַּן	שׁוּכְּנָה	היא		
נְשׁוּכַּן	שׁוּכַּנּוּ	אנחנו		
תְּשׁוּכְּנוּ*	שׁוּכַּנְתֶּם/ן	אתם/ן		
יְשׁוּכְּנוּ*	שׁוּכְּנוּ	הם/ן		

[מקור מוחלט .Inf. Abs שׁוּכּוֹן]

* less commonly: אתן/הן תְּשׁוּכַּנָּה

מ"י מוצרכת .Gov. Prep שׁוּכַּן ב- be housed in

הִשְׁתַּכֵּן/הִשְׁתַּכַּנְ find oneself housing/accommodation; be housed, be accommodated

בניין: הִתְפַּעֵל גזרה: שלמים + פ' שורקת + ל"נ

Imperative ציווי	Future עתיד	Past עבר		Present הווה	
	אֶשְׁתַּכֵּן	הִשְׁתַּכַּנְתִּי	אני	מִשְׁתַּכֵּן	יחיד
הִשְׁתַּכֵּן	תִּשְׁתַּכֵּן	הִשְׁתַּכַּנְתָּ	אתה	מִשְׁתַּכֶּנֶת	יחידה
הִשְׁתַּכְּנִי	תִּשְׁתַּכְּנִי	הִשְׁתַּכַּנְתְּ	את	מִשְׁתַּכְּנִים	רבים
	יִשְׁתַּכֵּן	הִשְׁתַּכֵּן	הוא	מִשְׁתַּכְּנוֹת	רבות
	תִּשְׁתַּכֵּן	הִשְׁתַּכְּנָה	היא		
<<<	נִשְׁתַּכֵּן	הִשְׁתַּכַּנּוּ	אנחנו		

Imperative ציווי	Future עתיד	Past עבר	
הִשְׁתַּכְּנוּ**	תִּשְׁתַּכְּנוּ*	הִשְׁתַּכַּנְתֶּם/ן	אתם/ן
	יִשְׁתַּכְּנוּ*	הִשְׁתַּכְּנוּ	הם/ן

שם הפועל .Infin לְהִשְׁתַּכֵּן   * less commonly: אתן/הן תִּשְׁתַּכֵּנָּה

שם הפעולה .Ger הִשְׁתַּכְּנוּת getting housed   ** less commonly: (אתן) הִשְׁתַּכֵּנָּה

בינוני .Pres. Part מִשְׁתַּכֵּן new resident

מקור מוחלט .Inf. Abs הִשְׁתַּכֵּן

הִשְׁכִּין/הִשְׁכַּנְ/יַשְׁכִּין settle, accommodate; establish, set up

בניין: הִפְעִיל   גזרה: שלמים + ל"נ

Imperative ציווי	Future עתיד	Past עבר		Present הווה	
	אַשְׁכִּין	הִשְׁכַּנְתִּי	אני	מַשְׁכִּין	יחיד
הַשְׁכֵּן	תַּשְׁכִּין	הִשְׁכַּנְתָּ	אתה	מַשְׁכִּינָה	יחידה
הַשְׁכִּינִי	תַּשְׁכִּינִי	הִשְׁכַּנְתְּ	את	מַשְׁכִּינִים	רבים
	יַשְׁכִּין	הִשְׁכִּין	הוא	מַשְׁכִּינוֹת	רבות
	תַּשְׁכִּין	הִשְׁכִּינָה	היא		
	נַשְׁכִּין	הִשְׁכַּנּוּ	אנחנו		
הַשְׁכִּינוּ**	תַּשְׁכִּינוּ*	הִשְׁכַּנְתֶּם/ן	אתם/ן		
	יַשְׁכִּינוּ*	הִשְׁכִּינוּ	הם/ן		

* less commonly: אתן/הן תַּשְׁכֵּנָּה

** less commonly: (אתן) הַשְׁכֵּנָּה   שם הפועל .Infin לְהַשְׁכִּין

שם הפעולה Gerund הַשְׁכָּנָה settling; establishing

מקור מוחלט .Inf. Abs הַשְׁכֵּן

הוּשְׁכַּן (הָשְׁכַּן) be settled/accommodated; be set up

בניין: הוּפְעַל   גזרה: שלמים + ל"נ

Future עתיד	Past עבר		Present הווה	
אוּשְׁכַּן	הוּשְׁכַּנְתִּי	אני	מוּשְׁכָּן	יחיד
תּוּשְׁכַּן	הוּשְׁכַּנְתָּ	אתה	מוּשְׁכֶּנֶת	יחידה
תּוּשְׁכְּנִי	הוּשְׁכַּנְתְּ	את	מוּשְׁכָּנִים	רבים
יוּשְׁכַּן	הוּשְׁכַּן	הוא	מוּשְׁכָּנוֹת	רבות
תּוּשְׁכַּן	הוּשְׁכְּנָה	היא		
נוּשְׁכַּן	הוּשְׁכַּנּוּ	אנחנו		
תּוּשְׁכְּנוּ*	הוּשְׁכַּנְתֶּם/ן	אתם/ן		
יוּשְׁכְּנוּ*	הוּשְׁכְּנוּ	הם/ן		

* less commonly: אתן/הן תּוּשְׁכַּנָּה   [מקור מוחלט .Inf. Abs הוּשְׁכֵּן]

◆ פעלים שאינם שכיחים מאותו שורש Infrequent verbs sharing the same root

נִשְׁכַּן be settled (Med H) (נִשְׁכָּן, יִישָּׁכֵן, לְהִישָּׁכֵן)

◆ דוגמאות Illustrations

חלק מן העולים מרוסיה **שׁוּכְּנוּ** במבנים ארעיים, אבל תוך זמן סביר הצליח משרד ה**שִׁיכּוּן** **לְשַׁכֵּן** גם אותם **בְּשִׁיכּוּנִים** קבועים.

Some of the immigrants from Russia **were housed** in temporary installations, but within a reasonable time, the **housing** ministry managed **to house** them in permanent **housing projects**.

חלק מן הבדואים בישראל **הִשְׁתַּכְּנוּ** במשך השנים במגורים קבועים, אבל רובם עדיין **שׁוֹכְנִים** באוהלים.

Some of the Bedouins in Israel **found** permanent **housing** over the years, but most of them still **reside** in tents.

חלק מארצות ערב כבר **הִשְׁכִּינוּ** שלום בינן לבין ישראל. אחרי **שֶׁיּוּשְׁכַּן** שלום אמיתי בין ישראל והפלשתינאים, יעשו זאת כנראה גם שאר מדינות ערב.

Some of the Arab countries have already **established** peace between themselves and Israel. When real peace **is established** between Israel and the Palestinians, the rest of the Arab states will probably follow as well.

◆ ביטויים מיוחדים Special expressions

שׁוֹכֵן עפר dead (and buried...)

הַשְּׁכִינָה שורה עליו he is divinely inspired

שְׁכוּנוֹת עוני slums, poor neighborhoods

הִשְׁכִּין שלום make/restore peace

● שכנע

שִׁכְנֵע/שִׁכְנַע convince

בניין: פִּיעֵל

גזרה: מרובעים + ל׳ גרונית

	Present הווה		Past עבר	Future עתיד	Imperative ציווי
יחיד	מְשַׁכְנֵעַ	אני	שִׁכְנַעְתִּי	אֲשַׁכְנַע/...נֵעַ	
יחידה	מְשַׁכְנַעַת	אתה	שִׁכְנַעְתָּ	תְּשַׁכְנַע/...נֵעַ	שַׁכְנַע/...נֵעַ
רבים	מְשַׁכְנְעִים	את	שִׁכְנַעְתְּ/...עַת	תְּשַׁכְנְעִי	שַׁכְנְעִי
רבות	מְשַׁכְנְעוֹת	הוא	שִׁכְנַע*	יְשַׁכְנַע/...נֵעַ	
		היא	שִׁכְנְעָה	תְּשַׁכְנַע/...נֵעַ	
		אנחנו	שִׁכְנַעְנוּ	נְשַׁכְנַע/...נֵעַ	
		אתם/ן	שִׁכְנַעְתֶּם/ן	תְּשַׁכְנְעוּ**	שַׁכְנְעוּ***
		הם/ן	שִׁכְנְעוּ	יְשַׁכְנְעוּ**	

שם הפועל .Infin לְשַׁכְנֵעַ

שם הפעולה Gerund שִׁכְנוּעַ convincing (N)

בינוני .Pres. Part מְשַׁכְנֵעַ convincing (Adj.)

מקור מוחלט .Inf. Abs שַׁכְנֵעַ

* Colloquial: שִׁכְנֵעַ

** less commonly: אתן/הן תְּשַׁכְנַעְנָה

*** less commonly: (אתן) שַׁכְנַעְנָה

שׁוּכְנַע (שֻׁכְנַע) be convinced

בניין: פּוּעַל גזרה: מרובעים + ל' גרונית

	Present הווה		Past עבר	Future עתיד
יחיד	מְשׁוּכְנָע	אני	שׁוּכְנַעְתִּי	אֲשׁוּכְנַע
יחידה	מְשׁוּכְנַעַת	אתה	שׁוּכְנַעְתָּ	תְּשׁוּכְנַע
רבים	מְשׁוּכְנָעִים	את	שׁוּכְנַעְתְּ/...עַת	תְּשׁוּכְנְעִי
רבות	מְשׁוּכְנָעוֹת	הוא	שׁוּכְנַע	יְשׁוּכְנַע
		היא	שׁוּכְנְעָה	תְּשׁוּכְנַע
		אנחנו	שׁוּכְנַעְנוּ	נְשׁוּכְנַע
		אתם/ן	שׁוּכְנַעְתֶּם/ן	תְּשׁוּכְנְעוּ*
		הם/ן	שׁוּכְנְעוּ	יְשׁוּכְנְעוּ*

בינוני Pres. Part. מְשׁוּכְנָע convinced * less commonly: אתן/הן תְּשׁוּכְנַעְנָה

[מקור מוחלט Inf. Abs. שׁוּכְנוֹעַ]

הִשְׁתַּכְנֵעַ/הִשְׁתַּכְנַע become convinced

בניין: הִתְפַּעֵל גזרה: מרובעים + פ' שורקת + ל' גרונית

	Present הווה		Past עבר	Future עתיד	Imperative ציווי
יחיד	מִשְׁתַּכְנֵעַ	אני	הִשְׁתַּכְנַעְתִּי	אֶשְׁתַּכְנַע/...נֵעַ	
יחידה	מִשְׁתַּכְנַעַת	אתה	הִשְׁתַּכְנַעְתָּ	תִּשְׁתַּכְנַע/...נֵעַ	הִשְׁתַּכְנַע/...נֵעַ
רבים	מִשְׁתַּכְנְעִים	את	הִשְׁתַּכְנַעְתְּ/..עַת	תִּשְׁתַּכְנְעִי	הִשְׁתַּכְנְעִי
רבות	מִשְׁתַּכְנְעוֹת	הוא	הִשְׁתַּכְנַע*	יִשְׁתַּכְנַע/...נֵעַ	
		היא	הִשְׁתַּכְנְעָה	תִּשְׁתַּכְנַע/...נֵעַ	
		אנחנו	הִשְׁתַּכְנַעְנוּ	נִשְׁתַּכְנַע/...נֵעַ	
		אתם/ן	הִשְׁתַּכְנַעְתֶּם/ן	תִּשְׁתַּכְנְעוּ**	הִשְׁתַּכְנְעוּ***
		הם/ן	הִשְׁתַּכְנְעוּ	יִשְׁתַּכְנְעוּ**	

* Coll.: הִשְׁתַּכְנֵעַ ** less commonly: אתן/הן תִּשְׁתַּכְנַעְנָה

שם הפועל .Infin לְהִשְׁתַּכְנֵעַ *** less commonly: (אתן) הִשְׁתַּכְנַעְנָה

שם הפעולה Gerund הִשְׁתַּכְנְעוּת being convinced

מקור מוחלט .Inf. Abs הִשְׁתַּכְנֵעַ

◆ דוגמאות Illustrations

עזרא ניסה **לְשַׁכְנֵעַ** אותי שישראל מייצרת יינות טובים לא פחות ממרבית ארצות אירופה. לא **שׁוּכְנַעְתִּי** בנכונות טענתו עד שהביא לי לטעימה כמה מיינות הגולן. אחרי הבקבוק השלישי **הִשְׁתַּכְנַעְתִּי** לחלוטין, וכיום אני **מְשׁוּכְנָע** שכדאי לנסות את היין המקומי לפני שקונים יין מיובא.

Ezra tried **to convince** me that Israel manufactures wines that are just as good as those from most European countries. I **was** not **convinced** by his argument until he brought me for tasting a few of the wines of the Gollan. After the third bottle I **became** totally **convinced**, and today I **am convinced** that it is worth trying the local wine before one buys imported wine.

● שׂכר

שָׂכַר/שׂוֹכֵר/יִשְׂכּוֹר (יִשְׂכֹּר) rent (apartment, car), hire (worker)

בניין: פָּעַל   גזרה: שלמים (אֶפְעוֹל)

	Present הווה		Past עבר	Future עתיד	Imper. ציווי
יחיד	שׂוֹכֵר שָׂכוּר	אני	שָׂכַרְתִּי	אֶשְׂכּוֹר	
יחידה	שׂוֹכֶרֶת שְׂכוּרָה	אתה	שָׂכַרְתָּ	תִּשְׂכּוֹר	שְׂכוֹר
רבים	שׂוֹכְרִים שְׂכוּרִים	את	שָׂכַרְתְּ	תִּשְׂכְּרִי	שִׂכְרִי
רבות	שׂוֹכְרוֹת שְׂכוּרוֹת	הוא	שָׂכַר	יִשְׂכּוֹר	
		היא	שָׂכְרָה	תִּשְׂכּוֹר	
		אנחנו	שָׂכַרְנוּ	נִשְׂכּוֹר	
		אתם/ן	שְׂכַרְתֶּם/ן*	תִּשְׂכְּרוּ**	שִׂכְרוּ***
		הם/ן	שָׂכְרוּ	יִשְׂכְּרוּ**	

שם הפועל Infin. לִשְׂכּוֹר

* Colloquial: שָׂכַרְתֶּם/ן

שם הפעולה Ger. שְׂכִירָה renting, hiring

** less commonly: אתן/הן תִּשְׂכּוֹרְנָה

בינוני פעיל Act. Part. שׂוֹכֵר renter, lessee

*** less commonly: (אתן) שְׂכוֹרְנָה

בינוני סביל Pass. Part. שָׂכוּר rented

מקור מוחלט Inf. Abs. שָׂכוֹר

הִשְׂכִּיר/הִשְׂכַּר/יַשְׂכִּיר lease, let (property), hire out

בניין: הִפְעִיל   גזרה: שלמים

	Present הווה		Past עבר	Future עתיד	Imperative ציווי
יחיד	מַשְׂכִּיר	אני	הִשְׂכַּרְתִּי	אַשְׂכִּיר	
יחידה	מַשְׂכִּירָה	אתה	הִשְׂכַּרְתָּ	תַּשְׂכִּיר	הַשְׂכֵּר
רבים	מַשְׂכִּירִים	את	הִשְׂכַּרְתְּ	תַּשְׂכִּירִי	הַשְׂכִּירִי
רבות	מַשְׂכִּירוֹת	הוא	הִשְׂכִּיר	יַשְׂכִּיר	
		היא	הִשְׂכִּירָה	תַּשְׂכִּיר	
		אנחנו	הִשְׂכַּרְנוּ	נַשְׂכִּיר	
		אתם/ן	הִשְׂכַּרְתֶּם/ן	תַּשְׂכִּירוּ*	הַשְׂכִּירוּ**
		הם/ן	הִשְׂכִּירוּ	יַשְׂכִּירוּ*	

שם הפועל Infin. לְהַשְׂכִּיר

* less commonly: אתן/הן תַּשְׂכֵּרְנָה

בינוני Pres. Part. מַשְׂכִּיר lessor

** less commonly: (אתן) הַשְׂכֵּרְנָה

שם הפעולה Gerund הַשְׂכָּרָה letting (property), leasing, hiring out

מקור מוחלט Inf. Abs. הַשְׂכֵּר

הוּשְׂכַּר (הָשְׂכַּר) be let/leased/hired

בניין: הוּפְעַל גזרה: שלמים

	Present הווה		Past עבר	Future עתיד
יחיד	מוּשְׂכָּר	אני	הוּשְׂכַּרְתִּי	אוּשְׂכַּר
יחידה	מוּשְׂכֶּרֶת	אתה	הוּשְׂכַּרְתָּ	תּוּשְׂכַּר
רבים	מוּשְׂכָּרִים	את	הוּשְׂכַּרְתְּ	תּוּשְׂכְּרִי
רבות	מוּשְׂכָּרוֹת	הוא	הוּשְׂכַּר	יוּשְׂכַּר
		היא	הוּשְׂכְּרָה	תּוּשְׂכַּר
		אנחנו	הוּשְׂכַּרְנוּ	נוּשְׂכַּר
		אתם/ן	הוּשְׂכַּרְתֶּם/ן	תּוּשְׂכְּרוּ*
		הם/ן	הוּשְׂכְּרוּ	יוּשְׂכְּרוּ*

בינוני Pres. Part. מוּשְׂכָּר leased

* less commonly: אתן/הן תּוּשְׂכַּרְנָה

[מקור מוחלט Inf. Abs. הוּשְׂכֵּר]

נִשְׂכַּר/יִישָּׂכֵר (יִשָּׂכֵר) be hired/rented; gain (lit.)

בניין: נִפְעַל גזרה: שלמים

	Present הווה		Past עבר	Future עתיד	Imperative ציווי
יחיד	נִשְׂכָּר	אני	נִשְׂכַּרְתִּי	אֶשָּׂכֵר	
יחידה	נִשְׂכֶּרֶת	אתה	נִשְׂכַּרְתָּ	תִּישָּׂכֵר	הִישָּׂכֵר
רבים	נִשְׂכָּרִים	את	נִשְׂכַּרְתְּ	תִּישָּׂכְרִי	הִישָּׂכְרִי
רבות	נִשְׂכָּרוֹת	הוא	נִשְׂכַּר	יִישָּׂכֵר	
		היא	נִשְׂכְּרָה	תִּישָּׂכֵר	
		אנחנו	נִשְׂכַּרְנוּ	נִישָּׂכֵר	
		אתם/ן	נִשְׂכַּרְתֶּם/ן	תִּישָּׂכְרוּ*	הִישָּׂכְרוּ**
		הם/ן	נִשְׂכְּרוּ	יִישָּׂכְרוּ*	

* less commonly: אתן/הן תִּישָּׂכַרְנָה/...כֵרְנָה

שם הפועל Infin. לְהִישָּׂכֵר ** less commonly: (אתן) הִישָּׂכַרְנָה/...כֵרְנָה

שם הפעולה Gerund הִישָּׂכְרוּת being hired/rented

בינוני Pres. Part. נִשְׂכָּר hired, rented; rewarded

מקור מוחלט Inf. Abs. נִשְׂכּוֹר, הִישָּׂכֵר (הִישָּׂכוֹר)

הִשְׂתַּכֵּר/הִשְׂתַּכַּר earn wages, receive payment; make profit

בניין: הִתְפַּעֵל גזרה: שלמים + פ׳ שורקת

	Present הווה		Past עבר	Future עתיד	Imperative ציווי
יחיד	מִשְׂתַּכֵּר	אני	הִשְׂתַּכַּרְתִּי	אֶשְׂתַּכֵּר	
יחידה	מִשְׂתַּכֶּרֶת	אתה	הִשְׂתַּכַּרְתָּ	תִּשְׂתַּכֵּר	הִשְׂתַּכֵּר
רבים	מִשְׂתַּכְּרִים	את	הִשְׂתַּכַּרְתְּ	תִּשְׂתַּכְּרִי	הִשְׂתַּכְּרִי
רבות	מִשְׂתַּכְּרוֹת	הוא	הִשְׂתַּכֵּר	יִשְׂתַּכֵּר	
		היא	הִשְׂתַּכְּרָה	תִּשְׂתַּכֵּר	
		אנחנו	הִשְׂתַּכַּרְנוּ	נִשְׂתַּכֵּר	>>>

	Past עבר	Future עתיד	Imperative ציווי
אתם/ן	הִשְׂתַּכַּרְתֶּם/ן	תִּשְׂתַּכְּרוּ*	הִשְׂתַּכְּרוּ**
הם/ן	הִשְׂתַּכְּרוּ	יִשְׂתַּכְּרוּ*	

שם הפועל .Infin לְהִשְׂתַּכֵּר   * less commonly: אתן/הן תִּשְׂתַּכֵּרְנָה

שם הפעולה .Ger הִשְׂתַּכְּרוּת earning wages   ** less commonly: (אתן) הִשְׂתַּכֵּרְנָה

מקור מוחלט .Inf. Abs הִשְׂתַּכֵּר

◆ דוגמאות Illustrations

כשלמדתי באוניברסיטה העברית רציתי **לִשְׂכּוֹר** חדר בבית שהיה עליו שלט: "חדר **לְהַשְׂכִּיר**", אבל בעלת הבית אמרה לי שהחדר כבר **הוּשְׂכַּר**, ושהיא שכחה להוריד את השלט. אחר כך הסתבר שהיא לא **הִשְׂכִּירָה** עדיין את החדר, אלא פשוט העדיפה שלא **לְהַשְׂכִּיר** לסטודנטים...

When I was a student at the Hebrew University I wanted **to rent** a room in a house that had a sign: "A Room **to Let**", but the landlady told me that the room **had** already **been leased**, and that she forgot to remove the sign. Later it turned out that she **had** not **rented** the room yet, but simply preferred not **to let** to students...

שָׂכַרְנוּ את חברת ההובלה הזאת מכיוון שקיבלנו המלצות טובות מאוד עליה. בין היתר, היא **נִשְׂכְּרָה** על ידי חנות רהיטים גדולה שעברה לאולם תצוגה חדש.

We **hired** this moving company because it had very good recommendations. Among the rest, it **was hired** by a large furniture store that moved to a new showroom.

אברהם מעולם לא קנה מכונית; הוא מעדיף להשתמש במכוניות **שְׂכוּרוֹת**.

Abraham never bought a car; he prefers to use **rented** cars.

דני עובד במקדונלד'ס; הוא **מִשְׂתַּכֵּר** שם חמישה דולרים לשעה.

Danny works at McDonald's; he **earns** five dollars an hour there.

◆ ביטויים מיוחדים Special expressions

דירה **לְהַשְׂכִּיר/לְהַשְׂכָּרָה** an apartment to let

חרב **לְהַשְׂכִּיר** a mercenary ("a sword for hire")

אין החוטא **נִשְׂכָּר** crime does not pay ("the sinner does not gain")

זריז **וְנִשְׂכָּר** it pays to be quick

מִשְׂתַּכֵּר אל צרור נקוב letting money slip through one's fingers

---

● שלב

שִׁילֵּב/שִׁילַּבְ/שַׁלֵּב (שִׁלֵּב) combine, fit in, interweave; fold (arms)

בניין: פִּיעֵל   גזרה: שלמים

	Present הווה		Past עבר	Future עתיד	Imperative ציווי
יחיד	מְשַׁלֵּב	אני	שִׁילַּבְתִּי	אֲשַׁלֵּב	
יחידה	מְשַׁלֶּבֶת	אתה	שִׁילַּבְתָּ	תְּשַׁלֵּב	שַׁלֵּב
רבים	מְשַׁלְּבִים	את	שִׁילַּבְתְּ	תְּשַׁלְּבִי	שַׁלְּבִי >>>

	הווה Present		עבר Past	עתיד Future	ציווי Imperative
רבות	מְשַׁלְּבוֹת	הוא	שִׁלֵּב	יְשַׁלֵּב	
		היא	שִׁלְּבָה	תְּשַׁלֵּב	
		אנחנו	שִׁלַּבְנוּ	נְשַׁלֵּב	
		אתם/ן	שִׁלַּבְתֶּם/ן	תְּשַׁלְּבוּ*	שַׁלְּבוּ**
		הם/ן	שִׁלְּבוּ	יְשַׁלְּבוּ*	

* less commonly: אתן/הן תְּשַׁלֵּבְנָה

** less commonly: (אתן) שַׁלֵּבְנָה

שם הפועל .Infin לְשַׁלֵּב

שם הפעולה Gerund שִׁילּוּב combining, fitting together; folding (arms)

מקור מוחלט .Inf. Abs שַׁלֵּב

שׁוּלַּב (שֻׁלַּב) be interwoven/fitted in/integrated; be folded (arms); be engaged (gears)

בניין: פּוּעַל גזרה: שלמים

	הווה Present		עבר Past	עתיד Future
יחיד	מְשׁוּלָּב	אני	שׁוּלַּבְתִּי	אֲשׁוּלַּב
יחידה	מְשׁוּלֶּבֶת	אתה	שׁוּלַּבְתָּ	תְּשׁוּלַּב
רבים	מְשׁוּלָּבִים	את	שׁוּלַּבְתְּ	תְּשׁוּלְּבִי
רבות	מְשׁוּלָּבוֹת	הוא	שׁוּלַּב	יְשׁוּלַּב
		היא	שׁוּלְּבָה	תְּשׁוּלַּב
		אנחנו	שׁוּלַּבְנוּ	נְשׁוּלַּב
		אתם/ן	שׁוּלַּבְתֶּם/ן	תְּשׁוּלְּבוּ*
		הם/ן	שׁוּלְּבוּ	יְשׁוּלְּבוּ*

^ less commonly: אתן/הן תְּשׁוּלַּבְנָה

בינוני .Pres. Part מְשׁוּלָּב combined, integrated, fitted in

[מקור מוחלט .Inf. Abs שׁוּלּוֹב]

הִשְׁתַּלֵּב/הִשְׁתַּלַּב integrate, intertwine, interlock

בניין: הִתְפַּעֵל גזרה: שלמים + פ׳ שורקת

	הווה Present		עבר Past	עתיד Future	ציווי Imperative
יחיד	מִשְׁתַּלֵּב	אני	הִשְׁתַּלַּבְתִּי	אֶשְׁתַּלֵּב	
יחידה	מִשְׁתַּלֶּבֶת	אתה	הִשְׁתַּלַּבְתָּ	תִּשְׁתַּלֵּב	הִשְׁתַּלֵּב
רבים	מִשְׁתַּלְּבִים	את	הִשְׁתַּלַּבְתְּ	תִּשְׁתַּלְּבִי	הִשְׁתַּלְּבִי
רבות	מִשְׁתַּלְּבוֹת	הוא	הִשְׁתַּלֵּב	יִשְׁתַּלֵּב	
		היא	הִשְׁתַּלְּבָה	תִּשְׁתַּלֵּב	
		אנחנו	הִשְׁתַּלַּבְנוּ	נִשְׁתַּלֵּב	
		אתם/ן	הִשְׁתַּלַּבְתֶּם/ן	תִּשְׁתַּלְּבוּ*	הִשְׁתַּלְּבוּ**
		הם/ן	הִשְׁתַּלְּבוּ	יִשְׁתַּלְּבוּ*	

* less commonly: אתן/הן תִּשְׁתַּלֵּבְנָה

** less commonly: (אתן) הִשְׁתַּלֵּבְנָה

שם הפועל .Infin לְהִשְׁתַּלֵּב

שם הפעולה .Ger הִשְׁתַּלְּבוּת integration, interlocking (N)

<<<

מקור מוחלט .Inf. Abs הִשְׁתַּלֵּב

מ״י מוצרכת .Gov. Prep הִשְׁתַּלֵּב בְּ- integrate in

◆ **פעלים שאינם שכיחים מאותו שורש** Infrequent verbs sharing the same root

שָׁלַב combine, interweave (Med H) (שׁוֹלֵב, יִשְׁלוֹב, לִשְׁלוֹב)

בינוני סביל .Pass. Part שָׁלוּב interconnected (fairly common form)

נִשְׁלַב be attached, connected to each other (Med H) (נִשְׁלָב, יִישָּׁלֵב, לְהִישָּׁלֵב)

הִשְׁלִיב connect, interweave (Med H) (מַשְׁלִיב, יַשְׁלִיב, לְהַשְׁלִיב)

הוּשְׁלַב (הֻשְׁלַב) be connected/interwoven (Med H) (מוּשְׁלָב, יוּשְׁלַב)

◆ **דוגמאות** Illustrations

לצייר הזה יש סגנון אקלקטי: הוא **מְשַׁלֵּב** בעבודתו יסודות מאסכולות רבות. הסגנון **הַמְשׁוּלָּב** הזה יוצר **שִׁילּוּב** מעניין של חדש עם ישן, **וּמִשְׁתַּלֵּב** היטב באווירה הפתוחה המקובלת היום.

This artist has an eclectic style: he **integrates** in his work elements from many schools. This **integrated** style creates interesting **integration** of the old and the new, and **integrates** well in the receptive atmosphere prevalent today.

◆ **ביטויים מיוחדים** Special expressions

שְׁלוּבֵי זרוע arm in arm

כלים **שְׁלוּבִים** interconnected tubes

● שלח

שָׁלַח/שׁוֹלֵחַ/יִשְׁלַח send; extend (hand); send away; hand over, transmit

בניין: פָּעַל גזרה: ע׳ גרונית (אֶפְעַל)

Imper. ציווי	Future עתיד	Past עבר		Present הווה	
	אֶשְׁלַח	שָׁלַחְתִּי	אני	שׁוֹלֵחַ שָׁלוּחַ	יחיד
שְׁלַח	תִּשְׁלַח	שָׁלַחְתָּ	אתה	שׁוֹלַחַת שְׁלוּחָה	יחידה
שִׁלְחִי	תִּשְׁלְחִי	שָׁלַחְתְּ/...חַת	את	שׁוֹלְחִים שְׁלוּחִים	רבים
	יִשְׁלַח	שָׁלַח	הוא	שׁוֹלְחוֹת שְׁלוּחוֹת	רבות
	תִּשְׁלַח	שָׁלְחָה	היא		
	נִשְׁלַח	שָׁלַחְנוּ	אנחנו		
שִׁלְחוּ***	תִּשְׁלְחוּ**	שְׁלַחְתֶּם/ן*	אתם/ן		
	יִשְׁלְחוּ**	שָׁלְחוּ	הם/ן		

שם הפועל .Infin לִשְׁלוֹחַ

שם הפעולה .Ger שְׁלִיחָה sending (N)

בינוני פעיל .Act. Part שׁוֹלֵחַ sender

* Colloquial: שָׁלַחְתֶּם/ן

** less commonly: אתן/הן תִּשְׁלַחְנָה

*** less commonly: (אתן) שְׁלַחְנָה <<<

בינוני סביל Pass. Part. שָׁלוּחַ sent; agent (lit.)
שְׁלוּחָה extension
מקור מוחלט Inf. Abs. שָׁלוֹחַ

נִשְׁלַח/יִישָּׁלַח (יִשָּׁלַח) be sent; be extended

בניין: נִפְעַל גזרה: ע' גרונית

	Present הווה		Past עבר	Future עתיד	Imperative ציווי
יחיד	נִשְׁלָח	אני	נִשְׁלַחְתִּי	אֶשָּׁלַח/...לֵחַ	
יחידה	נִשְׁלַחַת	אתה	נִשְׁלַחְתָּ	תִּישָּׁלַח/...לֵחַ	הִישָּׁלַח/...לֵחַ
רבים	נִשְׁלָחִים	את	נִשְׁלַחְתְּ/...חַת	תִּישָּׁלְחִי	הִישָּׁלְחִי
רבות	נִשְׁלָחוֹת	הוא	נִשְׁלַח	יִישָּׁלַח/...לֵחַ	
		היא	נִשְׁלְחָה	תִּישָּׁלַח/...לֵחַ	
		אנחנו	נִשְׁלַחְנוּ	נִישָּׁלַח/...לֵחַ	
		אתם/ן	נִשְׁלַחְתֶּם/ן	תִּישָּׁלְחוּ*	הִישָּׁלְחוּ**
		הם/ן	נִשְׁלְחוּ	יִישָּׁלְחוּ*	

שם הפועל Infin. לְהִישָּׁלַח/...לֵחַ
שם הפעולה Ger. הִישָּׁלְחוּת being sent
מקור מוחלט Inf. Abs. נִשְׁלוֹחַ

* less commonly: אתן/הן תִּישָּׁלַחְנָה
** less commonly: (אתן) הִישָּׁלַחְנָה

◆ פעלים שאינם שכיחים מאותו שורש Infrequent verbs sharing the same root

שִׁילַּח (שִׁלַּח) send away; release; expel; divorce; see off (lit.) (מְשַׁלֵּחַ, יְשַׁלַּח, לְשַׁלֵּחַ)
שׁוּלַּח (שֻׁלַּח) be sent away; be sent on a mission; be banished (lit.) (מְשׁוּלָּח, יְשׁוּלַּח)
הִשְׁתַּלַּח be sent; be extended against; run wild (lit.) (מִשְׁתַּלֵּחַ, יִשְׁתַּלַּח, לְהִשְׁתַּלֵּחַ)
הִשְׁלִיחַ send, have sent (lit.) (מַשְׁלִיחַ, יַשְׁלִיחַ, לְהַשְׁלִיחַ)
הוּשְׁלַח (הָשְׁלַח) be sent (Med H) (מוּשְׁלָח, יוּשְׁלַח)

◆ דוגמאות Illustrations

המכתב **נִשְׁלַח** כבר אתמול בבוקר. אם הוא לא יגיע לידך עד מחר, **אֶשְׁלַח** לך העתק.

The letter **was** already **sent** yesterday morning. If you do not receive it by tomorrow, I **will send** you a copy.

שְׁלִיחַת חבילות בדואר אינה עניין של מה בכך: צריך ללכת ל**שְׁלוּחָה** המקומית של הדואר, ולעתים לעמוד שעות בתור.

Sending packages by post is no slight matter: one needs to walk to the local post office **extension**, and sometimes stand for hours in line.

◆ ביטויים מיוחדים Special expressions

שָׁלַח יד בנפשו commit suicide
שָׁלַח יד ב(מישהו) injure (someone)
שָׁלַח יד ב(משהו) steal (something)
שַׁלַּח לחמך על פני המים... send your... bread upon the water...
שַׁלַּח את עמי! let my people go!
שעיר **הַמִּשְׁתַּלֵּחַ** scapegoat

● שלט

שָׁלַט/שׁוֹלֵט/יִשְׁלוֹט rule, control; master (language etc.)

בניין: פָּעַל גזרה: שלמים (אֶפְעוֹל)

	Present הווה		Past עבר	Future עתיד	Imperative ציווי
יחיד	שׁוֹלֵט	אני	שָׁלַטְתִּי	אֶשְׁלוֹט	
יחידה	שׁוֹלֶטֶת	אתה	שָׁלַטְתָּ	תִּשְׁלוֹט	שְׁלוֹט
רבים	שׁוֹלְטִים	את	שָׁלַטְתְּ	תִּשְׁלְטִי	שִׁלְטִי
רבות	שׁוֹלְטוֹת	הוא	שָׁלַט	יִשְׁלוֹט	
		היא	שָׁלְטָה	תִּשְׁלוֹט	
		אנחנו	שָׁלַטְנוּ	נִשְׁלוֹט	
		אתם/ן	שְׁלַטְתֶּם/ן*	תִּשְׁלְטוּ**	שִׁלְטוּ***
		הם/ן	שָׁלְטוּ	יִשְׁלְטוּ**	

שם הפועל .Infin לִשְׁלוֹט

* Colloquial: שָׁלַטְתֶּם/ן

שם הפעולה Gerund שְׁלִיטָה control (N)

** less commonly: אתן/הן תִּשְׁלוֹטְנָה

בינוני פעיל .Act. Part שׁוֹלֵט dominant (Adj.)

*** less commonly: (אתן) שְׁלוֹטְנָה

מקור מוחלט .Inf. Abs שָׁלוֹט

מ"י מוצרכת .Gov. Prep שָׁלַט בּ- have control of

נִשְׁלַט/יִישָּׁלֵט (יִשָּׁלֵט) be ruled/governed/controlled

בניין: נִפְעַל גזרה: שלמים

	Present הווה		Past עבר	Future עתיד	Imperative ציווי
יחיד	נִשְׁלָט	אני	נִשְׁלַטְתִּי	אֶשָּׁלֵט	
יחידה	נִשְׁלֶטֶת	אתה	נִשְׁלַטְתָּ	תִּישָּׁלֵט	הִישָּׁלֵט
רבים	נִשְׁלָטִים	את	נִשְׁלַטְתְּ	תִּישָּׁלְטִי	הִישָּׁלְטִי
רבות	נִשְׁלָטוֹת	הוא	נִשְׁלַט	יִישָּׁלֵט	
		היא	נִשְׁלְטָה	תִּישָּׁלֵט	
		אנחנו	נִשְׁלַטְנוּ	נִישָּׁלֵט	
		אתם/ן	נִשְׁלַטְתֶּם/ן	תִּישָּׁלְטוּ*	הִישָּׁלְטוּ**
		הם/ן	נִשְׁלְטוּ	יִישָּׁלְטוּ*	

* less commonly: אתן/הן תִּישָּׁלַטְנָה/...לֵטְנָה

שם הפועל .Infin לְהִישָּׁלֵט

** less commonly: (אתן) הִישָּׁלַטְנָה/...לֵטְנָה

מקור מוחלט .Inf. Abs נִשְׁלוֹט, הִישָּׁלֵט (הִישָּׁלוֹט)

take control of; overpower, dominate הִשְׁתַּלֵּט/הִשְׁתַּלֵּט

בניין: הִתְפַּעֵל גזרה: שלמים + פ' שורקת

Imperative ציווי	Future עתיד	Past עבר		Present הווה	
	אֶשְׁתַּלֵּט	הִשְׁתַּלַּטְתִּי	אני	מִשְׁתַּלֵּט	יחיד
הִשְׁתַּלֵּט	תִּשְׁתַּלֵּט	הִשְׁתַּלַּטְתָּ	אתה	מִשְׁתַּלֶּטֶת	יחידה
הִשְׁתַּלְּטִי	תִּשְׁתַּלְּטִי	הִשְׁתַּלַּטְתְּ	את	מִשְׁתַּלְּטִים	רבים
	יִשְׁתַּלֵּט	הִשְׁתַּלֵּט	הוא	מִשְׁתַּלְּטוֹת	רבות
	תִּשְׁתַּלֵּט	הִשְׁתַּלְּטָה	היא		
	נִשְׁתַּלֵּט	הִשְׁתַּלַּטְנוּ	אנחנו		
הִשְׁתַּלְּטוּ**	תִּשְׁתַּלְּטוּ*	הִשְׁתַּלַּטְתֶּם/ן	אתם/ן		
	יִשְׁתַּלְּטוּ*	הִשְׁתַּלְּטוּ	הם/ן		

* less commonly: אתן/הן תִּשְׁתַּלֵּטְנָה

שם הפועל .Infin לְהִשְׁתַּלֵּט ** less commonly: (אתן) הִשְׁתַּלֵּטְנָה

שם הפעולה Gerund הִשְׁתַּלְּטוּת taking over (N); domination

בינוני .Pres. Part מִשְׁתַּלֵּט overpowering, dominating

מקור מוחלט .Inf. Abs הִשְׁתַּלֵּט

מ"י מוצרכת .Gov. Prep הִשְׁתַּלֵּט עַל take control of, take over

put in control; establish הִשְׁלִיט/הִשְׁלַטְ/יַשְׁלִיט

בניין: הִפְעִיל גזרה: שלמים

Imperative ציווי	Future עתיד	Past עבר		Present הווה	
	אַשְׁלִיט	הִשְׁלַטְתִּי	אני	מַשְׁלִיט	יחיד
הַשְׁלֵט	תַּשְׁלִיט	הִשְׁלַטְתָּ	אתה	מַשְׁלִיטָה	יחידה
הַשְׁלִיטִי	תַּשְׁלִיטִי	הִשְׁלַטְתְּ	את	מַשְׁלִיטִים	רבים
	יַשְׁלִיט	הִשְׁלִיט	הוא	מַשְׁלִיטוֹת	רבות
	תַּשְׁלִיט	הִשְׁלִיטָה	היא		
	נַשְׁלִיט	הִשְׁלַטְנוּ	אנחנו		
הַשְׁלִיטוּ**	תַּשְׁלִיטוּ*	הִשְׁלַטְתֶּם/ן	אתם/ן		
	יַשְׁלִיטוּ*	הִשְׁלִיטוּ	הם/ן		

* less commonly: אתן/הן תַּשְׁלֵטְנָה

שם הפועל .Infin לְהַשְׁלִיט ** less commonly: (אתן) הַשְׁלֵטְנָה

שם הפעולה Gerund הַשְׁלָטָה putting in control (N), establishing

מקור מוחלט .Inf. Abs הַשְׁלֵט

be put in control; be established הוּשְׁלַט (הָשְׁלַט)

בניין: הוּפְעַל גזרה: שלמים

	Future עתיד	Past עבר		Present הווה	
	אוּשְׁלַט	הוּשְׁלַטְתִּי	אני	מוּשְׁלָט	יחיד
	תוּשְׁלַט	הוּשְׁלַטְתָּ	אתה	מוּשְׁלֶטֶת	יחידה
>>>	תוּשְׁלְטִי	הוּשְׁלַטְתְּ	את	מוּשְׁלָטִים	רבים

	Present הווה		Past עבר	Future עתיד
רבות	מוּשְׁלָטוֹת	הוא	הוּשְׁלַט	יוּשְׁלַט
		היא	הוּשְׁלְטָה	תּוּשְׁלַט
		אנחנו	הוּשְׁלַטְנוּ	נוּשְׁלַט
		אתם/ן	הוּשְׁלַטְתֶּם/ן	תּוּשְׁלְטוּ*
		הם/ן	הוּשְׁלְטוּ	יוּשְׁלְטוּ*

[מקור מוחלט .Inf. Abs הוּשְׁלֵט]   * less commonly: אתן/הן תּוּשְׁלַטְנָה

◆ **פעלים שאינם שכיחים מאותו שורש** Infrequent verbs sharing the same root

שִׁילֵּט (שִׁלֵּט) signpost; rule, govern (Mish H) (מְשַׁלֵּט, יְשַׁלֵּט, לְשַׁלֵּט)

◆ **דוגמאות** Illustrations

מנהיג האופוזיציה **הִשְׁתַּלֵּט** על תחנת השידור והכריז ברדיו כי כוחותיו **שׁוֹלְטִים** בשני שלישים משטח המדינה; רק כמה מחוזות **נִשְׁלָטִים** עדיין על ידי צבא הממשלה. הוא הבטיח כי במהרה **יוּשְׁלַט** סדר בעיר הבירה, וכי בכוונתו **לְהַשְׁלִיט** שלום עם המדינות השכנות, שעמן היו לממשל הקודם סכסוכי גבול.

The leader of the opposition **took over** the broadcasting station, and announced on the radio that his forces **are in control** of two thirds of the country, and that only a few districts **are** still **controlled** by the government's army. He promised that soon order **will be established** in the capital, and that he intends **to establish** peace with the neighboring countries, with which the previous government had border disputes.

חיים אומר שקשה לו להבין את הסגנון **הַשּׁוֹלֵט** היום באומנות.

Hayyim says that he finds it hard to understand the style that is **dominant** in art today.

◆ **ביטויים מיוחדים** Special expressions

הִשְׁתַּלֵּט בכוח הזרוע dominate or overcome by force   **הִשְׁלִיט** סדר establish order

---

● שלם

שִׁילֵּם/שִׁילַּמ/שִׁלֵּם (שִׁלֵּם) pay (wages), pay for (goods), pay back (debt)

בניין: פִּיעֵל   גזרה: שלמים

	Present הווה		Past עבר	Future עתיד	Imperative ציווי
יחיד	מְשַׁלֵּם	אני	שִׁילַּמְתִּי	אֲשַׁלֵּם	
יחידה	מְשַׁלֶּמֶת	אתה	שִׁילַּמְתָּ	תְּשַׁלֵּם	שַׁלֵּם
רבים	מְשַׁלְּמִים	את	שִׁילַּמְתְּ	תְּשַׁלְּמִי	שַׁלְּמִי
רבות	מְשַׁלְּמוֹת	הוא	שִׁילֵּם	יְשַׁלֵּם	
		היא	שִׁילְּמָה	תְּשַׁלֵּם	<<<

	Past עבר	Future עתיד	Imperative ציווי
אנחנו	שִׁילַּמְנוּ	נְשַׁלֵּם	
אתם/ן	שִׁילַּמְתֶּם/ן	תְּשַׁלְּמוּ*	שַׁלְּמוּ**
הם/ן	שִׁילְּמוּ	יְשַׁלְּמוּ*	

* less commonly: אתן/הן תְּשַׁלֵּמְנָה

שם הפועל .Infin לְשַׁלֵּם ** less commonly: (אתן) שַׁלֵּמְנָה

שם הפעולה Gerund שִׁילּוּם payment; bribe (lit.)

שִׁילּוּמִים reparations

מקור מוחלט .Inf. Abs שַׁלֵּם

מ"י מוצרכת .Gov. Prep שִׁילֵּם ל- pay (someone)

שוּלַּם (שֻׁלַּם) be paid (wages), be paid for (goods); be paid back (debt)

בניין: פוּעַל גזרה: שלמים

	Present הווה		Past עבר	Future עתיד
יחיד	מְשׁוּלָּם	אני	שׁוּלַּמְתִּי	אֲשׁוּלַּם
יחידה	מְשׁוּלֶּמֶת	אתה	שׁוּלַּמְתָּ	תְּשׁוּלַּם
רבים	מְשׁוּלָּמִים	את	שׁוּלַּמְתְּ	תְּשׁוּלְּמִי
רבות	מְשׁוּלָּמוֹת	הוא	שׁוּלַּם	יְשׁוּלַּם
		היא	שׁוּלְּמָה	תְּשׁוּלַּם
		אנחנו	שׁוּלַּמְנוּ	נְשׁוּלַּם
		אתם/ן	שׁוּלַּמְתֶּם/ן	תְּשׁוּלְּמוּ*
		הם/ן	שׁוּלְּמוּ	יְשׁוּלְּמוּ*

בינוני .Pres. Part מְשׁוּלָּם paid for; repaid * less commonly: אתן/הן תְּשׁוּלַּמְנָה

[מקור מוחלט .Inf. Abs שׁוּלֹּם]

הִשְׁתַּלֵּם/הִשְׁתַּלַּמ be profitable, be worth it, pay; be accomplished; complete one's studies; engage in advanced study/training

בניין: הִתְפַּעֵל גזרה: שלמים + פ' שורקת

	Present הווה		Past עבר	Future עתיד	Imperative ציווי
יחיד	מִשְׁתַּלֵּם	אני	הִשְׁתַּלַּמְתִּי	אֶשְׁתַּלֵּם	
יחידה	מִשְׁתַּלֶּמֶת	אתה	הִשְׁתַּלַּמְתָּ	תִּשְׁתַּלֵּם	הִשְׁתַּלֵּם
רבים	מִשְׁתַּלְּמִים	את	הִשְׁתַּלַּמְתְּ	תִּשְׁתַּלְּמִי	הִשְׁתַּלְּמִי
רבות	מִשְׁתַּלְּמוֹת	הוא	הִשְׁתַּלֵּם	יִשְׁתַּלֵּם	
		היא	הִשְׁתַּלְּמָה	תִּשְׁתַּלֵּם	
		אנחנו	הִשְׁתַּלַּמְנוּ	נִשְׁתַּלֵּם	
		אתם/ן	הִשְׁתַּלַּמְתֶּם/ן	תִּשְׁתַּלְּמוּ*	הִשְׁתַּלְּמוּ**
		הם/ן	הִשְׁתַּלְּמוּ	יִשְׁתַּלְּמוּ*	

* less commonly: אתן/הן תִּשְׁתַּלֵּמְנָה

שם הפועל .Infin לְהִשְׁתַּלֵּם ** less commonly: (אתן) הִשְׁתַּלֵּמְנָה

שם הפעולה Gerund הִשְׁתַּלְּמוּת advanced study/training

בינוני .Pres. Part מִשְׁתַּלֵּם profitable, worthwhile; one engaged in advanced study/training

מקור מוחלט .Inf. Abs הִשְׁתַּלֵּם

מ"י מוצרכת .Gov. Prep הִשְׁתַּלֵּם ל- be worth ...'s while

מ"י מוצרכת .Gov. Prep הִשְׁתַּלֵּם ב- engage in advanced studies in

הִשְׁלִים/הִשְׁלַמְ/יַשְׁלִים complete; accomplish; supplement, add; accept (situation), come to terms with; make peace

בניין: הִפְעִיל גזרה: שלמים

	Present הווה		Past עבר	Future עתיד	Imperative ציווי
יחיד	מַשְׁלִים	אני	הִשְׁלַמְתִּי	אַשְׁלִים	
יחידה	מַשְׁלִימָה	אתה	הִשְׁלַמְתָּ	תַּשְׁלִים	הַשְׁלֵם
רבים	מַשְׁלִימִים	את	הִשְׁלַמְתְּ	תַּשְׁלִימִי	הַשְׁלִימִי
רבות	מַשְׁלִימוֹת	הוא	הִשְׁלִים	יַשְׁלִים	
		היא	הִשְׁלִימָה	תַּשְׁלִים	
		אנחנו	הִשְׁלַמְנוּ	נַשְׁלִים	
		אתם/ן	הִשְׁלַמְתֶּם/ן	תַּשְׁלִימוּ*	הַשְׁלִימוּ**
		הם/ן	הִשְׁלִימוּ	יַשְׁלִימוּ*	

* less commonly: אתן/הן תַּשְׁלֵמְנָה

שם הפועל .Infin לְהַשְׁלִים ** less commonly: (אתן) הַשְׁלֵמְנָה

שם הפעולה Gerund הַשְׁלָמָה completion; making peace; accepting (situation); coming to terms with

בינ' .Pres. Part מַשְׁלִים complementary, supplementary; adjunct, complement (in grammar)

מקור מוחלט .Inf. Abs הַשְׁלֵם

מ"י מוצרכת .Gov. Prep הִשְׁלִים עם come to terms with; make peace with

הוּשְׁלַם (הָשְׁלַם) be completed/accomplished/brought to perfection

בניין: הוּפְעַל גזרה: שלמים

	Present הווה		Past עבר	Future עתיד
יחיד	מוּשְׁלָם	אני	הוּשְׁלַמְתִּי	אוּשְׁלַם
יחידה	מוּשְׁלֶמֶת	אתה	הוּשְׁלַמְתָּ	תוּשְׁלַם
רבים	מוּשְׁלָמִים	את	הוּשְׁלַמְתְּ	תוּשְׁלְמִי
רבות	מוּשְׁלָמוֹת	הוא	הוּשְׁלַם	יוּשְׁלַם
		היא	הוּשְׁלְמָה	תוּשְׁלַם
		אנחנו	הוּשְׁלַמְנוּ	נוּשְׁלַם
		אתם/ן	הוּשְׁלַמְתֶּם/ן	תוּשְׁלְמוּ*
		הם/ן	הוּשְׁלְמוּ	יוּשְׁלְמוּ*

בינוני .Pres. Part מוּשְׁלָם perfect, complete * less commonly: אתן/הן תוּשְׁלַמְנָה

[מקור מוחלט .Inf. Abs הוּשְׁלֵם]

נִשְׁלַם/יִישָּׁלֵם (יִשָּׁלֵם) be completed/brought to an end

בניין: נִפְעַל גזרה: שלמים

	Present הווה		Past עבר	Future עתיד	Imperative ציווי
יחיד	נִשְׁלָם	אני	נִשְׁלַמְתִּי	אֶשָּׁלֵם	
יחידה	נִשְׁלֶמֶת	אתה	נִשְׁלַמְתָּ	תִּישָּׁלֵם	הִישָּׁלֵם
רבים	נִשְׁלָמִים	את	נִשְׁלַמְתְּ	תִּישָּׁלְמִי	הִישָּׁלְמִי
רבות	נִשְׁלָמוֹת	הוא	נִשְׁלַם	יִישָּׁלֵם	
		היא	נִשְׁלְמָה	תִּישָּׁלֵם	
		אנחנו	נִשְׁלַמְנוּ	נִישָּׁלֵם	
		אתם/ן	נִשְׁלַמְתֶּם/ן	תִּישָּׁלְמוּ*	הִישָּׁלְמוּ**
		הם/ן	נִשְׁלְמוּ	יִישָּׁלְמוּ*	

* less commonly: אתן/הן תִּישָּׁלַמְנָה/...לֵמְנָה

שם הפועל .Infin לְהִישָּׁלֵם ** less commonly: (אתן) הִישָּׁלַמְנָה/...לֵמְנָה

מקור מוחלט .Inf. Abs נִשְׁלוֹם, הִישָּׁלֵם (הִישָּׁלוֹם)

◆ פעלים שאינם שכיחים מאותו שורש Infrequent verbs sharing the same root

שָׁלַם end, be concluded; die (שָׁלֵם, יִשְׁלוֹם, לִשְׁלוֹם)

בינוני .Pres. Part שָׁלֵם whole, complete; unharmed; perfect (common form)

◆ דוגמאות Illustrations

בעל החנות הזו אינו **מְשַׁלֵּם** לעובדיו בזמן. הוא טוען שאין לו ברירה, כי הלקוחות שלו אינם **מְשַׁלְּמִים** בזמן עבור הסחורה שהם קונים.

The owner of this store does not **pay** his workers on time. He claims that he has no choice, since his customers do not **pay** on time **for** the goods they buy.

לא **מִשְׁתַּלֵּם** לך לקחת הלוואה לזמן כה ארוך. לפחות שבע שנים **תְּשַׁלֵּם** בעיקר ריבית.

It doesn't **pay** for you to take a loan for such a long period. For at least seven years you **will be paying back** mostly interest.

דניאל נסע לשנת **הִשְׁתַּלְּמוּת** בארצות הברית. הצבא שלח אותו **לְהִשְׁתַּלֵּם** בהפעלת טילי קרקע-אוויר.

Daniel went for a year of **advanced training** in the United States. The Army sent him **to get advanced training** in operating surface-to-air missiles.

פרויקט הטיל-נגד-טילים לא **הוּשְׁלַם** עדיין. משרד הביטחון מקווה שהתעשייה האווירית תוכל **לְהַשְׁלִים** את פיתוחו תוך שנתיים, וגם אז אין ביטחון שהמוצר יהיה **מוּשְׁלָם**.

The anti-missile missile project **has** not **been completed** yet. The Defense Ministry hopes that the air industry will manage **to complete** its development within two years, and even then there is no guarantee that the product will be **perfect**.

עזריאל נשם לרווחה כשהכנת כתב-היד **נִשְׁלְמָה**. יהיה עליו עוד **לְהַשְׁלִים** מספר דברים, אך נעים לראות סוף סוף כתב יד **שָׁלֵם**.

Azriel felt relieved when the preparation of the manuscript **was completed**. He will still have to **add** a few things, but it is nice to finally see a **whole** manuscript.

◆ ביטויים מיוחדים Special expressions

בלב **שָׁלֵם** wholeheartedly

ליבו לא היה **שָׁלֵם** עם he was not in complete agreement with

מספר **שָׁלֵם** integer, whole number

רבים וכן **שְׁלֵמִים** many good people

גזרת **הַשְּׁלֵמִים** regular verbs

רפואה **שְׁלֵמָה**! have a complete recovery!

תהי משכורתו **שְׁלֵמָה** מעם ה׳ may the Lord reward him fully

מוּשְׁלָם בכל המעלות perfect in all respects

תם **וְנִשְׁלַם** finished, finis (written at end of a religious book)

● שמד

הִשְׁמִיד/הִשְׁמַד/יַשְׁמִיד destroy completely, annihilate

בניין: הִפְעִיל גזרה: שלמים

	Present הווה		Past עבר	Future עתיד	Imperative ציווי
יחיד	מַשְׁמִיד	אני	הִשְׁמַדְתִּי	אַשְׁמִיד	
יחידה	מַשְׁמִידָה	אתה	הִשְׁמַדְתָּ	תַּשְׁמִיד	הַשְׁמֵד
רבים	מַשְׁמִידִים	את	הִשְׁמַדְתְּ	תַּשְׁמִידִי	הַשְׁמִידִי
רבות	מַשְׁמִידוֹת	הוא	הִשְׁמִיד	יַשְׁמִיד	
		היא	הִשְׁמִידָה	תַּשְׁמִיד	
		אנחנו	הִשְׁמַדְנוּ	נַשְׁמִיד	
		אתם/ן	הִשְׁמַדְתֶּם/ן	תַּשְׁמִידוּ*	הַשְׁמִידוּ**
		הם/ן	הִשְׁמִידוּ	יַשְׁמִידוּ*	

* less commonly: אתן/הן תַּשְׁמֵדְנָה

** less commonly: (אתן) הַשְׁמֵדְנָה

שם הפועל .Infin לְהַשְׁמִיד

שם הפעולה Gerund הַשְׁמָדָה destruction, annihilation

מקור מוחלט .Inf. Abs הַשְׁמֵד

הוּשְׁמַד (הָשְׁמַד) be destroyed/annihilated

בניין: הוּפְעַל גזרה: שלמים

	Present הווה		Past עבר	Future עתיד
יחיד	מוּשְׁמָד	אני	הוּשְׁמַדְתִּי	אוּשְׁמַד
יחידה	מוּשְׁמֶדֶת	אתה	הוּשְׁמַדְתָּ	תּוּשְׁמַד
רבים	מוּשְׁמָדִים	את	הוּשְׁמַדְתְּ	תּוּשְׁמְדִי
רבות	מוּשְׁמָדוֹת	הוא	הוּשְׁמַד	יוּשְׁמַד
		היא	הוּשְׁמְדָה	תּוּשְׁמַד
		אנחנו	הוּשְׁמַדְנוּ	נוּשְׁמַד <<<

	עבר Past	עתיד Future
אתם/ן	הוּשְׁמַדְתֶּם/ן	תּוּשְׁמְדוּ*
הם/ן	הוּשְׁמְדוּ	יוּשְׁמְדוּ*

[מקור מוחלט .Inf. Abs הוּשְׁמֵד]   * less commonly: אתן/הן תּוּשְׁמַדְנָה

◆ **פעלים שאינם שכיחים מאותו שורש** Infrequent verbs sharing the same root

נִשְׁמַד be destroyed, be annihilated (נִשְׁמָד, יִישָּׁמֵד, לְהִישָּׁמֵד)

נִשְׁתַּמֵּד get destroyed, get annihilated (Med H) (מִשְׁתַּמֵּד, יִשְׁתַּמֵּד, לְהִשְׁתַּמֵּד)

◆ **דוגמאות** Illustrations

מומלץ **לְהַשְׁמִיד** עותקים של טופסי קניה בכרטיס אשראי. עותקים שאינם **מוּשְׁמָדִים** עלולים להגיע לידי נוכלים.

It is recommended that you **destroy** copies of credit card purchase forms. Copies that are not **destroyed** may fall into the hands of crooks.

● שׂמח

שָׂמַח/שָׂמֵחַ/יִשְׂמַח be glad/happy, rejoice

בניין: פָּעַל   גזרה: ל׳ גרונית

	הווה Present		עבר Past	עתיד Future	ציווי Imperative
יחיד	שָׂמֵחַ	אני	שָׂמַחְתִּי	אֶשְׂמַח	
יחידה	שְׂמֵחָה	אתה	שָׂמַחְתָּ	תִּשְׂמַח	שְׂמַח
רבים	שְׂמֵחִים	את	שָׂמַחְתְּ/...חַת	תִּשְׂמְחִי	שִׂמְחִי
רבות	שְׂמֵחוֹת	הוא	שָׂמַח	יִשְׂמַח	
		היא	שָׂמְחָה	תִּשְׂמַח	
		אנחנו	שָׂמַחְנוּ	נִשְׂמַח	
		אתם/ן	שְׂמַחְתֶּם/ן*	תִּשְׂמְחוּ**	שִׂמְחוּ***
		הם/ן	שָׂמְחוּ	יִשְׂמְחוּ**	

שם הפועל .Infin לִשְׂמוֹחַ   * Colloquial: שָׂמַחְתֶּם/ן

בינוני פעיל .Act. Part שָׂמֵחַ happy   ** less commonly: אתן/הן תִּשְׂמַחְנָה

מקור מוחלט .Inf. Abs שָׂמוֹחַ   *** less commonly: (אתן) שְׂמַחְנָה

שִׂימַּח/שִׂמַּח/שַׂמֵּחַ (שִׂמַּח) gladden, make happy

בניין: פִּיעֵל   גזרה: ל׳ גרונית

	הווה Present		עבר Past	עתיד Future	ציווי Imperative
יחיד	מְשַׂמֵּחַ	אני	שִׂימַּחְתִּי	אֲשַׂמַּח/...מֵּחַ	
יחידה	מְשַׂמַּחַת	אתה	שִׂימַּחְתָּ	תְּשַׂמַּח/...מֵּחַ	שַׂמַּח/...מֵּחַ <

	Present הווה		Past עבר	Future עתיד	Imperative ציווי
רבים	מְשַׂמְּחִים	את	שִׂימַּחְתְּ/...חַת	תְּשַׂמְּחִי	שַׂמְּחִי
רבות	מְשַׂמְּחוֹת	הוא	שִׂימַּח*	יְשַׂמַּח/...מֵּחַ	
		היא	שִׂימְּחָה	תְּשַׂמַּח/...מֵּחַ	
		אנחנו	שִׂימַּחְנוּ	נְשַׂמַּח/...מֵּחַ	
		אתם/ן	שִׂימַּחְתֶּם/ן	תְּשַׂמְּחוּ**	שַׂמְּחוּ***
		הם/ן	שִׂימְּחוּ	יְשַׂמְּחוּ**	

שם הפועל .Infin לְשַׂמֵּחַ — * Colloquial: שִׂימֵּחַ

שם הפעולה Gerund שִׂימּוּחַ gladdening (N) — ** less commonly: אתן/הן תְּשַׂמַּחְנָה

בינוני .Pres. Part מְשַׂמֵּחַ gladdening (Adj) — *** less commonly: (אתן) שַׂמַּחְנָה

מקור מוחלט .Inf. Abs שַׂמֵּחַ

◆ פעלים שאינם שכיחים מאותו שורש Infrequent verbs sharing the same root

שׂוּמַּח (שֻׂמַּח) be gladdened (מְשׂוּמָּח, יְשׂוּמַּח)

הִשְׂמִיחַ gladden (lit.) (מַשְׂמִיחַ, יַשְׂמִיחַ, לְהַשְׂמִיחַ)

הִשְׂתַּמַּח enjoy/amuse oneself (Med H) (מִשְׂתַּמֵּחַ, יִשְׂתַּמַּח, לְהִשְׂתַּמֵּחַ)

◆ דוגמאות Illustrations

יש לי חדשה **מְשַׂמַּחַת**; אני **שָׂמֵחַ** להודיע כי בקרוב נקבל כולנו העלאה במשכורת!

I have a piece of news **that will make you happy** ("**gladdening**" news); I am **happy** to report that we shall all get a salary raise soon!

סבתי **שָׂמְחָה** מאוד על כך שבאתי לבקר אותה. ביקוריי תמיד **מְשַׂמְּחִים** אותה.

My grandmother **was** very **happy** that I came to visit her. My visits always **make** her **happy**.

◆ ביטויים מיוחדים Special expressions

שָׂמֵחַ בחלקו be contented with one's lot

איזהו עשיר? **הַשָּׂמֵחַ** בחלקו Who is rich? One who is contented with his lot

חג **שָׂמֵחַ**! Happy Holiday!

שָׂמֵחַ לאידו של rejoice at (someone's) misfortune

● שמט

הִשְׁתַּמֵּט/הִשְׁתַּמֵּט shirk, dodge, evade

בניין: הִתְפַּעֵל גזרה: שלמים + פ׳ שורקת

	Present הווה		Past עבר	Future עתיד	Imperative ציווי
יחיד	מִשְׁתַּמֵּט	אני	הִשְׁתַּמַּטְתִּי	אֶשְׁתַּמֵּט	
יחידה	מִשְׁתַּמֶּטֶת	אתה	הִשְׁתַּמַּטְתָּ	תִּשְׁתַּמֵּט	הִשְׁתַּמֵּט <<<

	Present הווה		Past עבר	Future עתיד	Imperative ציווי
רבים	מִשְׁתַּמְּטִים	את	הִשְׁתַּמַּטְתְּ	תִּשְׁתַּמְּטִי	הִשְׁתַּמְּטִי
רבות	מִשְׁתַּמְּטוֹת	הוא	הִשְׁתַּמֵּט	יִשְׁתַּמֵּט	
		היא	הִשְׁתַּמְּטָה	תִּשְׁתַּמֵּט	
		אנחנו	הִשְׁתַּמַּטְנוּ	נִשְׁתַּמֵּט	
		אתם/ן	הִשְׁתַּמַּטְתֶּם/ן	תִּשְׁתַּמְּטוּ*	הִשְׁתַּמְּטוּ**
		הם/ן	הִשְׁתַּמְּטוּ	יִשְׁתַּמְּטוּ*	

שם הפועל .Infin לְהִשְׁתַּמֵּט — * less commonly: אתן/הן תִּשְׁתַּמֵּטְנָה

שם הפעולה Gerund הִשְׁתַּמְּטוּת shirking — ** less commonly: (אתן) הִשְׁתַּמֵּטְנָה

בינוני .Pres. Part מִשְׁתַּמֵּט dodger

מקור מוחלט .Inf. Abs הִשְׁתַּמֵּט

מ"י מוצרכת .Gov. Prep הִשְׁתַּמֵּט מִן dodge/shirk (something)

הִשְׁמִיט/הִשְׁמַטְ/יַשְׁמִיט omit, leave out (accid.); remove (delib.); release from obligation) (lit.)

בניין: הִפְעִיל גזרה: שלמים

	Present הווה		Past עבר	Future עתיד	Imperative ציווי
יחיד	מַשְׁמִיט	אני	הִשְׁמַטְתִּי	אַשְׁמִיט	
יחידה	מַשְׁמִיטָה	אתה	הִשְׁמַטְתָּ	תַּשְׁמִיט	הַשְׁמֵט
רבים	מַשְׁמִיטִים	את	הִשְׁמַטְתְּ	תַּשְׁמִיטִי	הַשְׁמִיטִי
רבות	מַשְׁמִיטוֹת	הוא	הִשְׁמִיט	יַשְׁמִיט	
		היא	הִשְׁמִיטָה	תַּשְׁמִיט	
		אנחנו	הִשְׁמַטְנוּ	נַשְׁמִיט	
		אתם/ן	הִשְׁמַטְתֶּם/ן	תַּשְׁמִיטוּ*	הַשְׁמִיטוּ**
		הם/ן	הִשְׁמִיטוּ	יַשְׁמִיטוּ*	

שם הפועל .Infin לְהַשְׁמִיט — * less commonly: אתן/הן תַּשְׁמֵטְנָה

שם הפעולה Gerund הַשְׁמָטָה omission — ** less commonly: (אתן) הַשְׁמֵטְנָה

מקור מוחלט .Inf. Abs הַשְׁמֵט

הוּשְׁמַט (הֻשְׁמַט) be omitted/left out

בניין: הוּפְעַל גזרה: שלמים

	Present הווה		Past עבר	Future עתיד
יחיד	מוּשְׁמָט	אני	הוּשְׁמַטְתִּי	אוּשְׁמַט
יחידה	מוּשְׁמֶטֶת	אתה	הוּשְׁמַטְתָּ	תּוּשְׁמַט
רבים	מוּשְׁמָטִים	את	הוּשְׁמַטְתְּ	תּוּשְׁמְטִי
רבות	מוּשְׁמָטוֹת	הוא	הוּשְׁמַט	יוּשְׁמַט
		היא	הוּשְׁמְטָה	תּוּשְׁמַט
		אנחנו	הוּשְׁמַטְנוּ	נוּשְׁמַט
		אתם/ן	הוּשְׁמַטְתֶּם/ן	תּוּשְׁמְטוּ*
		הם/ן	הוּשְׁמְטוּ	יוּשְׁמְטוּ*

[מקור מוחלט .Inf. Abs הוּשְׁמֵט] — * less commonly: אתן/הן תּוּשְׁמַטְנָה

נִשְׁמַט/יִישָּׁמֵט (יִשָּׁמֵט) be omitted; be detached, slip off, be gone

בניין: נִפְעַל גזרה: שלמים

	Present הווה		Past עבר	Future עתיד	Imperative ציווי
יחיד	נִשְׁמָט	אני	נִשְׁמַטְתִּי	אֶשָּׁמֵט	
יחידה	נִשְׁמֶטֶת	אתה	נִשְׁמַטְתָּ	תִּישָּׁמֵט	הִישָּׁמֵט
רבים	נִשְׁמָטִים	את	נִשְׁמַטְתְּ	תִּישָּׁמְטִי	הִישָּׁמְטִי
רבות	נִשְׁמָטוֹת	הוא	נִשְׁמַט	יִישָּׁמֵט	
		היא	נִשְׁמְטָה	תִּישָּׁמֵט	
		אנחנו	נִשְׁמַטְנוּ	נִישָּׁמֵט	
		אתם/ן	נִשְׁמַטְתֶּם/ן	תִּישָּׁמְטוּ*	הִישָּׁמְטוּ**
		הם/ן	נִשְׁמְטוּ	יִישָּׁמְטוּ*	

* less commonly: אתן/הן תִּישָּׁמַטְנָה/...מֵטְנָה

שם הפועל .Infin לְהִישָּׁמֵט ** less commonly: (אתן) הִישָּׁמַטְנָה/...מֵטְנָה

שם הפעולה Gerund הִישָּׁמְטוּת being omitted, slipping

מקור מוחלט .Inf. Abs נִשְׁמוֹט, הִישָּׁמֵט (הִישָּׁמוֹט)

◆ פעלים שאינם שכיחים מאותו שורש Infrequent verbs sharing the same root

שָׁמַט throw, cast; abandon (שׁוֹמֵט, יִשְׁמוֹט, לִשְׁמוֹט)

בינוני סביל .Pass. Part שָׁמוּט shifted down/sideways; dislocated; elongated; left fallow during Sabbatical year

שִׁימֵּט (שִׁמֵּט) impose laws of Sabbatical year; pull out (weeds); cause to slip (מְשַׁמֵּט, יְשַׁמֵּט, לְשַׁמֵּט)

שׁוּמַּט (שֻׁמַּט) be removed, taken out (מְשׁוּמָּט, יְשׁוּמַּט)

◆ דוגמאות Illustrations

שלוש שורות **נִשְׁמְטוּ** מן המאמר. איני יודע אם הן **הוּשְׁמְטוּ** במתכוון או בטעות. בדרך כלל, אם העורך רוצה **לְהַשְׁמִיט** משהו, הוא מבקש קודם לכן את רשותי.

Three lines **are gone** from the article. I do not know whether they **were omitted** on purpose or in error. Generally, when the editor wishes **to omit** something, he requests my permission first.

היא לא התכוונה **לְהִשְׁתַּמֵּט** מן העבודה; היא רצה לסופרמרקט לחפש את הארנק שכנראה **נִשְׁמַט** שם מידה.

She did not intend **to shirk** her work; she ran to the supermarket to look for the purse that must **have slipped** from her hand there.

◆ ביטויים מיוחדים Special expressions

שָׁמְטוּ את הכר מתחתיו they demoted him

הִשְׁתַּמֵּט משירות צבאי dodge the draft

● שמן

הִשְׁמִין/הִשְׁמַנ/יַשְׁמִין grow fat(ter); fatten, make fatter

בניין: הִפְעִיל גזרה: שלמים + ל״נ

	Present הווה		Past עבר	Future עתיד	Imperative ציווי
יחיד	מַשְׁמִין	אני	הִשְׁמַנְתִּי	אַשְׁמִין	
יחידה	מַשְׁמִינָה	אתה	הִשְׁמַנְתָּ	תַּשְׁמִין	הַשְׁמֵן
רבים	מַשְׁמִינִים	את	הִשְׁמַנְתְּ	תַּשְׁמִינִי	הַשְׁמִינִי
רבות	מַשְׁמִינוֹת	הוא	הִשְׁמִין	יַשְׁמִין	
		היא	הִשְׁמִינָה	תַּשְׁמִין	
		אנחנו	הִשְׁמַנּוּ	נַשְׁמִין	
		אתם/ן	הִשְׁמַנְתֶּם/ן	תַּשְׁמִינוּ*	הַשְׁמִינוּ**
		הם/ן	הִשְׁמִינוּ	יַשְׁמִינוּ*	

* less commonly: אתן/הן תַּשְׁמֵנָּה

שם הפועל .Infin לְהַשְׁמִין

** less commonly: (אתן) הַשְׁמֵנָּה

שם הפעולה Gerund הַשְׁמָנָה growing fat(ter) (N), fattening

מקור מוחלט .Inf. Abs הַשְׁמֵן

שָׁמַן/שָׁמֵן/יִשְׁמַן grow fat

בניין: פָּעַל גזרה: שלמים + ל״נ (אֶפְעַל)

	Present הווה		Past עבר	Future עתיד	Imperative ציווי
יחיד	שָׁמֵן	אני	שָׁמַנְתִּי	אֶשְׁמַן	
יחידה	שְׁמֵנָה	אתה	שָׁמַנְתָּ	תִּשְׁמַן	שְׁמַן
רבים	שְׁמֵנִים	את	שָׁמַנְתְּ	תִּשְׁמְנִי	שִׁמְנִי
רבות	שְׁמֵנוֹת	הוא	שָׁמַן	יִשְׁמַן	
		היא	שָׁמְנָה	תִּשְׁמַן	
		אנחנו	שָׁמַנּוּ	נִשְׁמַן	
		אתם/ן	שְׁמַנְתֶּם/ן*	תִּשְׁמְנוּ**	שִׁמְנוּ***
		הם/ן	שָׁמְנוּ	יִשְׁמְנוּ**	

שם הפועל .Infin לִשְׁמוֹן

* Colloquial: שָׁמַנְתֶּם/ן

בינוני .Pres. Part שָׁמֵן fat

** less commonly: אתן/הן תִּשְׁמַנָּה

מקור מוחלט .Inf. Abs שָׁמוֹן

*** less commonly: (אתן) שְׁמַנָּה

שִׁימֵן/שִׁימַנ/שַׁמֵּן (שִׁמֵּן) oil

בניין: פִּיעֵל גזרה: שלמים + ל״נ

	Present הווה		Past עבר	Future עתיד	Imperative ציווי
יחיד	מְשַׁמֵּן	אני	שִׁימַנְתִּי	אֲשַׁמֵּן	
יחידה	מְשַׁמֶּנֶת	אתה	שִׁימַנְתָּ	תְּשַׁמֵּן	שַׁמֵּן
רבים	מְשַׁמְּנִים	את	שִׁימַנְתְּ	תְּשַׁמְּנִי	שַׁמְּנִי
רבות	מְשַׁמְּנוֹת	הוא	שִׁימֵן	יְשַׁמֵּן	>>>

		Past עבר	Future עתיד	Imperative ציווי
	היא	שִׁימְּנָה	תְּשַׁמֵּן	
	אנחנו	שִׁימַּנּוּ	נְשַׁמֵּן	
	אתם/ן	שִׁימַּנְתֶּם/ן	תְּשַׁמְּנוּ*	שַׁמְּנוּ**
	הם/ן	שִׁימְּנוּ	יְשַׁמְּנוּ*	

שם הפועל .Infin לְשַׁמֵּן * less commonly: אתן/הן תְּשַׁמֵּנָּה

שם הפעולה Gerund שִׁימּוּן oiling, greasing ** less commonly: (אתן) שַׁמֵּנָּה

מקור מוחלט .Inf. Abs שַׁמֵּן

שׁוּמַּן (שֻׁמַּן) be oiled

בניין: פּוּעַל גזרה: שלמים + ל"נ

	Present הווה		Past עבר	Future עתיד
יחיד	מְשׁוּמָּן	אני	שׁוּמַּנְתִּי	אֲשׁוּמַּן
יחידה	מְשׁוּמֶּנֶת	אתה	שׁוּמַּנְתָּ	תְּשׁוּמַּן
רבים	מְשׁוּמָּנִים	את	שׁוּמַּנְתְּ	תְּשׁוּמְּנִי
רבות	מְשׁוּמָּנוֹת	הוא	שׁוּמַּן	יְשׁוּמַּן
		היא	שׁוּמְּנָה	תְּשׁוּמַּן
		אנחנו	שׁוּמַּנּוּ	נְשׁוּמַּן
		אתם/ן	שׁוּמַּנְתֶּם/ן	תְּשׁוּמְּנוּ*
		הם/ן	שׁוּמְּנוּ	יְשׁוּמְּנוּ*

בינוני .Pres. Part מְשׁוּמָּן oiled, greased * less commonly: אתן/הן תְּשׁוּמַּנָּה

[מקור מוחלט .Inf. Abs שׁוּמֹּן]

◆ פעלים שאינם שכיחים מאותו שורש Infrequent verbs sharing the same root

הִשְׁתַּמֵּן get fat (Med H); get oily; improve (Mish H) (מִשְׁתַּמֵּן, יִשְׁתַּמֵּן, לְהִשְׁתַּמֵּן)

◆ דוגמאות Illustrations

אומנם זה גם עניין של גֶנים, אבל, בדרך כלל, מי שאוכל מאכלים **מַשְׁמִינִים** סופו שהוא **מַשְׁמִין**.

It is indeed also a matter of genes, but usually whoever eats **fattening** foods is bound to **grow fat**.

הדלת חורקת משום שציריה לא **שׁוּמְּנוּ**. **שַׁמֵּן** את הצירים ותבחין בהבדל.

The door is squeaking because its hinges **have** not **been oiled**. **Oil** the hinges and you'll notice the difference.

◆ ביטויים מיוחדים Special expressions

וַיִּשְׁמַן ישורון ויבעט said of one who has made it, but is ungrateful

• שמע

שָׁמַע/שׁוֹמֵעַ/יִשְׁמַע hear; listen; consent; understand

בניין: פָּעַל גזרה: ל׳ גרונית (אֶפְעַל)

Imper. ציווי	Future עתיד	Past עבר		Present הווה	
	אֶשְׁמַע	שָׁמַעְתִּי	אני	שׁוֹמֵעַ שָׁמוּעַ	יחיד
שְׁמַע	תִּשְׁמַע	שָׁמַעְתָּ	אתה	שׁוֹמַעַת שְׁמוּעָה	יחידה
שִׁמְעִי	תִּשְׁמְעִי	שָׁמַעְתְּ/...עַת	את	שׁוֹמְעִים שְׁמוּעִים	רבים
	יִשְׁמַע	שָׁמַע	הוא	שׁוֹמְעוֹת שְׁמוּעוֹת	רבות
	תִּשְׁמַע	שָׁמְעָה	היא		
	נִשְׁמַע	שָׁמַעְנוּ	אנחנו		
***שִׁמְעוּ	**תִּשְׁמְעוּ	*שְׁמַעְתֶּם/ן	אתם/ן		
	**יִשְׁמְעוּ	שָׁמְעוּ	הם/ן		

* Colloquial: שָׁמַעְתֶּם/ן

שם הפועל .Infin לִשְׁמוֹעַ

** less commonly: אתן/הן תִּשְׁמַעְנָה

בינוני פעיל .Act. Part שׁוֹמֵעַ listener, hearer

*** less commonly: (אתן) שְׁמַעְנָה

בינוני סביל .Pass. Part שָׁמוּעַ heard (lit.)

שְׁמוּעָה rumor

שם הפעולה Gerund שְׁמִיעָה hearing; ear (for music)

מקור מוחלט .Inf. Abs שָׁמוֹעַ

מ״י מוצרכת .Gov. Prep שָׁמַע ל- listen to, consent to

נִשְׁמַע/יִישָּׁמַע/יִישָּׁמֵעַ (יִשָּׁמַע) be heard/listened to; obey

בניין: נִפְעַל גזרה: ל׳ גרונית

Imperative ציווי	Future עתיד	Past עבר		Present הווה	
	אֶשָּׁמַע/...מֵעַ	נִשְׁמַעְתִּי	אני	נִשְׁמָע	יחיד
הִישָּׁמַע/...מֵעַ	תִּישָּׁמַע/...מֵעַ	נִשְׁמַעְתָּ	אתה	נִשְׁמַעַת	יחידה
הִישָּׁמְעִי	תִּישָּׁמְעִי	נִשְׁמַעְתְּ/...עַת	את	נִשְׁמָעִים	רבים
	יִישָּׁמַע/...מֵעַ	נִשְׁמַע	הוא	נִשְׁמָעוֹת	רבות
	תִּישָּׁמַע/...מֵעַ	נִשְׁמְעָה	היא		
	נִישָּׁמַע/...מֵעַ	נִשְׁמַעְנוּ	אנחנו		
**הִישָּׁמְעוּ	*תִּישָּׁמְעוּ	נִשְׁמַעְתֶּם/ן	אתם/ן		
	*יִישָּׁמְעוּ	נִשְׁמְעוּ	הם/ן		

שם הפועל .Infin לְהִישָּׁמַע/...מֵעַ

* less commonly: אתן/הן תִּישָּׁמַעְנָה

מקור מוחלט .Inf. Abs נִשְׁמוֹעַ

** less commonly: (אתן) הִישָּׁמַעְנָה

מ״י מוצרכת .Gov. Prep נִשְׁמַע ל- obey

הִשְׁמִיעַ/הִשְׁמַע/יַשְׁמִיעַ make heard (by playing sound), sound, voice; proclaim; summon

בניין: הִפְעִיל גזרה: ל׳ גרונית

	Present הווה		Past עבר	Future עתיד	Imperative ציווי
יחיד	מַשְׁמִיעַ	אני	הִשְׁמַעְתִּי	אַשְׁמִיעַ	
יחידה	מַשְׁמִיעָה	אתה	הִשְׁמַעְתָּ	תַּשְׁמִיעַ	הַשְׁמַע/...מֵעַ
רבים	מַשְׁמִיעִים	את	הִשְׁמַעְתְּ/...עַת	תַּשְׁמִיעִי	הַשְׁמִיעִי
רבות	מַשְׁמִיעוֹת	הוא	הִשְׁמִיעַ	יַשְׁמִיעַ	
		היא	הִשְׁמִיעָה	תַּשְׁמִיעַ	
		אנחנו	הִשְׁמַעְנוּ	נַשְׁמִיעַ	
		אתם/ן	הִשְׁמַעְתֶּם/ן	תַּשְׁמִיעוּ*	הַשְׁמִיעוּ**
		הם/ן	הִשְׁמִיעוּ	יַשְׁמִיעוּ*	

* less commonly: אתן/הן תַּשְׁמַעְנָה

שם הפועל .Infin לְהַשְׁמִיעַ ** less commonly: (אתן) הַשְׁמַעְנָה

שם הפעולה Gerund הַשְׁמָעָה making heard, sounding

מקור מוחלט .Inf. Abs הַשְׁמֵעַ

הוּשְׁמַע (הָשְׁמַע) be made heard, be played (music), be sounded, be pronounced

בניין: הוּפְעַל גזרה: ל׳ גרונית

	Present הווה		Past עבר	Future עתיד
יחיד	מוּשְׁמָע	אני	הוּשְׁמַעְתִּי	אוּשְׁמַע
יחידה	מוּשְׁמַעַת	אתה	הוּשְׁמַעְתָּ	תּוּשְׁמַע
רבים	מוּשְׁמָעִים	את	הוּשְׁמַעְתְּ/...עַת	תּוּשְׁמְעִי
רבות	מוּשְׁמָעוֹת	הוא	הוּשְׁמַע	יוּשְׁמַע
		היא	הוּשְׁמְעָה	תּוּשְׁמַע
		אנחנו	הוּשְׁמַעְנוּ	נוּשְׁמַע
		אתם/ן	הוּשְׁמַעְתֶּם/ן	תּוּשְׁמְעוּ*
		הם/ן	הוּשְׁמְעוּ	יוּשְׁמְעוּ*

[מקור מוחלט .Inf. Abs הוּשְׁמֵעַ] * less commonly: אתן/הן תּוּשְׁמַעְנָה

הִשְׁתַּמַּע/הִשְׁתַּמֵּעַ be heard; be understood/interpreted

בניין: הִתְפַּעֵל גזרה: ל׳ גרונית + פ׳ שורקת

	Present הווה		Past עבר	Future עתיד	Imperative ציווי
יחיד	מִשְׁתַּמֵּעַ	אני	הִשְׁתַּמַּעְתִּי	אֶשְׁתַּמַּע/...מֵּעַ	
יחידה	מִשְׁתַּמַּעַת	אתה	הִשְׁתַּמַּעְתָּ	תִּשְׁתַּמַּע/...מֵּעַ	הִשְׁתַּמַּע/...מֵּעַ
רבים	מִשְׁתַּמְּעִים	את	הִשְׁתַּמַּעְתְּ/...עַת	תִּשְׁתַּמְּעִי	הִשְׁתַּמְּעִי
רבות	מִשְׁתַּמְּעוֹת	הוא	הִשְׁתַּמַּע*	יִשְׁתַּמַּע/...מֵּעַ	
		היא	הִשְׁתַּמְּעָה	תִּשְׁתַּמַּע/...מֵּעַ	
		אנחנו	הִשְׁתַּמַּעְנוּ	נִשְׁתַּמַּע/...מֵּעַ	<<<

	Past עבר	Future עתיד	Imperative ציווי
אתם/ן	הִשְׁתַּמַּעְתֶּם/ן	תִּשְׁתַּמְּעוּ**	הִשְׁתַּמְּעוּ***
הם/ן	הִשְׁתַּמְּעוּ	יִשְׁתַּמְּעוּ**	

* Coll.: הִשְׁתַּמֵּע   ** less commonly: אתן/הן תִּשְׁתַּמַּעְנָה

שם הפועל .Infin לְהִשְׁתַּמֵּעַ   *** less commonly: (אתן) הִשְׁתַּמַּעְנָה

שם הפעולה Gerund הִשְׁתַּמְּעוּת being heard (N), being understood

מקור מוחלט .Inf. Abs הִשְׁתַּמֵּעַ

◆ **פעלים שאינם שכיחים מאותו שורש** Infrequent verbs sharing the same root

שִׁימַּע (שִׁמַּע) proclaim; summon (מְשַׁמֵּעַ, יְשַׁמַּע, לְשַׁמֵּעַ)

◆ **דוגמאות** Illustrations

נאומיו של צ'רצ'יל **נִשְׁמְעוּ** בכל רחבי העולם החופשי. כל מי **שֶׁשָּׁמַע** אותם ידע שבריטניה לא תיכנע.

Churchill's speeches **were heard** all over the free world. Whoever **heard** them knew that Britain will not surrender.

שר העבודה **הִשְׁמִיעַ** את דעתו בישיבת הממשלה נגד הקיצוצים המוצעים, בנימוק שעלולה **לְהִשְׁתַּמֵּעַ** מהם מדיניות אנטי-חברתית.

At the government meeting, the labor minister **voiced** his opinion against the proposed cuts, arguing that anti-social policy might **be understood** from their adoption.

הבוקר **הוּשְׁמְעָה** ברדיו מוסיקה מצוינת.

Excellent music **was played** this morning on the radio.

כדאי שאהובה תלמד לנגן על כלי כלשהו; יש לה **שְׁמִיעָה** מצוינת.

It would be a good idea for Ahuva to learn to play some instrument; she has an excellent **ear** ("**hearing**").

ראש הממשלה ציפה לתמיכה מכל חברי הקואליציה, אך חלקם לא **נִשְׁמְעוּ** לו.

The prime minister expected support from all coalition members, but some some of them did not **obey** him.

◆ **ביטויים מיוחדים** Special expressions

שָׁמַע בקולו obey him

יִשְׁמְעוּ אוזניך מה שפיך אומר you are contradicting yourself

שְׁמַע ישראל! Hear O Israel! (an utterance made in time of danger, or when "sanctifying God's name")

אינה דומה **שְׁמִיעָה** לראיה hearing is not as reliable as seeing

חוש **הַשְּׁמִיעָה** the sense of hearing

עד **שְׁמִיעָה** witness whose evidence is hearsay

מה **נִשְׁמָע**? what's new? what's up?

מאי קא **מַשְׁמַע** לן? what does it tell us? (Aram.)

מִשְׁתַּמֵּעַ לשתי פנים that can be interpreted in two ways

לְהִשְׁתַּמֵּעַ! you'll be hearing us again! (like an oral "see you" on the radio)

• שמר

שָׁמַר/שׁוֹמֵר/יִשְׁמוֹר (יִשְׁמֹר) watch, guard, reserve, observe (law), keep

בניין: פָּעַל   גזרה: שלמים (אֶפְעוֹל)

	Present הווה		Past עבר	Future עתיד	Imper. ציווי
יחיד	שׁוֹמֵר שָׁמוּר	אני	שָׁמַרְתִּי	אֶשְׁמוֹר	
יחידה	שׁוֹמֶרֶת שְׁמוּרָה	אתה	שָׁמַרְתָּ	תִּשְׁמוֹר	שְׁמוֹר
רבים	שׁוֹמְרִים שְׁמוּרִים	את	שָׁמַרְתְּ	תִּשְׁמְרִי	שִׁמְרִי
רבות	שׁוֹמְרוֹת שְׁמוּרוֹת	הוא	שָׁמַר	יִשְׁמוֹר	
		היא	שָׁמְרָה	תִּשְׁמוֹר	
		אנחנו	שָׁמַרְנוּ	נִשְׁמוֹר	
		אתם/ן	שְׁמַרְתֶּם/ן*	תִּשְׁמְרוּ**	שִׁמְרוּ***
		הם/ן	שָׁמְרוּ	יִשְׁמְרוּ**	

שם הפועל .Infin לִשְׁמוֹר   * Colloquial: שָׁמַרְתֶּם/ן

שם הפעולה .Ger שְׁמִירָה guarding, keeping   ** less commonly: אתן/הן תִּשְׁמוֹרְנָה

בינוני פעיל .Act. Part שׁוֹמֵר guard (N)   *** less commonly: (אתן) שְׁמוֹרְנָה

בינוני סביל .Pass. Part שָׁמוּר guarded, reserved

שְׁמוּרָה eyelid; reserve

מקור מוחלט .Inf. Abs שָׁמוֹר

מ"י מוצרכת .Gov. Prep שָׁמַר עַל guard; שָׁמַר אֶת keep (tradition etc.)

In BH only שָׁמַר אֶת for both meanings.

נִשְׁמַר/יִישָּׁמֵר (יִשָּׁמֵר) be guarded; be careful, watch out

בניין: נִפְעַל   גזרה: שלמים

	Present הווה		Past עבר	Future עתיד	Imperative ציווי
יחיד	נִשְׁמָר	אני	נִשְׁמַרְתִּי	אֶשָּׁמֵר	
יחידה	נִשְׁמֶרֶת	אתה	נִשְׁמַרְתָּ	תִּישָּׁמֵר	הִישָּׁמֵר
רבים	נִשְׁמָרִים	את	נִשְׁמַרְתְּ	תִּישָּׁמְרִי	הִישָּׁמְרִי
רבות	נִשְׁמָרוֹת	הוא	נִשְׁמַר	יִישָּׁמֵר	
		היא	נִשְׁמְרָה	תִּישָּׁמֵר	
		אנחנו	נִשְׁמַרְנוּ	נִישָּׁמֵר	
		אתם/ן	נִשְׁמַרְתֶּם/ן	תִּישָּׁמְרוּ*	הִישָּׁמְרוּ**
		הם/ן	נִשְׁמְרוּ	יִישָּׁמְרוּ*	

* less commonly: אתן/הן תִּישָּׁמַרְנָה/...מֵרְנָה

שם הפועל .Infin לְהִישָּׁמֵר   ** less commonly: (אתן) הִישָּׁמַרְנָה/...מֵרְנָה

מקור מוחלט .Inf. Abs נִשְׁמוֹר, הִישָּׁמֵר (הִישָּׁמוֹר)

מ"י מוצרכת .Gov. Prep נִשְׁמַר מִן/מִפְּנֵי watch out for; avoid

שִׁימֵּר/שִׁימַּר/שַׁמֵּר preserve; can (food); be conservative; guard (שׁמר)

בניין: פִּיעֵל גזרה: שלמים

	Present הווה		Past עבר	Future עתיד	Imperative ציווי
יחיד	מְשַׁמֵּר	אני	שִׁימַּרְתִּי	אֲשַׁמֵּר	
יחידה	מְשַׁמֶּרֶת	אתה	שִׁימַּרְתָּ	תְּשַׁמֵּר	שַׁמֵּר
רבים	מְשַׁמְּרִים	את	שִׁימַּרְתְּ	תְּשַׁמְּרִי	שַׁמְּרִי
רבות	מְשַׁמְּרוֹת	הוא	שִׁימֵּר	יְשַׁמֵּר	
		היא	שִׁימְּרָה	תְּשַׁמֵּר	
		אנחנו	שִׁימַּרְנוּ	נְשַׁמֵּר	
		אתם/ן	שִׁימַּרְתֶּם/ן	תְּשַׁמְּרוּ*	שַׁמְּרוּ**
		הם/ן	שִׁימְּרוּ	יְשַׁמְּרוּ*	

שם הפועל .Infin לְשַׁמֵּר   * less commonly: אתן/הן תְּשַׁמֵּרְנָה

בינוני .Pres. Part מְשַׁמֵּר preservative   ** less commonly: (אתן) שַׁמֵּרְנָה

שם הפעולה Gerund שִׁימּוּר canning (food), preserving, guarding

שִׁימּוּרִים preserves

מקור מוחלט .Inf. Abs שַׁמֵּר

שׁוּמַּר be preserved/canned; be guarded (שׁמר)

בניין: פּוּעַל גזרה: שלמים

	Present הווה		Past עבר	Future עתיד
יחיד	מְשׁוּמָּר	אני	שׁוּמַּרְתִּי	אֲשׁוּמַּר
יחידה	מְשׁוּמֶּרֶת	אתה	שׁוּמַּרְתָּ	תְּשׁוּמַּר
רבים	מְשׁוּמָּרִים	את	שׁוּמַּרְתְּ	תְּשׁוּמְּרִי
רבות	מְשׁוּמָּרוֹת	הוא	שׁוּמַּר	יְשׁוּמַּר
		היא	שׁוּמְּרָה	תְּשׁוּמַּר
		אנחנו	שׁוּמַּרְנוּ	נְשׁוּמַּר
		אתם/ן	שׁוּמַּרְתֶּם/ן	תְּשׁוּמְּרוּ*
		הם/ן	שׁוּמְּרוּ	יְשׁוּמְּרוּ*

בינוני .Pres. Part מְשׁוּמָּר preserved, canned   * less commonly: אתן/הן תְּשׁוּמַּרְנָה

[מקור מוחלט .Inf. Abs שׁוּמֹּר]

הִשְׁתַּמֵּר/הִשְׁתַּמַּר be preserved, survive (נִשְׁתַּמֵּר)

בניין: הִתְפַּעֵל גזרה: שלמים + פ׳ שורקת

	Present הווה		Past עבר	Future עתיד	Imperative ציווי
יחיד	מִשְׁתַּמֵּר	אני	הִשְׁתַּמַּרְתִּי	אֶשְׁתַּמֵּר	
יחידה	מִשְׁתַּמֶּרֶת	אתה	הִשְׁתַּמַּרְתָּ	תִּשְׁתַּמֵּר	הִשְׁתַּמֵּר
רבים	מִשְׁתַּמְּרִים	את	הִשְׁתַּמַּרְתְּ	תִּשְׁתַּמְּרִי	הִשְׁתַּמְּרִי
רבות	מִשְׁתַּמְּרוֹת	הוא	הִשְׁתַּמֵּר	יִשְׁתַּמֵּר	
		היא	הִשְׁתַּמְּרָה	תִּשְׁתַּמֵּר	
		אנחנו	הִשְׁתַּמַּרְנוּ	נִשְׁתַּמֵּר	>>>

Imperative ציווי	Future עתיד	Past עבר	
הִשְׁתַּמְּרוּ**	תִּשְׁתַּמְּרוּ*	הִשְׁתַּמַּרְתֶּם/ן	אתם/ן
	יִשְׁתַּמְּרוּ*	הִשְׁתַּמְּרוּ	הם/ן

שם הפועל .Infin לְהִשְׁתַּמֵּר   * less commonly: אתן/הן תִּשְׁתַּמֵּרְנָה

שם הפעולה .Ger הִשְׁתַּמְּרוּת being preserved   ** less commonly: (אתן) הִשְׁתַּמֵּרְנָה

מקור מוחלט .Inf. Abs הִשְׁתַּמֵּר

◆ דוגמאות Illustrations

אביבה **שׁוֹמֶרֶת** כַּשְׁרוּת אבל לא **שׁוֹמֶרֶת** שַׁבָּת. ביום שישי בערב היא נוסעת אל אחותה מיכל כדי **לִשְׁמוֹר** על הילדים שלה כשמיכל יוצאת עם בעלה למסעדה. יש להם שם שולחן **שָׁמוּר** כל יום שישי.

Aviva **keeps** kosher but does not **observe** the sabbath. On Friday night she drives to her sister Michal in order to **watch** over her children when Michal goes to a restaurant with her husband. They have a **reserved** table there every Friday.

אפריים עובד **כשׁוֹמֵר** בחֶברַת **שְׁמִירָה** **השׁוֹמֶרֶת** על בנקים בתל-אביב בלילות, כדי להגן עליהם מפני פריצות.

Ephraim works as a **guard** in a **security** firm that **guards** banks in Tel Aviv at night, to protect them from break ins.

דני טייל אתמול **בִּשְׁמוּרַת** הטבע בעין גדי. בשתיים בצהריים הוא ישב לנוח; **שְׁמוּרוֹת** עיניו נעצמו והוא נרדם מייד.

Danny was hiking yesterday in the Ein Gedi natural **reserve**. At two p.m. he sat down to rest; his eye**lids** closed and he fell asleep immediately.

ספר התנ"ך העתיק **נִשְׁמָר** בארון מיוחד; החוקרים **נִשְׁמָרִים** מאוד כשהם מעיינים בו.

The ancient bible **is kept** in a special bookcase; the researchers are very **careful** when they study it.

קשה היום לדעת אם ניתן יהיה **לְשַׁמֵּר** את האידיש כשפת דיבור חיה.

It is hard to tell today whether it will be possible to **preserve** Yiddish as a living spoken language.

עזריאל אינו אוכל מזון המכיל חומרים **מְשַׁמְּרִים**. הוא **נִשְׁמָר** מפני כל מזון שאינו טרי.

Azriel does not eat food that contains **preservatives** (literally '**preserving** materials'). He **avoids** any food that is not fresh.

מנות קרב מכילות הרבה (קופסאות) **שִׁימּוּרִים**, והמזון **הַמְשׁוּמָּר** טעים למדיי, אבל בדרך כלל אוכלים בצבא מזון טרי.

Battle rations contain a lot of **canned food**, and the **canned** food is quite good, but generally one only eats fresh food in the army.

מסורת הקריאה הבבלית **נִשְׁתַּמְּרָה** עד היום בקריאת התורה בעדה התימנית.

The Babylonian reading tradition **has been maintained** to this day in Yemenite Torah reading.

◆ ביטויים מיוחדים Special expressions

שׁוֹמֵר נפשו a cautious person

שׁוֹמֵר פתאים ה׳ the Lord protects fools... (jocular)

״השׁוֹמֵר״ Hashomer (Jewish watchmen's organization in Palestine)

שׁוֹמֵר חינם unpaid keeper, trustee

שׁוֹמֵר שכר paid keeper, bailee

שׁוֹמֵר ישראל God ("the Keeper of Israel")

עושר שָׁמוּר לבעליו לרעתו riches which brings its "owner" trouble instead of pleasure

שְׁמוּרַת טבע nature reserve, conservation area

קרן שְׁמוּרָה reserve fund

מצה שְׁמוּרָה specially made unleavened bread

כל הזכויות שְׁמוּרוֹת all rights reserved (copyright)

שָׁמַר אמונים ל- remain faithful to

שָׁמַר את הדבר בליבו make a mental note

שָׁמַר (את) הבטחתו keep one's promise

שָׁמַר לשונו/פיו watch one's words

שְׁמוֹר לי ואֶשְׁמוֹר לך you help me and I'll help you

ונִשְׁמַרְתֶּם לנפשותיכם! be very careful!

ליל שִׁמּוּרִים watch-night, sleepless night

יין המְשׁוּמָּר wine preserved for the righteous in heaven

● שמש

שִׁימֵשׁ/שִׁימַשׁ/שָׁמֵּשׁ (שִׁמֵּשׁ) serve (a master); serve/act as; be used as

בניין: פִּיעֵל גזרה: שלמים

	Present הווה		Past עבר	Future עתיד	Imperative ציווי
יחיד	מְשַׁמֵּשׁ	אני	שִׁימַּשְׁתִּי	אֲשַׁמֵּשׁ	
יחידה	מְשַׁמֶּשֶׁת	אתה	שִׁימַּשְׁתָּ	תְּשַׁמֵּשׁ	שַׁמֵּשׁ
רבים	מְשַׁמְּשִׁים	את	שִׁימַּשְׁתְּ	תְּשַׁמְּשִׁי	שַׁמְּשִׁי
רבות	מְשַׁמְּשׁוֹת	הוא	שִׁימֵּשׁ	יְשַׁמֵּשׁ	
		היא	שִׁימְּשָׁה	תְּשַׁמֵּשׁ	
		אנחנו	שִׁימַּשְׁנוּ	נְשַׁמֵּשׁ	
		אתם/ן	שִׁימַּשְׁתֶּם/ן	תְּשַׁמְּשׁוּ*	שַׁמְּשׁוּ**
		הם/ן	שִׁימְּשׁוּ	יְשַׁמְּשׁוּ*	

שם הפועל .Infin לְשַׁמֵּשׁ

שם הפעולה .Ger שִׁימּוּשׁ use, usage, using

מקור מוחלט .Inf. Abs שַׁמֵּשׁ

מ״י מוצרכת .Gov. Prep שִׁימֵּשׁ כ- serve as, be used for

* less commonly: אתן/הן תְּשַׁמֵּשְׁנָה

** less commonly: (אתן) שַׁמֵּשְׁנָה

הִשְׁתַּמֵּשׁ/הִשְׁתַּמֵּשׁ use, make use of

בניין: הִתְפַּעֵל גזרה: שלמים + פ' שורקת

	Present הווה		Past עבר	Future עתיד	Imperative ציווי
יחיד	מִשְׁתַּמֵּשׁ	אני	הִשְׁתַּמַּשְׁתִּי	אֶשְׁתַּמֵּשׁ	
יחידה	מִשְׁתַּמֶּשֶׁת	אתה	הִשְׁתַּמַּשְׁתָּ	תִּשְׁתַּמֵּשׁ	הִשְׁתַּמֵּשׁ
רבים	מִשְׁתַּמְּשִׁים	את	הִשְׁתַּמַּשְׁתְּ	תִּשְׁתַּמְּשִׁי	הִשְׁתַּמְּשִׁי
רבות	מִשְׁתַּמְּשׁוֹת	הוא	הִשְׁתַּמֵּשׁ	יִשְׁתַּמֵּשׁ	
		היא	הִשְׁתַּמְּשָׁה	תִּשְׁתַּמֵּשׁ	
		אנחנו	הִשְׁתַּמַּשְׁנוּ	נִשְׁתַּמֵּשׁ	
		אתם/ן	הִשְׁתַּמַּשְׁתֶּם/ן	תִּשְׁתַּמְּשׁוּ*	הִשְׁתַּמְּשׁוּ**
		הם/ן	הִשְׁתַּמְּשׁוּ	יִשְׁתַּמְּשׁוּ*	

שם הפועל .Infin לְהִשְׁתַּמֵּשׁ

* less commonly: אתן/הן תִּשְׁתַּמֵּשְׁנָה

בינוני .Pres. Part מִשְׁתַּמֵּשׁ user

** less commonly: (אתן) הִשְׁתַּמֵּשְׁנָה

שם הפעולה Gerund הִשְׁתַּמְּשׁוּת using, making use of

מקור מוחלט .Inf. Abs הִשְׁתַּמֵּשׁ

מ"י מוצרכת .Gov. Prep הִשְׁתַּמֵּשׁ ב- make use of

◆ פעלים שאינם שכיחים מאותו שורש Infrequent verbs sharing the same root

שׁוּמַּשׁ (שֻׁמַּשׁ) be used, be second hand (מְשׁוּמָּשׁ, יְשׁוּמַּשׁ)

בינוני .Pres. Part מְשׁוּמָּשׁ used, second hand (common form)

הִשְׁמִישׁ make usable (lit.) (מַשְׁמִישׁ, יַשְׁמִישׁ, לְהַשְׁמִישׁ)

◆ דוגמאות Illustrations

אני **מִשְׁתַּמֵּשׁ** בדואר אלקטרוני כבר הרבה שנים; בעיקר הוא **מְשַׁמֵּשׁ** אותי כאמצעי להתקשרות עם עמיתים במקצוע.

I **have been using** electronic mail for years; mostly, it **has been serving** me as a means of communicating with professional colleagues.

המבנה הזה שייך לצבא. בעבר הוא **שִׁימֵּשׁ** כמוסך; היום **מִשְׁתַּמְּשִׁים** בו כמחסן למשאיות **מְשׁוּמָּשׁוֹת** שיצאו מן השירות.

This structure belongs to the army. In the past it **served** as a garage; today they **use** it as a storage facility for **used** trucks that are out of service.

◆ ביטויים מיוחדים Special expressions

לא **שִׁימֵּשׁ** כל צורכו has not learned enough

שִׁימֵּשׁ בערבוביה be all mixed up

שִׁימֵּשׁ מיטתו have intercourse

שִׁימֵּשׁ תלמידי חכמים wait upon scholars (and thus learn from them)

בית **שִׁימּוּשׁ** lavatory, rest room

אותיות **הַשִּׁימּוּשׁ** formative letters (in Hebrew morphology)

● שנא

שָׂנֵא/שׂוֹנֵא/יִשְׂנָא hate

בניין: פָּעַל   גזרה: ל״א

	Present הווה			Past עבר	Future עתיד	Imper. ציווי
יחיד	שׂוֹנֵא	שָׂנוּא	אני	שָׂנֵאתִי	אֶשְׂנָא	
יחידה	שׂוֹנֵאת	שְׂנוּאָה	אתה	שָׂנֵאתָ	תִּשְׂנָא	שְׂנָא
רבים	שׂוֹנְאִים	שְׂנוּאִים	את	שָׂנֵאת	תִּשְׂנְאִי	שִׂנְאִי
רבות	שׂוֹנְאוֹת	שְׂנוּאוֹת	הוא	שָׂנֵא	יִשְׂנָא	
			היא	שָׂנְאָה	תִּשְׂנָא	
			אנחנו	שָׂנֵאנוּ	נִשְׂנָא	
			אתם/ן	שְׂנֵאתֶם/ן*	תִּשְׂנְאוּ**	שִׂנְאוּ***
			הם/ן	שָׂנְאוּ	יִשְׂנְאוּ**	

שם הפועל .Infin לִשְׂנוֹא

בינוני פעיל .Act. Part שׂוֹנֵא enemy, foe

בינוני סביל .Pass. Part שָׂנוּא hated, detested

בינוני סביל .Pass. Part שָׂנוּאִי hated (lit.)

מקור מוחלט .Inf. Abs שָׂנוֹא

* Colloquial: שָׂנֵאתֶם/ן

** less commonly: אתן/הן תִּשְׂנֶאנָה

*** less commonly: (אתן) שְׂנֶאנָה

הִשְׂנִיא/הִשְׂנֵא/יַשְׂנִיא cause to be hated, make hateful

בניין: הִפְעִיל   גזרה: ל״א

	Present הווה		Past עבר	Future עתיד	Imperative ציווי
יחיד	מַשְׂנִיא	אני	הִשְׂנֵאתִי	אַשְׂנִיא	
יחידה	מַשְׂנִיאָה	אתה	הִשְׂנֵאתָ	תַּשְׂנִיא	הַשְׂנֵא
רבים	מַשְׂנִיאִים	את	הִשְׂנֵאת	תַּשְׂנִיאִי	הַשְׂנִיאִי
רבות	מַשְׂנִיאוֹת	הוא	הִשְׂנִיא	יַשְׂנִיא	
		היא	הִשְׂנִיאָה	תַּשְׂנִיא	
		אנחנו	הִשְׂנֵאנוּ	נַשְׂנִיא	
		אתם/ן	הִשְׂנֵאתֶם/ן	תַּשְׂנִיאוּ*	הַשְׂנִיאוּ**
		הם/ן	הִשְׂנִיאוּ	יַשְׂנִיאוּ*	

שם הפועל .Infin לְהַשְׂנִיא

שם הפעולה .Ger הַשְׂנָאָה causing to hate

מקור מוחלט .Inf. Abs הַשְׂנֵא

מ״י מוצרכת .Gov. Prep הִשְׂנִיא את על cause (one) to hate (something)

* less commonly: אתן/הן תַּשְׂנֶאנָה

** less commonly: (אתן) הַשְׂנֶאנָה

◆ פעלים שאינם שכיחים מאותו שורש Infrequent verbs sharing the same root

נִשְׂנָא (נִשְׂנָא, יִישָּׂנֵא, לְהִישָּׂנֵא) be hated

הוּשְׂנָא (הֻשְׂנָא) cause to be hated (Med H) (מוּשְׂנָא, יוּשְׂנָא)

שִׂינֵּא (שִׂנֵּא) hate (lit.) (מְשַׂנֵּא, יְשַׂנֵּא, לְשַׂנֵּא)

הִשְׂתַּנֵּא become hated (lit.) (מִשְׂתַּנֵּא, יִשְׂתַּנֵּא, לְהִשְׂתַּנֵּא)

◆ דוגמאות Illustrations

מורים גרועים **מְשַׂנְּאִים** על הילדים את הלימודים. הרבה ילדים **שׂוֹנְאִים** מתמטיקה, למשל, בגלל מורים שאינם יודעים ללמד את המקצוע.

Bad teachers **make** children **hate** school. Many kids **hate** math, for instance, because of teachers who do not know how to teach the subject.

● שנה

change (tr.), alter שִׁינָּה/שִׁנָּה (שִׁנָּה)

בניין: פִּיעֵל גזרה: ל"ה

Imperative ציווי	Future עתיד	Past עבר		Present הווה	
	אֲשַׁנֶּה	שִׁינִּיתִי	אני	מְשַׁנֶּה	יחיד
שַׁנֵּה	תְּשַׁנֶּה	שִׁינִּיתָ	אתה	מְשַׁנָּה	יחידה
שַׁנִּי	תְּשַׁנִּי	שִׁינִּית	את	מְשַׁנִּים	רבים
	יְשַׁנֶּה	שִׁינָּה	הוא	מְשַׁנּוֹת	רבות
	תְּשַׁנֶּה	שִׁינְּתָה	היא		
	נְשַׁנֶּה	שִׁינִּינוּ	אנחנו		
שַׁנּוּ**	תְּשַׁנּוּ*	שִׁינִּיתֶם/ן	אתם/ן		
	יְשַׁנּוּ*	שִׁינּוּ	הם/ן		

שם הפועל .Infin לְשַׁנּוֹת

שם הפעולה .Ger שִׁינּוּי change, alteration

מקור מוחלט .Inf. Abs שַׁנֵּה

* less commonly: אתן/הן תְּשַׁנֶּינָה

** less commonly: (אתן) שַׁנֶּינָה

be changed/altered שׁוּנָּה/שׁוּנֶּה (שֻׁנָּה)

בניין: פּוּעַל גזרה: ל"ה

Future עתיד	Past עבר		Present הווה	
אֲשׁוּנֶּה	שׁוּנֵּיתִי	אני	מְשׁוּנֶּה	יחיד
תְּשׁוּנֶּה	שׁוּנֵּיתָ	אתה	מְשׁוּנָּה	יחידה
תְּשׁוּנִּי	שׁוּנֵּית	את	מְשׁוּנִּים	רבים
יְשׁוּנֶּה	שׁוּנָּה	הוא	מְשׁוּנּוֹת	רבות
תְּשׁוּנֶּה	שׁוּנְּתָה	היא		
נְשׁוּנֶּה	שׁוּנֵּינוּ*	אנחנו		
תְּשׁוּנּוּ**	שׁוּנֵּיתֶם/ן	אתם/ן		
יְשׁוּנּוּ**	שׁוּנּוּ	הם/ן		

* BH: שׁוּנֵּינוּ

** less commonly: אתן/הן תְּשׁוּנֶּינָה

בינוני .Pres. Part מְשׁוּנֶּה strange, odd, eccentric

[מקור מוחלט .Inf. Abs שׁוּנֹּה]

הִשְׁתַּנָּה change (intr.), vary, be(come) different

בניין: הִתְפַּעֵל גזרה: ל"ה

	Present הווה		Past עבר	Future עתיד	Imperative ציווי
יחיד	מִשְׁתַּנֶּה	אני	הִשְׁתַּנֵּיתִי	אֶשְׁתַּנֶּה	
יחידה	מִשְׁתַּנָּה	אתה	הִשְׁתַּנֵּיתָ	תִּשְׁתַּנֶּה	הִשְׁתַּנֵּה
רבים	מִשְׁתַּנִּים	את	הִשְׁתַּנֵּית	תִּשְׁתַּנִּי	הִשְׁתַּנִּי
רבות	מִשְׁתַּנּוֹת	הוא	הִשְׁתַּנָּה	יִשְׁתַּנֶּה	
		היא	הִשְׁתַּנְּתָה	תִּשְׁתַּנֶּה	
		אנחנו	הִשְׁתַּנֵּינוּ*	נִשְׁתַּנֶּה	
		אתם/ן	הִשְׁתַּנֵּיתֶם/ן	תִּשְׁתַּנּוּ**	הִשְׁתַּנּוּ***
		הם/ן	הִשְׁתַּנּוּ	יִשְׁתַּנּוּ**	

* BH: הִשְׁתַּנֵּינוּ ** less commonly: אתן/הן תִּשְׁתַּנֶּינָה

שם הפועל .Infin לְהִשְׁתַּנּוֹת *** less commonly: (אתן) הִשְׁתַּנֶּינָה

שם הפעולה Gerund הִשְׁתַּנּוּת change, transformation, variability

מקור מוחלט .Inf. Abs הִשְׁתַּנֵּה

A less frequent, homonymous root meaning 'repeat; study' is not included here.

◆ פעלים שאינם שכיחים מאותו שורש Infrequent verbs sharing the same root

שָׁנָה (.change (intr.); be different (lit (שׁוֹנֶה, יִשְׁנֶה, לִשְׁנוֹת)

בינוני .Pres. Part שׁוֹנֶה different (common form)

הִשְׁנָה (change (tr.), alter (Mish H (מַשְׁנֶה, יַשְׁנֶה, לְהַשְׁנוֹת)

◆ דוגמאות Illustrations

המועמד לנשיאות הצהיר כי אם ייבחר, **יְשַׁנֶּה** את מבנה הממשל מיסודו. משהיה לנשיא, גילה כי כל **שִׁינּוּי** בממשל הוא עניין מסובך ביותר, וכי הסיכוי שמשהו **יִשְׁתַּנֶּה** בו הוא מזערי.

The candidate for president announced that if he is elected, he **will change** the structure of government in a fundamental manner. Once he became president, he discovered that any **change** in government is a very complex matter, and that the prospect that anything **will change** in it is minimal.

תוכניות הבנייה **שׁוּנּוּ** כל כך הרבה פעמים, שהמוצר הסופי יצא **שׁוֹנֶה** לגמרי מעיצובו המקורי של האדריכל. מבחינה סגנונית, התוצאה **מְשׁוּנָּה** מאוד.

The building plans **were changed** so many times, that the final product turned out to be quite **different** from the original architect's design. Stylistically, the result is very **odd**.

◆ ביטויים מיוחדים Special expressions

מה זה **מְשַׁנֶּה** what difference does it make?

אין **מְשַׁנִּים** ממנהג המדינה when in Rome, do as the Romans do

מְשַׁנֶּה מקום, **מְשַׁנֶּה** מזל may your fortune improve with your change of residence

שִׁינָּה את טעמו change one's mind; feign madness (lit.)

שִׁינּוּי לטובה (לרעה) a change for the better (for the worse)

מיתה **מְשׁוּנָּה** unnatural death

מה **נִשְׁתַּנָּה** (the beginning of) the Four Questions on Passover night

---

● שעל

הִשְׁתַּעֵל/הִשְׁתַּעַל cough

בניין: הִתְפַּעֵל גזרה: פ׳ שורקת + ע׳ גרונית

	Present הווה		Past עבר	Future עתיד	Imperative ציווי
יחיד	מִשְׁתַּעֵל	אני	הִשְׁתַּעַלְתִּי	אֶשְׁתַּעֵל	
יחידה	מִשְׁתַּעֶלֶת	אתה	הִשְׁתַּעַלְתָּ	תִּשְׁתַּעֵל	הִשְׁתַּעֵל
רבים	מִשְׁתַּעֲלִים	את	הִשְׁתַּעַלְתְּ	תִּשְׁתַּעֲלִי	הִשְׁתַּעֲלִי
רבות	מִשְׁתַּעֲלוֹת	הוא	הִשְׁתַּעֵל	יִשְׁתַּעֵל	
		היא	הִשְׁתַּעֲלָה	תִּשְׁתַּעֵל	
		אנחנו	הִשְׁתַּעַלְנוּ	נִשְׁתַּעֵל	
		אתם/ן	הִשְׁתַּעַלְתֶּם/ן	תִּשְׁתַּעֲלוּ*	הִשְׁתַּעֲלוּ**
		הם/ן	הִשְׁתַּעֲלוּ	יִשְׁתַּעֲלוּ*	

שם הפועל .Infin לְהִשְׁתַּעֵל

שם הפעולה Gerund הִשְׁתַּעֲלוּת coughing

מקור מוחלט .Inf. Abs הִשְׁתַּעֵל

* less commonly: אתן/הן תִּשְׁתַּעֵלְנָה

** less commonly: (אתן) הִשְׁתַּעֵלְנָה

◆ פעלים שאינם שכיחים מאותו שורש Infrequent verbs sharing the same root

שָׁעַל (Mish H) cough (שׁוֹעֵל, יִשְׁעַל, לִשְׁעוֹל)

שִׁיעֵל (שִׁעֵל) cough (lit.) (מְשַׁעֵל, יְשַׁעֵל, לְשַׁעֵל)

שם הפעולה Gerund **שִׁיעוּל** a cough; coughing (common form)

◆ דוגמאות Illustrations

לא ברור מדוע אנשים **מִשְׁתַּעֲלִים** כל כך הרבה בקונצרטים. ברגע שמתחילים לנגן, פורצת מגיפת **שִׁיעוּל**.

It is not clear why people **cough** so much in concerts. The moment they start playing, a **coughing** plague erupts.

● שעמם

שִׁעֲמֵם/שִׁעֲמַמְ/שַׁעֲמֵם bore

בניין: פִּיעֵל גזרה: מרובעים + ע׳ גרונית

	Present הווה		Past עבר	Future עתיד	Imperative ציווי
יחיד	מְשַׁעֲמֵם	אני	שִׁעֲמַמְתִּי	אֲשַׁעֲמֵם	
יחידה	מְשַׁעֲמֶמֶת	אתה	שִׁעֲמַמְתָּ	תְּשַׁעֲמֵם	שַׁעֲמֵם
רבים	מְשַׁעַמְמִים	את	שִׁעֲמַמְתְּ	תְּשַׁעַמְמִי	שַׁעַמְמִי
רבות	מְשַׁעַמְמוֹת	הוא	שִׁעֲמֵם	יְשַׁעֲמֵם	
		היא	שִׁעַמְמָה	תְּשַׁעֲמֵם	
		אנחנו	שִׁעֲמַמְנוּ	נְשַׁעֲמֵם	
		אתם/ן	שִׁעֲמַמְתֶּם/ן	תְּשַׁעַמְמוּ*	שַׁעַמְמוּ**
		הם/ן	שִׁעַמְמוּ	יְשַׁעַמְמוּ*	

שם הפועל .Infin לְשַׁעֲמֵם

שם הפעולה Gerund שִׁעֲמוּם boredom

בינוני .Pres. Part מְשַׁעֲמֵם boring

מקור מוחלט .Inf. Abs שַׁעֲמֵם

* less commonly: אתן/הן תְּשַׁעֲמֵמְנָה

** less commonly: (אתן) שַׁעֲמֵמְנָה

שׁוּעֲמַם (שֻׁעֲמַם) be bored

בניין: פּוּעַל גזרה: מרובעים + ע׳ גרונית

	Present הווה		Past עבר	Future עתיד
יחיד	מְשׁוּעֲמָם	אני	שׁוּעֲמַמְתִּי	אֲשׁוּעֲמַם
יחידה	מְשׁוּעֲמֶמֶת	אתה	שׁוּעֲמַמְתָּ	תְּשׁוּעֲמַם
רבים	מְשׁוּעֲמָמִים	את	שׁוּעֲמַמְתְּ	תְּשׁוּעַמְמִי
רבות	מְשׁוּעֲמָמוֹת	הוא	שׁוּעֲמַם	יְשׁוּעֲמַם
		היא	שׁוּעַמְמָה	תְּשׁוּעֲמַם
		אנחנו	שׁוּעֲמַמְנוּ	נְשׁוּעֲמַם
		אתם/ן	שׁוּעֲמַמְתֶּם/ן	תְּשׁוּעַמְמוּ*
		הם/ן	שׁוּעַמְמוּ	יְשׁוּעַמְמוּ*

בינוני .Pres. Part מְשׁוּעֲמָם bored

[מקור מוחלט .Inf. Abs שׁוּעֲמוֹם]

* less commonly: אתן/הן תְּשׁוּעֲמַמְנָה

הִשְׁתַּעֲמֵם/הִשְׁתַּעֲמַמְ be/get bored

בניין: הִתְפַּעֵל גזרה: מרובעים + פ׳ שורקת + ע׳ גרונית

	Present הווה		Past עבר	Future עתיד	Imperative ציווי
יחיד	מִשְׁתַּעֲמֵם	אני	הִשְׁתַּעֲמַמְתִּי	אֶשְׁתַּעֲמֵם	
יחידה	מִשְׁתַּעֲמֶמֶת	אתה	הִשְׁתַּעֲמַמְתָּ	תִּשְׁתַּעֲמֵם	הִשְׁתַּעֲמֵם
רבים	מִשְׁתַּעַמְמִים	את	הִשְׁתַּעֲמַמְתְּ	תִּשְׁתַּעַמְמִי	הִשְׁתַּעַמְמִי >

		Present הווה		Past עבר	Future עתיד	Imperative ציווי
רבות	מִשְׁתַּעֲמְמוֹת		הוא	הִשְׁתַּעֲמֵם	יִשְׁתַּעֲמֵם	
			היא	הִשְׁתַּעַמְמָה	תִּשְׁתַּעֲמֵם	
			אנחנו	הִשְׁתַּעֲמַמְנוּ	נִשְׁתַּעֲמֵם	
			אתם/ן	הִשְׁתַּעֲמַמְתֶּם/ן	תִּשְׁתַּעַמְמוּ*	הִשְׁתַּעַמְמוּ**
			הם/ן	הִשְׁתַּעַמְמוּ	יִשְׁתַּעַמְמוּ*	

* less commonly: אתן/הן תִּשְׁתַּעֲמֵמְנָה

** less commonly: (אתן) הִשְׁתַּעֲמֵמְנָה

שם הפועל .Infin לְהִשְׁתַּעֲמֵם

שם הפעולה Gerund הִשְׁתַּעַמְמוּת being/getting bored

מקור מוחלט .Inf. Abs הִשְׁתַּעֲמֵם

◆ **דוגמאות** Illustrations

חנה אומרת שהאופרה הייתה **מְשַׁעֲמֶמֶת**. המוסיקה **שִׁעֲמְמָה** אותה, ואפילו הזמרים נראו **מִשְׁתַּעַמְמִים**. אז היא עזבה באמצע: יותר נוח **לְהִשְׁתַּעֲמֵם** בבית...

Hannah says that the opera was **boring**. The music **bored** her, and even the singers looked **bored**. So she left in the middle: it is more comfortable **to get bored** at home...

● שעשע

הִשְׁתַּעֲשֵׁעַ/הִשְׁתַּעֲשֵׁעַ play (with), amuse oneself (with)

בניין: הִתְפַּעֵל גזרה: מרובעים + פ׳ שורקת + ע׳ גרונית

	Present הווה		Past עבר	Future עתיד	Imperative ציווי
יחיד	מִשְׁתַּעֲשֵׁעַ	אני	הִשְׁתַּעֲשַׁעְתִּי	אֶשְׁתַּעֲשֵׁעַ/...שַׁע	
יחידה	מִשְׁתַּעֲשַׁעַת	אתה	הִשְׁתַּעֲשַׁעְתָּ	תִּשְׁתַּעֲשֵׁעַ/...שַׁע	הִשְׁתַּעֲשֵׁעַ/...שַׁע
רבים	מִשְׁתַּעַשְׁעִים	את	הִשְׁתַּעֲשַׁעְתְּ/.עַת	תִּשְׁתַּעַשְׁעִי	הִשְׁתַּעַשְׁעִי
רבות	מִשְׁתַּעַשְׁעוֹת	הוא	הִשְׁתַּעֲשֵׁעַ*	יִשְׁתַּעֲשֵׁעַ/...שַׁע	
		היא	הִשְׁתַּעַשְׁעָה	תִּשְׁתַּעֲשֵׁעַ/...שַׁע	
		אנחנו	הִשְׁתַּעֲשַׁעְנוּ	נִשְׁתַּעֲשֵׁעַ/...שַׁע	
		אתם/ן	הִשְׁתַּעֲשַׁעְתֶּם/ן	תִּשְׁתַּעַשְׁעוּ**	הִשְׁתַּעַשְׁעוּ***
		הם/ן	הִשְׁתַּעַשְׁעוּ	יִשְׁתַּעַשְׁעוּ**	

* Colloquial: הִשְׁתַּעֲשַׁע

** less commonly: אתן/הן תִּשְׁתַּעֲשַׁעְנָה

*** less commonly: (אתן) הִשְׁתַּעֲשַׁעְנָה

שם הפועל .Infin לְהִשְׁתַּעֲשֵׁעַ

שם הפעולה Gerund הִשְׁתַּעַשְׁעוּת playing, amusing oneself

מקור מוחלט .Inf. Abs הִשְׁתַּעֲשֵׁעַ

מ״י מוצרכת .Gov. Prep הִשְׁתַּעֲשֵׁעַ ב- play with

שִׁעֲשֵׁעַ/שִׁעֲשַׁע amuse, entertain

בניין: פִּיעֵל גזרה: מרובעים + ל׳ גרונית

	Present הווה		Past עבר	Future עתיד	Imperative ציווי
יחיד	מְשַׁעֲשֵׁעַ	אני	שִׁעֲשַׁעְתִּי	אֲשַׁעֲשֵׁעַ/...שַׁע	
יחידה	מְשַׁעֲשַׁעַת	אתה	שִׁעֲשַׁעְתָּ	תְּשַׁעֲשֵׁעַ/...שַׁע	שַׁעֲשֵׁעַ/...שַׁע
רבים	מְשַׁעַשְׁעִים	את	שִׁעֲשַׁעְתְּ/...עַת	תְּשַׁעַשְׁעִי	שַׁעַשְׁעִי
רבות	מְשַׁעַשְׁעוֹת	הוא	שִׁעֲשַׁע*	יְשַׁעֲשֵׁעַ/...שַׁע	
		היא	שִׁעַשְׁעָה	תְּשַׁעֲשֵׁעַ/...שַׁע	
		אנחנו	שִׁעֲשַׁעְנוּ	נְשַׁעֲשֵׁעַ/...שַׁע	
		אתם/ן	שִׁעֲשַׁעְתֶּם/ן	תְּשַׁעַשְׁעוּ**	שַׁעַשְׁעוּ***
		הם/ן	שִׁעַשְׁעוּ	יְשַׁעַשְׁעוּ**	

* Colloquial: שִׁעֲשֵׁעַ

** less commonly: אתן/הן תְּשַׁעֲשַׁעְנָה

*** less commonly: (אתן) שַׁעֲשַׁעְנָה

שם הפועל .Infin לְשַׁעֲשֵׁעַ

בינוני .Pres. Part מְשַׁעֲשֵׁעַ amusing

שם הפעולה Gerund שַׁעֲשׁוּעַ plaything; amusement

מקור מוחלט .Inf. Abs שַׁעֲשֵׁעַ

שׁוּעֲשַׁע (שֻׁעֲשַׁע) be amused/entertained

בניין: פּוּעַל גזרה: מרובעים + ל׳ גרונית

	Present הווה		Past עבר	Future עתיד
יחיד	מְשׁוּעֲשָׁע	אני	שׁוּעֲשַׁעְתִּי	אֲשׁוּעֲשַׁע
יחידה	מְשׁוּעֲשַׁעַת	אתה	שׁוּעֲשַׁעְתָּ	תְּשׁוּעֲשַׁע
רבים	מְשׁוּעֲשָׁעִים	את	שׁוּעֲשַׁעְתְּ/...עַת	תְּשׁוּעַשְׁעִי
רבות	מְשׁוּעֲשָׁעוֹת	הוא	שׁוּעֲשַׁע	יְשׁוּעֲשַׁע
		היא	שׁוּעַשְׁעָה	תְּשׁוּעֲשַׁע
		אנחנו	שׁוּעֲשַׁעְנוּ	נְשׁוּעֲשַׁע
		אתם/ן	שׁוּעֲשַׁעְתֶּם/ן	תְּשׁוּעַשְׁעוּ*
		הם/ן	שׁוּעַשְׁעוּ	יְשׁוּעַשְׁעוּ*

* less commonly: אתן/הן תְּשׁוּעֲשַׁעְנָה

בינוני .Pres. Part מְשׁוּעֲשָׁע amused, entertained

[מקור מוחלט .Inf. Abs שׁוּעֲשׁוֹעַ]

◆ דוגמאות Illustrations

יעקב אוהב **לְהִשְׁתַּעֲשֵׁעַ** במחשב. הבעייה היא שהוא שוכח שתפקידו העיקרי של המחשב הוא לא **לְשַׁעֲשֵׁעַ** אלא לסייע בעבודה, ושלא מעניין את הבוס אם יעקב **מְשׁוּעֲשָׁע** בעבודתו. עבודה לחוד **ושַׁעֲשׁוּעַ** לחוד.

Yaakov loves **to play** with the computer. The problem is that he is forgetting that the computer's main job is not **to amuse** but to help with work, and that the boss does not care whether Yaakov **is entertained** at his work. Work and **amusement** should be separate from each other.

● שפט

שָׁפַט/שׁוֹפֵט/יִשְׁפּוֹט (יִשְׁפֹּט) judge, bring to judgment, try; decide, pass judgment; rule, govern

בניין: פָּעַל גזרה: שלמים (אֶפְעוֹל)

	Present הווה		Past עבר	Future עתיד	Imper. ציווי
יחיד	שׁוֹפֵט שָׁפוּט	אני	שָׁפַטְתִּי	אֶשְׁפּוֹט	
יחידה	שׁוֹפֶטֶת שְׁפוּטָה	אתה	שָׁפַטְתָּ	תִּשְׁפּוֹט	שְׁפוֹט
רבים	שׁוֹפְטִים שְׁפוּטִים	את	שָׁפַטְתְּ	תִּשְׁפְּטִי	שִׁפְטִי
רבות	שׁוֹפְטוֹת שְׁפוּטוֹת	הוא	שָׁפַט	יִשְׁפּוֹט	
		היא	שָׁפְטָה	תִּשְׁפּוֹט	
		אנחנו	שָׁפַטְנוּ	נִשְׁפּוֹט	
		אתם/ן	שְׁפַטְתֶּם/ן*	תִּשְׁפְּטוּ**	שִׁפְטוּ***
		הם/ן	שָׁפְטוּ	יִשְׁפְּטוּ**	

שם הפועל .Infin לִשְׁפּוֹט

* Colloquial: שָׁפַטְתֶּם/ן

בינוני פעיל .Act. Part שׁוֹפֵט judge (N)

** less commonly: אתן/הן תִּשְׁפּוֹטְנָה

בינ׳ סביל .Pass. Part שָׁפוּט convicted person

*** less commonly: (אתן) שְׁפוֹטְנָה

שם הפעולה Gerund שְׁפִיטָה judging, passing judgment

מקור מוחלט .Inf. Abs שָׁפוֹט

נִשְׁפַּט/יִישָּׁפֵט (יִשָּׁפֵט) be tried, be brought to trial, be judged; litigate

בניין: נִפְעַל גזרה: שלמים

	Present הווה		Past עבר	Future עתיד	Imperative ציווי
יחיד	נִשְׁפָּט	אני	נִשְׁפַּטְתִּי	אֶשָּׁפֵט	
יחידה	נִשְׁפֶּטֶת	אתה	נִשְׁפַּטְתָּ	תִּישָּׁפֵט	הִישָּׁפֵט
רבים	נִשְׁפָּטִים	את	נִשְׁפַּטְתְּ	תִּישָּׁפְטִי	הִישָּׁפְטִי
רבות	נִשְׁפָּטוֹת	הוא	נִשְׁפַּט	יִישָּׁפֵט	
		היא	נִשְׁפְּטָה	תִּישָּׁפֵט	
		אנחנו	נִשְׁפַּטְנוּ	נִישָּׁפֵט	
		אתם/ן	נִשְׁפַּטְתֶּם/ן	תִּישָּׁפְטוּ*	הִישָּׁפְטוּ**
		הם/ן	נִשְׁפְּטוּ	יִישָּׁפְטוּ*	

* less commonly: אתן/הן תִּישָּׁפַטְנָה/...פֵטְנָה

שם הפועל .Infin לְהִישָּׁפֵט

** less commonly: (אתן) הִישָּׁפַטְנָה/...פֵטְנָה

מקור מוחלט .Inf. Abs נִשְׁפּוֹט, הִישָּׁפֵט (הִישָּׁפוֹט)

מ״י מוצרכת .Gov. Prep נִשְׁפַּט עם enter into litigation with (lit.)

◆ **פעלים שאינם שכיחים מאותו שורש** Infrequent verbs sharing the same root

הוּשְׁפַּט (הֻשְׁפַּט) be judged (Med H) (מוּשְׁפָּט, יוּשְׁפַּט)

◆ דוגמאות Illustrations

משולם העדיף לְהִישָּׁפֵט על ידי חבר מושבעים. הרגשתו היתה שאם **יִשְׁפְּטוּ** אותו אנשים כמוהו, סיכוייו לצאת זכאי גדולים יותר.

Meshulam preferred to be **judged** by a jury. His feeling was that if people like himself **judge** him, he would stand a better chance of being acquitted.

אל **תִּשְׁפּוֹט** את האופרה הזאת על פי מה שראית הערב. הזמרת הראשית חולה, ומחליפתה מאכזבת.

Don't **judge** this opera by what you saw tonight. The star singer is sick, and her substitute is disappointing.

● שפך

שָׁפַךְ/שׁוֹפֵךְ/יִשְׁפּוֹךְ (יִשְׁפֹּךְ) spill, pour (out), shed (blood)

בניין: פָּעַל גזרה: שלמים (אֶפְעוֹל)

	הווה Present			עבר Past	עתיד Future	ציווי Imper.
יחיד	שׁוֹפֵךְ	שָׁפוּךְ	אני	שָׁפַכְתִּי	אֶשְׁפּוֹךְ	
יחידה	שׁוֹפֶכֶת	שְׁפוּכָה	אתה	שָׁפַכְתָּ	תִּשְׁפּוֹךְ	שְׁפוֹךְ
רבים	שׁוֹפְכִים	שְׁפוּכִים	את	שָׁפַכְתְּ	תִּשְׁפְּכִי	שִׁפְכִי
רבות	שׁוֹפְכוֹת	שְׁפוּכוֹת	הוא	שָׁפַךְ	יִשְׁפּוֹךְ	
			היא	שָׁפְכָה	תִּשְׁפּוֹךְ	
			אנחנו	שָׁפַכְנוּ	נִשְׁפּוֹךְ	
			אתם/ן	שְׁפַכְתֶּם/ן*	תִּשְׁפְּכוּ**	שִׁפְכוּ***
			הם/ן	שָׁפְכוּ	יִשְׁפְּכוּ**	

שם הפועל .Infin לִשְׁפּוֹךְ

שם הפעולה .Ger שְׁפִיכָה spilling, pouring

בינוני סביל .Pass. Part שָׁפוּךְ spilt

מקור מוחלט .Inf. Abs שָׁפוֹךְ

* Colloquial: שָׁפַכְתֶּם/ן

** less commonly: אתן/הן תִּשְׁפּוֹכְנָה

*** less commonly: (אתן) שְׁפוֹכְנָה

נִשְׁפַּךְ/יִישָּׁפֵךְ (יִשָּׁפֵךְ) be spilled, be poured out

בניין: נִפְעַל גזרה: שלמים

	הווה Present		עבר Past	עתיד Future	ציווי Imperative
יחיד	נִשְׁפָּךְ	אני	נִשְׁפַּכְתִּי	אֶשָּׁפֵךְ	
יחידה	נִשְׁפֶּכֶת	אתה	נִשְׁפַּכְתָּ	תִּישָּׁפֵךְ	הִישָּׁפֵךְ
רבים	נִשְׁפָּכִים	את	נִשְׁפַּכְתְּ	תִּישָּׁפְכִי	הִישָּׁפְכִי
רבות	נִשְׁפָּכוֹת	הוא	נִשְׁפַּךְ	יִישָּׁפֵךְ	
		היא	נִשְׁפְּכָה	תִּישָּׁפֵךְ	
		אנחנו	נִשְׁפַּכְנוּ	נִישָּׁפֵךְ	
		אתם/ן	נִשְׁפַּכְתֶּם/ן	תִּישָּׁפְכוּ*	הִישָּׁפְכוּ** <<

Imperative ציווי	Future עתיד	Past עבר		Present הווה
	יִישָּׁפְכוּ*	נִשְׁפְּכוּ	הם/ן	

* less commonly: אתן/הן תִּישָּׁפַכְנָה/...פֵכְנָה

** less commonly: (אתן) הִישָּׁפַכְנָה/...פֵכְנָה

שם הפועל .Infin לְהִישָּׁפֵךְ

מקור מוחלט .Inf. Abs נִשְׁפּוֹךְ, הִישָּׁפֵךְ (הִישָּׁפוֹךְ)

הִשְׁתַּפֵּךְ/הִשְׁתַּפַּךְ be poured out; pour itself out; overflow; express one's feelings

בניין: הִתְפַּעֵל גזרה: שלמים + פ' שורקת

Imperative ציווי	Future עתיד	Past עבר		Present הווה	
	אֶשְׁתַּפֵּךְ	הִשְׁתַּפַּכְתִּי	אני	מִשְׁתַּפֵּךְ	יחיד
הִשְׁתַּפֵּךְ	תִּשְׁתַּפֵּךְ	הִשְׁתַּפַּכְתָּ	אתה	מִשְׁתַּפֶּכֶת	יחידה
הִשְׁתַּפְּכִי	תִּשְׁתַּפְּכִי	הִשְׁתַּפַּכְתְּ	את	מִשְׁתַּפְּכִים	רבים
	יִשְׁתַּפֵּךְ	הִשְׁתַּפֵּךְ	הוא	מִשְׁתַּפְּכוֹת	רבות
	תִּשְׁתַּפֵּךְ	הִשְׁתַּפְּכָה	היא		
	נִשְׁתַּפֵּךְ	הִשְׁתַּפַּכְנוּ	אנחנו		
הִשְׁתַּפְּכוּ**	תִּשְׁתַּפְּכוּ*	הִשְׁתַּפַּכְתֶּם/ן	אתם/ן		
	יִשְׁתַּפְּכוּ*	הִשְׁתַּפְּכוּ	הם/ן		

* less commonly: אתן/הן תִּשְׁתַּפֵּכְנָה

** less commonly: (אתן) הִשְׁתַּפֵּכְנָה

שם הפועל .Infin לְהִשְׁתַּפֵּךְ

שם הפעולה Gerund הִשְׁתַּפְּכוּת outpouring, overflowing

מקור מוחלט .Inf. Abs הִשְׁתַּפֵּךְ

◆ פעלים שאינם שכיחים מאותו שורש Infrequent verbs sharing the same root

שִׁיפֵּךְ (שִׁפֵּךְ) pour, spill (Med H) (מְשַׁפֵּךְ, יְשַׁפֵּךְ, לְשַׁפֵּךְ)

שׁוּפַּךְ (שֻׁפַּךְ) be poured; be scattered; be heaped (lit.) (מְשׁוּפָּךְ, יְשׁוּפַּךְ)

הִשְׁפִּיךְ pour, spill (Med H) (מַשְׁפִּיךְ, יַשְׁפִּיךְ, לְהַשְׁפִּיךְ)

הוּשְׁפַּךְ (הֻשְׁפַּךְ) be poured (Med H); downpour (lit.) (מוּשְׁפָּךְ, יוּשְׁפַּךְ)

◆ דוגמאות Illustrations

כ**שָׁפַכְתִּי** את החלב המקולקל לכיור, **נִשְׁפַּךְ** גם קצת חלב על הרצפה.

When I **poured** the spoiled milk into the sink, some of it also **got spilled** on the floor.

אני לא אוהב מוסיקה ש**מִשְׁתַּפֶּכֶת** כל כך. אתה מוכן לשים במקומה תקליטור של באך?

I do not like music that **outpours (with emotions)** like that. Would you mind replacing it with a Bach CD?

◆ ביטויים מיוחדים Special expressions

שָׁפַךְ את דמו shed his blood; humiliate him publicly

שָׁפַךְ את זעמו/חמתו על, שָׁפַךְ אש וגפרית על pour his anger on

שָׁפַךְ את ליבו/נפשו לפני pour one's heart out to

שָׁפַךְ דמעות shed tears

שָׁפַךְ קיתון של חרפות על abuse, revile

שָׁפַךְ עליו בוז shame, mock, denigrade him

שָׁפַךְ את מררתו do one's utmost

הִשְׁתַּפֵּךְ בשיר express oneself in song

הִשְׁתַּפְּכוּת הנפש outpouring of emotions

●שפע

הִשְׁפִּיעַ/הִשְׁפַּע/יַשְׁפִּיעַ influence, affect; give in abundance

בניין: הִפְעִיל גזרה: ל׳ גרונית

	Present הווה		Past עבר	Future עתיד	Imperative ציווי
יחיד	מַשְׁפִּיעַ	אני	הִשְׁפַּעְתִּי	אַשְׁפִּיעַ	
יחידה	מַשְׁפִּיעָה	אתה	הִשְׁפַּעְתָּ	תַּשְׁפִּיעַ	הַשְׁפַּע
רבים	מַשְׁפִּיעִים	את	הִשְׁפַּעְתְּ/...עַת	תַּשְׁפִּיעִי	הַשְׁפִּיעִי
רבות	מַשְׁפִּיעוֹת	הוא	הִשְׁפִּיעַ	יַשְׁפִּיעַ	
		היא	הִשְׁפִּיעָה	תַּשְׁפִּיעַ	
		אנחנו	הִשְׁפַּעְנוּ	נַשְׁפִּיעַ	
		אתם/ן	הִשְׁפַּעְתֶּם/ן	תַּשְׁפִּיעוּ*	הַשְׁפִּיעוּ**
		הם/ן	הִשְׁפִּיעוּ	יַשְׁפִּיעוּ*	

שם הפועל .Infin לְהַשְׁפִּיעַ

שם הפעולה .Ger הַשְׁפָּעָה influence (N)

בינוני פעיל .Act. Part מַשְׁפִּיעַ influential

מקור מוחלט .Inf. Abs הַשְׁפֵּעַ

* less commonly: אתן/הן תַּשְׁפֵּעְנָה

** less commonly: (אתן) הַשְׁפֵּעְנָה

הוּשְׁפַּע (הָשְׁפַּע) be affected; be given in abundance

בניין: הוּפְעַל גזרה: ל׳ גרונית

	Present הווה		Past עבר	Future עתיד
יחיד	מוּשְׁפָּע	אני	הוּשְׁפַּעְתִּי	אוּשְׁפַּע
יחידה	מוּשְׁפַּעַת	אתה	הוּשְׁפַּעְתָּ	תּוּשְׁפַּע
רבים	מוּשְׁפָּעִים	את	הוּשְׁפַּעְתְּ/...עַת	תּוּשְׁפְּעִי
רבות	מוּשְׁפָּעוֹת	הוא	הוּשְׁפַּע	יוּשְׁפַּע
		היא	הוּשְׁפְּעָה	תּוּשְׁפַּע
		אנחנו	הוּשְׁפַּעְנוּ	נוּשְׁפַּע
		אתם/ן	הוּשְׁפַּעְתֶּם/ן	תּוּשְׁפְּעוּ*

>>>

		Past עבר	Future עתיד
	הם/ן	הוּשְׁפְּעוּ	יוּשְׁפְּעוּ*

[מקור מוחלט Inf. Abs. הוּשְׁפֵּעַ]

* less commonly: אתן/הן תּוּשְׁפַּעְנָה

שָׁפַע/שׁוֹפֵעַ/יִשְׁפַּע abound; flow in profusion

בניין: פָּעַל גזרה: ל׳ גרונית (אֶפְעַל)

	Present הווה			Past עבר	Future עתיד	Imper. ציווי
יחיד	שׁוֹפֵעַ	שָׁפוּעַ	אני	שָׁפַעְתִּי	אֶשְׁפַּע	
יחידה	שׁוֹפַעַת	שְׁפוּעָה	אתה	שָׁפַעְתָּ	תִּשְׁפַּע	שְׁפַע
רבים	שׁוֹפְעִים	שְׁפוּעִים	את	שָׁפַעְתְּ/...עַת	תִּשְׁפְּעִי	שִׁפְעִי
רבות	שׁוֹפְעוֹת	שְׁפוּעוֹת	הוא	שָׁפַע	יִשְׁפַּע	
			היא	שָׁפְעָה	תִּשְׁפַּע	
			אנחנו	שָׁפַעְנוּ	נִשְׁפַּע	
			אתם/ן	שְׁפַעְתֶּם/ן*	תִּשְׁפְּעוּ**	שִׁפְעוּ***
			הם/ן	שָׁפְעוּ	יִשְׁפְּעוּ**	

* Colloquial: שָׁפַעְתֶּם/ן

** less commonly: אתן/הן תִּשְׁפַּעְנָה

*** less commonly: (אתן) שְׁפַעְנָה

שם הפועל Infin. לִשְׁפּוֹעַ

בינ׳ פעיל Act. Part. שׁוֹפֵעַ abundant, flowing

בינוני סביל Pass. Part. שָׁפוּעַ abundant (Med H)

מקור מוחלט Inf. Abs. שָׁפוֹעַ

◆ פעלים שאינם שכיחים מאותו שורש Infrequent verbs sharing the same root

נִשְׁפַּע flow (from), derive (from) (Med H) (נִשְׁפָּע, יִישָּׁפַע, לְהִישָּׁפֵעַ)

שִׁיפַּע (שִׁפַּע) affect, give generously (Med H) (מְשַׁפֵּעַ, יְשַׁפַּע, לְשַׁפֵּעַ)

שׁוּפַּע (שֻׁפַּע) have in abundance (Med H) (מְשׁוּפָּע, יְשׁוּפַּע)

בינוני סביל Pass. Part. מְשׁוּפָּע having in abundance

נִשְׁתַּפַּע increase, be abundant (מִשְׁתַּפֵּעַ, יִשְׁתַּפַּע, לְהִשְׁתַּפֵּעַ)

◆ דוגמאות Illustrations

השופט הורה לבודד את המושבעים, כדי ששידורי התקשורת לא **יַשְׁפִּיעוּ** על שיקוליהם. אבל קשה לא להיות **מוּשְׁפָּע** כשכל העולם דן במשפט.

The judge instructed to sequester the jury, so that the media broadcasts won't **affect** their considerations. But it is hard not to be **influenced** when the whole world discusses the trial.

חיים מצא חן בעיניה: בחור נאה, **שׁוֹפֵעַ** הומור, ו**מְשׁוּפָּע** בכסף. מה עוד צריך?

She liked Hayyim: a good-looking man, **flowing** with humor, and **having** money **in abundance**. What else would one need?

ניסיתי מספר פעמים לדבר איתו, אבל לבסוף התייאשתי; ראיתי שאין לטיעוניי כל **הַשְׁפָּעָה** עליו.

I tried to talk to him a number of times, but finally gave up; I realized that my arguments have no **influence** on him.

● שפר

שִׁיפֵּר/שִׁיפַּר/שִׁפֵּר (שִׁפֵּר) improve; embellish, beautify

בניין: פִּיעֵל גזרה: שלמים

	הווה Present		עבר Past	עתיד Future	ציווי Imperative
יחיד	מְשַׁפֵּר	אני	שִׁיפַּרְתִּי	אֲשַׁפֵּר	
יחידה	מְשַׁפֶּרֶת	אתה	שִׁיפַּרְתָּ	תְּשַׁפֵּר	שַׁפֵּר
רבים	מְשַׁפְּרִים	את	שִׁיפַּרְתְּ	תְּשַׁפְּרִי	שַׁפְּרִי
רבות	מְשַׁפְּרוֹת	הוא	שִׁיפֵּר	יְשַׁפֵּר	
		היא	שִׁיפְּרָה	תְּשַׁפֵּר	
		אנחנו	שִׁיפַּרְנוּ	נְשַׁפֵּר	
		אתם/ן	שִׁיפַּרְתֶּם/ן	תְּשַׁפְּרוּ	שַׁפְּרוּ**
		הם/ן	שִׁיפְּרוּ	יְשַׁפְּרוּ*	

שם הפועל Infin. לְשַׁפֵּר — * less commonly: אתן/הן תְּשַׁפֵּרְנָה

שם הפעולה Ger. שִׁיפּוּר improvement — ** less commonly: (אתן) שַׁפֵּרְנָה

מקור מוחלט Inf. Abs. שַׁפֵּר

שׁוּפַּר (שֻׁפַּר) be improved; be embellished/beautified

בניין: פּוּעַל גזרה: שלמים

	הווה Present		עבר Past	עתיד Future
יחיד	מְשׁוּפָּר	אני	שׁוּפַּרְתִּי	אֲשׁוּפַּר
יחידה	מְשׁוּפֶּרֶת	אתה	שׁוּפַּרְתָּ	תְּשׁוּפַּר
רבים	מְשׁוּפָּרִים	את	שׁוּפַּרְתְּ	תְּשׁוּפְּרִי
רבות	מְשׁוּפָּרוֹת	הוא	שׁוּפַּר	יְשׁוּפַּר
		היא	שׁוּפְּרָה	תְּשׁוּפַּר
		אנחנו	שׁוּפַּרְנוּ	נְשׁוּפַּר
		אתם/ן	שׁוּפַּרְתֶּם/ן	תְּשׁוּפְּרוּ*
		הם/ן	שׁוּפְּרוּ	יְשׁוּפְּרוּ*

בינוני Pres. Part. מְשׁוּפָּר improved — * less commonly: אתן/הן תְּשׁוּפַּרְנָה

[מקור מוחלט Inf. Abs. שׁוּפּוֹר]

הִשְׁתַּפֵּר/הִשְׁתַּפַּר improve (intr.)

בניין: הִתְפַּעֵל גזרה: שלמים + פ' שורקת

	הווה Present		עבר Past	עתיד Future	ציווי Imperative
יחיד	מִשְׁתַּפֵּר	אני	הִשְׁתַּפַּרְתִּי	אֶשְׁתַּפֵּר	
יחידה	מִשְׁתַּפֶּרֶת	אתה	הִשְׁתַּפַּרְתָּ	תִּשְׁתַּפֵּר	הִשְׁתַּפֵּר
רבים	מִשְׁתַּפְּרִים	את	הִשְׁתַּפַּרְתְּ	תִּשְׁתַּפְּרִי	הִשְׁתַּפְּרִי >>>

	Present הווה		Past עבר	Future עתיד	Imperative ציווי
רבות	מִשְׁתַּפְּרוֹת	הוא	הִשְׁתַּפֵּר	יִשְׁתַּפֵּר	
		היא	הִשְׁתַּפְּרָה	תִּשְׁתַּפֵּר	
		אנחנו	הִשְׁתַּפַּרְנוּ	נִשְׁתַּפֵּר	
		אתם/ן	הִשְׁתַּפַּרְתֶּם/ן	תִּשְׁתַּפְּרוּ*	הִשְׁתַּפְּרוּ**
		הם/ן	הִשְׁתַּפְּרוּ	יִשְׁתַּפְּרוּ*	

* less commonly: אתן/הן תִּשְׁתַּפֵּרְנָה

** less commonly: (אתן) הִשְׁתַּפֵּרְנָה

שם הפועל .Infin לְהִשְׁתַּפֵּר

שם הפעולה Gerund הִשְׁתַּפְּרוּת improving (N), getting better

מקור מוחלט .Inf. Abs הִשְׁתַּפֵּר

◆ פעלים שאינם שכיחים מאותו שורש Infrequent verbs sharing the same root

שָׁפַר be good/nice (שׁוֹפֵר, יִשְׁפַּר, לִשְׁפּוֹר)

נִשְׁפַּר adorn oneself (Mish H) (נִשְׁפָּר, יִישָּׁפֵר, לְהִישָּׁפֵר)

הִשְׁפִּיר engage in the final stage of cloth making; improve (Med H) (מַשְׁפִּיר, יַשְׁפִּיר, לְהַשְׁפִּיר)

הוּשְׁפַּר undergo the final stage of manufacturing (cloth) (Med H); be improved (הָשְׁפַּר) (Med H) (מוּשְׁפָּר, יוּשְׁפַּר)

◆ דוגמאות Illustrations

קובה מעוניינת **לְשַׁפֵּר** את יחסיה עם ארצות הברית. אם **יִשְׁתַּפְּרוּ** היחסים ויוסר האמברגו, **יְשׁוּפַּר** בכך מצבה הכלכלי של קובה באופן משמעותי. אבל נראה שדעת הקהל האמריקאית עדיין מתנגדת **לְשִׁיפּוּר** היחסים.

Cuba would like **to improve** its relations with the United States. If the relations **improve** and the embargo is lifted, Cuba's economic condition **will be improved** significantly. But it seems that the American public opinion still resists the **improvement** of these relations.

◆ ביטויים מיוחדים Special expressions

שָׁפַר גורלו (חלקו) be successful; see one's labor rewarded

מזג האוויר **הִשְׁתַּפֵּר** the weather improved

● שקל

שָׁקַל/שׁוֹקֵל/יִשְׁקוֹל weigh; consider; receive (lit.)

בניין: פָּעַל גזרה: שלמים (אפעול)

	Present הווה		Past עבר	Future עתיד	Imper. ציווי
יחיד	שׁוֹקֵל שָׁקוּל	אני	שָׁקַלְתִּי	אֶשְׁקוֹל	
יחידה	שׁוֹקֶלֶת שְׁקוּלָה	אתה	שָׁקַלְתָּ	תִּשְׁקוֹל	שְׁקוֹל
רבים	שׁוֹקְלִים שְׁקוּלִים	את	שָׁקַלְתְּ	תִּשְׁקְלִי	שִׁקְלִי
רבות	שׁוֹקְלוֹת שְׁקוּלוֹת	הוא	שָׁקַל	יִשְׁקוֹל	
		היא	שָׁקְלָה	תִּשְׁקוֹל	
		אנחנו	שָׁקַלְנוּ	נִשְׁקוֹל	
		אתם/ן	שְׁקַלְתֶּם/ן*	תִּשְׁקְלוּ**	שִׁקְלוּ***
		הם/ן	שָׁקְלוּ	יִשְׁקְלוּ**	

* Colloquial: שָׁקַלְתֶּם/ן

** less commonly: אתן/הן תִּשְׁקוֹלְנָה

*** less commonly: (אתן) שְׁקוֹלְנָה

שם הפועל .Infin לִשְׁקוֹל

בינוני סביל .Pass. Part שָׁקוּל weighed; equal; (well) considered; balanced; undecided

שם הפעולה Gerund שְׁקִילָה weighing; considering

מקור מוחלט .Inf. Abs שָׁקוֹל

נִשְׁקַל/יִישָּׁקֵל (יִשָּׁקֵל) be weighed; be considered/weighed up

בניין: נִפְעַל גזרה: שלמים

	Present הווה		Past עבר	Future עתיד	Imperative ציווי
יחיד	נִשְׁקָל	אני	נִשְׁקַלְתִּי	אֶשָּׁקֵל	
יחידה	נִשְׁקֶלֶת	אתה	נִשְׁקַלְתָּ	תִּישָּׁקֵל	הִישָּׁקֵל
רבים	נִשְׁקָלִים	את	נִשְׁקַלְתְּ	תִּישָּׁקְלִי	הִישָּׁקְלִי
רבות	נִשְׁקָלוֹת	הוא	נִשְׁקַל	יִישָּׁקֵל	
		היא	נִשְׁקְלָה	תִּישָּׁקֵל	
		אנחנו	נִשְׁקַלְנוּ	נִישָּׁקֵל	
		אתם/ן	נִשְׁקַלְתֶּם/ן	תִּישָּׁקְלוּ*	הִישָּׁקְלוּ**
		הם/ן	נִשְׁקְלוּ	יִישָּׁקְלוּ*	

* less commonly: אתן/הן תִּישָּׁקַלְנָה/...קֵלְנָה

** less commonly: (אתן) הִישָּׁקַלְנָה/...קֵלְנָה

שם הפועל .Infin לְהִישָּׁקֵל

מקור מוחלט .Inf. Abs נִשְׁקוֹל, הִישָּׁקֵל (הִישָּׁקוֹל)

◆ פעלים שאינם שכיחים מאותו שורש Infrequent verbs sharing the same root

שִׁיקֵּל (שִׁקֵּל) consider well (Mish H); balance (lit.) (מְשַׁקֵּל, יְשַׁקֵּל, לְשַׁקֵּל)

שׁוּקַּל (שֻׁקַּל) be balanced (Med H) (מְשׁוּקָּל, יְשׁוּקַּל)

הִשְׁתַּקֵּל become balanced (Mish H); weigh oneself (מִשְׁתַּקֵּל, יִשְׁתַּקֵּל, לְהִשְׁתַּקֵּל)

הִשְׁקִיל consider, ponder (Mish H); sell one a Zionist sheqel (מַשְׁקִיל, יַשְׁקִיל, לְהַשְׁקִיל)

◆ דוגמאות Illustrations

אחרי שעמנואל **נִשְׁקַל** על ידי הרופא, נאמר לו שעליו **לִשְׁקוֹל** היטב את מנהגי האכילה שלו.

After he **had been weighed** by the doctor, Emmanuel was told that he should carefully **consider** his eating habits.

על חבר המושבעים **לִשְׁקוֹל** את הראיות ולהגיע לפסק-דין **שָׁקוּל**.

It is upon the jury **to weigh** the evidence and reach a **well considered** verdict.

◆ ביטויים מיוחדים Special expressions

שָׁקַל בדעתו consider, ponder

שָׁקַל למטרפסו get his deserts

שָׁקַל וטרה negotiate, consider, examine

● שקע

הִשְׁקִיעַ/הִשְׁקַע/יַשְׁקִיעַ invest; cause to sink; cause to set (sun)

בניין: הִפְעִיל גזרה: ל׳ גרונית

	Present הווה		Past עבר	Future עתיד	Imperative ציווי
יחיד	מַשְׁקִיעַ	אני	הִשְׁקַעְתִּי	אַשְׁקִיעַ	
יחידה	מַשְׁקִיעָה	אתה	הִשְׁקַעְתָּ	תַּשְׁקִיעַ	הַשְׁקַע
רבים	מַשְׁקִיעִים	את	הִשְׁקַעְתְּ/...עַת	תַּשְׁקִיעִי	הַשְׁקִיעִי
רבות	מַשְׁקִיעוֹת	הוא	הִשְׁקִיעַ	יַשְׁקִיעַ	
		היא	הִשְׁקִיעָה	תַּשְׁקִיעַ	
		אנחנו	הִשְׁקַעְנוּ	נַשְׁקִיעַ	
		אתם/ן	הִשְׁקַעְתֶּם/ן	תַּשְׁקִיעוּ*	הַשְׁקִיעוּ**
		הם/ן	הִשְׁקִיעוּ	יַשְׁקִיעוּ*	

שם הפועל .Infin לְהַשְׁקִיעַ

* less commonly: אתן/הן תַּשְׁקַעְנָה

בינוני .Pres. Part מַשְׁקִיעַ investor

** less commonly: (אתן) הַשְׁקַעְנָה

שם הפעולה Gerund הַשְׁקָעָה investment; sinking

מקור מוחלט .Inf. Abs הַשְׁקֵעַ

הוּשְׁקַע (הָשְׁקַע) be invested/caused to sink

בניין: הוּפְעַל גזרה: ל׳ גרונית

	Present הווה		Past עבר	Future עתיד
יחיד	מוּשְׁקָע	אני	הוּשְׁקַעְתִּי	אוּשְׁקַע
יחידה	מוּשְׁקַעַת	אתה	הוּשְׁקַעְתָּ	תּוּשְׁקַע
רבים	מוּשְׁקָעִים	את	הוּשְׁקַעְתְּ/...עַת	תּוּשְׁקְעִי
רבות	מוּשְׁקָעוֹת	הוא	הוּשְׁקַע	יוּשְׁקַע >>>

	Past עבר	Future עתיד
היא	הוּשְׁקְעָה	תּוּשְׁקַע
אנחנו	הוּשְׁקַעְנוּ	נוּשְׁקַע
אתם/ן	הוּשְׁקַעְתֶּם/ן	תּוּשְׁקְעוּ*
הם/ן	הוּשְׁקְעוּ	יוּשְׁקְעוּ*

[מקור מוחלט .Inf. Abs הוּשְׁקֵעַ]   * less commonly: אתן/הן תּוּשְׁקַעְנָה

שָׁקַע/שׁוֹקֵעַ/יִשְׁקַע sink, settle, set; decline; be immersed (in thought etc.)

בניין: פָּעַל   גזרה: ל׳ גרונית (אֶפְעַל)

	Present הווה		Past עבר	Future עתיד	Imper. ציווי
יחיד	שׁוֹקֵעַ שָׁקוּעַ	אני	שָׁקַעְתִּי	אֶשְׁקַע	
יחידה	שׁוֹקַעַת שְׁקוּעָה	אתה	שָׁקַעְתָּ	תִּשְׁקַע	שְׁקַע
רבים	שׁוֹקְעִים שְׁקוּעִים	את	שָׁקַעְתְּ/...עַת	תִּשְׁקְעִי	שִׁקְעִי
רבות	שׁוֹקְעוֹת שְׁקוּעוֹת	הוא	שָׁקַע	יִשְׁקַע	
		היא	שָׁקְעָה	תִּשְׁקַע	
		אנחנו	שָׁקַעְנוּ	נִשְׁקַע	
		אתם/ן	שְׁקַעְתֶּם/ן*	תִּשְׁקְעוּ**	שִׁקְעוּ***
		הם/ן	שָׁקְעוּ	יִשְׁקְעוּ**	

שם הפועל .Infin לִשְׁקוֹעַ   * Colloquial: שָׁקַעְתֶּם/ן

בינ׳ סביל .Pass. Part שָׁקוּעַ sunk, immersed   ** less commonly: אתן/הן תִּשְׁקַעְנָה

מקור מוחלט .Inf. Abs שָׁקוֹעַ   *** less commonly: (אתן) שְׁקַעְנָה

הִשְׁתַּקֵּעַ/הִשְׁתַּקַּע settle permanently; be immersed/absorbed

בניין: הִתְפַּעֵל   גזרה: פ׳ שורקת + ל׳ גרונית

	Present הווה		Past עבר	Future עתיד	Imperative ציווי
יחיד	מִשְׁתַּקֵּעַ	אני	הִשְׁתַּקַּעְתִּי	אֶשְׁתַּקַּע/...קֵעַ	
יחידה	מִשְׁתַּקַּעַת	אתה	הִשְׁתַּקַּעְתָּ	תִּשְׁתַּקַּע/...קֵעַ	הִשְׁתַּקַּע/...קֵעַ
רבים	מִשְׁתַּקְּעִים	את	הִשְׁתַּקַּעְתְּ/...עַת	תִּשְׁתַּקְּעִי	הִשְׁתַּקְּעִי
רבות	מִשְׁתַּקְּעוֹת	הוא	הִשְׁתַּקַּע*	יִשְׁתַּקַּע/...קֵעַ	
		היא	הִשְׁתַּקְּעָה	תִּשְׁתַּקַּע/...קֵעַ	
		אנחנו	הִשְׁתַּקַּעְנוּ	נִשְׁתַּקַּע/...קֵעַ	
		אתם/ן	הִשְׁתַּקַּעְתֶּם/ן	תִּשְׁתַּקְּעוּ**	הִשְׁתַּקְּעוּ***
		הם/ן	הִשְׁתַּקְּעוּ	יִשְׁתַּקְּעוּ**	

שם הפועל .Infin לְהִשְׁתַּקֵּעַ   * Colloquial: הִשְׁתַּקֵּעַ

שם הפעולה Gerund הִשְׁתַּקְּעוּת settling   ** less commonly: אתן/הן תִּשְׁתַּקַּעְנָה

מקור מוחלט .Inf. Abs הִשְׁתַּקֵּעַ   *** less commonly: (אתן) הִשְׁתַּקַּעְנָה

מ״י מוצרכת .Gov. Prep הִשְׁתַּקֵּעַ ב- settle at

◆ פעלים שאינם שכיחים מאותו שורש Infrequent verbs sharing the same root

נִשְׁקַע be sunk; be forgotten (Med H); drown (Med H) (נִשְׁקַע, יִישָּׁקַע, לְהִישָּׁקַע)

שִׁיקֵּעַ (שִׁקַּע) stick in (Mish H); sink (tr.); put in (מְשַׁקֵּעַ, יְשַׁקַּע, לְשַׁקֵּעַ)

שׁוּקַּע (שֻׁקַּע) stuck in (Mish H); put/found in; sunk in (מְשׁוּקָּע, יְשׁוּקַּע)

◆ דוגמאות Illustrations

מנחם **הִשְׁתַּקַּע** במטולה, ובמשך כחמש שנים **הִשְׁקִיעַ** את כל מאמציו בבניית בית חלומותיו.

Menahem **settled** in Metula, and for about five years **invested** all his efforts in building the house of his dreams.

כל החסכונות שלו **מוּשְׁקָעִים** בבורסה. אם הבורסה **תִּשְׁקַע**, הוא **יִשְׁקַע** יחד איתה.

All his savings **are invested** in the stock exchange. If the stock market **sinks**, he will **sink** with it.

◆ ביטויים מיוחדים Special expressions

השמש **שָׁקְעָה** the sun sank

שָׁקְעָה שמשו his importance diminished

שָׁקַע/הִשְׁתַּקַּע במחשבות immerse oneself in thought

● שקר

שִׁיקֵּר/שִׁיקַּר/שַׁקֵּר (שִׁקֵּר) lie; betray, defraud

בניין: פִּיעֵל גזרה: שלמים

	Present הווה		Past עבר	Future עתיד	Imperative ציווי
יחיד	מְשַׁקֵּר	אני	שִׁיקַּרְתִּי	אֲשַׁקֵּר	
יחידה	מְשַׁקֶּרֶת	אתה	שִׁיקַּרְתָּ	תְּשַׁקֵּר	שַׁקֵּר
רבים	מְשַׁקְּרִים	את	שִׁיקַּרְתְּ	תְּשַׁקְּרִי	שַׁקְּרִי
רבות	מְשַׁקְּרוֹת	הוא	שִׁיקֵּר	יְשַׁקֵּר	
		היא	שִׁיקְּרָה	תְּשַׁקֵּר	
		אנחנו	שִׁיקַּרְנוּ	נְשַׁקֵּר	
		אתם/ן	שִׁיקַּרְתֶּם/ן	תְּשַׁקְּרוּ	שַׁקְּרוּ**
		הם/ן	שִׁיקְּרוּ	יְשַׁקְּרוּ*	

שם הפועל .Infin לְשַׁקֵּר

שם הפעולה .Ger שִׁיקּוּר lying, perjury (lit.)

מקור מוחלט .Inf. Abs שַׁקֵּר

* less commonly: אתן/הן תְּשַׁקֵּרְנָה

** less commonly: (אתן) שַׁקֵּרְנָה

◆ **פעלים שאינם שכיחים מאותו שורש** Infrequent verbs sharing the same root

שָׂקַר (שׂוֹקֵר, יִשְׂקוֹר, לִשְׂקוֹר) lie, cheat (lit.)

שׂוּקַר (שֻׂקַּר) (מְשׂוּקָּר, יְשׂוּקַּר) be false (Med H)

הִשְׂתַּקֵּר (מִשְׂתַּקֵּר, יִשְׂתַּקֵּר, לְהִשְׂתַּקֵּר) be caught lying (Mish H)

◆ **דוגמאות** Illustrations

לעורך הדין הייתה תחושה שהעד **מְשַׂקֵּר**, אבל העד הצליח לעמוד יפה בחקירה.

The lawyer had a feeling that the witness **is lying**, but the witness managed well under questioning.

◆ **ביטויים מיוחדים** Special expressions

הרוצה **לְשַׂקֵּר** ירחיק עדותו those who wish to lie base their evidence on far fetched data that is hard to check

נצח ישראל לא **יְשַׁקֵּר** God will always keep his word

● שׂרף

שָׂרַף/שׂוֹרֵף/יִשְׂרוֹף (יִשְׂרֹף) burn, fire (ceramics etc.); consume

בניין: פָּעַל גזרה: שלמים (אֶפְעוֹל)

Imper. ציווי	Future עתיד	Past עבר		Present הווה	
	אֶשְׂרוֹף	שָׂרַפְתִּי	אני	שׂוֹרֵף שָׂרוּף	יחיד
שְׂרוֹף	תִּשְׂרוֹף	שָׂרַפְתָּ	אתה	שׂוֹרֶפֶת שְׂרוּפָה	יחידה
שִׂרְפִי	תִּשְׂרְפִי	שָׂרַפְתְּ	את	שׂוֹרְפִים שְׂרוּפִים	רבים
	יִשְׂרוֹף	שָׂרַף	הוא	שׂוֹרְפוֹת שְׂרוּפוֹת	רבות
	תִּשְׂרוֹף	שָׂרְפָה	היא		
	נִשְׂרוֹף	שָׂרַפְנוּ	אנחנו		
שִׂרְפוּ***	תִּשְׂרְפוּ**	שְׂרַפְתֶּם/ן*	אתם/ן		
	יִשְׂרְפוּ**	שָׂרְפוּ	הם/ן		

* Colloquial: שָׂרַפְתֶּם/ן

** less commonly: אתן/הן תִּשְׂרוֹפְנָה

*** less commonly: (אתן) שְׂרוֹפְנָה

שם הפועל .Infin לִשְׂרוֹף

שם הפעולה Gerund שְׂרֵיפָה fire; burning

בינוני סביל .Pass. Part שָׂרוּף burnt, consumed; very enthusiastic (coll.); deeply in love (sl.)

מקור מוחלט .Inf. Abs שָׂרוֹף

נִשְׂרַף/יִישָּׂרֵף be burnt, be destroyed by fire (יִשָּׂרֵף)

בניין: נִפְעַל גזרה: שלמים

	Present הווה		Past עבר	Future עתיד	Imperative ציווי
יחיד	נִשְׂרָף	אני	נִשְׂרַפְתִּי	אֶשָּׂרֵף	
יחידה	נִשְׂרֶפֶת	אתה	נִשְׂרַפְתָּ	תִּישָּׂרֵף	הִישָּׂרֵף
רבים	נִשְׂרָפִים	את	נִשְׂרַפְתְּ	תִּישָּׂרְפִי	הִישָּׂרְפִי
רבות	נִשְׂרָפוֹת	הוא	נִשְׂרַף	יִישָּׂרֵף	
		היא	נִשְׂרְפָה	תִּישָּׂרֵף	
		אנחנו	נִשְׂרַפְנוּ	נִישָּׂרֵף	
		אתם/ן	נִשְׂרַפְתֶּם/ן	תִּישָּׂרְפוּ*	הִישָּׂרְפוּ**
		הם/ן	נִשְׂרְפוּ	יִישָּׂרְפוּ*	

שם הפועל .Infin לְהִישָּׂרֵף * less commonly: אתן/הן תִּישָּׂרַפְנָה/...רֵפְנָה

שם הפעולה Gerund הִישָּׂרְפוּת being burnt ** less commonly: (אתן) הִישָּׂרַפְנָה/...רֵפְנָה

מקור מוחלט .Inf. Abs נִשְׂרוֹף, הִישָּׂרֵף (הִישָּׂרוֹף)

◆ פעלים שאינם שכיחים מאותו שורש Infrequent verbs sharing the same root

שֵׂירֵף (שֵׂרֵף) burn repeatedly (Mish H) (מְשָׂרֵף, יְשָׂרֵף, לְשָׂרֵף)

שׂוֹרַף (שֹׂרַף) be burnt (מְשׂוֹרָף, יְשׂוֹרַף)

הִשְׂתָּרֵף get burnt (Med H) (מִשְׂתָּרֵף, יִשְׂתָּרֵף, לְהִשְׂתָּרֵף)

◆ דוגמאות Illustrations

בִּשְׂרֵיפָה הגדולה בביתו של עגנון **נִשְׂרְפוּ** גם כתבי-יד שלא היה להם העתק נוסף.

In the great **fire** in Agnon's house some manscripts **were burnt** of which there was no other copy.

המפקד הורה לפקודיו **לִשְׂרוֹף** את כל המסמכים הסודיים כדי שלא יפלו בידי האויב.

The commander instructed his subordinates **to burn** all secret documents, so that they do not fall into the enemy's hands.

◆ ביטויים מיוחדים Special expressions

שָׂרַף את הגשרים burn the bridges

●שרת

שֵׁירֵת/שֵׁירַתְ/שָׁרֵת (שֵׁרֵת) serve, minister

בניין: פִּיעֵל   גזרה: ע' גרונית + ל"ת

	Present הווה		Past עבר	Future עתיד	Imperative ציווי
יחיד	מְשָׁרֵת	אני	*שֵׁירַתִּי	אֲשָׁרֵת	
יחידה	מְשָׁרֶתֶת	אתה	*שֵׁירַתָּ	תְּשָׁרֵת	שָׁרֵת
רבים	מְשָׁרְתִים	את	*שֵׁירַתְּ	תְּשָׁרְתִי	שָׁרְתִי
רבות	מְשָׁרְתוֹת	הוא	שֵׁירֵת	יְשָׁרֵת	
		היא	שֵׁירְתָה	תְּשָׁרֵת	
		אנחנו	שֵׁירַתְנוּ	נְשָׁרֵת	
		אתם/ן	*שֵׁירַתֶּם/ן	**תְּשָׁרְתוּ	***שָׁרְתוּ
		הם/ן	שֵׁירְתוּ	**יְשָׁרְתוּ	

* Colloquial: שֵׁירַתְתִּי...

** less commonly: אתן/הן תְּשָׁרֵתְנָה

*** less commonly: (אתן) שָׁרֵתְנָה

שם הפועל .Infin לְשָׁרֵת

שם הפעולה .Ger שֵׁירוּת service; public utility; Israeli bus-like taxi service

מקור מוחלט .Inf. Abs שָׁרֵת

◆ דוגמאות Illustrations

משולם לא שֵׁירֵת בצבא. פטרו אותו מ**שֵׁירוּת** צבאי בגלל בריאותו הלקויה.

Meshulam did not **serve** in the army. They exempted him from military **service** because of his bad health.

◆ ביטויים מיוחדים Special expressions

שֵׁירוּת דוב a well intentioned disservice

●שתה

שָׁתָה/שׁוֹתֶה/יִשְׁתֶּה drink

בניין: פָּעַל   גזרה: ל"ה

	Present הווה			Past עבר	Future עתיד	Imper. ציווי
יחיד	שׁוֹתֶה	שָׁתוּי	אני	שָׁתִיתִי	אֶשְׁתֶּה	
יחידה	שׁוֹתָה	שְׁתוּיָה	אתה	שָׁתִיתָ	תִּשְׁתֶּה	שְׁתֵה
רבים	שׁוֹתִים	שְׁתוּיִים	את	שָׁתִית	תִּשְׁתִּי	שְׁתִי
רבות	שׁוֹתוֹת	שְׁתוּיוֹת	הוא	שָׁתָה	יִשְׁתֶּה	
			היא	שָׁתְתָה	תִּשְׁתֶּה	<<<

	Past עבר	Future עתיד	Imper. ציווי
אנחנו	שָׁתִינוּ	נִשְׁתֶּה	
אתם/ן	שְׁתִיתֶם/ן*	תִּשְׁתּוּ**	שְׁתוּ***
הם/ן	שָׁתוּ	יִשְׁתּוּ**	

שם הפועל .Infin לִשְׁתּוֹת

שם הפעולה Gerund שְׁתִיָּה drinking

בינוני סביל .Pass. Part שָׁתוּי drunk

מקור מוחלט .Inf. Abs שָׁתֹה

* Colloquial: שְׁתִיתֶם/ן

** less commonly: אתן/הן תִּשְׁתֶּינָה

*** less commonly: (אתן) שְׁתֶינָה

נִשְׁתָּה/יִישָּׁתֶה (יִשָּׁתֶה) be drunk (liquid)

בניין: נִפְעַל גזרה: ל"ה

	Present הווה		Past עבר	Future עתיד	Imperative ציווי
יחיד	נִשְׁתֶּה	אני	נִשְׁתֵּיתִי	אֶשָּׁתֶה	
יחידה	נִשְׁתֵּית	אתה	נִשְׁתֵּיתָ	תִּישָּׁתֶה	הִישָּׁתֵה
רבים	נִשְׁתִּים	את	נִשְׁתֵּית	תִּישָּׁתִי	הִישָּׁתִי
רבות	נִשְׁתּוֹת	הוא	נִשְׁתָּה	יִישָּׁתֶה	
		היא	נִשְׁתְּתָה	תִּישָּׁתֶה	
		אנחנו	נִשְׁתֵּינוּ*	נִישָּׁתֶה	
		אתם/ן	נִשְׁתֵּיתֶם/ן	תִּישָּׁתוּ**	הִישָּׁתוּ***
		הם/ן	נִשְׁתּוּ	יִישָּׁתוּ**	

שם הפועל .Inf לְהִישָּׁתוֹת

מקור מוחלט .Inf. Abs נִשְׁתֹּה, הִישָּׁתֵה

* BH: נִשְׁתִּינוּ

** less commonly: אתן/הן תִּישָּׁתֶינָה

*** less commonly: (אתן) הִישָּׁתֶינָה

◆ דוגמאות Illustrations

כמויות עצומות של אלכוהול **נִשְׁתּוּ** אתמול במסיבה. ה**שְּׁתִיָּה** החלה בשבע בערב, והאורחים **שָׁתוּ** ללא הפסק עד הבוקר. עמדתי על כך שמי ש**שָּׁתוּי** לא ינהג הביתה בעצמו.

Huge quantities of alcohol **were drunk** at the party yesterday. The **drinking** started at 7 p.m., and the guests **drank** nonstop till morning. I insisted on it that whoever is **drunk** won't drive home by himself.

◆ ביטויים מיוחדים Special expressions

בור שֶׁשָּׁתִיתָ ממנו, אל תזרוק בו אבן do not bite the hand that feeds you ("don't throw stones into the well from which you drink")

שָׁתָה בצמא את דבריו learn from someone; listen attentively to someone

שָׁתָה לחיים make a toast

שְׁתִיָּה כדת considerable drinking (of alcohol. Not derogatory)

דמי **שְׁתִיָּה** tip ("pour boire")

● שתל

שָׁתַל/שׁוֹתֵל/יִשְׁתּוֹל plant

בניין: פָּעַל גזרה: שלמים (אפעול)

	הווה Present		עבר Past	עתיד Future	ציווי .Imper
יחיד	שׁוֹתֵל שָׁתוּל	אני	שָׁתַלְתִּי	אֶשְׁתּוֹל	
יחידה	שׁוֹתֶלֶת שְׁתוּלָה	אתה	שָׁתַלְתָּ	תִּשְׁתּוֹל	שְׁתוֹל
רבים	שׁוֹתְלִים שְׁתוּלִים	את	שָׁתַלְתְּ	תִּשְׁתְּלִי	שִׁתְלִי
רבות	שׁוֹתְלוֹת שְׁתוּלוֹת	הוא	שָׁתַל	יִשְׁתּוֹל	
		היא	שָׁתְלָה	תִּשְׁתּוֹל	
		אנחנו	שָׁתַלְנוּ	נִשְׁתּוֹל	
		אתם/ן	שְׁתַלְתֶּם/ן*	תִּשְׁתְּלוּ**	שִׁתְלוּ***
		הם/ן	שָׁתְלוּ	יִשְׁתְּלוּ**	

* Colloquial: שָׁתַלְתֶּם/ן

** less commonly: אתן/הן תִּשְׁתּוֹלְנָה

*** less commonly: (אתן) שְׁתוֹלְנָה

שם הפועל .Infin לִשְׁתּוֹל

שם הפעולה .Ger שְׁתִילָה planting (N)

בינוני סביל .Pass. Part שָׁתוּל planted (also fig., as in "a planted agent")

מקור מוחלט .Inf. Abs שָׁתוֹל

נִשְׁתַּל/יִישָּׁתֵל (יִשָּׁתֵל) be planted

בניין: נִפְעַל גזרה: שלמים

	הווה Present		עבר Past	עתיד Future	ציווי Imperative
יחיד	נִשְׁתָּל	אני	נִשְׁתַּלְתִּי	אֶשָּׁתֵל	
יחידה	נִשְׁתֶּלֶת	אתה	נִשְׁתַּלְתָּ	תִּישָּׁתֵל	הִישָּׁתֵל
רבים	נִשְׁתָּלִים	את	נִשְׁתַּלְתְּ	תִּישָּׁתְלִי	הִישָּׁתְלִי
רבות	נִשְׁתָּלוֹת	הוא	נִשְׁתַּל	יִישָּׁתֵל	
		היא	נִשְׁתְּלָה	תִּישָּׁתֵל	
		אנחנו	נִשְׁתַּלְנוּ	נִישָּׁתֵל	
		אתם/ן	נִשְׁתַּלְתֶּם/ן	תִּישָּׁתְלוּ*	הִישָּׁתְלוּ**
		הם/ן	נִשְׁתְּלוּ	יִישָּׁתְלוּ*	

* less commonly: אתן/הן תִּישָּׁתַלְנָה/...תֵלְנָה

** less commonly: (אתן) הִישָּׁתַלְנָה/...תֵלְנָה

שם הפועל .Infin לְהִישָּׁתֵל

מקור מוחלט .Inf. Abs נִשְׁתּוֹל, הִישָּׁתֵל (הִישָּׁתוֹל)

הִשְׁתִּיל/הִשְׁתַּלְ/יַשְׁתִּיל transplant

בניין: הִפְעִיל גזרה: שלמים

	הווה Present		עבר Past	עתיד Future	ציווי Imperative
יחיד	מַשְׁתִּיל	אני	הִשְׁתַּלְתִּי	אַשְׁתִּיל	
יחידה	מַשְׁתִּילָה	אתה	הִשְׁתַּלְתָּ	תַּשְׁתִּיל	הַשְׁתֵּל
רבים	מַשְׁתִּילִים	את	הִשְׁתַּלְתְּ	תַּשְׁתִּילִי	הַשְׁתִּילִי >>>

	Present הווה		Past עבר	Future עתיד	Imperative ציווי
רבות	מַשְׁתִּילוֹת	הוא	הִשְׁתִּיל	יַשְׁתִּיל	
		היא	הִשְׁתִּילָה	תַּשְׁתִּיל	
		אנחנו	הִשְׁתַּלְנוּ	נַשְׁתִּיל	
		אתם/ן	הִשְׁתַּלְתֶּם/ן	תַּשְׁתִּילוּ*	הַשְׁתִּילוּ**
		הם/ן	הִשְׁתִּילוּ	יַשְׁתִּילוּ*	

שם הפועל .Infin לְהַשְׁתִּיל   * less commonly: אתן/הן תַּשְׁתֵּלְנָה

בינוני .Pres. Part מַשְׁתִּיל transplant surgeon   ** less commonly: (אתן) הַשְׁתֵּלְנָה

שם הפעולה Gerund הַשְׁתָּלָה transplanting (N); transplant

מקור מוחלט .Inf. Abs הַשְׁתֵּל

הוּשְׁתַּל (הָשְׁתַּל) be transplanted

בניין: הוּפְעַל   גזרה: שלמים

	Present הווה		Past עבר	Future עתיד
יחיד	מוּשְׁתָּל	אני	הוּשְׁתַּלְתִּי	אוּשְׁתַּל
יחידה	מוּשְׁתֶּלֶת	אתה	הוּשְׁתַּלְתָּ	תוּשְׁתַּל
רבים	מוּשְׁתָּלִים	את	הוּשְׁתַּלְתְּ	תוּשְׁתְּלִי
רבות	מוּשְׁתָּלוֹת	הוא	הוּשְׁתַּל	יוּשְׁתַּל
		היא	הוּשְׁתְּלָה	תוּשְׁתַּל
		אנחנו	הוּשְׁתַּלְנוּ	נוּשְׁתַּל
		אתם/ן	הוּשְׁתַּלְתֶּם/ן	תוּשְׁתְּלוּ*
		הם/ן	הוּשְׁתְּלוּ	יוּשְׁתְּלוּ*

* less commonly: אתן/הן תוּשְׁתַּלְנָה

בינוני .Pres. Part מוּשְׁתָּל transplanted (also fig., as in "transplanted spy")

[מקור מוחלט .Inf. Abs הוּשְׁתֵּל]

◆ דוגמאות Illustrations

שָׁתַלְתִּי באביב חמש שושנים. מכל החמש **שֶׁנִּשְׁתְּלוּ**, רק אחת נקלטה.

In the spring I **planted** five roses. Of the five that **were planted**, only one survived.

אריה מחכה כבר שנתיים **לְהַשְׁתָּלַת** כבד. אתמול סוף סוף השיגו כבד מתאים שנתרם, **וְהִשְׁתִּילוּ** אותו מייד. כעת יש לחכות ולקוות שהגוף לא ידחה את הכבד **הַמּוּשְׁתָּל**.

Aryeh has already been waiting for two years for liver **transplant**. Yesterday they finally received the right donated liver, and **transplanted** it immediately. Now one has to wait and hope that the body will not reject the **transplanted** liver.

יש אנשים הרואים בכל מנהיג המנסה להנהיג רפורמה חברתית סוכן קומוניסטי **מוּשְׁתָּל** (**שָׁתוּל**).

Some people see in any leader who tries to introduce social reform a **transplanted** Communist agent.

● שתף

שִׁיתֵּף/שִׁיתַּפְ/שַׁתֵּף (שִׁתֵּף) enable to participate; bring into partnership

בניין: פִּיעֵל גזרה: שלמים

	הווה Present		עבר Past	עתיד Future	ציווי Imperative
יחיד	מְשַׁתֵּף	אני	שִׁיתַּפְתִּי	אֲשַׁתֵּף	
יחידה	מְשַׁתֶּפֶת	אתה	שִׁיתַּפְתָּ	תְּשַׁתֵּף	שַׁתֵּף
רבים	מְשַׁתְּפִים	את	שִׁיתַּפְתְּ	תְּשַׁתְּפִי	שַׁתְּפִי
רבות	מְשַׁתְּפוֹת	הוא	שִׁיתֵּף	יְשַׁתֵּף	
		היא	שִׁיתְּפָה	תְּשַׁתֵּף	
		אנחנו	שִׁיתַּפְנוּ	נְשַׁתֵּף	
		אתם/ן	שִׁיתַּפְתֶּם/ן	תְּשַׁתְּפוּ	שַׁתְּפוּ**
		הם/ן	שִׁיתְּפוּ	יְשַׁתְּפוּ*	

* less commonly: אתן/הן תְּשַׁתֵּפְנָה

** less commonly: (אתן) שַׁתֵּפְנָה

שם הפועל .Infin לְשַׁתֵּף

שם הפעולה Gerund שִׁיתּוּף participation; partnership; communal way of living

מקור מוחלט .Inf. Abs שַׁתֵּף

מ"י מוצרכת .Gov. Prep שִׁיתֵּף את ב- enable (one) to take part in

שׁוּתַּף (שֻׁתַּף) be allowed to participate; be made partner

בניין: פּוּעַל גזרה: שלמים

	הווה Present		עבר Past	עתיד Future
יחיד	מְשׁוּתָּף	אני	שׁוּתַּפְתִּי	אֲשׁוּתַּף
יחידה	מְשׁוּתֶּפֶת	אתה	שׁוּתַּפְתָּ	תְּשׁוּתַּף
רבים	מְשׁוּתָּפִים	את	שׁוּתַּפְתְּ	תְּשׁוּתְּפִי
רבות	מְשׁוּתָּפוֹת	הוא	שׁוּתַּף	יְשׁוּתַּף
		היא	שׁוּתְּפָה	תְּשׁוּתַּף
		אנחנו	שׁוּתַּפְנוּ	נְשׁוּתַּף
		אתם/ן	שׁוּתַּפְתֶּם/ן	תְּשׁוּתְּפוּ*
		הם/ן	שׁוּתְּפוּ	יְשׁוּתְּפוּ*

* less commonly: אתן/הן תְּשׁוּתַּפְנָה

[מקור מוחלט .Inf. Abs שׁוּתּוֹף]

בינוני .Pres. Part מְשׁוּתָּף common, shared, joint

מ"י מוצרכת .Gov. Prep שׁוּתַּף ב- be allowed to take part in

הִשְׁתַּתֵּף/הִשְׁתַּתַּף participate, take part

בניין: הִתְפַּעֵל גזרה: שלמים + פ' שורקת

	Present הווה		Past עבר	Future עתיד	Imperative ציווי
יחיד	מִשְׁתַּתֵּף	אני	הִשְׁתַּתַּפְתִּי	אֶשְׁתַּתֵּף	
יחידה	מִשְׁתַּתֶּפֶת	אתה	הִשְׁתַּתַּפְתָּ	תִּשְׁתַּתֵּף	הִשְׁתַּתֵּף
רבים	מִשְׁתַּתְּפִים	את	הִשְׁתַּתַּפְתְּ	תִּשְׁתַּתְּפִי	הִשְׁתַּתְּפִי
רבות	מִשְׁתַּתְּפוֹת	הוא	הִשְׁתַּתֵּף	יִשְׁתַּתֵּף	
		היא	הִשְׁתַּתְּפָה	תִּשְׁתַּתֵּף	
		אנחנו	הִשְׁתַּתַּפְנוּ	נִשְׁתַּתֵּף	
		אתם/ן	הִשְׁתַּתַּפְתֶּם/ן	תִּשְׁתַּתְּפוּ*	הִשְׁתַּתְּפוּ**
		הם/ן	הִשְׁתַּתְּפוּ	יִשְׁתַּתְּפוּ*	

שם הפועל .Infin לְהִשְׁתַּתֵּף

שם הפעולה .Ger הִשְׁתַּתְּפוּת participation

בינוני .Pres. Part מִשְׁתַּתֵּף participant

מקור מוחלט .Inf. Abs הִשְׁתַּתֵּף

מ"י מוצרכת .Gov. Prep הִשְׁתַּתֵּף ב- take part in

* less commonly: אתן/הן תִּשְׁתַּתֵּפְנָה

** less commonly: (אתן) הִשְׁתַּתֵּפְנָה

◆ דוגמאות Illustrations

בשיחות **הִשְׁתַּתְּפוּ** שרי החוץ של כל המדינות המעורבות. על דעת כל **הַמִּשְׁתַּתְּפִים**, **שׁוּתַּף** בדיונים גם שר החוץ של ארה"ב, אבל לא כולם הסכימו **לְשַׁתֵּף** את שר החוץ הרוסי.

The foreign ministers of all the countries involved **participated** in the talks. By unanimous consent of all **participants**, the U.S. secretary of state **was brought in to participate** in the discussions, but not everybody agreed **to allow** the Russian foreign minister to **participate**.

בהרבה קיבוצים היום כבר אין לינה **מְשׁוּתֶּפֶת** של ילדים, וגם אין **שִׁיתּוּף** מלא ברכוש.

In many kibbutzim today there is no longer **communal** overnight sleeping of children, nor full **communal ownership** of property.

במעונות הטובים יש שירותים **מְשׁוּתָּפִים** לכל שני חדרים.

In the better dorms there are **common** bathrooms for every two rooms.

◆ ביטויים מיוחדים Special expressions

שִׁיתּוּף פעולה cooperation

בְּשִׁיתּוּף פעולה עם in cooperation with

גורם **מְשׁוּתָּף** common factor

מכנה **מְשׁוּתָּף** common denominator

בְּהִשְׁתַּתְּפוּת... with the participation of

● שתק

שָׁתַק/שׁוֹתֵק/יִשְׁתּוֹק keep quiet; be calm

בניין: פָּעַל גזרה: שלמים (אֶפְעוֹל)

	Present הווה		Past עבר	Future עתיד	Imper. ציווי
יחיד	שׁוֹתֵק שָׁתוּק	אני	שָׁתַקְתִּי	אֶשְׁתּוֹק	
יחידה	שׁוֹתֶקֶת שְׁתוּקָה	אתה	שָׁתַקְתָּ	תִּשְׁתּוֹק	שְׁתוֹק
רבים	שׁוֹתְקִים שְׁתוּקִים	את	שָׁתַקְתְּ	תִּשְׁתְּקִי	שִׁתְקִי
רבות	שׁוֹתְקוֹת שְׁתוּקוֹת	הוא	שָׁתַק	יִשְׁתּוֹק	
		היא	שָׁתְקָה	תִּשְׁתּוֹק	
		אנחנו	שָׁתַקְנוּ	נִשְׁתּוֹק	
		אתם/ן	שְׁתַקְתֶּם/ן*	תִּשְׁתְּקוּ**	שִׁתְקוּ***
		הם/ן	שָׁתְקוּ	יִשְׁתְּקוּ**	

שם הפועל .Infin לִשְׁתּוֹק

שם הפעולה Gerund שְׁתִיקָה silence

בינ' סביל .Pass. Part שָׁתוּק silent, mute (lit.)

מקור מוחלט .Inf. Abs שָׁתוֹק

* Colloquial: שָׁתַקְתֶּם/ן

** less commonly: אתן/הן תִּשְׁתּוֹקְנָה

*** less commonly: (אתן) שְׁתוֹקְנָה

שִׁיתֵּק/שִׁיתַּק/שַׁתֵּק (שִׁתֵּק) silence; paralyze

בניין: פִּיעֵל גזרה: שלמים

	Present הווה		Past עבר	Future עתיד	Imperative ציווי
יחיד	מְשַׁתֵּק	אני	שִׁיתַּקְתִּי	אֲשַׁתֵּק	
יחידה	מְשַׁתֶּקֶת	אתה	שִׁיתַּקְתָּ	תְּשַׁתֵּק	שַׁתֵּק
רבים	מְשַׁתְּקִים	את	שִׁיתַּקְתְּ	תְּשַׁתְּקִי	שַׁתְּקִי
רבות	מְשַׁתְּקוֹת	הוא	שִׁיתֵּק	יְשַׁתֵּק	
		היא	שִׁיתְּקָה	תְּשַׁתֵּק	
		אנחנו	שִׁיתַּקְנוּ	נְשַׁתֵּק	
		אתם/ן	שִׁיתַּקְתֶּם/ן	תְּשַׁתְּקוּ*	שַׁתְּקוּ**
		הם/ן	שִׁיתְּקוּ	יְשַׁתְּקוּ*	

שם הפועל .Infin לְשַׁתֵּק

שם הפעולה Gerund שִׁיתּוּק paralysis

בינוני .Pres. Part מְשַׁתֵּק paralyzing

מקור מוחלט .Inf. Abs שַׁתֵּק

* less commonly: אתן/הן תְּשַׁתֵּקְנָה

** less commonly: (אתן) שַׁתֵּקְנָה

שׁוּתַּק (שֻׁתַּק) be silenced; be paralyzed

בניין: פּוּעַל גזרה: שלמים

	Present הווה		Past עבר	Future עתיד	
יחיד	מְשׁוּתָּק	אני	שׁוּתַּקְתִּי	אֲשׁוּתַּק	
יחידה	מְשׁוּתֶּקֶת	אתה	שׁוּתַּקְתָּ	תְּשׁוּתַּק	
רבים	מְשׁוּתָּקִים	את	שׁוּתַּקְתְּ	תְּשׁוּתְּקִי	>>>

Future עתיד	Past עבר		Present הווה	
יְשׁוּתַּק	שׁוּתַּק	הוא	מְשׁוּתָּקוֹת	רבות
תְּשׁוּתַּק	שׁוּתְּקָה	היא		
נְשׁוּתַּק	שׁוּתַּקְנוּ	אנחנו		
תְּשׁוּתְּקוּ*	שׁוּתַּקְתֶּם/ן	אתם/ן		
יְשׁוּתְּקוּ*	שׁוּתְּקוּ	הם/ן		

בינוני Pres. Part. מְשׁוּתָּק paralyzed

* less commonly: אתן/הן תְּשׁוּתַּקְנָה

[מקור מוחלט Inf. Abs. שׁוּתוֹק]

הִשְׁתַּתֵּק/הִשְׁתַּתַּק become/fall silent; become mute

בניין: הִתְפַּעֵל גזרה: שלמים + פ׳ שורקת

Imperative ציווי	Future עתיד	Past עבר		Present הווה	
	אֶשְׁתַּתֵּק	הִשְׁתַּתַּקְתִּי	אני	מִשְׁתַּתֵּק	יחיד
הִשְׁתַּתֵּק	תִּשְׁתַּתֵּק	הִשְׁתַּתַּקְתָּ	אתה	מִשְׁתַּתֶּקֶת	יחידה
הִשְׁתַּתְּקִי	תִּשְׁתַּתְּקִי	הִשְׁתַּתַּקְתְּ	את	מִשְׁתַּתְּקִים	רבים
	יִשְׁתַּתֵּק	הִשְׁתַּתֵּק	הוא	מִשְׁתַּתְּקוֹת	רבות
	תִּשְׁתַּתֵּק	הִשְׁתַּתְּקָה	היא		
	נִשְׁתַּתֵּק	הִשְׁתַּתַּקְנוּ	אנחנו		
הִשְׁתַּתְּקוּ**	תִּשְׁתַּתְּקוּ*	הִשְׁתַּתַּקְתֶּם/ן	אתם/ן		
	יִשְׁתַּתְּקוּ*	הִשְׁתַּתְּקוּ	הם/ן		

שם הפועל Infin. לְהִשְׁתַּתֵּק

* less commonly: אתן/הן תִּשְׁתַּתֵּקְנָה

שם הפעולה Ger. הִשְׁתַּתְּקוּת falling silent

** less commonly: (אתן) הִשְׁתַּתֵּקְנָה

מקור מוחלט Inf. Abs. הִשְׁתַּתֵּק

הִשְׁתִּיק/הִשְׁתַּק/יַשְׁתִּיק silence; suppress (rumors, etc.), muffle

בניין: הִפְעִיל גזרה: שלמים

Imperative ציווי	Future עתיד	Past עבר		Present הווה	
	אַשְׁתִּיק	הִשְׁתַּקְתִּי	אני	מַשְׁתִּיק	יחיד
הַשְׁתֵּק	תַּשְׁתִּיק	הִשְׁתַּקְתָּ	אתה	מַשְׁתִּיקָה	יחידה
הַשְׁתִּיקִי	תַּשְׁתִּיקִי	הִשְׁתַּקְתְּ	את	מַשְׁתִּיקִים	רבים
	יַשְׁתִּיק	הִשְׁתִּיק	הוא	מַשְׁתִּיקוֹת	רבות
	תַּשְׁתִּיק	הִשְׁתִּיקָה	היא		
	נַשְׁתִּיק	הִשְׁתַּקְנוּ	אנחנו		
הַשְׁתִּיקוּ**	תַּשְׁתִּיקוּ*	הִשְׁתַּקְתֶּם/ן	אתם/ן		
	יַשְׁתִּיקוּ*	הִשְׁתִּיקוּ	הם/ן		

* less commonly: אתן/הן תַּשְׁתֵּקְנָה

שם הפועל Infin. לְהַשְׁתִּיק

** less commonly: (אתן) הַשְׁתֵּקְנָה

שם הפעולה Gerund הַשְׁתָּקָה silencing; suppression

בינוני Pres. Part. מַשְׁתִּיק(-קול) silencer, muffler

מקור מוחלט Inf. Abs. הַשְׁתֵּק

הוּשְׁתַּק (הֻשְׁתַּק) be silenced/suppressed/muffled

בניין: הוּפְעַל גזרה: שלמים

	Present הווה		Past עבר	Future עתיד
יחיד	מוּשְׁתָּק	אני	הוּשְׁתַּקְתִּי	אוּשְׁתַּק
יחידה	מוּשְׁתֶּקֶת	אתה	הוּשְׁתַּקְתָּ	תּוּשְׁתַּק
רבים	מוּשְׁתָּקִים	את	הוּשְׁתַּקְתְּ	תּוּשְׁתְּקִי
רבות	מוּשְׁתָּקוֹת	הוא	הוּשְׁתַּק	יוּשְׁתַּק
		היא	הוּשְׁתְּקָה	תּוּשְׁתַּק
		אנחנו	הוּשְׁתַּקְנוּ	נוּשְׁתַּק
		אתם/ן	הוּשְׁתַּקְתֶּם/ן	תּוּשְׁתְּקוּ*
		הם/ן	הוּשְׁתְּקוּ	יוּשְׁתְּקוּ*

* less commonly: אתן/הן תּוּשְׁתַּקְנָה

בינוני .Pres. Part מוּשְׁתָּק silenced, suppressed

[מקור מוחלט .Inf. Abs הוּשְׁתֵּק]

◆ פעלים שאינם שכיחים מאותו שורש Infrequent verbs sharing the same root

נִשְׁתַּק become silent, lose one's voice (Med H) (נִשְׁתַּק, יִישָּׁתֵק, לְהִישָּׁתֵק)

◆ דוגמאות Illustrations

פתאום התינוק **הִשְׁתַּתֵּק**. מכיוון שחנה יודעת שאם הוא **שׁוֹתֵק**, יש דברים בגו, קפצה מייד ממקומה ורצה אליו. היא מצאה אותו מתבונן **בִּשְׁתִיקָה** בציפור שנעמדה על אדן החלון.

Suddenly the baby **fell silent**. Since Hannah knows that if he **is silent**, there's a reason, she immediately jumped and ran towards him. She found him observing in **silence** a bird perched on the window sill.

הנשיא פרנקלין רוזוולט לקה **בְּשִׁיתּוּק** ילדים. כל פלג גופו התחתון **שׁוּתַּק** על ידי המחלה, אך הוא לא הניח למחלה **לְשַׁתֵּק** אותו, והמשיך לתפקד למופת.

President Franklin Roosevelt was afflicted by infantile **paralysis**. The whole lower part of his body **was paralyzed** by the disease, but he would not let it **paralyze** him, and continued to function in an exemplary fashion.

מקורביו של הסנטור ניסו **לְהַשְׁתִּיק** את השערוריה, אבל המתלוננת הודיעה שאם הפרשה **תּוּשְׁתַּק**, היא תפנה עם סיפורה המלא לעיתונות.

The Senator's cronies tried **to suppress** the scandal, but the complainer announced that if the affair **is silenced**, she will go with her full story to the press.

◆ ביטויים מיוחדים Special expressions

שְׁתִיקָה כהודאה דמיא silence suggests consent

סייג לחוכמה **שְׁתִיקָה** silence facilitates wisdom (by preventing one from speaking nonsense)

יפה **שְׁתִיקָה** לחכמים, קל וחומר לטיפשים if silence benefits the wise, all the more so the foolish

מילה בסלע, **שְׁתִיקָה** בשניים silence is golden

שִׁיתּוּק ילדים infantile paralysis

●תאם

הִתְאִים/הִתְאַמ/יַתְאִים match, fit, suit; be appropriate/suitable; make fit, adjust, adapt

בניין: הִפְעִיל גזרה: שלמים

	Present הווה		Past עבר	Future עתיד	Imperative ציווי
יחיד	מַתְאִים	אני	הִתְאַמְתִּי	אַתְאִים	
יחידה	מַתְאִימָה	אתה	הִתְאַמְתָּ	תַּתְאִים	הַתְאֵם
רבים	מַתְאִימִים	את	הִתְאַמְתְּ	תַּתְאִימִי	הַתְאִימִי
רבות	מַתְאִימוֹת	הוא	הִתְאִים	יַתְאִים	
		היא	הִתְאִימָה	תַּתְאִים	
		אנחנו	הִתְאַמְנוּ	נַתְאִים	
		אתם/ן	הִתְאַמְתֶּם/ן	תַּתְאִימוּ*	הַתְאִימוּ**
		הם/ן	הִתְאִימוּ	יַתְאִימוּ*	

שם הפועל .Infin לְהַתְאִים   * less commonly: אתן/הן תַּתְאֵמְנָה

בינוני .Pres. Part מַתְאִים suitable   ** less commonly: (אתן) הַתְאֵמְנָה

שם הפעולה Gerund הַתְאָמָה suitability; harmony; adaptation, adjustment; matching

שם הפעולה Gerund הֶתְאֵם accord(ance), harmony

מקור מוחלט .Inf. Abs הַתְאֵם

מ״י מוצרכת .Gov. Prep הִתְאִים ל- fit, suit, match (someone/something)

תואר הפועל .Adv בְּהֶתְאֵם ל- in accordance with

הוּתְאַם (הֻתְאַם) be fitted/matched/adjusted/adapted

בניין: הוּפְעַל גזרה: ע׳ גרונית

	Present הווה		Past עבר	Future עתיד
יחיד	מוּתְאָם	אני	הוּתְאַמְתִּי	אוּתְאַם
יחידה	מוּתְאֶמֶת	אתה	הוּתְאַמְתָּ	תּוּתְאַם
רבים	מוּתְאָמִים	את	הוּתְאַמְתְּ	תּוּתְאֲמִי
רבות	מוּתְאָמוֹת	הוא	הוּתְאַם	יוּתְאַם
		היא	הוּתְאֲמָה	תּוּתְאַם
		אנחנו	הוּתְאַמְנוּ	נוּתְאַם
		אתם/ן	הוּתְאַמְתֶּם/ן	תּוּתְאֲמוּ*
		הם/ן	הוּתְאֲמוּ	יוּתְאֲמוּ*

בינוני .Pres. Part מוּתְאָם ל- matched (with)   * less commonly: אתן/הן תּוּתְאַמְנָה

תֵּיאֵם/תֵּיאַם/תָּאֵם correlate, coordinate (תֵּאֵם)

בניין: פִּיעֵל גזרה: ע׳ גרונית

	Present הווה		Past עבר	Future עתיד	Imperative ציווי
יחיד	מְתָאֵם	אני	תֵּיאַמְתִּי	אֲתָאֵם	
יחידה	מְתָאֶמֶת	אתה	תֵּיאַמְתָּ	תְּתָאֵם	תָּאֵם
רבים	מְתָאֲמִים	את	תֵּיאַמְתְּ	תְּתָאֲמִי	תָּאֲמִי
רבות	מְתָאֲמוֹת	הוא	תֵּיאֵם	יְתָאֵם	
		היא	תֵּיאֲמָה	תְּתָאֵם	
		אנחנו	תֵּיאַמְנוּ	נְתָאֵם	
		אתם/ן	תֵּיאַמְתֶּם/ן	תְּתָאֲמוּ*	תָּאֲמוּ**
		הם/ן	תֵּיאֲמוּ	יְתָאֲמוּ*	

* less commonly: אתן/הן תְּתָאֵמְנָה

** less commonly: (אתן) תָּאֵמְנָה

שם הפועל .Infin לְתָאֵם

שם הפעולה Gerund תֵּיאוּם coordination

בינוני פעיל .Act. Part מְתָאֵם coordinator

מקור מוחלט .Inf. Abs תָּאֵם

תּוֹאַם (תֹּאַם) be correlated/coordinated

בניין: פּוּעַל גזרה: ע׳ גרונית

	Present הווה		Past עבר	Future עתיד
יחיד	מְתוֹאָם	אני	תּוֹאַמְתִּי	אֲתוֹאַם
יחידה	מְתוֹאֶמֶת	אתה	תּוֹאַמְתָּ	תְּתוֹאַם
רבים	מְתוֹאָמִים	את	תּוֹאַמְתְּ	תְּתוֹאֲמִי
רבות	מְתוֹאָמוֹת	הוא	תּוֹאַם	יְתוֹאַם
		היא	תּוֹאֲמָה	תְּתוֹאַם
		אנחנו	תּוֹאַמְנוּ	נְתוֹאַם
		אתם/ן	תּוֹאַמְתֶּם/ן	תְּתוֹאֲמוּ*
		הם/ן	תּוֹאֲמוּ	יְתוֹאֲמוּ*

* less commonly: אתן/הן תְּתוֹאַמְנָה

בינוני סביל .Pass. Part מְתוֹאָם well coordinated

[מקור מוחלט .Inf. Abs תּוֹאוֹם]

תָּאַם/תּוֹאֵם/יִתְאַם match (intr.), parallel, be twin

בניין: פָּעַל גזרה: ע׳ גרונית

	Present הווה		Past עבר	Future עתיד	Imperative ציווי
יחיד	תּוֹאֵם	אני	תָּאַמְתִּי	אֶתְאַם	
יחידה	תּוֹאֶמֶת	אתה	תָּאַמְתָּ	תִּתְאַם	תְּאַם
רבים	תּוֹאֲמִים	את	תָּאַמְתְּ	תִּתְאֲמִי	תַּאֲמִי
רבות	תּוֹאֲמוֹת	הוא	תָּאַם	יִתְאַם	
		היא	תָּאֲמָה	תִּתְאַם	
		אנחנו	תָּאַמְנוּ	נִתְאַם	<<<

		Past עבר	Future עתיד	Imperative ציווי
	אתם/ן	תְּאַמְתֶּם/ן*	תְּתְאֲמוּ**	תְּאֲמוּ***
	הם/ן	תָּאֲמוּ	יְתְאֲמוּ**	

שם הפועל .Infin לִתְאוֹם   * Colloquial: תְּאַמְתֶּם/ן

שם הפעולה Gerund תְּאִימָה parallelism   ** less commonly: אתן/הן תִּתְאַמְנָה

בינ׳ פעיל .Act. Part תּוֹאֵם matching, parallel   *** less commonly: (אתן) תְּאַמְנָה

מקור מוחלט .Inf. Abs תָּאוֹם

◆ דוגמאות Illustrations

עמירה מחפשת נעליים שֶׁיִּתְאֲמוּ לשמלה החדשה שקנתה. כל זוג נעליים חדשות שהיא קונה **מוּתְאָם** לשמלה או למכנסיים מסוימים שלה.

Amira is looking for shoes that will **match** the new dress she has bought. Every new pair of shoes she buys **is matched** with some particular dress or pants she has.

שני צידי הגוף אינם **תּוֹאֲמִים** בדיוק.

The two sides of the body are not exactly **parallel**.

לא ברור לי, מדוע אין **תֵּיאוּם** מספיק בין החילות השונים של הצבא.

It is unclear to me why there is no sufficient **coordination** between the various branches of the military.

הנישואים של אברהם וחיה מעולם לא היו טובים. מלכתחילה היה ברור שאין **הַתְאָמָה** (ביחסים) ביניהם.

Avraham and Haya's marriage has never been good. It was obvious from the beginning that there is no **harmony** in the relationship between them (or: that their personalities do not **match**.)

◆ ביטויים מיוחדים Special expressions

נִנְקטו צעדים **מַתְאִימִים** appropriate steps were taken

צבע הנעליים **מַתְאִים** לצבע השמלה the color of the shoes matches the color of the dress

בְּהַתְאָמָה in accord, in harmony; respectively

● תאר

תֵּיאֵר/תֵּיאַר/תָּאֵר (תֵּאֵר) describe, portray; draw, delineate

בניין: פִּיעֵל   גזרה: ע׳ גרונית

	Present הווה		Past עבר	Future עתיד	Imperative ציווי
יחיד	מְתָאֵר	אני	תֵּיאַרְתִּי	אֲתָאֵר	
יחידה	מְתָאֶרֶת	אתה	תֵּיאַרְתָּ	תְּתָאֵר	תָּאֵר
רבים	מְתָאֲרִים	את	תֵּיאַרְתְּ	תְּתָאֲרִי	תָּאֲרִי
רבות	מְתָאֲרוֹת	הוא	תֵּיאֵר	יְתָאֵר	>>>

	Past עבר	Future עתיד	Imperative ציווי
היא	תֵּיאֲרָה	תְּתָאֵר	
אנחנו	תֵּיאַרְנוּ	נְתָאֵר	
אתם/ן	תֵּיאַרְתֶּם/ן	תְּתָאֲרוּ*	תָּאֲרוּ**
הם/ן	תֵּיאֲרוּ	יְתָאֲרוּ*	

שם הפועל .Infin לְתָאֵר
* less commonly: אתן/הן תְּתָאֵרְנָה

שם הפעולה .Ger תֵּיאוּר description
** less commonly: (אתן) תָּאֵרְנָה

בינוני פעיל .Act. Part מְתָאֵר descriptive

מקור מוחלט .Inf. Abs תָּאֵר

תּוֹאַר (תֹּאַר) be described/portrayed/drawn/delineated

בניין: פּוּעַל גזרה: ע' גרונית

	Present הווה		Past עבר	Future עתיד
יחיד	מְתוֹאָר	אני	תּוֹאַרְתִּי	אֲתוֹאַר
יחידה	מְתוֹאֶרֶת	אתה	תּוֹאַרְתָּ	תְּתוֹאַר
רבים	מְתוֹאָרִים	את	תּוֹאַרְתְּ	תְּתוֹאֲרִי
רבות	מְתוֹאָרוֹת	הוא	תּוֹאַר	יְתוֹאַר
		היא	תּוֹאֲרָה	תְּתוֹאַר
		אנחנו	תּוֹאַרְנוּ	נְתוֹאַר
		אתם/ן	תּוֹאַרְתֶּם/ן	תְּתוֹאֲרוּ*
		הם/ן	תּוֹאֲרוּ	יְתוֹאֲרוּ*

[מקור מוחלט .Inf. Abs תּוֹאוֹר]
* less commonly: אתן/הן תְּתוֹאַרְנָה

◆ פעלים שאינם שכיחים מאותו שורש Infrequent verbs sharing the same root

תָּאַר (תּוֹאֵר, יִתְאַר, לִתְאוֹר) encompass, surround (lit.)

נִיתָּאֵר (נִתָּאֵר) told/described in detail (lit.) (מִיתָּאֵר, יִיתָּאֵר, לְהִיתָּאֵר)

הִתְאִיר ornament (general, or in music); describe, narrate (lit.) (מַתְאִיר, יַתְאִיר, לְהַתְאִיר)

הוּתְאַר (הָתְאַר) be ornamented (in music) (מוּתְאָר, יוּתְאַר)

◆ דוגמאות Illustrations

הנאשם **תּוֹאַר** על ידי ההגנה כעובר אורח שנקלע למסיבות של רצח שביצע אלמוני. עורך דינו **תֵּיאֵר** אותו כאדם עדין, שאינו מסוגל לפגוע בזבוב. **התֵּיאוּר** העלה דמעה בעיני מספר מושבעים.

The defendant **was described** by the defense as a bystander happening on circumstances of a murder committed by an unknown person. His lawyer **described** him as a gentle person, incapable of hurting a fly. The **description** brought tears to the eyes of some jurors.

◆ ביטויים מיוחדים Special expressions

לא/בל **יְתוֹאַר** indescribable

●תבע

תָּבַע/תּוֹבֵעַ/יִתְבַּע demand, claim; sue

בניין: פָּעַל גזרה: ל׳ גרונית (אֶפְעַל)

	Present הווה		Past עבר	Future עתיד	Imperative ציווי
יחיד	תּוֹבֵעַ	אני	תָּבַעְתִּי	אֶתְבַּע	
יחידה	תּוֹבַעַת	אתה	תָּבַעְתָּ	תִּתְבַּע	תְּבַע
רבים	תּוֹבְעִים	את	תָּבַעְתְּ/...עַת	תִּתְבְּעִי	תִּבְעִי
רבות	תּוֹבְעוֹת	הוא	תָּבַע	יִתְבַּע	
		היא	תָּבְעָה	תִּתְבַּע	
		אנחנו	תָּבַעְנוּ	נִתְבַּע	
		אתם/ן	תְּבַעְתֶּם/ן*	תִּתְבְּעוּ**	תִּבְעוּ***
		הם/ן	תָּבְעוּ	יִתְבְּעוּ**	

* Colloquial: תָּבַעְתֶּם/ן

** less commonly: אתן/הן תִּתְבַּעְנָה

*** less commonly: (אתן) תְּבַעְנָה

שם הפועל .Infin לִתְבּוֹעַ

בינוני פעיל .Act. Part תּוֹבֵעַ prosecutor; plaintiff

שם הפעולה Gerund תְּבִיעָה demand, claim; suit (legal)

מקור מוחלט .Inf. Abs תָּבוֹעַ

נִתְבַּע/יִיתָּבַע/יִיתָּבֵעַ (יִתָּבַע) be claimed/demanded; be sued

בניין: נִפְעַל גזרה: ל׳ גרונית

	Present הווה		Past עבר	Future עתיד	Imperative ציווי
יחיד	נִתְבָּע	אני	נִתְבַּעְתִּי	אֶתָּבַע/...בֵעַ	
יחידה	נִתְבַּעַת	אתה	נִתְבַּעְתָּ	תִּיתָּבַע/...בֵעַ	הִיתָּבַע/...בֵעַ
רבים	נִתְבָּעִים	את	נִתְבַּעְתְּ	תִּיתָּבְעִי	הִיתָּבְעִי
רבות	נִתְבָּעוֹת	הוא	נִתְבַּע	יִיתָּבַע/...בֵעַ	
		היא	נִתְבְּעָה	תִּיתָּבַע/...בֵעַ	
		אנחנו	נִתְבַּעְנוּ	נִיתָּבַע/...בֵעַ	
		אתם/ן	נִתְבַּעְתֶּם/ן	תִּיתָּבְעוּ*	הִיתָּבְעוּ**
		הם/ן	נִתְבְּעוּ	יִיתָּבְעוּ*	

* less commonly: אתן/הן תִּיתָּבַעְנָה

** less commonly: (אתן) הִיתָּבַעְנָה

שם הפועל .Infin לְהִיתָּבַע/...בֵעַ

שם הפעולה Gerund הִיתָּבְעוּת being demanded; being summoned (to court)

מקור מוחלט .Inf. Abs נִתְבּוֹעַ

◆ דוגמאות Illustrations

ירוחם עדיין לא החזיר לי את ההלוואה לחודשיים שלקח ממני לפני שלוש שנים. **תָּבַעְתִּי** שיחזיר לי את הכסף תוך שלושים יום, אחרת **אֶתְבַּע** אותו לדין באמצעות עורך דין. ירוחם ענה לי **שתְּבִיעָה** משפטית אינה מפחידה אותו; הוא **נִתְבַּע** כבר עשרות פעמים בעניין הלוואות דומות, **והתּוֹבֵעַ** נכשל בכל המקרים.

Yeruham still has not paid back the two month loan he took from me three years ago. I **demanded** that he return the money within thirty days, or I'll **sue** him through a lawyer. Yeruham answered that a **suit** does not scare him; he **had** already **been sued** dozens of times concerning similar loans, and the **plaintiff** failed in each case.

◆ ביטויים מיוחדים Special expressions

תָּבַע לדין sue, prosecute

תָּבַע את עלבונו demand satisfaction (for an insult)

●תחל

הִתְחִיל/הִתְחַל/יַתְחִיל begin, start

בניין: הִפְעִיל גזרה: שלמים

	Present הווה		Past עבר	Future עתיד	Imperative ציווי
יחיד	מַתְחִיל	אני	הִתְחַלְתִּי	אַתְחִיל	
יחידה	מַתְחִילָה	אתה	הִתְחַלְתָּ	תַּתְחִיל	הַתְחֵל
רבים	מַתְחִילִים	את	הִתְחַלְתְּ	תַּתְחִילִי	הַתְחִילִי
רבות	מַתְחִילוֹת	הוא	הִתְחִיל	יַתְחִיל	
		היא	הִתְחִילָה	תַּתְחִיל	
		אנחנו	הִתְחַלְנוּ	נַתְחִיל	
		אתם/ן	הִתְחַלְתֶּם/ן	תַּתְחִילוּ*	הַתְחִילוּ**
		הם/ן	הִתְחִילוּ	יַתְחִילוּ*	

שם הפועל .Infin לְהַתְחִיל

שם הפעולה Gerund הַתְחָלָה (beginning (N

בינוני .Pres. Part מַתְחִיל beginner

מקור מוחלט .Inf. Abs הַתְחֵל

מ״י מוצרכת .Gov. Prep הִתְחִיל ב- (begin (something

תואר הפועל .Adv בַּהַתְחָלָה in the beginning

* less commonly: אתן/הן תַּתְחֵלְנָה

** less commonly: (אתן) הַתְחֵלְנָה

◆ פעלים שאינם שכיחים מאותו שורש Infrequent verbs sharing the same root

הוּתְחַל (הֻתְחַל) be started (מוּתְחָל, יוּתְחַל)

◆ דוגמאות Illustrations

הִתְחַלְתִּי לעבוד בחברה חדשה לפני חצי שנה. בַּהַתְחָלָה היה לי קשה, אבל לאחר מספר שבועות הסתגלתי, וכעת אני מרוצה.

I **began** to work at a new firm half a year ago. In the **beginning** it was hard, but after a few weeks I adapted, and now I am happy.

◆ ביטויים מיוחדים Special expressions

הַמַּתְחִיל במצווה אומרים לו גמור! once you've started something, finish it!

כל הַהַתְחָלוֹת קשות all beginnings are hard

●תכנן

תִּכְנֵן/תִּכְנַנְ/תַכְנֵן plan

בניין: פִּיעֵל גזרה: מרובעים + ל״נ

	Present הווה		Past עבר	Future עתיד	Imperative ציווי
יחיד	מְתַכְנֵן	אני	תִּכְנַנְתִּי	אֲתַכְנֵן	
יחידה	מְתַכְנֶנֶת	אתה	תִּכְנַנְתָּ	תְּתַכְנֵן	תַּכְנֵן
רבים	מְתַכְנְנִים	את	תִּכְנַנְתְּ	תְּתַכְנְנִי	תַּכְנְנִי
רבות	מְתַכְנְנוֹת	הוא	תִּכְנֵן	יְתַכְנֵן	
		היא	תִּכְנְנָה	תְּתַכְנֵן	
		אנחנו	תִּכְנַנּוּ	נְתַכְנֵן	
		אתם/ן	תִּכְנַנְתֶּם/ן	תְּתַכְנְנוּ*	תַּכְנְנוּ**
		הם/ן	תִּכְנְנוּ	יְתַכְנְנוּ*	

שם הפועל .Infin לְתַכְנֵן

שם הפעולה Gerund תִּכְנוּן planning (N)

בינוני .Pres. Part מְתַכְנֵן planner

מקור מוחלט .Inf. Abs תַּכְנֵן

* less commonly: אתן/הן תְּתַכְנֵנָּה

** less commonly: (אתן) תַּכְנֵנָּה

תוּכְנַן (תֻּכְנַן) be planned

בניין: פּוּעַל גזרה: מרובעים + ל״נ

	Present הווה		Past עבר	Future עתיד
יחיד	מְתוּכְנָן	אני	תוּכְנַנְתִּי	אֲתוּכְנַן
יחידה	מְתוּכְנֶנֶת	אתה	תוּכְנַנְתָּ	תְּתוּכְנַן
רבים	מְתוּכְנָנִים	את	תוּכְנַנְתְּ	תְּתוּכְנְנִי
רבות	מְתוּכְנָנוֹת	הוא	תוּכְנַן	יְתוּכְנַן
		היא	תוּכְנְנָה	תְּתוּכְנַן
		אנחנו	תוּכְנַנּוּ	נְתוּכְנַן <<<

		Past עבר	Future עתיד
	אתם/ן	תּוּכְנַנְתֶּם/ן	תְּתוּכְנְנוּ*
	הם/ן	תּוּכְנְנוּ	יְתוּכְנְנוּ*

בינוני Pres. Part. מְתוּכְנָן planned   * less commonly: אתן/הן תְּתוּכְנַנָּה

[מקור מוחלט Inf. Abs. תּוּכְנוֹן]

◆ דוגמאות Illustrations

הפשיטה הזאת **תּוּכְנְנָה** היטב. **תִּכְנֵן** אותה הטקטיקן הטוב ביותר של הצבא, שמרבית הפעולות **המְתוּכְנָנוֹת** היטב מן העבר נזקפות לזכותו. **תִּכְנוּן** טוב חשוב יותר מכל.

This raid **was** well **planned**. The best tactician of the army **planned** it; most of the well **planned** operations of the past are credited to him. Good **planning** is more important than anything else.

●תלה

hang, hang up, suspend; ascribe to; leave undecided; תָּלָה/תּוֹלֶה/יִתְלֶה
execute by hanging

בניין: פָּעַל   גזרה: ל"ה

	Present הווה			Past עבר	Future עתיד	Imper. ציווי
יחיד	תּוֹלֶה	תָּלוּי	אני	תָּלִיתִי	אֶתְלֶה	
יחידה	תּוֹלָה	תְּלוּיָה	אתה	תָּלִיתָ	תִּתְלֶה	תְּלֵה
רבים	תּוֹלִים	תְּלוּיִים	את	תָּלִית	תִּתְלִי	תְּלִי
רבות	תּוֹלוֹת	תְּלוּיוֹת	הוא	תָּלָה	יִתְלֶה	
			היא	תָּלְתָה	תִּתְלֶה	
			אנחנו	תָּלִינוּ	נִתְלֶה	
			אתם/ן	תְּלִיתֶם/ן	תִּתְלוּ**	תְּלוּ***
			הם/ן	תָּלוּ	יִתְלוּ**	

* Colloquial: תָּלִיתֶם/ן

** less commonly: אתן/הן תִּתְלֶינָה

*** less commonly: (אתן) תְּלֶינָה

שם הפועל Infin. לִתְלוֹת

שם הפעולה Gerund תְּלִיָּה hanging (N); hanging (execution)

בינוני סביל Pass. Part. תָּלוּי hanging, suspended; dependent; hanged (by the neck)

מקור מוחלט Inf. Abs. תָּלֹה

be hung/suspended; be hanged; hang on to (יִתָּלֶה) נִתְלָה/יִיתָּלֶה

בניין: נִפְעַל   גזרה: ל"ה

	Present הווה		Past עבר	Future עתיד	Imperative ציווי
יחיד	נִתְלֶה	אני	נִתְלֵיתִי	אֶתָּלֶה	
יחידה	נִתְלֵית	אתה	נִתְלֵיתָ	תִּיתָּלֶה	הִיתָּלֵה
רבים	נִתְלִים	את	נִתְלֵית	תִּיתָּלִי	הִיתָּלִי
רבות	נִתְלוֹת	הוא	נִתְלָה	יִיתָּלֶה	
		היא	נִתְלְתָה	תִּיתָּלֶה	
		אנחנו	נִתְלֵינוּ*	נִיתָּלֶה	
		אתם/ן	נִתְלֵיתֶם/ן	תִּיתָּלוּ**	הִיתָּלוּ***
		הם/ן	נִתְלוּ	יִיתָּלוּ**	

* BH: נִתְלִינוּ   ** less commonly: אתן/הן תִּיתָּלֶינָה

*** less commonly: (אתן) הִיתָּלֶינָה

שם הפועל .Infin לְהִיתָּלוֹת

שם הפעולה Gerund הִיתָּלוּת being hung/hanged

מקור מוחלט .Inf. Abs נִתְלֹה, הִיתָּלֵה

מ"י מוצרכת .Gov. Prep נִתְלָה ב- hang on to

◆ פעלים שאינם שכיחים מאותו שורש Infrequent verbs sharing the same root

תִּילָּה (תִּלָּה) hang up; postpone (legal procedure) (lit.) (מְתַלֶּה, יְתַלֶּה, לְתַלּוֹת)

תּוּלָּה (תֻּלָּה) be hung up (Med H) (מְתוּלֶּה, יְתוּלֶּה)

הִתְלָה suspend (legal procedure) (מַתְלֶה, יַתְלֶה, לְהַתְלוֹת)

◆ דוגמאות Illustrations

גבריאל **תָּלָה** את מעילו על הקולב והחל מתבונן בציור המופשט ה**תָּלוּי** על הקיר. נראה לו שחלה טעות, ושהציור **נִתְלָה** הפוך...

Gabriel **hung** his coat on the peg and began to look at the abstract painting **hanging** on the wall. It appeared to him that an error had occurred, and that the painting **was hung** upside down...

מפליא שעדיין יש ארצות או נסיבות בהן עדיין מוציאים אדם להורג ב**תְלִיָּה**. מאוד לא נעים לראות כיצד **תּוֹלִים** אדם - שלא לדבר על מראהו של אדם **תָּלוּי** המוצג לראווה לתקופת זמן על הגרדום!

It is amazing that there are still countries, or circumstances, in which they execute a person by **hanging**. It is quite upsetting to see how they **hang** a man - not to mention the sight of a **hanged** person displayed for a period of time on the gallows!

איני יודע אם אספיק להגיע למסיבה; זה **תָּלוּי** בתחבורה, כי אין היום לרשותי מכונית.

I am not sure whether I'll be able to make it to the party; it **depends** on transportation, since I don't have a car today.

◆ ביטויים מיוחדים Special expressions

תָּלָה בו תקוות רבות have great hopes of him

תָּלָה בו את בטחונו have confidence in him

תָּלָה עיניו fix one's gaze

תָּלָה עצמו (נִתְלָה) באילן גדול base one's opinion on an authority greater than oneself

אהבה התְּלוּיָה בדבר affection based on interest/benefit

אהבה שאינה תְּלוּיָה בדבר disinterested affection

תָּלוּי ב- depending on

תָּלוּי ועומד pending, undecided

תָּלוּי על בלימה/בשערה hanging with almost no support

תָּלוּי באוויר suspended, in an undecided situation

בלתי-תָּלוּי independent

הכל תָּלוּי בלשון the tongue has power over everything

הכל תָּלוּי במזל one's fate is dependent on luck (i.e. no point in attemting to change one's fate)

● תמך

תָּמַךְ/תוֹמֵךְ/יִתְמוֹךְ (יִתְמֹךְ) support, uphold, maintain

בניין: פָּעַל גזרה: שלמים (אֶפְעוֹל)

	Present הווה		Past עבר	Future עתיד	Imper. ציווי
יחיד	תּוֹמֵךְ תָּמוּךְ	אני	תָּמַכְתִּי	אֶתְמוֹךְ	
יחידה	תּוֹמֶכֶת תְּמוּכָה	אתה	תָּמַכְתָּ	תִּתְמוֹךְ	תְּמוֹךְ
רבים	תּוֹמְכִים תְּמוּכִים	את	תָּמַכְתְּ	תִּתְמְכִי	תִּמְכִי
רבות	תּוֹמְכוֹת תְּמוּכוֹת	הוא	תָּמַךְ	יִתְמוֹךְ	
		היא	תָּמְכָה	תִּתְמוֹךְ	
		אנחנו	תָּמַכְנוּ	נִתְמוֹךְ	
		אתם/ן	תְּמַכְתֶּם/ן*	תִּתְמְכוּ**	תִּמְכוּ***
		הם/ן	תָּמְכוּ	יִתְמְכוּ**	

* Colloquial: תָּמַכְתֶּם/ן

** less commonly: אתן/הן תִּתְמוֹכְנָה

*** less commonly: (אתן) תְּמוֹכְנָה

שם הפועל .Infin לִתְמוֹךְ

שם הפעולה Gerund תְּמִיכָה support (N), relief (for the poor)

בינוני פעיל .Act. Part תּוֹמֵךְ supporter; supporting; prop

בינוני סביל .Pass. Part תָּמוּךְ supported, propped

מקור מוחלט .Inf. Abs תָּמוֹךְ

מ"י מוצרכת .Gov. Prep תָּמַךְ ב- support (something/someone)

נִתְמַךְ/יִיתָּמֵךְ (יִתָּמֵךְ) be supported/propped up; be held; be aided

בניין: נִפְעַל גזרה: שלמים

Imperative ציווי	Future עתיד	Past עבר		Present הווה	
	אֶתָּמֵךְ	נִתְמַכְתִּי	אני	נִתְמָךְ	יחיד
הִיתָּמֵךְ	תִּיתָּמֵךְ	נִתְמַכְתָּ	אתה	נִתְמֶכֶת	יחידה
הִיתָּמְכִי	תִּיתָּמְכִי	נִתְמַכְתְּ	את	נִתְמָכִים	רבים
	יִיתָּמֵךְ	נִתְמַךְ	הוא	נִתְמָכוֹת	רבות
	תִּיתָּמֵךְ	נִתְמְכָה	היא		
	נִיתָּמֵךְ	נִתְמַכְנוּ	אנחנו		
הִיתָּמְכוּ**	תִּיתָּמְכוּ*	נִתְמַכְתֶּם/ן	אתם/ן		
	יִיתָּמְכוּ*	נִתְמְכוּ	הם/ן		

* less commonly: אתן/הן תִּיתָּמַכְנָה/...מֵכְנָה

** less commonly: (אתן) הִיתָּמַכְנָה/...מֵכְנָה

שם הפועל .Infin לְהִיתָּמֵךְ

בינוני .Pres. Part נִתְמָךְ a supported person (e.g. by welfare)

מקור מוחלט .Inf. Abs נִתְמוֹךְ, הִיתָּמֵךְ (הִיתָּמוֹךְ)

◆ פעלים שאינם שכיחים מאותו שורש Infrequent verbs sharing the same root

הִתְמִיךְ support (Med H) (מַתְמִיךְ, יַתְמִיךְ, לְהַתְמִיךְ)

◆ דוגמאות Illustrations

מועמדותו של אברהם לראשות העיריה **נִתְמֶכֶת** על ידי מפלגת העבודה; חברי הליכוד **תּוֹמְכִים** בשמעון. שתי המפלגות מנסות להשיג את **תְּמִיכָתָם** של הבוחרים העצמאיים.

Avraham's candidacy for the mayor's position **is supported** by the labor party; Likkud members support Shim'on. Both parties are trying to court the **support** of the independent voters.

◆ ביטויים מיוחדים Special expressions

תָּמַךְ בהצעה support the proposal

●תעה

תָּעָה/תּוֹעֶה/יִתְעֶה lose one's way; go astray

בניין: פָּעַל גזרה: ל"ה + ע' גרונית

Imperative ציווי	Future עתיד	Past עבר		Present הווה	
	אֶתְעֶה	תָּעִיתִי	אני	תּוֹעֶה	יחיד
תְּעֵה >>>	תִּתְעֶה	תָּעִיתָ	אתה	תּוֹעָה	יחידה

	Present הווה		Past עבר	Future עתיד	Imperative ציווי
רבים	תּוֹעִים	את	תָּעִית	תִּתְעִי	תְּעִי
רבות	תּוֹעוֹת	הוא	תָּעָה	יִתְעֶה	
		היא	תָּעֲתָה	תִּתְעֶה	
		אנחנו	תָּעִינוּ	נִתְעֶה	
		אתם/ן	תְּעִיתֶם/ן*	תִּתְעוּ**	תְּעוּ***
		הם/ן	תָּעוּ	יִתְעוּ**	

* Colloquial: תָּעִיתֶם/ן

** less commonly: אתן/הן תִּתְעֶינָה

*** less commonly: (אתן) תְּעֶינָה

שם הפועל .Infin לִתְעוֹת

שם הפעולה Gerund תְּעִיָּה losing one's way, straying

מקור מוחלט .Inf. Abs תָּעֹה

◆ פעלים שאינם שכיחים מאותו שורש Infrequent verbs sharing the same root

נִתְעָה (נִתְעֶה, יִיתָּעֶה, לְהִיתָּעוֹת) be led astray (lit.)

הִתְעָה (מַתְעֶה, יַתְעֶה, לְהַתְעוֹת) lead astray; cause to err

הוּתְעָה (הֻתְעָה) be led astray (Med H); be caused to err (מוּתְעֶה, יוּתְעֶה)

◆ דוגמאות Illustrations

יצאתי ביציאה הלא-נכונה בכביש המהיר, **ותָעִיתִי** בדרך. בתחנת הדלק עזרו לי להתמצא.

I took the wrong exit off the highway, and **lost my way**. At the gas station they helped me orient myself.

● תפס

תָּפַס/תּוֹפֵס/יִתְפּוֹס (יִתְפֹּס) seize, catch; occupy, take up; apply (law); grasp (mentally), realize

בניין: פָּעַל גזרה: שלמים (אֶפְעוֹל)

	Present הווה		Past עבר	Future עתיד	Imper. ציווי
יחיד	תּוֹפֵס תָּפוּס	אני	תָּפַסְתִּי	אֶתְפּוֹס****	
יחידה	תּוֹפֶסֶת תְּפוּסָה	אתה	תָּפַסְתָּ	תִּתְפּוֹס	תְּפוֹס
רבים	תּוֹפְסִים תְּפוּסִים	את	תָּפַסְתְּ	תִּתְפְּסִי	תִּפְסִי
רבות	תּוֹפְסוֹת תְּפוּסוֹת	הוא	תָּפַס	יִתְפּוֹס	
		היא	תָּפְסָה	תִּתְפּוֹס	
		אנחנו	תָּפַסְנוּ	נִתְפּוֹס	
		אתם/ן	תְּפַסְתֶּם/ן*	תִּתְפְּסוּ**	תִּפְסוּ***<

ציווי	Future עתיד	Past עבר	
	יִתְפְּסוּ**	תָּפְסוּ	הם/ן

* Colloquial: תְּפַסְתֶּם/ן

** less commonly: אתן/הן תִּתְפּוֹסְנָה

*** less commonly: (אתן) תְּפוֹסְנָה

**** colloquial: לִתְפּוֹס, אֶתְפּוֹס...

שם הפועל .Infin לִתְפּוֹס****

בינוני פעיל .Act. Part תּוֹפֵס applicable (law)

בינ׳ סביל .Pass. Part תָּפוּס occupied; seized

שם הפעולה .Ger תְּפִיסָה seizing, occupation; grasp (mental); outlook, point of view

מקור מוחלט .Inf. Abs תָּפוֹס

נִתְפַּס/יִיתָּפֵס (יִתָּפֵס) be caught/seized; be grasped (mentally); be influenced by/attracted to

בניין: נִפְעַל גזרה: שלמים

Imperative ציווי	Future עתיד	Past עבר		Present הווה	
	אֶתָּפֵס	נִתְפַּסְתִּי***	אני	נִתְפָּס***	יחיד
הִיתָּפֵס	תִּיתָּפֵס	נִתְפַּסְתָּ	אתה	נִתְפֶּסֶת	יחידה
הִיתָּפְסִי	תִּיתָּפְסִי	נִתְפַּסְתְּ	את	נִתְפָּסִים	רבים
	יִיתָּפֵס	נִתְפַּס	הוא	נִתְפָּסוֹת	רבות
	תִּיתָּפֵס	נִתְפְּסָה	היא		
	נִיתָּפֵס	נִתְפַּסְנוּ	אנחנו		
הִיתָּפְסוּ**	תִּיתָּפְסוּ*	נִתְפַּסְתֶּם/ן	אתם/ן		
	יִיתָּפְסוּ*	נִתְפְּסוּ	הם/ן		

* less commonly: אתן/הן תִּיתָּפַסְנָה/...פֶסְנָה

** less commonly: (אתן) הִיתָּפַסְנָה/...פֶסְנָה

*** colloquial: נִתְפָּס... נִתְפַּסְתִּי...

שם הפועל .Infin לְהִיתָּפֵס

מקור מוחלט .Inf. Abs נִתְפּוֹס, הִיתָּפֵס (הִיתָּפוֹס)

◆ פעלים שאינם שכיחים מאותו שורש Infrequent verbs sharing the same root

הִתְפִּיס (lit.) cause to be caught/grasped (מַתְפִּיס, יַתְפִּיס, לְהַתְפִּיס)

◆ דוגמאות Illustrations

הטיסה האחרונה שלי לישראל לא הייתה נעימה ביותר: השירותים היו **תְּפוּסִים** כל הזמן, וכל פעם שקמתי להניע קצת את רגליי, מישהו **תָּפַס** לי את המושב...

My last flight to Israel was not that pleasant: the toilets **were occupied** all the time, and whenever I got up to stretch my legs a bit, someone **seized** my seat...

אני משוכנע שהפורץ הזה **יִיתָּפֵס** רק אחרי שהמשטרה **תִּתְפּוֹס** שנחוצות שיטות מתוחכמות ביותר **לִתְפִיסַת** פושע חמקמק כמוהו.

I believe that this burglar **will be caught** only when the police **realizes** that very sophisticated methods are required for **catching** a sleek criminal of his calibre.

◆ ביטויים מיוחדים Special expressions

תּוֹפֶסֶת catch (children's game)

לִתְפּוֹס את הרע במיעוטו choose the lesser of two evils

תָּפַס את החבל בשני ראשים try to have one's cake and eat it

תָּפַס את השור בקרניו take the bull by the horn

תָּפַסְתָּ מרובה -- לא תָּפַסְתָּ if you try to get too much, you may end up getting nothing

תָּפַס ייאוש grow desperate, be totally disappointed (sl.)

תָּפַס שלווה find an opportunity to rest/relax (sl.)

אין אדם נִתְפָּס על צערו one should not be judged by what one says when in agony/sorrow

---

●תפר

תָּפַר/תּוֹפֵר/יִתְפּוֹר (יִתְפֹּר) sew, stitch

בניין: פָּעַל גזרה: שלמים (אֶפְעוֹל)

	Present הווה			Past עבר	Future עתיד	Imper. ציווי
יחיד	תּוֹפֵר	תָּפוּר	אני	תָּפַרְתִּי	****אֶתְפּוֹר	
יחידה	תּוֹפֶרֶת	תְּפוּרָה	אתה	תָּפַרְתָּ	תִּתְפּוֹר	תְּפוֹר
רבים	תּוֹפְרִים	תְּפוּרִים	את	תָּפַרְתְּ	תִּתְפְּרִי	תִּפְרִי
רבות	תּוֹפְרוֹת	תְּפוּרוֹת	הוא	תָּפַר	יִתְפּוֹר	
			היא	תָּפְרָה	תִּתְפּוֹר	
			אנחנו	תָּפַרְנוּ	נִתְפּוֹר	
			אתם/ן	*תְּפַרְתֶּם/ן	**תִּתְפְּרוּ	***תִּפְרוּ
			הם/ן	תָּפְרוּ	**יִתְפְּרוּ	

שם הפועל Infin. ****לִתְפּוֹר

בינוני פעיל Act. Part. תּוֹפֶרֶת seamstress

בינוני סביל Pass. Part. תָּפוּר sewn, stitched

שם הפעולה Ger. תְּפִירָה sewing, stitching

מקור מוחלט Inf. Abs. תָּפוֹר

* Colloquial: תָּפַרְתֶּם/ן

** less commonly: אתן/הן תִּתְפּוֹרְנָה

*** less commonly: (אתן) תְּפוֹרְנָה

**** colloquial: לְתְפּוֹר, אֶתְפּוֹר...

נִתְפַּר/יִיתָּפֵר (יִתָּפֵר) be sewn, be stitched

בניין: נִפְעַל גזרה: שלמים

	Present הווה		Past עבר	Future עתיד	Imperative ציווי
יחיד	***נִתְפָּר	אני	***נִתְפַּרְתִּי	אֶתָּפֵר	
יחידה	נִתְפֶּרֶת	אתה	נִתְפַּרְתָּ	תִּיתָּפֵר	הִיתָּפֵר
רבים	נִתְפָּרִים	את	נִתְפַּרְתְּ	תִּיתָּפְרִי	הִיתָּפְרִי
רבות	נִתְפָּרוֹת	הוא	נִתְפַּר	יִיתָּפֵר	<<<

	Past עבר	Future עתיד	Imperative ציווי
היא	נִתְפְּרָה	תִּיתָּפֵר	
אנחנו	נִתְפַּרְנוּ	נִיתָּפֵר	
אתם/ן	נִתְפַּרְתֶּם/ן	תִּיתָּפְרוּ*	הִיתָּפְרוּ**
הם/ן	נִתְפְּרוּ	יִיתָּפְרוּ*	

* less commonly: אתן/הן תִּיתָּפַרְנָה/...פֵּרְנָה
** less commonly: (אתן) הִיתָּפַרְנָה/...פֵּרְנָה
*** colloquial: נִתְפָּר... נִתְפַּרְתִּי...

שם הפועל .Infin לְהִיתָּפֵר
מקור מוחלט .Inf. Abs נִתְפּוֹר, הִיתָּפֵר (הִיתָּפוֹר)

◆ פעלים שאינם שכיחים מאותו שורש Infrequent verbs sharing the same root

תִּיפֵּר (תִּפֵּר) stitch (esp. leather) (מְתַפֵּר, יְתַפֵּר, לְתַפֵּר)
תּוּפַּר (תֻּפַּר) be stitched Almost exclusively in Pres. Part.: מְתוּפָּר stitched
הִתְפִּיר renovate clothes by re-sewing/restitching (מַתְפִּיר, יַתְפִּיר, לְהַתְפִּיר)
הוּתְפַּר (הֻתְפַּר) be renovated by re-sewing/restitching (clothes) (מוּתְפָּר, יוּתְפַּר)

◆ דוגמאות Illustrations

לפני שנים לא כל כך רבות, יכול היית ללכת לחייט **שִׁיתְפּוֹר** לך חליפה לפי מידתך, ושמלות **נִתְפְּרוּ** בבית על ידי **תּוֹפֶרֶת** - אפילו לבני המעמד הבינוני-נמוך. היום **תְּפִירָה** לפי מידה היא עניין יקר מאוד, ולא משתלם - לא לחייט או **תּוֹפֶרֶת** ולא ללקוח.

Not so long ago, you could go to a tailor who would **sew** you a suit to your size, and dresses **were sewn** at home by a **seamstress** - even for members of the lower middle class. Today, **sewing** to size is a very expensive proposition, and does not pay for either the tailor (or **seamstress**) or for the customer.

◆ ביטויים מיוחדים Special expressions

מכונת **תְּפִירָה** sewing machine

● תקל

נִתְקַל/יִיתָּקֵל (יִתָּקֵל) strike against, meet with; bump into, encounter

בניין: נִפְעַל גזרה: שלמים

	Present הווה		Past עבר	Future עתיד	Imperative ציווי
יחיד	נִתְקָל	אני	נִתְקַלְתִּי	אֶתָּקֵל	
יחידה	נִתְקֶלֶת	אתה	נִתְקַלְתָּ	תִּיתָּקֵל	הִיתָּקֵל
רבים	נִתְקָלִים	את	נִתְקַלְתְּ	תִּיתָּקְלִי	הִיתָּקְלִי
רבות	נִתְקָלוֹת	הוא	נִתְקַל	יִיתָּקֵל	<<<

	Past עבר	Future עתיד	Imperative ציווי
היא	נִתְקְלָה	תִּיתָּקֵל	
אנחנו	נִתְקַלְנוּ	נִיתָּקֵל	
אתם/ן	נִתְקַלְתֶּם/ן	תִּיתָּקְלוּ*	הִיתָּקְלוּ**
הם/ן	נִתְקְלוּ	יִיתָּקְלוּ*	

שם הפועל .Infin לְהִיתָּקֵל   * less commonly: אתן/הן תִּיתָּקַלְנָה/...קֵלְנָה

שם הפעולה .Ger הִיתָּקְלוּת encounter; clash   ** less commonly: (אתן) הִיתָּקַלְנָה/...קֵלְנָה

מקור מוחלט .Inf. Abs נִתְקוֹל, הִיתָּקֵל (הִיתָּקוֹל)

מ"י מוצרכת .Gov. Prep נִתְקַל ב- strike against, clash with, bump into

◆ **פעלים שאינם שכיחים מאותו שורש** Infrequent verbs sharing the same root

הִתְקִיל cause to fail, cause a mishap (מַתְקִיל, יַתְקִיל, לְהַתְקִיל)

הִיתַּקֵל (הִתַּקֵל) fail, have a mishap (מִיתַּקֵל, יִיתַּקֵל, לְהִיתַּקֵל)

◆ **דוגמאות** Illustrations

סיור של צה"ל **נִתְקַל** אתמול במארב של מחבלים; **בַּהִיתָּקְלוּת** נהרגו שני מחבלים וחייל צה"ל נפצע קשה.

An IDF patrol **encountered** a terrorist ambush yesterday; two terrorists were killed in the **encounter** and an IDF soldier was badly wounded.

● תקן

תִּיקֵן/תִּקֵּן/תַקֵּן (תִּיקֵן) correct, amend; repair; reform (morally)

בניין: פִּיעֵל   גזרה: שלמים + ל"נ

	Present הווה		Past עבר	Future עתיד	Imperative ציווי
יחיד	מְתַקֵּן	אני	תִּיקַנְתִּי	אֲתַקֵּן	
יחידה	מְתַקֶּנֶת	אתה	תִּיקַנְתָּ	תְּתַקֵּן	תַּקֵּן
רבים	מְתַקְּנִים	את	תִּיקַנְתְּ	תְּתַקְּנִי	תַּקְּנִי
רבות	מְתַקְּנוֹת	הוא	תִּיקֵן	יְתַקֵּן	
		היא	תִּיקְּנָה	תְּתַקֵּן	
		אנחנו	תִּיקַנּוּ	נְתַקֵּן	
		אתם/ן	תִּיקַנְתֶּם/ן	תְּתַקְּנוּ*	תַּקְּנוּ**
		הם/ן	תִּיקְּנוּ	יְתַקְּנוּ*	

שם הפועל .Infin לְתַקֵּן   * less commonly: אתן/הן תְּתַקֵּנָּה

בינוני .Pres. Part מְתַקֵּן reformer   ** less commonly: (אתן) תַּקֵּנָּה

שם הפעולה Gerund תִּיקּוּן correction, emendation; repair(ing); reform (moral); amendment

מקור מוחלט .Inf. Abs תַּקֵּן

תּוּקַּן (תֻּקַּן) be corrected/repaired/reformed

בניין: פּוּעַל גזרה: שלמים + ל"נ

	הווה Present		עבר Past	עתיד Future
יחיד	מְתוּקָּן	אני	תּוּקַּנְתִּי	אֲתוּקַּן
יחידה	מְתוּקֶּנֶת	אתה	תּוּקַּנְתָּ	תְּתוּקַּן
רבים	מְתוּקָּנִים	את	תּוּקַּנְתְּ	תְּתוּקְּנִי
רבות	מְתוּקָּנוֹת	הוא	תּוּקַּן	יְתוּקַּן
		היא	תּוּקְּנָה	תְּתוּקַּן
		אנחנו	תּוּקַּנּוּ	נְתוּקַּן
		אתם/ן	תּוּקַּנְתֶּם/ן	תְּתוּקְּנוּ*
		הם/ן	תּוּקְּנוּ	יְתוּקְּנוּ*

* less commonly: אתן/הן תְּתוּקַּנָּה

בינוני Pres. Part. מְתוּקָּן repaired; amended, revised; decent, good

[מקור מוחלט Inf. Abs. תּוּקּוֹן]

הִתְקִין/הִתְקַנְ/יַתְקִין set up, install; prepare, fit; decree

בניין: הִפְעִיל גזרה: שלמים + ל"נ

	הווה Present		עבר Past	עתיד Future	ציווי Imperative
יחיד	מַתְקִין	אני	הִתְקַנְתִּי	אַתְקִין	
יחידה	מַתְקִינָה	אתה	הִתְקַנְתָּ	תַּתְקִין	הַתְקֵן
רבים	מַתְקִינִים	את	הִתְקַנְתְּ	תַּתְקִינִי	הַתְקִינִי
רבות	מַתְקִינוֹת	הוא	הִתְקִין	יַתְקִין	
		היא	הִתְקִינָה	תַּתְקִין	
		אנחנו	הִתְקַנּוּ	נַתְקִין	
		אתם/ן	הִתְקַנְתֶּם/ן	תַּתְקִינוּ*	הַתְקִינוּ**
		הם/ן	הִתְקִינוּ	יַתְקִינוּ*	

* less commonly: אתן/הן תַּתְקֵנָּה

** less commonly: (אתן) הַתְקֵנָּה

שם הפועל Infin. לְהַתְקִין

שם הפעולה Gerund הַתְקָנָה installation; adjustment; decreeing

הֶתְקֵן device, mechanism

מקור מוחלט Inf. Abs. הַתְקֵן

הוּתְקַן (הֻתְקַן) be set/installed/prepared/fitted/decreed

בניין: הוּפְעַל גזרה: שלמים + ל"נ

	הווה Present		עבר Past	עתיד Future
יחיד	מוּתְקָן	אני	הוּתְקַנְתִּי	אוּתְקַן
יחידה	מוּתְקֶנֶת	אתה	הוּתְקַנְתָּ	תּוּתְקַן
רבים	מוּתְקָנִים	את	הוּתְקַנְתְּ	תּוּתְקְנִי
רבות	מוּתְקָנוֹת	הוא	הוּתְקַן	יוּתְקַן
		היא	הוּתְקְנָה	תּוּתְקַן >>>

	Past עבר	Future עתיד
אנחנו	הוּתְקַנּוּ	נוּתְקַן
אתם/ן	הוּתְקַנְתֶּם/ן	תּוּתְקְנוּ*
הם/ן	הוּתְקְנוּ	יוּתְקְנוּ*

* less commonly: אתן/הן תּוּתְקַנָּה

installed; adjusted מוּתְקָן Pres. Part. בינוני

[מקור מוחלט Inf. Abs. הוּתְקֵן]

◆ פעלים שאינם שכיחים מאותו שורש Infrequent verbs sharing the same root

תָּקַן be repaired/restored/put right; repair (lit.) (תּוֹקֵן, יִתְקוֹן, לִתְקוֹן)

נִתְקַן be repaired (Mish H) (נִתְקָן, יִיתָּקֵן, לְהִיתָּקֵן)

נִיתַּקֵּן (נִתַּקֵּן) get/be repaired (Mish H) (מִיתַּקֵּן, יִיתַּקֵּן, לְהִיתַּקֵּן)

◆ דוגמאות Illustrations

משה **מְתַקֵּן** טלוויזיות. הצרה היא, שאת כל מה **שתּוּקַּן** על ידו צריך אחר כך לשלוח ליצרן **לתִיקּוּן** של ממש...

Moshe **repairs** television sets. The problem is, that whatever **has been fixed** by him needs to be sent afterwards to the manufacturer for real **repair**...

הרבה רוצים **לְתַקֵּן** את העולם, אבל **תִּיקּוּן** העולם אינו עניין פשוט...

Many would like **to reform** the world, but **reforming** the world is no simple matter...

חברת הטלפונים הודיעה לי אתמול שהטלפון **יוּתְקַן** בדירתי החדשה תוך שבוע. להפתעתי הם הקדימו **והִתְקִינוּ** אותו כבר למחרת.

The telephone company informed me yesterday that the phone **would be installed** in my new apartment within a week. To my surprise, they were early and **installed** it on the next day.

◆ ביטויים מיוחדים Special expressions

תִּיקּוּן העולם the benefit of the public; good world order; reform

תִּיקּוּן חצות midnight prayers for the restoration of the Temple

תִּיקּוּן ליל שבועות collection of readings for the night of Pentecost

תִּיקּוּן נשמה spiritual improvement

תִּיקּוּן סופרים emendation of the Biblical text by the Scribes

כְּתִיקּוּנוֹ as it should be

הַתְקֵן עצמך בפרוזדור כדי שתיכנס לטרקלין prepare yourself well before embarking on something important

הוּתְקְנָה תקנה a regulation was passed

● תקף

תָּקַף/תוֹקֵף/יִתְקוֹף (יִתְקֹף) attack, assault, tackle

בניין: פָּעַל גזרה: שלמים (אֶפְעוֹל)

	Present הווה		Past עבר	Future עתיד	Imper. ציווי
יחיד	תּוֹקֵף תָּקוּף	אני	תָּקַפְתִּי	אֶתְקוֹף	
יחידה	תּוֹקֶפֶת תְּקוּפָה	אתה	תָּקַפְתָּ	תִּתְקוֹף	תְּקוֹף
רבים	תּוֹקְפִים תְּקוּפִים	את	תָּקַפְתְּ	תִּתְקְפִי	תִּקְפִי
רבות	תּוֹקְפוֹת תְּקוּפוֹת	הוא	תָּקַף	יִתְקוֹף	
		היא	תָּקְפָה	תִּתְקוֹף	
		אנחנו	תָּקַפְנוּ	נִתְקוֹף	
		אתם/ן	תְּקַפְתֶּם/ן*	תִּתְקְפוּ**	תִּקְפוּ***
		הם/ן	תָּקְפוּ	יִתְקְפוּ**	

שם הפועל .Infin לִתְקוֹף

* Colloquial: תָּקַפְתֶּם/ן

שם הפעולה .Ger תְּקִיפָה assault, attack

** less commonly: אתן/הן תִּתְקוֹפְנָה

בינ' פעיל .Act. Part תּוֹקֵף attacker

*** less commonly: (אתן) תְּקוֹפְנָה

בינוני סביל .Pass. Part תָּקוּף seized with a fit (lit.)

מקור מוחלט .Inf. Abs תָּקוֹף

נִתְקַף/יִיתָּקֵף (יִתָּקֵף) be attacked

בניין: נִפְעַל גזרה: שלמים

	Present הווה		Past עבר	Future עתיד	Imperative ציווי
יחיד	נִתְקָף	אני	נִתְקַפְתִּי	אֶתָּקֵף	
יחידה	נִתְקֶפֶת	אתה	נִתְקַפְתָּ	תִּיתָּקֵף	הִיתָּקֵף
רבים	נִתְקָפִים	את	נִתְקַפְתְּ	תִּיתָּקְפִי	הִיתָּקְפִי
רבות	נִתְקָפוֹת	הוא	נִתְקַף	יִיתָּקֵף	
		היא	נִתְקְפָה	תִּיתָּקֵף	
		אנחנו	נִתְקַפְנוּ	נִיתָּקֵף	
		אתם/ן	נִתְקַפְתֶּם/ן	תִּיתָּקְפוּ*	הִיתָּקְפוּ**
		הם/ן	נִתְקְפוּ	יִיתָּקְפוּ*	

שם הפועל .Infin לְהִיתָּקֵף

* less commonly: אתן/הן תִּיתָּקַפְנָה/...קֵפְנָה

בינוני .Pres. Part נִתְקָף victim of attack

** less commonly: (אתן) הִיתָּקַפְנָה/...קֵפְנָה

מקור מוחלט .Inf. Abs נִתְקוֹף, הִיתָּקֵף (הִיתָּקוֹף)

מ"י מוצרכת .Gov. Prep נִתְקַף ב- be attacked by (abstract N only, e.g. illness)

הִתְקִיף/הִתְקַפְ/יַתְקִיף attack, assault (generally more colloquial than the pa`al form above)

בניין: הִפְעִיל גזרה: שלמים

	Present הווה		Past עבר	Future עתיד	Imperative ציווי
יחיד	מַתְקִיף	אני	הִתְקַפְתִּי	אַתְקִיף	
יחידה	מַתְקִיפָה	אתה	הִתְקַפְתָּ	תַּתְקִיף	הַתְקֵף
רבים	מַתְקִיפִים	את	הִתְקַפְתְּ	תַּתְקִיפִי	הַתְקִיפִי
רבות	מַתְקִיפוֹת	הוא	הִתְקִיף	יַתְקִיף	
		היא	הִתְקִיפָה	תַּתְקִיף	
		אנחנו	הִתְקַפְנוּ	נַתְקִיף	
		אתם/ן	הִתְקַפְתֶּם/ן	תַּתְקִיפוּ*	הַתְקִיפוּ**
		הם/ן	הִתְקִיפוּ	יַתְקִיפוּ*	

* less commonly: אתן/הן תַּתְקֵפְנָה

שם הפועל .Infin לְהַתְקִיף ** less commonly: (אתן) הַתְקֵפְנָה

שם הפעולה Gerund הַתְקָפָה attack, onslaught, assault, battery (legal)

הֶתְקֵף attack (of fear, pain etc.)

מקור מוחלט .Inf. Abs הַתְקֵף

הוּתְקַף be attacked/assaulted (הֻתְקַף)

בניין: הוּפְעַל גזרה: שלמים

	Present הווה		Past עבר	Future עתיד
יחיד	מוּתְקָף	אני	הוּתְקַפְתִּי	אוּתְקַף
יחידה	מוּתְקֶפֶת	אתה	הוּתְקַפְתָּ	תּוּתְקַף
רבים	מוּתְקָפִים	את	הוּתְקַפְתְּ	תּוּתְקְפִי
רבות	מוּתְקָפוֹת	הוא	הוּתְקַף	יוּתְקַף
		היא	הוּתְקְפָה	תּוּתְקַף
		אנחנו	הוּתְקַפְנוּ	נוּתְקַף
		אתם/ן	הוּתְקַפְתֶּם/ן	תּוּתְקְפוּ*
		הם/ן	הוּתְקְפוּ	יוּתְקְפוּ*

בינוני .Pres. Part מוּתְקָף attacked * less commonly: אתן/הן תּוּתְקַפְנָה

[מקור מוחלט .Inf. Abs הוּתְקֵף]

◆ פעלים שאינם שכיחים מאותו שורש Infrequent verbs sharing the same root

תִּיקֵף (תִּקֵּף) validate, strengthen, exalt, extol (Med H) (מְתַקֵּף, יְתַקֵּף, לְתַקֵּף)

◆ דוגמאות Illustrations

פרופסורים ישראליים, בעיקר במדעי הרוח, אוהבים **לִתְקוֹף** זה את זה מעל דפי העיתונות. משבוע אחד למשנהו, **הַנִּתְקָף** הופך **לְתוֹקֵף**, **וְהַהַתְקָפוֹת** ההדדיות מתעצמות והולכות, ומלוות בהתרגשות הגורמת **הֶתְקֵפֵי** לב...

Israeli professors, particularly from the humanities, like **to attack** each other in the press. From one week to another, the **person attacked** becomes **attacker**, and the mutual **attacks** grow stronger and stronger, and are accompanied by excitement that can cause heart **attacks**...

חיל האוויר **הִתְקִיף** הבוקר מספר בסיסי מחבלים, בתגובה לאירוע של אתמול, בו **הוּתְקַף** סיור של צה"ל ממארב.

The air force **attacked** a number of terrorist bases this morning, in retaliation for yesterday's incident, in which an IDF patrol **was attacked** from an ambush.

בביקורו בהודו, **נִתְקַף** יהושע במחלת מעיים קשה.

On his visit to India, Yehoshua **was afflicted** with (was "**attacked** by") a severe intestinal disease.

◆ ביטויים מיוחדים Special expressions

הַתְקָפַת האויב the enemy attack

הֶתְקֵף לב heart attack

● תרגם

תִּרְגֵּם/תִּרְגַּמְ/תַּרְגֵּם translate

בניין: פִּיעֵל גזרה: מרובעים

	Present הווה		Past עבר	Future עתיד	Imperative ציווי
יחיד	מְתַרְגֵּם	אני	תִּרְגַּמְתִּי	אֲתַרְגֵּם	
יחידה	מְתַרְגֶּמֶת	אתה	תִּרְגַּמְתָּ	תְּתַרְגֵּם	תַּרְגֵּם
רבים	מְתַרְגְּמִים	את	תִּרְגַּמְתְּ	תְּתַרְגְּמִי	תַּרְגְּמִי
רבות	מְתַרְגְּמוֹת	הוא	תִּרְגֵּם	יְתַרְגֵּם	
		היא	תִּרְגְּמָה	תְּתַרְגֵּם	
		אנחנו	תִּרְגַּמְנוּ	נְתַרְגֵּם	
		אתם/ן	תִּרְגַּמְתֶּם/ן	תְּתַרְגְּמוּ*	תַּרְגְּמוּ**
		הם/ן	תִּרְגְּמוּ	יְתַרְגְּמוּ*	

* less commonly: אתן/הן תְּתַרְגֵּמְנָה

** less commonly: (אתן) תַּרְגֵּמְנָה

*** (a) translation; Aramaic תַּרְגּוּם

שם הפועל .Infin לְתַרְגֵּם

בינוני .Pres. Part מְתַרְגֵּם translator

שם הפעולה Gerund תִּרְגּוּם*** (the act of) translation

מקור מוחלט .Inf. Abs תַּרְגֵּם

תּוּרְגַּם (תֻּרְגַּם) be translated

בניין: פּוּעל גזרה: מרובעים

	Present הווה		Past עבר	Future עתיד
יחיד	מְתוּרְגָּם	אני	תּוּרְגַּמְתִּי	אֲתוּרְגַּם
יחידה	מְתוּרְגֶּמֶת	אתה	תּוּרְגַּמְתָּ	תְּתוּרְגַּם
רבים	מְתוּרְגָּמִים	את	תּוּרְגַּמְתְּ	תְּתוּרְגְּמִי
רבות	מְתוּרְגָּמוֹת	הוא	תּוּרְגַּם	יְתוּרְגַּם
		היא	תּוּרְגְּמָה	תְּתוּרְגַּם
		אנחנו	תּוּרְגַּמְנוּ	נְתוּרְגַּם
		אתם/ן	תּוּרְגַּמְתֶּם/ן	תְּתוּרְגְּמוּ*
		הם/ן	תּוּרְגְּמוּ	יְתוּרְגְּמוּ*

* אתן/הן תְּתוּרְגַּמְנָה :less commonly — בינוני Pres. Part. מְתוּרְגָּם translated

[מקור מוחלט Inf. Abs. תּוּרְגּוֹם]

◆ **פעלים שאינם שכיחים מאותו שורש** Infrequent verbs sharing the same root

נִיתַּרְגֵּם (נִתַּרְגֵּם) be/get translated, be translatable (lit.) (מִיתַּרְגֵּם, יִיתַּרְגֵּם, לְהִיתַּרְגֵּם)

◆ **דוגמאות** Illustrations

ספריו של עמוס **תּוּרְגְּמוּ** כבר לחמש שפות. בקרוב **יְתַרְגְּמוּ** שניים מהם לשפה שישית. כשמדובר בשפות שהוא יודע, עמוס מסייע **לַמְתַרְגֵּם** אישית במלאכת **הַתִּרְגּוּם**.

Amos' books **have** already **been translated** into five languages. Soon they **will translate** two of them into a sixth language. When the languages concerned are ones Amos knows, he personally assists the **translator** in the **translation** work

---

● תרם (מן תְּרוּמָה 'offering', מן רום)

תָּרַם/תּוֹרֵם/יִתְרוֹם (יִתְרֹם) contribute; set aside as offering for the priests (Mish H)

בניין: פָּעַל גזרה: שלמים (אֶפְעוֹל)

	Present הווה		Past עבר	Future עתיד	Imperative ציווי
יחיד	תּוֹרֵם	אני	תָּרַמְתִּי	אֶתְרוֹם	
יחידה	תּוֹרֶמֶת	אתה	תָּרַמְתָּ	תִּתְרוֹם	תְּרוֹם
רבים	תּוֹרְמִים	את	תָּרַמְתְּ	תִּתְרְמִי	תִּרְמִי
רבות	תּוֹרְמוֹת	הוא	תָּרַם	יִתְרוֹם	
		היא	תָּרְמָה	תִּתְרוֹם	
		אנחנו	תָּרַמְנוּ	נִתְרוֹם	<<<

		Past עבר	Future עתיד	Imperative ציווי
	אתם/ן	תְּרַמְתֶּם/ן*	תִּתְרְמוּ**	תִּרְמוּ***
	הם/ן	תָּרְמוּ	יִתְרְמוּ**	

* Colloquial: תָּרַמְתֶּם/ן

שם הפועל .Infin לִתְרוֹם ** less commonly: אתן/הן תִּתְרוֹמְנָה

בינוני פעיל .Act. Part תּוֹרֵם contributor *** less commonly: (אתן) תְּרוֹמְנָה

שם הפעולה Gerund תְּרוּמָה offering (N), contribution

מקור מוחלט .Inf. Abs תָּרוֹם

מ״י מוצרכת Gov. Prep. תָּרַם ל- contribute to

נִתְרַם/יִיתָּרֵם (יִתָּרֵם) be contributed

בניין: נִפְעַל גזרה: שלמים

	Present הווה		Past עבר	Future עתיד	Imperative ציווי
יחיד	נִתְרָם	אני	נִתְרַמְתִּי	אֶתָּרֵם	
יחידה	נִתְרֶמֶת	אתה	נִתְרַמְתָּ	תִּיתָּרֵם	הִיתָּרֵם
רבים	נִתְרָמִים	את	נִתְרַמְתְּ	תִּיתָּרְמִי	הִיתָּרְמִי
רבות	נִתְרָמוֹת	הוא	נִתְרַם	יִיתָּרֵם	
		היא	נִתְרְמָה	תִּיתָּרֵם	
		אנחנו	נִתְרַמְנוּ	נִיתָּרֵם	
		אתם/ן	נִתְרַמְתֶּם/ן	תִּיתָּרְמוּ*	הִיתָּרְמוּ**
		הם/ן	נִתְרְמוּ	יִיתָּרְמוּ*	

* less commonly: אתן/הן תִּיתָּרַמְנָה/...רֵמְנָה

שם הפועל .Infin לְהִיתָּרֵם ** less commonly: (אתן) הִיתָּרַמְנָה/...רֵמְנָה

מקור מוחלט .Inf. Abs נִתְרוֹם, הִיתָּרֵם (הִיתָּרוֹם)

הִתְרִים/הִתְרַמְ/יַתְרִים make contribute, elicit contributions from; contribute (Mish H)

בניין: הִפְעִיל גזרה: שלמים

	Present הווה		Past עבר	Future עתיד	Imperative ציווי
יחיד	מַתְרִים	אני	הִתְרַמְתִּי	אַתְרִים	
יחידה	מַתְרִימָה	אתה	הִתְרַמְתָּ	תַּתְרִים	הַתְרֵם
רבים	מַתְרִימִים	את	הִתְרַמְתְּ	תַּתְרִימִי	הַתְרִימִי
רבות	מַתְרִימוֹת	הוא	הִתְרִים	יַתְרִים	
		היא	הִתְרִימָה	תַּתְרִים	
		אנחנו	הִתְרַמְנוּ	נַתְרִים	
		אתם/ן	הִתְרַמְתֶּם/ן	תַּתְרִימוּ*	הַתְרִימוּ**
		הם/ן	הִתְרִימוּ	יַתְרִימוּ*	

* less commonly: אתן/הן תַּתְרֵמְנָה

שם הפועל .Infin לְהַתְרִים ** less commonly: (אתן) הַתְרֵמְנָה

שם הפעולה Gerund הַתְרָמָה making contribute, levying contributions

בינוני .Pres. Part מַתְרִים one eliciting contributions <<<

מקור מוחלט Inf. Abs. הָתְרֵם

הוּתְרַם (הָתְרַם) be made to contribute; be contributed (Mish H)

בניין: הוּפְעַל גזרה: שלמים

	Present הווה		Past עבר	Future עתיד
יחיד	מוּתְרָם	אני	הוּתְרַמְתִּי	אוּתְרַם
יחידה	מוּתְרֶמֶת	אתה	הוּתְרַמְתָּ	תּוּתְרַם
רבים	מוּתְרָמִים	את	הוּתְרַמְתְּ	תּוּתְרְמִי
רבות	מוּתְרָמוֹת	הוא	הוּתְרַם	יוּתְרַם
		היא	הוּתְרְמָה	תּוּתְרַם
		אנחנו	הוּתְרַמְנוּ	נוּתְרַם
		אתם/ן	הוּתְרַמְתֶּם/ן	תּוּתְרְמוּ*
		הם/ן	הוּתְרְמוּ	יוּתְרְמוּ*

* less commonly: אתן/הן תּוּתְרַמְנָה

◆ דוגמאות Illustrations

למרות (ואולי בגלל...) שארצות הברית היא מדינה קפיטליסטית, האמריקאים **תּוֹרְמִים** הרבה מאוד לצדקה. כל שנה **נִתְרָמִים** סכומים נכבדים לאלפי ארגונים, שעצם קיומם תלוי **בִּתְרוּמוֹת**, ומתנדבים רבים **מַתְרִימִים** את הציבור, לעתים מבית לבית. הצרה היא, שברגע **שֶׁמַּתְרִימִים** מזהים **תּוֹרֵם**, הם מוכרים לארגונים אחרים את שמו, ואותו אדם **מוּתְרָם** ללא הרף על ידי מאות ארגונים.

In spite of (and perhaps because of) the United States being a capitalist country, Americans **contribute** a lot to charity. Sizable sums **are contributed** every year to thousands of organizations, whose very existence depends on **contributions**, and numerous volunteers **elicit contributions** from the public, sometimes house-to-house. The trouble is, that the moment **those eliciting contributions** identify a **contributor**, they sell his name to other organizations, and the same person ends up **being solicited for contributions** nonstop, by hundreds of organizations.

Root Index אינדקס שורשים

Hebrew-English Index אינדקס עברי-אנגלי

42 censor (lit.) (בִּידֵּק) בִּידֵּק
43 scare, rush (tr.) (lit.) (בֻּהַל) בִּיהֵל
45 form white spots (Md H) (בֻּהַר) בִּיהֵר
54 express; pronounce (בֻּטָּא) בִּיטֵּא
57 insure (בֻּטַּח/בֻּטָּח) בִּיטַּח/בִּיטֵּחַ
59 cancel (בֻּטַּל) בִּיטֵּל
48 shame, embarrass (בֻּיַּשׁ) בִּייֵשׁ
63 lament, mourn (בֻּכָּה) בִּיכָּה
66 spend, have-a-good time (בֻּלָּה) בִּילָּה
70 stop, seal (Med H) (בֻּלַּם) בִּילֵּם
72 destroy (lit.) (בֻּלַּע) בִּילַּע
74 build up; fix; reconstruct (בֻּנָּה) בִּינָּה
75 base, establish (בֻּסַּס) בִּיסֵּס
76 perform (בֻּצַּע/בֻּצָּע) בִּיצַּע/בִּיצֵּעַ
78 visit; criticize (בֻּקַּר) בִּיקֵּר
79 ask, request (בֻּקַּשׁ) בִּיקֵּשׁ
84 bless; greet; congratulate (בֹּרַךְ) בֵּירֵךְ
86 clarify, find out (בֹּרַר) בֵּירֵר
89 cook, boil, stew (בֻּשַּׁל) בִּישֵּׁל
63 cry, weep בָּכָה
64 confuse; mix (up) בִּלְבֵּל
66 wither; wear out (int.) בָּלָה
67 protrude, stand out בָּלַט
69 stop, brake, curb בָּלַם
71 swallow, absorb בָּלַע
62 understand בָּן
73 build בָּנָה
496 hide (tr.); obstruct view הִסְתִּיר
77 slice, split בָּצַע
81 create בָּרָא
82 escape, flee בָּרַח
87 select, pick, sort בָּרַר
80 ripen (intr.); be ready בָּשַׁל
92 border on; set limits גָּבַל
94 increase, grow stronger גָּבַר
95 grow (intr.); expand גָּדַל
99 enclose; block; restrain גָּדַר
101 press, straighten (Med H) גָּהַץ
94 be strengthened (Mish H) (גֻּבַּר) גּוּבַּר
96 be grown/raised (גֻּדַּל) גּוּדַּל
99 be fenced in (גֻּדַּר) גּוּדַּר
100 be ironed/pressed (גֻּהַץ) גּוּהַץ
104 be cut out (lit.) (גֻּזַּר) גּוּזַּר
105 be mobilized (גֻּיַּס) גּוּיַּס
107 be discovered (גֻּלָּה) גּוּלָּה
110 be shaved (גֻּלַּח) גּוּלַּח
114 be stolen (lit.) (גֻּנַּב) גּוּנַּב
115 be condemned (גֻּנָּה) גּוּנָּה
117 protect, give shelter גּוֹנֵן

117 be protected/given shelter (lit.) גּוֹנַן
120 be expelled/divorced (גֹּרַשׁ) גּוֹרַשׁ
123 be realized (lit.) (גֻּשַּׁם) גּוּשַׁם
103 cut; decree גָּזַר
94 strengthen, reinforce (lit.) (גֻּבַּר) גִּיבֵּר
95 grow (tr.), raise (גֻּדַּל) גִּידֵּל
98 fence (in); wall up (גֻּדַּר) גִּידֵּר
100 iron, press (גֻּהַץ) גִּיהֵץ
104 cut, cut out (lit.) (גֻּזַּר) גִּיזֵּר
105 mobilize, call up (גֻּיַּס) גִּייֵס
106 discover (גֻּלָּה) גִּילָּה
109 shave (tr.) (גֻּלַּח/גִּלַּח) גִּילַּח/גִּילֵּחַ
111 use up, complete (lit.) (גֻּמַּר) גִּימֵּר
114 steal repeatedly (lit.) (גֻּנַּב) גִּינֵּב
115 condemn, denounce (גֻּנָּה) גִּינָּה
120 expel; divorce (גֵּרַשׁ) גֵּירֵשׁ
123 realize (Med H) (גֻּשַּׁם) גִּישֵּׁם
108 expose, inform; appear (lit.) גָּלָה
110 finish (tr.) גָּמַר
112 steal גָּנַב
117 cover, protect (lit.) גָּנַן
118 yearn (for) (Med H) גָּעֲגַע
102 live, reside גָּר
118 cause, bring about גָּרַם
121 send away; eject (lit.) גָּרַשׁ
123 worry, be anxious; take care דָּאַג
126 stick (intr.), adhere דָּבַק
128 speak, say (lit.) דָּבַר
129 fish דָּג
126 be joined (Mish H) (דֻּבַּק) דּוּבַּק
127 be spoken/said/agreed (דֻּבַּר) דּוּבַּר
130 be reported (דֻּוַּח) דּוּוַּח
133 be pushed/rejected (lit.) (דֻּחָה) דּוּחָה
139 be compared/imagined (דֻּמָּה) דּוּמָּה
143 be stabbed (lit.) (דֻּקַּר) דּוּקַּר
145 be drawn/tensed (lit.) (דֻּרַךְ) דּוּרַךְ
148 be required (Med H) (דֻּרַשׁ) דּוּרַשׁ
133 push away/reject; postpone דָּחָה
134 push, shove, thrust דָּחַף
126 draw together (Mish H) (דִּבַּק) דִּיבֵּק
127 speak (דִּבֵּר) דִּיבֵּר
130 report (דִּוַּח/דִּוֵּחַ) דִּיוַּח/דִּיוֵּחַ
135 push hard (lit.) (דִּחַף) דִּיחֵף
132 contend, discuss (Msh H) (דִּיֵּן) דִּייֵן
139 compare to; imagine (דִּמָּה) דִּימָּה
143 stab (Med H) (דִּקַּר) דִּיקֵּר
147 press hard (lit.) (דֵּרַס/דֵּירֵס) דֵּירֵס/דֵּירַס
136 burn דָּלַק
138 be like, resemble דָּמָה

111 be completed (Md H) (הֻגְמַר) הוּגְמַר
116 be protected הוּגַן
114 be smuggled in (הֻגְנַב) הוּגְנַב
400 caused to touch (Msh) (הֻגַּע) הוּגַּע
119 be caused (Med H) (הֻגְרַם) הוּגְרַם
401 be presented/served (הֻגַּשׁ) הוּגַּשׁ
122 be realized (הֻגְשַׁם) הוּגְשַׁם
124 be worried/alarmed (הֻדְאַג) הוּדְאַג
126 be glued; be infected (הֻדְבַּק) הוּדְבַּק
405 be removed (lit.) (הֻדַּד) הוּדַּד
264 admit; confess; thank הוֹדָה
134 be pushed back (lit.) (הֻדְחָה) הוּדְחָה
135 be rejected (Med H) (הֻדְחַף) הוּדְחַף
267 inform, announce הוֹדִיעַ
136 be lit, be set (fire) (הֻדְלַק) הוּדְלַק
268 be known, publicized הוּדַע
145 be guided/instructed (הֻדְרַךְ) הוּדְרַךְ
155 turn over (intr.) (lit.) (הֻהְפַּךְ) הוּהְפַּךְ
162 be warned (הֻזְהַר) הוּזְהַר
164 be moved/shifted הוּזַז
165 be made to crawl (הֻזְחַל) הוּזְחַל
169 be mentioned (הֻזְכַּר) הוּזְכַּר
171 be invited; be ordered (הֻזְמַן) הוּזְמַן
415 caused damage (Msh) (הֻזַּק) הוּזַּק
174 become old (lit.) (הֻזְקַן) הוּזְקַן
175 be straightened (Md) (הֻזְקַף) הוּזְקַף
177 be obliged (Mish H) (הֻזְקַק) הוּזְקַק
180 be injected (הֻזְרַק) הוּזְרַק
190 be made responsible for debt הוּחַב
187 be celebrated הוּחַג
188 be inserted (הֻחְדַּר) הוּחְדַּר
195 be held/seized (הֻחְזַק) הוּחְזַק
198 be returned/reflected (הֻחְזַר) הוּחְזַר
202 be revived (הֻחְיָה/הָחֳיָה) הוּחְיָה/הוּחֳיָה
192 be enforced (a law) הוּחַל
205 be made ill (הָחֳלָה) הוּחֳלָה
206 be decided (הֻחְלַט) הוּחְלַט
209 be exchanged (הֻחְלַף) הוּחְלַף
347 be pressured (הֻלְחַץ) הוּלְחַץ
216 be heated (lit.) הוּחַם
221 be subtracted/omitted (הֻחְסַר) הוּחְסַר
229 be investigated (Md) (הֻחְקַר) הוּחְקַר
230 be inscribed (Md H) (הָחֳרַט) הוּחֳרַט
232 become worse (coll.) (הֻחְרַף) הוּחְרַף
194 be felt by the senses הוּחַשׁ
235 be regarded (Msh H) (הֻחְשַׁב) הוּחְשַׁב
237 be suspected (הֻחְשַׁד) הוּחְשַׁד
242 be made to sign (הֻחְתַּם) הוּחְתַּם
246 be sunk/drowned (הֻטְבַּע) הוּטְבַּע

419 be turned aside/bent (הֻטָּה) הוּטָּה
420 be imposed; be laid (הֻטַּל) הוּטַּל
249 be flown, be sent by plane הוּטַס
423 be planted (Med H) (הֻטַּע) הוּטַּע
251 be misled/led astray (הֻטְעָה) הוּטְעָה
253 be accented/let taste (הֻטְעַם) הוּטְעַם
255 be loaded/charged (הֻטְעַן) הוּטְעַן
259 be attached/stuck (הֻטְפַּל) הוּטְפַּל
260 be bothered/troubled (הֻטְרַד) הוּטְרַד
302 be caused pain (Md) (הֻכְאַב) הוּכְאַב
305 be heavier; be hard (הֻכְבַּד) הוּכְבַּד
309 be laundered (rare) (הֻכְבַּס) הוּכְבַּס
424 be hit/beaten/stricken (הֻכָּה) הוּכָּה
314 be tuned/adjusted (הֻכְנַן) הוּכְוַן
272 be proven/scolded/judged הוּכַח
271 prove; scold; judge הוֹכִיחַ
318 be included (הֻכְלַל) הוּכְלַל
312 be prepared/furnished הוּכַן
320 be brought in/inserted (הֻכְנַס) הוּכְנַס
323 be subdued/humbled (הֻכְנַע) הוּכְנַע
326 be angered/annoyed (הֻכְעַס) הוּכְעַס
328 be bent (הֻכְפַּף) הוּכְפַּף
427 be recognized (הֻכַּר) הוּכַּר
329 be proclaimed/declared (הֻכְרַז) הוּכְרַז
331 be failed/led astray (הֻכְשַׁל) הוּכְשַׁל
332 be trained/koshered (הֻכְשַׁר) הוּכְשַׁר
335 be dictated (הֻכְתַּב) הוּכְתַּב
337 be dressed/clothed (הֻלְבַּשׁ) הוּלְבַּשׁ
275 be born (lit.) הוּלַד
339 be lent (money) (הֻלְוָה) הוּלְוָה
349 be whispered (lit.) (הֻלְחַשׁ) הוּלְחַשׁ
275 beget (father), cause הוֹלִיד
151 lead, conduct; transport הוֹלִיךְ
151 be led/transported (הֻלַּךְ) הוּלַּךְ
356 be mocked (Med H) (הֻלְעַג) הוּלְעַג
359 be measured (Md H) (הֻמְדַּד) הוּמְדַּד
361 be brought down (lit.) הוּמַט
369 be born (animal) (הֻמְלַט) הוּמְלַט
370 be recommended (הֻמְלַץ) הוּמְלַץ
372 be counted in (Msh) (הֻמְנָה) הוּמְנָה
374 be prevented (Md H) (הֻמְנַע) הוּמְנַע
378 be invented/provided (הֻמְצָא) הוּמְצָא
381 be incited to rebel (הֻמְרַד) הוּמְרַד
382 be smeared (Med H) (הֻמְרַח) הוּמְרַח
384 be continued (הֻמְשַׁךְ) הוּמְשַׁךְ
363 be put to death/killed הוּמַת
398 be composed for lyrics (הֻנְגַּן) הוּנְגַּן
406 be led; be established (הֻנְהַג) הוּנְהַג
411 be given rest, calmed (down) הוּנַח

הוּנַּח (הֻנַּח) be put down/assumed 410
הוּנְחַת (הֻנְחַת) be landed 417
הוּנַע be shaken/started up/impelled 413
הוּנְעַל (הֻנְעַל) having shoes put on 434
הוּנְשַׁם (הֻנְשַׁם) be given respiration 450
הוּסַב be turned/endorsed 458
הוּסְבַּךְ (הֻסְבַּךְ) get entangled (Msh) 460
הוּסְבַּר (הֻסְבַּר) be explained 462
הוּסְגַּל (הֻסְגַּל) be trained (lit.) 465
הוּסְגַּר (הֻסְגַּר) be confined/extradited 467
הוּסַד be established (lit.) 277
הוּסְדַּר (הֻסְדַּר) be settled/arranged 470
הוֹסִיף add, increase; repeat 278
הוּסְכַּם (הֻסְכַּם) be agreed upon 477
הוּסְמַךְ (הֻסְמַךְ) be linked/authorized 484
הוּסַּע (הֻסַּע) be transported/removed 431
הוּסְעַד (הֻסְעַד) be supported (Md) 487
הוּסַף be added 278
הוּסְפַּק (הֻסְפַּק) be supplied 489
הוּסַּק (הֻסַּק) be heated/concluded 432
הוּסַר be removed; be turned aside 472
הוּסְרַק (הֻסְרַק) be combed (Med H) 496
הוּסְתַּר (הֻסְתַּר) be concealed/hidden 497
הוּעֲבַד (הָעֳבַד) be compelled to work 500
הוּעֲבַר (הָעֳבַר) be transferred 502
הוּעַד be warned; be attested 505
הוּעֲדַף (הָעֳדַף) be preferred 503
הוּעֲזַב (הָעֳזַב) be caused to leave 512
הוֹעִיל be useful; avail 280
הוּעֲלַב (הָעֳלַב) be insulted 518
הוּעֲלָה (הָעֳלָה) be raised/promoted 520
הוּעֲלַם (הָעֳלַם) be hidden (Mish H) 523
הוּעֲמַד (הָעֳמַד) be set up; be rebuilt 525
הוּעֲסַק (הָעֳסַק) be employed 531
הוּעַף be flown (kite)/set flying 508
הוּעֲצַר (הָעֳצַר) be stopped (Med H) 535
הוּעֲקַב (הָעֳקַב) be cheated (Med H) 536
הוּעַר be said/noted; be awakened 510
הוּעֲרַךְ (הָעֳרַךְ) be estimated/valued 541
הוּעֲשַׁן (הָעֳשַׁן) go up in smoke (lit.) 546
הוּעֲתַק (הָעֳתַק) be copied, be moved 547
הוּפְגַּן (הֻפְגַּן) be demonstrated 548
הוּפְגַּע (הֻפְגַּע) be harmed (Med H) 550
הוּפְגַּשׁ (הֻפְגַּשׁ) be caused to meet 553
הוּפְזַר (הֻפְזַר) be scattered (Med H) 556
הוּפְחַד (הֻפְחַד) be frighted/scared 558
הוּפְטַר (הֻפְטַר) be removed (Med H) 562
הוֹפִיעַ appear; come out (book etc.) 284
הוּפַּךְ (הֻפַּךְ) be transformed/reversed 155
הוּפַּל (הֻפַּל) be dropped 436
הוּפְלָא (הֻפְלָא) be extraordinary 564
הוּפְלַט (הֻפְלַט) be ejected; be let slip 566
הוּפְלַל (הֻפְלַל) be prosecuted 567
הוּפְנָה (הֻפְנָה) be turned/referred 569
הוּפְסַד (הֻפְסַד) be lost; suffer loss 571
הוּפְסַק (הֻפְסַק) be stopped 573
הוּפְעַל (הֻפְעַל) be activated 576
הוּפְצַע (הֻפְצַע) be wounded (Med H) 578
הוּפְצַץ (הֻפְצַץ) be bombed 580
הוּפַק be derived/extracted/produced 554
הוּפְקַד (הֻפְקַד) be assigned 582
הוּפְרַד (הֻפְרַד) be separated/divided 588
הוּפְרַז (הֻפְרַז) be exaggerated 589
הוּפְרַט (הֻפְרַט) be privatized 592
הוּפְרַע (הֻפְרַע) be disturbed/bothered 596
הוּפְרַץ (הֻפְרַץ) be breached (Med H) 598
הוּפְרַשׁ (הֻפְרַשׁ) be set aside/excreted 605
הוּפְשַׁט (הֻפְשַׁט) be undressed 608
הוּפְתַּע (הֻפְתַּע) be surprised 612
הוּצָא be taken out/expended 286
הוּצְבַּע (הֻצְבַּע) be voted on 616
הוּצַּג (הֻצַּג) be presented/put on 289
הוּצְדַּק (הֻצְדַּק) be vindicated 618
הוּצְחַק (הֻצְחַק) be made to laugh 621
הוֹצִיא take out; withdraw; spend 285
הוּצַּל (הֻצַּל) be saved/rescued 441
הוּצְלַח (הֻצְלַח) turn out well (Msh) 627
הוּצְלַל (הֻצְלַל) be sunk; be purified 628
הוּצַן cool down (Mish H) 637
הוּצְנַח (הֻצְנַח) be parachuted 635
הוּצַּע (הֻצַּע) be suggested 290
הוּצְעַד (הֻצְעַד) be caused to march 638
הוּצַר be made, manufactured 293
הוּצְרַךְ (הֻצְרַךְ) be required 645
הוּקְבַּל (הֻקְבַּל) be compared 649
הוּקְבַּע (הֻקְבַּע) be set (Mish H) 651
הוּקְבַּר (הֻקְבַּר) be buried (Mish H) 653
הוּקְדַּם (הֻקְדַּם) be advanced 655
הוּקְדַּשׁ (הֻקְדַּשׁ) be dedicated/devoted 658
הוּקְטַן (הֻקְטַן) be reduced 664
הוּקְלַט (הֻקְלַט) be recorded 670
הוּקַם be raised/set up/established 662
הוּקְנָה (הֻקְנָה) be provided/acquired 676
הוֹרַס (הֹרַס) be destroyed (lit.) 158
הוּקַּף (הֻקַּף) be surrounded/included 445
הוּקְפָּא (הֻקְפָּא) be frozen/congealed 678
הוּקְפַּץ (הֻקְפַּץ) be made to jump 681
הוּקַר be cooled (Mish H) 692

432 light, heat; draw (concl.) הִסִּיק
471 remove; turn aside, divert הֵסִיר
476 agree, consent, approve הִסְכִּים
482 hide away הִסְלִיק
483 attach, link; authorize הִסְמִיךְ
487 feed, serve meal (Med H) הִסְעִיד
487 manage; be sufficient הִסְפִּיק
496 comb (Med H) הִסְרִיק
459 become complicated הִסְתַּבֵּךְ
461 be a burden; be loaded (lit.) הִסְתַּבֵּל
461 become evident; be likely הִסְתַּבֵּר
464 adapt (oneself), adjust (intr.) הִסְתַּגֵּל
466 shut oneself away הִסְתַּגֵּר
469 be arranged/settled; settle in הִסְתַּדֵּר
457 revolve, rotate; go around הִסְתּוֹבֵב
473 end/conclude (intr.) (הִסְתַּיֵּם) הִסְתַּיֵּים
475 be aided (הִסְתַּיֵּעַ) הִסְתַּיֵּיעַ/הִסְתַּיֵּעַ
475 look (at), observe הִסְתַּכֵּל
478 amount to, add up to הִסְתַּכֵּם
481 go away; withdraw הִסְתַּלֵּק
483 be supported; rely (on) הִסְתַּמֵּךְ
486 be indicated; take shape הִסְתַּמֵּן
488 be satisfied (with) הִסְתַּפֵּק
492 have one's hair cut הִסְתַּפֵּר
494 refuse obstinately (lit.) הִסְתָּרֵב
494 comb one's hair הִסְתָּרֵק
497 hide (intr.) הִסְתַּתֵּר
499 employ; compel to work הֶעֱבִיד
501 transfer, transmit הֶעֱבִיר
503 prefer; do to excess (lit.) הֶעְדִּיף
512 cause to leave; fire (coll.) הֶעֱזִיב
513 help (Bib H) הֶעֱזִיר
515 cover, envelope (lit.) הֶעֱטִיף
504 bear witness, give evidence הֵעִיד
507 fly (a kite), set flying הֵעִיף
509 wake; comment, annotate הֵעִיר
520 raise; cause to immig. to Isr. הֶעֱלָה
518 insult, offend הֶעֱלִיב
523 hide, conceal הֶעֱלִים
525 stand (tr.), set up; establish הֶעֱמִיד
531 employ; keep one busy הֶעֱסִיק
535 cause constipation (Med H) הֶעֱצִיר
540 estimate, value; appreciate הֶעֱרִיךְ
544 cause to do/make (Mish H) הֶעֱשָׂה
546 smoke; give smoke (Med H) הֶעֱשִׁין
547 copy; move, transfer הֶעְתִּיק
548 demonstrate הִפְגִּין
550 afflict; entreat הִפְגִּיעַ
552 bring together, cause to meet הִפְגִּישׁ
558 frighten, scare, intimidate הִפְחִיד
562 blurt; say the Haftara הִפְטִיר
436 bring down; drop (tr.) הִפִּיל
553 derive; produce, extract הֵפִיק
154 turn over; change (tr./intr.) הָפַךְ
563 amaze; do very well הִפְלִיא
565 eject; let slip (esp. words) הִפְלִיט
567 prosecute; incriminate הִפְלִיל
569 turn (tr.); pass on; divert הִפְנָה
570 lose (in game, money, etc.) הִפְסִיד
573 stop, interrupt הִפְסִיק
575 activate, operate (tr.) הִפְעִיל
578 crack; break through הִפְצִיעַ
580 bomb (from the air) הִפְצִיץ
581 deposit; appoint, assign to הִפְקִיד
586 cause to open (eyes) (lit.) הִפְקִיחַ
587 separate, divide הִפְרִיד
589 exaggerate הִפְרִיז
592 spread out; privatize הִפְרִיט
595 disturb, hinder, bother הִפְרִיעַ
598 abound; behave licentiously הִפְרִיץ
604 set aside; excrete הִפְרִישׁ
608 undress (tr.); make abstract הִפְשִׁיט
612 surprise הִפְתִּיעַ
616 vote; point הִצְבִּיעַ
618 vindicate, justify הִצְדִּיק
621 make laugh, amuse הִצְחִיק
615 acquire a certain color (lit.) הִצְטַבַּע
617 apologize הִצְטַדֵּק
620 shine; ornament speech הִצְטַחְצֵחַ
622 chuckle; smile, grin הִצְטַחֵק
624 excel (הִצְטַיֵּן) הִצְטַיֵּין
625 be portrayed (הִצְטַיֵּר) הִצְטַיֵּיר
629 having one's photo taken הִצְטַלֵּם
630 sound like ringing הִצְטַלְצֵל
632 begin to grow (lit.) הִצְטַמֵּחַ
633 limit oneself; be reduced הִצְטַמְצֵם
635 let oneself fall down (lit.) הִצְטַנֵּחַ
636 cool (down); catch a cold הִצְטַנֵּן
639 start shouting הִצְטַעֵק
640 regret, be sorry הִצְטַעֵר
644 let out a scream (lit.) הִצְטָרֵחַ
644 have to; have need of הִצְטָרֵךְ
646 join (as member), be joined הִצְטָרֵף
288 present, put on (play) הִצִּיג
441 save, rescue הִצִּיל
290 suggest; make (bed) הִצִּיעַ
626 succeed הִצְלִיחַ
628 sink (tr.); clear, purify הִצְלִיל

631 cause to grow; produce הִצְמִיחַ
637 cool (tr.) (הֵצַן (הִצְנִין
634 cause to drop (by parachute) הִצְנִיחַ
638 lead, cause to march הִצְעִיד
639 call to gather together (lit.) הִצְעִיק
642 show, reveal (Med H) הִצְפָּה
644 shout, scream (lit.) הִצְרִיחַ
645 oblige; require הִצְרִיךְ
648 be parallel; match; compare הִקְבִּיל
651 fix/set firmly (Med H) הִקְבִּיעַ
654 come early; advance (tr.) הִקְדִּים
657 dedicate, devote הִקְדִּישׁ
660 give hope (Med H) (הִקְוָה (הִקְוָה
663 make smaller, reduce הִקְטִין
661 raise; set up, erect; establish הֵקִים
445 surround; comprise, include הִקִּיף
669 record (on tape etc.) הִקְלִיט
675 provide with; transfer (asset) הִקְנָה
674 anger; cause jealousy (lit.) הִקְנִיא
677 freeze (tr.), congeal (tr.) הִקְפִּיא
680 cause to jump הִקְפִּיץ
692 cool (tr.) (lit.) הֵקֵר
688 bring about, cause to happen הִקְרָה
683 read aloud, recite הִקְרִיא
686 sacrifice הִקְרִיב
690 cause to tear (Mish H) הִקְרִיעַ
692 turn colder (lit.) הִקְרִיר
692 listen, pay attention; obey הִקְשִׁיב
697 connect (Med H) הִקְשִׁיר
699 show, exhibit, manifest הֶרְאָה
156 kill, slay הָרַג
703 annoy, enrage, upset הִרְגִּיז
705 accustom הִרְגִּיל
706 feel הִרְגִּישׁ
708 put to sleep; anaesthesize הִרְדִּים
711 chase; throw, cast (lit.) הִרְדִּיף
711 make profit (הִרְוִיחַ (הִרְוִיחַ
720 wash/clean (Mish H) הִרְחִיץ
721 send away; go far הִרְחִיק
723 breed worms; stir (lit.) הִרְחִישׁ
724 quarrel, dispute, wrangle (lit.) הֵרִיב
725 sense, smell הֵרִיחַ
714 lift; pick up הֵרִים
716 make run, operate הֵרִיץ
726 make ride; assemble הִרְכִּיב
730 cause to acquire הִרְכִּישׁ
733 hint, make sign (Mish H) הִרְמִיז
157 destroy, ruin, demolish הָרַס
734 cause to tremble, shake (tr.) הִרְעִיד

738 lecture הִרְצָה
742 set dancing; jolt הִרְקִיד
744 allow, permit; authorize הִרְשָׁה
746 impress (usually coll.) הִרְשִׁים
748 boil (tr.); infuriate הִרְתִּיחַ
750 lend; use (word) figuratively הִשְׁאִיל
753 make breathe/inhale (lit.) הִשְׁאִיף
754 leave, leave behind הִשְׁאִיר
755 swear in; impose an oath הִשְׁבִּיעַ
757 cause crisis (lit.) הִשְׁבִּיר
759 strike (tr.) or lock out הִשְׁבִּית
766 compare; equalize (הִשְׁוָה (הִשְׁוָה
771 cause to swim; flood, (lit.) הִשְׁחָה
775 cause to run swiftly (lit.) הִשְׁטִיף
447 marry of; carry, bring הִשִּׂיא
765 reply; return (tr.) הֵשִׁיב
448 obtain, achieve; overtake הִשִּׂיג
776 talk, converse הֵשִׂיחַ
769 float (tr.), transport by boat הֵשִׁיט
777 place, set up, establish (lit.) הֵשִׂים
452 touch; cause to touch; launch הִשִּׁיק
780 lay down, put to bed הִשְׁכִּיב
782 cause to forget הִשְׁכִּיחַ
785 settle, accommodate הִשְׁכִּין
788 lease, let (property), hire out הִשְׂכִּיר
792 connect, interweave (Med H) הִשְׁלִיב
793 send, have sent (lit.) הִשְׁלִיחַ
795 put in control; establish הִשְׁלִיט
798 complete/supplement/accept הִשְׁלִים
800 annihilate הִשְׁמִיד
802 gladden (lit.) הִשְׂמִיחַ
803 omit, leave out (accid.) הִשְׁמִיט
805 grow fat(ter); fatten הִשְׁמִין
808 make heard, sound, voice הִשְׁמִיעַ
814 make usable (lit.) הִשְׁמִישׁ
817 change (tr.), alter (Mish H) הִשְׁנָה
815 cause to be hated הִשְׂנִיא
824 pour, spill (Med H) הִשְׁפִּיךְ
825 influence, affect הִשְׁפִּיעַ
828 improve (cloth) (Med H) הִשְׁפִּיר
829 consider, ponder (Mish H) הִשְׁקִיל
830 invest; cause to sink הִשְׁקִיעַ
754 survive, remain (Mish H) הִשְׁתָּאֵר
757 be refracted; be broken הִשְׁתַּבֵּר
761 go mad; act crazy (coll.) הִשְׁתַּגֵּעַ
762 try hard, endeavor הִשְׁתַּדֵּל
767 become equal (הִשְׁתַּוָּה (הִשְׁתַּוָּה
776 talk to each other (Msh H) הִשְׁתּוֹחֵחַ
778 be sung/said in poetry (lit.) הִשְׁתּוֹרֵר

302 feel pain (Med H) הִתְכָּאֵב
304 be honored; be offered food הִתְכַּבֵּד
307 get extinguished (Mish H) הִתְכַּבָּה
309 be laundered הִתְכַּבֵּס
311 be conquered/pressed הִתְכַּבֵּשׁ
313 mean, intend (הִתְכַּוֵּן) הִתְכַּוֵּן
315 shrink (intr.) (הִתְכַּוֵּץ) הִתְכַּוֵּץ
312 prepare oneself, get ready הִתְכּוֹנֵן
327 bend (over, down), stoop הִתְכּוֹפֵף
318 be included (lit.) הִתְכַּלֵּל
321 convene, come together הִתְכַּנֵּס
323 surrender (Med H) הִתְכַּנַּע
325 cover oneself; be covered הִתְכַּסָּה
326 get angry (lit.) הִתְכַּעֵס
333 train oneself (Mish H) הִתְכַּשֵּׁר
334 correspond הִתְכַּתֵּב
337 get dressed הִתְלַבֵּשׁ
852 suspend (legal procedure) הִתְלָה
341 join, accompany (הִתְלַוְּנָה) הִתְלַוָּה
343 reside, stay (lit.) הִתְלוֹנֵן
344 complain הִתְלוֹנֵן
346 fight each other (Mish H) הִתְלַחֵם
347 be pressed (lit.) הִתְלַחֵץ
348 whisper to each other הִתְלַחֵשׁ
351 unite (intr.); coalesce (intr.) הִתְלַכֵּד
352 get dirty הִתְלַכְלֵךְ
354 self-teach; practice הִתְלַמֵּד
356 mock (lit.) הִתְלַעֵג
357 catch fire; flare up הִתְלַקַּח/הִתְלַקֵּם
360 get faster (Med H) הִתְמַהֵר
359 compete (with); stretch הִתְמוֹדֵד
361 break down, collapse הִתְמוֹטֵט
854 support (Med H) הִתְמִיךְ
365 devote oneself; be addicted הִתְמַכֵּר
366 fill up; be fulfilled הִתְמַלֵּא
369 escape; slip out הִתְמַלֵּט
371 be appointed/assigned הִתְמַנָּה
374 avoid, abstain (Mish H) הִתְמַנַּע
376 devote oneself הִתְמַסֵּר
378 know one's way about הִתְמַצֵּא
380 rebel, revolt, mutiny הִתְמָרֵד
384 extend, be continuous הִתְמַשֵּׁךְ
387 become moderate הִתְמַתֵּן
389 prophesy; go into pr. trance הִתְנַבֵּא
391 burst with a bark (lit.) הִתְנַבֵּחַ
394 dry/wipe oneself; turn dry הִתְנַגֵּב
396 oppose, object, resist הִתְנַגֵּד
398 be sung, come out as song הִתְנַגֵּן
402 clash; collide (vehicles) הִתְנַגֵּשׁ

153 fill up with hesitation הִתְהַסֵּס
155 be inverted; turn over הִתְהַפֵּךְ
265 confess (הִתְוַדָּה) הִתְוָודָּה
268 reveal/introd. self (הִתְוַדַּע) הִתְוָודַּע
272 argue, debate (הִתְוַכַּח)...כֵּם
279 get added (הִתְוַסֵּף) הִתְוָוסֵף/הַתּוֹסֵף
181 be liked; like one another הִתְחַבֵּב
183 embrace/hug each other הִתְחַבֵּק
185 join; form alliance הִתְחַבֵּר
187 penetrate הִתְחַדֵּר
187 be celebrated הִתְחוֹגֵג
193 be generated, be brewing הִתְחוֹלֵל
196 become strong, take courage הִתְחַזֵּק
199 return (intr.) (Mish H) הִתְחַזֵּר
190 undertake (oblig.) (הִתְחַיֵּב)
202 come back to life (הִתְחַיָּה)
203 smile, be happy (הִתְחַיֵּךְ)
849 begin, start הִתְחִיל
205 pretend to be sick הִתְחַלָּה
207 appear in a dream (lit.) הִתְחַלֵּם
208 change places; change (intr.) הִתְחַלֵּף
212 be extracted (Med H) הִתְחַלֵּץ
213 be divided; be divisible הִתְחַלֵּק
216 get warm; get heated (em.) הִתְחַמֵּם
217 be educated הִתְחַנֵּךְ
220 be saved by economizing הִתְחַסֵּךְ
222 get reduced, become smaller הִתְחַסֵּר
224 dig oneself in הִתְחַפֵּר
226 disguise oneself, dress up הִתְחַפֵּשׂ
227 search/examine thoroughly הִתְחַקָּה
229 philosophize הִתְחַקֵּר
230 be inscribed (Med H) הִתְחָרֵט
231 regret, be sorry הִתְחָרֵט
232 curse each other (lit.) הִתְחָרֵף
234 consider; be considerate הִתְחַשֵּׁב
237 be suspicious (Mish H) הִתְחַשֵּׁד
238 (be)come exposed (lit.) הִתְחַשֵּׂף
240 be cut/shaped/articulated הִתְחַתֵּךְ
242 be signed, ratified (Mish H) הִתְחַתֵּם
243 get married הִתְחַתֵּן
263 dry up (intr.) (הִתְיַבֵּשׁ)
269 treat; be related to (הִתְיַחֵס)
275 behave like a child (הִתְיַלֵּד)
277 be established (הִתְיַסֵּד)
281 become efficient (הִתְיַעֵל)
283 consult (with) (הִתְיַעֵץ)
289 present oneself (lit.) (הִתְיַצֵּג)
298 settle (i.); sit down (הִתְיַשֵּׁב)
301 fall asleep (Med H) (הִתְיַשֵּׁן)

707 be moved (emotionally) הִתְרַגֵּשׁ
711 get scattered (Mish H) הִתְרַדֵּף
724 quarrel, dispute (Mish H) הִתְרוֹבֵב
713 be relieved (הִתְרַוַּח) הִתְרַוֵּחַ/הִתְרַוֵּם
714 raise oneself; rise הִתְרוֹמֵם
717 run around הִתְרוֹצֵץ
718 fill up with pity (Mish H) הִתְרַחֵם
719 wash oneself, bathe הִתְרַחֵץ
721 keep/move away הִתְרַחֵק
723 occur, happen הִתְרַחֵשׁ
866 elicit contributions from הִתְרִים
727 be combined chemically הִתְרַכֵּב
728 concentrate (intr.) הִתְרַכֵּז
731 cheat (Mish H) הִתְרַמָּה
733 be hinted (lit.) הִתְרַמֵּז
735 begin to shake (lit.) הִתְרַעֵד
736 recover; have medical care הִתְרַפֵּא
739 become reconciled הִתְרַצָּה
741 murder each other (lit.) הִתְרַצֵּחַ
743 start dancing (Med H) הִתְרַקֵּד
744 receive permission (Med H) הִתְרַשָּׁה
746 get an impression הִתְרַשֵּׁם
748 boil over (from anger) הִתְרַתֵּחַ
770 roam (lit.) הִתְשׁוֹטֵט
770 roam, cruise (lit.) (הִתְשַׁיֵּט) הִתְשַׁיֵּט
265 received for confession (וֻדָּה) וּדָּה
159 remain; be given up (וֻתַּר) וּתַּר
265 hear confession (וִדָּה) וִדָּה
272 argue, dispute (Mish H) (וֻכַּח) וִיכַּח
159 forego; give in/up (וִתֵּר) וִיתֵּר
160 be identified (זֻהָה) זוּהָה
166 be acquitted/credited (זֻכָּה) זוּכָּה
170 be despised/held cheap (זֻלְזַל) זוּלְזַל
172 be fixed/invited (זֻמַּן) זוּמַּן
175 be straight (Med H) (זֻקַּף) זוּקַּף
178 be hurried/urged on (זֹרַז) זוֹרַז
180 be thrown (זֹרַק) זוֹרַק
163 move (intr.), move away זָז
164 crawl, creep זָחַל
159 identify (זֻהָה) זִיהָה
162 order (Med H) (זֻהַר) זִיהֵר
166 acquit; credit (זֻכָּה) זִיכָּה
171 invite, fix, cause to meet (זֻמַּן) זִימֵּן
175 straighten (זֻקַּף) זִיקֵּף
177 hurry (tr.), urge on (זֹרַז) זֵירַז
180 throw away (Mish H) (זֹרַק) זֵירַק
165 win, gain; be acquitted זָכָה
167 remember זָכַר
170 despise; underestimate (coll.) זִלְזֵל

174 grow old, age זָקֵן
175 straighten up; register in acct. זָקַף
177 oblige, compel (Mish H) זָקַק
179 throw, toss, cast, fling זָרַק
190 owe; impose obligation on חָב
182 like, be fond of, love (lit.) חָבַב
184 hug; encircle חָבַק
185 join together, unite חָבַר
186 celebrate, observe (holiday) חָגַג
187 penetrate חָדַר
182 like (Med H) חוֹבֵב
182 be liked (חֻבַּב) חוּבַּב
183 be hugged/embraced (חֻבַּק) חוּבַּק
185 be joined/composed (חֻבַּר) חוּבַּר
187 celebrate חוֹגֵג
196 be strengthened/fortified (חֻזַּק) חוּזַּק
189 be obliged/debited (חֻיַּב) חוּיַּב
200 be dialed (חֻיַּג) חוּיַּג
202 be revived (חֻיָּה) חוּיָּה
204 be expected (Med H) (חֻכָּה) חוּכָּה
205 be made ill (חֻלָּה) חוּלָּה
192 generate, perform; dance (lit.) חוֹלֵל
210 be replaced (Med H) (חֻלַּף) חוּלַּף
211 be rescued/extracted (חֻלַּץ) חוּלַּץ
213 be divided/separated (חֻלַּק) חוּלַּק
215 be heated/warmed (חֻמַּם) חוּמַּם
217 be educated/brought up (חֻנַּךְ) חוּנַּךְ
222 be subtracted/deprived (חֻסַּר) חוּסַּר
225 be sought; be disguised (חֻפַּשׂ) חוּפַּשׂ
227 be imitated (חֻקָּה) חוּקָּה
230 be inscribed (lit.) (חֹרַט) חוֹרַט
234 be calculated (חֻשַּׁב) חוּשַּׁב
240 be cut up (חֻתַּךְ) חוּתַּךְ
242 be signed (Mish H) (חֻתַּם) חוּתַּם
243 be married off (חֻתַּן) חוּתַּן
196 be(come) strong חָזַק
197 return; repeat; rehearse חָזַר
181 like; cause to like (חֻבַּב) חִיבֵּב
182 hug; encircle (חֻבַּק) חִיבֵּק
184 join; add; compose; write (חֻבַּר) חִיבֵּר
201 live; exist; recover חָיָה/חַי
195 strengthen, fortify (חֻזַּק) חִיזֵּק
198 woo, court (חֻזַּר) חִיזֵּר
189 oblige; debit; approve of (חֻיַּב) חִייֵּב
200 dial (חֻיַּג) חִייֵּג
201 revive, refresh (חֻיָּה) חִייָּה
203 smile, chuckle (חֻיֵּךְ) חִייֵּךְ
204 wait, await; expect (חֻכָּה) חִיכָּה
205 make ill; plead (חֻלָּה) חִילָּה

258 be cared for/treated (טֻפַּל) טוּפַּל
261 be confused (Med H) (טֹרַד) טוֹרַד
246 sink (tr.), drown (tr.) (טִבַּע) טִיבַּע
247 fry (tr.) (טִגֵּן) טִיגֵּן
250 go for a walk/on a trip (טִיֵּל) טִיֵּל
253 taste (Mish H) (טִעֵם) טִיעֵם
255 load (Mish H) (טִעֵן) טִיעֵן
256 foster, tend, nurture (טִפַּח) טִיפַּח
257 look after, treat (med.) (טִפֵּל) טִיפֵּל
259 climb (טִפֵּס) טִיפֵּס
261 drive away (Med H) (טֵרַד) טֵירַד
248 fly (intr.) טָס
250 make a mistake, err; stray טָעָה
252 taste (tr.) טָעַם
253 load, charge (battery) טָעַן
255 plead (a case); claim טָעַן
259 stick, attach, join; smear טָפַל
261 drive away; push טָרַד
263 be dry, be dried up, wither יָבֵשׁ
266 know; be aware of יָדַע
263 be dried (up), be drained (יֻבַּשׁ) יוּבַּשׁ
267 be informed/made def. (יֻדַּע) יוּדַּע
270 be ascribed/traced (יֻחַס) יוּחַס
275 be born, be created (lit.) (יֻלַּד) יוּלַּד
277 be established/founded (יֻסַּד) יוּסַּד
280 be revalued (יֻסַּף) יוּסַּף
281 be made (more) efficient (יֻעַל) יוּעַל
286 be exported (יֻצָּא) יוּצָּא
288 be represented (יֻצַּג) יוּצַּג
292 be produced (יֻצַּר) יוּצַּר
296 be fired/shot (lit.) יוֹרָה
298 be settled (יֻשַּׁב) יוּשַּׁב
301 be put to sleep (יֻשַּׁן) יוּשַּׁן
456 be given/put (fut. only) (יֻתַּן) יוּתַּן
262 dry (up) (tr.), drain (יִבֵּשׁ) יִיבֵּשׁ
267 inform; make definite (יִדַּע) יִידַּע
270 ascribe; trace descent of (יִחֵס) יִיחֵס
275 act as midwife (יִלֵּד) יִילֵּד
276 found, establish (יִסֵּד) יִיסֵּד
280 revalue (currency) (יִסֵּף) יִיסֵּף
281 make (more) efficient (יִעֵל) יִיעֵל
282 advise, counsel (יִעֵץ) יִיעֵץ
286 export (יִצֵּא) יִיצֵּא
288 represent (יִצֵּג) יִיצֵּג
292 produce, manufacture (יִצֵּר) יִיצֵּר
298 settle (tr.) (יִשֵּׁב) יִישֵּׁב
301 put to sleep (יִשֵּׁן) יִישֵּׁן
273 can; may; prevail over (יָכֹל) יָכוֹל
274 give birth, bear יָלַד

210 change, replace, renew (חִלֵּף) חִילֵּף
210 rescue; pull out, extract (חִלֵּץ) חִילֵּץ
213 divide; distribute (חִלֵּק) חִילֵּק
215 heat, warm (חִמֵּם) חִימֵּם
217 educate, bring up, train (חִנֵּךְ) חִינֵּךְ
220 economize; spare (Msh) (חִסֵּךְ) חִיסֵּךְ
222 subtract; deprive (חִסֵּר) חִיסֵּר
224 dig a lot (lit.) (חִפֵּר) חִיפֵּר
225 look for, seek (חִפֵּשׂ) חִיפֵּשׂ
227 imitate (חִקָּה) חִיקָּה
229 investigate well (lit.) (חִקֵּר) חִיקֵּר
230 engrave, inscribe (lit.) (חִרֵט) חִירֵט
232 curse, abuse, revile (חִרֵף) חִירֵף
234 calculate; be about to (חִשֵּׁב) חִישֵּׁב
237 voice suspicion (Msh) (חִשֵּׁד) חִישֵּׁד
238 expose (Med H) (חִשֵּׂף) חִישֵּׂף
240 cut up; articulate (חִתֵּךְ) חִיתֵּךְ
242 seal (חִתֵּם) חִיתֵּם
243 marry off (חִתֵּן) חִיתֵּן
204 hope, expect (lit.) חִכָּה
191 apply, fall on, occur חָל
204 fall sick, be sick חָלָה
206 decide, determine (lit.) חָלַט
207 dream חָלַם
209 pass away/by/through חָלַף
212 remove/loosen; take off (shoe) חָלַץ
214 divide; disagree חָלַק
216 get hot/warm חַם/חָמַם
218 inaugurate, consecrate חָנַךְ
219 save; withold, spare חָסַךְ
220 lack, be without; be absent חָסַר
223 dig; explore in secret חָפַר
226 look for, seek (lit.) חָפַשׂ
228 investigate, research חָקַר
230 engrave חָרַט
232 curse, humiliate (lit.) חָרַף
194 feel, sense חָשׁ
233 think, consider; intend; esteem חָשַׁב
236 suspect חָשַׁד
238 expose, bare, uncover חָשַׂף
239 cut חָתַךְ
240 sign; seal; subscribe חָתַם
244 sweep (with broom) טָאטָא
245 drown (intr.), sink (int., thing) טָבַע
245 be swept (טָאטָא) טוּאטָא
246 be sunk/drowned (טֻבַּע) טוּבַּע
247 be fried (טֻגַּן) טוּגַּן
255 be loaded (טֻעַן) טוּעַן
257 be fostered, nurtured (טֻפַּח) טוּפַּח

333 work out well, be appropriate כָּשֵׁר
333 write כָּתַב
336 put on clothing; wear לָבַשׁ
339 borrow (money) לָוָה (לִוְנֶה)
341 be accompanied/escorted לִוָּה (לִוְנֶה)
347 be compelled (Med H) לוּחַץ (לְחַץ)
349 be said in whisper (lit.) לוּחַשׁ (לְחַשׁ)
350 be united/combined לוּכַד (לְכַד)
352 be dirtied/soiled לוּכְלַךְ (לְכְלַךְ)
354 be taught, trained לוּמַּד (לְמַד)
343 stay, live, reside (lit.) לוֹנֵן
356 be mocked (lit.) לוּעַג (לְעַג)
357 be taken (lit.) לוּקַח (לְקַח)
345 fight לָחַם
346 press, exert pressure; oppress לָחַץ
348 whisper לָחַשׁ
338 cover (Med H) לִיבֵּשׁ (לְבֵּשׁ)
340 accompany, escort לִיוָּה (לְנָה)
349 whisper/say charm (lit.) לִיחֵשׁ (לְחַשׁ)
350 unite (tr.), combine (tr.) לִיכֵּד (לְכַד)
354 teach, instruct, train לִימֵּד (לְמַד)
356 mock (Med H) לִיעֵג (לְעַג)
349 capture לָכַד
352 dirty, soil לִכְלֵךְ
353 learn, study לָמַד
343 stay overnight, lodge; remain לָן
355 mock, ridicule לָעַג
356 take; buy (lit.) לָקַח
358 measure, survey מָדַד
359 be measured (Med H) מוּדַד (מְדַד)
361 knock over, cause to collapse מוֹטֵט
361 be shaken/ruined מוּטַט
366 be filled/fulfilled מוּלָא (מְלָא)
371 be appointed/designated מוּנָה (מְנָה)
382 be smeared (Mish H) מוֹרַח (מְרַח)
386 be moderated, calmed מוּתַּן (מְתַן)
363 complete the killing (lit.) מוֹתֵת
363 be killed (lit.) מוֹתַת
361 shake, move (lit.) מָט
359 measure (lit.) מִידֵּד/מוֹדֵד (מְדַד)
360 hurry; be fast (clock) מִיהֵר (מְהַר)
366 fill; fulfill (promise) מִילֵּא (מְלָא)
369 save, rescue; smuggle מִילֵּט (מְלַט)
370 appoint, designate מִינָה (מְנָה)
382 smear (Mish H) מֵירַח (מְרַח)
386 moderate, calm, soothe מִיתֵּן (מְתַן)
364 sell מָכַר
367 be full מָלֵא
372 amount to, number; count מָנָה

277 found, establish יָסַד
280 continue; add to (lit.) יָסַף
283 advise, counsel יָעַץ
285 come/go out, emerge; leave יָצָא
291 prepare/make bed (Med H) יָצַע
291 create, produce, form יָצַר
293 go/come down; decline יָרַד
295 fire, shoot; cast (lit.) יָרָה
297 sit, sit down; reside, dwell יָשַׁב
301 sleep יָשַׁן
302 hurt, be painful; feel pain כָּאַב
305 be heavy, hard כָּבֵד
306 go out (fire, light) כָּבָה
309 wash (clothes), launder כָּבַס
310 conquer; press down; pickle כָּבַשׁ
303 be respected/served refr. כּוּבַּד (כְּבֵּד)
306 be extinguished כּוּבָּה (כְּבָּה)
308 be laundered כּוּבַּס (כְּבַּס)
311 be conquered/pressed כּוּבַּשׁ (כְּבַּשׁ)
314 be aimed/adjusted כּוּנַּן (כְּנַן)
316 shrink (intr.) (Mish H) כּוּרַץ (כְּרַץ)
316 be shrunk כּוּוַּץ (כְּוַּץ)
318 be included (Mish H) כּוּלַּל (כְּלַל)
312 establish; prepare, calibrate כּוֹנֵן
312 be established/prepared (lit.) כּוּנַן
320 be gathered together כּוּנַּס (כְּנַס)
324 be covered/concealed כּוּסָּה (כְּסָּה)
328 be bent כּוּפַף
327 bend (tr.); force, compel כּוֹפֵף
333 be made fit/kosher כּוּשַׁר (כְּשַׁר)
303 honor; entertain guests כִּיבֵּד (כְּבֵּד)
306 extinguish, turn off כִּיבָּה (כְּבָּה)
308 wash (clothes), launder כִּיבֵּס (כְּבַּס)
310 conquer; press כִּיבֵּשׁ (כְּבַּשׁ)
314 aim; adjust; intend כִּיוֵּן (כְּוַן)
315 shrink (tr.) כִּיוֵּץ (כְּוַּץ)
318 include; improve (lit.) כִּילֵּל (כְּלַל)
320 gather, bring together כִּינֵּס (כְּנַס)
324 cover, conceal כִּיסָּה (כְּסָּה)
326 anger (lit.) כִּיעֵס (כְּעַס)
335 engrave/write a lot (lit.) כִּיתֵּב (כְּתַב)
333 make fit, make kosher כִּישֵׁר (כְּשַׁר)
317 include; generalize כָּלַל
321 gather together; bring in כָּנַס
325 cover, conceal (lit.) כָּסָה
326 be angry, lose one's temper כָּעַס
328 bend (tr.); force, compel כָּפַף (כָּף)
329 announce, proclaim (Mish H) כָּרַז
331 stumble; fail; lapse, fall כָּשַׁל

373 prevent מָנַע
375 hand over; report; pass (ball) מָסַר
557 be afraid, fear מְפַחֵד/יְפַחֵד
377 find, discover, come upon מָצָא
379 rebel, revolt מָרַד
381 spread, smear, rub in מָרַח
383 pull; attract; withdraw (cash) מָשַׁךְ
362 die מֵת
1 be lost נֶאֱבַד
3 struggle נֶאֱבַק
5 be loved, be liked נֶאֱהַב
6 become light, brighten (lit.) נָאוֹר
9 was heard (obs.) נֶאֱזַן
10 become one (lit.) נֶאֱחַד
11 be held; grasp נֶאֱחַז
14 be late (Med H) נֶאֱחַר
17 be eaten נֶאֱכַל
19 be compelled נֶאֱלַץ
388 make a speech, address נָאַם
22 be trustworthy נֶאֱמַן
26 be said/told נֶאֱמַר
28 be gathered נֶאֱסַף
29 be jailed; be forbidden נֶאֱסַר
36 be accused/indicted נֶאֱשַׁם
40 be expounded (Med H) נִבְאַר
41 be checked/examined נִבְדַּק
42 become frightened נִבְהַל
45 become clear (lit.) נִבְהַר
62 be(come) wise נָבוֹן
390 bark נָבַח
51 be examined/tested נִבְחַן
53 be chosen/elected נִבְחַר
56 be pronounced (lit.) נִבְטָא
58 rely (lit.) נִבְטַח
60 not work (Mish H) נִבְטַל
63 be lamented (lit.) נִבְכָּה
66 become worn out (Mish H) נִבְלָה
69 become prominent (lit.) נִבְלַט
70 be curbed/braked נִבְלַם
71 be swallowed/absorbed נִבְלַע
74 be built נִבְנָה
393 flow forth, stem, derive (intr.) נָבַע
77 be sliced נִבְצַע
82 be created נִבְרָא
85 be blessed (lit.) נִבְרַךְ
88 be purified (Med H) (נָבַר) נִבְרַר
395 become dry (Mish H) נָגַב
92 be delimited (Med H) נִגְבַּל
396 be in opposition (to) נָגַד

97 enlarge (intr.) (Mish H) נִגְדַּל
99 be fenced; be defined (Mis H) נִגְדַּר
101 be pressed (Med H) נִגְחַץ
104 be cut; be decreed נִגְזַר
108 be revealed נִגְלָה
111 be finished נִגְמַר
112 be stolen נִגְנַב
399 touch; approach; concern נָגַע
119 be caused/brought about נִגְרַם
121 be driven away; storm (lit.) נִגְרַשׁ
123 be realized (Med H) נִגְשַׁם
124 become worried (Med H) נִדְאַג
403 donate, give generously נָדַב
126 be stuck; be infected נִדְבַּק
128 agree beforehand; talk נִדְבַּר
404 wander, roam, migrate נָדַד
133 be postponed/rejected נִדְחָה
135 be pushed; enter by pushing נִדְחַף
137 be lit/turned on (light) נִדְלַק
138 seem; resemble נִדְמָה
140 be turned over(lit.) נִדְפַּךְ
141 be knocked; get messed up נִדְפַּק
143 be pricked/pierced/stabbed נִדְקַר
144 be trodden/cocked/drawn tight נִדְרַךְ
147 be run over/trampled נִדְרַס
148 be required/requested נִדְרַשׁ
405 drive (car); be accustomed (to) נָהַג
149 become, turn into נִהְיָה
409 lead, guide (Med H) נָחַל
151 go slowly, reluctantly (lit.) נֶהֱלַךְ
152 enjoy, benefit from נֶהֱנָה
154 be inverted; be changed נֶהְפַּךְ
156 be killed/slain נֶהֱרַג
158 be destroyed/ruined נֶהֱרַס
389 be prophesied/predicted (נוּבָּא) (נִבָּא)
394 be wiped/dried (נוּגַּב) (נִגַּב)
396 be opposite/opposed (נוּגַּד) (נִגַּד)
397 be played (music, instr.) (נוּגַּן) (נִגַּן)
403 be donated (coll. only) (נוּדַּב) (נִדַּב)
404 caused to move (Md H) (נוּדַּד) (נִדַּד)
266 become known נוֹדַע
408 be managed (נוֹהַל) (נִהֵל)
421 be lifted/raised (Med H) (נוּטַּל) (נִטַּל)
423 be planted (Med H) (נוּטַּע) (נִטַּע)
424 be deducted/discounted (נוּכָּה) (נִכָּה)
271 realize, find out נוֹכַח (יִוָּכַח)
427 be recognized (Mish H) (נוּכַּר) (נִכֵּר)
274 be born, be created נוֹלַד
428 be justified by argument (נוּמַּק) (נִמֵּק)

447 raise, exalt; carry (lit.) נִישָּׂא (נִשָּׂא)	388 be made (speech) נִנְאַם
447 be carried/married נִישָּׂא (נִשָּׂא)	417 become/feel inferior (lit.) נִנְחַת
450 breathe heavily (Md H) נִישֵּׁם (נִשֵּׁם)	434 be/get locked/closed נִנְעַל
451 kiss, kiss repeatedly נִישֵּׁק (נִשֵּׁק)	458 turn; be shifted; surround נָסַב
847 told in detail (lit.) נִיתְאַר (נִתְאַר)	460 get entangled (Mish H) נִסְבַּךְ
455 be cut/operated נִיתַּח (נִתַּח)	461 be borne/carried; be tolerated נִסְבַּל
454 operate; analyze; cut up נִיתַּח (נִתַּח)	465 be chosen, selected (Med H) נִסְגַּל
456 be given; be feasible נִיתַּן (נִתַּן)	466 close/shut (intr.) נִסְגַּר
861 be repaired (Mish H) נִיתַּקֵּן (נִתַּקֵּן)	470 be arranged (Med H) נִסְדַּר
865 get translated (lit.) נִיתַּרְגֵּם (נִתַּרְגֵּם)	478 be added to a total (lit.) נִסְכַּם
302 hurt (intr.), suffer (Med H) נִכְאַב	480 be forgiven נִסְלַח
305 be respected, esteemed נִכְבַּד	482 be removed (Med H) נִסְלַק
307 go out (fire, light) נִכְבָּה	484 be supported; adjoin נִסְמַךְ
310 be conquered/pressed flat נִכְבַּשׁ	486 be marked נִסְמַן
316 become shrunk (Md H) נִכְרַוץ (נִכְוַץ)	430 go (by vehicle), travel נָסַע
312 be true/strong/ready נָכוֹן	487 be supported, lean on נִסְעַד
425 be present, attend נָכַח	491 be counted נִסְפַּר
317 be included; be generalized נִכְלַל	433 rise נָסַק
319 enter; get involved (in) נִכְנַס	495 be combed/carded/scanned נִסְרַק
322 yield, surrender נִכְנַע	480 be forgiven/atoned (lit.) נִסְתַּלַח
325 be covered (lit.) נִכְסָה	497 be hidden; hide, disappear נִסְתַּר
328 be bent נִכְפַף/נִיכַּף (נִכַּף)	412 move; quiver, shake; roam נָע
329 be announced (Med H) נִכְרַז	500 be worked/tilled/worshipped נֶעֱבַד
330 fail (intr.); stumble, slip נִכְשַׁל	502 serve as passage; end נֶעֱבַר
333 be proper/worthy (Med H) נִכְשַׁר	504 be preferred/be large (Med H) נֶעֱדַךְ
334 be written נִכְתַּב	510 wake up (lit.) נֵעוֹר
338 be worn, be put on נִלְבַּשׁ	511 be abandoned/deserted/left נֶעֱזַב
342 accompany נִלְוָה	513 be helped/assisted/aided נֶעֱזַר
340 be borrowed, be loaned נִלְוָה (נִלְוָה)	514 be wrapped/enveloped נֶעֱטַף
345 fight נִלְחַם	517 be delayed/hindered (Med H) נֶעֱכַּב
347 be pressed/oppressed נִלְחַץ	434 lock, close; put on (shoe) נָעַל
349 be said in a whisper נִלְחַשׁ	518 take insult/offence נֶעֱלַב
350 be captured נִלְכַּד	521 be exalted above נֶעֱלָה
354 be learned/studied נִלְמַד	522 vanish, disappear נֶעֱלַם
356 be mocked נִלְעַג	524 stand still, come to a halt נֶעֱמַד
357 be taken נִלְקַח	528 be answered (pos.); consent נַעֲנָה
358 be measured/surveyed נִמְדַּד	534 stop (car); be stopped/arrested נֶעֱצַר
360 be hasty נִמְהַר	536 be cheated (Med H) נֶעֱקַב
361 fall, collapse (lit.) נָמוֹט	540 be arranged/edited/valued נֶעֱרַךְ
364 be sold נִמְכַּר	544 be made; be done; become נַעֲשָׂה
367 become full; be full of נִמְלָא	546 be covered with smoke נֶעֱשַׁן
368 escape, run away נִמְלַט	547 be moved (Msh H); be copied נֶעֱתַּק
370 be pleasant; be lofty (lang.) נִמְלַץ	550 be hit/injured; be offended נִפְגַּע
372 be counted, be numbered נִמְנָה	552 meet (by design), encounter נִפְגַּשׁ
374 avoid, abstain נִמְנַע	556 be spread/dispersed נִפְזַר
375 be delivered; be reported נִמְסַר	558 get scared נִפְחַד
377 be found; be exist; be located נִמְצָא	560 be released; pass away נִפְטַר
382 be spread/smeared נִמְרַח	435 fall; die in battle; be captured נָפַל
384 be pulled/attracted; last נִמְשַׁךְ	564 be wonderful; be beyond נִפְלָא

565 escape (gas, ...), slip (words) נִפְלַט
569 turn round; find leisure נִפְנָה
571 suffer damage נִפְסַד
572 cease; be passed (sentence) נִפְסַק
577 be made/affected (Med H) נִפְעַל
578 be wounded/injured נִפְצַע
583 be counted; be missing נִפְקַד
585 open (eyes, ears) (intr.) נִפְקַח
587 be separated; be divorced נִפְרַד
589 be exaggerated (lit.) נִפְרַז
590 be broken (bill); be detailed נִפְרַט
596 become wild (lit.) נִפְרַע
598 be broken open נִפְרַץ
600 be unloaded/dislocated (joint) נִפְרַק
603 be explained (Med H) נִפְרַשׁ
605 be separated/removed (lit.) נִפְרַשׁ
608 be taken off נִפְשַׁט
610 be opened; be started נִפְתַּח
613 be suprised (lit.) נִפְתַּע
614 be solved/interpreted נִפְתַּר
615 be painted נִצְבַּע
618 be vindicated (Med H) נִצְדַּק
439 defeat, overcome (Mish H) נָצַח
628 sink (intr.); become clear נִצְטַלֵּל
627 be fit, be good for (Med H) נִצְלַח
627 become pure/clear (Mish H) נִצְלַל
632 grow (intr.) (Mish H) נִצְמַח
635 drop/fall down helplessly (lit.) נִצְנַח
638 be stepped on; pace (Med H) נִצְעַד
639 gather; be expressed by shout נִצְעַק
642 be seen/revealed נִצְפָּה
645 need, be in need (of) נִצְרַךְ ל-
650 be determined/fixed/set נִקְבַּע
652 be gathered together (lit.) נִקְבַּץ
653 be buried נִקְבַּר
659 be sanctified/consecrated (lit.) נִקְדַּשׁ
665 become smaller (lit.) נִקְטַן
666 be picked/plucked נִקְטַף
669 be absorbed; take root נִקְלַט
675 be bought/acquired נִקְנָה
445 rotate, roll round נָקַף
678 freeze, solidify (Mish H) נִקְפָּא
681 jump, recoil (Med H) נִקְפַּץ
682 be read/called/named נִקְרָא
687 approach; be sacrificed (lit.) נִקְרַב
688 happen upon, chance to be נִקְרָה
689 be torn/rent; be split נִקְרַע
692 turn cold (lit.) נִקְרַר/נָקַר
693 be heard, be listened to נִקְשַׁב

694 be decorated, adorned (lit.) נִקְשַׁט
695 be tied/bound/connected נִקְשַׁר
698 be visible, be seen; seem נִרְאָה
704 be angry, upset נִרְגַּז
705 be accustomed (Mish H) נִרְגַּל
707 be excited; be felt (Med H) נִרְגַּשׁ
708 fall asleep נִרְדַּם
710 be pursued; be persecuted נִרְדַּף
713 have a relief (Mish H) נִרְוַח
715 rise up; be separated (from) נָרוֹם
720 be washed (יֵרָחֵץ) נִרְחַץ
722 become distant (Mish H) נִרְחַק
723 move, stir (lit.) נִרְחַשׁ
727 be ridden on (Med H) נִרְכַּב
729 be acquired/obtained נִרְכַּשׁ
732 be hinted/suggested נִרְמַז
735 begin to shake (lit.) נִרְעַד
736 get well, recover נִרְפָּא
740 be acceptable/accepted נִרְצָה
741 be murdered נִרְצַח
743 be danced נִרְקַד
744 be permitted (Med H) נִרְשָׁה
745 be recorded; be drawn נִרְשַׁם
749 get excited/angry (lit.) נִרְתַּח
446 carry; lift; endure; marry נָשָׂא
750 be asked; be borrowed נִשְׁאַל
752 be inhaled נִשְׁאַף
753 remain, stay behind, be left נִשְׁאַר
755 swear, take an oath נִשְׁבַּע
757 be broken; be overwhelmed נִשְׁבַּר
760 cease to exist (lit.) נִשְׁבַּת
761 go mad (Med H) נִשְׁגַּע
764 be sent (lit.) נִשְׁדַּר
768 be equal (Med H) (נִשְׁוָה) נִשְׁוָוה
774 be washed/rinsed נִשְׁטַף
779 lie down נִשְׁכַּב
782 be forgotten נִשְׁכַּח
785 be settled (Med H) נִשְׁכַּן
789 be hired/rented; gain (lit.) נִשְׂכַּר
792 be attached (Med H) נִשְׁלַב
793 be sent; be extended נִשְׁלַח
794 be ruled/governed/controlled נִשְׁלַט
799 be brought to an end נִשְׁלַם
449 breathe נָשַׁם
801 be destroyed נִשְׁמַד
804 be omitted; slip off נִשְׁמַט
807 be heard/listened to; obey נִשְׁמַע
810 be guarded; be careful נִשְׁמַר
815 be hated נִשְׂנָא

464 be acquired, be adapted (סֻגַּל) סוּגַּל
467 be tightly closed (lit.) (סֻגַּר) סוּגַּר
468 be arranged; be "fixed" (סֻדַּר) סוּדַּר
473 be ended/concluded (סֻיַּם) סוּיַּם
478 be summarized (סֻכַּם) סוּכַּם
480 be forgiven (lit.) (סֻלַּח) סוּלַּח
481 be removed/paid off (סֻלַּק) סוּלַּק
484 be supported (Mish H) (סֻמַּךְ) סוּמַּךְ
485 be marked (סֻמַּן) סוּמַּן
489 be supplied/satisfied (סֻפַּק) סוּפַּק
490 be told, narrated (סֻפַּר) סוּפַּר
493 be given a haircut (סֻפַּר) סוּפַּר
496 be combed (סֹרַק) סוֹרַק
472 remove; distort (lit.) סוֹרֵר
498 be hidden (lit.) (סֻתַּר) סוּתַּר
458 cause; change; turn (סִבֵּב) סִיבֵּב
459 complicate; entangle (סִבֵּךְ) סִיבֵּךְ
463 interpret (Med H) (סִבֵּר) סִיבֵּר
464 adapt (tr.), adjust (tr.) (סִגֵּל) סִיגֵּל
467 hand over (lit.) (סִגֵּר) סִיגֵּר
468 arrange; (coll.) "fix" (סִדֵּר) סִידֵּר
473 conclude (tr.) (סִיֵּם) סִייֵּם
474 assist, support, aid (סִיֵּע) סִייֵּע
477 add up, summarize (סִכֵּם) סִיכֵּם
480 remove; pay off (סִלֵּק) סִילֵּק
484 support (Mish H) (סִמֵּךְ) סִימֵּךְ
485 mark, indicate (סִמֵּן) סִימֵּן
487 support, assist (סִעֵד) סִיעֵד
488 supply; satisfy, please (סִפֵּק) סִיפֵּק
490 tell, inform, narrate (סִפֵּר) סִיפֵּר
492 cut (hair) (סִפֵּר) סִיפֵּר
493 refuse (סֵרֵב) סֵירֵב
495 comb (סֵרֵק) סֵירֵק
498 hide (tr.) (lit.) (סִתֵּר) סִיתֵּר
478 bring to conclusion (Mish H) סָכַם
479 forgive, pardon סָלַח
482 go up (rare) סָלַק=נָסַק
482 support; lay (hands); rely סָמַךְ
486 eat, dine; sustain, support סָעַד
489 suffice (lit.) סָפַק
491 count, number סָפַר
471 turn aside; drop in for a visit סָר
494 comb; card; scan סָרַק
498 work; serve; till; worship עָבַד
501 cross; pass; pass through עָבַר
504 be left over; be larger עָדַף
499 be adapted/processed (עֻבַּד) עוּבַּד
505 encourage, support עוֹדֵד
506 be encouraged/supported עוֹדַד

822 be tried, be judged; litigate נִשְׁפַּט
823 be spilled, be poured out נִשְׁפַּךְ
826 flow/derive (from) (Med H) נִשְׁפַּע
828 adorn oneself (Mish H) נִשְׁפַּר
453 kiss; come together, touch נָשַׁק
829 be weighed; be considered נִשְׁקַל
832 be sunk/forgotten (Med H) נִשְׁקַע
834 be burnt, be destroyed by fire נִשְׂרַף
836 be drunk (liquid) נִשְׁתָּה
837 be planted נִשְׁתַּל
801 get destroyed (Med H) נִשְׁתַּמֵּד
826 increase, be abundant נִשְׁתַּפַּע
843 become silent (Med H) נִשְׁתַּתֵּק
15 get scared (lit.) (נִתְאַיֵּם) נִתְאַיֵּם
30 be shackled (Med H) נִתְאַסַּר
43 get frightened (lit.) נִתְבַּהֵל
54 be chosen (Mish H) נִתְבַּחֵר
848 be demanded; be sued נִתְבַּע
79 be examined/visited (Mish H) נִתְבַּקֵּר
124 become worried (Med H) נִתְדָּאַג
159 remain/be redundant (נִתְוַתֵּר) נִתְוַתֵּר
293 be formed (Med H) (נִתְיַצֵּר) נִתְיַצֵּר
852 be hung/hanged; hang on to נִתְלָה
854 be supported; be aided נִתְמַךְ
382 get smeared (Mish H) נִתְמָרַח
455 give; let, allow נָתַן
415 be caused a loss (lit.) נִתְנַזֵּק
500 be worked on/adapted נִתְעַבֵּד
855 be led astray (lit.) נִתְעָה
512 be neglected (lit.) נִתְעַזֵּב
526 halt; stand up erect (lit.) נִתְעַמֵּד
856 be seized; be grasped נִתְפַּס
574 be interrupted נִתְפַּסֵּק
857 be sewn, be stitched נִתְפַּר
858 bump into, encounter נִתְקַל
861 be repaired (Mish H) נִתְקַן
862 be attacked נִתְקַף
866 be contributed נִתְרַם
458 turn, go around, surround (סָב) סָבַב
460 mix up, entangle (lit.) סָבַךְ
460 suffer, endure; tolerate סָבַל
463 think, be of the opinion סָבַר
465 shut, close; confine סָגַר
470 arrange, present (Mish H) סָדַר
458 be turned (סָבַב) סוֹבַב/סוּבַּב
457 turn; go around, encircle סוֹבֵב
459 be made complicated (סֻבַּךְ) סוּבַּךְ
461 be loaded (lit.) (סֻבַּל) סוּבַּל
463 be interpreted (lit.) (סֻבַּר) סוּבַּר

539 arrange; edit עָרַךְ
542 undermine; appeal; object עִרְעֵר
543 make, do; cause, bring about עָשָׂה
546 give off smoke; be angry עָשַׁן
547 move (intr.) (lit.) עָתַק
549 harm; hit (target); offend פָּגַע
552 meet (by chance), encounter פָּגַשׁ
555 be scattered/disbanded (פֻּזַּר) פּוּזַּר
558 be scared (Mish H) (פֻּחַד) פּוּחַד
559 be gossiped (about) (פֻּטְפַּט) פּוּטְפַּט
561 be fired/discharged (פֻּטַּר) פּוּטַּר
567 be expected (lit.) (פֻּלַּל) פּוּלַּל
568 be cleared/evacuated (פֻּנָּה) פּוּנָּה
574 be punctuated (פֻּסַּק) פּוּסַּק
577 be affected (Med H) (פֻּעַל) פּוּעַל
579 blow up (tr.); break up (tr.) פּוֹצֵץ
581 be blown up/disrupted (lit.) פּוֹצַץ
579 be blown up/broken up (פֻּצַּץ) פּוּצַּץ
584 be ordered/counted (lit.) פּוּקַד
586 be inspecte (פֻּקַּח) פּוּקַּח
588 be divided and scattered (פֻּרַד) פּוּרַד
591 be specified (פֻּרַט) פּוּרַט
594 be advertised (פֻּרְסַם) פּוּרְסַם
598 be breached (Mish H) (פֻּרַץ) פּוּרַץ
601 be dismantled/unloaded (פֻּרַק) פּוּרַק
602 be interpreted (פֻּרַשׁ) פּוּרַשׁ
605 be separated (Mish H) (פֻּרַשׁ) פּוּרַשׁ
607 be simplified/extended (פֻּשַּׁט) פּוּשַּׁט
611 be developed/engraved (פֻּתַּח) פּוּתַּח
556 scatter (tr.) (Med H) פִּזֵּר
557 fear, be afraid of פָּחַד
559 chatter, prattle, gossip פִּטְפֵּט
561 dismiss; exempt פָּטַר
551 fall behind, be slow (clock) פִּגֵּר
553 meet, encounter (lit.) (פִּגֵּשׁ) פִּגֵּשׁ
555 scatter (tr.); disband (פִּזֵּר) פִּזֵּר
560 fire, discharge (פִּטֵּר) פִּטֵּר
564 make a vow (lit.) (פִּלֵּא) פִּלֵּא
566 rescue, deliver (lit.) (פִּלֵּט) פִּלֵּט
567 expect (פִּלֵּל) פִּלֵּל
568 clear, clear out; vacate (פִּנָּה) פִּנָּה
573 punctuate (פִּסֵּק) פִּסֵּק
577 cause, affect (Med H) (פִּעֵל) פִּעֵל
578 crush, crack (Mish H) (פִּצֵּץ) פִּצֵּץ
583 command; order (פִּקֵּד) פִּקֵּד
586 inspect, supervise (פִּקֵּחַ) פִּקֵּחַ
588 decompose; break open (פֵּרֵד) פֵּרֵד
591 specify (פֵּרֵט/פֵּרַט) פֵּרַט
597 uncover (mish H) (פֵּרַע) פֵּרַע

512 be abandoned (lit.) (עֻזַּב) עוּזַּב
515 be covered (lit.) (עֻטַּף) עוּטַּף
516 be studied/considered (עֻיַּן) עוּיַּן
516 be delayed/hindered (עֻכַּב) עוּכַּב
523 be concealed (Mish H) (עֻלַּם) עוּלַּם
526 be set up in pages (עֻמַּד) עוּמַּד
530 be (made) interested (עֻנְיַן) עוּנְיַן
532 be occupied (עֻסַּק) עוּסַּק
508 soar, fly; brandish (sword) עוֹפֵף
533 be designed/formed (עֻצַּב) עוּצַּב
537 be mixed up/confused (עֻרַב) עוּרַב
538 be mixed; be jumbled (עֻרְבַּב) עוּרְבַּב
542 be shaken/appealed (עֻרְעַר) עוּרְעַר
510 rouse, wake עוֹרֵר
544 be made/prepared (lit.) (עֻשָּׂה) עוּשָּׂה
546 be smoked/fumigated (עֻשַּׁן) עוּשַּׁן
547 be moved, be shifted (עֻתַּק) עוּתַּק
511 leave, leave behind; abandon עָזַב
512 help, assist, aid עָזַר
513 wrap עָטַף
499 adapt; till; tan (עֻבַּד) עִבֵּד
502 cause to pass; cross (lt.) (עֻבַּר) עִבֵּר
504 be left over (lit.) (עֻדַּף) עִדֵּף
515 cover (lit.) (עֻטַּף) עִטֵּף
515 read, study; consider (עֻיַּן) עִיֵּן
516 delay; hinder, prevent (עֻכַּב) עִכֵּב
521 exalt, extol (עֻלָּה) עִלָּה
523 hide, conceal (Mish H) (עֻלַּם) עִלֵּם
526 set up (print), page (עֻמַּד) עִמֵּד
532 employ, give work (עֻסַּק) עִסֵּק
533 fashion, design, form (עֻצַּב) עִצֵּב
535 cause constipation (lit.) (עֻצַּר) עִצֵּר
537 mix; involve (עֵרַב) עֵרֵב
541 set up, arrange (Med H) (עֻרַךְ) עֵרֵךְ
544 cause to do (Mish H) (עֻשָּׂה) עִשָּׂה
545 smoke; fumigate (עֻשַּׁן) עִשֵּׁן
547 shift trains bet. rails (עֻתַּק) עִתֵּק
518 insult עָלַב
519 go up; cost; immigr. to Israel עָלָה
523 be hidden (Med H) עָלַם
524 stand; stand up; halt, stop עָמַד
528 answer, respond עָנָה
529 interest (tr.) (עֻנְיַן) עִנְיֵן
530 engage in; deal in עָסַק
507 fly עָף
534 stop; arrest; curb עָצַר
535 follow; track עָקַב
510 wake up, arise (lit.) עָר
538 mix; muddle, mix up, confuse עִרְבֵּב

598 breach (Mish H) (פֶּרֶץ) פֵּירֵץ
600 dismantle; unload (פֶּרֶק) פֵּירֵק/פֵּירַק
602 explain, interpret (פֶּרֶשׁ) פֵּירֵשׁ/פֵּירַשׁ
605 withdraw; set apart (lt.) (פֶּרֶשׁ) פֵּירַשׁ
606 simplify; stretch out (פֶּשֶׁט) פִּישֵּׁט
610 develop; engrave (פִּתַּח) פִּיתַּח
564 eject, emit, throw up פָּלַט
567 turn (to); apply (to) פָּנָה
571 get spoiled, go bad (Med H) פָּסַד
572 stop; pass sentence פָּסַק
575 act, work, function; induce פָּעַל
577 wound, injure פָּצַע
582 order; hold census פָּקַד
585 open (eyes, ears) (tr.) פָּקַח
588 separate, divide (Med H) פָּרַד
590 break bill to smaller units פָּרַט
592 support, provide for פִּרְנֵס
594 publish; publicize, advertise פִּרְסֵם
596 cause to be wild; riot פָּרַע
597 break/burst open פָּרַץ
599 unload; rescue, deliver (lit.) פָּרַק
604 leave, withdraw, retire, secede פָּרַשׁ
606 take off (clothes); extend פָּשַׁט
609 open; begin, start פָּתַח
613 solve, interpret (dream) פָּתַר
616 hold with fingers (Mish H) צָבַע
614 paint, color, dye צָבַע
617 be right, be just צָדַק
615 be painted (Med H) (צִבַּע) צוּבַּע
618 be vindicated (Mish H) (צִדֵּק) צוּדַּק
619 be polished (צִחְצֵח) צוּחְצַח
623 be marked/distinguished (צִיֵּן) צוּיַּן
625 be drawn/pictured (צִיֵּר) צוּיַּר
628 be cleared/purified (צִלֵּל) צוּלַּל
629 be photographed (צִלֵּם) צוּלַּם
630 be rung (Med H) (צִלְצֵל) צוּלְצַל
633 be reduced (צִמְצֵם) צוּמְצַם
637 be cooled (צִנֵּן) צוּנַּן
639 be cried (lit.) (צעק) צוֹעַק
642 be expected/awaited (צִפָּה) צוּפָּה
643 be whistled (צִפְצֵף) צוּפְצַף
647 be added, be combined (צרף) צוֹרַף
619 polish, burnish (metal) צִחְצֵחַ
621 laugh צָחַק
615 paint (lit.) (צִבַּע) צִיבַּע
618 vindicate (Mish H) (צִדֵּק) צִידֵּק
622 jest; laugh (lit.) (צִחֵק) צִיחֵק
623 mark, note; distinguish (צִיֵּן) צִיֵּין
625 draw, paint; describe (צִיֵּר) צִיֵּיר
628 clear, purify (lit.) (צִלֵּל) צִילֵּל
628 photograph (צִלֵּם) צִילֵּם
632 grow (intr.) (lit.) (צִמַּח) צִימַּח
635 drop (tr.) (Med H) (צִנַּח) צִינַּח
636 cool (tr.); infect with cold (צִנֵּן) צִינֵּן
638 pace about (Mish H) (צִעֵד) צִיעֵד
639 yell, cry out (lit.) (צִעֵק) צִיעֵק
640 sadden, distress (צִעֵר) צִיעֵר
641 expect, look out for (צִפָּה) צִיפָּה
646 add; combine (צֵרֵף) צֵירֵף/צֵירַף
626 prosper; be good for (Bib H) צָלַח
627 dive; sink; become clear צָלַל
630 ring; ring up (coll.) צִלְצֵל
631 grow (intr.); spring (from) צָמַח
632 reduce, cut down צִמְצֵם
634 drop (intr.); parachute צָנַח
637 be/become cool (lit.) צָנַן
638 march, pace, step צָעַד
639 shout, yell; complain, cry out צָעַק
641 watch, observe; foresee צָפָה
643 whistle, chirp; (col.) scorn צִפְצֵף
643 scream, screech צָרַח
645 use, consume; need צָרַךְ
650 fix, determine, set קָבַע
652 gather together (lit.) קָבַץ
653 bury קָבַר
656 precede; take precedence קָדַם
659 become holy (lit.) קָדַשׁ
649 be accepted/received (קִבֵּל) קוּבַּל
650 be set on/in (Mish H) (קִבַּע) קוּבַּע
651 be collected (קִבֵּץ) קוּבַּץ
653 be buried (lit.) (קִבֵּר) קוּבַּר
656 be advanced/greeted (קִדֵּם) קוּדַּם
659 be sanctified/betrothed (קִדֵּשׁ) קוּדַּשׁ
660 be hoped for (Med H) (קִוָּה) קוּוָּה
666 be picked (Mish H) (קִטֵּף) קוּטַּף
667 be carried out/held (קִיֵּם) קוּיַּם
671 be cursed (קִלֵּל) קוּלַּל
672 be spoilt/damaged (קִלְקֵל) קוּלְקַל
662 rebuild; rouse קוֹמֵם
663 be raised/set up (Med H) קוֹמַם
674 be envied (Med H) (קִנֵּא) קוּנָּא
679 be deprived (קִפֵּחַ) קוּפַּח
683 be named/called (lit.) (קֵרֵא) קוֹרָא
686 be brought closer (קֵרֵב) קוֹרַב
690 be torn/split (Mish H) (קֵרֵע) קוֹרַע
691 be chilled/refrigerated (קֵרֵר) קוֹרַר
694 be decorated/adorned (קִשֵּׁט) קוּשַּׁט
696 be connected; be tied (קִשֵּׁר) קוּשַּׁר

664 be small; become smaller קָטוֹן
665 pick (fruit, flowers), pluck קָטַף
648 receive, get; accept (קִבֵּל) קִיבֵּל
651 gather together (קִבֵּץ) קִיבֵּץ
653 bury (many times?) (lit.) (קִבֵּר) קִיבֵּר
655 advance (tr.); greet (קִדֵּם) קִידֵּם
658 sanctify; betroth (קִדֵּשׁ) קִידֵּשׁ
660 hope, expect (קִוָּה) קִיוָּה
666 pluck, pick; (Mish H) (קִטֵּף) קִיטֵּף
667 fulfill, carry out (קִיֵּם) קִיֵּם
671 curse (קִלֵּל) קִילֵּל
673 envy, be jealous (קִנֵּא) קִינֵּא
678 remove (Mish H) (קִפֵּא) קִיפֵּא
679 deprive of one's due (קִפֵּחַ) קִיפֵּחַ
681 skip; bring on suddenly (קִפֵּץ) קִיפֵּץ
685 bring closer; befriend (קֵרֵב) קֵירֵב
690 tear to pieces (Mish H) (קֵרַע) קֵירַע
691 chill, cool, refrigerate (קֵרֵר) קֵירֵר
693 cause to listen (Med H) (קִשֵּׁב) קִישֵּׁב
693 decorate, adorn (קִשֵּׁט) קִישֵּׁט
696 connect; liaise; tie (קִשֵּׁר) קִישֵּׁר
668 absorb, receive; comprehend קָלַט
672 spoil, damage; be corrupt קִלְקֵל
661 get up; occur; be established קָם
675 buy; acquire, win קָנָה
677 freeze, solidify קָפָא
679 strike, beat down (sun) (lit.) קָפַח
680 jump קָפַץ
682 read; call, name; summon קָרָא
687 draw near, approach (intr.) קָרַב
688 happen, occur קָרָה
689 tear, rend, split קָרַע
692 be cold (lit.) (קַר) קָרַר
693 listen, harken (lit.) קָשַׁב
694 decorate, adorn (lit.) קָשַׁט
695 tie, bind; conspire קָשַׁר
698 see; behold; perceive, realize רָאָה
701 interview (רִאְיֵן) רִאְיֵין
724 quarrel, dispute, wrangle רָב
703 be angry/agitated; quake רָגַז
709 be asleep (Med H) רָדַם
710 chase; persecute רָדַף
700 be seen (BH) (רֻאָה) רוּאָה
701 be interviewed (רֻאְיַן) רוּאְיַין
704 made angry (lit.) (רֻגַּז) רוּגַּז
707 be(come) excited (lit.) (רֻגַּשׁ) רוּגַּשׁ
711 be chased (lit.) (רֻדַּף) רוּדַּף
712 be relieved/widespread (רֻוַּח) רָוַח
713 be widened (רֻוַּח) רוּוַּח
718 be pitied (lit.) (רֻחַם) רוּחַם
720 be clean/purified (lit.) (רֻחַץ) רוּחַץ
722 be moved farther away (רֻחַק) רוּחַק
727 be combined (chem.) (רֻכַּב) רוּכַּב
728 be concentrated (רֻכַּז) רוּכַּז
731 be cheated/deceived (רֻמָּה) רוּמָּה
733 be hinted/alluded to (רֻמַּז) רוּמַּז
715 raise; establish; exalt רוֹמֵם
715 be lifted up (lit.) רוֹמַם
737 be cured/healed/treated (רֻפָּא) רוּפָּא
739 be placated; be satisfied (רֻצָּה) רוּצָּה
741 be murdered (Med H) (רֻצַּח) רוּצַּח
717 run fast back and forth רוֹצֵץ
743 be danced (lit.) (רֻקַּד) רוּקַּד
746 be drawn (רֻשַּׁם) רוּשַּׁם
749 be heated/angered (lit.) (רֻתַּח) רוּתַּח
718 love (lit.) רָחַם
719 wash, bathe רָחַץ
722 be far; keep away (from) רָחַק
723 move, stir, creep (insects) רָחַשׁ
704 shake (tr.) (lit.) (רִגֵּז) רִיגֵּז
705 lead (Med H) (רִגֵּל) רִיגֵּל
707 move (emotionally) (רִגֵּשׁ) רִיגֵּשׁ
710 chase repeatedly (lit.) (רִדֵּף) רִידֵּף
712 space out; relieve (רִוַּח) רִיוּוַּח
718 pity, show mercy (רִחֵם) רִיחֵם
720 wash, clean (lit.) (רִחֵץ) רִיחֵץ
722 move farther away (רִחֵק) רִיחֵק
723 creep (insects) (lit.) (רִחֵשׁ) רִיחֵשׁ
727 combine (chemically) (רִכֵּב) רִיכֵּב
727 concentrate (tr.) (רִכֵּז) רִיכֵּז
730 cheat, swindle, deceive (רִמָּה) רִימָּה
733 hint at, indicate (רִמֵּז) רִימֵּז
735 shake (tr.) (Med H) (רִעֵד) רִיעֵד
736 cure, heal; treat; remedy (רִפֵּא) רִיפֵּא
738 placate (רִצָּה) רִיצָּה
741 murder a lot (lit.) (רִצַּח) רִיצַּח
743 dance a lot, skip around (רִקֵּד) רִיקֵּד
746 draw, sketch (רִשֵּׁם) רִישֵּׁם
749 heat well; excite (lit.) (רִתֵּחַ) רִיתֵּחַ
725 ride רָכַב
729 acquire, gain possession of רָכַשׁ
715 soar, rise up רָם
732 hint, make a sign רָמַז
734 tremble, shiver, shudder, shake רָעַד
737 cure, heal (lit.) רָפָא
716 run רָץ
738 want, wish רָצָה
740 murder רָצַח

742 dance רָקַד
745 record, register; draw, sketch רָשַׁם
747 boil (intr.); rage רָתַח
750 ask; request; borrow שָׁאַל
752 breathe in, inhale; aspire שָׁאַף
754 remain, survive (lit.) שָׁאַר
764 return (intr.); repeat שָׁב
756 break (tr.); destroy שָׁבַר
758 cease; rest; strike (labor) שָׁבַת
761 go mad (Med H) שָׁגַע
764 send (Med H) שָׁדַר
754 remain (Mish H) (שאר) שׁוֹאַר
765 return (tr.), bring back (lit.) שׁוֹבֵב
765 be returned (lit.) שׁוֹבַב
757 be shattered/smashed (שֻׁבַּר) שׁוּבַּר
761 go mad; be confused (שֻׁגַּע) שׁוּגַּע
762 be coaxed/persuaded (שֻׁדַּל) שׁוּדַּל
764 be broadcast (שֻׁדַּר) שׁוּדַּר
767 be equal; be worth (שָׁוָה) שָׁוָה
768 be levelled (Med H) (שֻׁוָּה) שׁוּוָּה
775 talk, converse, chat (שׂוֹחֵחַ) שׂוֹחַח
772 be set free/liberated (שֻׁחְרַר) שׁוּחְרַר
769 roam, rove; loiter שׁוֹטֵט
775 be rinsed clean (lit.) (שֻׁטַּף) שׁוּטַּף
782 caused to forget (Md) (שֻׁכַּח) שׁוּכַּח
784 be housed (שֻׁכַּן) שׁוּכַּן
787 be convinced (שֻׁכְנַע) שׁוּכְנַע
791 be fitted in/integrated (שֻׁלַּב) שׁוּלַּב
793 be sent away (lit.) (שֻׁלַּח) שׁוּלַּח
797 be paid (שֻׁלַּם) שׁוּלַּם
802 be gladdened (שֻׂמַּח) שׂוּמַּח
804 be removed (lit) (שֻׁמַּט) שׁוּמַּט
806 be oiled (שֻׁמַּן) שׁוּמַּן
811 be preserved/canned (שֻׁמַּר) שׁוּמַּר
814 be used/second-hand (שֻׁמַּשׁ) שׁוּמַּשׁ
816 be changed/altered (שֻׁנָּה) שׁוּנָּה
819 be bored (שֻׁעֲמַם) שׁוּעֲמַם
821 be amused (שֻׁעֲשַׁע) שׁוּעֲשַׁע
824 be poured/heaped (lit.) (שֻׁפַּךְ) שׁוּפַּךְ
826 have much (of) (Md) (שֻׁפַּע) שׁוּפַּע
827 be improved (שֻׁפַּר) שׁוּפַּר
829 be balanced (Med H) (שֻׁקַּל) שׁוּקַּל
832 be sunk in (שֻׁקַּע) שׁוּקַּע
833 be false (Med H) (שֻׁקַּר) שׁוּקַּר
834 be burnt (שֹׂרַף) שׂוֹרַף
778 sing, play; write poetry (lit.) שׁוֹרֵר
839 be allowed to particip. (שֻׁתַּף) שׁוּתַּף
841 be silenced/paralyzed (שֻׁתַּק) שׁוּתַּק
776 talk, speak שָׂח

770 swim שָׂחָה
772 set free, liberate, release שִׁחְרֵר
768 roam, wander; sail שָׁט
774 wash (floor, dishes), rinse שָׁטַף
751 inquire (lit.) (שִׁאֵל) שִׁיאֵל
757 shatter, smash (שִׁבֵּר) שִׁיבֵּר
760 drive mad/confuse (שִׁגַּע) שִׁיגַּע/שִׁיגֵּעַ
762 coax, persuade (שִׁדֵּל) שִׁידֵּל
763 broadcast, transmit (שִׁדֵּר) שִׁידֵּר
768 compare (lit.) (שִׁוָּה) שִׁיוָּה
771 play (game)/act (stage) (שִׂחֵק) שִׂיחֵק
775 clean by rinsing (Msh) (שִׁטֵּף) שִׁיטֵּף
770 roam, cruise (שִׁיֵּט) שִׁייֵּט
782 cause to forget (lit.) (שִׁכַּח) שִׁיכַּח
784 house (שִׁכֵּן) שִׁיכֵּן
790 combine, fit in (שִׁלֵּב) שִׁילֵּב
793 send away (lit.) (שִׁלַּח) שִׁילַּח
796 signpost; rule (Mish H) (שִׁלֵּט) שִׁילֵּט
796 pay (שִׁלֵּם) שִׁילֵּם
801 gladden, make happy (שִׂמַּח) שִׂימַּח
804 cause to slip (lit.) (שִׁמֵּט) שִׁימֵּט
805 oil (שִׁמֵּן) שִׁימֵּן
809 proclaim; summon (שִׁמַּע) שִׁימַּע
811 preserve; can (food) (שִׁמֵּר) שִׁימֵּר
813 serve/act as (שִׁמֵּשׁ) שִׁימֵּשׁ
815 hate (lit.) (שִׂנֵּא) שִׂינֵּא
816 change (tr.), alter (שִׁנָּה) שִׁינָּה
818 cough (lit.) (שִׁעֵל) שִׁיעֵל
824 pour, spill (Med H) (שִׁפֵּךְ) שִׁיפֵּךְ
826 give generously (Md) (שִׁפַּע) שִׁיפַּע
827 improve; embellish (שִׁפֵּר) שִׁיפֵּר
829 consider well (Mish H) (שִׁקֵּל) שִׁיקֵּל
832 sink (tr.); put in (שִׁקַּע) שִׁיקַּע
832 lie (שִׁקֵּר) שִׁיקֵּר
834 burn repeatedly (Msh) (שֵׂרֵף) שֵׂירֵף
835 serve, minister (שֵׁרֵת) שֵׁירֵת
839 enable to participate (שִׁתֵּף) שִׁיתֵּף
841 silence; paralyze (שִׁתֵּק) שִׁיתֵּק
779 lie, lie down שָׁכַב
781 forget שָׁכַח
783 dwell, live, reside שָׁכַן
786 convince שִׁכְנֵעַ
788 rent, hire שָׂכַר
792 combine, interweave (Med H) שָׁלַב
792 send; send away שָׁלַח
794 rule, control; master שָׁלַט
799 end, be concluded; die (lit.) שָׁלַם
776 put, place, set, lay שָׂם
801 be glad/happy, rejoice שָׂמַח

English-Hebrew Index אינדקס אנגלי-עברי

Note that alphabetical order is by main verb, regardless of preceding auxiliary

conquer; press down; pickle כָּבַשׁ 310
be conquered/pressed flat נִכְבַּשׁ 310
consider; be considerate הִתְחַשֵּׁב 234
be considered as, be esteemed נֶחְשַׁב 233
consider - also cf. weigh
consult (cf. advise) (הִתְיַיעֵץ (הִתְיָעֵץ 283
be conspicuous, stand out בָּלַט 67
make conspic., emphasize הִבְלִיט 68
be made conspicuous (הוּבְלַט (הֻבְלַט 68
continue (cf. pull) הִמְשִׁיךְ 384
be continued (הוּמְשַׁךְ (הֻמְשַׁךְ 384
contribute תָּרַם 865
be contributed נִתְרַם 866
make contribute, elicit cont. הִתְרִים 866
be made to contrib. (הוּתְרַם (הֻתְרַם 867
control, rule; master שָׁלַט 794
be controlled/ruled/governed נִשְׁלַט 794
put in control; establish הִשְׁלִיט 795
be put in control (הוּשְׁלַט (הֻשְׁלַט 795
take control of; overpower הִשְׁתַּלֵּט 795
converse, talk, chat (שׂוֹחַח (שׂוֹחֵחַ 775
convince שִׁכְנֵעַ 786
be convinced (שׁוּכְנַע (שֻׁכְנַע 787
become convinced הִשְׁתַּכְנֵעַ 787
cook, boil, stew (בִּישֵּׁל (בִּשֵּׁל 89
be cooked/boiled/stewed (בּוּשַּׁל (בֻּשַּׁל 89
cook/boil/stew (intr.) הִתְבַּשֵּׁל 89
cool (tr.); infect with cold (צִינֵּן (צִנֵּן 636
be cooled (צוּנַּן (צֻנַּן 637
cool (down); catch a cold הִצְטַנֵּן 636
coordinate (cf. match) (תֵּיאֵם (תֵּאֵם 845
be coordinated (תּוֹאַם (תֹּאַם 845
copy; move, transfer הֶעֱתִיק 547
be copied, be moved (הוּעֲתַק (הָעֳתַק 547
correct; repair; reform (תִּיקֵּן (תִּקֵּן 859
be corrected/repaired (תּוּקַּן (תֻּקַּן 860
correspond (cf. write) הִתְכַּתֵּב 334
corrode (tr.), consume (אִיכֵּל (אִכֵּל 18
be corroded/consumed (אוּכַּל (אֻכַּל 18
cough הִשְׁתַּעֵל 818
count, number סָפַר 491
be counted נִסְפַּר 491
count; amount to, number מָנָה 372
be counted, be numbered נִמְנָה 372
be counted; be missing נִפְקַד 583
cover, conceal (כִּיסָּה (כִּסָּה 324
be covered/concealed (כּוּסָּה (כֻּסָּה 324
cover oneself; be covered הִתְכַּסָּה 325
crawl, creep זָחַל 164
create בָּרָא 81
be created נִבְרָא 82
create, produce, form יָצַר 291
be created/produced, occur נוֹצַר 292
be controlled (cf. visit) (בּוּקַּר (בֻּקַּר 78
cross; pass; pass through עָבַר 501
cruise, roam (cf. sail) (שִׁייֵּט (שִׁיֵּט 770
cry, weep בָּכָה 63
curb, stop, brake בָּלַם 69
be curbed/braked נִבְלַם 70
cure, heal; treat; remedy (רִיפֵּא (רִפֵּא 736
be cured/healed/treated (רוּפָּא (רֻפָּא 737
be cured, get well, recover נִרְפָּא 736
get cured, recover הִתְרַפֵּא 736
curse, abuse, revile (חֵירֵף (חֵרֵף 232
curse (קִילֵּל (קִלֵּל 671
be cursed (קוּלַּל (קֻלַּל 671
cut חָתַךְ 239
be cut נֶחְתַּךְ 239
cut; decree גָּזַר 103
be cut; be decreed נִגְזַר 104
dance רָקַד 742
be danced נִרְקַד 743
dance a lot, skip around (רִיקֵּד (רִקֵּד 743
set dancing; jolt הִרְקִיד 742
be caused to dance (הוּרְקַד (הֻרְקַד 743
deal in; engage in עָסַק 530
deal/occupy oneself (with) הִתְעַסֵּק 532
decide; determine הֶחְלִיט 206
be decided (הוּחְלַט (הֻחְלַט 206
decorate, adorn (קִישֵּׁט (קִשֵּׁט 693
be decorated/adorned (קוּשַּׁט (קֻשַּׁט 694
dedicate/devote (cf. sanctify) הִקְדִּישׁ 657
be dedicated/devoted (הוּקְדַּשׁ (הֻקְדַּשׁ 658
deduct, discount (נִיכָּה (נִכָּה 424
be deducted/discounted (נוּכָּה (נֻכָּה 426
be defeated (cf. win) (נוּצַּח (נֻצַּח 438
defend - cf. protect
define, classify (cf. fence) הִגְדִּיר 97
be defined/classified (הוּגְדַּר (הֻגְדַּר 98
delay; hinder, prevent (עִיכֵּב (עִכֵּב 516
be delayed/hindered (עוּכַּב (עֻכַּב 516
be delayed; linger, tarry הִתְעַכֵּב 517
deliver; report; pass (ball) מָסַר 375
be delivered; be reported נִמְסַר 375
demand, claim; sue תָּבַע 848
be demanded; be sued נִתְבַּע 848
demonstrate הִפְגִּין 548
be demonstrated (הוּפְגַּן (הֻפְגַּן 548

deposit; appoint, assign to הִפְקִיד 581
be deposited הוּפְקַד (הֻפְקַד) 582
deprive of one's due קִיפַּח (קִפַּח) 679
be deprived קוּפַּח (קֻפַּח) 679
derive; produce, extract הֵפִיק 553
be derived/extracted/produced הוּפַק 554
describe; draw תֵּיאֵר (תֵּאֵר) 846
be described/drawn תּוֹאַר (תֹּאַר) 847
design, fashion, form עִיצֵּב (עִצֵּב) 533
be designed/formed עוּצַּב (עֻצַּב) 533
despise; underestimate (coll.) זִלְזֵל 170
destroy, ruin, demolish הָרַס 157
be destroyed/ruined נֶהֱרַס 158
determine, fix, set קָבַע 650
be determined/fixed/set נִקְבַּע 650
develop; engrave פִּיתַּח (פִּתַּח) 610
be developed/engraved פּוּתַּח (פֻּתַּח) 611
develop (intr.) הִתְפַּתֵּחַ 611
devote oneself; be addicted הִתְמַכֵּר 365
devote oneself הִתְמַסֵּר 376
dial חִיֵּיג (חִיֵּג) 200
be dialed חוּיַּג (חֻיַּג) 200
dictate (cf. write) הִכְתִּיב 335
be dictated הוּכְתַּב (הֻכְתַּב) 335
die (cf. kill) מֵת 362
dig; explore in secret חָפַר 223
be dug/excavated נֶחְפַּר 224
dig oneself in הִתְחַפֵּר 224
dirty, soil לִכְלֵךְ 352
be dirtied/soiled לוּכְלַךְ (לֻכְלַךְ) 352
get dirty הִתְלַכְלֵךְ 352
disappear, vanish נֶעֱלַם 522
disappoint אִכְזֵב 16
be disappointed אוּכְזַב (אֻכְזַב) 16
become disappointed הִתְאַכְזֵב 15
discover (cf. reveal) גִּילָּה (גִּלָּה) 106
be discovered גּוּלָּה (גֻּלָּה) 107
discuss; judge, sentence דָּן 131
be discussed/sentenced נִידּוֹן/נָדוֹן 131
disguise oneself, dress up הִתְחַפֵּשׂ 226
disintegrate, decompose הִתְפָּרֵק 601
dismantle; unload פֵּירֵק/פִּירֵק (פֵּרֵק) 600
be dismantled/unloaded פּוֹרַק (פֹּרַק) 601
dispute; bicker הִתְנַצֵּחַ 439
distinguish, notice (cf. exam.) הִבְחִין 52
be distinguished/noticed הוּבְחַן (הֻבְחַן) 52
distinguish oneself הִתְגַּדֵּר 99
disturb, hinder, bother הִפְרִיעַ 595
be disturbed/bothered הוּפְרַע (הֻפְרַע) 596
cause a disturbance, go wild הִתְפָּרֵעַ 596
dive; sink; become clear צָלַל 627
divide; disagree חָלַק 214
divide; distribute חִילֵּק (חִלֵּק) 213
be divided/separated חוּלַּק (חֻלַּק) 213
be divided; be divisible הִתְחַלֵּק 213
be divided; differ in opinion נֶחֱלַק 214
be/get divorced (cf. expel) הִתְגָּרֵשׁ 120
donate (cf. volunteer) נִידֵּב (נִדֵּב) 403
be donated (coll. only) נוּדַּב (נֻדַּב) 403
draw, paint (cf. portray) צִייֵּר (צִיֵּר) 625
be drawn/pictured צוּיַּר (צֻיַּר) 625
draw, sketch רִישֵּׁם (רִשֵּׁם) 746
draw conclusion - cf. heat
dream חָלַם 207
be dreamed about נֶחֱלַם 207
get dressed (cf. wear) הִתְלַבֵּשׁ 337
dress, clothe הִלְבִּישׁ 337
be dressed/clothed הוּלְבַּשׁ (הֻלְבַּשׁ) 337
drink שָׁתָה 835
be drunk (liquid) נִשְׁתָּה 836
drive (car); be accustomed (to) נָהַג 405
drop, bring down (cf. fall) הִפִּיל 436
be dropped הוּפַּל (הֻפַּל) 436
drown, sink (intr.) (cf. sink) טָבַע 245
drown (intr.) נִטְבַּע 246
dry (up) (tr.), drain יִיבֵּשׁ (יִבֵּשׁ) 262
be dried (up), be drained יוּבַּשׁ (יֻבַּשׁ) 263
be dry, be dried up, wither יָבֵשׁ 263
dry up (intr.) הִתְייַבֵּשׁ (הִתְיַבֵּשׁ) 263
dwell, live, reside (cf. house) שָׁכַן 783
earn wages; make profit הִשְׂתַּכֵּר 789
eat (cf. feed) אָכַל 17
be eaten נֶאֱכַל 17
eat, dine; sustain, support סָעַד 486
educate, bring up, train חִינֵּךְ (חִנֵּךְ) 217
be educated/brought up חוּנַּךְ (חֻנַּךְ) 217
be educated הִתְחַנֵּךְ 217
make (more) efficient ייִעֵל (יִעֵל) 281
be made (more) efficient יוּעַל (יֻעַל) 281
become efficient הִתְייַעֵל (הִתְיַעֵל) 281
make an effort הִתְאַמֵּץ 24
eject, emit (cf. escape) פָּלַט 564
eject; let slip (esp. words) הִפְלִיט 565
be ejected; be let slip הוּפְלַט (הֻפְלַט) 566
be embarrased (cf. shame) הִתְבַּ(י)יֵּשׁ 47
employ; keep one busy הֶעֱסִיק 531
be employed הוּעֲסַק (הָעֳסַק) 531
encourage, support עוֹדֵד 505

be encouraged/supported עוֹדַד 506
be encouraged, cheer up הִתְעוֹדֵד 506
end/conclude (tr.) סִייֵּם (סִיֵּם) 473
be ended/concluded סוּיַּם (סֻיַּם) 473
end/conclude (intr.) הִסְתַּייֵּם (הִסְתַּיֵּם) 473
enforce (a law) הֶחִיל 192
be enforced (a law) הוּחַל 192
engrave חָרַט 230
be engraved נֶחֱרַט 229
enjoy, benefit from נֶהֱנָה 152
cause enjoyment; benefit הֵינָה (הִנָּה) 152
enlarge (tr.) (cf. grow) הִגְדִּיל 96
be enlarged/increased הוּגְדַּל (הֻגְדַּל) 96
enter; get involved (in) נִכְנַס 319
envy, be jealous קִינֵּא (קִנֵּא) 673
be equal (cf. compare) שָׁוָה (שָׁוָה) 767
become equal הִשְׁתַּווָה (הִשְׁתַּוָּה) 767
escape, flee (cf. smuggle) בָּרַח 82
escape, run away נִמְלַט 368
escape (gas, ...), slip (words) נִפְלַט 565
escape; be ready (cf. rescue) נֶחֱלַץ 211
establish, found יִיסֵּד (יִסֵּד) 276
be established/founded יוּסַּד (יֻסַּד) 277
be established, be founded נוֹסַד 276
esteem, ascribe importance הֶחְשִׁיב 235
estimate, value; appreciate הֶעֱרִיךְ 540
be estimated/valued הוֹעֲרַךְ (הָעֳרַךְ) 541
become evident; be likely הִסְתַּבֵּר 461
exaggerate הִפְרִיז 589
be exaggerated הוּפְרַז (הֻפְרַז) 589
exalt, extol עִילָּה 521
be exalted above נַעֲלָה 521
examine, test (cf. distinguish) בָּחַן 51
be examined/tested נִבְחַן 51
excel (cf. mark) הִצְטַייֵּן (הִצְטַיֵּן) 624
exempt, dismiss (cf. fire) פָּטַר 561
expand; undress הִתְפַּשֵּׁט 607
expect, look out for צִיפָּה (צִפָּה) 641
be expected/awaited צוּפָּה (צֻפָּה) 642
expel; divorce גֵּירֵשׁ (גֵּרֵשׁ) 120
be expelled/divorced גּוֹרַשׁ (גֹּרַשׁ) 120
experience (cf. try) הִתְנַסָּה 430
explain הִסְבִּיר 462
be explained הוּסְבַּר (הֻסְבַּר) 462
explode (intr.); break up הִתְפּוֹצֵץ 579
exploit; utilize נִיצֵּל (נִצֵּל) 440
be exploited/utilized נוּצַּל (נֻצַּל) 440
export יִיצֵּא (יִצֵּא) 286
be exported יוּצָּא (יֻצָּא) 286
expose, bare, uncover חָשַׂף 238
be exposed/bared/uncovered נֶחְשַׂף 238
expound, explain בֵּיאֵר (בֵּאֵר) 40
be expounded/explained בּוֹאַר (בֹּאַר) 40
express; pronounce בִּיטֵּא (בִּטֵּא) 54
be expressed/pronounced בּוּטָּא (בֻּטָּא) 55
express oneself הִתְבַּטֵּא 55
express הִבִּיעַ 392
be expressed הוּבַּע (הֻבַּע) 392
express feelings (cf. spill) הִשְׁתַּפֵּךְ 824
extend, be continuous הִתְמַשֵּׁךְ 384
extinguish, turn off כִּיבָּה (כִּבָּה) 306
be extinguished כּוּבָּה (כֻּבָּה) 306
extradite/quarantine (cf. shut) הִסְגִּיר 466
be extradited/confined הוּסְגַּר (הֻסְגַּר) 467
fail (intr.); stumble, slip נִכְשַׁל 330
fail (tr.); lead astray הִכְשִׁיל 330
be failed/led astray הוּכְשַׁל (הֻכְשַׁל) 331
fail; stumble; lapse, fall כָּשַׁל 331
fall behind, be slow פִּיגֵּר (פִּגֵּר) 551
fall; die in battle; be captured נָפַל 435
grow fat(ter); fatten הִשְׁמִין 805
grow fat שָׁמַן 805
fear, be afraid of (cf. frighten) פָּחַד 557
be fearful, afraid מְפַחֵד/יָפַחֵד 557
feed (cf. eat) הֶאֱכִיל 18
be fed הוֹאֲכַל (הָאֳכַל) 18
feel, sense חָשׁ 194
be felt by the senses הוּחַשׁ 194
feel (cf. move emotionally) הִרְגִּישׁ 706
be felt הוּרְגַּשׁ (הֻרְגַּשׁ) 706
feel, stir, creep (insects) רָחַשׁ 723
fence (in); wall up גִּידֵּר (גִּדֵּר) 98
be fenced in גּוּדַּר (גֻּדַּר) 99
fight לָחַם 543
fight נִלְחַם 345
fill up; be fulfilled הִתְמַלֵּא 366
fill; fulfill (promise) מִילֵּא (מִלֵּא) 366
be filled/fulfilled מוּלָּא (מֻלָּא) 366
be full מָלֵא 367
become full; be full of נִמְלָא 367
find, discover (cf. invent) מָצָא 377
finish (tr.) גָּמַר 110
be finished נִגְמַר 111
fire (cf. resign) פִּיטֵּר (פִּטֵּר) 560
be fired/discharged פּוּטַּר (פֻּטַּר) 561
fire (gun etc.) - cf. shoot
fish דָּג 129
float (tr.) (cf. sail) הֵשִׁיט 769

be set afloat/shipped by boat הוּשַׁט 770	give; let, allow נָתַן 455
fly עָף 507	be given; be feasible (נִתַּן) נִתַּן 456
fly (a kite), set flying הֵעִיף 507	be glad/happy, rejoice שָׂמַח 801
be flown (kite)/set flying הוּעַף 508	gladden, make happy (שִׂמַּח) שִׂמֵּחַ 801
fly, soar; brandish (sword) עוֹפֵף 508	go (by vehicle) (cf. transport) נָסַע 430
fly about, fly הִתְעוֹפֵף 508	go for a walk/on a trip (טִיֵּל) טִיֵּל 250
fly (intr.) טָס 248	go down (cf. bring down) יָרַד 293
fly (tr.); send by plane הֵטִיס 248	go out (fire, light) (cf. exting.) כָּבָה 306
be flown, be sent by plane הוּטַס 249	go out (fire, light) נִכְבָּה 307
follow; track עָקַב 535	go, walk; depart; plan to הָלַךְ 150
cruise, roam (cf. sail) (שִׁיֵּט) שִׁיֵּט 770	go away (cf. remove) הִסְתַּלֵּק 481
forego; give in/up (וִתֵּר) וִיתֵּר 159	go up; cost; immigr. to Israel עָלָה 519
forget שָׁכַח 781	be good/nice (cf. improve) שָׁפַר 828
be forgotten נִשְׁכַּח 782	grow (intr.); expand גָּדַל 95
cause to forget הִשְׁכִּיחַ 782	grow (tr.), raise (גִּדֵּל) גִּדֵּל 95
be caused to forget (הֻשְׁכַּח) הוּשְׁכַּח 782	be grown/raised (גֻּדַּל) גוּדַּל 96
be forgotten (נִשְׁתַּכַּח) הִשְׁתַּכַּח 782	grow (intr.); spring (from) צָמַח 631
forgive, pardon סָלַח 479	cause to grow; produce הִצְמִיחַ 631
be forgiven נִסְלַח 480	guard, watch, reserve שָׁמַר 810
foster, tend, nurture (טִפַּח) טִיפֵּחַ 256	be guarded; be careful נִשְׁמַר 810
be fostered, nurtured (טֻפַּח) טוּפַּח 257	guide; instruct הִדְרִיךְ 145
be located/found (cf. find) נִמְצָא 377	be guided/instructed (הֻדְרַךְ) הוּדְרַךְ 145
freeze (intr.), solidify קָפָא 677	have one's hair cut הִסְתַּפֵּר 492
freeze (tr.), congeal (tr.) הִקְפִּיא 677	give a haircut (סִפֵּר) סִיפֵּר 492
be frozen/congealed (הֻקְפָּא) הוּקְפָּא 678	be given a haircut (סֻפַּר) סוּפַּר 493
become frightened/startled נִבְהַל 42	hang, hang up, suspend תָּלָה 851
frighten הִבְהִיל 43	be hanged/hung; hang on to נִתְלָה 852
frighten, scare (cf. fear) הִפְחִיד 558	happen, occur קָרָה 688
be frightened/scared (הֻפְחַד) הוּפְחַד 558	happen upon, chance to be נִקְרָה 688
get frightened/scared נִפְחַד 558	cause to happen, bring about הִקְרָה 688
fry (tr.) (טִגֵּן) טִיגֵּן 247	happen, occur הִתְרַחֵשׁ 723
be fried (טֻגַּן) טוּגַּן 247	harm, damage הִזִּיק 414
fulfill, carry out (קִיֵּם) קִייֵּם 667	be harmed/damaged (נֻזַּק) נִיזַּק 414
be fulfilled/carried out (קֻיַּם) קוּיַּם 667	hate שָׂנֵא 815
be fulfilled/realized (הִתְקַיֵּם) הִתְקַייֵּם 667	be hated נִשְׂנָא 815
gather, collect אָסַף 27	cause to be hated הִשְׂנִיא 815
be gathered נֶאֱסַף 28	hear; listen; consent שָׁמַע 807
gather; bring in (אִסֵּף) אִיסֵּף 28	be heard/listened to; obey נִשְׁמַע 807
gather, assemble (intr.) הִתְאַסֵּף 28	be heard; be interpreted הִשְׁתַּמַּע 808
gather, bring together (כִּנֵּס) כִּינֵּס 320	make heard, sound, voice הִשְׁמִיעַ 808
be gathered together (כֻּנַּס) כּוּנַּס 320	be made heard (הֻשְׁמַע) הוּשְׁמַע 808
gather, assemble (intr.) הִתְכַּנֵּס 321	heat, warm (חִמֵּם) חִימֵּם 215
gather together, collect (קִבֵּץ) קִיבֵּץ 651	be heated/warmed (חֻמַּם) חוּמַּם 215
be gathered/collected (קֻבַּץ) קוּבַּץ 651	get heated (em.); get warm הִתְחַמֵּם 216
gather, assemble (intr.) הִתְקַבֵּץ 652	heat, light; draw (concl.) הִסִּיק 432
generalize (cf. include) הִכְלִיל 318	be heated/concluded (הֻסַּק) הוּסַּק 432
generate חוֹלֵל 192	make heavier; inconvenience הִכְבִּיד 304
be generated, be brewing הִתְחוֹלֵל 193	help, assist, aid עָזַר 512
get up; be established (cf. raise) קָם 661	be helped/assisted/aided נֶעֱזַר 513

be invited; be ordered הוּזְמַן (הֻזְמַן) 171
iron, press גִּיהֵץ (גִּהֵץ) 100
be ironed/pressed גּוֹהַץ (גֹּהַץ) 100
jail, imprison; forbid אָסַר 29
be jailed; be forbidden נֶאֱסַר 29
join (as member), be joined הִצְטָרֵף 646
join, accompany הִתְלַוָּה (הִתְלַוָּה) 341
join, cling to, pester הִיטַפֵּל (הִטַּפֵּל) 259
join together, unite חָבַר 185
join; form alliance הִתְחַבֵּר 185
join; add; compose/write חִיבֵּר (חִבֵּר) 184
be joined/composed חוּבַּר (חֻבַּר) 185
judge, try; decide שָׁפַט 822
be judged, be tried; litigate נִשְׁפַּט 822
jump קָפַץ 680
cause to jump הִקְפִּיץ 680
be made to jump הוּקְפַּץ (הֻקְפַּץ) 681
justify by argument נִימֵּק (נִמֵּק) 428
be justified by argument נוּמַּק (נֻמַּק) 428
keep away (cf. send away) הִתְרַחֵק 721
kill, slay הָרַג 156
be killed/slain נֶהֱרַג 156
kill, put to death, cause to die הֵמִית 362
be killed/put to death הוּמַת 363
kiss each other הִתְנַשֵּׁק 452
kiss; come together, touch נָשַׁק 453
kiss, kiss repeatedly נִישֵּׁק (נִשֵּׁק) 451
be kissed נוּשַּׁק (נֻשַּׁק) 451
knock over, cause to collapse מוֹטֵט 361
knock; mess up דָּפַק 141
be knocked; get messed up נִדְפַּק 141
knock many times הִתְדַּפֵּק/הִדַּפֵּק 142
know one's way (cf. find) הִתְמַצֵּא 378
know/recognize; acknowledge הִכִּיר 426
be known/recognized נִיכַּר (נִכַּר) 427
know; be aware of (cf. inform) יָדַע 266
become known נוֹדַע 266
lack, be without; be absent חָסַר 220
lament, mourn (cf. cry) בִּיכָּה (בִּכָּה) 63
land (intr.), come down נָחַת 416
land (tr.); deal blow הִנְחִית 416
be landed הוּנְחַת (הֻנְחַת) 417
be late אֵיחֵר (אֵחֵר) 13
be late הִתְאַחֵר 14
laugh צָחַק 621
make laugh, amuse הִצְחִיק 621
be made to laugh הוּצְחַק (הֻצְחַק) 621
launder, wash (clothes) כִּיבֵּס (כִּבֵּס) 308
be laundered כּוּבַּס (כֻּבַּס) 308
be laundered הִתְכַּבֵּס 309
lay down, put to bed (cf. lie) הִשְׁכִּיב 780
be laid down הוּשְׁכַּב (הֻשְׁכַּב) 780
lead; transport (cf. go) הוֹלִיךְ 151
lead, conduct; transport הוֹבִיל 261
be led/guided; be transported הוּבַל 262
lead; establish (custom, rule) הִנְהִיג 406
be led; be established הוּנְהַג (הֻנְהַג) 406
learn, study (cf. teach) לָמַד 353
be learned/studied נִלְמַד 354
lease/let (property) (cf. rent) הִשְׂכִּיר 788
be leased/let/hired הוּשְׂכַּר (הֻשְׂכַּר) 789
leave (behind) (cf. remain) הִשְׁאִיר 754
be left/left behind הוּשְׁאַר (הֻשְׁאַר) 754
leave, leave behind; abandon עָזַב 511
be left/abandoned/deserted נֶעֱזַב 511
cause to leave; fire (coll.) הֶעֱזִיב 512
be caused to leave הוּעֲזַב (הָעֳזַב) 512
lecture הִרְצָה 738
lend, loan (tr.) הִלְוָוה (הִלְוָה) 339
be lent (money) הוּלְוָוה (הֻלְוָה) 339
lend; use (word) figuratively הִשְׁאִיל 750
be lent/used figur. הוּשְׁאַל (הֻשְׁאַל) 751
lie, lie down שָׁכַב 779
lie down נִשְׁכַּב 779
lie שִׁיקֵּר (שִׁקֵּר) 832
lift; pick up הֵרִים 714
be lifted/picked up הוּרַם 714
light, set fire (to) הִדְלִיק 135
be lit, be set (fire) הוּדְלַק (הֻדְלַק) 136
be alight, burn דָּלַק 136
be lit/turned on (light) נִדְלַק 137
like; cause to like חִיבֵּב (חִבֵּב) 181
be liked; like one another הִתְחַבֵּב 181
liken oneself; assimilate הִ(תְ)דַּמָּה 139
limit oneself (cf. reduce) הִצְטַמְצֵם 633
listen, pay attention; obey הִקְשִׁיב 692
listen הֶאֱזִין 8
litigate (cf. discuss) הִ(תְ)דַּ(י)יֵּן 132
live, reside (cf. reside) גָּר 102
live; exist; recover חָיָה/חַי 201
load, charge (battery) טָעַן 253
be loaded/charged נִטְעַן 254
load, charge הִטְעִין 254
be loaded/charged הוּטְעַן (הֻטְעַן) 255
get loaded הִיטַּעֵן (הִטַּעֵן) 255
lock, close; put on (shoe) נָעַל 434
be/get locked/closed נִנְעַל 434
look, gaze, regard הִבִּיט 391

look, turn gaze; be seen (נבט) נִיבַּט 391
look (at), observe הִסְתַּכֵּל 475
look after, treat (med.) (טפל) טִיפֵּל 257
be looked after (טפל) טוּפַּל 258
look for, seek (חפש) חִיפֵּשׂ 225
lose (in game, money, etc.) הִפְסִיד 570
lose one's way; go astray תָּעָה 854
lose (tr.) (אבד) אִיבֵּד 1
be lost (אבד) נֶאֱבַד 1
be lost; perish אָבַד 1
be lost; suffer loss (הפסד) הוּפְסַד 571
love, like אָהַב 4
be loved, be liked נֶאֱהַב 5
fall in love הִתְאַהֵב 5
go mad; act crazy (coll.) הִשְׁתַּגֵּעַ 761
drive mad/confuse (שגע/שיגע) שִׁיגֵּעַ 760
go mad; be confused (שגע) שׁוּגַּע 761
make, do; cause, bring about עָשָׂה 543
be made; be done; become נַעֲשָׂה 544
make-up (tr.) (אפר) אִיפֵּר 32
be made up (אפר) אוּפַּר 32
make up (intr.) הִתְאַפֵּר 33
manage, administer, run (נהל) נִיהֵל 407
be managed (נהל) נוֹהַל 408
march, pace, step צָעַד 638
cause to march, lead הִצְעִיד 638
be caused to march (הצעד) הוּצְעַד 638
mark, indicate (סמן) סִימֵּן 485
be marked (סמן) סוּמַּן 485
mark, note; distinguish (ציין) צִייֵן 623
be marked/distinguished (ציין) צוּייַן 623
get married הִתְחַתֵּן 243
marry off (חתן) חִיתֵּן 243
be married off (חתן) חוּתַּן 243
marry of; carry, bring הִשִּׂיא 447
be married off/lifted (השא) הוּשָּׂא 447
match, fit; be appropriate הִתְאִים 844
be matched/fitted (התאם) הוּתְאַם 844
match (intr.), parallel תָּאַם 845
materialize (התגשם) הִתְגַּשֵּׁם 122
mean, intend (cf. aim) הִתְכַּוֵּ(וֹ)ן 313
measure, survey מָדַד 358
be measured/surveyed נִמְדַּד 358
meet (by chance), encounter פָּגַשׁ 552
meet (by design), encounter נִפְגַּשׁ 552
cause to meet, bring together הִפְגִּישׁ 552
be caused to meet (הפגש) הוּפְגַּשׁ 553
be mentioned (cf. remem.) נִ(וֹ)זְכַּר 169
make a mistake, err; stray טָעָה 250

mislead, lead astray; deceive הִטְעָה 251
be misled/led astray (הטעה) הוּטְעָה 251
mix; muddle, mix up, confuse עִרְבַּב 538
be mixed; be jumbled (ערבב) עוּרְבַּב 538
be mixed together/jumbled הִתְעַרְבַּב 538
mix; involve (ערב) עֵירֵב 537
be mixed up/confused (ערב) עוֹרַב 537
mobilize, call up (גיס) גִּייֵס 105
be mobilized (גיס) גוּייַס 105
be mobilized (התגייס) הִתְגַּייֵס 105
mock, ridicule לָעַג 355
moderate, calm (cf. wait) מִ(י)תֵּן 386
be moderated, calmed (מתן) מוּתַּן 386
become moderate הִתְמַתֵּן 387
move (intr.), move away זָז 163
move, shift הֵזִיז 163
be moved/shifted הוּזַז 164
move; quiver, shake; roam נָע 412
move, sway, swing הִתְנוֹעֵעַ 413
be movable (התניע) הִתְנִיעַ 413
move about (cf. go, walk) הִתְהַלֵּךְ 151
move (emot.) (cf. feel) (רגש) רִיגֵּשׁ 707
be moved (emotionally) הִתְרַגֵּשׁ 707
be moved/impressed הִתְפַּעֵל 576
be moved; be copied נֶעְתַּק 547
murder רָצַח 740
be murdered נִרְצַח 741
be in need (of) נִזְקַק 176
need, be in need (of) הִזְדַּקֵּק 176
have need of; have to הִצְטָרֵךְ 644
need, be in need (of) -נִצְרַךְ ל 645
be numbered; number הִתְפַּקֵּד 583
oblige; require (cf. need) הִצְרִיךְ 645
oblige; debit; approve of (חיב) חִייֵב 189
be obliged/debited (חיב) חוּייַב 189
obtain, achieve; overtake הִשִּׂיג 448
be obtained/achieved (השג) הוּשַּׂג 448
occur - see happen
oil (שמן) שִׁימֵּן 805
be oiled (שמן) שׁוּמַּן 806
grow old, age הִזְדַּקֵּן 173
grow old, age זָקַן 174
be(come) old; render old הִזְקִין 174
omit, leave out (accid.) הִשְׁמִיט 803
be omitted/left out (השמט) הוּשְׁמַט 803
be omitted; slip off נִשְׁמַט 804
open; begin, start פָּתַח 609
be opened; be started נִפְתַּח 610
open (eyes, ears) (tr.) פָּקַח 585

return (tr.); reflect (light) הֶחֱזִיר 198
be returned/reflected (הֶחֱזַר) הוּחְזַר 198
reveal/introd. self (הִתְוַדַּע) הִתְוַנֵּדַע 268
be revealed (cf. discover) נִגְלָה 108
be revealed; reveal oneself הִתְגַּלָּה 107
revive, keep alive הֶחֱיָה 201
revive, refresh (חִיָּה) חִיָּה 201
be revived (הֶחֱיָה/הָחֳיָה) הוּחְיָה/הוּחֲיָה 202
revolve - cf. turn
ride (cf. assemble) רָכַב 725
be right, be just (cf. vindicate) צָדַק 617
ring; ring up (coll.) צִלְצֵל 630
ripen (intr.); ripen (tr.) הִבְשִׁיל 90
ripen (intr.); be ready (cf. cook) בָּשַׁל 80
rise נָסַק 433
rise/increase (intr.; price) הֶאֱמִיר 26
rise; be exalted (cf. go up) הִתְעַלָּה 520
roam, rove; loiter שׁוֹטֵט 769
rouse, rebuild (cf. rebel) קוֹמֵם 662
run over; devour prey דָּרַס 146
be run over/trampled נִדְרַס 147
run רָץ 716
make run, operate הֵרִיץ 716
be made to run/operate הוּרַץ 717
run around הִתְרוֹצֵץ 717
sacrifice הִקְרִיב 686
be sacrificed (הָקְרַב) הוּקְרַב 686
sadden (cf. regret) (צָעַר) צִיעֵר 640
sail; roam, wander (cf. float) שָׁט 768
sanctify; bethroth (קָדַּשׁ) קִידֵּשׁ 658
be sanctified/betrothed (קָדַּשׁ) קוּדַּשׁ 659
be satisfied (cf. supply) הִסְתַּפֵּק 488
save, rescue הִצִּיל 441
be saved/rescued (הָצַּל) הוּצַּל 441
be saved, be rescued נִיצַּל 442
save; withold, spare חָסַךְ 219
be saved/witheld/spared נֶחְסַךְ 220
say, tell אָמַר 25
be said/told נֶאֱמַר 26
scatter (intr.) הִתְפַּזֵּר 555
scatter (tr.); disband (פָּזַּר) פִּיזֵּר 555
be scattered/disbanded (פָּזַּר) פּוּזַּר 555
be scattered/dispersed נִפְזַר 556
scream, screech צָרַח 643
search/examine thoroughly הִתְחַקָּה 227
seat, set; settle (tr.) (cf. sit) הוֹשִׁיב 299
be seated/set הוּשַׁב 299
see; behold; perceive, realize רָאָה 698
see each other; see again הִתְרָאָה 699

seem; be visible, be seen נִרְאָה 698
seem; resemble נִדְמָה 138
seize; occupy; apply (law) תָּפַס 855
be seized; be grasped נִתְפַּס 856
select, pick, sort בֵּרַר 87
sell מָכַר 364
be sold נִמְכַּר 364
send away; go far הִרְחִיק 721
be sent away/rejected (הָרְחַק) הוּרְחַק 722
send; send away שָׁלַח 792
be sent; be extended נִשְׁלַח 793
sentence - cf. discuss
separate, divide הִפְרִיד 587
be separated/divided (הָפְרַד) הוּפְרַד 588
be separated; be divorced נִפְרַד 587
serve/act as (cf. use) (שָׁמַּשׁ) שִׁימֵּשׁ 813
serve, minister (שֵׁרֵת) שֵׁירֵת 835
set up; decree (cf. correct) הִתְקִין 860
be set/fitted/decreed (הָתְקַן) הוּתְקַן 860
set aside; excrete (cf. retire) הִפְרִישׁ 604
be set aside/excreted (הָפְרַשׁ) הוּפְרַשׁ 605
set up page (cf. stand) (עָמַּד) עִימֵּד 526
be set up in pages (עָמַּד) עוּמַּד 526
be set up; be rebuilt (הָעֳמַד) הוֹעֳמַד 525
set free, liberate, release שִׁחְרֵר 772
be set free/liberated (שָׁחְרַר) שׁוּחְרַר 772
be set free; set oneself free הִשְׁתַּחְרֵר 773
settle/accommod. (cf. house) הִשְׁכִּין 85
be settled (הָשְׁכַּן) הוּשְׁכַּן 785
settle permanently (intr.) הִשְׁתַּקֵּעַ 831
settle, arrange (cf. arrange) הִסְדִּיר 469
be settled/arranged (הָסְדַּר) הוּסְדַּר 470
settle (tr.) (cf. sit) (יָשַׁב) יִישֵּׁב 298
settle (i.); sit down (הִתְיַשֵּׁב) הִתְיַישֵּׁב 298
be settled (יָשַׁב) יוּשַּׁב 298
sew, stitch תָּפַר 857
be sewn, be stitched נִתְפַּר 857
shake/start up/urge (cf. move) הֵנִיעַ 412
be shaken/started up/impelled הוּנַע 413
shame, embarrass (cf. embar.) בִּיֵּישׁ 48
be shamed (בָּיַּשׁ) בּוּיַּשׁ 48
shatter (tr.) (cf. break) (שָׁבַּר) שִׁיבֵּר 757
be shattered/smashed (שָׁבַּר) שׁוּבַּר 757
shave (oneself) הִתְגַּלֵּחַ 109
shave (tr.) (גָּלַּח) גִּילֵּחַ 109
be shaved (גָּלַּח) גּוּלַּח 110
shift; endorse (cf. turn) הֵסֵב 457
be shifted/endorsed הוּסַב 458
shirk, evade (cf. omit) הִשְׁתַּמֵּט 802

shoot, fire יָרָה 295
be shot (person)/be fired (gun) נוֹרָה 296
shout, yell; complain, cry out צָעַק 639
show, exhibit (cf. see) הֶרְאָה 699
be shown (הָרְאָה) הוּרְאָה 700
shrink (intr.) (הִתְכַּוֵּץ) הִתְכַּוֵּץ 315
shrink (tr.) (כִּוֵּץ) כִּיוּוֵץ 315
be shrunk (כֻּוַּץ) כּוּוַּץ 316
shut, close (tr.); confine סָגַר 465
shut/close (intr.) נִסְגַר 466
shut oneself away הִסְתַּגֵּר 466
fall sick, be sick חָלָה 204
pretend to be sick הִתְחַלָּה 205
sign; seal; subscribe חָתַם 240
be signed/sealed/completed נֶחְתַּם 241
have one sign or subscribe הֶחְתִּים 241
be made to sign (הָחְתַּם) הוּחְתַּם 242
keep silent; be calm שָׁתַק 841
silence; suppress, muffle הִשְׁתִּיק 842
be silenced (הָשְׁתַּק) הוּשְׁתַּק 843
silence; paralyze (שִׁתֵּק) שִׁיתֵּק 841
be silenced/paralyzed (שֻׁתַּק) שׁוּתַּק 841
become silent/mute הִשְׁתַּתֵּק 842
simplify (cf. take off) (פִּשֵּׁט) פִּישֵּׁט 606
be simplified/extended (פֻּשַּׁט) פּוּשַּׁט 607
sing שָׁר 778
be sung הוּשַׁר 778
sink (tr., thing), drown (tr.) הִטְבִּיעַ 246
be sunk/drowned (הָטְבַּע) הוּטְבַּע 246
sink (tr.), drown (tr.) (טִבַּע) טִיבַּע 246
be sunk/drowned (טֻבַּע) טוּבַּע 246
sink; decline; be immersed שָׁקַע 831
sit, sit down; reside, dwell יָשַׁב 297
skip (cf. jump) (קִפֵּץ) קִיפֵּץ 681
sleep יָשַׁן 301
put to sleep (יִשֵּׁן) יִישֵּׁן 301
be put to sleep (יֻשַּׁן) יוּשַּׁן 301
fall asleep נִרְדַּם 708
put to sleep; anaesthesize הִרְדִּים 708
be put to sleep (הָרְדַּם) הוּרְדַּם 709
be small; become smaller קָטֹן 664
make smaller, reduce הִקְטִין 663
be made small(er) (הָקְטַן) הוּקְטַן 664
smell, sense הֵרִיחַ 725
be smelled; absorb smell הוּרַח 725
smile, chuckle (חִיֵּךְ) חִיֵּיךְ 203
smoke; fumigate (עִשֵּׁן) עִישֵּׁן 545
be smoked/fumigated (עֻשַּׁן) עוּשַּׁן 546
smuggle in (cf. steal) הִגְנִיב 113
be smuggled in (הֻגְנַב) הוּגְנַב 114
smuggle (cf. escape) הִבְרִיחַ 83
be smuggled (הֻבְרַח) הוּבְרַח 83
sneak in/out/away (cf. steal) הִתְגַּנֵּב 113
solve, interpret (dream) פָּתַר 613
be solved/interpreted נִפְתַּר 614
sound like ringing הִצְטַלְצֵל 630
space out; relieve (רִוַּח) רִיוּוַּח 712
be spaced out/widened (רֻוַּח) רוּוַּח 713
speak (דִּבֵּר) דִּיבֵּר 127
be spoken/said/agreed (דֻּבַּר) דּוּבַּר 127
speak; arrange (הִדַּבֵּר) הִידַּבֵּר 128
make a speech, address נָאַם 388
specify (פֵּרֵט) פֵּירֵט/פֵּרֵט 591
be specified (פֹּרַט) פּוֹרַט 591
spend, have a good time (בִּלָּה) בִּילָּה 66
spill, pour (out), shed (blood) שָׁפַךְ 823
be spilled, be poured out נִשְׁפַּךְ 823
spoil, damage; be corrupt קִלְקֵל 672
be spoilt/damaged (קֻלְקַל) קוּלְקַל 672
spread, smear, rub in מָרַח 381
be spread/smeared נִמְרַח 382
stand; stand up; halt, stop עָמַד 524
stand still, come to a halt נֶעֱמַד 524
stand (tr.), set up; establish הֶעֱמִיד 525
stand out (cf. conspicuous) הִתְבַּלֵּט 68
standardize הֶאֱחִיד 10
be standardized (הָאֳחַד) הוּאֲחַד 10
stare; observe הִתְבּוֹנֵן 62
start, begin הִתְחִיל 849
be started (הָתְחַל) הוּתְחַל 849
stay overnight, lodge; remain לָן 343
steal גָּנַב 112
be stolen נִגְנַב 112
stem, derive (intr.), flow forth נָבַע 393
stick, adhere דָּבַק 126
be stuck; be infected נִדְבַּק 126
stick; infect; overtake (lit.) הִדְבִּיק 125
be stuck; be infected (הָדְבַּק) הוּדְבַּק 126
stop; pass sentence פָּסַק 572
stop; be passed (sentence) נִפְסַק 572
stop, interrupt הִפְסִיק 573
be stopped (הָפְסַק) הוּפְסַק 573
stop; arrest; curb עָצַר 534
stop (car); be stopped/arrested נֶעֱצַר 534
straighten up; register in acct. זָקַף 175
straighten up הִזְדַּקֵּף 175
strengthen, fortify (חִזֵּק) חִיזֵּק 195
be strengthened/fortified (חֻזַּק) חוּזַּק 196

become strong, take courage הִתְחַזֵּק 196
be(come) strong חָזַק 196
strengthen - also cf. increase
stress; give taste (cf. taste) הִטְעִים 252
strike (labor); cease; rest שָׁבַת 758
strike (tr.) or lock out הִשְׁבִּית 759
be struck (plant) (הָשְׁבַּת) הֻשְׁבַּת 759
subdue, put down, humble הִכְנִיעַ 323
be subdued (cf. yield) (הָכְנַע) הֻכְנַע 323
subtract; deprive (cf. lack) חִסֵּר(י) 222
be subtracted/deprived (חֻסַּר) חֻסַּר 222
subtract; be short of; omit הֶחְסִיר 221
be subtracted/omitted (הָחְסַר) הֻחְסַר 221
succeed הִצְלִיחַ 626
be sufficient (cf. supply) הִסְפִּיק 487
suggest; make (bed) הִצִּיעַ 290
be suggested (הָצַּע) הֻצַּע 290
be sung, come out as song הִתְנַגֵּן 398
supply; satisfy, please (סִפֵּק) סִפֵּק 488
be supplied/satisfied (סֻפַּק) סֻפַּק 489
support oneself הִתְפַּרְנֵס 593
support, provide for פִּרְנֵס 592
support, uphold, maintain תָּמַךְ 853
be supported; be aided נִתְמַךְ 854
surprise הִפְתִּיעַ 612
be surprised (הָפְתַּע) הֻפְתַּע 612
surround; comprise, include הִקִּיף 445
be surrounded/included (הָקַּף) הֻקַּף 445
suspect חָשַׁד 236
be suspected נֶחְשַׁד 236
swallow, absorb בָּלַע 71
be swallowed/absorbed נִבְלַע 71
swallow; cause to swallow הִבְלִיעַ 72
be swallowed up (הָבְלַע) הֻבְלַע 72
swear, take an oath נִשְׁבַּע 755
swear in; impose an oath הִשְׁבִּיעַ 755
be sworn in/adjured (הָשְׁבַּע) הֻשְׁבַּע 756
sweep (with broom) טִאטֵא 244
be swept (טֹאטָא) טֹאטָא 245
swim שָׂחָה 770
take out/spend (cf. come out) הוֹצִיא 285
be taken out/expended הוּצָא 286
take off (clothes); extend פָּשַׁט 606
take לָקַח 356
be taken נִלְקַח 357
take נָטַל 421
taste (tr.) טָעַם 252
teach, instruct, train (לִמֵּד) לִמֵּד 354
be taught, trained (לֻמַּד) לֻמַּד 354

self-teach; practice הִתְלַמֵּד 354
teach, instruct; show הוֹרָה 296
tear, rend, split קָרַע 689
be torn/rent; be split נִקְרַע 689
tell, inform (יַגִּיד) הִגִּיד 395
tell, inform, narrate (סִפֵּר) סִפֵּר 490
be told, narrated (סֻפַּר) סֻפַּר 490
think, consider; intend; esteem חָשַׁב 233
think, be of the opinion סָבַר 463
threaten (אִיֵּם) אִיֵּם 14
throw, toss, cast, fling זָרַק 179
be thrown/flung/cast נִזְרַק 179
tie; conspire (cf. connect) קָשַׁר 695
be tied/bound/connected נִקְשַׁר 695
tolerate; suffer, endure סָבַל 460
be tolerated; be borne/carried נִסְבַּל 461
touch; approach; concern נָגַע 399
touch; cause to touch; launch הִשִּׁיק 452
be touched/launched (הָשַּׁק) הֻשַּׁק 453
train (tr.) (אִמֵּן) אִמֵּן 21
be trained (intr.) (אֻמַּן) אֻמַּן 22
train (intr.) הִתְאַמֵּן 22
train; declare/make kosher הִכְשִׁיר 332
be trained/koshered (הֻכְשַׁר) הֻכְשַׁר 332
transfer, transmit (cf. cross) הֶעֱבִיר 501
be transferred (הָעֳבַר) הֻעֳבַר 502
translate תִּרְגֵּם 864
be translated (תֻּרְגַּם) תֻּרְגַּם 865
transplant (cf. plant) הִשְׁתִּיל 837
be transplanted (הָשְׁתַּל) הֻשְׁתַּל 838
transport/remove (cf. go veh.) הִסִּיעַ 431
be transported/removed (הָסַּע) הֻסַּע 431
tread; press; cock דָּרַךְ 144
be trodden/cocked/drawn tight נִדְרַךְ 144
treat; be related to (הִתְיַחֵס) הִתְיַחֵס 269
tremble, shiver, shudder, shake רָעַד 734
cause to tremble, shake (tr.) הִרְעִיד 734
be caused to tremble (הָרְעַד) הֻרְעַד 735
be true/strong/ready נָכוֹן 312
trust, rely (cf. insure, promise) בָּטַח 57
try; tempt (cf. experien.) (נִסָּה) נִסָּה 429
be tried/tested/tempted (נֻסָּה) נֻסָּה 429
try hard/endeavor (cf. coax) הִשְׁתַּדֵּל 762
turn over; change (tr./intr.) הָפַךְ 154
be turned over; be changed נֶהְפַּךְ 154
turn over (intr.); be inverted הִתְהַפֵּךְ 155
turn (aside); be bent; tend נָטָה 418
turn (aside; tr.); distort; bend הִטָּה 418
be turned aside (הֻטָּה) הֻטָּה 419

turn over pages 140 הַפְדֵּף
turn, revolve; go around 457 הִסְתּוֹבֵב
turn; go around, encircle 457 סוֹבֵב
turn (tr.); change; cause 458 (סִבֵּב) סִיבֵּב
be turned 458 סוֹבַב/סוּבַּב (סָבַב)
turn, go around, surround 458 (סָב) סָבַב
turn; be shifted; surround 458 נָסַב
turn (to); apply (to) 567 פָּנָה
turn round; find leisure 569 נִפְנָה
turn (tr.); pass on; divert 569 הִפְנָה
be turned/referred 569 (הֻפְנָה) הָפְנָה
turn aside; drop in for a visit 471 סָר
undermine; appeal; object 542 עִרְעֵר
be undermined 542 (עֹרְעַר) עוּרְעַר
be undermined; deteriorate 543 הִתְעַרְעֵר
be made unemployed 60 (הֻבְטַל) הוּבְטַל
understand 61 הֵבִין
be understood 61 הוּבַן
undertake (cf. oblige) 190 הִתְחַ(יֵּ)ב
undress (tr.) (cf. take off) 608 הִפְשִׁיט
be undressed 608 (הֻפְשַׁט) הוּפְשַׁט
undress (intr.); expand 607 הִתְפַּשֵּׁט
unite (tr.) 9 (אֶחָד) אִיחֵד
be united 9 (אֻחַד) אוּחַד
unite (intr.) 10 הִתְאַחֵד
unite (tr.), combine (tr.) 350 (לִכֵּד) לִיכֵּד
be united/combined 350 (לֻכַּד) לוּכַּד
unite (intr.); coalesce (intr.) 351 הִתְלַכֵּד
unload 599 פָּרַק
be unloaded 600 נִפְרַק
use, make use (cf. serve) 814 הִשְׁתַּמֵּשׁ
use, consume; need (cf. need) 645 צָרַךְ
be useful; avail 280 הוֹעִיל
vindicate, justify (cf. right) 618 הִצְדִּיק
be vindicated 618 (הֻצְדַּק) הוּצְדַּק
visit; criticize 78 (בֻּקַּר) בִּיקֵּר
volunteer 403 הִתְנַדֵּב
made to volunteer 403 (הֻתְנַדַּב) הִתְנוּדַּב
vote; point 616 הִצְבִּיעַ
be voted on 616 (הֻצְבַּע) הוּצְבַּע
wait, await; expect 204 (חִכָּה) חִיכָּה
wait; be patient (cf. moder.) 386 הִמְתִּין
wake, rouse 510 עוֹרֵר
wake up, rouse oneself 509 הִתְעוֹרֵר
wake; comment, annotate 509 הֵעִיר
wander, roam, migrate 404 נָדַד
want, wish 738 רָצָה
warn (cf. be careful) 161 הִזְהִיר

be warned 162 (הֻזְהַר) הוּזְהַר
wash, bathe 719 רָחַץ
be washed 720 נִרְחַץ
wash oneself, bathe 719 הִתְרַחֵץ
wash (floor, dishes), rinse 774 שָׁטַף
be washed/rinsed 774 נִשְׁטַף
waste, squander 49 בִּזְבֵּז
be wasted/squandered 49 (בֻּזְבַּז) בּוּזְבַּז
get wasted/spent 50 הִתְבַּזְבֵּז
watch, observe; foresee 641 צָפָה
be watched/seen; be revealed 642 נִצְפָּה
weigh, consider 829 שָׁקַל
be weighed; be considered 829 נִשְׁקַל
whisper 348 לָחַשׁ
whisper to each other 348 הִתְלַחֵשׁ
whistle, chirp; (col.) scorn 346 צִפְצֵף
win; be acquitted (cf. acquit) 165 זָכָה
win; conduct (cf. defeat) 438 (נִצַּח) נִיצַּח
wipe, dry 394 (נִגֵּב) נִיגֵּב
be wiped/dried 394 (נֻגַּב) נוּגַּב
wipe oneself dry; turn dry 394 הִתְנַגֵּב
wither; wear out (int.) 66 בָּלָה
become worn out 66 הִתְבַּלָּה
wonder, be surprised 563 הִתְפַּלֵּא
be wonderful; be beyond 564 נִפְלָא
woo, court 198 (חִזֵּר) חִיזֵּר
work; serve; till; worship 498 עָבַד
be worked/tilled/worshipped 500 נֶעֱבַד
compel to work; employ 499 הֶעֱבִיד
be compelled to work 500 (הֹעֱבַד) הוּעֱבַד
wear/put on clothes (cf. dress) 336 לָבַשׁ
be worn, be put on 338 נִלְבַּשׁ
worry, be anxious; take care 123 דָּאַג
worry (tr.), alarm, distress 124 הִדְאִיג
be worried/alarmed 124 (הֻדְאַג) הוּדְאַג
worsen (intr.); make worse 231 הֶחֱרִיף
become worse (coll.) 232 (הֻחְרַף) הוּחְרַף
wound, injure 577 פָּצַע
be wounded/injured 578 נִפְצַע
wrap 513 עָטַף
be wrapped/enveloped 514 נֶעֱטַף
wrap/cover oneself 514 הִתְעַטֵּף
wrestle, struggle 3 נֶאֱבַק
wrestle 3 הִתְאַבֵּק
write 333 כָּתַב
be written 334 נִכְתַּב
yearn (for), miss 118 הִתְגַּעְגֵּעַ
yield, surrender (cf. subdue) 322 נִכְנַע